〔元〕方回 選評
李慶甲 集評校點

瀛奎律髓彙評

一

上海古籍出版社

圖書在版編目(CIP)數據

瀛奎律髓彙評 / (元) 方回選評;李慶甲集評校點. —
上海: 上海古籍出版社, 2020.5 (2024.8重印)
(中國古典文學叢書)
ISBN 978-7-5325-9595-2

Ⅰ.①瀛… Ⅱ.①方… ②李… Ⅲ.①唐詩-詩集②宋詩-詩集 Ⅳ.①I222.74

中國版本圖書館CIP數據核字(2020)第064483號

封面題籤: 朱東潤

中國古典文學叢書
瀛奎律髓彙評
(全五册)
[元] 方 回 選評
李慶甲 集評校點
上海古籍出版社出版發行
(上海市閔行區號景路159弄1-5號A座5F 郵政編碼201101)
(1) 網址: www.guji.com.cn
(2) E-mail: guji1@guji.com.cn
(3) 易文網網址: www.ewen.co
常熟人民印刷有限公司印刷
開本850×1168 1/32 印張71.875 插頁27 字數1,208,000
2020年5月第1版 2024年8月第5次印刷
印數: 3,651—4,150
ISBN 978-7-5325-9595-2
I·3481 平裝定價: 280.00元
如有質量問題,請與承印公司聯繫

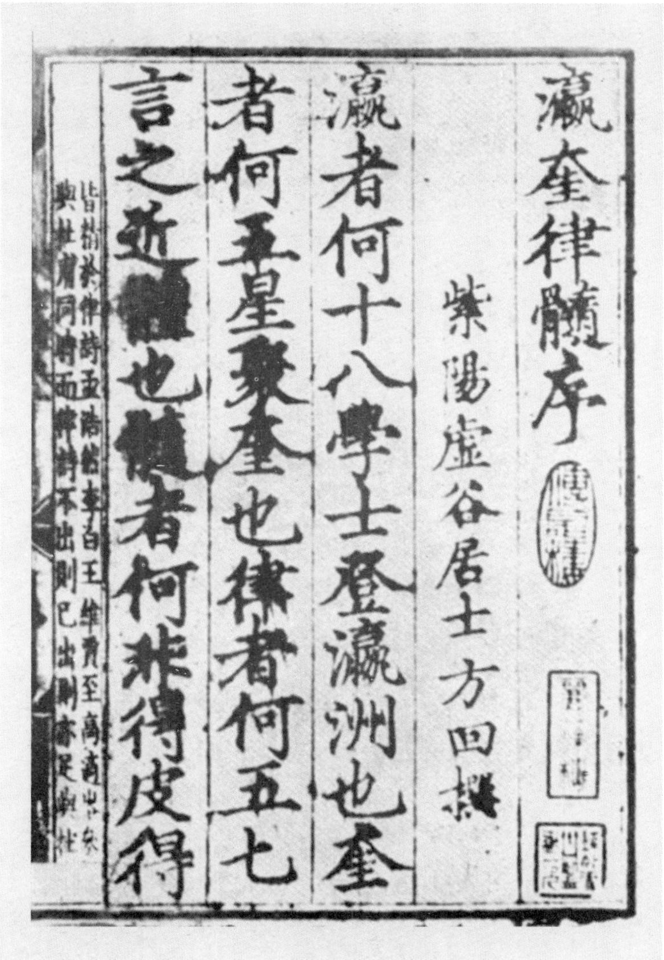

明成化刻本《瀛奎律髓》書影

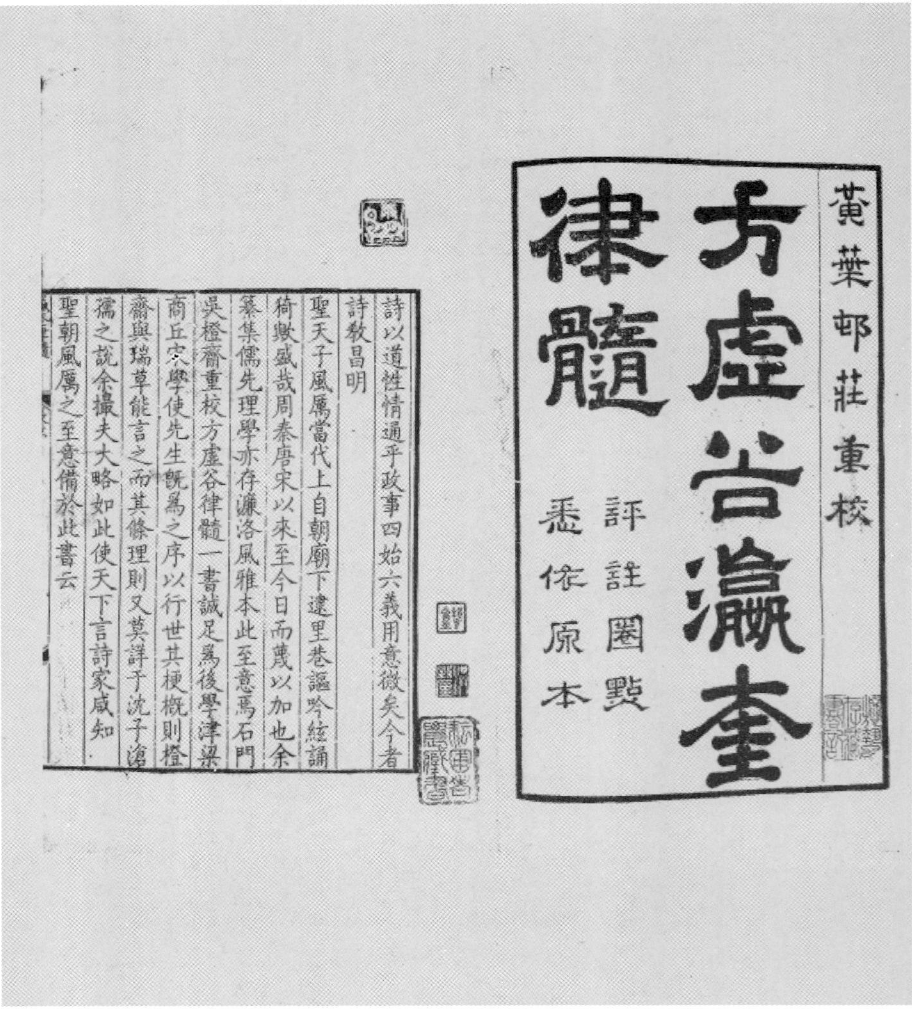

清康熙吳之振刻本《瀛奎律髓》書影（之一）

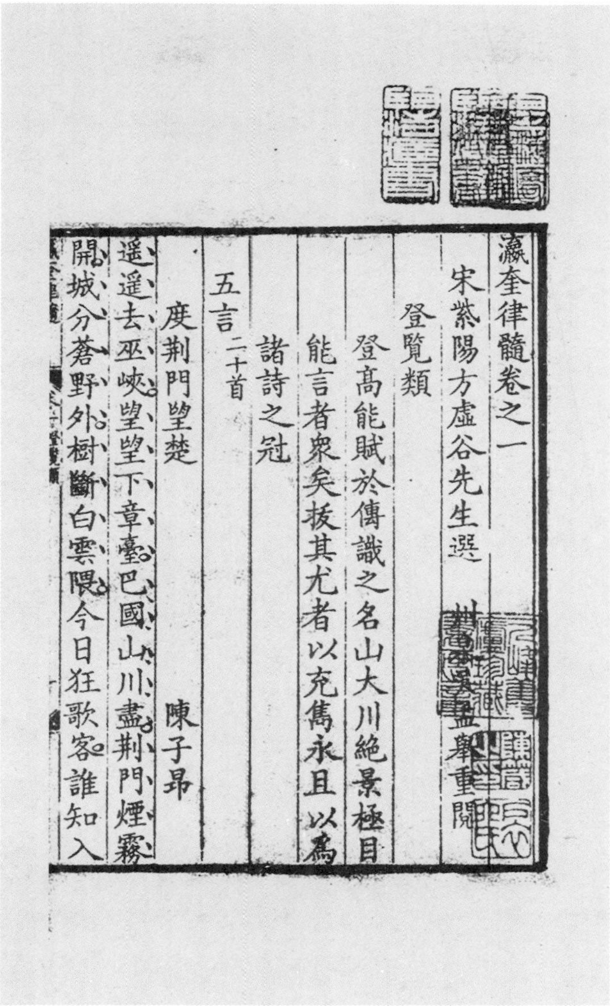
瀛奎律髓卷之一

宋紫陽方虛谷先生選　　吳之振孟舉重閱

登覽類

登高能賦於傳識之名山大川絶景極目能言者衆矣拔其尤者以充雋永且以爲諸詩之冠

五言 二十首

度荆門望楚　　陳子昂

遥遥去巫峽望望下章臺巴國山川盡荆門煙霧開城分蒼野外樹斷白雲隈今日狂歌客誰知入

清康熙吴之振刻本《瀛奎律髓》書影（之二）

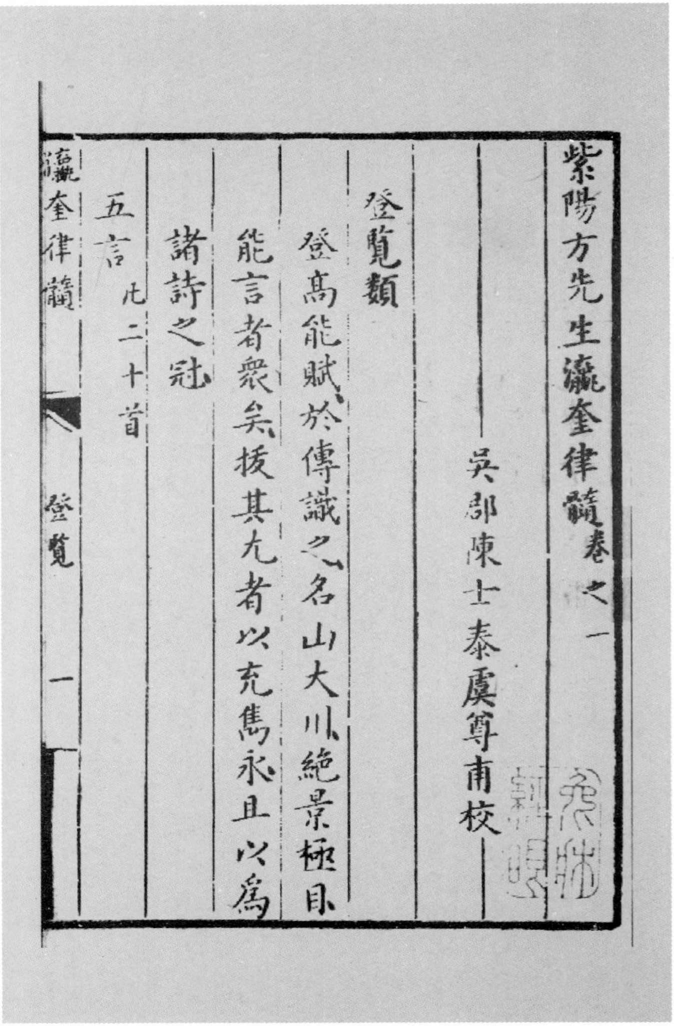
紫陽方先生瀛奎律髓卷之一

吳郡陳士泰虞尊甫校

登覽類

登高能賦、於傳識之、名山大川絕景極目能言者衆矣援其尤者以充雋永且以爲諸詩之冠

五言　凡二十首

瀛奎律髓　登覽　一

清康熙陳士泰刻本《瀛奎律髓》書影

前言

元初方回選評的瀛奎律髓，是一部比較全面地體現宋代「江西派」詩學觀點，並在歷史上曾經產生過一定影響的大型唐、宋律詩選集。

方回生於南宋寶慶三年（公元一二二七年），卒於元大德十一年（公元一三〇七年），字萬里，號虛谷，歙縣（今屬安徽）人。宋景定間别省登第，曾知嚴州。入元，授建德路總管，不久罷官。工詩文。其所爲文，四庫全書總目提要謂爲「學問議論，一尊朱子，崇正闢邪，不遺餘力，居然醇儒之言」。論詩宗奉「江西詩派」。有虛谷集，已佚。現存著述除本書以外，有桐江集、桐江續集、續古今考、文選顔鮑謝詩評。

我國古代詩歌藝術發展到唐代而形成最高的峯巒，名家輩出，流派紛繁，作品廣泛、深刻地反映了當時的社會現實生活，藝術技巧臻於成熟的境地。宋詩在繼承唐詩優秀傳統的基礎上，許多方面有所創造和發展，從内容到形式都呈現出自己的特色，成爲繼唐詩之後的又一座新的藝術高峯。歷來的研究者往往把唐詩、宋詩相提並論，視爲中國詩歌史上兩個重要的發展階段。格律謹嚴精密的律詩孕育於南北朝，成熟於唐初。唐、宋詩歌創作高度發展的標誌之一是各種詩歌體裁都取得了豐碩的成果，而其中以律體詩的成績尤爲突出。方回的瀛奎律髓專選唐、宋五、七言律詩，取材宏富，共選三千零十四首（其中重出二十二首，實爲二千九百九十二首），三百八十五家。全書按作品題材分爲四十九類，每類按時代先後爲次編爲一卷，共四十九卷。方回選詩側重於宋代，入選一千七百六十五首，二百二十一家，比重超過唐代；「江西派」重要作家入選的作品也較多。這反映了方回崇尚「江西詩派」的立場。然而從全書的情況來看，方回未完全爲宗派觀念所囿，選詩尚能根據作品的客觀藝術價值決定，所選作品以大家爲主，同時也注意到各種不同流派的作家和各種不同題材的作品，編排的體例又比較別致。因此，這部詩選還是能比較全面地展示出唐、五代、兩宋將近七百年間詩歌創作繁榮的盛況和律詩發展、流變的輪廓。

「江西詩派」是一個作家人數衆多、文學見解大體一致、作品風格基本相同的詩歌藝術流派，爲北宋黄庭堅所開創。黄庭堅的詩作，具有特殊的個性與風格；他還提出了一套作詩的主張，所論多言法度，强調規摹古人。其創作和理論在當時很有吸引力，爲一些士大夫文人所普遍喜愛，受到影響的作家無形中就演成一種流派。最先提出「江西詩派」這一名稱的是兩宋之際的吕本中，他的江西詩社宗派圖把黄庭堅作爲詩派的創始人，又把陳師道等二十四人作爲這一詩派的成員。「江西詩派」形成之後，經由師友的傳授，綿延發展，聲勢很大，影響深遠，在北宋末以及整個南宋時期，包括陸游、楊萬里、范成大等大詩人在内，幾乎没有一個作家不與之在創作上有過程度不同的聯繫。但是，到了南宋後期，宗尚晚唐的「四靈派」興起，「江湖派」風行，早已顯露出自身流弊的「江西詩派」相形之下日趨衰微。重振「江西」旗鼓，糾正其闕失，維護、發揚其創作主張和美學準則，以改革「四靈派」「江湖派」所造成的頹俗卑弱的詩風，是方回編選瀛奎律髓的根本宗旨。

方回在該書自序中説：「文之精者爲詩，詩之精者爲律。所選詩格也，所注詩話也。」依詩説話，論對詩發，將選詩和評詩結合起來，使詩選和詩話融爲一體，是瀛奎律髓的一個顯著特色。這部詩選對所選之詩多詳加圈點，標明句眼，指出寫作特點，還對唐、宋詩歌中各個流派和重要作家、作品的藝術風格、特徵作了十分細致的分析。方回評論入選作品，基本上以「江西詩派」之法爲法，吸取了「江西派」作家所總結的一套格律句法之學。「江西派」詩人對詩歌創作的命意、結構、格律、句法、對偶、用字等問題的意見往往發表於短札和談片，散見於有關文集、詩話、筆記等著作裏。瀛奎律髓把這些零碎的意見集中在一起，加以系統化，並且通過評點作品的方式把它們具體而明白地顯示出來。整個宋代，研究格律句法的詩學特别興盛。對「江西詩派」以外各家的意見，方回也廣爲吸取。在某種意義上講，瀛奎律髓這部律詩選集同時又是一部宋代的詩律學全書。

瀛奎律髓在吸取、運用「江西派」詩學理論的同時，對它進行了較爲全面的整理與總結，並作了必要的修正、補充，使之得到進一步的發展。值得注意的有下列幾點：

一

在「江西詩派」所提出的一系列作詩法則中，許多人奉「奪胎換骨」「點鐵成金」之説爲綱領，方回却特别注重「拗字」、「變體」等法則，在瀛奎律髓裏列出專類予以探討：卷二十五專論「拗字」，卷二十六專論「變體」，分析具體而微。「拗字」是作律詩時改變某些字的平仄格律，使作品骨格峻峭，語句渾成，氣勢頓挫。「變體」是作律詩時妥善處理情句和景句，實字和虚字，以及色彩的濃和淡，辭意的重和輕等對立而又統一的各對矛盾，使作品的體製富於變化。應該指出，「拗字」「變體」之法對於創作具有蒼勁瘦硬風格的律詩確實是重要的藝術手段，它們是「江西派」詩法體系中較有價值的精華。而所謂「奪胎換骨」「點鐵成金」，主要是要人在創作時規摹古人詩意，點竄古人詩句，搬弄典故，使用古語，實際上是以借鑑代創造，容易造成摹擬剽竊的惡習，南宋魏泰臨漢隱居詩話、金王若虚滹南詩話都曾對此提出過尖鋭的批評。方回雖不否定「奪胎換骨」、「點鐵成金」之説，有時在評詩時還加以運用，但突出「拗字」、「變體」之法，將之作爲「江西派」詩法的重點進行深入的研究與總結，改變了該派原先以「奪胎换骨」、「點鐵成金」的主張爲核心的做法，這對於「江西派」詩律學體系是一個改造與提高。

二

方回評詩，明確標舉「江西詩派」作家所一致注重的「格」作爲主要標準。他説：「詩以格高爲第一。」（桐江續集唐長孺藝圃小集序）又説：「詩先看格高而意又到、語又工爲上，意到、語工而格不高次之，無格、無意又無語下矣。」（瀛奎律髓卷二十一，以下引文僅注明卷數。）基於這樣的原則，方回高度贊揚了「江西詩派」的代表作家，評黄庭堅、陳師道云：「黄、陳特以詩格高爲宋第一。」（卷二十二）評陳與義云：「簡齋詩獨是格高，可及子美。」（卷十三）也是從「格高」的要求出發，方回批評了詩格卑弱的「四靈派」、「江湖派」以及他們所宗尚的晚唐的許渾、姚合等作家的詩風。

方回所説的「格高」是指詩歌蒼勁瘦硬的風格。「江西詩派」以具有這樣獨特的藝術風格而使自己成爲一個獨特的藝術流派。作爲「江西派」後起的中堅，方回所盡力維護和發揚的正是這一種風格。他對於「拗字」、「變體」等手法的總結，都是屬於經由鍛字煉句以達到這種風格的實踐途徑。但是，由於「江西派」詩人一味强調「格高」，流弊所及，反映到作品藝術風格上來，産生了明顯的缺陷，方回對此並不諱言，他説：「『江西』苦於粗而冗。」（卷十）「『江西』之弊，又或有太粗疎而失邯鄲之步，亦是以發文章與時高下之嘆也。」（卷十）爲了消除弊病，方回對「江西詩派」的美學準則進行了修正與補充。具體地講，就是主張在以「格高」爲基礎的前提之下，一要以「細潤」濟粗獷，他説：「大曆十才子以前，詩格壯麗悲感。元和以後，漸尚細潤。愈出愈新，而至晚唐。以老杜爲祖而又參此細潤者，時出用之，則詩之法盡矣。」（卷一）二要以「圓熟」濟生硬，他説：「熟也者，非腐爛陳故之謂，取之左右逢其源是也。」（卷二十）「平熟圓妥，視之似易，能作詩到此亦難也。」（卷十六）三要以「豐腴」濟枯澀，他説：「若五言律詩，則唐人之工者無數，宋人當以梅聖俞爲第一，平淡而豐腴；舍是則又有陳後山耳。此余選詩之條例，所謂正法眼藏也。」（卷一）

三

注意詩歌與現實的關係，强調詩歌的社會作用，是方回文學思想的一個重要方面。表現在對杜甫作品的評價上，除了講求其格律句法外，方回還一再提示要注意其中所表現的憂世憫生的懷抱：「明皇、妃子之酣淫，林甫、國忠之狡賊，養成漁陽之變。史思明繼之，回紇擠之，吐蕃踵之，四方藩鎮不臣，盜賊蠭起。老杜卒於大曆五年庚戌，自天寶十四年乙未始亂，流離十六年。唐中葉衰矣，却只成就得老杜一部詩也。」（卷二十九）「老杜平生雖流離，多在郊野，而目擊兵戈盜賊之變，與朝廷郡國不平之事，心常不忘君父，故哀憤之辭不一，不獨爲一身發也。」（卷二十三）「他人對雪，必豪飲低唱，極其樂。唯老杜不然，每極天下之憂。」（卷二十一）瀛奎律髓忠憤類選録了不少反映唐、宋各動亂時期歷史現實的優秀詩篇，以杜甫春望冠於卷首，批語云：「此第一等好詩。想天寶、至德以至大曆之亂，不忍讀也。」（卷三十二）該卷中其它一些作品後的批語也常常流露出這樣的感慨。昇平類中對那些粉飾現實的作品，頗多微辭。朝省類批評賈至等四人在「京師喋血之後，瘡痍未復」的情勢下寫「誇美朝儀」的大明宫早朝詩是「不已泰乎」。（卷二）懷古類小序更正面指出：「有仁心者，必爲世道計。」認爲即使寫懷弔古迹之作，也不應一味流連光景，而要從「興亡賢愚」中探求歷史的經驗教訓以「爲法」、「爲戒」，使創作有益於社會。（卷三）「江西詩派」創始者黄庭堅本人就是偏重形式技巧而輕視作品社會内容、迴避政治鬭争的，造成了極大的不良影響。方回的上述主張，在一定程度上彌補了「江西派」在詩歌創作的這個至關重要的理論問題上的嚴重闕失。

四

方回不但系統地總結了「江西詩派」的詩學理論，而且通徹源流地重新整理這一個詩歌流派的組織體系，提出了著名的「一祖三宗」的論點。他指出黃庭堅、陳師道「號『江西派』，非自爲一家也，老杜實初祖也」（卷一），並宣稱説：「古今詩人，當以老杜、山谷、後山、簡齋四家爲一祖三宗，餘可配饗者有數焉。」（卷二十六）黃庭堅詩學原是推尊杜甫的；其他的「江西派」詩人也都以杜甫爲標榜，視黃庭堅爲杜甫的直接繼承者。但是，黃庭堅學杜，只注意從形式技巧中尋求經驗和規律，存在很大的片面性；而「江西派」的末流，心目裏只有黃庭堅，連杜甫的作品都棄而不讀。在這種情況下，方回明確揭示本源，推尊杜甫爲「初祖」，對於號召後學直接學習杜甫，在與杜甫作品的實際接觸中真正體會杜甫的精神和成就，克服片面性，具有重要的意義。陳與義是宋朝南渡之際的傑出詩人。他目睹北宋之亡，親身經歷時代的動亂，後期作品多感憤沉鬱之音，表現出憂國傷時的思想。和黃庭堅、陳師道一樣，陳與義也尊杜學杜，對蘇軾、黃庭堅亦很推重，然而他又説：「要必識蘇、黃之所不爲，然後可以涉老杜之涯涘。」（簡齋詩集引）儘管陳與義對蘇、黃有一定的保留，而嚴羽滄浪詩話也認爲「簡齋體」是「亦『江西』之派而小異」，但方回把他列爲「三宗」之一，其目的顯然是爲了壯大「江西詩派」的陣營，從而借以擴大後學者的眼界。清吴寶芝説：「一祖三宗之説，論詩家每用相詬病，謂其不應獨宗『江西』也。夫旹其爲偏，誠所難辭；然觀其論詩小序云：『立志必高，讀書必多，用力必勤，師傅必真。四者不備，不可言詩。』可知其於此事，煞費工夫來。蓋從三折九變之餘而始奉此爲歸宿，其中甘苦得失之數，必有獨喻其微者，非漫然奉一先生之號，傍人門户以自標榜也。」（重刻律髓記言）指出方回重新整理「江西詩派」的組織體系與其文學思想之間的密切關聯，真可謂是深得其用心了。

上面所講的四個問題，是方回對「江西派」詩學的重要發展。如果説，「江西派」的詩學理論是瑕瑜互見；那麽，方回對它的整理與總結，則是使之朝着克服消極面、發揚積極面的方向前進了一大步。在宋代詩壇流行了二百年之久的「江西詩派」雖然存在較大的局限性，但是它在創作、理論上的建樹及其在文學史、文學理論批評史上的地位是不容抹煞的。因此，方回對「江西派」詩學理論的改造與提高，對古代詩歌理論的發展，也是一個積極的貢獻。

「江西詩派」的主要弊病是以「流」爲「源」，靠前人的書本去做詩，脱離廣闊的現實生活。儘管在詩歌的現實性和社會作用問題上，方回的見解是值得重視的，然而這並不意味着他對「江西詩派」脱離社會生活和脱離作品内容而孤立地講求藝術技巧的錯誤傾向，有正確的認識。從根本上説，瀛奎律髓所指示的一條創作道路，仍是「江西詩派」的老路，方回自己的創作就打着這樣的烙印。此外，由於方回宗奉「江西詩派」的立場，特别是由於其時代和階級的局限，在選詩和論藝方面存在的問題很多，應予分析、批判，這裏不一一細説。

瀛奎律髓成書於元至元二十年（公元一二八二年），當時即已刊刻流行。明成化三年（公元一四六七年）皆春居士重刻該書，爲之作序説：「先生自序謂：『詩之精者爲律。』今觀其所選之精嚴，所評之當切，涵泳而雋永之，古人作詩之法，詎復有餘藴哉！誠所謂『律髓』也。」評價甚高，反映了在詩歌創作崇尚盛唐的明代，這部爲宋代「江西詩派」張目的詩選仍然有人在推重。到了清代，詩壇上出現了宗唐、宗宋的激烈的門户之爭，論者的立足點不同，對瀛奎律髓的評價也就大相徑庭。清代初期，取法晚唐温庭筠、李商隱的馮舒、馮班對該書持徹底否定的態度，如馮班批評説：「至於方公之議論，全是執己見以强縛古人。以古人無礙之才，圓通因變之學，曲合於拘方板腐之輩，吾見其愈議論而愈多其戾耳。」（本書卷一）康熙、雍正時期，宋詩派學者吴之振的看法與二馮針鋒相對，稱譽該書説：「其論世則考其時地，逆其意志，使作者之心，千載猶見；其評詩，則標點眼目，辨别體製，使風雅之軌，後學可尋。斯固詩林之指南，而藝圃之侯鯖也。」（瀛奎律髓序）宋詩派詩人查慎行也説：「詩以氣格爲主，字句抑末矣。然必句針字砭，方可進而語上。虚谷先生評詩之意以此，余之丹黄亦以此。」（見本書卷一）乾隆、嘉慶時期，論詩主張「根柢乎八代、三唐而兼涉乎『江西』」的紀昀則以折衷的姿態出現，在瀛奎律髓刊誤序中一方面指摘「左袒『江西』」的方回，説他選詩有「矯語古淡」、「標題句眼」、「好尚生新」之弊，評詩有「黨援」、「攀附」、「矯激」之失；另一方面，又批評「左袒晚唐」的二馮，説他們「負氣詬爭，遂併其精確之論，無不深文以詆之。矯枉過正，亦未免轉惑後人」。爲了糾正「方氏之僻，馮氏之激」，特地作了瀛奎律髓刊誤一書。圍繞着瀛奎律髓所展開的關於詩歌創作領域裏許多問題的不同意見的争論，一直延續到晚清以後。清代兩百多年之中，評點瀛奎律髓的竟然有十多家。總之，在整個清代，對方回的這部詩選褒貶紛紜，正説明了它在當時的歷史地位和作用，其影響是很大的。

鑒於瀛奎律髓以及後人通過對它的再評點以發表的各種見解，對於研究中國文學史和中國文學理論批評史有一定的參考價值，我以方回原書爲基礎，彙集了馮舒、馮班、陸貽典、查慎行、何義門、紀昀、無名氏（甲）、許印芳、無名氏（乙）等十多家評語，編成瀛奎律髓彙評出版，以饗讀者。至於本書中資料的輯集與編排，不當之處在所難免，歡迎同志們提出寶貴意見，以便今後改正。

朱東潤師爲本書題簽。元至元本瀛奎律髓是本書的重要參校本之一，原書現藏北京首都圖書館，陳子展師一九七九年去北京開會，專程去首圖聯繫，拍回了縮微膠卷。吕貞白師對本書的編纂關懷備至，提出過許多寶貴意見，並看過部份原稿。顧易生同志看過本書的部份原稿。本書以明成化三年刻本爲底本，原書現藏北京圖書館，其縮微膠卷是由劉德權同志聯繫拍來的。本書附録之二方回文選顔鮑謝詩評的縮微影片由上海古籍出版社提供。過録有錢陸燦評語的清康熙五十二年石門吳之振刻本瀛奎律髓，現藏吉林省圖書館，錢陸燦評語是吉林大學中文系張連第同志抄寄給我的。復旦大學圖書館劉琦同志爲本書輯集資料和抄寫工作付出了辛勤的勞動。編纂本書之初，爲了弄清楚過去有哪些人評點過瀛奎律髓以及該書有哪幾種版本，我曾向全國二十九所省、市、高校圖書館作調查，得到過他們熱情幫助。借此書出版的機會，謹向上述師友及有關圖書館的同志們致以衷心的謝忱！

李慶甲

一九八三年春節於復旦大學

例　略

（一）本書正文及方回原評，以明成化三年紫陽書院刻本瀛奎律髓爲底本。參校版本有：元至元二十年刻巾箱本瀛奎律髓，清康熙五十二年石門吳之振黃葉村莊刻本瀛奎律髓，清嘉慶五年侯官李光垣校刻本瀛奎律髓刊誤。少數地方的錯字、脱字，則是據其它有關書籍補正的。前人校勘瀛奎律髓正文、方回原評的成果，分别標明原校者姓氏，與這次新加的校記一起録入本書校勘記中，附於本書各卷之末。這次新加的校記，則冠二「按」字，以示區别。

（二）本書所録方回以外諸家評語的作者姓氏以及所根據的版本，略依作者生卒年次排列於後：

馮舒（公元一五九三年——一六四九年）　評語未刊刻過。本書所録，以過録有馮舒、馮班、查慎行、何義門評語的清康熙五十二年石門吳之振黃葉村莊刻本瀛奎律髓爲底本，參校了另外三種過録有馮舒、馮班評語的清康熙四十九年陳士泰刻本瀛奎律髓。

馮班（公元一六〇二年——一六七一年）　評語未刊刻過。本書徵引評語所依據的底本及參校本與馮舒相同。

錢湘靈（公元一六一二年——一六九八年）　評語未刊刻過。本書所録，以過録有馮舒、馮班、錢湘靈評語的清康熙五十二年石門吴之振刻本瀛奎律髓爲底本。

陸貽典（公元一六一七年——?）　評語未刊刻過。本書所録，以過録有馮舒、馮班、陸貽典評語的清康熙五十二年石門吴之振黄葉村莊刻本瀛奎律髓爲底本，參校了過録有陸貽典、無名氏（乙）評語的清康熙四十九年陳士泰刻本瀛奎律髓。

查慎行（公元一六五〇年——一七二七年）　本書所録，以上海六藝書局石印本查初白十二種詩評爲底本，參校了過録有馮舒、馮班、查慎行、何義門評語的清康熙五十二年石門吴之振黄葉村莊刻本瀛奎律髓。

何義門（公元一六六一年——一七二二年）　評語未刊刻過。本書所録，以過録有馮舒、馮班、查慎行、何義門評語的清康熙五十二年石門吴之振黄葉村莊刻本瀛奎律髓爲底本，參校了過録有馮舒、馮班、何義門評語的清康熙四十九年陳士泰刻本瀛奎律髓。

紀昀（公元一七二四年——一八〇五年）　本書所録，以清嘉慶五年侯官李光垣校刻本瀛奎律髓刊誤爲底本。

無名氏（甲）（姓氏及生卒年俱不可考，評語可能作於清嘉慶、道光之間。）　評語未刊刻過。

本書所録，以無名氏〔甲〕評閲清康熙五十二年石門吴之振黄葉村莊刻本瀛奎律髓爲底本。

許印芳（公元一八三二年——一九〇一年） 本書所録，以雲南叢書本律髓輯要爲底本。

無名氏〔乙〕（姓氏及生卒年俱不可考，評語寫作時間似較晚，姑列於許印芳之後。） 評語未刊刻過。 本書所録，以過録有陸貽典、無名氏〔乙〕評語的清康熙四十九年陳士泰刻本瀛奎律髓爲底本。

趙熙（公元一八六七年——一九四八年） 評語未刊刻過。 本書所録，以民國十七年郭季吾手抄本瀛奎律髓抄爲底本。

附録於二馮評語之後的韓弼元以及署名爲淇的等人的零星評語（見過録有馮舒、馮班評語的清康熙四十九年陳士泰刻本瀛奎律髓），附録於查慎行評語之後的張載華、李天生、俞犀月、陸庠齋、吴星叟等人的零星評語（見查初白十二種詩評），附録於紀昀評語之後的李光垣的零星評語（見瀛奎律髓刊誤），本書全部予以收録。

本書彙集上述諸家之評語，凡有參校本的都進行了校勘。 底本與參校本之間文字上有異同者，則擇善而從； 爲避免繁瑣，這方面一律不出校記。

（三） 本書所彙集的諸家評語，多數是對入選的詩歌而發，有一部份是對前人的評語而發。關於詩歌的評語，較正文低兩格排於所評作品之後； 同一首作品有兩家以上評語的，排列時以時代先後爲次。 關於評語的評語，較正文低四格排於所評評語之後； 有兩家以上者，排列時亦以時代先後爲次。

（四）方回、馮舒、馮班、查慎行、何義門、紀昀、許印芳諸家，對於入選的作品，不僅有評語，而且詳加圈點。這些圈點是表現評論家藝術見解的手段之一，對我們深入理解所批點的作品本身具有一定的參考價值。原擬選取方回、紀昀兩家的圈點刊行，但是因爲受客觀條件的限制，在排印方面確實存在着種種實際困難，所以只得暫付闕如。書中有些地方的圈點與評語結合比較緊密，删去了圈點則評語就無法理解。爲了解決這一矛盾，只得在有關評語之下加按語説明。例如卷一於杜甫登岳陽樓中「吴楚東南坼，乾坤日夜浮」兩句的「坼」及「浮」字之旁，方回俱加圈，並在評語中説：「凡圈處是句中眼。」「坼」、「浮」字旁的圈，排印時未克照排，故於方回評語下加按語云：「方回在『吴楚東南坼，乾坤日夜浮』二句之末『坼』、『浮』字旁加圈。」

（五）正如清代的一些評點者所指出的那樣，方回原書在編選方面存在很多問題，現分别舉例説明於後：

作品重出。如梅聖俞送高判官和唐店夜飲，既見於宴集類卷八的五律中，又見酒類卷十九的五律中。

作品誤屬。如春日類卷十的七律中題爲陸放翁作的暖甚去綿衣一詩，實爲趙昌父所作。

排列失序。如風懷類卷七的七律中，把宋張宛丘的次韻張公遠二首置於唐劉賓客、韓偓、李商隱等人的作品之前。

評語重出。如登覽類卷一的五律第一首陳子昂度荆門望楚後之評語，又見於懷古類卷三的五律中陳子昂白帝懷古之後，二者僅字句有異，内容基本相同。

歸類不當。邊塞類卷三十柳中庸愁怨是一首閨情詩，不應收入邊塞類。

體例不純。該書體例，對所録作家倣文選體例書字或官爵而不書名，但書中前後不統一，如登覽類卷一的五律第一首度荆門望楚下作者名按文選例當署爲「陳伯玉」，不應作「陳子昂」。此外，該書每類之首有方回寫的一篇小序，絶大多數不標自己的名字，但卷十三冬日類小序、卷二十梅花類小序於序文開頭處寫作「虚谷曰」，這也是體例不純之一例。

爲了保持該書原貌，對於上述種種問題，基本上未作改動。這次整理，僅對某些誤屬作品的作者姓氏作了更正，其它都一仍其舊；但無論改正或保持原狀，在校記中均有説明。

（六）明清以來刊刻和評點瀛奎律髓時諸家所寫的序、跋，有助於讀者對該書之了解，故悉載其原文，是爲附録一。

（七）方回所著文選顔鮑謝詩評對於研究方回的文學思想和瀛奎律髓都非常重要，故亦載其全文，是爲附録二。此書共四卷，向無刻本。今以四庫全書本爲底本，參校了一九七七年中華書局影印胡克家刻本李善注昭明文選的有關文字，對底本中明顯的錯誤和闕漏之處作了修改、訂正，並出校記説明。校記附於此書各卷之末。

（八）元史方回無傳。現從曾廉元書和顧嗣立元詩選徵引方回的傳記資料兩則，是爲附録三。

（九）編者在編纂本書過程中，對瀛奎律髓的版本、評點及收藏情況作過一番調查，兹將所得編成情況一覽表載於書末，是爲附録四。

（十）各種版本的瀛奎律髓均無細目，只有標明卷次及類别的總目。現在編製了作品目録代替原先的總目，置於本書起首之處。更爲了便於讀者檢索瀛奎律髓所選録的作者及其作品，特編製了一個作者篇目彙檢，印在書後。

李慶甲

一九八三年二月

瀛奎律髓序

紫陽虚谷居士方回撰

「瀛」者何？十八學士登瀛洲也。「奎」者何？五星聚奎也。「律」者何？五、七言之近體也。「髓」者何？非得皮得骨之謂也。斯登也，斯聚也，而後八代、五季之文弊革也。文之精者爲詩，詩之精者爲律。所選，詩格也。所注，詩話也。學者求之，髓由是可得也。方回者誰？家於歙，嘗守睦，其字萬里也。至元癸未良月旦日。

吴寶芝：右序相傳謂虚谷所作，然詞義淺鄙，且亦非當時文體，即與虚谷他文亦不甚相類，疑是後人贋作。吕晚村、曹叔則兩先生本俱不載，然舊本有之，今亦未敢遽芟，録存以俟識者辨之可也。紀昀：「詩之精者爲律」句太套，古體豈詩之粗者？「右」字上應加「吴瑞草曰」四字。○此篇筆意與此書小序、評語皆相類，未必不出於虚谷，吴氏亦曲爲解脱耳。○甲午五月於四庫官書中檢得虚谷桐江續集，中有此序，非贋作也。○或題曰「宋紫陽虚谷居士方回撰」。虚谷終於元，不應仍題曰「宋」，其人亦非淵明比，不得援晉徵士例，宜改題曰「元方回」。

目録

卷之二　朝省類

卷之三　懷古類

五　言　三十二首

卷之四　風土類

五言　四十二首

卷之五 昇平類

卷之六　宦情類

五言四十三首

七言　三十八首

卷之八　宴集類

五言　十首

七言　十三首

七言　五十二首

卷之十一　夏日類

五言　二十九首

七言二十首

卷之十二　秋日類

五言　六十首

卷之十三　冬日類

五言　三十四首

七言二十首

卷之十四　晨朝類

五言　三十二首

卷之十五　暮夜類

卷之十六 節序類

卷之十七　晴雨類

五言九十五首

七言四十首

卷之十八　茶類

五言　十三首

七言　八首

卷之十九　酒類

五言　十九首

卷之二十　梅花類

五　言　六十一首

卷之二十一 雪類

五言 四十首

卷之二十二 月類

五言 三十首

七言　十首

卷之二十三　閒適類

五　言　二百八首

卷之二十四　送別類

五言　八十七首

七言七十一首

卷之二十五　拗字類

五　言　十首

七　言　十八首

卷之二十六　變體類

五言　十首

七言　十九首

卷之二十七　着題類

五言　三十首

七言 六十九首

卷之二十八　陵廟類

五言　二十首

七言三十二首

卷之二十九 旅況類

五言 五十七首

七言二十二首

卷之三十　邊塞類

五言　五十一首

卷之三十一 宮闈類

卷之三十二 忠憤類

七言二十二首

卷之三十三　山巖類

五言　十二首

七言　六首

卷之三十四　川泉類

五言　三十二首

卷之三十五　庭宇類

卷之三十六　論詩類

五言　三首

七言　三首

卷之三十七　技藝類

五言　二首

七言　十一首

卷之三十八　遠外類

五言　十二首

七言　四首

卷之三十九　消遣類

五言　四首

卷之四十二　寄贈類

五言　三十八首

七言五十八首

卷之四十三　遷謫類

五言二十首

七言　三十九首

卷之四十四　疾病類

五言二十五首

卷之四十五　感舊類

七言　七首

卷之四十六　俠少類

五言　八首

卷之四十七 釋梵類

七言 四十六首

卷之四十八　仙逸類

五言　四十二首

卷之四十九　傷悼類

附録一　題跋

附録二　文選顔鮑謝詩評

卷二

卷三

卷四

瀛奎律髓彙評卷之一　登覽類

登高能賦，於傳識之。名山大川，絶景極目，能言者衆矣。拔其尤者，以充雋永，且以爲諸詩之冠。

馮班：方君敍宋末事甚詳，多可據。

查慎行：詩以氣格爲主，字句抑末矣。然必句針字砭，方可進而語上，虚谷先生評詩之意以此，余之丹黄亦以此。

五言　二十首

度荆門望楚

陳子昂

遥遥去巫峽，望望下章臺。巴國山川盡，荆門煙霧開。城分蒼野外，樹斷白雲限。今日狂歌客，誰知入楚來。

方回：陳拾遺子昂，唐之詩祖也。不但感遇詩三十八首爲古體之祖，其律詩亦近體之祖也。白帝、峴山二首極佳，已入「懷古類」，今揭此一詩爲諸選之冠〔一〕。陳子昂、杜審言、宋之問、沈佺期俱同時，而皆精於律詩。孟浩然、李白、王維、賈至、高適、岑參與杜甫同時，而律詩不出則已，出則亦足與杜甫相上下。唐詩一時之盛，有如此十一人，偉哉！

馮舒：必謂子美高於數公，亦不服。

紀昀：以賈至入諸公之間，殊爲不倫。太白所長不在律詩，十一人之説未確。

馮舒：如此出題，如此貼題，後人高不到此。

馮班：如此方是「度荆門望楚」，一團元氣成文。

陸貽典：蔣西谷云：首句是「度荆門」，二句是「望楚」。然「遥遥」二字即帶「望」字，「下」字回顧「度」字，古人法律之細如此。落句挽合「度」字有力。

查慎行：初唐人新創格律，即陳、杜、沈、宋，亦未能出奇盡變，不過情景相生，取其工穩而已。

紀昀：連用四地名不覺堆垛，得力在以「度」字、「望」字分出次第，使境界有虚有實，有遠有近，故雖排而不板。五、六寫足「望」字。以上六句寫得山川形勝滿眼，已伏「狂歌」之根。結二句借「狂歌」逗出「楚」字，用筆變化，再一挨敘正點，則通體板滯矣。

李光垣：是書例不書作者之名，伯玉書名，例不畫一。

無名氏（甲）：荆門，湖廣荆州。

無名氏（乙）：峻整遒勁，看去仍生動。此不可及。

登襄陽城

杜審言

旅客三秋至，層城一作「樓」〔一〕。四望開。楚山横地出，漢水接天回。冠蓋非新里，章華即舊臺。習池風景異，歸路滿塵埃。

方回：此杜子美乃祖詩也。「楚山」、「漢水」一聯，子美家法。中四句似皆言景，然後聯寓感慨，不但張大形勢，舉里、臺二名，而錯以「新」、「舊」二字，無刻削痕。末句又傷時俗不古，無習池山公之事，尤有味也。晚唐家多不肯如此作，必搜索細碎以求新。然審言詩有工密處，如「淑景〔三〕催黄鳥，晴光照緑萍〔四〕」，「風光新柳報，宴賞落花催」，「下釣看魚躍，探巢畏鳥飛。葉疎荷已晚，枝亞果新肥」，「鹿麛銜妓席，鶴子曳童衣。園果嘗難遍，池蓮摘未稀」，「日氣含殘雨，雲陰送晚雷」，皆有味。壯語如「雨雪關山暗，風雷草木稀」，「據鞍雄劍動，插檄羽書飛」，「不宰神功運，無爲大化懸。八荒平物土，四海接人烟」，「文物驅三統，聲名走百神」，「禹食傳中使，堯樽遍下人」，則晚唐所無。此等句若置之子美集，無大相遠也。欲述杜詩源流，故詳及之。

馮舒：言景言情，前人不如此，只是大曆以後體，「江西」遂刊定詩法矣。

馮班：審言詩不必如此論，此蓋後世詩法耳。

紀昀：子美詩上薄風騷，下羅八代，所謂「讀書破萬卷，下筆如有神」者，蓋非虛語，非區區守一家之法者。以此數聯爲杜詩家法，所見殊陋。○山公習池，留連宴飲，非後世難爲之事，未可云「傷時俗之不古」，蓋慨想山公之意。初唐語意猶質，無用深解也。

馮班：破題未有「襄陽」。次聯緊接。

陸貽典：一氣虛涵清景。

紀昀：子美登兖州城詩與此如一板印出。此種初出本佳，至今日輾轉相承，已成窠臼，但隨處改換地名，即可題徧天下，殊屬捷便法門。學盛唐者，先須破此一關，方不入空腔滑調。

無名氏（甲）：襄陽，湖北今府。

無名氏（乙）：不呆使事，開無限法門。

許印芳：杜審言，字必簡，襄陽人，甫之祖也。官修文館學士，卒贈著作郎。生平善五言詩，兼工書翰。而恃才謇傲，爲世所嫉云。

臨洞庭湖 一作「岳陽樓」

孟浩然

八月湖水平，含〔五〕虛混太清。氣蒸雲夢澤，波動〔六〕岳陽城。欲濟無舟楫，端居恥聖明。坐看〔七〕垂釣者，徒有羨魚情。

方回：予登岳陽樓。此詩大書左序毬門壁間，右書杜詩，後人自不敢復題也。劉長卿有句云：「疊浪浮元氣，中流没太陽。」世不甚傳，他可知也。

查慎行：二篇並列，優劣已見，無論後人矣。

載華按：「二篇並列」云云及後劉得仁夏晚一則，手批本無。然語意精當，確是先生口氣。聞律髓批點，敬業家塾過本最多，疑係先生偶爾增入者。蒿廬夫子於友人案頭記録，另用黄筆别之。今仍録以俟再考。

紀昀：「疊浪」二句似海詩，不似洞庭。工部「乾坤日夜浮」句，亦似海詩，賴「吴楚」句清出洞庭耳，此工部律細於隨州處。

馮舒：「混」字無關妙處。舉世看此詩，只曉得次聯。〇通篇出「臨」字，無起爐造竈之煩，但見雄渾而兼瀟灑。後四句似但言情，却是實做「臨」字。此詩家之淺深虚實法。

紀昀曰：馮批曰：「通篇出『臨』字，無起爐造竈之煩，但見雄渾而兼瀟灑。後四句似但言情，却是實做『臨』字。此詩家之淺深虚實法。」所論似是而非。首四句若不臨湖，如何看出？何待另出「臨」字？後四句求薦，正是言情，如何云實做「臨」字？

馮班：次聯畢竟妙，與尋常作壯語者不同。皎然議之，亦近太刻。〇只是次聯妙。

陸貽典：只「含虚混太清」一句，洞庭湖正面已完。三、四不得不推借雲夢、岳陽，以「氣蒸」、

「波動」四字形容之也。

查慎行：孟作前半首，由遠説到近。後半首，全無魄力。第六句尤不着題。

何義門：後四句全是洗發「臨」字。〇張平子應閒云：「學非所用，術有所仰；故臨川將濟，而舟楫不存焉。」第五本此。

紀昀：此襄陽求薦之作。原題下有「獻張相公」四字，後四句方有着落，去之非是。作「岳陽樓」，更非是。〇前半望洞庭湖，後半贈張相公，只以望洞庭託意，不露干乞之痕。

無名氏（甲）：洞庭湖，湖廣岳州。

許印芳：孟浩然，名浩，以字行，襄陽人，隱鹿門山。〇起用拗調，「北闕休上書」亦然，盛唐人有此拗法，蓋三、四字平仄互換耳。亦有用作中聯者，王右丞詩「勝事空自知」是也。此外尚多，不可枚舉。

無名氏（乙）：三、四雄奇，五、六遒渾又過之。起結都含象外之意景，當與杜詩俱爲有唐五律之冠。

登岳陽樓　杜工部

昔聞洞庭水，今上岳陽樓。吳楚東南坼，乾坤日夜浮。親朋無一字，老病有孤舟。戎馬關山北，憑軒涕泗流。

方回：岳陽樓天下壯觀，孟、杜二詩盡之矣。中兩聯，前言景，後言情，乃詩之一體也。凡圈處是句中眼。

〔按：方回在「吳楚東南坼，乾坤日夜浮」二句之末「坼」、「浮」字旁加圈。〕

馮班：小兒家見解。○杜子美上承漢、魏、六朝，下開唐、宋諸大家，固所云集大成者也。元、白、温、李，自能上推杜之所學，故學杜而得其神似。即宋之蘇公亦然，陸放翁、范石湖又其亞也。若陳簡齋、曾茶山豈無神似之作，但專學杜詩，不欲推原見本，上下前後有所不究，粗硬之病未免，曲折之致全無，生吞活剥，見誚來者。雖有相肖，亦無異叔敖之衣冠，中郎之虎賁矣。至於方公之議論，全是執己見以强縛古人。以古人無礙之才，圓通因變之學，曲合於拘方板腐之輩，吾見其愈議論而愈多其戾耳。嗚呼！嗚呼！

紀昀：鍊字之法，古人不廢。若以所圈句眼，標爲宗旨，則逐末流而失其本原，睹一斑而遺其全體矣。

馮舒：因登樓而望洞庭，乃云「昔聞洞庭水，今上岳陽樓」，是倒入法。三、四「吳楚」、「乾坤」，則目之所見，心之所思，已不在岳陽矣，故直接「親朋」、「老病」云云。落句五字總收上七句，筆力千鈞。

馮班：次聯力破萬鈞。

查慎行：杜作前半首由近説到遠，闊大沉雄，千古絶唱。孟作亦在下風，無論後人矣。

何義門：破題筆力千鈞。○洞庭天下壯觀，此樓誠不可負，故有前四句。然我何緣至此哉？故後四句又不禁仲宣之感也。詩至此，面面到矣。

李天生：八句似各一意，全篇仍自渾然，相貫相承，故爲絶調。

俞犀月：三、四極開闊，五、六極黯淡，正於開曠處俯仰一身，凄然欲絶。○岳陽之勝在洞庭，第一句安頓極好。

無名氏（甲）：岳陽樓，岳州。

許印芳：杜甫字子美，襄陽人，官工部員外郎，元順帝時，追謚文貞。○一、二點題。三、四承「聞水」寫景，「乾坤」句已爲五、六伏脈。五、六承「上樓」言情，與「乾坤」句消息相通，神不外散。七句申明五、六傷感之故，亦倒點法。八句扣住登樓，總收上文。法律精細如此，學者宜細心研究，勿徒誇其氣象雄渾也。

無名氏（乙）：中四句與孟工力悉敵，而頸聯尤老，起結辣豁。孟只身世之感，而此抱家國無窮之悲，事境尤大云。

登兗州城樓

東郡趨庭日，南樓縱目初。浮雲連海岱，平野入青徐。孤嶂秦碑在，荒城魯殿餘。從來多古意，臨眺獨躊躇。

方回：此詩中兩聯似皆言景，然後聯感慨，言秦、魯俱亡，以「古意」二字結之，即東坡用蘭亭意也。

紀昀：晚唐詩多以中四句言景，而首尾言情，虚谷欲力破此習，故屢提唱此説。馮氏譏之，未嘗不是。但未悉其矯枉之苦心，而徒與莊論耳。

馮班：不讓乃祖。

陸貽典：此與審言登襄城一律。

查慎行：此杜陵少作也，深穩已若此。五、六每句首尾下字極工密，所謂「詩律細」也。

何義門：三、四「縱目」，五、六「古意」。○落句言思以述作繼之也。

紀昀：此工部少年之作，句句謹嚴。中年以後，神明變化，不可方物矣。○以「縱目」領起中四句，即從「秦碑」「魯殿」脱卸出，「古意」作結，運法細而無迹。

無名氏(甲)：兖州，今山東府。

無名氏(乙)：盛唐精壯，妙含餘韻則初唐矣。

登牛頭山亭子

路出雙林上，亭窺萬井中。江城孤照日，山一作「春」。谷遠含風。兵革身將老，關河信不通。猶殘數行淚，忍對百花叢。

方回：牛頭山在梓州郪縣西南二里，高一里。寶應元年壬寅秋，廣德元年癸卯春，公並在梓州，依李刺史，有上牛頭山、望牛頭寺詩。寰宇記謂「樓閣烟花，爲一方之冠」。「路出雙林上」，言亭在樹之頂。「亭窺萬井中」，則可見城市皆環之也。癸卯春作，公年五十二歲。

陸貽典：「猶殘」、「猶」字跟上「身將老」來。言身雖將老而君國之念，不忍對好景而忘之也。

查慎行：與登岳陽樓作，同一章法。

何義門：春和景麗，忽若悲風颯至，真深如也。上句亦非身至江河之濱，不見其佳。

紀昀：「猶殘」二字，緊跟上二句説下。却於上二句内，隱隱藏得淚已流盡，此流殘之數行耳。用筆最深曲。若如二馮所説，則當云「忍將數行淚，來對百花叢」，意味淺矣。

無名氏（甲）：牛頭山亭子，在四川。

許印芳：八句皆對，杜律多此。

無名氏（乙）：言景之後，大手必抒寫真性情一聯，晚唐則一味雕琢而已。宋專寫意，又嫌直致。

秋登宣城謝脁北樓

李太白

江城如畫裏，山色〔八〕望晴空。兩水夾明鏡，雙橋落彩虹。人烟寒橘柚，秋色老梧桐。誰念北樓上，臨風憶〔九〕謝公。

方回：太白亦有登岳陽八句，未及孟、杜。此詩起句似晚唐，中二聯言景而豪壯，則晚唐所無也。宣州有雙溪、疊嶂，乃此州勝景也。所以云「兩水」，惟有「兩水」所以有「雙橋」。王荆公虎圖行「目光夾鏡當座隅」，虎兩目如夾兩鏡，得非倣謫僊「兩水夾明鏡」之意乎？此聯妙絶。起句所謂「江城如畫裏」者，即指此三、四一聯之景，與五、六皆是也。謝脁爲宣城賢太守，人呼爲謝宣城，得太白表章之，其名踰千古不朽焉。

馮舒：宣城大名，恐不因太白始著。

馮班：倒見太白規模玄暉，大名豈假太白表章耶？○方君云荆公虎圖行倣太白「兩水夾明鏡」之意，不是。

錢湘靈：不通至此。

陸貽典：方評得之。

紀昀：小謝不籍太白而始彰，此語殊爲憒憒。

馮舒：看第二聯何嘗分景與情？○直作宣城語，幾不可辨。

馮班：謝句也。太白酷學謝。

何義門：中二聯是秋霖新霽絶景。○落句以謝脁驚人語自負耳。

紀昀：五、六佳句，人所共知。結在當時不妨，在後來則爲窠臼語，爲淺率語，爲太現成語。故論詩者,當論其世。

無名氏(甲):宣城,在江南寧國府。

無名氏(乙):襄陽「微雲」、「疎雨」一聯澹逸,此蒼深,並千古名句。

漢江臨眺

王右丞

楚塞三江〔一〇〕接,荆門九派通。江流天地外,山色有無中。郡邑浮前浦,波瀾動遠空。襄陽好風日,留醉與山公。「江」一作「湘」。

方回:右丞此詩,中兩聯皆言景,而前聯尤壯,足敵孟、杜岳陽之作。

馮舒:澄之使清矣,「壯」字不足以盡之。

陸貽典:順題做去,落句推開。

查慎行:第一、第三句中兩用「江」字。不但此也,「三江」、「九派」、「前浦」、「波瀾」,篇中説水處太多,終是詩病。

紀昀:三、四好,五、六撐不起,六句尤少味,複衍三句故也。

無名氏(甲):漢江,在襄陽。

無名氏(乙):壯句仍沖雅,見右丞本色。

登蒲澗寺後二巖

李羣玉

五仙騎五羊，何代降兹鄉。澗有堯時韭，山餘禹日糧。樓臺籠海色，草樹發天香。浩笑煙波裏，浮溟興甚長。

方回：寺在廣州。「堯時韭」、「禹日糧」之對工矣。詩忌太工，工而無味，如近人四六及小學答對，則不可兼。必拘此式，又爲「崑體」。善爲詩者備衆體，亦不可無此也。如老杜能變化，爲善之善者。五、六一聯亦精神。

馮班：宋人四六，工而無味，果然。工而有味，「西崑」也；工而無味，「江西」也。

陸貽典：對句更勝。

紀昀：此評最好。

紀昀：起太率易，結尤不成語。

無名氏（甲）：蒲澗寺，在廣東。陸艮潡云：「廣州蒲澗之巖，相傳有五仙人騎五羊而下。」

勝果寺

僧處默

路自中峯上，盤迴出薜蘿。到江吳地盡，隔岸越山多。古木蘩青靄，遥天浸白波。下方城郭近，鐘磬雜笙歌。

方回：寺在錢塘，故有「吴地」、「越山」之聯。或以田莊牙人譏之，似不害寫物之妙。后山縮爲一句「吴越到江分」，高矣。譬之「共君一夜話，勝讀十年書」，山谷縮爲一句，曰「話勝十年書」是也。因書諸此，以見詩法之無窮。

馮舒：詩意在「一夕」及「讀」字。若僅存一「話」字，安知不話「十年」？山谷再生，我決不服。○「十年書」，意不足爲工也。二句力在「一夕」字與「讀」字。然山谷亦直是古語耳，若方公之論，則是偷句拙賊耳。

馮班：二句意在「一夜」、「十年」作對，不可縮也。次句去「讀」字，意亦不完。后山句却妙。

查慎行：「吴越到江分」，字字意足。若「話勝十年書」，「書」字欠「讀」字意，幾不成句，勿爲山谷所欺也。

馮班：落句與承吉金山同格，語意轉勝。

陸貽典：題只「勝果寺」，無「登」、「望」、「臨」、「眺」等字，故但寫景親切，便是合作。

紀昀：三、四自佳，後四句無味。

無名氏（甲）：勝果寺，在杭州。

許印芳：詩家原有偷意之例。偷而變化字句，不襲其語者，上品。如：古詩「人生不滿百，常懷千歲憂」，陶公化爲「世短意常多」五字，此化多爲少者也。常盱眙詩「曲徑通幽處，禪房花木深」，東坡化爲「微雨止還作，小窗幽更妍；盆山不見日，草木自蒼然」四句，此化少爲多者也。若偷意而用其語，能縮多爲少者爲中品：虛谷前評所引二句是也。衍少爲多者爲下品：如王右丞詩「孤客親童僕」，崔禮山用之而衍爲「漸與骨肉遠，轉於童僕親」是也。上中二品可學，下品則不可效尤矣。又按：此詩後四句雖不出色，而前後相稱，曉嵐斥爲無味，亦是苛論。

無名氏（乙）：接出第四句，自然縹渺。

金山寺〔一〕

張　祜

一宿金山寺，微茫水國分。僧歸夜船月，龍出曉堂雲。樹影中流見，鐘聲兩岸聞。因悲在城市，終日醉醺醺。

方回：此詩金山絕唱，孫魴者努力繼之，有云：「天多剩得月，地少不生塵。過櫓妨僧定，歸濤〔二〕濺佛身。誰言張處士，詩後更無人？」其言矜誇自大，然「濺佛」之句，或者則謂金山豈如此其低耶？

馮班：著一「驚」字，何見得浪頭不高？○江大，故形容山低耳。

查慎行：「驚濤」句措詞太粗狠，未免近俗則有之。若論作詩法，則形容模寫處，往往有過其實者。執此論，天下無詩境矣。

紀昀：「或者」四字可去。

方回：大曆十才子以前，詩格壯麗悲感。元和以後，漸尚細潤，愈出愈新。而至晚唐，以老杜爲祖，而又參此細潤者，時出用之，則詩之法盡矣。

馮班：好論。今人學杜者，只欠細潤。

紀昀：此豈足以盡詩法？出語太易。

馮舒：中二聯極重難結，故以「一宿」結之，非湊語也。

馮班：第七句緊應「一宿」。落句直似換不得，然格調頗俗。

陸貽典：五、六更切景，「因悲」二句遥映「一宿」句。言非此一宿，則終日城市耳，安能得此情景乎？

查慎行：妙處在自然，他人未免有意鋪張。

何義門：破題「一宿」，中二聯一昏一曉，細甚。

紀昀：沈歸愚謂此詩庸下，所見最高。末二句殆不成語。

無名氏（甲）：金山，大江中。

無名氏（乙）：次句尤發露金山之勝。

金山寺

梅聖俞

吴客獨來後，楚橈歸夕曛。山形無地接，寺界與波分。巢鶻寧窺物，馴鷗自作羣。老僧忘歲月，石上看江雲。

方回：三、四絶妙，尾句自然有味。「誰言張處士，詩後更無人？」然則有梅聖俞可也。

馮班：非張敵也，落句凑在「忘歲月」三字。頷聯雖佳，不如張之遒拔。

錢湘靈：次聯稍勝孫魴耳。「巢鶻」、「馴鷗」，金、焦實有此景，不到便知。獨「寧窺物」三字不妥。

無名氏（乙）：後來苦難居上。

馮舒：「吴」、「楚」便造作，「寧窺物」不成句，結句無處不可移去。只三、四好，結亦寬。第七句不緊切。

紀昀：馮云『吴』、『楚』便造作，『寧窺物』不成句」，皆是。至謂「結句無處不可移」，又謂「凑在『忘歲月』三字」，則有意吹求矣。大抵二馮純尚「西崑」，一見宋詩，先含怒意，亦是習氣。

陸貽典：三、四妙，遠勝荆公「水底有天行日月，山中無地着塵埃」之句。

查慎行：宛陵詩極爲歐陽公所推重，其古淡高潔，洵在歐上。○結有餘味。

紀昀：聖俞集「巢鶻」句下有自注，虚谷删去，令讀者不得其本事，此句遂近雜湊。○高於承吉作，然似焦山。或當日金山不似今日之惡俗。

登鵲山

陳後山

小試登山脚，今年不用扶。微微交濟濼，歷歷數青徐。朴俗猶虞力，安流尚禹謨。終年聊一快，吾病失醫盧。

方回：元注：「山因扁鵲而名。」○予按此詩，後山年四十八爲棣州教授時所作，明年下世。詩暗合老杜，今注本無之。細味句律，謂後山學山谷，其實學老杜，與之俱化也，故書此以示學者。

查慎行：後山詩朴老孤峭，在「江西派」中自當首出，只讓涪翁一頭地耳。然謂其學杜則可，謂其學杜而與之俱化，竊恐未安。

紀昀：「今注本」謂任淵注。

馮舒：第三句接不得，第五句「朴俗」二字板。

馮班：家兄看詩，遇不接處多畫斷。予每謂不然，至此詩不得不畫矣。

陸貽典：五、六分承上二句。

查慎行：第三聯，出句用「猶」字，對句復用「尚」字，便是合掌，老杜無此法也。

何義門：陳後山師道，字無已。○後山以蘇東坡、孫莘老荐，得官正字，人品極高。古詩亦有佳者，律體不逮也。

紀昀：三、四有神致，虚字煉得好。五、六以近歷山、濟水，故及虞、禹，然太廓。末句言病不遇盧醫，生硬晦澀，是「江西派」過求瘦硬之病。注本無之，想後山所自删也。○山谷、後山、簡齋皆學杜而得其一體者也。故謂三家學杜可，謂學杜當從三家入則不可。

無名氏（甲）：鵲山，在山東。

無名氏（乙）：變壯麗形模而得生動，五、六老氣。

登快哉亭

城與清江曲，泉流亂石間。夕陽初隱地，暮靄已依山。度鳥欲何向，奔雲亦自閑。登臨興不盡，稚子故須還。

方回：亭在徐州城東南隅提刑廨，熙寧末李邦直持憲節，構亭城隅之上，郡守蘇子瞻名曰「快哉」，唐人薛能陽春亭故址也。子由時在彭城，亦同邦直賦詩。任淵注此詩，謂亭在黄州，不知此詩屬何處，蓋川人不見中原圖志。予讀賀鑄集，得其説。任淵所謂亭在黄州者，乃東坡爲清河張夢得命名，子由作記，非徐州之快哉亭也。予選此詩，懼學者讀處默、張祜詩，知工巧而不知超悟，如「度鳥」、「奔雲」之句，有無窮之味。全篇勁健清瘦，尾句尤幽邃，此其所以逼老杜也。

紀昀：尾句却有做作態，是宋派，絶非老杜。動引杜以張其軍，是虚谷習氣。

馮舒：如此詩，亦不辨其爲宋。

陸貽典：五、六寫「快哉」二字，寄託亦遠。

查慎行：五、六取境別。

紀昀：刻意陶洗，氣格老健。〇第四句「依」字微嫩，五、六挺拔，此後山神力大處。晚唐人到此，平平拖下矣。

無名氏（甲）：快哉亭，徐、黄二州。

許印芳：陳師道，字無已，一字履常，號後山。〇亭有三：一在徐州，李邦直所構；一在黄州，張夢得所構；一在密州，東坡所構。皆東坡題名。此題乃徐州之亭。後山家徐州，故有此亭。

無名氏（乙）：有清氣味。

甘露寺　晁君成

元注：「山〔三〕有石，如卧羊，謂之狠石。」

北固山頭寺，風煙昔縱觀。卧亭秋石狠，環舍海濤寒。越舶樓前聚，江楓户外丹。最宜清夜月，虛閣憶盤桓。

方回：寺在京口，多景樓在寺中，天下絶景也。晁君成名端友，無咎之父。第進士，仕至新城令，東坡爲其詩集引。予取此篇者，以人或〔一四〕尚晚唐詩，則盛唐且不取，亦不取宋。殊不知宋詩有數體：有九僧體，即晚唐體也；有香山體者，學白樂天；有「西崑體」者，祖李義山。如蘇子美、梅聖俞並出歐公之門，蘇近老杜，梅過王維，而歐公直擬昌黎，東坡暗合太白。惟山谷法老杜，後山棄其舊而學焉，遂名黄、陳，號「江西派」，非自爲一家也，老杜實初祖也。如君成詩，當黄、陳未出之前，自爲元和間唐詩，不可不拈出，使世人知之也。

馮舒：梅僅五律耳。餘體宋氣逼人，乃曰「過王維」，非也。

馮班：「過王維」、「合太白」，夢語也。

紀昀：梅不能過王維。東坡與太白似近而非，太白恣逸而飄忽，純任自然；東坡恣逸而靈敏，時露巧妙。

無名氏（乙）：「崑體」祖義山而不能得義山之佳處，義山不願有此子孫也。數語比擬，似未神合，而「梅過王維」一語，尤未敢以爲然。

馮舒：題下所注二語以「昔」字出之。○「越舶樓前聚」，所聚豈止越？○尾句少力。

馮班：第三句「秋」字何説？○第四句江濤耳。○第五句「越」字又不妥，「楚舶聚」有何不可？

陸貽典：此題疑有脱字，觀二句云「風煙昔縱觀」，結句云「虛閣憶盤桓」，當是追憶之作。

查慎行：晁氏一門詩文之傳者多矣，獨君成集失傳，惜哉！

紀昀：亦無佳處，亦無惡處，此種詩可不作。

無名氏（乙）：格律完整。

登定王臺 有廟

朱文公

寂寞番君後，光華帝子來。千年遺一作「餘」。故國，萬事只空臺。日月東西見，湖山表裏開。從知爽鳩樂，莫作雍門哀。

方回：朱文公詩迫近後山，此詩尾句，雖後山亦只如此。乾道二年丁亥，文公訪南軒於長沙所賦。用事命意，定格下字，悉如律令，雜老杜、後山集中可也。「爽鳩」出左傳昭公二十年。

馮舒：杜、陳並語，寃哉！

馮班：陳與杜如何並稱？

紀昀：以大儒故有意推尊，論詩不當如此。詩法、道統，截然二事，不必援引，借以爲重。

馮班：文公筆端頗高，其諸詩在詞句聲調之間，淺狹不近古人，方君不解也。

陸貽典：文公五言律全學老杜。如此詩，結句得杜之神，寧止近於後山也？

查慎行：第三聯軒豁呈露。

紀昀：中四句有古跡山川處便可用，最爲濫套。○末二句是唐、宋分界。

無名氏(甲)：定王臺，在長沙。長沙原封番君，吴芮既絶，乃封定王發，景帝子也。

無名氏(乙)：公詩瘦健，有沖和之氣，由涵養而成，非詩人可踰，而公實留心於詩，非不學而徑詣此，其所以遠也。

渡江

陳簡齋

江南非不好，楚客自生哀。摇檝天平渡，迎人樹欲來。雨餘吴岫立，日照海門開。雖異中原險，方隅亦壯哉！

方回：此謂渡浙江也。簡齋紹興初避地廣南，赴召由閩入越。行在時寓會稽，過錢塘。簡齋，洛陽人。詩逼老杜，於渡浙江所題如此，可謂亦壯矣哉。

馮舒：第四句是好句，然亦何必是「江」？「立」字欠自然。到落句應結出「楚客生哀」意。第七句硬駁。

馮班：至結尾不見「生哀」意，何也？

陸貽典：一起脱。中四句用意妙絶。所見者東南半壁，不堪回望中原矣。末句反言之而愈不勝其哀也。

查慎行：簡齋與後山才力相近，而烹煉不及後山，觀其全集自見。○結語微含諷意。

何義門：與義是去非。○簡齋詩名頗重，容齋四筆載其以墨梅詩召見，擢置館閣，自此仕至參政，然墨梅二絶乃惡詩也。

紀昀：頗見風格。○末言雖屬偏安，然形勝如是，天下事尚可爲，而惜當時之無能爲也。馮氏譏其與「自生哀」意不合，失其旨矣。

無名氏（甲）：浙江，在杭州。

無名氏（乙）：有深致。

登越臺〔二五〕

宋之問

江上越王臺，升高望幾回。南溟天外合，北户日邊開。地濕煙常起，山晴雨半來。冬花掃盧橘，夏果摘楊梅。跡類虞翻枉，人非賈誼才。歸心不可度，白髮重相催。

方回：宋之問，唐律詩之祖。詩未嘗不佳，論其爲人，則初附張易之。事敗，謫隴州參軍，逃歸洛陽。告王同皎事，附武三思，天下醜之。爲鴻臚簿考功郎，又附太平、安樂。中宗時貶越州長史，亦大藩郡也。此詩怨望，謂如虞翻可乎？尋流欽州賜死。詩則未嘗不佳，字字細密。〔按：方回在「地濕煙常起，山晴雨半來。冬花掃盧橘，夏果摘楊梅」四句之「常」、「半」、「盧」、

「楊」字旁加圈。〕

馮班：不足盡之。

紀昀：「盧」、「楊」二字，有何可圈？當以二姓爲巧耳。以此立制，詩法掃地矣。初唐詩格渾朴，用二姓爲對，本自無心，虛谷以細碎求之，殊失古人之意。

馮舒：不必景，不必情，而情景兼在其中，句句説下，並不必如元、白輩以片言居要見警策也。沈、宋之不可及如此。

陸貽典：陳簡齋心哀中原，而所咏者唯吴岫。宋考功身留越地，而所望者乃日邊。時異、人異，而情一也。知此則樵歌巷曲，可與「三百」同觀，何唐、宋之别乎？

查慎行：中二聯可謂佳處，領其要。

紀昀：以長律另編，已開高棅别名排律之漸。「跡類」句太露，無論比擬不倫也。

無名氏（甲）：越臺，在廣東，此越王尉佗之臺。

無名氏（乙）：人各有情，烏能禁其感嘆！

陪章留後侍御宴南樓得風字

杜工部

絶域長夏晚，玆樓清宴同。朝廷燒棧北，鼓角滿天東〔一六〕。屢食將軍第，仍騎御史驄。本無丹竈術，那免白頭翁。寇盜狂歌外，形骸痛飲中。野雲低渡水，簷雨細隨風。出號江城黑，題詩蠟炬紅。此身醒復醉，不擬哭途窮。

方回：老杜「登覽」詩最多，此演至八韻者，整齊工密，而開闔抑揚。他如此者尚衆，當自於集中求之。

紀昀：八字評此詩不錯，然杜之真精神、真力量不止於此八字，當求其凌跨百代處。

馮舒：何等門閥！何等態度！

陸貽典：老杜律詩，不當觀其整齊，應知其流麗工緻處可學，轉折處不能學也。

查慎行：時蜀中屢叛，節帥屢易，章梓州亦非乃心王室者，故少陵與之酬贈，往往多警動語，此其一也。

紀昀：此種猶他人所可及，非杜公之極筆。「燒棧」者，已燒之棧。「漏天」者，所謂大漏天、小漏天也。前人已辨正之。

無名氏(甲)：南樓，在四川。

無名氏(乙)：淺語激昂。

登多景樓

晁君成

樓上無窮景，樓前正落暉。開軒跨寥廓，覽物極纖微。雲破孤峯出，潮平兩槳飛。東溟看月上，西渡認僧歸。木落吴天遠，江寒越舶稀。魚龍鄰海窟，雞犬隔淮圻。草色迷千古，波聲蕩四圍。廢興懷霸業，融結想天機。浩浩羣流會，沉沉百怪依。登臨真偉觀，回首重歔欷。

方回：此詩無一字一句不工，孰謂宋詩非唐詩乎？五言律八句内一聯而工，可名世矣。此乃頓有數聯，曲盡多景之妙。南渡後詩牌充塞，如劉改之之長律，阮秀實之大篇，皆徒虚喝耳。夫以天下之形勝無窮，而所選五言止此二十首，猶時文之有格不在多也。

無名氏（乙）：誠然。

馮舒：日光照耀，往往不能極目，落日後則纖悉俱見矣。二句承「落暉」來，故妙。○全似樂天江州諸詩，目之所見，則成一聯，似乎語無倫次，不知題是多景樓故也。○筆力自好，以爲無一字一句不工，則過矣。○「融結想天機」，笨句。○結無力。

馮班：前四句即太白謝朓北樓「江城如畫裏，山晚望晴空」起法。○亦有怯句。

陸貽典：第四句眼前景，人道不出。

查慎行：有「開軒」句之宏大，不可少「覽物」句之細膩，以下觸手皆靈，得力在此耳。○「廢興懷霸業，融結想天機」，一句説人事，一句説江山，搏捖有力。○律以工部之開闔抑揚，此詩瞠乎後矣。有鋪排，無轉折故也，即此二詩，味之自見。

紀昀：「廢興」四句刪去，覺緊健潔净。元次山選篋中集有刪句之例。

無名氏(甲):多景樓,在鎮江。

許印芳:晁端友,字君成○今之刪本果是無句不工。原本「波聲」句下有兩聯云:「廢興懷霸業,融結想天機。浩浩羣流會,沈沈百怪依。」「融結」句腐,「沈沈」句惡,曉嵐皆抹之,又批云:「廢興四句刪去,覺緊健潔淨。元次山選篋中集有刪句之例。」今從之。

無名氏(乙):當境寫,快甚。○「融結想天機」接次句不意。通篇警,是僅有之作。

七言 二十首

登黄鶴樓

崔顥

昔人已乘白雲〔一七〕去,此地空餘黄鶴樓。黄鶴一去不復返,白雲千載空悠悠。晴川歷歷漢陽樹,芳草萋萋鸚鵡洲。日暮鄉關何處是,煙波江上使人愁。

方回:此詩前四句不拘對偶,氣勢雄大。李白讀之,不敢再題此樓,乃去而賦登金陵鳳凰臺也。

紀昀:此詩不可及者,在意境寬然有餘,此評最是。

馮舒：但有聲病，即是律詩，且不拘平仄，何況對偶？

馮班：真奇。上半有千里之勢。○起四句宕開，有萬鈞之勢。

查慎行：此詩爲後來七律之祖，取其氣局開展。

紀昀：偶爾得之，自成絶調。然不可無一，不可有二。再一臨摹，便成窠臼。○改首句「黄鶴」爲「白雲」，則三句「黄鶴」無根，飴山老人批唐詩鼓吹論之詳矣。

許印芳：飴山老人，趙秋谷也。唐詩鼓吹，皆唐人七言律詩，係元人選本嫁名元遺山者。

無名氏（甲）：黄鶴樓，在武昌。○此詩超邁奇崛，所謂時文中之古文。至太白鳳凰臺，近時而格不及，鸚鵡洲近古而氣不及，所以皆出其下。

許印芳：前六句叠字皆不爲複，惟末句「人」字與首句複。○此篇乃變體律詩，前半是古詩體，以古筆爲律詩，盛唐人有此格。中唐以後，格調漸卑，用此格者鮮矣。間有用者，氣魄筆力又遠不及盛唐。此風會使然，作者不能自主也。此詩前半雖屬古體，卻是古律參半。律詩無拗字者爲平調，有拗字者爲拗調。五律拗第一字第三字，七律拗第三字第五字，總名拗律。崔詩首聯、次聯上句皆用古調，下句皆配以拗調。古律相配，方合拗律體裁。前半古律參半，格調甚高。後半若遽接以平調，不能相稱，是以三聯仍配以拗調。律詩多用拗調，又參用古調，是爲變體。作變體詩，須束歸正格，變而不失其正，方合體裁，故尾聯以平調作收。唐人變體律詩，古法如是，讀者講解未通，心目迷眩。有志師古，從何下手？兹特詳細剖析，以示初學。若欲效法此詩，但當學其筆意之奇縱，不可摹其詞調之複疊。太白爭勝，賦鳳凰臺、鸚鵡洲二詩，未能自出機杼，反襲崔詩格調，東施效顰，貽笑大方，後學當以爲戒矣。○二馮批才調集，評此詩云：氣勢閎宕。紀批云：二字確評，「宕」字尤妙。愚謂虛谷求之形貌，評爲雄大。雄者貌也，大者形也。以此學古人即成僞體。馮氏求之神意，評爲閎宕。閎者意也，宕者神也。曉嵐謂「宕」字尤妙，又歸重神理一邊。以此學古人，方是真詩。同一評詩教人，而有淺深真僞之分，學者能明辨之，庶不爲淺説所誤耳。

無名氏（乙）：疊寫三黄鶴，接出白雲始奇，予讀之數十年，乃有定本。○前六句神興溢涌，結二語藴含無窮，千秋第一絶唱。

趙熙：特參古調。○此詩萬難嗣響，其妙則殷璠所謂「神來，氣來，情來」者也。

登金陵鳳凰臺

李太白

鳳凰臺上鳳凰游，鳳去臺空江自流。吴宮一作「時」。花草埋幽徑，晉代一作「國」。衣冠成古丘。三山半落青天外，二水中分白鷺洲。總爲浮雲能蔽日，長安不見使人愁。

方回：太白此詩與崔顥黄鶴樓相似，格律氣勢未易甲乙。此詩以鳳凰臺爲名，而詠鳳凰臺不過起語兩句已盡之矣，下六句乃登臺而觀望之景也，三、四懷古人之不見也，五、六、七、八詠今日之景而慨帝都之不可見也。登臺而望，所感深矣。金陵建都自吳始，三山、二水、白鷺洲，皆金陵山水名。金陵可以北望中原，唐都長安，故太白以浮雲遮蔽，不見長安爲愁焉。

馮舒：何見第二句不是觀望之景？

馮班：登鳳凰臺便知此句之妙，今人但登清涼臺，故多不然此聯也。

紀昀：原是登鳳凰臺，不是咏凰鳳臺，首二句只算引起。虚谷此評，以鳳凰臺爲正文，謬矣。○氣魄遠遜崔詩，云「未易甲乙」，誤也。

馮舒：第三聯絶唱。

馮班：窮敵矣，不如崔自然。○極擬矣，然氣力相敵，非床上安床也。次聯定過崔語。

陸貽典：起二句即崔顥黄鶴樓四句意也，太白縮爲二句，更覺雄偉。

查慎行：太白不工七律，摩詰不工七古，才分固有所限邪。○此詩昔人論之詳矣，即末用「舉頭見日不見長安」成語，東坡雪詩用「不道鹽」三字所自來也。

紀昀：太白不以七律見長，如此種俱非佳處。

無名氏（甲）：鳳凰臺，在江寧。

無名氏（乙）：五、六雄駿，太白本色。餘頗似落摹擬，轉成崔顥之名耳。

鸚鵡洲

鸚鵡東過吴江水，江上洲傳鸚鵡名。鸚鵡西飛隴山去，芳洲之樹何青青！烟開蘭葉香風暖，岸夾桃花錦浪生。遷客此時徒極目，長洲孤月向誰明。

方回：鸚鵡洲在今鄂州城南，對南樓；黄鶴樓在城西，向漢陽。太白此詩，乃是效崔顥體，皆於五、六加工，尾句寓感歎，是時律詩猶未甚拘偶也。

紀昀：崔是偶然得之，自然流出。此是有意爲之，語多襯貼，雖效之而實不及。

陸貽典：此語謬。

無名氏（乙）：效之並不似。五、六亦平。

馮舒：極擬崔，幾同印板。

馮班：此首較弱。○與崔語一例，而詞勢不及，似稍遜鳳凰臺。○不及崔。

陸貽典：起四句雖與崔作一意，而體格自殊，崔作乃金針體，此作乃扇對格也。

何義門：畫筆不到。義山安敢望此？

紀昀：白雲悠悠，不覺添出芳洲之樹，却明露湊泊，此故可思。○五、六二句，亦未免走俗。

無名氏（甲）：鸚鵡洲，在漢陽。

登樓

杜工部

花近高樓傷客心，萬方多難此登臨。錦江春色來天地，玉壘浮雲變古今。北極朝廷終不改，西山寇盜莫相侵。可憐後主還祠廟，日暮聊爲梁甫吟。

方回：老杜七言律詩一百五十九首，當寫以常玩，不可暫廢。今於「登覽」中選此爲式。「錦江」、「玉壘」一聯，景中寓情；後聯却明説破，道理如此，豈徒模寫江山而已哉。

　馮班：拘情景便非高手。

　紀昀：杜詩亦有佳有不佳，一百五十九首皆「不可暫廢」，是何言歟？此徒爲大耳。

馮舒：後六句皆從第二句生出。

查慎行：發端悲壯，得籠罩之勢。

紀昀：何等氣象！何等寄託！如此種詩，如日月終古常見而光景常新。○沈歸愚謂首二句若倒裝，其論甚微。

　許印芳：引歸愚評語有訛謬處，愚爲正之。沈歸愚謂：「首二句妙在倒裝，若一掉轉，便是近人詩。」

無名氏（甲）：樓在四川成都。

無名氏（乙）：起情景悲輳，三、四壯麗不板，五六忠赤生動，結蒼深，一字不懈，殆亦可冠長句。

閣夜

歲暮陰陽催短景，天涯霜雪霽寒宵。五更鼓角聲悲壯，三峽星河影動摇。野哭千家〔一八〕聞戰伐，夷歌幾處〔一九〕起漁樵。卧龍躍馬終黄土，人事音書漫寂寥〔二〇〕。

方回：此老杜夔州詩，所謂「閣夜」，蓋西閣也。「悲壯」、「動摇」一聯，詩勢如之。「卧龍躍馬俱黄土〔二一〕」謂諸葛、公孫，賢愚共盡。「孔丘、盜跖俱塵埃」、「玉環、飛燕皆塵土」一意，感慨豪蕩，他人所無。

馮舒：無首無尾，自成首尾，無轉無接，自成轉接，但見悲壯動人，詩至此而律髓之選法於是乎窮。

陸貽典：五、六妙絶，蓋言天下皆干戈，唯此一隅尚有安穩漁樵耳。

查慎行：對起極警拔，三、四尤壯闊。

紀昀：前路凌跨一切，結句費解。凡費解便非詩之至者。○三、四只是現景，宋人詩話穿鑿可笑。

李光垣：此首又見後「暮夜類」中，以詩情斷之，入彼爲是。

無名氏（甲）：閣在夔州。

無名氏（乙）：大名獨步，何可比肩。

登大茅山頂

王介甫

一峯高出衆山巔，疑隔塵沙道里千。俯視雲煙來不極，仰攀蘿蔦去無前。人間已換嘉平帝，地下誰通句曲天？陳迹是非今草莽，紛紛流俗尚師仙。

方回：建康句容縣茅山，初名句曲山，象形也。漢時三茅君來居，曰茅盈、茅固、茅衷，俱得道。先是秦始皇三十一年，更名臘曰「嘉平」，嘗自會稽登此山。史注引太原真人茅盈内紀，謂盈曾祖父濛，於始皇三十一年於華山乘雲駕龍，白日昇天。其邑謡曰：「神仙得者茅初成，繼世而往在我盈，帝若學之臘嘉平。」故始皇改是名。介甫此詩不信神仙之説，故有後四句。「人間已換嘉平帝」，言始皇終於長往也。「地下誰通句曲天」，謂此句曲山之穴名曰華陽洞天，誰能入乎？本是次韻其弟平甫三詩。平甫詩曰王校理集，李雁湖殆未見也。

查慎行：李雁湖，注荆公詩集者。○始皇改臘名「嘉平」，此詩稱「嘉平帝」，亦强對「句曲天」耳。

馮舒：不勞作史斷。

紀昀：前半「登」字、「頂」字俱寫得出，後半切茅山生情，方非浮響。二馮譏此詩爲「史斷」，太刻。必不容着議論，則唐人犯此者多矣。○宋人以議論爲詩，漸流粗獷，故馮氏有史論之譏，然古人亦不廢議論，但不着色相耳。此詩純以指點出之，尚不至於史論。

許印芳：此説最平允。

馮班：第二句「道里千」不成句。○唐人不作此結，然不害爲儒者之言也，但「尚師仙」三字不渾成。

陸貽典：五、六似義山。

查慎行：半山詩無體不工，宋人學唐者斷推第一手。○第三聯典雅。

紀昀：其言有物，必如是乃非空腔。凡初學爲詩，須先有把握，稍涉論宗亦未妨，久而興象深微，自能融化痕迹。若入手但流連光景，自詫王、孟清音，韋、柳嫡派，成一種滑調，即終身不可救藥矣。

許印芳：此説蓋爲近代學漁洋「神韻」，流爲空滑者痛下針砭，雖爲一時流弊而發，實至當不易之論，學詩者宜書諸紳。

無名氏（甲）：山在句容。

許印芳：「句」音溝。

登中茅山

儵然杖屨出塵囂，雞犬無聲到泬寥。欲見五芝莖葉老，尚攀三鶴羽翰遥。容溪路轉迷橫彴，仙几風來得墮樵。興罷日斜歸亦懶，更磨蒼蘚認前朝。

方回：「五芝」見茅君傳，食四節隱芝者爲真卿，如此五種金闕帝君，謂茅君盡食之矣。此道家妄誕，不足信。「三鶴」，謂三茅君得道，各乘白鶴據一山頭也。容溪在茅山，仙几亦山名，在句容縣。此詩律精語妙。

紀昀：但妥帖耳，以爲精妙，未然。

查慎行：末句「蒼蘚」，「蒼」字不如用「碑」字，蓋「蒼」字於詩意無關，而「碑」字於語氣必不可無。否則豈遍磨山中蒼蘚即可認前朝耶？

無名氏（甲）：山在句容。

登小茅山

捫蘿路到半天窮，下視淮洲杳靄中。物外真游來几席，人間榮願付苓通。白雲生處龍池杳，明月歸時鶴馭空。回首三君誰更似，子房家世有高風。

方回：馬矢爲「通」，猪矢爲「苓」。山以高而羣仙易於接近，故云「物外真游來几席」。身登絶境，視世之榮利如糞土，故云「人間榮願付苓通」。此一韻自公作古，前此未有人用，三詩皆絶妙。

馮舒：結得牽扯。

馮班：落句又欲學仙，如首篇何？

陸貽典：三詩全摹玉溪生。

紀昀：「苓通」字新而穩，然此是宋人字法。○末二句乃自寓退居金陵之意。

無名氏（甲）：山在句容。

無名氏（乙）：有議論。

平山堂

城北横岡走翠虬，一堂高視兩三州。淮岑日對朱欄出，江岫雲齊碧瓦浮。墟落耕桑公愷悌，杯觴談笑客風流。不知峴首登臨處，誰覩〔三〕當時有此不。

方回：慶曆八年二月，歐陽公以起居舍人知制誥守揚州，作是堂於蜀岡之大明寺，江南諸山拱列簷下，故名曰平山堂。「淮岑」、「江岫」，皆言山也。「日出對朱欄，雲浮齊碧瓦」，則所謂平山而堂字又在其中也，其精如此。他人泥於題則巧而反拙，半山斂高才於小篇，包藏萬象至矣。五、六亦閒雅，末句不諛而善頌。

馮舒：結句末爲陡峰。

陸貽典：五、六刻畫無痕。

查慎行：三、四聯一南一北。

紀昀：氣象自好。○末句辭意微嫌太盡，出手亦微滑，是白璧之瑕。

無名氏（甲）：堂在揚州。

許印芳：觀，讀去聲。不，音浮，否也。○五句「愷悌」字腐氣，以對句瀟灑不覺耳。

無名氏（乙）：變化恰合情事，後半似六一蹊徑。

次韻平甫金山會宿寄親友

天末海雲横北固，煙中沙岸似西興。已無〔二三〕船舫猶聞笛，遠有樓臺祇見燈。山月入松金破碎，江風吹水雪崩騰。飄然欲作乘桴計，一到扶桑恨未能。

方回：介甫有金山寺五言律詩，未爲極致。此和其弟平甫者。遯齋閑覽謂「金山寺佳句絶少，張祜『樹影中流見，鐘聲兩岸聞』、孫魴『天多剩得月，地少不生塵』，亦未爲工。熙寧中荆公有『北固』、『西興』之句，始爲中的。」予謂孫魴詩「過櫓妨僧定，驚濤濺佛身」，下一句，金山何其卑也？前輩已能議之，今不以入選。張祜詩，無可議矣。荆公此詩，恐亦未能壓倒張處士也。

馮班：方君謂「『天多剩得月，地少不生塵』，亦未爲工」，胡説。○又謂「荆公此詩，恐亦未能壓倒張處士也」，此處宜參。用力之極。腹聯佳句也，何以抹之？〔案：方回於「已無船舫猶聞笛」句首四字抹黑槓。〕○第二句亦妙。

紀昀：張詩未至「無可議」。

無名氏（乙）：紛紛詩話皆病在太着題，未盡取題之奇變。

馮舒：第三句未穩。第五句宋句。

陸貽典：此義山學杜也。

查慎行：第二聯善寫夜景，又切江天，移易他處不得，可以壓倒原唱。

紀昀：不見妙處，三句意工而語拙。

許印芳：張、孫二詩優劣，詳後集張祜金山詩下。荆公此詩，三、四工於寫景，不讓張祜「樹影中流見，鐘聲兩岸聞」之句，而通體穩稱，實勝張詩。虛谷癖好張詩，曉嵐苛責王詩，皆非也。學者平心静氣細讀二詩，當以愚言爲然。

無名氏（乙）：出語便高迥，一結俯仰激昂，何等胸次！

金山同正之吉甫會宿作寄城中二三子

王平甫

寺壓蒼厓勢欲傾，歡然西度爲誰興？雲隨草樹縈羣岫，江浸樓臺點萬燈。坐久不知身寂寞，夢回猶覺氣軒騰。思君城郭塵埃滿，相逐尋閑亦未能。

方回：此詩只第四句佳，看來被乃兄壓倒也。平甫自和有云：「檻外風吹前渡語，江邊影落萬山燈。半空月上方清徹，萬里潮來自沸騰。」又較親切。乃皇祐中少作，荆公時未達。前謂熙寧，亦非也。

馮班：第四句儘佳，但未必切金山耳。

紀昀：「前謂」句指遯齋閒覽。

陸貽典：不如介甫遠矣。

查慎行：「點萬燈」微有俗韻。

紀昀：次句不貫上文。

陪潤州裴如晦學士游金山回作

楊公濟

試上〔二四〕蓬萊第幾洲，長雲漠漠鳥飛愁。海山亂點當軒出，江水中分遶檻流。天遠樓臺横北固，夜深燈火見揚州。迴船却望金陵月，獨倚牙旗坐浪頭。

方回：前輩詩話或譏此五、六爲莊宅牙人語。若如此論，介甫亦犯此戒。其實自是佳句。公濟「燈火見揚州」，介甫「沙岸似西興」，孰勝？細味公濟尤勝，尤切題，非外來也。

馮班：「似西興」，新簇有致，尚不如「北固」、「揚州」，移去别用不得。

許印芳：此評欠當。

無名氏（乙）：然半山却似超，謂以西興推宕北固也。

馮舒：五、六必是名句。

陸貽典：此首及甘露上方作，極似浣花集。

查慎行：楊公濟，名蟠，宋哲宗時人。○第四句脱不得張處士境界。

紀昀：氣象雄闊，到底不懈。○隨手帶起，「回」字無痕。○「游」字、「回」字俱分明，語亦遒上，惟陪裴學士意未周到。

許印芳：題中事理但可視輕重爲多寡，若有脱漏，便不合法，此詩漏却裴學士，末句又着一「獨」字，據詩而論，題目上八字直須删去。

無名氏（甲）：潤州，即鎮江。

無名氏（乙）：佳在依約，不在親切。

甘露上方

滄江萬景對朱欄，白鳥羣飛去復還。雲捧樓臺出天上，風飄鐘磬落人間。銀河倒瀉分雙一作「明」。月，錦水西來轉幾山。今古冥冥難借問，且持玉爵破愁顔。

方回：歐陽公有云：「卧讀楊蟠一千首，乞渠秋月與春風。」公濟詩葩藻流麗，與王平甫相似。「雲捧樓臺出天上」，佳句也。下句亦稱。

馮舒：唐人若用玉爵，便换不得磁甌、金盞，所以爲高。

馮班：結句弱。

陸貽典：秀麗過平甫，蕭散不如也。

查慎行：起句補湊，結亦少力。

紀昀：第二聯對句自然勝出句。

無名氏（甲）：寺在北固山。

游廬山宿棲賢寺

王平甫

古屋蕭蕭卧不周，弊裘起坐興綢繆。千山月午乾坤晝，一壑泉鳴風雨秋。跡入塵中慚有累，心期物外欲何求。明朝松路須惆悵，忍更無詩向此留。

方回：王安國平甫，年四十七而卒，其詩陳後山亟稱之，當時諸公歐、蘇莫不敬歎欽獎。或謂其得於天才，不學而能。然其人胸次耿介，非其兄荆公新法之所爲，詆吕惠卿爲佞人，天下尤高之也。南渡後，其曾孫燁始刊王校理集於臨安郡學。詩佳者不可勝算，而富於風月。此詩三、四壯浪而清灑。登覽詩極難得絶高者，取此參入其間，亦快人心目也。

馮舒：三、四是好語，却不必是廬山。○第六句淡湊之句。

馮班：第八句更湊。

陸貽典：「一壑」句確是夜間泉聲，體物入妙。

查慎行：東坡嘗稱平甫爲「謫仙人」。

紀昀：起二句俱不妥。○亦對句勝出句。不曰「萬壑」，避「千巖萬壑」成語也。

許印芳：此評的當。紀批云首聯二句俱不妥，故爲易之：「古屋蕭蕭夜色幽，寒生枕簟起披裘。」

無名氏（甲）：廬山，江西南康府。

無名氏（乙）：次聯對句清雋，上句亦稱。

登快閣〔三五〕

黄山谷

癡兒了却公家事，快閣東西倚晚晴。落木千山天遠大，澄江一道月分明。朱絃已爲佳人絶，青眼聊因美酒横。萬里歸船弄長笛，此心吾與白鷗盟。

方回：此詩見山谷外集，爲太和宰時作，吕居仁謂「山谷妙年詩已氣骨成就」是也。山谷生於慶曆五年乙酉，至元豐四年辛酉作邑，三十七矣。

陸貽典：大雅。○山谷天分絶高，學力不如陳。

查慎行：三、四句極似杜家氣象。

何義門：次聯亦自寫得「快」字意出。

紀昀：起句山谷習氣，後六句意境殊闊。○此「佳人」乃指知意之人，非婦人也。

無名氏（甲）：閣在江西吉安府。

許印芳：首句在本集爲習氣，在選本中却無妨礙。第三句亦無疵纇。曉嵐抹「遠大」二字，〔按：紀昀在「落木千山天遠大」句末「遠大」二字旁加抹。〕亦不可解。第五句用伯牙絶絃事，必有所指，此須小注標明，方見分曉，此等處未免鶻突。○史氏注晉書傅咸傳云：「生子癡，了官事，官事未易了也。了事正作癡，復爲快耳。」○姚姬傳云：「豪而有韻，是能移太白歌行於七律内者。」○閣在江西太和縣。

無名氏（乙）：有風趣，結亦老。

和寇十一晚登白門

陳後山

一本云：「庚辰三月晚登白門閒望。」

重門傑觀屹相望，表裏山河自一方。小市張燈歸意動，輕衫當户晚風長。孤臣白首逢新政，游子青春見故鄉。富貴本非吾輩事，江湖安得便相忘。

方回：白門在徐州，亦曰白下，地近狹邪。寇國賓，後山鄉人，屢引白下事戲之，「小市」「輕衫」之句，亦所以寓戲也。元符庚辰三月，以徽廟登極，湔滌南遷諸人，故有云「白首逢新政」。尾句又謂吾輩如蘇、黄本非有意富貴，但不能恝然忘情，俾脱遷謫而北還，亦私誼之所許也。詞意深婉，豈徒詩而已哉。如許渾登凌歊臺「湘潭雲浄暮山出，巴蜀雪消春水來」，不過砌疊形模，而晚唐家以爲句法，今不敢取。蓋老杜自有此等句，但不如是之太偶而不活耳。

馮舒：「湘潭」句何得斥爲「砌疊形模」？

馮班：許渾詩自是名句，若以爲譏，則南朝何仲言、謝玄暉可廢矣。方君多拘忌，立論太苛。

紀昀：末句指文酒相聚之樂，注意是而語不了了。○論許渾二句最是。

馮舒：次聯亦可謂清新，然處處用得。

馮班：末句太犯。

陸貽典：此題是和作，自宜情多於景，不得以丁卯集登凌歊臺詩比例。

紀昀：首尾二「相」字複，第四句清出「晚」字，五、六措語深至，詩人之筆。

無名氏（甲）：白門在江南徐州，即彭城。

許印芳：「相」字複。「觀」，去聲。○此詩複字，曉嵐指出。他詩複字，都不檢點，是其疎處。

無名氏(乙)：後半老成。

登岳陽樓

陳簡齋

洞庭之東江水西，簾旌不動夕陽遲。登臨吴蜀横分地，徙倚湖山欲暮時。萬里來游還望遠，三年多難更憑危。白頭弔古風霜裏，老木滄波無限悲。

方回：簡齋登岳陽樓凡三詩，又有巴丘書事一詩，皆悲壯激烈，如：「晚木聲酣洞庭野，晴天影抱岳陽樓。四年風露侵游子，十月江湖吐亂洲。」又如：「乾坤萬事集雙鬢，臣子一謫今五年。」近逼山谷，遠詣老杜。今全取此首，乃建炎中避地時詩也。白樂天有此樓詩云：「春岸緑時連夢澤，夕波紅處近長安。」下一句好，上一句涉粧點。

紀昀：尚未涉粧點。

馮舒：第二句不接，無着落。

馮班：起句好。第二句瑣碎，氣勢不接。

紀昀：「簾旌不動」，乃樓上闃寂之景。馮氏以爲上下不接，非是。

陸貽典：登岳陽樓佳篇甚多，紫陽選此首以備一體可也。若云合作，吾未之見。

紀昀：意境宏深，真逼老杜。

許印芳：首句借對。○首句用古調，唐人每有此格。五、六乃折腰句，意味深厚。虚谷批語中所引皆警句，此篇則通體警策，句句可加密圈。曉嵐但密圈後四句，未免苛刻。〔按：紀昀在「萬里來游還望遠」至「老木滄波無限悲」四句旁加密圈。〕

與大光同登封州小閣

去程欲數莽難知，三日封州更作遲。青嶂足稽天下士，錦囊今有嶠南詩。共登小閣春風裏，回望中原夕靄時。萬本梅花爲我壽，一杯相屬未全癡。

方回：老杜詩爲唐詩之冠。黄、陳詩爲宋詩之冠。黄、陳學老杜者也。嗣黄、陳而恢張悲壯者，陳簡齋也。流動圓活者，吕居仁也。清勁潔雅者，曾茶山也。七言律，他人皆不敢望此六公矣。若五言律詩，則唐人之工者無數。宋人當以梅聖俞爲第一，平淡而豐腴。捨是，則又有陳後山耳。此余選詩之條例，所謂正法眼藏也。

馮班：茶山欠雅。○未必「正法眼藏」。

馮舒：黄、陳爲宋詩之冠，誤盡一生，此老所娓娓者只是「江西」一派耳。

陸貽典：三人皆「江西派」。

紀昀：此一段是「江西」宗旨，其自成一家處在此，其局於一家處亦在此。

陸貽典：五、六有含蓄。

紀昀：格不甚高，讀之只似近人詩，三句、八句亦太露，江西習氣。

無名氏（甲）：閣在廣西梧州府。

鄂州南樓

范石湖

誰將玉笛弄中秋，黄鶴飛來識舊游。漢樹有情横北渚，蜀江無語抱南樓。燭天燈火三更市，摇月旌旗萬里舟。却要鱸鄉垂釣叟，武昌魚好便淹留。

方回：石湖名成大，字致能。嘗使燕，帥西廣、成都、四明、金陵，參大政。乾、淳間詩巨擘稱尤、楊、范、陸，謂遂初、誠齋、放翁及公也。此出蜀時詩。「燭天燈火三更市」，承平時鄂渚之盛如此！

馮班：第四句「蜀江無語」，蜀江何曾有語？○末句「武昌魚」，此事如何用？

陸貽典：「語」字有病，五、六有氣勢。

查慎行：誠齋集中稱尤、蕭、范、陸爲四詩將。蕭名德藻，字東夫。詩集舊有刊本，今失傳，後遂以楊易蕭。

紀昀：聲調自好，然而浮聲多於切響矣。

無名氏（甲）：樓在武昌府。

過揚子江

楊誠齋

祇有清霜凍太空，更無半點荻花風。天開雲霧東南碧，日射波濤上下紅。千古英雄鴻去外，六朝形勝雪晴中。攜瓶自汲江心水，要試煎茶第一功。

方回：楊誠齋詩一官一集，每一集必一變，此朝天續集詩也。其子長孺舉似於范石湖、尤梁溪，二公以爲誠齋詩又變，而誠齋謂不自知。詩不變不進。此本二詩，今選其一。中兩聯俱爽快，且詩格尤高。

馮舒：末句，宋結。

馮班：宋氣厭人。石湖、誠齋詩只是氣味不好。○首聯，村夫子。○末句，惡氣味。

陸貽典：誠齋集中之最平正者。

紀昀：五、六極雄闊，自是高唱，結乃謂人代不留，江山空在，悟紛紛擾擾之無益，且汲水煎茶，領略現在耳。用意頗深，但出手稍率，乍看似不接續。「功」字亦押得勉强些，故爲馮氏所譏。

無名氏(甲)：結含感慨意，言英雄雖往，形勝依然，奈何只自汲水煎茶，而功業不彰乎。

無名氏(乙)：五、六清利，若前聯則熟矣。

趙熙：首句率。第八句「功」韻生。

校勘記

〔一〕李光垣：「冠」字下「陳」字上宜空一格，刊本訛連。　〔二〕樓　紀昀：「樓」字與「開」字有情，作「樓」爲是。　〔三〕淑景　李光垣：「氣」誤「景」。　〔四〕照緑萍　李光垣：「轉」誤「照」，「蘋」誤「萍」。　〔五〕含虚　李光垣：「涵」訛「含」。　〔六〕波動　查慎行：「動」，襄陽集作「撼」，「撼」字較有力。李光垣：「撼」訛「動」。　〔七〕坐看　許印芳：「看」，一作「觀」。〔八〕山色　查慎行：一本作「山曉」，當改此以避第六句。李光垣：「曉」訛「色」。　〔九〕臨風憶　許印芳：「憶」，一作「懷」，「懷」字較諧，今從之。　〔一〇〕三江　馮舒、紀昀：「江」一作「湘」，「湘」字是。　〔一一〕金山寺　馮班：「寺」當作「頂」。何義門：「頂」字涵蓋無際。〔一二〕歸濤　查慎行：「歸」當作「驚」。　〔一三〕山有石　按：「山」字原缺，據元至元本校補。〔一四〕人或　按：原作「或人」，據清康熙五十二年本、紀昀刊誤本校改。　〔一五〕登越臺　李光垣：「越」下脱「王」字。　〔一六〕滿天東　紀昀：一作「漏天東」。「漏」訛「滿」，別本作「漏」。　〔一七〕白雲　紀昀：「白雲」當作「黃鶴」。　〔一八〕哭千家　馮班：一作「哭幾家」。　〔一九〕歌幾處　馮班：一作「歌是處」。　〔二〇〕人事音書　馮班：一作「人事依依」。　〔二一〕俱黃土　馮班：當作「終黃土」。　〔二二〕誰覩　李光垣：本集作「壯觀」。許印芳：「壯觀」或作「誰覩」，非是。　〔二三〕已無　許印芳：「已」當作「近」，作「已」非是。〔二四〕試上　李光垣：「世」訛「試」，據宋文鑑改。　〔二五〕快閣　許印芳：當爲「快閣」。

瀛奎律髓彙評卷之二　朝省類

公槐卿棘，序鷺班鴛，人臣豈惡此而欲逃之？進思盡忠，退思補過，可以榮而無所愧，則聲詩亦所以言志也。

紀昀：字法俗惡。

五言 十四首

酬蘇味道夏晚寓直省中

沈佺期

並命登仙閣，通宵〔一〕直禮闈。大官供宿膳，侍史護朝衣。卷幔天河入，開窗〔二〕月露微。小池殘暑退，高樹早涼歸。冠劍無時釋，軒車待漏飛。明朝題漢柱，三署有光輝。

方回：此詩三聯緊峭精神，尾句亦善用郎署事，即田鳳季宗「堂堂乎張，京兆田郎」者也。出三輔録。

紀昀：此種典故，在今日爲腐爛語矣。因後來用濫而併議古人，此不論其世之過；因古人嘗用而據以藉口，又不通其變之過也。

許印芳：此論允當。

馮舒：登閶闔，謁紫宸，所見所聞無人間氣息，詩至沈、宋，人巧極而天工錯矣。

陸貽典：三、四是晚夏直省正面。

查慎行：中二聯寫夏晚景物佳。

何義門：中二聯敍夏景極灑脱，「冠劍」一聯轉結到寓直，落句收員外，應起處「並命」，又轉出題柱一層，皆以君恩裹結，意味深厚，盛世之文。

紀昀：初唐諸作多骨有餘而氣不足，肉有餘而神不足。此作最有格韻，非復板重之習矣。

李光垣：此長律，又不另編，例不畫一。

無名氏（乙）：七、八是夏晚佳句。

許印芳：沈佺期，字雲卿，内黄人。官太子詹事。律詩與宋之問齊名，時人語曰：「蘇、李居前，沈、宋比肩。」皆唐初人也。

分。

星文。

在廣州聞崔馬二御史並拜臺郎

蘇味道

振鷺齊飛日，遷鶯遠客聞。明光共待漏，清覽各披雲。喜得廊廟舉，嗟爲臺閣分。故林懷柏帨〔三〕，新渥阻蘭薰。冠去神羊影，車迎瑞雉羣。遠從南斗外，遥仰列星文。

方回：唐人自御史除省郎，至以爲榮，柳子厚以御史得禮部，自謂過分是也。此詩於御史除省郎，曲盡體貼。

馮舒：所謂大手筆，自應在李、杜上。○「柏帨」初學記作「柏悦」，未解。

馮班：莊麗之極。

陸貽典：通篇莊麗。一起包括得盡。

查慎行：「柏帨」未詳。

紀昀：「柏悦」用潘岳「松茂柏悦」語，與柏臺串爲一事用。

紀昀：用意頗細切，而通體乏渾灝之氣，亦從太細切來。

無名氏（乙）：風格完竣。

春夜寓直鳳閣懷羣公

魏知古

拜門傳漏晚，寓省索居時。昔重安仁賦，今稱伯玉詩。鷥池滿不溢，雞樹久逾滋。夙夜懷山甫，清風詠所思。

方回：西漢中書有令、僕射、丞、郎。魏置中書通事郎，晉改爲中書侍郎，東晉改爲通事郎，尋改爲中書郎。隋改中書郎省爲内侍省，又改爲内書監。唐初改爲内史省，龍朔二年改爲西臺，光宅初改爲鳳閣，開元改爲紫薇。世稱鳳閣鸞臺者，即古中書門下省也。知古爲鳳閣侍郎，故引潘賦、卞詩。卞伯玉赴中書郎詩有云：「大方信包含，優渥遂不已。濯鱗龍鳳池，揮翰紫宸裏。」雞棲樹事出郭頒魏晉世語。

紀昀：此二首忽不論詩，但作箋釋，所謂爲例不純。

馮舒：句句高貴。

紀昀：五、六但填鳳閣故事，與春夜寓直懷人俱無涉。五句措語尤拙。

無名氏（甲）：漢朝夕郎望青瑣門而拜。

同崔員外秋宵寓直

王右丞

建禮高秋夜，承明候曉過。九門寒漏徹，萬井曙鐘多。月迥藏珠斗，雲消出絳河。更慚衰朽質，南陌共鳴珂。

方回：蔡質漢官典職曰：「尚書郎晝夜更直五日於建禮門外。」承明者，殿廬也。珂石，次玉、瑪瑙，色白如雪；或云螺屬，生海中。通典：「老鷗入海爲珬，可作馬勒，謂之珂。」唐儀衛志：「一品至五品官有象輅、革輅、木輅、軺車。三品以上珂九子，四品七子，五品五子。車輅藏於太僕，制册大事則給，餘皆以騎代車。」珂則馬御也，又五品以上有珂傘。

紀昀：注「珂」字太曼衍。

紀昀：了無深意，而氣體自然高潔。○「藏」字、「出」字鍊得自然，不似晚唐、宋人之尖巧。末二句入崔員外，却突兀。

何義門：清華。

無名氏（乙）：去沈、宋不遠。

寄左省杜拾遺

岑參

聯步趨丹陛，分曹限紫薇〔四〕。曉隨天仗入，暮惹御香歸。白髮悲花落，青雲羡鳥飛。聖朝無闕事，自覺諫書稀。

方回：岑參爲右補闕，屬中書省，故云「分曹限紫薇」。

陸貽典：落句有含蓄。

何義門：第七反言之，末句自省之詞，「自覺」者問心常有所負也，故是少陵同調語。○「花落」則君子漸消，「鳥飛」則智士先去，是皆諫臣所不容坐視者也。句中有兩層。○落句温厚，爲長者之言，盡直臣之節可也。

紀昀：子美以建言獲譴，平時必多露圭角，此詩有規之之意，而但言自甘衰朽，浮沉時世，則詩人温厚之旨也。○五、六寓意深微，末二句語尤婉至。聖朝既以爲無闕，則諫書不得不稀矣。非頌語，乃憤語也。或乃縷陳天寶闕事駁此句，殆不足與言詩。

無名氏（乙）：腹聯鍊沉思於五字，情景俱到。

奉答岑參補闕見贈

杜工部

窈窕清禁闥，罷朝歸不同。君隨丞相後，我往日華東。冉冉柳枝碧，娟娟花蕊紅。故人得佳句，獨贈白頭翁。

方回：老杜爲左拾遺，屬門下省，故退朝之後，所往治事之地各異。唐宫省多植花柳。子美是年乾元元年戊戌春四十七歲，已云「白頭翁」，則老杜早衰，亦可見也。

馮舒：無可指摘，只是典貴。

馮班：律詩出於南北朝，排偶須藻麗瑰奇，方爲作手。若擺落膏艷，直爲古體可矣，何事區區於聲律之間耶？余論律詩以沈、宋爲正始，老杜爲變格。然杜詩殊工整，不似黄、陳輩粗硬也。杜詩要是唐第一人，沈、宋自屬蘭苕翡翠，老杜則碧海鯨魚也。

陸貽典：典貴。〇華美不及嘉州，而蒼老過之。

查慎行：前三句即上所云「分曹」也。

張載華：前首即岑嘉州寄左省杜拾遺詩第二句云「分曹限紫薇」，故先生云然。

查慎行：起二句「罷朝歸不同」，三、四即緊接「不同」，視岑詩法脈更爲嚴謹，工部尚爾，何況學步。

紀昀：杜自勝岑，此詩乃不敵岑，意思亦了不相答。

春宿左省

花隱掖垣暮，啾啾棲鳥過。星臨萬户動，月傍九霄多。不寢聽金鑰，因風想玉珂。明朝有封事，數問夜如何。

陸貽典：盡忠補過之意，溢於言表。

查慎行：靈武即位以後闕事多矣。岑嘉州云「聖朝無闕事」，不如老杜「明朝有封事」爲紀實也。

何義門：「金鑰」自内出，「玉珂」外入。

紀昀：平正妥帖，但無深味。○三、四實賦現景，詩話穿鑿無理。結二句是五、六注脚。

無名氏(甲)：因星月而撫民之愛，事主之忠，具見於此，所謂文章有神也。

無名氏(乙)：神彩貫古，五、六展拓虚空。

晚出左掖

晝刻傳呼淺，春旗簇仗齊。退朝花底散，歸院柳邊迷。樓雪融城濕，宫雲去殿低。避人焚諫草，騎馬欲雞棲。

方回：老杜天寶十四年乙未年四十四矣，始得爲河西尉，不赴，改帥府胄曹。十一月而禄山反，公如奉天。明年七月，肅宗即位靈武。公在鄜州奔行在，爲賊所得，留長安。或謂亦囚至東都。十月，房琯敗於陳濤斜，即至德元年丙申也。明年丁酉夏五月，間道走鳳翔，除左拾遺。閏八月詔放至鄜州省妻子。九月復長安，十月肅宗還京，公亦歸班。此二詩皆答岑參詩，並乾元元年戊戌正、二月間詩也。六月移華州司功，去國終不復入。公平生僅爲朝士一年許耳。所謂「封事」、「諫草」，人不盡知，史不詳書。夜不寢而待曉，晝治事而晚出，於此二詩並見之。

其年已四十七矣。山谷評公詩，猶必以夔州後詩爲準。然則不變不進，愈變愈進。老杜且然，况他人乎？

查慎行：余獨謂少陵夔後詩漸近衰颯，非進境也。

紀昀：「愈變愈進」，自是一定之理，然老手亦有變而頹唐者，必以夔州以後爲準，非通方之論也。

馮舒：吴若本杜詩末句注「車如雞棲馬如狗」之句，牧齋因「晚出」，遂改注「雞棲於塒」。予以爲此詩以「於塒」二字應日夕，只是用「雞棲」二字文義未透。

陸貽典：用雞棲於塒，不過日夕之義，六朝人用字多如此，不得云文義未足。

查慎行：中二聯全是寫景，杜集中修整詩也。

何義門：自午朝敍起，便伏晚出之根，末句足晚字。○避人焚草，所以晚出之故，是一篇之眼。

李天生：通前首皆賦省掖之景，諫官意只結語及之。

紀昀：殊無佳處，五句、八句尤累。

無名氏(乙)：寫景直超象外，次句尤峻絶不可攀結。敦厚。

早朝

耿湋

鐘鼓餘聲裏，千官向紫薇〔五〕。冒寒人語少，乘月燭來稀。清漏聞馳道，輕霞〔六〕

映瑣闈。猶看嘶馬處，未啓掖垣扉。

方回：瑋大曆中左拾遺，詩平正。

馮舒：較岑、杜，次聯便覺寒儉。

陸貽典：三、四佳句也，然較之嘉州、工部，便覺氣象寒儉。○落句好，與「迴看射雕處，千里暮雲平」一列。

何義門：尚未入朝，故只敍「早」字。題無大明宫字樣，不得執賈、杜、王、岑譏其寒儉也。○末二句鈎勒甚清。

紀昀：後四句頗有晏朝之諷，非寫景也。

許印芳：此評是。妙在渾含不露。

許印芳：耿瑋字洪源，河東人，官左拾遺。

無名氏（乙）：清映無蒙氣。

大饗明堂慶成

王岐公

皇祐更秋律，明堂奉帝禋。粢盛雖薦德，霜露本懷親。於赫朝三后，無文秩百神。九筵交玉幣，重屋近星辰。邃幄留飈御，清壇墮月津。衣冠漢儀舊，金石舜韶新。受胙開宣室，鳴鐘降紫宸。羣陰光復旦，叶氣斗迴春。靈貺叢千祝，豐恩滲四垠。慚非老辭筆，徒學焕堯文。

方回：禹玉爲詞臣，則摛藻細潤，典雅勁健，未有後來全句長句之病。詩號爲「至寶丹」，以多用金玉珠璣錦繡之類。然亦有不全然者，此詩豈不謂之細潤典雅？

馮班：不細潤則不能作壯語。○全句長句，極中宋之病，南渡後更甚。

馮舒：盛世之文。此等皆世運爲之，非關學力。

馮班：「崑體」，壯麗，宋之沈、宋也。○開國之文必須典重。徐、庾化爲沈、宋，温、李化爲楊、劉，去其傾仄，存其整贍，自然一團元氣渾成。李、杜、歐、蘇出而唐、宋漸衰矣，文章之變，可徵氣運。○整贍。

紀昀：應制之作，無可見長之處，然氣味尚厚。

許印芳：王珪字禹玉，封岐國公。○應制詩有許多拘忌處，故難見長。古人頌不忘規，語無泛設。後世專尚頌揚，附會夸張，滿紙浮華而已。此詩雖非出色之作。然典切處可學，故録之。

無名氏(乙)：典貴。

依韻恭和聖製龍圖天章閣觀三聖御書

半夜傳君召，西清閲帝文。筆回丹穴鳳，書法要録：「有丹穴鳳舞，清泉龍躍之勢。」歌起沛中雲，御幄金虬轉。仙墀羽仗分，君王自天縱，況復睿心勤。

方回：「君王自天縱」，用老杜「君王自神武」也。自天縱又加學力，故有尾句。

馮班：尾句欠壯。

錢湘靈：太犯。

馮班：篇中「君召」、「帝文」、「君王」等字，太犯，亦是詩家小病。○落句似寒儉。

陸貽典：三句便滅燕、許。定遠云落句寒儉，殊不然。

紀昀：「御幄」二句，上下脈俱不相貫。末句只是勤學泛語，不見是觀書，尤不見是觀祖宗之書，於律皆疎。

依韻和吴相公從駕至開寶寺慶壽崇因閣

崇因開寶構，金碧晝相輝。禁蹕隨曦馭，層城轉斗機。梵音獅子吼，妙相鴿王歸。洛水浮神篆，天花滿御衣。塔疑從地湧，棟擬入雲飛。上行乘今果，羣超悟昨非。慧珠常自照，法雨徧成霏。但起真如念，梯梁即可幾。

馮舒：清華。

馮班：下沈、宋一格。

錢湘靈：去沈、宋遠矣。

陸貽典：清華典雅，亦復堂皇，宋詩至岐公極矣。定遠云「下沈、宋一格」，此世運爲之，非關學力也。

紀昀：莊重而不板滯，尚近初唐應制體裁，自是一種文字，但學詩則不宜從此入手耳。

依韻和王原叔内翰有懷

暮鑰嚴温省，宵鈴静浴堂。銀花無奈冷，劉夢得詩：「銀花懸院榜。」瑶草又還芳。夢久聞仙吹，班清犯曉霜。帝閽何所扣，一炷祝堯香。

馮舒：天然清貴。

馮班：落句亦佳。

陸貽典：平平無指摘處，而天然清貴。

紀昀：題不了了，或有脱誤，詩遂亦不知所云。

歲暮直舍感懷

姜梅山

歲暮坐公館，永懷時序遷。雪消殘臘外，春到早梅邊。夜色侵烏鵲，年光送管絃。無人同晤語，輸寫賴詩篇。

陸貽典：五、六兩句妙在閑坐無聊景象。

紀昀：清淺之作，不失雅飭，但「直舍」意未免太脱。

七言　二十四首

早朝大明宮呈兩省僚友　門下省、中書省　賈至

銀燭朝天〔七〕紫陌長，禁城春色曉蒼蒼。千條弱柳垂青瑣，百囀流鶯繞建章。劍佩聲隨玉墀步，衣冠身染御爐香。共沐恩波鳳池裏〔八〕，朝朝染翰侍君王〔九〕。

方回：用兩「染」字，上字合改爲「惹」。

馮舒：「惹」字不佳。

陸貽典：「惹」字不如「染」字。

紀昀：今本上句皆作「惹」字，不知爲虚谷改本矣。

馮班：此首當居第四。

何義門：第四句「百囀流鶯」含「僚友」。第五句拈「大明宫」。

紀昀：四公皆盛唐巨手，同時唱和，世所艷稱。然此種題目無性情風旨之可言，仍是初唐應制之體。但色較鮮明，氣較生動，各能不失本質耳。後人拈爲公案，評議紛紛，殊可不必。

許印芳：賈詩平平，誠如此評。杜、王、岑三詩實佳，曉嵐一概不取，好高之過也。

無名氏（甲）：此公華，然亦平，不爲佳作。

許印芳：賈至字幼鄰，洛陽人，官散騎常侍。○尾聯與三聯不黏。

無名氏（乙）：嘗早朝，轉出正陽門馳道，烟月籠城樓，車燈銜接。謂首二句豁然，五、六句有神。四詩予定原唱爲冠。

和賈至舍人早朝大明宫

杜子美

五夜漏聲催曉箭，九重春色醉仙桃。旌旗日暖龍蛇動，宫殿風微燕雀高。朝罷香煙携滿袖，詩成珠玉在揮毫。欲知世掌絲綸美，池上於今有鳳毛。

方回：賈至之父亦嘗爲中書舍人，故云。「超宗殊有鳳毛」，出南史、宋書：「謝鳳子超宗，有文辭，補新安王常侍。王母殷淑儀卒，超宗作誄奏之，帝大嗟賞，謂謝莊曰：『超宗殊有鳳毛。』」

紀昀：此段文殊顛倒，應改曰宋書云云，賈至之父云云方順。大抵此書但隨手批出，未經細檢，故往往語不成文。

馮班：頷聯壯氣直掩王、岑。○此首當居第一。

何義門：前四句將早朝打叠，後半詳敍和賈，較之王、岑，綽有餘裕，此筆力之高。他人但切舍人，此更切賈。

紀昀：西河詆此詩太甚，然要非杜之佳處。

無名氏（甲）：老健獨出。

許印芳：西河才高學博，不愧名家，而好詆毀前賢，朱子一代大儒，且遭其齮齕，況子美哉！此詩東坡極賞「旌旗」一聯，稱爲偉麗，而曉嵐不取，亦因西河之説有以中之耳。

無名氏（乙）：或謂此詩脱盡窠臼，爲公用意處，未免好奇之病。衆不謂然。或問予，予曰：吾從衆。

同前

王右丞

絳幘雞人送曉籌〔一〇〕，尚衣方進翠雲裘。九天閶闔開宫殿〔一一〕，萬國衣冠拜冕旒。日影〔一二〕纔臨仙掌動，香煙欲傍衮龍浮。朝罷須裁五色詔，佩聲歸到鳳池頭。

馮舒：盛麗極矣，字面太雜。

馮班：才氣駕馭，何嘗覺雜？畢竟右丞第一。○末句太犯，然名句相接便不覺。

陸貽典：右丞才氣駕馭，名句相接，故不覺雜，他人若此，但見瑕疵矣，已蒼之言不謬。

查慎行：王麟州譏此詩説冠服太多，亦善摘瑕者也。

何義門：次聯君臣兩面都寫到，所謂有體要也。

許印芳：「衣」字複。動，上聲。○姚姬傳云：「右丞七律，意興超遠，能備三十二相。盛唐諸公，老杜外，當以右丞爲冠。」斯言當矣。虛谷此選，但收此篇。愚謂早朝詩右丞正大，嘉州明秀，有魯、衛之目，而曉嵐不取。虛谷既譾陋，曉嵐亦苛刻。前人棄取，往往不愜人意，亦文章一大憾事。又按：此詩無甚疵纇，惟篇中衣服字樣太多，前人有病之者，却是眼明心細，後學當以爲戒。尾聯與三聯不黏。唐人七律上下聯不忌失黏，後人七律聲律加密，始忌之。若以後人之法繩唐人而病其失黏，則非矣。

無名氏(乙)：精彩飛動，雖疊用衣佩字面，位置當在第二。

同前　　岑參

雞鳴紫陌曙光寒，鶯囀皇州春色闌。金闕曉鐘開萬户，玉階仙仗擁千官。花迎劍佩星初落，柳拂旌旗露未乾。獨有鳳凰池上客，陽春一曲和皆難。

方回：按此四詩倡和在乾元元年戊戌之春。唐肅宗至德二載丁酉九月，廣平王復長安。子美以是年夏問道奔鳳翔，六月除左拾遺。十月肅宗入京師，居大明宫。賈至爲中書舍人，岑參爲右補闕。十二月六等定罪，王維降授太子中允。○四人早朝之作，俱偉麗可喜，不但東坡所賞子美「龍蛇」、「燕雀」一聯也。然京師喋血之後，瘡痍未復，四人雖誇美朝儀，不已泰乎！

　查慎行：余亦曾持此論。

紀昀：此説似是而迂，文章各有體裁，即喪亂之餘，亦無不論是何題目，首首皆新亭對泣之理。

　許印芳：此論極當。

馮班：此首當居第三。

查慎行：首聯對句不覺。五、六兩句不脱早朝。

何義門：倡和諸篇，斯爲稍弱。

紀昀：五、六句力説曉景，末二句如何突接？究覺倉皇少緒。

　許印芳：此評甚是，中四句原佳，曉嵐不取，未免苛刻。

無名氏（甲）：此首雖不及杜，然較之於王，又覺通利，無夾雜之病。

無名氏（乙）：精工着題，論者推此爲四詩之弁，然人工則躋極，天峻不可羈，當遜賈、王。

許印芳：首聯對起，借「皇」爲黃也。末句「春」字複次句。

西掖省即事

西掖重雲開曙暉，北山疎雨點朝衣。千門柳色連青瑣，三殿花香入紫薇〔一三〕。平明端笏陪鵷列，薄暮垂鞭信馬歸。官拙自悲頭盡白，不如巖下掩柴扉。

方回：亞於前所和賈至者。

無名氏（乙）：未能如前，故云「亞」。

陸貽典：前半楚雅有致，後半少力。

紀昀：用筆輕婉，嘉州所少。○結稍直遂。

許印芳：三聯與次聯不黏。○三、四全套賈幼鄰大明宮詩，上句直用其語，尤可鄙。同時人如此勦襲，亦異事也。

宣政殿退朝晚出左掖

杜工部

天門日射黃金榜，春殿晴薰赤羽旗。宮草微微承委珮，爐烟細細駐游絲。雲近蓬萊常五色，雪殘鳷鵲亦多時。侍臣緩步歸青瑣，退食從容出每遲。

方回：唐明皇以來，朔望朝臣顓用常服。今云「委珮」，未詳。

馮舒：或非朔望。不必注。

紀昀：著力寫禁庭景象，却不見十分精采。虚谷所圈四句句眼，亦是小家見解，盛唐人詩不在此種用力。〔按：方回在「天門日射黄金榜」至「爐烟細細駐游絲」四句「射」、「薰」、「承」、「駐」字旁皆加圈。〕

許印芳：虚谷圈「射」、「熏」、「承」、「駐」四字，故論及之。

無名氏（甲）：雄古不凡。

許印芳：三聯與次聯不黏。

無名氏（乙）：晚出彌陳，不知此何以歷劫常新？

紫宸殿退朝口號

户外昭容紫袖垂，雙瞻御座引朝儀。香飄合殿春風轉，花覆千官淑景移。晝漏稀聞高閣報，天顔有喜近臣知。宫中每出歸東省，會送夔龍集鳳池。

陸貽典：五、六有諷刺。

何義門：首聯如畫。

紀昀：情景宛然，似此寫皇家富貴，乃是真從氣象上寫出。又在「龍蛇」、「燕雀」一聯上，無論

「宮草」、「爐烟」也。

無名氏(甲)：流麗端莊，兩居其勝。

無名氏(乙)：濃麗如許，格律不卑，何減雅、頌？

聞楊十二新拜省郎遥以詩賀

白樂天

文昌新入有光輝，紫界宫牆白粉闈。曉日雞人傳漏箭，春風侍女護朝衣。雪飄歌句高難和，鶴拂煙霄老慣飛。官職聲名俱入手，近來詩客似君稀。

方回：元注：「向曾有贈楊詩，落句云：『不用更教詩句好，折君官職是聲名。』今故云『俱入手』。」此楊巨源也。

錢湘靈：次聯好。

查慎行：五、六即切官職聲名，故第七句接得緊。誰謂詩無法脈耶？

紀昀：樂天律詩亦自有一種佳處，而學之易入淺滑，初學不可從此入手。根柢既深之後，胸有主裁，能别白其野俚率易，而獨取其真樸天然，亦不爲無益。

許印芳：此論最平允，「初學不可從此入手」一語，尤中要害。

無名氏(乙)：新倩。

許印芳：「入」字複。

喜張十八博士除水部員外郎

老何殁後吟聲絶，雖有郎官不愛詩。無復篇章傳道路，空餘風月在曹司。長嗟博士官猶屈，亦恐騷人道漸衰。今日聞君除水部，喜於身得省郎時。

方回：何遜以詩名，老杜頌之曰：「能詩何水曹。」張籍是除，樂天賀之，五十六字如一直説話，自然條暢。

馮班：白體如此。

無名氏（乙）：方批盡此詩之妙。

陸貽典：以議論作起承轉合，元、白爲然。

查慎行：八句一氣呵成，章法亦本於杜。○「今日聞君除水部」二句，足見交誼真切。

紀昀：此詩便嫌薄弱。虚谷評白詩「似一直説話，自然條暢」，白詩好處在此，病處亦在此。○首句稱呼杜撰，次句及中二聯凡五用虚字裝頭，未免犯複。且氣格亦因之不健，凡七律須有健句撐住。○三、四承次句而衍之，殊爲支綴。此處自應拍合文昌，乃緊健。

無名氏（甲）：香山詩筆健而神遠者爲貴，此其一也。

無名氏(乙)：踴躍善寫喜意，古人之真摯如此。

新除水曹郎答白舍人

張司業

年過五十到南宫，章句無名荷至公。黄紙開呈丞相後，朱衣引入謝班中。諸曹縱許爲仙侶，羣吏多嫌是老翁。幸有紫薇〔一四〕郎見愛，獨稱官與古人同。

方回：長慶元年九月，樂天自中書舍人出爲杭州刺史，張之除水部當在元和、長慶間。

馮舒：妥貼。

陸貽典：妥適。

紀昀：和白便純是白格，古人往往如此，後來東坡和山谷亦全似山谷。

無名氏(甲)：意境頗平，不及樂天遠矣。

無名氏(乙)：着此第六句轉落，分外生色。

早朝

楊巨源

鐘傳清禁纔應徹，漏報仙闈儼已開。雙闕薄煙籠菡萏，九城初日照蓬萊。朝時但向丹墀拜，仗下方從碧落迴。聖代逍遥更何事，願將巴曲贊康哉。

方回：平正。

紀昀：賈、杜、王、岑早朝之作，在諸公集中原非佳處。而觀此尚覺氣象萬千，風會所趨，漸漓漸薄，非傑出一代之才，不能自振也。

無名氏（甲）：不爲精能。

無名氏（乙）：結入古樸。

雨後月中玉堂閑坐

韓致堯〔一五〕

銀臺直北金鑾外，暑雨初晴皓月中。惟對松篁聽刻漏，更無塵土翳虚空。緑香熨齒冰盤果，清冷侵肌水殿風。夜久忽聞鈴索動，玉堂西畔響丁東。

馮舒：次聯説閑坐，五、六更佳，末再醒「月中」。

陸貽典：是雨後玉堂景，第七句再醒「月中」。

何義門：落句收足「閑坐」。「松篁」比君子，「塵土」比小人。○第七句反結「閒」字。

紀昀：八句皆景，便無意味。

無名氏（甲）：晚唐詩庸，有勝中唐者，此三首是也。

無名氏（乙）：清曠，瑩人眼，沁人心。

許印芳：韓偓，字致堯，小字冬郎，又號玉山樵人。萬年人。官翰林承旨。

中秋禁直

星斗疎明禁漏殘，紫泥封後獨凭闌。露和玉屑金盤冷，月射珠光貝闕寒。天襯樓臺籠苑外，風吹歌管下雲端。長卿祇爲長門賦，未識君臣際會難。

方回：以上二詩，俱端重有體。

無名氏（乙）：前詩不僅如所評。

陸貽典：中四句是中秋禁中，那移不得。

何義門：陳后廢，以相如一賦復得召幸。昭宗幽於東内，身爲内相，不能建復辟之績，豈不負此際會乎？當於言外求之。

紀昀：致堯詩或纖或俚，此獨深穩。第五句「襯」字鍊得穩，以新巧論之，則勝下句，而下句却以天然勝。○勝前篇處，在結句深摯。

無名氏（乙）：最渾成。

六月十七日召對自辰及申方歸本院

清暑簾開散異香，恩深咫尺對龍章。花應洞裏常時發，日向壺中特地長。坐久忽疑槎犯斗，歸來兼恐海生桑。如今冷笑東方朔，唯用詼諧侍漢皇。
方回：三、四真有仙家之意，五、六用事變陳爲新，末句詆東方朔尤有味。
馮舒：清麗著人。
查慎行：中二聯只形容召對之久而妙義疊出。
何義門：落句翻伏日早歸之案，言他人但顧妻子，不念國家也。
紀昀：格不高而風度思致可觀。○致堯參機務，故有是言。然其詞太露太佻，不稱通篇。
無名氏（乙）：三、四實，五、六虚，虚故超。結占地步。

卧病逾月請郡不許復直玉堂十一月一日鎖院是日苦寒詔賜宫燭法酒書呈同院

蘇東坡

微霰疎疎〔一六〕點玉堂，詞頭夜下攬衣忙。分光御燭星辰爛，拜賜宫壺雨露香。醉眼有花書字大，老人無睡漏聲長。何時却逐桑榆暖，社酒寒燈樂未央。
方回：中四句氣燄逼人。
馮舒：此時世局將變，故落句如此。
查慎行：通首氣味好。○結句不脱「酒」與「燭」，是何等法脈！

何義門：此篇不減夢得。○渾厚。○第一句「苦寒」。第二句「鎖院」。第五句「詞頭」。第六句「玉堂」。第七句顧「請郡」。

紀昀：七律亦非東坡長技，頗以氣格勝耳。古體自妙絶一時，獨有千古。可惜結入習徑。閱其全集，方知此是東坡口病，所謂好曲不禁三回唱。

無名氏（乙）：椽筆春容，此公獨步。

許印芳：東坡天才豪放，學殖富有，發爲文章，非大篇長句不足供其揮洒。故其詩七言最爲擅場，七古較七律尤出色，七律雖不及七古，而氣格超勝。全集佳篇甚夥，在宋人七律中儘可獨樹一幟。曉嵐謂非長技，此謬説也。其批律髓於此詩句句着圈，惟結句稍不滿意。〔按：紀昀在此八句詩的每一句末一字旁，皆加圈。〕蓋仕宦而懷退休之志，亦是本分。東坡好作此等語，未免數見不鮮。然在本集爲口病，在選本中却無妨礙。全詩老成，中四句尤佳。曉嵐斥爲頹唐，亦是苛論。○本集紀批云：「老手恃老，往往頹唐。工部晚年，亦不免此。」

夜直玉堂攜李之儀端叔詩百餘首讀至夜半書其後

玉堂清冷不成眠，伴直難呼孟浩然。暫借好詩消永夜，每逢佳處輒參禪。愁侵硯滴初含凍，喜入燈花欲鬭妍。寄語君家好兒子〔一七〕，他時此句一時編。

方回：李之儀詩得意趣頗深晦，非東坡不之察，故有是佳句。以孟浩然待之，非誇也。

何義門：玉堂豈可談禪耶？正言其詩晦耳。

紀昀：浩然伴直，實有此事，非但比其詩也。

陸貽典：東坡才學自是宋人中杰出，然無老杜深沉之韻，不耐咀味，此其病也。此數首皆然。

紀昀：五句是沉思光景，六句是領悟光景，寫得有神。

許印芳：曉嵐批律髓，此詩每句着圈，批本集五、六句密圈，今從本集。〔按：紀昀在此八句詩的每一句末一字旁皆加圈。〕○本集批云：「氣機流暢，然非五、六句着實撑得住，則太滑矣。」又曰：「五句言詩境之苦，六句言賞心之樂。」

無名氏（乙）：每於對句超絕，六尤冰署生春。

次韻子由五月一日同轉對

跪奉新書笏在腰，談王正欲伴耕樵。晉陽豈爲一門事，宣政聊同五月朝。憂患半生聯出處，歸休上策早招要。後生可畏吾衰矣，刀筆從來錯料堯。

方回：兄弟一門，用温大雅事，唐高祖語，極切。尾句又似不平執政者之驟進，此乃東坡平生口病也。

紀昀：此評最確。

馮班：次聯坡體好語。第八宋句，但有味。

陸貽典：次聯是坡體。

何義門：第三切子由「同」。第四用貞元中詔語，切「轉對」並「五月一日」。

無名氏（甲）：温大雅兄弟貴顯，高祖謂之曰：「吾起兵晉陽，只爲卿一門耳。」漢書：「趙堯爲刀筆吏，周昌輕之，後竟代昌爲御史大夫。」

無名氏（乙）：起伏合節，夷猶赴韻。

次韻蔣穎叔錢穆父從駕景靈宫

歸來病鶴記城闉，舊踏松枝雨露新。半白不羞垂領髮，軟紅猶戀屬車塵。雨收九陌豐登後，日麗三元下降辰。粗識君王爲民意，不才何以助精禋。

方回：此元祐七年壬申南郊時事。

查慎行：公初自登州還朝，故前半云云。○「闉」字險韻，又連「新」字，難押，必鍊意出之，方得穩老貫串，此詩起二句，何等用意！

紀昀：東坡館閣唱和諸七律，皆不爲佳，此首固不失局度。

無名氏（甲）：玉燭寳典云：「『三元』謂歲之元、時之元、月之元也。」

殿後書事和范純仁

梅聖俞

天子尋常幸直廬，裹頭宫女捧雕輿。紅泥已賜春醅酒，黄帕曾經御覽書。林果鳥應啣去後，燕窠蟲有落來餘。禁中事事能傳詠，播在人間不是虚。

方回：老杜云「户外昭容紫袖垂」，則知唐之外庭以宫女引朝儀。聖俞云「裹頭宫女捧雕輿」，則知宋之内庭以宫女直輿事，不惟詩好，可備故事作一對也。

馮舒：宫詞自爲一體，不必如此論。

方回：此乃和范景仁殿中雜題，三十九首取其一，且如前聯「紅泥已賜春醅酒，黄帕曾經御覽書」，豈不勝王建「黄帕蓋鞍呈了馬，紅羅纏項鬬回雞」乎？建詩卑弱，今不取。

馮舒：未見勝。梅作較卑弱。

紀昀：梅詩自勝王，此二句却不相上下。虚谷抑彼揚此，門户之見耳。

陸貽典：宫詞自爲一體，非卑弱也。

馮舒：第三聯倒句未工。第八句凑韻。

馮班：腹聯瑣弱。

紀昀：五、六只似廢落山居。

較藝和王禹玉内翰

分庭答拜士傾心，却下朱簾絶語一作「好」。音。萬蟻戰來一作「酣」。春日永一作「煖」。五星明聚一作「處」。夜堂深。力槌頑石方逢玉，盡撥寒沙始見金。淡墨榜名何日出，金明池苑一作「館」。可能尋。

方回：詩話以前聯爲「萬蟻戰酣春晝永，五星明聚夜堂深」，承平時省試諸公，例有倡和，於考校兩不相妨。是年歐陽公知舉，王岐公以翰學與聖俞俱在院，得二蘇與南豐之年也。元祐三年，東坡爲知舉，黄山谷、李伯時俱爲屬，唱和尤盛。張宛丘集後有同文館倡和數卷，晁無咎、曹子方、蔡天啓、鄧忠臣皆與，佳句無算，亦考試時作。南渡以後，此風頽落，知舉監試官，用從官言路之長，小試官四十餘人。雖宜鎖四十餘日，未有一篇詩傳於世者。於熟爛時文之中，求天下之士，賦必有一定之説，經必拘破題四句小巧，以此爲了事癡兒，世道日以衰矣。歐、蘇大老，昔司文衡，賦詩校藝，兩用其至，綽綽有餘。蓋不可復見矣，悲夫！

紀昀：三、四句宜從詩話本。

馮舒：末聯湊韻。○蟻比士子可乎？

馮班：此詩若在唐人則爲笑話矣，宋人便可作一故事用。○第三句，以士人爲蟻何也？可惡。

〔按：馮班在「力槌頑石方逢玉，盡撥寒沙始見金」二句旁加抹。〕

陸貽典：按以蟻比人，本灌頂經。二詩亦可證宋時試士故事。○五、六佳句，何以抹之？

無名氏（乙）：五、六合掌。

查慎行：出榜後主司例游金明池，故有落句。○「酣」字有力，且與「永」字有關會。

紀昀：「力槌」二字俚，此一聯宋詩中之劣調，二句亦合掌。

無名氏（乙）：焕朗深秀。

謝永叔答述舊之作和禹玉

天下才名罕有雙，今逢陸海與潘江。筆生造化多多辨，聲滿華夷一一降。金帶繫袍迴禁署，翠娥持燭侍吟窗。人間榮貴無如此，誰愛區區擁節幢。

方回：此亦試院作，謂永叔、禹玉二學士大才也。前聯壯哉，次聯麗甚。

馮舒：決不及唐，時世爲之也。

紀昀：諸詩皆牽率應酬，謂之盛事則可，謂之佳作則未然。○結太淺，亦是爲仄韻所牽。

較藝贈永叔和禹玉

今看座主與門生，事事相同舉世榮。並直禁林司詔令，又來西省選豪英。飛龍借馬天邊下，光禄供醪月底傾。食葉蠶聲句偏美，當時曾記賦將成。

方回：「食葉蠶聲」，謂歐公句也。王岐公乃歐公十五年前所取門生。

查慎行：「無譁戰士啣枚勇，下筆春蠶食葉聲」，六一居士試院舊句。

紀昀：三、四太率易。

呈永叔書事

王禹玉

華陽集第四卷元注：「嘉祐二年禮部倡和。」

詔書初捧下西廂，重棘連催暮鑰忙。緑繡珥貂留帝詔，元注：「元夕有緑衣中使傳宣。」紫衣鋪案拜宸香。卷如驟雨收聲急，筆似飛泉落勢長。十五年前出門下，最榮今日預東堂。

紀昀：何必注本集卷數？恐注不勝注矣。

方回：禹玉弱冠甲科，出歐公門，至是十五年，亦可謂榮進速矣。許光凝撰集序謂「不出都城，致位宰相」，予謂岐公詩多富貴語，惟如此富貴人能爲之。

馮舒：岐公總是盛世之音。

查慎行：字呼座主可乎？○三句中着兩「詔」字，亦檢點不到處。

紀昀：此首頗有氣格，惟三、四稍冗。

次韻景彝赴省直宿馬上

梅聖俞

烏紗帽底青眸轉，朱雀街頭玉轡摇。燈火高樓吹短笛，簾櫳斜巷隘初宵。身歸蘭省惟看月，心在天津欲倚橋。枕上夜深應不寐，羨他年少酒微銷。

方回：曲盡京師承平市井繁盛之狀，又見赴省直宿，於馬上或有所睹而不能忘情之意，流麗圓活，自然有味。景彝，王景彝也。

紀昀：起二句笨，起句尤突，二馮不加指摘，以其體近才調集，平心之難如此。○五、六對法活，措語亦工。

校勘記

〔一〕通宵　馮舒：「通」，初學記作「分」爲是。　馮班：「分宵」一作「當階」。　〔二〕開窗

馮舒：初學記作「掖庭」爲是。　〔三〕柏悦　紀昀：「帨」當作「悦」，刻本誤。　〔四〕紫

薇　李光垣：「微」訛「薇」。　〔五〕紫薇　李光垣：「微」訛「薇」。　〔六〕輕霞　馮班：當作「紅霞」。　〔七〕朝天　何義門：一作「熏天」。　〔八〕池裏　李光垣：「上」訛「裏」。〔九〕朝朝染翰侍君王　何義門：英華作「終朝默默侍君王」，如此方是賈生胸臆。　〔一〇〕送曉籌　李光垣：本集「送」作「報」。　〔一一〕宮殿　李光垣：本集「殿」作「扇」。　〔一二〕日影　李光垣：本集「影」作「色」。　〔一三〕紫薇　李光垣：「微」訛「薇」。　〔一四〕紫薇　李光垣：「微」訛「薇」。　〔一五〕韓致堯　紀昀：「堯」訛「光」，後倣此。偓佺，堯時仙人，堯問道焉，故名偓而字致堯。諸本或作「光」，以形近而訛耳。　〔一六〕疎疎　許印芳：一作「霏霏」。　〔一七〕好兒子　許印芳：「好」與三句複，當作「小」。

瀛奎律髓彙評卷之三　懷古類

懷古者，見古迹，思古人，其事無他，興亡賢愚而已。可以爲法而不之法，可以爲戒而不之戒，則又以悲夫後之人也。齊彭殤之修短，忘堯桀之是非，則異端之説也。有仁心者必爲世道計，故不能自默於斯焉。

紀昀：此序見解頗高，可破近人流連光景、自矜神韻之習。

五言　三十二首

白帝懷古

陳子昂

日落滄江晚，停橈問土風。城臨巴子國，臺没漢王宫。荒服猶周甸，深山尚禹功。巖懸青壁斷，地險碧流通。古木生雲際，歸帆出霧中。川途去無限，客坐思何窮〔一〕。

方回：律詩自徐陵、庾信以來，亹亹尚工，然猶時拗平仄。唐太宗時，多見初學記中，漸成近體，亦未脱陳、隋間氣習。至沈佺期、宋之問，而律詩整整矣。陳子昂感遇古詩三十八首，極爲朱文公所稱。天下皆知其能爲古詩，一掃南、北綺靡，殊不知律詩極精。此一篇置之老杜集中，亦恐難別，乃唐人律詩之祖。如沈，如宋，如老杜之大父審言，併子昂四家觀之可也，蓋皆未有老杜以前律詩。

紀昀：此評已見「登覽類」伯玉詩下矣，此隔一卷又重出。大都虚谷此書，非一時所批，故前後都不檢點。

紀昀：「問土風」三字領下四句。○與下峴山一首俱以氣格壓一切。

無名氏(甲)：白帝城在夔州。○氣格渾融，而才鋒溢出，真奇作也。

峴山懷古

秣馬臨荒甸，登高覽舊都。猶悲墮淚碣，尚想卧龍圖。城邑遥分楚，山川半入吴。丘陵徒自出，賢聖已凋枯〔二〕。野樹〔三〕蒼烟斷，津樓晚氣孤。誰知萬里客，懷古正踟躕。

方回：此老杜以前律詩，悲壯感慨，即無纖巧砌甃。「丘陵徒自出」一句，疑有誤字。

馮班：虚谷不知「丘陵」句出穆天子傳，殊可怪。

紀昀：「丘陵自出」，語本穆天子傳西王母謡。

馮舒：以上兩篇俱以「猶」、「尚」二字出「懷古」。

無名氏（甲）：峴山，在襄陽。○穆王燕西王母於瑶池，王母爲天子謡曰：「白雲在天，山陵自出，道里悠遠，山川間之。」

許印芳：「野戍」句與樂鄉縣詩複，已見紀批。前詩五、六，此詩三、四句「猶」、「尚」意複，亦是微瑕，後學宜戒之。

金陵懷古

劉賓客

潮落冶城渚，日斜征虜亭。蔡洲新草緑，幕府舊煙青。興廢由人事，山川空地形。後庭花一曲，幽一作「憂」。怨不堪聽。

方回：每讀劉賓客詩，似乎百十選一以傳諸世者，言言精確。前四句用四地名，而以「潮」、「日」、「草」、「煙」附之。第五句乃一篇之斷案也，然後應之曰「山川空地形」，而末句乃寓悲愴，其妙如此。

馮舒：「新草」、「舊煙」，只四字逼出「懷古」。五、六斤兩起結，俱「金陵」。○絲縷儼然，却自無縫。

馮班：起句千鈞。

錢湘靈：起力千鈞。

何義門：此等詩何必老杜？才識俱空千古。○「潮落」、「日斜」，「煙青」、「草緑」，畫出「廢」字。落日即陳亡，具五國之意。第五起後二句，第六收前四句，變化不測。○前四句借地形點化人事。○第三句，將。第四句，相。○幕府，山名，因王導著；征虜亭，因謝安著。

紀昀：疊用四地名，妙在安於前四句，如四峯相矗，特有奇氣。若安於中二聯，即重複礙格。○五、六筋節，施於金陵尤宜，是龍盤虎踞，帝王之都。末後庭一曲，乃推江南亡國之由，申明五、六。虚谷以爲但寓悲愴，未盡其意。○起四句似乎平對，實則以三句「新草」，剔出四句「舊烟」，即從四句轉出下半首。運法最密，毫無起承轉合之痕。

許印芳：此評甚精，深得古人筆法之妙。如此解乃知三、四「新」、「舊」二字是眼目。古人作詩，一字不妄下。後人作詩多閒字，且多贅句，不及古人遠矣。作五律尤忌浮泛，所謂四十賢人，不可雜一屠沽兒也。文章一道，總不能離起承轉合之法，用之無痕者，作用在内，暗起暗承，暗轉暗合，暗中消息相通，外面筋骨不露。盛唐詩氣格高渾，意味深厚，其妙在此。愚人但以形貌求盛唐，謂其無甚作用，謬矣。晚唐及宋人詩，作用在外，往往露骨，故少渾厚之作。惟中唐劉中山、劉隨州，猶有盛唐遺意耳。又按六句用龍虎天塹故事，而用其意，不用其詞。此亦暗用法。愚人用典，必將詞語鈔出湊句，蓋未知古人用典，如水中着鹽，不見鹽而有鹽味也。又此句不但繳足第五句，而且收拾前四句。若無收拾，便是無法，可謂精密之至。

無名氏（甲）：金陵，今江寧。

許印芳：劉賓客，字夢得，中山人，官太子賓客，加檢校禮部尚書。

項亭懷古

竇常

力取誠多難，天亡路亦窮。有心裁帳下，無面到江東。命厄留騅處，年銷逐鹿中。漢家神器在，須廢拔山功。

方回：五竇之長也。此詩句句有議論，用字無一不工。

馮班：虚谷專尚議論，「江西」法也。

馮舒：腹聯包括一卷項羽本紀。

陸貽典：鍊句有力，能該史事。

查慎行：「有心」、「無面」，語意欠佳。

紀昀：純是五代劣調。○項王興亡甚速，不得謂之「年銷逐鹿」。結竟以項羽爲天亡，恐非至論。

無名氏(甲)：項亭，在和州。

經故人舊居

儲嗣宗

萬里訪遺塵，鶯聲淚濕巾。古書無主散，廢宅與山隣。宿草風悲夜，荒村月弔人。凄涼問殘柳：今日爲誰春？

方回：三、四佳。

馮舒：不如五、六。

紀昀：套語。○三、四「武功派」，虚谷以體近「江西」取之耳，其實是小家數。

送康紹歸建鄴

周　賀

南朝秋色滿，君去意如何？帝業空城在，民田壞塚多。月圓臺獨上，栗綻寺頻過。籬下西江水，相思見白波。

方回：三、四眼前事，亦不可少。

馮舒：第六句新。

紀昀：此非懷古，誤入此門。○起有遠神，頗見氣格，惜六句太湊。

無名氏（甲）：建鄴，今江寧。

經費拾遺所居呈封員外

李羣玉

雲卧竟不起，少微空隕光。惟應孔北海，爲立鄭公鄉。舊館苔蘚合，幽齋松菊荒。空遺書帶草，日日上堦長。

方回：三、四用一事貫串，老杜有此體，「嘉樹傳，角弓詩」是也。

馮班：「串」字應作「穿」。

紀昀：亦是套語。

武侯廟古柏

李商隱

蜀相堦前柏，龍蛇捧閟宫。陰成外江畔，老向惠陵東。大樹思馮異，甘棠憶召公。葉凋湘燕雨，枝折海雞風〔四〕。玉壘經綸遠，金刀曆數終。誰將出師表，一爲問昭融！

方回：五、六善用事，「玉壘」、「金刀」之偶尤工。末句俟考。

馮舒：何所用考？

查慎行：即子美「運移漢祚終難復」一句意。

紀昀：「昭融」，用杜詩「契合動昭融」句，説者謂昭融，天也。然詩「昭明有融」，不如此解，應別有所出。

馮班：雄壯似杜。

何義門：一句將，一句相。「湘燕」、「海鵬」，陰、庾襯法。後四句意極完密，歸重武侯，方抱得轉第三聯。

紀昀：風格老重，五、六尤警切。惟「湘燕雨」、「海雞風」，事外添出，毫無取義，「崑體」之可厭在此等。

許印芳：宋初楊、劉諸人詩學晚唐，以義山爲宗，號「西崑體」。其體多尚塗飾，而實義山有以啓之。此詩「湘燕」「海鵬」，即是義山壞處，故曉嵐抹之。〔按：紀昀在「葉凋湘燕雨，枝折海雞風」二句「湘燕雨」、「海雞風」旁皆加抹。〕

無名氏（甲）：廟在成都。

許印芳：汶江，一名外江。先主葬惠陵。

陳後主宮

玄武開新苑，龍舟燕幸頻。渚蓮參法駕，沙鳥犯鉤陳。壽獻金莖露，歌翻玉樹塵。夜來江令醉，别詔宿臨春。

方回：鉤陳星，後宮之象，亦左右宿衛之象。

馮舒：「參法駕」者爲「渚蓮」，「犯鉤陳」者爲「沙鳥」，「宿臨春」者爲「江令」，君臣荒湎之狀，備極形容。

馮班：如此詠史，不愧盛譽。每讀宋初「崑體」，輒嘆此君之不可及也。〇力有千鈞。江左繁華，陳宫淫湎，一筆寫出，而壯麗無形迹。〇頸聯妙。

何義門：次聯是一篇艮嶽記，寫得不成模樣，却渾然不露。〇題曰陳後主宫，結句顯然有所指斥，即所謂「沙鳥」也。「渚蓮」以比嬪御，借陳事刺當時耳。

紀昀：三、四蘊藉，飛卿驪山詩「過客聞韶濩〔五〕，居人識冕旒」，亦是此意。結故爲尖刻不了之語，義山習氣。

許印芳：飛卿驪山詩，乃五言長律，敍明皇事，筆意極佳。曉嵐所批才調集，亦有此詩，詳見本集。

無名氏(甲)：宫在江寧。

過陶徵君舊居

崔塗

陶令曾居此，弄琴遺世情。田園三畝緑，軒冕一銖輕。衰柳自無主，白雲猶可耕。不隨陵谷變，應只有高名。

方回：荒淫亡國之主，姦邪誤國之臣，詩人必詆其遺跡而數其罪。至於英主賢臣，則美之不容口，其或子孫已微，陵谷已變，猶惓惓焉傷悼悲痛，讀此詩者可以類推矣。然後知善不可不修，惡不可不戒。無曰莊生齊物，而可以懵然於身後也。

馮舒：此與詩道何與？

馮班：腐氣。

何義門：後半欲從執鞭之意，妙在隱約不露，與昭君宅一首俱可法。

紀昀：不稱此題。

無名氏（甲）：舊居在九江柴桑。

題倪居士舊居

儒翁九十餘，舊向北山居。生寄一壺酒，死留千卷書。欄摧新竹少，池淺故蓮踈。但有子孫在，帶經還荷鉏。

方回：子孫之賢不肖天也，雖聖賢亦無如之何。張芸叟詩云：「兒童不識字，耕稼魏公莊。」魏鄭公之後至不識字，亦奈何哉？

紀昀：無味。〇末二句與張詩各一意，彼言舊澤已竭，此言清風未改也。

過昭君故宅

以色静胡塵，名還異衆嬪。免勞征戰力，無媿綺羅身。骨竟埋青塚，魂應怨畫人。不堪逢舊宅，零落對江濵。

方回：只第一句已感慨。「青塚」之句，本非奇異，第六句一喚醒，併第五句亦精神。「魂應怨畫人」，妙甚，妙甚。

馮舒：首四句用意，虚谷却取五、六，法眼自不同。

馮班：起四句議論，末句方及故宅，周伯弜之流，豈解如此？

何義門：後四句自傷也。

紀昀：此種題真是塵刦，惟以不做爲高耳。〇三、四複起，二句、六句亦是常語，不見其妙。

無名氏(甲)：故宅在湖廣歸州。

題豪家故池

吳　融

歲久無泉引，春來仰雨流。萍乾黏朽檻，沙淺露沉舟。照影人何在，持竿客寄游。倏然興廢外，回首謝眠鷗。

方回：第五句最感慨，謂其家歌舞之類，今安在哉！

紀昀：第五句亦套語。

馮班：落句妙。

陸貽典：首句出「故池」，妙甚，第五句一點「豪家」。

何義門：五、六有起伏。〇五醒「豪家」，六醒「故池」，味在鹹酸之外。前半常語也。

紀昀：粗淺。

許印芳：吳融，字子華。山陰人。官翰林承旨。

經廢宅

杜荀鶴

人生當貴盛，修德可延之。不慮有今日，争教無破時。藓斑題字壁，花發帶巢枝。何況高原上，荒墳與折碑。

方回：荀鶴詩首首相似，定是頷聯作一串，景聯體物。

紀昀：晚唐習徑如是，不但荀鶴也。

何義門：前四句寬闊有勢，結收「廢」字，又透過「宅」字説。

紀昀：腐不可耐，不復知爲唐人詩矣。○五、六句自好，六句尤佳。

南游有感〔六〕

杜陵無厚業，不得駐車輪。重到曾游處，多非舊主人。東風千嶺樹，西日一洲蘋。又渡湘江水〔七〕，湘江水復春。

方回：三、四有無窮之味，不必指言何代何人，而懷舊感今之意自見。

紀昀：此明指舊時所主之人，如何解以「何代」二字？

馮班：腹聯好。

陸貽典：五、六襯三、四，有情。

何義門：首句呼「又」字。五、六言無主人也。末句暗用「春水方生公宜速」，仍無可因依耳。○草樹復興，正襯主人之非舊。失路無依，播越不返，讀之自然淒斷。

紀昀：次句笨，三、四語真而格卑，後四句太滑，末「復」字、「又」字亦複。

過侯王故第

過此一酸辛，行人淚有痕。獨殘新碧樹，猶擁舊朱門。歌歇雲初散，簷空燕尚存。不知彈鋏客，何處感新恩？

方回：第六句即劉夢得舊時王謝燕之意也，猶渾厚未露。至尾句則全是夢得「燕」句意，賓客皆何所往乎？

馮班：落句意正不盡於此。

紀昀：此必曾遊之地，不得志而去。故末二句咎當時養客之非人，非責客之炎涼也。虛谷所解尚未盡。

馮班：破劣。第二句趁韻也。末二句佳甚。

何義門：何遜行經故宅云：「闃寂今如此，行客盡沾衣。」王筠入允襄第云：「行人皆殞涕。」此第二句自有成功處，雖鈍吟之寢食六代，猶不免失評也。〇行路爲之隕涕，而故姬狎客，風流雲散，曾不心念舊恩，真草木鳥獸之不若。第二正唱起下六句，非趁韻也。下六句敍致尤錯綜善變。

陸貽典：三、四即前首中四句作法，收爲兩句耳。

紀昀：稍見風格。〇「雲初散」無理，「初」字尤謬，遏雲事何至如此用？

懷古眺望

宋景文

城闉聊屬眺，千古恨悠悠。夏亭空臺毁，韓亡故社留。鈞臺、韓城悉有遺址在。廟祠旌潁鳳，黄丞相祠并鳳皇里。溪水識巢牛。潁水過城下。春色依林動，晨煙傍戍浮。庌騶閑自集，田鶴叫相求。町篠夤緣密，川葭靃靡柔。櫟墟迷鄭鄙，隗路隔軒游。春秋櫟邑、莊周載大隗山皆在。感昔如吾輩，曾經幾斛愁。

方回：此許州詩也。公自翰苑出守〔八〕許昌作，工甚。

馮班：「靃」音霍，又音髓。楚辭：「蘋草靃靡。」

陸貽典：將古實排比，本之西征賦。

查慎行：左傳：「夏有鈞臺之享。」注作「鈞臺」，誤。商亳社，商都，在今河南開、歸間，楚、漢時韓王成據韓，即今新鄭。殷有三亳，應即其地，故用亳社。

紀昀：餖飣可厭。○「動」字是發動之意，然用來不佳。

長安道中悵然作三首

三輔古風煙，征驂悵未前。山園蓬顆外，賈山議始皇侈葬，言後世不得蓬顆蔽冢。宫室黍離邊。樹老經唐日，碑殘刻漢年。便須真隕涕，不待雍門絃。
興亡作今古，事往始堪悲。宫破黄山在，城空北斗移。走岡寒兔隱，啼戍暮鴉饑。灞岸重回首，惟餘王粲詩。
城闕今安在，關河昔所憑。種祠秦故畤，坏土漢諸陵。苑樹圓排薺，樓雲淡引繒。南山不改色，千古恨相仍。

方回：景文自真定移守成都，過長安有此詩，皆工妙逼唐人。

馮舒：所謂「西崑體」者如此，真高妙。

馮班：此三章真不可及。有氣象，盛世之音也。

陸貽典：「西崑」本於温、李，此三首尤似義山學杜。

查慎行：第三首第四句，煉。

何義門：第二首第一、二兩句未經人道。

紀昀：三詩俱有杜意，馮氏引爲「西崑體」，以張其軍。宋公固「西崑派」，此三詩則非「西崑體」也。

無名氏（甲）：長安，今西安。

過惠崇舊居 崇工詩，有名於世。

韓魏公

雖昧平生契，懷賢要可傷。生涯與薪盡，法意共燈長。遺畫空觀貌，殘詩孰補亡。

本院惟有師詩稿數卷。神期通一語，無乃困津梁。

方回：元注云：「予爲郡之年，師之去世已二紀矣。」○景文年四十四，初得郡壽陽，惠崇舊居院在境内。選此一詩以見惠崇之死，宋公年二十也。

紀昀：何必定要見惠崇死時宋公年二十？此種取義，殊不可解。

馮舒：何遜唐人？

馮班：「西崑」真妙！

陸貽典：三、四是「西崑」面目。

紀昀：窘狹殊甚，第五句「補亡」字不切。結寓倦遊之感，用釋氏事，關合不泛。

無名氏（甲）：舊居在壽州。○宋僧惠崇，善畫蘆雁，東坡嘗題之。

過故關

春日并州路，羣芳夾故關。前騶驅弩過，別境荷戈還。古戍餘荒堞，新耕入亂山。時平民自適，白首樂農閒。

方回：承平之際，并州用武之地亦閒樂如此。五、六有味。

馮舒：古戍僅餘荒堞，時平無事也。新耕至入亂山，民皆務農，無曠土也。宰相氣度，治平景色，二語寫出。

馮班：盛世之音，豈病其規橅晚唐風格耶！○第三聯妙。

紀昀：此首不宜入「懷古類」。○六句寫開墾之廣，極有景象。五句猶是常語。

無名氏(甲)：關在太原。

金陵

梅聖俞

恃險不能久，六朝今已亡。山形象龍虎，宮地牧牛羊。江上鷗無數，城中草自長。臨流邀月飲，莫掛一毫芒。

方回：龍蟠虎踞本是熟事，以「宮地牧牛羊」〔九〕爲對，不覺杜撰之妙，猶老杜「賞因歌杕杜，歸及薦櫻桃」也。

紀昀：此評深得用事之法。

陸貽典：全在空處做，故包括得盡。

何義門：似夢得。○後半筆意極洒脱，但覺得太没照應耳。

紀昀：三、四好，結句粗率。

無名氏(甲)：金陵，今江寧。

丫頭巖

此碑也，在金陵斷石岡，上有吴大帝〔一〇〕字焉。

丫頭石雖斷，文字未全訛。年算赤烏近，書疑皇象多。幾時經霹靂，異代見干戈。更與千秋看，松煤定費磨。

方回：「經來白馬寺，僧到赤烏年」，奇矣；「赤烏」「皇象」，則又奇矣。「皇象」恐作「黄」，非。假對真，如子規黄葉，更佳。

馮舒：何拘至此！

馮班：虚谷不知有皇象耶？大奇。皇象見三國志。

馮舒：結全無力，湊而客氣。

馮班：是皇象書，非吴大帝也。

紀昀：結句鄙俚。

夏日晚霽與崔子登周襄王故城

雨脚收不盡，斜陽半古城。獨携幽客步，閒閲老農耕。寶氣無人發，陰蟲入夜鳴。余非避喧者，坐愛遠風清。

方回：五、六工而自然。

馮舒：七句無致。

紀昀：馮氏抹「入夜」二字，以礙題中「晚霽」。〔按：馮舒在「陰蟲入夜鳴」句「入夜」二字旁加抹。〕然此二句概説廢城之象，不必定是現景。惟七句批曰「無致」，則信然。

許印芳：五、六固佳，起句亦寫景入畫，結句綰定題首，回應起句，上下句皆無疵纇。馮氏苛責古人，謂七句無致，吾不信也。

馮班：第二句，已霽矣。

無名氏（甲）：故城在河南洛陽。

夏日陪提刑彭學士登周襄王故城

聊隨漢使者，一上周王城。片雨北郊晦，殘陽西嶺明。野禽呼自别，香草問無名。誰復黍離詠，但興箕潁情。

方回：五、六平淡之中有滋味，亦工緻。三、四亦無不工。

紀昀：五、六即「無名江上草，隨意嶺頭雲」意，但於題不切。虛谷賞之，非是。雖有佳句，於題無涉，即不佳。

馮舒：第三句寫夏日，醒。

紀昀：二詩俱空調，不及前詩深厚。

淮陰

青環瘦鐵纜，繫在淮陰城。水脛多長短，林枝有直橫。山夔一足走，妖鳥九頭鳴。韓信祠堂古，誰將胯下平。

方回：五、六如其所賦之怪。

馮舒：末句不成語。

馮班：「平」字湊。

陸貽典：「平」字湊。

查慎行：結不成語。

紀昀：首四句俗而俚。

無名氏（甲）：淮陰，今淮安府。

塗山

古傳神禹迹，今向舊山阿。莫問辛壬娶，從來甲子多。夜淮低激射，朝嶺上嵯峨。荒廟立泥骨，巖頭風雨過。

方回：「辛壬」、「甲子」亦奇甚。

查慎行：何奇之有？「辛壬」切大禹，「甲子」二字虛搘湊，未足爲奇。

紀昀：但見湊泊，未見其奇。

紀昀：通體無味，七句尤鄙。

無名氏（甲）：塗山在鳳陽。

與夏侯繹張唐民游蜀岡大明寺

秋葉已多蠹，古碑看更荒。廢城無馬入，破塚有狐藏。寒日稍清迥，羣山分莽蒼。田夫指白水，此下是雷塘。

陸貽典：五、六峭刻。

紀昀：頗有春容之妙。結二句倒點，別致，淡而有味。

無名氏（甲）：寺在揚州。

許印芳：莽蒼之蒼，平仄兩用。

永寧遺興

張宛丘

國破空陵墓，時移改要衝。人隨幽谷路，縣隱亂山峯。零落荒祠樹，悠揚晚寺鐘。猶傳仙舊隱，跨鹿有遺蹤。

方回：臞仙〔一〕詩自然，楊誠齋之言也。每憶此言，讀此詩則知之。」

馮班：張宛丘，字文潛。

無名氏（甲）：永寧，河南屬邑。

徐孺子宅

趙師秀

今識高眠處，滄波是切隣。已知難即鹿，惟有獨潛鱗。苹長過荷葉，藤深失樹身。閒思昔徵子，猶自得稱仁。

方回：五、六似不切徐孺子宅，異乎「西日照窗涼」者，然亦工密。

紀昀：「西日」句乃王荆公雙廟詩，見二十八卷。虚谷所解極迂謬。

陸貽典：此等敗筆，可汰。

紀昀：起稍聳拔，三、四太拙，五、六太細碎，結句尤鄙淺。

無名氏（甲）：宅在江西南昌。

題釣臺

徐道暉

當時廊廟去，此地也成空。草木多年换，兒孫近代窮。無言傷末俗，久立慕高風。

梅福神仙者，新知是婦翁。

方回：尾句自來無人道。

紀昀：末句宜有注，不爾則不知所出，無徵不信。

馮班：末句有新意而未煉。

紀昀：三、四鄙淺。

無名氏（甲）：臺在嚴州。

七言 七十八首

荆州懷古

劉禹錫

南國山川舊帝畿，宋臺梁館尚依稀。馬嘶古樹行人歇，麥秀空城澤雉〔三〕飛。風吹落葉填宮井，火入荒陂〔三〕化寶衣。徒使詞臣庾開府，咸陽終日苦思歸。

馮舒：自然幻秀。

何義門：三、四流水對，五、六參差對，未嘗犯四平頭及板板四實句也。

紀昀：五、六新警，結不入套。

無名氏（甲）：荆州，在湖廣。

松滋渡望峽中

渡頭輕雨灑寒梅，雲際溶溶雪水來。夢渚草長迷楚望，夷陵土黑有秦灰。巴人淚應猿聲落，蜀客船從鳥道回。十二碧峯何處所，永安宮外是荒臺。

馮舒：秀便工緻。

何義門：量移夔州詩，妙在渾然不露。○「雪水來」，合用水深雪雰之意。「秦灰」，潛喻心變死灰。○後四句言觸目嶮艱，求若宋玉之遇襄王，亦不可再，所謂一生不得文章力耳。○第二句應領「望」字。第三句，「望」。第四句，「峽中」。

紀昀：中唐本色，惟結二句不免窠臼。

無名氏（甲）：渡在荆州。○劉中山律詩雖不及柳州之鑱刻，然自有華氣。

漢壽城春望　古荆州刺史治亭，其下有子胥廟，兼故楚王墳。

漢壽城邊野草春，荒祠古墓對荆榛。田中牧豎燒芻狗，陌上行人看石麟。華表半空驚霹靂〔四〕，碑文纔見滿埃塵。不知何日東瀛變，此地還成要路津。

陸貽典：三、四二句冷極。

何義門：當長安得路之人，看花開宴之候；而遷客所居，一望惟野草連天，荒祠古墓，則其地之惡遇之窮何如哉？觀「春望」二字，作者之旨趣自見。○句句是「望」。○後四句皆以自比，時方連貶荆州司馬故也。○末句收漢壽城。

紀昀：結便近李山甫一派。

西塞山懷古

西晉〔一五〕樓船下益州，金陵王氣漠然〔一六〕收。千尋鐵鎖沉江底，一片降幡出石頭。人世幾回傷往事，山形依舊枕寒流。今逢〔一七〕四海爲家日，故壘蕭蕭蘆荻秋。

查慎行：專舉吴亡一事，而南渡、五代以第五句含蓄之。見解既高，格局亦開展動宕。

何義門：氣勢筆力匹敵黄鶴樓詩，千載絶作也。

紀昀：第四句但説得吴。第五句七字括過六朝，是爲簡練。第六句一筆折到西塞山，是爲圓熟。

無名氏（甲）：山在荆州。

許印芳：此評能發此詩之妙。又沈歸愚云：「起手如黄鵠高舉，見天地方員。三、四言地利不足恃，七句言唐代别於割據偏安。」所評皆愜當，因附録之。按唐詩紀事云：「夢得與白樂天、元微之、韋楚客各賦金陵懷古，夢得詩先成，樂天覽之曰：『四人探驪龍，子已獲珠，餘皆鱗爪矣。』遂罷唱。」當時名流推服此詩，必有高不可及處，自來無人親切指點。所傳探驪獲珠一語，但指平吴一事耳。得沈、紀二評，始盡發此詩之藴。可知古人好文字流傳千載，衆口稱妙，而實不知其妙者多也。〇王氣之「王」，去聲，與上「王」字不同。（參看注一五）

館陶李丞舊居　　皇甫冉

盛名天下挹餘芳，棄置終身不拜郎。詞藻世傳平子賦，園林人比鄭公鄉。門前墜葉浮秋水，籬外寒皋帶夕陽。舊日青松成古木，祇應來者爲心傷。

方回：此詩好處元只在「平子賦」、「鄭公鄉」一聯。誰謂爲詩不當用事乎？用事而不爲事所用，可也。若但有後四句，則墮套括。

馮班：第三用歸田賦。

查慎行：首句嫩，尾句亦弱。

紀昀：三、四亦無佳處，不識虛谷何以取之？後四句之套，則虛谷之論當矣。

無名氏（甲）：舊居在山東。

隋宮守歲　　李商隱

消息東郊木帝回，宮中行樂有新梅。沉香甲煎爲庭燎，玉液瓊酥作壽杯。遥望露盤疑是月，遠聞鼉鼓欲驚雷。昭陽第一傾城色〔一八〕，不踏金蓮不肯來。

方回：此以隋宮除夜命題。第三句足見其侈，末句用潘妃事，亦譏煬帝耳。以爲對作，即是爲也。亦詩家一泛例，可戒。

馮班：方君云：「第三句足見其侈。」是實事。

馮班：只第三句是隋宫。○隋宫用金蓮事，可怪也。

錢湘靈：落句何以用潘妃事？

何義門：字字妙。首聯破「歲」字。「踏金蓮」，猶言蹈覆轍。○窮極奢侈，以悦婦人，豈知他年流落，止屬他人耶？末句含包蕭后末路，却不潔。

紀昀：此是咏古，不宜入「懷古類」。○義山詩感事託諷，運意深曲，佳處往往逼杜，非飛卿所可比肩。細閲全集自見，若專以此種推義山，宜以組織見譏矣。

井絡

井絡天彭一掌中，謾誇[一九]天設劍爲峯。陣圖東聚燕江口[二〇]，邊柝西懸雪嶺松。堪歎故君成杜宇，可能先主是真龍。將來爲報姦雄輩，莫向金牛訪舊蹤。

方回：五、六對巧。

馮班：殊勝「西崑」諸子。中四句萬鈞之力。

何義門：起便破盡全蜀，第二是門户，第三指東川，第四指西川，此四句包括後人數紙。○義山詩如此工緻，却非補紉，其佳處在議論感慨。專以對仗求之，只是「崑體」諸公面目耳。○世守不可保，因餘無能爲，況小醜竊據乎！義山去劉闢事未遠，末句亦孟陽勒銘之意也。

紀昀：五、六絶大力量，不但以對巧爲工，七句未免太率易。

無名氏(甲)：井絡在四川。

許印芳：詩意全爲恃險作亂者垂戒。沈歸愚云：「後半言世守及帝胄且不能成功，況奸雄割劇乎？如唐之劉闢是也。」○「天」字複。

隋　宫

紫泉宫殿鎖烟霞，欲取蕪城作帝家。玉璽不緣歸日角，錦帆應是到天涯。於今腐草無螢火，終古垂楊有暮鴉。地下若逢陳後主，豈宜重問後庭花！

方回：「日角」、「天涯」巧。

馮班：腹聯慷慨，專以巧句爲義山，非知義山者也。

錢湘靈：此首以工巧爲能，非玉溪妙處。

查慎行：前四句中轉折如意。三、四有議論，但「錦帆」事實，「玉璽」字湊。

何義門：前半筆勢開展，真是大家。

紀昀：結即飛卿「後主荒宮有曉鶯，飛來只隔西江水」意，然彼佳此不佳，其故可思。〇中四句步步逆挽，句句跳脱，結句佻甚。盛唐人決不如此。

無名氏(甲)：運掉甚靈。

許印芳：結言煬帝亡國之禍，甚於後主，特借後庭花爲詞耳。以此爲佻甚，亦苛論也。又沈歸愚云：「漢祖隆準日角，此借言唐帝。言天命若不歸唐，遊幸不止江都。用筆靈活，後人只鋪敍故實，所以板滯也。」〇「後」字複。

籌筆驛

魚鳥猶疑畏簡書，風雲長爲護儲胥。徒令上將揮神筆，終見降王走傳車。管樂有才真不忝〔二〕，關張無命欲何如〔三〕？他年錦里經祠廟，梁甫吟成恨有餘。

方回：起句十四字，壯哉！五、六痛恨至矣。

馮舒：荆州失，益德死，蜀事終矣。第六句是巨眼。

馮班：好議論。

查慎行：管、樂、關、張皆實事，勝前者「玉璽」、「錦帆」。

何義門：議論固高，尤當觀其抑揚頓挫，使人一唱三嘆，轉有餘味。〇第一句，揚。第二句，驛。第三句，抑。第四句，起「恨」字。第五句，揚。第六句，抑。又恨。第七句，對驛。第八句，對籌筆。

紀昀：起二句斗然抬起，三、四句斗然抹倒，然後以五句解首聯，六句解次聯，此真殺活在手之本領，筆筆有龍跳虎卧之勢。○「他年」乃當年之謂，言他時經其祠廟，恨尚有餘，況今日親見行兵之地乎？亦加一倍法，通篇無一鈍置語。

無名氏（甲）：驛在漢中。

許印芳：沈鬱頓挫，意境寬然有餘，義山學杜，此真得其骨髓矣。筆法之妙，紀批盡之。又范元實詩眼云：「文章貴向衆中傑出，任賦一事，工拙易見，予入蜀，過籌筆驛，見石曼卿詩云：『意中流水遠，愁外舊青山。』二語膾炙人口，然有山水處便可用，不必籌筆驛也。殷潛之與小杜詩甚健麗，亦無高意。惟義山詩猿鳥云云。簡書，蓋軍中約束，儲胥，蓋軍中藩籬。誦此兩句，使人凛然復見孔明風烈。至於管、樂云云，屬對親切，又自有議論，他人不及也。」沈歸愚云：「瓣香在老杜，故能神完氣足，邊幅不窘，六句對法活變。」諸評因皆可參看，附録之。○「有」字複。○籌筆驛在綿谷縣。

馬嵬

海外徒聞更九州，他生未卜此生休。空聞虎旅鳴宵柝，無復雞人報曉籌。此日六軍同駐馬，當時七夕笑牽牛。如何四紀爲天子，不及盧家有莫愁！

方回：「六軍」「七夕」，「駐馬」「牽牛」，巧甚，善能鬭湊，「崑體」也。

馮舒：玉溪之高妙不在對偶。

陸貽典：義山之高妙，全在用意，不在對偶。

馮班：此篇以工巧爲能，非玉溪妙處。

查慎行：一起括盡長恨歌。

何義門：逐層逆敍，勢極錯綜。○末嘗專事工巧，起聯變化之至。末句乃不能庇其伉儷之意，責明皇極有識見。

紀昀：義山此題共二首，此第二首也。因第一首乃七言絶句，選詩家分體各編。沈歸愚不考本集，遽議其起無頭緒，未免孟浪。至謂虎雞馬牛犯複，末句擬人不倫，則確不可易。

無名氏（甲）：馬嵬在陝西咸陽。○隱括長恨歌而出之。

淩歊臺〔二三〕當塗縣西，宋高祖築。

許渾

宋祖淩歊〔二四〕樂未回，三千歌舞宿層臺。湘潭雲盡暮山出，巴蜀雪消春水來。行殿有基荒薺合，寢園無主野棠開。百年便作萬年計，巖畔古碑生緑苔。

方回：劉裕起於布衣，節儉之主，「三千歌舞」之句，不近誣否？第四句最玄，上一句似牽强。至如「有基」、「無主」一聯，近乎熟套而格卑。許丁卯詩俗所甚喜，予輒抑之以救俗。其集懷古數詩爲最。

馮舒：第三不可謂之牽强。五、六熟矣，亦未必不合。

馮班：方君極詆丁卯爲格卑，爲俗套，不知用晦詩極工細，與「江西」格正相反，宜方君之不喜也。○宋書：「太宗置三千歌舞。」此詩誤用宋祖，非誣也。

紀昀：評丁卯甚允。○懷古詩尤惡濫，所謂馬首之絡，處處可用者也。乃曰集中爲最，乖謬之極。

陸貽典：第三句並非牽强，五、六近於熟矣。

查愼行：除却「宋祖凌敲」四字，以後無一語切題者，且三、四於起句神氣不浹。

何義門：三千歌舞，不覺囂煩，惟其曠絶，如次聯所云也。第二變化曲折，有此句方頂接得首句氣脈足，五、六亦有照應。「高高」含「層」字，「樂未回」反呼後四句。○牧之詩云：「勢比凌敲宋武臺。」知爲孝武所作。

無名氏(甲)：臺在太平府。

驪　山〔二五〕

聞説先皇醉碧桃，日華浮動鬱金袍。風隨玉輦笙歌迥，雲捲珠簾劍佩高。鳳駕北歸山寂寂，龍旗西幸水滔滔。蛾眉没後巡游少，瓦落宫牆見野蒿。

何義門：三、四妙，是經過指點。

無名氏（甲）：驪山，屬西安。

咸陽城東樓

一上高城萬里愁，蒹葭楊柳似汀洲。溪雲初起日沉閣，山雨欲來風滿樓。鳥下緑蕪秦苑夕，蟬鳴黄葉漢宫秋。行人莫問當年事，故國東來渭水流。

方回：一作「行人莫問前朝事，渭水寒光晝夜流。」尾句合用此十四字爲佳。

馮班：亦未必然。許用晦詩工細，與「江西」詩格正相反，宜虚谷之不喜也。

方回：中四句與前詩一同，皆裝景而已。

馮班：裝景亦不易也。

馮班：清妙。○題下原注：南近磻溪，西對慈福寺閣。

何義門：無此注則「閣」字何着？

查慎行：吾於丁卯集中只取「溪雲初起日沉閣，山雨欲來風滿樓」，二語工於寫景而無板重之嫌。

紀昀：若專摘此二句，原自不惡。

何義門：五、六言秦亡於趙高，漢衰於石顯，今何乃兼之也？

無名氏(甲)：咸陽，今西安。

登尉佗樓

劉項持兵鹿未窮，自乘黄屋島夷中。南來作尉任囂力，北向稱臣陸賈功。簫鼓尚陳今世廟，旌旗猶鎖一作「鎮」。昔時宫。越人未必知虞舜，一奏薰絃萬古風。

方回：前四句能述尉佗心迹，良佳。五、六不能無病，「今世」、「昔時」，猶所謂「耳聞英主提三尺，眼見愚民盜一抔」，「三尺」、「一抔」甚工，「耳聞」、「眼見」即拙矣。「今世」、「昔時」亦然。

馮舒：五、六何病？

紀昀：此評亦允。

陸貽典：落句有病。

查慎行：「鹿未窮」三字强湊。

何義門：有何功德？世祀勿替！楚人鬼而越人禨，信然。六句皆深笑之而不露形迹。

紀昀：「鹿未窮」三字欠通。結句借諷當時之人，知有藩鎮而不知有朝廷也。丁卯詩中難得如此有作意。

無名氏（甲）：樓在廣東。○韶州，虞舜作樂處。

姑蘇懷古

宮館遺基輟棹過，黍離無限獨悲歌。荒臺麋鹿争新草，空苑鳧鷖占淺莎。吴岫雨來虚檻冷，楚江風急遠帆多。可憐國破忠臣死，日日東流生白波。

方回：學詩者若止如此賦詩，甚易而不難，得一句即撰一句對，而無活法，不可爲訓。以王半山多選其詩，亦不可盡捐，故取其懷古諸篇於此。

紀昀：是非自有確評，别白當存定見，明知其不可訓，乃以百家詩選取之，遂壓於盛名而遷就其説，是何言歟？

陸貽典：「黍離」字用來未切。

金陵懷古

玉樹歌殘王氣終，景陽兵合戍樓空。松楸遠近千官塚，禾黍高低六代宫。石燕拂雲晴亦雨，江豚吹浪夜還風。英雄一去豪華盡，惟有青山似洛中。

方回：「禾黍高低六代宮」，此一句好。上句所謂「松楸遠近千官塚」，非也。大抵亡國之餘，烏有松楸蔽千官之塚者？五、六却切於江上之景。

馮舒：金陵，六朝建都之地，雖經變革，豈是朝朝伐樹？可笑。

馮班：陳亡之後，諸臣皆仕隋富貴，方君不知也，大謬。

陸貽典：陳亡後，諸臣都半事隋，居大官。至唐，其子孫亦盛，何至不能庇祖先之墓？方公此論，未嘗論世也。

查慎行：此論太滯，且金陵多降王，則松楸無恙，亦常理耳。

紀昀：松楸句本意指林莽蔽翳而言，非指舊日所插，但松楸乃蔽冢之木，似乎舊植之猶存，語意不明，故爲虛谷所摘。

何義門：從陳發端，一筆帶過往事，勢亦空闊。

陸貽典：丁卯詩着意多在中四句，此篇起結皆有力。

經故丁補闕郊居

死酬知己道終全，波暖孤冰且自堅。鵬上承塵纔一日，鶴歸華表已千年〔二六〕。風吹藥蔓迷樵徑，雨暗〔二七〕蘆花失釣船。四尺孤墳何處是？闔閭城外草連天。

方回：故居舊宅，有傷惋之言，附諸懷古。事有興必有廢，勢有盛必有衰，國然，家亦然也。惡人而富貴，賢人而終貧賤，亦不免遺跡爲後人所歎，第是是非非自不同耳。

紀昀：何不入之感舊集中？○忽作腐語，殊與説詩無涉。

故都〔二八〕

韓致堯〔二九〕

故都遥想草萋萋，上帝深疑〔三〇〕亦自迷。塞雁已侵池籞宿，宫鴉猶戀女牆啼。天涯烈士空垂涕，地下强魂必噬臍。掩鼻計成終不覺，馮驩無路效鳴雞。

方回：此爲昭宗作，第六句佳。

馮班：三、四有比興。

何義門：次聯妙極。第四自比，第六指崔昌遐。

紀昀：此真所謂鬼詩，劉後村老吏詩從此生出而又加甚焉。

無名氏（甲）：故都，指西安。○昭宗本都長安，被朱温劫遷，而長安遂墟，乃稱「故都」云。

經煬帝行宫

劉滄

此地曾經翠輦過，浮雲流水意如何？香銷南國美人盡，怨入東風芳草多。殘柳宮前空露葉，夕陽川上浩烟波。行人遥起廣陵思，古渡月明聞棹歌。

紀昀：亦是許渾懷古之流，此種詩似乎風韻，實則俗不可醫。

無名氏（甲）：行宫自汴河至揚州多有。

咸陽懷古

經過此地無窮事，一望悽然感廢興。渭水故都秦二世，咸陽秋草漢諸陵。天空絶塞聞邊雁，葉盡孤村見夜燈。風景蒼蒼多少恨，寒山半出白雲層。

何義門：空闊清峭。○落句言只有山川不改也。

紀昀：前四句氣魄甚大，如此種便不俗，其故可思而不能口舌争也。惜後半稍弱，「層」字亦押得不穩。

長洲懷古

野燒空原〔三〕盡荻灰，吴王此地有樓臺。千年事往人何在，半夜月明潮自來。白鳥影從江樹没，青猿聲入楚雲哀。停車日晚薦蘋藻，風静寒塘花正開。

方回：劉蘊靈大中八年進士，其詩乃尚有大曆以前風味。所以高於許渾者，無他，渾太工而貪對偶，劉却自然頓挫耳。

馮舒：未見高於用晦。

馮班：貪對是許病處。

紀昀：此評却細，然亦伯仲間耳。

何義門：首聯倒出，有力。

紀昀：如夫差等，皆無應祀之處，此直湊句耳。

聽人話叢臺

李遠

有客新從趙地回，自言曾上古叢臺。雲遮襄國天邊盡，樹遶漳河地裏〔三二〕來。絃管變成山鳥哢，綺羅留作野花開。金輿玉輦無踪〔三三〕跡，風雨惟知〔三四〕長碧苔。

方回：平熟，但頗近套。不收，或謂遺材也。

何義門：次聯全趙形勝在指掌中，而武靈雄心霸略亦彷彿可見，轉落後半，極俯仰憑弔之致，如何近套？

紀昀：此評最確，其平熟處在首句，順筆敍入失勢，故以下再振拔不起。

馮舒：首聯是「聽人話」。
馮班：次聯惟登叢臺，始知其妙。
查慎行：五、六「變成」、「留作」四字，有稚氣，有俗韻。
無名氏（甲）：臺在趙州邯鄲。○襄國，即今順德府。

過九成宫　吴融

鳳輦東歸二百年，九成宫殿半荒阡。魏公碑字封蒼蘚，注：「魏文帝〔三五〕有碑。」唐帝〔三六〕泉聲落野田。注云：「太宗行幸，有靈泉自湧。」碧草新沾仙掌露，緑楊猶憶御爐煙。昇平舊事無人説，萬疊青山但一川。

紀昀：不免平鈍。
無名氏（甲）：九成宫即隋之仁壽宫，在鳳翔麟游縣。

過丹陽

雲陽縣郭半郊坰，風雨蕭條萬古情。山帶梁朝陵路斷，水連劉尹宅基平。桂枝自折思前代，李考功於此知貢舉。藻鑑難逢恥後生。殷文學於此集英靈。遺事滿懷兼滿目，不堪孤棹艤荒城。

紀昀：湊泊而成。

富春

水送山迎入富春，一川如畫晚晴新。雲低遠渡帆來重，潮落寒沙鳥下頻。未必柳間無謝客，也應花裏有秦人。嚴光萬古清風在，不敢停橈更問津。

方回：三、四言景，五、六懷人，至尾句乃歸之嚴光，高矣。

紀昀：一涉隱士即謂之高，殊是習氣。況富春詩歸到子陵，尤是習徑，無所謂高。

馮班：尾句有感託。

無名氏(甲)：富春，在嚴州。

武關

時來時去若循環，雙闔平雲謾鎖〔三七〕山。祇道地教秦設險，不知天與漢爲關。貪生莫作千年計，到了都成一夢間。爭得便如巖下水，從他興廢自潺潺。

何義門：落句傷感不露。

紀昀：語多迂俚。

無名氏（甲）：武關，鄧州内鄉縣。

題延壽坊東南角古池

蔓草蕭森曲岸摧，水籠沙淺露莓苔。更無簇簇紅粧點〔三八〕，猶有雙雙翠羽來。雨細幾逢耕犢去，日斜時見釣人回。繁華自古皆相似，金谷荒園土一堆。

紀昀：純是窠臼，第三句突出無根，第五句太湊泊。

無名氏（甲）：坊在河南。

廢宅

風飄碧瓦雨摧垣，却有隣人爲鎖門。幾樹好花閑〔三九〕白晝，滿庭荒草易黄昏。放魚池涸蛙爭聚，棲燕樑空雀自喧。不獨淒涼眼前事，咸陽一火便成原〔四〇〕。

紀昀：第三句不似廢宅，第四句好，五、六句弱，結推到大處，不落套。

赤壁懷古

崔塗

漢室河山鼎勢分，勤王誰肯顧元勳？不知征伐由天子，唯許英雄共使君。江上戰餘陵是谷，渡頭春在草連雲。分明勝敗無尋處，空聽漁歌到夕曛。

方回：三、四善用事，好。

馮班：次聯自詠唐末事也，若詠曹、劉便迂闊，然亦是唐末方有此句法，古人不然也。

陸貽典：三、四蓋指彼時藩鎮也，唐末方有此等句法。

紀昀：此種近乎傖父面目，所謂詩論也。

無名氏（甲）：赤壁在武昌。

題潤州妙善寺前石羊

羅隱

傳云：吴主孫權與蜀主劉備嘗置此會云。

紫髯桑蓋此沉吟，狠石猶存事可尋〔四一〕。漢鼎未安聊把手，楚醪雖滿肯同心。英雄已往時難問，苔蘚何知日漸深。還有市廛沽酒客，雀喧鳩聚話蹄涔。

方回：此詩昭諫集中第一。今京口此石猶存，詩牌亦無恙云。

查慎行：江東集中好詩尚多，以此爲第一，恐非篤論。

紀昀：動曰某人某詩第一，最是夸語。文章各有佳處，題目亦不相同，何由銖銖兩兩定其高下？

馮舒：「桑蓋」未穩。〇三、四句意謂李璟、錢鏐輩。

何義門：落句嘆時無英雄，鯨鯢盜販皆思宰割天下也。

紀昀：詳「楚醪」句，題注「置」字下似脱一「酒」字。〇筆筆沉着。〇以「桑蓋」二字代劉字不妥，與紫髯連用更不妥。〇「楚醪」二字，添出末句，譏時無英雄，僭竊紛紛也。

無名氏（甲）：潤州，今鎮江。〇昭諫詩在唐末筆力獨高，所以才名甚盛。

經故友所居

槐花漠漠向人黄，此地追遊迹已荒。清論不知莊叟達，死交空歎趙岐亡。病來未忍言閒事，老去惟知覓醉鄉。日暮街東策羸馬，一聲横笛似山陽。

方回：五、六淡而有味。

查慎行：五、六近套。

何義門：一時同應秋賦之人皆已化爲異物，獨此身尚無所成就，心悒鬱而誰語，惟有付之一醉。然撫身世，念存没，又不覺逐諸輩，安得爲莊生之達耶？

紀昀：平調不出色。○五句曲而不醒豁，六句平淺無味，結太落窠臼。

曲江有感

江頭日暖花正開，江東行客心悠哉。高陽酒徒半凋落〔四二〕，終南山色空崔嵬。聖代也知無棄物，侯門未必用非才。滿船明月一竿竹，家在五湖歸去來。

方回：此但是不得志之辭，不見懷古如何。第四句亦有所指。

紀昀：在晚唐頗見風格，惟出語太激，非温柔敦厚之教。江東詩此病最多。○題是有感，原無懷古字，曲江之游盛於唐，昭諫唐人，何得有懷古之事？第四句從「節彼南山」句鑿出，昭諫謂舊交零落，惟有山色向人耳。

無名氏（甲）：曲江，屬西安。○昭諫一生不第，故有此作。

黄　河

莫把阿膠向此傾，此中天意固難明。解通銀漢應須曲，纔出崑崙便不清。高祖誓功衣帶小，仙人占斗客槎輕。三千年後知誰在，何必勞君報太平。

方回：此以譬人心不可測者。

何義門：起處非人所能。三、四好諷刺。

紀昀：三、四語亦太激，然託於咏物，較勝質言。

無名氏（甲）：黄河，歷陝西、河南、山東入淮。

籌筆驛

抛擲南鄉爲主憂，北征東討盡良籌。時來天地皆同力，運去英雄不自由。千里山河輕孺子，兩朝冠劍恨譙周。惟餘巖下多情水，猶解年年傍驛流。

陸貽典：與義山同題而各有所指，故各見其極妙。

紀昀：有義山一作在前，便覺此不稱題。

無名氏（甲）：驛在漢中。

廣陵開元寺閣上作

滿檻山川漾落暉，檻前前事去如飛。空中〔四三〕雞犬劉安過，月下笙簫〔四四〕煬帝歸。江蹙海門帆散出，地吞淮口樹相依。紅樓翠幕知多少，長向東風有是非。

方回：戲者謂三、四爲見鬼詩，其實驕王荒帝，亦自不宜引用，然俗口傳之已熟，尾句亦可人也。

馮舒：方君云：「戲者謂三、四爲見鬼詩。」巧詆無與詩。

馮班：第二聯緊頂前事。揚州止此二事，如何不用？且詩有美有刺，豈以荒王驕帝爲疵乎？

紀昀：咏古用典，各因其地各寓其意，豈必擇賢者而入詩耶？此評膠固不通。

何義門：此篇逼真義山。落句言視理亂爲盛衰耳。「東風」指人主説，「是非」言非復舊觀，江山是而人民非也。

無名氏（甲）：廣陵，今揚州。

臺城

晚雲陰暗〔四五〕下空城，六代纍纍夕照明。玉井已乾龍不起，金甌雖破虎曾爭。亦知罷世〔四六〕才難得，却是窮塵事最平。深谷作陵山作海，茂弘流輩莫傷情。

何義門：三、四的是臺城，移作金陵懷古不得。

紀昀：五、六二句不甚可解。

無名氏（甲）：臺城，在江寧。○江左吴、晉、宋、齊、梁、陳謂之六代。

水邊偶題

野水無情去不回，水邊花好爲誰開？只知事逐眼前去，不覺老從頭上來。窮似丘軻休歎息，達如周召亦塵埃。思量此理何人會，家邑〔四七〕先生最有才。

方回：三、四老，世人誦之甚稔，乃昭諫詩也。

紀昀：是粗野，非老也。以此爲老，是宋詩所以爲宋詩，而虚谷所以爲虚谷。

何義門：三、四沉痛。

南朝四首

楊文公

五鼓端門漏滴稀，夜籤聲斷翠華飛。繁星曉埭聞雞度，細雨春場射雉歸。步試金蓮波濺襪，歌翻玉樹涕沾衣。龍盤王氣終三百，猶得澄瀾對敞扉。

方回：夜半至雞鳴埭及射雉，乃齊事。金蓮，潘妃事。玉樹，陳後主事。此雜賦南朝耳。詩並見西崑酬唱集〔四八〕。組織華麗，蓋一變晚唐詩體、香山詩體，而效李義山，自楊文公、劉子儀始。歐、梅既作，尋又一變。然歐公亦不非之，而服其工。

馮舒：「西崑」畢竟勝「江西」。

馮班：諸作頗傷瑣雜，未足擬玉溪詠史也。○玉溪生抒詞麗，着眼高，首尾有起止，諸公不及也。○楊文公，名億。○極擬玉溪生，然不及也，文字少作用。

紀昀：「西崑」多撏撦義山之面貌，此咏古數章，却有意思，議論頗得義山之一體，勿一概視之。○「崑體」雖宗法義山，其實義山別有立命安身之處。楊、劉但則其字句耳。後來塵刦日深，併義山亦爲人所論。物極而反，一變而元祐，再變而「江西」矣。

無名氏（甲）：南朝，都今江寧。

二

錢思公

結綺臨春映夕霏，景陽鐘動曙星稀。潘妃寶釧光如晝，江令花牋落似飛。舴艋臨波朱火度，艑稜拂漢紫煙微。自從飲馬秦淮水，蜀柳無因對殿幃。

方回：右錢惟演詩。惟演有擁旄集行於世，亦首作「崑體」之一人，即錢思公也。

馮班：大略思公勝。

李光垣：上題仍依西崑酬唱集原例。以此書體例言之，均宜各自標題。

二

劉子儀

華林酒滿勸長星，青漆樓高未稱情。麝壁燈迴偏照晝，雀舫波漲欲浮城。鐘聲但恐嚴粧晚，衣帶那知敵國輕。千古風流佳麗地，盡供哀思與蘭成。

方回：「崑體」詩所以用事務爲雕簇者，此也。衣帶，謂大江耳。蘭成，謂庾信哀江南賦。

馮班：結獨勝。

查慎行：「舫」字作平聲讀，他處未見。

張載華：蒿廬夫子云：「按『舫』字古作方。吴才老云：『方舫音義同。韻會小補舫字下亦收平聲，引戰國策「舫船載卒」鮑彪注：非郎切。』」

查慎行：可云「一衣帶水」，非衣帶即可當水也。若改爲「帶水」，便意足，無語病矣。

四

李宗諤

仙華玉壽曉沉沉，三閣齊雲複道深。平昔金鋪空廢苑，於今瓊樹有遺音。珠簾映寢方成夢，麝壁飄香未稱心。惆悵雷塘都幾日，吟魂醉魄已相尋。

方回：尾句絶妙，隋煬帝爲晉王，從賀若弼等下江南，既而荒淫於江都，恍惚月下見陳後主。

陳、隋喪亡，相尋一轍，不以德競，而以力勝，俱亡而已。
馮班：此首好。
陸貽典：李詩以議論運古事。
趙熙：規橅義山，得其一體。

漢武四首

楊文公

蓬萊銀闕浪漫漫，弱水回風欲到難。光照竹宫勞夜拜，露漙金掌費朝餐。力通青海求龍種，死諱文成食馬肝。待詔先生齒編貝〔四九〕，那教索米向長安。
方回：此時有説譏武帝求仙，徒費心力，用兵不勝其驕，而於人才之地不加意也。詩話稱此五、六。
馮班：此首有作用。○「齒編貝」，何不言「身九尺」？
紀昀：此便欲真逼義山。

二

劉子儀

漢武天臺接絳河，半涵飛霧鬱嵯峨。桑田欲看他年變，瓠子先成此日歌。夏鼎幾遷空象物，秦橋未就已沉波。相如作賦徒能諷，却助飄飄逸氣多。

方回：五、六言興亡之運，理所必有，雖漢武帝之力鉅〔五〇〕心勞，終亦無如之何也。末句謂諫者之不切。

紀昀：五句夏鼎變遷，言武帝時海内凋弊。六句言武帝好大，以秦皇比之也。虚谷此評不了了。

三　錢思公

一曲横汾鼓吹迴，侍臣高會柏梁臺。金芝燁煜凌晨見，青雀軒翔白晝來。立候東溟邀鶴駕，窮兵西極待龍媒。甘泉祭罷神光滅，更遣人間識玉杯。

方回：東求蓬島，西求宛馬，亦志大心勞矣。葬地玉杯，遄出人間，悲之也，亦理之所不能免也。人君而鑒此，則修德；人臣而感此，則盡心以事主，聽其運於天可也。

馮舒：愚。

馮班：好。思公大略勝。

陸貽典：五、六即文公「力通」二句意，而壯麗不如。

紀昀：四語較深穩，然不出温飛卿、薛逢二詩也。

四

刁衎

高宴柏梁詞可仰，横汾簫鼓樂難窮。已教丞相開東閤，猶使將軍悮北戎。灑淚甘泉還有恨，祈年仙館惜成空。誰知辛苦回中道，共盡千齡五柞宫。

方回：人無有不死者，堯、舜、桀、紂，其死一也。儉而安於自然者，順也。侈而不安其天，卒亦歸於一空者，逆也。不伏死之人，未有不得其死，曾謂其智力可恃乎？

馮舒：何與於詩？

紀昀：此評迂闊，與詩無涉。

查慎行：「已教」、「猶使」，虚轉無着。

紀昀：首句「詞可仰」三字，拙稚。○此亦是裝砌漢事，而神采姿澤都減，由不及楊、劉諸公醞釀之深耳。大抵西崑酬唱集中當以大年、子儀、思公爲冠，其餘雖附名其間，皆逐浪隨波，非開壇建幟者也。

無名氏（甲）：丞相公孫弘、王恢誘匈奴。○幸平涼，回中山，崩於五柞。

明皇三首

楊文公

玉牒開觀檢未封，鬬雞三百遠相從。紫雲度曲傳浮世，白石標年鑿半峯。河朔叛臣驚舞馬，渭橋遺老識真龍。蓬山鈿合愁通信，回首風濤一萬重。

方回：五、六詩話所稱。凡賦唐明皇詩，至於養成禄山之禍，皆自侈靡奢縱始，蠱於心而昏於事，不過如此。

馮舒：第四句事亦不果。

馮班：好。

無名氏(甲)：明皇西幸至渭橋，父老言：「禄山之亂人皆知之，但不至此，無由親覩天顔。」

二　錢思公

山上湯泉架玉梁，雲中複道拂瑶光。絲囊暗合三危露，翠幰時遺百和香。任是金雞親便坐，更拋珠被掩方牀。匆匆一曲梁州罷，萬里橋邊見夕陽。

方回：詩貴一輕一重對説，一曲梁州〔五一〕，爲樂幾何？萬里橋在成都府，却忽屈萬乘至彼，樂之中成此哀也。

紀昀：如此看「一曲梁州」四字，大泥。

陸貽典：末二句從樂天「漁陽鼙鼓動地來，驚破霓裳羽衣曲」脱出，却含蓄有味。

查慎行：「見夕陽」，湊韻，無意味。

三

劉子儀

歲歲南山見壽星，百蠻回首奉威靈。梨園法部兼胡部，玉輦長亭復短亭。河鼓暗期隨日轉，馬嵬恨血染塵腥。西歸重按臨波舞，故老相看但涕零。

方回：三、四良佳，荒唐沉湎有如此，流離顛沛忽如彼，皆可爲後世人主之戒。明皇賴有太子即位靈武，郭子儀、李光弼之兵足以戰，及忠臣義士之志未離唐室，故得返駕舊京，有此末句。不然，父子俱入蜀，中原之人雖不服禄山，江東已有永王璘欲炙〔五二〕矣，事將如何？

馮班：永王亦是帝子，又説不通。

陸貽典：此論大謬。

紀昀：所論總與詩無涉。

馮班：此勝。

陸貽典：三、四即錢思公落句意。

成都三首

楊文公

五丁力盡蜀川通，千古成都緑酎濃。白帝倉空蛙在井，青天路險劍爲峯。漫傳西漢祠神馬，已見南陽起卧龍。張載勒銘堪作戒，莫矜函谷一丸封。

方回：公孫述以術愚民，衆傳光武破隗囂天水，述急下令謂白帝倉米一夕大空。民争往觀，意其怪也。既而實不失米，乃謂民曰：此猶妄傳天水破耳。竟如此語，自合檢看。此專以公孫述割據恃險，戒後之人。

查慎行：成都有天倉山，蓋山形如倉囷，人物如坐井觀天，與對句俱指形勢。至下聯乃及蜀中人事，而以險不足恃作收。詩意自明，有注反混。

紀昀：不專指公孫。

馮班：有諷刺，但何如義山云：「將來爲報奸雄輩，休向金牛訪舊蹤。」

紀昀：雜湊無章。

無名氏（甲）：成都，在四川。

二　　劉子儀

鏤膚剽俗恣遊遨，可得蹲鴟號富饒。井絡共知天與險，鼇叢無奈世興妖。杜鵑積恨花如血，諸葛遺靈柏半燒。才似文園何足道，一生琴意祇成痟。

馮班：不及楊。

紀昀：亦雜湊蜀事，不相連貫，四句尤粗而無味。

三

錢思公

武侯千載有餘靈，盤石刀痕尚未平。巴婦自饒丹穴富，漢庭還負碧砮征。雨經蜀市應和酒，琴到臨卭别寄情。知有忠臣能叱馭，不論雲棧更峥嶸。

方回：劉、錢二公泛詠蜀事，亦各有工處。

紀昀：此所謂有句無篇。

馮舒：「砮」未必平聲。

無名氏（甲）：禹貢：「礪砥砮丹。」亦作平聲。

陸貽典：「砮」字讀平，本國語。柳子厚賀破東平表云：「遼海無虞，見石砮之已至。」

馮班：此勝。

紀昀：亦是雜湊，「崑體」中之下者。

始皇三首

楊文公

衡石量書夜漏深，咸陽宫闕杳沉沉。滄波沃日虛鞭石，白刃凝霜枉鑄金。萬里長城穿地脈，八方馳道聽車音。儒坑未冷驪山火，三月青烟繞翠岑。

方回：第七句最佳，作詩之法也。坑儒未幾，驪山已火，以一「火」字貫上意。

馮班：「坑灰未冷山東亂」，唐人已道過，亦陳言也。

紀昀：得此一字，遂不能謂之蹈襲章碣。

紀昀：此篇平鈍。

二　劉子儀

利觜由來得擅場，盡遷豪富入咸陽。屬車夜出迷雲雨，峻令朝行劇虎狼。前殿建旗臨紫極，東門立石見扶桑。從臣喜頌徒虛美，不奈盧生讖國亡。

方回：尾句絶妙。「亡秦者胡也」，此讖已預播矣。德不足以弭之，雖勒碑頌美，亦自愚而已。

紀昀：此亦常意常語，有何好處？

紀昀：此篇亦不精采。

三　錢思公

天極周環百二都，六王鍾鐻接流蘇。金椎謾築甘泉道，匕首還隨督亢圖。已覺副車驚博浪，更攜連弩望蓬壺。不將寸土封諸子，劉項由來是匹夫。

方回：督亢之「亢」作平聲，作仄聲用亦可。末句尤妙。天下事每出於智之所不能料，有天下者修德而已。人主往往知懲前代之失，至於矯枉過正，則其禍必伏於人之所不能見者。劉、項匹夫而亡秦，又豈必封建地大者足爲患耶？此「崑體」詩一變，亦足以革當時風花雪月小巧呻吟之病，非才高學博，未易到此。久而雕篆太甚，則又有能言之士，變爲别體，以平淡勝深刻，時勢相因，亦不可一律立論也。

馮班：正論也。今之人欲以「四靈」易「西崑」者，真眯目也。

陸貽典：詩法正論。

紀昀：此論平允。

陸貽典：純正。

紀昀：此首較可，但四句五句意複。

過鴻溝

王元之

侯公緩頰太公歸，項籍何曾會戰機？只見鴻溝分兩界，不知垓下有重圍。危橋帶雨無人過，敗葉隨風傍馬飛。半日垂鞭念前事，露莎霜樹映斜暉。

方回：元之詩學樂天，此首殊覺高古。

紀昀：未然。

紀昀：後半游騎無歸。

無名氏（甲）：鴻溝在汴梁。

官下

宋景文

東泊驂驔一駐車，隗雲茾木淡扶疎。鄭與隗山。風經禦寇仙游外，野識裨諶草創餘。潁谷寒煙仍井邑，時門殘日但丘虚。古治國，非今治所。兩都大道過從盛，不稱支離佩左魚。

方回：公自成都府詔許交事還臺，尋知鄭州，所謂圃田虎牢也。列子、裨諶、潁谷、時門，四事切，善造語。

紀昀：如此用事，又「崑體」之隔日瘧矣。

無名氏（甲）：官於鄭州，即爲「官下」。

題杜子美書堂

趙清獻

直將騷雅鎮澆淫，瓊貝千章照古今。天地不能籠大句，鬼神無處避幽吟。幾逃兵火羈危極，欲厚民風意思深。茅屋一間遺像在，有誰於此是知音。

方回：句句中的。

紀昀：句句鄙陋，何以入選？清獻名臣，虛谷故引以爲重耳。

無名氏（甲）：此堂當在成都。

和張民朝謁建隆寺二次用寫望試筆韻

梅聖俞

荒臺殘壘舊名邦，曾説王師此受降。西漢衣冠拜原廟，五天龍象護經窗。蜀岡井味人猶品，隋帝宫基闕尚雙。自古興亡不須問，風鈴閑聽響幡幢。

方回：以「雙」對「品」甚工，異世之所鮮。

馮舒：工不在此。

查慎行：閱過「崑體」，轉覺都官之工。

紀昀：題不了了，當考本集。○窄韻詩難，此工穩。

無名氏（甲）：建隆寺有宋太祖神室。○蜀岡在揚州。

題朝元閣

韓魏公

試往驪山頂上行，朝元孤絶聳峥嶸。了無樓殿嗟餘侈，自見耕桑復太平。雨後緑苔多滑徑，葉間紅子不知名。南巔更就丹霞挹，頓覺汪然病骨清。

方回：太平而懷古與離亂而懷古，兩般情懷。公熙寧初鎮長安題此。

馮舒：作詩須存作詩之人，此評是。

陸貽典：作詩須有作詩之時，作詩之地，作詩之人。方公此論極是。

馮舒：次聯足見宰相氣度，盛世規模。第七句湊。

馮班：宰相語。

陸貽典：是太平宰相語。

紀昀：語殊凡近，此亦因人而存詩者也。

無名氏（甲）：閣在西安臨潼。

和吴御史臨淮感事

王半山

栅鎖城扉曉一開，梔牙車軸轉成雷。黄塵欲礙龜山出，白浪空分汴水來。澄觀有材邀味陋，霽雲無力報姦回。騷人此日追前事，悲氣隨風動管灰。

紀昀：五句、八句皆不佳。

無名氏（甲）：此詩作於泗州一帶。

和微之重感南唐事

叔寶傾陳衍弊梁，可嗟曾不見興亡。齋祠父子終身費，酣詠君臣舉國荒。南狩皖山非故地，北師淮水失名王。天移四海歸真主，誰誘昏童肯用長。

方回：末句押韻好，謂有舟楫之長技，而不能保夫江者，以運去人離也。

馮舒：首句是借梁、陳説南唐，却不醒。

馮班：自闊。○「名王」字未妥。末句不成語。

陸貽典：半山詩氣象自開闊。

紀昀：首二語皆凡近。○末句牽强之甚，不成句法。

無名氏（甲）：南唐，都金陵。皖山，在安慶。名王乃匈奴部落，不可用。

次韻微之高齋有感

臺殿荒墟辱井堙，豪華不復見臨春。北山漠漠雲垂地，南堞悠悠水映人。馳道蔽虧松半死，射場埋没雉多馴。登高一曲悲亡國，想遶紅梁落暗塵。

方回：二詩皆金陵懷古之别題耳。

馮舒：臺殿荒墟，則不必又獨出臨春矣。台殿是總名，辱井又獨出一件，三閣又何得獨説臨春？唐人决不如此漏逗。

馮班：此亦非漏逗。○末句湊。

紀昀：「雉多馴」，言無人射雉，雉不驚飛耳，殊迂曲欠老。

無名氏（甲）：辱井在景陽宫。

金陵懷古四首

霸祖孤身取二江，子孫多以百城降。豪華盡出成功後，逸樂安知與禍雙。東府舊基留佛刹，後庭遺唱落船窗。黍離麥秀從來事，且置〔五三〕興亡共酒缸。

馮舒：腹聯佳甚。惜一起未工。

馮班：起二句種種不妥。○善用事，過貢父遠甚。

查慎行：第四句借諺語「福無雙至」，因以雙語禍，極奇極幻極穩妥。

天兵南下北橋江，敵國當時指顧降。山水雄豪空復在，君王神武自難雙。留連落日頻回首，想像餘墟獨倚窗。却憶夏陽纔一葦，漢家何事費罌缸。

地勢東回萬里江，雲間天闕[五四]古來雙。兵纏四海英雄得，聖出中原次第降。山水寂寥埋王氣[五五]，風煙蕭颯滿僧窗。廢陵敗冢空冠劍，誰復沾纓酹一缸。

查慎行：「聖出中原次第降」，名句。

陸貽典：第七句泛。

憶昨天兵下蜀江，將軍談笑士爭降。黄旗已盡年三百，紫氣空收劍一雙。破堞自生新草木，廢宮誰識舊軒窗？不須搔首尋遺事，且倒花前白玉缸。

方回：讀半山所作，又讀劉貢父所作，韻險而律熟，若皆似乎不和韻者，亦可長學詩者一格也。第三首移「降」字、「雙」字先後之，此亦一例。

馮班：善用韻，過貢父遠甚。

查慎行：四詩不但律熟，饒有風骨，故佳。

紀昀：四詩各自爲篇，合之不成章法，語亦多複。〇第二首末句「缸」字究竟添湊。第四首末句複第一首。

金陵懷古次韻

劉貢父

虎踞羣山帶遶江，爲誰興國爲誰降？高臺麋鹿看無數，廢苑鳧鷖去自雙。萬事朝雲隨逝水，百年西日照虚窗。白門酒美東風快，笑數英雄盡一缸。

馮舒：第六句、第八句湊。

馮班：第一首好。

查慎行：第二句率，第四句「雙」字湊。

許印芳：此首慨説興亡。

樓船西下勢横江，元帥旌旗就約降。旋報前師覆張悌，亟傳單騎馘王雙。燕焚正自當煙突，蟻潰何堪值水窗。回首三軍歡奏凱，萬牛行炙酒千缸。

方回：耆老傳云：金陵城破，自城下水窗兵入。

馮舒：王雙爲諸葛武侯所殺，與金陵何與？

馮班：第四句不切。

紀昀：前二首自好。

許印芳：此首專言曹彬取江南也。

楚貢來遲詭問江，漢收羣策士心降。一言已重黄金百，再見仍蒙白璧雙。票客脱身甘馬革，老儒投筆謝書窗。豈知三閣酬詩酒，浩唱庭花倒玉缸。

馮班：此首尤劣。前六句全不似金陵。

陸貽典：第七句泛。

查慎行：起句澀，非煉也。

紀昀：此首「江」字牽强。

頹垣落水半平江，喬木呼風不易降。耕出珠璣時得一，道逢麟鳳不成雙。潮聲半夜來寒渚，月色深秋照舊窗。唯有魚鹽城下市，檣烏相對集瓶缸。

方回：四詩皆工麗悲壯。善用事，一也。善用韻，二也。全篇無牽强，不似和詩，其美三也。

馮班：不善用事，一也。不善用韻，二也。全篇牽强，三也。此評俱反。

紀昀：牽强處在所不免。

馮班：第四句「雙」字好。第六句湊。
查慎行：「得一」、「成雙」，亦牽湊。
紀昀：此首「降」字牽强。

依韻和金陵懷古

王岐公

懷鄉訪古事悠悠，獨上高樓滿目秋。一鳥帶煙飛別浦，數帆和雨下歸舟。蕭蕭暮吹驚紅葉，慘慘寒雲壓舊樓。故國凄凉誰與問，人心無復更清流。

方回：此詩悮刊荆公集中，今以岐公集爲正。
馮舒：五篇俱穩利。
紀昀：彷彿許丁卯，純是套頭，不爲雅咏。

金陵懷古

控帶洪流古帝城，欲尋舊事半榛荆。六朝山色情終在，千古江聲恨未平。設險丘陵荒蔓草，帶城桑柘接新耕。十年重到無人問，獨立東風一愴情。

紀昀：亦是懷古通套語。

登懸瓠城感吴季子

將軍戈甲從天下，丞相旌旗匝地來。堪笑怒螳猶强臂，不知蟄户欲驚雷。咄嗟武相深冤洗，指顧山東逆境開。吏部聲名千古在，斷碑何處卧蒼苔？

方回：元注：碑既磨，復命段文昌撰，故碑不得。予謂今韓碑行於世，終不知有文昌碑。

紀昀：末句斷碑云云，是用東坡不知有文昌語。詩可如此説，評語須靠實考據。文昌碑載唐文粹，不得謂終不知也。

馮班：詩題「吴季子」，吴元濟不勞雅號。○落句有病。辭不達。當時碑已磨去，不須云「斷」。

陸貽典：「斷碑」二字有病。

查慎行：「千載斷碑人愛惜，不知世有段文昌。」世傳東坡句與岐公暗合。

紀昀：吴季子應是吴元濟。○語殊粗淺。

無名氏（甲）：城在汝寧府。

三鄉懷古

清洛東流去不還，漢唐遺事有無間。廟荒古木連空谷，宫廢春蕪入亂山。南陌絮飛人寂寂，空城花落鳥關關。登臨幾度游人老，又對東風鬢欲斑。

紀昀：第四句佳，餘皆套語。

無名氏（甲）：三鄉在河南。

登海州樓

城外滄溟日夜流，城南山直對城樓。溪田雨足禾先熟，海樹風高葉易秋。疏傅里閭詢故老，秦皇車甲想東遊。客心不待傷千里，檻外風煙盡是愁。

查慎行：海州有景疏樓。○三、四調高，不落大曆後。

紀昀：亦是套語，惟第四句佳。

無名氏（甲）：樓在淮安。

過鄴中

劉屏山

逐鹿營營一夢驚，事隨流水去無聲。黄沙日傍荒臺落，緑樹人穿廢苑行。遺恨分香憐晚節，勝游飛蓋想高情。我來不暇論興廢，一點西山入眼明。

方回：「分香」，指曹操。「飛蓋」，指曹丕宴西園詩也。四字極切。

查慎行：分香事見陸機辨亡論。

張載華：蒿廬夫子云：分香事見陸機弔魏武帝文，非辨亡論。

紀昀：比較切。○「分香」頂「荒臺」，「飛蓋」頂「廢苑」。○結亦不套。

無名氏（甲）：鄴在鄣德府。

題釣臺

潘德久

蟬冠未必似羊裘，出處當時已熟籌。但得諸公依日月，不妨老子卧林丘。英雄陳迹千年在，香火空山萬木秋。自笑黃塵吹鬢客，愛來祠下繫孤舟。

方回：轉菴潘檉，字德久，永嘉人，葉水心快稱其詩。競謂永嘉「四靈」之徒凡言詩者，皆本德久〔五六〕。〔用〕父〔賞〕，任右職閤門，福建兵鈐卒。

馮班：全不似嚴光。俗肺肝不堪咏高士。○三、四宋氣。

查慎行：三、四語意無謂。

紀昀：亦是常語，前四句尤有野氣。

雨花臺

劉後村

昔年講師何住在，高臺猶有雨花名。有時竇〔五七〕向泥尋得，一片山無草敢生。落日磬殘隣寺閉，晴天牛上廢陵耕。登臨不用深懷古，君看鍾山幾箇爭？

方回：後村壯年詩學晚唐，初成而未脱俗，故尾句終俗。

馮舒：俗不俗不在字面，方君不知。

查慎行：五、六有筆力，結句少藴藉。

紀昀：通身皆俗，不止尾二句，三、四尤不成語。

無名氏（甲）：臺在江寧。

校勘記

〔一〕客坐思何窮　李光垣：應作「客思坐何窮」。〔二〕已凋枯　許印芳：「已」一作「幾」。〔三〕野樹　李光垣：「戍」訛「樹」。〔四〕海雞風　馮班、紀昀：「雞」誤，當作「鵰」。〔五〕韶濩　按：「濩」原訛作「護」，據本集校改。〔六〕馮班：此詩于武陵作。〔七〕江水　馮班：「水」當作「去」。〔八〕出守　按：「守」原訛作「寄」，據康熙五十二年本、紀昀刊誤本校改。〔九〕牛羊　按：「羊」原訛作「馬」，據康熙五十二年本、紀昀刊誤本校改。〔一〇〕吴大帝　按：「大」原訛作「文」，據康熙五十二年本、紀昀刊誤本校改。〔一一〕臞仙　李光垣：「肥」訛「臞」。〔一二〕澤雉　李光垣：「野」訛「澤」。〔一三〕荒陂　無名氏（甲）：「陂」字乃「陵」字之誤，如此則「寶衣」無着矣。〔一四〕驚霹靂　李光垣：「經」訛「驚」。〔一五〕西晉　查慎行：一作「王濬」。紀昀：「西晉」不如「王濬」字。〔一六〕漠然　查慎行：不如他本作「黯然」，覺通首俱有神氣。紀昀：「漠」不如「黯」字。〔一七〕今逢　許印芳：一作「從今」，又作「於今」。〔一八〕傾城色　馮班：「色」一作「客」。紀昀：本集作「傾城客」，「客」不如「色」。〔一九〕謾誇　紀昀：「謾」字言旁，本集誤作水旁，遂與三、四不貫。〔二〇〕燕江口　馮班、紀昀：「口」當作「石」。〔二一〕真不忝　許印芳：「真」一作「終」。〔二二〕欲何如　許印芳：「欲」一作「復」。〔二三〕凌敲臺　何義門：「敲」當作「歊」。〔二四〕宋祖凌敲　馮班：「凌敲」一作「高高」。〔二五〕驪山　馮班：「驪山」上當有「途經」二字。〔二六〕已千年　馮班：「已」一作「亦」。〔二七〕雨暗　馮班：「雨」一作「水」。〔二八〕故都　何義門：「故都」上當有「憶」字。〔二九〕致堯　紀昀：「堯」原訛作「光」。〔三〇〕深疑　李光垣：「居」訛「疑」。〔三一〕空原　馮班：一作「原空」。〔三二〕地裏　馮班：「地」一作「掌」。〔三三〕無踪　馮班：「踪」一作「行」。〔三四〕惟知　馮班：「唯」一作「誰」。〔三五〕文帝　馮班：「帝」當作「貞」。〔三六〕唐帝　馮班、紀昀：「唐」當作「文」。〔三七〕謾鎖　李光垣：「漫」訛「謾」。

〔三八〕粧點　馮班：「點」一作「照」。〔三九〕花閑　馮班：「閑」一作「虛」。〔四〇〕成原　馮班：「成」一作「寒」。〔四一〕猶存事可尋　馮班：「猶」一作「空」，「可」一作「莫」。〔四二〕半凋落　馮班：「凋」一作「零」。〔四三〕空中　馮班：「空」一作「雲」。〔四四〕月下笙簫　馮班：「下」一作「裏」，「簫」一作「歌」。〔四五〕陰暗　馮班：「暗」一作「映」。〔四六〕罷世　馮班：「罷」一作「霸」。〔四七〕家邑　馮班：「家」當作「蒙」，最早本亦作「蒙」。馮舒：「蒙邑」，意謂莊子。乃集亦作「家」。〔四八〕西崑酬唱集　李光垣：「集」原訛作「事」。〔四九〕編貝　馮班：「貝」，原本作「具」。〔五〇〕力鉅　按：「鉅」原訛作「距」，據康熙五十二年本、紀昀刊誤本校改。〔五一〕梁州　按：「梁」原訛作「涼」，據康熙五十二年本、紀昀刊誤本校改。〔五二〕欲炙　馮舒：「炙」當作「反」。〔五三〕且置　按：「置」原作「費」，據康熙五十二年本、紀昀刊誤本校改。〔五四〕雲間天闕　按：原作「雲開天闕」，據康熙五十二年本、紀昀刊誤本校改。〔五五〕王氣　按：原作「旺氣」，據康熙五十二年本、紀昀刊誤本校改。〔五六〕本德久　馮班：「本」下缺「之」字。〔五七〕有時賓　查慎行：「賓」字疑作「寶」字，雨花臺多廢陵，雨後時有殊寶出泥土中。

瀛奎律髓彙評卷之四　風土類

廣谷大川異制，民生其間異俗，讀禹貢、周官、史記所紀，不如讀此所選詩，亦不出户而知天下之意也。

查慎行：是卷所選五言俱佳。

紀昀：語夸而陋。

五言　四十二首

早發始興江口至虛氏村作

宋之問

候曉踰閩障，乘春望越臺。宿雲鵬際落，殘月蚌中開。薜荔摇青氣，桄榔翳碧苔。桂香多露裛，石響細泉迴。抱葉玄蟬嘯，銜花翡翠來。南中雖可悦，北思日悠哉。鬒髮俄成素，丹心已作灰。何當首歸躅，行剪故山萊。

方回：之問此篇「宿雲」「殘月」一聯，前無古人，他佳句尤多。其爲人則不足道，媚附張易之至於奉溺器，其他傾險尤多，卒賜死。此乃貶隴州參軍時詩。山谷教人作詩必學老杜，今所選亦以老杜爲主，不知老杜亦何所自乎？蓋出於其祖審言，同時諸友陳子昂、宋之問、沈佺期也。子昂以感遇詩名世，其實尤工律詩，與審言、之問、佺期，皆唐律詩之祖。唐史謂魏建安後迄江左，詩律屢變，至沈約、庾信以音韻相婉附，屬對精密。及之問、佺期，又加靡麗，拘忌聲病，約句準篇，如錦繡成文，學者宗之，號曰沈宋體。語曰：「蘇、李居前，沈、宋比肩。」然則〔一〕學古詩必本蘇武、李陵，學律詩必本子昂、審言輩，不可誣也。此四人者，老杜之詩所自出也。特老杜才高氣勁，又能致廣大而盡精微耳。

馮舒：老杜確出於子山，不可謂止於四子。此尚不辨，何得談詩？

馮班：蘇指味道，李指嶠，非蘇武、李陵也。

紀昀：此評亦重見，但語小異耳。○建安非魏年號。

馮舒：第三句奇妙。○第二聯高古奇秀，老杜所無。

查慎行：第二聯語巧而不覺其纖，所以爲初唐。

紀昀：第四句言月光斜長一線，如珠光之閃於蚌中耳。此一聯故爲奇語，已開彫琢風氣。第五句「摇青氣」三字不雅。第九句「蟬嘯」不妥，蟬不可云嘯。

無名氏(甲)：始興江在廣東。○此詩前半極言廣中風物之殊，後二聯結出想望北歸之意。出筆純乎騷、雅之氣，迥異凡流。

旅寓安南

杜審言

交趾殊風候，寒遲暖復催。仲冬山果熟，正月野花開。積雨生昏霧，輕霜下震雷。故鄉踰萬里，客思倍從來。

方回：此杜子美乃祖詩也。子美曰：「吾祖詩冠古。」家法如此。

馮舒：平平八句，大曆以還不可得。

陸貽典：平平八句，却字字不可動摇，大曆以前詩多如此。

紀昀：中四句皆申首二句意。

無名氏(甲)：安南，即交阯。

送楊長史濟赴果州

王右丞

褒斜不容幰，之子去何之？鳥道一千里，猿聲十二時。官橋祭酒客，山木女郎祠。别後同明月，君應聽子規。

方回：右丞詩入宋，惟梅聖俞能及之，可互看。

陸貽典：聖俞詩多疎率，安及右丞？此言過之。

紀昀：梅不可與右丞同語。

馮班：起句得宋人體。○澄景隆而清之矣，却渾秀無圭角。

紀昀：一片神骨，不比凡馬空多肉。

無名氏（甲）：果州，在四川。

許印芳：「子」字複。「之」字義別，不爲複。

送梓州李使君

萬壑樹參天，千山響杜鵑。山中一夜雨〔二〕，樹杪百重泉。漢女輸賨布，巴人訟芋田。文翁翻教授，不敢倚先賢。

方回：風土詩多因送人之官及遠行，指言其方所習俗之異，清新雋永，唐人如此者極多，如許棠云：「王租只貢金。」如周繇云：「官俸請丹砂。」皆是。

紀昀：此論五、六句，然此詩佳處不在五、六。

馮班：尋常景，寫不出。

錢湘靈：三聯不是眼前語。他人何以道不出？

查慎行：字字挑選。

何義門：楊國忠領劍南，再興南詔之師，爲其屬者，催科聽訟，日不暇給，安敢議及教化？落句刺時也。五、六言今之治梓州者皆由此。然吾所聞文翁之致理，何以反事此而彼不之急耶？特恐有掣其肘者，不敢倚恃爲先賢已試之效耳，曰教授，則先之以生聚在其中矣。○三、四言泉源之利足資灌溉，其如流亡略盡何？丁男疲於調發，而征輸責之女户，青苗莫爲耕耨，而爭競乃及蹲鴟，亦憔悴極矣。

紀昀：起四句高調摩雲，結二句不可解。

無名氏（甲）：梓州，在四川。

許印芳：「賨」從宗，音崇。○沈歸愚云：「結意言時之所急在征戍，而文翁治蜀，翻在教授，準之當今，不敢倚此爲治也。」此解可謂明通。又評前四句云：「起筆斗絶。三、四承上蟬聯而下，復用流水對法，五律中偶見此格。」愚按：三、四固是創格，而起筆尤爲得勢。老杜酬十一舅詩云：「萬壑樹聲滿，千厓秋氣高。」從此偷勢也。又按：前四句筆力雄大，右丞五律，每有此等篇什，如送趙都督赴代州云：「天官動將星，漢地柳條青。萬里鳴刁斗，三軍出井陘。忘身辭鳳闕，報國取龍庭。豈學書生輩，窗間老一經！」送邢桂州云：「鐃吹喧京口，風波下洞庭。赭圻將赤岸，擊汰復揚舲。日落江湖白，潮來天地青。明珠歸合浦，應逐使臣星。」「吹」讀去聲。集中此等詩不一而足。沈歸愚云：「右丞五律有清遠者，有雄渾者，宜分别觀之。」愚謂清遠、雄渾，雖分二體，其實清遠即雄渾之意味，雄渾乃清遠之氣骨，惟其根柢槃深，故能合二體爲一手也。

秦州　杜工部

傳道東柯谷，深藏數十家。對門藤蓋瓦，映竹水穿沙。瘦地翻宜粟，陽坡可種瓜。船人近相報，但恐失桃花。

方回：「瘦地」一句古今人未嘗道。東南水田，秈粳皆欲肥，西北高原，種粟惟欲地瘦，亦格物者之所宜知也。二十首取一。

紀昀：不是如此解。○二十首中獨取此首，不可解。

查慎行：五首煉句曲折，自老杜始可以類推。

何義門：第一句伏「相報」。○五、六張水部、賈長江宗祖。○落句只是言恐其迷路。

無名氏（甲）：秦州，在陝西。○少陵詩史，此二十首猶扶風地理志也，僅選其一，不亦陋乎？

題忠州龍興寺壁

忠州三峽内，井邑聚雲根。小市嘗争米，孤城早閉門。空看過客淚，莫覓主人恩。漂泊〔三〕仍愁虎，深居賴獨園。

方回：「争米」、「閉門」、「愁虎」，峽内小郡如此，老杜詩善言風土。他如「塞俗人無井，山田飯有砂」、「瓦卜傳神語，畬田費火耕」、「白魚如切玉，朱橘不論錢」之類，不可勝數，可以類觸。

馮舒：五、六意謂城小人窮，過客無主可投耳。但「恩」字可商。

陸貽典：「恩」字落得自然，無可商。

何義門：七句皆寺居之由，忠州使君乃公從子，而莫能爲南道主人，題詩以深責之。第七兼刺其無善政。

紀昀：亦非佳作。○後四句竟是晚唐軟語。

無名氏（甲）：寺在四川。

送桂州嚴大夫

韓退之

蒼蒼森八桂，兹地在湘南。江作青羅帶，山如碧玉簪。户多輸翠羽，家自種黄甘。遠勝登仙去，飛鸞不暇驂。

方回：昌黎門人有孟郊、賈島、張籍、盧仝、李賀之徒，詩體不一，昌黎能人人效之，此蓋張籍體也。

馮班：東野、玉川不得言門人。○韓公不作李賀體，亦未及東野。

紀昀：諸人皆非門人。

無名氏（甲）：仍存少陵餘韻。不必於門下求之。

馮舒：第七句，韓公每如此。

紀昀：應酬率筆。○七句太俗。

無名氏（甲）：桂州，廣西桂林府。

送鄭尚書赴南海

番禺軍府盛，欲説暫停杯。蓋海旂幢出，連天觀閣開。衙時龍户集，上日馬人來。風静爰居去，官廉蚌蛤迴。貨通師子國，樂奏武王臺。事事皆殊異，無嫌屈大才。

方回：唐人詩六韻、八韻、十韻以上，春容之中寓以擎斂，如此者不一。近人學晚唐詩，止於八句中或四句工，或二句工，而尾句多無力。此詩中四聯極言廣府之盛，首句且教諸客聽所言土風，尾句着力一結，而「殊異」二字乃一篇精神也。

紀昀：不見着力。

馮舒：「蓋海」對「連天」，雙聲也。
馮班：此首頗近白傅。
查慎行：結句可爲長律之法。
何義門：「爰居去」，則風雨應節，得天時也。「蚌蛤迴」，則商賈流通，得地利也。○鄭好贖貨，「官廉」句意在規勗。
紀昀：平正不見昌黎妙處，昌黎、太白皆不以律詩見長，不必爲盛名所震。○「大才槃槃謝家安」，語本晉人，然二字終俗。
無名氏（甲）：南海，縣名，廣東省城廣州府。○番禺，南海古名。
許印芳：韓愈字退之，官吏部侍郎，謚曰文，宋代追封昌黎伯，從祀孔子廟。○太白、昌黎長於古詩，曉嵐謂律體非其所長，此論是矣。然謂二家集中律體絶無佳篇，則大不然。此詩骨力老重，格律嚴整，可爲後學矩矱。曉嵐斥而不取，真苛刻也。「大才」二字以尋常口語便斥爲俗，然則文字之通於口語者，皆不可用矣。如此詩「龍户」、「馬人」、「師子國」、「武王臺」，非尋常口語乎？文章之道，豈能離絶尋常口語？用口語而綴以文詞，則雅而不俗，舍文詞而摘口語，斥之爲俗，此吹毛求疵之論。於文章得失，毫無取義，徒陷爲輕薄子耳。

百花亭

白樂天

朱檻在空虚，凉風八月初。山形如峴首，江色似桐廬。佛寺乘舟入，人家枕水居。高亭仍有月，今夜宿何如？

方回：此貶江州司馬時作。大抵中唐以後人多善言風土，如西北風沙，酪漿氈幄之區，東南水國，蠻島夷洞之外，亦無不曲盡其妙。樂天送人遊嶺南有云：「訶陵國分界，交趾郡爲隣。土民稀白首，洞主盡黄巾。」又：「紅旗圍卉服，紫綬裹文身。麵苦桄榔裛，漿酸橄欖新。牙檣迎海舶，銅鼓賽江神。不凍貪泉暖，無霜毒草春。雲烟蟒蛇氣，刀劍鰐魚鱗。」又云：「天黄生颶母，雨黑長楓人。」而結之曰：「須防杯裏蠱，莫受橐中珍。」亦可謂盡南中之俗矣。學詩者不可不深造黄、陳，擺落膏艷，而趨於古淡，亦不可無此等一二語也。

馮舒：律體出於南北朝，徘偶須藻麗魁奇，方是作手。若擺落膏艷，直爲古體可矣，何事區區於聲偶之間耶？余論律詩，以沈、宋爲正始，老杜爲變格。然杜詩殊工整，不似黄、陳輩粗硬也，杜詩要是唐朝第一人。沈、宋自是蘭苕翡翠，老杜則碧海鯨魚。○黄、陳直是做不出此等語耳。

馮班：擺落膏艷是矣，黄、陳未爲古淡也，但硬老有力耳。○方云「無此等一二語」，何止一二語？

陸貽典：樂天詩於淡素之中有意議者爲妙，太枯率者不足讀。此首尚可也。

紀昀：清淺可誦。

無名氏（甲）：百花亭，在九江，江西九江府。

送海客〔四〕歸舊島

張　籍

海上去〔五〕應遠，蠻家雲島孤。竹船來桂府〔六〕，山市賣魚鬚。入國自獻寶〔七〕，逢人多贈珠。却歸〔八〕春洞口，斬象祭天吴。

方回：唐以詩試進士，先以詩爲行卷。如此等語，或本無其人，姑爲是題，以寫殊異之景，故皆新怪可觀。如送流人、寄邊將之類，皆是也。

紀昀：此應入「遠外類」。無味。○第五句不佳。

無名氏（甲）：句少玲瓏，然典故如風土記，自可存耳。

送從弟戴玄往蘇州

楊柳閶門路，悠悠水岸斜。乘舟〔九〕向山寺，着屐到漁家。夜月紅柑樹，秋風白藕花。江天詩景〔一〇〕好，迴日莫言賒。

方回：此蘇州風景。「乘舟」「着屐」一聯，膾炙人口。「紅柑」「白藕」一聯，太綺。故尾句放寬，不然冗矣。

紀昀：此論深得疏密相參之妙。

紀昀：差有風韻。

無名氏（甲）：「乘舟」二句太質，又須「夜月」二句點綴相映，此正善於調劑處。

送人入蜀

李　遠

蜀客本多愁，今君〔一〕是勝遊。碧藏雲外樹，紅露驛邊樓。杜宇〔二〕呼名語，巴江學字流。不知烟雨外〔三〕，何處夢刀州！

方回：「呼名」、「學字」一聯精切。

馮舒：此大曆以後手筆。○第二句出「入蜀」，醒便。

馮班：鵑啼「歸去好」，今曰「呼名」，不解，俟考。

陸貽典：此大曆以後體格。

查慎行：第三聯鍛鍊亦見苦心，然格稍卑矣。

何義門：下六句淺深次第，方是入蜀。○以吉夢收足勝游。

紀昀：中四句好。紅樓、碧樹，以拆用見工夫。杜宇一聯以細切見思致。然巴江實學字，杜宇未嘗呼名，亦微瑕也。

許印芳：此評細。

許印芳：李遠字承古，蜀人，官中丞。

送僧游南海

李洞

春往海南邊，秋聞半夜蟬。鯨吞〔一四〕洗鉢水，犀觸點燈船。島嶼分諸國，星河共一天。長安却回〔一五〕日，松偃舊房前。

方回：洞學賈島爲詩。五佳。

紀昀：五、六是一氣，虚谷何以但賞上句？

馮舒：第六句怯。○第八句出「僧」字。

馮班：句句用意。

陸貽典：句法刻鍊，惜無老杜餘情耳。

查慎行：五、六非浪仙所能道。

載華按：虚谷云「洞學賈島爲詩」，故先生云爾。

無名氏（甲）：南海，在廣東。

許印芳：五、六並佳。曉嵐不密圈，亦是苛刻。今密圈之。〔按：紀昀在「島嶼分諸國，星河共一天」二句之末僅「國」「天」兩字旁加圈。許印芳則兩句十四字皆加圈。〕○李洞，字才江，唐諸王孫。

睦州四韻　杜牧之

州在釣臺邊，溪山實可憐。有家皆掩映，無處不潺湲。好樹鳴幽鳥，晴樓入野烟。殘春杜陵客，中酒落花前。

方回：輕快俊逸。

馮舒：平平八句，不使才氣。中二聯俱是春暮，故落句好。

何義門：溪山豈不佳？只韋、杜才地不堪常置閑處耳。「殘春」、「中酒」，比年事蹉跎，作用既微，筆力尤横。

紀昀：風致宜人。○三、四今已成套，然初出自佳。六句不自然。結得淺淡有情。

無名氏（甲）：睦州，屬嚴州府。

旅次錢塘　方玄英

此處似鄉國，堪爲朝夕吟。雲藏吴相廟，樹引越山禽。潮落海人散，鐘遲秋寺深。我來無舊識，誰見寂寥心？

方回：此吾家桐廬處士方干詩，中四句不書題目，一吟即知其爲錢塘也。
馮舒：頸聯臨摹巫山高而遜之。○第七句應起句。
陸貽典：三、四本出巫山高「雲藏神女廟」來。
何義門：中四句皆説寂寥，第六尤清異。
紀昀：第六句五字好。

南中

王建

天南多鳥聲，州縣半無城〔一六〕。野市依蠻姓，山村逐水名。瘴烟沙上起，陰火〔一七〕雨中生。獨有求珠客，年年入海行。

方回：與張籍相上下，中四句佳好。
馮班：張清而遠，王濃而近，王自不如張。
陸貽典：落句好。
紀昀：起句突兀無緒，三、四朴而確。
無名氏（甲）：南中，在廣中。

蠻家　馬戴

領得賣珠錢，還家〔一八〕銅柱邊。看兒調小象，打鼓戲新船〔一九〕。醉後眠神樹，耕時語瘴煙。又逢衰蹇老〔二〇〕，相問莫知年。

方回：中四句雖粗，極其新譎。

馮舒：何得見粗？方君亦知粗之不在字面乎？

陸貽典：蠻家風景如是，非粗也。

紀昀：亦非粗，亦非新譎。

何義門：發端位置「問」字之根，下五句皆以相問總束。

紀昀：結二句少力少味。

無名氏(甲)：亦在廣。

許印芳：馬戴，字虞臣。里居未詳。官太學博士。

巫山峽〔二一〕　皇甫冉

巫峽見巴東，迢迢出半空。雲藏神女館，雨到楚王宮。朝暮泉聲異〔二二〕，寒暄樹色同。清猿不可聽，偏在九秋中。

方回：此詩與杜審言、陳子昂詩法相似。

馮班：此詩非虛谷所解。

馮班：次聯妙。

何義門：停勾包括。〇三、四就雲雨上點化，正見事在有無疑信間，用意超妙。

紀昀：此亦名篇，然五句「異」字如何解？

無名氏（甲）：峽在夔州。

寄永嘉崔道融

司空圖

旅寓雖難定，乘閒是勝游。碧雲蕭寺霽，紅樹謝村秋。戍鼓和潮暗，船燈照島幽。詩家多滯此，風景似相留。

馮舒：戍鼓着「暗」字，欠妥。

何義門：「暗」謂潮聲至而更鼓不明也。

紀昀：結句似親遊，不似寄人，病在「似」字。

無名氏（甲）：永嘉，在浙江温州府。

送史澤之長沙　　司空曙

謝朓[二三]懷西府，單車觸火雲。野蕉依戍客，廟竹映湘君。夢渚巴山斷，長沙楚路分。一杯從別後，風月不相聞。

方回：兩司空所言永嘉、長沙風土，各極新麗。所取二聯，又皆下句勝。凡詩以下句勝上句爲作家，先一句好而後一句弱，或不稱，則敗興矣。

紀昀：自以相稱爲工，不得已而思其次，則毋寧下句勝耳。

紀昀：結句似相憶不似相送，病在「從」字。

無名氏（甲）：長沙，在湖南。

許印芳：司空曙，字文明。廣平人。官虞部郎中。

送龍州樊使君　　許棠

曾見邛人說，龍州地未深。碧溪飛白鳥，紅旆映青林。土產唯宜藥，王租只貢金。政成開宴[二四]日，誰伴使君吟！

方回：五、六佳。

紀昀：第四句切「使君」，却不切「龍州」，與第二句不貫。
無名氏（甲）：龍州，在四川。

送人尉黔中

周　繇

盤山行幾驛，水路復通巴。峽漲三川雪，園開四季花。公庭飛白鳥，官俸請丹砂。知尉黔人〔二五〕後，高吟採物華。
方回：四、六新而俊逸。
查慎行：余謂三、四更工，以無刻畫痕也。
載華按：虛谷云「四、六新而俊逸」，故先生云爾。
紀昀：五句亦佳。
紀昀：七句笨。
無名氏（甲）：黔，指貴州。

送董卿知台州

張　蠙

九陌除書出，尋僧問海城。家從中路挈，吏隔數州迎。夜蚌侵燈影，春禽雜櫓聲。開圖知異迹，思想石橋行。

方回：第五句極新。

紀昀：六句尤自然有韻。

馮舒：初看結句似不緊，再看以下諸篇，人人以作宦結，始知不如此篇。「開圖」二字新脱。

紀昀：五、六好，七句語欠渾成。

無名氏（甲）：台州，在浙江。

許印芳：張蠙字象文，清河人。○七句本作「開圖知異迹」，紀批云：「語欠渾成。」因爲易之：「興公圖畫好。」

送人尉蜀中

故友漢中尉，請爲西蜀吟。人家多種橘，風土愛彈琴。水向昆明闊，山通大夏深。理閑無別事，時寄一登臨。

方回：「風土愛彈琴」，暗用相如琴心事。善言形勢，五、六佳。

紀昀：五、六是套語。

紀昀：第四句如虚谷乃能解，殆於笑柄，豈人人皆文君乎？然細思亦只是如此解，別無異義。

宣州二首　梅聖俞

北客多懷北，庖羊舉玉巵。吾鄉雖處遠，佳味頗相宜。沙水馬蹄鱉，雪天牛尾貍。寄言京國下，能有幾人知？

方回：宋詩與唐不異者，梅都官堯臣爲最。此「鱉」、「貍」一聯。宣州風土，歙州亦然。高廟嘗問歙味，汪龍溪彦章舉此句以對。今人能傳誦之，而不知其爲聖俞詩也。

紀昀：都官究是宋詩，與唐不類。

紀昀：淡而不佳，切而無味。

無名氏（甲）：宣州，寧國府。

斫漆高崖畔，千筒不一盈。野糧收橡子，山屋照松明。只見樹堪種，曾無田可耕。兒孫何所樂，向此是平生。

方回：此宣州山中民俗，惟歙亦然。予生於歙，故尤知此詩之味。梅詩似唐而不裝不繪，自然風韻，又當細咀。此二十詩中選其二。

馮舒：面目去唐殊遠。

馮班：家兄云：面目去唐殊遠。不知所以貴唐賤宋者，非專以其面目也。且如唐詩面目亦異於前人矣，何不云面目去曹、劉遠甚，去詩、騷遠甚乎？不得不變者，面目也。宋而妙，何必唐乎？此梅詩「沙水」一聯，宣州絶唱，不減「千里蓴羹」語，豈可以其不似唐而譏之也？

查慎行：第五句總承上四句，章法奇。

送任適尉烏程

俛作程鄉尉，折腰還自甘。卞峯晴照黛，霅水曉澄藍。葑上春田闢，蘆中走吏參。到時蘋葉長，柳惲在江南。

方回：聖俞詩一掃「崑體」，與盛唐杜審言、王維、岑參諸人合。

馮班：大不然。

方回：今學者學「四靈」詩，曷不學聖俞乎？能言風土者，聖俞所尤長也。柳惲詩：「汀洲采白蘋，日落江南春。」

紀昀：曷不竟學杜、王、岑諸公？

馮舒：此章好。

查慎行：開口便與人作身分。

紀昀：此首較有致，然「蘆中走吏參」句，終不若唐人「更踏落花迎」句。

無名氏（甲）：烏程，湖州。○吳興自是水晶宫，此詩極能寫照，而結處尤韻。

餘姚陳寺丞

試邑來勾越，風煙復上游。江潮自迎客，山月亦隨舟。海貨通閭市，漁歌入縣樓。絃琴無外事，坐見浦帆收。

方回：聖俞此詩全不似宋人詩，張籍、劉長卿不能及也。

紀昀：此真不似宋人，此評最是。

無名氏（甲）：聖俞在宋，固爲高手，然究不脱宋人者，只是以文爲詩，内少含蓄，乃謂唐人不及，豈不誣乎？

查慎行：以上二首劉後村採入詩話，最所歎賞。

紀昀：通體俱饒高韻，六句尤佳。

無名氏（甲）：餘姚，紹興府。

許印芳：梅堯臣，字聖俞，號宛陵。○虚谷謂張籍不能及猶可，謂隨州不及，則妄矣。宛陵五律之高者，可望隨州後塵耳？

送晁質夫太丞知深州

蕪蔞問古亭，春入饒陽城。豆粥君王遠，壺漿刺史迎。地涼宜牧馬，塞近慣調兵。爲寄井泉石，老來思目明。

方回：起句爽，三、四工，「井泉石」事新。

紀昀：三句生砌故事，無所取義。

查慎行：第三句雖從首句出，終覺無味。

無名氏（甲）：深州，在直隸。○亦見典博，而氣格不渾，終不入唐。

送劉攽秘校赴婺源

雲木葱蘢處，雞鳴古縣城。山高地多險，源近水偏清。斫漆資商貨，栽茶雜賦征。案頭龍尾硯，切莫苦求精。

方回：盡婺源之俗，末句規之勿求硯以擾民也。

馮舒：直偷「此鄉多寶玉，慎勿厭清貧」，但彼作戒勵語，不妨直，此則呆矣。○直結，不含婉。

查慎行：起手不草草，第三句常語耳，對句勝。

無名氏（甲）：劉攽，即貢父。婺源，在徽州。

送洪秘丞知大寧監

三峽蠻溪上，千山楚俗兼。婦人樵入市，官井貨專鹽。魑魅或爲患，獮猴常可嫌。君能厚風化，男子使腰鐮。

馮舒：一首亦見貼切，但篇篇如此，印板可憎。

陸貽典：詩有六義，賦、比、興居三。宋人大抵直寫，近於賦而比、興或缺焉。聖俞亦不免此弊也。然較之他人又好，所以就宋而言，推爲詩家矣。

查慎行：大寧監，主鹽税者也。第四句以敍事爲點題，作者用意處。

紀昀：吐辭乏雅潤之致，便爲俗筆。

無名氏（甲）：大寧，在四川。

送鮮于秘丞通判黔州

壺頭山下俗，巴婦曲中聽。汲井熬鹽白，燒田種穀青。巖風來虎嘯，江雨過龍腥。事簡能談者，揚雄所草經。

馮班：第七何謂？

查慎行：中兩聯二十字工力悉敵。

紀昀：中四句頗清麗，末二句太率。

無名氏（甲）：黔州，貴州黔中。

魯山山行

適與野情愜，千山高復低。好峯隨處改，幽徑獨行迷。霜落熊升樹，林空鹿飲溪。人家在何許，雲外一聲雞。

方回：王介甫最工唐體，苦於對偶太精而不脱灑。聖俞此詩尾句自然，「熊」、「鹿」一聯，人皆稱其工，然前聯尤幽而有味。

紀昀：此評的當。

許印芳：論梅詩固當，論王詩卻不盡然。虚谷毁譽人往往信口亂道，不足深責。故曉嵐於其評語之旁涉他人者，多不置辯也。

馮舒：此亦未辨其爲宋詩，却知是梅。

陸貽典：無句不妙。
查慎行：句句如畫，引人入勝，尾句尤有遠致。
陸庠齋：落句妙，覺全首便不寂寞。
無名氏（甲）：魯山，在河南汝州。

送番禺杜杆主簿

行識桄榔樹，初窺翡翠巢。地蒸蠻雨接，山闊海雲交。訟少通華語，蟲多入膳庖。不須思朔望，梅吐臘前梢。

陸貽典：何減唐人？此并冀州二首，較勝於前。
查慎行：第六句暗用柳州食蝦蟆事。
紀昀：末二句不甚分明。
無名氏（甲）：番禺，在廣東。

送李閤使知冀州

騕褭黄金絡，春風北渡河。將軍守漢法，壯士發燕歌。緑水塘蒲短，晴天塞雁多。家聲復年少，矍鑠笑廉頗。

方回：此北邊風土，往往燕、冀之間，瀦水爲塘，以限馬足，故有「緑水蒲塘」之句。聖俞因送行言風土，佳句甚多，姑選此數篇，學者當舉一隅也。

馮舒：第七句湊。

陸貽典：落句太遠。

紀昀：三句與起二句不配色，此意只可用於結處，而以笑廉頗意作三、四，即兩得之。○今雄縣趙北口一帶是其故迹。

無名氏（甲）：冀州，在直隸。

公安縣

陶商翁

門沿大堤入，路趁淺沙行。樹短天根〔二六〕起，山窮地勢傾。孤舟難泊岸，遠水欲沉城。半夜求津濟，煙中荻火明。

方回：考四朝國史，陶弼字商翁，永州人，軍功補官，兩知邕州。善爲詩，山谷誌其墓，許可之。其詩尤善言風土，蠟茶詩至五十韻。

陸貽典：第五句何如歐公夷陵詩云：「繞城江急舟難泊。」

查慎行：「弢」，古「弼」字也。○黃山谷陶君墓志：「弼以進士起家，仕知順州，所著詩文十八卷。」

紀昀：第三句「天根起」三字險而不穩，五句太質，六句真境宛然。

無名氏(甲)：公安縣，在荆州府。

送舅氏野夫萃之宣州二首

黃山谷

籍甚宣城郡，風流數貢毛。霜林收鴨脚，春網薦琴高。共理須良守，今年輟省曹〔二七〕。平生割雞手，聊試發硎刀。

方回：三、四言土俗未見其奇，却是五、六有斡旋，尾句稍健。彼學晚唐者有前聯工夫，無後四句力量。

馮舒：都不出「舅氏」，便不是。○落韓詩於胸中，擺脱不得。○五、六兩句只可作起句。○若「琴高」可作鯉魚字用，則蘇武可替羊，許由可替牛，孟浩然可替驢，又不止右軍、曹公之爲鵝與梅子矣。山谷再生，我亦面誚。○第六貼在之郡後方好。○七、八兩句，割鷄非大手，論語義不如此。

何義門：琴高魚事詳趙與時賓退録，二馮似未見此書，以爲琴高代鯉魚用者，反誤於任淵注也。宣城有琴高魚，纖細如柳葉，碧色無骨，土人甚珍之。大馮此謂，未諳風土也。

無名氏（甲）：宣州三月有琴高魚，批殊謬。

馮班：第四句「琴高」不妥。五、六兩句亦可作起句。第七句「割雞手」，不通。

陸貽典：「割鷄手」不應如此用，豈山谷別有所據耶？

查慎行：琴高有騎魚事，然不可即以琴高名魚。○五、六似杜。

紀昀：「割雞手」三字誤用。

試說宣城郡，停杯且細聽。晚樓明宛水，春騎簇昭亭。秬秠豐圩户，桁楊卧訟庭。謝公歌舞地，時對換鵝經。

方回：此詩中四句佳，言風土之美，而「明」「簇」「豐」「卧」，詩眼也。後山謂「句中有眼黄别駕」是也。尾句尤有味，年豐矣，訟少矣，彼謝公歌舞之地，以親筆墨爲事可乎？起句乃昌黎前詩體也。

馮班：腹聯不言風土。

馮舒：不應是第二首起句，亦不應只兩句而要人「停杯」。

紀昀：馮氏駁此二詩甚穩，惟謂共理二句只可作起句，則是以才調集法律一切，不知盛唐人別有法在。○前詩指送鄭尚書，起二句直是蹈襲，不得云用昌黎前詩體。然昌黎亦套古詩「四座且莫喧，願聽歌一言」句，非自創也。

馮班：五、六句未是宣城郡。

寄潭州張芸叟

陳後山

湖嶺一都會，西南更上游。秋盤堆鴨脚，春味薦猫頭。宣室思來暮，蒸池得借留。孰知爲郡樂，莫作越鄉憂。

方回：後山學山谷爲詩者也。「猫頭」「鴨脚」，工矣。張芸叟舜民，後山姊夫。五、六謂宣室興來暮之思，蒸池之地其得久留之乎。「得借留」，謂不能得留也。用賈誼長沙事，而傍入「來暮」、「借留」二事。句法矯健，非晚唐能嚅嚌也。二首取一。

紀昀：此却嫌其太工。虚谷能議李文山「堯時韭」「禹日糧」，而不敢議後山此句，則左袒「江西」之故也。

馮舒：廉叔度來暮之思正在地方，非干宣室，唐人無此不通句法。

馮班：逼真晚唐。

查慎行：鴨脚，銀杏；貓頭，長沙笋名。對勝黄。

無名氏（甲）：潭州，在長沙府。

送周都官通判湖州

王半山

緑水烏程地，青山顧渚濱。酒醪猶美好，茶荈正芳新。聚泛樽前月，分班焙上春。仁風已及俗，樂事始關身。橘柚供南貢，槐楓望北辰。知君白羽扇，歸日未生塵。

方回：烏程酒、顧渚茶，湖州風景也。酒與古不殊，茶於今適春，「猶」字、「正」字已佳，可以聚而泛，可以分而班，亦樂事也。然必仁風先及物，而後身可樂，故「已」字、「始」字尤妙。南貢、北辰，又勉之以心在王室，歸而致吾君可也。詩律精密如此，他人太工則近弱，惟荆公獨能工而不萎云。

紀昀：荆公五律勝七律。

方回：風土詩與送餞詩當互看。

紀昀：此處突出此例，其語無着。

馮舒：句句好，章法更好，此豈黄、陳所敢望？○第一句茶酒起。第五句接上聯緊甚。第七、八兩句好，有斤兩。第十一句又妙。

馮班：有深味，不拘不板。

陸貽典：通篇章法最細，「仁風」二句有斤兩。

紀昀：「仁風」二句用意好，於理亦足，惟讀之稍覺其硬，病在「已」字似現成語，不似期勉語。此故甚微，細吟乃見。

許印芳：此評細。

李光垣：「酒醪」二字叠用，本扁鵲語。「班」即頒。

無名氏（甲）：湖州，在浙江。

海陵雜興

吕居仁

萬事不如意，自然生白鬚。極知少餘韻，何敢厭窮途。土俗尊魚婢，生涯欠木奴。東行見李白，誰爲致區區？

方回：居仁本中，世稱爲大東萊先生。其詩宗「江西」而主於自然，號彈丸法。此詩在泰州爲小官時作，爲仕宦送迎無味，非其所樂，故首句有「不如意」、「生白鬚」之語，自是名言。然應接塵俗，已無餘韻，又不敢以窮途爲厭也，意極婉曲。「魚婢」、「木奴」一聯工，而「尊」字尤好。

馮班：「尊」字很生。

馮班：破題好。〇末二句，既無致書者，東行又是何人？

紀昀：三句似解不解，「江西」語病。

無名氏（甲）：海陵，揚州府泰州。

頃歲從戎南鄭屢往來興鳳間暇日追憶舊游有賦　陸放翁

昔戍蠶叢北，頻行鳳集南。烽傳戎壘密，驛送客程貪。春盡花猶拆，雲低雨半含。種畬多菽粟，藝木雜松楠。婦汲惟陶器，民居半草菴。風煙迷棧閣，雷霆去聲。起湫潭。城郭秦風近，村墟蜀語參。快心逢曠野，刮目望浮嵐。考古興時〔二八〕感，無詩每自慚。嘉陵最堪憶，迎馬柳毶毶。

方回：放翁詩出於曾茶山，而不專用「江西」格，間出一二耳，有晚唐，有中唐，亦有盛唐。此篇雖陳、杜、沈、宋，亦不過如此。

馮舒：温麗妥貼，然只是張籍、王建語耳，陳、杜、沈、宋，項背相懸。

紀昀：詩自不惡，以爲陳、杜、沈、宋，過矣。

方回：流麗綿密，所圈五字，以全篇太縟，到此合放淡故也。〔按：方回於「快心逢曠野，刮目望浮嵐」兩句旁加圈。〕

陸貽典：有味乎其言。

紀昀：此入微之論。

方回：作此詩年八十三矣。南渡後詩至萬篇，佳句無數。有越中詩，言鑑湖風物尤精。

紀昀：大段學東坡峽中韻。

查慎行：「霆」字讀去聲，不詳所出。按吴都賦「聲若雷霆」，與「穎」同叶，音挺，乃上聲也。廣韻亦收入「迥」韻「挺」紐下。

無名氏（甲）：南鄭，陝西漢中府。興、鳳，二州名。舊游，指四川。嘉陵，江名。○放翁詩關於國故者，自得杜陵遺意。惜才鋒未逮，此作不過寫風土，更於書懷等作，無庸校量耳。

七言 三十首

蓋少府新除江南尉問風俗

郎士元

聞君作尉向江潭，吴越風煙到自諳。客路尋常隨竹影，人家大抵傍山嵐。緣溪花木偏宜遠，避地衣冠盡向南。唯有夜猿啼海樹，思鄉望國意難堪。

馮班：三、四酷似樂天。

陸貽典：第六句有關係通篇擔力。

查慎行：第六句用於晉、宋南渡時更切，唐都關中，衣冠未必皆南遷，然好句自不可廢。

紀昀：此種體裁只宜五律，作七律便成曼調。〇第五句「偏宜遠」三字湊出。〇是時中原多故，衣冠多避而南，亦言其風土之佳，爲人所樂趨耳，注家引晉南渡事，非也。

嶺南道中

李衛公

嶺水争分路轉迷，桄榔椰葉暗蠻溪。愁衝毒霧逢蛇草，畏落沙蟲避燕泥。五月畬田收火米，三更津吏報朝雞。不堪腸斷思鄉處，紅槿花中越鳥啼。

方回：李衛公不讀文選而詩奇健，謫海外時一二詩尤酸楚。張志和漁父詞五首在其集中。此詩於嶺南風土甚切，詞又工。

馮舒：工緻。

陸貽典：起句不親至嶺南不知其妙。通篇工緻，結句緊。

紀昀：與柳州洞氓詩序蠻鄉風土意同，而精神氣韻相去遠矣，此由才分不同。

無名氏（甲）：嶺南，在廣東。

自江陵沿流道中

劉夢得

三千三百西江水，自古如今要路津。月夜歌謠有漁父，風天氣色屬商人。沙村好處多逢寺，山葉紅時覺勝〔二九〕春。行到南朝争戰〔三〇〕地，古來名將盡爲〔三一〕神。

方回：元注：「陸遜、甘寧皆有祠宇。」

陸貽典：五、六對法變换。

查慎行：「氣色」兩字下得壯健。

何義門：筆力千鈞。○「三千三百」，破盡「沿流」。中四句皆「沿流」也。景物雖佳，何如立功、立事？落句所以慨然於廟食者。

紀昀：入手陡健。○三、四言閒適自如則有漁父，迅利來往則有商人，言外寓不閒居又不得志之感。結慨儒冠流落，即飛卿「欲將書劍學從軍」、昭諫「擬脱儒冠從校尉」之意，而託之古跡，其辭較爲藴藉。

許印芳：此評亦妙，全從言外悟出，與他人就詩論詩、死於句下者迥然不同。如此解説，乃知三、四句及七、八句皆是藏過自己一面，從對面着筆也。

無名氏(甲)：江陵，在荆州。

許印芳：「古」字複。

赴蘇州酬别樂天

吴郡魚書下紫宸，長安廐吏送朱輪。二南風化承遺愛，八詠聲名躡後塵。梁氏夫妻爲寄客，陸家兄弟是州民。江城春日追游處，共憶東都舊主人。

方回：樂天嘗守蘇，今夢得亦往守此，故有「承遺愛」、「躡後塵」之語。梁鴻、孟光嘗客於吴，機、雲二陸昔爲吴人，今到蘇之後，凡寄寓之客，及在郡之士人，與太守相追游，當共憶樂天爲舊太守，即舊主人也。善用事，筆端有口，未易可及。

陸貽典：詩有遠近起伏，意致便靈。

查慎行：香山妙處在辭達而無俗氣。

何義門：次聯勝三聯。四聯若無「共憶」二字便成死句。〇後四句極變極細。

紀昀：第三句「二南風化」四字無着，亦不切蘇州，而不覺借用，以原是太守事耳。

登柳州城樓寄漳汀封連四州

柳子厚

城上高樓接大荒，海天愁思正茫茫。驚風亂颭芙蓉水，密雨斜侵薜荔牆。嶺樹重遮千里目，江流曲似九回腸。共來百越文身地，猶自音書滯一鄉。

方回：韓泰爲漳州，韓曄爲汀州，陳諫爲封州，劉禹錫爲連州。

陸貽典：子厚詩律細於昌黎，至柳州諸詠，尤極神妙，宣城、參軍之匹。

查慎行：起勢極高，與少陵「花近高樓」兩句同一手法。

紀昀：一起意境闊遠，倒攝四州，有神無迹。通篇情景俱包得起。三、四，賦中之比，不露痕迹，舊説謂借寓震撼危疑之意，好不着相。

趙熙：神運。

無名氏(甲)：柳州，在廣西。

柳州寄丈人周韶州

越絶孤城千萬峯，空齋不語坐高舂。印文生緑經旬合，硯匣留塵盡日封。梅嶺寒煙藏翡翠，桂江秋水露鰅鱅。丈人本自忘機事，爲想年來憔悴容。

何義門：五、六自比，空喻文彩不得飛躍也。

紀昀：「梅嶺」二句指周一邊説，然突入覺無頭緒，又領不起第七句，殊不妥適。傳頌口熟不覺耳。

許印芳：此皆意不相貫之病，非細心人却看不出。

無名氏(甲)：柳州推激風騷，兼能精煉。評語謂其工於老杜，誠亦有之。然正爲其工，所以不及老杜。此又評語所未發也。蓋老杜無求工之迹，而氣象自然高大，而又未嘗不工，所以合於三百篇。若有意求工，又是人爲，不可與化工同論矣。

得盧衡州書因以詩寄

臨蒸且莫歎炎方，爲報秋來〔三〕雁幾行。林邑東回山似戟，牂牁南下水如湯。蒹葭淅瀝含秋露〔三〕，橘柚玲瓏透夕陽。非是白蘋洲畔客，還將遠意問瀟湘。

紀昀：一説謂盧以衡州爲炎，其地猶雁所到，若我所居，則林邑、牂牁之間，更爲遠矣。於理較通而不免多一轉折，存以備考。○六句如畫。

無名氏（甲）：衡州，在湖南。

嶺南江行

瘴江南去入雲烟，望盡黄茅是海邊。山腹雨晴添象跡，潭心日暖長蛟涎。射工巧伺遊人影，颶母偏驚旅客船。從此憂來非一事，豈容華髮待流年。

查慎行：急於富貴人，遭不得磨折，便少受用，學道人定不爾爾。尾句亦不值如此氣索。

紀昀：雖亦寫眼前現景，而較元、白所敍風土，有仙凡之别，此由骨韻之不同。○五、六舊説借比小人，殊穿鑿。

許印芳：五、六果有憂讒畏譏之意，舊説不爲穿鑿。

無名氏(甲)：嶺南，廣中。

柳州峒氓

郡城南下接通津，異服殊音不可親。青箬裹鹽歸洞客，緑荷包飯趁墟人。鵝毛禦臘縫山罽，雞骨占年拜水神。愁向公庭問重譯，欲投章甫作文身。

方回：柳柳州詩精絶工緻，古體尤高。世言韋、柳，韋詩淡而緩，柳詩峭而勁。此五律詩比老杜則尤工矣。杜詩哀而壯烈，柳詩哀而酸楚，亦同而異也。又南省牒令具注國圖風俗有云：「華夷圖上應初識，風土記中殊未傳。」非孔子不陋九夷之義也。年四十七卒於柳州，殆哀傷之過歟？然其詩實可法。

馮舒：柳固工秀，然謂過於杜則不然。

查慎行：律詩掇拾碎細，品格便不能高。若入老杜手，别有鎔鑄爐鞴之妙，豈肯屑屑爲此？虚谷謂柳州五章「比杜尤工」一言，以爲不如，覽者毋爲所惑可也。

紀昀：評韋、柳確，評杜、柳之異亦確，惟云五律工於杜，則不然。

何義門：後四句言歷歲逾時，漸安夷俗，竊衣食以全性命。顧終不之召，亦將老爲峒氓，豈復計其不可親乎？哀怨不可讀。

紀昀：全以鮮脆勝，三、四如畫。

杭州

白樂天

餘杭形勝世間無，州傍青山縣枕湖。繞郭荷花三十里，拂城松樹一千株。夢兒亭古傳名謝，教妓樓前道姓蘇。獨有使君年老大，風流〔三四〕不稱白髭鬚。

馮舒：如面語。

馮班：起句似質，太直。

陸貽典：白詩總之如面語。

紀昀：此所謂長慶體也，學之易入淺滑。○第四句「一千株」湊泊。

守蘇答客問杭州

爲我踟蹰停酒盞，與君約畧説杭州。山名天竺惟青黛，湖號錢塘瀉緑油。大屋簷多裝雁齒，小航船亦畫螭頭。所嗟水路無三百，官繫何因得再游。

陸貽典：五、六自是樂天句法。

紀昀：亦淺滑。

杭州春望

望海樓明照曉霞，護江堤白踏晴沙。濤聲夜入伍員廟，柳色春藏蘇小家。紅袖織綾誇柿葉〔三五〕，青旗沽酒趁梨花。誰開湖寺西南路，草綠裙腰一道斜。

方回：樂天守杭州，以和適之趣處繁華。子厚守柳州，以愁苦之懷處荒寂。情景異，歡戚殊。以樂天之二詩視子厚之五詩，相去遠矣。然子厚亦隘者也，東坡謫黄、謫惠、謫儋耳，無一言及於怨尤夷鄙，是亦可以觀人焉。

紀昀：東坡又有失之太豪處，所謂過猶不及。

馮班：春望結。

紀昀：「濤聲夜入」、「紅袖織綾」，雖俱是杭州事，然皆非春望之景，此亦口頌而不覺其非者。

〇六句自然，五句終是湊泊。

無名氏（甲）：樂天詩自得春氣，然根源故不及柳州之深。

以州宅誇於樂天

元微之

州城迴繞拂雲堆，鏡水稽山滿目來。四面常時對屏幛，一家終日在樓臺。星河似向簷前落，鼓角驚從地底回。我是玉皇香案吏，謫居猶得住蓬萊。

馮班：以結句至今有蓬萊驛。

陸貽典：微之比樂天較能修飾，然本質近，又不如也。

無名氏（甲）：宅在紹興。○與左司「身多疾病」二句並看，便見身分。

重誇州宅旦暮景色

仙都難畫亦難書，暫合登臨不合居。繞郭烟嵐新雨後，滿山樓閣上燈初。人聲曉動千門闢，湖色宵涵萬象虛。爲問西州羅刹岸，濤頭衝突近何如？

方回：長慶中，樂天知杭州，微之知越州，以筒寄詩自此始。微之誇州宅，蓬萊閣所以名亦自此始。二公前貶九江、忠州、江陵、通州，往來詩不勝其酸楚，至此乃不勝其誇耀，亦一時風俗之弊，只知作詩，不知其有失也。

紀昀：此論甚確，大抵元、白爲人皆淺，小小悲喜必見於詩。全集皆然，不但此也。

查慎行：「千門」無乃太誇！

郡中有懷寄上睦州員外十三兄　邢羣

城枕溪流淺更斜，麗譙連帶邑人家。經冬野菜青青色，未臘山梅樹樹花。雖免瘴雲生嶺上，永無京信到天涯。如今歲晏從羈滯，心喜彈冠事不賒。

方回：此詩附見樊川集，唐歙州刺史邢羣寄睦州刺史杜牧之。三、四言歙州風土，佳句也。五六言唐都長安，歙州自當難得京書耳。以江左猶遠嶺南，乃無瘴之地。

紀昀：未見其佳。

查慎行：三、四與牧之風調相似。

紀昀：五、六開合笨滯。

無名氏（甲）：郡中，指徽州。睦州，在嚴州。〇前半聊記風土，後半更弱。

正初奉酬〔三六〕

杜牧之

翠巖千尺倚溪斜，曾得嚴光作釣家。越瘴〔三七〕遠分丁字水，臘梅遲見二年花。明時刀尺君須用，幽處田園我有涯。一壑風煙陽羨里，解龜休去路非賒。

方回：此牧之用韻酬歙州刺史邢羣也，臘中得詩，正初奉酬二詩皆是。前四句言各州之景，後四句言情，皆佳句也。

紀昀：亦是草率應酬，不見小杜本領。〇「生也有涯」雖出莊子，然去「生」字，不妥。

無名氏（甲）：小杜詩有慷慨磊落之致，在晚唐中要爲出羣。

長安雜題

洪河清渭天池濬，太白終南地軸横。祥雲輝映漢宫紫，春光繡畫秦川明。草妬佳人鈿朵色，風回公子玉銜聲。六飛南幸芙蓉苑，十里飄香入夾城。

方回：詩人於四方風土皆能言之，至於長安、洛陽、鄴都、金陵帝王建都之地，則多見於懷古之作，而述今者少。牧之長安六詩，於五詩之末，各寓閑中自静之意。獨此詩前誇形勢，後敍侈麗，亦足以形容天府之盛，故取之。五詩内如「韓嫣金丸莎覆緑，許公韉汗〔三八〕杏粧紅」、「投釣謝家池正雨〔三九〕，醉吟隋寺日沉鐘」、「白鹿原頭回獵騎，紫雲樓下醉江花」，又街西長句云：「遊騎偶同人鬭酒，名園相倚杏交花。」皆艷冶而不流。當其時，郊、島、元、白下世之後，張祜、趙嘏諸人皆不及牧之，蓋頗能用老杜句律，自爲翹楚，不卑卑於晚唐之酸楚湊砌也。

馮班：牧之正與元、白、郊、島同時。

紀昀：評小杜確。

陸貽典：「投釣」句，集作「偷釣侯家池上月」，似更佳。

何義門：渾成精妙。○如此山川，宜孕毓英賢，乃惟見紛紛游童妖女，所以刺也。此篇不減工部。

紀昀：風格自遒。

許印芳：史稱牧之自負才略，喜言兵事，時無援者，怏怏不平而終。爲人踈雋，不拘細行。其詩情致豪邁，高出晚唐之上。劉後村亦云：晚唐詩體柔靡，牧之於律詩中常寓拗峭以矯時弊。許丁卯與牧之同時而詩各自爲體，丁卯律詩麗密或過牧之，而抑揚頓挫不及也。愚觀牧之樊川集，古體常病猥雜率易，惟近體可取。近體中七言最工，七絶佳篇尤夥，七律亦多可采者。虛谷此書，但選五首，佳者又止二首。操選家往往不愜人意，如虛谷之淺陋，其棄取益難諦當矣。又按：此詩三、四，分之皆拗句，合之則上下不黏，乃古調也。牧之七律每有此格，所謂寓拗峭以矯時弊者，即此可見。

無名氏（甲）：長安，在西安。

洛陽長句

草色人心相與閑，是非名利有無間。橋橫落照虹堪畫，樹鎖千門鳥自還。芝蓋不來雲杳杳，仙舟何處水潺潺？君王謙讓泥金事，蒼翠空高萬歲山。

方回：唐自天寶以後不復駕幸東都，此詩有望幸之意。「樹鎖千門」一句極佳。「芝蓋」、「仙舟」乃指緱氏山王喬事及李、郭事，亦切。

紀昀：寫盛衰之感則有之，不見望幸之意。

陸貽典：落句妙，蓋傷久不見天寶承平時事也。通首皆是此意。虛谷以爲「有望幸之意」，失之迂矣。

查慎行：結句得體，辭亦典贍風華。

紀昀：中四句近丁卯。

無名氏（甲）：洛陽，在河南。

題宣州開元寺小閣

六朝文物草連空，天澹雲閑今古同。鳥去鳥來山色裏，人歌人哭水聲中。深秋簾幕千家雨，落日樓臺一笛風。惆悵無因見范蠡〔四〇〕，參差煙樹五湖東。

方回：唐以昇州屬浙西，而節度使在潤州。江東則宣歙觀察府在宣州，是爲大鎮，故其詩特繁盛。宋析置太平州，移本路監司於江寧建康，而宣州寂如矣。

查慎行：第二聯不獨寫眼前景，含蓄無窮。

何義門：寄託高遠，不在逐句寫景，若爲題所牽，便無味矣。

何義門：六朝不過瞬息，人生那可不乘壯盛立不朽之功？然而此懷誰可與語？「風」、「雨」二句，思同心而莫之致也。我思古人功成身退如范子者，雖爲執鞭，所欣慕焉。五、六正爲結句。

紀昀：趙飴山極賞此詩，然亦只風調可觀耳，推之未免太過。
無名氏（甲）：此詩妙在出新，絶不沾溉玄暉、太白剩語。
許印芳：杜牧，字牧之，號樊川，萬年人，官中書舍人，詩家稱小杜，以别於少陵，配以義山，亦稱李杜云。○此詩全在景中寫情，極脱洒，極含蓄，讀之再三，神味益出，與空講風調者不同。學者須從運實於虚處求之，乃能句中藏句，筆外有筆。若徒揣摩風調，流弊不可勝言矣。
趙熙：風調好。

杭州呈勝之

王平甫

游觀須知此地佳，紛紛人物敵京華。林巒臘雪千家水，城郭春風二月花。彩舫笙歌吹落日，畫樓燈燭映殘霞。如君援筆宜摹寫，付與塵埃北客誇。
方回：此王安國詩，今王校理集行於世，誤入其兄荆公集中。
馮舒：宋起宋結。
馮班：起句劣。
紀昀：中四句是風土，不是人物。五、六稍似杭州。三、四不免通用。
無名氏（甲）：亦復自然，但次句與汴京對照，乃無意中詩讖也。

送張仲容赴杭州孫公辟

王半山

萬屋相誇漆與丹，笑歌長在綺紈間。綵船春戲城邊水，畫燭秋尋寺外山。憶我屢隨游客入，喜君今趁辟書還。遥知曼倩威行久，赤筆應從到日閑。

方回：李參政注：「孫公，沔也。」杭州之盛，自五代至宋，繁華久矣。百五十年行都，詩愈多而佳者愈不少，未能盡得之也。

陸貽典：未爲半山佳作，起句亦率。

查慎行：起句是杭州，亦眼前景也。脂粉氣，見笑半山矣。

紀昀：此不宜入「風土類」，詩亦不佳。

夷陵歲暮書事呈元珍表臣

歐陽永叔

蕭條雞犬亂山中，時節崢嶸歲已窮。游女髻鬟風俗古，野巫歌舞歲年豐。平時都邑今爲陋，敵國江山昔最雄。荆楚先賢多勝迹，不辭携酒問隣翁。

方回：元注：「夷陵風俗朴陋，惟歲暮祭鬼，則男女數百相從而樂飲，婦女競爲野服以相游嬉。」

馮班：自是大手。

陸貽典：筆意平順，出劉、柳之下。

查慎行：第三聯俯仰有情，不作遷謫語，頗足自豪。

紀昀：五、六沉着。

許印芳：六句是逆挽法，篇中「歲」字、「時」字、「山」字皆複。

無名氏（甲）：夷陵，今改宜昌府。

寄梅聖俞

青山四顧亂無涯，雞犬蕭條數百家。楚俗歲時多雜鬼，蠻鄉言語不通華。繞城江急舟難泊，當縣山高日易斜。擊鼓踏歌成夜市，邀龜卜雨趁燒畬。叢林白晝飛妖鳥，庭砌非時見異花。惟有山川爲絶勝，寄人堪作畫圖誇。

方回：公夷陵書事寄謝三舍人有云：「道途處險〔四一〕人多負，邑屋臨江俗善泅。臘市漁鹽朝暫合，淫祠簫鼓歲無休。風鳴燒入空城響，雨惡江崩斷岸流。訟庭畫地通人語，邑政觀風間俚謳。」皆於風土如畫。讀歐公詩，當以三法觀。五言律初學晚唐，與梅聖俞相出入。其後乃自爲散誕。七言律力變「崑體」，不肯一毫涉組織，自成一家，高於劉、白〔四二〕多矣。如五、七言古體則多近昌黎、太白，或有全類昌黎者，其人亦宋之昌黎也。出其門者，皆宋文人巨擘焉。非也。

馮舒：歐詩兼用六朝及唐，乃云學晚唐，非也。彼固自成一家，然謂其高於劉、白，亦非也。

馮班：歐亦止用唐格。○歐詩的是如此。

陸貽典：歐詩定評。

許印芳：論歐詩不錯。

馮班：妙。○何減白太傅？

紀昀：通體穩稱，七言長律之工者。○收得好，再入悲感，便落窠臼。

淇：「畬」讀奢。

許印芳：「時」字複。「山」字凡三見。○七言長律較五言長律其難百倍，蓋爲對偶所拘，聲律所限，氣易傷而格易弱，非如七古之可任意馳騁，舉重若輕也。古人於此體多不作，間有作者，亦不出色。以老杜之才力，集中僅有數篇，却無一篇出色。其他可知。歐公古文大手，才力本富，此詩韻數不多，故筆能健舉，而較前數詩，究竟寡色。曉嵐評爲穩稱，恰合分量矣。

戲答元珍

春風疑不到天涯，二月山城未見花。殘雪壓枝猶有橘，凍雷驚筍欲抽芽。夜聞歸雁生鄉思，病入新年感物華。曾是洛陽花下客，野芳雖晚不須嗟。

方回：此夷陵作，歐公自謂得意。蓋「春風疑不到天涯」一句，未見其妙，若可驚異；第二句云「二月山城未見花」，即先問後答，明言其所謂也。以後句句有味。

馮班：歐公本佳，説出「問答」二字，便欲嘔矣。

馮舒：亦自工緻。

馮班：名作。

陸貽典：句法相生，對偶流動，歐公得意作也。

查慎行：起句得鬆快。

紀昀：起得超妙。○不減柳州。

許印芳：歐陽修字永叔，號醉翁，又號六一居士，謚文忠。○「花」字、「不」字俱複。○起句妙在倒裝，若從未見花説起便是凡筆。

戲詠江南風土

黄山谷

十月江南未得霜，高林殘水下寒塘。飯香獵户分熊白，酒熟漁家擘蟹黄。橘摘金包隨驛使，米春玉粒送官倉。踏歌夜結田神社，游女多隨陌上郎。

方回：此詩見山谷外集，亦非他人所能及也。

馮舒：都無藴藉。○不成句。○七、八二句，直罵而俚，真不成詩。

馮班：第三句，少此物。○「江西」蠻子，可惡。

紀昀：意摹柳州諸作，而骨韻神采不及遠矣。

入秭歸界

范石湖

山根繫馬貨漿家，深入窮鄉事可嗟。蚯蚓祟人能作瘴，茱萸隨俗强煎茶。幽禽不見但聞語〔四三〕，野草無名却着花。窈窕崎嶇殊未艾，去程方始問三巴。

方回：淳熙二年乙未，石湖自桂林移帥四川，年五十矣。入峽諸詩多佳者，惟選此篇及入鮓甕詩，如擬劉夢得竹枝歌，亦不減劉也。

入鮓甕

懷沙祠下鐵色磯，中流束湍張禍機。與齊去俱入彼可弔，乘流而行吾亦危。江河難犯一至此，天地好生安取斯。朝歌勝母古尚諱，我其舞醢〔四四〕航秭歸。

方回：元注：「在歸州郭下，長石截然，據江三之二，水盛時漬淖極大，號峽岸中至嶮處。自此登舟至巫山。」「王者之法如江河，易避難犯」，以「天地好生」爲對，亦奇矣。此「吴體」。

馮班：詩不必以宋爲諱，但如此惡模樣，自宜痛戒。○第八句，石湖語，可厭。

查慎行：「與齊俱入」，語出南華。○五、六妙於用虚字。

紀昀：恣而不野，峭而有韻，「江西」派中之佳者。

杭州喜江南梅度支至二詩

陳文惠

淡薄交情老更濃，爲君彈瑟送金鍾。苧羅香徑無時到，姑射仙姿在處逢。鸞鶴品流慚晚達，煙霞門户憶先容。公餘莫放西湖景，步步蒼苔翠翠松〔四五〕。

方回：陳公「秋風斜日鱸魚鄉」之句，膾炙人口，謂錢塘風物。第四句切題。

紀昀：四句何以切題？再詳之。

馮舒：第四句，宋人谿徑。

公望當年最得君，畫圖城郭喜同羣。門前碧浪家家海，樓上青山寺寺雲。松下玉琴邀鶴聽，溪邊臺石共僧分。情多景好知難盡，且倒金樽任半醺。

查慎行：二、三兩聯上二字作對，犯重。

紀昀：二詩局度頗整齊，但無深意耳。○第二首第三句不及對句自然。○「門前」「樓上」「松下」「溪邊」，字法太複。

守嚴述懷

陸放翁

桐君故隱兩經秋，小院孤燈夜夜愁。名酒過於求趙璧，異書渾似〔四六〕借荆州。溪山勝處身難到，風月佳時事不休。安得連雲車載釀，金鞭重作浣花游。

方回：放翁淳熙丙午、丁未、戊申在嚴州，二考滿，其去年六十四矣。「求酒」、「借書」之聯，可發一笑。大抵太守自不當借書於寓公，趙守汝愚借滕元秀詩集三千首，竟掩有不還，遂致其家不傳，以一入太守宅難取故也。予爲此郡初，自造「至清堂酒」，却絶妙，但亦未嘗借人書看。七年宿留，八年而歸，爲一寠人云。

紀昀：自述清標，其辭殊陋。

查慎行：用事必如此超脱，方稱作家。

紀昀：閎語以豪宕結之，尚不落套，通體則未免平熟。

無名氏（甲）：此等亦非放翁至處。

校勘記

〔一〕然則　按：「則」原作「此」，據康熙五十二年本、紀昀刊誤本校改。〔二〕一夜雨　何義門：「二」一作「半」。〔三〕漂泊　馮班：「漂」一作「淹」。〔四〕海客　馮班一作「海南客」。〔五〕海上去　馮班：「去」一作「歸」。〔六〕桂府　馮班：「府」一作「浦」。〔七〕獻寶　馮班：「寶」一作「錦」。〔八〕却歸　馮班：「歸」一作「迴」。〔九〕乘舟　馮班：「舟」一作「船」。〔一〇〕詩景　馮班：「景」當作「境」。〔一一〕今君　馮班：一作「君今」。〔一二〕杜宇　許印芳：「宇」一作「魄」。〔一三〕雨外　馮班：「外」一作「夜」。〔一四〕鯨吞　許印芳：「鯨」一作「龍」。〔一五〕却回　許印芳：一作「歸老」。〔一六〕無城　按：「無」原作「蕪」，據康熙五十二年本、紀昀刊誤本校改。〔一七〕陰火　按：「陰」原作「煙」，據康熙五十二年本、紀昀刊誤本校改。〔一八〕還家　馮班：「家」一作「歸」。〔一九〕戲新船　馮班：「戲」一作「試」。〔二〇〕又逢衰蹇老　按：原作「不逢寒便老」，據康熙五十二年本、紀昀刊誤本校改。〔二一〕巫山峽　李光垣：「高」訛「峽」。〔二二〕泉聲異　馮班：「異」字，集作「落」，不如「落」字佳。〔二三〕謝朓　按：「朓」原作「眺」，據本集校改。〔二四〕開宴　馮班：「開」當作「閑」。〔二五〕黔人　馮班：「人」當作「中」。〔二六〕天根　馮舒「天」一作「大」，不好。〔二七〕輟省曹　按：「輟」原作「輒」，據康熙五十二年本、紀昀刊誤本校改。〔二八〕興時　李光垣：應作「時興」。〔二九〕覺勝　馮班：「覺」當作「絶」。〔三〇〕争戰　馮班：「争」當作「征」。〔三一〕盡爲　馮班：「盡」當作「必」。何義門：「必」字精神。〔三二〕秋來　許印芳：「秋」與下句複，當作「朝」。〔三三〕秋露　馮班：「露」一作「雨」。〔三四〕風流　查慎行：集作「風光」。〔三五〕柿葉　查慎行：一作「柿蔕」。〔三六〕紀昀：題再校。〔三七〕越瘴　馮班：「瘴」一作「嶂」。〔三八〕鞴汗　按：「汗」原作「污」，據本集校改。〔三九〕投釣謝家池正雨　陸貽典：集作「偷釣侯家池上月」，似更佳。〔四〇〕見范蠡　馮班：「見」當作「逢」。〔四一〕處險　按：原作「險處」，據康熙五十二年本、紀昀刊誤本校改。〔四二〕劉白　許印芳：當作「楊劉」，愚爲更正。蓋此句指宋初「崑體」諸人，不指唐之劉、白也。〔四三〕但聞語　紀昀：「但」作「惟」則諧調，再校本集。〔四四〕我其舞醽　紀昀：「舞醽」不解，再校本集。〔四五〕蒼苔翠翠松　李光垣：「翠翠松」再校。〔四六〕渾似　查慎行：「渾」當作「難」。

瀛奎律髓彙評卷之五　昇平類

詩家有善言富貴者，所謂「笙歌歸院落，燈火下樓臺」、「梨花院落溶溶月，柳絮池塘淡淡風」是也，然亦必世道昇平而後可。李太白謂〔一〕唐明皇盛時奉詔作宮中行樂詞，雖漁陽之亂未萌也，而其言已近乎誇矣。今取凡言富貴者，不曰「富貴」而曰「昇平」，必有昇平而後有富貴。羽檄繹騷，瘡痍憔悴，而曰君臣上下、朋友之間，可以逸樂昌泰，予未之信也。

馮班：天寶可言昇平矣。

紀昀：此論却正。

五言 六首

宫中行樂詞 八首取五

李太白

小小生金屋，盈盈在紫微。山花插寶髻，石竹繡羅衣。每出深宫裏，常隨步輦歸。只愁歌舞散，化作彩雲飛。

紀昀：麗語難於超妙，太白故是仙才。○結用巫山事無迹。

柳色黄金嫩，梨花白雪香。玉樓巢翡翠，金殿鎖鴛鴦。選妓隨雕輦，徵歌出洞房。宫中誰第一，飛燕在昭陽。

紀昀：此首純用濃筆，而氣韻天然，無緐縟冗排之迹。

玉樹春歸日，金宫樂事多。後庭朝未入，輕輦夜相過。笑出花間語，嬌來竹下歌。莫教明月去，留着醉嫦娥。

紀昀：此首除「玉樹」、「金宫」外純是淡寫，而濃艷鮮秀之氣溢於句外，直是神思不同。

寒雪梅中盡，春風柳上歸。宮鶯嬌欲醉，簷燕語還飛。遲日明歌席，新花艷舞衣。晚來移綵仗，行樂泥光輝。

紀昀：此首亦清而艷。

許印芳：「泥」，去聲。

水緑南薰殿，花紅北闕樓。鶯歌開太液，鳳吹繞瀛洲。素女鳴珠佩，天人弄綵毬。今朝風日好，宜入未央游。

方回：今按太白集有清平調詞三首、宮中行樂詞八首，皆應詔之作。杜子美所謂「天子呼來不上船，自稱臣是酒中仙」〔二〕，又曰「龍舟移棹晚，獸錦奪袍新」，皆指此也。高力士懷脱鞾之恥，以「飛燕在昭陽」之句摘語楊妃，終不得官者，亦坐此也。太白之卒年六十二，在代宗初年。其召也在天寶初年，必長於子美。味子美「憐君如兄弟」之句，則亦忘年交也。子美天寶十三載方進三賦召試，則太白去國久焉。兩賢一時俱不遇，而詩名俱千古不朽。彼暫遇而速朽者，又何足多云！

馮舒：天然富貴。

馮班：亦似晚唐。

何義門：未央，正皇后所居，歸之於正，且并諷之視朝於前殿也，却仍以「游」字結，不脱行樂，得主文譎諫之妙。

紀昀：此首亦艷而清。○五首穠麗之中別餘神韻，覺後來宮詞諸作，無非翦綵爲花。

無名氏(甲)：凡濃麗之詞，最易生厭，惟太白本宗宣城，有清新俊逸之氣。故雖華艷，不害天然。幾此者難矣。

許印芳：「吹」，去聲。

駕幸河東　王昌齡

晉水千廬合，汾橋萬國從。開唐天業盛，入沛聖恩濃。下輦迴三象，題碑任六龍。睿明懸日月，千載此時逢。

方回：昌齡，唐明皇時人，開元二十年十一月如汾陰祠后土，詩當是時作。用事造句皆典實，然昌齡律詩甚少，惟三、四篇。寒食詩有云：「雨滅龍蛇火，春生鴻雁天。」甚佳，而缺第五句。

馮班：非獨昌齡一人少律詩也。於時律體雖成，未必人人爲之，故摩詰七言不以失黏爲忌，老杜亦間有不黏平仄者。

紀昀：自是當時應制體，而語乏警策，非少伯佳處。

無名氏(甲)：尚是初唐餘氣，然較疏通矣。

七言 四十五首

寄太原李相公

白樂天

聞道北都今一變，政和軍樂萬人安。綺羅二八圍賓榻，組練三千夾將壇。蟬鬢應誇丞相少，貂裘不覺太原寒。世間大有虛榮貴，百歲無君一日歡。

方回：第五句頗於戲語中存規戒，第六句對得妙。

紀昀：結太淺、太盡，香山慣病。

無名氏（甲）：唐以太原爲北都，世推重鎮。出守節度，每用大臣。作詩氣象，亦得冠冕，方與題稱也。

送裴相公赴鎮太原

張司業

盛德雄名遠近知，功高先乞守藩維。銜恩暫遣分龍節，署敕還同在鳳池。天子親臨樓上送，朝官齊出道傍辭。明年塞北清蕃落，應起生祠請立碑。

馮班：「維」字湊。

紀昀：俗不可耐。

送君貺宣徽太尉歸洛

元章簡

萬釘還帶照龜緺，冠蓋郊西送使華〔三〕。去國正逢梁苑雪，探春先得洛城花。樓臺紫府神君館，松石平泉太尉家。四紀交游驚晚暮，白頭分袂一咨嗟。

馮舒：真不減唐。

馮班：送行之極則。

許印芳：元絳，字厚之，謚章簡。

冲之相公拜相

天聖年中桂籍人，而今二十五回春。親逢舜燭圖隣弼，首見堯龍秉化鈞。百辟望公承約束，四方多士仰經綸。爲儒富貴皆隆極，惟祝功名日日新。

馮舒：無不好。

紀昀：塵氣撲人。

無名氏（甲）：造語視唐人較密，而體格則卑。

禁林春直

李文公〔四〕

疎簾摇曳日輝輝，直閣深嚴半掩扉。一院有花春晝永，八方無事詔書稀。樹頭百囀鶯鶯語，梁上新來燕燕飛。豈合此身居此地，妨賢尸禄自知非。

方回：李昉此詩，合是宋朝善言太平第一人，故不以入「朝省類」，而置之「昇平」選中。

馮班：宋初氣象如此。

查慎行：第四句道盡太平氣象。

紀昀：三、四真太平宰相語，其氣象廣大、太和之意盎然，此故不在語言文字之間。○「鶯鶯」、「燕燕」全抄唐句，嫌太現成。

趙熙：五、六纂唐。

上吕相公

劉禹謨

重名清望偏華夷，恐是神仙不可知。一舉首登龍虎榜，十年身到鳳凰池。廟堂只似無言者，門館長如未貴時。除却洛京居守外，聖朝賢相復書誰？

方回：此必爲吕蒙正作。劉昌言，泉州人，仕至同知樞密。中二聯世所共稱。

查慎行：第二句輕率語。

紀昀：三、四俗極，五、六作意形容而語未高妙。

無名氏（甲）：華詞無古骨，便入庸音，唐人不然也。

上李相公

王　操

弱冠登龍入粉闈，少年清貴古來稀。袖中詔草朝天去，頭上宮花侍宴歸。卓筆玉堂寒漏迥，捲簾池館水禽飛。三台位近猶謙遜，閒聽秋霖憶翠微。

方回：詩話或以「詔草」爲病，爲無携草以朝天子者。予謂不然，凡詔雖寫真本，豈不以草本袖而同行乎？又或有以草本密進者，此無害也。

馮班：「詔草」、「宮花」正好對，嫌者固腐而辨者亦呆也。

紀昀：應酬詩之秀雅者，惟起二句俗耳。

洛陽春

帝里山河異莫裁，就中春色似先來。暖融殘雪當時盡，花得東風一夜開。艷日綺羅香上苑，沸天簫鼓動瑶臺。芳心只恐烟花暮，閑立高樓望幾回。

方回：此乃宋有天下，始盛將泰之日也。
紀昀：「異莫裁」三字不妥，餘俱遒警。
許印芳：紀批云「首句不妥，餘俱遒警」。次句「就」字、「似」字皆稚氣，七句「花」字與四句複，「暮」字亦湊，愚皆改之，首句改爲「帝里山河錦繡堆」，次句改爲「年中春色最先來」，七句改爲「客心只恐芳菲歇」，而通體俱遒警矣。

兄長莒公赴鎮道出西苑作詩有長楊獵近寒熊吼太液歌餘瑞鵠飛〔五〕語警邁予輒擬作一篇

宋景文

寶樓斜倚闕西天，北轉樓陰壓素漣。白雪久殘梁複道，黄頭間守漢樓船。塵輕未損朝來霧，樹暖才容臘外煙。弭節不妨饒悵戀〔六〕，待歌魚藻記他年。

方回：「黄頭間守漢樓船」，「間」作「空」，詩話謂經改定。
紀昀：三、四精神色澤不減「長楊獵近」一聯。
李光垣：「樓」字凡三見。

寄題相臺太尉韓公晝錦堂

瑞節前驅晝錦身，堂成署榜示州民。遷鶯賀燕翩翻集，嘉樹甘棠次第春。漳岸夕波通沼溜，魏臺瞰日弄梁塵。君看千古青編上，得意如公有幾人。

方回：左昭二年：「敢不封殖此樹，以無忘角弓，遂賦甘棠。」○富貴將相，惟韓魏公無愧此堂，此詩非誇非諛。

紀昀：此殊淺俗，六句尤不妥。

寒食假中作

九門煙樹蔽春塵，小雨初晴潑火前。草色引開盤馬地，簫聲催暖賣餳天。縈絲早絮輕無着，弄袖和風細可憐。鼇署侍臣貪出沐，珉麋珠餡愧頒宣。

方回：景文宋公嘗知壽州，再入翰苑，又詔知杭州，才出國門，追還〔七〕本職，此所謂「鼇署侍臣貪出沐」者，殆慶曆五年乙酉、六年丙戌間事。詩二、四風味特甚，足見昇平。五、六尤潤，末句宣賜事候考。

紀昀：究竟三、四勝五、六。

紀昀：二詩皆「崑體」，而不礙氣骨之雄渾，詩亦安可以一格拘？

許印芳：題中「假」字，去聲。

送致政太師文潞公

羅正之

曾將故老較量看，五福如公信是難。潞國封來多有歲，太師以上更無官。應留妙算安神器，必得人才薦將壇。他日宋家青史上，始終臣節雪霜寒。

方回：羅適，天台人。五首取一。尚有「貝州陰德即仙資」一句佳。

紀昀：粗俗乃爾，何以入選？

駕幸西太一宫道傍耕桑者皆以茶絹賜之

韓魏公

杪春時澤未全滂，西禱真祠徯福祥。蠶女捨籠驚法從，耕夫投耒目天光。勤勞率有優恩及，拜賜皆知佚道長。海内承風誰不勸，何須躬籍與躬桑。

方回：此甲辰治平元年英宗出郊時詩，昇平之象可掬，魏公爲太平宰相無愧矣。時耕者叱牛聲甚厲，駕前衛士咸以爲笑，公亦以詩紀之也。

紀昀：語殊拙鄙，不必以魏公之故爲之詞。

馮班：七、八二句，禮豈可廢？此禮也，何勸天子廢禮？

駕幸金明池

西池風景出塵寰，春豫方乘禁坐閒。庶俗一令趨壽域，從官齊許燕蓬山。樓臺金碧交輝外，舟楫笙歌浩渺間。與衆盡歡宫漏促，萬花香裏屬車還。

方回：此太平宰相之言，英宗時。

紀昀：此亦平平，結尤少意致。

初會晝錦堂

重向高堂舉宴盃，四年牽强北門回。故園風物都如舊，多病襟懷逐一開。白髮恥誇金絡騎，緑陰欣滿鐵梁臺。因思前彦歸榮者，未有三會晝錦來。

紀昀：三詩皆平鈍，虚谷特以晝錦佳事，魏公名人存之耳。然選詩只合論詩，詩不可廢，雖宋之問之邪佞，不能删而不存；詩苟不佳，雖名臣大儒，不宜遷就標榜，使後學循名而誤效也。

再　題

爲郡偏榮晝錦歸，再容鄉任古來稀。邸人祇駭新章貴，仙表誰瞻舊鶴飛？浹境士民增慰悅，一軒風物起光輝。鑱詩又志君恩重，鼎鑊捐軀報亦微。

方回：公初有古詩，不以快恩讐、矜名譽爲然，見諸歐陽公記中。此熙寧初元〔八〕自長安再領鄉郡時，後遂改鎮北門，得請歸判相州，凡三衣錦云。

紀昀：第四句詞不達意。

初登休逸臺

休逸臺高復凭闌，依然風月喜生顔。城頭仰視新栽柳，天外微分舊見山。草色且無歸後怨，禽飛同到倦時還。欲知恩許三年幸，錦爛裘輕白晝閒。

馮舒：五、六自謂耶？語甚不快。

陸貽典：馮已蒼云五、六語不快，愚謂五、六佳句也。詩不可執一論，要在讀書論世者。

紀昀：次句「喜生顔」三字鄙，三句拙，五句費解。

癸丑燈夕

争放紅蕖燎紫沉，勝游誰肯惜千金？人和更有笙歌助，酒美應無巷陌深。化國光陰方甚永，洞天風物不難尋。如何可致吾民樂，長似熙熙此夜心。

方回：熙寧六年相州作。

紀昀：第四句費解，五句「方甚永」三字稚甚。

賞花釣魚御製

昭　陵仁宗

晴旭輝輝苑籞開，氤氳花氣好風來。游絲罥絮縈行仗，墮蘂飄香入酒杯。魚躍文波時撥剌，鶯留深樹久徘徊。青春朝野方無事，故許游觀近侍陪。

馮班：此種詩不如用「崑體」，富艷而雅。

查慎行：御製詩難得如許熨貼。

紀昀：氣象雍容，自是太平帝王吐屬，然以爲高作，則未也。

和御製賞花釣魚

韓　琦

花簇香亭萬朵開，珊輿高自九闕來。輕陰閣雨留天仗，寒色凝春送壽杯。仙吹徹雲終縹渺，恩魚逢餌久徘徊。曾參二十年前會，今備台司得再陪。

紀昀：「寒色」如何「凝春」？不妥。第五句費解。

和前韻

鄭毅夫

輦路鮮雲五色開，一聲清蹕下天來。水光翠繞九重殿，花氣濃薰萬壽杯。繡幕烟深紅會合，文竿風引緑徘徊。蓬山絶頂無人到，詔許羣仙盡日陪。

查慎行：「會合」二字牽强而嫩。

紀昀：二詩皆無可採。○「紅會合」、「緑徘徊」皆嫌造作。

和前韻

禁籞平明帳殿開，華芝初下未央來。人間彩鳳儀韶曲，天上流霞滿御杯。花近赭袍偏照爛，魚窺仙仗亦徘徊。蓬萊絶景何曾到，自愧塵蹤此一陪。

紀昀：三詩皆和「徘徊」字，當時伶人用以爲嘲。楊升菴丹鉛總録遂掇拾諸生僻字如「徊徊」之類，以譏宋人之不學。夫詩之工拙，不在韻之新否，遇不可改押之字，還其自然，猶不失大方。必欲搜索奇僻，則轉落小家矣。

奉詔赴瓊林苑燕餞太尉潞國文公出鎮西都

都門秋色滿旌旗，祖帳容陪醉御巵。功業迥高嘉祐末，公至和中首陳建儲之策。精神如破貝州時。白居易獻裴晉公詩云：「聞説風情筋力在，只如初破蔡州時。」匣中寶劍騰霜鍔，海上仙桃壓露枝。公之子近有登瀛之命。昨日更聞褒詔下，別看〔九〕名姓入烝彝〔一〇〕。

紀昀：三、四質語，却不傷雅。

無名氏（甲）：毅夫詩亦未完美，然稍得唐人蹊徑，頗少瑕疵耳。

送公闢給事自青州致政歸吴中

青瑣仙人解玉符，秋風一夜滿江湖。曾歌郢水非凡曲，未掃旄頭負壯圖。公昔北使，憤然屢抑虜人。終日望君天欲盡，平生知我世應無。扁舟應約元宫保，瀟灑蓮涇二丈夫。採蓮涇在蘇州南園後。

馮舒：三句「水」字湊。

紀昀：此較流逸。○三句湊。

許印芳：此詩情致圓足，不但流逸而已。三句合前後看，全無意味，曉嵐又病其湊句，故改作：「曾批勑尾傳荒塞」。七句「應」字與六句犯複，改作「好」。○鄭獬，字毅夫。

送程公闢給事出守會稽兼集賢殿修撰

越州太守何瀟灑，應爲能吟住集仙。雪急紫濛催玉勒，公奉使方歸。紫濛，虜中館名也。日長青瑣聽薰絃。一時冠蓋傾離席，半醉珠璣落彩牋。自恨君恩渾未報，五湖終負釣魚船。

方回：「紫濛」二字甚新，人所未用，亦所未知。

查慎行：晉書載記慕容廆傳：「世居東夷，邑於紫蒙之野。」詩中所用當出此。「蒙」與「濛」字體稍異，音義相同，乃地名，非館名也。注恐訛。

紀昀：此較脱灑，然頭緒不清。○楊升菴譏「紫濛」説注，不知此非虚谷注，乃原注也。同時人記同時事，必不謬誤，升菴自誤耳。

寄程公闢

念昔都門手一携，春禽幾向苧蘿啼。夢回金殿風光别，吟到銀河月影低。舞急錦腰迎十八，酒酣金盞照東西。何時得遂扁舟去，雪棹同君泛剡溪。

方回：「迎十八」、「照東西」，全是「迎」字、「照」字，有工。

查慎行：黄山谷詩：「佳人斗南北，美酒玉東西。」「玉東西」，酒杯也。今既曰「金盞」，又曰「東西」，於義何居？上句亦太纖，不足取。

紀昀：爽朗無庸鈍之氣。

無名氏（甲）：蔡琰有胡笳十八拍。霓裳有六么滚爲十八。「玉東西」，酒盞名。

恭和御製上元觀燈

王和甫

鑾輿清曉出瑶臺，羽衛瞻迎扇影開。鳳闕張燈天上坐，雞林獻曲海邊來。修文可笑秦無策，能賦休誇楚有才。星漢未斜鈞樂闋，君王宣示萬年杯。

方回：此即王禹玉「雙鳳」、「六鰲」之韻，足見太平盛世。

紀昀：後四句淺弱。○五句「可笑」二字欠鍊。

瓊林苑賜宴餞留守太尉輒繼高韻呈

名德曾來重四夷，朝廷今日見官儀。陪祠自冠三公位，分陝猶爲百辟師。金谷望塵多眷舊，瓊林賜餞盡巫疑。都人喜見旆旌美，寧識勳名在鼎彝？

陸貽典：「金谷望塵」非佳事也，何以引用？

查慎行：「巫疑」未詳。

紀昀：「巫疑」二字再考。

上巳游金明池

王立之

游絲墮絮惹行人，酒肆歌樓駐畫輪。鳳管遏回雲冉冉，龍舟衝破浪粼粼。日斜黄繖歸馳道，風約青簾認别津。朝野歡娱真有象，壺中要看四時春。

方回：選此詩以爲汴京昇平之盛，可夢不可見，恐亦不可夢也，嗚呼痛哉！

紀昀：何嘗非應制體？而句外自有遠神。

無名氏（甲）：北宋之盛，大抵在太宗之世，而真、仁又次之，然何能及唐朝之半？即文章氣象，自不同耳。

許印芳：王直方，字立之。

金明池

王平甫

霓旌遠遠拂樓船，滿地春風錦繡筵。三島路深浮閬苑，九霞觴滿奏鈞天。仗歸金闕浮雲外，人望池臺〔一〕落日邊。最引平生江海趣〔二〕，波瀾一段草如煙。

紀昀：金明池繁華之景，只用輕點。後四句全於空處著筆，善於避實擊虛，此運意之妙。

許印芳：「滿」字、「浮」字俱複。○王安國，字平甫，安石少弟。

上元從駕至集禧觀次沖卿韻

王介甫

昭陵持橐從游人，更見熙寧第四春。寶扇初開移玉座，華燈錯出映朱塵。樓前時看新歌舞，仗外還如舊儌巡。投老逢時追往事，却含愁思度天津。

紀昀：有作意而語殊草草。

次韻陪駕觀燈

繡節含風下玉除，宮商挾奏斐然殊。福祥周室流爲火，恩澤堯樽散在衢。伏枕但能知廣樂，揮毫何以報明珠？但留巾篋歸田日，追詠公歡每自娱。

馮班：中四句宋甚。

陸貽典：立言得體。中四句皆爲定遠批抹，以爲句法宋甚。夫詩必取唐，唐以後皆可不存矣。固哉！言詩也。

紀昀：「斐然殊」字本漢書禮樂志。○三、四拙甚。

謁曾魯公

翊戴三朝冕有蟬，歸榮今作地行仙。且開京洛蕭何第，未泛江湖范蠡船。老景已憐周吕尚，慶門方似漢韋賢。一觴豈足爲公壽？願賦長鯨吸百川。

馮班：中四句俱用事，似覺竇實。

陸貽典：中四句連用四人名，亦詩之一病。

查慎行：中兩聯疊用四人姓名，板重無味。

紀昀：直似後人屏幛之辭。○四人名不合格。

上元喜呈貢父

車馬紛紛白晝同，萬家燈火暖春風。別開閶闔壺天外，特起蓬萊陸海中。盡取繁華供俠少，祇分牢落與衰翁。不知太一游何處，定把青藜獨照公。

紀昀：後四句佳。

和賞花釣魚

蔭幄晴雲拂曉開，傳呼仙仗九天來。披香殿上留朱輦，太液池邊送玉杯。宿蕊暖含風浩蕩，戲鱗清映日徘徊。宸章獨與春爭麗，恩許賡歌豈易陪？

查慎行：兩兩分對，又屬次韻，雖作手難於出色。

紀昀：清出和詩古法。

車駕幸玉津園晚歸進詩

洪景盧

五更猶自雨如麻，無限都人仰翠華。翻手作雲方悵望，舉頭見日共驚嗟。天公的有施生妙，帝力堪同造化誇。上苑春光無盡藏，何須羯鼓更催花。

方回：淳熙中阜陵宿戒，車幸玉津園，夜大雨，曉而晴。景盧進此詩後兩日，宇文价内引，上舉以此詩，曰：「洪待制用『雨如麻』，偶思得『桑麻』可答。其末句用『羯鼓』事，故以『華清車騎爛如花』答之。」世人以爲榮遇，此亦一時之太平也。然三、四用儷語熟套，蓋四六者乃三洪之所長。

馮班：宋人四六不佳，正坐此輩語，更以作詩，惡道也。宋人四六只取切對，不論用得用不得，洪氏尤甚，直惡文也。

馮班：三、四不通，四六惡語，二事用不得。

陸貽典：「誇」字湊。〇「翻手作雲」是何等語！而可用於「車駕臨幸」題乎？

紀昀：豈不用意，無奈頭巾氣耳。五句「的有」字不雅。

秋日臨幸秘書省因成近體詩一首賜丞相史浩以下

阜陵孝宗

玉軸牙籤焕寶章，簪紳侍列映秋光。宴開芸閣儒風盛，坐對蓬山逸興長。稽古右文慚菲德，禮賢下士法前王。欲臻至治觀熙洽，更罄嘉謀爲贊襄。

方回：淳熙五年戊戌九月十二日，駕幸秘書省。翌日賜丞相史浩以下此詩。自建炎丁未至庚戌，閱四年，無非寇賊充斥之日。自紹興辛亥至壬午三十二年，梗以姦相秦檜者十七年。天下學士大夫切齒於忘讎議和之事，貶逐相望。辛巳，完顏亮背盟臨江，東南震動，幸而再安，天也。中間錢塘一隅，謂之小康則可矣。至阜陵立，歷隆興、乾道以至淳熙，始可謂之昇平。故取孝宗此詩，以見當時稽古右文、禮賢下士之盛。宋之極治，前言仁祖，後言孝宗，漢、唐英主有不逮也。朝廷治而天下富樂謂之昇平，天下雖尚富樂而朝廷不治，則有亂之萌，不足以言昇平也。選詩之意，又在乎此。

紀昀：湊泊而成，氣象狹少，不及仁宗遠矣。

無名氏(甲)：孝宗承大亂之後，不能復中原寸土，僅免稱藩，何足謂之昇平？亦不足謂之小康！區區文飾，於詞章曾何補耶？

寓意

晏元獻

油壁香車不再逢，峽雲無迹任西東。梨花院落溶溶月，柳絮池塘淡淡風。幾日寂寥中酒後，一番蕭索禁烟中。魚書欲寄何由達？水遠山長處處同！

馮舒：自然美麗，然所寓之意與昇平無干。〇第二聯亂離時人決道不出。

馮班：次聯自然富貴，妙在無金玉氣。腹聯清怨，妙在無脂粉氣。此艷體中之甲科也。〇此首宜編「風懷類」。〇「崑體」多用富貴語，此却自然不寒儉，勝楊、劉也。

陸貽典：艷麗無脂粉氣。

查慎行：晏工於填詞，鍊句每輕倩。

紀昀：此不宜入「昇平類」。〇中、晚唐人不用意詩。

許印芳：「中」字複，惟義不同耳。〇晏殊，字同叔，謚元獻。

恭和御製秋月幸秘書省近體詩

呂東萊

麟閣龍旂日月章，中興再見赭袍光。仰觀焜燿人文盛，始識扶持德意長。功利從今卑管晏，浮華自昔陋盧王。願將實學酬天造，敢效明河織女襄。

方回：東萊時爲著佐兼權禮郎國史編修，十月十七日除大著，十二月十四夜，感末疾，給假，明年三月二十四日遂歸婺州，不復再起。淳熙八年辛丑七月二十九日卒，年四十五。集中詩僅一卷，率多挽章。今以類選公詩，僅得五首。秘書省三挽汪聖錫，一如福州城樓。五言詩亦佳，有云「棊聲傳下界，雁影没長空」、「島嶼秋江裹，樓臺海氣中」，蓋少作也。

馮舒：親至福州，方知其佳，因城樓猶是舊物耳。

紀昀：不免腐氣，此爲宋儒之詩。

賀車駕幸秘書省二首

麟臺高柳識琱輿，共記中興幸省初。黄道再傳天子蹕，青編重入史臣書。需雲下際君恩盛，晨露高張樂節舒。若寫鴻猷參大雅，定非周鼓頌畋漁。

方回：「畋漁」善用韻。

紀昀：此却無道學氣，不礙詩格。
無名氏（甲）：此首稍雅飭。其前後二首，卑之無甚高論也。
許印芳：「高」字複。○吕祖謙，字伯恭，學者稱東萊先生。

紫清丹極與天鄰，閶闔乾坤係笑顰。獨爲斯文回一顧，坐令吾道重千鈞。先王舊物參差見，列聖明謨次第陳。墨客區區感榮遇，豈知深意在彝倫。

方回：淳熙五年戊戌九月十二日阜陵車駕幸秘書省，公時爲著作佐郎兼權禮部郎官。上有詩見前。公和外，又有此二詩，穩重端整，過於無益空言者萬萬矣。
馮舒：道學餘波及人。
查慎行：東萊不以詩名，而應制乃爾稱題，有專家所不及者。合前後三章觀之，儒者氣象可見。
紀昀：亦腐語，此於儒者爲格言，而於詩家爲厲禁，言各有當，勿以名儒所作而效之。

入城至郡圃及諸家園亭游人甚盛　陸放翁

老子何曾慣市塵，今朝也復入城闉。太平有象人人醉，造物無私處處春。九陌鶯花娱望眼，一竿風月屬閑身。不緣興盡回橈早，要就湖波照角巾。

方回：三、四好。

馮舒：以下三首都非放翁佳處，不勞入選。○末句牽强。

查慎行：劍南詩非不佳，只是蹊徑太熟，章法、句法未免雷同，不耐多看。

紀昀：三、四竟是巷市春聯！

乍晴出游

八十山翁病不支，出門也喜賦晴詩。小樓酒旆闌街處，深巷人家曬練時。本借微風欹帽影，却乘新暖弄鞭絲。歸來幸有流香在，剩伴兒童一笑嬉。

方回：流香，所賜酒名。

馮班：詩亦好，但味薄。

紀昀：淺而有姿。

武林

皇輿久駐武林宫，汴洛當時未易同。廣陌有風塵不起，長河無凍水常通。樓臺飛舞祥烟外，鼓吹喧呼明月中。六十年間幾來往，都人誰解記衰翁？

方回：此嘉泰六年壬戌詩，頗能道錢塘風物。元注：「紹興癸亥，予年十九，以試南省來臨安，今六十年矣。」

馮班：胸中不能忘汴、洛，並模寫武林處亦覺忠憤之氣拂拂行墨中。

紀昀：如以「飛舞」連下讀，則祥烟可飛舞，明月豈解喧呼？如以「喧呼」連上讀，則鼓吹可喧呼，樓臺豈解飛舞？

無名氏（甲）：遠不逮杜牧長安。豈詩人才力亦與時世爲升降耶？

西村暮歸

天氣清和修禊後，土風淳古結繩前。村村陂足分秧水，户户門通入郭船。亭障〔一三〕盜消常息鼓，坊場酒賤不論錢。行人争看山翁醉，頭枕槐根卧道邊。

方回：此景未易得也，故取之。

馮舒：此首放翁本色。

陸貽典：不減香山。

紀昀：此近長慶門户。○末句太質。○此卷多館閣之作，原無深意，其工拙可一覽而定。

無名氏（甲）：此首亦不爲佳。點染南宋，與平時議論不合，而氣體亦卑。

校勘記

〔一〕李太白謂　馮班：「謂」當作「爲」。　李光垣：「當」訛「謂」。　〔二〕中仙　按：「中」原作「家」，據元至元本校改。　〔三〕郊西送使華　紀昀：「送使華」不成語，恐是「送使車」之訛，再考。　〔四〕李文公　李光垣：「正」訛「公」。　〔五〕李光垣：題次行「飛」字下脱「造」字。　〔六〕悵戀　馮班：「戀」，王抄本作「彎」。　〔七〕迫還　馮班：「迫」當作「追」。　〔八〕初元　馮班：「元」當作「年」。　〔九〕別看　李光垣：「刊」訛「看」。　〔一〇〕烝彝　李光垣：「周」訛「烝」。　〔一一〕池臺　許印芳：「池」一作「瑤」。　〔一二〕江海趣　許印芳：「趣」一作「興」。　〔一三〕亭障　按：「障」原作「帳」，據康熙五十二年本、紀昀刊誤本校改。

瀛奎律髓彙評卷之六　宦情類

出將入相，行道得時，仕也。乘田委吏，州縣徒勞，亦仕也。今所選詩，不於其達與不達之異，其位高，取其憂畏明哲而知義焉；其位卑，取其情之不得已而知分焉。驕富貴、歎貧賤者，咸黜之，是可以見選詩之意矣。

馮舒：可厭甚。

紀昀：此論亦是。

五言　四十三首

南還湘水言懷

張九齡

拙宦今何有，勞歌念不成。十年乖夙志，一別悔前行。歸去田園老，儻來軒冕輕。江間稻正熟，林裏桂初榮。魚意思在藻，鹿心懷食苹。時哉苟不達，取樂遂吾情。

方回：似韋蘇州。

馮舒：反云似韋，猶高、曾之似雲、礽也。

紀昀：此詩猶帶初體。

郡内閒齋

郡閤晝常掩，庭蕪日復滋。簷風落鳥毳，窗葉掛蟲絲。拙病宦情少，羈閒秋氣悲。理人無異績，爲郡但經時。惟有江湖意，沉冥空在兹。

方回：張曲江詩有韋蘇州滋味，三、四、五、六俱高爽沉着，而句句婉美也。

馮舒：曲江相玄宗，韋尚爲三衛，何得反云有韋滋味？

馮班：曲江名反在左司下耶？

陸貽典：曲江詩遠過左司，名亦在韋上。

紀昀：此詩諧婉。

許印芳：律體而含古意，風格自高，惟聯數畸零，不可爲式。○「郡」字複。

使至廣州

昔年長不調，玆地亦邅迴。本謂雙鳧少，何知駟馬來。人非漢使橐，郡見越王臺。去去雖殊事，山川常在哉。

方回：此爲嶺南黜陟使時詩，所謂衣錦者也。三、四工，布衣仕至王朝，人才衆多，江湖之雙鳧乘雁也〔一〕。駟馬而歸，不亦榮乎。張雖丞相，亦驕矣。

馮舒：「雙鳧」恐不如此解。

紀昀：亦未見工。

馮班：一團元氣。

陸貽典：元氣渾淪。

紀昀：此詩無可採處，一結尤不成語。

無名氏（甲）：廣州，在廣東。

初至犍爲作

岑參

山色軒楹内，灘聲枕席間。草生公府静，花落訟庭閒。雲雨連三峽，風塵接百蠻。到來能幾日，不覺鬢毛斑。

方回：頗似老杜詩，而無其悲憤。末句亦不堪遠仕矣，然爲刺史，則勝如爲客之流離也。

陸貽典：「犍爲」直起，落句點出「初至」。

查慎行：以下二首亦可入「風土類」。

何義門：三、四已極貌荒遠，非兩省重臣所堪處也，却不露，便紆餘有味。

紀昀：嘉州詩難得如此清圓。

許印芳：後半亦壯浪。

無名氏（甲）：犍爲，四川嘉定州。

郡齋平望江山 時牧犍爲

水路東連楚，人煙北接巴。山光圍一郡，江月照千家。庭樹純栽橘，園畦半種茶。夢魂知憶處，無夜不京華。

方回：知嘉州所作。岑後竟不能入長安，卒於蜀，其節義有可稱者。

紀昀：無甚警策，五、六亦弱。

無名氏（甲）：唐人作詩，雖不盡佳，然多可諷詠，覺有餘味。此宋人所不及也。

宿岐州北郭嚴給事别業

郭外山色暝，主人林館秋。疏鐘入卧内，片月到牀頭。遥夜惜已半，清言殊未休。君雖仕青瑣，心不忘滄洲。

方回：仕宦而常欲退者必吉人，尾句不急而有味。

紀昀：通體清遠，後四句尤好。

無名氏（甲）：岐州，陝西鳳翔。

題永樂韋少府廳

大河南郭外，終日氣昏昏。白鳥下公府，青山當縣門。故人是邑尉，過客駐征軒。不憚煙波闊，思君一笑言。

方回：三、四好，晚唐人多用之。

紀昀：後四句是老筆，信手流出。無其老而效之，便入俚詞率調。

題元録事開元所居

劉長卿

幽居蘿薜情，高卧紀綱行。鳥散秋鷹下，人閒春草生。冒嵐歸野寺，收印出山城。今日新安郡，因君水更清。

方回：長卿之稱新安，皆唐睦州。開元必城外之古寺，如送張栩之睦州首句，云「遥憶新安舊」，然則新安爲睦州無疑也。第二句好，高卧而法自行，「行」字乃是有力字。

紀昀：「自行」者自然而行，不是「有力字」。

查慎行：太白詩「清溪三百曲，摇櫓上新安」，亦睦州也。

紀昀：第四句好，三句不自然。

無名氏（甲）：居在浙江嚴州府。

罷郡姑蘇北歸渡揚子津

劉賓客

幾度悲南國，今朝賦北征。歸心渡江勇，病體得秋輕。海闊石門小，城高粉堞明。奎山舊游寺，過岸聽鐘聲。

方回：俗諺云：「於仕宦謂賀下不賀上。凡初至官者乃任事之始，未知其終也，故不賀。解官而去，則所謂善終者也，故賀。」夢得於此詩句句佳，三、四尤緊。

紀昀：此段與詩無涉。

查慎行：次聯着力在句末兩字。○奎山當在京口，失考。恐是金山之訛字。

紀昀：結句在有情無情之間，極有分寸。

和裴僕射移官言志

張司業

身在勤勞地，常思放曠時。功成歸聖主，位重委羣司。看疊臺邊石，閒吟篋內詩。蒼生正瞻望，難與故人期〔一〕。

方回：此和裴晉公也。爲上公而用心常常如此，所以善終。如蔡京、史彌遠、賈似道則不然矣。

馮舒：第四句不應以事對志，五、六言事不妨。

何義門：第四是移官。

查慎行：頸聯莊重。

紀昀：三、四好，五、六句格太弱，遂支不起，此又非濃淡相間之謂。

晚歲　　白樂天

壯歲忽已去，浮雲何足論。身爲百口長，官是一州尊。不覺白雙鬢，徒言朱兩轓。病難施郡政，老未答君恩。歲暮别京洛，年衰無子孫。惹愁諳世網，因苦賴空門。攬帶知腰瘦，看燈覺眼昏。不緣衣食繫，尋合返丘園。

方回：此在杭州作，殆初至郡時。

查慎行：長慶集中拗句絶少，此首是其變體。

紀昀：此詩如删爲八句曰：「不覺白雙鬢，徒言朱兩轓。病難施郡政，老未答君恩。歲暮别京洛，年衰無子孫。不緣衣食繫，尋合返丘園。」亦未嘗不括全詩之意，何必敷衍如斯？○三、四鄙。○結却真切，東坡「有田不歸如江水」，亦是此意。

無名氏（甲）：以下幾首率直少味，並非樂天佳處，可以不選。

自詠　在蘇州作

公私頗多事，衰憊殊少歡。迎送賓客懶，鞭笞黎庶難。老耳倦聲樂，病口厭杯盤。既無可戀者，何以不休官？

查慎行：中間雖屬對，乃古詩也，不應入律。

紀昀：拗而不健，真而太直，此香山本色語，却非得手之作。

六十拜河南尹

六十河南尹，前途足可知。老應無處避，病不與人期。幸遇芳菲日，猶當强健時。萬金何假借，一盞莫推辭。流水光陰急，浮雲富貴遲。人間若無酒，盡令鬢成絲。

方回：三、四，韓子蒼一聯出此。

紀昀：若「一盞」句竟住，却佳。元、白詩多失之好盡。

七年春題府廳

潦倒守三川，因循涉四年。推誠廢鈎距，示恥用蒲鞭。以此補公事，將何銷俸錢。雖非好官職，歲久亦妨賢。

方回：河南尹在當時想非要路，故曰「雖非好官職」。

查慎行：末聯達人口吻，與嘆老嗟卑者不同。

紀昀：語殊潦倒，三、四自譬，尤不合。香山往往有此。

罷府歸舊居

陋巷乘籃入，朱門掛印回。腰間抛組綬，纓上拂塵埃。屈曲閒池沼，無非手自開。青蒼好竹樹，亦是眼看栽。石片擡琴匣，松枝閣酒杯。此生終老處，昨日始歸來。

方回：第三、四韻自作隔對，亦一體也。罷河南尹歸家，故云爾。

馮班：别是一體。

紀昀：通體淺滑。

寄武功縣姚主簿

賈浪仙

居枕江沱北，情懸渭曲西。數宵曾夢見，幾處得書批〔三〕。驛路穿荒坂，公田帶淤泥。静棋功奥妙，閒作韻清淒。鋤草留叢藥，尋山上石梯。客迴河水漲，風起夕陽低。空地臺連〔四〕井，孤村火隔溪。卷簾黄葉落，鎖印子規啼。隴色澄秋月，邊聲入戰鼙。會須過縣去，況是屢招攜。

方回：大是用工。

紀昀：浪仙詩難得如此流利。○寄姚即作姚體，古人多如是。○「黄葉」「子規」一聯天然有韻。昔人謂借「子」爲「紫」以對「黄」，詩家雖有此法，然「黄葉」對「子規」自可，如此説轉成小樣。

許印芳：借對雖是小樣，大家亦嘗爲之，但不多耳。其格有二：如老杜「愛酒晉山簡，能詩何水曹」、「子雲清自守，今日起爲官」，此借字面爲對也。太白「水春雲母碓，風掃石楠花」、襄陽「廚人具雞黍，稚子摘楊梅」，此借字音爲對。以「楠」影「男」，以「楊」影「羊」也。浪仙此詩即是借音爲對，此皆偶一爲之，故不傷格。

無名氏（甲）：武功縣，在西安府。○造語自有深思，頓矯樂天之平易。然氣局甚窄，不能開暢，此其病也。

題皇甫荀藍田廳

任官經一年，縣與玉峯連。竹籠拾山果，瓦瓶擔石泉。客歸秋雨後，印鎖暮鐘前。久别丹陽浦，時時夢釣船。

方回：前輩歐、梅論詩，頗不然此三、四，然賈島、姚合非如此不能奇，不可棄也。

馮班：三、四細玩終不好。

紀昀：歐、梅時門户未興，尚存公論。

紀昀：此非奇語，乃太僻、太碎、太狹小、太寒儉耳，此二語虚谷一生歧誤之根。

無名氏（甲）：藍田，在西安府長安。

題長江

玄心俱好静，廨署落暉空。歸吏封宵鑰，行蛇入古桐。長江頻雨後，明月衆星中。若任遷人去，西浮與剡通。

紀昀：三、四十字連讀，乃吏散之後，公庭闃寂，故蛇敢出行耳。此詩雖僻而賴上句大方，遂不覺其鄙瑣。

武功縣中

姚合

縣去帝城遠，爲官與隱齊。馬隨山鹿放，雞雜野禽棲。繞舍惟藤架，侵階是藥畦。更師嵇叔夜，不擬作書題。

方回：三、四好，五、六似張司業而太易，太易則淺。三十詩中選此十二首。「四靈」之所學也。此可學也，學賈島不可及矣。

馮班：知言。

紀昀：此評最確。

馮班：「四靈」學武功。

無名氏（甲）：武功縣，在西安府。

紀昀：武功詩語僻意淺，大有傖氣，惟一、二新異之句，時有可採，然究非正聲也。

簿書多不會，薄俸亦難消。醉卧慵開眼，閒行懶繫腰。移花兼蝶至，買石得雲饒。且自心中樂，從他笑寂寥。

方回：五、六最工。

紀昀：五、六自好，三、四太俚。

無名氏（甲）：姚監詩亦無大氣局，比之浪仙亦淺，但稍覺開明耳。

曉鐘驚睡覺，事事便相關。小市柴薪貴，貧家砧杵閒。讀書多旋忘，赊酒數空還。長羡劉伶輩，高眠出世間。

方回：五、六〔五〕最細潤。

紀昀：第四句言無衣可擣也。

一日看除目，終年損道心。山宜衝雪上，詩好帶風吟。野客嫌知印，家人笑買琴。只應隨分過，已是一作「定」。錯彌深。

方回：起句舊改「終」作〔六〕「三年」，讀之遂成話柄。

紀昀：起二句不貫通篇。

日出方能起，庭前看種莎。吏來山鳥散，酒熟野人過。歧路荒城少，煙霞遠岫多。同官數相引，下馬上西坡。

方回：三、四句平正，尾句亦可取。

紀昀：三、四最好，不止平正。

朝朝眉不展，多病怕逢迎。引水遠通澗，疊山高過城。秋燈照樹色，寒雨落池聲。好是吟詩夜，披衣坐到明。

閉門風雨裏，落葉與堦齊。野客嫌杯小，山翁喜枕低。聽琴知道性，尋藥得詩題。誰更能騎馬，閒行衹杖藜。

方回：前四句閒適之味可掬。

紀昀：起二句好，三、四亦俚。

腥羶都不食，稍稍覺神清。夜犬因風吠，隣雞帶雨鳴。守官常卧病，學道不稱〔七〕名。小有洞中路，誰能引我行。

方回：第三句好，第四句似乎因而成對。

假日多無事，誰知我獨忙。移山入院宅〔八〕，種竹上城牆。驚蝶遺花蘂，游蜂帶蜜香。唯愁明早出，滯坐〔九〕吏人傍。

一官無限日，愁悶欲何如。掃舍驚巢燕，尋方落壁魚。從僧乞浄水，憑客報閒書。白髮誰能鑷？年來四十餘。

紀昀：三、四好。○中四句調複。

朝朝門不閉，長似在山時。賓客〔一〇〕抽書讀，兒童斫竹騎。久貧還易老，多病懶能醫〔一一〕。道友應相怪，休官日已遲。

紀昀：三、四小樣。

長憶青山下，深居遂性情。壘堦溪石浄，燒竹竈煙輕。點筆圖雲勢，彈琴學鳥鳴。一作「聲」。今朝知縣印，夢裏百憂生。

方回：曾以簿權邑來，自唐已苦作邑之難也。

李光垣：十二首中，凡用馬、雞、藥、酒、琴、竹、花、石、詩、書、風、雨、山、水、病、貧字樣，多複。

縣中秋宿

鼓絶門方掩，蕭條作吏心。露垂庭際草，螢照竹間禽。棋罷嫌無月，眠遲聽盡砧。還知未離此，時復更相尋。

方回：老杜「月明垂葉露」，此句古今無敵。今此句非有意竊取之，亦佳句也。詳味合詩輕而淺，頗有沾沾自喜之意，實有愛官職之心焉。

查慎行：「月明垂葉露」，因垂葉之露，非月明不見，且夜景晶熒，恍在言外。若此詩「露垂庭際草」，單薄無意味。

紀昀：三、四有幽致。○末句不解，恐題有脱字，再校。

縣丞廳即事

王　建

宮殿半山上，人家高下居。古廳眠愛魘，老吏語多虛。雨水洗荒竹，溪沙填廢渠。聖朝收外府，皆自九天除。

方回：建爲昭應丞，故有丞廳即事之作。姚合集有是詩，題曰書縣丞舊廳，非也。合爲武功簿而題趙縣丞舊居，於義不通。又第二句作「人家高下居」亦非是。今定爲王建詩。三、四新。

查慎行：三、四警聯。警聯不在多，可壓武功三十首。

紀昀：三、四境真語鄙，五、六亦太質。○末句慨丞雖卑秩，亦朝廷除授之命官，不應居此荒涼也。

無名氏(甲)：次聯名句。

贈李主簿　周賀

稅時兼主印，每日得閒稀。對酒妨科吏，爲官亦典衣。案遲吟坐待，宅近步行歸。見說偏論道，應愁判是非。

方回：賀詩格與姚合、王建相類，而此一詩尤近之。

紀昀：五、六亦境真語鄙。○觀首末四語，李蓋爲上官任用之人，有微規以干預是非之意。

僑居二首　宋景文

抱病苦憂幽〔二〕，都城困倦游。身抛禿翁板，言入稗家流。世路風波惡，天涯日月遒。危心正無泊，時厎〔三〕喻窮愁。

紀昀：後四句太直。

公宇静寥寥，居然俗意銷。屐閒誰記齒，帶適自忘腰。畝首秋殘穫，城西日暮樵。比來行樂熟，隨意度溪橋。

方回：前篇三、四善用事。宋公少年高科，平生宦達，乃有此窮作。士大夫有先困而後亨者少，公又詩云：「長安舉頭近，溢浦竄身危。」後篇三、四工。

紀昀：「士大夫」句有脱訛。○似武功派耳，終是小様。

紀昀：此較渾融。

入壬辰新歲

五十爲衰始，仍餘五歲衰。雙眸不明鑒，殘鬢已紛絲。銅虎雖頻剖，荷囊信濫持。何須依老格，先作故山期。

方回：壬辰乃仁宗皇祐四年也，景文是年五十五，初爲壽州，時十一年矣。此則再自翰苑出知亳州，蓋公生於真宗咸平元年戊戌。「老格」字極新。新詔，七十不致仕，許彈劾。

紀昀：三句拙。○「荷囊」用錯。

郡齋宴坐

張公庠

爲州容散誕，真慰野人情。撼膝禪初悟，摇頭句未成。試香秋院静，鬬墨午窗明。已有東歸計，柴扉掩姓名。

方回：公庠字元善，有張泗州集。皇祐元年馮京榜進士。五、六好。

馮舒：句句無宋氣。

紀昀：三、四俚。

除棣學

陳後山

老作諸侯客，貧爲一飽謀。折腰真耐辱，捧檄敢輕投。早作千年調，中懷萬斛愁。暮年隨手盡，心事計盟鷗。

方回：至棣未久，即除正字，乃韓忠彦爲相，復用元祐時人，所以明年改爲建中靖國，僅一年改崇寧，而後山以其年卒。更二十年不死，何限好詩垂世！亦恐無處着身耳。

查慎行：五、六與起句調同。

紀昀：三、四句人不肯道，彌見其真，彌見其高。○五、六接得挺拔，勢須有此一拓一振。○宋時俚語有「人作千年調，鬼見拍手笑」之句，後山此句蓋用之雞肋編云。

許印芳：「作」字、「年」字俱複。

除官

扶老趨嚴召，徐行及聖時。端能幾字正，敢恨十年遲。肯着金根誤，寧辭乳嫗譏。向來憂畏斷，不盡鹿門期。

方回：或云，得一正字，遽云「嚴召」，所以止於此官。後山以建中靖國元年辛巳十二月二十九日卒，年四十九。此除在元符三年庚辰冬，寧既崇矣，蘇、黄之文且禁矣，敢疵後山俗態也。

紀昀：此論却是虚谷以門户之見，曲爲左袒耳。凡崇奉一人之詩，即其詩其人不許有一疵瑕，此最文人習氣。

馮班：死用事，無作用，拙甚。

無名氏（甲）：韓文公子昶改「金根車」爲「金銀車」。○渾瑊少時，從父任。人戲之曰：「當同乳嫗來耶！」是年遂立功。

書直舍壁

陸放翁

道山西下路，杳杳歷重廊。地寂聞傳漏，簾疏有斷香。渠清水馬健，屋老瓦松長。欲出重欹枕，無何覓故鄉。

方回：「水馬」、「瓦松」，詩人罕用，此一聯可喜。

紀昀：總搜索此種以爲新，而詩之本真隱矣。夫發乎情止乎禮義，豈新字、新句足謂哉？

無名氏（甲）：「水馬」，水上浮跳者，兒童亦稱「水先生」。

致仕述懷

彈冠紹興末，解組慶元中。灩澦危途過，邯鄲幻境空。閒傳相牛法，醉喚鬬雞翁。衝雨歸來晚，山花滿笠紅。

馮班：首四句無限感慨。

陸貽典：久歷仕途，飽嘗憂患，一旦解組歸去，迴思往事，真如夢覺耳。首四句無限感慨！

查慎行：「山花滿笠」，從「衝雨」得來，故非支湊。

紀昀：結得好，再作曠語，便套矣。

韋布還初服，蓬蒿卧故廬。所慚猶火食，更恨未巢居。叱叱驅黄犢，行行跨白驢。交親各强健，不必問何如。

紀昀：此亦清穩。

秋日偶書

趙師秀

官事何曾曉，閒名苦要簽。大書公吏恐，直語衆人嫌。俸少貧如故，醫慵病却添。秋風牆下菊，相對憶陶潛。

方回：詩亦平妥，但三、四俗，五、六有樂天語意。筠州推官時作。

馮舒：以字面爲雅俗，誤甚。

馮班：第三句好。

紀昀：結亦套，固趁韻耳。

七言 三十八首

寄李儋元錫

韋蘇州

去年花裏逢君別，今日花開又一年。世事茫茫難自料，春愁黯黯獨成眠。身多疾病思田里，邑有流亡愧俸錢。聞道欲來相問信〔一四〕，西樓望月幾回圓。

方回：朱文公盛稱此詩五、六好，以唐人仕宦多誇美州宅風土，此獨謂「身多疾病」「邑有流亡」，賢矣。

馮班：論詩不在此。

馮舒：圓熟却輕倩。

查慎行：村學小兒皆能讀此詩，不可因習見而廢也。

紀昀：上四句竟是閨情語，殊爲疵累。五、六亦是淡語，然出香山輩手便俗淺，此於意境辨之。

○七律雖非蘇州所長，然氣韻不俗，胸次本高故也。

許印芳：曉嵐譏前半爲閨情語，雖是刻覈太過，然亦可見詩人措詞各有體裁，下筆時檢點偶疎，便有不倫不類之病，作者不自知其非，觀者亦不覺其謬，病在詩外故也。

書懷〔一五〕

自小〔一六〕難收〔一七〕疎懶性，人間萬事〔一八〕總無功。別從仙客求方法，曾到僧家問〔一九〕苦空。老大登朝如夢裏，貧窮作話〔二〇〕是村中。未能即便〔二一〕休官去，慚愧南山採藥翁。

方回：五、六好一箇窮朝士！

紀昀：淡語亦健。○凡作真語，以不俚爲妙，如五、六語極平易，而却極警切。

趙熙：親切有味。

酬秘書王丞見寄

相看頭白來城闕，却憶漳溪舊往還。今體詩中偏出格，常參官裏每同班。街西借宅多臨水，馬上逢人亦説山。芝閣〔二〕水曹雖最冷，與君常喜〔三〕得身閒。

方回：此與王建酬倡者。

馮班：與王仲初「脱下御衣偏得著」一類。

紀昀：竟是樂天，再考本集，恐誤署名耳。

無名氏（甲）：張文昌詩，韓文公評爲「古淡」，律中亦復見此意。

微之就辭尚書居易續除刑部因書賀意兼述離懷

白樂天

我爲憲部入南宫，君作尚書鎮浙東。老去一時成白首，别來七度换春風。簪纓假合虛名在，筋力銷磨實事空。遠地官高親故少，些些笑語與誰同。

紀昀：三、四自然。○結太鄙。

解蘇州自喜

自喜天教我少緣，家徒行計兩翩翩。身兼妻子都三口，鶴與琴書共一船。僮僕減來無冗食，資糧算外有餘錢。攜收貯作丘中費，猶免饑寒待幾年。

方回：道是白詩平易，三、四都如此，奇哉異哉！出律破格，本是自然胸懷，無粉飾也。

查慎行：第二聯，有對句則出句不覺其淺易。

紀昀：已全是宋調，然不俗。○後四句不成語。

喜罷郡

五年兩郡亦堪嗟，偷出游山走看花。自此光陰爲己有，從前日月屬官家。樽前免被催迎使，枕上休聞報坐衙。睡到午時歡到夜，迴看官職是泥沙。

方回：久困仕宦，方知此詩之妙，樂天真樂天哉！

紀昀：粗率之極。

從同州刺史改授太子分司

承華東署三分務，履道西馳〔二四〕七過春。歌飲優游聊卒歲，園林瀟灑可終身。留侯爵秩誠虛貴，疏受生涯未苦貧。月俸百千官二品，朝廷雇我作閒人。

查慎行：結得趣。

紀昀：二詩俱平穩。

無名氏（甲）：同州，在西安府。○東野太苦，香山太樂，非獨性情，亦由境遇耳。

贈皇甫六張十五李廿三賓客

昨日三川新罷守，今年四皓盡分司。幸陪散秩閒居日，好是登山臨水時。家未苦貧常醖酒，身雖疾病尚吟詩。龍門泉石香山月，早晚同游報一期。

方回：家常得醖酒，唐以來仕宦之家皆然。

和高僕射罷節使讓尚書授太保分司喜遂游山水之作

暫辭八座罷雙旌，更作登山臨水行。能以忠貞酬重任，不將富貴礙高情。朱門出去簪纓從，絳帳歸來歌吹迎。鞍馬鬧裝光滿路，何人信道是書生。

方回：誇美高公富貴，似乎譏之。其少起於書生，當考。

馮班：已讓官游山水矣，何譏？

查慎行：高郢，樂天之座主也，詩中亦無刺譏意，原評謬。

紀昀：此太應酬。

贈秋浦張明甫〔二五〕

杜荀鶴

君爲秋浦三年宰，萬慮關心兩鬢知。人事旋生當路縣，吏才難展用兵時。農夫背上題軍號，賈客船頭插戰旗。他日親知問官況，但教吟取杜家詩。

方回：語俗而事或切，唐末之亂如此，縣令之難可知也。

查慎行：第四句名言。○五、六近俚。

何義門：第二句涵下聯。

紀昀：「知」字好。○三、四自是真語，然苦太質。五、六更粗野。

無名氏（甲）：秋浦，在池州。

書懷簡孫何丁謂

王元之

三入承明已七年，自慚蹤跡久妨賢。吾子幾時歸鳳閣，老夫方欲買魚船。季路旨甘知已矣，潘安毛鬢更皤然。舉人自代何由得，歸去東皋種水田。

方回：王元之平生重孫、丁，相期甚至。然丁謂不如所期，官有餘而行不足。

查慎行：吳體非此老所長。

紀昀：作折腰格，欲摹盛唐而殊淺弱。○「旨甘」二字倒用，不自然。

書懷寄劉五

楊文公

風波名路壯心殘，三徑荒凉未得還。病起東陽衣帶緩，愁多騎省鬢毛斑。五年書命塵西閣，千古移文愧北山。獨憶瓊林苦霜霰，清樽歲宴强酡顔。

方回：「崑體」之平淡者。

馮舒：妥貼多姿。

紀昀：此評是。

無名氏（甲）：宋初「崑體」，却無累句。

世事悠悠未遽央，虚名真意兩相忘。休誇失馬曾歸塞，未省牽牛解服箱。四客高風驚楚漢，五君新詠棄山王。秋來安有〔二六〕漁樵夢，多在箕峯潁水傍。

方回：五、六甚佳，「崑體」未嘗不美。

紀昀：諸體各有所長，各有所短，在學者别白觀之，概毁概譽，皆門户之見也。此評甚公。

馮舒：「四客」未解，豈四皓耶？

查慎行：五、六固佳，但「楚漢」亦湊對「山王」耳，「楚」字少着落。

紀昀：「四客」當指四皓，然四皓與楚無涉，未免添出。

許印芳：顔延之取竹林七賢作五君詠以寄意，山濤、王戎以貴顯被斥，六句用此事。○楊憶字大年，謚曰文。

寄子京　宋元憲

八年三郡駕朱輪，更忝鴻樞對國鈞。老去師丹多忘事，少來之武不如人。車中顧馬空能數，海上逢鷗想見親。唯有弟兄親隱者，共將耕鑿報堯仁。

方回：是時士大夫風俗渾厚，如元憲名德，後豈易及？此詩三、四絶佳，世所稱者。元注：「爲郡八年，榮顯已息，朝恩念舊，復假相印筦内樞，然思歸之心已切〔二七〕怛矣。」

馮舒：委婉潤澤。

馮班：頷聯似東坡語。

紀昀：語却深致。

許印芳：「忘」，去聲。○七句語既不佳，「親」字又與六句犯複，因爲易作「何日夷山尋舊隱」。○宋庠，原名郊，字公序，一作伯序，封莒公，謚元憲，一作元獻。

把酒

宋景文

歌管嘈嘈月露前，且將身世付酡然。謾誇鼷鼠機頭箭，不識醯雞甕外天。青史有人譏巧宦，黄金無術治流年。君看醉趣兼醒趣，始覺靈均更可憐。

方回：此出知亳社所作，在兩入翰林之後，所諷亦不無意，必立朝爲人所不容故爾。

紀昀：三、四宋調，嫌其太直。五、六雖亦宋調，然流美可頌。

予既到郡有詔仍修唐書寄局中諸僚

一章通奏領州麾，詔許殘書得自隨。吾黨成章真小子，官中了事是癡兒。昏眸視久花争亂，倦首搔餘雪半垂。所願韋吴皆傑筆，劉生當見汗青期。

方回：知幾論史，嘗言「頭白有期，汗青無日」。三、四佳。作郡而修史，亦文士之至榮矣，蓋亳州也。

馮班：病處似「江西」，漸啓「江西體」。

陸貽典：以下二首皆白體也。

紀昀：三、四獷氣太重。

真定述事

莫嫌屯壘是邊州，試聽山河説上游。帳下文書三幕府，馬前韡韎五諸侯。王藩故社經涂國，俠窟餘風解報仇。四十年來民緩帶，使君何事不輕裘？

方回：部署安、撫二司并府事，故曰「三幕府」。所管洺、洢〔二八〕、磁、相、趙五州，故曰「五諸侯」。公自亳州改知真定府，古之鎮州常山郡也。元微之詩「會稽旁帶七諸侯」，此近之。

馮班：白體。

紀昀：體近香山而風骨勝之，蓋子京讀書多，根柢厚耳。

無名氏（甲）：真定，在北直隸。

擬杜子美峽中意

天入虛樓倚百層，四方遥謝此登臨。驚風借壑爲寒籟，落日容雲作暝陰。峴井北拋王粲宅，楚衣南逐女嬃砧。十年不識長安道，九籥宸開紫氣深。

方回：擬老杜亦頗近之，此乃在成都時作。富貴之至而無一毫驕態，唯寫羈思，則知遠大者不以井蛙自矜也。

陸貽典：次聯有諷託。

查慎行：三、四全不是少陵家法。

紀昀：起二句不佳，首句韻亦太借。〇「借」字、「容」字刻意鍊出，然可偶然得之，不可刻意效之。

無名氏（甲）：峽中，在四川。

罷學士出守還拜承旨

十八年前玷玉堂，當時緑鬢已蒼蒼〔二九〕。傷禽縱奮愁瘡重〔三〇〕，瘷馬雖還笑齒長。薰罷山爐飄暗爐，漱餘銅椀冰寒漿。須慚清切鑾坡地，不是吾人得擅場。

方回：晉侯戲荀息曰：「屈産之齒長矣。」五、六句法響。公又詩云：「五腰守印十寒温。」蓋守許昌、亳社、真定、成都、莆田，凡五郡。

紀昀：本作「馬齒加長」。

查慎行：左傳「馬齒長」乃少長之「長」，此借爲長短之「長」，句雖工，亦不容敲磕。「齒長」，「長」字上聲，如何叶平韻？

紀昀：「冰」，去聲。「長」字不應作平聲，再校。○結淺率。「吾人」字俗。

和公齊臨替有感見寄

王彦霖

孤宦邊城遇衆賢，及瓜能不動依然。風號古木葉堆地，雲攪遥山水拍天。籬菊開時寒有信，賓鴻過後暑無權。古今惜别君須念，乘暇何妨到酒船。

方回：三、六絶好。

紀昀：「動」字、「攬」字俱不妥。

海陵春雨日

曾子開

公事無多使客稀，兩時衙退吏人歸。沉煙一炷春陰重，畫角三聲晚照微。桑雉未馴慚報政，海鷗相近信忘機。只將宴坐收心念，懶向人間問是非。

馮班：結得舊。

紀昀：三、四大似晚唐，格不高而有致。○結意太盡，六句已包此意矣。

無名氏（甲）：海陵，即泰州。

送推官王永年致仕還鄉

張宛丘

爲憶田園便拂衣，休官退隱似君稀。塵埃擺脱青衫去，閭里驚嗟白髮歸。南畝稻粱仍歲熟，舊山芝朮入秋肥。百年從此皆閒日，寄語人間浪是非。

方回：三、四最佳。以其年四十而致仕，故曰「驚嗟白髮歸」。

馮舒：據注應是「白髮歸」，第二句又不合重此字。白髮自應歸，作「稀」字少致。

紀昀：亦是結太盡。

和即事

溪如垣塹木如城，魚鳥從游信有情。啅雀踏枝飛尚裊，仰荷乘雨側還傾。彈琴廢久重尋譜，種藥多求旋記名。千世久知無妙策，直應歸學老農耕。

方回：此詩全似唐人，高於張司業也。

馮舒：真似唐人，然未必高於張司業。

紀昀：此評太過，且不言似唐何人，而混稱全似唐人，尤爲鶻兀，張司業非唐人乎？

查慎行：三、四曲折細潤。「裊」字稚，「側還傾」小韻致。

紀昀：晚唐小樣。

和范三登淮亭

身如客雁寄汀洲，北望休登王粲樓。殘雪臈風驚歲晚，早梅新柳動春愁。免遭斤斧甘無用，敢向波濤較善游。奔走塵埃欲歸去，勒移恐作故山羞。

方回：「游」字押得甚新，三、四詩中不可少。

馮舒：六句「游」宜作「泅」，「泅」、「游」不同，不應混。

紀昀：馮氏譏「游」字誤用，云當作「泅」，然毛詩已作此「游」字。

紀昀：起得超脱。

入都

陸放翁

葵莧登盤酒可賒，豈知扶病又離家。朝行打岸濤頭惡，夜宿垂天斗柄斜。不恨山林淹歲月，但悲道路困風沙。隣翁好爲看耕隴，行矣東歸一笑譁。

方回：放翁嘉泰〔三一〕壬戌致仕，出領史局，年七十八矣。明年除秘書監，再奉祠告老。此壬戌入都詩也。

紀昀：筆路圓熟，但無深致。

無名氏（甲）：以下諸首亦非放翁之佳者。

史院晚出

已乞殘骸老故丘，誤恩重作道山游。龍津雨過橋如拭，鳳闕烟銷瓦欲流。直舍少眠鐘報午，歸途微冷葉飛秋。心知伏櫪無千里，縱有王良也合休。

方回：此時行都猶太平，故有三、四之句〔三二〕。

馮班：如此又何必作唐詩耶？

紀昀：六句有味，七、八句説得和平。

許印芳：此篇之前有入都詩，虚谷批云：「放翁嘉泰壬戌致仕，出領史局，年七十八。明年除秘書監，再奉祠告老。」此詩即在史局時晚歸旅邸而作。末二語已有告老意。○「舍」，去聲。

上章納禄恩畀外祠遂以五月東歸

身似霜松老不枯，乞骸猶得侍清都。百錢濁酒渾家醉，六月飛蝱徹曉無。美睡不愁閒客攪，出游自有小兒扶。買山尚恐巢由笑，敢向君王覓鏡湖。

紀昀：此首潦倒純似香山。○結二句好。

黄紙淋漓字似鵶，即今真箇是還家。園廬漸近湖山好，鄰曲來迎鼓笛譁。簑實傍籬收豆莢，盤蔬臨水採芹芽。皇家養老非忘汝，不必〔三〕青門學種瓜。

方回：士大夫老而歸，有村人鼓笛迎之，不亦樂乎！

紀昀：此首清穩。

李光垣：種瓜事有上一句，遂用得好。

許印芳：「傍」，去聲。

羣玉峯頭孤夢斷，五雲溪上野舟回。傍人鷗鳥自然熟，到處藕花無數開。麥飯不饜猶面槁，柴門閒閉自心灰。雨來正作盆池地，不怕冥冥半月梅。

查慎行：此亦放翁集中别調也。

紀昀：三、四好，五、六粗野。

身是風前一斷蓬，經年竊食竟何功。倚天青嶂迎船出，撲馬紅塵轉眼空。綱户餉魚勝丙穴，旗亭送酒等郫筩。死前幸作扶犂叟，免使淮南笑發紅。

方回：丙穴、郫筩，大犯老杜。

紀昀：結句劣。

無名氏（甲）：放翁仕蜀，故有「丙穴」「郫筩」之喻。

此身唯有一躬耕，乞得餘年樂太平。東觀並游驚昨夢，西湖重到付來生。一堤草露明晨照，半浦荷香颭晚晴。歷歷歸途皆勝事，江亭先聽櫂歌聲。

方回：去年公出領史局，以今嘉泰三年癸亥得歸，年七十九矣。此五詩皆妙絶。仕而歸，樂也；老而出，出而復歸，其樂可知。

查慎行：甚似香山。

紀昀：四句好，一句而中含兩意。

許印芳：「觀」，去聲。

明發南屏　楊誠齋

新晴在在野花香，過雨迢迢沙路長。兩度立朝今結局，一生行客老還鄉。猶嫌數騎傳書劄，剩喜千山入肺腸。到得江頭上船處〔三四〕，莫將白髮照滄浪。

方回：誠齋平生實三度立朝，此乃秘少出知筠州時詩也。第六句絶妙。

馮舒：常談耳。

查慎行：第六句妙在何處。

查慎行：三、四上句俗，下句好。

紀昀：通體警策，誠齋難得此雅善。

無名氏（甲）：此等不過樂天剩語，無足多也。

次韻傳惟肖

蕭千巖

竹根蟋蟀太多事，喚得秋來籬落間。又過暑天如許久，未償詩債若爲顔。肝腸與世苦相反，巖壑嗔人不早還。八月放船飛樣去，蘆花叢外數青山。

方回：蕭海藻字東夫，三山人。初與楊誠齋湖湘同官，誠齋盛稱其詩爲尤、蕭、范、陸。止於福建帥參。使不早死，雖誠齋詩格猶出其下。其詩苦硬頓挫而極其工。五、六一聯，諸公並不能及。起句奇峭。姜堯章乃其婿云。詩板舊在永州，傳者罕焉。

馮舒：起語決非唐。○惡詩。

馮班：次聯宋人可厭語。

查慎行：南渡詩家初稱尤、蕭、范、陸，今蕭詩罕傳者，唯劉後村詩話中及兹集所載數篇而已。

紀昀：起二句好，中四句太粗野。

呈方叔

姜梅山

聱牙落魄一閒官，職事何嘗見一斑。不是論松須説劍，若非尋壑即觀山。閒看落葉隨風去，冷笑奔雲送雨還。更有劉巖楊處士，方叔。伴渠癡坐老花間。

方回：楊方叔即姜公之客，常相倡和者。

馮班：「論松」何出？○第八句自稱「渠」，可厭。

淇：杜詩「松高疑對説生論」。

紀昀：此亦野調。

無名氏（甲）：「江西」不過枯硬之體，而無昌黎古字，故不足觀。

夏日奉天台祠禄

青天揮箑卧藤床，翠袖攜壺過酒漿。蜎腹出波烹芡實，裹蹄和露擘蓮房。相呼時入雞豚社，獨坐曾無雁鶩行。便是赤城真隱吏〔三五〕，不須劉阮更相將。

方回：中四句皆工。

紀昀：三、四不佳。

馮班：「腹」字未渾成。

查慎行：三、四太作意，落晚唐習氣。

肅客借重金紫綬

袁説友

平生青紫濫紆身，更冒金章肅使賓。何以假爲誠豈敢，烏知非有笑無因。猿狙自是羞華服，鵷鷺姑容接後塵。回首紛紛天下事，有時宜假不宜真。

方回：建安袁説友，隆興癸未進士，仕至樞密大資，自號東塘居士。此時借官接伴金使，詼諧有味。

馮舒：假章服伴館使，頗非小事，乃作此謔語可乎？總之，胸中少學耳。

陸貽典：假章服伴使館，此何等事，而作詼諧語可乎？昧於大體，何必更論其工拙也。

馮班：此則誹矣。○穩熟，但似油腔。觀此詩知南宋朝廷真無人物也。○惡詩。

紀昀：野調而加以鄙語，殊不可耐。

寒夜

鞏仲至〔三六〕

瓦欲飛霜水欲冰，蒲團今夜有塵凝。爐寒閒取薪添火，窗暗時將燭助燈。久欲歸田游宦客，未能忘肉在家僧。於書更覺心情懶，病眼愁看細字蠅。

方回：在官所思歸之詩。

紀昀：恪意不脱宋人，尚不甚野耳。

無名氏（甲）：第四句究不妥。

中旬休日呈巖老

近見東郊出土牛，燒燈已過又旬休。酸風鱗面慵開眼，細雨毛空怯上樓。百歲光陰真蟻穴，一年寒燠未鴻溝。偷閒文字聊遮眼，勳業悠悠且掉頭。

方回：「鱗」字、「毛」字下得有眼，第六句絶妙。

查慎行：中二聯對句俱勝出句。諺有毛雨，「毛」字下得老。

紀昀：三、四所謂下劣詩魔，五、六却好。○此卷多粗野之作，所謂宋人習氣。

無名氏(甲)：此等弊病，宋初所無，令人又思「崑體」矣。

校勘記

〔一〕乘雁　淇：「乘」下原缺一字，應是「雁」字。〔二〕故人　馮班：「人」一作「山」。〔三〕書批　馮班：「批」一作「披」。李光垣：「題」訛「批」。〔四〕臺連　馮班：「臺」一作「苔」。〔五〕五六　按：康熙五十二年本、紀昀刊誤本俱作「三四」。〔六〕終作　李光垣：「終」下脱「年」。〔七〕不稱　馮班：「不」一作「別」。〔八〕院宅　馮班：「院」一作「縣」。〔九〕滯坐　查慎行：「滯」當作「端」。〔一〇〕賓客　馮班：「客」一作「旅」。〔一一〕懶能醫　查慎行：「懶」疑當作「賴」。〔一二〕苦憂幽　李光垣：「幽憂」訛「憂幽」。　〔一三〕時底　李光垣：「持」訛「時」。　〔一四〕問信　李光垣：「訊」訛「信」。　〔一五〕何義門：本詩作者當爲張司業。　〔一六〕自小　許印芳：「小」一作「少」。　〔一七〕難收　馮班：一作「信成」。　〔一八〕萬事　馮班：「萬」一作「是」。　〔一九〕曾到僧家　馮班：「曾」一作「時」，「家」一作「房」。　〔二〇〕作話　馮班：「話」當作「活」。　〔二一〕即便　馮班：一作「便即」。　〔二二〕芝閣　馮班：「芝」一作「芸」。　〔二三〕常喜馮班：「常」一作「長」。　〔二四〕西馳　查慎行：「馳」當作「池」。　〔二五〕張明甫　李光垣：「府」訛「甫」。　〔二六〕安有　紀昀：「安」字恐誤，再校。　許印芳：當從別本改「正」字。　〔二七〕已切　馮班：一本「已」上有「日」字，「切」作「忉」。　〔二八〕洛汧　按：康熙五十二年本、紀昀刊誤本俱作「邢洺」。　〔二九〕緑鬢已蒼蒼　馮班：「已」字原缺。紀昀：「鬢」下或是「已」字。　〔三〇〕瘡重　李光垣：「創」訛「瘡」。　〔三一〕嘉泰　按：「泰」原作「定」，據宋史卷三九五陸游傳校改。　〔三二〕三四之句　李光垣：「之」字衍。〔三三〕不必　許印芳：「必」一作「用」。　〔三四〕上船處　按：「處」字原作墨釘，據康熙五十三年本、紀昀刊誤本校補。　〔三五〕隱吏　按：康熙五十二年本，紀昀刊誤本作「吏隱」。〔三六〕犖仲至　按：「至」原作「玉」，據兩宋名賢小集改。

瀛奎律髓彙評卷之七　風懷類

晏元獻類要有「左風懷」、「右風懷」二類，男爲左，女爲右，今取此義以類。凡倡情冶思之事，止於妓妾者流，或託辭寓諷而有正焉，不皆邪也。其或邪也，亦以爲戒而不踐可也。

馮舒：此一類非虚谷所解。唐末艷詩義山爲首，意思深遠而中間藏得諷刺，「西崑」諸子不及也。「西崑」高在有學問，非空腹所辨，若義山則不止用學問爲高矣。千古以來爲此體者只此一人，備十分才情也。○「西崑」盛矣，麗矣，然麗而清則不及義山。元之「艷體」傷於脂澤，韓之「香奩」傷於褻昵，亦似逐李。唐彦謙學得像，然畢竟是門下人。義山以用事寫情，故曲曲能新，段柯古專用僻事，是不能爲義山而别出一奇者。○讀此卷知半細定非韻物。

馮班：此一類方君殊懵然也。○艷詩妙在有比興，有諷刺。離騷以美人喻君子，國風好色而不淫是也。直作麗語，不關教化，最爲詩家一病，方公於此少功夫也。○唐香艷詩必以義山爲首，有粧裹，意思遠，中間藏得諷刺，「西崑」諸君不及也。

五言 十二首

失婢　白樂天

宅院小牆庳，坊門帖榜遲。舊恩慚自薄，前事悔難追。籠鳥無常主，風花不戀枝。今宵在何處？惟有月明知。

方回：三、四乃失婢之主，罪己而不責婢之爲淫奔，亦近厚矣。末句尤深而不露，失鶴詩所謂「想應只在秋江上」，蓋本於此。

馮班：俗本白集失此篇。

紀昀：觀起二句及劉詩和題此乃誚人之失婢帖榜，非香山失婢也，而三、四句乃似自失，未詳。

和樂天誚失婢榜者　劉賓客

把鏡朝猶在，添香夜不歸。鴛鴦分瓦〔一〕去，鸚鵡透籠飛。不逐張公子，即隨劉武威。新知正相樂，從此脱青衣。

馮班：似勝白。

紀昀：出手淺滑，更不及白詩。

韓弼元：第五句太直露，落句尤輕薄傷雅。

無名氏（甲）：此等唱和俱可删。

夜過盤石隔河望永樂寄閨中效齊梁體

岑參

盈盈一水隔，寂寂二更初。波上思羅襪，魚邊憶素書。月如眉已畫，雲似鬢新梳。春物知人意，桃花笑索居。

方回：波、魚、月、雲，所覩之四物也，襪、書、眉、鬢，所思之四事也，可謂工矣。

馮舒：首句：「夜」；「隔河」：起。○三句：「河」。○五句：「夜」。

馮班：中四句竟用四物，若出自今人，定謂之板矣。

紀昀：嘉州何以列白、劉之後？考嘉州詩，勁調居多，此小詩乃爾纏綿。然此自憶所當憶，不得入之「風懷」，虚谷殊誤。○中四句本爲小巧，然題自明言「效齊、梁體」，則竟以齊、梁體論，不以盛唐法論矣。文各有體，言各有當，不以一例拘也。

無名氏(甲):出筆高雅,無私褻意。

幽窗　韓致堯〔一〕

刺繡非無暇,幽窗自𢟍歡。手香江橘嫩,齒軟越梅酸。密約臨行怯,私書欲報難。無憑諳鵲語,猶得暫心寬。

方回:致堯〔三〕筆端甚高。唐之將亡,與吴融詩律皆不全似晚唐。善用事,極忠憤,惟「香奩」之作詞工格卑,豈非世事已不可救,姑留連荒亡以紓其憂乎?

紀昀:致堯詩格不高,惟不忘忠憤,是其高於晚唐處。「紓憂」云云,論似是,然考致堯本敍,香奩集實作於未遇之前。

馮舒:能作「香奩體」者定是情至人,正用之決爲忠臣義士。

何義門:五、六爲「幽」字寫神。三、四承「𢟍歡」意。結句反激,暗寓「喜」字。止聞「鵲語」,仍見其「幽」。

紀昀:此真正淫詞,非義山有所寄託者比,就彼法論之,亦自細微。

無名氏(甲):此首猶可,後作應汰。

馬上見

驕馬錦連乾〔四〕，乘騎是謫仙。和裾〔五〕穿玉鐙，隔袖把金鞭。去帶懵騰醉，歸應困頓眠。自憐輸廐吏，餘暖在香韉。

紀昀：結句猥極，然此種體裁不必繩之過刻。

馮班：五、六好，落句太褻，「香奩體」如此。

方回：「香奩」之作，爲韓偓無疑也。或以爲和凝之作，嫁名於韓，劉潛夫誤信之。攷諸同時，吴融集有依韻倡和者，何可掩哉？誨淫之言，不以爲耻，非唐之衰而然乎！

春詞

吴　融

鸞鏡長侵夜，鴛衾不識寒。羞多轉面語，妬極定睛看。金市舊居近，鈿車新造寬。春期莫相誤，一日百花殘。

方回：三、四非十分着意，何以説得至此？

紀昀：三、四極真，然而近鄙。

觀翟玉妓

李　愿

女郎閨閣春，抱瑟坐花茵。艷粉宜斜燭，羞娥慘向人。寄情摇玉柱，流盼整羅巾。幸以芳香袖，承君宛轉塵。

方回：愿，李晟之子，李愬之弟。昌黎送歸盤谷，假借太過。愿屢爲節度使，皆以貪婪敗事。此詩見御覽集。曰「未見好德」可也。

馮舒：何見即李晟子？○御覽集此一類較穩細可法，方君去取不可詳。

馮班：未必一人。

紀昀：此尚是六朝常語，未至如香奩之鄙褻，虛谷譏之太固。

馮班：匀净可愛。

紀昀：李愿何以在韓、吴後？○尚是玉臺遺意。

新　春

劉方平

南陌春風早，東鄰曙色斜。一花開楚國，雙燕入盧家。眠罷梳雲髻，粧成上錦車。誰知如昔日，更浣越溪紗。

方回：此蓋賦所謂莫愁者，用驪姬、西子事遺意。

馮舒：方評於莫愁事不知所出。

馮班：全謬，不是驪姬事。

陸貽典：批誤。

紀昀：此評全不可解。

紀昀：此乃麗而不俗。○末二句譏其遊冶，却不露骨。

李光垣：末言富貴之餘，不復追憶貧賤事。

春日有贈

楊巨源

堤暖柳絲斜，風光屬謝家。晚心應戀水，春恨定因花。步遠憐芳草，歸遲見綺霞。由來感情思，獨自惜年華。

方回：中四句極細潤緩慢，有意味，末句尤不迫。

紀昀：此評最是。

美人春怨

妾家巫峽陽，羅幌寢蘭堂。曉日臨窗久，春風引夢長。落釵仍掛鬢，微汗欲銷黄。縱便〔六〕朦朧覺，魂猶逐楚王。

馮班：以下三首梁鍠作。

紀昀：此詩一作梁鍠，題曰觀美人卧。○雖非高作，然亦玉臺古格，必以淫詞斥之，未免已甚。

名姝詠

阿嬌年未多，體弱性能和。怕重愁拈鏡，憐輕喜曳羅。臨津雙洛浦，對月兩嫦娥〔七〕。獨有荆王殿，時時暮雨過。

方回：兩詩俱流麗，可配「香奩」。

馮班：此二詩風骨大勝「香奩」。

紀昀：三、四鄙，五、六俗。

艶女詞

露井桃花發，雙雙燕並飛。美人姿態裏，春色上羅衣。自愛頻開鏡〔八〕，時羞欲掩扉。心知〔九〕行路客，遥惹五香歸。

方回：五、六工甚，亦句法也。

馮班：「掩扉」亦稍重。

紀昀：五、六却是習語，亦未見句法何在。

馮舒：三、四乃佳句。

紀昀：起二句興也。三、四深妙，不着艷而艷極。

七言 二十四首

次韻張公遠二首

張宛丘

襄王坐上徵詞客，子建車前步水妃。瞥過低鬟流盼處，争先含笑獨來時。東邊日下終無雨，闕上書時合有碑。腸斷吴王烟水國，扁舟何日逐鴟夷？

馮舒：原詩意在情字，然未亮。○第六句未合。

馮班：生拙，字字不妥。○第六句不成語。

紀昀：五句用劉夢得語，六句用子夜歌語。

平淡春雲捧額浮，秋光劍戟〔一〇〕近人流。無腸可斷方爲恨，有藥能治不是愁。可待挑琴知有術，未曾驅豆更無謀。遥知添得春窗夢，猶在樽前燭下羞。

馮舒：用景純事，字字不妥。

馮班：亦非當行，下句多不成語。「無腸」句不通，是蟹耶？第六句拙劣。

查慎行：「驅豆」未知出處。

張載華：蒿廬夫子云：「『驅豆』疑即郭璞事。」

紀昀：次句用「清暉射劍戟」語，不妥。三、四語真而格太卑。六句用郭璞事拙滯。

夔州竇侍郎使君見示悼妓詩顧余嘗識之因命同作

劉賓客

前年曾見兩鬟時，今日驚吟悼妓詩。鳳管學成知有籍，龍媒欲换歎無期。空廊月照常行地，後院花開舊折枝。寂寞魚山青草裏，何人更立智瓊祠？

紀昀：劉賓客何以在張文潛後？○殊爲平淺。

竇夔州見寄寒食日憶故姬小紅吹笙因和之

鸞聲窈眇管參差，清韻初調衆樂隨。幽院粧成花下弄，高樓月好夜深吹。忽驚暮槿〔二〕飄零盡，惟有朝霞夢想期。聞道今年寒食日，東山舊路獨行遲。

馮舒：秀貼道地。

何義門：結有不盡之味。

紀昀：亦非高格。

和楊師皐給事傷小姬英英

幼學胡琴見藝成，今年追想幾傷情。撚絃花下呈新曲，放撥燈前謝改名。但是好花皆易落，從來尤物不長生。鸞臺夜直衣衾冷，雲雨無因入禁城。

馮舒：五、六率，然語必是唐人。

紀昀：此小有致。

懷妾

三山不見海沉沉，豈有仙蹤更可尋？青鳥去時雲路斷，嫦娥歸處月宮深。紗窗遙想春相憶，書幌誰憐夜獨吟。料得夜來天上鏡，只應偏照兩人心。

馮班：想是生離，非死别。

紀昀：此不免俗。

偶見

韓偓

千金莫惜早憐〔一三〕一作「蓮」。生，一笑從教下蔡傾。仙樹有花難問種，御香聞氣不知名。愁來自覺歌喉咽，瘦去誰憐舞掌輕？小疊紅牋書恨字，與奴方便送卿卿。

方回：意有餘而不及於褻，則風懷之作猶之可也。書婦人之言於雅什，不已卑乎？故香奩之作惟取七言律六首。此詩似〔一三〕三、四佳，尾句太猥。○首句「早憐生」一作「買娉婷」〔一四〕。

查慎行：三、四艷不傷雅。○末句近俗。

何義門：三、四可望而不可親，故曰「莫惜早蓮生」，寄語移步相近也。

春盡

樹頭初日照西簷，樹底蔫花夜雨沾。外院池亭聞動鎖，後堂欄檻見垂簾。柳腰入户風斜倚，榆莢堆牆水半淹。把酒送春惆悵在，年年三月病懨懨。

方回：此詩只尾句佳，宋人用以爲小詞者。

馮舒：尾句正未佳。

查慎行：尾句亦嫌俗韻。

無名氏（甲）：義山無題，妙在别有託諷，自覺意味深長。若「香奩」，只是靡詞，不作可也。

五更

往年曾約鬱金床，半夜潛身入洞房。懷裏不知金鈿落，暗中唯覺繡鞋香。此時欲别魂俱斷，自後相逢眼更狂。光景旋銷惆悵在，一生赢得是凄涼。

方回：前四句太猥、太褻，後四句始是詩。

馮舒：此公都不解。不如此終未盡興，豈病在猥褻耶？「猥」字直至楊鐵崖方可加，唐人決下不得此評語。

紀昀：亦不以詩論。

詠浴

再整魚犀攏翠簪，解衣先覺冷森森。教移蘭燭頻羞影，自試香湯更怕深。初似洗花難抑按，終憂沃雪不勝任。豈知侍女簾帷外，賸取〔一五〕君王幾餅金。

方回：趙后外傳：「昭儀浴，帝竊觀之，令侍兒勿言，投贈以金，一浴賜百餅。」此詩當有〔一六〕所諷，謂世之爲君者，亦惑乎此也。

馮舒：如此癡見識，何事取鴨遺半細也！

馮班：胡説。

紀昀：曲解。

馮班：落句妙，人都不解。第三聯意已盡，若説到浴罷着衣而起，便索然矣；却説簾外潛窺，較有餘味，此落句所以佳也。方公全不解此輩語。

何義門：若無落句，便是獃詠也。通篇爾許情態，皆從簾外眼中傳出，定翁語得其一半。○第二便含恐人窺見，第四并將侍女亦遣出。「洗花」、「沃雪」，百態俱露矣。呼應緊密，在死法之外。

紀昀：此亦太猥褻。

席上有贈

矜嚴標格絶嫌猜，嗔怒難逢〔一七〕笑靨開。小雁斜侵眉柳去，媚霞横接眼波來。鬢垂香頸雲遮藕，粉着蘭胸雪壓梅。莫道風流無宋玉，好將心力事粧臺。

方回：五、六雖褻，然止形容其貌，如「巧笑」、「美目」之詩，不及乎淫也。

馮舒：謬。「香奩」自是一體，不必與他回護。

紀昀：五、六俗甚，評亦曲説。

馮舒：五、六不如三、四。

查慎行：「雲遮藕」、「雪壓梅」語氣欠雅。

何義門：第二句「難」或改作「雖」，改了「雖」字，句便活妙。

紀昀：結尤佻而褻。

倚醉

倚醉無端尋舊約，却憐〔一八〕惆悵轉難勝。静中樓閣春深雨，遠處簾櫳夜半燈。抱柱立時風細細，繞廊行處思騰騰。分明窗下聞裁剪，敲徧闌干喚不應。

方回：此詩方有味而不及乎猥。

紀昀：此評是。

馮舒：如此詩設景言情，幾入神矣，正不病其猥褻。若忌猥褻，則亦更無可加。

馮班：第三聯亦未雅。

查慎行：三、四有景、有情、有味。

紀昀：三、四空中淡寫，何嘗不有餘於情？虛谷譏致堯五更詩太猥褻，未爲不是。馮氏乃曰不猥褻不盡興，何哉？

趙熙：淡寫有味。

天平公座中呈令狐公時蔡京在坐

李商隱

罷執霓旌上醮壇，謾裝嬌樹水晶盤。更深欲訴娥眉斂，衣薄臨醒玉艷寒。白足禪僧思敗道，青袍御史擬休官。雖然同是將軍客，不敢公然子細看。

方回：京嘗爲僧司徒〔一九〕，故有第五句。

馮班：此體不得不右「西崑」。如「香奩」太褻，元氏傷膩。都不及溫、李清麗，義山尤奇。唐彥謙效温有其一體，亦高手也。若使僻事，則宜效段少卿。○義山以用事寫情，故曲曲能新。段柯古專用僻事，是不能爲義山而别出一奇者。

紀昀：唐時御史不得與宴會，觀李栖筠傳可見，故有「休官」之句。

無題

昨夜星辰昨夜風，畫堂西畔桂堂東。身無彩鳳雙飛翼，心有靈犀一點通。隔坐送鬮春酒暖，分曹射覆蠟燈紅。嗟余聽鼓應官去，走馬蘭臺類轉蓬。

馮舒：妙在首二句，次聯襯貼流麗圓美，「西崑」諸公一世所效，義山高處不在此。

馮班：起二句妙。

紀昀：觀此首末二句實是妓席之作，不得以寓意曲解義山。「風懷」詩注家皆以寓言君臣爲説，殊多穿鑿。虚谷收入此類，却是具眼。○「通犀」乃犀病所致，此特言病耳，元人始誤用爲褻語。

颯颯東南細雨來，芙蓉塘外有輕雷。金蟾齧鎖焚香入，玉虎牽絲汲井迴。賈氏窺簾韓掾少，宓妃留枕魏王才。春心莫共花争發，一寸相思一寸灰。

何義門：第五句，年不如。○第六句，勢不逮。

紀昀：興也。○後四句言賈氏窺簾以韓掾之少，宓妃留枕以魏王之才，自揣才貌不及二人，無垂盼之理，可不必更爲癡憶，此自遣之詞也。

相見時難別亦難，東風無力百花殘。春蠶到死絲方盡，蠟炬成灰淚始乾。曉鏡但愁雲鬢改，夜吟應共〔二〇〕月光寒。蓬山此去無多路，青鳥殷勤爲探看。

馮舒：第二句畢世接不出。次聯猶之「彩鳳」、「靈犀」之句，入妙未入神。

馮班：妙在首聯。三、四亦楊、劉語耳。

查慎行：三、四摹寫「別亦難」，是何等風韻？

何義門：「東風無力」，上無明主也。「百花殘」，己且老至也。落句具屈子遠游之思乎？

紀昀：三、四究非雅語。

楚宮

月姊曾逢下彩蟾，傾城消息隔重簾。已聞珮響知腰細，更辨絃一作「琴」。聲覺指纖。暮雨自歸山峭峭〔二一〕，秋河不動夜厭厭。王昌且在〔二二〕牆東住，未必金堂得免嫌。

查慎行：五、六用巫山及牛、女事，琢句極工，蓋若不用「暮」字，安知爲巫山之行雨？不用「秋」

字，安知爲牛、女之渡河？作者尚恐語晦，於「暮雨」襯「山」字，則巫山愈明；於「秋河」襯「夜」字，則銀河不混。而於數虚字足消息相隔之意，可謂窮工極巧。

何義門：題應改「水天閑話舊事」。愈寬愈緊，得主文譎諫之妙。○三、四虚虚實實，五、六起「免嫌」，言神女天孫當如是也。此必賦當年貴主之事而不可曉矣。

紀昀：通首從次句生出。○不曰及亂而曰不免嫌，忠厚之旨。

次韻和王員外雜游〔三〕四韻

吴　融

一分難減亦難加，得自溪頭浣越紗。兩槳慣邀催去艇，七香曾占取來車。黄昏忽墮當樓月，清曉休開滿鏡花。誰見王郎腸斷處，露床風簟半欹斜。

方回：三、四句好。

紀昀：五、六好。

馮舒：此和王涣悼亡也。

馮班：五、六好。

陸貽典：此和王涣悼亡詩，題作「雜游」，誤。

查慎行：五、六無謂。

紀昀：五句言喜其相見，如月入懷。六句言勿以艷粧惹人別思。七句情出和意。

無題

楊文公億

曲池波暖蕙風輕，頭白鴛鴦占緑萍。纔斷歌雲成夢雨，陡迴笑電作嗔霆。湘蘭自古傳幽怨，秦鳳何年入杳冥？不待萱犀蠲薄怒，閒階鬬雀有餘翎。

馮舒：「西崑」畢竟高，又非後人所及，然用事少新意。

馮班：較拙。讀此諸篇令人思飛卿、柯古。

紀昀：以下六詩皆摹義山無題，時復似之。然此體正不必擬，轉擬轉落塵刦。

合歡蠲忿亦休論，夢蝶翩翩逐怨魂。祇待傾城終未笑，不曾亡國自無言。風翻林葉迷歸燕，露裊池荷觸戲鴛。湘水東流何日竭？烟篁千古見啼痕。

馮班：夫妻反目本非佳事，作此必直敍事方佳，下意便醜，此是詩訣。段柯古夜宴伎相毆詩可法也。○此首落句太真。○「西崑」效玉溪，然有新事而少新意，富麗有餘而新艷不足。○詩話謂兩妓相毆而作。

無名氏（甲）：「西崑」陶鎔古事，猶有温柔敦厚之遺。至「江西派」興，而此意喪失盡矣。

無題

錢思公

誤一作「晤」。語成疑意已傷，春山低斂翠眉長。鄂君繡被朝猶掩，荀令薰爐冷自香。有恨豈因燕鳳去，無言寧爲息侯亡。合歡不驗丁香結，衹得凄涼對燭房。

馮班：俱在義山廊廡間。諸篇使飛卿、柯古爲之，不知作何語？○錢勝楊。○頷聯太褻。

耿耿寒燈照翠羅，看朱成碧意如何？虎頭辟惡無妨枕，犀角涼心更待磨。惟有幽蘭啼月露，可將尺素託雲波。山屏六曲歸來夜，衹恐重抛折齒梭。

走馬章臺冒雨歸，後門猶歎滯前期。荷心出水終無定，蘿蔓從風莫自持。複帳麝輕難辟惡，曲房蠶懶不成絲。漸漸麥隴藏鳴雉，更恨如皐一箭遲。

簾聲燭影浪多疑，仙縠何能爲解迷。藻井風高蛛壞網，古梁〔二四〕春暖燕争泥。更看山遠堆凝黛，縱許犀靈衹駭雞。枉裂霜繒幾千尺，紅蘭終夕露珠啼。

馮班：此首好。

校勘記

〔一〕分瓦　馮班：「分」一作「拂」。　〔二〕〔三〕致堯　紀昀：「堯」原訛作「光」。　〔四〕連乾　李光垣：「錢」訛「乾」。　〔五〕和裾　李光垣：「裙」訛「裾」。　〔六〕縱便　李光垣：「使」訛「便」。　〔七〕嫦娥　馮班：「嫦」一作「姮」。　〔八〕開鏡　馮舒：「開」一作「窺」。　〔九〕心知　馮舒：「心」一作「不」。　〔一〇〕秋光劍戟　按：「劍戟」原訛作「斂戰」，據康熙五十二年本、紀昀刊誤本校改。　〔一一〕暮槿　馮班：「槿」一作「雨」。　〔一二〕早憐　按：「早」字原缺，據康熙五十二年本、紀昀刊誤本校補。　李光垣：「早憐」應作「早蓮」。　〔一三〕此詩似　李光垣：「似」字衍。　〔一四〕首句早憐生一作買娉婷　按：此句原缺，據康熙五十二年本、紀昀刊誤本校補。　〔一五〕賸取　查慎行：「賸」字香奩集作「賺」。　〔一六〕當有　馮班：「當」原訛作「尚」。　〔一七〕難逢　馮班：「難」一作「雖」。　〔一八〕却憐　馮班：「憐」一作「令」。　〔一九〕僧司徒　李光垣：「司」字衍。　〔二〇〕應共　李光垣：「共」應作「覺」。　〔二一〕峭峭　查慎行、許印芳：兩「峭」字當作「悄悄」。　〔二二〕且在　許印芳：「且」一作「只」。　〔二三〕雜游　馮舒：「雜游」字誤，恐是「歎逝」。唐英歌集作「難游」，更不可解。　馮班：恐是「歎逝」。　〔二四〕古梁　李光垣：「杏」訛「古」。

瀛奎律髓彙評卷之八　宴集類

紀昀：唐人「宴集」佳什至多，惟自中唐選此十首，殊不可解。

李光垣：「宴集」亦脱題序。

五言　十首

宴　散

白樂天

小宴追涼散，平橋步月迴。笙歌歸院落，燈火下樓臺。殘暑蟬催盡，新秋雁帶來。將何迎睡興？臨卧舉殘盃。

方回：三、四人所共知。

查慎行：三、四即俗所云無不散之筵席也，虛谷引此謂是富貴語，失其旨矣。

紀昀：五、六警。○前人譏三、四非富貴語，乃看富貴語。此就句論耳，此詩原是看富貴也。

許印芳：三、四善寫貴人事，本是傳句，是看與否，勿關得失，何足深辯耶！

無名氏(甲)：上四句不過敍事，却得力於「殘暑」二句，方有歸結。

許印芳：「殘」字複。

萬年縣中雨夜會宿寄皇甫佃

姚　合

縣齋還寂寞，夕雨洗蒼苔。清氣燈微潤〔一〕，寒聲竹共來。蟲移上階近，客起到門迴。想得吟詩處，惟應對酒盃。

方回：頷聯不對，唐人多此體。五、六言雨事巧。蟲上階近人，雨中多有之。客起到門，始知有雨而還，則人之所難言者，故曰巧。

查慎行：宮端周桐埜云：「頷聯不對不妨，但此詩全然不佳。」

紀昀：此種是碎非巧。○唐人原有不對之格，此則誤「燈」爲「澄」。虚谷下批不對，非是。

馮舒：此後五首，俱非「宴集」。

李光垣：此宜入「晴雨類」。

淮上喜會梁川故人

韋蘇州

江漢曾爲客，相逢每醉還。浮雲一別後，流水十年間。歡笑情如舊，蕭疏鬢已斑。何因不歸去？淮上對秋山〔二〕。

查慎行：五、六淺語，却氣格高。

紀昀：清圓可誦。

無名氏（甲）：大抵平淡詩非有深情者不能爲，若一直平淡，竟如槁木死灰，曾何足取？此蘇州三首，極有深情，所謂「看似尋常最奇崛，成如容易却艱難」也。

揚州偶會前洛陽盧耿主簿

楚塞故人稀，相逢本不期。猶存袖裏字，忽怪鬢邊絲。客舍盈樽酒，江行滿篋詩。更能連騎出，還似洛橋時。

方回：韋嘗貳洛陽，有連騎之游。

查慎行：起勢超妙，通首折旋都有情致。好詩如彈丸脱手，良然。

紀昀：此却太薄，不見佳處。

月夜會徐十一草堂

空齋無一事，岸幘故人期。暫輟觀書夜，還題玩月詩。遠鐘高枕後，清露捲簾時。暗覺新秋近，殘河欲曙遲。

方回：蘇州詩淡而自然，此三詩皆是也。

紀昀：此較洒脱，亞於淮上一篇。○五、六好。結二句乃言徹夜未眠，而説來無迹，只似寫景者，然若晚唐、宋人必寫作盡興語矣。此盛唐身分也。

餘干夜宴奉餞韋蘇州使君除婺州

劉長卿

復拜東陽郡，遥瞻北闕心。行春五馬急，向夜一猿深。山過康郎近，星看婺女臨。幸容棲託分，猶戀舊棠陰。

方回：味此詩恐是應物知蘇州時，長卿爲長洲尉也。

紀昀：平近不出色，結二句未能免俗。

宴安樂公主宅

宋之問

英藩築外館，愛主出王宮。賓至星槎落，仙來月宇空。玳梁翻賀燕，金埒倚晴虹。簫去秦臺裏，書開魯壁中。短歌能駐日，艷舞欲嬌風。聞有淹留處，山河滿桂叢。

紀昀：仙本在月中，來此地則月中空矣。語雖可解，然太曲。○燕與梁有關合，虹與埒無涉，未免趁韻。○「書開」句無所取義，便爲湊泊，排冗無味，初體之不佳者。

送高判官〔三〕和唐店夜飲

梅聖俞

露宿勤王客，相從月下來。黄流何日漲，緑酒暫時開。風定燈花爛，天高斗柄回。醉言多脱略，吾黨不須猜。

方回：第五遒勁，第六宏壯，亦如燈之爛花、斗之移柄云。

紀昀：此評未有意弄筆，未免欠通。

無名氏（甲）：五、六常語，結亦腐，評語可噱。

查慎行：第五句「爛」字老，亦奇横。

紀昀：語警而氣足。○此詩又見十九卷「酒類」，惟題中「送」字作「答」字，再校本集。評語亦不同，而彼勝於此。

春晏宴北園

宋景文

天意歇餘芳，人間日始長。落花風觀閣，睡鴨雨池塘。稍倦持螯手，猶殘藍尾〔四〕觴。春歸無所預，羈客自回腸。

方回：三、四峭麗，偶然得之乎？其亦思而得之乎？成都時詩。

陸貽典：次聯亦不過唐書筆法，未免晦嶇，而評家極贊何也？

十日宴江瀆亭

節去歡猶在，賓來賞更延。悠揚初短日，凄緊乍寒天。霽沼元非漲，秋花自少妍。蟻留新獻酎，蕙續不殘烟。戲鰋銜餘藻，游黿避折蓮。流芳真可惜，從此遂凋年。

方回：「折蓮」一聯好。

紀昀：此一聯「武功派」。
馮舒：極學沈、宋。
紀昀：日不可說「悠揚」，「霽沼」句笨。「秋花」五字意深，「遂凋年」句亦拙。結係用古詩「四座且莫喧」一首，結句意終是彫琢。

七言 十三首

宴周皓大夫光福宅

白樂天

何處風光最可憐？妓堂階下砌臺前。軒車擁路光照地，絲管入門聲沸天。緑蕙不香饒桂酒，紅櫻無色讓花鈿。野人不敢求他事，惟借泉聲伴醉眠。

查慎行：前六句模寫豪華，盡態極妍矣。結處疏淡，微含諷意。
紀昀：五、六亦常意，而倒轉便覺近野。
無名氏（甲）：二詩亦非佳處，可汰。

歲日家宴戲示弟姪兼呈張侍御殷判官

弟妹妻孥子姪甥，嬌癡弄我助歡情。歲盞後推藍尾〔五〕酒，春盤先進膠去聲。牙餳。形骸老倒〔六〕雖堪歎，骨肉團圓亦可榮。猶有誇張少年處，笑呼張丈喚〔七〕殷兄。

查慎行：七實字作句，昌黎古詩中有之，香山用於律詩尤奇。

紀昀：起句乃柏梁法，豈宜入律？通體亦殊潦倒。

燕李録事

韋蘇州

與君十五侍皇輿，曉拂爐烟上赤墀。花開漢苑經過處，雪下驪山沐浴時。近臣零落今誰在？仙駕飄飄不可期。此日相逢思舊日，一杯成喜亦成悲。

方回：前豪誇，後感慨。

紀昀：「誇」字未是。

紀昀：韋在白前。○首句韻太借，通首平衍少力，蘇州佳處在五古，不長於律詩，七律尤非所長。

無名氏（甲）：畢竟不同，自有深韻。

次韻盛居中夜飲

張宛丘

吴衣壓拂〔八〕洛陽塵，夢寐一樽淮海濱。每願託車常貯酒，況逢投轄苦留賓。蒼龍掛斗寒垂夜，翡翠浮花暖作春。上界高真足官府，追隨却逐散仙人。

紀昀：前四句欠渾健，後四句自好。

無名氏（甲）：稍有中唐餘氣，次首亦然。

同周楚望飲花園

杖藜攜手踏青苔，瀟灑池亭爲客開。柳色漸經〔九〕秋雨暗，荷香時爲好風來。斜陽似欲粧詩句，新月邀將入酒盃。身世已甘長寂寞，忘形賴有子徘徊。

查慎行：虚谷雖賞五、六一聯，吾所不取。〔按：方回於五、六兩句加密圈。〕

紀昀：五、六極用意，然是宋句，非唐句。

春宴行樂家園

宋景文

園莇初乾小雨泥，飲壺游屐況親攜。身輕早蝶千回舞，技癢新禽百種啼。乘飲草茵侵坐軟，畏風桃綬向林低。陽暉自有留人意，銜照高樓未遽西。「䓖」入去聲。

馮舒：天然清貴。

馮班：「䓖」，不解。

查慎行：首句「䓖」字亦可讀仄聲耶？第四句「技癢」二字着得生硬，禪家所謂惡趣，學詩者宜以爲戒。

紀昀：次句四字何用圜？三、四亦是宋格，又不及宛丘「斜陽」二句。從此再降，便入惡道，皆不宜效之。結不恨斜陽易盡、遊興未闌，不落窠臼。〔按：方回於次句下四字加密圈。〕

九日水閣

韓魏公

池館隳摧古榭荒，此延〔一〇〕嘉客會重陽。雖慚〔一一〕老圃秋容淡，且看〔一二〕黄花晚節香。酒味已醇〔一三〕新過熟，蟹黄先實不須霜。年來飲興衰難强，謾有〔一四〕高吟力尚强〔一五〕。

紀昀：又見「秋日類」中。○此在魏公詩中爲老健之作，不止三、四爲詩話所稱。

無名氏（甲）：此等甚是卑庸，不及宋初多矣。

辛亥二月十五

倐忽韶光一半過，寒威猶自壓暄和。故摧春色歡終減，屢失花期日旋那。病骨不禁風料峭，衰悰難遏醉吟哦。憑闌更爲芳菲惜，重取輕苫擁舊科。

紀昀：三、四欠渾雅。

辛亥重九會安正堂

斯堂曾許占風光，須到重陽復命觴。坐上半非前歲客，杯中無改舊花香。初晴已過登高事，散慮宜趨自得場。惟有一樽詩酒戰，願開强户振雄鋩。

紀昀：四句意好而句笨。結傷雅，亦不成句。

即席

蕪音逢節佐賓罍，屬和當筵盡雅才。銅鉢一聲詩已就，金鈴千朶菊争開。月明正有抽毫樂，夜永何妨秉燭回。無酒可嗤彭澤令，東籬空望白衣來。

馮舒：盛世偉人，落筆便如此，不必佳，却不可及。

紀昀：四句欠雅。〇以富貴笑貧賤，殊少身分。

無名氏（甲）：首四字即不合。〇通體平常，結二語尤蠢。

王龜齡王嘉叟木蘊之同過小園用郡圃植花韻　洪景盧

節到中和暖尚賒，東風隨處起芳華。自慚翳翳松三逕，相對蕭蕭馬五花。老去醉鄉爲日月，年來痼疾在烟霞。午橋別墅歸公手，早定淮西取白麻。

方回：龜齡名十朋，蘊之名待問，皆永嘉人。嘉叟名秬，初寮王安中之孫，寓居泉南。此必饒守、泉守、憲使也。

紀昀：工整可頌。蓋二洪皆久歷館閣，故無山林粗野之氣。亦惟久歷館閣，不脱詞科儷偶之習，故格不高。〇結不忘規，猶有古人之意。而其辭蘊藉，又不似歐公鐵甲邊兵之直致，故爲佳作。

上巳訪楊廷秀賞牡丹於御書扁榜之齋其東圃僅一畝爲街者九名曰三三徑　周益公

楊監全勝賀監家，賜湖豈比賜書華。回環自斸三三徑，頃刻常開七七花。門外有田聊伏臘，望中無處不烟霞。却慚下手非摩詰，無畫無詩只謾誇。

方回：周益公丞相之四六，楊誠齋秘監之詩，俱名天下，而同郡。此益公老筆。公常問詩法於放翁，對云：「當法子由。」此言深有旨。子由詩勝子瞻，不工、不博、不深，於其間字用力而有幽味。

馮班：宋人四六，古意盡矣，況用以作詩乎？○此是放翁一生得力處。

查慎行：周與楊不但同郡，且同時歸老，集中唱和甚多。

紀昀：此似英雄欺人，子由終不及子瞻也。

馮舒：「三三」「七七」非不工切，然七七事用之少來歷，且與牡丹無與耳。此貪對偶之病，務觀亦時有之。

馮班：「七七」事無謂，只是貪對耳，此最詩家所忌。○前四句四六套。

陸貽典：頃刻花，韓湘事；「七七」自是杜鵑故事，不宜合用。一句中用兩事，詩家忌病，況又不切！

紀昀：格同洪景盧作，而結處不及其有意。四句對法，終病其纖。

示同會

朱濡山翌

無奈春寒老不禁，喜看晴日上窗櫺。羣花半露乾坤巧，百刻平分晝夜停。拄杖有時挑菜甲，桔槔無復問畦丁。逢春不出何爲者，衆醉誰知可獨醒。

方回：朱仲新善詩，而所傳不多。此首第四句言春分，以上一句喚動，而知其春分也。合二句詠之甚齊〔一六〕，當上四下三截斷看。

馮舒：三、四句宋甚。

紀昀：首句韻太借。○三、四宋調。

校勘記

〔一〕燈微潤　紀昀：「燈」原訛作「澄」。〔二〕對秋山　李光垣：「有」訛「對」。〔三〕送高判官　許印芳：「送」一作「答」。〔四〕藍尾　李光垣：「婪」訛「藍」。〔五〕藍尾　馮班：「藍」當作「婪」。〔六〕老倒　馮班：「老」當作「潦」。〔七〕張丈喚　查慎行：「喚」字他本作「與」字，更雅。〔八〕壓拂　按：康熙五十二年本、紀昀刊誤本「壓」作「厭」。〔九〕漸經　馮班、李光垣：「經」訛「輕」。〔一〇〕此延　馮班：「此」一作「比」。〔一一〕雖慚　馮班：一作「莫嫌」。〔一二〕且看　馮班：一作「自愛」。〔一三〕已醇　李光垣：「醇」原訛「成」。〔一四〕謾有　李光垣：「漫」訛「謾」。〔一五〕尚强　李光垣：「狂」訛「强」。〔一六〕甚齊　馮班、紀昀：「齊」字有誤。

〔元〕方回 選評

李慶甲 集評校點

瀛奎律髓彙評

二

上海古籍出版社

瀛奎律髓彙評卷之九　老壽類

香山九老之會，洛陽耆英繼之，此盛事也。予嘗羨慕近世詩人曾茶山、陸放翁、趙昌父、滕元秀、劉潛夫，皆年八十以上，而放翁之壽爲最高，故多取放翁詩云。

紀昀：此卷太寥寥。

李光垣：原闕五言。

七言 八首

胡吉鄭劉盧張六賢皆多年壽予亦次焉偶於敝舍合成尚齒之會七老相顧既醉且懽静而思之此會世所稀有因成七言六韻詩以記之傳好事者

白樂天

七人五百七十歲，拖紫紆朱垂白鬚。囊裏無金莫嗟嘆，樽中有酒且歡娱。詩吟兩句神還壯，酒飲三杯氣且粗。嵬峨狂歌教婢拍，婆娑醉舞遣孫扶。天年高邁二疏傳，人數多於四皓圖。除却三山五天竺，人間此會更應無。

方回：胡杲年八十九，吉皎[一]年八十六，鄭據年八十四，劉貞[二]年八十二，盧貞年八十二，張渾年七十四，白居易年七十四。元注：「已上七人合五百七十歲[三]。會昌五年三月二十四日於白家履道宅同宴，宴罷賦詩。時秘書監狄兼謨、河南尹盧貞，以年未七十，雖與會而不及列。」予按會者九人，狄兼謨、盧貞以年未七十不著於詩，雖名七老，實九老也。故世傳九老圖云。且一時有同姓名者，亦可謂異矣。

查慎行：按白集諸公年齒小異。○按白集九老圖詩自序，云「其年夏又有洛中遺老李元爽年一百三十六歸洛，僧如滿年九十五年貌絕倫，同歸故鄉，亦來斯會，續命書姓名、年齒，寫其形貌附於圖右，與前七老題爲九老圖」云云。據此則狄、盧二公始終不列九人之數，虛谷第未深考，故訛注如此。

馮班：天竺何與老人事？

紀昀：此以盛事見傳，其詩殊不足取，不宜選以爲式。○三句太鄙。

睢陽五老圖

杜祁公

五人四百有餘歲，俱稱分曹與掛冠。天地至仁難補報，林泉幽致許盤桓。花朝月夕隨時樂，雪鬢霜髯滿座寒。若也睢陽爲故事，何妨列向畫圖看。

方回：杜衍八十歲。王焕九十歲。畢世長九十四。馮平八十七。朱貫八十八。

陸貽典：如三、四等句，何害乎宋？

查慎行：睢陽五老，年皆八十以上。

無名氏(甲)：此下二首，只歐公第六句佳。

借觀五老圖次韻　歐陽永叔

脱遺軒冕就安閒，笑傲丘園縱倒冠。白髮憂民雖種種，丹心許國尚桓桓。鴻冥得路高難慕，松老無風韻自寒。聞説優游多倡和，新篇何惜盡傳看。

查慎行：五老圖和章甚多，載孫紹遠聲畫集。不獨歐陽公，此外尚多可采者。

紀昀：五、六好。

耆英會　文潞公彦博

九老舊賢形繪事，元豐今勝會昌春。垂肩素髮皆時彦，揮麈清談盡席珍。染翰不停詩思健，飛觴無算酒行頻。蘭亭雅集誇修禊，洛社英游賞序賓。自愧空疏陪几杖，更容欵密奉簪紳。當筵尚齒尤多幸，十二人中第二人。

方回：富弼七十九，彦國。文彦博七十七，寬夫。席汝言七十七，君從。王尚恭七十六，安之。趙丙七十五，南正。劉几七十五，伯壽。馮行已七十五，肅之。楚建中七十三，正叔。張問七十，昌言。王拱辰七十一，君貺。王謹言七十二，不疑。張燾七十，景元。司馬光六十四，君實。

查慎行：耆英會十三人，年齒無踰八十者。

無名氏（甲）：通行詩説得玄，無疵累足矣，未暇進而語上也。

七十

陸放翁

七十殘年百念枯，桑榆元不補東隅。但存隱具金鵶嘴，那夢朝衣玉鹿盧。身世蠶眠將作繭，形容牛老已垂胡。客來莫問先生處，不釣娥江即鏡湖。

紀昀：語自風華，然終帶甜熟之味。

無名氏（甲）：此首略能造句，然氣局亦隘，以下尤無足觀，俱可汰也。

枕上作

龍鍾七十豈前期，矮帽枯笻與老宜。愁得酒巵如敵國，病須書卷作良醫。登山筋力雖尤健，閉户工夫頗自奇。今日快晴春睡足，卧聽簷鵲已多時。

紀昀：此詩又見「春日類」中。此較單薄。

八十三吟

石帆山下白頭人，八十三回見早春。自愛安閒忘寂寞，天將强健報清貧。枯桐已礬寧求識，湫帚當捐却自珍。桑苧家風君勿笑，他年猶得作茶神。

紀昀：此穩適。

戲遣老懷

平生碌碌本無奇，況是年垂九十時。阿囝略如郎罷意，稚孫能伴太翁嬉。花前騎竹强名馬，階下埋盆便作池。一笑不妨閒過日，歎衰憂死却成癡。

方回：昌黎詩：「老翁真箇似童兒，汲水埋盆作小池。」亦此謂也。

馮班：用韓語。

紀昀：即用此事。

馮班：第三句，作詩何得用蠻語？

何義門：唐人顧況集中有囝一篇，内云「囝别郎罷」，此放翁所本。

紀昀：語殊潦倒。〇自是真語，然亦太盡。

校勘記

〔一〕吉皎　查慎行：白集作「皎」，唐書本傳同。〔二〕劉貢　查慎行：白集「貢」作「真」。

〔三〕七人合五百七十歲　查慎行：香山集首句云：「七人五百八十四。」

瀛奎律髓彙評卷之十　春日類

「春日遲遲，我心傷悲。」見於豳詩。「目極千里傷春心。」見於楚辭。皆情之所感也。浴沂詠歸，不失其性情之正，在於知道之君子。

紀昀：此序無聊塞責，「浴沂」三語，尤夸而迂。

五言　六十首

奉和聖制春日剪綵花勝應制

宋之問

金閣裝仙杏，瓊筵弄綺梅。人間都未識，天上忽先開。蝶繞香絲住，蜂憐粉豔回。今年春色早，應爲剪刀催。

方回：律詩至宋之問，一變而精密無隙矣。此詩流麗，與太白應制無以異也。

馮舒：律詩成於沈、宋，乃曰至宋之問，誤矣。

馮班：律始於沈、宋，何言至宋之問一變耶？○五言律沈、宋高於太白。

韓弼元：一偏之見。詩以志爲主，修辭次之。唐至李、杜勃興，始掃盡綺靡之習。兩馮君寢饋六朝，未免溺於詞人之見，宜其以沈、宋爲正宗，以李、杜爲變調也。

紀昀：不及太白之自然。

馮舒：此之謂盛唐，較太白爲穠厚。

查慎行：「裝」、「弄」二字與結處「剪刀」二字脈絡相貫。

紀昀：題本細巧，詩不得不以刻畫點綴爲工，雖初唐巨手亦不能行以渾朴。故詩亦因題而作，詩亦貴擇題。○「繞」、「憐」二字有何奇巧而圈之？〔案：方回於五、六「繞」、「憐」兩字加圈。〕

初唐之詩亦爲强標句眼，可謂日鑿一竅矣。

許印芳：論皆允當。○太白宫中行樂詞，秀骨天成，他人萬不及也。

許印芳：宋之問，字延清，弘農人。善五言詩。官越州長史，坐附張易之及武三思，貶徙賜死。

友人武平一纂其詩。

春日宴宋主簿山亭

公子正邀歡，林亭春未闌。攀巖踐苔易，迷路出花難。窗覆垂楊暖，階侵瀑水寒。帝城歸路直，留與接鴛鸞。

方回：「迷路出花難」，佳句也。

紀昀：三句太笨，似先得下句而强對之。

和晉陵丞[一]早春遊望

杜審言

獨有宦遊人，偏驚物候新。雲霞出海曙，梅柳度江春。淑氣催黄鳥，晴光轉緑蘋。忽聞歌古調，歸思欲霑巾。

方回：律詩初變，大率中四句言景，尾句乃以情繳之。起句爲題目。審言於少陵爲祖[二]，至是始千變萬化云。起句喝咄響亮。

馮班：方君不知律詩首聯是破題，何也？

馮班：真名作。○次聯做「游望」二字，無刻畫痕。

紀昀：起句警拔，入手即擸過一層，擒題乃緊，知此自無通套之病，不但取調之響也。末收「和」字亦密。

次北固山下

王　灣〔三〕

客路青山外，行舟緑水前。潮平兩岸闊〔四〕，風正一帆懸。海日生殘夜，江春入暮年〔五〕。鄉書何處達？歸雁洛陽邊。

方回：唐人芮挺章天寶三載編次國秀集，唐書藝文志、宋崇文總目中無之。元祐三年戊辰劉景文得之鬻古書者，以傳曾彦和，曾以傳之賀方回，題云次北固山下作，於王灣下注曰：洛陽尉。而天寶十一載殷璠編次河岳英靈集取灣詩八首，此爲第六，題曰江南意，詩亦不同，前四句曰：「南國多新意，東行伺早天〔六〕。潮平兩岸失，風正一帆懸。」世之所稱「海日」、「江春」一聯同外，尾句不同，曰：「從來觀氣象，惟向此中偏〔七〕。」似不若國秀之渾全，兼殷璠語亦不成文理，可笑云。

馮舒：「失」字別致。

馮班：方君云「前四句曰」云云，應從此。

何義門：方説「不若國秀之渾全」，非是。

紀昀：二句最拙。○「闊」一作「失」，然「失」字有斧鑿痕，唐人不甚用此種字，歸愚主之，未是。

馮班：腹聯絶唱。○北固山絶唱。

查慎行：大曆以後無此等氣格矣。

何義門：不惟名句，而亦治象。武、韋繼亂，忽覩開元之政，四海皆目明氣蘇也。

紀昀：五、六全是鍛煉工夫。

無名氏（甲）：北固山，在鎮江。

許印芳：王灣，字未詳，洛陽人，官洛陽尉。

晚春嚴少尹諸公見過

王右丞

松菊荒三徑，圖書共五車。烹葵邀上客，看竹到貧家。雀乳先春草，鶯啼過落花。自憐黃髮暮，一倍惜年華。

方回：三、四唐人不曾犯重，極新。第六句尤妙。

馮班：三、四用事不覺。

陸貽典：三、四用事，天然湊合。

查慎行：「過」字千錘百煉，而出以自然。

何義門：三、四使事不覺。

紀昀：句句清新而氣韻天成，不見刻畫之迹。○五、六句賦中有比，末句從此過脈，渾化無痕。

無名氏（甲）：宋玉賦：「逆旅之女謂之曰：『上客遠來，無乃飢事。』乃炊雕胡之飯，烹露葵之羹以食之。」「露葵」即蓴菜。

春日江村

杜工部

農務村村急，溪流岸岸深。乾坤萬里眼，時序百年心。茅屋還堪賦，桃源自可尋。艱難昧生理，飄泊到如今。

馮班：五詩萬鈞之力。

何義門：「萬里」、「百年」本王子安，用意在「心」、「眼」二字，分貼江村春日。○第一句「江村」起。第七句：賤。

紀昀：五詩實非高作。

迢遞來三蜀，蹉跎又六年。客身逢故舊，發興自林泉。過懶從衣結，頻游任履穿。藩籬頗無限，恣意向江天。

何義門：首句頂「飄泊」。次句到今。後半極寫「興」字，暗寓「蹉跎」。○此篇「故舊」乃裴冕，下則嚴武。

種竹交加翠，栽桃爛熳紅。經心石鏡月，到面雪山風。赤管隨王命，銀章付老翁。豈知牙齒落，名玷薦賢中。

何義門：林泉之興可得而奪者，以屈在幕府，猶服王官，豈以生理艱難昧所從乎！

無名氏(甲)：石鏡、雪山，皆蜀地。

扶病垂朱紱，歸休步紫苔。郊扉存晚計，幕府愧羣材。燕外晴絲捲，鷗邊水葉開。隣家送魚鱉，問我數能來。

何義門：本依故舊，苦遭輕薄，仍以林泉爲適志耳。「存晚計」猶言保晚節，故隱其詞。○末句「來」字反呼，懷去。

紀昀：「燕外」「鷗邊」亦是有意求新，從延清「宿雲鵬際落，殘月蚌中開」化出。前人未始不相師，但不似後人偷句耳。

羣盜哀王粲，中年召賈生。登樓初有作，前席竟爲榮。宅入先賢傳，才高處士名。異時懷二子，春日復含情。

方回：此五詩成都草堂作，依嚴武爲工部參謀時也。末篇引王粲登樓、賈誼「前席」事，蓋謂信美而非吾土，如依劉表而非其心，猶有意賈生之召也。故他日詩曰：「白頭趨幕府，深覺負平生。」或問老杜詩如此等篇，細觀似亦平易。自山谷始學老杜，而後山繼之。「山谷學老杜而不爲」，此後山之言也，未知不爲如何？後山詩步驟老杜，而深奧幽遠，咀嚼諷詠，一看不可了，必再看，再看不可了，必至三看、四看，猶未深曉何如〔八〕者耶？曰：後山述山谷之言矣，譬之弈焉，弟子高師一着，始及其師。老杜詩所以妙者，全在闔闢頓挫耳，平易之中有艱苦。若但學其平易，而不從艱苦求之，則輕率下筆，不過如元、白之寬耳。學者當思之。

馮舒：一看已了，再看、三看愈不了，方是老杜妙處。若一看不可了，再看、三看猶未深曉，恐便入鬼道。○反謂黃、陳高於老杜，寃哉！○元、白何嘗寬？

馮班：夢語可厭。此五首何嘗平易？○此論亦深，然謂元、白輕率，未知唐人之妙處也。學陳、黃易耳，元、白難近也，元、白豈陳、黃可及耶？○白公妙在寬，元亦未嘗寬。○少陵本傳及他書皆云至蜀依嚴武，未見云爲武參謀，且「工部參謀」四字尤可異。

查慎行：不但知山谷，更深識老杜。

紀昀：此論深窺工部筆法，然又須知何以能闔闢頓挫。

何義門：雖存晚計，要非終焉之地，如王、賈已屬不幸，猶愈今所處也。○「處士」，言二子終顯於王朝，不淪没於處士中也。○末句「春日」結。

春遠

肅肅花絮晚，霏霏紅素輕。日長唯鳥雀，春遠獨柴荆。數有關中亂，何曾劍外清。故鄉歸不得，地入亞夫營。

方回：後四句全是感慨，前四句言春事而起勢渾雄，無一字纖巧鬭合。大抵老杜集，成都時詩勝似關、輔時，夔州時詩勝似成都時，而湖南時詩，又勝似夔州時，一節高一節，愈老愈剥落也。〔按：成化本「起勢渾雄」句，「起」作「氣」。「關、輔時」下有一「詩」字。下句無「成都時而」四字。「湖南」下無「時詩」二字。又下句「似夔州」作「成都」。據康熙五十二年及紀昀刊誤本校改。〕

紀昀：起二句究是纖巧鬭合。○此宗山谷之論，其實英雄欺人。杜詩佳處卷卷有之，若綜其大凡，則晚歲語多頹唐，精華自在中年耳。

何義門：第六句變换妙。○末句是反言以託諷，言天子尚無如之何，吾將安歸也？

紀昀：「紅」指花，「素」指絮。

奉酬李都督表丈早春作

力疾坐清曉，采詩悲早春。轉添愁伴客，更覺老隨人。紅入桃花嫩，青歸柳葉新。望鄉應未已，四海尚風塵。

方回：「采」字舊作「來」字，或見奉酬李都督，謂此是「來」字，非也。「力疾」、「采詩」，是重下斡旋字，若「來」字則無味，亦無力矣。「桃花」對「柳葉」，人人能之，惟「紅」字下着一「入」字，「青」字下着一「歸」字，乃是兩句字眼是也。大凡詩兩句説景，大濃大鬧，即兩句説情爲佳。「轉添」、「更覺」，亦是兩句字眼，非苟然也。所以悲早春，所以轉愁，所以更老，尾句始應破以四海風塵，兵戈未已，望鄉思土，故無聊耳。此乃詩法。

查慎行：愚意「采」字不若「來」字渾成。

紀昀：究是「來」字，此説穿鑿不通。○煉字乃詩中之一法。若以此爲安身立命之所，則「九僧」、「四靈」，尚有突過李、杜處矣。虚谷論詩，見其小而不知其大，故時時標此爲宗旨。

查慎行：三、四從虚處着筆，倍見力量。

春山夜月

于良史

春山多勝事，賞翫夜忘歸。掬水月在手，弄花香滿衣。興來無遠近，欲去惜芳菲。南望鳴鐘處，樓臺深翠微。

方回：「掬水」、「弄花」一聯，恐是偶然道着。先得一句，又凑一句，乃成全篇。於六句緩慢之中，安頓此聯，亦作家也。

馮班：三、四名句。

查慎行：三、四句法雖工，終屬小巧。

紀昀：五、六頗有新味，好於三、四。

許印芳：此評有眼力。

無名氏(甲)：晚唐非無佳句，但看過杜詩，便覺纖細不足爲耳。

許印芳：于良史，字里未詳，官侍御。◯小家詩多如此，其弊至於有句無聯，有聯無篇。大家則運以精思，行以灝氣，分之則句句精妙，合之則一氣渾成，有篇有句，斯爲上乘。學者當以大家爲法，此等不可效尤也。

江南春

張司業

江南楊柳春，日暖地無塵。渡口過新雨，夜來生白蘋。晴沙鳴乳雁〔九〕，芳樹醉游人。向晚青山下，誰家祭水神？

方回：思新，不拘對偶，可喜。

馮班：結得遠。

紀昀：結句偏枯而單弱，馮云「結得遠」，非也。

何義門：此是楚辭中所謂「江南」，故有落句。

紀昀：三、四自然，其妙在於「紅入」、「青歸」之上，而虚谷不知。

許印芳：張籍，字文昌，烏江人，官司業。○虚谷原選此詩之前有老杜早春詩，五、六句云：「紅入桃花嫩，青歸柳葉新。」虚谷盛稱「紅入」、「青歸」字法之妙，故曉嵐論及之。

晚春從人歸覲〔一〇〕

周　賀

鳥鳴春日曉〔一一〕，喜見竹門開。路自高巖出，人騎瘦馬來。折花林影動，移石澗聲回。更欲留深語，重城暮色催。

方回：五、六得賈浪仙「過橋分野色，移石動雲根」之意。周賀者，清塞上人也，後還俗。

紀昀：是從賈詩脱出，然不及賈之闊大。

紀昀：題不了了，與詩亦不對，再校。○「曉」起「暮」結，清極。

春　日

李咸用

浩蕩東風裏，徘徊無所親。危城三面水，古木一邊春。衰世難行道，花時不稱貧。滔滔天下者，何處問通津？

方回：「古木一邊春」，絶好。「危城三面水」，不知指何郡？蓋多有之。「衰世難行道」，太淺露。以一句好，不容棄也。

馮班：古人行道，只在立身行己。平常處衰世薄俗，古道自然難行，此妙句也。如宋朝道學先生正是衰世，好合朋黨，倡議論，想方君於此句不解也。推官當唐亡之日，何須回護？「衰世難行道」，正是妙句，方君不解，固哉方叟之爲詩也。

紀昀：晚唐詩往往露骨，然佳句不可没。〇六句却好。

春日即事

耿湋

數畝東臯宅，青春獨屏居。家貧童僕慢，官罷友朋踈。强飲沽來酒，羞看讀了書。閒花更滿地，惆悵復何如。

方回：荆公選唐詩不取此首，豈謂三、四淺近？然實近人情。孟浩然「多病故人踈」，尤有氣耳。「沽來」、「讀了」等字，格卑。

馮班：取舍正不在此。

紀昀：淺近之語，有不近人情者。杜荀鶴「勢敗奴欺主，時衰鬼弄人」句，何嘗非實語乎？

○謂格卑，此論却是。

無名氏（甲）：又有登第詩「童僕生新敬」，即此意也。○王績字無功，居東皋，有醉鄉記。

春日客舍晴原野望

陳　羽

東風吹暖氣，消散入晴天。漸變池塘色，欲生楊柳烟。蒙茸花向月〔二〕，潦倒客經年。鄉思盈愁望，江湖春水連。

方回：三、四能言早春之意。五、六以景對情，不費力。

馮班：次聯常言耳，脱胎謝康樂，得起句妙，不厭其偷。一直四句，所以妙。

陸貽典：次聯從康樂「池塘生春草」脱胎，却遜自然。

查慎行：次聯對句動宕。

紀昀：起四句極有意象。五、六有物尚乘時人獨失所之慨。對法甚活，但語弱耳。結尤少力。

許印芳：後半語意渾融，和緩中有骨力，正是唐人身分。此評未的。

許印芳：陳羽，江東人，官東宫尉佐。

蜀城春望

崔　塗

天涯憔悴身，一望一沾巾。在處有芳草，滿城無故人。懷材皆得路，失計獨傷春。青鏡不忍照，鬢毛應更新。

紀昀：五、六亦太直。

馮班：中四句傷心。

方回：三、四佳，但太悲苦。

春日〔一三〕題山家

李郢

偶與樵人熟，春殘日日來。依崗尋紫蕨，挽樹得青梅。燕静銜泥起，蜂喧抱蘂回。嫩茶重攪緑，新酒略炊醅。漠漠蠶生紙，涓涓水弄苔。丁香政堪結，留步小庭限。

方回：六韻無句不工，惟聖俞許發運寒食偶書六韻足以敵之。

何義門：句句新。

紀昀：又是一種妙，無酸餡氣。

酬劉員外見寄

嚴維

蘇耽佐郡時，近出白雲司。藥補清羸疾，窗吟絶妙詞。柳塘春水漫〔一四〕，花塢夕陽遲。欲識懷君意，朝朝問檝師[15]。

方回：五、六全於「漫」字上「遲」字上用工。

馮舒：五、六名句。

查慎行：五、六全於第五字用意。

何義門：測水痕，候日影，五、六正含落句，不徒爲體日景物語，故韻味深。

許印芳：嚴維，字正文，山陰人。官校書郎。

早春松江野望

竇鞏[16]

江村風雪霽，曉望忽驚春。耕地人來早，營巢鵲語頻。帶花移樹小，插槿作籬新。何事勝無事，窮通任此身。

方回：竇氏聯珠集，常、牟、鞏、羣、庠五昆弟詩一百首，乾德三年太常博士和峴跋[17]。荊公於鞏取八首而不收此詩。劉後村自云「未見聯珠集」。第七句尤佳。

紀昀：未見佳處。

紀昀：「武功」一派。

許印芳：竇鞏，字友封。官秘書少監。

春日野望

李中

野外登臨望，蒼蒼烟景昏。暖風醫病草〔一八〕，甘雨洗荒村。雲散天邊影，潮回島上痕。故人不可見，倚杖役吟魂。

方回：第三句新異，第四句淡而有味。

紀昀：情景俱佳，格亦不俗。〇末句不好，「役吟魂」三字劣。

許印芳：李中，字有中，九江人。〇首句原本云：「野外登臨望。」下三字湊合，不成句法。尾句原本云：「倚杖役吟魂。」紀批云「下三字劣」。今并易之，首句改爲：「野外閒登望」，尾句改爲「倚杖暗銷魂」。

早春寄華下同志

裴説

正是花時節，思君寢復興。市沽終不醉，春夢亦無憑。嶽面懸青雨〔一九〕，河心走濁冰。東門一條路，離恨鎮相仍。

方回：五、六巧，第七句頗俗。

馮舒：方君每以字面爲俗，似全不知詩者。

馮班：如何俗？想方君不曾到河上。

錢湘靈：俗不在此。

陸貽典：佳句也，何以爲俗？

紀昀：五、六極刻畫而不佳，五句尤不佳。評七句是。

何義門：雨未作，凍已釋，言不應阻滯也。○落句以今日會難，追憾向時之別易也。

早春

司空圖

傷心仍客處[二〇]，病起却花朝[二一]。草嫩一作「軟」。侵沙短[二二]，冰輕着雨消。風光知一作「和」。可愛，客鬢[二三]不相饒。早晚丹丘伴，飛書肯見招。

方回：起句十字四折。此公有一鳴集，自誇其詩句之得意者五言，觀此亦可知也。

馮班：頷聯名句。

何義門：發端所謂「人生天地間，忽如遠行客」也，已呼起結句，除是神仙不悲老至耳。三、四固名句，破題於「早春」，則微遠極矣，詩至此真近佛心。○宋以後高手所以不如唐人，意味有限者，在有句無篇，苦心極力，只學得三、四，不知妙在首尾。

紀昀：刻畫之至，不失自然。○固是苦吟有悟，亦由骨韻本清。姚武功搜盡枯腸，終是酸餡氣。

許印芳：司空圖，字表聖，河中人，官舍人，唐末隱居王官谷。○「客」字複。

履道春居　白樂天

微雨灑園林，新晴好一尋。低風洗池面，斜日坼花心。暝助嵐陰重，春添水色深。不如陶省事，猶抱有絃琴。

方回：中四句皆下句好，「春添水色深」尤好。尾句翻案尤佳。

紀昀：本非翻案。

馮班：次聯名句。○體物入微。

查愼行：誰謂香山淺易？皆耳食而不味其胾者也。

紀昀：三句纖而拙，六句好，七句不成文。

和春深　二十首選五首

何處春深好？春深富貴家。馬爲中路鳥，妓作後庭花。羅綺驅論隊，金銀用斷車。眼前何所苦？惟苦日西斜。

紀昀：此種題作此種體，格意自不能高。

查慎行：第三句不解。

錢湘靈：和韻盛於元、白。

何處春深好？春深執政家。鳳池添硯水，雞樹落衣花。詔借當衢宅，恩容上殿車。延英聞對久，門與日西斜。

無名氏（甲）：凡頒赦日，金雞置於樹端，謂之「雞樹」。又雞舌香、丁香，郎官含之以避臭。

何處春深好？春深方鎮家。通犀排帶胯，瑞鶻勘袍花。飛絮衝毬馬，垂楊拂妓車。戎裝拜春設，尤握寶刀斜。

無名氏（甲）：「春設」即迎春祭社祈穀之類。

何處春深好？春深刺史家。陰繁棠布葉，歧秀麥分花。五匹鳴珂馬，雙橋畫戟車。和風引行樂，燁燁隼旗斜。

何處春深好？春深學士家。鳳書裁五色，馬鬣剪三花。蠟炬開明火，銀臺賜物車。相逢不敢揖，彼此帽欹斜。

方回：此所謂「家」、「花」、「車」、「斜」，元、白、劉各賦二十首。今於白取五首，元、劉略之。依次押韻，至此而盛，詩之趣小貶矣。虛空想像，無是景而爲是語，騁才馳思，則亦可喜矣。

紀昀：依次押韻云云，此論最是。虛空想像云云，有語病。

原上新春

王　建

自掃一間房，唯鋪獨卧床。野羹溪菜滑，山紙水苔香。陳藥初和蜜，新經未入黄。近來心力少，休讀養生方。

無名氏（甲）：「水苔」可作紙。「黄」即松芸之類，能辟蠹。今經新，故「未入」也。

住處去山近，傍園麋鹿行。野桑穿井長，荒竹過牆生。新識隣里面，未諳村舍情。石田〔二四〕無力及，賤賃與人耕。

方回：老杜謂「清新」，此等語亦清新者也。但前首起句十字差俗。

馮舒：只説字面。

馮班：俗字不妨，俗意乃不可耳。

紀昀：是纖瑣，非清新。

馮舒：本集題作原上新居，詩亦不專作春語。〇此二首重見。

馮班：通篇詠新居，非新春也。

查慎行：寧取平易，勿取艱澀生新。

紀昀：二詩又見三十二卷「閒適類」，評語不同。〇亦自「武功」分派，而俗又甚焉。

春日題韋曲野老邨舍

許渾

背嶺枕南塘，數家村落長。鶯啼幼婦懶，蠶出小姑忙。烟草近溝濕，風花臨路香。自憐非楚客，春望亦心傷。

方回：予選詩以老杜爲主。老杜同時人皆盛唐之作，亦皆取之。中唐則大曆以後，元和以前，亦多取之。晚唐諸人，賈島開一別派，姚合繼之。沿而下，亦非無作者，亦不容不取之。惟許渾丁卯集，予幼嘗讀之，喜焉，漸老漸不喜之。以後山和東坡渾字韻有云：「誰云作許渾？」因是尤不心愜。

紀昀：按後山詩乃「末世無高學，舉俗愛許渾」，此誤。

方回：每以許詩比較後山詩，乃知後山萬鈞古鼎，千丈勁松，百川倒海，一月圓秋，非尋常依平仄、儷青黄者所可望也。大抵工有餘而味不足，即如人之爲人，形有餘而韻不足，詩豈在專對偶聲病而已哉？近世學晚唐者，專師許渾七言，如「水聲東去市朝變，山勢北來宫殿高」之類，以爲摹楷。老杜詩中有此句法，而無「東去」「北來」之拘，如「湘潭雲盡暮山出，巴蜀雪消春水來」，下句佳，上句不牽强乎？

馮班：「東去」「北來」四字甚穩，非拘也。○何言「牽强」？

查慎行：「暮」字無着。

方回：如此詩「幼婦」「小姑」，工則工矣，而病太工。

馮班：此却不好，只恨未工耳。

方回：草近溝而濕，花臨路而香，多却「烟」、「風」二字，亦未爲甚高。

馮舒：草帶烟所以濕，花遇風所以香，何爲病其不高？

查慎行：五、六「香」字從「風」字來，出句「烟」字、「濕」字都不相關。

陸貽典：近溝之草帶烟而濕，臨路之花因風而香，意曲理直，方公以爲多「烟」「風」二字何也？

方回：以荆公嘗選此詩，予亦不棄。且就是發明，以開晚進之未透者。

馮班：「烟」「風」二字妙。○許詩多佳句，新麗可愛，後山酷不喜之，正由工夫太細耳。後山恨粗。

錢湘靈：許詩太整，是其一病。然句活利，學者不及。

紀昀：三句有思致而不自然。

游春 姚合

卑官還不惡，行止[二五]得逍遥。晴野花侵路，春波[二六]水上橋。塵埃生暖色，藥草長新苗。看却烟光散，狂風處處飄。

紀昀：武功詩欲求詭僻，故多瑣屑之景，以避前人蹊徑。佳處雖有，而小樣處太多。如此詩三、四自好，五、六尚不傷雅。次首中四句則下劣甚矣。學者不可不知。

身被春光引，經時更不歸。嚼花香滿口，書竹粉粘衣。弄日鶯狂語，迎風蝶倒飛。自知疎懶性，得事亦應稀。

方回：姚少監合，初爲武功尉，有詩聲，世稱爲姚武功，與賈島同時而稍後，似未登昌黎之門。白樂天送知杭州有詩。凡劉、白以後詩人集中皆有姓名，詩亦一時新體也。而格卑於島，細巧則或過之。

紀昀：格卑於島，武功定評。謂細巧過之，則不然，過處正是不及處。

方回：武功有官況三十首，趙紫芝多選取配賈島，以爲二妙集，蓋四靈之所宗也。武功游春詩十二首，今選取二。「晴野花侵路」一聯不甚雕刻，「嚼花香滿口」一聯即于良史「掬水月在手，弄花香滿衣」也，即老杜「步屧風吹面，看松露滴身」也，而淺深輕重亦可見矣。「迎風蝶倒飛」，即春秋「六鷁退飛」語耳。詩至於此，自是新美。

查慎行：「步屧」「看松」，乃韻事也，「嚼花」莫殺風景否？

紀昀：以此爲新美，則魔障深矣。

方回：又如十首中有云「正月一日後，尋春更不眠」，如「看水閒依路，登山欲到天」，如「未曉衝寒起，迎春忍病行。樹枝風掉軟，菜甲土浮輕」，如「趁暖簷前坐，尋芳樹底行。土融凝野色，水敗滿池聲」，如「愛花林下飲，戀草野中眠」，如「向陽傾冷酒，看影試新衣」，皆可喜，而其病在乎矜誇無感慨。

紀昀：感慨而後爲詩乎？

方回：沾沾自喜之所爲，如「摘花盈手露」似佳，下句云「折竹滿庭烟」，則不稱也。如揚州春詞云：「滿郭是春光，街衢土亦香。竹風輕履舄，花露膩衣裳。」起句十字好，第四句亦好，第三句却是湊合成對，取春間意味也。

方回：予謂詩家有大判斷，有小結裹。姚之詩專在小結裹，故「四靈」學之。五言八句，皆得其趣，七言律及古體則衰落不振。又所用料，不過花、竹、鶴、僧、琴、藥、茶、酒，於此幾物，一步不可離，而氣象小矣。是故學詩者必以老杜爲祖，乃無偏僻之病云。

馮班：「四靈」氣象小，更不及武功。評「四靈」確。

紀昀：精確之論。

無名氏（甲）：方公評語，講究句法。在初學亦好藉此入門，但本原却未見到。蓋少陵之所以獨出者，以其性情之正，學問之深，發爲詩章，自然工巧耳。今不於本源之地求之，而徒校量於字句間，抑末矣。又如李太白詩，亦關國運。韓文公純是文章經術之氣，元、白雖可删者多，而其至處亦可考見盛衰得失。乃至晚唐，而此風絶響。則雖鉥腎鏤心，有何關係？此集良楛不別，美惡無分。畢竟詩之正鵠何在？益人甚少，而貽害實多，不可不辨也。

紀昀：「迎風」句太纖瑣。

春日述懷

魏仲先

春暖出茅亭，攜笻傍水行。易諳馴鹿性，難辨鬭雞情。妻喜栽花活，兒誇鬬草贏〔二七〕。翻嫌我慵〔二八〕拙，不解强謀生。

方回：真宗太平之世，有如此等高尚詩人。潘逍遥、楊東里、林孤山，皆是人也。五、六精極，第四句一字犯重，當考。

馮舒：兩「鬬」字難换。

紀昀：小有致耳，不得曰「精極」。

馮班：腹聯深。

查慎行：五、六句，眼前語，却成名聯。○「鬬」字重。

紀昀：三、四寓忘機無争之意。

許印芳：魏野，字仲先，號草堂。

春日登樓懷歸

寇萊公

高樓聊引望，杳杳一川平。野水無人渡，孤舟盡日横。荒村生斷靄，古寺語流鶯。舊業遥清渭，沉思忽自驚。

方回：萊公詩學晚唐，九僧體相似。「野水無人渡，孤舟盡日横」之聯，説者以爲兆相業，只看詩景自好。下二句尤流麗。

紀昀：此評最通，足見詩話之陋。

馮班：頷聯即「野渡無人舟自横」也，此只是偷句，乃韋左司句，不足奇，下聯却好。

查慎行：三、四借韋蘇州「野渡無人舟自横」一句化作兩句。

何義門：三、四雖有本，却不厭。

紀昀：氣體自高。○三、四實本蘇州「野渡無人舟自横」句，然不覺其衍。

許印芳：寇準，字平仲。封萊國公，謚忠愍。

暮春

余襄公

草帶全鋪翠，花房半墜紅。農家榆莢雨，江國鯉魚風。堤柳綿争撲，山櫻火共烘。長安少年客，不信有衰翁。

方回：三、四好，餘艷而冗。

馮舒：「堤柳」「山櫻」，但傷平耳，何謂「冗」？更着首二句則冗矣。

馮班：「山櫻」句，律不調。「火共烘」，律太犯。

陸貽典：「火共烘」，犯律病。

紀昀：鯉魚乃九月風，用於暮春，未詳所本，句却鮮脆。六句從「山櫻開欲然」生出，却不雅馴。

春寒

梅聖俞

春晝自陰陰，雲容薄更深。蝶寒方斂翅，花冷不開心。亞樹青帘動，依山片雨臨。未嘗辜景物，多病不能尋。

方回：梅詩淡而實麗，雖用工而不力。

馮班：艷而冗。

紀昀：詩未有不用工者，功深則興象超妙，痕迹自融耳。醞釀不及古人，而剽其空調以自託，猶禪家所謂頑空也。

馮舒：此亦不減周賀輩。

紀昀：三、四託意深微，妙無痕迹，真詩人之筆，惟「寒」「冷」字複。六句用庾子山「山根一片雨」句，然「臨」字不穩。

寒食前一日陪希深遠游大字院

一百五將近，千門烟火微。閒過少傅宅，喜見老萊衣。晚雨竹間霽，春禽花上飛。禪庭清溜滿，幽興自忘歸。

方回：洛陽大字院係唐太子太傅白樂天故宅。五、六清麗。

紀昀：殊太平易。◯「老萊衣」何指？

小圃春日

林和靖

岸幘倚微風，柴籬春色中。草長團粉蝶，林暖墜青蟲。載酒爲誰子？移花獨乃翁〔二九〕。於陵偕隱事，清尚未相同。

方回：中四句工不可言。

馮舒：神宗以前真不減唐。

紀昀：「團」「墜」二字有工夫。

許印芳：林逋，字君復，謚和靖。

東皋

王半山

起伏晴雲徑，縱横暖水陂。草長流翠碧，花遠没黄鸝。楚製從人笑，吴吟得自怡。東皋興不淺，游走及芳時。

方回：三、四甚工。

馮舒：「翠碧」何物？

查慎行：「碧」字疑誤，俟考。

紀昀：三、四小巧，然對句勝出句。末句「游走」二字不佳。

無名氏（甲）：「楚製」，如荷衣、荔裳之類。

許印芳：王安石，字介甫，號半山，封荆國公。

半山春晚即事

春風取花去，酬我以清陰。翳翳陂塘〔三〇〕静，交交園屋深。牀敷每小息，杖屨或幽尋。惟有北山鳥，經過遺好音。

方回：半山詩工密圓妥，不事奇險。惟此「春風取花去」之聯，乃出奇也。餘皆淡静有味。

馮舒：何奇？○傷筋露骨以爲奇，詩之惡境也。

馮班：首句宋氣。

查慎行：起句律中變格，下聯承「清陰」二字來。

陸庠齋：此等起法，終不足稱。

紀昀：七詩俱高雅。○「風」字，李雁湖本誤作「陰」。「翳翳」、「交交」，雁湖注皆言「清陰也」。

「牀敷」字出寶積經，詳雁湖注。

即事

徑暖草如積，山晴花更繁。縱横一川水，高下數家村。静憩雞鳴〔三一〕午，荒尋犬吠昏。歸來向人説，疑是武陵源。

方回：詩話載云：「自謂武陵源不好，韻中別無韻也。」東坡嘗親書此詩。

許印芳：武陵源事已爛熟，故嫌不好，此説非是。

查慎行：不事組織，摛藻清華。

紀昀：中四句並佳，而三、四尤勝。

欲歸〔三二〕

水漾青天暖，沙吹白日陰。塞垣春錯寞，行路老侵尋。緑稍還幽草，紅應動故林。留連一杯酒，滿眼欲歸心。

方回：雁湖注謂簡齋「紅緑扶春上遠林」亦似此佳。

紀昀：各自一意，此二句力在「稍」字、「應」字。虚實相配，情景俱到。

查慎行：此介甫送北使時作，下同。

紀昀：此不減杜。○五、六高妙，對句尤天然生動。

許印芳：荆公詩鍊字、鍊句、鍊意、鍊格，皆以杜爲宗。集中古今體詩，多有近杜者。然非形貌近杜，乃骨味神韻闇與之合也。詩不學杜，必不能高。而善學者，百無一二。唐之義山，宋之半山、山谷、後山、簡齋，此五家者真善學杜者也。後人欲入浣花翁之門，須從此五家問津。

許印芳：詩成之後，拈詩中「欲歸」二字爲題，老杜慣用此例。○「稍」，上聲。「應」，平聲。

宿雨

緑攪寒蕪出，紅争暖樹歸。魚吹塘水動，雁拂塞垣飛。宿雨驚沙静，晴雲漏晝稀。却愁春夢短，燈火着征衣。

方回：未有名爲好詩而句中無眼者，請以此觀。〔按：方回在「緑攪寒蕪出，紅争暖樹歸。魚吹塘水動，雁拂塞垣飛。宿雨驚沙静，晴雲漏晝稀」六句「攪」「争」「吹」「拂」「驚」「漏」字旁皆加圈。〕

紀昀：好詩無句眼者不知其幾。此論偏甚，亦陋甚。

馮班：唐人用事，全句活現；宋人用事，欲新反駁，全句似死。唐在意，宋在字，相去遠矣。

紀昀：「攬」字險而纖，不及「緑稍還幽草，紅應動故林」二句自然。

將次洺州憩漳上

漠漠春風裏，茸茸緑未齊。平田鴉散啄，深樹馬迎嘶。地入河流曲，天隨日去低。高城已在眼，聊復解輕齎。

方回：雁湖注謂：「田之平衍，鴉乃散啄；馬喜嘉蔭，望樹而嘶。此二句甚妙，可畫」。雁湖別注云：「公多有使北詩，而本傳、年譜皆不載。嘗出疆，獨温公朔記云云。」今欲歸〔三三〕至此三詩，皆送契丹使時所作。

紀昀：「獨温公朔記云云」，亦宜補録全文。

無名氏（甲）：洺州，在廣州府。

許印芳：第六句亦佳。

春日

冉冉春行暮，菲菲物競華。鶯猶求舊友，燕不背貧家。室有賢人酒，門無長者車。醉眠聊自適，歸夢到天涯。

方回：此唐人得意詩，恐誤入半山集中，而雁湖亦爲之注。姑存諸此，候考。

紀昀：半山詩境可以到此，何據而定爲唐詩？

馮舒：「賢人酒」、「長者車」，直述老杜語，然杜題是走邀許主簿，故妙。此較寬。

馮班：五、六全用少陵詩。

查慎行：春日詩易作難工，如此詩三、四景中有意，乃爲絶唱，老杜家法也。○「座對賢人酒，門停長者車」，少陵成語也。半山熟於唐詩，往往有此病。他如「昔逢減劫壞，今遇勝緣脩」，二句亦出樂天集，一時不及檢點耳。

紀昀：第四句最警，并上句常語亦增色。六句全用杜句，太現成。

暮春〔三〕

春期行晼晚，春意賸芳菲。曲水應修禊，披香未試衣。雨花紅半墮，烟樹碧相依。悵望夢中地，王孫底不歸？

方回：夢中之夢，當是用作平聲。左傳：「楚雲夢地曰夢中。」

馮舒：「王孫歸兮不歸」，是用楚辭，自然是雲夢之「夢」，況又云「夢中」乎？何用疑也？

馮舒：直作唐人看。

暮春遊柯市人家

張宛丘

桃李雖云過，林塘老景濃。幽花冠曉露，高柳旆和風。草木家家秀，溝塍處處通。況聞時雨足，高枕待年豐。

方回：句句自然。

馮班：第二聯正欠自然。

查慎行：「冠」「旆」二字硬入句中作眼，何得云「自然」？

紀昀：三、四豈可謂之自然？

馮舒：「冠」「旆」畢竟生造。溝塍既處處通矣，何用況聞？

錢湘靈：詩眼，可恨。

紀昀：馮云「溝塍處處通，何用況聞」，語殊未是，溝塍本自相通，不必定因雨漲，雨自可另作一層。

紀昀：「冠」「旆」字吃力求奇，而轉入魔道。

早春

陳後山

度臘不成雪，迎年遽得春。冰開還舊緑，魚喜躍修鱗。柳及年年發，愁隨日日新。老懷吾自異，不是故違人。

方回：極瘦有骨，盡力無痕，細看之句中有眼。〔按：方回在「迎年遽得春，冰開還舊緑，魚喜躍修鱗」三句「遽」「還」「躍」字旁加圈。〕

馮舒：八字批得妙。

馮舒：「冰乍開」，水尚欠緑也。第六句湊甚。落句只結得「愁隨日日新」，未穩足。○二、三句一串下。

紀昀：馮云：「冰乍開，水尚欠緑。」然「緑」字本唐人東風解凍詩。又云：「湊甚，落句只結得『愁隨日日新』，未穩足。」不知此以「柳發」引入「愁新」，十字流水，故單以「愁新」爲結，正是唐人詩法，不得以才調集板對繩之。

陸貽典：起四句何減老杜？

紀昀：自然閒雅，良由氣韻不同。

許印芳：「年」字、「不」字俱複。

和仲良春晚即事

楊誠齋

貧難聘歡伯，病敢跨連錢。夢豈花邊到，春俄雨裏還。一犂關五秉，百箔候三眠。只有書生拙，窮年墾紙田。

方回：零陵丞時詩。仲良者，永州司法張材，山東人。「連錢」「紙田」，用韻好勝之過。「一犂」「五秉」、「百箔」「三眠」，湊合亦佳，但恐少年作未自然，學詩者不可不由此入也。五首取一。

查慎行：學詩若由此入，便誤走蹊徑。

紀昀：此評最允，虛谷亦儘有分明處。○未自然之評甚確，然不惡也。

馮班：起句不好，因貪用古語，「聘」字尤拙，「敢」字亦不妥。○「五秉」字湊。五、六句兩截。

馮舒：刻意作新。

○起結不相顧，撤。

紀昀：末二句正應首二句，馮云首尾不相應，不可解。

查慎行：「連錢」如何替得「馬」字？五句牽强。

無名氏（甲）：「歡伯」，酒。「連錢」，馬。

許印芳：楊萬里，字廷秀，號誠齋。○此章中二聯鍊句可學，三、四句合首聯看，卻犯平頭病，此不可學;「歡伯」、「連錢」、「紙田」之類,用來皆小樣,亦不可學。

小園早步

趙昌父

今朝欣雨止,天氣漸柔和。籬落小桃破,階除馴雀多。占方移果樹,帶土數蔬科。農務侵尋及,吾寧久卧痾。

方回:章泉乾道丙戌詩猶少年作也,亦頗似晚唐,已工麗如此。其後日益高古清瘦,乃不肯作此體。

紀昀:云似晚唐,甚似。然語頗圓熟,以爲工麗則非也。

馮舒:「數蔬」字畢竟聱牙。

春晚雜興

陸放翁

池面萍初紫,牆頭杏已青。攜兒撑小艇,留客坐孤亭。相法無侯骨,生平直酒星。正須遺萬事,莫遣片時醒。

方回:「留客坐孤亭」,雖無奇,却有味。五、六新異。

紀昀:亦習用之典,不爲新異。

紀昀：未免太薄。

無名氏（甲）：孔北海云：「天有酒星。」

暮春二首

季子黄金盡，安仁白髮新。無情五更雨，便送一年春。難續西樓夢，空存北陌身。海棠應似舊，惆悵又成塵。

紀昀：此首率。

緑葉枝頭密，青蕪陌上深。江山妨極目，天地入孤吟。身已雙蓬鬢，家惟一素琴。世情君莫説，頭痛欲岑岑。

方回：並熟律。

錢湘靈：穩貼，無俗氣。

查慎行：三、四老勁。

紀昀：三、四沉著。結太激，亦太俚。

小舟游西涇渡西江而歸

小雨重三後，餘寒百五前。聊乘[三四]瓜蔓水，閒泛木蘭船。雪暗梨千樹，烟迷柳一川。西岡夕陽路，不到又經年。

方回：三、四極新。

紀昀：不足言新。

陸貽典：春水大發謂之「瓜蔓」，言綿延也。

查慎行：「瓜蔓水」「木蘭船」作對固然佳，然學詩若靠此等字樣，進境便難。○結處閒淡有餘情。

紀昀：語亦清妥，然效之易入空腔。

初春雜興

水長鷗初泛，山寒茗未芽。深林聞社鼓，落日照漁家。渡遠呼船久，橋傾取路斜。客愁慵遠眺，不是怯風沙。

方回：八句皆佳，而三、四尤古遠。

紀昀：三、四天然有景，五、六新而不碎。

許印芳：「遠」字複。

中春偶書

隣曲祈蠶候，陂塘浸種時。春寒薪炭覺，雨霽鼓鐘知。驢瘦衝泥怯，魚驚食釣遲。衰翁一味懶，耕養愧吾兒。

方回：三、四能以常語爲新。

查慎行：第三句生而不新。

馮班：鐘聲與「雨霽」無與。

淇：久雨則鐘聲不脆，自有理，不必抹。〔按：馮班在「雨霽鼓鐘知」句旁加抹。〕

紀昀：三句太做作，四句便自然。

七言 五十二首

立春

杜工部

春日春盤細生菜，忽憶兩京梅發時。盤出高門行白玉，菜傳纖手送青絲。巫峽寒江那對眼，杜陵遠客不勝悲。此身未知歸定處，呼兒覓紙一題詩。

方回：老杜如此賦詩，可謂自我作古也。第一句自爲題目，曰「春日春盤細生菜」。第二句下「忽憶」二字已頓挫矣。三、四應盤、應菜，加以「白玉」「青絲」之想，亦所謂「忽憶」者也。巫峽江、杜陵客不見此物，又只如此大片繳去，自有無窮之味。晚唐之弊既不敢望此，「江西」之弊又或有太粗疎而失邯鄲之步，亦足以發文章與時高下之歎也。

馮班：此「江西」祖派也。

紀昀：此詩本不佳，此評却公。

馮舒：律詩本貴乎整，老杜晚年以古文法爲律，下筆如神，爲不可及矣。然須讀破萬卷，人與文俱老，乃能作此雅筆。淺學效顰學步，吾見其躓也。「江西」不學沈、宋，直從杜入，細膩處太少，所以不入杜詩堂奥也。

紀昀：所選少陵七言六首，多頽唐之作。蓋宋人以此種爲老境耳。

許印芳：首聯皆拗調，而上下句不黏。中四句皆平調，而上下聯不黏，又與首聯尾聯皆不黏。尾聯上句古調，下句平調，合之爲拗調。首尾拗而中間平，其不相黏處皆用變體，在七律中另是一格。

曲江二首

一片花飛減却春，花飄〔三五〕萬點更愁〔三六〕人。且看欲盡花經眼，莫厭傷多酒入唇。

江上小堂巢翡翠，苑邊〔三七〕高冢卧麒麟。細推物理須行樂，何用浮名絆此身？

方回：第一句、第二句絶妙。一片花飛且不可，況於萬點乎？小堂巢翡翠，足見已更離亂；高冢卧麒麟，悲死者也。但詩三用「花」字，在老杜則可，在他人則不可。

紀昀：西子捧心，不得謂之非病；「老杜則可」之説，猶是壓於盛名。

馮舒：今人改第二「花」爲「風」已不可，又改「花邊」爲「苑邊」，更不可也。○落句開宋。

查慎行：三句連用三「花」字，一句深一句，律詩至此，神化不測，千古那有第二人？

何義門：五、六句，物理。

紀昀：「經」字、「入」字有何可圈？○一結竟是後來邵堯夫體。

朝迴日日典春衣，每向江頭盡醉歸。酒債尋常行處有，人生七十古來稀。穿花蛺蝶深深見，點水蜻蜓欵欵飛。傳語風光共流轉，暫時相賞莫相違。

方回：七十者稀，古來語也。乾元元年春爲拾遺時詩，少陵年四十七矣。六月補外，豈諫有不聽，日惟以醉爲事乎？典衣而飲，所至有酒債，一窮朝士也。

查慎行：三、四句，游行自在。

張載華：李天生先生杜詩閱本「人生七十古來稀」句全抹，旁批「湊」字，與先生此條評語似屬判然。然各有指歸，學者於此細參，思過半矣。

紀昀：三、四不佳，前人已議之。五、六石林詩話所稱，然殊非少陵佳處。

曲江對飲

苑外江頭坐不歸，水精宫殿轉霏微。桃花細逐楊花落，黄鳥時兼白鳥飛。縱飲久拚人共棄，懶朝真與世相違。吏情更覺滄洲遠，老大悲傷〔三八〕未拂衣。

方回：三、四詩家一格，出于偶然。徐師川詩無變化，篇篇犯此。少陵爲諫官而縱飲、懶朝如此，殆以道不行也。

紀昀：此評最是。

何義門：第一句，虚含對酒。第二句，苑外。第三、四句，江頭。第五句「縱飲」，始出題；「人共棄」，頂「坐不歸」。第七句，反映曲江，更縱言之。

紀昀：淡語而自然老健。

曲江陪鄭八丈南史飲

雀啄江頭黄柳花，鵁鶄鸂鶒滿晴沙。自知白髮非春事，且盡芳樽戀物華。近侍只今難浪迹，此身那得更無家。丈人才力[三九]猶强健，豈傍青門學種瓜？

方回：此詩中四句不言景，皆止言乎情。後山得其法，故多瘦健者此也。

馮班：兩情兩景乃訓蒙法耳。大家老手，豈可拘此？

紀昀：晚唐詩但知點綴景物，故宋人矯之，以本色爲工。然此非有真氣力，則才薄者淺弱，才大者粗野，初學易成油滑，老手亦致頽唐，不可不慎也。〇一氣旋轉，清而不薄，此種最難學。

暮春

卧病擁寒在峽中，瀟湘洞庭虚映空。楚天不斷四時雨，巫峽長吹千里風。沙上草閣柳新暗，城邊野塘蓮欲紅。暮春鵷鷺立洲渚，挾子翻飛還一叢。

方回：張文潛有此等詩，平正伶俐自然。

何義門：第七句反對首四字。

紀昀：少陵吴體多警健。此乃拗而不佳，不必曲爲之詞。○結句不好。

許印芳：五、六句法好。玩末二語，詩乃懷人而作。題下當有脱落，不然尾句之下，當有小注，始見分曉也。

正月三日閒行

白樂天

黄鸝巷口鶯欲語，烏鵲橋頭冰欲銷。緑浪東西南北水，紅欄三百九十橋。蘇之官橋大數。鴛鴦蕩漾雙雙翅，楊柳交加萬萬條。借問春風來早晚，只從前日到今朝。

方回：黄鸝，坊名。烏鵲，橋名。九十之十，用作平聲，唐人多如此。

馮舒：作仄亦何不可？

查慎行：「十」叶平，音「諶」，謂之長安語。説略改音「旬」，舊音「忱」。

紀昀：此亦樂天純熟之境，然效之易成一種淺薄敷衍之格。

和程員外春日東郊

包何

郎官休浣憐遲日，野老歡娱爲有年。幾處折花驚蝶夢，數家留葉待蠶眠。藤垂宛一作「委」。地縈珠履，泉迸侵堦浸緑錢。直到閉關朝謁去，鶯聲不語一作「散」。柳含烟。

方回：第三句絶妙。

查慎行：有何妙處？

何義門：第七句應「休浣」。

紀昀：三、四好，餘不稱。○結句以「語」複「聲」，故改爲「散」。其實「語」字雖複而有意，「散」字不複而無味。

和牛相公春日閒望〔四〇〕

劉夢得

官曹崇重難頻入，第宅清幽且獨行。階蟻相逢如偶語，園蜂速去恐違程。人於紅藥偏憐色，鶯到垂楊不惜聲。東洛池臺怨抛擲，移文非久會應成。

方回：「階蟻」「園蜂」一聯，似已有「江西體」。「鶯到垂楊不惜聲」，絶唱也。

馮舒：「江西」畢竟無半句。

何義門：鈎黨刺促，閑坐縱觀，豈不如蜂蟻之紛紜乎？

紀昀：此評確。

查慎行：陸放翁七律全學劉賓客，細味乃得之。

何義門：只寫春日景物，略於首尾致意，深妙。第五言中書崇重，眷戀者多。第六則攀附者衆，不能不爲之紓意。我爲牛公計，惟有趨駕東洛而已。

紀昀：三、四究非佳語，不得以新取之。六句自好，五句湊泊不稱，結二句笨。

春日長安即事

崔魯

一百五日又欲來，梨花梅花[四一]參差開。行人自笑不歸去，瘦馬獨吟真可哀。杏酪漸香隣舍粥，榆烟將變舊爐灰。畫樓春暖清歌夜，肯信愁腸日九迴[四二]？

查慎行：前半既用「吴體」，後半不稱。

紀昀：有峭健之致。

許印芳：崔魯，字里未詳。大中時道士，有無機集。◯首聯古調。次聯拗調。第二句七字皆平，而天然入妙，不覺音節之乖。七平句當以此種爲式。◯「日」字複。

春晚岳陽城言懷

烟花零落過清明，異國光陰老客情。雲夢夕陽愁裏色，洞庭春浪坐來聲。天邊一與舊山別，江上幾看芳草生。獨凭闌干意難寫，暮笳嗚咽調孤城。

方回：兩篇詩律無斧鑿痕。張文潛多近此。

何義門：三、四所謂日暮途遠也。

紀昀：此詩較前篇稍薄。

賞春

姚合

閒人祇是愛春光，迎得春來喜欲狂。買酒恐遲令走馬，看花嫌遠自移床。嬌鶯語足方離樹，戲蝶飛高始過牆。顛倒醉眠三四日，人間萬事不思量。

方回：中四句皆工，起句皆散誕〔四三〕放曠。然只是器局小，無感慨雋永味。

馮舒：題是賞春，何須感慨？此語蓋爲「四靈」而發，然如此亦可謂雋永矣。

紀昀：此評是。

馮班：腹聯絶妙。「江西」人豈能如此雋永？大抵詩粗則少味，疲則味澀也。

查慎行：此之謂淺易。

紀昀：傖氣。○中四句是碎非工。

殘春旅舍

韓致堯〔四四〕

旅舍殘春宿雨晴，恍然心地憶咸京。樹頭蜂抱花鬚落，池面魚吹柳絮行。禪伏詩魔歸静域〔四五〕，酒衝愁陣出奇兵。兩梁免被塵埃污，拂拭朝簪待眼明。

方回：致堯〔四四〕詩無句不工，唐季之冠也。

紀昀：無句不工，談何容易！李、杜不能，况致堯乎？

紀昀：「恍然心地」四字不佳。五、六已逗宋格。唐季究以江東爲冠。

無名氏(甲)：「兩梁」，朝冠也。

春　盡

惜春連日醉昏昏，醒後衣裳見酒痕。細水浮花歸別澗〔四六〕，斷雲含雨入孤村。人間易得芳時恨，地迥難招自古魂。慚愧流鶯相厚意，清晨猶爲到西園。

何義門：以春盡比國亡，王室鼎遷，天涯逃死，畢生所望，於此日已矣。○元遺山嘗借次聯而續以「惟餘韓偓傷心句，留與纍臣一斷魂」，蓋以第三比叛臣事敵，第四比弱主之遷國也。

紀昀：後半極沉着，不類致堯他作之佻。○四句勝出句。六句言非惟今人無可語，併古人亦不可招，甚言其寥落耳。

暮春山行田家歇馬

李郢

雨濕菰蒲斜日明，茅廚煮繭掉車聲。青蛇上竹一種色，黄蝶隔溪無限情。何處漁樵將遠餉，故園田土憶春耕。千峯靄靄水潏潏，羸馬此中愁獨行。

方回：此詩一筆寫成。山行天趣，言言新美而無作爲。第三句尤奇譎也。

馮班：第七句對得變化。○次聯只是「四靈」境界，未是唐人佳句。

查慎行：恐入下劣詩魔。

紀昀：第三句却不甚佳，以在吴體不妨耳，馮氏譏之良是。

許印芳：李郢，字楚望，爲藩鎮從事，兼侍御史。○吴體即拗律，此説又可證矣。次聯、尾聯皆拗調，勿誤爲古句。

公舍春日

丁謂

緑楊垂綫草鋪茵，觸處烟光舉眼新。一品也須防〔四七〕白髮，千金莫惜買青春。鶯聲圓滑堪清耳，花艷鮮明欲照身。獨向此時爲俗吏，風流知是不如人。

方回：近似白樂天體。

紀昀：此評是。

馮舒：亦是「崑體」，此獨清澈。

馮班：此詩不作「崑體」。

紀昀：三句粗疏。

閏十二月望日立春禁中作　宋元憲

閏曆先春破臘寒，綵花金勝寵千官。冰從太液池邊動，柳向靈和殿裏看。瑞氣因風生禁仗，暖暉依日上仙盤。須知聖運隨生殖，萬國年年共此歡。

方回：「崑體」〔四八〕。

紀昀：此非「崑體」，乃初唐應制體耳。

春　陰　晏元獻

十二重環閟洞房，愔愔危樹俯迴塘。風迷戲蝶閒無緒，露裛幽花冷自香。綺席醉吟銷桂酌，玉臺愁作澁銀簧〔四九〕。梅青麥綠江城路，更與登高望楚鄉。

方回：亦「崑體」。

紀昀：此乃真「崑體」。

紀昀：殊有情致，可云逼肖義山，非干撏撦。

許印芳：六句「作」字不通，必有訛誤。

假寐

王平甫

計較平生分閉關，偶然容得近人寰。春風池沼魚兒戲，暮雨樓臺燕子閒。假寐塵侵黃卷上，行吟花墮緑苔間。了無一事撩方寸，自是頹齡合鬢斑。

方回：平甫詩富滿。第七句好，尾句無怨言，詩人當行耳。

紀昀：凡作詩人，皆知温厚之旨，而矢在弦上，牢騷之語，摇筆便來，故和平語極是平常事，却極是難事。虚谷此言未免看得輕易，由其平日論詩只講字句，不甚探索本原。

查慎行：三、四「魚兒」「燕子」作對，本用少陵詩而「風」「雨」二字顛倒出之。

紀昀：「魚兒」「燕子」太襲工部。

池上春日

一池春水緑於苔，水上花枝間竹開。芳草得時依舊長，文禽無事等閒來。年顔近老空多感，風雅含情苦不才。獨有浴沂遺想在，使人終日此徘徊。

方回：雅淡。

紀昀：前四句好，結二句太腐。

春陰

似雨非晴意思深，宿酲牽率卧春陰。苦憐燕子寒相並，生怕梨花晚不禁。薄薄簾帷欺欲透，遥遥歌筦壓來沉。北園南陌狂無數，祇有芳菲會此心。

方回：極能言春陰之味。

陸貽典：起句出題好，三、四摹寫虚神。

查慎行：稍近詞調，而風致韶秀。

紀昀：極有情致，置中、晚唐人集中不可復辨，但格不甚高耳。

西湖春日

争得才如杜牧之，試來湖上輒題詩。春烟寺院敲茶鼓，夕照樓臺卓酒旗。濃吐雜芳薰巘崿，濕飛雙翠破漣漪。人間幸有簑兼笠，且上漁舟作釣師。

方回：三、四峭響，五、六最工，尾句高甚。

紀昀：「茶鼓」「酒旗」對亦可喜，但專事此種，便入小家。尾亦習徑，未見其高。虛谷不言詩格之高，但以一言隱遁，便是人品之高耳，殊是習氣。

查愼行：中二聯亦似「崑體」。

紀昀：通體鮮華，起得超妙。○五、六生造而不揑湊，「且上」二字繳起句「争得」二字，一氣呼應。

許印芳：兩「上」字音義不同。

春睡

蘇子美舜欽

別院簾昏捲竹扉，朝酲未解接春暉。身如蟬蜕一榻上，夢似楊花千里飛。嗒爾暫能離世綱，陶然直欲見天機。此中有德堪爲頌，絶勝人間較是非。

方回：蘇滄浪詩律悲壯，予少嘗嗜之。三、四絶佳，或以爲子美早世之兆；又「山蟬帶響穿疎户，野蔓蟠青入破窗」，亦議其意味寂寞，所以終於滄浪，皆非也。修短有數，自説死而不死者何限耶。

紀昀：此自正論。然人之窮通，亦往往見於氣象之間。福澤之人作苦語亦沉鬱，潦倒之人作歡語亦寒儉，不必定在字句之吉祥否也。

查慎行：三、四嫌「如」字、「似」字，琢句未超，他非所論。

紀昀：三、四極切，亦有意境，而終覺不佳，此故可以意會。

郊行即事

程明道

芳原緑野恣行時，春入遥山碧四圍。興逐亂紅穿柳巷，困臨流水坐苔磯。莫辭盞酒十分醉，只恐風花一片飛。況是清明好天氣，不妨游衍莫忘歸。

方回：學見聖域，詩其餘事也。或問此可與浴沂意趣看否？曰：詩且看詩，不必太深太鑿。

紀昀：此論足以破俗。

馮舒：詩不忌道學，然詩人道學多在言外，説出便厭。詩以道性情，不知發乎情，便不知止乎禮義。○道學氣不可耐。

馮班：不見道學先生，末句只不好耳。説是道學，彌不可耐。○結句可厭。

紀昀：末句「莫」字即「暮」字，説文：「莫從日在草中。」俗書加「日」字於下。

許印芳：此詩無一毫道學氣，五、六情韻俱佳，宜爲文公所取。虚谷原選入「春日類」，又入「閒適類」，故有二評，今併録之。○首句借對。

正月二十日往岐亭潘古郭三人送余於女王城東禪莊院

蘇東坡

十日春寒不出門，不知江柳已摇村。稍聞決決流冰谷，盡放青青没燒痕。數畝荒園留我住，半瓶濁酒待君温。去年今日關山路，細雨梅花正斷魂。

方回：坡詩不可以律縛，善用事者無不妙，他語意天然者，如此儘十分好。

馮班：於題不甚顧，力大才高故也。○比山谷何啻天壤？大略黄費筋力，蘇自然；黄苦而險，蘇散而闊。○杜、白、蘇三家皆不爲律縛者也。「江西」有意擺脱，醜態百出。惟以力大學富，後人不能及耳。

紀昀：東坡七律，往往一筆寫出，不甚繩削。其高處在氣機生動，才力富健。其不及古人者，在少鎔鍊之工，與渾厚之致。

許印芳：施氏注云：「潘名大臨，古名耕道，郭名遘。」王氏注云：「黄州東十五里有永安城，俗呼女王城。」○曉嵐前批總論東坡七律，語語的確。後批此詩亦愜當。惟批律髓此詩，但每句着圈，批本集則通首密圈。今從本集密圈之。又曰：「結語蓋指初貶黄州，元豐三年春赴貶所時言。以詩法論之，當有小注，讀者乃知其意之所在，此等處殊欠分曉。」○起句連下兩「不」字，此不爲複。惟七句「日」字與首句複。「燒」，讀去聲。○紀昀批本集云：「一氣渾成。」

正月二十日與潘郭二生出郊尋春忽記去年是日同到女王城作詩乃和前韻

東風未肯入東門，走馬還尋舊歲村。人似秋鴻來有信，事如春夢了無痕。江城白酒三杯釅，野老紅顔〔五〇〕一笑温。已約年年爲此會，故人不用賦招魂。

方回：東坡初貶黄州之年，即「細雨梅花」、「關山斷魂」之時也。次年正月二十日往岐亭，見陳慥季常，是以爲女王城之詩。又次年正月二十日與潘邠老等尋春，是以有「事如春夢了無痕」之詩。又次年正月三日尚在黄州，復出東門，仍和此韻云：「亂山環合水侵門，身在淮南盡處村。五畝漸成終老計，九重新掃舊巢痕。」謂元豐官制行，罷廢祖宗館職，立秘書省，以正字校書郎等爲差除資序，而儲士之意淺矣。觀此等語，豈惟可以攷大賢之出處，抑亦可見時事之更張，仁廟之所以遺燕安於後世者，何其盛？熙、豐之政所以大有可恨者，何其頓衰？坡下句云：「豈惟慣見沙鷗喜，已覺來多釣石温。」又可痛。坡翁一謫數年，甘心於漁樵而忘返也。「新掃舊巢痕」事，陸放翁爲施宿注坡詩作序，記所對范致能語，學者可自檢觀。

馮舒：比放翁語稍詳。○末二句云：「長與東風約今日，暗香先返玉梅魂。」

查慎行：三、四亦用「似」字、「如」字，覺意味深長，滄浪春睡詩相去天淵矣。蓋意不猶人，辭復超妙，坡仙所以獨絶也。

紀昀：通體深穩，三、四尤好。

許印芳：「人」字複。○紀昀批本集云：「三、四警策，前後亦稱。」○陸放翁詩注序云：「祖宗以三館養士、儲將相材。及元豐官制行而三館罷，東坡嘗直史館，自謫爲散官，削去史館之職，乃至史館亦廢。」故云「新掃舊巢痕」，其用事之嚴如此。而「鳳巢西隔九重門」，則又李義山詩也。又按何義門云：「李義山越燕詩『安巢復舊痕』，坡詩翻用此語。」又韓致堯湖南梅花一冬再發詩三、四云：「玉爲通體依稀見，香號返魂容易遮。」結句云：「天桃莫倚東風勢，調鼎何曾用不才。」坡詩結意本此。蓋坡之在黄，猶致堯之阨于崔昌遐而在湖南也。然時相力擠之，神宗獨爲保全，亦猶致堯之見知於昭宗。「先返玉梅魂」，蓋謂神宗必不棄絶，而語意渾然，恰是收足復出東門意。此老詩句誠非淺人所能讀也。

次韻張恕春暮

蘇子由

祇言城市無佳處，亦有江湖幾度游。好雨晴時三月暮，啼鶯到後百花休。老猿好飲常聯臂，野馬依人自絡頭。不肯低回池上醉，試看生滅水中漚。

紀昀：三、四意深，後半太盡。

許印芳：評後半太刻。

許印芳：蘇轍，字子由，一字同叔，號潁濱，謚文定。○八句皆對。

春日耕者

陽氣先從土脈知，老農夜起飼牛饑。雨深一尺春耕利，日出三竿曉餉遲。婦子同來相嫵媚，烏鳶飛下巧追隨。紛紜政令曾何補，要取中年風雨時。

方回：子由詩佳處，世鮮會者。其説詳見「送餞類」中。前一詩三、四自然。後一詩能言耕夫人情物態。「利」字、「遲」字尤妙。

查慎行：「利」字峭，「遲」字亦老。惟上六字能醒之，故佳。

紀昀：此亦清整。○五句從「思媚其婦」化來，六句用儲光羲意。

許印芳：「送別類」子由詩不佳。

暮春

張宛丘

夜雨輕寒拂曉晴，牡丹開盡過清明。庭前落絮誰家柳？葉裏新聲是處鶯。白髮生來如有信，青春歸去更無情。便當種秫長成酒，遠學陶潛過此生。

方回：詩格平穩，三、四乃倒裝句法也。

紀昀：此非倒裝。

馮班：穩貼無俗氣。

紀昀：語亦爽朗，但格調未高，學之易靡。

春日遣興

流光向老惜芳菲，搔首悲歌心事違。緑野染成延晝永，亂紅吹盡放春歸。荊榛廢苑人閑牧，風雨空城鳥夜飛〔五一〕。斷送一番桃李盡，可憐桑柘有光輝。

方回：此詩虚字上着力拘斡。

紀昀：此評似是重出，當屬後詩。

馮舒：遣興結。

馮班：落句即次聯也。

查慎行：第七句與第四句意犯重。

紀昀：三句不自然，六句好，結寓感慨。

淇：「綠野」對「亂紅」，有誤否？

立春

陳後山

馬蹄殘雪未成塵，梅子梢頭已着春。巧勝向人真奈老，衰容從俗不宜新。高門肯送青絲菜，下里誰思白髮人？共學少年天下士，獨能濡濕轍中鱗。

方回：此詩虛字上獨着力拘斡。

查慎行：此係下首評語，誤寫於此。

馮班：枉學杜。

陸貽典：「梅子」字用在立春，未妥。

紀昀：了無深意，而風度老成。

寄晁無斁春懷

稍聽春鳥語丁寧，又見官池出斷冰。雪後踏青誰與共？花邊着語老猶能。笑談莫倦尋常聽，山院終同一再登。今日已知他日恨，槍榆況是又飛騰。

紀昀：雖乏渾厚，頗有流動之趣。○「出」字湊。

次韻晁無斁

城郭朝陽散積陰，郊原注目日青深。年衰鷗鷺今如〔五二〕是，夢斷邯鄲何處尋？語鵲飛烏春悄悄，重簾深院晚沉沉。不辭杖屨衝泥雪，未有瓊琚報好音。

查慎行：少陵詩「年衰鵷鷺羣」，今引此「鷗」當作「鵷」。第三句用「鵷鷺」，第五句復用「烏鵲」。此等詩何必入選，句法亦全襲杜，未免生吞活剥之病。

紀昀：亦老潔。〇五、六摹老杜「落花」「遊絲」一聯及「小院」、「曲廊」一聯，未免太似。

春懷示隣曲

斷牆着雨蝸成字，老屋無僧燕作家。剩欲出門追語笑，却嫌歸鬢着塵沙。風翻蛛網開三面，雷動蜂窠趁兩衙。屢失南隣春事約，只今容有未開花。

方回：淡中藏美麗，虛處着工夫，力能排天斡地，此後山詩也。

馮舒：如此詩未嘗不好，只不該以贊李、杜者佞諛之。

紀昀：刻意劖削，脱盡甜熟之氣，以爲「排天斡地」，則意境自高，推許太過。

馮班：「蝸成字」「燕作家」「蛛網」「蜂窠」兩聯叠用此，老杜如是乎？〇此却不粗。

查慎行：第二句「僧」字疑「人」字之誤，因通首與僧無涉，且此句「僧」字無着落。

紀昀：起二句言居處之荒涼，五、六句言節候之暄妍，故兩聯寫景而不爲複。

許印芳：「着」字複。起便排對，下篇亦然。

春日郊外

唐子西

城中未省有春光，城外榆槐已半黄。山好更宜餘積雪，水生看欲到垂楊。鶯邊日暖如人語，草際風光作藥香。疑此江頭有佳句，爲君尋取却茫茫。

方回：此詩句句工緻，「水生看欲到垂楊」，絶奇。尾句即簡齋所謂「忽有好詩生眼底，安排句法已難尋」也。

馮舒：不好。

查慎行：東坡亦有句云：「春江有佳句，我醉墮淼漭。」全用此意。

紀昀：東坡「春江有佳句，我醉墜渺茫」，亦此意。

馮舒：落句所謂村夫子。

錢湘靈：工細。

紀昀：工而不俗。

許印芳：玩詩末句，當是與人同游，或和人春游，題中疑有脱漏。「有」字複。○三句「更宜」，意未圓足。六句「光」字與「香」字不甚融洽，且與首句犯複，愚並易之，「更宜」改作「近知」，「光」改「和」。

春近

陸放翁

短褐枯笻老病身，龍鍾也復喜新春。已知不解多年住，且作都無一事人。簷角鳥聲呼醉夢，室中花氣襲衣巾。朝來更有欣然處，一筯山蔬勝八珍。

方回：爛熟。

紀昀：病在爛熟。

睡起至園中

春風忽已到天涯，老子猶能領物華。淺碧細傾家釀酒，小紅初試手栽花。野人易與輸肝肺〔五三〕，俗話〔五四〕誰能掛齒牙。更欲世間同省事，勾回蟻戰放蜂衙。

方回：兩聯俱新美。

紀昀：起得超妙。○「野人」句沉着，有對面人在，寓感至深。對句未能相稱。

許印芳：起句襲用歐陽公「春風疑不到天涯」句，妙在「忽已」二字，筆勢突兀，意境翻新，故不嫌襲也。

立春日

原注：「去冬無雪，今年正月十日巳時立春，而平旦有雪數片，猶臘雪也。」

江花江水每年同，春日春盤放手空。天地無私生萬物，山林有處着衰翁。牛趨死地身無罪，梅發京華信不通。數片飛飛猶臘雪，村隣相喚賀年豐。

方回：此詩慶元二年丙辰作。「牛趨死地身無罪」，乃是春鞭牛事，用齊宣王語。必有所指，以對老杜春日兩京梅發，亦奇。

紀昀：即有所指，亦未免欠通，不得謂之爲「奇」。

馮班：人生漸老，如牛入屠肆，漸近死地也。

春行

九日春陰一日晴，强扶衰病此閒行。猩紅帶露海棠濕，鴨緑平堤湖水明。酒賤林陰逢醉卧，牛肥稻隴看深耕。山翁莫道渾無用，解與明時説太平。

方回：引少陵、太白「曉看紅濕處」與「蜀江緑且明」，「濕」字、「明」字謂奪造化之工，却是世未有拈出者，前輩用工如此。

紀昀：二字詩家常語，不必如此矜張。

紀昀：平正。

東籬

東籬深僻嬾衣裳，書卷縱横雜藥囊。無吏徵租終日睡，得錢沽酒一春狂。新營茅舍軒窗静，旋煮山蔬七筯香。戲集句成圖素壁，本來無事却成忙。

方回：中四句閒雅快活。

紀昀：樂天體裁，但修飾光潤耳。

淇：老杜詩「地僻嬾衣裳」，似可不必抹，只是句未亮耳。

春夏之交風日清美欣然有感

天遣殘年脱縶鞿，功名不恨與心違。緑陂細雨移秧罷，朱舫斜陽擘紙歸。花市丹青賣團扇，象牙刀尺製單衣。白頭曳杖人争看，共歎浮生七十稀。

方回：「擘紙」二字本俗語，放翁既用之，即詩家例也。

紀昀：俗語有可用有不可用，不得以名人曾用，遂以爲例，此論太標榜。

紀昀：亦白體。○「象牙」二字湊。

病足累日不出菴門折花自娱

頻報園花照眼明，蹣跚正廢下堂行。擁衾又聽五更雨，屈指元無〔五五〕三日晴。不奈病何抛酒盞，粗知春在賴鶯聲。一枝自浸銅瓶水，喜與年光未隔生。

方回：第六句妙甚。

查慎行：一語動人，全篇生色。

紀昀：三、四暗言花事將盡，非横插，亦非空寫。六句從對面託出，不見花意。用筆皆極玲瓏。

春日小園雜賦

久矣雲霄鎩羽翰〔五六〕，小園聊得賦春寒。魯望有春寒賦。風生鴨緑文如織，露染猩紅色未乾。不向山丘歎零落，且從兒女話團欒。人言麥信春來好，湯餅今年慮已寬。

方回：熟之又熟。

查慎行：「鴨緑」、「猩紅」與春行一首相同，但不點出湖水及海棠，全用替身字，不如前詩老氣。

○「猩紅」「鴨緑」再見便少味。

紀昀：三、四俗，「鴨緑」「猩紅」亦套，五句終突。

晚春感事

少年騎馬入咸陽，鶻似身輕蝶似狂。蹴踘場邊萬人看，鞦韆旗下一春忙。風光流轉渾如昨，志氣低摧只自傷。日永東齋淡無事，閉門掃地獨焚香。

方回：律熟。猶不能忘情少年豪蕩時耶？

紀昀：惟其太熟，一筆瀉出，所以全無頓挫渟蓄之致。

紀昀：亦香山體，終嫌太易。

枕上作

龍鍾七十豈前期，矮帽枯笻與老宜。愁得酒巵如敵國，病須書卷作良醫。登山筋力雖猶健，閉户工夫頗自奇。今日快晴春睡足，卧聽簷鳥語多時。

方回：中四句皆新。

馮班：重。

陸貽典：此首已見「老壽類」，「簷鳥」作「簷鵲」。

查慎行：此詩已入前「老壽類」中，重出，當删。○「酒衝愁陣出奇兵」，較第三句更響亮，奇横。

紀昀：重出。○「豈前期」猶曰非所預望。○六句太率。

甲子立春前二日

頭風初愈喜身輕，書卷時開覺眼明。養熟犬雞隨坐起，性靈烏鵲報陰晴。韭菘飣餖春盤好，芝朮篵和臘藥成。自笑衰殘殺風景，燈前不擬入重城。

方回：嘉泰四年甲子放翁八十歲爲此詩。中四句富麗，筆力老而不衰，可敬也。

紀昀：是工緻，非富麗。

查慎行：「性靈」二字用得活，不嫌其腐。

暖甚去綿衣

誰道江南春有寒？未經社日衣能單。桑麻過雨日夜長，桃李因風高下殘。舊説中州政如此，了知瘴氣不能干。天公似憫斯民病，故體淳熙詔令寬。

方回：三、四如鑄成古鼎。

紀昀：尚未能至此。

查慎行：第三句中有元氣，難乎爲對。

紀昀：首句「有」字欠老，後四句太潦倒。

早立寺門作

趙章泉

春天陰晴無定姿，陰雲未卷晴風吹。青山表見花顔色，緑水增添鷺羽儀。郭外不知誰是主？眼中今見我題詩。人生何物非郵傳，敢謂吾廬不在兹。

方回：三、四「江西」法。

紀昀：「江西派」之惡者。

查慎行：三、四俗調，「表見」「增添」四字尤淺而俗，此吾所以不喜「江西派」也。

紀昀：後半自好。

出郭

疎籬樹樹李花雪，野寺條條楊柳絲。春風收雨雨收後，白日變晴晴變時。有餘不足無盡景，截長補短何限詩。烟霞痼疾句成僻，老矣折肱真得醫。

方回：「江西」苦於麗而冗，章泉得其法而能瘦、能淡、能不拘對，又能變化而活動，此詩是也。

紀昀：「江西派」粗獷則有之，未見麗而冗，此語未解。

馮舒：惡習，可憎。

馮班：腹聯惡。

查慎行：三、四調雖新，却無趣味，後人學之最壞手筆。

紀昀：調更惡。

晚春

韓仲止

幽砌疎畦送晚春，水流山靜見閒身。行吟散去風光好，熟睡醒來雨氣新。木筆豈非濃意態，石楠終是淡精神。鶯聲圓處鶻聲急，景物要之不負人。

方回：三、四已佳，「木筆」「石楠」之聯人所未道。

紀昀：雖新而佻。

馮舒：惡派。

馮班：後四句未佳。

查慎行：五、六濃淡分屬，不確。

紀昀：亦疎爽。馮云：「後四句未佳。」信然，結句尤惡。

十三日

南山春雪未全消，路並浮梁步石橋。深緑漸歸高柳葉，淺紅初上小梅梢。峭寒寺院鐘聲起，昏暮人家燭影摇。一夜東風吹酒醒，夢回花月是元宵。

方回：此嘉定十四年辛巳正月十三日詩也，澗泉年六十三，不仕久矣，山林間滋味興況，於詩中縱横無不可者。五、六雖眼前景致，常人自不能道。

紀昀：既「梁」又「橋」，句不了了。〇五、六自好。〇結却淡而有味。

寒食

曉色猶濛淡淡烟，花間行過小溪邊。人家寒食當晴日，野老春游近午天。吹盡海棠無步障，開成山柳有堆綿。呼兒覓友尋隣伴，看却村農又下田。

方回：三、四不用工而極其工，合入「節序類」中，附之「春日」亦無不可。同時「江湖」人戴石屏、「四靈」皆云此老淡之作。

馮舒：「人家寒食月，花影午晴天」，偷司空圖句。

馮班：此用表聖詩，非偷也。

陸貽典：五、六奇句。

紀昀：三、四老健深穩，五、六「無步障」、「有堆綿」，「有」、「無」二字太笨。

校勘記

〔一〕晉陵丞　李光垣：「陵」下脱「陸」字。〔二〕審言於少陵爲祖　查慎行：原訛作「審祖於少陵爲孫」。紀昀：「審祖」句有脱訛。〔三〕王灣　按：原缺，據紀昀刊誤本校補。〔四〕兩岸闊　馮班：「闊」一作「失」。紀昀：「闊」一作「失」，然「失」字有斧鑿痕，唐人不甚用此種字。歸愚主之，未是。〔五〕暮年　馮班、查慎行、許印芳：「暮」一作「舊」。〔六〕伺早天　按：「伺」原作「同」，據康熙五十二年本、紀昀刊誤本校改。〔七〕此中偏　按：「偏」原作「編」，據康熙五十二年本、紀昀刊誤本校改。〔八〕何如　按：「如」原作「爲」，據康熙五十二年本、紀昀刊誤本校改。〔九〕乳雁　馮班：「雁」，王抄本作「燕」。〔一〇〕晚春從人歸覲　許印芳：別本作「春喜有人至山舍」。〔一一〕春日曉　許印芳：「曉」一作「晚」。〔一二〕向月　李光垣：「日」訛「月」。〔一三〕春日　馮舒：「日」一作「晚」。〔一四〕春水漫　紀昀：「漫」原作「慢」。「漫」乃春融而水漲之貌，俗本訛爲「慢」字，非惟合掌，亦令全句少味。然宋人詩話已作「慢」字，則其訛久矣。〔一五〕問櫬師　馮班：

「問」一作「訪」。〔一六〕按：題名及作者名原缺，據康熙五十二年本、紀昀刊誤本校補。〔一七〕博士和跋　查慎行：「和跋」二字疑有訛脱。〔一八〕醫病草　馮班：「醫」一作「蘇」。查慎行：「醫」字乃好新之病，不如用「蘇」字輕雋。〔一九〕青雨　馮班：「青」一作「清」。〔二〇〕仍客處　馮班：「仍」一作「同」。〔二一〕却花朝　馮班：「却」一作「就」。何義門：「就」，即也。〔二二〕侵沙短　馮班：「短」一作「長」。〔二三〕客鬢　馮班：一作「容髮」。〔二四〕石田　馮班：「石」一作「名」。〔二五〕行止　馮班：原本「止」作「一」，不佳。〔二六〕春波　李光垣：「陂」訛「波」。〔二七〕鬬草贏　馮班、李光垣：「贏」原訛「羸」。〔二八〕我慵　馮班：王抄本作「成嬾」。〔二九〕乃翁　紀昀：「乃」字疑是「此」字，再校。〔三〇〕陂塘　許印芳：「塘」一作「路」。〔三一〕雞鳴　紀昀：「雞」一作「鳩」，雁湖據唐詩定爲「雞」字，然「鳩」字較勝。許印芳：「雞鳴」亦爛熟語，故取「鳩」字。學者於此可悟文字之貴推陳出新矣。〔三二〕欲歸　按：「欲歸」二字原作木釘，據康熙五十二年本、紀昀刊誤本校補。〔三三〕暮春　馮舒：最早本作「春暮」。〔三四〕聊乘　按：「乘」原訛作「垂」，據康熙五十二年本、紀昀刊誤本校改。〔三五〕花飄　馮班、李光垣：「風」訛「花」。紀昀：第二「花」字乃別本之訛，實止兩用。〔三六〕更愁　馮班：「更」一作「正」。〔三七〕苑邊　馮班：「苑」一作「花」。〔三八〕悲傷　查慎行：「悲」一作「徒」。〔三九〕才力　何義門：「才」一作「文」。〔四〇〕閒望　馮班：一作「坐見懷」。〔四一〕梨花梅花

〔四二〕日九迴　馮班：「日」一作「獨」。〔四三〕皆散誕　許印芳：一作「梅花梨花」。〔四四〕韓致堯　紀昀：「堯」原訛作「光」。〔四五〕静域　查慎行：「静」當作「浄」。〔四六〕别澗　李光垣：「浦」訛「澗」。〔四七〕須防　李光垣：「防」原訛作「妨」。〔四八〕崑體　馮班：「崑體」上脱「亦是」二字。〔四九〕銀篁　李光垣：「簧」訛「篁」。〔五〇〕紅顔　查慎行：「紅」一作「蒼」。許印芳：「蒼」字或作「紅」，非是。〔五一〕烏夜飛　李光垣、許印芳：「烏」當作「鳥」。〔五二〕今如　紀昀：「今如」疑作「如今」。〔五三〕肝肺　許印芳：「肺」一作「膽」。〔五四〕俗話　許印芳：「話」一作「語」。〔五五〕元無　李光垣：「都」訛「元」。〔五六〕鎩羽翰　按：「鎩」原作「鍛」，據康熙五十二年本、紀昀刊誤本校改。

瀛奎律髓彙評卷之十一　夏日類

「南風之薰，以解民愠，以阜民財」，舜之詠也。「人皆畏炎熱，我愛夏日長」，唐文宗〔一〕之詠也。所處之時同，而所感之懷不同，故宋玉有雌雄風之對焉。

馮舒：此序欠通。

馮班：不通。

紀昀：序殊無謂。

五言　二十九首

陪諸貴公子丈八溝攜妓納涼晚際遇雨二首

杜　甫

落日放船好，輕風生浪遲。竹深留客處，荷净納涼時。公子調冰水，佳人雪藕絲。片雲頭上黑，應是雨催詩。

方回：以雨催詩，自老杜作古。前六句亦人之所不及。

陸貽典：方評拘甚。

紀昀：六句人尚可及。

馮舒：落句偶然如此，便供「江西」一生摹倣，墮入鬼趣。

查慎行：此種非少陵擅長處，然結語後人已作故事用。

何義門：攜妓遇雨，正煞風景事，乃云應是催詩，興會轉勝。

紀昀：五、六太質。

雨來沾席上，風急打船頭。越女紅裙濕，燕姬翠黛愁。纜侵堤柳繫，幔卷〔二〕浪花浮。歸路翻蕭颯，陂塘五月秋。

方回：兩詩皆尾句超脱，此詩前四句有輕重，謂船中有越之婦人焉，亦有燕之婦人焉，即富貴之家也。南婦不怯風船，則濕紅裙而已；北婦不慣乘船，而遇風故愁也。未爲苟且下語。此當選「宴集類」中，以主意納涼，故入「夏類」。

馮班：何必如是？

紀昀：此亦互文，評殊穿鑿，前人已駁之耳。

熱

雷霆空霹靂，雲雨竟虚無。炎赫衣流汗，低垂氣不蘇。乞爲寒水玉，願作冷秋菰。何似兒童歲，風涼出舞雩。

方回：起句十字，凡上之人有驕聲而無實惠，下之人名乍驚人而澤不及物者，可以愧焉，亦所以諷時事也。

紀昀：穿鑿無謂，宋人解杜多如是，是大病痛處。

方回：本三首，今取其一。第二首云「閉户人高卧」，第三首云「將衰骨盡痛」，皆不明言熱而熱已可見。「十年不解甲，爲爾一沾巾。」即老杜本色語也。

馮班：五、六雖佳，恐亦不當師法。

紀昀：中四句鄙俚之甚，杜亦有劣調，不可不知。

陪鄭廣文遊何將軍山林

剩水滄江破，殘山碣石開。緑垂風折筍，紅綻雨肥梅。銀甲彈箏用〔三〕，金魚換酒來。興移無灑掃，隨意坐莓苔。

方回：本十首，選其一。第二首云：「百頃風潭上，千章夏木清。」此十首皆「夏日」詩也。第六首云：「風磴吹陰雪，雲門吼瀑泉。酒醒思卧簟，衣冷欲裝綿。野老來看客，河魚不取錢。只疑淳朴處，自有一山川。」尤佳。今以切於夏日，特取此第五首。又重遊五首有云：「春風啜茗時。」當作「薰風」，蓋皆夏日所作詩，安得總云〔四〕「春風」乎？天寶未亂之前，老杜在長安，猶是中年，其詩大槩富麗，至晚年則尤高古奇瘦也。老杜又有「仲夏流多水，清晨向小園。碧溪摇艇闊，朱果爛枝繁」之句，亦「夏日」所當取者。

查慎行：第二首、第六首何獨不入選？○重游五首何所據而云皆夏日作？

紀昀：中年不止富麗，晚年亦不以奇瘦爲高，此論皆似高而不確。

紀昀：獨取此首不可解。○統觀十首，園蓋依山麓而傍水港，故有「殘」、「剩」之句。「剩水」尚如滄江之破，「殘山」尚如碣石之開，極言山高而水深也。「破」字、「開」字皆分得一半之意。○「卸」字是，曲終而興未闌，故更沽酒耳。○漁洋譏「紅綻」句俗，良是。

無名氏(甲)：滄江、碣石，今滄州。

夏日即事

裴　説

僻居門巷静，竟日坐堦墀。鵲喜雖傳信，蛩吟不見詩。笋抽過舊竹〔五〕，梅落立閒枝。此際無塵撓，僧來趁所宜〔六〕。

方回：集本與英華兩、三字不同，大率相似。第五句尤好，取之。

紀昀：虚谷好取小巧，故以此種爲好。

查慎行：第四句難解。

紀昀：第四句晦。

林館避暑

羊士諤

池島清陰裏，無人泛酒船。山蜩金奏響，花露水晶圓。静勝朝還暮，幽觀白已玄。家林正如此，何不賦歸田？

方回：三、四佳，下句尤佳，勝上句。

馮班：未見勝。

紀昀：三、四俗艷，三句尤不自然。六句用古亦不化。

夏日登信州北樓

李郢

高樓上長望，百里見靈山。雨歇荷珠〔七〕定，雲開谷鳥還。田苗映林合，牛犢傍村閒。始得銷憂處，蟬聲催入關。

方回：中四句尤佳，却是第七句一斡有力；謂高樓之望，政足銷憂，而蟬已迫人入城矣，始見無窮之味。猶後山云「登臨興不盡，稚子故須還」也。游興未已，而小兒童輩隨行，但云欲歸。非細味不見此二詩之妙。

馮班：「入關」謂應舉入京也。聽蟬聲知秋近矣，此時當求解也，即「槐花黄，舉子忙」意。方公解誤。

紀昀：前六句無好處，虚谷取中四句未是。結自好，虚谷解亦好。

紀昀：五句景真，而寫來無味。

無名氏(甲)：信州，江西廣信府。

夏晚

劉得仁

日夕得西風，流光半已空。山色漸凝碧，樹葉即翻紅。學淺慚多士，秋成羨老農。誰憐信公道？不泣路途中。

方回：有春晚詩矣，未見夏晚詩也，蓋言秋近而已。三、四佳，第六句妙。

查慎行：似六朝體，不當入律詩。

紀昀：山色「色」字、「即」字再考，第五句無着。○結是刻意作和平語，未免反着迹相。

奉酬侍中夏中雨遊城南莊見示八韻

白樂天

島樹間林巒，雲收雨氣殘。四山嵐色重，五月水聲寒。老鶴兩三隻，新篁千萬竿。化成天竺寺，移得子陵灘。心覺閒彌貴，身緣健更歡。帝將風后待，人作謝公看。甪里年雖老，高陽興未闌。佳辰不見召，爭免趁盃盤。

方回：此乃〔八〕和裴晉公詩，甚工。

紀昀：起四句好。五句以下則全是香山本色，未免失之率易。

仲夏齋居偶題八詠寄微之及崔湖州

腥血與葷蔬，停來一月餘。肌膚雖瘦損，方寸任清虛。體適通宵坐，頭慵隔日梳。眼前無俗物，身外即僧居。水榭風來遠，松廊雨過初。褰簾放巢燕，投食施池魚。久別閒游伴，頻勞問疾書。不知胡與越，吏隱興何如？

方回：有閒散之味。

紀昀：閒散當在神思間，使蕭然自遠之意，於字句之外得之，非多填恬適話頭即爲閒散也。此如有富貴者不在用金玉錦繡字，有神味者不在用菩提般若等字，有仙意者不在用金丹瑤草等字。此詩尚是字句工夫，不得謂之有閒散之味。

查慎行：「眼前無俗物」，少陵成句。

紀昀：白公習調。

苦熱

頭痛汗盈巾，連宵復達晨。不堪逢苦熱，猶賴是閒人。朝客應煩倦，農夫更苦辛。始慚當此日，得作自由身。

查慎行：此一首着眼在「閒」字。

紀昀：起句鄙甚。五、六太切，便俚。

何以消煩暑？端居一院中。眼前無長物，牕下有清風。熱散由心静，凉生爲室空。此時身自得，難更與人同。

方回：閒可減暑，静足支暑。兩詩能道此意，可喜。

查慎行：此一首着眼在「静」字。

紀昀：五、六語真而格卑。

夏夜

賈浪仙

原寺偏憐近〔九〕，開門景物澄。磬通多葉罅，月離片雲稜。寄宿山中鳥，相尋海畔僧。唯愁秋色至，乍可在炎蒸。

方回：此詩前二韻特用生字，而奇澀工緻。五、六亦故爲此等句法，末句亦好奇之所爲也。

紀昀：末二句亦刻意造作，而轉得淺近。虚谷以爲好奇之過，良是。

查慎行：有意求新，一變唐賢風格。

紀昀：三句苦思得之，而極不佳。

閒居晚夏

姚合

閒居無事擾，舊病亦多痊。選字詩中老，看山屋外眠。片雲侵落日，繁葉咽鳴蟬。對此心還樂，誰知乏酒錢？

方回：姚合學賈島爲詩。雖賈之終窮，不及姚之終達，然姚之詩小巧而近乎弱，不能如賈之瘦勁高古也。當以此二公之詩細味觀之，又於其集中深考，斯可矣。三、四疑頗偏枯。「選字」者，殆於揀擇詩眼耳。下句未稱。

紀昀：此評確。

馮班：後四句直下，妙。

紀昀：三句小樣，不及對句。虛谷謂對句未稱，非是。五、六稍有致，七、八淺率。

夏日即事

陳後山

花絮隨風盡，歡娛過眼空。窮多詩有債，愁極酒無功。家在斜陽下，人歸滿月中。肝腸渾欲破，魂夢更無窮。

方回：以「花絮」對「歡娛」，此等句法本老杜，而簡齋尤深得之。三、四絕唱。

馮舒：句中自對，此亦常事。詩不在此。

紀昀：到地宋格，未見其爲絕唱也，況亦常有之意。

查慎行：第四句，「亂來唯覺酒無功」，唐人已先有之。

次韻夏日江村

漏屋簷生菌，臨江樹作門。卷簾通燕子，織竹護雞孫。向夕微涼進，相逢故意存。何當加我歲，從子問乾坤。

方回：三、四句中有眼。姜特立有云：「掃梁迎燕子，插竹護龍孫。」「四靈」有云：「開門迎燕子，汲水得魚兒。」皆落此後。

馮班：「得魚」句佳，「掃梁」句不及。

紀昀：三聯工拙亦各相等，不必軒輊。

馮舒：只聞雞婆，不聞「雞孫」是何物。「乾坤」替不得易字。

紀昀：後半綰和意古法。

許印芳：後山語未襲前人，姜詩乃偷後山，「四靈」又偷老杜。曉嵐視爲同等，豈公論哉？

〇「子」字複。

和應之盛夏

張宛丘

驅馬畏炎暑，杜門常鮮歡。吴綃朝扇薄，越布夜衾單。飲沼山禽渴，沾泥雨果殘。二年薇與蕨，實厭野人飧。

馮舒：此詩及下一首似較平淡，然必勝陳。

紀昀：五、六小樣，「武功派」也。

夏　日

細徑依原僻，茅簷四五家。山田來雉兔，溪雨熟桑麻。竹籠晨收果，茅菴夜守瓜。頗知農事樂，從子問生涯。

方回：兩詩中四句皆景，而不覺其冗。

紀昀：雖四句皆景，而兩句寫物，兩句寫人，故不複冗。

紀昀：桑麻如何云熟？

夏　日

蚓壤排晴圃，蝸涎印雨堦。花鬚嬌帶粉，樹角老封苔。問字病多忘，過隣慵却回。晚涼還盥櫛，對竹引清杯。

方回：前四句皆景，後乃言情。唐人多此體。

馮舒：「排」字怕人，第二聯亦寬。

紀昀：竟不裝頭，直排四景句，格亦老辣。

無名氏(甲)：「堦」字出韻。

許印芳：「堦」押通韻。

北齋書志示兒輩

陸放翁

初夏佳風日，頹然坐北齋。百年從落魄，萬事忌安排。鄉俗能尊老，君恩許賜骸。饑寒雖未免，何足繫吾懷！

方回：律熟。安排事〔一〇〕，好。徐仲車聞安定先生莫安排之教，所以學益進。

紀昀：此種議論，無與於詩。

紀昀：四句俗，五、六稍深厚，結又率易。

五月初作

隣舍春新麥，家人拾晚蠶。推移逢夏五，賦與歎朝三。遣日須棋局，忘饑賴酒甂。幽居有高致，多取未爲貪。

方回：三、四好。

馮舒：次聯貪對偶。「賦與」句無謂。

查慎行：以「夏五」對「朝三」，刻意求工，落小家數。

紀昀：三、四小巧，馮以爲貪對偶，是也。

五月十日

韓仲止

片月生林白，沿流澗亦明。幽人方獨夜，山寺有微行。野處偏宜夏，貧家不厭晴。薰風吹老鬢，腐草見飛螢。

方回：五、六新美，然三、四亦幽淡。

馮舒：「貧家」句湊。

查慎行：三、四流麗自然。

紀昀：風格遒上，意境不凡。結有人不能化之感，寓意亦深。惟第六句細思不甚可解，故馮氏譏其湊。虛谷以爲新美，非是。

許印芳：韓淲，字仲止，號澗泉。○五、六須合看，又須從對面推勘。凡夏晴必熱，城市無林泉避暑，其不宜夏可知。富人多肥膩柔脆，最畏煩暑外蒸，其厭晴可知。野處貧家則反是。此等事理，淺近真實，有何難解？曉嵐呆講本句，故覺其湊而不可解耳。○尾句借韻。

郊原避暑

葛無懷

有暑猶當避，無憂可得忘。竹疎身共瘦，湖近意先涼。靜勝寧須弈，幽期不待觴。還同殘夢樂，炙背負朝陽。

方回：僧義銛，字朴翁，以事還俗。葛其姓，無懷號也。詩可及「四靈」。恐尾句以負暄如避暑耳。

紀昀：意是如此，然不成語。

馮班：尾句欠亮。

陸貽典：落句晦。

查慎行：理足而辭不費。

夏日

曉荷承墜露，晚岫障斜陽。樹下地常蔭，水邊風最涼。蟬移驚鵲近，鷺起得魚忙。獨坐觀羣動，閒消夏日長。

方回：三、四自然。

查慎行：三、四無意致，亦不見佳。

紀昀：恨太質，近俚。

馮舒：第七句總上六句。

紀昀：中四句全似武功，落句力盡。

夏日〔二〕懷友

徐致中

流水階除静，孤眠得自由。月生林欲曉，雨過夜如秋。遠憶荷花浦，誰憐杜若洲？良宵恐無夢，有夢即俱游。

方回：第四句好，蓋是夏夜詩。細味之十字皆好。

馮舒：落句應「孤眠」。

紀昀：「欲」字作「似」字解。

許印芳：徐璣，字文淵，一字致中，號靈淵。

夏夜同靈暉有作奉寄翁趙二丈

齋居惟少睡，露坐得論文。涼夜如清水，明河似白雲。宿禽翻樹覺，幽磬渡溪聞。欲識他鄉思，斯時共憶君。

方回：五、六工。

紀昀：中唐風格。○「如清水」、「似白雲」，未免太質，改爲「清如」、「白似」則稍可。

初夏游謝公巖

又取紗衣換，天時起細風。清陰花落後，長日鳥啼中。水國乘舟樂，巖扉有路通。州民多到此，猶自憶髯公。

方回：徐靈淵〔二〕名璣，字致中。予許其詩在四靈中當居丁位，學者細考之，則信予言。

紀昀：起二句作意而不佳，三、四自佳。末以謝客爲「髯公」，未免杜撰。謝固美髯，然無此稱。

夏日湖上訪隱士

煩暑何能避？孤舟訪隱人。水鄉菱藕熟，晴野稻苗新。爲學師前輩，談空悞宿身〔三〕。鏡湖三百頃，不似此湖濱。

方回：第三句新。

紀昀：三、四差近自然，以爲「新」，則不確。

又寄

庭深自無暑，苔徑復縈紆。賓客不長到，兒童自可娛。荷花晴帶粉，蒲葉晚凝珠。與爾城闉隔，兹歡想不殊。

方回：第六句稍生。

紀昀：言露珠也，稍纖，非生。

紀昀：複二「自」字。

七言 二十首

多病執熱懷李尚書之芳　杜工部

衰年正苦病侵凌，首夏何須氣鬱蒸。大水淼茫炎海接，奇峯硉兀火雲升。思霑道暍黄梅雨，敢望宫恩玉井冰。不是尚書期不顧，山陰野雪興難乘。

方回：末句即今人所謂打諢也。夏日詩最難得好句，若老杜「長夏江村事事幽」，已選入「郊野類」，惟此一首云。

紀昀：必求備類，是此書一病。吴氏之論當矣。

紀昀：詞意淺率。此杜公頹唐之尤者，以爲老境，則失之。

途中盛夏〔一四〕

丁　謂晉公

山木無陰驛路長，海風吹熱透蕉裳。渴思西漢金莖露，困憶南朝石步廊。江上綸竿輪散誕，林間冠褐負清涼。下程欲選披襟處，滿眼赬桐與佛桑。

方回：此福建道中事。「崑體」，三、四工。

紀昀：後四句疎散，尚不全是「崑體」。五、六合掌。○此係晉公南遷時所作，故有深思退閒之語。

李光垣：於例應作「丁晉公」，而下注「謂」，乃爲畫一。

苦熱

錢文僖

赫日烘霞鬬曉光，雙紋枕簟碧牙床。頻傾蜜勺寧蠲渴？久捧冰壺未覺涼。雪嶺却思隨博望，風牕猶欲傲羲皇。更憐乳燕翻飛處，深入盧家白玉堂。

方回：亦「崑體」。惟演公有擁旄等諸集。

馮班：錢思公擁旄集。

李光垣：此批屢見。

馮舒：結疏慢。

紀昀：語意凡近。

夏日即事　林和靖

石枕涼生菌閣虚，已應梅潤入圖書。不辭齒髮多衰疾，所喜林泉有隱居。粉竹亞梢垂宿露，翠荷差影聚游魚。北牕人在羲皇上，時爲淵明一起予。

方回：隱君子之詩，其味自然不同。五、六下兩隻詩眼太工。〔按：方回在「粉竹亞梢垂宿露，翠荷差影聚遊魚」二句之「亞」「垂」「差」「聚」四字旁皆加圈。〕

馮舒：以一字爲詩眼，亦宋人盲説耳。

紀昀：此自虚谷看出，其實和靖詩不講琢字。

馮班：結未妥。

紀昀：此種已純是放翁意思，再下，即後人滑調矣。

苦熱　王平甫

出門無路避飛沙，長夏那堪旱氣加？永晝火雲空爍石，華堂冰水未沉瓜。月明葱嶺千秋雪，風静天河八月槎。終借羽翰乘興往，煩寃誰此戀生涯。

方回：「乞爲寒水玉，願作冷秋菰」，即此五、六句也。似有厭棄世緣之態。

馮舒：「風静」句不着拍。◯次聯亦不好。

紀昀：「未沉瓜」三字欠渾老，亦欠醒豁。◯後四句一氣，五、六句只抵「寒水玉」「冷秋菰」六字，七、八句乃是「乞爲」、「願作」四字，截斷説則失詩意。

中夏

朝晡廣廈坐欹斜，稍覺炎天氣象加。紫玉簫攢湘竹笋，赤霜袍爛海一作「石」。榴花。悠悠物外身無事，擾擾人間智有涯。五鼎一瓢何必問，且憑詩句度年華。

方回：三、四乃倒裝句法。夏詩之富艷者。

馮舒：高不在此。

紀昀：是俗非艷。

馮舒：後四句百撤。

馮班：後四句何見是中夏？

紀昀：馮云：「後四句何見是中夏？」其實此四句自不佳。不切「中夏」，則非其病，詩無句句抱定之理。

次韻夏日

陳後山

江上雙峯一草堂，門閒心静自清涼。詩書發冢功名舊，麋鹿同羣歲月長。句裏江山隨指顧，舌端幽眇致張皇。莫欺九尺鬚眉白，解醉佳人錦瑟傍。

方回：看格律又與宛丘同。

馮舒：百撒。

馮班：第三句野。○不見「夏日」。宋人用事只是不相干處着力，所以不妥。

紀昀：一片宋調，故馮氏以爲「野」。通首惟次句切夏，馮氏謂「不見夏日」，亦中其病。

夏日雜興

張宛丘

牆下溪流清且長，夾流喬木兩蒼蒼。裊風翠果擎枝重，照水圓荷舞葉涼。蝸角已枯黏粉壁，燕泥時落污書床。南山野客閒相過，贈我能攜藥滿筐。

馮舒：此較貼。

馮班：五、六好。「角」字、「舞」字未妥。

紀昀：寫景點綴，是雜興體。

夏日三首

長夏村墟風日清，簷牙燕雀已生成。蝶衣晒粉花枝午，蛛網添絲屋角晴。落落疏簾邀月影，嘈嘈虚枕納溪聲。久判兩鬢如霜雪，直欲樵漁過此生。

馮舒：第六句好。後二句亦撤。

馮班：結寬。

查慎行：三、四對句更勝。

紀昀：三、四自是好句，然細味之，乃春暖詩，不見夏景。〇通首皆晝景，「月」字無着。

許印芳：三、四語夏日亦有此景，但宜作初夏耳。原詩首句作「長夏」，愚爲易作「初夏」。全詩皆屋舍中事。「吾廬」原本作「郊墟」，與後文相隔太遠，亦爲易之。中二聯前言晝景，後言夜景。曉嵐謂「月」字無着，謬矣。結句寫懷，是全詩歸宿處。馮氏嫌寬，意謂不切夏日，豈知古人作詩重在寫意，於天時地理皆無處處黏滯之死法也。〇「生」字複。

黄簾緑幕斷飛蠅，午影當軒睡未興。枕穩海魚鐫紫石，扇涼山雪畫青繒。廊陰日轉雕欄樹，坐冷風生玉盌冰。滿案詩書塵蠹甚，故應疎嬾過炎蒸。

馮舒：第四句轉折多，却達。

查慎行：三、四筆有餘清。

紀昀：三、四碎而湊，最爲小樣。

棗徑瓜畦過雨香，白衫烏帽野人裝。幽花避日房房斂，翠樹含風葉葉涼。養拙久判藏姓字，致身安事巧文章。漢庭卿相皆豪傑，不遇何妨白髮郎。

馮舒：後四句亦撒。

紀昀：此首却流利可誦。

和晁應之大暑書事

蓬門久閉謝來車，畏暑尤便小閣虚。青引嫩苔留鳥篆，緑垂殘葉帶蟲書。寒泉出井功何有，白羽邀涼計已疎。忍待西風一蕭颯，碧鱸青鱠[二五]意何如。

方回：文潛此五首中三首入東萊文鑑。每詩三、四絶佳，能言長夏景致精美。

紀昀：亦不盡佳。

紀昀：三、四小樣，五句笨甚。

夏日雜興

蔬圃茅齋三畝餘，溪光山影動浮虛。病妻老去惟尋藥，稚子年來解愛書。中散無堪心放蕩，馮唐已老興蕭疎。全真養素安吾分，敢謂軒裳不我如。

方回：亦自然有味。

馮舒：却不見夏日！

紀昀：雅人深致，和平之音。○馮云「不見夏日」，非是，此是雜興耳。

許印芳：「老」字複，結句「吾」「我」意複。

幽居初夏雨霽

陸放翁

楸花楝花〔一六〕照眼明，幽人浴罷葛衣輕。燕低去地不盈尺，鵲喜傍簷時數聲。對弈軒牕消永晝，晒絲院落喜新晴。忽驚重五無多日，綵縷纏筒弔屈平。

方回：熟之又熟。

紀昀：熟是佳處，然熟正是放翁病處。

紀昀：第八句只就重五敷衍押韻，殊散漫，無意致。

初夏幽居

虛堂一幅接羅巾，竹樹森疎夏令新。鉼竭重招麯道士，床空新聘竹夫人。寒龜不食猶能壽，弊帚何施亦自珍。枕簟北窗寧有厭，小山終日尚嶙峋。

方回：中四句游戲三昧。

紀昀：五、六非遊戲語。

馮舒：頷聯宋甚。

馮班：氣味不好。放翁學黄、陳，故有此等詩。

紀昀：三、四太纖。

麥熟市米價減隣里病者亦皆愈欣然有賦

凶年已度麥方秋，學道從來幸寡求。荷鍤自隨身若寄，漉籬可賣飯何憂。隣翁瀕死復相見，村市小涼時獨游。不怕歸時又侵夜，新添略彴跨清溝。

方回：三、四善用事，五有感，六自然。

查慎行：五、六瘦勁，非老境不能到。
紀昀：次句不貫下文。

幽居初夏

藤冠草履病支離，門外紛紛百不知。解籜有聲驚倦枕，飛花無力點清池。閒思舊事唯求醉，老感流年只自悲。緑樹陰中紅練起，一團零亂濕臙脂。

方回：第四句絶妙。
紀昀：五、六太滑，結無味。

五月初夏病體輕偶書

世事紛紛了不知，又逢燕乳麥秋時。經年謝客常因醉，三日無詩自怪衰。乘雨細移西崦藥，留燈重覆北窗棋。但將生死俱拈起，造物從來是小兒。

方回：第四句可見此翁無日無詩，所以熟，所以進，所以不可及。
紀昀：手滑調複，亦正坐無日無詩。詩以言志，無所爲而作不已，不得不流連光景矣。此劍南之詩，所以諧於俗，而終不逮古也。

查慎行：第四句崛强。

紀昀：又見四十四卷「疾病類」，評語不同。○結入惡趣。

夏日二首

吳中五月暑猶微，竟日南堂坐掩扉。緑樹露香鶯獨語，畫廊風惡[一七]燕雙歸。三千界内人人錯，七十年來念念非。投老萬緣俱掃盡，從今僧亦不須依。

紀昀：五、六劣調。

梅雨初收景氣新，太平阡陌樂閒身。陂塘漫漫行秧馬，門巷陰陰掛艾人。白葛烏紗稱時節，黄雞緑酒聚比隣。掀髯一笑吾真足，不爲無錐更歎貧。

方回：真詩人難得如此格律，信手圓成，不喫一絲毫力也。

馮舒：兩首不甚拈夏日，却不撒。

馮班：有白傅意。

陸貽典：二詩酷似樂天。

紀昀：此較圓浄，然亦太熟。○此卷殊少佳作，蓋夏日詩本難著語。

校勘記

〔一〕唐文宗　馮舒、查慎行、李光垣、陸貽典：「文」原訛作「太」。〔二〕幔卷　馮班：「卷」一作「宛」。何義門：「宛」字與「卷」字有生死之別。〔三〕彈箏用　紀昀：「用」當作「卸」。〔四〕總云　李光垣：「忽」訛「總」。〔五〕過舊竹　馮班：「過」一作「通」。〔六〕趁所宜　馮班：「趁」一作「稱」。〔七〕荷珠　李光垣：「荷」原作「河」。〔八〕此乃　按：原訛作「乃此」，據康熙五十二年本、紀昀刊誤本校改。〔九〕憐近　按：元至元本「憐」作「鄰」。〔一〇〕安排事　按：康熙五十二年本、紀昀刊誤本「事」作「字」。〔一一〕夏日　許印芳：「日」當作「夜」。〔一二〕徐靈淵　康熙五十二年本、紀昀刊誤本於「淵」下有「一作中」三字。〔一三〕悮宿身　李光垣：「悟」訛「悮」。〔一四〕盛夏　紀昀：「夏」一作「暑」。〔一五〕碧鱸青鱠　紀昀：「鱸」「鱠」二字再校。〔一六〕楝花　查慎行：「楝」原訛作「練」。〔一七〕風惡　馮班：「惡」一作「急」。

瀛奎律髓彙評卷之十二　秋日類

「悲哉秋之爲氣」，宋玉之辭極矣。後之作者，悲秋爲多。中秋、九日詩不盡入「節序」，及泛述秋興、秋懷，精於言秋者屬此。

五言 六十首

秋日二首

唐太宗

爽氣澄蘭沼，秋風動桂林。露凝千片玉，菊散一叢金。日岫高低影，雲空點綴陰。蓬瀛不可望，泉石且娛心。

紀昀：二首尚純是初體。此詩三、四又初體中之俗格也。

菊散金風起，荷疎玉露圓。將秋數行雁，離夏幾林蟬。雲凝愁半嶺，霞碎纈高天。還似成都望，直見峨眉前。

方回：唐太宗既得天下，盡修諸史，晉書、南、北史及八代史是也。盡注諸書〔一〕，今注疏是也。其有功於後世者甚大，不止一時混合軌、文而已。作小小八句詩，壓倒一時，文人、書生、瀛洲十八學士，及天下能言之人，焉不心服。詩體源流〔二〕，陳、隋多是前六句述景，末句乃以情終之。後篇「將秋」之聯係響字。「霞碎纈高天」，「纈」字甚妙。山谷「秋入園林花老眼」，乃是如此下字；李賀「龜甲屏風生眼纈」，亦出此。

馮舒：方君論詩必分情景，又必以一字爲詩眼，此殊不然。無首無尾，無起無止，而自聯貫、自渾成者，沈、宋以前之詩也。不必如此起而首妙，不必如此止而結妙，景龍至李、杜之詩也。如此起、如此結，錢、郎以後之詩也。總之，言景必兼情，言情必兼景，或專情、或專景，而虛字、新字自具其中，此作詩之法也。必做空硬腔，巧入新字爲詩眼，去詩道遠矣，去説詩亦千里矣。○「花老眼」，成何語？○詩不以一字爲工拙。○此詩前一段不分景與情，「纈」字六朝人常用，方君於古人詩全未經目。

紀昀：諸史不盡修於太宗時，諸經之注亦不盡在太宗時。

紀昀：三、四自好。

秋日翠微宫

秋光凝翠嶺，涼吹肅離宫。荷疎一蓋缺，樹冷半帷空。側陣移鴻影，圓花釘菊叢。攄懷俗塵外，高眺白雲中。

方回：「側陣移鴻影」一聯自是佳句。「釘」字似險，細味之，乃以菊花之圓如釘裝然，亦奇也。又遼東山夜臨秋詩亦佳，一聯云：「烟生遥岸隱，月落半崖陰。」

馮舒：古人之詩，豈如後人專擅字眼者？

馮班：方君云「釘字似險」，不必。不若前「缬」字好。

紀昀：「釘」字殊不雅馴，非險、非奇。

馮舒：後人不能如此結。

紀昀：三、四乃初體中之笨句。

秋　清

杜工部

高秋蘇肺氣，白髮自能梳。藥餌憎加減，門庭悶掃除。杖藜還客拜，愛竹遣兒書。十月江平穩，輕舟進所如〔二〕。

方回：此老杜詩之似晚唐者。

紀昀：固然。然晚唐那得此渾成？

馮班：文氣平遠，晚唐不及也。

無名氏(乙)：「憎」字、「悶」字盡久痾性情。五、六高興忽來，不復知病矣。工妙。

悲　秋

涼風動萬里，羣盜尚縱横。家遠傳書日，秋來爲客情。愁窺高鳥過，老逐衆人行。始欲投三峽，何由見兩京？

方回：此詩不勝悲歎，五、六尤哀壯激烈。

馮舒：如此結，何必悲秋？何必不悲秋？

錢湘靈：高鳥之飛輕健飄疾，老人之行依附迂迴，故五、六自傷也。

查慎行：五、六感慨含蓄。

何義門：涵蓋無限。○此篇妙在淡。

紀昀：「愁窺」五字以對照見意。○五、六兩句合看，方見其妙。

秋野

秋野日疏蕪，寒江動碧虚。繫舟蠻井絡，卜宅楚村墟。棗熟從人打，葵荒欲自鋤。盤飧老夫食，分減及溪魚。

易識浮生理，難教一物違。水深魚極樂，林茂鳥知歸。吾老甘貧病，榮華有是非。秋風吹几杖，不厭北山薇。

紀昀：後四句亦近淺直，起二句却似宋人。

無名氏(乙)：見道之言。

禮樂攻吾短，山林引興長。掉頭紗帽側，曝背竹書光。風落收松子，天寒割蜜房。稀疏小紅翠，駐屐近微香。

查慎行：第三句用莊子，第四句用陶，辭極脱化。

何義門：一「風」字貫穿中間四句。

紀昀：三、四未佳。

遠岸秋沙白，連山晚照紅。潛鱗輸駭浪，歸翼會高風。砧響家家發，樵聲箇箇同。飛霜任青女，賜被隔南宫。

查慎行：「輸」字、「會」字他人百煉不到，此爲詩眼亦可，其實句中無一字不着力也。

何義門：三、四傑句。○留滯寫得如此清麗！

紀昀：此種皆杜之率筆。

無名氏（甲）：落句言漢郎官賜青綾被，而今遠隔，不得與也。

身許麒麟畫，年衰鷗鷺〔四〕羣。大江秋易盛，空峽夜多聞。逕隱千重石，帆留一片雲。兒童解蠻語，不必作參軍。

方回：讀老杜此五詩，不見所謂景聯，亦不見所謂頷聯，何處是四虛？何處是四實？虛中有實，實中有虛，景可爲頷，頷可爲景，大手筆混混乎無窮也，却有一絶不可及處。五首詩五箇結句，無不喫緊着力，未嘗有輕易放過也。然則真積力久，亦在乎熟之而已。或問「吾老」係單字，「榮華」是雙字，亦可對否？曰：在老杜則可，若我輩且當作「衰老甘貧病」，然不如「吾老」之語健意足也。

馮舒：此評大是。

馮班：「吾」字實是不妥，或當時偶失檢點，或後世傳寫之誤，何必以其出自老杜，即以爲妙而曲爲之諱哉?

紀昀：可則可，不可則不可，安在老杜獨可?此種純是英雄欺人。○末數語却是。

查慎行：三、四即從「鵁鶄」帶來，氣概横絶。

無名氏(乙)：五首自道平素有安分息機意，氣清詞厚，又是公一格。

秋日過徐氏園林

包佶

回塘分越水，古樹積吴煙。掃竹催鋪席，垂蘿待繫船。鳥窺新罅栗，龜上半欹蓮。屢入忘歸地，長嗟俗事牽。

方回：五、六工甚。

查慎行：五、六殊拙。

紀昀：四句亦工，然工處正是纖小處。

紀昀：佶盛唐人，而詩已逗漏晚體。風會漸移，機必先兆。

秋日送客至潛水驛

劉夢得

候吏立沙際，田家連竹溪。楓林社日鼓，茅屋午時雞。雀噪晚禾地，蝶飛秋草畦。驛樓宫樹近，疲馬再三嘶。

方回：三、四天下誦之。

紀昀：「草」似不得云「畦」。或曰：「畦留夷與揭車。」雖皆草類，然詩不得如此牽引。

秋日暑退贈白樂天

暑服宜秋着，清琴入夜彈。人情皆向菊，風意欲摧蘭。歲稔貧心泰，天涼病體安。相逢取次第，却甚少年歡。

方回：三、四已佳，五、六十分佳絶。

紀昀：究是三、四比興深微，五、六直宋人習語耳，虚谷譽所可及也。

馮舒：即如此四句，尚不分景與情也。

查慎行：三、四新穎可喜。

早秋

杜牧之

踈雨洗空曠，秋標驚意新。大暑去酷吏，清風來故人。樽酒酌未酌，晚花嚬不嚬。鉄秤與縷雪，誰覺老陳陳？

方回：大暑如酷吏之去，清風如故人之來。倒裝一字，便極高妙。晚唐無此句也。牧之才高，意欲異衆，心鄙元、白，良有以哉。尾句怪。

紀昀：亦未見爲高妙。

馮舒：「鉄秤」未解。

查慎行：三、四句，自牧之以前，不曾有此句法。

紀昀：次句生硬，「清風」句自好，「大暑」句終不雅，五、六調劣，結亦不佳。

秋思

熱去解鉗鐵〔五〕，飄蕭秋半時。微雨池塘見，好風襟袖知。髮短梳未足，枕涼閑且欹。平生分過此，何事不參差？

方回：首句即去酷吏之意。三、四眼前事，道着即好。

何義門：蕭散無俗。

紀昀：首句殊不成語。

池上

白樂天

嫋嫋涼風動，淒淒寒露零。蘭衰花始白，荷破葉猶青。獨立棲沙鶴，雙飛照水螢。若爲寥落境，仍值酒初醒。

方回：第四句最新。

紀昀：雖無深味，頗不傷雅。

和左司郎中秋居五首

張司業

閑堂新灑掃，稱是早秋天。書客多呈帖，琴僧與合絃。莎臺乘晚上，竹院就涼眠。終日無忙事，還應似得仙。

馮舒：少監之武功縣、司馬之原上新居，詩體大率如此圓脱。

紀昀：五首純是「武功體」，而更參以率易之句，不爲佳作。

自知清浄好〔六〕，不要問時豪。就石安琴枕，穿松壓酒槽。山情因月甚，詩語入秋高。身外無餘事，唯應筆硯勞。

紀昀：五、六獷甚，已逗漏宋派矣。

醉倚斑藤杖，閑眠瘿木床。案頭行氣訣，爐裹降真香。尚儉經營少，居閒意思長。秋茶莫夜飲，新月〔七〕作松漿。

紀昀：結二句刻意求新，亦未自然。

菊地纔通履〔八〕，茶房不壘階。憑醫看蜀藥，寄信覓吴鞋。盡得仙家法，多隨道客齋。本無榮辱意，不是覺安排〔九〕。

紀昀：次句俚而無意義，但趁韻耳。

無名氏（甲）：律詩亦不可純恃性靈。似此古色斑斕，正得少陵遺意。但天分人工，終有高卑大小，此不可强也。

閑來松菊地，未省有埃塵。直去多將藥〔一〇〕，朝回不訪人。見僧收酒器，迎客換紗巾。更恐登清要，難成自在身。

紀昀：三、四太率易。五、六言惟見僧乃收酒器，迎客乃換紗巾，以見無時不科頭痛飲之意，亦殊小樣。

李光垣：五首中「無忙事」「無餘事」「居閒」「秋茶」「茶房」「蜀藥」「將藥」等句，似複。

和劉補闕秋園五首

朱慶餘

閑園清氣滿，新興日堪追。隔水蟬鳴後，當簷雁過時。雨餘槐穟重，霜近藥苗衰。不似朝簪貴，多將野客期。

紀昀：三、四「隔水」「當簷」，未免增出湊句。五、六較可。

逍遥人事外，杖履入杉蘿。草色寒猶在，蟲聲晚漸多。静逢山鳥下，幽稱野僧過。幾許開新菊，閑從〔二〕落葉柯。

紀昀：三、四有格。

深齋常獨處，詎肯厭秋聲？翠篠寒逾静，孤花晚更明。每因逢石坐，多見抱書行。入夜聽疎杵，遥知耿此情。

紀昀：三、四亦佳，但「寒」「晚」字太複第二首。〇「此」字無着。

門巷唯苔蘚，誰言不稱貧。臺閑人下晚，果熟鳥來頻。石脈潛通井，松枝静離塵。殘蔬得雨後，又見一番新。

竹逕通隣圃，清深稱獨游。蟲絲交影細，藤子墜聲幽。積潤苔紋厚，迎寒薺葉稠。閑來尋古畫，未廢執茶甌。

方回：朱慶餘詩，荆公少選。然如此五詩，多工語。

紀昀：三、四細緻，結偏僻。

和劉補闕秋園行〔三〕寓興六首

雍陶

水木夕陰冷，池塘秋意多。庭風吹故葉，階露浄寒莎。愁燕窺燈語，情人見月過。砧聲聽已别，蟲響復相和。

何義門：風致絶似姚合。

紀昀：「庭風」二字生。◯燕不夜語。

李光垣：題有訛脱。

閉門無事後，此地即山中。但覺鳥聲異，不知人境同。晚花開爲雨，殘果落因風。獨坐還吟〔三〕酌，詩成酒已空。

方回：「花開爲雨」、「果落因風」，自是佳句。然詩家亦或忌此，「因」即是「爲」，「爲」即是「因」，二字相犯也。昌黎詩：「風能折芡嘴，露亦染梨腮。」山谷謂「能」當作「稜」，「亦」當作「液」。詩中不可無虚字，然用虚字而不切，則泛也。「因」對「爲」，「鳥」對「人」，「知」對「覺」，凡三者所當省也。

馮舒：「稜」、「液」真不通。山谷不通如此！

馮班：古人偶句，但欲音詞整飭，不忌相犯。詩人云：「遘閔既多，受侮不少。」「不少」，即是多也。宋人拘忌既甚，取對太巧，文章無正遠之氣，此大病也。大略傾仄儇俏，有傷文格。巧對尤害，以其傷筋骨也。宋人忌相犯，盛唐大家、高手殊不然。○「鳥」對「人」有何不可？

查慎行：依評語則改「爲」作「細」，改「因」作「高」，似佳，然亦不必如此講。

紀昀：此評好。○「鳥」對「人」尚不礙，「因」對「爲」，「知」對「覺」，則誠如所譏。

自得家林趣，常時在外稀。對僧餐野食，迎客着山衣。雀鬬翻簷散，蟬驚出樹飛。功成他日後，何必五湖歸。

紀昀：五、六寫閒静之意，非言雀、蟬也。

秋色庭蕪上，清朝見露華。疎篁抽晚笋，幽藥吐寒芽。引水新渠浄，登臺小徑斜。人來多愛此，蕭爽似仙家。

紀昀：此亦雅飭，惟結句太熟滑。

禁掖朝迴後，林園勝賞時。野人來辨藥〔一四〕，庭鶴往看〔一五〕棋。晚日明丹棗，朝霜潤紫梨。還因重風景，猶自有秋詩。

紀昀：二首平平。○鶴看棋，僻而無理。不得以詩有别趣，曲爲之詞。

何義門：此首第六，必應如此次序，從集不從荆公選也。

聖代少封事，閑居方屏喧。漏寒雲外闕，木落月中園。山鳥宿簷樹，水螢流洞門。無人見清景，林下自開樽。

方回：六詩皆工而可觀，荆公所取者。劉補闕爲諫官，而家園有山水之樂，唐人之仕於東、西都者皆然。

何義門：此首第五。

紀昀：清出補闕亦細。○五、六太平易。○「無人」句礙一首「情人」句。三首「對僧」二句、四首「人來」二句、五首「野人」句、「林下」句，複「獨坐」句。此疎於律處。

郊居秋日酬奚贊府見寄

楊巨源

繁菊照深居，芳香春不如。聞尋周處士，知伴庾尚書。日晚汀洲曠，天晴草木疎。閑言揮麈柄，清步掩蝸廬。野老能親牧，高人念遠漁。幽叢臨古岸，輕葉度寒渠。暮色無狂蝶，秋華有嫩蔬。若爲酬郢曲，從此愧璠璵。

方回：起句十字最佳，而「照」字尤妙。後所點兩聯，一開闊，一細潤。此本合入「郊野類」，以其言秋日者多，故附之「秋」。

紀昀：按本集中四十九卷，並無「郊野」一類。○不見佳處，起二句亦未自然，「繁」字、「照」字皆不得菊之神理。

無名氏（甲）：凡長篇須有峯巒起伏之勢，若一直平坦則不佳。此詩篇法甚好。

長安秋夜

章孝標

田家無五行，水旱卜蛙聲。牛犢乘春放，兒孫候暖耕。池塘煙未起，桑柘雨初晴。歲晚香醪熟，村村自送迎。

方回：章孝標詩集一卷，荆公選僅取五首。題云長安秋夜而前六句自言春意，止末後兩句係秋意。今不敢輕改古題，附「秋」詩中。亦只起句十字新異。

紀昀：此猶見古人矜慎之風。明人刊古書，雖經史不難竄改矣。

馮舒：不似説秋。○第五句春景。「歲晚」亦非秋。

馮班：題應作「田家」。

紀昀：自是春詩，「歲晚」字或訛耳。○馮氏不言題誤而抹詩，非也。○「歲晚」二句作預擬之詞，亦可通。

立秋日

司空曙

律變新秋至，蕭條自此初。花酣蓮報謝，葉在柳呈疎。淡日非雲映，清風似雨餘。卷簾涼暗度，迎扇暑先除。草静多翻燕，波澄乍露魚。今朝散騎省，作賦興何如？

紀昀：只「清風」句頗可，而出句太拙。餘皆平平。○三、四「報」、「呈」二字俗甚，虚谷圈之，非是。〔按：方回在「花酣蓮報謝，葉在柳呈疎」二句「酣」、「報」、「在」、「呈」字旁皆加圈。〕

秋寄賈島[一六]

僧無可

暗蟲分[一七]暮色，默坐思[一八]西林。聽雨寒更盡，開門落葉深。昔因京邑病，併起洞庭心。亦是吾兄事，遲迴直至今。

方回：聽雨徹夜，既而開門，乃是落葉如雨，此體極少而絶佳。「微陽下喬木，遠燒入秋山」，亦然。陳後山「輝輝垂重露，點點綴流螢」，謂柏枝垂露若綴螢。然一句指事，一句設譬，詩中之奇變者也。

何義門：冷齋夜話亦如此解上、下、虚、實。借對固自有意，然即二句皆實，亦悲秋真景也。

紀昀：此説自通，然作雨後葉落，亦未嘗不佳。

紀昀：格韻頗高。

許印芳：僧無可，賈島從弟。

秋寄李頻使君

僧貫休

務簡趣誰陪？清吟共緑苔。葉和秋蟻落，僧帶野風來。留客朝嘗酒，憂民夜畫灰。終期冒風雪，江上見宗雷。

方回：李頻，睦州人，終於建州刺史。貫休，婺州蘭溪人，死於蜀。爲詩有極奇處，亦有太粗處。「盡日覓不得，有時還自來」。爲人嘲作失猫詩，此類是也。然道價甚高，年壽亦高。蚤與李頻交，而老依錢鏐，不肯改「一劍霜寒十四州」，遂入蜀。此詩第四、第六句好。

紀昀：確論。

查慎行：第四句惡道。

紀昀：三、四乃想像之詞，不應作目擊之景。未免疎於律法。「誰陪」、「終期」，一氣呼應。

新秋雨後

僧齊己

夜雨洗河漢，詩懷覺有靈。籬聲新蟋蟀，草影老蜻蜓。静引閑機發，涼吹遠思醒。逍遥向誰説？時泥漆園經。

方回：齊己，潭州人，與貫休並有聲，同師石霜。二僧詩，唐之尤晚者。己詩如「夜過秋竹寺，醉打老僧門」，最佳。此詩起句自然，第六句尤好。

紀昀：此粗語，何以爲佳？

紀昀：唐詩僧以齊己爲第一，杼山實不及，閱全集自見。○三、四新脆，「覺有靈」三字不佳。

許印芳：此詩次句即老杜「詩成覺有神」意，語雖不佳，卻無疵纇。三、四佳在「新」字、「老」字，若用「聞」、「見」等字，便是小兒語。五、六亦頗細緻，六句暗藏「風」字，措語亦較五句有味，故虚谷以爲尤好。尾聯原本云：「逍遥向誰説，時泥漆園經。」上句太空，下句太滯，故爲易之：「逍遥吾自得，不假漆園經。」按：晝公乃盛唐人，嘗著杼山詩式，鑒裁頗精，所作詩格高氣清。然高而近空滑，清而多薄弱，非王、孟精深華妙之比。齊已雖唐末人，其詩頗有盛唐人氣骨。如秋夜聽業上人彈琴云：「萬物都寂寂，堪聞彈正聲。人心盡如此，天下自和平。湘水瀉寒碧，古風吹太清。往年廬嶽奏，今夕更分明。」沈歸愚謂三、四語寫出太和元氣，從來詠琴者俱未寫到。且謂其詩淵灝之氣在李頎、常建之間。非過許也。然亦有豪而近粗者，如劍客詩云：「拔劍繞殘樽，歌終便出門。西風滿天雪，何處報人恩。勇死尋常事，輕仇不足論。翻嫌易水上，細碎動離魂。」三、四及結句極佳，起句及五、六則粗矣。二詩皆以氣勝，不甚拘對偶，而有情思貫注其間，非若晝公徒標高格，全無意味也。曉嵐謂齊己第一，真篤論哉！

秋徑

僧保暹九僧之一

杉竹清陰合，閑行意有憑。涼生初過雨，静極忽歸僧。蟲迹穿幽穴，苔痕接斷稜。翻思深隱處，峯頂下層層。

方回：此賦秋徑云「杉竹清陰合」，即其中乃徑也。第二句「閑行」字，雨之所過，僧之所歸，皆徑也。五、六尤見徑中秋事，尾句仍不走作。

馮舒：如此講「九僧」，得之矣。

紀昀：此評細。○「雨過」不必是徑。

查慎行：第四不成句。

紀昀：「意有憑」不妥，四句亦不佳。○此種其細已甚，然小題只合如此。

原上秋草

僧懷古〔一九〕

秋來深徑裏，老病眼慵開。户外行人絶，林間朔吹回。亂蛩鳴古塹，殘日照荒臺。唯有他山約，相親入望來。

方回：第六句深得秋意。

紀昀：五、六好。○題目「草」字有誤，疑是「原上早秋」。

許印芳：詩非詠秋草，亦不切早秋，當作「秋望」。

許印芳：「來」字複。

山中

僧秘演

結茅臨水石，淡寂益閑吟。久雨寒蟬少，空山落葉深。危樓乘月上，遠寺聽鐘尋。昨得江山〔二〇〕信，期來此息心。

方回：此石曼卿至交山東演也，歐陽公爲其詩集序。中四句鍛而成，却足前後起末句。「九僧」亦多如此。

馮舒：未見得是秋，不宜入此。

紀昀：馮云：「未見得是秋，不宜入此。」然「寒蟬」、「落葉」，非秋而何？此無關於論詩，特以門户，故其偏僻更甚於虚谷！

查慎行：有詩如此，宜爲石學士所賞。○「九僧」不如多矣。詩僧宋代首推參寥。如「九僧」，不堪咀味。

落葉

潘逍遥

片片落復落，園林漸向空。幾番經夜雨，一半是秋風。静擁莎堦下，閑堆蘚徑中。巖松與巖檜，寧共此時同？

方回：潘閬出處，予著名僧詩話已詳見。落葉合入「着題」詩，今附「秋日類」中。三、四有議論，五、六只是體貼，尾句却有出脱。不如此，非活法也。

紀昀：入「着題」爲是。

馮舒：五、六頗傷板。

紀昀：五、六稍率。

秋日題瑯琊山寺

巖下多幽景，且無塵事喧。鐘聲晴徹郭，山色曉當門。深洞藏泉脈，懸崖露樹根。更期來此宿，絶頂聽寒猿。

方回：此爲滁州參軍時所作。有賈島餘韻，五、六尾句尤高。

渭上秋夕閑望

秋夕〔二〕滿秦川，登臨渭水邊。殘陽初過雨，何樹不鳴蟬。極浦涵秋月，孤帆没遠煙。漁人空老盡，誰似太公賢？

方回：五、六清淡。尾句必合如此，乃有轉换。

馮舒：落句急出題，非轉换也。

查慎行：三、四絶勝五、六。○五、六正寫閑望，評以清淡，失之矣。

馮舒：結句呆。

馮班：次聯妙，尾句極不佳。

陸貽典：次聯能寫真境。

紀昀：二詩俱有唐意，風格自高。

許印芳：「秋」字複。○結句但不出色耳，馮氏斥爲呆鈍，未免太刻。

暮秋閑望

魏仲先

水閣閑登望，郊原欲刈禾。壞簷巢燕少，積雨病蟬多。砧隔寒溪搗，鐘隨曉吹過。扁舟何日去？江上負煙簑。

方回：中四句皆工，第四句尤好。

馮舒：工緻，無宋氣。

查慎行：有意裝景，殊不自然。

紀昀：結句竟似仕宦人語，未喻其意。

秋風

王半山

揫斂一何饕，天機亦自勞。牆隈小翻動，屋角盛呼號。漠漠驚沙密，紛紛斷柳高。江湖豈在眼，昨夜夢波濤。

方回：八句無一字不工，第一句下「饕」字，二句下「天機」字，尤於「秋風」爲切也。

馮舒：何謂？

紀昀：「饕」字、「天機」字，何以切「秋風」？

馮舒：此乃入魔。

陸貽典：前四句傷於太刻，後四句佳。

查慎行：結句有餘力，有轉换。

秋露

日月跳何急？荒庭露送秋。初疑宿雨泫，稍怪曉霜稠。曠野將馳獵，華堂已御裘。空令半夜鶴，抱此一端愁。

方回：周處風土記曰：「白鶴性警，至八月繁露降，流草葉上，滴滴有聲，即鳴也。」春秋繁露：「白鶴知夜半。」此詩三、四已切于秋露，五、六似若言秋，而未及露，却着結句引「半夜鶴」以終之，亦妙。

紀昀：五、六以得意之境，逼出警露作對照。如以爲言秋而未及露，則畫斷讀之，似轉以末二句救上二句之廓落，失作者之旨矣。

紀昀：「跳」字從「日月如跳丸」句生出，然有「丸」字，「跳」字乃有意；去「丸」字而用「跳」字，便不雅馴。

秋懷

歐陽永叔

節物豈不好？秋懷何黯然。西風酒旗市，細雨菊花天。感事悲雙鬢，包羞食萬錢。鹿車終自駕，歸去潁東田。

方回：歐陽公於自然之中或壯健，或流麗，或全雅淡。有德者之言自不同也。三、四全不喫力，俗間有云：「香橙螃蟹月，新酒菊花天。」本此。

紀昀：六句意是而格未渾雅。

秋日家居

梅聖俞

移榻愛晴暉，翛然世慮微。懸蟲低復上，鬭雀墮還飛。相趁入寒竹，自收當晚闈。無人知静景，苔色照人衣。

方回：「相趁入寒竹」，以應「鬭雀墮還飛」。「自收當晚闈」，以應「懸蟲低復上」。又是一體。

首尾翛然出塵，可謂「着題」詩也。

紀昀：得此解，此二句乃明，然「自收」句終欠自然。

馮舒：三、四細，五、六一聯意亦不可解，注恐非。

紀昀：此似冬盡春初之語。

秋懷示黃預

陳後山

窗鳴風歷耳，道壞草侵衣。月到千家静，林昏一鳥歸。冥冥塵外趣，稍稍眼中稀。送老須公等，秋棋未解圍。

方回：三、四絶妙，五、六非老筆不能。

馮舒：百撒。〇三、四斷。

紀昀：老潔。〇「眼中稀」即是「塵外趣」，然驟看殊不醒豁，馮氏抹之是也。

許印芳：「稍稍」與「稀」字意複，不但晦塞而已。

秋懷

稍稍昏烟集，蕭蕭一再更。短檠看細字，高枕忘平生。來鶴妨身健，新陽唤眼明。已須甘酒力，不用占時名。

方回：詩中四句皆有眼，只「已須」[二二]「不用」閑字，却是緊要處。〔按：方回在「來鶴妨身健，新陽喚眼明。已須甘酒力，不用占時名」四句「妨」「喚」「已須」「不用」字旁皆加圈。〕

馮舒：撤。〇首句何見是秋？第五不可解。第六，已「昏」矣，「一再更」矣，何以云「陽」？

紀昀：五句費解。

雜詩

唐子西

兀兀且如此，出門安所之？手香柑熟後，髮脱草枯時。精力看書覺，情懷舉盞知。炎州無過雁，二子在天涯。

馮班：第三句用韓偓。

陸貽典：次聯從韓致堯「手香江橘嫩」變出，却無味。

紀昀：二首造意造語，皆鑱刻而不纖巧。五、六語淡而味深，詞質而韻雅。

水過漁村濕，沙寬牧地平。片雲明外[二三]暗，斜日雨邊晴。山轉秋光曲，川長暝色橫。瘴鄉人自樂，耕釣各浮生。

方回：子西惠州雜詩凡二十首，佳句甚多。此二詩尤切於秋，而「山轉秋光曲」一聯尤古今絶唱。他如「身謀嗟翠羽，人事歎榕根」、「茶隨東客到，藥附廣船歸」、「翻泥逢暗笋，汲井得飛梅」、「湖盡船頭轉，山窮屐齒迴」、「濯足樓船岸，高歌抱朴村」、「雪曾前歲有，地過此邦無」、「笋蕨春生箸，魚蝦海入盤」、「草平連別峒，雨轉入他山」、「人情雙鬢雪，天色屢頭風」、「國計中宵切，家書隔歲通」，皆雋永有味。

馮舒：「漁」「牧」「耕釣」犯，「光」「色」二字犯，次聯「明」「暗」「暝色」又犯。

紀昀：馮氏曰：「漁」「牧」「耕釣」犯，「光」「色」又犯，「明」「暗」「暝色」又犯。不知「漁村」「牧地」指其地，「耕釣」則指其人，語本相應，不得謂之犯。「雲」「日」在天，「山」「川」在地，各自爲對，亦不得謂之犯。律髓可議之詩甚多，此種尚不必吹索。

無名氏（甲）：樓船將軍，漢楊僕。抱朴子，晉葛洪。

梅市道中

陸放翁

雨暗山陂路，人喧北渡頭。廟垣新畫馬，村笛遠呼牛。買飯諳争席，迎潮〔二四〕競解舟。平生苦吟處，又送一年秋。

查慎行：前四句浙東真景。

紀昀：三句不雅。○笛非呼牛之物。

秋夜紀懷

北斗垂蒼莽〔二五〕，明河浮太清。風林一葉下，露草百蟲鳴。病入新涼減，詩從半睡〔二六〕成。還思散關路，炬火驛前迎。

方回：中四句皆工。

紀昀：淡雅。有中唐氣韻。

秋晚　滕元秀

槭槭霜風勁，騣騣物象彫。屢遷憐蟋蟀，一敗笑芭蕉。林葉疎逾響，山雲薄易消。雖無遠行役，對此亦何聊。

方回：元秀秋晚十首，今選其二。他如「苔痕遺鳥爪，菊本寄蛩音」、「客櫓行何晚？隣機織未休」、「老屋險不仆，寒袍半欲紕」，亦佳句。此「屢遷」、「一敗」之句，爲絶妙「江西體」也。

馮舒：「紕」字如何押？

紀昀：此不純是「江西體」。

馮舒：字字工貼，無「江西」搓不成團之憾。

查慎行：三、四新而警，轉俗爲雅，只是筆妙。

紀昀：三、四託意，語甚警拔。○「蟋蟀」自喻，「芭蕉」殆有所刺。

許印芳：滕岑，字元秀。

七月四首

韓仲止

水石雲山裏，歸來已九秋。隔城如淺近，隣寺始深幽。慧遠逢修靜，文淵説少游。

徑荒殊不掃，風葉上牽牛。

紀昀：三句拙滯。

地僻稀人迹，重林日自虛。鳥飛晨氣外，蟬噪晚涼初。餘潤從侵屨，浮埃倦整書。

樵漁時上下，閉户又何居？

紀昀：「日自虛」三字未渾老。○「麥天晨氣潤」。則佳；「鳥飛晨氣外」，則不佳。此故可思。

木末芙蓉起，亭亭緑且青。牆猶承片瓦，窗不礙疎櫺。次第花擎蓋，縱横葉展屏。石丁誰主者，仙豈待沉冥？

擁砌叢生菊，何關老意多。澆花驚易燥，耘草喜成科。枕腊尤宜睡，餐香豈待哦？淵明藏不盡，滿把尚婆娑。

方回：此嘉定十三年庚辰詩，所謂「歸來已九秋」，則出處亦可考也。第一首五、六用人名而不覺其冗，尾句幽雅。第二首中四句俱工。第三首只言木芙蓉。第四首言菊，而「枕腊」、「餐香」四字絶佳。老筆勁健，非「江湖」近人鬬飣可及。

馮舒：「江西」惡派。○「腊」字，「江西」惡字。「豈待哦」，「江西」惡語。結又入「江西」惡語。

馮班：結句不可通。

查慎行：山海經郭璞注：「腊爲梅。」實此詩借用。然菊花無實。「餐香」用楚辭「餐秋菊之落英」，似不如「餐英」更老。

紀昀：「驚、易、燥」三字未雅，草不須耘，如曰耘而去之，又與「喜成科」不貫。○五、六尤不成語，七句亦淺拙。

七言 三十首

秋盡

杜工部

秋盡東行且未回，茅齋寄在少城隈。籬邊老却陶潛菊，江上徒逢袁紹盃。雪嶺獨看西日落，劍門猶阻北人來。不辭萬里長爲客，懷抱何時得好開。

方回：讀老杜詩開口便覺不同。「獨看西日落，猶阻北人來」一聯，不勝悲壯，結句更有氣力。

何義門：後半意味已包藴於「且未回」三字中，真有淚竭眼穿之痛也。○懷抱之惡，豈獨爲一身遠客？公詩發源所以深遠。

紀昀：前四句語殊平平，後四句自極沉鬱頓挫之致。○「袁紹盃」不切「秋盡」。

無名氏(甲)：袁紹在河朔有避暑飲。今已秋盡，故云「徒逢」。

許印芳：前半平正，方襯得出後半之沈鬱頓挫，此正章法之妙。詩作於秋盡時，即以首句「秋盡」二字爲題，豈有句句要切「秋盡」之理？一聯之中，上下皆要切題，此是咏物、咏古死法。此詩非咏物、非咏古，何得以死法相繩？曉嵐此評苛且謬矣。

秋夜

露下天高秋氣清[二七]，空山獨夜旅魂驚。踈燈自照孤帆宿，新月猶懸雙杵鳴。南菊再逢人卧病，北書不至雁無情。步蟾[二八]倚杖看牛斗，銀漢遥應接鳳城。

方回：此詩中四句自是一家句法。「千巖無人萬壑静，三步迴頭五步空」[二九]，是也。「耕田欲雨刈欲晴，去得順風來者怨」，亦是也。山谷得之，則古詩用爲「滄江鷗鷺野心性，陰壑虎豹雄牙須」，亦是也。蓋上四字、下三字，本是兩句。今以合爲一句，而中不相黏，實則不可拆離也。試先讀上四字絶句，然後讀下三字，則句法截然可見矣。

紀昀：此論句法却是。

馮舒：老杜之高不在此。「雄牙須」成何語？

韓彁元：三字出韓詩，馮君未見耶？

馮班：「雄牙須」好對「雌脚爪」。

查慎行：起、結扣定題面。中間兩句説夜，兩句説秋。切題極矣，却極開宕。

紀昀：筆筆清拔，而意境又極闊遠。

黄草

黄草峽西船不歸，赤甲山下行人稀。秦中驛使無消息，蜀道兵戈有是非。萬里秋風吹錦水，誰家別淚濕羅衣？莫愁劍閣終堪據，聞道松州已被一作「破」，一作「解」。圍。

方回：「兵戈有是非」，則兆端在乎上之人。劍閣恐終不可據，則叛於蜀者亦終於滅亡而已。此等詩豈徒言秋日光景者哉？

紀昀：此似是而非。指擾攘稱兵諸人，不指朝廷之召亂。

何義門：此詩牧翁决擇黄鶴注，最當。

紀昀：五、六生動開拓，妙於流走，而不單弱。

許印芳：首句拗調，次句古調，盛唐律詩每有此格，老杜尤多。○「道」字犯複，惟義不同耳。○亦八句對。

吹笛

吹笛秋山風月清，誰家巧作斷腸聲？風飄律吕相和切，月傍關山幾處明。胡騎中宵堪北走，武陵一曲想南征。故鄉楊柳今搖落，何得愁中却盡生。

方回：慷慨悲怨，自是一種風味。李太白謂「江城五月落梅花」，此亦以指楊柳，蓋笛中有此二曲也。吹笛本是「着題」，今以附之「秋類」。

紀昀：入「秋類」無理。

查慎行：五、六虛處傳神。

紀昀：「風」、「月」分承，法本雲卿龍池篇。○五、六妙切時事，不比「崑體」之排比故實。○純是以風調勝，在杜集又是一格，故前人疑非杜公作。

許印芳：「風」、「月」分承，不爲複。「山」字、「中」字俱犯複。

七月一日題終明府水樓

高棟層軒已自涼，秋風此日灑衣裳。翛然欲下陰山雪，不去非無漢署香。絕壁過雲開錦繡，疎松隔水〔三〇〕奏笙簧。看君宜着王喬履，真賜還應出尚方。

馮舒：「已自」等字，落筆自然有之。高不在此。○何須苦求起結？大曆以後，便自絕響。

紀昀：此首殊無佳處。虛谷以爲人所不及，未免壓於盛名。

宓子彈琴宰邑日，終軍棄繻英妙時。承家節操尚不泯，爲政風流今在茲。可憐賓客盡傾蓋，何處老翁來賦詩？楚江巫峽半雲雨，清簟疎簾看弈棋。

方回：前詩人所不及，後詩謂之吴體，惟山谷能學而肖之，餘人似難及也。老杜别有秋興七言律八首，在夔州懷長安而作，不專言秋，以多，不能備取。

查慎行：姚武功縣署詩選至十餘首，而老杜秋興獨以多見遺，去取殊不愜人意。

紀昀：此種純是門户語。◯以此不取秋興，所見甚陋。

紀昀：五、六筆意亦嶔崎，結句自是絶唱。

宿府幕

清秋幕府井梧寒，獨宿江城蠟炬殘。永夜角聲悲自語，中天月色好誰看。風塵荏苒音書絶，關塞蕭條行路難。已忍伶俜十年事，强移棲息一枝安。

方回：此嚴武幕府秋夜直宿時也。三、四與「五更鼓角聲悲壯，三峽星河影動摇」同一聲調，詩之樣式極矣。

馮舒：三、四之高妙亦不在於聲調。

紀昀：一悲壯，一凄婉，聲調不同。

馮舒：第四説宿幕府，意致情事，無窮之極。

紀昀：八句終有拙意。

許印芳：八句對。○八句收到「宿府」，回應首句，法律細密。曉嵐以詞語之工拙苛求古人，吾所不取。

長安晚秋〔三一〕

趙　嘏

雲物凄涼〔三二〕拂曙流，漢家宫闕動高秋。殘星幾點雁横塞，長笛一聲人倚樓。紫艷半開籬菊浄，紅衣落盡渚蓮愁。鱸魚正美不歸去，空戴南冠學楚囚。

方回：以三、四佳呼趙倚樓。

馮班：第二句點長安。以長安結。

紀昀：三、四佳，餘亦平平。

許印芳：此亦苛論。

許印芳：趙嘏，字承祐，山陽人，官渭南尉。

始聞秋風〔三三〕〔三四〕

昔看黄菊與君别，今聽玄蟬我獨迴〔三五〕。五夜飀飀枕前覺，一年顔狀鏡中來。馬思邊草拳毛動，鵰眄青雲睡眼〔三六〕開。天地肅清堪四望，爲君扶病上高臺。

方回：痛快。

馮舒：「君」字何屬？第二句不緊拍。

馮班：腹聯痛快。二「君」字相唤甚明，何以不屬？

何義門：後四句衰氣一振，「扶病」二字又照應不漏。

紀昀：題下有脱字，當云「始聞秋風寄某人」。此劉夢得詩，見劉中山集，趙之魄力尚不能及此，以詩格考之，歸劉爲是。後半顧盼非常，極爲雄闊。

許印芳：「君」字複。

江亭晚望〔三七〕〔三八〕

碧江涼冷雁來疎〔三九〕，閒望江雲思有餘。秋館池亭荷葉歇，野人籬落豆花初〔四〇〕。無愁自得仙翁術，多病能忘太史書。聞説故園香稻熟，片帆歸去就鱸魚。

方回：三、四明秀。

何義門：第六言庶幾以文章自通於後，一洗自緣多病，都忘周南留滯也。

紀昀：風韻特佳。○已開劍南一派。

秋日小園

錢文信

碧簟涼生白袷衣，庾園秋晚得幽期。千房嫩菊金螢亂，百本衰荷鈿扇欹。日薄蘚花沿素壁，雨淫蛙鼓占清池。翛然自合蒙莊趣，誰識無心似標枝？

方回：「崑體」。三、四怪麗。

紀昀：三、四「崑體」之俗惡者。

秋日湖西晚歸舟中書事

林和靖

水痕秋落蟹螯肥，閒過黃公酒舍歸。魚覺船行沉草岸，犬聞人語出柴扉。蒼山半帶寒雲重，丹葉疎分夕照微。却憶青溪謝太傅，當時未解惜蓑衣。

方回：句句有滋味。

馮舒：工緻。

紀昀：三句「湖西舟中」，四句「歸」字醒，五句「晚」字、「秋」字俱到。

秋霽草堂閒望

魏仲先

草堂高迥勝危樓，時節殘陽向晚秋。野色青黄禾半熟，雲容黑白雨初收。依依永巷[四一]聞村笛，隱隱長河認客舟。正是詩家好風景，懶隨前輩却悲愁。

方回：三、四極工而不覺，五、六無痕迹。

紀昀：自是真景，然不見其佳。以爲「極工」，則太過。

紀昀：五句「永巷」二字誤用。

秋日登樓客次懷張覃進士

聞説飄零亦異鄉，登樓吟望益悲涼。當時欲别言難盡，他日相逢語更長。蟬噪水村千萬樹，雁過雲岫兩三行。明朝策蹇還無定，空凭危闌到夕陽。

方回：三、四能言人情。

查慎行：三、四似從「香奩」脱胎。

紀昀：平調，近人皆能之。〇「語」對「言」，正似少陵「冠」對「帽」，究嫌其犯。

秋日閒居

楊契玄

忽聞高柳噪新蟬，厭暑情懷頓豁然。庭檻夜涼風撼竹，池塘香散水摇蓮。鱸魚鱠憶奔江浦，焦尾琴思换蜀絃。莫遣金樽空對月，滿斟高唱混流年。

方回：德人之言，字字出於天真，故取之。「莫」字當作「戲」，今且從刊本。

馮舒：「滿斟高唱」正是「莫遣」，若改「戲」字，成何言語？

馮班：改「戲」字不通。

紀昀：欲佐以「高唱」，故曰「莫遣空對」。改「戲」字則欠通，虚谷未審詩意耳。

紀昀：五句「奔」字不雅。◎末句「混」字太鄙。

乙巳重九

韓魏公

苦厭繁機少適懷，欣逢重九啓賓罍。招賢敢並翹材館，樂事難追戲馬臺。蘚布亂錢乘雨出，雁排新陣拂雲來。何時得遇樽前菊？此日花隨月令開。

方回：英宗治平二年乙巳忠獻公在相位，飲客，蘇老泉所和「壯心還傍醉中來」，已見「節序類」中。此亦當入「節序」，而選詩已定，故附此。公前後入相出藩。元夕、上巳、寒食、中秋、九日，爲詩至多，言言有味。菊花不應月令，開於九日。爲宰相而有此詩，亦自謙之辭也。五、六響亮，三、四亦典正。

紀昀：憚於改編，即爲因陋就簡；書多疵累，亦此之由。

紀昀：首句不洒脱。

許印芳：韓琦字稚圭，封魏國公，謚忠獻。

九日水閣

池館摧隳古榭荒，比延[四二]嘉客會重陽。雖慚老圃[四三]秋容淡，且看黄花[四四]晚節香。酒味已醇新過熟，蟹黄先實不須霜。年來飲興衰難强，謾有[四五]高吟力尚狂。

方回：此神宗熙寧二年己酉公判相州時九日詩也。「黄花晚節」句與「老枝擎重雪」詩，並見强至所撰遺事，書於續鑑，實爲天下名言。至熙寧四年辛亥相州九日詩，凡四首，有句云：「坐上半非前歲客，杯中無改舊花香。」「銅鉢一聲詩已就，金鈴千朵菊争開。」凡三判相州，九日詩亦不止此。

馮舒：不妨自作賢宰相聲口，詩實宋氣。

馮舒：重。

查慎行：此首已見「宴集類」，重出。

許印芳：「黄」字複。

秋日與諸公馬頭山登高

歐陽永叔

晴原霜後石榴紅，佳節登臨興未窮。日汎花光摇露際，酒浮山色入樽中。金壺恣灑毫端墨，玉麈交揮席上風。惟有淵明偏好飲，籃輿落落一衰翁。

方回：第一句詩家所未有，歐陽公詩大率自然如此。

馮舒：方云「第一句詩家所未有」，亦未然。

紀昀：詩不必定作人未有語，此種議論總在字句上著意，故所見皆隔數層。

紀昀：「際」字未妥。

中秋口號

秦少游

雲山簷楯接低空，公宴初開氣鬱葱。照海旌幢秋色裏，激天鼓吹月明中。香槽旋滴珠千顆，歌扇驚圍玉一叢。二十四橋人望處，台星正在廣寒宫。

方回：生日詩、致語詩，皆不可易爲，以其徇情應俗而多諛也，所以予於生日詩皆不選。少游作此詩，是夜無月，遂改尾句云：「自是我翁多盛德，却迴秋色作春陰。」或嘲謂晴雨翻覆手，姑存此以備話柄。三、四亦響亮。

馮舒：生日詩之極則也。

紀昀：此隨俗應酬之詩，不宜入選。○結鄙甚，然此種詩體裁如是。

九月八日夜大風雨寄王定國

長年身外事都捐，節序驚心一慨然。正是山川秋入夢，可堪風雨夜連天。桐梢摵摵增凄斷，燈燼飛飛落小圓。湔洗此情須痛飲，明朝試訪酒中仙。

方回：少游詩文自謂秤停輕重，銖兩不差。故其古詩多學三謝，而流麗之中有澹泊。律詩亦敲點匀浄，無偏枯突兀生澁之態。然以其善作詞也，多有句近乎詞。此詩下「凄斷」、「小圓」字，亦三謝餘味。別有秋日絶句三首，尾句云：「菰蒲深處疑無地，忽有人家笑語聲。」「風定小軒無落葉，青蟲相對吐秋絲。」「安得萬粧相向舞？酒酣聊把作纏頭。」此謂虹霓，皆極怪麗。

紀昀：亦是詞家字，非三謝也。

馮舒：結句宋。

紀昀：六句用字太纖，然通體却一氣鼓盪。

秋日客思

陳簡齋

南北東西俱我鄉，聊從地主借繩床。諸公共得何侯力，遠客新抄陸氏方。老去事多藜杖在，夜來秋到葉聲長。蓬萊可託無因至，試覓人間千仞岡。

方回：「共得何侯力」，以指新進。「新抄陸氏方」，以憐遷客。漢何武、唐陸贄傳可攷。此詩家用事之妙。五、六尤佳。

紀昀：此簡齋南渡時避亂襄、漢時所作，借用陸氏集方以形容多病耳，虚谷坐實遷客，上下文遂不相接，宜爲馮氏之所譏。

無名氏（甲）：陸贄貶忠州，集古醫方爲書，以避讒謗。

馮舒：第二聯上下不著。

紀昀：五、六深微。

許印芳：第六句「來」與「到」意複，「來」可易作「深」。

次韻周教授秋懷

一官不辦作生涯，幾見秋風捲岸沙。宋玉有文悲落木，陶潛無酒對黄花。天機衮衮山新瘦，人世悠悠日自斜。誤矣載書三十乘，東門何地不宜瓜？

方回：格高。

紀昀：惟「天機衮衮」四字惡，餘誠如虛谷之評。

陸貽典：「天機」句不成語。

許印芳：「不」字複。

次韻家叔

衮衮諸公車馬塵，先生孤唱發陽春。黄花不負秋風意，白髮空隨世事新。閉户讀書真得計，載肴從學豈無人。只應又被支郎笑，從者依然困在陳。

方回：自是一種高格英風。

紀昀：馮氏抹「支郎」二字，可謂千慮一失矣。此非僻事也。〔按：馮班在「只應又被支郎笑」句「支郎」二字旁加抹。〕

無名氏（甲）：以「肴」代「酒」，但求叶聲，未妥。

秋雨初晴有感

陸放翁

炎曦赫赫尚餘威，冷雨蕭蕭故解圍。號野百蟲如自訴，辭柯萬葉竟安歸？芼羹菰菜珍無價，上釣魴魚健欲飛。散吏何功霑一飽，高眠仍聽搗秋衣。

方回：三、四哀感，五、六響。

馮舒：只是圓熟。

紀昀：「餘威」、「解圍」，皆宋人字法。不必效之。

無名氏（甲）：芼熟而薦之也。

村居秋日

桔槔引水繞荒畦，病卧蝸廬不厭低。小聚數家秋靄裏，平坡千頃夕陽西。亭皐草木猶葱蒨，天上風雲已慘悽。逋負如山炊米盡，終年枉是把鋤犂。

方回：三、四自然。

紀昀：前四句好，五、六稚，七、八俚甚。

秋晚書懷

頽然兀兀復騰騰，萬事惟除死未曾。無奈喜歡閑弄水，不勝頑健遠尋僧。喚船野岸横斜渡，問路雲山曲折登。却笑吾兒多事在，夜分未滅讀書燈。

方回：三、四新詭。

紀昀：太野。〇首句不成句法，三、四不成文。

舍北行飯書觸目

落雁昏鴉集遠洲，青林紅樹擁平疇。意行舍北三叉路，閒看橋西一片秋。少婦破烟撑去艇，丫童横笛唤歸牛。形容野景無餘思，自怪癡頑不解愁。

方回：如畫。放翁萬詩，秋日詩僅得此四首。

查慎行：香山詩：「丫頭誰家童？」

紀昀：格意未高，而詞調清圓可誦。〇三、四自然脱洒。

許印芳：「叉」，音槎，從又加點。「丫」，音鴉，從丷從亅，象人頭上兩髻形。

九日破曉攜兒姪上前山竚立佳甚

韓仲止

懷玉鏡臺開遠晴，靈溪葛水去無聲。園荒不礙憑高立，徑側何須委曲行？露氣已濃清可掬，日華初出畫難成。閒居九日依辰至，舉俗胡爲亦愛名？

方回：五、六極佳，非閒中知味者不能道。「節序詩」編次已定，故附此「秋日類」中。

紀昀：屢屢如斯！自古著書，無此體例。

查慎行：結用陶詩。

紀昀：首句有誤字。○五、六自好，餘未稱。○結用陶公「舉俗愛其名」句，殊欠渾老。

風雨中誦潘邠老詩

滿城風雨近重陽，獨上吴山看大江。老眼昏花忘遠近，壯心軒豁任行藏。從來野色供吟興，是處秋光合斷腸。今古騷人乃如許，暮潮聲捲入蒼茫。

方回：此詩悲壯激烈。第一句用潘邠老句，若第二句押不倒則餒矣。此第二句雖是借韻，軒豁痛快，不可言喻。三、四非後生晚進胸次，至第六句則入神矣，至第八句則感極而無遺矣。世稱韓澗泉名下無虚士。乃慶元戊午詩也。

馮舒：「江」字走韻，何也？○不著題。○第七句接不上。

馮班：第二亦未佳。

查慎行：「江」字出韻。「從來」、「是處」四字懸空，與「吟興」、「斷腸」無關，覺少意味。

紀昀：次句借韻，究不是。

許印芳：江、陽通韻。律詩借押通韻，唐人已有此例，未可斥爲不是。但不得藉口古人，動輒借用耳。

許印芳：次句雄闊，足與首句相稱，恰似天生此語配合潘詩者。能續潘詩，全在此句接得好。虛谷謂若押不倒則餒，可謂切中肯綮。中四句只從空虛寫意，蓋實景已包入起二句中。此處若再實寫，必至疊床架屋。而且挂一漏萬，故換筆寫意，只用「野色」、「秋光」映帶實景，便與前後消息相通。七句束住中四句，八句回應起二句，將全詩收入景中，有宕往不盡之致。得此一結，中四句虛處皆實，枯處皆潤。且措詞壯浪，仍與起句相稱，故佳。

毅齋即事

徐崇父

自吾齋外付諸兒，除却詩書總不知。苔色上侵閒坐處，鳥聲來和獨吟時。十分秋色重陽近，一味新涼老者宜。調得身心能自慊，止吾所止復何疑。

方回：毅齋徐公，諱僑，字崇父，婺女人[46]，朱文公門人也，端平侍從，近世君子之無瑕者。此詩中四句絕妙，味其學力，非小小詩家可及，有德者必有言也。

紀昀：此亦依傍門户之言，名儒不必定能詩也。

馮舒：起句便不好。
馮班：次句即上句。
紀昀：單弱。結太腐。

校勘記

〔一〕諸書　李光垣：「書」應作「經」。〔二〕源流　按：「源」原作「混」，據康熙五十二年本、紀昀刊誤本校改。〔三〕進所如　李光垣：「進」當作「信」。〔四〕鷗鷺　查慎行：「鷗」一作「鵁」。〔五〕解鉗鐵　馮班：「鐵」當作「鈦」，「鈦」音「第」，又音「大」。〔六〕清浄　馮班：「浄」一作「静」。〔七〕新月　馮班：「月」一作「自」。〔八〕通履　馮班：「履」一作「屐」。〔九〕覺安排　馮班：「覺」一作「學」。〔一〇〕將藥　馮班：「藥」一作「蘽」。〔一一〕開從　紀昀：「開」字必訛，再校。按：全唐詩卷五百十四「開」作「閒」。〔一二〕秋園行　馮班：「行」字當删。〔一三〕還吟　馮班、李光垣：「吟還」訛「還吟」。〔一四〕辨藥　按：「辨」原訛作「辯」，據康熙五十二年本、紀昀刊誤本校改。〔一五〕往看　馮班：「往」一作「住」。何義門：「住」字好。〔一六〕秋寄賈島　馮班：一作「晚秋寄從兄賈島」。一本「秋」字下有「夜宿西林」四字。〔一七〕蟲分　馮班：「分」一作「喧」。〔一八〕坐思　馮班：一作「思坐」。〔一九〕僧懷古　原訛作「僧古懷」。〔二〇〕江山　李光垣：「僧」訛「山」。〔二一〕秋夕　許印芳：

「夕」當作「意」。〔二二〕只已須　紀昀：「只」字衍。〔二三〕明外　許印芳：「外」一作「處」。〔二四〕迎潮　按：「潮」原訛作「湖」，據康熙五十二年本、紀昀刊誤本校改。〔二五〕蒼莽　按：原訛作「莽蒼」，據康熙五十二年本、紀昀刊誤本校改。〔二六〕半睡　馮班：「睡」一作「醒」。〔二七〕秋氣清　許印芳：「氣」一作「水」。〔二八〕步蟾　馮班、李光垣：「蟾」當作「檐」。〔二九〕步空　李光垣：「生」訛「空」。〔三〇〕松隔水　馮班：「隔」一作「夾」。〔三一〕長安晚秋　馮班：當作「長安秋望」。紀昀：才調集作「長安秋望」，爲是。〔三二〕淒涼　馮班：「涼」一作「清」。〔三三〕紀昀：題下有脱字，當云「始聞秋風寄某人」。〔三四〕馮班：此詩作者係劉夢得。〔三五〕獨迴　許印芳：「獨」一作「却」。〔三六〕睡眼　李光垣：「倦」訛「睡」。〔三七〕江亭晚望　馮班：「晚望」當作「秋晚」。〔三八〕馮班：此詩作者係李郢。〔三九〕來疎　馮班：「疎」當作「初」。〔四〇〕花初　馮班：「初」當作「疏」。〔四一〕永巷　馮班：「永」一作「未」。〔四二〕比延　許印芳：「比」一作「仍」。〔四三〕雖慙老圃　許印芳：「雖慙」一作「莫嫌」。〔四四〕且看黄花　許印芳：「且看」一作「猶有」。〔四五〕謾有　李光垣：「漫」訛「謾」。〔四六〕嫠女　按：元至元本「女」作「源」。

瀛奎律髓彙評卷之十三　冬日類

虛谷曰：日南至爲一陽之復，以之首節序之選。冬難賦，莫難於雪，已特爲之類矣。寒跧沍役，興雜感殊，著於此。

李光垣：此序忽標名，例不畫一。

五言　三十四首

初冬

杜工部

垂老戎衣窄，歸休寒色深。漁舟上急水，獵火着高林。日有習池醉，愁來梁父吟。干戈未偃息，出處遂何心。

方回：此工部爲參謀成都時作。「垂老戎衣窄」，所以自痛也。「習池醉」，「梁父吟」，山簡非得已而醉，諸葛又何爲而吟？皆所以痛時世也。

何義門：老居戎幕，欲與故人共奬王室，若忽忽入冬，僅陪軍宴。如山簡之日醉習池，不顧洛陽傾覆，負我從來出處之心矣，故曰「愁來梁甫吟」。

紀昀：杜詩中之不出色者。

無名氏（甲）：此等本非少陵極至之筆。然被宋人熏腐可厭，忽然對此，不覺神觀開明耳。

孟冬

殊俗還多事，方冬變所爲。破柑霜落爪，嘗稻雪翻匙。巫峽寒都薄，烏蠻瘴遠隨〔一〕。終然減灘瀨，暫喜息蛟螭。

方回：此夔州詩。三、四兒童亦能誦也。

馮班：今則詩集充棟者亦不能誦之矣。

紀昀：三、四却不見佳處，不識何以云然？

紀昀：次句究不佳。〇結有寓意。

刈稻了詠懷

稻穫空雲水，川平對石門。寒風疎草木〔二〕，旭日散雞豚。野哭初聞戰，樵歌稍出村。無家問消息，作客信乾坤。

方回：三、四乃詩家句法，必合如此下字則健峭。後四句亦惟老杜能道之也。

馮舒：老杜豈以一字爲高？

何義門：前半「刈稻了」，後半「詠懷」。○第五句起第七，第六句顧第三。

紀昀：悲壯沉着。

過劉員外別墅

皇甫曾

謝客開山後，郊扉去水通。江湖千里別，衰老一樽同。返照寒川滿，平田暮雪空。滄洲自有趣，不復哭途窮。

方回：本屬「郊野」。以其所賦皆冬景也，附諸此。詩律平穩。

紀昀：分題已破碎可厭，復牽於詩之字句，而移彼易此，益糾紛而無定軌矣。此書所以猥雜也。

紀昀：此首又見「寄贈類」。○無警策處，而氣韻恬雅。

無名氏(甲)：謝靈運小字客兒。○此下諸公，才力雖去少陵遠甚，然總不失爲正聲。非如宋人偭規改錯，貽誤後生也。

許印芳：皇甫曾，字孝常。冉之弟。官陽翟令。

碧澗別墅喜皇甫侍郎相訪

劉長卿

荒村帶返照，落葉亂紛紛。古路無行客，寒山〔三〕獨見君。野橋經雨斷，澗水向田分。不爲憐同病，何人到白雲。

方回：劉隨州號「五言長城」。答皇甫詩如此句句明潤，有韋蘇州之風。他詩爲嘗貶謫，多凄怨語。

何義門：重。

紀昀：此首亦見「寄贈類」。○起四句有灝氣。五、六言路之難行，以起末二句，非寫意也。

冬日〔四〕後作

裴説

寂寞掩荆扉，昏昏坐欲癡。事無前定處，愁有併來時。日影纔添線，鬢根已半絲。明庭公正道，應許苦心知〔五〕。

紀昀：次句鄙。三、四亦凡近。六句失調。

冬日

糲食擁敗絮，苦吟吟過冬。稍寒人却健，太飽事多慵。樹老生煙薄，牆陰貯雪重。安排只如此，公道會相容。

方回：兩詩皆冬至詩。前詩三、四佳，後詩三、四尤佳，乃應破首句所謂「糲食」、「敗絮」，有針線不苟作也。第五句「樹」字疑作「廚」，則與下句尤稱。

查慎行：遠樹生烟，見謝脁詩，若改「樹」爲「廚」，則「老」字不通矣。

紀昀：樹密則烟重，樹老則疎，疎則烟薄，此亦易解。改爲「廚老」，非是。

無名氏（甲）：若作「廚」，便與「太飽」字重。

紀昀：尾句太激。

初冬早起寄夢得

白樂天

起戴烏紗帽，行披白布裘。爐温先暖酒，手冷未梳頭。早景烟霜白，初寒鳥雀愁。詩成遺誰和，還是寄蘇州。

方回：白詩由衷，故勝微之。

紀昀：好在由衷，病亦在是。

紀昀：終是率易。

無名氏（甲）：妙在末句，足振通篇。

冬夕寄清龍寺源公

僧無可

斂屨入寒竹，安禪過漏聲。高杉殘子〔六〕落，深井凍痕生。罷磬風枝動，懸燈雪屋明。何當招我宿，乘月上方行。

方回：三、四極天下之清苦。荆公選誤作郎士元，非也。

查慎行：「深井凍痕」，恐未必然。

紀昀：三、四警拔，通體亦圓足。

雪晴晚望

賈浪仙

倚杖望松雪，溪雲幾萬重。樵人歸白屋，寒日下危峯。野火燒岡草，斷烟生石松。却回山寺路，聞打暮天鐘。一作「古」。

方回：晚唐詩多先鍛景聯、頷聯，乃成首尾以足之。此作似乎一句唱起，直説至底者。「燒」字讀作去聲，乃與下句叶。

紀昀：此言變拗法也。不知此乃單拗，以「生」字救「斷」字耳。

馮班：「松」字重。

紀昀：起四句有氣力，後半稍弱。五句亦未雅。

冬日書事

魏仲先

十月天不暖，前村到豈能。閒聞啄木鳥，疑是打門僧。壞砌平山雪，空堂照瀑冰。晚來因出户，方始暫攜藤。

方回：四句奇絶。

紀昀：三、四刻意求新，然無格也。

山村冬暮

林和靖

衡茅林麓下，春氣已微茫。雪竹低寒翠，風梅落晚香。樵期多獨往，茶事不全忙。雙鷺有時起，橫飛過野塘。

方回：第六句尤佳。

紀昀：惟此句野氣太重。

歲晚

王半山

月映林塘澹，風含笑語涼。俯窺憐緑浄，小立竚幽香。攜幼尋新葯，扶衰上一作「坐」。野航。延緣久未已，歲晚惜流光。

方回：漫叟詩話謂荆公定林後詩律精深華妙。此作自以比靈運，予以爲一唱三歎之音也。

馮班：極思盡力，正未及唐人之下者。自比謝客，可謂刻畫無鹽，唐突西子也。

查慎行：「笑語」與「含」字欠融。○「葯」，蓮子。「歲晚」安得有新？第二句亦非「歲晚」景。

紀昀：此「歲晚」是秋非冬，昌黎雨中詩用「歲晚」字可證。○前六句實皆秋景。

無名氏（甲）：二句「笑」字有悞。

次韻朱昌叔歲暮

城雲漏日晚，樹凍裹春深。槮密魚難暖，巢危鶴更陰。横風高彍弩，殘溜細鳴琴。歲換兒童喜，還傷老大心。

方回：「漏」字、「裏」字，詩眼，突如其光也。「深」字尤好。積柴水中取魚曰槮，所感切。

馮舒：「裏」字不好。

馮班：不妙正在二眼，太用力而晦澀。

紀昀：故作奇語，然不傷雅。◯刻意求新，愈於滑調。

許印芳：曉嵐此評乃至當不易之論，學者皆宜書紳。大凡搦管爲文，須舉頭天外，掃除一切，然後下筆。最忌因循苟且，襲用古人滑調。蓋滑調在古人初創時，本是新調，後人襲之，則爲舊調矣。久而襲者益衆，舊調且成滑調。如優孟衣冠，全是假像；如塗羹塵飯，全無滋味。欲除此病，舍「求新」二字，更無良方。求新則有真面目，出語有味，耐人咀嚼，豈復有滑調之病？且求新非但除滑調病也，古人云：「文章須自出機杼，成一家風骨。」又云：「若無新變，不能代雄。」又云：「文章如日月，終古常見而光景常新。」既能新矣，始能變而成家，與古今作者争雄競爽，歷千萬年終不泯滅，所謂「李杜文章在，光燄萬丈長」也。故文章不望傳則已，望傳則求新爲第一義諦。初年用工甚艱苦，未免有着迹吃力處。精進不已，自有渾化之日，不可半塗而廢。而求新有求新之病，亦不可不知。或病纖巧，或病棘澀，或病隱僻，或病荒誕，諸病不除，則求新反墮魔道中，又不如襲用滑調者之人云亦云，足以欺世而盗名也。噫嘻！慎之。

歲暮書事

張宛丘

風捲塵沙白，雲垂雪意凝。夜山時叫虎，晚市早收燈。園栗炮還美，村醪醉不能。三年官況味，真是冷於冰。

方回：三、四壯而哀。

紀昀：「叫」，作「嘯」較雅。○有杜意。

許印芳：「嘯」字原本作「叫」。曉嵐批云：「作嘯較雅。」今從之。

寒意

鄭亨仲

嶺南霜不結，風勁是霜時。日落晚花瘦，山空流水悲。棲鴉尋樹早，凍蟻下窗遲。季子家何在？衣單知不知？

方回：北山鄭剛中字亨仲，婺女人。南渡前探花，後至四川宜撫，有方略，秦檜忌之〔七〕，謫歿封州。冬日詩起句最佳，「風勁」即知其爲「霜時」，而實不結霜。予生於是邦。先君以廣西經幹被誣劾，卒於是邦，亦有詩而泯於火，家集不傳。今選鄭公之詩於斯，所以寄予懷而紓無窮之悲也。北山集佳句甚多，予已別爲之跋。陳簡齋嘗同𢙜云。

紀昀：通篇皆不草草，無宋人粗獷之習。○起句未佳，三、四幽淡有味。

許印芳：「不」字複。

舍北摇落景物殊佳偶作五首

陸放翁

今年冬候晚，仲月始微霜。野日明楓葉，江風斷雁行。窮途多籍躪，老景易悲傷。自笑詩情懶，蕭然舊錦囊。

查慎行：五、六深透世情之言。

路擁新霜葉，溪餘舊漲沙。棲烏初滿樹，歸鴨各知家。世事元堪笑，吾生固有涯。南村聞酒熟，試遣小童賖。

小聚鷗沙北，横林蟹舍東。船頭眠醉叟，牛背立村童。日落雲全碧，霜餘葉半紅。窮鱗與倦翼，終勝在池籠。

屋角成金字，溪流作縠紋。斜通小橋路，半掩夕陽門。孤艇衝煙過，疎鐘隔塢聞。杜門非獨病，實自厭紛紛。

草徑人稀到，柴扉手自開。林疎鴉小泊，溪淺鷺頻來。簷角除瓜蔓，牆隅斸芋魁。東隣膰肉至，一笑舉新醅。

方回：放翁所謂筆端有口。新冬野景，搜抉無遺。「屋角成金字」，本出北史斛律金傳，以對「溪流作縠紋」，亦奇。

馮舒：直説「屋角」耳，不用斛律事也。然亦是用字一法。

馮班：亦是用字一法。

查慎行：北史：「斛律金不識文字。本名敦，苦其難署。改名爲金，從其便易，猶以爲難。司馬子如教爲『金』字，作屋況之，其字乃就。」

紀昀：此句究不甚妥。

紀昀：五首俱佳，綽有杜意。

無名氏（甲）：放翁體格完渾，無他人破散支離之病，故稱大家。但此集所選，多非其至者，此在品評家識見之淺深也。

殘臘

殘臘無多日，吾生又一年。林塘明夕照，墟落淡春烟。山色危欄角，梅花綠酒邊。歲時元自好，老病獨凄然。

方回：五、六壯麗。

紀昀：三、四有唐人意，五句勝於六句。

冬日感興十韻 戊午

雨露〔八〕天昏曀，陂湖地阻深。蔽空鴉作陣，暗路棘成林。有客風埃裏，頻年老病侵。夢魂來二豎，相法欠三壬。舊憤開孤劍，新愁感斷砧。唐衢惟痛哭，莊舄正悲吟。瘦跨秋門馬，寒生夜店衾。但思全舊璧，敢冀訪遺簪。樓上蒼茫眼，燈前破碎心。長謡傾濁酒，慷慨厭層陰。

方回：「三壬」、「二豎」、「秋門」、「夜店」、「舊璧」、「遺簪」，皆工之又工。

紀昀：此詩佳在沉鬱悲壯。徒以字句之工求之，失之千里矣。

馮舒：妥貼。

陸貽典：「秋門」未知何出，俟查。

查慎行：「三壬」出三國志管輅傳：「背無三甲，腹無三壬，皆不壽之驗。」劉賓客詩：「鑒容稱四皓，捫腹有三壬。」已先用之矣。

紀昀：起四句比也。五、六此種入法，非老筆不能。○結亦比也。○收得滿足之至。

許印芳：結亦比，謂第八聯。

初寒獨居戲作

開殼得紫栗，帶葉摘黄柑。獨卧維摩室，誰同彌勒龕。宗文杜子美之子。樹雞栅，靈照龐居士之女。挈蔬籃。一段無生話，燈籠自可談。

方回：稍涉變體。新異。

紀昀：放翁詩難於能變。

無名氏(甲)：此詩甚高，何以謂之「變體」？

湖堤晚步

葛無懷

照影憐寒水，關情奈夕陽。雪慳天欠冷，年近日添長。好句誰相寄？浮生各自忙。有心聊頓放，無事可思量。

紀昀：起二句好，三句未雅，後半油滑。

和翁靈舒冬日書事三首

徐道暉

石縫敲冰水，凌寒自煮茶。梅遲思閏月，楓遠誤春花。貧喜苗新長，吟憐鬢已華。城中尋小屋，歲晚欲移家。

方回：「思」字、「誤」字，當是推敲不一乃得之。

馮舒：「思」字不用推敲。

紀昀：故爲寒瘦之語，然有別味。

許印芳：徐照，字道暉，號靈暉，同時有徐靈淵、翁靈舒、趙靈秀，皆宋末人，以「靈」爲號，所謂「四靈」也。

秀句出寒餓，從人笑我清。步溪波逐影，吟竹鳥應聲。酒裏安天運，春邊見物情。耕桑猶罄橐〔九〕，何事可營生？

十日南山雪，今朝又北風。燒衝巖石斷，梅映野堂空。難語傷時事，無成愧老翁。一生吟思味，獨喜與君同。

紀昀：結句和意完密。此古人法則，後來不講矣。

冬日登富覽亭

翁續古

未委海潮水，往來何不閒。輕煙分近郭，積雪蓋遥山。漁舸汀鴻外，僧廊島樹間。晚寒難獨立，吟竟小詩還。

方回：翁靈舒學晚唐。中四句工，但俱詠景物而已。尾句亦只説寒難獨立，吟詩而還。無遠味也。

紀昀：此評確。

紀昀：前四句不相貫。

一　室

宋謙父

一室冷如冰，梅花相對清。殘年日易晚，夾雪雨難晴。身計繭千緒，世紛棋一枰。麯生差解事，談笑破愁城。

方回：壺山宋自遜，字謙父，本婺女人。父子兄弟皆能詩，而謙父名頗著。賈似道賄以二十萬楮，結屋南昌。詩篇篇一體，無變態。此詩三、四好，五、六涉爛套也。他如「酒熟渾家醉，詩成逐字評」，亦佳，但近俗耳。

陸貽典：此猶是盛世之風。若後來權貴，即少陵復生，欲求其一錢，不可得矣。

馮班：止次聯可耳。

紀昀：起四句殊有格力。

歲暮呈真翰林

戴式之

歲事朝朝迫，家書字字愁。頻沽村巷酒，獨倚異鄉樓。詩骨梅花瘦，歸心江水流。狂謀渺無際，忍看大刀頭。

方回：石屏此詩，前六句儘佳。尾句不稱，乃止於訴窮乞憐而已。求尺書，干錢物，謁客聲氣。「江湖」間人，皆學此等衰意思，所以令人厭之。

紀昀：詩但論詩，不必旁涉。古來工部、昌黎，亦不免干乞不止。石屏能一一廢其詩乎？

馮舒：匀貼。第五句宋氣。

紀昀：三、四自然。○「狂謀」二字費解，似是妄想之意。「渺無際」者，未遂也。

夜訪侃直翁　劉養原

疎瓴亂見星，危坐冷無燈。索句髭先白，飱蔬貌欲青〔一〇〕。棲禽翻麓雪，墮栗破溪冰。昨夜中峯頂，仝看海日升。

方回：江村劉瀾，字養原，天台人。嘗爲道士，還俗。學唐詩，亦有所悟。然干謁無成，丙子年卒。予熟識之。此詩合屬「夜類」，以「冰」、「雪」一聯乃冬也，附諸此。

馮舒：結無謂。

紀昀：四句言菜色也。固是真境，然不雅。五、六有晚唐意。結似懷人，不似訪人。

次韻方萬里雨夜雪意　趙賓暘

芋火房陰處，翛然類懶殘。雨欺梅影瘦，風助竹聲寒。擁袂衣全薄，哦詩字欲安。兒童疑有雪，頻起穴牕看。

方回：予丁丑之冬，在桐江賦雨夜雪意詩云：「洶湧風如戰，蕭騷雨欲殘。遥峯應有雪，半夜不勝寒。吾道孤燈在，人寰幾枕安。何當眩銀海，清曉倚樓看。」魯齋趙君與東，字賓暘，和予此詩。「哦詩字欲安」，佳句也。尾句亦活動，勝予所倡。賓暘嘉定十五年壬午生，今年六十有二，宗學上舍改官。

馮舒：丁丑爲端宗景炎二年。

紀昀：虚谷此詩亦不惡。

紀昀：氣韻殊佳，雖寒瘦而無蔬筍氣。◯「四靈」一派。

許印芳：趙與東，字賓暘，號魯齋。

次韻方萬里寒甚送酒

連日寒殊甚，衰年無一能。硯呵磨墨凍，瓶晒插花冰。浮世無根絮，餘生有髮僧。蘇門如可即，端合事孫登。

方回：戊寅十一月十九日寒，予賦詩送賓暘酒，併懷南山僧川老。此和篇。三、四亦工。

馮舒：戊寅爲帝昺祥興元年，己卯而宋亡矣。

紀昀：三、四常語，且「冰凍」字複，不得云工。

七言 二十首

十二月一日三首　杜工部

今朝臘月春意動，雲安縣前江可憐。一聲何處送書雁，百丈誰家上瀨船。未將梅蕊驚愁眼，更取椒花媚遠天。明光起草人所羡，肺病幾時朝日邊？

許印芳：通首不黏。

寒輕市上山烟碧，日滿樓前江霧黄。負鹽出井此溪女，打鼓發船何郡郎？新亭舉目風景切，茂陵著書消渴長。春花不愁不爛熳，楚客唯聽棹相將。

許印芳：此亦通首不黏。

即看燕子入山扉，豈有黄鸝歷翠微。短短桃花臨水岸，輕輕柳絮點人衣。春來準擬開懷久，老去親知見面稀。他日一盃難强進，重嗟筋力故山違。

方回：此三詩，張文潛集中多有似之者。氣象大，語句熟，雖或拗字近「吴體」，然他人拘平仄者，反不如也。末篇見得峽中春攙臘而至，不特閩、廣間。

紀昀：此種偶一爲之自好，然要非杜公至處。宋人以其宜於潦倒而效之，數見不鮮，轉成窠臼。

何義門：此首發端反對「親知見面」。

無名氏(甲)：此等詩氣，猶西漢文章，書家張、素，自然入妙，非潘、陸、歐、虞輩有意求工者可及也。山谷刻意學之而不能至，其餘無論矣。

野　望

金華山北涪水西，仲冬風日始凄凄。山連越巂郡名，悉委切。蟠三蜀，水散巴渝下五溪。獨鶴不知何事舞，饑烏似欲向人啼。射洪縣名。春酒寒仍緑，目極傷神誰爲擕？

許印芳：三、四山水分承，與吹笛詩同調。首聯上下句同一調法，下句用平調，而上句五、六字平仄互換，是拗調。有此變化，不嫌句調之複。兩句雖皆律體，合之則爲古體，唐人律詩起句有此格也。前詩亦用古調，與此微有不同，須分别觀之。○三、四渾融壯麗，五、六義兼比興，七句應「仲冬」，八句點「野望」。此等詩格高法老，最爲可學。曉嵐止每句着圈，亦無批語，豈猶不滿其意耶？今從諸家批本，中四句並加圈點而詳批之，以示初學。

西山白雪三城戍，南浦清江萬里橋。海内風塵諸弟隔，天涯涕淚一身遥。惟將遲暮供多病，未有涓埃答聖朝。跨馬出郊時極目，不堪人事日蕭條。

方回：兩野望詩，地不同而同是冬日，故選入。此格律高聳，意氣悲壯，唐人無能及之者。

紀昀：忽以題字分類，忽以詩語分類，遂自亂其例，不自知其猥雜也。

紀昀：此首沉鬱。

許印芳：起句排對，杜律多此。

戊申歲暮詠懷三首

白樂天

窮冬月末兩三日，半百年過六七時。龍尾趁朝無氣力，牛頭參道有心期。榮華外物終須悟，老病傍人豈得知。猶被妻兒教漸退，莫求致仕且分司。

唯生一女纔十二，祇欠三年未六旬。婚嫁累輕何怕老，饑寒身慣不憂貧。紫泥丹筆皆經手，赤紱金章盡到身。更擬踟蹰覓何事，不歸嵩洛作閒人。

方回：言言能道心事。予年五十七歲選此詩，深愧之。是歲太和二年。

查慎行：第一首第六句語淺情真。

紀昀：自是圓熟之境，效之則易滑而俗。

無名氏（甲）：牛頭山在白下，清融禪師講道處。

繚　垣　　王平甫

繚垣烏鵲近人飛，簾外曈曈日上遲。檜作寒聲風過夜，梅含春意雪殘〔二〕時。古今無物爲真樂，出處何心更詭隨。寄語年華聊一笑，未應長負醉鄉期。

方回：三、四景，五、六情。規格整齊，議論慷慨爽快。

許印芳：此評是。

次韻樂文卿故園　　陳簡齋

故園歸計墮虛空，啼鳥驚心處處同。四壁一身長客夢，百憂雙鬢更春風。梅花不是人間白，日色爭如酒面紅。且復高吟置餘事，此生能費幾詩筒。

方回：此詩似新春冬末之作。

紀昀：純是新春之作，不宜入之「冬日」。

馮班：宋氣。

紀昀：絶有筆力。〇三、四「江西」調，然新而不野。

許印芳：三、四每句三層，用意在「長」字「更」字。虚谷詩眼之説施之此詩却當，而又不講，何也？

十月

十月天公作許悲，負霜鴻雁不停飛。莽連萬里雲山去〔三〕，紅盡千林秋徑歸。病夫搜句了節序，小齋焚香無是非。睡過三冬莫開户，北風不貸芰荷衣。

方回：簡齋詩獨是格高，可及子美。

馮舒：只將幾個字拗了平仄，便道可及子美，寃哉！

馮班：子美高處豈在此。

紀昀：簡齋風骨高出宋人之上，此評是。

紀昀：五、六便嫌習氣太重。

許印芳：「不」字複。首句借韻。〇全詩蒼老，真似少陵。五、六雖是習氣，然尚不惡。末句淡語而意極沈着，故曉嵐密圈之。前半平調，上下相黏。五、六變爲「吴體」。七、八平調作收，與五、六相黏，却與前半不黏，在律體中另是一格。○「許」，如許也。「徑」，直也，遂也。

和李上舍冬日書事

韓子蒼

北風吹日晝多陰，日暮擁階黄葉深。倦鵲繞枝翻凍影，飛鴻摩月墮孤音。推愁不去如相覓，與老無期稍見侵。顧藉微官少年事，病來那復一分心。

方回：三、四極工。五、六前輩有此語，但鍛得又佳耳。

紀昀：風格亦遒。

許印芳：「藉」音借，從艸。○此詩字字錘鍊，可藥油滑率易之病。虚谷評亦允當。

十月一日

曾茶山

屋角羲娥轉兩輪，今朝水帝又司辰。山家嘗稻知良月，野徑尋梅見小春。一歲坐看除得盡，百年正與死爲隣。誰能思許無窮事，閉閤開爐但飲醇。

方回：三、四切題，是十月一日詩，不可改用。且詩〔三〕看他第七句如何下。

紀昀：第七句亦殊平平，何驚異乃爾？

紀昀：起二句太堆垛，五、六尤獷。

海雲回接騎城北時吐蕃出没大渡河水上

范石湖

古渡風沙卷夕霏，小江煙浪皺春漪。天於麥隴猶慳雪，人向梅梢大欠詩。頓轡青驪飛脱兔，離弦白羽笑寒鴟。牙門列校俱慓鋭，檄與河邊秃髮知。

方回：淳熙四年丁酉致能帥蜀，十一月十日海雲賞山茶，回作此詩。「人向梅梢大欠詩」，佳句也。予選詩不甚喜富貴功名人詩，亦不甚喜詩之富艷華腴者。其人富貴，而其詩高古雅淡，如選此篇，以有此聯佳句耳。

馮班：貧寒耳，非高古也。○前四句與後四句如兩截。○不稱正爲次聯寒儉也。

紀昀：此種皆是僻見。人之賢否，詩之工拙，豈以此定？

馮舒：大宋氣，極不佳。

紀昀：第四句宋人鄙語，不足爲佳。

用韻詠雪簡湘中諸友

陳止齋

夾湘而往一塵無，不在瑶池在石渠。氣蓋松篁誰與競，令行螟螣自相屠。山光際水天無間，夜色通朝月不如。中有一翁鬚皓白，蕭然野鶴亦乘車。

方回：陳止齋傅良，字君舉。漕湖南時作詠雪詩，今選二首，入「冬日」，亦足以見乾、淳以來一時文獻之盛。止齋雖專以文名，而詩亦健浪如此。

陸貽典：粗句。

紀昀：四句粗惡。

再用喜雪韻

瘴雨蠻煙此後稀，童山亦與借餘輝。爭看狂稚相呼喚，下啄饑烏自匹妃。苦乏貂裘堪夜永，喜無蝝子着冬饑。興來那向一作「況」。山陰客，爲我扁舟倚石磯。

馮班：雖不成詩，壓韻而已。

紀昀：四句生而無義，六句欠明爽。

冬晴日得閒游偶作

陸放翁

不用清歌素與蠻，閒愁已自解連環。閏年春近梅差早，澤國風和雪尚慳。詩思長橋蹇驢上，棋聲流水古松間。幾天有事君知否？止乞柴荊到死閒。

方回：五、六天成。

紀昀：此亦太現成，遂開習調。

無名氏(甲)：放翁詩稍近雄深者爲妙。此三首亦淺狹，非其善者。

冬晴閒步東郵由故塘還舍

紅藤拄杖獨相羊，路繞東村小嶺傍。水落枯萍黏蟹椵，鄉人植竹以取蟹，謂之「蟹椵」。雲開寒日上魚梁。洛陽二頃言良是，光範三書計本狂。歷盡危機識天道，要令閒健返耕桑。

方回：五、六善用事，「蟹椵」一句新。

紀昀：清圓可誦。○「椵」字據太平廣記應作「簖」。

十二月八日步至西村

臘月風和意已春，時因散策過吾隣。草煙漠漠柴門裏，牛跡重重野水濱。多病所須惟藥物，差科未動是閒人。今朝佛粥更相餽，更覺江村節物新。

方回：三、四古淡，五、六集句體，亦天成也。

馮班：五、六直用兩句，亦妙。

查慎行：第五句老杜成語。

紀昀：五杜工部句，六韓吏部句。

十一月五日晨起書呈葉德璋司法

趙昌父

卧聞落葉疑飄雨，起對空庭蓋卷風。政自摧頹同病鶴，況堪吟諷類寒蟲。忽思有客渾如我，却念題詩不似公。已分虀鹽終白首，可因霜雪媿青銅。

方回：讀此詩句句是骨，非晚唐裝貼纖巧之比。上四和末云：「既欲紛紛視兒子，何須袞袞羨諸公？」尤高亢下視一世也。

馮舒：如此骨，白骨耶？

紀昀：二句純是牢騷叫囂，非和平之旨。

紀昀：「蓋」字入詩，古人未見。好以文句爲詩，勢必至此。〇意求古健，而筆力不足以振之。惟以數虛字轉換，反成軟調。

次韻葉德璋見示

窮冬未省見梅班，故里何由投竹〔一四〕安。歸意寧須卜以決，衰顔不待鏡頻看。交情謝子來今雨，節物娱予後苦寒。獨苦更憐終漫興，不如骫骳得天歡。

方回：「卜以決」、「鏡頻看」，此聯已奇。「來今雨」、「後苦寒」，此聯又奇。詩骨聳東野，此之謂歟？

馮舒：東野氣煞。

馮舒：「江西」惡派。

查慎行：「卜以決」，用成語之半，亦佳，但調少諧暢。

紀昀：真力不足，而欲出奇以求新，勢必至此。

校勘記

〔一〕遠隨　馮班：王抄本「隨」一作「垂」。　〔二〕草木　何義門：「草」一作「落」。　許印芳：俗本誤作「落」字。　〔三〕寒山　許印芳：「寒」一作「空」。　〔四〕冬日　何義門：「日」字疑「至」字。　〔五〕苦心知　按：康熙五十二年本、紀昀刊誤本於「知」字有注云：「一作詩」。　〔六〕殘子　馮班：「子」一作「葉」。　〔七〕有方略秦檜忌之　按：原作

「遙得執政忤秦檜」，據康熙五十二年本、紀昀刊誤本校改。　〔八〕雨露　李光垣：「霧」訛「露」。　〔九〕罄橐　按：「橐」原訛作「樂」，據康熙五十二年本、紀昀刊誤本校改。〔一〇〕欲青　馮班：「青」一作「清」。　淇：「青」與「清」皆走韻。　〔一一〕雪殘　許印芳：「殘」一作「晴」。　〔一二〕雲山去　按：「山」字原作木釘，據康熙五十二年本、紀昀刊誤本校補。　紀昀：「山」字必誤，再校。　許印芳：別本作「争」。　〔一三〕且詩　馮班：「詩」一作「試」。　〔一四〕投竹　李光垣：「報」訛「投」。

瀛奎律髓彙評卷之十四　晨朝類

聞雞而起，戴星而行，以勤學，以綜務，有不同。惟閒者乃云高卧晚起，亦各有其志也。

紀昀：序語蹇澀，此爲僞古。意注閒適，亦是習氣。詩不必定以山林爲高。學者溯風騷之本原，則知所見之偏小矣。

五言　三十二首

早渡蒲關

唐明皇

鐘鼓嚴更曙，山河野望通。鳴鑾下蒲坂，飛蓋〔一〕入秦中。地險關逾壯，天平鎮尚雄。春來津樹合，月落戍樓空。馬色分朝景，雞聲逐曉風。所希常道泰，非復候繻〔二〕同。

方回：半山唐選此第一首。玄宗大有好詩，而半山不及取，殆是未見其集。然則開元、天寶盛時，當陳、宋、杜、沈律詩，王、楊、盧、駱諸文人之後，有王摩詰、孟浩然、李太白、杜子美及岑參、高適之徒，並鳴於時。韋應物、劉長卿、嚴維、秦系亦並世，而不見與李、杜相倡和。詩人至此，可謂盛矣。爲之君如明皇者，高才能詩，亦不下其臣，豈非盛之又盛哉！

馮舒：自足壓倒一代。

紀昀：字句猶帶初體，氣格已純是盛唐，此風氣初成之體也。

曉望

杜工部

白帝更聲盡，陽臺曉色分。高峯寒上日，疊嶺宿霾雲。地坼江帆隱，天清木葉聞。荆扉對麋鹿，應共爾爲羣。

方回：五、六以「坼」字、「隱」字、「清」字、「聞」字爲眼，此詩之最緊處。

馮舒：小乘語。

馮班：尋常覓佳句，五字中自然有一字用力處。虚谷每言詩眼，殊瞶瞶。假如「池塘生春草」一句，眼在何字耶？更自神妙也。

查慎行：中間兩聯二十字無一字放鬆，又多是寫景。杜律中變體。

李天生：嘗早行東望，始悟此詩之工。「天清木葉聞」，更爲微妙。

將曉二首

石城除擊柝，鐵鎖欲開關。鼓角悲〔三〕荒塞，星河落曉山〔四〕。巴人常小梗，蜀使動無還。垂老孤帆色，飄飄犯百蠻。

紀昀：一首說時事，一首說身事，乃章法也。首篇之末，即帶起次篇，章法尤密。

軍吏回官燭，舟人自楚歌。寒沙蒙薄霧，落月去清波。壯惜身名晚，衰慚應接多。歸朝日簪笏，筋力定如何。

方回：前一詩中四句，兩言曉景，兩言時事。後一詩中四句，兩言曉景，兩言身事。拘者欲句句言曉，即不通矣。

紀昀：此評最的。古人題目多在即離之間，無句句刻畫之法。

馮舒：何必句句說將曉？只是此等詩不用照應，自成起結。他人學此，非寬即撒矣。

何義門：「去」字百煉。曉色既起，波中月影甚微。若作「失」字，便味短。○第七句以早朝暗收曉字。

紀昀：結言無論不見用，即見用，亦不堪用矣。語意委婉而沉鬱。

客亭

秋窗猶曙色，木落〔五〕更天風。日出寒山外，江流宿霧中。聖朝無棄物，老病已成翁。多少殘生事，飄零任轉蓬。

方回：王右丞詩云：「江流天地外，山色有無中。」此詩三、四以寫秋曉，亦足以敵右丞之壯。然其佳處，乃在五、六有感慨。兩句言景，兩句言情。詩必如此，則浄潔而頓挫也。

馮舒，看杜詩何拘情景？

紀昀：「必」字有病。此亦非説定之法，細觀古人所作，有多少變化不測處？

馮舒：八句如天生成，無復人力雕鐫。

何義門：第一句「亭」字起。

紀昀：渾厚之至，是爲詩人之筆。〇感慨不難，難於渾厚不激耳。入他人手，有多少憤憤不平語？

許印芳：起是對偶。

早起

春來常早起，幽事頗相關。帖石防頹岸，開林出遠山。一丘藏曲折，緩步有躋攀。僮僕來城市，瓶中得酒還。

方回：此乃老杜集之晚唐詩也。起句平，入晚唐也。三、四着上「帖」、「防」、「開」、「出」字爲眼，則不特晚也。五、六意足，不必拘對而有味，則不止晚唐矣。尾句别用一意，亦晚唐所必然也。

馮舒：以一字爲眼，宋人詩法，唐人不拘定如此，非詩人妙處。○晚唐多緊結破題。

紀昀：平入不必晚唐。○「帖」、「防」、「開」、「出」四字，却開晚唐法門。

紀昀：杜詩之最平易者。○一結少力、少意。

趨府堂候曉呈兩縣僚友

韋蘇州

趨府不遑安，中宵出户看。滿天星尚在，近壁燭仍一作「猶」。殘。立馬頻驚曙，垂簾却避寒。可憐同宦者，應悟下流難。

方回：仕宦而居下流，所以趨府候曉，不得已之役。「應」當作「始」。

馮舒：文理不通。

紀昀：「應」字自妥，「始」字反不順適。

紀昀：語意頗淺，結亦太盡。

旦攜謝山人至愚池

柳子厚

新沐換輕幘，曉池風露清。自諧塵外意，況與幽人行。霞散衆山迥，天高數雁鳴。機心付當路，聊適羲皇情。

方回：詩不純於律，然起句與五、六，乃律詩也。幽而光，不見其工而不能忘其味，與韋應物同調。

馮舒：律與不律，不在平仄，方君一生不解也。

陸貽典：所謂律詩者初不在平仄，何云「不純於律」？

紀昀：韋豈可云無味？以爲宦達故無味，更爲僻謬。

韋達，故淡而無味。

紀昀：七句太激，便少藴藉。

商山早行

温飛卿庭筠

晨起動征鐸，客行悲故鄉。雞聲茅店月，人迹板橋霜。槲葉落山路，枳花明驛墻。因思杜陵夢，鳧雁滿迴塘。

方回：温善賦，號爲八叉手而八韻成，以此知名於世。三、四極佳。

馮班：頷聯真名句。

查慎行：頷聯出句勝對句。

何義門：中四句從「行」字，次第生動。○次聯東坡亦嘆爲絶唱。

紀昀：歸愚譏五、六卑弱，良是。七、八複，衍第二句，皆是微瑕，分别觀之。

無名氏（乙）：中、晚律詩，每於頸聯振不起，往往索然興盡。

曉寢

白樂天

轉枕重安寢，迴頭一欠伸。紙窗明覺曉，布被暖知春。莫强疎慵性，須安老大身。雞鳴一覺睡，不博早朝人。

方回：三、四好快活自在人，尾句尤爽。

馮班：何等閑適！結句緊。

紀昀：淺而俚，尾句尤直而少味。

途中早發

劉賓客

中途望啓明，促促事晨征。寒樹鳥初動，霜橋人未行。水流白煙起，日上彩霞生。隱士應高枕，無人問姓名。

方回：劉賓客詩中精也。自頷聯以下，無一句不佳。且是尾句不放過。

紀昀：五句拙，六句俗，結入習逕滑調，殊非佳作。虚谷好矯語高尚，故曲取尾句耳。

馮班：「高樹鳥已去，古原人尚耕」，不知其出於此。唐山人又云：「沙上鳥猶睡，渡頭人未行。」

查慎行：較「人跡板橋霜」，覺此首第四句勝。學者於此理會，思過半矣。

何義門：結亦變。

晨起

曉色教不睡，卷簾清氣中。林殘數枝月，髮冷一梳風。並鳥含鐘語，欹河隔霧空。莫疑營白日，道路本無窮。

方回：三、四世所稱名句。

紀昀：前四句一氣湧出，意境甚高。得力全在起二句，不止三、四之工。虚谷惟知選句，於此等處多不解。五、六太造作，七句尤生拗。

馮舒：起二句好。

查慎行：起句輕率無味，試思老杜「客睡何曾着，秋天不肯明」，是何等手法？

何義門：此首似非中山詩。

曉發

唐　求

旅館候天曙，整車趨遠程。幾處曉鐘斷，半橋殘月明。沙上鳥猶睡〔六〕，渡頭人未行。去去古時道，馬嘶三兩聲。

方回：此所謂詩瓢唐山人者。四聯皆側入，自是一體。詩亦清潤。

陸貽典：五、六又從崔塗「高樹鳥已息，古原人尚耕」脱出。

何義門：次聯與飛卿早行詩，各自擅絶。

紀昀：一結少力。

早行

郭　良

早行星尚在，數里未天明。不辨雲林色，空聞風水聲。月從山上落，河入斗間橫。漸至重門外，依稀見洛城。

方回：第六句新。

馮舒：郭良名氏新，正不知何人。

紀昀：敷衍曉景，毫無意味。此種詩可以不作。

早春〔七〕寄朱放〔八〕

山曉旅人去，天高秋氣悲。明河川上沒，芳草露中衰。此別又千里，少年能幾時？心知剡溪路，聊且寄前期。

何義門：落句以不得往訪，暗暗收足「行」字，兩面俱到。

紀昀：一氣渾成，此爲高格。此種詩何字是眼？○末二句一作「青冥剡溪路，心與謝公期」，較更渾成。

曉發鄞江北渡寄崔韓二先輩

許渾

南北信多岐〔九〕，生涯半別離。地窮山盡處，江泛水寒〔一〇〕時。露曉〔一一〕兼葭重，霜晴橘柚垂。無勞促回檝，千里有心期。

方回：許用晦丁卯集者，京口之南可十里，有丁卯橋，乃其故居，以名集也。其詩出於元、白之後，體格太卑，對偶太切。陳後山次韻東坡有云：「後世無高學，舉俗愛許渾。」以此之故，予心甚不喜丁卯詩。然初年誦半山唐選，亦愛其懷古數篇。今老而精選，罕當予意。早行晨起，難得佳者，獨丁卯爲多。五言如：「素壁寒燈暗，紅爐夜火深。廚開山鼠散，鐘盡野猿吟。」「露重螢依草，風高蝶委蘭。」「晨雞鳴遠戍，宿雁起寒塘。雲捲四山雪，風凝千樹霜。」皆近乎屬對求工，而所對之句意苦牽强。又如：「簷楹御落月，幃幌耿殘燈。」上四字全不佳。又如：「水蟲鳴曲檻，山鳥下空階。」十字全然無味。七言如：「一聲山鳥曙雲外，萬點水螢秋草中。」「星河半落巖前寺，雲霧初開嶺上村。」殆不成詩。而近世晚進，爭由此入，所以卑之又卑也。短中求長，唯七言懷古詩、五言峽山寺詩、早梅詩爲優，自見別評。

馮舒：若在黃、陳，則「御」、「耿」二字又是詩眼矣。此中諸詩，何句是黃、陳能道者？乃敢妄論如此。○用晦詩精密清新，工夫極矣，但於格力詞句，無古人來歷，根柢太淺，未免卑弱耳。然較之疏硬粗野自謂杜詩者，何啻天壤。山谷不喜郢州，自是一家之見。若字字句句求其短處，則「江西」可議，而用晦少疵累也。○評中所摘諸句，皆清新可誦。○許詩工細，自是一種好詩，與黃、陳正相反，方君持論欠平。又云「用晦骨氣自弱」，然清新相接，娓娓可誦，亦難到也。萬里曲意排擊，讀其言，令人不平。

馮班：許詩氣味清，黄、陳氣味惡。○方君云「意若牽强」，然並不牽强。方君云「上四字全不佳」，然「燈」「月」二字佳在何處？「水蟲鳴曲檻，山鳥下空階」，不用詩眼所以妙，萬里不解也。方君云「十字全然無味」，然如何無味？

紀昀：「體格太卑，對偶太切」，八字評用晦切當。「以此之故」四字，純是依門傍户之醜態，千古自有定論。寸心亦具是非，豈因人一語遂以爲不喜之根？諸聯亦不盡牽强。用晦之病在格意凡近，不盡在句法也。○懷古詩如馬首之絡，至爲不佳。

紀昀：用晦五律勝七律，然終是意境淺狹。如老於世故人，言動衣冠，毫無圭角，而有一種説不出可厭處。

早發洛中

許　棠

半夜發清洛，不知過石橋。雲增中嶽大，樹隱上陽遥。塹黑初沉月，河明〔二〕欲認潮。孤村人尚夢，無處暫停橈。

方回：此一早發詩，「不知」二字便佳，蓋曙中船過橋下也。中嶽、上陽，以「雲增」而「大」，以「樹隱」而「遥」，極有味。第六句亦佳。末句則予嘗夜航浙河，熟諳此況也。與許渾全不同。

馮班：未見勝許。

馮班：較之大曆以前，家數便小。
查慎行：第三，第六俱拙。
紀昀：第三句意工而語拙，「大」字尤拙。

曉發

姚鵠

旅行宜早發，況復是南歸。月影[一三]緣山盡，鐘聲隔浦微。殘星螢共失，落葉鳥和飛。去去渡南浦[一四]，村中[一五]人出稀。

方回：第四句可取，第五句妙，餘未稱也。

紀昀：四句亦常語，未見可取之處。

查慎行：尾句生，近俚。

紀昀：五句極用意而不自然。○結句弩末。

晨起

韓致堯[一六]

曉景山河爽，閒居巷陌清。已能消滯念，兼得散餘酲。汲水人初起，迴燈燕暫驚。放懷殊不足[一七]，圓隙已塵生。

方回：「清」「爽」一聯好，亦多能述晨興之味。

紀昀：六句不甚了了。結有寓意。

曉發山居

僧宇昭

蓐食小人家，寒燈碎落花。雞鳴窗半曉，路暗月西斜。世故欺懷抱，風霜近歲華〔一八〕。劇憐詩思苦，悽惻向長沙。

方回：三、四平平。以早行詩少，收之。

紀昀：不收此，亦不見少。選詩分類，弊必至此。

馮舒：僅免俗。

早行

晁君成

馬上雞初唱，天涯星未稀。驚風時墜笠，零露暗沾衣。山下疎鐘發，林梢獨鳥飛。遠峯煙靄淡，迤邐見朝暉。

方回：此無咎之父。旨味平雅，有唐風。

馮舒：亦是前僧一例耳。

紀昀：此無好無惡之詩，不作可也。

曉

梅聖俞

烏蟾不出海，天地無明時。萬國睡未覺，一聲雞已知。樹頭星漸没，枝上露應垂。人世紛紛事，勞勞只自爲。

方回：聖俞詩淡而有味。此亦信手拈來，自然圓熟。起句似孟郊。

馮舒：東野豈僅以「烏蟾」替日月者？

紀昀：起句雖似東野，然作古詩則可，作律詩則獷。

紀昀：起四句晚唐劣派，五、六太率易，七、八「紛紛」「勞勞」亦太複。

夢後寄歐陽永叔

不趁常參久，安眠向〔一九〕舊溪。五更千里夢，殘月一城雞。適往言猶是，浮生理可齊。山王今已貴，肯聽竹禽啼。

方回：此乃曉寐方覺之詩。三、四佳。末句言永叔已貴，無高眠之適矣。

馮舒：以竹林俗物比永叔，是否？

紀昀：三、四嫌太現成。右丞「五湖三畝宅，萬里一歸人」，顧非熊「一家千里外，殘月五更頭」，皆非高境也。

和外舅夙興 寓大雲寺作　黄山谷

瓜蔓已除壟，苔痕獨上墻。蓬蒿含雨露，松竹見冰霜。卷幔天垂斗，披衣日在房。無詩〔二〇〕歎不遇，千古一潛郎。

馮舒：五、六二句文理不通。

紀昀：三、四有寓意。然前半篇「夙興」意太脱，五、六未免突出，七、八又不貫五、六，律法殊疎。

風烈僧魚響，霜嚴郡角悲。短童疲灑掃，落葉故紛披。水凍食鮭少，甕寒浮蟻遲。朝陽烏鳥樂，安穩託禪枝。

方回：見山谷外集。如蓬蒿之人含雨露，不如松竹之足以見冰霜也。意當如此，兩句元只一意。如「短童疲灑掃，落葉故紛披」，亦可見詩格無窮。先言「掃」，次言「葉」，十字一句法。如「披衣日在房」，當是指「氐房」之「房」，則奇。外舅者，謝師厚。

馮班：「『披衣日在房』指『氐房』之『房』」，不通。以上句是「垂斗」，故以「在房」之「房」爲「房星」，虚谷之論何其迂也。

紀昀：與「斗」爲對，自指「氐房」。

紀昀：此首較可。○「僧魚」二字生。

晨起

張宛丘

曉色淡朦朧，園林白露濃。寒蛩響畔，秋屋葉聲中。更老心猶在，雖貧樽不空。浮生仗天理，不擬哭途窮。

方回：第五句最古淡。

紀昀：亦常語。

查慎行：第四句奇拔。

紀昀：三、四故倒轉説，有意求新。○七句腐甚。

快哉亭朝寓目

賀方回

風起喜舒曠，徑趨城上樓。初暘動禾黍，積雨失汀洲。水牯負鴝鵒，山樞懸栝蔓。坐慚真隱子，物我兩悠悠。

方回：快哉亭有三處：曰彭城，曰黄岡，曰東武。彭城、黄岡皆東坡命名，而東武者乃東坡自造〔二〕。此事見子由詩中。賀公今詩乃彭城快哉亭也。「水牯負鴝鵒」，即蘇邁詩中「牛載寒鴉過別村」也；「山樞懸栝蔓」，即昌黎詩「黄團繫門衡」也，但變化不一耳。

紀昀：變得不好。

蒙城早行

王之道

殘月千家閉，荒城萬木號。舉頭華蓋近，回睇啓明高。野迥霜迎面，風清冷透袍。十年河上路，從此步金鰲。

方回：相山居士王之道，字彦猷，無爲軍人，宣和六年進士。建炎中〔三〕保山寨，攝鄉郡，尋以議和忤檜。晚起漕湖南。子蕭藺。此詩三、四新異。早行詩難得佳者。蒙城在應天府，乃汴河西上入京路也。

紀昀：後六句不佳，結尤□□。

早行

僧惠洪

失枕驚先起，人家半夢中。聞雞憑早晏，占斗辨西東。轡濕知行露，衣單怯曉風。秋陽弄光影，忽吐半林紅。

方回：歐公詩有「夜江看斗辨西東」，此句似落第二。然五言簡，亦勝七言。山谷集有此詩，甘露滅集亦有之。谷集爲覺，恐非。

查慎行：歐句有韻。

紀昀：「谷集」句，不成語。意以山谷集中詩爲覺範之作，恐非是耳。

紀昀：無大意味。

晨起

陸放翁

晨起梳頭懶，披衣立草堂。霧昏全隱樹，氣暖不成霜。灘急回魚隊，天低襯雁行。新春猶一月，已覺日微長。

方回：五、六下二字眼工。

馮舒：晨暫起，如何覺日長？

紀昀：平正。

曉起甘蔗洲

鞏仲至

曉起東風惡，晴嵐忽變昏。船隨山共走，霧與水相吞。鉦鼓遥知寨，桑麻略辨村。雨來無準則，容易濕蓬門。

方回：鞏栗齋仲至，其先東平府人，南渡寓居婺州。父嶸大，監廣帥。淳熙甲辰，上舍甲科。東平集四十卷。其詩甚新，嘗學於東萊之門。

馮班：結不好。

查慎行：第三句俗韻。

紀昀：三句景真而句俚。

早行

劉後村

店嫗明燈送，前村認未真。山頭雲似雪，陌上樹如人。漸覺高星少，纔分遠燒新。何煩看堠子，來往暗知津。

方回：南嶽一藁第七詩。三、四可觀，蓋少作也。

紀昀：後村老境頽唐，此語有意。

馮班：中二聯似唐。

紀昀：四句真景，勝出句。七、八二句言疲於道路已久。

許印芳：劉克莊，字潛夫，號後村。○「燒」，去聲。

七言 十三首

曉上天津橋閒望偶逢盧郎中張員外攜酒同傾

白樂天

上陽宫裏曉鐘後，天津橋頭殘月前。空闊境疑非下界，飄遥身似在寒天。星河隱約初生日，樓閣葱籠半出煙。此處相逢傾一盞，始知地上有神仙。

方回：詩律不必高，但亦自然。

馮班：方君爲黄、陳之學者也，不解看唐詩。其論杜詩亦只是黄、陳之杜詩耳，未窺老杜藩籬也。

紀昀：自然者，天機所到，非信手趁韻之謂。如以淺易爲自然，失之遠矣。

查慎行：「寒天」，蓋廣寒天也，亦只可香山如此用。

早發　　羅鄴

一點燈殘魯酒醒，已攜孤劍事離程。愁看飛雪聞雞唱，獨向長空背雁行。白草近關微有露〔三三〕，濁河連底凍無聲。此中來往本迢遞，況是軀羸〔三四〕客塞城。

方回：第六句好。第五句「露」字疑當作「路」，先已言雪故也。

查慎行：第三聯，晚唐之壯浪者。

紀昀：五、六雄闊，五代所難。

許印芳：此題宜標出地名，「發」字方有着落。○羅鄴，字未詳，羅隱宗人。

早發天台中巖寺度關嶺次天姥岑　　許渾

來往天台天姥間，欲求真訣駐衰顏。星河半落巖前寺，雲霧初開嶺上關。丹壑樹高〔三五〕風浩浩，碧溪苔淺水潺潺。可知劉阮逢人處，行盡深山又是山。

方回：愛而知其惡，憎而知其善。君子於待人宜然，予之評詩亦皆然也。予遍讀唐人詩，早行、晨起之作絶少，如早朝、夜直已入「朝省類」矣，於此外求平淡蕭閒之趣咸無焉。此詩三、四於早行自工，但苦對偶太甚。所謂才得一句，便拏捉一句爲聯，而無自然真味。又且涉乎淺近，則老筆恥之。五、六尤爲平平，惟尾句却佳。「可知」者，不可知也。甚處可覓劉、阮？行盡山，又是山也。

馮舒：似與用晦有私憾者。

馮班：此論却好。然丁卯集詩句句清新，方君抑之太甚，豈曰「憎而知其善」乎！

紀昀：前以「星河」二句爲不成詩，未免已甚，此論平允。〇「可知」是故作問詞，此解誤。

何義門：中間都帶「早」字。〇首句總破，第三句發寺，第四句「度關」，第五句反呼「逢人」。

早發藍關

韓偓

閉門愁立待雞鳴，搜景馳魂入杳冥。雲外日隨千里雁，山根霜共一潭星。路盤偶見〔二六〕樵人火，棧轉時聞驛使鈴。自問辛勤緣底事？半生驅馬望長亭〔二七〕。

紀昀：三句費解。

早起

魏仲先

夜長久待得晨興，耽睡童猶唤不應。燒葉爐中無宿火，讀書窗下有殘燈。臨堦短髮梳和月，傍岸衰容洗帶冰。應被巢禽相怪訝，尋常日午起慵能。

方回：「燒葉」一作「燒藥」。今從詩話。以「葉」字爲定，尤有味。

馮舒：「葉」好。

查慎行：第六句無韻致。

紀昀：六句掬冰洗面，似非情事。末句「能」字作虛字用，乃方言也，入詩不雅。

朝

梅聖俞

木鑠初開水上城，竹籬深閉日光生。青苔井畔雀兒鬬，烏臼樹頭雅舅鳴。世事但知開口笑，俗情休要着心行。是非不道任挑撻，唯憶當時阮步兵。

方回：中四句好。

馮班：易「烏臼」字方好。

馮舒：後四句撒。

紀昀：三句欠雅，四句亦常語，五、六尤腐。

新城道中

蘇東坡

東風知我欲山行，吹斷簷間積雨聲。嶺上晴雲披絮帽，樹頭初日掛銅鉦。野桃含笑竹籬短，溪柳自摇沙水清。西崦人家應最樂，煮芹燒笋餉春耕。

方回：東坡爲杭倅時詩，熙寧六年癸丑二月，循行屬縣，由富陽至新城有此作。三、四乃是早行詩也。起句十四字妙，五、六亦佳，但三、四頗拙耳。所謂武庫森然，不無利鈍，學者當自細參而默會。雖山谷少年詩，亦有不甚佳者，不可爲前輩隱諱也。坡是年三十八歲。晁無咎之父端友令新城，故和篇有云：「小雨足時茶户喜，亂山深處長官清。」此乃佳句。

馮舒：山谷晚年詩愈不佳，方君既知三、四之拙，則何苦强諛山谷？

馮班：三、四非拙也，方君不解此等筆法。

查慎行：世俗刻本皆以後一首混入蘇集，據此可證其非。

紀昀：此乃平心之論，無依附門墻之俗態。

何義門：起二句新。

紀昀：「絮帽」「銅鉦」究非雅字。

許印芳：東坡全集曉嵐外有批本，與律髓所批互有異同。今附各詩之後，以備參閲。本集批此詩云：「起有神致，三、四自惡，不必曲爲之諱。」○蘇軾，字子瞻，一字仲和，號東坡，謚文忠。

早起

陳後山

隣雞接響作三鳴，殘點連聲殺五更。寒氣挾霜侵敗絮，賓鴻將子度微明。有家無食違高枕[二八]，百巧千窮只短檠。翰墨日疎身日遠，世間安得尚虛名？

方回：「有家無食」「百巧千窮」，各自爲對，乃變格。要見字字鍛鍊，不遺餘力。

查慎行：第二句老氣。

紀昀：通體老健。○又見二十六卷「變體類」，評語不同。

許印芳：三、四句虛實互换，固是變體。五、六句各自爲對，即就句對，一名當句對，此詩家常格，非變體也。○殺，音晒。

西歸舟中懷通泰諸君

呂居仁

一雙一隻路傍堠，乍有乍無天際星。亂葉入船侵破衲，疾風吹水擁枯萍。山林何謝難方駕，詩語曹劉可乞靈。酒盌茶甌俱不厭，爲公醉倒爲公醒。

方回：起句十四字乃早行詩，次一聯言景物而工，又一聯言情況而不勝其高矣。詩格峥嶸，非晚學所可及也。

紀昀：殊不見高。

馮舒：何、謝何以加「山林」字。

查慎行：「路旁堠，一雙復一隻。」乃白香山古詩。

許印芳：「路旁堠」，乃昌黎古詩，非香山也。

紀昀：似老而粗，「江西派」之不佳者。◯後聯突接，究少頭緒。

東流道中

王景文

山高樹多日出遲，食時霧露且雰霏。馬蹄已踏兩郵舍，人家漸開雙竹扉。冬青匝地野蜂亂，蕎麥滿園山雀飛。明朝大江載吾去，萬里天風吹客衣。

方回：雪山王質字景文，東魯人。過江寓居興國，紹興庚辰進士。此詩乃「吴體」而遒美。

許印芳：「山」字複。◯首句借韻。◯王質，字景文，號雪山。

六月歸途

徐致中

星明殘點數峯晴，夜静微聞水有聲。六月行人須早起，一天涼露濕衣輕。宦情每向途中薄，詩句多於馬上成。故里諸公應念我，稻花香裏計歸程。

方回：第四句良是，第六句亦佳。

紀昀：調自清圓，五句善寫人情。

許印芳：律詩對偶太拘同，非。太不相稱，亦非。此詩四句下三字，與出句大不相稱。此等不可爲訓。

夜雨曉起方覺　　鞏仲至

夜雨鳴簷送五更，不驚高卧最多情。窗間細視花無一作「無花」。影，墻外隨聽屐有一作「有屐」。聲。數把柔絲堤柳嫩，一奩方鏡閘波清。出門眼界殊明潔，但覺春寒處處生。

方回：此詩夜雨細而不知，曉起方覺。以附之「曉詩類」。

紀昀：究是雨詩，入曉詩未合。

紀昀：「鳴簷」二字碍下「不驚」句。○意境不深，而筆頗圓熟。○「無花」「有屐」是底語？不待問而知其謬，改。

晨征

静觀羣動亦勞哉，豈獨吾爲旅食催。雞唱未圓天已曉，蛙鳴方聚雨還來。清和入序殊無暑，小滿先時政有雷。酒賤茶饒新麵熟，不妨乘興且徘徊。

方回：第六句最新。

紀昀：起句粗野。○第三句「圓」字何説？五句「殊無暑」三字拙笨，七句亦俚。

校勘記

〔一〕飛蓋　許印芳：「蓋」一作「旆」。　〔二〕候繻　許印芳：「候」一作「棄」。　〔三〕鼓角悲　許印芳：「悲」一作「愁」。　〔四〕曉山　馮班、許印芳：「曉」一作「曙」。　〔五〕木落　許印芳：當作「落木」。　〔六〕猶睡　馮班：「睡」一作「在」。　何義門：「在」字勝。　〔七〕早春　馮班：「春」一作「行」。　何義門：「行」字如何可誤？書不讐校，未可漫讀也。　許印芳：「春」當作「秋」。　〔八〕何義門：此詩作者係戴叔能。　許印芳：他本作戴叔能詩。　〔九〕多岐　馮班：「岐」當作「歧」。　〔一〇〕水寒　馮班：「水」一作「月」。　〔一一〕露曉　馮班：「露」一作「霧」。　〔一二〕河明　馮班：「明」一作「鳴」。　〔一三〕月影　按：「月」原作「日」。　馮舒：「日」字未妥。　馮班：「日」或是「月」。　今據康熙五十二年本、紀昀刊誤本校改。　〔一四〕南浦　馮班：「浦」一作「渚」。　〔一五〕村中　馮班：「中」一作「深」。　〔一六〕韓致堯　紀昀：「堯」原訛作「光」。　〔一七〕不足　馮班：「不」一作「未」。　〔一八〕近歲華　紀昀：「近」字疑是「逝」字之訛。　〔一九〕安眠向舊溪　按：原作「向安眠舊溪」，據紀昀刊誤本校改。　〔二〇〕無詩　馮班：「無」一作「吟」。　〔二一〕東武者乃東坡自造按：原缺「東武者乃」四字，據康熙五十二年本、紀昀刊誤本校補。〔二三〕建炎中　按：「中」字原缺，據康熙五十二年本、紀昀刊誤本校補。〔二三〕有露　馮班：作「路」亦可，然可不必。何義門：集本作「路」。紀昀：作「路」乃佳，不但犯「雪」字也。〔二四〕軀羸　李光垣：「羸軀」訛「軀羸」。〔二五〕樹高　馮班：「高」一作「多」。〔二六〕偶見　馮班：「偶」一作「暫」。〔二七〕望長亭　馮班：「望」一作「傍」。〔二八〕違高枕　李光垣：「惟」訛「違」。

瀛奎律髓彙評卷之十五　暮夜類

道途晚歸，齋閣夜坐，眺暝色，數長更，詩思之幽致，尤見於斯。

紀昀：此序得解。

五言　五十首

晚次樂鄉縣　陳子昂

故鄉杳無際，日暮且孤征。川原迷舊國，道路入邊城。野戍荒烟斷，深山古木平。如何此時恨，噭噭夜猿鳴。

方回：盛唐律，詩體渾大，格高語壯。晚唐下細工夫，作小結裹，所以異也。學者詳之。

紀昀：此評極有見解，何以他處乃惟講句眼？

馮舒：黄、陳夢不到此。

查慎行：「故鄉」、「舊國」犯重。唐初律詩不甚檢點，以後講究漸精細，乃免此病。

紀昀：此種詩當於神骨氣脈之間，得其雄厚之味。若逐句拆看，即不得其佳處。如但摹其聲調，亦落空腔。○「野戍」句同峴山懷古詩，惟第四字少異，亦未免自套。○又見二十九卷「旅況類」，評語不同。

許印芳：論詩工拙，能見其大，足破流俗猥瑣之談。右詩虛谷選入「暮夜類」，又入「旅況類」。詩重出而評語不同，「暮夜類」評是合看法。至逐句拆看，起聯點題，峭拔而有神。三承首句，「迷」字應「杳」字。四承次句，「入」字應「征」字。五、六承「邊城」説，「深山」句景真語新，「平」字妙在渾老。七、八回應起聯，結歸旅況，用「如何」字，便不平直。如此拆開細講，方見句法、字法，以及起伏照應諸法。而章法之妙，因此可見。氣體神骨，亦不落空矣。凡古人好文字，大者含元氣，小者入無間，合看大處見好，拆看細處又見好，方是真正妙手。若不耐入細，便是粗材，本領必多欠缺處。推之爲人行事，無不皆然。後人學詩，果能如古人細針密縷，絲絲入扣，必有自出精神，逼肖古人處，斷不至徒摹聲調，墮落空腔。凡學盛唐而落空腔者，由於自矜，眼大如箕，而不能心細如髮也。兹特於紀批外更進一解，以示後學。又按虛谷分類選詩，每類有序，語多淺陋，曉嵐惟取「懷古」、「着題」、「論詩」諸序，「懷古」序尤佳。○此詩前兩聯不相黏，今不可學。

向夕

杜工部

畎畝孤城外，江村亂水中。深山催短景，喬木易高風。鶴下雲汀近，雞棲草屋同。琴書散明燭，長夜始堪終。

查慎行：三、四「催」字意想所及，「易」字匪夷所思。

何義門：第三句寫「向」字妙。

紀昀：山深則障日，樹高則招風。眼前景寫來精切，惜後半稍弱。○二「同」字連人嵌入，末二句始不突然。

日暮

牛羊下來夕，各已閉柴門。風月自清夜，江山非故園。石泉流暗壁，草露滴一作「滿」。秋根〔一〕。頭白燈明裏，何須花燼繁。

紀昀：寂寥之景，都從次句生出。六句「滴」字有神，「滿」字笨而少味。

晚行口號

三川不可到，歸路晚山稠。落雁浮寒水，飢烏集戍樓。市朝今日異，喪亂幾時休。遠媿梁江總，還家尚黑頭。

何義門：三、四興起喪亂失所、市朝遭變之意，其言則直書即目也。

紀昀：此非杜之高作。

客夜

客睡何曾着？秋天不肯明。入簾〔二〕殘月影，高枕遠江聲。計拙無衣食，途窮仗友生。老妻書數紙，應悉未歸情。

查慎行：一起樸老，三、四渾雄。

何義門：一「客」字貫注後四句。

紀昀：三、四乃寫不寐，非寫「月影」、「江聲」。五、六質而不俚，直是神骨不同。

倦夜

竹涼侵卧内，野月滿庭隅。重露成涓滴，稀星乍有無。暗飛螢自照，水宿鳥相呼。萬事干戈裏，空悲清夜徂。

查慎行：前六語俱寫景，極其細潤。結處無限感慨。

何義門：前三句上半夜，後三句下半夜，以「徂」字結裹，見徹夜不寐，悲而且倦也。

紀昀：體物入神，而不失大方。視姚合、賈島之體物。有仙凡之别。○五、六寓飄零之感。

李天生：寫倦俱在景上説，不用羈孤疲困之意，所以爲高。

中夜

中夜江山静，危樓望北辰。長爲萬里客，有媿百年身。故國風雲氣，高堂戰伐塵。胡雛負恩澤，嗟爾太平人。

紀昀：一氣寫出，不琱不琢，而自然老辣。

村夜

蕭蕭風色[三]暮，江頭人不行。村舂雨外急，隣火夜深明。胡羯何多難？漁樵寄此生。中原有兄弟，萬里正含情。

紀昀：三句非寫春聲，乃寫人静。四句有情、有景。

旅夜書懷

細草微風岸，危檣獨夜舟。星垂平野闊，月湧大江流。名豈文章著，官應老病休。飄飄何所似，天地一沙鷗。

方回：老杜夕、暝、晚、夜五言律近二十首。選此八首潔浄精緻者，多是中兩句言景物，兩句言情。若四句皆言景物，則必有情思貫其間。痛憤哀怨之意多，舒徐和易之調少。以老杜之爲人，純乎忠襟義氣，而所遇之時，喪亂不已，宜其然也。

紀昀：此評的。

查慎行：此舟中作。

紀昀：通首神完氣足，氣象萬千，可當雄渾之品。

出郭

霜露晚淒淒，高天逐望低。遠煙鹽井上，斜景雪峯西。故國猶兵馬，他鄉亦鼓鼙。江城今夜客，還與舊烏啼。

何義門：第三無人烟也，第四無村落也。〇言舊則夜啼，非自今始。

紀昀：三、四承「望」字。後四句純以虛字着力，而不覺其滑弱，由筆力不同。

野望

清秋望不極，迢遞起層陰。遠水兼天浄，孤城隱霧深。葉稀風更落，山迥日初沉。獨鶴歸何晚，昏鴉已滿林。

方回：此亦老杜暮夜詩，而題中惟指郊野，各極遒健悲慘，不可不選。前詩分明道亂離；後詩結末四句，有歎時感事、舃賢惡不肖之意焉。

紀昀：述喪亂則明言，刺宵小則託喻。詩人立言之法。

查慎行：中二聯用力多在虛字，結意尤深。

晚泊牛渚

劉賓客

蘆葦晚風起，秋江鱗甲生。殘霞忽改色，遠雁有餘聲。戍鼓音響絶，漁家燈火明。無人能詠史，獨自月中行。

方回：意盡晚景，尾句用袁宏詠史事，尤切於牛渚也。按楊誠齋晚景一聯亦曰：「暮天無定色，過雁有歸聲。」

何義門：落句正自嘆所處不如謝尚耳，又恰收足「晚」字。

紀昀：三、四寫晚景有神。○結處同一用事，而不及太白「余亦能高詠，斯人不可聞」句之玲瓏生動矣。

夕次洛陽道中

崔塗

秋風吹故城，城下獨吟行。高樹鳥已息，古原人尚耕。流年川暗度，往事月空明。不復歎岐路，馬頭塵夜生。

方回：陳簡齋「高原人獨耕」，似勝「古原人尚耕」，爲第四句下「古」字。第一句却只作「秋風吹故城」，「故」字不甚好。若曰「秋風吹古城」，此一句既妙，第四句却作「故原人尚耕」，亦可也。

馮舒：接上「已息」，自然應下「尚」字。「古」與「故」相去幾何？此等評俱同夢魘。
馮班：「原」如何説「故」？
查慎行：崔詩氣力自弱，不如陳詩。若只换字，抑末矣。
紀昀：「故城」字水經注多用之，何以謂之不好。

酬夢得窮秋夜坐即事見寄

白樂天

焰細燈將盡，聲遥漏正長。老人秋向火，小女夜縫裳。菊悴籬經雨，萍銷水得霜。今冬暖寒酒，已擬共君嘗。

馮舒：前四句名句。
紀昀：前四句有氣格，後四句不佳。
方回：三、四有情味。
查慎行：五、六有作意。
紀昀：却雅健。

齊雲樓晚望偶題十韻兼呈馮侍御田殷二協律

樓在蘇州

潦到〔四〕宦情盡，蕭條芳歲闌。欲辭南國去，重上北城看。複嶺江山壯，平鋪井邑寬。人稠過楊府，坊鬧半長安。插霧峯頭没，穿霞日脚殘。水光紅漾漾，樹色緑漫漫。約略留遺愛，殷勤念舊歡。病拋官職易，老别友朋難。九月全無熱，西風亦未寒。齊雲樓北面，半日凭欄干。

方回：前一聯見蘇州之盛，後一聯真情可掬。

馮舒：「病拋」一聯是片言居要處，評語漫。

紀昀：大段情整。惟「人稠」二句，仍是頹唐潦倒之習。○「平鋪」不對「複嶺」，「嶺」字又複「山」字，必有誤。再校本集。○「病拋」二句，淺語而有深味。○「九月」句淺率。

彭蠡湖晚歸

彭蠡湖天晚，桃花水氣春。鳥飛千白點，日没半紅輪。何必爲遷客，無勞是病身。但來臨此望，少有不愁人。

方回：自是一家。尾句凄然如此，遷謫中常態也。

紀昀：「千白點」三字太俗。結即「不是愁人亦斷腸」之意衍作二十字，便索然。大抵白詩有四病：曰滑，曰俗，曰衍，曰盡。其無此四者，未嘗不佳。

山中寒夜呈許棠

曹松

山寒草堂暖，寂夜有良朋。讀易分高燭，煎茶取折冰〔五〕。庭垂河半角，窗露月微稜。俱入詩心〔六〕地，争無俗者情〔七〕。

方回：第四句奇，此等語惟唐人能之。

紀昀：四語頗小巧，以爲非唐人不能道，太淺視唐人矣。

何義門：發端佳。

紀昀：一結獷甚。

南塘暝興

水色昏猶白，霞光暗漸無。風荷摇破扇，波月動連珠。蟋蟀啼相應，鴛鴦宿不孤。小僮頻報夜，歸步尚踟躕。

方回：中四句而三句新，只起句十字亦不苟。

紀昀：起二句、後四句俱好，三句鄙甚，四句尤俗。虚谷所評未是。

查慎行：此晚唐之漸。

與清江上人及諸公宿李八昆弟宅

耿湋

湯公多外友，洛社自相依。遠客還登會，秋懷欲忘歸。驚風林果少，驟雨砌蟲稀。更過三張價，東遊媿陸機。

方回：五、六工緻。

月夜登王屋仙臺

顧非熊

月臨峯頂壇，氣爽覺天寬。身去銀河近，衣沾玉露寒。雲中日已赤，山外夜初殘。即此是仙境，惟愁再上難。

方回：五、六勝於三、四。

紀昀：即「海日生殘夜」意，衍爲十字便少味。

許印芳：顧非熊，字未詳。況子。

同劉秀才宿見贈

僧無可

浮雲流水心，只是愛山林。共恨多年別，相逢一夜吟。既能持苦節，勿謂少知音。憶就西池宿，月圓松竹深。

方回：中四句苦淡，末句脱灑高妙。趙紫芝「雪晴江月圓」，全學此也。

紀昀：五、六句不貫七、八句。

寒夜過叡川師院

長生推獻壽，法坐四朝登。問難無强敵，聲名掩古僧。絶塵苔積地，棲竹鳥驚燈。語默俱忘寐，殘窗半月稜。

方回：五、六自是一樣句法，第七句尤佳。

紀昀：未見佳處。

紀昀：前四句鄙。

西陵夜居

吴融

寒潮落遠汀，暝色入柴扃。漏永沉沉静，燈孤的的青。林風移宿鳥，池雨定流螢。盡夕〔八〕成愁絶，啼蛩莫近庭。

方回：五、六絶妙，兩字眼用工。

紀昀：四句尤有神味。

何義門：從初暝逐層細寫，六句奔注「盡夜」二字。○首句「西陵」起；二句見，三句聞；四句見，五句聞；六句見，八句聞。○五、六言不復成寐也；「定」字與「流」字反激，妙。

夕陽

僧宇昭

向夕江天迥，微微接水平。帶帆歸極浦，隨客上荒城。雲外僧看落，山西鳥過明。何人對幽怨？苒苒敗莎并。

方回：宇昭，九僧之一，江東人。夕陽，着題詩也。中四句皆工。

查慎行：中四句雖工，少遠神。若只如此説「夕陽」，何物不可？

馮班：次聯好。

紀昀：刻畫自工。

冬夜旅思

寇萊公

年少嗟羈旅，煙霄進未能。江樓千里月，雪屋一龕燈。遠信憑邊雁，孤吟寄嶽僧。爐灰愁擁坐，硯水半成冰。

方回：讀此詩與晚唐人何異，豈知其爲宰相器乎？三、四悲壯，五、六自唐人翻出，第二句見其進取之心焉。

查慎行：晚唐無此氣概。

紀昀：虚谷以進取譏寇萊公，可謂不見其睫。

暝

梅聖俞

杳杳鐘初發，昏昏户閉時。巢禽投樹盡，疲馬入城遲。醉唱眠茅屋，燒光透槿籬。荷鋤休帶月，亭長豎毛眉。

馮舒：「燒」字可平用否？

紀昀：一結粗鄙之極，不謂聖俞乃爾，論詩豈可壓於盛名？

夜

日從東溟轉，夜向西海沉。羣物各已息，衆星燦然森。蝦蟆將食月，魑魅争出陰。阮籍獨不寐，徘徊起彈琴。

方回：前一首曲盡山城暮景。後一首不專從律，而意謂日没星出，羣陰之類争逞，憂世之士，獨彈琴不寐。有深意也，豈但賦夜而已哉！

馮舒：此似古體。

馮班：自非小家。

紀昀：又自一格，殊有别味。屢誦熟甜之作，便令人有螺蛤之思。

許印芳：此詩惟五句是平調，二、三句，六、七句皆拗調，餘句則皆古調。平調、拗調、古調，三體兼用。唐人律詩原有此格。然古調只用作起句，此詩首句及四句、八句皆用古調。按之唐人聲律，實是古體，非律體也。虚谷選入律體中，曉嵐不以爲非。録之以備一格可也。

吴正仲見訪迴日暮必未晚膳因以解嘲

永日無車馬，閒坊有竹隣。雨中烏帽至，門外緑苔新。不殺雞爲黍，堪題鳳向人，山公識墨在，知我舊來貧。

方回：五、六用事妙，不覺其爲用事也。以題有「暮」、「晚」字，附諸此。

馮班：「傾崖護石髓」，始可云用事不覺，「題鳳」則顯然用事矣。

紀昀：用事之淺拙，至此極矣。乃曰「不覺」，何也？

紀昀：「門外緑苔」，非爲點景，正言人迹之少，以見相訪之可感耳。

秋夜集李式西齋

趙叔靈

澤國秋光澹，詩家夜會清。雨餘逢月色，風静得琴聲。小徑幽蟲絶，寒堦落葉并。嘗余不擬睡，自起繞池行。

方回：太宗朝詩人多學晚唐，此詩三、四係一句法，五、六是偶〔九〕。

紀昀：絶好中唐詩，虚谷以爲晚唐何也？

許印芳：趙湘，字叔靈。

江樓晴望

魯三江

江干一雨收，霽色染新愁。遠水碧千里，夕陽紅半樓。笛寒漁浦晚，山翠海門秋。更待牛津月，袁宏欲泛舟。

方回：三、四善言晚景。

紀昀：亦是習語。

臘後晚望

宋景文

寒日繫難定，嗚笳弄已休。凍崖初辨馬，昏谷自量牛。漢樹臨關密，胡泉入塞流。登高能賦未？風物古堯州。

方回：「崑體」，善於用事。兩崖不辨牛馬，與谷量牛馬，融化作臘後晚望詩，精密之至。五、六亦佳。真定府詩。

查慎行：莊子「不辨牛馬」，言秋水無際。此言「凍崖」。史記「谷量牛馬」，言塞外牲畜之多。此言「昏谷」。俱牽强，不合用事切合，何得云善？

馮舒：第四句牽强。

紀昀：用事甚拙。

許印芳：宋祁，字子京，謚景文。

城隅晚意

寥寥天意晚，稍覺井閭閒。水落呈全嶼，雲生失半山。牛羊樵路暗，燈火客舟還。暝思輸鳧鵠，歸飛沆漭間。

方回：三、四工巧。
紀昀：妙在自然，所以不纖。

紀昀：不失雅音。

許印芳：骨味格律，真近老杜，高於長安道中詩。

西樓夕望

炎氛隨日入，岑寂坐遥帷。倦鷺昏投浦，驚蟬夜去枝。桂花兼月破，槎影帶星移。珍重窗風好，羲人即此詩〔一〇〕。

方回：三、四工。皆成都詩，固是有羲皇上人，此曰「羲人」，則生。

馮舒：何不即作「羲皇」？

紀昀：五、六琱琢而無味。

晚遊九曲院

和章秀才　　陳後山

冷落叢祠晚，回斜峽路賒。平荷留夜雨，驚鳥過隣家。雲暗重重樹，風開旋旋花。病身無俗事，待得後歸鴉。

方回：此錢塘九曲院也。後山遊吳時在三十歲以前，元豐五年壬戌詩。

紀昀：圓煉。

許印芳：「旋」，去聲。

湖上晚歸寄詩友

功名違壯志〔一〕，戒律負前身。劉德長欺客，王融却笑人。殘年憎受歲，病眼怯逢春。杖屨知何向，知公未厭頻〔二〕。「受」一作「送」〔三〕。

方回：此錢塘西湖也，後山元豐中游吳。任淵注本不收此詩，三十歲所作，乃謝克家本添入者。「憎受歲」、「怯逢春」，亦老蒼矣，未可以少作視之。

查慎行：任淵注後山詩，竹垞家有之。余曾借閱一過，今此本不知誰屬矣。

紀昀：未必是三十歲作。

馮舒：如此自好，何必「江西」？

馮班：鄧禹笑人，如此用亦不好。

紀昀：語自老潔。○「受」字是。

後湖晚出

水浄偏明眼，城荒可當山。青林無盡意，白鳥有餘閒。身致江湖上，名成伯季間。目隨歸雁盡，坐待暮鴉還。

方回：「滄江萬古流不盡，白鳥雙飛意自閒。」東坡賞歐公詩，謂敵老杜。後山三、四一聯，尤簡而有味。不致身於廟堂，而致身於江湖之上。「名成伯季間」，謂在蘇門六君子中，亞於黄而高於晁、張也。

查慎行：「意自閒」從「雙飛」襯出。

馮舒：第六句費解，亦接不下。

紀昀：馮云：「第六句費解，亦接不下。」余謂費解有之，却無甚接不下。此詩頹然自放，傲然自負，覺眼前無可語者，惟看雁去鴉還耳。語不接而意接，不可以「崑體」細碎求之。

馮班：第二句妙。「青林無盡意」好對「紫竹觀世音」。

紀昀：高爽。

許印芳：「盡」字複。

晚泊

清切臨風笛，深明隔水燈。堆塲穿鳥雀，暗溜入溝塍。年使扶行老，船催趁渡僧。兹游恐未已，着句續先曾。

方回：「使之年」，出左傳。謂問絳人年幾歲，使之自言也。

馮班：「年使」句晦。

查慎行：第五句滯句。

紀昀：此首語多生硬，不爲佳作。

晚坐

柳弱留春色，梅寒釀雪花。溪明數積石，月過戀平莎。病減還增藥，年侵却累家。後歸棲未定，不但只昏鴉。

方回：六句下六字爲眼，尾句尤高古。

馮舒：虚字俱在中間，然六句相同亦不好。

紀昀：雖非極筆，亦自清整。

寒　夜

留滯常思動，艱虞却悔來。寒燈挑不焰，殘火撥成灰。凍水滴還歇，風簾捲復開。孰知文有忌，情至自生哀。

方回：此赴棣州教授詩。起句十字，士大夫之常態。

馮班：最後二句未似唐人。

紀昀：「孰知」即「熟知」，古字通用。杜公垂老别曰：「熟知是死别，且復哀其寒。」正用「熟」字。

宿濟河〔一四〕

燭暗人初寂，寒生夜向深。潛魚聚沙窟，墜鳥滑霜林。稍作他年計，初回萬里心。還家只有夢，更着曉寒侵。

方回：句句有眼，字字無瑕，尾句尤深幽。

紀昀：尾句沉着，用意頗近義山。

許印芳：「初」字、「寒」字俱複。

宿合清口

風葉初疑雨，晴窗誤作明。穿林出去鳥，舉棹有來聲。深渚魚猶得，寒沙雁自驚。臥家還就道，身計豈蒼生。

方回：此亦赴棣州教時作[一五]。所以去鳥穿林而出者，以舉棹者有來聲也，上問下答。起句十字，盡客夜之妙。末句歎喟出處無補蒼生，遠矣。

紀昀：五、六託意，非寫景。○後山詩多真語，如此尾句，虛憍者必不肯道。

許印芳：結意沉着，不但真摯。

和西齋　張宛丘

山色供開鏡，溪光照掩扉。暗蟲先夜響，萎葉近秋飛。灌壠晴蔬出，開籠暮鶴歸。鳴琴坐朗月，輕露點秋衣。

方回：三、四自然好，五、六工。

紀昀：三、四果好，五、六未見甚工。

許印芳：「開」字、「秋」字俱複。

冬　夜

歲晚轉無趣，席門誰駐車？澗泉分當井，山葉掃供廚。謀拙從人笑，身閒讀我書。幸知霜霰晚，時得灌園蔬。

方回：三、四亦自然。「從人笑」「讀我書」，各有出處，非杜撰。

查慎行：「且還讀我書」，陶句也。

紀昀：平妥。○「從」字究不對「讀」字。

許印芳：「廚」字借韻。「晚」字複。○律詩對偶，貴銖兩相稱。不稱而上輕下重，猶可；上重下輕則不可。此詩上句「從」字輕，下句「讀」字重，無大妨礙，不必苛責。

小舟過吉澤效王右丞

陸放翁

澤國霜露晚，孤村煙水微。本去官道遠，自然人跡稀。木落山盡出，鐘鳴僧獨歸。漁家閒似我，未夕閉柴扉。「村」一作「汀」。

方回：五、六可謂得句。

紀昀：三、四別有自然之味，勝於五、六。

馮班：新潤不如右丞。欲效其天然，更覺費力。

紀昀：前六句神貌俱似，末二句貌亦不似。「村」與「烟火」有關照。○「汀」字未是矣。

許印芳：次聯不黏。○陸游，字務觀，號放翁，封渭南伯。

五鼓不得眠起酌一杯復就枕

棲冷雞聲咽，窗深燭燄明。流年容易過，華髮等閒生。濁挹連醅酒，香搓帶葉橙。殘骸付螻蟻，汗簡更須名。

方回：第六句新。

查慎行：第六句本大蘇「手香新喜緑橙搓」來。

紀昀：六句細瑣之甚，雖新而無意味，虚谷此等議論最誤人。

馮班：題好，詩意未醒。

冷泉夜坐

趙師秀

衆境碧沉沉，前峯月正臨。樓鐘晴聽響，池水夜觀深。清浄非人世，虚空見佛心。却尋來處宿，風起古松林。

方回：三、四下一字是眼，中一字是眼之來脈。作詩當如此秤停。

紀昀：就彼法論之，實是如此。

許印芳：虚谷此説頗精，可備鍊字鍊句之一法。

馮班：「四靈」詩首尾多平，此篇最妙。

查慎行：三、四妙句，從静中得。

紀昀：自然清妥，「四靈」詩之意境寬闊者。〇詩人玉屑謂「聽」字初作「更」字，「觀」字初作「如」字。後乃改定，便覺精神頓異。

許印芳：趙師秀，字紫芝，號靈秀。

訪端叔提幹

葛無懷

水趁〔一六〕潮頭上，山隨柁尾行。大江中夜滿，雙櫓半空鳴。雁冷來無幾，鷗清睡不成。平生師友地，此夕最關情。

方回：三、四有盛唐風味。

許印芳：評是。

查慎行：前半説盡乘潮放船之樂。

紀昀：前四句雄闊之至。五、六起末二句，有神無迹。

許印芳：葛天民，字無懷。

雪　夜

冷蘂通幽信，孤山欠幾遭。盃因寒更滿，句到淡方高。雪滴晴簷雨，松翻夜壑濤。布衾雖似鐵，猶念早趨朝。

方回：五、六儘佳、三、四幽淡。

馮班：第五句好。

查慎行：五、六字字的當。

紀昀：次句不醒豁。四句理自不錯，而以之入句，則宋氣太重。五句纖小之甚，詩家最忌。

月夜書懷

陳止齋

送客門初掩，收書室更虛。新篁高過瓦，涼月下臨除。婦病纔扶杖，兒饑或餽魚。今朝吾已過，莫問夜何如。

方回：尾句高不可言。

馮班：亦好，恨未工。

紀昀：高老，可逼後山。

許印芳：「過」字複。○陳傅良，字君舉，號止齋。

暝色

劉後村

暝色千村静，遥峯帶淺霞。荷鋤歸别墅，乞火到隣家。疎鼓聞更遠，昏燈見字斜。小軒風露冷，自起灌蘭花。

馮班：首尾不貫。第六句撤。

查慎行：第六句欠確。

紀昀：雖乏深致，而不失雅音。異後村他作之粗野。

七言 十一首

閣夜

杜工部

歲暮陰陽催短景，天涯霜雪霽寒宵。五更鼓角聲悲壯，三峽星河影動摇。野哭千家聞戰伐，夷歌幾處起漁樵。臥龍躍馬終黄土，人事音書漫寂寥。

方回：三、四東坡所賞。世間此等詩，惟老杜集有之。

紀昀：總是主持太過。

馮班：重出。

查慎行：此詩已入「登覽類」。重出，當删。

紀昀：此首已見「登覽類」中，而圈點、評語俱不同。可見虚谷亦隨手成書，非有不移之定準。

許印芳：結雖費解，却無不可解處，不能以小疵廢之。按沈歸愚引左太冲蜀都賦云：「公孫躍馬而稱帝。」謂公孫述也。此詩「躍馬」二字，蓋取諸此。詩言諸葛、公孫，因夔州祠廟而及之也。意謂賢愚同盡，則目前人事、遠地音書，亦付之寂寥而已。○八句對。

暮歸

霜黄碧梧白鶴棲，城上擊柝復烏啼。客子入門月皎皎，誰家擣練風凄凄。南渡桂水闕舟楫，北歸秦川多鼓鼙。年過半百不稱意，明日看雲還杖藜。

方回：自是一種骨格風調，又自是一種悲壯哀慘。

馮舒：此等真正惟老杜能之。

何義門：去住兩乖，經日彳亍，不知所出。從「暮」字直敍起，却用「明日」二字，顯出筆力奇變。〇「暮」字反收，筆力與胸襟相副。

紀昀：三、四神來。

無名氏（乙）：起語生造出奇，三、四戍削高亮，結處淒緊，殊難再讀。此「吴體」中蒼鬱清急之音也。

返照

楚王宫北正黄昏，白帝城西過雨痕。返照入江翻石壁，歸雲擁樹失山村。衰年肺病惟高枕，絶塞愁時早閉門。不可久留豺虎亂，南方實有未招魂。

方回：想必先得三、四，故以「返照」命題。「翻」字、「失」字，詩眼也。

馮舒：杜詩不用如此看。

紀昀：眺望於返照之時，故以爲題，非詠返照也。虚谷以爲三、四足成之，是以「九僧」視工部矣。

何義門：用覆裝，更錯綜可喜。

紀昀：三句頂首句，四句頂次句。

無名氏(甲)：白帝城在夔州。

無名氏(乙)：全首沉着，「返照」一句點題，是寄意耳。

許印芳：起句對。

和周廉彦　張宛丘

天光不動晚雲垂，芳草初長襯馬蹄。新月已生飛鳥外，落霞更在夕陽西。花開有客時攜酒，門冷無車出畏泥。修禊洛濱期一醉，天津春浪緑浮堤。

方回：三、四不見着力，自然渾成。

紀昀：何等姿韻，何必定以語含酸餡爲高！

許印芳：首句借韻。「天」字複。

夜泊

遠雁初歸楓葉乾，孤舟晚繫岸邊灘。淮聲夜静凌風壯，月色秋深照客寒。疎拙功名甘闊略[一七]，飄零蹤跡但悲歎。不關酒薄難成醉，自是年來少所歡。

方回：律熟句妥。

紀昀：無深味，而句格爽朗。

夜泊寧陵

韓子蒼

汴水日馳三百里，扁舟東下更開帆。旦辭杞國風微北，夜泊寧陵月正南。老樹挾霜鳴窣窣，寒花垂露落毶毶。茫然不悟身何處，水色天光共蔚藍。

方回：「扁舟東下更開帆」，此是詩家合當下的句，只一句中有進步，猶云「同是行人更分首」也。五、六亦工。

紀昀：純以氣勝。

許印芳：此評確。東坡七律最長於此，子蒼此詩大似東坡。起法尤峭健，非斬盡枝葉者不能如此落筆。

無名氏（甲）：寧陵，在汴京。

許印芳：「帆」押通韻。

夜坐

呂居仁

所至留連不計程，兩年堅卧厭南征。荒城日短溪山静，野寺人稀鸛雀鳴。藥裹向人閒自好，文書到眼病猶明。較量定力差精進，夜夜蒲團坐五更。

紀昀：瘦硬而渾老，「江西」詩之最佳者。

許印芳：「向人」意不醒豁，「人」字又複上句，故易作「關心」。○「量」，平聲。「差」音疵。○呂本中，字居仁，號紫微。

夜雨

陸放翁

蕭蕭殘髮雪侵冠，冉冉清愁用底寬。把卷昏眸常欲閉，投床睡興却先闌。惟須酒沃相如渴，未分人哀范叔寒。雨霽定知梅已動，佩壺明日試尋看。

方回：五、六氣壯，以第六句喚醒第五句也。

查慎行：「佩壺」字本於牧之。

紀昀：清而太弱，剽而不留。○第七句「動」字不妥。

冬夜不寐

姜梅山

宵柝迢迢驚睡魔，靜思甘分老林坡。忍飢只有嵇康嬾，扣角曾無甯戚歌。不起安心思世事，只將閒意養天和。時人休説長生術，學着長生事轉多。

方回：五、六俱曠達。

紀昀：「睡魔」二字有出而不雅，「林坡」二字無出，後四句俱淺俗，結句尤劣。

秋夜偶書

趙師秀

此生謾與蠹魚同，白髮難收紙上功。輔嗣易行無漢學，玄暉詩變有唐風。夜長燈燼挑頻落，秋老蟲聲聽不窮。多少故人天禄貴，猶將寂寞歎揚雄〔一八〕。

方回：三、四有議論，却不可以晚唐詩一例看，若如此推去儘高。

紀昀：三、四婉而章，乃言習俗日趨卑靡，所以不合時宜，而難收紙上之功也。以爲議論，則失之。

許印芳：三、四全以議論見長，此宋人真面目，虚谷前評不錯。如曉嵐所解，其爲議論益顯然矣，而又斥虚谷之評爲非，可怪也。

紀昀：結二句深婉有味，自古無人道，説來却平易近人。○三、四語特藴藉，蓋説經至輔嗣而妙，然義理勝而訓詁荒。鍊句至玄暉而工，然彫琢起而渾朴散。宋末實有此弊。

呈蔣薛二友

中夜清寒入緼袍，一杯山茗當香醪。禽翻竹葉霜初下，人立梅花月正高。無欲自然心似水，有營何止事如毛。春來擬約蕭閒客，同上天台看海濤。

方回：此等詩平正。近世人甚誇之，乃深甫〔九〕乾、淳以前所作耳。然尾句高灑。

紀昀：虚谷似不滿此詩，然所賞如此詩者不少，大抵有門户之見在。

馮舒：三聯〔一〇〕宋甚。

許印芳：宋詩好作理語，此詩五、六亦然。好在不腐。

校勘記

〔一〕秋根　馮班：「根」一作「原」。　〔二〕入簾　馮班：「入」一作「捲」。　許印芳：「捲」字勝「入」字。　〔三〕蕭蕭風色　馮班：一作「風色蕭蕭」。　〔四〕潦到　馮班：「到」當作「倒」。　〔五〕折冰　何義門：「折」疑當作「拆」。　〔六〕詩心　吴之振、吴孟舉：「詩」一作「論」。　紀昀：「論心」妥於「俗心」。　〔七〕俗者情　馮班、吴之振、吴孟舉：「情」一作「憎」。　查慎行：「情」出韻，當作「憎」。　紀昀：「情」字奸韻，其誤易見，何必兩存？　〔八〕盡夕　馮班：「夕」一作「夜」。　〔九〕李光垣：此下似有脱字。　〔一〇〕此詩按：康熙五十二年本、紀昀刊誤本「詩」作「時」。〔一一〕壯志　按：「壯」原作「此」。馮班、查慎行：「此」當作「壯」。據康熙五十二年本、紀昀刊誤本校改。〔一二〕知公未厭頻　按：「頻」原作「貧」，據康熙五十二年本、紀昀刊誤本校改。〔一三〕受一作送　按：此四字原缺，據康熙五十二年本、紀昀刊誤本校補。〔一四〕宿濟河　李光垣、許印芳：「齊」訛「濟」。〔一五〕教時作　李光垣：「教」下脱「時」字。〔一六〕水趁　李光垣：「月」訛「水」。〔一七〕闊略　馮班：「略」，王抄本作「落」。〔一八〕揚雄　許印芳：「揚」原作「楊」。然揚雄之揚從手不從木。〔一九〕乃深甫　馮班：「乃」當作「不」，「甫」當作「味」。李光垣：「乃」原訛作「不」。「甫」字原缺，據康熙五十二年本、紀昀刊誤本校補。〔二〇〕三聯　許印芳：「三」，刊本誤作「次」，今正之。

瀛奎律髓彙評卷之十六　節序類

或問節序詩以冬至爲首，何也？古曆法皆起於冬至，有一陽之復，然後有三陽之泰，故以此爲首。邵康節詩，云「冬至子之半」，最佳；而「元酒味方淡，大音聲正希」，兩句一意，故不取。今此選專以論詩，故詩非極工者不預焉。

紀昀：改從周正，迂謬無謂，此亦何與於詩？不選之詩，寧惟邵子一章？獨拈出列於序中，亦太露依附之迹。

五言　五十四首

冬至

王半山

都城開博路，佳節一陽生。喜見兒童色，歡傳市井聲。幽閒亦聚集，珍麗各攜擎。却憶他年事，關商閉不行。

方回：李參政注：「博路，未詳。」予謂常日禁賭博，惟節日不禁耳。幽閒聚集，珍麗攜擎，此等句細潤，乃三謝手段，半山多如此。又至節五言詩佳者絶少，七言則老杜數篇盡之矣。

馮舒：若如此解，亦成何語？

馮班：只是唐人耳，三謝不如此。方君全不知三謝，何妄言也？

紀昀：「博路」猶曰廣衢，正對末句「關商閉不行」而言。虛谷此注，穿鑿無理。○三謝豈有此等句？謂爲細潤亦非。

馮班：宋人節日許博，雖婦女亦爲之，腹聯云云是也。宋朝實如此，見經鋤堂雜誌。

紀昀：腐陋之至，何以録爲壓卷？

和王子安至日

陳後山師道

晨起公私迫，昏歸鳥雀催。百年忙裏盡，萬事醉間來。竹雨深宜晚，江梅半欲開。風燈挑不燄，寒火撥成灰。

方回：三、四妙。本三詩，今取一。第一首云：「近節翻多事，爲家不亦難。」第二首云：「陰陽消長際，老疾去留間。」皆好。

紀昀：「不亦難」三字不佳。

馮舒：此篇都無至日意。若移次聯入丁卯集，不知若何排抵矣？

紀昀：馮云「此篇不見至日意」，不知此本三詩，删取其一，不能一首自爲首尾，全然見題也。杜公秋興第八首併「秋」字亦不見矣。

馮班：首句不破冬至，尚有第一首也。落句似除夜。第四句可商。○極規子美矣，然都不及至日，何也？落句子美有此體，然後山不知齊、梁詩，便自煞不住。

紀昀：末二句重見寒夜詩，蓋一時不檢之故。古人詩亦往往有之。

許印芳：寒夜詩作「寒燈」、「殘火」，不同者一字，重句病古人常有，陸渭南最多，而老杜最少。愚嘗細檢全集，惟「驊騮開道路」二句，與他詩犯複，足見此老詩律之細。即一首中有重字者亦少。如後山前詩之四字犯複，不但杜集無此病，他人集中亦無此病。後山雖善學杜，不及杜處正多，此猶其小者耳。又按：虚谷此書「閒適類」中，選入白香山閒坐詩。三、四云：「百年慵裏過，萬事醉中休。」虚谷批云：「二語妙，陳後山偶然相犯。」愚按：香山詩語頹唐，意興蕭索，有何妙處？後山明用其語，原非偶然。高在用其語而翻其意，更易四字，便覺氣味深厚，此點石成金手段也。又如隋人尹式詩云：「秋鬢含霜白，衰顔倚酒紅。」老杜襲之爲「髮短愁催白，顔衰酒借紅」，後山襲之爲「髮短何須白，顔衰肯再紅」。同一襲用舊詩，而後山較勝老杜，以能加意鍊句也。然自後山襲用之後，尹、白二詩不可再用。再有用者，不能高於後山，徒作偷語鈍賊耳。○虚谷選此一首，深厚高老。曉嵐全取之，尾聯重出，故未加密圈。○「至」謂冬至。

冬至後

張宛丘

水國過冬至，風光春已生。梅如相見喜，雁有欲歸聲。老去書全懶，閒中酒愈傾。窮通付吾道，不復問君平。

方回：張文潛詩，予所師也。楊誠齋謂肥仙詩自然，不事雕鐫，得之矣。文潛兩謫黄州，此殆黄州時詩。三、四絶佳。大概文潛詩中四句多一串用景，似此一聯景、一聯情，尤浄潔可觀。

周伯弜定四實、四虚，前後虚實爲法。要之，本亦無定法也。

紀昀：此乃通論。

馮舒：結句套。

紀昀：末二句太襲青蓮。青蓮因送人入蜀，故用君平事。今泛押君平，似君平有卜窮通之典，更因李詩而失之矣。

辛酉冬至

陸放翁

今日日南至，吾門方寂然。家貧輕過節，身老怯增年。元注：「鄉俗謂喫盡至飯，即添一歲。」畢祭皆扶拜，分盤獨早眠。惟應探春夢，已繞鏡湖邊。

方回：放翁宣和乙巳生，嘉泰元年辛酉年七十七矣。三、四平穩有味。

馮舒：次聯畢竟除夕，穩。

馮班：次聯以下只是歲旦詩。

紀昀：宛丘二詩之中夾放翁一首，編次太無倫理。○五句欠鍊。

臘日晚步

張宛丘

喜覺陽和近，山園策杖行。草應知地暖，柳欲向人輕。殘雪通春信，鳴禽〔一〕報曉晴。田間未成計，搔首問春耕。

方回：此題三首，今選其一。「柳欲向人輕」，最佳句也。「殘雪通春信」，「通」字絕妙。第一首警聯云：「愁思供多病，風光欲近人。」亦佳。

馮班：此等何異許渾？

紀昀：二句並佳。

紀昀：此首新警有致。

許印芳：五、六猶是常語，不及三、四之雋妙。又按：虛谷前摘「雪意」一聯，此摘「愁思」一聯，並佳。曉嵐皆取之。

臘日二首

日暖村村路，人家迭送迎。婚姻須歲暮，酒醴幸年登。簫鼓兒童集，衣裳婦女矜。敢辭雞黍費，農事及春興。

馮班：「迎」字走韻。

擊柝山城閉，踈燈夜店扃。疾風鳴夜谷，晴水動浮星。霜翼歸何晚，隣機織未停。短歌聊自放，愁絶更誰聽？

方回：此題六首，今選其二。「衣裳婦女矜」，此一韻絶妙。「晴水動浮星」，此一句絶妙。第二首一聯云：「雪意千山静，天形一雁高。」尤佳。「迎」字許借韻也。

馮班：如何可借？唐「青」、「蒸」許借，韻書有此説，唐人却甚嚴。

紀昀：「迎」字究是出韻。

許印芳：律詩借押通韻，唐人已然，但不可輕用，此詩借押「迎」字，曉嵐必以出韻駁之，何耶？

馮舒：何見是臘日？

馮班：但寫情景，亦不必明出臘日也。

查慎行：二、三重「夜」字。○五、六寫寒夜光景别有神味，不必拘拘臘日。

紀昀：二首入之杜集不辨。

許印芳：此評有眼力。二詩逼真少陵處在神骨意味，不在形貌格調，學者熟讀深思自知之。

○張耒，字文潛，號宛丘。

守歲

唐太宗

暮景斜芳殿，年華麗綺宫。寒辭去冬雪，暖帶入春風。階馥舒梅素，盤花卷燭紅。共歡新故歲，迎送一宵中。

方回：唐太宗才高。此詩尾句有把握，起句有兩字爲眼，殊不苟也。又太原守歲一聯尤佳：「送寒餘雪盡，迎歲早梅新。」文集四十卷，今亡，初學記中得此。

馮舒：五言、七言勢必有一單字，何嘗刊定詩眼？大曆以後或亦有之，前此則未也。此皆「江西」惡識，宋人惡論。

紀昀：詩眼之説，不可施之初唐。且「斜」字、「麗」字亦無須鍛鍊而得之，標以爲眼，尤屬

强坐。〔按：方回在「暮景斜芳殿，年華麗綺宫」二句之「斜」、「麗」字傍加圈。〕

許印芳：詩眼之説，即詩家鍊字法，未可斥爲外道，但不宜任意穿鑿，强標句眼耳。

紀昀：諸卷皆以人之先後爲序，此卷獨以題之先後爲序。體例叢脞，莫此爲甚。◎初唐難得如此輕清之作。

杜位宅守歲

杜工部

守歲阿戎家，椒盤已頌花。盍簪喧櫪馬，列炬散林鴉。四十明朝過，飛騰暮景斜。誰能更拘束，爛醉是生涯。

方回：「阿戎」當作「阿咸」，蓋杜位者，少陵之姪也。以「四十」字對「飛騰」字，謂「四」與「十」對，「飛」與「騰」對，詩家通例也。唐子西詩：「四十緇成素，清明緑勝紅。」祖此。

馮舒：方君云「四」與「十」對，正不必。

何義門：六朝人多呼從弟爲「阿戎」。

紀昀：此自流水寫下，不甚拘對偶，非就句對之謂。「四十」二字相連爲義，不得折開平對也。況雙字就句對，自古有之，單字就句對則虚谷鑿出，千古未聞。「四十」、「清明」皆是雙字，與此不同。

何義門：杜位謂李林甫之婿，第二句有爲言之。○位似亦勢利之徒，不足與語者。
紀昀：杜之極不佳者。

除夜宿石頭驛

戴叔倫 幼公

旅館誰相問，寒燈獨可親。一年將盡夜，萬里未歸人。寥落悲前事，支離笑此身。愁顔與衰鬢，明日又逢[二]春。

方回：此詩全不説景，意足辭潔。
何義門：結渾成。
許印芳：戴叔倫，字幼公。金壇人。官容管經略使。

除夕

唐子西

患難思年改，龍鍾惜歲徂。關河先壠遠，天地小臣孤。吾道憑温酒，時情付擁爐。南荒足妖怪，此日謾桃符。

方回：唐庚，字子西，眉山人。年十七見知東坡，爲張天覺丞相牽連，謫居惠州。此詩三、四似老杜，故取之。然子西詩大率精緻。

馮舒：起句妙，第五句套。

馮班：學杜。

查慎行：不善學杜，必流爲此等詩。○東坡黄州寒食詩云：「君門深九重，墳墓在萬里。」後人讀之，尚有餘悲。三、四全是此意。詩可以怨，其君臣父子之際乎？

紀昀：三、四真切而深厚。云似老杜，信然。

除夜

陳後山

七十已强半，所餘能幾何？懸知暮景促，更覺後生多。遁世名爲累，留年睡作魔。西歸端著便，老子不婆娑。

方回：前四句即「四十明朝過，飛騰暮景斜」之意。樂天亦云：「行年三十九，歲暮日斜時。」前輩競辰如此，晚輩可不勉哉！「留年睡作魔」，絶佳，謂不寐以守歲，而不耐困也。

查慎行：「競辰」二字出揚子法言。

馮舒：起句太衰颯，豈如杜詩之雄渾？

紀昀：六句迂曲，八句尤不成語。

除夜對酒贈少章

歲晚身何託？燈前客未空。半生憂患裏，一夢有無中。髮短愁催白，顔衰酒借紅。我歌君起舞，潦倒略相同。

方回：五、六一聯，當時盛稱其工。見漁隱叢話。

紀昀：神力完足，斐然高唱，不但五、六佳也。

除　夜

陳簡齋

疇昔追歡事，如今病不能。等閒生白髮，耐久是青燈。海内春還滿，江南硯不冰。題詩餞殘歲，鐘鼓報晨興。

方回：「海内春還滿」，此一句壯甚。

紀昀：此句有偏安之感，非壯語也。

許印芳：此句用意在「滿」字，曉嵐得其旨矣。

何義門：崔塗除夕詩佳甚。何棄之不録，而乃多選宋人詩也？

紀昀：四句沉着有味，六句偏枯。

許印芳：六句對法活變，惟意境稍狹，措語稍滯，故偏枯耳。○「不」字複。

歲除即事

趙仲白

連夜縫紉辦，今朝杵臼頻。買花簪穉女，送米贈窮隣。宦薄惟名在，年華與鬢新。桃符詩句好，恐動往來人。

方回：趙庚，字仲白，寓居興化軍。趙紫芝爲晚唐詩，名冠「四靈」，而仲白亞紫芝。劉後村誌墓，趙南塘爲序詩集，謂「古詩出情性，後世挾才格」，此乃唐體選之尤者，亦當不以才格論歟？尾句太自矜。

馮班：亦未似唐，是「四靈體」耳。

紀昀：「古詩出情性，後世挾才格。」此二語未爲不是，虛谷惡其害己耳。

馮班：「恐動」太重。

淇：「送」、「贈」迭用何也？

新年作

宋之問

鄉心新歲切，天畔獨潸然。老至居人下，春歸在客先。嶺猿同旦暮，江柳共風煙。已似長沙傅，從今又幾年。

方回：三、四費無限思索乃得之，否則有感而自得。

紀昀：此甘苦之言。

馮班：此是劉長卿詩。○次聯即如嚴介云：「風雲落時後，歲月度人前。」

紀昀：三、四乃初唐之晚唐，似從薛道衡人日思歸詩化出。三、四二句，漸以心思相勝，非復從前堆垛之習矣。妙於巧密而渾成，故爲大雅。

許印芳：三、四細鍊，初唐無此巧密。詩載劉文房集中。此選誤爲宋作，仍歸文房爲是。

次韻仲卿除日立春

王半山

猶殘一日臘，併見兩年春。物以終爲始，人從故得新。迎陽朝剪綵，守歲夜傾銀。恩賜隨嘉節，無功只自塵。

方回：五、六切題。

查慎行：前六句俱切題，不但五、六。

馮班：畢竟大樣。

紀昀：三、四乃試帖，刻畫小樣，入詩碍格。此詩毫無意味，馮氏以中有「剪綵」、「傾銀」

字，批曰「畢竟大樣」，則譬所可及，未爲通論。

查慎行：第六句「夜傾銀」；「銀鑿落」，杯名，非即杯也。

元日

陳後山

老境難爲節，寒梢未得春。一官兼利害，百慮孰疎親？積雪無歸路，扶行有醉人。望鄉仍受歲，回首向松筠。

方回：讀後山詩，若以色見，以聲音求，是行邪道，不見如來。全是骨，全是味，不可與拈花簇葉者相較量也。

馮班：此「江西派」中緊要語，放翁以此不及黄、陳也。大略放翁骨不如肉。

紀昀：雖未免推尊太過，然後山詩境實高。惟「江西」習氣太重，反落偏鋒耳。

馮班：何見是「元日」？

查慎行：通首似杜。○七月十五日是受歲之日，佛告阿難語。後山精於内典，於此詩見之。

紀昀：字字鑱刻，却自渾成。○六句對面寫法，如此乃活而有味。

嘉祐己亥歲旦呈永叔内翰

梅聖俞

堦前去年雪，鏡裹舊時人。不覺應銷盡，相看只似新。屠酥先尚幼，綵勝又宜春。獨愛開封尹，鍾陵請去頻。

方回：聖俞嘉祐五年庚子四月卒，年五十九。此年五十八也，蓋老筆。

查慎行：三、四分承起二句。

紀昀：三、四分承一、二。有作意，而語未蒼堅。

宜章元日

吕居仁

東風初解凍，桃李已經春。避地逢雞日，傷時感雁臣。湖南馳賊騎，江外踐胡塵。憔悴成無用，虚煩淚濕巾。

方回：「雞日」、「雁臣」之句甚工。北夷酋長遣子入侍者，常秋來春去，避中國之熱，號曰「雁臣」。

紀昀：此元魏事，宜注明。〇「雞日」、「雁臣」，非即「堯時韭」、「禹餘糧」乎？虚谷譏彼之太工，而於此又許其工，蓋以吕爲「江西詩派」，故隱忍牽就耳。門户之弊如此！

紀昀：後四句淺直。

無名氏（甲）：宜章，在江西。

己酉元日　元注：「以諒陰免賀禮。」　陸放翁

夜雨解殘雪，朝陽開積陰。桃符呵筆寫，椒酒過花斟。巷柳摇風早，街泥濺馬深。行宫放朝賀，共識慕堯心。

方回：放翁解嚴州後歸鏡湖，尋入爲禮部郎，淳熙十五年戊申，明年己酉元日，以思陵服中免賀，放翁年六十五矣。「桃符」「椒酒」，此聯後又嘗用之。是冬翁竟去國，晚節乃爲韓平原一出。

馮班：放翁集多重用句。

紀昀：作「香山體」太率易。○結與五、六不貫。

甲子元日　題中元有「歲」字，今删之。○元注：「開歲微陰不雨，法當有年。」

飲罷屠酥酒，真爲八十翁。本憂緣直死，却喜坐詩窮。米賤知無盜，雲黔又主豐。一簞那復慮，嬉笑伴兒童。

方回：嘉泰四年甲子，寧廟在位十一年，放翁年八十，屢見米賤年豐，真福人也。第五句最好。

紀昀：題中「歲」字有何關礙，而删之、注之？○如此滑調，又無端夾一僻字，殆不可耐。

元日立春

范石湖

元日兼春日，霜寒又雪寒。併煩傳菜手，同捧頌椒盤。疊膝稀穿履，扶頭懶正冠。五年如此度，寧得諱衰殘？

方回：淳熙十五年戊申元日立春，選亦所以記時也。石湖二詩，一云：「元日兼春日，閒身是老身。」

紀昀：選詩豈爲記時？

紀昀：殊無意味，次句尤湊泊不成語，五、六亦粗率。

人日

杜工部

元日至人日，未有不陰時。冰雪鶯難至，春寒花較遲。雲隨白水落，風振紫山悲。蓬鬢稀疏久，無勞比素絲。

方回：東方朔占書：一日爲雞，二日爲狗，三日豕，四日羊，五日牛，六日馬，七日人，八日穀。其日晴，主所生之物盛；陰則災。

紀昀：亦杜之極不佳者。

人日

唐子西

人日傷心極，天時觸目新。殘梅詩興晚，細草夢魂春。挑菜年年俗，飛蓬處處身。蟆頤頻語及，髣髴見東津。

方回：以「人日」對「天時」，雖近在目前，子細看甚工。東坡以「人日」對「鬼門」，亦佳。見此卷後。

馮班：詩太工則傷格。專作巧對，亦是一病。

許印芳：專作巧對，直是大病。此等詩意境必不真切，章法必不完善，謂之不成詩可也。或曰：然則巧對皆當屏絶乎？曰：否。事理相合，妙句天成。對仗之巧，出於自然。既非有意湊泊，前後必然融貫，高手亦常用之，何必屏絶。惟專以此作生活者，其巧對皆出於揑造，徒以青紅子午之屬取悦流俗，詩道爲之掃地，若不屏絶，何由振興風雅耶？

紀昀：通體圓潤，四句尤微妙。

無名氏（甲）：蟆頤津即田令孜沉孟昭圖處。

許印芳：唐庚，字子西。

正月十五日〔三〕

蘇味道

火樹銀花合，星橋鐵鎖開。暗塵隨馬去，明月逐人來。遊妓皆穠李，行歌盡落梅。金吾不禁夜〔四〕，玉漏莫相催。

方回：味道，武后時人。詩律已如此健快。古今元宵詩少，五言好者殆無出此篇矣。

馮舒：真正盛唐。品彙所分，謬也。

馮班：次聯妙。

紀昀：三、四自然有味，確是元夜真景，不可移之他處。夜遊得神處尤在出句，出句得神處尤在「暗」字。○馮云：「禁」，別本作「惜」，「惜」妙於「禁」。然金吾掌禁夜，不掌惜夜，以此爲妙，其僻更甚於「江西」。

許印芳：八句皆對，唐律多如此。

夜遊

今夕重門啓，遊春得夜芳。月華連晝色，燈影雜星光。南陌青絲騎，東隣紅粉粧。管絃遥辨曲，羅綺暗聞香。人擁行歌路，車攢鬭舞場。經過猶未已，鐘鼓出長楊。

方回：元夕者，太平之所宜有而離亂多，富貴之所宜有而寂寞多。讀此詩欲逢此辰，不可得也。味道前一詩見初學記，此一詩見搜玉小集。

紀昀：此虚谷自説自話，無與於評詩。

紀昀：此亦典雅，華而不縟。

許印芳：三、四、七、八，腰字精工，寫景真而有神。九、十第二字穩貼。皆鍊字法也。○蘇味道，字未詳，梁城人。與李嶠皆以詩知名，時稱蘇、李。聖曆初爲相，事無決斷，人號「蘇模稜」。後坐張易之黨，貶死。

觀燈

王諲

暫得金吾夜，通看火樹春。停車傍明月，走馬入紅塵。妓雜歌偏勝，場移舞更新。應須盡記取，説向不來人。

方回：此詩但尾句十字佳。凡觀元宵之人，必多村翁癡子，欲盡記所見，以誇與不能同來者。此意得之。

馮班：誤甚，無此意。

紀昀：四句大不及「暗塵隨馬去」矣。

正月十五夜月

白樂天

歲熟人心樂，朝遊復夜遊。春風來海上，明月在江頭。燈火家家市，笙歌處處樓。無妨思帝里，不合厭杭州。

方回：樂天以長慶二年冬十月杭州到任，長慶四年元宵詩也。杭自唐固已盛矣，然終未若京都長安之盛。三、四佳句也。如李易安「月上柳梢頭」，則詞意邪僻矣。

紀昀：「月上柳梢頭」一闋，乃歐公小詞。後人竄入朱淑真，已爲寃抑。此更移之李易安，尤非。○此詞邪僻，在下句「人約黄昏後」五字。若「月上柳梢頭」，乃是常景，有何邪僻？此論未是。

紀昀：通體平平，結二句尤不了了。

和元夜

陳後山

笳鼓喧燈市，車輿避火城。彭黄争地勝，汴泗迫人清。梅柳春猶淺，關山月自明。賦詩隨落筆，端復可憐生。

方回：景聯極佳。後山家徐州，彭、黄謂彭門、黄樓也。汴水、泗水，交流城角，故云。

馮班：落句太率。

查慎行：「彭」「黄」合用，牽强。

紀昀：「車輿」字太複，「火城」字太假借，「彭」「黄」二字太捏造。且前六句皆雙字平頭，殊爲礙格。結二句尤通套。此後山極敗之筆。

擇之誦所賦擬進呂子晉元宵詩因用元韻二首

朱文公

何處元宵好？山房入定僧。往來衣上月，明暗佛前燈。實際徒勞說，空華詎可憑？還教知此意，妙用一時興。

紀昀：作意翻案，但覺迂闊不情，語亦多雜腐氣，不必以文公之故爲之詞。

何處元宵好？寒龕獨寐人。月窗同皎皎，燈鏡自塵塵。靜鑒通天地，潛思妙鬼神。却憐迷路子，狂走鬧城闉。

方回：今按胡文定公安國宣和七年乙巳賦元夕詩一聯云：「詞臣侍宴詩能好，潁客披圖事莫傳。」文定元注云：「舍人呂子晉賦元夕十詩，首篇云：『何處元宵好？迎鑾册府西。鞘聲雲外起，扇影日邊低。秘禁威容肅，名流步武齊。舜瞳回左顧，真欲過金閨。』末篇云：『何處元宵好？雙林晏坐僧。戒圓三五夜，心耀百千燈。茅舍門常掩，繩牀几謾憑。世間娛樂事，一念不曾興。』時皆諷誦之。」又注：「慶曆中，潁昌一童子，有道之士，嘗至花月着道士服，攜酒果，飲野外，隨意所適，至元夜則閉門不出。有詩云：『閉門獨看華山圖。』後不知所往。有人飲京師市樓，見過樓下，急往追之，不及。呂原明有詩紀其事。」○胡文定公賦此詩，而明年汴京亂矣。文公所和林擇之前首，即呂子晉第十首韻也。○元宵之樂，太平之世，富貴之人，自不可無。學道君子，尚不肯輕費時光，從事於不切之務，況區區此等癡騃迷狂之所爲乎？謹取文公此二詩於元宵之後。山谷詩曰：「讀易一篇如酒醒。」亦此意也。

馮班：元宵事可用。○勝文公遠甚。

紀昀：此論亦迂。以此論詩，更謬。

查慎行：熱鬧場，翻出枯寂境界，胸中別有天地。

月晦

唐太宗

晦魄移中律，凝暄起麗城。罩雲朝蓋上，穿露曉珠呈。笑樹花分色，啼枝鳥合聲。披襟歡眺望，極目暢春晴〔五〕。

方回：唐太宗三代而下英主也。武定禍亂，文致太平，餘事猶能作詩。雖未脱徐庾、陳隋之氣，句句説景，末乃歸之於情，然此詩亦佳。五、六巧。

紀昀：五、六是齊、梁語。

許印芳：唐太宗，姓李氏，諱世民，葬昭陵。

奉和晦日幸昆明池應制

宋之問

春豫臨池近〔六〕，蒼波〔七〕帳殿開。舟凌石鯨渡，槎拂斗牛回。節晦蓂全落，春遲柳暗催。象溟看浴景，燒劫辨沉灰。鎬飲周文樂，汾歌漢武才。不愁明月盡，自有夜珠來。

方回：用「春」字、「豫」字便好。「節晦蓂全落」，見得是正月三十日。急着「春遲柳暗催」一句，足其意。池象溟海而觀浴日，既已壯麗，又引胡僧劫灰事爲偶，則尤精切，可謂極天下之工矣。「鎬飲」「汾歌」一聯，王禹玉襲爲上元應制詩，殊不知之問已先用矣。尾句尤佳。「不愁明月盡」，謂晦日則無月也。池中自有大蚌明月之珠，如近世甓社湖珠現是也。妙甚。

紀昀：此暗用漢武昆明得珠事，虚谷解謬。

馮舒：字字入聖。

馮班：真一團和氣。

查慎行：同時應制諸篇，上官昭儀定此詩爲第一，以結句有餘力也。

無名氏（甲）：詩才實好，更無遺議，而上官昭容之賞識亦非常矣。

許印芳：對結而健舉，故當時定爲壓卷。

春社

梅聖俞

年年迎社雨，淡淡洗林花。樹下賽田鼓，壇邊伺肉鴉。春醪朝共飲，野老暮相譁〔八〕。燕子何時至，長皋點翅斜。

方回：春社詩苦無五言律。此篇獨佳，淡泊中有醲醇味。

馮班：起十字好。◎宋詩必以歐、梅爲首，陳、黄不及也。

紀昀：詩亦圓穩。然讀延清作後讀此，真覺氣象索然。此自神力不同，不在題目之冷熱、字句之濃淡也。

許印芳：虚谷原選此詩之前，有宋延清晦日昆明池應制長律一篇，故曉嵐論及之。學者參觀其詩，始識此評之意。

社日

謝無逸

雨柳垂垂葉，風溪細細紋。清歡惟煮茗，美味只羹芹。飲不遭田父，歸無遺細君。東皋農事作，舉趾待耕耘。

方回：春社五言律前後甚少。老杜九農百祀之作，乃秋社詩。謝無逸此篇「飲不遭田父」，蓋用老杜「成都父老説尹事」古詩也。「歸無遺細君」，本東方朔伏日事。老杜用詼諧割肉之説，豈古人社日、伏日皆有所分之肉歸遺細君，故一例用之耶？徐師川亦有社日詩，乃云：「哀公問松柏，田父祭春秋。」殊爲粗率。學晚唐人，厭「江西」詩，如師川詩，不律不精，可厭也。至如無逸、幼槃兄弟詩，自佳。但恐此一社日可謂貧甚，無酒、無肉，只有芹茗而已。

馮舒：「江西」流弊至此。

馮班：晚唐豈有不律、不精耶？却是「江西」餘習未淨耳。

紀昀：無大意味，然亦不惡。

寒食

杜工部

寒食江村路，風花高下飛。汀煙輕冉冉，竹日淨暉暉。田父要皆去，鄰家問〔九〕不違。地偏相識盡，雞犬亦忘歸。

方回：起句十字，寒食、清明天氣所必然也。後四句，可見老杜爲人樂易。乃成都草堂詩。

紀昀：五句太質，六句「問不違」三字亦不自然。

壬辰寒食

王半山

客思似楊柳，春風千萬條。更傾寒食淚，欲漲冶城潮。巾髮雪争出，鏡顔朱早彫。未知軒冕樂，但欲老漁樵。

方回：半山詩步驟老杜，有工緻而無悲壯，讀之久則令人筆拘而格退。

馮班：半山自玉溪生入手，故細緻有餘。

紀昀：此評着之此詩，却不合。

許印芳：此評不但於此詩不合，即以之評半山他詩亦不合。蓋半山詩未嘗無悲壯，亦看題目何如耳。豈有不顧題目，動作悲壯語以求合老杜者？且老杜之可學，不但悲壯而已也。此評本宜删去，以其言頗能指出世俗學杜之病，故録之。

馮舒：「雪」「朱」二字並非方君所稱詩眼。◯如此結却不撒。◯若謂荆公不如黄、陳，不服。

查慎行：前四句一氣轉折。

紀昀：起四句奇逸，結嫌徑直。

許印芳：前半縋幽鑿險而出，既有精思，又行以灝氣，大有盛唐人風味。五、六句法變化，尾聯平淡。紀批未免太刻。

丙寅舟次宋城作

賀方回

水館四邊村，登臨奈斷魂。黄花開小徑，紅粉哭高原。舟檝逢新火，松楸老故園。斜陽一千里，依約是蘇門。

方回：此乃元祐元年丙寅宋城寒食詩。「紅粉哭高原」，自來無人曾道，乃寒食近城處所必有也。「黄花」定是菜花耳。

紀昀：「黄花似散金」句，非僻書也。大抵虚谷學問，於律詩之外，少所留意。

紀昀：四句真景，然不成語。

道中寒食二首

陳簡齋

飛絮春猶冷，離家食更寒。能供幾歲月，不辦了悲歡。刺史蒲萄酒，先生苜蓿盤。一官違壯節，百慮集征鞍。

紀昀：此詩逼近後山。○馮抹「食更寒」三字，七言中老杜「佳辰强飯食猶寒」句又不敢抹，此全以人之唐、宋爲詩之工拙。○五、六用蒲萄酒換涼州事。

斗粟淹吾駕，浮雲笑此生。有詩酬歲月，無夢到功名。客裏逢歸雁，愁邊有亂鶯。楊花不解事，更作倚風輕。

方回：簡齋詩即老杜詩也。予平生持所見：以老杜爲祖，老杜同時諸人皆可伯仲。宋以後山谷一也，後山二也，簡齋爲三，呂居仁爲四，曾茶山爲五。其他與茶山伯仲亦有之，此詩之正派也。餘皆傍支別流，得斯文之一體者也。孫真人千金方三十六卷，每一卷藏一仙方。予所選唐、宋詩「節序」五言律凡五十首，藏仙方於其中不知幾也。卷卷有之，在人自求。

馮舒：此詩之惡派也，在老杜亦堯、舜之朱、均耳。

馮班：此書大例如此。若我家詩法則不然，歐、梅一也，次則坡公兄弟，次則半山，次則范、陸，不得已則「四靈」，所謂硜硜小人哉！如山谷出於杜，而杜以前不窺尺寸，有父無祖，何得爲正派？放翁出於山谷，却於杜有會處，又善用山谷所長處。○方君云「有仙方於其中」，有何仙方？

紀昀：「皆」字有病。○自以爲正派，是其偏駁到底之根語，太自矜轉形其陋。

許印芳：虚谷語中兩「皆」字皆有病，所論亦皆紕繆。簡齋學杜，何得遽稱其詩？即杜工部同時人，惟王、孟、高、岑、供奉、龍標、盱眙、東川、司勳九家可相伯仲，餘子無能爲役。宋人學杜，有一祖三宗之説。祖杜而宗山谷、二陳，此説猶有見地。紫微、茶山，皆非黄、陳敵手，何得相提並論？「江西」詩自是詩家一派，不能廢絶。若謂此是正派，餘皆別派，此入主出奴之見，安能服人？北宋大家有東坡，南宋大家有放翁，其本領出二陳、呂、曾之上，惟山谷可相伯仲。虚谷乃謂此五人外皆旁支別流，真囈談也。自來論詩，未有如虚谷之固執偏見，好爲大言以欺人者。故詳辨之，以示初學。

馮舒：甚好。後山猶可，黄則千里。

紀昀：後四句意境筆路皆佳。綽有工部神味，而又非相襲。

許印芳：詩學杜而能近杜妙矣，然近而相襲猶是僞杜，惟近而非相襲，乃真杜也。又按：五、六是折腰句，情景交融，意味深厚。惟「有」字與三句複，三句「歲月」字，又與前章三句複，亦是微瑕。○陳與義，字去非，號簡齋。

清明

陸放翁

氣候三一作「江」。吴異，清明乃爾寒。老增丘墓感，貧苦道途難。燕子家家入，梨花樹樹殘。一春回首盡，懷抱若爲寬。

方回：三、四悽愴，第七句最好，景聯亦平熟。

紀昀：三、四極佳，然太襲香山齊雲樓句。

三月三日梨園亭侍宴

沈佺期

九門馳道出，三巳〔一〇〕禊堂開。畫鷁中川動，青龍上苑來。野花飄御座，河柳拂天杯。日晚迎祥處，笙鏞下帝臺。

方回：司馬彪續漢書禮儀志曰：「三月上巳，宫人並禊飲於東流水上。」沈約宋書曰：「魏以後但用三日，不復用『巳』也。」沈佺期、宋之問，唐律詩之祖。此詩雖無絶高處，平正整妥。

紀昀：司馬志章惟以補范書，今人多稱爲後漢志矣，此最分明。〇評允當。

紀昀：「三巳」二字未詳。

上巳日洛中寄王山人迥

孟浩然

卜洛成周地，浮杯上巳筵。鬬雞寒食後，走馬射堂前。垂柳金堤合，平沙翠幕連。不知王逸少，何處會羣賢。

方回：浩然作此詩時，其體未甚刻畫，但細看亦自用工。第二句下「浮杯」字便着題；「平沙翠幕連」一句，初看似未見工，久之乃見，祓禊而游者甚盛也。尾句用逸少事，所寄之人適又姓王，切矣。

馮舒：首句亦是上巳事實，方君不知耶？〇看慣晚唐以後詩，看天寶以前詩便不解他用工處。

紀昀：虛谷説六句甚是。然此句乃呼起七、八，見他人攜侣嬉遊，因忽憶故人，非泛言修禊之盛，虛谷猶未盡詳也。

馮班：破，天然。

紀昀：格不必高，而氣韻自然雅令。○二句未的似，浩然後來之作，有甚刻畫者矣。

上巳

陸放翁

殘年登八十，佳日遇重三。簾幕低垂燕，房櫳起晚蠶。名花紅滿舫，美醖緑盈甔。春事還如昨，衰懷自不堪。

方回：歷選上巳五言律無佳者，唐百家詩選荆公所取上巳、清明詩亦不甚妙，惟孟浩然一首尾句可喜。此放翁八十歲時詩，亦豐碩。

紀昀：「低垂燕」三字欠妥，四句亦欠鍊。塞白之作，毫無意致。觀虚谷所評，亦不甚滿，姑以備類耳。凡選詩分類，往往有此種牽就也。

端午日賜衣

杜工部

宮衣亦有名，端午被恩榮。細葛含風軟，香羅叠雪輕。自天題處濕，當暑着來清。意内稱長短，終身荷聖情。

方回：第七句王洙注：「一云『恰稱身長短。』」又注：「情，一作明。」「自天」、「當暑」四字出論語，前輩亦以爲詩家用古語之法。黄鶴注謂：「乾元元年戊戌在諫省，六月出爲華州司功，是年四十七歲，是後不復至長安矣。」○端午五七言律詩，遍閱唐、宋集，無佳者。小邢五言云：「佩符從楚俗，角黍薦湘纍。」尾句乃云：「異鄉逢此日，寥落不勝悲。」無足取。高子勉和王子予五日雨詩亦牽强。他如翰苑端帖絶句詩，不勝其多。用鑄鏡、佩符事佳者自可考也。

紀昀：端明帖子，豈以詩論？不應支蔓至是！

何義門：「有名」即所謂「自天題處濕」，上有賜杜甫字也。第七句「稱」字本用去聲義，古人通押法也。

紀昀：起句太累。○工部詩雄千古，而「館閣體」非其所長，循聲贊歎者失之。

七夕

杜審言

白露含明月，青霞斷絳河。天街七襄轉，閣一作關〔一〕道二神過。袨服鏘環佩，香筵拂綺羅。年年今夜盡，機杼別情多。

方回：審言又有七夕侍宴應制詩，有云：「天迥兔欲落，河曠鵲停飛。那堪盡此夜，復往弄殘機。」

馮舒：唐盛必在斯時，李、杜出而風雅變矣。

紀昀：七夕詩自六朝以來已成窠臼。此亦不免陳言。

七夕　梅聖俞

古來傳織女，七夕渡明河。巧意世争乞，神光誰見過？隔年期已拙，舊俗驗方訛。五色金盤果，蜘蛛浪作窠。

方回：謂牛、女一年而一會，已且自拙，何能以巧應人之乞哉？雖戲言而有味。「神光誰見過」，亦佳。織女之渡，誰實嘗見之耶？

錢湘靈：神光有去處，方公不知。

馮舒：此之謂殺風景。此作極不佳，可謂風雅掃地。

馮班：没興，所見如此，便不勞作詩。凡詩妙在可歌可詠。此等話非不有見，然索然無味矣。

紀昀：馮曰：「所見如此，便不勞作詩。」又曰：「殺風景。」蓋惡其談理而不言情也。然七夕言情，已成塵刦。工部、義山已先作此論，不始於梅。但説來直致，不似唐人蘊藉耳。

九日登梓州城　杜工部

伊昔黄花酒，如今白髮翁。追歡筋力異，望遠歲時同。弟妹悲歌裏，朝廷醉眼中。兵戈與關塞，此日意無窮。

方回：老杜此詩悲不可言，唐人無能及之者。岑參四句云：「强欲登高去，無人送酒來。遥憐故園菊，應傍戰場開。」有老杜之風。

紀昀：工部高出唐人，非此詩之謂。

馮舒：前篇結到九日。後篇不結黄花。無所不妙，左宜右宜。有如此詩，而曰「江西」得其正派，未知何法可得？

紀昀：只覺未能深厚，當緣下手太快耳。

雲安九日鄭十八攜酒陪諸公宴

寒花開已盡，菊蘂獨盈枝。舊摘人頻異，清香酒暫隨。地偏初衣裌，山擁更登危。萬國皆戎馬，酣歌淚欲垂。

紀昀：三句究欠渾老。

九　日　三首取二

舊日重陽日，傳杯不放杯。即今蓬鬢改，但愧菊花開。北闕心長戀，西江首獨回。茱萸賜朝士，難得一枝來。

無名氏（乙）：亦條暢。

舊與蘇司業，兼隨鄭廣文。采花香泛泛，坐客醉紛紛。野樹歌還倚，秋砧醒却聞。歡娱兩冥漠，西北有孤雲。

方回：老杜九日五言律凡九首，今取其四。如：「綴席茱萸好，浮舟菡萏衰。季秋時欲半，九日意兼悲。」如：「坐開桑落酒，來把菊花枝。」如：「舊采黄花賸，新梳白髮微。」皆佳句。九日捨萸、菊不用，則何以成詩，容齋隨筆言之詳矣。予謂老杜九日三用茱萸：「明年此會知誰健，醉把茱萸子細看。」此爲第一；「茱萸賜朝士，難得一枝來。」此爲第二；「綴席茱萸好。」此爲第三。王維有云：「遥知兄弟登高處，遍插茱萸少一人。」亦佳，用事同而用意異也。

紀昀：此亦回護之論，若執以爲法，則首首茱萸，陳陳相因，又何以爲詩？

許印芳：虚谷之説陋甚，曉嵐駁之極是。古大家名家，執筆爲詩，無論何題，其佳處在按切時、地、人物，鉤攝鎔鑄，面目之真在此，不可磨滅處亦在此。詩中間或運用故事，點綴景物，如九日萸、菊之類，不過關合題面，或借其語，以達我意，着力處全不在此。若以此爲佳，且謂舍此不能成詩，持此説以教人，必至束縛手筆，汩没性靈。每遇一題，必搜求典故、堆砌敷衍，且必取古人習用語，塗澤裝飾，不知題所應用之典，人人能用，人所習用之語，時時可用，用之必至千手雷同，可以張冠李戴。惟我所作之題，一時之真情真景，我所獨見獨聞者，直取急追，正可出奇制勝，無典故而皆典故，無詞語而皆詞語，詩之情態隨題應付，移步換形，萬變不窮，此種方可成家，方可傳世，學者勿爲虚谷之説所誤也。

紀昀：二詩一氣呵成，毫無雕飾，自是老手。○此首結得闊遠。

無名氏（甲）：蘇源明、鄭虔，少陵在京舊契，故即景懷人，而結聯尤爲擔力。

奉和聖製重陽節上壽應制

王右丞

四海方無事，三秋大有年。百生逢此日，萬壽願齊天。芍藥和金鼎，茱萸插玳筵。玉堂開右个，天樂動宫懸。御柳疎秋景，城鴉拂曙煙。無窮菊花節，長奉柏梁篇。

方回：「此生已覺都無事，今歲仍逢大有年。」東坡之句，乃出於此。「芍藥」對「茱萸」，亦猶「櫻桃」對「杕杜」也。唐、宋詩人經了幾番重九，好重九王右丞諸人占了，惡重九却分付與老杜，可歎也。應制詩本不甚選，取此以發一慨云。

馮舒：老杜與右丞同時，好重九不曾同過，何以有蘇司業一聯耶？

紀昀：選詩但當論詩，何得不問工拙，託以發慨？且託以發慨，又何必定在九日詩？

馮舒：清華。

紀昀：首二句不必定是九日，三、四二句本廓落。

九日懷舍弟

唐子西

重陽陶令節，單閼賈生年。秋色蒼梧外，衰顔紫菊前。登高知地盡，引滿覺天旋。去歲京城雨，茱萸對惠連。

方回：唐子西詩無往不工。此政和辛卯年謫居惠州時。用「單閼賈生」對「重陽陶令」，工矣。「蒼梧」、「紫菊」又工。「登高」、「引滿」、「地盡」、「天旋」之聯，又愈工。末句用「茱萸」事思弟，尤工也。

紀昀：五句自佳，六句寫醉態，未雅。虛谷以爲愈工，非是。○三、四借對法，末二句一點便住，筆墨高絶。

七言 六十九首

小至

杜工部

天時人事日相催，冬至陽生春又來。刺繡五紋添弱線，吹葭六琯動浮灰〔二〕。岸容待臘將舒柳，山意衝寒欲放梅。雲物不殊鄉國異，教兒且覆掌中杯。

紀昀：此非杜之佳作。

冬　至

年年至日長爲客，忽忽窮愁泥殺人。江上形容吾獨老，天涯風俗自相親。杖藜雪後臨丹壑，鳴玉朝來散紫宸。心折此時無一寸，路迷何處見三秦〔三〕。

紀昀：此首較可。○三、四自老健，七句太纖，不類杜之筆墨，遂爲全篇之累。

許印芳：「泥」，去聲。○此亦八句皆對，但首句不用韻耳。一寸心，詩家常用語。此詩七句拆開用，曉嵐便斥爲纖，亦苛論也。

至日遣興奉寄北省舊閣老兩院故人二首

去歲茲辰捧御床，五更三點入鵷行。欲知趨走傷心地，正想氤氲滿眼香。無路從容陪語笑，有時顛倒着衣裳。何人錯憶〔四〕窮愁日？愁日一作「日日」。愁隨一線長。

馮班：對結。

何義門：題曰「遺興」，句句是不能遺。腸一日而九迴，愁與日而俱永，因令節而觸撥尤甚耳。

紀昀：六句未免摹寫已甚。

憶昨逍遥供奉班，去年今日侍龍顏。麒麟不動爐煙上，孔雀徐開扇影還。玉几由來天北極，朱衣只在殿中間。孤城此日堪腸斷，愁對寒雲雪滿山。

方回：此二詩乾元元年戊戌作於華州爲司功時。「去歲」，即至德二年丁酉爲左拾遺時也。「五更三點入鵷行」，此句四六家用之不啻千百人矣。前二詩乃夔州詩，在大曆元、二年間，此固未論。凡老杜七言律詩，無有能及之者。而冬至四詩，檢唐、宋他集殆遍，亦無復有加於此矣。餘一篇見後，近「吴體」，注家謂廣德二年。

紀昀：此種皆有意推崇，不爲定論。

何義門：「去年」、「今日」重言之，用三百篇體於律詩中。

至後

冬至至後日初長，遠在劍南思洛陽。青袍白馬有何意，金谷銅駝非故鄉。梅花欲開不自覺，棣萼一別永相望。愁極本憑詩遣興，詩成吟詠轉凄涼。

方回：金谷者，石崇之所遊。銅駝者，索靖之所哭。皆在洛陽，故第二句云：「遠在劍南思洛陽。」王洙巨源號博洽，妄注云：「皆蜀中故事。」非也。「青袍」，公嘗有矣。此云「青袍白馬有何意」，亦歎夫身老不遇，爲嚴武幕府也。是年老杜五十二，後乃服緋，則又有句云：「扶病垂朱紱。」

馮舒：落句開宋。

紀昀：此亦不佳。

無名氏(甲)：侯景之亂，有「青絲白馬壽陽來」之讖。此時中原未平，尚餘盜賊，故有「金谷銅駝」之慨耳。

冬至夜

白樂天

老去襟懷常濩落，病來鬚鬢轉蒼浪。心灰不及爐中炭，鬢雪多於砌下霜。三峽南賓身最遠，一年冬至夜偏長。今宵始覺房櫳冷，坐索寒衣泥孟光。

方回：「心灰」、「鬢霜」，引喻亦佳。「一年冬至夜偏長」，前未有人道也。

紀昀：三、四殊俚，不得云佳。五、六自可。

冬至夜作

天復二年隨駕鳳翔　韓致堯[一五]

中宵忽見動葭灰，料得南枝有早梅。四野便應枯草緑，九重先覺凍雲開。陰冰莫向河源塞，陽氣今從地底回。不道慘舒無定分，却憂蚊響又成雷。

方回：是時朱全忠圍岐甚急，李茂貞[一六]有連和之意，偓之孤忠處此，殆知其必一反一覆，終無定在歟？此關時事，不但詠至節也。

紀昀：此評是。

紀昀：極有寓意，只措語淺耳。此則風氣爲之，作者不能自主。

長至日述懷兼寄十七兄

曾茶山

老來逾覺白駒忙，眼見重陽又一陽。心似死灰飛不起，枝如[一七]寒日短中長。厭看賓客空投謁，强對妻孥略舉觴。回首山陰酬勸地，應憐鴻雁不成行。

方回：元注：「辛未年長至日在紹興府侍兄宴會。」〇予按：紹興元年辛亥，十一年辛酉，二十一年辛未，此又在其後，未知何年？「重陽又一陽」，已新異矣。用「死灰」「寒日」事，穿入自家身上事來，尤爲新也。「厭」字、「空」字、「强」字、「略」字皆詩眼。讀茶山詩如冠冕佩玉，有司馬立朝之意。用「江西」格，參老杜法，而未嘗粗做大賣。陸放翁出其門，而其詩自在中唐、晚唐之間。不主「江西」，間或用一、二格，富也、豪也、對偶也、哀感也，皆茶山之所無。而茶山要爲獨高，未可及也。

馮舒：無「厭」、「空」等字，如何得成句？

查慎行：粗做大賣，皆非善學老杜。

紀昀：詩眼之説，亦是附會。茶山詩純是粗作大賣。放翁詩固不甚高，然以茶山爲高，則純是「江西」門户之見。此種偏論，似高而謬。是此書第一病痛處。

馮舒：「枝如寒日短中長」，何枝？

馮班：趙仲白題茶山集絶句云：「清於月出初三夜，澹似湯烹第一泉。咄咄逼人門弟子，劍南已見一燈傳。」○曾幾，字吉甫，號茶山居士，謚文清。

紀昀：次句鄙俚。○借事關合點綴，古人有之。三、四却點綴得不好，轉成纖體。

臘日

杜工部

臘日常年暖尚遥，今年臘日凍全消。侵凌雪[一八]色還萱草，漏泄春光有柳條[一九]。

縱酒欲謀良夜醉，還家初散紫宸朝。口脂面藥隨恩澤，翠管銀罌下九霄。

方回：「漏泄春光」一句極工。唐朝皆有臘日宣賜，宋無之。惟閫帥戎司在外者，有夏藥、臘藥，以詔書賜之。此至德二年丁酉爲左拾遺時詩，年四十六。

紀昀：亦非杜之至者。

和臘前

梅聖俞

漢家戌日看看近，雲景蒼茫已歲昏。欲驗方書治百藥，預調飛走獵平原。土人熏肉經春美，宫女藏鈎舊戲存。獨把涷醪驚節物，草芽微動見庭萱。

方回：臘日詩無可選者。除老杜詩外，僅得此。治藥、調獵、熏肉、藏鈎，能述臘中諸事，亦可觀也。當是和晏元獻公韻，下有呈晏元獻臘藥、臘酒、臘脯、臘笋詩云。

紀昀：夾雜堆砌，病正在此。

臘日二首

張宛丘

臘日開門雪滿山，愁陰短景歲將闌。江梅飄落香元在，汀雁飛鳴意已還。佳節再逢身且健，一樽相屬鬢生斑。明光起草真榮事，寂寂衡門我且閑。

紀昀：三、四殊佳。○三句即王元之「霜摧風敗，芝蘭之性終香」意以自警也。四句即薛道衡

「人歸落鴈後」意；更以對面寫法，蘊藉其詞。

李光垣：五句、八句「且」字複。

異鄉懷舊人千里，勝日難忘酒一杯。不恨北風催短景，最憐殘雪冷疎梅。江邊寒色雁催盡，天上春光斗挹回。獨我呼兒臏丸藥，微功聊取助衰骸。

方回：臘日難得好詩，此二首儘佳。

紀昀：五句複一「催」字，六句太纖。

除夜寄微之

白樂天

鬢毛不覺白毵毵，一事無成百不堪。共惜盛時辭闕下，同嗟除夜在江南。家山泉石尋常憶，世路風波子細看。老校於君合先退，明年半百又加三。

方回：此長慶三年癸卯歲除也。「明年半百又加三」，樂天五十三歲。係長慶四年甲辰，正在杭州。蓋樂天生於壬子，實代宗大曆六年也。長柳子厚一歲。

馮班：「共惜」、「同嗟」，便覺格卑。○「看」，悮韻，應查改。

紀昀：香山本色，尚無鄙俚之辭。

淇：「看」字走韻。

除夜

陳簡齋

城中爆竹已殘更，朔吹翻江意未平。多事鬢毛隨節换，盡情燈火向人明。比量舊歲聊堪喜，流轉殊方又可驚。明日岳陽樓上去，島煙湖霧看春生。

馮舒：落句好。

紀昀：氣機生動，語亦清老，結有神致。○末二句閒淡有味。

許印芳：「明」字複。「吹」，去聲。「量」，平聲。○律詩爲排偶所拘，最易板滯。欲求生動，貴用抑揚頓挫之筆。此詩中四句可以爲法。凡高手律詩亦多用此法，學者細心體會，當自知之。

壬戌歲除作明朝六十歲矣

曾茶山

禪榻蕭然丈室空，薰銷〔三〇〕火冷閉門中。光陰大似燭見跋，問學〔三一〕只如船逆風。一歲臨分驚老大，五更相守笑兒童。休言四十明朝過，看取霜髯六十翁。

方回：以詩推之，知曾文清公元豐七年甲子生，此乃紹興十二年壬戌也。公年八十二，當是乾道元年乙酉卒。茶山清名滿世，年且六十，猶曰「問學只如船逆風」，後生可不勉諸！

紀昀：三、四是宋人習氣，不必苦詆，亦不必效。五、六不失爲高唱，不似他作之粗拙。○「四十明朝過」，工部杜位宅守歲詩。

許印芳：「大」字複。

歲盡

漏箭更籌日夜催，萬牛不挽白駒回。梅花雪片歲除盡，萱草柳芽春鼎來。病裏詩書元不讀，貧中樽俎未嘗開。年光似此真虛擲，請以丹心學死灰。

方回：茶山詩學山谷，往往逼真。此又在壬戌後數十年。

紀昀：山谷别有真本領，茶山則一味生硬。

紀昀：次句非雅調。○「鼎」字有出而不妥。

元日過丹陽明日立春寄曾元翰〔三〕一作魯之翰〔三〕

蘇東坡

堆盤紅縷細茵陳，巧與椒花兩鬬新。竹馬異時寧信老，土牛明日莫辭春。西湖弄水猶應早，北寺觀燈欲及辰。白髮蒼顔誰肯記，曉來頻嚏爲何人？

方回：「西湖」、「北寺」，皆指杭州事。元翰在杭，故于元日作此詩寄之也。

紀昀：東坡七律非勝場，然自有一種老健之氣。○結入魯有致，含蓄其人，又是一格。

許印芳：紀昀批本集云：「三、四沈着，結點寄魯意，轉從對面寫出，用筆靈活。」

元　日

陳簡齋

五年元日只流離，楚俗今年事事非。後飲屠蘇驚已老，長乘舴艋竟安歸。攜家作客真無策，學道刳心却自違。汀草岸花知節序，一身千恨獨霑衣。

方回：此紹興元年辛亥元日也。

紀昀：簡齋詩格，高於宋人。措語亦修整而不甜，結句稍弱。

許印芳：六句對法變化，次句亦然，蓋首句是賦，次句是比也。

乙未元日

范石湖

浮生四十九俱非，樓上行藏與願違。縱有百年今過半，別無三策但當歸。定中久已安心竟，飽外何須食肉飛。若使一丘并一壑，還鄉曲調儘依稀。

方回：石湖靖康丙午生。乾道己丑年四十四，充泛使〔二四〕入燕。淳熙甲午、乙未帥桂林，時被命帥蜀，年五十。

查慎行：五、六恬退，語却氣概飛揚。

紀昀：純作宋調，語自清圓。雖不免於薄，而勝呂居仁、曾茶山輩多矣。

丙午新正書懷 十首選五

瘦骨難勝遇節衣，日高催起趁晨炊。病憐榔栗隨身慣，老覺屠蘇到手遲。一飽但蘄庚癸諾，百年甘守甲辰雌。莫言此外都無事，柳眼梅梢正索詩。

方回：石湖靖康元年丙午生。是年淳熙十三年丙午，年六十一。其爲參政也，在淳熙五年戊戌。四月入，六月罷，僅兩月耳。是年正月王淮爲左丞相，周必大爲樞密使，而前參政錢良臣皆丙午生，故石湖有「甲辰雌」之句，豈亦不能忘情乎？

馮舒：雌甲辰，用晉公事。

錢湘靈：用事惡道，都不得古人妙處，牽贅粗漏，使人厭讀。此石湖體也。

紀昀：此種已純似近時人詩，古人渾厚之氣盡矣。

煮茗燒香了歲時，静中光景笑中嬉。身閑一日似兩日，春淺南枝如北枝。朝鏡略無功業到，午窗惟有睡魔知。年來併束牀頭易，一任平章濟叔癡。

紀昀：「睡魔」非雅字，而宋人習用。結殊欠和平，「平章」二字亦俗。

窮巷閒門本闃然，强將爆竹聒階前。人情舊雨非今雨，老境增年是減年。口不兩匙休足穀，生能幾屐莫言錢。掃除一室空諸有，龐老家人總解禪。

方回：石湖參大政，嘗帥蜀，後又帥四明、金陵。乃云：「窮巷閑門，嘗質金帶於人。」詩云：「不是典來償酒債，亦非將去换簑衣。」乾、淳間無貪士大夫也。○元注：「吴諺云：『一口不能插兩匙。』」

紀昀：五句太俚。

無名氏（甲）：龐居士蘊、女靈昭，皆通佛學。

俗情如絮已泥沾，因病偷閒意屬厭。鵬鷃相安無可笑，熊魚自古不容兼。灰藏榾柮多時暖，雪壓蔓菁滿意甜。温飽閉門吾事辦，異時書判指如籤。

窗明窗暗篆煙霏，珍重晨光與夕暉。東院齋鐘披被坐，南城嚴鼓岸巾歸。幾人霜滑騎朝馬，何處燈殘織曉機？懶裏若承三昧力，始知忙裏事俱非。元注：「此篇敍早眠晏起之事。」

方回：此詩十首，陸放翁皆次韻，然不在丙午年，在淳熙己酉禮部去國之後，亦不言新正意，度是追和。有云：「此身顛仆應無日，諸老彫零不計年。」又云：「百年過隙古所歎，衆口鑠金胡不歸？」放翁宣和乙巳生，長石湖一歲。佳句尤多。

紀昀：「佳句尤多」應在「度是追和」句下方順。

紀昀：此首兼入香山。

己亥元日

尤遂初

玉曆均調歲啓端，東風又逐斗杓還。蕭條門巷經過少，老病腰支拜起難。白髮但能欺槁項，青春不解駐朱顏。餘齡有幾仍多幸，占得山林一味閒。

方回：「幽棲地僻經過少，老病人扶再拜難。」少陵詩也。尤延之小改用作元日詩，却似稍切。

紀昀：實是點化得妙。

紀昀：以下三詩，皆無復古意。與石湖五首，均開後來靡靡之音。

新年書感

陸放翁

早歲西游賦子虛，暮年負耒返鄉閭。殘軀未死敢忘國，病眼欲盲猶愛書。朋舊何勞記車笠，子孫幸不廢菑畬。新年冷落如常日，白髮蕭蕭悶自梳。

方回：嘉定二年己巳放翁年八十六。此詩全未覺老耄，數日前自注謂：「大兒新年六十二，仲子六十，季子亦近六十。」亦可謂稀有矣。是年放翁卒。

查慎行：佳話，古今稀有。

紀昀：三、四意自沉着。

無名氏（甲）：古詩：「子乘車，我戴笠，他日相逢下車揖。」○「菑畬」，耕讀俱可用，即昌黎所云「經訓乃菑畬」也。

許印芳：「子」字、「年」字俱複。

丙辰元日

劉後村

免騎朝馬趁南衙，五見空村换歲華。旋遣廚人挑薺菜，虚勞坐客頌椒花。不施鬱壘鈞編户〔三五〕，雖飲屠蘇殿一家。二十宦游今七十，於身何損復何加？

方回：寶祐四年丙辰，後村年七十。淳祐十一年辛亥冬，鄭清之卒於相位。以大蓬直院去國，今五年。

紀昀：「頌椒花」非坐客事。中四俱以虚字裝頭，未免單弱。結亦油滑。

無名氏（甲）：鬱壘、神荼，貴者之門所用。

戊午元日 二首取一

過去光陰箭離弦，河清易俟鬢難玄。再加孔子從心歲，三倍周郎破賊年。元注：「赤壁之捷，瑜二十四歲。」耄齒阻陪鳩杖列，瞽言曾獻獸樽前。磻溪淇澳吾安敢，且學香山也自賢。

方回：寶祐六年戊午，後村年七十二。第二首末句好：「卧聞兒女誇翁健，詩句年光一樣新。」是年四月，程訥齋罷相，丁大全繼之，危亂始此。自鄭清之殁，吴潛、謝方叔、董槐併爲五相，並不能用後村。賈似道入，乃招致之，爲尚書端明而歸。景定四年癸亥正旦，予寓行在〔三〇〕所，聞劉朔齋與後村在朝論詩，後村年已七十七矣。今忽復二十年。

紀昀：三句太妄，亦不成句。四句却佳。後村生于亂世，用破賊事便有情致。五、六太庸俗。

無名氏（甲）：白虎樽，唐朝諱「虎」，亦名「獸樽」。

庚辰歲人日作 元注云：「時聞黄河已復北流，老臣舊數論此，今斯言乃驗。」

蘇東坡

老去仍棲隔海村，夢中時見作詩孫。天涯已慣經人日，歸路猶欣過鬼門。三策已應思賈誼〔二七〕，孤忠終未赦虞翻。典衣剩買河源米，屈指新篘作上元。

紀昀：雖非極筆，究是老將登壇，謦欬自別。○題下之注，宜在「三策」句下。本集誤連爲題目，大書之，更誤。

不用長愁掛月村，檳榔生子竹生孫。新巢語燕還窺硯，舊雨來人不到門。春水蘆根看鶴立，夕陽楓葉見鴉翻。此生念念隨泡影，莫認家山作本元。

方回：前輩論詩文，謂子美夔州後詩，東坡嶺外文，老筆愈勝少作，而中年亦未若晚年也。此詩元符三年東坡年六十五謫居儋耳所作。「人日」、「鬼門」之對固工，兩篇首尾雄渾，不敢删落。存此則知選詩之意，不拘節序也。明年建中靖國元年辛巳七月，東坡北還，卒於常州云。○海南人日，燕已來巢，亦異事。

馮班：可用。

紀昀：未嘗不拘節序，此語無着，且無謂。

紀昀：此種詩只看其老健處，不以字字句句求之。

人日雪　陸放翁

元注：「己巳元旦至人日，雨雪間作。」

病卧江村不厭深，貂裘無奈曉寒侵。非賢那畏蛇年至，多難却愁人日陰。嫋嫋孤雲生翠壁，霏霏急雪灑青林。一盂飯罷無餘事，坐看生臺下凍禽。

方回：放翁卒於是年之冬，年八十六，嘉定二年也。「蛇年人日」，亦亞於東坡之「鬼門人日」與唐子西之「天時人日」，三聯皆佳。子西有詩云：「非賢幸脱龍蛇歲，上聖猶憐蟣虱臣。」放翁亦暗合。

馮舒：只一句出雪，自妙。

紀昀：三、四不自然，餘亦平平。

無名氏（甲）：歲逢龍蛇，不利賢者，鄭康成卒。

奉和御製上元觀燈

夏子喬

魚龍曼衍六街呈，金鎖通宵啓玉京。冉冉游塵生輦道，遲遲春箭入歌聲。寶坊月皦龍燈淡，紫館風微鶴燄平。宴罷南端天欲曉，迴瞻河漢尚盈盈。

方回：此夏英公竦詩。形整而味淺，存之以見承平之盛。以端門爲「南端」，亦新。韻語陽秋以爲典、麗、富、艷，則，可矣。

紀昀：五字確評。

馮班：整贍有體。

依韻恭和聖製上元觀燈

王禹玉

雪消華月滿仙臺，萬燭當樓寶扇開。雙鳳雲中扶輦下，六鼇海上駕峰來〔二八〕。鎬宮春酒霑周宴，汾水秋風陋漢材。一曲昇平人盡樂，君王又進紫霞杯。

方回：元注：「唐有聖代昇平樂曲。」○韻語陽秋：「元豐中王禹玉、蔡持正爲左右相，持正叩禹玉上元應制用事，禹玉曰：『鼇山、鳳輦外不可使。』章子厚爲門侍，笑曰：『此誰不知？』後禹玉詩出，乃如此。」「駕峯」一作「駕山」，「鎬宮」一作「鎬京」，今從岐公華陽集，乃壓卷第三詩也。此但爲善用事，亦詩法當爾。宋之問〔二九〕晦日應制有云：「鎬飲周文樂，汾歌漢武材。」五、六全用之，又添出「秋風」二字，似不甚佳，「陋」字亦不甚好。未幾神宗晏駕，禹玉殂，持正謫矣。讀英公、岐公二詩，曾不如梅聖俞三詩有味也。

紀昀：「峰」字不如「山」字。○「秋風」指漢，不指當時，不爲添出。○各有體裁，不必定以山林廢廊廟，況三詩亦自未佳。

上元從主人登尚書省東樓

梅聖俞

閶闔前臨萬歲山，燭龍銜火夜珠還。高樓迥出星辰裏，曲蓋遥瞻紫翠間。轣轆車聲碾明月，參差蓮焰競紅顔。誰教言語如鸚鵡，便着金籠密鎖關。

馮班：第七句無謂。

紀昀：結句比擬不倫。

無名氏（甲）：崑山之陰，有燭龍銜火照之。

自和

沉水香焚金博山，杜陵誰復與車還？馬尋綺陌知何處，人在珠簾第幾間？法部樂聲長滿耳，上樽醇味易酡顔。更貧更賤皆能樂，十二重門不上關。

又和

康莊咫尺有千山，欲問紫姑應已還。人似嫦娥來陌上，燈如明月在雲間。車頭小女雙垂髻，簾裹新粧一破顔。却下玉梯雞已唱，謾言齊客解偷關。

方回：此爲省試考官鎖院而作。想見嘉祐中太平之極，令人每遇佳句爲擊節也。三詩六聯俱好。

紀昀：三、四俗劣，結亦無謂。

錢塘上元夜祥符寺陪咨臣郎中丈燕席

曾南豐

月明如晝露華濃，錦帳名郎笑語同。金地夜寒消美酒，玉人春困倚東風。紅雲燈火浮蒼海〔三〇〕，碧水樓臺浸遠空。白髮蹉跎歡意少，强顔猶入少年叢。

馮班：「玉人」句太平熟。

紀昀：次句四字湊。

上元

金鞍馳騁屬兒曹，夜半喧闐意氣豪。明月滿街流水遠，華燈入望衆星高。風吹玉漏穿花急，人倚朱欄送目勞。自笑低心逐年少，衹尋前事撚霜毛。

方回：洪覺範妄誕，著其兄彭淵才之説，以爲曾子固不能詩。學者不察，隨聲附和。今淵才之詩無傳，而子固詩與文終不朽。兩上元詩止是一意。「金地夜寒消美酒，玉人春困倚東風。」豈不能詩者乎？非精於詩者，不到此也。「人倚朱欄送目勞」，併上句看，乃見其妙：謂遊冶屬意者，不勝其注想，而恨夫夜之短也。大抵文名重，足以壓詩名。猶張子野、賀方回以長短句尤有聲，故世人或不知其詩。然二人詩，極天下之工也。子固詩一掃「崑體」，所謂飣餖刻畫咸無之。平實清健，自爲一家。後山未見山谷時，不惟文學南豐，詩亦學南豐。既見山谷，然後詩變而文不變耳。

紀昀：南豐究不以詩見長。此因後山之故，而黨及南豐。純是門户之見。

馮班：第二句宋氣。

紀昀：三句拙。

上元夜過赴儋守召獨坐有感

蘇東坡

使君置酒莫相違，守舍何妨獨掩扉。静看月窗盤蜥蜴，卧聞風幔落蛜蝛。燈花結盡吾猶夢，香篆消時汝欲歸。搔首凄凉十年事，傳柑歸遺滿朝衣。

方回：此詩元符元年戊寅作，坡年六十三矣。在儋州亦半年餘，以去年紹聖丁丑六月渡海也。十年前事，當是元祐二年丁卯，以翰林學士侍宴端門，戊辰知貢舉，皆在朝。至五十九歲時，紹聖元年甲戌，自中山謫惠州。乙亥年賦上元古詩有云：「前年侍玉輦，端門萬枝燈。」即元祐八年癸酉正月也。「去年中山府，老病亦宵興。」即甲戌正月也。「今年江海上，雲房寄山僧。」即乙亥正月也。人生能幾何年？如上元一節物耳，出處去來，歲歲不同，當是時又焉知渡海而逢上元耶？坡甲戌之貶，至元符三年庚辰徽廟立，乃得北歸。建中靖國元年辛巳卒於常州。學者覩此，則知身如浮雲外物，如雌風，如雄風，皆不足計較也。

紀昀：借以抒慨，語殊支蔓。

何義門：「傳柑」何足榮？唯君恩未報，不免戀戀耳。

紀昀：不見警拔。○「莫」字是囑詞，不宜用之去後。

無名氏（甲）：上元故事，京師戚里有傳柑宴，亦出於上賜也。

上元思京輦舊游三首

張宛丘

萬雉春城逼絳宵，上元雕輦盛遊遨。遲遲瑞月低黃傘，焯焯榮光上赭袍。雲卷珠簾開綵雉，山盤玉闕枕仙鰲。長安一別將華髮，溪竹山城夜寂寥。

紀昀：此首憶侍宴之榮。

九門燈火夜交光，羅綺風來撲面香。信馬恣穿深巷柳，隨人偷看隔簾粧。身拘舊宦安知樂，心逐流年暗減狂。留滯山城莫嗟歎，貂蟬從古屬金張。

紀昀：此首懷治遊之樂。○五句拙。○結得太直、太盡。

隨計當年寄玉京，一時交結盡豪英。倒觥凌亂迷籌飲，醉帽欹斜並轡行。仕路飛騰輸俊捷，山城顛頷感功名。佳晨强酌清樽酒，寒竹蕭蕭月正明。

方回：此謫居黄州思京師上元。第二首三、四尤佳。

紀昀：第二首三、四兩句只似遊春，不必定是上元，不得爲佳。

馮舒：第二句村。

紀昀：此首憶友朋之歡。〇五句亦太露。

無名氏（甲）：此三首俱有村氣，殊無足觀，只可炫耀盲瞽耳。

京師上元　二首取一

洪覺範

及時膏雨已闌珊〔三二〕，黄道春泥曉未乾。白面郎敲金鐙過，紅粧人揭繡簾看。管絃沸月喧和氣，燈火燒空奪夜寒。咫尺鳳樓開雉扇，玉皇仙仗紫雲端。

方回：覺範，江西筠州人，姓彭，兩坐罪還俗，一爲張天覺丞相黥海外。有甘露滅詩集。此詩三、四俗人盛傳道之。僧徒爲此語，無恥之流也，取之以博粲〔三三〕耳。

紀昀：三、四極俗。

上元宿嶽麓寺

上元獨宿寒巖寺，卧看篝燈映絳紗。夜久雪猿啼嶽頂，夢回明月上梅花。十分春瘦緣何事？一掬鄉心未到家。却憶少年閒樂處，軟紅香霧噴京華。

方回：考韓子蒼覺範墓誌，熙寧四年辛亥生，崇寧三年甲申，山谷謫宜州，過長沙，覺範在湖西。作此詩時年三十四，前京師上元詩年二十餘耳。又嘗僞作山谷贈己，其實非山谷詩也。「一掬鄉心」，胡元任詩話大譏之。然詩未嘗不佳，故取之。政和元年辛卯得罪配朱崖，年四十一。五年乙未還，年四十五。建炎二年戊申卒，年五十八。

紀昀：此首略可。〇以上上元七律無可采者，蓋題本難耳。

春社禮成借用寺簿釋奠詩韻

羅端良

素餐深覺愧漣漪，后稷勾龍實吏師。平土至今猶有賴，配天自昔蓋多儀。操豚底用勤巫祝，餉黍行看媚婦兒。海内和平頌聲作，登歌還有載芟詩。

方回：此羅鄂州在郡時祀社，用通判劉寺簿子澄韻賦此。子澄者，劉清之也。鄂州名願，字端良，號存齋。弟郢州，名頌，字端彦，號涓菴。皆博學工文，而端良文尤高古，上逼史、漢。朱文公、周益公皆敬畏之。所著新安志、爾雅翼行于世。小集者，即子澄所刊社日詩。唐、宋鮮有可選，惟此篇韻險而理到。猬菴詩槀本所傳，多於存齋，予於兵革後爲人掠去云。

紀昀：韻不爲險，純是腐辭，不得謂之理到。

馮班：惡詩。

紀昀：鄂州以古文勝，詩非所長。起以文句入詩，板腐特甚。○「媚婦」有典，「兒」字添出。

小寒食舟中作

杜工部

佳辰强飲食〔三〕猶寒，隱几蕭條戴鶡冠。春水船如天上坐，老年花似霧中看。娟娟戲蝶過閒幔，片片輕鷗下急湍。雲白山青萬餘里，愁看直北是長安。

方回：「强飲」一本作「强起」，「愁看」一本作「看雲」，「是長安」一本作「至長安」。沈佺期釣竿篇云：「人如天上坐，魚似鏡中懸。」公加以斤斧，一變而妙矣。「小寒食」，前一日也。黄本注謂：「大曆五年潭州作。」是年庚戌，公年五十有九矣。是夏卒於衡之耒陽，吕汲公謂卒于岳陽，未知孰是？此子美老筆也。又有清明二長句，云大曆四年作，恐即是此詩之後二日。前云：「繡羽銜花他自得，紅顔騎竹我無緣。」後云：「秦城樓閣煙花裏，漢主山河錦繡中。」皆壯麗悲慨，詩至老杜，萬古之準則哉！

紀昀：二聯皆非杜之佳處，「繡羽」一聯尤頹唐。

紀昀：「前一日」，何以曰「猶寒」，未詳。○五、六言物皆自得，以反照下文。

許印芳：此解亦本之沈歸愚。歸愚云：「五、六語以往來自在，反興欲歸長安而不得也。」

許印芳：沈歸愚別裁集此題下注云：「寒食次日爲小寒食，看詩之首句自明。」

寒食成判官垂訪　徐鼎臣

常年寒食在京華，今歲清明在海涯。遠巷蹋歌深夜月，隔墻吹管數枝花。鴛鸞得路音塵闊，鴻雁分飛道里賒。不是多情成二十，斷無人解訪貧家。

方回：徐鉉字鼎臣，仕李後主，爲吏部尚書。歸宋，仕至散騎常侍，世稱徐騎省。在江東與韓熙載齊名，詩有白樂天之風。弟鍇，俱工字學。「鴻雁分飛」之句，爲弟設也。

紀昀：三、四微嫌合掌。○七句太率易。

依韻和李舍人旅中寒食感事　梅聖俞

一百五日風雨急，斜飄細濕春郊衣。梨花半殘意思少，客子漸老尋游非。戢戢車徒九門盛，寥寥煙火萬家微。今朝甘自居窮巷，無限墦間得醉歸。

方回：聖俞詩不争格高，而在乎語熟意到，此乃「吴體」。第一句六字仄聲，第二句五字平聲，愈覺其健。「梨花」「客子」一聯，深勁有味。惟陳簡齋妙得其法焉。

紀昀：只是三平，非五平也。其實關鍵只在第五字平，便上下句拗處俱救轉，此一定之法。虚谷所説，似是而未了了。

紀昀：前四句好，末二句太盡。非詩法。

寒食贈游客

張宛丘

陰陰畫幕映雕欄，一縷微香寶篆殘。寒食園林三月近，落花風雨五更寒。箏調寶柱絃初穩，酒滿金壺飲未乾。明日踏青郊外去，緑楊門巷繫雕鞍。

方回：平熟圓妥，視之似易。能作詩到此地，亦難也。

紀昀：此亦公道語。

紀昀：似韋莊筆意。○複二「寒」字。

寒食只旬日間風雨不已

曾茶山

年光胡不少留連，熟食清明又眼前。敢望深宫傳蠟燭，可堪小市禁炊煙。滿城風雨無杯酒，故國松楸欠紙錢。老病心情冷時節，只將書策替幽禪。

紀昀：五、六平易近人，何嘗不佳，何必定作楂枒之態。○「替幽禪」三字不佳。

無名氏（甲）：五、六亦佳。

許印芳：五、六沈著。紀批云末三字不佳。愚謂上四字亦偏枯，因全易之：「閉門只愛擁書眠。」

寒食清明 二首取一

劉後村

寂寂柴門村落裏，也教插柳記年華。禁煙不到粵人國，上冢亦攜龐老家。漢寢唐陵無麥飯，山蹊野徑有梨花。一尊徑藉青苔卧，莫管城頭奏暮笳。

方回：後村詩欠變格，「麥飯」、「梨花」一聯，殆近前輩句法。紹定五年壬辰詩。

紀昀：此却楚楚有致。○以法公爲龐老，未免生造。

蘇東坡

海南人不作寒食而以上巳上冢余攜一瓢酒尋諸生皆出矣獨老符秀才在因與飲至醉符蓋儋人之安貧守静者也 元注：「秀才符林。」

老鴉銜肉紙飛灰，萬里家山安在哉？蒼耳林中太白過，鹿門山下德公回。管寧投老終歸去，王式當年本不來。記取南城上巳日，木棉花落剌桐開。

方回：昌黎不謫潮州，後世豈知有趙德。東坡不落海南，後世豈知有符林。○李太白集尋城北范居士落蒼耳道中，坡用此以譬尋符林也。○司馬德操詣龐德公，值其上冢。坡用此以譬所尋諸生皆已上冢不值也。○管寧避地遼東，後還中國。坡用此以譬己終當北歸也。王式爲博士，悔爲江公所辱，曰：「我本不欲來。」坡用此以譬己元祐進用，亦本無富貴心也。○坡詩間架宏大，不可步驟，豈許用晦四句裝景所可及歟！此詩首尾四句言景，中四句用事。又未若移易中間四句兩用事，兩言景爲佳也。

馮舒：詩本隨人作，只要文理通耳，何嘗有情景硬局耶？○第二句亦不專景。○第四句未妥。

馮班：方君謂「第三句譬所尋諸生皆已上冢，不值也」，「回」字拍不上。○東坡無所不可，如此便板煞。

紀昀：方君謂「東坡不落海南，後世豈知有符林」，此語固是，然亦微露攀附之本懷。○前後景而中言情，正是變化。此以板法律東坡，與前後所說自相矛盾。

馮班：自然大樣。

紀昀：起句不雅，次句亦平易。○四句古人名礙格。

上巳晚泊龜山作　元注：「元祐辛未賦。」

賀方回

薄暮東風不滿帆，遲遲未忍去淮南。故園猶在北山北，佳節可憐三月三。蘭葉自供游女佩，芸編聊對故人談。洛橋車騎相望客，曾爲吳兒幾許慚。

方回：三、四好。賀公詩總論見「送餞類」中。

紀昀：方回是南渡時人，故北山「北」字用得好。雖是湊來，却無牽合之迹。

許印芳：首句借韻。「故」字複。○方回與東坡同時，曉嵐以爲南渡時人，誤矣。此詩題下明注元祐年號，豈不足據乎？○「故園」二句，別本一作王銍詩，題是別張自强。

次韻王仲至西池會飲

張宛丘

聖朝無復用舟師，戲遣艨艟插戟枝。沸浪有聲黄帽動，春風無力彩旗垂。不勝杯杓寧辭醉，傳語風光共此嬉。遠比永和真繼軌，臨模蘭紙看他時。

方回：此元祐中西池上巳之會也，文潛詩爲一時冠。三、四實佳句。秦少游有云：「簾幕千家錦繡垂。」王仲至嘲謂又待入小石調，以秦詩近詞故也。

馮班：近詞則格下，不可不知。

紀昀：頗有秀致。○「插戟枝」三字湊。○結句關合王姓。
無名氏(甲)：「黄帽」，郯船水工所戴，名「黄頭郎」。

上巳

趙昌父

朝來一雨快陰晴，東郊百鳥間關鳴。受風柳條不自惜，醮水桃花可憐生。不見山陰蘭亭集，況乃長安麗人行。東西南北俱爲客，且送江頭返照明。

方回：老杜集此等詩謂之「吴體」。昌父乾道中詩，猶少作也。五、六天生此對，上巳詩無復加矣。

馮舒：「行」乃歌行之行，算不得行坐之行，亦何異送提學官而云「大宗師」、「應帝王」來也？

馮班：「長安麗人」，亦陳熟，且非佳事，豈堪引用？「江西派」專忌用陳事，如後山不用「絮因風」，雖古人佳語，尚以爲戒，以此五、六爲美，非所解也。

紀昀：純是標格之見。

紀昀：「吴體」亦有聲調，此却未諧。○「快陰晴」三字如何解？

上巳　　劉後村

櫻笋登盤節物新，一筇踏遍九州春。似曾山陰訪修竹，不記水邊觀麗人。豪飲自憐非少日，俊遊亦恐是前身。暮歸尚有清狂態，亂插山花滿角巾。

方回：「山陰修竹」、「水邊麗人」一聯，亞於趙昌父。紹定五年壬辰詩。後村年四十六，閒居莆中，所以言「俊游亦恐是前身」，皆思舊事也。

紀昀：勝於趙句。

馮舒：次聯雖宋氣，亦得。

馮班：「麗人行」不可亂用。

查慎行：三、四一聯勝趙，虚字較圓。

紀昀：此詩深警，勝後村他作。

許印芳：此詩前有趙昌父上巳詩，五、六句云：「不見山陰蘭亭集，況乃長安麗人行。」虚谷以爲天生此對，而曉嵐不取，蓋詩本惡劣也。此詩亦用此兩事，而情致流動，故曉嵐取之。上句是古調，下句是拗調，乃變格也。○「山」字複。

重午

范石湖

熨斗熏籠分夏衣，翁身獨比去年衰。已孤菖緑十分勸，却要艾黄千壯醫。蜜粽冰團爲誰好？丹符綵索聊自欺。小兒造物亦難料，藥裹有時生網絲。

方回：「菖緑」「艾黄」之對新，後四句又用「吴體」。

馮班：第四句怕人。

紀昀：三、四笨。○七句太獷。

和黄預七夕

陳後山

盈盈一水不斯須，經歲相過自作疏。坐待翔禽報佳會，徑須飛雨洗香車。超騰水部陳篇上，收拾愚溪作賦餘。信有神仙足官府，我寧辛苦守殘書。

方回：七夕詩七言律無可選，僅此而已。何遜七夕詩：「仙車駐七襄，鳳駕出天潢。月映九微火，風吹百和香。逢歡暫巧笑，還淚已啼粧。别離不得語，河漢漸湯湯。」後山以爲陳篇，吾儕當會意也。

紀昀：此却有理。

馮舒：第二句成何語？○第七抄昌黎，醜甚。○後山全不解齊、梁詩，所以譏何水部也。七夕好詩多矣，方云無之，正坐「陳篇」二字在胸中，見其作古語便謂不佳耳，故所收者皆拙劣。

馮班：不陳熟否？神仙官府何與牛、女嘉會？

紀昀：刻意洗刷，不免吃力之痕。

乞巧

李先之

處處香筵拂綺羅，爲傳神女渡天河。休嫌天上佳期少，已恨人間巧態多。齰舌自應工嫵媚，方心誰更苦鐫磨。元注：「見孫樵、柳子厚乞巧文。」獨收至拙爲吾事，笑指雙針一縷過。

方回：李朴，字先之，章貢人。早從程伊川游，坐爲陳瑩中所薦，流落三十年。靖康初除給事中，不及拜。七夕無好律詩，以此備數。其人能踐言，不媿此詩。

馮班：李長吉「鵲辭穿綫月」一聯，非好句乎？○子厚乞巧文後七夕詩自宜作此語。

馮班：亦好。

紀昀：亦有意翻案，而太直、太激，非風人之旨。○五、六堆垛而成，乏興象玲瓏之妙。

登　高

杜工部

風急天高猿嘯哀，渚清沙白鳥飛回。無邊落木蕭蕭下，不盡長江滚滚來。萬里悲秋常作客，百年多病獨登臺。艱難苦恨繁霜鬢，潦倒新停濁酒杯。

方回：此詩已去成都分曉，舊以爲在梓州作，恐亦未然，當考公病而止酒在何年也。長江滚滚，必臨大江耳。

查慎行：結句亦偶然云爾，未必病而止酒也。

查慎行：七律八句皆屬對，創自老杜。前四句寫景，何等魄力？

何義門：千端萬緒，無首無尾，使人無處捉摸。此等詩如何可學！

紀昀：此是名篇，無用復贊。歸愚謂「落句詞意並竭」，其言良是。

許印芳：七言律八句皆對，首句仍復用韻，初唐人已創此格，至老杜始爲精密耳。此詩前人有褒無貶，胡元瑞尤極口稱贊，未免過誇，然亦可見此詩本無疵纇也。至於沈歸愚評語，今按所選別裁集評此詩云：「格奇而變，每句中有三層，中四句好在『無邊』、『不盡』、『萬里』、『百年』。或謂兩聯俱可截去上二字，試思『落木蕭蕭下、長江滚滚來』，成何語耶？」歸愚之言止此。曉嵐稱其貶落句爲詞意並竭，所引未審出於何書？果有是言，勿論所評的當與否，而一口兩舌，沈之胸無學識，亦是虚谷一流耳。○落句即結句。

九日藍田崔氏莊

老去悲秋强自寬，興來今日盡君歡。羞將短髮還吹帽，笑倩傍人爲正冠。藍水遠從千澗落，玉山高並兩峰寒。明年此會知誰健？醉把茱萸子細看。

方回：楊誠齋大愛此詩。以予觀之，詩必有頓挫起伏。又謂起句以「自」對「君」，亦是對句。殊不知「强自」二字與「盡君」二字，正是着力下此，以爲詩句之骨、之眼也，但低聲抑之〔三四〕讀，五字却高聲揚之〔三五〕讀，二字則見意矣。三、四融化落帽事甚新。末句「子細看茱萸」，超絶千古。此老杜九日七言律四首，取兩首入「變體」詩中。今列者二。○此詩在未入蜀以前。終篇不言兵革，又難定在禄山已反之後。注家説不可信。

馮舒：詩論詞與志，不聞吟詩有高低之法，可笑極矣。

紀昀：此亦强作解事。

何義門：前半跌宕曲折，體勢最佳。此賊中作，故尤悲涼，非獨嘆老而已。

紀昀：「冠」、「帽」字複，前人已議之。○一説「看」謂看藍水、玉山，非看茱萸也。亦自有理，不同穿鑿。

許印芳：「爲」，去聲。「正」，上聲。「把」，持也。○老杜五、七律常有對起對結者，七律尤慣用之，此詩但起句對耳。三、四語一事化爲兩句，此律詩用事之一法。惟「冠」、「帽」犯複，誠如前人所議，此不可學。五、六寫現景，造句警拔，通篇俱振得起，此最宜學。結句收拾全題，詞氣和緩有力，而且有味。解「看」字，曉嵐之説爲長，如虚谷解，則少味矣。

九日和韓魏公

蘇老泉

晚歲登門最不才，蕭蕭華髮映金罍。不堪〔三六〕丞相延東閣，閒伴諸儒老曲臺。佳節已從愁裏過，壯心偶傍醉中來。暮歸衝雨寒無睡，自把新詩百遍開。

方回：詩話謂韓魏公九日飲執政，老泉以布衣與坐。今味「閒傍諸儒老曲臺」之句，即是修太常禮之時，非布衣也。蓋英宗治平二年乙巳，韓公首倡，見安陽集。是日有雨，所和詩非席上所賦，其曰「暮歸衝雨寒無睡」乃是飲歸而和此詩耳。五、六要是佳句。朱文公語録頗不以爲然，恐門人傳録，未必的也。

紀昀：文公以伊川之故，極不喜蘇氏父子，往往有意排斥。此明知其論之失平，而委其過于記録者，其實不然。

紀昀：老泉不以詩名，此詩極老健。

許印芳：蘇洵，字源明，一字允明，號老泉。

次韻李節推九日登山

陳後山

平林廣野騎臺荒，山寺鳴鐘報夕陽。人事自生今日意，寒花只作去年香。巾欹更覺霜侵鬢，語妙何妨石作腸。落木無邊江不盡，此身此日更須忙。

方回：重九詩自老杜之外，便當以杜牧之齊山詩爲亞，已入「變體」詩中。陳簡齋一首亦然。陳後山二首，詩律瘦勁，一字不輕易下，非深於詩者不知，亦當以亞老杜可也。

馮班：用宋廣平事，不妥。

紀昀：雖未深厚，然自清挺。

無名氏（甲）：廣平鐵石心腸，而有梅花一賦。吴兒木石心腸，謂夏統語。

九日寄秦觀

疾風迴雨水明霞，沙步叢祠欲暮鴉。九日清樽欺白髮，十年爲客負黄花。登高懷遠心如在，向老逢辰意有加。淮海少年天下士，獨能無地落烏紗。

方回：「無地落烏紗」，極佳。孟嘉猶有一桓温客之，秦併無之也。

紀昀：後四句言己已老，興尚不淺，況以秦之豪俊，豈有不結伴登高者乎？乃因此以寄相憶耳，解謬。

紀昀：詩不必奇，自然老健。

許印芳：「年」字複。

九日登戲馬臺

元注：「壬戌彭城賦。」

賀方回

當年節物此山川，倦客登臨獨悵然。戲馬臺荒年自久，射蛇公去事空傳。黄華半老清霜後，白鳥孤飛落照前。不與興亡城下水，穩浮漁艇入淮天。

方回：「射蛇公」，用劉裕新洲伐荻事。以對戲馬，良佳。

陸貽典（甲）：「射蛇」，不妥。然則漢高帝亦可稱「斬蛇公」乎？

紀昀：「戲馬臺」三字相連，「射蛇公」却是捏出。作「斬蛇人」，較妥。後半不惡，五、六蓋自寓也。

許印芳：原本首句云：「當年節物此山川。」三、四云：「戲馬臺荒年自久，射蛇公去事空傳。」措語都不緊貼本事，遂有率易空滑之病。又紀批云：「射蛇公捏造。」病在「公」字，愚爲易之，前後可相稱矣。首句改爲：「項、劉遺蹟此山川」。三、四改爲：「戲馬臺荒霸氣滅，射蛇人去大名傳。」

重九賞心亭登高

范石湖

憶隨書劍此徘徊，投老雙旌重把杯。綠鬢風前無幾在，黄花雨後不多開。豐年江隴青黄徧，落日淮山紫翠來。飲罷此身猶是客，鄉心却付晚潮回。

方回：此淳熙八年辛丑，石湖自四明移帥金陵，年五十六。前此朱文公在南康苦旱，此獨云年豐。明年重九，石湖猶在金陵，乃有「官忙」、「憫雨」之句，此乃富貴人重九也。

紀昀：總是此種意見不化，明道所謂心中有妓也。

紀昀：凡六用顔色字，又重其一，殊非詩格。

九日登天湖以菊花須插滿頭歸分韻賦詩得歸字

朱文公

去歲瀟湘重九時，滿城風雨客思歸。故山此日還佳節，黄菊清樽更晚暉。短髮無多休落帽，長風不斷且吹衣。相看下視人寰小，祇合從今老翠微。

方回：此乾道四年戊子也。文公去年訪南軒於長沙，故有此起句。予嘗謂文公詩深得後山三昧，而世人不識。且如「故山此日還佳節，黄菊清樽更晚暉」，上八字各自爲對，一瘦對一肥，愈更覺好。蓋法度如此，虛實互换，非信口、信手之比也。山谷、簡齋皆有此格。此詩後四句尤意氣闊遠。時以去年冬除樞密院編修官，猶待闕於家。

馮舒：若謂晦翁學黄、陳，晦翁必不服。

紀昀：一氣涌出，神來興來，宋五子中惟文公詩學功候爲深。○「落帽」是九日典，「吹衣」不用九日典，而用來銖兩恰稱，此由筆妙。

歸報德再用前韻

幾枝藤竹醉相攜，何處千峯頂上歸。正好臨風眺平楚，却須入谷避斜暉。酒邊泉溜寒侵骨，坐上嵐光翠染衣。踏月過橋鷩易晚，林坰回首更依微。

方回：「易晚」疑當作「已晚」。此即九日晚歸詩也。詩思無一絲近塵土。

紀昀：「易晚」者，將晚也，不必改爲「已晚」。

紀昀：此詩亦流美，然不及前篇意境矣。

壬子九日

劉後村

平蕪盡處即滄溟，身寄區中等一萍。種杞菊翁猶老健，插茱萸伴半凋零。元注：

「羣從十四人，存者七人。」去年勑設麈飛鞚，今日村酤草塞瓶。却笑癡人妄分別，何曾未必勝劉伶。

方回：淳祐十二年，壬子。去年辛亥，後村在朝爲祕書監，直玉堂。九月十日宣鎖，有六絶句，其冬鄭丞相清之卒，去國。恰近一年家居之樂，亦何至「村酤草塞瓶」乎？周益公四六有云：「朝趨鳳闕，綰五組之光華；夕侣漁舟，披一簑之藍縷。」文人之言，例過實也。尾句猶不能忘情於榮進者。

馮舒：詩用新事，亦一佳處。「江西」諸君，玩新而翻駁，意趣短俗，不入古人格局，可戒也。

紀昀：觀此則薄視富貴，正是不忘富貴，虚谷已知之矣。

紀昀：粗俗。

無名氏（甲）：「勑設」謂奉旨賜宴。

校勘記

〔一〕鳴禽　馮舒：「禽」或訛作「琴」。〔二〕又逢　何義門：「又」當作「去」。「去」字佳，方是宿旅店中也。〔三〕十五日　馮班：「日」一作「夜」。〔四〕不禁夜　馮班：「禁」一作「惜」。「惜」妙於「禁」。紀昀：馮云：「禁」，別本作「惜」，「惜」妙於「禁」。然金吾掌禁夜，不掌惜夜。以此爲妙，其僻更甚於「江西」。〔五〕春晴　紀昀、許印芳：「晴」字似當作「情」，再校。〔六〕臨池近　李光垣：「靈」訛「臨」，「會」訛「近」。〔七〕蒼波　李光垣：「滄」訛「蒼」。〔八〕相譁　按：康熙五十二年本、紀昀刊誤本「譁」作「誇」。〔九〕隣家問　馮班：「問」一作「鬧」。〔一〇〕三巳　紀昀：恐是「上巳」，再校。〔一一〕閣一作關　按：「閣」，原作「關」。無「一作關」三字。據康熙五十二年本、紀昀刊誤本校補。〔一二〕浮灰　李光垣：「飛」訛「浮」。〔一三〕見三秦　許印芳：「見」一作「是」。〔一四〕錯憶　馮班：「憶」一作「認」。〔一五〕韓致堯　紀昀：「堯」原訛作「光」。〔一六〕李茂貞　按：「貞」原訛作「真」，據康熙五十二年本、紀昀刊誤本校改。〔一七〕枝如　按：「枝」原訛作「技」，據元至元本校改。〔一八〕侵凌雪　馮班：「凌」一作「陵」。〔一九〕有柳條　馮班：「有」一作「到」。〔二〇〕薰銷　許印芳：「薰」一作「香」。〔二一〕問學　李光垣：「學問」訛「問學」。〔二二〕曾元翰　紀昀：「曾」當作「魯」。此即本集所謂魯少卿也，作「曾」，誤。〔二三〕之翰　紀昀：「之」當作「元」。〔二四〕泛使　紀昀：「泛」字再校。〔二五〕鈞編户　李光垣：「均」訛「鈞」。〔二六〕行在　按：「行」字原缺，據康熙五十二年本、紀昀刊誤本校改。〔二七〕賈誼　查慎行：「誼」當作「讓」。漢書溝洫志：「哀帝時，賈讓奏治河三策。」〔二八〕駕峰來　馮班：「峯」一作「山」。〔二九〕宋之問　按：原訛作「沈佺期」，據康熙五十二年本、紀昀刊誤本校改。〔三〇〕蒼海　馮班：「蒼」當作「滄」。

〔三一〕闌珊　按：「珊」原訛作「删」，據康熙五十二年本、紀昀刊誤本校改。〔三二〕博粲　按：原作「備博」，據康熙五十二年本、紀昀刊誤本校改。〔三三〕飲食　許印芳：「飲」一作「飯」，又作「起」。〔三四〕抑之　按：「抑」原作「揚」，據康熙五十二年本、紀昀刊誤本校改。〔三五〕揚之　按：「揚」原作「抑」，據康熙五十二年本、紀昀刊誤本校改。〔三六〕不堪　馮班：「不」字與首句複，不可從，當作「那」。

瀛奎律髓彙評卷之十七　晴雨類

雨而晴，晴而雨，洪範所謂「時若恒若，而天地之豐凶異焉」。詩人有喜、有感，斯可以觀。

紀昀：序無味。

五言　九十五首

發營逢雨應詔

虞世南

豫游欣勝地，皇澤乃先天。油雲陰御道，膏雨潤公田。隴麥沾逾翠，山花濕更燃〔一〕。稼穡良所重，方復悦豐年。

方回：唐之盛，瀛洲十八學士於詩文皆餘事也。世南集不可見，初學記中得此詩。

馮班：十八學士正以其文選耳，何言「餘事」？方公不學至此。

紀昀：此猶未成律體以前詩。純用敷衍，未能運意，然堆砌處漸化輕清，已是風氣將變之候矣。

無名氏（甲）：此時古律未分，平仄不接。

奉和春日途中喜雨

魏知古

皇遊向洛城，時雨應天行。麗日登巖送，陰雲出野迎。濯枝林杏發，潤葉渚蒲生。絲入綸言喜，花依錦字明。微臣忝東觀，載筆佇西成。

方回：此乃和武后詩。五韻律詩多有之。第七句巧。

馮舒：次聯奇絶句。○五韻律詩也。律詩二句一聯，四句一絶。此時體猶未定也。

馮班：此時尚是齊、梁體。律詩如何五韻？○獨第七句太費力。

紀昀：七、八開闔合纖巧之門，遂爲後來試帖之胚胎。若以詩論，究非大雅。

途中遇晴

孟浩然

已失五陵道〔二〕，獨逢〔三〕蜀坂泥。天開斜景迴〔四〕，山出晚雲低。餘濕猶霑草，殘流尚入溪。今宵有明月，鄉思遠淒淒。

方回：三、四壯浪，五、六細潤，形容雨晴妙甚。

紀昀：通體細潤。以爲「壯浪」，非是。

馮舒：非不好，較前二首則弱矣。

紀昀：「猶」、「尚」字複。蓋時去初體未遠，詩律尚寬。

許印芳：陳伯玉峴山詩已犯此病，不但孟詩也。

許印芳：凡客路詩，製題有「途中」、「道中」字，上文標出地名界限方清。此題尚欠分明，不可爲式。

雨四首

杜工部

微雨不滑道，斷雲疎復行。紫崖奔處黑，白鳥去邊明。秋日新霑影，寒江舊落聲。柴扉臨野碓，半濕搗香粳。

紀昀：三句不佳，四句是陰雨之景，五句亦不佳。

江雨舊無時，天晴忽散絲。暮秋霑物冷，今日過雲遲。上馬迴休出，看鷗坐不辭。高軒當灔澦，潤色静書帷。

何義門：第八句「静」字妙。

紀昀：此首尤未見精煉。

物色歲將晏，天隅人未歸。朔風鳴淅淅，寒雨下霏霏。多病久加飯，衰容新授衣。時危覺彫喪，故舊短書稀。

何義門：風雨思友朋，落句深渾。

楚雨石苔滋，京華消息遲。山寒青兕叫，江晚白鷗饑。神女花鈿落，鮫人織杼悲。繁憂不自整，終日灑如絲。

方回：老杜晴雨詩取二十首，似乎太多，然他人無此等氣魄。學者但觀老杜、聖俞、後山、簡齋四家賦雨甚弘大，其工密、其高爽爲如何，即知入處矣。

馮舒：閱此愈知盛唐必是景龍、先天間，李、杜出而風雅俱變矣。

韓彁元：固哉高叟！

馮舒：篇篇好，然畢竟遜虞、魏所作，時代使然。

韓弼元：泥於詞句之間，全不知人論世。

紀昀：四首皆非極筆。〇此首「如絲」複第二首。

晨雨

小雨晨光内，初來葉上聞。霧交纔灑地，風逆旋隨雲。暫起柴荆色，輕霑鳥獸羣。麝香山一半，亭午未全分。

何義門：句句是晨雨，句句是小雨。「光」字涵後四句。

紀昀：五、六頗拙。

無名氏(乙)：静。

喜雨

南國旱無雨，今朝江出雲。人空纔漠漠，灑迥已紛紛。巢燕高飛盡，林花潤色分。晚來聲不絶，應得夜深聞。

何義門：起二句是「喜」字遠勢，落句「喜」字餘舞。上五句皆是即目，結用「聲」、「聞」二字反對，律細無比。

紀昀：亦無佳處。

對雨

莽莽天涯雨，江邊獨立時。不愁巴道路，恐濕漢旌旗。雪嶺防秋急，繩橋戰勝遲。西戎甥舅禮，未敢背恩私。

馮舒：此等詩俱無與「晴雨」。

何義門：首聯領得起。○恃其不背恩私而不薄我於險，則吾與將皆不足用，因雨而危慮可知矣。

紀昀：三、四高唱，非老杜無此胸懷。

村雨

雨聲傳兩夜，寒事颯高秋。挈帶看朱紱，開箱覩黑裘。世情只益睡，盜賊敢忘憂。松菊新霑洗，茅齋慰遠遊。

紀昀：五句太直。

梅雨

南京犀浦道，四月熟黄梅。湛湛長江去，冥冥細雨來。茅茨疎易濕，雲霧密難開。竟日蛟龍喜，盤渦與岸迴。

何義門：落句暗藏苦雨之人在内。

紀昀：結句對面落筆。

無名氏（乙）：明皇幸蜀，改成都爲南京。

朝雨

涼氣曉蕭蕭，江雲亂眼飄。風鴛藏近渚，雨燕集深條。黄綺終辭漢，巢由不事堯。草堂樽酒在，幸得遇清朝。

馮舒：似乎中斷，不知何故却耐看，却説得去。

馮班：不斷。

紀昀：後半從三、四句生出，感「鴛」與「燕」之知時避地，而因發此慨。

夜　雨

小雨夜復密，迴風吹早秋。野涼侵閉户，江滿帶維舟。通籍恨多病，爲郎忝薄遊。天寒出巫峽，醉别仲宣樓。

紀昀：二首皆未見佳處。

更　題

只應踏初雪，騎馬發荆州。直怕巫山雨，真傷白帝秋。羣公蒼玉佩，天子翠雲裘。同舍晨趨侍，胡爲淹此留？

紀昀：後四句亦太快。

無名氏（甲）：「翠雲裘」，集孔雀毛爲之，其文如雲也。

春夜喜雨

好雨知時節，當春乃發生。隨風潛入夜，潤物細無聲。野徑雲俱黑，江船火獨明。曉看紅濕處，花重錦官城。

方回：「紅濕」二字，或謂惟海棠可當。此詩絕唱。

何義門：第五明，第六暗，皆剔「夜」字。結「春夜」工妙。

紀昀：此是名篇，通體精妙，後半尤有神。○「隨風」二句雖細潤，中、晚人刻意或及之。後四句傳神之筆，則非餘子所可到。

無名氏(甲)：成都貢錦，設官主之，故爲「錦官城」。

對雨書懷走邀許主簿

東嶽雲峰起，溶溶滿太虛。震雷翻幕燕，驟雨落河魚。座對賢人酒，門聽長者車。相邀愧泥濘，騎馬到堦除。

馮舒：著許主簿，故第六句好。

紀昀：未能免俗，三句尤不妥。

無名氏(甲)：大雨中常有小魚帶下，由龍取水而來。

乘雨入行軍六弟宅

曙角淩雲罷，春城帶雨長。水花分塹弱，巢燕得泥忙。令弟雄軍佐，凡才汙省郎。萍飄忍流涕，衰颯近中堂。

方回：詩全言景物，易，「令弟」、「凡才」一聯却難。他人爲之則陳腐，大手筆爲之則高古。

紀昀：此亦黨附之言。此二句未見其高古。

雨晴

雨晴〔五〕山不改，晴罷峽如新。天路休殊俗，秋江思殺人。有猿揮淚盡，無犬附書頻。故國愁眉外，長歌欲損神。

馮舒：偶然起爾，然以首二字爲題，正不必入此類。

紀昀：三句不了了。

晴二首

久雨巫山暗，新晴錦繡文。碧知湖外草，紅見海東雲。竟日鶯相和，摩霄鶴數羣。野花乾更落，風處急紛紛。

方回：草碧指言湖外，雲紅指言海東，其善於張大如此。

紀昀：此自實景，非張大也。

紀昀：此首較精彩。

何義門：收「晴」字細麗超脱。

馮舒：次聯緊頂第二句。

雨聲衝塞盡，日氣射江深。回首周南客，驅馳魏闕心。

下食遭泥去，高飛恨久陰。

啼烏争引子，鳴鶴不歸林。

無名氏（甲）：太史公留滯周南，不得與於封禪，乃執遷手而泣。

紀昀：三句不佳，五句未解。

何義門：「深」字妙，是雨後。落句「晴」字闊遠，又與首句相關。〇第六奇句。

查慎行：三、四分承起二句。〇五、六兩句妙。每遇一題，必有驚人之語。

晚晴

村晚驚風度，庭幽過雨霑。夕陽薰細草，江色映疎簾。書亂誰能帙，杯乾自可添〔六〕。時聞有餘論，未怪老夫潛。

何義門：本自排棄，却云遂其高致，公詩往往如此。

紀昀：三、四已啓晚唐。結折出潛夫論，甚別。

無名氏（乙）：「夕陽」一聯，寫得精緻。「薰」字、「映」字，字法尤工。細玩之，可悟鍊字之法。

晚　晴

返照斜初散，浮雲薄未歸。江虹明遠飲，峽雨落餘飛。鳧鶴終高去，熊羆覺自肥。秋風一作「分」。客尚在，竹露夕微微。

馮舒：第六句未解。

紀昀：「落餘飛」三字不妥。

夏日對雨

裴晉公

登樓逃盛暑，萬象正埃塵。對面雷嗔樹，當堦雨趁人。簷疎蛛網重，地濕燕泥新。吟罷清風起，荷香滿四隣。

方回：裴晉公度，累朝元老，於功名之際盛矣，而詩人出其門尤盛。自爲之詩，尤不可及。「灰心緣忍事，霜鬢爲論兵。」與劉夢得諸人聯句見之。凡聯句，晉公詩皆奇絶。此篇見文苑英華。

句句清切。「嗔」字、「趁」字尤見夏雨之快。
紀昀：三句粗獷。

春　雨

劉　復

細雨度深閨，鶯愁欲懶啼。如煙飛漠漠，似露濕萋萋。草色行看靡，花枝暮欲低。曉聽〔七〕鐘鼓動，早送錦障泥。

方回：令狐楚爲翰林學士時，選進唐御覽詩凡三十家。劉復四首，所選大抵工麗。一名選進集，一名元和御覽。盧綸墓碑云「三百一十篇」，今傳者二百八十九篇云。

紀昀：婉秀，是中唐本色。○結言趨朝之勞，不及閒居之適也。

許印芳：「障」，平聲。「欲」字複。

賦暮雨送李胃 一作「渭」

韋蘇州

楚江微雨裏，建業暮鐘時。漠漠帆來重，冥冥鳥去遲。海門深不見，浦樹遠含滋。相送情無限，霑襟比散絲。

方回：三、四絶妙，天下誦之。

查慎行：三、四與老杜「湛湛長江去，冥冥細雨來」各極其妙。

紀昀：細浄。

許印芳：韋應物，字未詳，長安人，官蘇州刺史。

寺居秋日對雨有懷

喻鳧〔八〕

翛翛復霎霎，黄葉此時飛。隱几客吟斷，隣房僧話稀。鴿寒棲樹定，螢濕在窗微。即事瀟湘渚，漁翁披草衣。

方回：五、六見雨意而工。

馮舒、馮班：起句，好破。

何義門：三、四勝。

紀昀：起五字唐試帖之陋調。二馮賞之，不可解。

裴端公使院賦得隔簾見春雨

包何

細雨未成霖，垂簾但覺陰。惟看上砌濕，不遣入簾深。度隙霑編簡，因風潤綺琴。須移户外屨，簷溜夜相侵。

方回：前四句儘好，後四句巧。

馮班：前四句傷複，易頷聯爲妙。

紀昀：「但覺」、「惟看」四字複。○但賦簾外雨耳，「隔」字、「見」字、「春」字俱未到。

梅 雨

柳子厚

梅實迎時雨，蒼茫值晚春。愁深楚猿夜，夢斷越雞晨。海霧連南極，江雲暗北津。素衣今盡化，非爲洛陽塵。謂衣生𪎊也。

方回：「𪎊」，匹卜切。老杜在蜀曰：「南京犀浦道，四月熟黄梅。」子厚在永州曰：「梅實迎時雨，蒼茫入晚春。」今江、浙間以五月芒種節後逢壬爲入梅，夏至後逢庚爲出梅，定有大雨。惟北土無之。或謂蜀亦無梅雨。杜以爲四月，柳以爲三月，豈梅熟有先後之異乎？

紀昀：末二句點化得妙。

許印芳：柳宗元，字子厚，河東人，官柳州刺史。

郴州祈雨

韓昌黎

乞雨女郎魂，炰羞潔且繁。廟開鼯鼠叫，神降越巫言。旱氣期銷蕩，陰官想駿奔。行看五馬入，蕭颯已隨軒。

紀昀：不見昌黎本領。大抵高才須一瀉千里，乃見所長。小詩多窘縮不盡意。〇六句對法活變，亦烘染有神。

雨中寄張博士籍侯主簿喜

放朝還不報，半路蹋泥歸。雨慣曾無節，雷頻自失威。見牆生菌徧，憂麥作蛾飛。歲晚偏蕭索，誰當救晉饑？

方回：昌黎大手筆。僅有此晴雨詩二首。前詩三、四高古，後詩三、四有議論。雷失威尤奇。

馮班：大詩。

查慎行：第四句似含諷時事。

同裴少府安居寺對雨

皇甫冉

共結尋真會，還當對食〔九〕初。爐煙雲氣合，林葉雨聲餘。溽暑銷珍簟，浮涼入綺疏。歸心從念遠，懷此復何如！

方回：五、六工。

紀昀：常語，未見其工。

紀昀：以「爐烟」比雲，以「林葉」比雨，殊小樣。而「林葉」不着「落」字，尤不明白。

微雨

吴融

天清織未遍，風急舞難成。粉重低飛蝶，黄濃不語鶯。乍隨春靄亂，還放夕陽明。惆悵池塘遠，荷珠點點輕。

方回：此乃一幅微雨畫也。

查慎行：第一句小巧太甚。「粉重」、「黄濃」可以入詞，不可入詩。

紀昀：四句鄙而欠通，五、六自細膩。

雨

張蠙

半夜西亭雨，離人獨啓關〔一〇〕。桑麻荒舊國，雷電照前山。細滴高槐底，繁聲疊漏間。唯應孤鏡裏，明日長愁顔。

方回：三、四壯麗，尾句有味。見英華集。又有劉灣對雨愁悶詩云：「積雨細紛紛，飢寒命不分。攬衣愁見肘，窺鏡覓縱文。」「見肘」、「縱文」甚巧而粗，故不取。用周亞夫縱理事也。

馮班：如何是粗？

紀昀：三句太廓落，不只是雨。電可云「照」，雷不可云「照」，亦一病。五、六刻畫尤凡近。

通首無一可采，虛谷評非是。

依韻和子聰夜雨

梅聖俞

窗燈光更迴，宿霧晦層簷。寒氣微生席，輕風欲度簾。濕螢依草没，暗溜想池添。況值相如渴，無嫌魯酒甜。

馮舒：末句撤開，且魯酒僅言薄，「甜」字生造。

馮班：太犯。〇「甜」字不好，亦煞不住。

紀昀：結但趁韻，語太無着。

新秋雨夜西齋文會

夜色際陰霾，燈青謝客齋。梧桐生静思，絡緯動秋懷。小酌寧辭醉，清言不厭諧。誰憐何水部，吟苦怨空堦。

方回：此皆聖俞西京詩。妙年細密，初學者不可不知。

查慎行：「夜雨滴空階，曉燈暗離室。」何記室佳句也。

紀昀：不失雅則。○既用謝客，不應復用水部，却用得恰好。

許印芳：凡四韻律詩，於地名、人名、鳥獸、草木之類，但可一聯兩用。若前後疊用，則爲犯複，爲夾雜。然亦看用來何如。若情事相稱，前後融洽，疊用亦可，此詩是也。

依韻和簽判都官昭亭謝雨迴廣教見懷

賽雨何從事，高情苦愛山。謝公聯句後，元註：「謝公有昭亭賽雨與何從事聯句詩。」惠遠過溪間。笑處巖相答，歸時酒在顔。端憂守窮巷，無力共躋攀。

方回：「笑處」、「歸時」一聯，淡而有味。

紀昀：未見其味。

春夜聞雨

風味正不寢，驟來寒氣增。簷斜滴野籜，窗缺擺春燈。孺子睡中語，行人歸未能。前溪波暗長，定已沒灘稜。

方回：三、四工，餘皆有味。

馮舒：第四句是風。

紀昀：「風味」二字不妥。

夏雨

林梅初弄熟，密雨閉重關。潤裛衣巾上，涼生竹樹間。水聲通遠澗，雲色暝前山。野鳥寂無語，公庭盡晝閒。

方回：五、六佳。

紀昀：亦常語。

紀昀：「弄熟」二字不妥。色與態皆可云「弄」，「熟」不可云「弄」。三、四太易。

新霽望岐笠山

元注：「謝紫微坐中賦。」

北望直百里，峨峨千仞青。斷虹迎日盡，飛雨帶龍腥。陰壑煙雲畜，陽崖草木靈。登臨終不厭，時許到茲亭。

方回：三、四佳。此從謝師厚在鄧州詩。寶元二年己卯授汝州襄城縣，未赴，年三十七歲。其年九月赴官，師厚尋卒，歐陽公經過，「留鯽魚待之」之時也。

查慎行：五、六沉雄。

紀昀：「靈」字費解。

觀水 并序

庚辰秋七月，汝水暴至溢岸，親率縣徒以土塞郭門。居者知其勢危，皆結庵於木末。徬徨愁歎，故作此詩。

秋水漫長堤，郊原上下迷。孤城閉版築，高樹見巢棲。耳厭蛙聲極，漚生雨點齊。渚間牛不辨，誰爲掃陰霓？

方回：康定元年庚辰，公年三十八，知襄城縣。又有詩，題云：「城中壞廬舍千餘。」

馮班：語皆工密，然未盡題意。○不辨牛馬，直云「牛不辨」，亦未妥。

紀昀：此水漲詩，不宜以六句一「雨」字入之「晴雨類」中。

和小雨

蛟龍噀白霧，天外細濛濛。霑土曾無跡，昏林似有風。卷旗妨酒舍，濕翅下洲鴻。稍見斜陽透，西雲一半紅。

方回：當是和晏相國。

馮舒：工密。

馮班：落句妙。

紀昀：與韋蘇州詩互看，唐、宋人相去遠矣。

舟中值雨裴刁二君見過

江上滂淒淒，天形接野低。岸痕生舊水，馬跡踏春泥。風急侵衣重，山昏卷幔迷。誰驚二客論，不愧巨源妻。

方回：此將赴霅上鹽税，在京口作此。時聖俞先内謝氏無恙，殆在舟中聞二公語後，乃再娶刁氏。

馮班：用夫人作結，未好。

紀昀：末句太突。

次韻和景彝元夕雨晴

春雲收暮城，九陌灑然清。星出紫霄下，月從滄海明。車音還似晝，鼓響已知晴。靜閉衡門卧，無心學後生。

方回：「車音」、「鼓響」之聯妙甚。

紀昀：「下」字未妥。

感春之際以病止酒水丘有簡云時雨乍晴物景鮮麗疑未是止酒時因成短章奉答

東風固無迹，何處見春歸？土逐草心拆，雨兼花片飛。雖憐柔甲長，只恐艷條稀。君但惜晴景，休言止酒非。

紀昀：有作意而精氣不足。

韓子華約遊園上馬後雨作遂歸

誰約玩春物，狂風雲驟開。擺叢多落葉，蔽路足昏埃。逆上燕迎雨，將生鵓怕雷。嵇康今轉懶，騎馬半途回。

方回：三、四言大風，五、六言雨、言雷，皆工而新。

馮舒：第六句做詩説不到此。

紀昀：三句「擺叢」字鄙，五、六尤鄙。

集英殿賜百官宴以雨放

春來無點雨，三月始聞雷。曉殿鳴簷急，羣公罷食迴。燕迎風翅健，馬踏霧泥開。晚覺微陽透，飛光上綠槐。

方回：雨則罷宴，足考故事。

紀昀：無味。○「霧泥」二字生湊，「飛光」二字不妥。

雨中二首

張宛丘

手種堦前樹，今朝亦有花。春陰寒食節，陋巷逐臣家。欲酌消愁酒，先澆破睡茶。遊人歸踏雨，里巷晚諠譁。

方回：肥仙詩自然，楊誠齋之評不虛也。

紀昀：三、四好。○此首落到雨，次首乃説雨，章法不苟。

許印芳：「巷」字複。

節物即自好，客心何落然。早寒清野市，夜雨暗江天。破屋疎茅滴，空廚濕葦煙。政須一杯酒，相與度流年。

方回：第四句「夜雨暗江天」，待别本檢補。

紀昀：此評未詳，再校。

紀昀：太薄。

和應之細雨

朝煙和雨細，病眼暗難分。有潤物皆澤，無聲人不聞。緑連平野稼，翠雜亂山氛。晚霽復何有，飄飄神女雲。

方回：「有潤」、「無聲」之句，亞於老杜。

馮舒：老杜此等亦非佳處。

查慎行：三、四從少陵「潤物細無聲」一句脱化出來，亦猶寇萊公用韋蘇州「野渡無人舟自横」句化作「野水無人渡，孤舟盡日横」一聯也。然老杜字字有味，此如嚼蠟。

紀昀：衍爲十字，拙陋之極，何得云亞？

紀昀：「氛」字不妥，爲避下「雲」字耳。〇結無意味。

寄無斁

陳後山

敬問晁夫子，宫池幾許深？已應飛鳥下，復作卧龍吟。待我中痾愈，同君把臂臨。泥塗無去馬，夏木有來禽。

方回：晁無斁爲曹州教官，後山婦翁郭槩爲州守〔一〕，多唱和。後山五言律爲雨而作者選七首。自老杜後，始有後山，律詩往往精於山谷也。山谷弘大，而古詩尤高。後山嚴密，而律詩尤高。

馮舒：後山再起，吾亦不服。

馮班：結不佳。○律詩對結，初唐多如此。○後山不讀齊、梁詩，只學子美，所以不得法。子美體兼古人，黄、陳不知也。

紀昀：此詩亦老境，然無其骨力而效之，便作元、白滑調。○從老杜寄語楊員外一首脱出，亦覺太似。

暑雨

密雨吹不斷，貧居常閉門。東溟容有限，西極更能存。束濕炊懸釜，翻床補壞垣。倒身無着處，呵手不成温。

馮舒：第三句不可解。

馮班：效杜之極，然未肖也。◯杜詩對結，是南北朝格法，須聲文俱盡始妙。後山自杜以上都不解，往往結不住。以爲學杜，正在皮膜之外也。

查慎行：第三出語難對。

紀昀：語皆過火。

夜　雨

十月天猶雨，三更月失明。溟濛纔灑潤，點滴不成聲。闢户風煙入，投林鳥雀輕。强懷終易感，倏起别離情。

馮班：妙。◯「輕」字未穩。

紀昀：「輕」字不妥。

和寇十一同遊城南阻雨還登寺山

雨阻遊南步，泥留逐北情。稍看飛霧斷，復作遠山横。野闊膏新澤，樓明納晚晴。歸宜有佳思，紗帽壓香英。

方回：「膏」字、「納」字，詩眼極矣。

紀昀：「膏」字習字，且腐語，不及「納」字。

查慎行：第五句「闊」字似不如「潤」字與「膏新澤」有關會。

紀昀：起二句拙。

和寇十一雨後登樓

秀嶺歸雲裹，華譙夕照中。登臨終一作「初」。不數，吟嘯近多同。麥秀知春力，人和驗歲豐。預爲逃暑約，一快楚臺春。一作「風」。

紀昀：清穩而太無意味。

次韻夜雨

暗雨來何急，寒房客自醒。驟看燈閃閃，擬對竹青青。聲到江干失，風迴葉上聽。更長那得曉，欹側想儀刑。

紀昀：四句不了了，五、六有致，結趁韻。

和黄預久雨

甲子仍逢夏，連朝雨脚垂。黑雲玄甲駐，鐵騎冷官馳。映日還蒙霧，懸麻却散絲。頹牆通犬豕，破柱出蛟螭。野潤風光秀，涼生枕簟宜。撥雲開日月，噀水見虹霓。貧可留須捷，恩當記扊扅。蒼頭行冒雨，赤脚出衝泥。詩好聲生吻，書工手着胝。衰年得佳句，懷抱頓能移。

方回：「扊扅」一句，言雨中婦以門牡爲炊。攻苦食淡，異時不可忘也。揚雄方言：「南楚凡人貧衣被醜弊，謂之『須捷』，或曰『摟裂』。」此引用，言雨中解衣以供薪米之費也。

馮舒：「貧可」句太僻。

馮班：「須捷」，太僻。「扊扅」，太牽强。

查慎行：炊「扊扅」，用事費解，與「雨」無關。

紀昀：通體皆俗，後山不應至此。○「懸麻」句拙而雜，「頹墻」句俚，「野潤」二句不似久雨。

驟雨

唐子西

黑雲驚小市，白雨沸秋江。聲入家家樹，涼傳處處窗。亂流鳴決決，疊鼓鬧龐龐。蘋末清風起，斜陽覷海邦。

查慎行：「傳」字欠老，似不如「生」字佳。

紀昀：四疊字礙格，徒以衰頽見長，殊無可采。

江漲

秋來雨似澆，雨罷水如潮。市改依高岸，津喧救斷橋。雲陰哭鳩婦，池溢走魚苗。天意良難測，前時旱欲焦。

方回：工不可言，「市改」、「津喧」之聯尤精選。

紀昀：詩殊不佳，此評未是。

馮舒：新倩。

馮班：妙似唐人。

查慎行：第四生新，第六句確。

紀昀：首句俚，四句景真而語俚，結二句自可。

雨

陳簡齋

蕭蕭十日雨，穩送祝融歸。燕子今年別，梧桐昨夢非。一涼恩到骨，四壁事多違。衮衮繁華地，西風吹客衣。

方回：簡齋五言律爲雨而作者，選十九首。詩律精妙，上迫老杜，仰高鑽堅。世之斯文自命者，皆當在下風。後山之後，有此一人耳。

馮班：吾寧簡齋。

馮舒：第五亦宋句。

查慎行：詩學杜，中又自出手眼，言淺而意深。集中登選者甚多，無出此上者矣。

紀昀：「穩」字不佳，三、四妙在即離之間，「恩」字似新而俚。

連雨書事

九月逢連雨，蕭蕭穩送秋。龍公無乃倦，客子不勝愁。雲氣昏城壁，鐘聲咽寺樓。年年授衣節，牢落向他州。

紀昀："穩送"二字究不佳，六句從工部"鐘鼓報新晴"意對面化出；"年年"二字不接五、六。

風伯方安卧，雲師亦少饕。氣連河漢潤，聲到竹松高。老雁猶貪去，寒蟬遂不號。相悲更相失，滿眼楚人騷。

紀昀：起二句太狰獰。四句勝三句。後四句悲壯。五句"貪"字不穩，而此聯句法亦複起二句。

寒入新篘價，連天兩眼愁。生涯赤藤杖，契分黑貂裘。烏鵲無言暮，蓬蒿滿意秋。同時不同味，世事極悠悠。

馮舒：下言秋，"貂裘"句覺太冷些。

紀昀：起句費解。五、六句有寄託。惜末句説破，較少味，渾之則更佳。○馮氏譏"貂裘"太早，然此不過借言客況耳，不必如此泥。

白菊生新紫，黄蕪失舊青。俱含歲晚悵，併入夜深聽。夢寐連蕭瑟，更籌亂晦冥。雲移過吴越，應爲洗餘醒。

方回：當是宣和庚子時。

紀昀：起四句沉着，結亦切實，亦闊遠。

許印芳：起二句新而不纖，且有寄託，故佳。

試院書懷

細讀平安字，愁邊失歲華。疎疎一簾雨，淡淡滿枝花。投老詩成癖，經春夢到家。茫然十年事，倚杖數棲鴉。

方回：雖止一句説雨，然雨與花作一串，以入「雨類」。漁隱叢話盛稱此聯。

紀昀：因一句及雨，便入「雨類」，恐當入者不止此矣。

紀昀：通體清老，結亦有味。

雨

沙岸殘春雨，茅簷古鎮官。一時花帶淚，萬里客憑欄。日晚薔薇重，樓高燕子寒。惜無陶謝手，盡日〔三〕破憂端。

紀昀：深穩而清切，簡齋完美之篇。

春雨

花盡春猶冷，羈心只自驚。孤鶯啼永晝，細雨濕高城。擾擾成何事，悠悠送此生。蛛絲閃夕霽，隨處有詩情。

紀昀：三、四不減隨州「柳色孤城裏，鶯聲細雨中」句。○結有閒致。若再承感慨説下，便入窠臼。

雨

忽忽忘年老，悠悠負日長。小詩妨學道，微雨好燒香。簷鵲移時立，庭梧滿意涼。此身南復北，髣髴是他鄉。

紀昀：詩亦閒淡有味。惟結處别化一意，與前六句不甚兜結。

岸幘

岸幘立清曉，山頭生薄陰。亂雲交翠壁，細雨濕青林。時改客心動，鳥啼春意深。窮鄉百不理，時得一閒吟。

紀昀：此有杜意。○五、六有味。

許印芳：「時」字複。

雨〔三〕

雲起谷全暗，雨晴山復明。青春望中色，白澗晚來聲。遠樹鳥羣集，高原人獨耕。老夫逃世日，堅坐聽陰晴。

紀昀：語不必奇，而清迥無甜熟之味。

許印芳：「晴」字複。

雨

霏霏三日雨，靄靄一園青。霧澤含元氣，風花過洞庭。地偏寒浩蕩，春半客岭㟞。多少人間事，天涯醉又醒。

紀昀：三句笨而滯。○寒不可説「浩蕩」，結亦落套。

細　雨

避寇煩三老，那知是勝遊。平湖受細雨，遠岸送輕舟。天地悲深阻，山川慰久留。參差發隣舫，未覺壯心休。

許印芳：此詩非詠細雨，蓋詩成之後，拈詩中「細雨」二字爲題耳。

紀昀：亦近杜。

晚晴野望

洞庭微雨後，凉氣入綸巾。水底歸雲亂，蘆藂返照新。遥汀横薄暮，獨鳥度長津。兵甲無歸日，江湖送老身。悠悠只倚杖，悄悄自傷神。天意蒼茫裏，村醪亦醉人。

方回：所圈句法，詩家高處。〔按：方回在「兵甲無歸日，江湖送老身」二句旁加密圈。〕

馮舒：此亦不減唐人。

紀昀：此首入之杜集，殆不可辨。○「兵甲」二句誠爲高唱。○結意沉摯。

許印芳：三、四與老杜七律「返照入江」一聯相犯，曉嵐偶失檢點，句皆作圈。獨於五句不作圈，蓋此句太空，且有滯相也。〔按：紀昀在第一、二、三、四、六句末尾一字旁加圈，在第七、八、十一、十二句旁加密圈，唯第五句末未加圈。〕〇「歸」字複。

道　中

雨勢收還急，溪流直又斜。迢迢傍山路，漠漠滿村花。破水雙鷗影，掀泥百草芽。川原有高下，隨處着人家。

馮舒：真不減原上新居。

紀昀：夷猶有致。

許印芳：製題非法，說見卷一孟襄陽詩題下。〇尾聯襲用王半山「高下數家村」句，然亦不害其爲佳。

晚　步

畎畝意不適，出門聊散憂。雨餘山欲近，春半水争流。衆籟夕還作，孤懷行轉幽。溪西篁竹亂，微徑雜歸牛。

紀昀：别有淡遠之意。

許印芳：三、四雋妙。

雨

雲物淡清曉，無風溪樹閒。柴門對急雨，壯觀滿空山。春發蒼茫内，鳥鳴篁竹間。兒童笑老子，衣濕不知還。

紀昀：四句鄙。○「發」字稍稚。

雨思

小閣當喬木，清溪抱竹林。寒聲日暮起，客思雨中深。行李妨幽事，闌干試獨臨。終然游子意，非復昔人心。〔一四〕

紀昀：亦閒雅。

雨中

北客霜侵鬢，南州雨送年。未聞兵革定，從使歲時遷。古澤生春靄，高空落暮鳶。山川含萬古，鬱鬱在樽前。

紀昀：此首近杜。意境深闊。妙是自運本色，不似古人。

許印芳：評語精妙。

許印芳：「古」字複。

雨後至江上有懷諸子

呂居仁

落日滿寒雨，長江收夕霏。定知聊復爾，敢望不相違。野鳥晴相喚，殘雲晚自飛。殷勤兩山口，好爲放朝暉。

查慎行：用成語須切貼，三、四不佳。

紀昀：三、四不佳，後半自好。

仲夏細雨

曾茶山

霢霂無人見，芭蕉報客聞。潤能添硯滴，細欲亂爐薰。竹樹驚秋半，衾裯愜夜分。何當一傾倒，趁取未歸雲。

方回：三、四已工。第六句「愜」字當屢鍛改，乃得此字。

紀昀：此字微妙，此評亦得其甘苦。

紀昀：反結「細」字。

憫雨

梅子黄初徧，秧鍼緑未抽。若無三日雨，那復一年秋。薄晚看天意，今宵破客愁。不眠聽竹樹，還有好音不？

馮舒：淡老。

紀昀：語不必深，而纏綿篤至。

許印芳：「不」，韻。音浮，不複上文。

郡中吟懷玉山應真請雨未沾足

憫雨連三月，爲霖抵萬金。小垂開士手，足慰老農心。果欲千倉積，猶須一尺深。病夫渾不寢，危坐聽佳音。

方回：「千倉」、「一尺」對偶工。此乃熟讀杜詩，用其句，换一二字，聲響便不同也。

紀昀：此種議論，深悞後生。盜句換字，即爲善學老杜乎？

馮班：起句抄杜，可鄙。末句即前詩結語意。

查慎行：起二句亦杜詩口滑。

紀昀：此便不免傖氣。

苦 雨

儘道迎梅雨，能無一日晴。窗昏愁細字，簷暗亂疎更。未怪蛙争席，真憂水冒城。何由收積潦，簫鼓賽西成。

方回：二首取一。前聯細密有味。

紀昀：亦是常語。

馮舒：「暗」如何亂更？

查慎行：「暗」字當作「響」字，方接「亂疎更」，語意細密。

晚 雨

蕭瑟度横塘，霏微映繚墻。壓低塵不動，灑急土生香。聲入楸梧碎，清分枕簟涼。回頭忽陳迹，簷角掛斜陽。

方回：三、四新，尾句有變態。

紀昀：三句鄙。四句上二字與下三字不相融洽。尾句即簡齋「蛛絲閃夕霽」二句意，而説來警切過之。

夕雨

屐履行莎徑，移牀卧草亭。風聲雜溪瀨，雨氣挾龍腥。燁燁空中電，昏昏雲罅星。徂年又如許，吾鬢得長青？

陸貽典：第四句不如聖俞「飛雨帶龍腥」深厚。

查慎行：前詩「飛雨帶龍腥」，「飛」字、「帶」字意味無窮。此云「雨氣挾龍腥」便呆，豈此雨真有龍氣息耶？

紀昀：五、六率易，結太廓落。

秋雨排悶十韻

今夏久無雨，從秋却少晴。空濛迷遠望，蕭瑟送寒聲。衣潤香偏着，書蒸蠹欲生。壞簷聞瓦墮，漲水見堤平。溝溢池魚出，天低塞雁征。螢飛明暗廡，蛙鬧雜疎更。藥醭時須焙，舟閒任自橫。未憂荒楚菊，直恐敗吳秔。夜永燈相守，愁深酒細傾。浮雲會消散，鼓笛賽西成。

方回：圈點語，皆工。〔案：方回於「衣潤香偏着，書蒸蠹欲生。」「溝溢池魚出。」「藥醭時須焙。」「未憂荒楚菊，直恐敗吳秔」諸句均加圈；「壞簷聞瓦墮，漲水見堤平。」「夜永燈相守」諸句均加點。〕

紀昀：「未憂」二句詞意正大，從老杜「不愁巴道路，恐濕漢旌旗」化出，而不見奪胎之迹，此爲精於效古。虛谷置此不論，足徵所見之卑陋。

紀昀：此詩今載放翁集中，作茶山恐誤。

許印芳：作曾茶山詩，誤。○「溝溢」六句，犯平頭病，不可學。

雨二首

秋冬久不雨，氣濁喜雲生。麥隴崇朝潤，茅簷徹夜聲。初來斷幽徑，漸密雜疎更。賴有墻陰薺，離離已可烹。

紀昀：次句拙滯。

薄晚初雲灑，清晨更慘悽。魚寒拋餌去，鵶濕就簷棲。幽澗濺濺溜，長堤淺淺泥。一杯持自賀，吾事在鋤犂。

紀昀：三句拙，四句好，五、六太易，七、八雖常意而愈於空結。

雨　夜

一雨遂通夕，安眠失百憂。窗扉淡欲曉，枕簟冷生秋。晝燭争棋道，金樽數酒籌。依然錦城夢，忘却在南州。

方回：起句健，後四句又豪放。

紀昀：五、六所謂錦城夢也。

雨多極涼冷

韓仲止

焉知三伏雨，已作九秋風。木葉凉應脱，禾苗潤必豐。地偏山吐月，橋斷水浮空。雞犬隣家外，魚蝦小市中。

方回：自然而古峭。

紀昀：以詞氣論之，筆自簡潔。

馮舒：此等結法，宋以下多有之，如「誰家蕩舟妾？何處織縑人」是也。

紀昀：「禾苗」句凡近。後四句太脱本位。雖詩家題目原在即離之間，而前半既從本位説入，後半不應另寫别景。

晚雨可愛

燈火凉秋夜，空山雨到簷。吹聲初甚少，落勢近頻添。籬菊叢叢潤，畦蔬種種沾。沉思仍静聽，香鼎伴書籤。

方回：三、四奇雅。

紀昀：三句笨甚，五、六敷衍少味。

聞雨凉意可掬

秋聲連夜起，秋意雨來時。睡覺風生屋，凉須水到池。交游稀自好，出入嬾方宜。只被章泉誤，書題又寄詩。

方回：五、六説雨中閒人，情味好。惜知此者鮮矣。

紀昀：四句不了了。七、八惡劣，殆近打油。

連　雨

趙昌父

夜窗連曉枕，城郭與山林。旱苦七八月，雨欣三日霖。殊勝建武穀，更念櫟陽金。斗食端何直，胡爲久滯淫？

方回：此用孟子、左氏二語爲三、四句。似不齊整，亦有道理。五、六用事不俗。

馮舒：六句用得無謂。

紀昀：有何道理？

紀昀：通體陋。

雨望偶題

漠漠青山雨，霏霏白露煙。詩才來遠近，畫幅極中邊。流落雖天外，登臨賴目前。浮生才幾日，此地欲三年。

方回：三、四妙，五、六慷慨，尾句太迫後山。然詩格高峭，不妨相犯。

紀昀：三、四拙甚，五、六亦滑調。

雨中不出呈斯遠兼示成甫

湖外頻年客，江東遡日歸。欲知年事迫，看取鬢毛非。寄意雖梅柳，關心在蕨薇。今予倒芒屨，須子叩柴扉。

方回：此等詩，老杜、後山之苗裔歟？

紀昀：體格略似後山，老杜則遠。

紀昀：六句用蕨薇事，如宋亡以後則可。結句太突出。〇聞扣扉而倒屨可也，先倒屨以須其扣扉，殊非事理。

七言　四十首

江雨有懷鄭典設

杜工部

春雨闇闇塞峽中，早晚來自楚王宮。亂波紛披已打岸，弱雲狼籍不禁風。寵光蕙葉與多碧，點注桃花舒小紅。谷口子真正憶汝，岸高瀼滑〔一五〕限西東。

馮舒：看到黄、陳，則少陵此等詩亦姑舍是。

紀昀：拗而不健，但覺庸沓。老杜亦有不得手詩，勿一例循聲贊頌。○五句太支湊，末句亦不成語。

許印芳：「禁」，平聲。前半不黏。

雨不絶

鳴雨既過漸細微[一六]，映空搖颺如絲飛。堦前短草泥不亂[一七]，院裏長條風乍稀。舞石旋應將乳子，行雲莫自濕仙衣。眼邊江舸何匆遽[一八]？未得[一九]安流逆浪歸。

方回：湘川記：「零陵有石燕，雨過飛如燕子。」

查慎行：上四句，讀其詩，若人人意中有此景，却何人能道得隻字。

何義門：第五諧得妙。

紀昀：亦不甚佳，較前篇氣機健耳。○六句有情。

許印芳：「過」，平聲。「颺」，去聲。「應」，平聲。○以上四章皆拗體。此章前半拗，後半不拗，通體相黏。與前三章不同。

崔評事弟許相迎不到應慮老夫見泥雨怯出必愆佳期走筆戲簡

江閣邀賓許馬迎，午時起坐自天明。浮雲不負青春色，細雨何辜白帝城。身過花間沾濕好，醉於馬上往來輕。虛疑皓首衝泥怯，實少銀鞍傍險行。

方回：唯醉人乘馬，輕捷無苦辛顛頓之態。雖戲皆真實語。

紀昀：此因莊子墜車不傷之説而反附會之。不知少陵乃戲語掉筆，如此坐煞，反固。以例推之，則沾泥果好乎？

何義門：次句，「不到」。第三句，愆期在崔。第五句，何但不怯而已。

紀昀：此只代簡，不以詩論，題自明。

即事

暮春三月巫峽長，皛皛行雲浮日光。雷聲忽送千峯雨，花氣渾如百和香。黄鶯過水翻迴去，燕子啣泥濕不妨。飛閣捲簾圖畫裏，虛無只少對瀟湘。

方回：三、四必先得之句。其體又自不同。亦是一法。

紀昀：此總以後人裝頭綴尾之法揣量古人。

何義門：妙在一氣。

紀昀：此篇人所熟頌，然實未佳。

許印芳：「渾」，平聲。「和」，去聲。前三聯不黏。○三、四實佳，此評太刻。起句是拗調，餘皆平調。

苦雨悶悶對酒偶吟　白樂天

凄凄久雨暗銅駝，㠊㠊涼風起漕河。自夏及秋晴日少，從朝至暮悶時多。鷺臨池立窺魚笱，隼傍林飛拂雀羅。賴有杯中神聖物，百憂無奈十分何。

紀昀：鄙俚處，即在近情處。

方回：樂天詩多近人情，三、四是也。

秋夕閒居對雨贈別盧七侍御坦　竇牟

燕燕辭巢蟬蜕枝，窮居積雨壞藩籬。夜長簷溜寒無寐，日晏廚煙濕未炊。悟主一言那可學，從軍五首〔二〇〕竟徒爲。故人驄馬朝天去，洛下秋聲恐要知。

方回：五竇連珠集，嚴陵郡齋有之。劉後村詩話云：「未見。」士大夫藏，未必皆是也〔二〕。

許印芳：語語切實，無空滑病。後半筆意不平，尤有深味。○「那」，平聲。○竇牟，字貽周，扶風人，叔向次子，官司業。○叔向有詩名，五子常、牟、羣、庠、鞏皆工詩，有聯珠集，共百首，時稱其昆季若五星云。

賦得秋雨

晏元獻

點滴行雲覆苑牆，飄蕭微影度迴塘。秦聲未覺朱絃潤，楚夢先知薤葉凉。野水有波增澹碧，霜林無韻濕疎黄。螢稀燕寂高窗暮，正是西風玉漏長。

方回：此亦「崑體」。蓋當時相尚如此。

馮班：「崑體」。

陸貽典：如此宋詩，猶見先代典型。

查慎行：「疎黄」二字太生。

紀昀：通首學義山逼真。結句雖太迫義山「秋霖腹疾俱難遣，萬里西風夜正長」意，而意境自佳。○「崑體」有意味者原佳，惟一種厚粉濃朱但砌典故者可厭。

有美堂暴雨

蘇東坡

游人脚底一聲雷，滿坐頑雲撥不開。天外黑風吹海立〔三〕，浙東飛雨過江來。十分瀲灩金樽凸，千丈〔三〕敲鏗羯鼓催。唤起謫仙泉灑面，倒傾鮫室瀉瓊瑰。

方回：老杜朝獻太清宫賦：「九天之雲下垂，四海之水皆立。」本是奇語。摘「海立」二字用之，自東坡始。此聯壯哉！

馮班：大手。◯如此才力，何必唐詩？

查慎行：通首都是摹寫暴雨，章法亦奇。

何義門：寫雨勢之暴，不嫌其險。

紀昀：純以氣勝。

和魏道輔雨中見示

王平甫

移病慱慱久雨中，鳴騶時聽六街龍。忽吟佳客詩消暑，遠勝前人櫢愈風。海運我殊慚斥鷃，陸沉君合伴翔鴻。更酬珠玉思談笑，裹飯何須厭屢空。

方回：三、四詩話所稱。

紀昀：平沓之筆，三、四亦非佳句。○「六街龍」，未詳。

雨意

柱礎霑濡雨意成，翾翾鳥雀隔簾鳴。侵尋爽氣來欹枕，想像滄波去濯纓。已識古今無得喪，直須彼我不將迎。囅然一笑呼歸騎，聊更飛毫戲友生。

方回：「囅」，丑理、丑忍二切。「囅然」，笑貌。

紀昀：前半寫得「意」字出，「想像」句對法活變，五、六頹唐，結亦太寬漫。

雨餘

雨餘宫闕映秋旻，漠漠槐花水上新。夜有蝭蟧催節物，朝無沆瀣助精神。形如槁木聊依世，名若浮煙底徇人。莫笑長吟銷短景，故園回首隔參辰。

方回：「蝭蟧」，蟬也。下，力么切。

馮舒：「形如」句懈甚。

紀昀：亦庸近。○第四句笨。

得雨

青天赤日水如湯，車馬飛塵百尺長。望歲人人憂旱魃，舞雩旦旦待商羊。清衷愛物回天鑒，膏澤乘時助歲穰。自有股肱歌盛德，芻蕘誰敢僭揄揚？

方回：平甫詩，多豪健富麗。然此三首，前二首頗悲感；後一首前聯佳，尾句未稱。

紀昀：前聯殊平平。○落句感慨深矣。此等處虚谷不知。

次韻張昌言給事喜雨

黄山谷

三雨全清六合塵，詩翁喜雨句凌雲。垤漂戰蟻餘追北，柱繫乖龍有裂文。減去鮮肥憂主食，偏宗河嶽起爐熏。聖功惠我豐年食，未有涓埃可報君。

方回：「文」字韻難押，想費思索得之。

紀昀：究竟牽强。

馮舒：不好不好，只是不好。不愛不愛，只是不愛。此人出詩獄，我入詩獄。

紀昀：爲韻所牽，不見涪翁力量。○「三雨」二字生，「句凌雲」三字湊。

自巴陵略平江臨湘入通城無日不雨至黃龍謁清禪師繼而晚晴

山行十日雨霑衣，幕阜峰前對落暉。野水自添田水滿，晴鳩更喚雨鳩歸。靈源大士人天眼，雙塔老師諸佛機。白髮蒼頭重到此，問君還是昔人非？

方回：元題下云：「解后禪客戴道純歎雨，作長句呈道純、靈源大士。」即黃龍清禪師也。其師曰晦堂心禪師飛，心禪師藏骨之所曰雙塔；皆山谷平生禪友也。梅聖俞詩云：「高田水入低田流。」此云：「野水自添田水滿。」尤妙。或問劉夢得一詩用兩「高」字，東坡一詩用兩「耳」字，皆以義不同。今此乃用兩「雨」字何也？老杜「江閣邀賓許馬迎」，又云「醉於馬上往來輕」，此亦有例。張文潛詩多重疊用字，朱文公語録道破，亦不以爲病。然後學却合點檢，必老成而後用此例可也。

馮舒：性情所至，偶重一字何妨？不必引例也。

紀昀：究是一病，語録之說不足據。

馮舒：結句都無收煞。

紀昀：題太累贅，詩遂不能理清頭緒。○三、四偶然得之，亦好。有意效之，便成惡劫。工部「桃花」、「黃鳥」一聯，原非佳處。

次韻何子温祈晴　陳後山

九虎當關信不傳，燒香纔上已回天。驅除霧雨還朝日，畜縮濤波復二川。奪日光華開秀句，堆場藁秸驗豐年。從今更上中和頌，少費將軍九萬牋。

方回：何琬，字子温，處州人。蘇、黄深交。何丞相執中、何澹參政，皆其後也。王右軍爲會稽内史，謝公乞牋紙，庫中九萬悉與之。

馮班：不能捉筆。○「九萬牋」事，用既無謂，又不成語，用得無理，湊句也。

紀昀：夾雜生硬，殊爲不佳。

憫雨　唐子西

老楚能令畏壘豐，此身翻累越人窮。至今無奈曾孫稼，幾度虚占少女風。兹事會須星有好，他時曾厭雨其濛。山中賴是萊糧足，不向諸侯託寓公。

方回：莊子庚桑楚第二十三：「老聃之後有庚桑楚者，北居畏壘之山。居三年，畏壘大壤。」注本又作「穰」。廣雅云：「豐也。」子西時謫惠州，謂庚桑楚居畏壘之山，能令豐穰。惠州人以我之故，而至於不雨以窮耶？善用事。「曾孫稼」、「少女風」、「星有好」、「雨其濛」，又用四事。如此加以斡旋爲句，而委曲妥帖，不止工而已也。尾句尤高妙。「畏」音猥，「壘」音磊。

馮班：古人用事之法不如此，但讀即解，不煩更僕。○用事無六朝、唐人規格，愈工愈新，詩調愈下。

馮舒：亦「江西」語，雖巧對，吾不愛。

馮班：宋人惡四六氣。○此晚宋惡詩。○五句宋句，可厭。六句惡湊。○「雨」字犯諱，中聯不得以題中字對別字。

紀昀：又是一種。偶然見之亦可，專工此種則細碎。又出「崑體」下。○「老楚」二字生造。

夜雨

陳簡齋

經歲柴門百事乖，此身真合卧蒼苔。蟬聲未足秋風起，木葉俱鳴夜雨來。棋局可觀浮世理，燈花應爲好詩開。獨無宋玉悲秋念，但喜新涼入酒杯。

馮班：起結不相應。

紀昀：風格自好。○詩固不必句句抱題，然如此五、六，亦太脱。棋局外添一層，更爲迂遠。○第七句笨。

雨　晴

天缺西南江面清，纖雲不動小灘横。牆頭語鵲衣猶濕，樓外殘雷氣未平。盡取微凉供穩睡，急搜奇句報新晴。今宵絶勝[二四]無人共，卧看星河盡意明。

馮舒：寧取簡齋。

紀昀：三、四眼前景，而寫來新警。

許印芳：「盡」字複。○眼前真景，道來便佳，然須古人未道者方可謂之新。取徑新矣，又須看措語如何。措語不工，終不警策。「新警」二字，未易言也。

雨中對酒庭下海棠經雨不謝

巴陵二月客添衣，草草杯觴恨醉遲。燕子不禁連夜雨，海棠猶待老夫詩。天翻地覆傷春色，齒豁頭童祝聖時。白竹籬前湖水闊，茫茫身世兩堪悲。

馮舒：第四句不好。

馮班：第四句厭。

紀昀：意境深闊。○題外「燕子」，對題内「海棠」，不覺添出，用筆靈妙。○此南渡後詩，故有

「天翻地覆」四字。

無名氏(甲)：巴陵即岳州。

許印芳：旁及「燕子」，而措語撇得開，只算請一陪客，故不覺其添出。○「禁」，平聲，耐也。首句借韻。

立春雨

衡山縣下春日雨，遠映青山絲樣斜。容易江邊欺客袂，分明沙際濕年華。竹林路隔生新水，古渡船空集亂鴉。未暇獨憂巾一角，西溪當有續開花。

紀昀：亦有姿致，然非高作。○「絲樣斜」三字欠雅。

觀雨

山客龍鍾不解耕，開軒危坐看陰晴。前江後嶺通雲氣，萬壑千林送雨聲。梅壓竹枝低復舉，風吹山角晦還明。不嫌屋漏無乾處，正要羣龍洗甲兵。

紀昀：前六句猶是常語，結二句自見身分。

許印芳：結語用老杜「牀頭屋漏無乾處」及洗兵馬詩意。大處落墨，固見作家身分。中四句筆力雄健，五、六尤新。曉嵐以爲常語，何其刻也？○首聯叫起後文，次聯承上「陰」字，寫雨來是從寬處寫。三聯承上「晴」字，寫雨止，是從窄處寫。而第五句跟四句「千林」來，第六句跟三句「後嶺」來，此兩聯寫雨十分酣足。尾聯恰好結出洗兵，而屋漏句應起處坐軒。洗兵句應起處不解耕，言意不在灌田，而在洗兵也。「羣龍」二字收三、四句，連五、六句包在內。前三聯歸宿在結句中，滴水不漏。全詩法脈大概如此，其餘鍊字、鍊句、鍊氣、鍊筆，又當別論。凡名家好詩，處處藏機法，字字有着落。學者細心尋繹，自能領悟。舉一詩而他詩可以隅反矣。○「山」字、「不」字、「龍」字俱複。

觀江漲

漲江臨眺足銷憂，倚杖江邊地欲浮。疊浪併翻孤日去，兩津橫捲半天流。黿鼉雜怒爭新穴，鷗鷺驚飛失故洲。可爲一官妨快意，眼中唯覺欠扁舟。

方回：江非雨不漲，故附於此。

馮班：無謂。

紀昀：如此推求，應附者多矣。

紀昀：雄闊稱題。

許印芳：中四句全寓宋家南渡之感，六句喻清流失所，結語緊跟此句說。凡結聯固要收拾通篇，尤宜緊跟五、六句來，或單跟第六句來。如此則氣脈聯貫，神不外散。此是律詩定法，初學宜知之。

雨後至城外

呂居仁

日日思歸未就歸，只今行露已沾衣。江村過雨蓬麻亂，野水連天鸛鶴飛。塵務却嫌經意少，故人新更得書稀。鹿門縱隱猶多事，苦向人前說是非。

紀昀：呂公難得此深穩之作。○三、四清遠，七、八沈着，此居仁最雅潔之作。

無名氏(甲)：鹿門，司馬徽、龐德公隱處，而伏龍、鳳雛於此著見，所謂人間是非也。

許印芳：「人」字複。○虛谷原選此詩重出，故紀批有二條。

苦雨

雨添東澗連西澗，雲斷前山起後山。野水到門人去盡，昏煙迷樹鳥飛還。江天日月渾無色，客路風埃只强顏。舞石至今隨燕乳，裁詩不復哭龍慳。

紀昀：三、四可觀，七、八不成語。

柳州開元寺夏雨

風雨翛翛似晚秋，鴉歸門掩伴僧幽。雲深不見千巖秀，水漲初聞萬壑流。鐘喚夢回空悵望，人傳書至竟沉浮。面如田字非吾相，莫羨班超封列侯。

方回：「萬壑流」，刊本誤作「留」，予爲改定。「人傳書至竟沉浮」句，絶佳。末句乃是避地嶺外，聞將相驟貴者，亦老杜「秦蜀、湖湘」之意也。居仁在「江西派」中，最爲流動而不滯者，故其詩多活。

馮班：第七句「江西」字樣。

查慎行：第六句題外見作意。

紀昀：五、六深至，不似「江西派」語。

乙卯歲江南大旱七月六日臨川得雨奉呈仲高侍御

曾茶山

縹緲爐煙上帝閽，朝來一洗旱如焚。壠頭無復成龜兆，水面初看起縠紋。政使夏畦炊白玉，未妨秋稼刈黄雲。使君憫雨心猶在，化得邦人不茹葷。

方回：元注：「時屢禁屠宰。」乙卯，紹興五年也，茶山五十二歲。甲子生。

紀昀：三句笨，五句亦笨，結句打油。

自七月二十五日大雨三日秋苗以蘇喜雨〔二五〕有作

一夕驕陽轉作霖，夢回涼冷潤衣襟。不愁屋漏牀牀濕，且喜溪流岸岸深。千里稻花應秀色，五更桐葉最知音。無田似我猶欣舞，何況田家望歲心。

方回：三、四已佳。五、六又下得「應」字、「最」字，有精神。

馮舒：腹聯流便。

馮班：第二句好。

查慎行：三、四俱用杜詩作對。

紀昀：精神飽滿，一結尤完足酣暢。

次韻德翁苦雨

尤延之

十年江國水如淫，怕見三秋雨作霖。可念田家妨卒歲，須煩風伯蕩層陰。禾頭昨夜憂生耳，木德何時却守心。兀坐書窗詩作祟，寒蟲鳴咽伴愁吟。

方回：苦雨誰不能和？「禾頭生耳」，本是俗語，忽用「木德守心」爲對，則奇之又奇，前無古人矣。天文録曰：「歲星留心，天下大豐，穀賤。」天文總論曰：「歲星經心，帝必延年。」陶隱居曰：「歲星守心，天下吉善。」甘德曰：「歲星守心，天下大豐。」孝經援神契曰：「歲星守心，年穀豐。」傳曰：「心三星，天王之正位：中星爲明堂天子位，前星爲太子，後星爲庶子。歲星者，東方星，屬春木，於五常爲仁，主福，主大司農，司主五穀，所在之宿主其國壽昌富樂。心爲天子之位，而木德守之，天下之福，不止歲豐而已。」尤遂初押韻用事，神妙如此，敬歎敬歎。

馮舒：亦是宋對耳，總之不得古人用事法。

紀昀：「水如淫」三字不妥。○五、六用事自工。○「詩作祟」三字亦不雅。

臨安春雨初霽

陸放翁

世味年來薄似紗，誰令騎馬客京華？小樓一夜聽春雨，深巷明朝賣杏花。矮紙斜行閒作草，晴窗細乳戲分茶。素衣莫一作「又」。起風塵歎，猶及清明可到家。

方回：據劍南集編在嚴州朝辭時所作，翁年六十二歲。劉後村詩話乃謂妙年行都所賦，思陵賞音，恐誤，當考。

馮舒：光景氣韻，必非少年作。

查慎行：五、六湊泊，與前後不稱。

紀昀：格調殊卑，人以諧俗而誦之。

秋 雨

剡曲高秋一草亭，雨來迫我醉初醒。豪吞平野宜閒望，亟打虛窗入靜聽。沙上濕雲號斷雁，籬根衰草綴孤螢。老人嬾復親燈火，卧看爐香掩素屏。

紀昀：「豪吞」二字不雅。

秋雨北榭作

秋風吹雨到江濆，小閣疎簾晚色分。津吏報增三尺水，山僧歸入萬重雲。飄零露井無桐葉，斷續煙汀有雁羣。了却文書早尋睡，簷聲偏愛枕間聞。

方回：此嚴陵郡圃也。三、四極工而活。

紀昀：亦是平調。此近人所學之劍南詩也。

春 雨

倚欄正爾愛斜陽，細雨霏霏度野塘。本爲柳枝留淺色，却教梅蘂洗幽香。小沾蝶粉初何惜，暫濕鶯身亦未妨。造化無心能徧物，憑誰閒與問東皇？

方回：於梅、柳、蝶、鶯四物形容雨意，亦細潤。

紀昀：未免凡近。

雨

家近蓬萊白玉京，草堂登望不勝清。初驚野色昏昏至，已見波紋細細生。殘醉頓消迎亂點，微吟漸一作「苦」。覺入寒聲。只愁今夕虛簷滴，又對青燈夢不成。

方回：工而潤，亦如小雨云。

紀昀：空運，却佳。

許印芳：「不」字複。

久雨

梅天一日幾陰晴，對酒無聊醉不成。巧曆莫能知雨點，孤桐那解瀉溪聲。林深鳥雀來無數，草茂鋤耰去即生。明日雲開天萬里，御風吾欲到青城。

方回：三、四奇崛。

紀昀：三句拙而陋，五、六亦俚。

小雨初霽

歸來偶似老淵明，消渴誰憐病長卿？小雨染成芳草色，好風吹斷畫簷聲。剪燈院落晨猶冷，賣酒樓臺晚放晴。莫道此翁游興嬾，蘭亭蕭寺已關情。

紀昀：純用平調，效之易入空腔。

雨中聞伯恭至湖上

韓南澗

莫嫌鞭馬踏春泥，茶鼎詩囊偶共攜。山色雨深看更好，湖光煙接望還迷。連天花絮飛將盡，夾道蒲荷長欲齊。官事得閒須洗眼，蓬壺只在帝城西。

方回：韓南澗名無咎，字元吉，即吕成公伯恭，其壻也。〔案：應作名元吉，字無咎。吕祖謙謚成，其壻。〕

紀昀：吕成公之婦翁與詩何涉？總是門户之見。

馮舒：第三句匆匆亦自看過，細思之，雨若深則山必迷而不可見，何有於山色？余至山中，每雨甚則對面且不見也。

淇：若遠山則雨中必迷，近山積雨，略無烟嵐障蔽，山色實自清朗，默庵豈未見之耶？

紀昀：圓熟而平。

記建安大水

孤城雨脚暮雲平，不覺魚龍自滿庭。託命已甘同木偶，置身端亦似羸瓶。浮家却羨鴟夷子，弄月常憂太白星。當日乘槎便仙去，故人應在曲江靈。

方回：元注：「紹興甲子寓建安，夏大水，舉家蕩覆，騎危僅脱，作此自唁。癸巳將命過高郵，遇杜受言猶子鏗，録以見示。受言時提舉茶事，募人拯予者也。」詩中四句用事俱勝。

馮班：李太白如何添上「星」字？小説家雖有長庚入夢之説，然不可竟謂爲星也。

紀昀：中四句平頭，礙格。六句拙。末句「靈」字不妥。

無名氏（甲）：建安，福建建寧府。

晚　晴

趙章泉

殘風落日蟬亂鳴，細履小園欣晚晴。投林倦鳥分暝色，滿地落葉無秋聲。衛尉一錢曾不直，阮郎幾屐畢平生。三十六中第一策，脱却世故甘傭耕。

方回：聱牙細潤，「吴體」也。讀至尾句〔二六〕，乃與山谷逼真。此章泉學詩妙言〔二七〕也。

馮舒：學得像何用？

紀昀：四句「無秋聲」三字究不妥，秋聲不必定在落葉。五句太突，後半氣亦太囂。

無名氏（甲）：衛尉程不識，人輕之，謂不值一錢。阮孚蠟屐，謂此生不知着幾兩屐。

二月十日喜雨呈李純教授去非尉曹

滄浪一夜起鳴雷，雨陣因之續續來。所病農家成久旱，未論花事有新開。書生狂妄常憂國，聖代飄零豈棄才？儒館尉曹俱國士，好爲詩賦詠康哉。

方回：三、四奇瘦，五、六古典。此公詩惟有骨，全無肉。

馮舒：虚字可厭。

紀昀：次句「因之」二字不佳，五句深微，六句斡轉有力。○前後意似不相屬，然三、四句已透到憂國之意。五、六申明己之不合時宜。七、八戲以迎合時局勉二人，純是寓憤之作，以喜雨爲題耳。此在當日必有本事。

雨後呈斯遠

已是霜凝更雨濕，春其漸起但無痕。莫嗟草色有垂死，定有梅花當返魂。小駐要須窮日日，細尋無惜遍村村。揩摩病眼從兹始，併待君詩洗睡昏。

方回：章泉愛用虚字扨斡，不專以爲眼也。如「春其漸起但無痕」，所用「其」字是矣，此句甚妙。「草色垂死」、「梅花返魂」，小民之幸，君子之福，深可雋味。「日日」、「村村」一聯亦不苟，勁瘦枯淡。

馮班：古人之言也，恨二語拙。

查慎行：明季鍾、譚論詩，坐此雲霧。

紀昀：此種虚字純是宋人習氣，不可爲法。

馮班：「無痕」字妙。「其」字、「但」字太拙。

紀昀：三句不雅，亦拙笨。「洗睡昏」三字不佳。

校勘記

〔一〕欲燃　李光垣：「然」訛「燃」。

〔二〕五陵道　李光垣：「巴」訛「五」，「雨」訛「道」。

〔三〕獨逢　李光垣：「仍」訛「獨」。

〔四〕斜景迥　李光垣：「遍」訛「迥」。

〔五〕雨

晴　馮班：「晴」一作「時」。　〔一六〕自可添　馮班：「自可」一作「可自」。　〔一七〕曉聽　按：「曉」字原作墨釘，據康熙五十二年本、紀昀刊誤本校補。　〔一八〕喻晃　李光垣：「晃」原訛作「亮」。　〔一九〕對食　馮班：「對」一作「退」。　〔二〇〕啓關　馮班：「啓」一作「起」，非。　〔二一〕州守　按：「守」字原缺，據康熙五十二年本、紀昀刊誤本校補。　〔二二〕盡日　許印芳：「日」當作「力」。　〔二三〕雨　許印芳：「雨」下當有「後作」二字。　〔二四〕人心　紀昀：「人」字似當作「年」字，再校。　〔二五〕瀼滑　馮班：「滑」當作「澗」。　〔二六〕漸細微　馮班：「漸細」一作「細雨」。　〔二七〕不亂　李光垣：「爛」訛「亂」。　〔二八〕匆遽　馮班：「遽」一作「促」。　〔二九〕未得　馮班：「得」一作「待」。　〔三〇〕五首　按：「首」原作「伯」。　紀昀：「五首」，唐詩鼓吹作「五百」。「從軍五首」用王仲宣事。「五百」別無出處，應從此本。　〔三一〕紀昀：「士大夫」句有誤字，再校。　〔三二〕吹海立　馮班：「如」一作「摘」。　〔三三〕千丈　查慎行、李光垣：「丈」當作「杖」。　〔三四〕絶勝　許印芳：一作「勝絶」。　〔三五〕喜雨　許印芳：「喜」當作「而」。　〔三六〕讀至　馮班：「讀」字上脱「自首」二字。　〔三七〕妙言　李光垣：「言」字誤，或是「旨」字。

瀛奎律髓彙評卷之十八　茶類

茶之興味，自唐陸羽始。今天下無貴賤，不可一餉不啜茶。且其榷與鹽、酒並爲國利，而士大夫尤嗜其品之高者。盧仝一歌至飲七椀，以奇語豪思發茶之神工妙用。然「首閲月團三百片」，則必不精；達官送一處士茶，雖佳，亦不至如是之多。啜茶者，皆是也，知茶之味者亦鮮矣。

紀昀：似當作「茶味之興」，否則衍一「味」字。○此序直是茶論，非論詩。辨盧仝詩句殊無謂，「其榷」句説到國利，尤無涉。

五言　十三首

送陸羽

皇甫曾

千峰待逋客，香茗復叢生。採摘知深處，煙霞羨獨行。幽期山寺遠，野飯石泉清。寂寂燃燈夜，相思磬一聲。

方回：茶之盛行，自陸羽始，止是碾磑茶耳，其妙處在於別水味。盧仝所謂「首閱月團三百片」，恐團茶不應如是之多，多則必不精也。今則江茶最富，爲末茶；湖南、西川、江東、浙西爲芽茶、青茶、烏茶；惟建寧甲天下，爲餅茶；廣西修江亦有片茶，雙井、蒙頂、顧渚、壑源，一時不可卒數。南人一日之間不可無數杯，北人和揉酥酪雜物，蜀人又特入白土，皆古之所無有也。羽死，號爲茶神，故取此一首爲茶詩之冠。

何義門：自然。

紀昀：雖非高格，不失雅音。

無名氏(甲)：凡用碾羅者俱作團茶，近來則芽片爲多也。

故人寄茶

曹　鄴

劍外九華英，緘題下玉京。開時微月上，碾處亂泉聲。半夜招僧至，孤吟對月烹。碧沉霞脚碎，香泛乳花輕。六府睡神去，數朝詩思清。月餘不敢費，留伴肘書行。

方回：「睡神」、「詩思」之聯，極切於茶。

紀昀：切而不雅，無貴於切。

紀昀：體格頗卑，後四句尤拙鄙。○凡三複「月」字。

煎　茶

丁晉公

開緘試雨前，須汲遠山泉。自繞風爐立，誰聽石碾眠。細微緣入麝，猛沸恰如蟬。羅細烹還好，鐺新味更全。花隨僧筯破，雲逐客甌圓。痛惜藏書篋，堅留待雪天。睡醒思滿啜，吟困憶重煎。祇此消塵慮，何須作酒仙。

方回：堅留佳茗以待雪天，此一句無人曾道。尾句却説不須飲酒，乃常例也。

紀昀：細碎敷衍，未見佳處。○「痛」字不雅。

閤門水

元注：「朝堂。嘉祐元年九月九日宿齋，歐陽永叔、張叔之、孫之翰會賦。」

梅聖俞

宮井固非一，獨傳甘與清。釀成光禄酒，調作太官羹。上舍銀瓶貯，齋廬玉茗烹。相如方病渴，空聽轆轤聲。

方回：此山谷詩所謂「閤門水不落第二，竟陵谷簾定誤書」者也。專宜煎茶，故附之「茶類」中。

馮班：詠水，究非「茶類」。

陸貽典：形容亦甚周匝。

紀昀：淺薄無味。

吴正仲遺新茶

十片建溪春，乾雲碾作塵。天王初受貢，楚客已烹新。漏泄關山吏，悲哀草土臣。捧之何敢啜，聊跪北堂親。

方回：三、四即盧仝「至尊之餘合王公，何事便到山人家」也。此詩聖俞五十二居母憂時作，所以用「悲哀草土臣」、「聊跪北堂親」，乃奠酹之意也。

紀昀：後四句不成語，「聊跪」二字不妥。

穎公遺碧霄峰茗

到山春已晚，何更有新茶。峰頂應多雨，天寒始發芽。採時林狖静，烹處石泉嘉〔一〕。持作衣囊秘，分來五柳家。

方回：中四句精工不可言。

紀昀：起四句有致，後半平平，結尤少力。○「嘉」字腐，必是依唐韻用「佳」字，後來傳刻，爲不學者據當時新韻改之，下首「嘉」字亦同。

建溪新茗

南國溪陰暖，先春發茗芽。採從青竹籠，蒸自白雲家。粟粒烹甌起，龍文御餅嘉〔二〕。過茲安得此，一作「比」。顧渚不須誇。

方回：喬雲龍小餅，先朝以爲近臣之異賜。建茶爲天下第一，廣西修江胯茶次之。南渡後，宮禁嬪御日所飲用，即此品。胯茶修四寸，博三寸許。人亦罕有，芽茶則多品矣。

紀昀：第七句拙。

茶磨

楚匠斫山骨，折檀爲轉臍。乾坤人力内，日月蟻行迷。吐雪誇春茗，堆雲憶舊溪。北歸惟此急，藥臼不須齎。

方回：仕宦而攜茶磨，其石不輕，亦一癖也。寧不攜藥臼而攜此物，可謂嗜茶之至者。

陸貽典：「乾坤」、「日月」句太腐。「舊溪」自宜對「新茗」，何得改「春」字？

紀昀：次句鄙，三、四用磨事牽湊夾雜，結處襯托好。

建茶呈使君學士

李虛己

石乳標奇品，瓊英碾細文。試將梁苑雪，煎動建溪雲。清味通宵在，餘香隔坐聞。遥思摘山日，龍焙未春分。

方回：八句佳，三、四「崑體」也。凡「崑體」，必於一物之上，入故事、人名、年代，及金、玉、錦、繡等以實之。

紀昀：清妥而太淺薄。○玩第三句，未知作詩時果在梁苑否？若泛用則不妥。

謝人送壑源絶品云九重所賜也

曾茶山

三伏汗如雨，終朝霑我裳。誰分金掌露？來作玉溪凉。别甑軟炊飯，小爐深炷香。麯生何等物，不與汝同鄉。

方回：元注：「别甑炊香飯，供養於此人。禪家語也。」○詩格清峭。

紀昀：五句拙鄙。結入習逕，措語尤鄙。

迪姪屢餉新茶〔三〕

吾家今小阮，有使附書頻。喚起南柯夢，持來北焙春。顧予多下駟，況復似陳人。不是能分少，其誰遺食新？

紀昀：結句率；「食」字尤不妥。

勅厨羞煮餅，掃地供爐芬。湯鼎聊從事，茶甌遂策勳。興來吾不淺，送似汝良勤。欲作柯山點，元註：「俗所謂衢點也。」當令〔四〕阿造分。元註：「造姪妙於擊拂。」

查慎行：末句元注義未詳。〔案：此云未詳，然慎行於後曾茶山七律詩却深諳「擊拂」之義。〕

紀昀：首句拙。「羞」字作「羞以含桃」之「羞」。「遂策勳」三字腐。

述姪餉日鑄茶

寶胯自不乏，山芽安可無？子能來日鑄，吾得具風爐。夏木囀黄鳥，僧窗行白駒。談多喚坐睡，此味政時須。

方回：茶山詩，觀其格已高人一頭地。觀其用字着語句，殆鍛鍊不一時也。「日鑄」以對「風爐」，「湯鼎」以對「茶甌」，「南柯」以對「北焙」，「分少」以對「食新」，此本老杜：「賞應歌杕杜」，喜收京軍捷可用也，忽着下一句曰「歸及薦櫻桃」，本非切對而化爲佳對，後之詩人皆祖之。

馮舒：大率方君以崛强拗硬爲格高，其實獨夫臭耳。

馮班：方君專取巧對，何以服「崑體」？

紀昀：推許太過，純是標榜之習。〇方云「切對而化爲佳對」，却是。

查慎行：六句拙。

紀昀：三句太率，六句太雜湊，七句拙陋。

無名氏(甲)：日鑄，山名，在紹興。

七言 八首

夜聞賈常州崔湖州茶山境會想羨歡宴因寄此詩

白樂天

遥聞境會茶山夜，珠翠歌鐘俱繞身。盤下中分兩州界，燈前合作一家春。青娥遞舞應爭妙，紫筍齊嘗各鬭新。自歎〔五〕花時北窗下，蒲萄〔六〕酒對病眠人。

方回：元注：「時馬墜損腰，正歡〔七〕蒲萄酒。」此可備故事。

紀昀：選中自注故事甚多，何獨此可備故事？

紀昀：語自細切，格則未高。

無名氏（甲）：茶山在長興縣金沙泉，即造茶之所。每歲常、湖二守皆集於境會亭。

和伯恭自造新茶

余襄公

郡庭無訟即仙家，野圃栽成紫筍茶。疎雨半晴回暖氣，輕雷初過得新芽。烘褫精謹松齋靜，採擷縈迂澗路斜。江水對煎萍髣髴，越甌新試雪交加。一槍試焙春尤早，三椀搜腸句更嘉〔八〕。多藉彩牋貽雅唱，想資詩筆思無涯。

紀昀：七言長律本難，以之詠茶更難，宜其敷衍庸熟也。

李光垣：二「試」二「無」，字複。

無名氏（甲）：茶新出有「旗槍」之目，「三椀」即盧仝詩語。

依韻和杜相公謝蔡君謨寄茶　梅聖俞

天子歲嘗龍焙茶，茶官催摘雨前芽。團香已入中都府，鬬品争傳太傅家。小石冷泉留早味，紫泥新品泛春華。吴中内史才多少，從此蓴羹不足誇。

方回：因茶而薄蓴羹，是亦至論。陸機以「蓴羹」對晉武帝「羊酪」，是時未尚茶耳。然張華博物志已有「真茶令人不寐」之説。

馮班：「蓴羹」可敵「羊酪」，不足當茶也。

紀昀：三國韋曜傳先有之矣。博物志乃僞本，不足爲據。

馮班：第七句用事妙。

紀昀：起句拙鄙，七、八牽引不倫。

次韻曹輔寄壑源試焙新芽　蘇東坡

仙山靈草濕行雲，洗遍香肌粉未勻。明月來投玉川子，清風吹破武陵春。要知玉雪心腸好，不是膏油首面新。戲作小詩君勿笑，從來佳茗似佳人。

方回：此謂壑源新芽，自如玉雪，不似餅茶、團茶，外若膏油之沃也，故云「佳茗似佳人」。

馮班：結句故事可用。

紀昀：五、六鄙俗。

汲江煎茶

活火仍須活水烹，自臨釣石汲深清。大瓢貯月歸春甕，小杓分江入夜瓶。雪乳已翻煎處脚，松風忽作瀉時聲。枯腸未易禁三椀，卧數荒城長短更。

方回：楊誠齋大賞此詩，謂「自臨釣石取深清」，深也，清也，近石也；又非常石，乃釣石；不令僕取，而自取之也。一句含數意。三、四尤奇。

紀昀：楊誠齋解首二句分爲七層，太瑣碎，詩不必如此說。○此説殊妄生支節，東坡本意不如此。

馮班：氣局自闊。○次句似賈長江斑竹杖詩。

查慎行：「貯月」「分江」，小中見大；第六句對法不測。

何義門：「大瓢」句反呼「三椀」，「分江」二字方見活水，「夜」字爲結句伏脈，五、六是形容活火。三椀便不能成寐，以足深情之意。「長短」則亦有活字餘韻，枕上時聞時不聞也。

紀昀：此詩老潔。○博物志曰：「飲真茶令人少眠。」結二句即此意。

吴傅朋送惠山泉兩瓶并所書石刻

曾茶山

錫谷寒泉雙玉瓶，故人捐惠意非輕。疾風驟雨湯聲作，淡月疏星茗事成。新歲𦆯頭須擊拂〔九〕，舊時水遞費經營。銀鈎蠆尾增奇麗，併得晴窗兩眼明。

查慎行：曾見古煎茶石鼎龍頭柄，此坡公所云「龍頭拒火柄猶寒」也。鼎内有銅匙，長尺許，此煎茶時用以「擊拂」也。

紀昀：敷衍無味。○第四句湊。

逮子得龍團勝雪茶兩胯以歸予其直萬錢云

移人尤物衆談誇，持以趨庭意可嘉。鮭菜自無三九種，龍團空取十千茶。烹嘗便恐成災怪，把玩那能定等差。賴有前賢小團例，一囊深貯只傳家。

方回：茶山嗜茶。茶詩無一篇不清峭，有奇骨。

馮班：未見深峭。

紀昀：所選六首，無一首可觀。

紀昀：拙鄙粗疏，備諸惡道，未審何以入選？

李相公餉建溪新茗奉寄

一書説盡故人情，閩嶺春風入户庭。碾處曾看眉上白，元註：「茶家云碾茶須碾着眉上白，乃爲佳。」分時爲見眼中青。飯羹正晝成空洞，枕簟通宵失杳冥。無奈筆端塵俗在，更呼活水發銅瓶。

方回：茶以碾而白爲上品。「摘處佳人指甲黄，碾時童子眉毛緑」，未極茶之妙也。此第三句得之矣。

馮班：總之不好。

紀昀：此卷馮云總欠佳，信然。惟東坡一首差可。

紀昀：五、六拙甚。

校勘記

〔一〕泉嘉　紀昀：「嘉」當作「佳」。　〔二〕餠嘉　紀昀：「嘉」當作「佳」。　〔三〕迪姪屢餉新茶　陸貽典：集本作「造姪二首」。　〔四〕當令　陸貽典：集本「令」作「今」。〔五〕自歉　查慎行：「歉」當「歎」。　〔六〕蒲萄　馮班：「萄」一作「黄」。淇：白集「萄」作

「黄」。〔七〕正歡　李光垣：「飲」訛「歡」。〔八〕句更嘉　紀昀：「嘉」字確是「佳」字，所改斷無嘉句之説也。〔九〕擊拂　按：「擊」原作「繫」，據康熙五十二年本、紀昀刊誤本校改。

瀛奎律髓彙評卷之十九　酒類

詩與酒常並言，未有詩人而不愛酒者也。雖不能飲者，其詩中亦未嘗無酒焉。「身入醉鄉無畔岸，心與歡伯爲友朋」，山谷奇語，以非律不與茲選；亦律之變格，宜附書諸此。

紀昀：如此，則各類之中，古體、絶句宜附者多矣。

五言　十九首

獨酌

杜工部

步屧深林晚，開樽獨酌遲。仰蜂黏落絮，行蟻上枯梨。薄劣慚真隱，幽偏得自怡。本無軒冕意，不是傲當時。

方回：此以「獨酌」爲題，其實皆幽棲自怡之事。「仰蜂」「行蟻」，蓋獨酌時所見如此。凡爲詩，只兩句摸景精工，爲一篇之眼，餘放淡淨爲佳。

紀昀：此說有見。

紀昀：「行」或作「倒」，非。或音「杭」，亦非。三、四小巧似姚武功，不爲杜之佳處。

獨酌成詩

燈花何太喜，酒綠正相親。醉裏從爲客，詩成覺有神。兵戈猶在眼，儒術豈謀身？苦被微官縛，低頭愧野人。

方回：「燈花何太喜」，問也。「酒綠正相親」，答也。「醉裏」「詩成」一聯，天出奇語。一獨酌間，其妙如此。

馮班：豈是問答？

紀昀：亦無奇處。

軍中醉飲寄沈劉叟

元注：「或作沈八、劉叟。」〔一〕

酒渴愛江清，餘甘〔二〕漱晚汀。軟莎欹坐穩，冷石醉眠醒。野膳隨行帳，華音發從伶。

數杯君不見，都已遣沉冥。

方回：黄本注杜詩無此篇。山谷嘗用「酒渴愛江清」爲韻賦詩，任淵注亦云杜詩，而白本杜詩亦有此篇。或以爲暢當詩，然頓挫翕忽，不可以律縛，恐暢當未辨此也。第二句「甘」亦作「酣」。

紀昀：此評推許太過。○究是暢當作。

馮班：第六奇。

紀昀：六句不佳。

許印芳：起句甚佳，曉嵐密圈之。○「從」，去聲。○暢當，河東人，官果州刺史。

何處難忘酒

白樂天

何處難忘酒？天涯話舊情。青雲俱不達，白髮遞相驚。二十年前別，三千里外行。此時無一盞，何以敍平生？

陸貽典：少陵詩如仙家甘露，天厨法醞。以視此等，淡而少味矣。

何處難忘酒？霜庭老病翁。暗聲啼蟋蟀，乾葉落梧桐。鬢爲愁先白，顔因醉暫紅。此時無一盞，何計奈秋風？

何處難忘酒？青門送別多。斂襟收涕淚，蹴馬聽笙歌。煙樹灞陵岸，風塵長樂坡。此時無一盞，争奈去留何？

何處難忘酒？逐臣歸故園。赦書逢驛騎，賀客出都門。半面瘴煙色，滿衫鄉淚痕。此時無一盞，何處可招魂？

方回：七首内，三首以士人及第、少年春夜、軍功建旄而飲，今删之。何則？得志之人能不汩於酒，則人品高矣。所取四首，以逆旅窮交、老境寒病、都門送別、逐臣遇赦而飲。此則不能忘情於酒者，人情之常也。「鬢爲愁先白」一聯，後山略换數字，便鍛鐵成金，此又學者所當知也。

陸貽典：以樂天爲鐵，太過。

紀昀：此種總是詭激之見。〇二聯工拙相去無幾，此亦黨附之見。

紀昀：頗爲流美，然此種體裁，究非大雅所尚。

不如來飲酒

莫作商人去，悽惶君未諳。雪霜行塞北，風水宿江南。藏鏹百千萬，沉舟十二三。不如來飲酒，仰面醉酣酣。

紀昀：五、六粗鄙。

莫事長征去，辛勤難具論。何曾畫麟閣，祇是老轅門。蟣蝨衣中物，刀鎗面上痕。不如來飲酒，合眼醉昏昏。

紀昀：五、六更粗鄙。

莫上青雲去，青雲足愛憎。自賢誇智慧，相糾鬬功能。魚爛緣吞餌，蛾焦爲撲燈。不如來飲酒，任性醉騰騰。

紀昀：五、六二句俚甚。

莫入紅塵去，令人心力勞。相争兩蝸角，所得一牛毛。且滅心中火，休磨笑裏刀。不如來飲酒，穩卧醉醄醄。

方回：不如來飲酒七首，删去三首。深山也、農夫也、學仙也，不可招之使還。商人、征夫，雲路、塵勞，此當以酒招耳。人言白詩平易，「相争兩蝸角，所得一牛毛」，豈不奇崛？胸中所見高，則下筆自高，此又在乎涵養、省悟之有得，不得專求之文字間也。

陸貽典：「相争兩蝸角，所得一牛毛。」二語似「江西」，虚谷所深服也。

紀昀：「相争兩蝸角，所得一牛毛」，亦無奇倔之處。○評白詩未允，而此論却是。

查慎行：此種終嫌近俚。

紀昀：五、六二句亦俚。○此四首語多鄙俚，不可爲式。

把酒思閒事

把酒思閒事，春愁誰最深？乞錢羈客面，落第舉人心。月下低眉立，燈前抱膝吟。憑君勸一醉，勝與萬黄金。

紀昀：三、四二句太卑猥。

把酒思閒事，春嬌何處多？試鞍新白馬，弄鏡小青娥。掌上初教舞，花頭欲按歌。憑君勸一醉，勸了又如何？

方回：樂天所賦必近人情。前一詩言羈窮之人不可無酒也，後一詩言得志之人，酒後有所不能自已也。一以憐，一以戒也。

紀昀：結句太淺滑。

晚春酒醒尋夢得

料合同惆悵，花殘酒亦殘。醉心忘老易，醒眼別春難。獨出雖慵懶，相逢定喜歡。還携小蠻去，試覓老劉看。

方回：此以「小蠻」爲酒榼名，又非舞腰之小蠻也。

馮班：携妓覓友，何言「酒榼」耶？

查慎行：酒具有蠻榼。

紀昀：前四句好，後四句率易。

臘　酒

梅聖俞

韋氏月録云：「臘月造，四月成。」

汲井轆轤鳴，寒泉碧甕盛。欲爲三伏美，方俟十旬清。漫憶黄公舍，徒聞韋氏名。熟時梅杏小，獨飲效淵明。

方回：此和晏元獻臘中諸詩。臘酒四月而成，今人未有得其法。

紀昀：平沓無味。

答高判官和唐店夜飲

露宿勤王客，相從月下來。黄流何日漲？綠酒暫時開。風定燈光爛，天高斗柄迴。醉言多脱略，吾黨不須猜。

方回：五、六流麗壯健。末句之意，又高於淵明矣。

馮班：何見得？

紀昀：淵明詩「但恐多謬誤，君當恕醉人」，此翻其意，故云「更高於淵明」，非謂詩高於淵明也。馮氏詆之非。

查慎行：此首已見「宴集類」，重出。

紀昀：重出而評語不同，此處評語較切實。

村　醪

雨濕破荆籬，風摇樹亞旗。小槽聲下急，挐榼問沽遲。摘果野棠〔三〕熟，望人船火〔四〕隨。燈前相對飲，還似昔過時。

方回：五、六不甚緊要而有味。

紀昀：未見其味。

查慎行：少趣。

紀昀：語意不甚了了，恐題有脱字，再校。

答田生

陳後山

酒亦有何好？人今未肯忘。苟無愁可解，何必醉爲鄉。臢欲論奇字，終能諱秘方。直饒肌骨秀，正要畫眉長。

方回：此戒田生過飲。尾句恐其不自修飾，則天資之美，亦不可恃也。

紀昀：尾句非虚谷不明。然如此費解，便非好句。

馮舒：撤盡。

查慎行：起句用成語，恰合。

紀昀：三、四輕滑，不似後山。

醉中作

陸放翁

宦游三十載，舉步亦看人。愛酒官長駡，近花丞相嗔。湖山今入手，風月始關身。少吐胸中氣，從教白髮新。

方回：三、四天生對偶。

馮班：第四句亦要斟酌。

馮班：用杜詩，應有所刺。

查慎行：三、四俱用杜，亦緊頂舉步看人意。

紀昀：後四句太快。

七言 十六首

嘗酒聽歌招客　白樂天

一甕香醪新插篘，雙鬟小妓薄能謳。管絃漸好新教得，羅綺雖貧免外求。世上貪忙不覺苦，人間除醉却須愁。不知此事君知否？君若知時從我游。

方回：曠達之言。

馮舒：「插篘」二字犯。

紀昀：三、四皆香山滑調，不宜效之。○第五句粗。

長齋月滿携酒先與夢得對酌醉中同赴令公之宴戲贈夢得

齋宫前日滿三旬，酒榼今朝一拂塵。乘興還同訪戴客，解酲仍對姓劉人。病心湯沃寒灰活，老面花生朽木春。若怕平原怪先醉，知君未慣吐車茵。

方回：第四句善恢諧。五、六足見飲酒之喜，快於心，見於面。

查慎行：第四句生動有機趣。○「寒灰活」襯「病心」，「湯沃」翻「心如死灰」成語，非支湊也。

紀昀：第五句粗。

無名氏（甲）：中山劉白墮善造酒，飲者一醉，千日方醒。又劉伶作酒德頌，其妻勸止飲，乃祝神曰：「天生劉伶，以酒爲名。一飲一石，五斗解酲。」

橋亭卯飲

卯時偶飲齋時卧，林下高橋橋上亭。松影過窗眠始覺，竹風吹面醉初醒。就荷葉上包魚鮓，當石渠中洗酒瓶。生計悠悠身兀兀，甘從妻唤作劉伶。

方回：五、六新異。

紀昀：五、六句調太野，格亦太卑。

太守徐君猷通守孟亨之皆不飲酒詩以戲之云〔五〕

蘇東坡

孟嘉嗜酒桓温笑，徐邈狂言孟德疑。公獨未知其趣耳，臣今時復一中之。風流自有高人識，通介寧隨薄俗移。二子有靈應拊掌，吾孫還有獨醒時。

方回：全用孟、徐二人飲酒事。以其泉下有靈，却笑厥孫不飲，善滑稽者。

馮班：坡體有氣力。次聯「江西」語也。詞氣高曠，更覺可味。

查慎行：用兩人事實作兩聯，天成對仗。首尾一意反覆，章法新奇。

紀昀：戲筆不以正論，存一種耳。就此而論，却點化得玲瓏璀璨。

許印芳：三句、五句承孟嘉，四句、六句承徐邈。紀批律髓此詩密圈第二聯，批本集通首密點，今兩從之。○紀昀於本集批云：「小品自佳，凡詩語切姓，未免近俗。此詩亦從姓起義，恰有孟、徐二酒事佐之，又不以切姓爲嫌。」又曰：「查初白云：中二聯兩兩分承起句，章法獨創。」○「獨」字複，「有」字凡三見，「醒」讀平聲。

章質夫送酒六壺書至而酒不達戲作小詩問之

白衣送酒舞淵明，急掃風軒洗破觥。豈意青州六從事，化爲烏有一先生。空煩左手持新蟹，漫繞東籬嗅落英。南海使君今北海，定分百榼餉春耕。

方回：「青州」、「烏有」之聯，既切題。「左手」、「東籬」一聯，下「空煩」、「漫繞」四字，見得酒不至也。善戲如此。

馮班：次聯「江西」句法。

陸貽典：與前三、四句法同。「江西派」句法，却高曠可味。

查慎行：次聯，承蜩、弄丸，不足喻其巧妙。

何義門：五、六勝次聯。〇皮日休醉中寄魯望一壺絶句云：「醉中不得親相倚，故遣青州從事來。」此正用其語，刻畫送酒六壺，與韋相泛用「青州從事來偏熟」者又别。甚矣，公詩之不易讀也！

紀昀：「舞」字不安。〇亦是諧體，三、四太俳，不及五、六。

醉　中

陳簡齋

醉中今古興亡事，詩裏江湖摇落時。兩手尚堪盃酒用，寸心唯是鬢毛知。稽山擁郭東西去，禹穴生雲朝暮奇。萬里南征無賦筆，茫茫遠望不勝悲。

方回：此以「醉中」爲題耳。三、四絶妙，餘意感慨深矣。

紀昀：首聯十四字一篇之意。妙於作起，若作對句，便不及。

趙熙：起妙。

對　酒

陳留春色撩詩思，一日搜腸一百迴。燕子初歸風不定，桃花欲動雨頻來。人間多待須微禄，夢裏相逢記此杯。白竹扉前容醉舞，煙波一作「村」〔六〕。渺渺欠高臺。

方回：簡齋詩，響得自是別。

紀昀：簡齋風骨高秀，實勝宋代諸公。此評却非阿好。

許印芳：此評確。詩乃折腰句法，而筋骨不露，最善學杜。

紀昀：三、四有託寓。

許印芳：簡齋外有「新詩滿眼」一首，亦同此題。◯「思」，去聲。

郡中禁私釀嚴甚戲作

曾茶山

結交歡伯無他腸，小槽竊比顧建康。此身忽墮禁酒國，何路得到無功鄉。官酤快甚夏酌水，齋釀愜於冬飲湯。客來且復置是事，北焙薦椀春風香。元注：「時建上送新茗。」

方回：此「吴體」。三、四絶佳。

紀昀：三、四常語，未見絶佳。

陸貽典：五、六惡句。

紀昀：頹唐之甚，五、六尤粗。

無名氏（甲）：顧憲之爲建康令，清儉强力。時人飲酒清美，輒以比之，遂呼爲「顧建康」焉。王無功有醉鄉記。

避寇遷居郭内風雨淒然鄭顧道餉酒

煙雨昏昏一月梅，全家避寇寄城隈。欲尋碧落侍郎去，遽沐青州從事來。令我妻孥争洗盞，想公伯仲正傳杯。安能鬱鬱久居此，且傍茶山松逕回。

方回：「碧落」、「青州」之句，本於東坡。

家釀紅酒美甚戲作

麯生奇麗乃如許，酒母穠華當若何。向人自作醉時面，遣我寧不蒼顏酡。得非琥珀所成就，更有丹砂相盪磨。可憐老杜不對汝，但愛引頸舟前鵝。

方回：此詩三、四不甚入律。然終篇發明紅酒之妙，前此未有。當時時玩味之。乃老杜「吴體」、山谷詩法也。

紀昀：風骨矯矯，却無獷態。如此何嫌於茶山！

許印芳：「不」字複。〇四句「遣」字未免呆笨，故易之，作「顧」字。

秋夜獨酌

黄師憲

溪山態足身無事，天地功深歲有秋。投老相從管城子，平生得意醉鄉侯。捲簾清坐月排闥，横笛人家風滿樓。可是離人更遺物，何緣身世兩無求。

方回：黄公度字師憲，興化軍莆田人。紹興八年諒闇，大魁。思陵在御，丁未至壬午三十六年，首甲科十有一人，梁克家丞相，陳誠之樞使，三尚書曰汪應辰、劉章、王佐，五從官曰李易、張九成、趙逵、張孝祥、王十朋，獨師憲以忤秦檜得正字。即被論與祠，後倅肇慶。紹興二十五年檜死，始得召爲考功員外郎而卒，年不逮五十。洪景盧序其知稼集，有句曰：「雨意欲晴山鳥樂，寒聲初到井梧知。」景盧謂大曆十才子不能窺藩。又有句曰：「還鄉且盡田家樂，舉世誰非市道交。」「醉鄉歸去疑無路，詩筆拈來似有神。」是可以言詩矣。

紀昀：「雨意欲晴山鳥樂，寒聲初到井梧知」二句果佳。○「還鄉且盡田家樂」四句，猶是習語。

紀昀：音節頗響，然乏深味。

小飲梅花下作

陸放翁

脱巾莫歎髪成絲，六十年間萬首詩。予自十七、八學詩，今六十年，得萬篇。排日醉過梅落後，通宵吟到雪殘時。偶容後死寧非幸，自乞歸耕已恨遲。青史滿前閒即讀，幾人爲我作蓍龜。

方回：第二句舉世無對。

紀昀：白體。○次句云云，此正放翁之病。蓋太多，則不能盡有深意，而流連光景之詞，不能一一簡擇。膚淺草率之篇亦傳，令人有披沙揀金之歎。所以品格終在第二流中。

六日雲重有雪意獨酌

遍游藪澤一漁舠，歷盡風霜只緼袍。天爲念貧偏與健，人因見懶悮稱高。地連海澨濤聲近，雲冒山椒雪意豪。偶得芳樽須痛飲，涼州那得直蒲萄。

方回：三、四善斡旋，有味。

紀昀：三、四是真正宋調，然究是詩中一種，不得以外道目之。

查慎行：尾用翻案語，雋。

紀昀：先寫情，後入題，運筆有變化，語亦圓潔，不得以平調廢之。

小圃獨酌

少年裘馬競豪華，豈料今爲老圃家。數點霏微社公雨，兩叢閒淡女郎花。詩成枕上常難記，酒滿街頭却易賒。自笑邇來能用短，只將獨醉作生涯。

查慎行：三、四淡雅。

紀昀：此嫌頹唐。

對酒

老子不堪塵世勞，且當痛飲讀離騷。此身幸已免虎口，有手但能持蟹螯。牛角掛書何足問，虎頭食肉亦非豪。天寒欲與人同醉，安得長江化濁醪。

紀昀：亦復姿逸。結即子美廣廈、樂天大裘意。○後半氣脈自闊大，惟六句複一「虎」字，是微瑕。「蟹」、「牛」、「虎」字雜用礙格，亦一瑕。

醉中自贈

富貴猶宜早退休，一生齟齬更何求。賦形未至欠壬甲，語命寧須憎斗牛。栗里收身貧亦樂，平陵埋骨死無憂。狂歌醉舞真當勉，剩折梅花插滿頭。

方回：放翁此五詩皆新異。

紀昀：有圓熟者，有老健者，皆不得謂之新異。

查慎行：「欠壬甲」，語出三國志管輅傳。「憎斗牛」，用昌黎詩。

無名氏(甲)：相術：背有三甲，腹有三壬，方得壽考。韓文公、蘇東坡生命俱值斗牛箕，雖榮顯，亦遭險坎。

校勘記

〔一〕元注或作沈八劉叟　許印芳：一本無此八字，一本作杜甫詩。當作暢當詩。　〔二〕餘甘　馮班、紀昀：「甘」一作「酣」。　〔三〕野棠　按：「野」原訛作「夜」，據康熙五十二年本、紀昀刊誤本校改。　〔四〕船火　按：「火」原訛作「犬」，據康熙五十二年本、紀昀刊誤本校改。　〔五〕戲之云　許印芳：「云」字衍。　〔六〕一作村　許印芳：「村」字非是。

瀛奎律髓彙評

〔元〕方回　選評
李慶甲　集評校點

三

上海古籍出版社

瀛奎律髓彙評卷之二十　梅花類

虚谷曰：梅見於書、詩、周禮、禮記、大戴禮、左氏傳、管子、淮南子、山海經、爾雅、本草，取其實而已。曰「爾惟鹽梅」；曰「標有梅」；曰「籩人八梅薋爲乾梅」；疏者謂：「梅皆有乾濕。」曰「獸用梅」；曰「五月煮梅，爲豆實」；曰「水火醯醢鹽梅，以亨魚肉」；曰「五沃之土，其梅其杏」；曰「一梅不足爲百人酸」；曰「雲山之上，其實乾腊」，郭璞注：「腊爲乾梅。」曰「梅枏似杏實酢」；曰「梅實明目，益氣不飢」，未以其花爲貴也。惟詩「山有嘉卉，侯栗侯梅」，大戴禮夏小正「正月，梅、杏、杝、桃始華」，一言卉，一言華。説苑：「越使諸發執一枝梅遺（梁王），梁臣韓子，顧左右曰：『惡有一枝梅乃遺列國之君乎？』」由是考之，則梅以花貴自戰國始。西京雜記：「漢初修上林苑，羣臣各獻名果，有朱梅、紫花梅、同心梅、紫蒂梅。」則梅種之多。特以花書，又自西漢始。漢武帝元封三年，作柏梁臺，語羣臣有能爲七言者，乃得上座。太官令曰：「枇杷橘栗桃李梅。」梁簡文帝引此事爲梅花賦而曰：「七言表柏梁之詠。」則知漢武帝時始有七言詩及梅也，亦恐不專主花。荆州記曰：「陸凱與范曄相善，自江南寄梅一枝，詣長安與曄，併贈詩曰：『折梅逢驛使，寄與隴頭人。江南無所有，聊贈一枝春。』」詩家以爲晉人，非宋文時范曄。姑從其説。則梅花見於五言詩，自晉時始也。大槩梅花詩五、七言至梁、陳而大盛。梁簡文帝雪裏不見梅花詩有云：「絶訝梅花晚，争來雪裏窺。定須還剪綵，學作兩三枝。」梁元帝詩有云：「梅含今春樹，還臨先日池。人懷前歲憶，花發故年枝。」鮑泉詩有云：「可憐階下梅，飄蕩逐風回。度簾拂羅幌，縈窗落梳臺。」陰鏗詩有云：「春近寒雖薄，梅舒雪尚飄。從風還共落，照日不俱消。」庾肩吾詩有云：「窗梅朝始發，庭雪晚初消。道遠終難寄，馨香徒自饒。」庾信詩有云：「當年臘月半，已覺梅花闌。不信今春晚，俱來雪裏看。早知覓不見，真悔着衣單。」此雖非全篇，皆可膾炙。其全篇清雅者，如何遜云：「兔園標物序，驚時最是梅。御霜當路發，映雪凝寒開。枝横却月觀，花繞凌風臺。朝灑長門泣，夕駐臨邛杯。應知早飄落，故逐上春來。」其七言流麗者，如江總有云：「臘月正月早驚春，衆花未發梅花新。」「梅花芬芳臨玉臺，朝攀晚折還復開。」「滿酌金巵催玉柱，落梅樹下宜歌舞。」又有一句全聯可觀者：「釵臨曲池影，扇拂玉堂梅」，梁元帝也；「砌石披新錦〔一〕，梁花畫早梅」，陰鏗也；「草短猶通羃，梅香漸着人」，徐君倩也；「綠條初變柳，紫蕚欲舒梅」，隋煬帝也。沿唐及宋，則梅花詩殆不止千首，而一聯一句之佳者無數矣。今摘其尤異者，尾於所賦着題詩之後。而雪也、月也、晴也、雨也，亦着題詩，又尾於後。紅梅、臘梅詩，亦附乎此。格物〔二〕在致知，玩物則喪志，在學者擇之。

馮舒：詠物詩前人多有寄託，宋人多作着題語，不惟格韻卑弱，而詩人之旨自此衰矣。○「詩緣情而綺靡，賦體物而瀏亮。」宋人作着題詩，亦緣情之旨也。

馮班：「枝橫却月觀，花繞淩風臺。」絕作。「砌石披新錦，梁花畫早梅。」此非梅詩。

紀昀：「取其實」句可直接「未以其花」句，乃徧述諸書，不足炫博，徒增支蔓，殊乖著書之體。○「韓子顧左右曰：惡有一支梅，乃遺列國之君乎？」此三句亦可删。○「梁簡文帝引此事爲梅花賦，而曰七言表柏梁之詠。」此二句可删。○「則知漢武帝時始有七言詩及梅也，亦恐不專主花。」直是主實，文句甚明，「恐」字騎墻。○「大盛」句可直接「沿唐及宋」句。○「今摘其尤異者尾於所賦着題詩之後，而雪也、月也、晴也、雨也，亦着題詩，又尾於後，紅梅、臘梅詩亦附乎此。」觀此則今本卷次非虛谷之舊，或其後卷次改編，而此卷未及改。○「格物在致知，玩物則喪志，在學者擇之。」忽以此二語終，可謂不倫。

李光垣：序亦標名，與全書例不畫一。

五言 六十一首

和王司馬折梅寄京邑兄弟

張子壽

離别念同嬉，芳榮欲共持。獨攀南國樹，遥寄北風時。林惜迎春早，花愁去日遲。還聞折梅處，更有棣華詩。

方回：明皇宰相張九齡曲江集二十卷，賦一卷，詩五卷。此詩在第二卷。蜀本「芳榮」作「方榮」，「惜」字不可認，以近本所刊芮挺章國秀集正之。國秀「還聞」作「仍聞」。此詩在少陵、太白之前，陳子昂、杜審言、沈、宋之後。曲江公身爲一代正人，而詩亦字字清切云。芮挺章選唐天寶三年以前諸公，凡九十人，詩二百三十首，以李嶠爲第一，次宋之問、杜審言、沈佺期，又次張説、徐安貞、張敬忠、賀知章、王翰、董思恭、杜巖、崔滌、沈宇、劉希夷，而九齡爲第十五人云。時猶未數少陵同時諸公也。

紀昀：於題目亦細切，然無意味。

許印芳：張九齡，字子壽，韶州曲江人。玄宗朝爲相，卒謚文獻。感遇詩效阮公詠懷，與陳射洪齊名，律詩亦雅令。

庭梅詠

芳意何能早，孤榮亦自危。更憐花蒂弱，不受歲寒移。朝雪那相妬，陰風已屢吹。馨香雖尚爾，飄蕩復誰知。

方回：此見曲江集第五卷。詳味詩思，蓋爲李林甫所陷。先罷相，又坐舉周子諒爲御史，貶荆州長史，此荆州詩也。先有戲題春意云：「一作江南守，江林三四春。」在玉泉寺古塚詩後，然則詩豈無爲而徒作者哉？以置少陵之前可也。子壽未相之前，嘗爲洪州都督，徙桂州，兼嶺南按察選補使。所至詩必佳，洪州詩有云：「有趣逢樵客，忘懷狎野禽。」巡屬縣云：「途中却郡掾，林下招村民。」妙甚。

紀昀：曲江詩惟摘此四句，以近山林語耳。僻見不化如是！

馮班：如此寄託，比「江西派」諸公詠物詩何如？

紀昀：純是寓意。

許印芳：「那」，平聲。

江　梅

杜工部

梅蕊臘前破，梅花年後多。絶知春意早〔三〕，最奈客愁何。雪樹元同色〔四〕，江風亦自波。故園不可見，巫岫鬱嵯峨。

方回：起句十字，已盡梅花次第。

馮班：力舉萬鈞。○起句老極。

何義門：破題二句，已非「江梅」不可。○首句「梅」起，七句「江」結。法好。

紀昀：平正妥帖，無出色處。

春雪間早梅

韓昌黎

梅將雪共春，彩豔不相因。逐吹能爭密，排枝巧妬新。誰令香滿座，獨使淨無塵。芳意饒呈瑞，寒光助照人。玲瓏開已徧，點綴坐來頻。那是俱疑似，須知兩逼真。熒煌初亂眼，浩蕩忽迷神。未許瓊花比，從將玉樹親。先期迎獻歲，更伴占兹辰。願得長輝映，輕微敢自珍。

方回：汗血千里馬，必能折旋蟻封。昌黎，大才也。文與六經相表裏，史、漢並肩而驅者。其爲大篇詩，險韻長句，一筆百千字，而所賦一小着題詩，如雪，如筍，如牡丹、櫻桃、榴花、蒲萄，一句一字不輕下。此題必當時有同賦者。春雪早梅，中着一「間」字。只「彩豔不相因」一句五字已佳矣。「彩」言雪，「豔」言梅。本不相資，而成此美句，是非相爲得之意。「芳意饒呈瑞」，以言梅之芳，又饒以雪之祥瑞。「寒光助照人」，以言雪之光，足助乎梅之映照。錯綜用工，亦云密矣。

紀昀：此亦近是之言，其實大局面與小結構，究竟各自一種，非能巨者必能細。

方回：學者作詩，謂不思而得，喝咄叫怒即可成章，吾不信也。

紀昀：此說却是。

方回：惟「更伴占兹辰」一句，恐有誤。束大才於小詩之間，惟五言律爲最難。昌黎此詩，賦至十韻，較元微之春雪映早梅多四韻，題既甚難，非少放春容不可也。

紀昀：此說不確。○「先期」句指冬雪，「更伴」句清出春雪。語意本明，何言有誤？

方回：柳子厚有早梅詩，古體仄韻：「早梅發高樹，迥映楚天碧。朔吹飄夜香，繁霜滋曉日。欲爲萬里贈，杳杳山水隔。寒英坐銷落，何用慰遠客。」單賦早梅，不爲律，易鍛鍊也。譬如雪詩：「千山鳥飛絶，萬徑人蹤滅。孤舟簑笠翁，獨釣寒江雪。」爲古體則可，極天下之奇；爲律體則不可矣。昌黎「將策試」、「聽窗知」六字，爲荆公引用，亦是費若干思索，律體尤難，古體差易故也。

馮班：古體難，律體易，方君殊瞶瞶。古易於律，真小兒語。

紀昀：此一段全不中肯。視古體易而律體難，豈知詩者之論？平生底藴，畢露於此矣。

馮舒：此「着題」，體意是省試詩。

馮班：無一語少怯。○首句好破。○似省試詩。

紀昀：昌黎古體橫絶一代，律詩則非所長，試帖刻畫更非所長矣。此詩刻意斂才就法，反成淺俗，不爲佳作。○三句是韓本色，而非律詩當行。○「芳意」句太俗。○「熒煌」二字不似雪，「浩蕩」二字更不似，「忽迷神」三字不雅，「未許」二句亦俗。

江梅 鄭谷

江梅且緩飛，前輩有歌詞。莫惜黄金縷，難忘白雪枝。吟看歸不得，醉嗅立如癡。和雨和煙折，含情寄所思。

方回：五、六亦深造梅趣。

馮班：此詩非方君不知也，然大家不屑如此。

紀昀：六句豈復成語？

馮班：洒落，自是唐詩。○下半可，大略唐人氣味勝宋。○「江梅且緩飛，前輩有歌詞。」此破極費力，初看不覺。○第七句方用一舊語。

紀昀：二句、六句俱拙鄙，三、四尤俗，七句似柳不似梅。

賦得春雪映早梅

元微之

飛舞先春雪，因依上番梅。一枝方漸秀，六出已同開。積素光逾密，真花節暗催。摶風飄不散，見晛忽偏摧。郢曲琴空奏，羌音笛自哀。今朝兩成詠，翻挾昔人才。

方回：一句賦雪，一句賦梅，本不爲難。起句「上番梅」，不走了「早」字。三、四巧。「見晛忽偏摧」，此一句佳。謂日出則雪先消，梅如故也。

紀昀：亦常語，未見其巧。

馮班：省試體。

紀昀：此試帖體，不以詩論。○「摶風」句拙，且不妥。結自譽，非體。

梅

杜牧之

輕盈照溪水，掩斂下瑶臺。妬雪聊相比，欺春不逐來。偶同佳客見，似爲凍醪開。若在秦樓畔，堪爲弄玉媒。

方回：牧之詩才高，此小詩若不介意，五、六却淡靚有味。

馮舒：高雅奇峭。

馮班：唐人只平平做去，自然力大氣雄。

陸貽典：高雅。

查慎行：五、六二句，不必黏題，自成佳句。

何義門：落句自喻宜在天子左右也。○似齊、梁人小詩，氣力極大。

紀昀：四句不爽亮。

山路見梅感而作〔五〕

錢起

莫言山路僻，還被好風催。行客凄涼過，村籬冷落開。晚溪寒水照，晴日數蜂來。重憶江南酒，何因把一杯。

方回：刊本誤以「蜂」爲「峯」，必是「蜂」字無疑。梅發雖則尚寒，然晴日既暖，必有蜂採香，但不多耳，予每親見之。

紀昀：蜂可言來，峯如何言來？其爲「蜂」字，不待辨也。

馮班：神矣！妙矣！

紀昀：唐人梅詩，不似宋人作意。此首特有情韻。○五、六最佳。

許印芳：錢起，字仲文，吴興人，官尚書考功郎。

十一月中旬至扶風見梅花

李義山

匝路亭亭豔，非時裛裛香。素娥唯與月，青女不饒霜。贈遠虚盈手，傷離適斷腸。爲誰成早秀，不待作年芳。

方回：義山之詩，入宋流爲「崑體」。此謂梅花最宜月，不畏霜耳。添用「素娥」、「青女」四字，則謂月若私之而獨憐，霜若挫之而莫屈者。亦奇。末句又似有所指云。

馮班：知添字法，便解「西崑」用鍊法矣。

紀昀：意正如此，非借艷字爲色澤也。

馮班：大手。○次聯奇，腹聯用事巧。

查慎行：起五字爲梅傳神。

何義門：第三「中旬」，第四「十一月」。○其中有一義山在。

紀昀：「匝路」是至扶風，「非時」是十一月中旬。三、四愛之者虚而無益，妬之者實而有損。○結仍不脱「十一月中旬」。○純是自寓，與張曲江同意而加以婉約。

許印芳：「不」字複。

早梅

朱慶餘

天然根性異，萬物盡難陪。自古承春早，嚴冬鬭雪開。豔寒宜雨露，香冷隔塵埃。堪把依松竹，良圖一處栽。

方回：張洎序項斯詩，謂「元和中，張水部律格不涉舊體。惟朱慶餘一人，親授其旨。沿而下，則有任藩、陳標、章孝標、司空圖等及門。項斯，於寶曆、開成之際，尤爲水部所賞。」然則韓門諸人，詩派分異，此張籍之派也。姚合、李洞、方干而下，賈島之派也。慶餘此詩，亦有氣脈、有字眼，不可忽。荆公乃僅選其薔薇一篇。

馮班：方干學錢起，不近長江，曹松方學賈。

馮舒：第二句宋甚。荆公有眼。

紀昀：拙鄙不成語，非惟不稱梅花也。

早翫雪〔六〕梅有懷親屬

韓致堯〔七〕

北陸候纔變，南枝花已開。無人同悵望，把酒獨徘徊。凍白雪爲伴，寒香風是媒。何因逢越使，腸斷謫仙才。

方回：全篇有味，五、六灑落。

紀昀：不失格韻。

早梅

僧齊己

萬木凍欲折，孤根暖獨回。前村深雪裏，昨夜一枝開。風遞幽香去〔八〕，禽窺素豔來。明年猶應〔九〕律，先發映春臺〔一〇〕。

方回：尋常只將前四句作絶讀，其實二十字絶妙。五、六亦幽致。王荆公選唐百家詩，梅花僅有五首，五言律僅有韓致堯〔一一〕一首，五言絶句一首。王適云：「忽見寒梅樹，開花漢水濱。不知春色早，疑是弄珠人。」亦佳句也。七言絶句二首，戎昱云：「一樹寒梅白玉條，迥臨村落傍溪橋。應緣近水花先發，疑是經春雪未消。」劉言史云：「竹與梅花相並枝，梅花正發竹枝垂。風吹總向竹枝上，真一作「直」。似王家雪下時。」崔魯七言律一首，見此卷後。今以予所選五言律增廣之。楊誠齋喜唐人崔道融十字云：「香中别有韻，清極不知寒。」未見全篇。以荆公之精於詩，梅花五言律無，七言律亦無之，止有五言絶句五首，有云：「牆角數株梅，凌寒獨自開。遥知不是雪，時有暗香來。」李雁湖注引古樂府「庭前一樹梅，寒多未覺開。祇言花是雪，不悟有香來。」謂介甫略轉换耳，或偶同也。予攷楊誠齋所言，則謂「祇言花似雪，不悟有香來」，爲蘇子卿作。雖未必然，而「花是雪」與「花似雪」，一字之間，大有逕庭。知花之似雪，而云不悟香來，則拙矣；不知其爲花，而視以爲雪，所以香來而不知悟也。荆公詩似更高妙。然則盡唐二百九十年，僅選得梅花五言律十二首，其誠難題也哉。

馮班：方君云「二十字絶妙」，然氣格未完，住不得。○崔詩見丹鉛録。○介甫點金成鐵。○此子卿是梁人，非蘇武也。見樂府詩集。

查慎行：方虛谷云：「尋常只將前四句作絶讀，其實二十字絶妙。」評好。○虛谷又云：「以荆公之精於詩，梅花五言律無，七言律亦無之。」七言律六首俱已登選，何得言無？

紀昀：崔詩全篇現存。○此誤認爲漢蘇子卿，故疑未確，不知乃陳蘇子卿梅花作也。虛谷惟熟於唐、宋律詩耳。

馮班：出色。

查慎行：造意、造語俱佳。

紀昀：起四句極有神力，五、六亦可，七、八則辭意并竭矣。

許印芳：全唐詩話：此詩「一枝」本作「數枝」，鄭谷謂不切早梅，改作「一」字，齊己下拜，呼爲一字師也。○虛谷見聞雖陋，辨「是」「似」二字卻精細。按崔道融，荆州人，官右補闕，其梅花詩云：「素蕚初含雪，孤標畫本難。香中別有韻，清極不知寒。橫笛和愁聽，斜枝倚病看。朔風如解意，容易莫摧殘。」通體無病，三、四傳爲名句，五、六亦佳。○僧齊己，本姓胡，名得生，潭州人。

馬上見梅花初發

宋莒公

瞥見江南樹，繁英照苑牆。無雙春外色，第一臘前香。雲葉遥驚目，瓊枝昔斷腸。莫吹羌塢笛，容易損孤芳。

方回：三、四極工，「春外」之「外」，「臘前」之「前」，似乎閒而非閒字也，乃最緊最切最實之字。「雲葉」、「瓊枝」，乃「崑體」常例。

紀昀：三、四在初作自好，後世則爲習語矣。神奇朽腐，轉變何常，詩所以貴變化也。

馮班：不及温、李多矣。

查慎行：「無雙」、「第一」，用得板實無味。

梅花

王禹玉

冷香疑到骨，瓊豔幾堪餐。半醉臨風折，清吟拂曉觀。贈春無限意，和雪不勝寒。桃李有慚色，枯枝試並欄。

方回：其香「到骨」，其艷「堪餐」。起句十字已不苟。中二聯皆清爽，不可以「至寶丹」忽之也。

馮舒：此宋之沈、宋，莫輕易。
馮班：莊麗有風格。○此首惟一「瓊」字不爲「至寶丹」也。
紀昀：前六句自好，惟一結太盡。

馬處厚席上探得早梅　晁君成

嶺梅何處早，雪裏看芳菲。北陸寒猶在，南枝春已歸。曉粧初見妬，殘角未成飛。引我江頭夢，清香憶滿衣。

方回：晁無咎乃翁端友詩，不減唐人。
馮舒：三、四直用韓致堯。
陸貽典：三、四重致堯。
紀昀：亦習徑，「北陸」、「南枝」太襲致堯。

紅　梅　梅聖俞

家住寒溪曲，梅先雜暖春。學粧如小女，聚笑發丹脣。野杏堪同舍？山櫻莫與隣。休吹江上笛，留伴庾園人。

方回：「野杏堪同舍」，此「堪」字乃是不堪也。善詩者多如此用虚字。西清詩話：「紅梅昔獨盛於姑蘇，晏元獻始移植西園第中。貴游賂園吏，得一枝分接，都下始有二本。元獻嘗賦詩曰：『若更遲開三二月，北人應作杏花看。』客曰：『公詩固佳，待北俗何淺也？』元獻笑曰：『顧傖父安得不然？』王君玉時以詩寄元獻云：『館娃宫北舊精神，粉瘦瓊寒露蕊新。園吏無端偷折去，鳳城從此有雙身。』王荆公小絶云：『春半花纔發，多應不奈寒。北人初未識，渾作杏花看。』」胡元任叢話以爲介甫詩與元獻暗合，然介甫句意爲工。

馮班：西清詩話云云，故事。

馮班：次聯妙。

查慎行：「野杏」二句入長律則可，八句中着此殊欠力量，不意都官亦復爲之。

紀昀：三、四極意刻畫，適成其拙。

梅花

似畏羣芳妬，先春發故林。曾無鶯蝶戀，空被雪霜侵。不道東風遠，應悲上苑深。南枝已零落，羌笛寄餘音。

馮班：似唐。

紀昀：此便有情韻。

依韻答僧圓覺早梅

江南自寒苦，花不與時同。清向三冬足，香傳一國中。雲湖藏舊市，雪樹認新豐。未有虧冰素，隨粧入漢宮。

紀昀：牽掣成篇，殊不自在，七句尤不成語。

九月見梅花

江南風土暖，九月見梅花。遠客思邊草，孤根暗磧砂〔二〕。何曾逢寄驛，空自聽吹笳。今日樽前勝，其如秋鬢華。

方回：聖俞詩不見着力之迹，而風韻自然不同。

馮班：不著題。○「寄驛」、「吹笳」，陳言也。若是唐人，虚谷不知如何排擊？正以都官，遂不論耳。

紀昀：中四句不省所云。○「寄驛」二字不妥。

偶折梅數枝置案上盎中芬然遂開

張宛丘

偶別霜林陋，來蒙玉案登。清香侵硯水，寒影伴書燈。見我粲初笑，贈人慵未能。將何伴高潔，清曉誦黄庭。

方回：「見我粲初笑，贈人慵未能。」更有味。以誦黄庭爲梅伴，則兩俱高潔矣。

馮班：落句殊劣。

查慎行：「陋」、「登」二字落得輕率。

紀昀：「陋」字不佳，次句倒押「登」字尤不妥。後四句極佳。○此用陸凱事，懶於酬應，故曰「慵未能」。結案上密。

感梅憶王立之

晁叔用

王子已仙去，梅花空自新。江山餘此物，海岱失斯人。賓客他鄉老，園林幾度春。城南載酒地，生死一沾巾。

方回：晁叔用名冲之，自號具茨，有集。入「江西派」。晁氏自文元公迥至補之無咎五世，世有文人。無咎之父端友，字君成，詩逼唐人，有新城集。無咎有濟北集。從弟説之字以道，號景迂，有景迂集〔三〕。以道親弟詠之字之道，有崇福集。補之、詠之，四朝國史已入文藝傳。叔用此詩蓋學陳後山也。其兄無斁載之見知于後山，因是亦知叔用。叔用有子曰公武，著讀書志者，可謂盛矣。王立之名直方，居汴南。父棫，字才元，高貲。元祐中延致名士唱和，爲蘇、黄作頓有亭。吕居仁亦以其詩入派。此詩才學後山，便有老杜遺風。

陸貽典：以後山接老杜，終身不解也。

馮舒：亦清挺。

紀昀：似平易而極深穩，斯爲老筆。

許印芳：此評的當。此種詩斷非初學所能到，虚谷之言不足信也。

梅

素月清溪上，臨風不自勝。影寒垂積雪，枝薄帶春冰。香近行猶遠，人來折未曾。江山正蕭瑟，玉色照松藤。

方回：此詩未及前篇。按集：俞汝礪因公武請爲作序，諸弟有二十弟賁之飾道，二十二弟允之息道，二十三弟豫之虞道，二十八弟夬之決道。而叔用初字用道，與説之皆從「道」字聯表也。以道爲四兄，之道爲十二兄，又有三十三弟頌之。

紀昀：羅列諸晁，與詩無涉。

梅

南雪看未穩，北風吹已殘。才堪十年夢，不稱一生酸。日月方回首，風霜與凭欄。遲明出謝客，頓覺帽圍寬。

方回：居仁小絶蠟梅詩云：「學得漢宫粧，偷傳半額黄。不將供俗鼻，愈更覺清香。」早梅云：「獨自不争春，都無一點塵。忍將冰雪面，所至媚游人。」凡賦梅，盛稱其美，不若以自況而自超於物外可也。

紀昀：亦不如此説定。

馮班：腹聯好。

紀昀：落句不可解。

嶺梅

曾茶山

蠻烟無處洗，梅蕊不勝清。顧我已頭白，見渠猶眼明。折來知韻勝，落去得愁生。坐入江南夢，園林雪正晴。

方回：此茶山將詣桂林時詩，有二絶連此詩後，云「桂林梅花盛開有懷信守程伯禹」，故知之。

紀昀：自然高雅。○無一字切梅，而神味恰似，覺他花不足以當之。

許印芳：凡詠物詩太切則黏滯，不切則浮泛。傳神寫意在離合間，方是高手。此詩雖未造極，已得不切而切之妙矣。

高郵無梅求之於揚帥鄧直閣

送臘臘垂盡，迎春春欲回。如何萬家縣，不見一枝梅？有客幽尋去，無人遠寄來。揚州何遜在，政用小詩催。

紀昀：二詩俱淺率。

鄧帥寄梅併山堂酒

甓社湖邊路，詩筒得報回。舊時雲液酒，元注：「揚州上尊名也。」新歲雨肥梅。不是園官送，真成驛使來。鬢毛都白盡，更着此花催。

方回：此晚年使淮南詩。但觀其句律，何乃瘦健鏗鏘至此！雖平正中有奇古也。

紀昀：推許太過。

查慎行：氣格超妙。

次韻張守梅詩

劉屏山

破雪梅初動，南枝更北枝。傍牆應折盡，背日較開遲。曉角驚殘夢，春愁占兩眉。狂夫將落蕊，故入畫樓吹。

方回：梅詩難賦，不必句句新，得如此圓熟亦可也。

紀昀：紫陽乃屏山之門人。此欲依附紫陽，因而媚及屏山。梅花詩欲取圓熟，非其本心之論也。

觀梅花開盡不及吟賞感歎成詩聊貽同好二首

朱文公

憶昔身無事，尋梅只怕遲。沉吟窺老樹，取次折橫枝。絶豔驚衰鬢，餘芳入小詩。今年何草草？政爾負幽期。

棐几冰壺在，梅梢雪蕊空。不堪三弄咽，誰與一樽同？鼻觀殘香裏，心期昨夢中。那知北枝北，猶有未開叢。

方回：文公詩似陳後山，勁瘦清絶，而世人不識。此兩詩皆八句一串，又何必晚唐家前頷聯後景聯堆塞景物，求工於一字二字而實則無味耶？

紀昀：文公火候，不及後山之深，而涵養和平，亦無後山硬語盤空之力。蓋兼習之與專門，固自有别。虚谷此評，欲借文公以重「江西」，復援「江西」以重文公，未爲篤論。

查慎行：脱落凡近，胸次有别。

紀昀：二詩皆不失雅意。

宋丈示及紅梅蠟梅借韻兩詩復和呈以發一笑

聞説寒梅盡，尋芳去已遲。冷香無宿蕊，穠豔有繁枝。正復非同調，何妨續舊詩。廣平偏嫵媚，鐵石悞心期。元注：「宋丈前篇乃用施朱粉事。」

風雪催殘臘，南枝一夜空。誰知荒草裏，却有暗香同。質瑩輕黄外，芳勝淺絳中。不遭岑寂侶，何以媚孤叢？

方回：此二詩，前屬紅梅，後屬蠟梅。

馮舒：第二篇「輕黄」對「淺絳」，知合詠紅、黄二色，非有前後之分也。前篇亦係合詠。
紀昀：二首牽率成篇，無甚深致。

清江道中見梅

今日清江路，寒梅第一枝。不愁風嫋嫋，正奈雪垂垂。暖熱惟須酒，平章却要詩。他年千里夢，誰與寄相思？

方回：朱文公乾道三年丁亥訪南軒歸，十二月江西詩也。書坊刊全芳備祖[一四]，節去首尾，以中四句爲庾信詩，悮甚。
馮舒：第六句宋。
馮班：「嫋嫋」是秋風，不可亂用。文公未解唐人用事法也。○第六句俗。

與弟姪飲梅花下分得香字

張南軒

日夕色愈正，春和天與香。提携一樽酒，問訊滿園芳。嗣歲詩多思，懷人心甚長。更須多秉燭，玉立勝紅粧。

方回：前輩鉅公，有不可專以詩人目之者。至於難題，高致下筆便自不同，以胸中天趣勝也。

此詩前二句有力，而又有味。中四句平淡。末二句用東坡海棠詩「高燒銀燭照紅粧」，不必説破，只説秉燭以照玉立者，其勝艷麗多矣。

紀昀：起句及五、六殊不成語，三、四平平。末二句自佳，虚谷亦説得好。

王長沙約飲縣圃梅花下分韻得梅字

平生佳絶處，心事付江梅。縣圃經年見，芳樽薄暮開。朗吟空激烈，燒燭且徘徊。未逐徵書去，窮冬尚一來。

方回：王長沙名師愈，婺州人。早登楊龜山之門，後與朱、張、吕三先生交，仕至中奉大夫直焕章閣，乾、淳名卿也。其爲長沙宰，先一年嘗招南軒賞梅，南軒分得「林」字。此第二年再會，故云「縣圃經年見」。師愈生瀚，從吕東萊及朱文公游，仕至朝奉郎。瀚生柏，號魯齋，著可言集，亦載南軒「林」字韻及此詩，其祖古詩亦附焉。

紀昀：論詩何必牽及師友淵源？

紀昀：「激烈」二字與詠梅不配色。

蠟梅　楊誠齋

栗玉圓雕蕾，金鈿細着行。來從真蠟國，自號小黄香。夕吹撩寒馥，晨曦透暖光。南枝本同姓，唤我作他楊。

方回：范石湖梅譜謂蠟本非梅類，以其與梅同時，香又相近，色酷似蜜脾，故名蠟梅。凡三種，檀香梅爲上，磬口梅次之。花小香淡，以子種出，不經接者爲下。又謂最難題詠，乃誠然也。山谷、後山、簡齋三鉅公，但爲五言小絶句。而東坡倡，後山和，亦有七言長篇。簡齋又有「智瓊額黄且勿誇」之句，大率不過言黄、言香而已。高子勉一絶云：「少鎔蠟淚裝應似，多爇龍涎嗅不如。只恐春風有機事，夜來開破幾丸書。」此爲至佳，而律詩全篇，則亦罕見云。

馮舒：惡詩。

馮班：次聯惡境。

查慎行：起句雕刻無跡。○結句不解。

許印芳：「他楊」出漢書揚雄傳：「雄無它揚於蜀。」顔師古注曰：「蜀諸姓楊者皆非雄族，故曰雄無它揚。」

紀昀：粗鄙之至。宜二馮以爲惡詩。

無名氏（甲）：楊氏望出華陰，非此族者，謂之「他楊」。

梅

尤延之

不奈雪埋照，可堪風漏香。天寒無瘮粟，日暮有嚴粧。桃李真肥婢，松筠共老蒼。合教居第一，獨自占年芳。

方回：二首取一。「桃李真肥婢」已是佳句，却用「老蒼」爲對，似乎借蒼頭之「蒼」以對「婢」也。全篇俱有味。

馮班：何必爾！如此説便不韻。

紀昀：此語鑿甚。

許印芳：評是。然與前六句相配，姑以清穩取之。

紀昀：只尾句淺近。

許印芳：尤袤，字延之，號遂初，又號梁溪。

和渭叟梅花

不避風霜苦，自甘丘壑潛。未禁沾額角，信好插梳尖。春意已張本，寒威今解嚴。殷勤留客意，尚許隔牆覘。

紀昀：險韻以鄙語押之，不足見巧。五、六尤「江西」習氣語。

梅　花

冷豔天然白，寒香分外清。稍驚春色早，又喚客愁生。待索巡簷笑，嫌聞出塞聲。園林多少樹，見爾眼偏明。

方回：此八句詩，却如渾脱鑄成。本只是爛熟説話，而無手段者，自不能撮虚空也。

紀昀：此評最允。

紀昀：結與茶山同意。

許印芳：以上二詩皆老成。惟中二聯皆是五句承三句，六句承四句，章法尚少變化。

蠟　梅

破臘驚春意，凌寒試曉粧。應嫌脂粉白，故染麴塵黄。綴樹蜂懸室，排箏雁着行。團酥與凝蠟，難學是生香。

方回：五、六亦能寫蠟梅形狀。尾句雖説破香，只得亦可謂善賦矣。

紀昀：但寫得拙惡耳。

道上人房老梅

翁續古

孤高不受埃，老怪昔誰栽。仙魄乘槎去，龍身帶雪來。數枝寒照水，一點浄沾苔。頭白狂詩客，花時屢往回。

方回：此所謂「永嘉四靈」之一也。翁卷字續古，一字靈舒，詩曰西巖集。徐璣字文淵，一字致中，號靈淵，詩曰泉山集。徐照字道暉，號靈暉，詩曰山民集。趙師秀字紫芝，號靈秀，詩曰天樂堂集。乾、淳以來，尤、楊、范、陸爲四大詩家，自是始降而爲「江湖」之詩。葉水心適以文爲一時宗，自不工詩。而「永嘉四靈」從其説，改學晚唐，詩宗賈島、姚合。凡島、合同時漸染者，皆陰撏取摘用，驟名於時，而學之者不能有所加，日益下矣。名曰厭傍「江西」籬落，而盛唐一步不能少進。天下皆知「四靈」之爲晚唐，而鉅公亦或學之。趙昌父、韓仲止、趙蹈中、趙南塘兄弟，此四人不爲晚唐，而詩未嘗不佳。劉潛夫初亦學「四靈」，後乃少變，務爲放翁體，用近人事，組織太巧，亦傷太冗。同時有趙庚仲白，亦可出入「四靈」小器。此近人詩之源流本末、如此。

馮班：「四靈」詩薄弱，其鍛鍊處露斧鑿痕。所取者氣味清純，不害詩品耳。

馮舒：逃「江西」而爲「四靈」，厭「四靈」而爲「九巖」，總未窺正法眼藏也。「四靈」氣味似詩，然用思太苦，而首尾多餒弱。當「江西」盛行之日，能特立如此，亦可取也。要如真盛唐，方是高手，然真高手又不專學唐也。

馮班：不及唐人遠矣。〇凡清詩有山人氣、僧家氣，皆是俗。「四靈」雖苦寒，却無此病。

紀昀：粗野乃爾，宜爲虚谷所詆。

嚴先輩詩送紅梅次韻

趙昌父

盡道梅花白，能紅又一奇。渾疑丹换骨，不是酒侵肌。看此敷腴色，思儂少壯時。盛年雖不再，猶擬歲寒知。

馮班：下半惡道。

紀昀：撇手遊行，脱盡窠臼。○後四句不即不離，玲瓏巧妙。而馮氏一概塗抹之，未喻其意。

許印芳：「不」字複。○趙蕃，字昌父，號章泉。

分界鋪愛直驛張安道因杉製名而驛之前有老梅一株不知安道何爲捨彼而取此也

杉自誰人種？梅從何代栽？腹空雷有擊，根古土無培。要是百年物，曾經幾客來。直哉雖見録，清矣可遺材。

馮班：頷聯二句有病，結尾二句惡句。此豈能勝「四靈」？

查慎行：此句法學之，便墮惡道。

紀昀：此尤惡狀。而虚谷乃推之，故知純是門户之見。

憶梅

縱乏幽人宅，猶餘大樹祠。帶山仍帶水，宜飲亦宜詩。勿待全開後，當乘半放時。昏昏郭陰霧，皎皎上朝曦。

方回：趙章泉日作梅課。盡乾道、淳熙詩，得此五言律三首妙。絶句六言，極多佳者。

馮舒：落句有舊人遺意。然學其格，亦不佳。

馮班：落句住不得。

紀昀：三、四俚甚。

梅花

劉後村

造化生尤物，居然冠衆芳。東家傅粉面，西域返魂香。真可婿芍藥，未妨妃海棠。平生恨歐九，極口説姚黄。元注：「孟郊詩：『芍藥真堪婿。』」

方回：潛夫後集此詩乃寶祐四年丙辰作，年七十矣。詩太富艷，以梅爲丈夫，而芍藥、海棠以爲妻、妾，亦不過一巧耳，乏自得趣味也。蓋梅詩不貴流麗。後村詩，細味之極俗，亦頗冗。

紀昀：掊擊後村却公。

馮舒：一翻便可惡，覺東野詩亦不好。三句陳而悞。
馮班：有何佳處？頷聯陳而悞。
陸貽典：結聯不韻。
紀昀：粗野太甚。

梅花

張澤民

朔風吹石裂，寒谷自春生。根老香全古，花疏格轉清。園林千樹禿，籬落一枝横。佩芷兼懷玉，悠然見此兄。

查慎行：山谷水仙詩：「仙礬是弟梅是兄。」

苔封鶴膝枝，流水繞疏籬。一白雪相似，獨清春不知。風流無俗韻，恬澹出天姿。霜月娟娟夜，吾今見所思。

馮班：五、六率句。
紀昀：四句自好。五句馮云率句。

半枯頑鐵石，特地數花生。迥立風塵表，長含水月清。屋頭寒嶺瘦，門外小溪橫。萬里今爲客，相看如弟兄。

紀昀：此首無大疵累，而淺弱特甚。

疎疎竹外枝，短短水邊籬。南雪若相避，東風殊不知。蘭荃皆弱植，桃杏總凡姿。坐歎逋仙遠，清宵費夢思。

查慎行：五、六雖尊題，格終屬卑下。

紀昀：三、四複第二首。

不帶吟詩癖，緣何太瘦生？肌膚姑射白，風骨伯夷清。格外宮粧別，天然畫軸横。涪翁太多可，唤作水仙兄。

查慎行：三、四造語尖新。

紀昀：三句用荆公語，四句用放翁語，不免蹈襲。○「宮粧」可以梅比，梅不宜以「宮粧」比；況壽陽點額，已是爛熟典故矣。

蒼虬百歲枝，殘雪數家籬。點俗那能染，孤芳只自知。肯回桃李面，要是雪霜姿。不見紫芝久，悠悠使我思。

紀昀：三句「點俗」二字生，五句粗野。

不與百花競，春風驀地生。故將天下白，獨向雪中清。我輩詩仍要，誰家笛自橫？歲寒堪共老，髯叟十年兄。

紀昀：次句粗野，五句更粗野，結句不通。

何處出斜枝，茅簷自竹籬。首回春一盼，最與月相知。嚴冷冰霜面，清癯山澤姿。幾番將鶴去，倚樹説相思。

紀昀：三句不妥。

有月色逾淡，無風香自生。霜崖和樹瘦，冰壑養花清。政爾疎還冷，忽然斜又橫。千林成獨韻，難弟又難兄。

查慎行：三、四生造，有風骨。

紀昀：五、六兩句自好，結「兄」字强押。

雪後半横枝，溪邊一帶籬。春從窮臘透，香報老夫知。淡月弄疎影，嫩寒含令姿。天涯值西子，牢落慰吾思。

紀昀：第四句亦可。

慇勤天女供，那復一塵生。質淡全身白，香寒到骨清。常留雪中看，遮莫鬢邊横。萬古月宫桂，猶吾異姓兄。

紀昀：結句鄙甚。

古蘚護疎枝，幽花發短籬。唯宜霜月照，莫遣雪風知。數點玲瓏玉，三生灑落姿。自從窗外見，風味至今思。

玉肌元不粟，未怕夜寒生。雪裏孤花發，山中一段清。幾回和月看，獨立到參横。不傍人籬落，誰呼石作兄？

查慎行：三、四佳，惜「一段」二字率而俗。

紀昀：「一段」二字不妥。結亦强押。

春脚到寒枝，詩情滿雪籬。每留孤鶴伴，不遣一蜂知。風漏臘前信，月描塵外姿。憶從歸閬苑，終歲祇君思。

紀昀：有脚陽春，可説人，不可説春。三、四兩句亦常語，然尚未惡狀。六句「描」字俚。

萬壑寒皆沍，孤根暖自生。不隨千卉豔，獨負一身清。水際寒香迴，窗間夜影横。輿臺桃李輩，誰弟又誰兄？

紀昀：第四句陋甚，結不成語。

突出一清枝，孤村雪擁籬。韻無凡眼識，香有自心知。不是神仙骨，何緣冰玉姿？看看金鼎實，此味幾人思？

方回：實齋張公道洽，字澤民，衢州開化人。端平二年乙未進士，真西山所取也。老矣，始爲池州簽判。平生梅花詩三百餘首，此池州和同官韻五言十六首也。或喜其「一白雪相似，獨清春不知」。殊不知篇篇有味，雖不過古人已言之意，然縱説、横説，信口、信手，皆脱灑清楚。他人學詩三五十年，未易及也。前是嘗爲廣州司理，里中新貴馬天驥爲帥，劉朔齋震孫爲倉使。天驥怒其作越王臺詩若譏己者，朔齋將舉改官，奪以他畀，澤民不屑也。予後至池陽爲倉幕，白使長拉留之，爲足舉員，改辟襄陽府推官，赴任所，再改〔一五〕。一夕醉臥客舍，明早弗興，視之，卒，年六十四，今又十六年矣。其詩格爲「江湖」，不務太高，而圓熟混淪。與人色笑和易，而遠俗子如仇〔一六〕。今亦無復斯人。此二韻和二十首，删其四。餘七言律百餘韻，亦選十餘首也。

紀昀：此純是標榜之習，顛倒是非，不爲公論。

馮班：少做幾首何如？

紀昀：第三句粗獷，結尤俗惡。○時有數句可觀。然語既重複，才又淺薄，强作連章、疊韻之難題，可謂不度德、不量力矣。

早梅

李和父

草木盡凋殘，孤標獨奈寒。瘦成唐杜甫，高抵漢袁安。雪裏開春國，花中立將壇。年年笑紅紫，翻作背時看。

方回：雪林李龏，字和父。近年始卒於霅上，年近八十。有漱石吟行於世。晚節更進。此篇惟演「漢」、「唐」二字爲剩，五、六佳。

馮班：讀此卷畢而不唾罵宋詩，非惟無目，且無鼻也。

紀昀：粗俗，殊不足譏，三、四意好而句格凡近。

七言 一百四十八首

和裴迪發蜀州〔七〕東亭送客逢早梅相憶見寄

杜工部

東閣官梅動詩興，還如何遜在揚州。此時對雪遥相憶，送客逢春可自由。幸不折來傷歲暮，若爲看去亂鄉愁。江邊一樹垂垂發，朝夕催人自白頭。

方回：老杜詩，自入蜀後又別，至夔州又別，後至湖南又別。此詩脱去體貼，於不甚對偶之中，寓無窮婉曲之意，惟陳後山得其法。老杜詩凡有梅字者皆可喜。「巡簷索共梅花笑，冷蘂疎枝半不禁。」「索」、「笑」二字遂爲千古詩人張本。「岸容待臘將舒柳，山意衝寒欲放梅。」「未將梅蕊驚愁眼，要取椒花媚遠天。」「梅花欲開不自覺，棣萼一別永相望。」「繡衣屢許移家醖，皂蓋能忘折野梅。」此七言律之及梅者。「市橋官柳細，江路野梅香。」「雪岸叢梅發，春泥百草生。」「雪籬梅可折，風榭柳微舒。」「緑垂風折笋，紅綻雨肥梅。」「梅花萬里外，雪片一冬深。」「秋風楚竹冷，夜雪鞏梅香。」「去年梅柳意，還欲攪春心。」「何當看花蕊，欲發照江梅。」此五言律之及梅者，皆響人牙頰。且不特老杜，凡唐人、宋人詩中有梅字者，即便清雅標致，但全篇專賦，則爲至難題，而强揠者實爲可憾云。

紀昀：虚谷云：「杜詩凡有梅字者皆可喜」。諸詩亦各有工拙，此真膠柱之説。虚谷又云：「凡唐人、宋人詩中有梅字者，即便清雅標致。」偏僻至此，殊不足論。

馮舒：自唐以後，只得林和靖兩句。餘人瑣瑣，徒贅卷帙。

查慎行：看老手賦物，何曾屑屑求工？通體是風神骨力，舉此壓卷，難乎爲繼矣。

何義門：淡然初不着題，的是早梅。後人何由可到？

紀昀：第四句暗用陸凱事。

許印芳：「自」字複。

岸梅

崔魯

含情含態〔一八〕一枝枝，斜壓漁家短短籬。惹袖尚憐香半日，向人如訴雨多時。初開偏稱雕梁畫，未落先愁玉笛吹。行客見來無去意，解帆烟浦爲題詩。

方回：五、六善用事。「雕梁畫早梅」，陰鏗詩。樂府有落梅曲。「黄鶴樓中吹玉笛，江城五月落梅花」，李白詩。

查慎行：詩句故取有來歷，然用古人句而無韻致，亦不能佳。如第五句雖本陰鏗，然唐突梅花太甚。

馮班：亦恨格卑。

何義門：第二句隱「岸」字。第三句情。第四句怨。第五句對「漁家」，第六句起「無去意」，落句是「岸」字。

紀昀：第六句自然，勝出句。

梅花

韓致堯〔一九〕

梅花不肯傍春光，自向深冬着豔陽。龍笛遠吹胡地月，燕釵初試漢宫粧。風雖强暴翻添思，雪欲侵凌更助香。應笑暫時桃李樹，盜天和氣作年芳。

方回：五、六善評梅心事者，併起句豈自喻耶！

馮班：全自喻也。

紀昀：五、六粗野特甚。

馮舒：此託喻，非詠梅也。

馮班：有諷刺。

查慎行：末句有諷刺。

紀昀：極有意而著語未佳。○三、四俗格，結亦套。「盜天」本莊子，然不雅。

酬崔八早梅有贈兼示之作

李義山

知訪寒梅過野塘，久留金勒爲迴腸。謝郎衣袖初翻錦〔二〇〕，荀令爐薰〔二一〕更換香。何處拂胸資蝶粉，幾時塗額藉蜂黄。維摩一室雖多病，亦要天花作道場。

方回：「蝶粉」以言梅花之片，「蜂黄」以言梅花之鬚，似乎借梅以詠婦人之胸、之額矣。起句平淡，却好。

紀昀：意在「何處」、「幾時」四字，言白與黄皆天然姿色，非由塗飾耳。所解謬甚。

許印芳：方虚谷謂「蝶粉」以言梅花之片，「蜂黄」以言梅花之鬚。良是。蓋早梅時，實未嘗有蜂蝶耳。又云似乎借梅以詠婦人之胸、之額矣。余謂詩意正合爾爾，以題中明言有贈也。然上句又暗用姑射仙人肌膚若冰雪意，下句則暗用壽陽公主梅花落額上意。雖格調未高，而鎔鑄之妙，千古殆無其匹。「初翻」、「更换」、「何處」、「幾時」，俱影切「早」字意。結用天女散花故事。題中兩層一齊照應，一齊收拾，天工人巧，吾無以名之。

馮班：較宋人紛紛比擬，何啻鶴鳴之於蟲吟耶？讀此知後村之拙矣。

查慎行：此題無處着艷語。非義山所長。

何義門：五、六極透「早」字，「拂胸」、「塗額」夾寫「有贈」，第三句「崔八」，尾聯恰有三層。

紀昀：三、四俗極。二馮欲以此壓宋人。宋人可壓，此詩不能壓也。

梅花寄所親

李建勳

一氣纔新物未知，每慚青律與先吹。雪霜迷素猶嫌早，桃杏雖紅且後時。雲鬢自粘飄處粉，玉鞭誰指出牆枝？老夫多病無風味，只向樽前詠舊詩。

方回：第六句「玉鞭誰指出牆枝」有風味。建勳別有一詩，次聯云：「北客見皆驚節氣，郡寮癡欲望杯盤。」不佳。

馮班：第六句，故事。○意亦與宋人相近，而下語藴藉可愛。

紀昀：起二句腐，三、四太淺近，後四句自可。

憶杭州梅花因敘舊游寄蕭協律

白樂天

二年閒悶在餘杭，曾爲梅花醉幾場。伍相廟前繁似雪，孤山園裏麗如粧。蹋隨游騎心長惜，折贈佳人手亦香。賞自初開直至落，歡因小飲便成狂。薛劉相次埋新隴，沈謝雙飛出故鄉。歌伴酒徒零散盡，惟殘頭白老蕭郎。

方回：元注：「薛、劉二客，沈、謝二妓，皆是當時歌酒之侶也。」「賞自初開直至落」一句最佳。

紀昀：五、六二句自可，然亦不必定是梅花。

胡中丞早梅

方玄英

不獨閒花不共時，一株寒豔尚參差。凌晨未噴含霜朵，應候先開亞水枝。芬郁合將蘭並茂，凝明應與雪相期〔三〕。謝公詠賞愁飄落，可得更拈長笛吹？

方回：「凝明」二字似生而實佳。首句亦有味，不獨與閒花異，雖獨開亦不忙也。

馮舒：據余意，偏不喜「凝明」二字。

紀昀：但見其生，不見其佳。

何義門：「早」字獨有兩層，移他花不得。○「蘭」以比其香，「雪」以比其色。

紀昀：第三句「噴」字不雅，五句俗。

梅花

林和靖

吟懷長恨負芳時，爲見梅花輒入詩。雪後園林纔半樹，水邊籬落忽横枝。人憐紅豔多應俗，天與清香似有私。堪笑胡雛亦風味，解將聲調角中吹。

方回：和靖梅花七言律凡八首，前輩以爲孤山八梅。胡澹菴嘗兩和之，成十六首。山谷謂「水邊籬落忽横枝」，此一聯勝「疎影」、「暗香」一聯。歐公疑未然，蓋山谷專論格，歐公專取意味精神耳。

馮班：山谷專喜硬語。山谷論未精。

紀昀：此論平允，然終當以山谷爲然。

查晚晴：歐、黄各賞一聯，由其性之所近，而出於中心之好。非比後人人黑我白，人甲我乙也。近來强作解事，多祖涪翁。余謂二聯神韻意趣具足，今人無二公之才識，不得妄爲軒輊。

馮舒：次聯即玄英語意。腹聯不佳。

馮班：次聯却勝。

查慎行：三、四兩句，不但格高，正以意味勝耳。

紀昀：起句率，三、四實好，後四句不成詩。

山園小梅

衆芳摇落獨暄妍，占盡風情向小園。疏影横斜水清淺，暗香浮動月黄昏。霜禽欲下先偷眼，粉蝶如知合斷魂。幸有微吟可相狎，不須檀板共金樽。

馮舒：「暄妍」二字不穩，次聯真精妙。

馮班：首句非梅。次聯絶妙。

查慎行：再三玩味次聯，終遜「雪後」一聯。

紀昀：馮云首句非梅，不知次句「占盡風情」四字亦不似梅。三、四及前一聯皆名句，然全篇俱不稱，前人已言之。五、六淺近，結亦滑調。

剪綃零碎點酥乾〔三〕，向背稀稠畫亦難。日薄縱甘春至晚，霜深應怯夜來寒。澄鮮祇共隣僧惜，冷落猶嫌俗客看。憶着江南舊行路，酒旗斜拂墮吟鞍。

方回：「疎影」、「暗香」之聯，初以歐陽文忠公極賞之，天下無異辭。王晉卿嘗謂此兩句杏與桃、李皆可用也，蘇東坡云：「可則可，但恐杏、桃、李不敢承當耳。」予謂彼杏、桃、李者，影能踈乎？香能暗乎？繁穠之花，又與「月黄昏」、「水清淺」有何交涉？且「横斜」、「浮動」四字，牢不可移。

馮班：「王晉卿嘗謂此兩句杏與桃、李皆可用」，然安得踈、香？今之言詩者皆晉卿也。方批是，是！

紀昀：此論亦允。

查慎行：第六句中有骨。

紀昀：首句纖而俗。

山園小梅

數年閒作園林主，未有新詩到小梅。摘索又開三兩朶，團欒空繞百千迴。荒隣獨映山初盡，晚景相禁雪欲來。寄語清香少愁結，爲君吟罷一銜杯。

方回：三、四眼前所可道，亦有味。

查慎行：五、六是孤山梅。

紀昀：三、四自有神。

梅花

幾回山脚又江頭，繞着瑶芳看不休。一味清新無我愛，十分孤静與伊愁。任教月老須微見，却爲春寒得少留。終共公言數來者，海棠端的免包羞。

紀昀：此詩卑鄙之甚。○次句俗。

小園煙景正凄迷，陣陣寒香壓麝臍。池水倒窺疏影動，屋簷斜入一枝低。畫工空向閒時看，詩客休徵故事題。慚愧黄鸝與蝴蝶，秖知春色在桃蹊。

方回：「屋簷斜入一枝低」，王直方以爲可與歐、黄二公所喜之聯相伯仲，胡元任漁隱叢話猶不然直方之説。「終共公言數來者」，此一句當考。

紀昀：王説是。

查慎行：第六句題外着想，極高。

紀昀：三、四高唱，全篇亦不稱。

梅　花

宿靄相黏凍雪殘，一枝深映竹叢寒。不辭日日旁邊立，長願年年末上看。蕊訝粉綃裁太碎，蒂疑紅蠟綴初乾。香篘獨酌聊爲壽，從此羣芳興亦闌。

查慎行：「末上看」未詳。五、六墮入惡俗一派。

紀昀：俗陋之極。和靖何至於此！

孤根何事此「此」一作「在」。柴荊，村色〔二四〕仍將臘候并。橫隔片煙争向静，半黏殘雪不勝清。等閒題詠誰爲媿，子細相看似有情。搔首壽陽千載後，可堪青草雜芳英。

方回：「半黏殘雪不勝清」，亦佳句也。李雁湖注荆公梅花詩謂「粉綃」、「紅蠟」之聯爲魏野詩，恐不然也。

紀昀：三句費解，四句好。結拙。

梅　花

晁君成

皎皎仙姿脈脈情，絳羅纖萼裹瑶英。色侔姑射無雙白，香比酴醿一倍清。臘後春前芳信密，水邊林下曉粧明。故應不屬東君管，冷豔孤芳取次成。

方回：晁無咎乃翁詩，遠逼唐人，近勝宋人。東坡所作新城集敍，論已見於前也。

紀昀：他詩未及備論。就此一詩，殊不足當此八字。

馮班：第三句俚下，第四句尚可。

依韻和叔治晚見梅花　梅聖俞

楚人住處將爲援，越使傳時合有詩。常是臘前混雪色，却驚春半見瓊姿。笛吹遠曲還多怨，風送清香似可期。我欲細看持在手，誰能爲折向南枝？

馮班：梅援可用。

紀昀：全篇亦庸下。起二句拙，三句「混」字鄙。

梅花

江南臘月前溪上，照水野梅多少株。豔薄自將同鵠羽，粉寒曾不逐蜂鬚。桃根有妹猶含凍，杏樹爲隣尚帶枯。楚客且休吹玉笛，清香飄盡更應無。

紀昀：三、四笨甚，五、六夾雜之至。

梅　花

已先羣卉得春色，不與杏花爲比紅。薄薄遠香來澗谷，疎疎寒影近房櫳。全枝惡折憎鄰女，短笛横吹怨楚童。墜蕚誰將呵在鬢，蘂殘金粟上眉蟲。

紀昀：次句拙。

和梅花

特特不甘春着力，年年能占臘前芳。水邊攀折此中女，馬上嗅尋何處郎？山舍更清裁作援，鳳樓偏巧學成粧。團枝密葉都如雪，野雀飛來翅合香。

方回：聖俞此四詩猶少作。前一詩見第十卷，湖州後作。後三詩見第十一卷。所點皆有味之句。或謂老杜「負鹽出井此溪女，打鼓發船何郡郎」，下六字可全用乎？曰：用之而切于題，亦何不可？

馮班：此亦未見切題，但無不可耳。

查慎行：亦不脱依傍。

紀昀：四詩疵累至重。虚谷所點只「薄薄遠香」尚可，餘悉惡札耳。○末是强爲之詞。

紀昀：三、四全套杜詩，殊陋。

次韻道隱〔二五〕憶太平州宅早梅

王半山

大梁春費寶刀催，不似湖陰有早梅。今日盤中看剪綵，當時花下就傳杯。紛紛自向江城落，杳杳難隨驛使來。知憶舊遊還想見，一作「在」。西南枝上月徘徊。

方回：李雁湖元注：「次道隱宋敏求韻也，參知政事綬之子，嘗知太平州。」此詩無格律，平正而已。能言汴京憶當塗梅之意，在他人爲之必費力。

馮班：諸篇不避舊句，自然豐贍。

次韻徐仲元詠梅

溪杏山桃欲占新，亭梅放蘂尚嬌春。額黄映日明飛燕，肌粉含風冷太真。玉笛凄涼吹易徹，冰紈生澀畫難親。争妍喜有君詩在，老我翛然敢效顰。

紀昀：三、四俗筆，詩話乃盛推之。「明」、「冷」二字尤不妥，末句上四字、下三字不連。

舊挽青條冉冉新，花遲亦度柳前春。肌冰綽約如姑射，膚雪參差是太真。摇落會應傷歲晚，攀翻剩欲寄情親。終無驛使傳消息，寂寞誰知笑與顰？

方回：或問：半山此詩方之和靖，高下如何？予謂荆公不過鬬飣工緻而已，君復之韻，不可及也。和靖飄然欲仙，半山規行矩步。如用太真事，凡兩聯，誠無一字苟率，然不如「摇落」、「攀翻」之聯有滋味。

查慎行：作詩以韻爲上。若涉色相，便落第二義。

紀昀：此論是。

紀昀：三、四淺俗，後四句神味自佳。

與微之同賦梅花得香字三首

漢宫嬌額半塗黄，粉色凌寒透薄粧。好借月魂來映燭〔三〇〕，恐隨春夢去飛揚。風亭把盞酬孤豔，雪徑迴輿認暗香。不爲調羹貪結子，直須留取占年芳。

方回：李雁湖注：「此句亦兆公相業也。」予謂不然。世稱王沂公絶句云：「雪中未問和羹事，且向百花頭上開。」以爲宰相狀元之兆俱見於此矣，蓋亦偶然也。但荆公命意自佳。

紀昀：通人之論。

紀昀：結太着迹。

結子非貪鼎鼐嘗，偶先紅杏占年芳。從教臘雪埋藏得，却怕春風漏泄香。不御鉛華知國色，衹裁雲縷想仙裝。少陵爲爾牽詩興，可是無心賦海棠。

方回：少陵在西川，不賦海棠詩。初自薛能拈出，此語事見薛能、鄭谷詩集。鄭谷海棠詩云：「浣花溪上堪惆悵，子美無心爲發揚。」今半山却引而歸於梅，奇矣〔二七〕。「東閣官梅動詩興」，老杜本以稱裴迪，今指爲老杜亦可也。詩話或云：「子美母名海棠，故集中無海棠詩。」或云：「『曉看紅濕處，花重錦官城』，非海棠不能當也。」惟陸放翁六言詩云：「廣平作梅花賦，子美無海棠詩。政自一時偶爾，俗人平地生疑。」此説得之。

紀昀：詩興乃統言之，不定指此句。此爲字面所拘。

馮班：第三何必是梅？

查慎行：三、四有别致。

紀昀：起句複前落句。第四句「香」字不對「得」字。末句弄筆有致。

淺淺池塘短短牆，年年爲爾惜流芳。向人自有無言意，傾國天教抵死香。鬚裊黄金危欲墮，蒂團紅蠟巧能粧。嬋娟一種如冰雪，依倚春風笑野棠。

方回：遯齋閒覽云：「凡詠梅多詠白，而荆公獨云『鬚裊黄金』、『蒂團紅蠟』，不惟造語巧麗，可謂能道人不到處矣。」予謂亦〔二八〕褒許太過。「蒂凝紅蠟綴初乾」，林和靖已嘗道來。此篇惟「向人自有無言意」一句爲近自然。要之，自況殊覺急迫，無和靖水邊林下自得之味也。

紀昀：此論是。

馮班：尚有唐人意。

紀昀：第四句字太粗。

黄梅花〔二九〕

庾嶺開時媚雪霜，梁園春色占中央。未容鶯過毛無類，已覺蜂歸蠟有香。弄月似浮金屑水，飄風如舞麴塵場。何人剩着栽培力，太液池邊想菊裳。

方回：熙寧五年壬子館中作。是時但題曰黄梅花，未有「蠟梅」之號。至元祐蘇、黄在朝，始定名曰「蠟梅」，蓋王才元園中花也。直方之父作頓有亭時，則蠟梅詩開山祖，似當以平甫詩爲首也。歐陽公、梅聖俞、南豐、東坡、山谷、後山盛稱王平甫詩，讀其集，佳者良多，視其兄介甫頗豪富，高於元、白多矣。比張文潛則風味不及，比蘇子美則骨骼不及，殆不下坡門秦、晁也。燈花詩云:「夜光迷蝶夢,朝燼拂蛾眉。」春夏云:「過牆紅杏留窗隙,着壁青苔上履綦。」如「春從鷃鴂聲中盡,人向酴醿影裏閒」,「三神山閉蒼龍闕,九道江涵白鷺洲」,「老悟天機思抱甕,靜諳人事戒垂堂」,「三伏塵埃火雲外,八灘風月石樓中」,皆壬子年詩。其文曰校理集,六十卷。而詩占二十九卷,壬子、癸丑兩年詩乃占十四卷,似乎太多,未經删擇也。東坡謂「異時長怪謫仙人,舌有風雷筆有神」,稱許如此。平甫所可取者,不以兄介甫行新法、用小人爲然,宜諸公尤多之也。

馮班:亦無醜相。○次句亦妥。

紀昀:刻畫「黄」字,黏皮帶骨。三句尤拙俚。

憶梅花

禁街人語絶喧譁,庭下沉吟斗柄斜。萬里雲容含霰雪,一陽泉脈動萌芽。頓忘人世蓬心累,已任天年葆鬢加。早晚翩然青雀舫,滿江春色看梅花。

紀昀:憶梅只末句一點,運局絶高。惜五、六句措語太笨耳。

梅花

醉筆題詩紫界牆,梅花零落撲衣裳。天香又雜杯中渌,春色還驚鬢上蒼。涉世何妨爲白璧，流年未抵熟黃糧〔三〇〕。一吟起我平生志，今古冥冥出處忘。

方回：二詩俱豪。

紀昀：以辭氣論則然。

紀昀：後四句太無着落，便嫌遊騎無歸。咏物欲善離善脱者，非此之謂。

雪中梅

鄭毅夫

臘雪欺寒飄玉塵，早梅鬪巧雪中春。更無俗豔能相雜，惟有清香可辨真。姑射仙人冰作體，秦家公主粉爲身。素娥已自稱佳麗，更作廣寒宫裏人。

方回：鄭獬字毅夫，安陸人。皇祐五年進士第一。有湞溪集行世。其詩壯麗。此篇三、四最佳。梅在雪中，故别無可雜者，「雜」字好。「惟有清香可辨真」，尤見雪不藏香之意。「公主粉爲身」，雖引婦人爲譬，却正而不邪，雅而不淫也。

紀昀：此句猥褻之極，乃曲爲之詞。如此論議，殊誤後人。

紀昀：第四句不及出句之醒豁。

岐亭道上見梅花戲贈季常

元注：「陳慥，字季常。」

蘇東坡

蕙死蘭枯菊亦摧，返魂香入隴頭梅。數枝殘緑風吹盡，一點芳心雀啅開。野店初嘗竹葉酒，江雲欲落豆稭灰。行當更向釵頭見，病起烏雲正作堆。

方回：「一點芳心雀啅開」，此句最佳。坡，天人也。作詩不拘法度，而自有生意。雀之爲物，嘗凍啅。梅開本無情，於梅下此語，乃若不勝情者。尾句蓋謂季常侍兒病起新粧，行當於釵頭見此花，欲其出以侑樽也。「豆稭灰」出文酒清話王勉雪詩：「上天燒下豆稭灰，烏李從教作白梅。」亦俚語，世傳以爲戲者。東坡作詩，初學劉夢得，頗涉譏刺。第以荆公新法，天下不便，故勇於排之，而又不能忘情於詩。間有所斥，非敢怨君。元豐中李定、何正臣、舒亶彈劾之，下獄，欲置之死。至於今，此三人姓名，士君子望而惡之。亶有和石尉早梅二首曰：「霜林盡處碧溪傍，小露檀心媚夕陽。天下三春無正色，人間一味有真香。相思誰向風前寄？更晚那辭雪後芳。朝夕催人頭欲白，故園正在水雲鄉。」又：「依然想見故山傍，半倚垣陰半向陽。短笛樓頭三弄夜，前村雪裏一枝香。可能明月來同色，不待東風已自芳。幸免杜郎傷歲暮，莫辭吟對釣漁鄉。」此兩詩亦頗可觀，但以少陵爲杜郎，則稱謂不當。亶眼不識東坡，而謂其能識梅花耶？兼亦格卑句巧，似乎湊合而成。惟東坡詩語意天然自出，高妙懸絶不同。其人品不堪與東坡作奴，故附其詩於坡詩之下，不以入正選云。

馮班：「依然想見故山旁」，皆凡語。「幸免杜郎傷歲暮」，可笑。虚谷云「以少陵爲杜郎，則稱謂不當」，何不云杜公？

紀昀：「豆稭灰」，終是粗俚。或以東坡而曲爲之詞，則謬甚矣。○似待雀啅而始開，寫出清高自貴，不肯輕開之意。非寫雀之有情，此評近是而未的。○「間有所斥，非敢怨君。」八字定評，所謂皇天后土，表一生忠義之心。

馮班：大乎。○落句氣力。

紅梅 三首取一

怕愁貪睡獨開遲，自恐冰容不入時。故作小紅桃杏色，尚餘孤瘦雪霜姿。寒心未肯隨春態，酒暈無端上玉肌。詩老不知梅格在，更看緑葉與青枝。

方回：石曼卿紅梅詩：「認桃無緑葉，辨杏有青枝。」坡嘗謂此兩語村學堂中體也。范石湖著梅譜，因「詩老」二字誤以爲聖俞詩，非矣。第二首尾句云：「不應便雜夭桃杏，半點微酸已着枝。」第三首前聯云：「丹鼎奪胎那是寶，玉人頩頰更多姿。」俱佳。坡梅詩古句佳者有「江頭千樹春欲暗，竹外一枝斜更好」，及惠州村字韻三首絶奇，如次韻楊公濟二十絶：「冰盤未薦含酸子，雪嶺先看耐凍枝。應笑春風木芍藥，豐肌弱骨要人醫。」「洗盡鉛華見雪肌，要將真色鬭生枝。檀心已作龍涎吐，玉頰何勞獺髓醫。」又如「明日酒醒應滿地，空令饑鶴啄莓苔。憑仗幽人收艾納，國香和雨入蒼苔」，前「醫」字韻二首尤妙，後「苔」字韻亦苦思爲之矣。

馮班：「認桃無緑葉，辨杏有青枝」，惡詩。虚谷云「第二首尾句」、「第三首前聯」「俱佳」。

俱不佳。

許印芳：紀批律髓此詩不着圈點，亦無評語。而批本集却深取之，後六句皆密圈，今從本集。○紀批本集云：細意鈎剔，却不入纖巧，以其中有寄託，不同刻畫形似故也。

梅花寄汝陰蘇太守

參寥子

湖山摇落歲方悲，又見梅花破玉蕤。一樹輕明侵曉岸，數枝清瘦炯疎籬。良辰易失空回首，習氣難忘尚有詩。所向皆公舊題墨，肯辜魚鳥却來期。

方回：東坡元祐六年辛未三月去杭，入朝爲翰長侍讀。道潛師在西湖智果。八月坡爲賈易等所彈，出爲龍學潁州，此詩乃其年冬所寄也，蓋猶有望於坡之復來。紹聖元年甲戌，坡南行而師亦下平江獄，屈其服，編管邕州，謂之何哉？

查慎行：「龍學」，龍圖閣學士，宋人稱謂如此。

紀昀：「炯」字未渾老，亦複上「輕明」。結二句率易。

次韻賞梅

黄山谷

要知宋玉在隣牆，笑立春晴照粉光。淡薄自能知我意，幽閒元不爲人芳。微風拂掠生春思，小雨廉纖洗暗粧。只恐濃葩委泥土，誰令解合返魂香？

方回：外集有此詩。恐少作，然一字不苟。

馮班：首聯殆不能捉筆。○少氣力，全不似山谷，何也？

查慎行：「暗香」則可，「暗粧」費解。

紀昀：氣味甜熟。雖山谷少作，亦不如此，恐是竄入。以爲一字不苟，尤非。

和和叟梅花

陳後山

百卉前頭第一芳，低臨粉水浸寒光。卷簾初認雲猶凍，逆鼻渾疑雪亦香。鼎實自期終有待，天真不假更匀粧。江南望斷無來使，且伴詩翁入醉鄉。元註：「漢房陵有粉水。」

方回：此詩見後山外集。任淵所不注者，恐非後山作，以五、六太露。不然，則是少作，嘗自删去者也。

紀昀：此評最是。

馮班：凡筆，不稱大名。

查慎行：三、四亦低派。

梅花

張宛丘

北風萬木正蒼蒼，獨占新春第一芳。調鼎自期終有實，論花天下更無香。月娥服馭無非素，玉女精神不尚粧。洛岸苦寒相見晚，曉來魂夢到江鄉。

方回：宛丘詩大率自然。「調鼎自期終有實」，此句亦不能兆文潛爲相。故前評謂王沂公、王荆公詩兆，皆偶然耳。「論花天下更無香」，此句乃士大夫當以自任者。

紀昀：四句自好，餘皆窠臼語耳。

次韻李秬梅花

晁無咎

寒巖幽霧不曾開，殘雪猶封宿草荄。一萼故應先臘破，百花渾未覺春來。慚非上苑青房比，誤作唐昌碎月猜。常恨清谿照疏影，橫斜還許落金杯。「碎月」一作「玉蕊」。

方回：蘇門諸公以魯直、少游、無咎、文潛爲四學士，併陳無己、李方叔文集傳世，號六君子。文名下無虚士，讀其詩則知之。三、四佳。五、六似近「崑體」，以用事故也。尾句婉而妙，謂清溪照影，雖若可恨，然移此影落富貴家酒杯中，亦似未肯也。

馮班：末句反説了，正是要落金杯。

紀昀：詩語乃惜其如許高潔。而影落金杯，非言其不肯，此解未合。

紀昀：亦是習徑。五、六尤不佳。

和補之梅花

廖明略

蕙蘭芳草久暌離，偶洩春光此一枝。自許輕盈羞粉白，何人閒麗得隣窺。寒欺薄酒魂消夜，月入重簾夢破時。幸有暗香襟袖暖，江南歸信不應遲。

方回：廖正一字明略，安陸人。元祐中召試館職。見知東坡，自號竹林居士。有白雲集。名亞四學士。

馮班：腹聯好。

紀昀：亦是窠臼。

普明寺見梅

楊誠齋

城中忙失探梅期，初見僧窗一兩枝。猶喜相看那恨晚，故應更好半開時。今冬不雪何關事，作伴孤芳却欠伊。月落空山正幽獨，慰存無酒且新詩。

紀昀：誠齋詩多患粗率。此詩順筆掃下，貌似老而實非。

梅花下小飲

今年春在臘前回，怪底空山見早梅。數點有情吹面過，一花無賴背人開。爲携竹葉澆瓊樹，旋折冰葩浸玉杯。近節雨晴誰料得，明朝無興也重來。

方回：二詩見江湖集，猶少作也。誠齋詩晚乃一變。江湖、荆溪二集，猶步步繩墨。

紀昀：起二句欠通，立春不在臘前，便無早梅耶？第三句是落梅，非早梅。

懷古堂前小梅漸開

梅邊春意未全回，淡月微風暗裏催。近水數株殊小在，一梢雙朶忽齊開。生愁落去輕輕折，不怕清寒得得來。腸斷故園千樹雪，大江西去〔三〕亂雲堆。

紀昀：此首便渾成圓足，格意俱高。

隨意行穿翠篠林，暗香撩我獨關心。遥看小朶不勝好，走近寒梢無處尋。未吐誰知膚底雪，半開猶護蘂頭金。老來懶去渾無緒，奈此南枝索苦吟。

紀昀：三、四真景，第五句「底」字不妥。

絶豔元非着粉團，真香亦不在鬚端。何曾天上冰玉質，却怕人間霜雪寒。枝似去年仍轉瘦，花於來歲定誰看？老夫官滿梅應熟，齒軟猶禁半點酸。

紀昀：起二句鄙俗，三、四亦熟，後四句自有情致。

揀得疏花折得回，銀瓶冰水養教開。忽然燈下數枝影，唤作窗前一樹梅。歲律又殘還見此，我頭自白不須催。相看姑置人間事，嚼玉餐香嚥一杯。

方回：此見荆溪集。知常州時作。梅詩難矣，瘦健清洒如此，亦不易得。

紀昀：惜多不完美。

紀昀：三、四淺率，五、六有格。

克信弟坐上賦梅花二首

對酒初驚髮半華，折梅還覺興殊佳。如何屋角西南月，只隔一作「照」。稍頭一兩花。自是向來香寂寞，不須更道影横斜。北枝别有春無價，和靖何曾覓得些。

紀昀：結句粗鄙。

月波成露露成霜，借與南枝作淡粧。寒入玉衣燈下薄，春撩雪骨酒邊香。却於老樹半枯處，忽見一梢如許長。道是疏花不解語，伴人醒醉替人狂。

方回：此見西歸集。在知常州之後。

紀昀：起四句凡近。五、六稍可，亦未緊老。結句欠妥。

立春後一日和張功父園梅未開韻

前夕三更月落時，東風已動萬花知。江梅端合先交割，春色如何未探支？只欠梁溪冰柱句，追懷和靖暗香詩。張家剩有葱根指，不把瓊酥滴一枝。

方回：此見朝天集。梁溪謂尤延之，時同朝。張功父名鎡，南湖集俟檢。末句甚佳。

馮班：第三句俚。

紀昀：粗鄙至極。讀者以宋詩爲戒，正緣此種惡調耳。

至日後十日雪中觀梅

小樹梅花徹夜開，侵晨雪片趁花回。即非雪片催梅發，却是梅花喚雪來。琪樹橫枝吹腦子，玉妃乘月上瑤臺。世間除却梅梢雪，便是冰霜也帶埃。

方回：此退休集詩。最爲老筆。千變萬化，橫説直説。學者未至乎此，不可便以爲率。

紀昀：直是打諢，以爲老筆，謬極。「學者」二句，故爲大言以欺人，尤可嗤鄙。

梅　花

陸放翁

家是江南友是蘭，水邊月底怯新寒。畫圖省識驚春早，玉笛孤吹怨夜殘。冷淡合教閒處着，清癯難遣俗人看。相逢剩作樽前恨，索笑情懷老漸闌。

方回：放翁詩至萬篇。七言律梅花詩三十餘首，今選取中半，凡十五首。總評於後。

紀昀：此種又恨甜熟。

十一月八夜燈下對梅獨酌累日勞甚頗自慰也

奔走人間無已時，夜窗喜對出塵姿。移燈看影憐渠瘦，掩户留香笑我癡。冷豔照杯欺麴蘖，孤標逼硯結冰澌。本來難入繁華社，莫向春風怨不知。

紀昀：第五句費解，六句真不可解。

十二月初一日得梅一枝絶奇戲作長句今年於是四賦此花矣

高標已壓萬花羣，尚恐驕春習氣存。月兔擣霜供换骨，湘娥鼓瑟爲招魂。孤城小驛初飛雪，斷角殘鐘半掩門。盡意端相終有恨，夜寒皴玉倩誰温？

查慎行：五、六妙不可言，惜前後不稱。○明高青丘梅花詩翻出新奇，皆從此二語脱化。

陸庠齋：五、六迥出林氏之上。

紀昀：第一句未能免俗。第二句太獷。三、四極用力。後四句太甜熟，便有俗韻。

荀秀才送蠟梅十枝奇甚爲賦此詩

與梅同譜又同時，我爲評香似更奇。痛飲便拚千日醉，清狂頓減十年衰。色疑初割蜂脾蜜，影欲平欺鶴膝枝。插向寶壺猶未稱，合將金屋貯幽姿。

馮班：好在不黏。

紀昀：淺而率，五、六尤不成語。

樊江觀梅

樊江，越中地名。

莫笑山翁老據鞍，探梅今夕到江干。半灘流水浸殘月，一夜清霜催曉寒。倚醉更教重秉燭，怕愁元自怯憑欄。誰知携客芳華日，曾費纏頭錦百端。

馮班：不刻畫，所以好。

紀昀：前四句平平。結拓開，却好。然細味乃似海棠，此在神思間，不在字句間也。

梅花四首

老厭紛紛漸鮮歡，愛花聊復客江干。月中欲與人争瘦，雪後休憑笛訴寒。野艇幽尋驚歲晚，紗巾亂插醉更闌。猶憐心事凄凉甚，結子青青亦帶酸。

紀昀：結入俗調。

月地雲堦暗斷腸，知心誰解賞孤芳？相逢只怪影亦好，歸去始知身染香。渡口耐寒窺浄緑，橋邊凝怨立昏黄。與卿俱是江南客，剩欲樽前説故鄉。

馮班：妙。○首句四字用得切。○句句妙。

紀昀：起二句太卑靡，餘自可觀，結亦别致。馮氏激賞「月地雲階」四字，不可解。此四字見牛僧孺周秦行記，與梅何涉？

玄冥行令肅冰霜，牆角疏梅特地芳。屑玉定煩修月户，堆金難買破天荒。了知一氣環無盡，坐笑千林凍欲僵。力量世間難得似，挽回歲律放春陽。

馮班：第三句新。

紀昀：此二詩俱粗淺。

折得名花伴此翁，詩情却在醉魂中。高標不合塵凡有，尤物真窮造化功。霧雨更知仙骨别，鉛丹那悟色塵空。前身姑射疑君是，問道端須順下風。

漣漪亭賞梅

判爲梅花倒玉巵，故山幽夢憶疏籬。寫真妙絶橫窗影，徹骨清寒蘸水枝。苦節雪中逢漢使，高標澤畔見湘纍。詩情怯爲花拈出，萬斛塵襟我自知。

紀昀：通體平平。五、六刻意擺落色香套語，而「苦節」、「高標」四字露出，轉欠渾融。再加鎔煉，當更佳。○結不成語。

射的山觀梅

射的山前雨墊巾，籬邊初見一枝新。照溪盡洗驕春意，倚竹真成絶代人。餐玉元知非火食，化衣應笑走京塵。即今畫史無名手，試把清詩當寫真。

查慎行：第四名句，難對。

紀昀：第四句好，六句「化衣」字無着，結二句宋氣亦重。

凌厲冰霜節愈堅，人間乃有此癯仙。坐收國士無雙價，獨出東皇太一前。此去幽尋應盡日，向來别恨動經年。花中竟是誰流輩，欲許芳蘭恐未然。

紀昀：三、四湊，對不佳，餘亦濫調。

園中賞梅

閲盡千葩萬卉春，此花風味獨清真。江邊曉雪愁欲語，馬上夕陽香趁人。尉眼〔三二〕紅苞初報信，回頭青子又生仁。羈游偏覺年華速，徒倚闌干一愴神。

馮班：起劣。

紀昀：五、六凡近。

行遍茫茫禹畫州，尋梅到處得閒游。春前春後百回醉，江北江南千里愁。未愛繁枝壓紗帽，最憐亂點糝貂裘。一寒可賀君知否？又得幽香數日留。

馮班：首句太重。

紀昀：「行遍茫茫禹畫州」，此種腐字，不稱此題發端。第五句太著迹，不及對句。末亦好。

梅

若耶溪頭春意慳，梅花獨秀愁空山。逢時决非桃李輩，得道自保冰雪顔。仙去要令天下惜，折來聊伴放翁閒。人中商略誰堪比？千載夷齊伯仲間。

方回：和靖八梅未出，猶爲易題。「疎影」、「暗香」，一經此老之後，人難措手矣。近世諸人爲梅詩，一切蹈襲，殊無佳語。甚者搜奇抉隱，組織千百，去梅愈遠。

紀昀：此論精核。

方回：放翁七言律三十餘首，其在蜀中所賦尤多，似若寓意於所愛者。詠梅當以神仙、隱逸、古賢士君子比之，不然則以自況。若專以指婦人，過矣。此所選十五首，又似苦肉多於骨，與同時尤、楊、范體格不同云。

紀昀：不必如此説定法。即比婦人，亦不妨。「倚竹」句，何嘗不佳？

馮班：落句亦是楊花語。

紀昀：純是傖父面目。結太腐氣。

紅梅

毛澤民

何處曾臨阿母池，渾將絳雪點寒枝。東牆羞頰逢誰笑，南國酡顔强自持。幾過風霜仍好色，半呼桃杏聽羣兒。青春獨養和羹味，不爲黄蜂飽蜜脾。

方回：毛滂，字澤民。爲杭州法曹，任滿已去。抵富陽，有惜分飛詞，爲東坡所賞。追還，久之，以此知名。後乃出京、卞之門。詞佳於詩。東堂集亦惟此紅梅花詩爲最。所至庖饌奢侈，有王武子之風味。其事見鄭景望集中。

紀昀：查初白補注蘇詩，不知此段公案，遂於澤民有過許之詞。信乎考古之難也。

紀昀：五、六好，餘平平。

和草堂呂君玉梅花　崔德符

綽約冰肌絶可憐，雪中飛燕自媥妍。迎春不負千金諾，占上常贏一着先。斜倚野橋愁脈脈，獨窺冰水浄涓涓。着人自有奇香在，不是偷將與少年。

方回：崔鶠字德符，雍丘人，徙陽翟住。坐元符上書言邪人章惇，下廢三十年。政和中爲績溪宰，後召殿院不就。靖康初右正言，請斬蔡京者。有婆娑集。此詩善用事。末句謂着人奇香，非偷與韓壽之比。其不苟如此，他詩可覘。

紀昀：詩家固貴寄託，然非此之謂。

紀昀：三、四粗鄙，不稱梅花。結尤佻薄。

江梅　田元邈

千林含凍鬱蒼蒼，只有江梅獨自芳。暗吐幽香穿別院，半欹斜影入寒塘。冰膚宛是姑仙女，粉面端疑騎省郎。若是蜜奴曾拂掠，肯收紅豔貯蜂房？

方回：田亘字元邈，陽翟人。與陳叔易、崔德符善，建炎以察官召，卒。嘗有飛鳶詩詆相國寺前資寮僧出：「涎涎晴空作鶻盤，仰空誰不羨高閒？豈知盡日勞心眼，只在塵寰腐鼠間。」其爲人可知也。梅詩三首，前二首云：「趁暖不隨千卉折，凌寒先伴六花開。」「臨溪照影爲誰好？映竹無人空自憐。」皆工。惟用索笑事乃云「巡簷一笑屑瓊瑰」，韻與事不叶，次亦可略。惟此尾句謂蜜蜂若知此花，又豈肯收他花爲用？亦足以諷夫人之不察者。「姑仙女」、「騎省郎」尚可議也。

馮班：「姑仙女」成何語？姑仙豈是女？此人不識字。

查慎行：五、六句，一落比擬，便是第二義。

紀昀：第四句有致。五、六陋甚，「姑仙女」尤不通。

窗外梅花

盧贊元

已消殘雪豆稭灰，斜壓疏籬一半開。雖我故園無分看，問渠春色幾時來？冷香漸欲薰詩夢，落蕊猶能韻砌臺。定復水邊多屐齒，試令長鬣視蒼苔。

方回：三衢盧襄字贊元。詩見曾慥百家選。句律盡健。南渡前侍從。

紀昀：「豆稭灰」本非雅字，如此用來更不妥。三、四淺拙，五、六猥鄙，結二句亦笨。通首無一可取。虛谷以爲句律盡健，不可曉。

和田南仲梅

壽陽粧額太矜持，不待宫貂賜口脂。惜妙風姿令雪妬，定真消息有春知。試看呵手攀條處，何似成陰着子時。莫遣王孫三弄絶，早尋疏影對江湄。

方回：起句、尾句類「崑體」。

馮舒：不類。觀此，知虛谷全不曉「崑體」。

紀昀：「崑體」之不佳者。

紀昀：起太堆垛而無味，中四句俗弱，結亦習徑。

同曾户部吴縣尉張秀才北山僧房尋梅令客對棋

徐師川

處處已收南畝稻，閒閒還看北山梅。累觴聊爾酡顔在，對局怡然笑口開。掃徑似知佳客至，杖藜惟可數君來。移松種樹鄱陽老，章甫風帆歲一回。

方回：第六句可人。

庭中梅花正開用舊韻貽端伯

羌笛何勞塞北吹，江南何處不寒梅。千林寂寂無人看，獨樹亭亭對客開。偏爲咨嗟惟爾念，是誰移種待君來？縱留一曲安能唱，恰似朝歌墨子迴。

方回：師川詩律疏闊。其説甚傲，其詩頗拙。只雪詩二首可取。此以予愛梅，故及之。惟第四句可人耳。

紀昀：此八字寫盡習氣。○第四句亦平平。

查慎行：後半滯氣。

紀昀：結不了了。

和和靖八梅

用汝南故事，禁用體物字。

胡澹庵

感時濺淚幾時乾，顧影伶俜獨立難。自恐迹孤無與對，誰憐族冷不勝寒。未應一世供愁斷，長願三更秉燭看。雨過花邊行更好，猶嫌子美借銀鞍。

紀昀：人品自高，意思自好，詩却不佳。○「族冷」二字生。

風亭小立夢初殘，步步凌空對廣寒。照眼雙明清可掬，閒情一味淡相看。曉縈瑞霧黏初潤，晴映高雲薄未乾。三嗅臨風思無限，蕊宫遥夜酒初闌。

紀昀：「曉縈瑞霧」四字俗。

暗裏尋香自不迷，照空焉用夜燃臍。欲危疏朵風吹老，太瘦長條雨颭低。孤豔幾時同把盞，野香猶記助看題。唐人未識高標在，浪自紛紛説李蹊。

馮舒：用董卓事，不妥。

馮班：「夜燃臍」，豈佳事？「李蹊」出史記，非唐人。

紀昀：次句用事不稱。

瘦吟幽翫有餘妍，更向高人獨樂園。無垢未應經露沐，不緇寧信受塵昏。春風自識明妃面，夜雨能清吏部魂。插向膽瓶看更好，凛如明水薦靁樽。

紀昀：結句腐甚。

當年曾見鳳城頭，入骨貪看興未休。小摘欲論千種恨，微吟還喚一番愁。每嫌俗物一作「客」。薰心醉，長願清馨滿世留。穠李倚風梨帶雨，比方應合面騂羞。

紀昀：五、六太野，結句不成語。

縞裙練帨照釵荆，霜竹寒松秀色并。八詠格高凌太白，千林地迥切西清。着枝有味知深意，歆屋無言似薄情。日暮水邊空悵望，渾如湘浦見皇英。

紀昀：三、四雜凑。

一年佳處早梅時，勾引風情巧釣詩。未分霜凌禁瘦朵，漸看春入奈愁枝。晚尤奇特憐無伴，夜更分明不可私。冷落便須憑酒煖，從今鄒律未消吹。

紀昀：次句俗甚，六句鄙陋之極。

紛紛紅紫勿相猜，自古騷人酷嗜梅。皂蓋折花憐老杜，黃梅時雨憶方回。一生耐凍天憐惜，滿世趨炎我獨來。桃李爭春身老大，急須吟醉莫停杯。

方回：和靖八梅，非一日而成，有思亦且有力。澹菴和之，欲一舉而成，則不容不竭思而加力。此中大有佳語。又和八篇，用東坡雪詩聲、色、氣、味、富、貴、勢、力賦之，以多不取。

紀昀：此欲攀附正人，故曲存其詩。其實選詩只論詩，不得以其人可重而遷就其詩，致後來誤效。

紀昀：楚騷無「梅」字，此句欠考，句法亦俚。「時」字不對「折」字，六句更鄙，七句亦不成語。

李光垣：八首中凡用「風」、「雨」、「李蹊」、「穠李」、「疎朵」、「瘦朵」、「一世」、「滿世」、「酒初闌」、「把盞酒」、「煖」、「薰」、「心醉」、「吟醉」俱複。

無名氏（甲）：賀方回名鑄。

返魂梅

曾茶山

徑菊庭蘭日夜摧，禪房未合有江梅。香今政作依稀似，花乃能令頃刻開。笑説巫陽真浪下，寄聲驛使未須來。爲君浮動黄昏月，挽取林逋句法回。

方回：此非梅花也。乃製香者，合諸香，令氣味如梅花，號之曰返魂梅。予選詩無「燒香類」。蓋香癖詩人有之，而律詩少也。茶山此詩可謂善游戲矣，不惟切於題，而亦句律森然聳峭。

陸貽典：用殷七七開花事。

紀昀：前四句小巧，後半拙俚。五句言不待招魂，語意尤不分曉。虚谷極力推尊，不爲定論。

諸人見和再次韻

蠟炬高花半欲摧，班班小雨學黄梅。有時燕寢香中坐，如夢前村雪裏開。披拂故令攜袖滿，横斜便欲映窗來。重簾幽户深深閉，亦恐風飄不得回。

方回：此只是燒香似梅花香，詩中四句善形容。「前村雪裏」、「横斜映窗」等語，挽而歸之於所聞之香，既雅潔，又標致。

查慎行：勝前作。○三、四用事脱化。中四句不着迹，故佳。

紀昀：此亦未佳，然尚不惡。○四句與六句只是一意。

瓶中梅

小窗冰水青琉璃，梅花横斜三四枝。若非風日不到處，何得〔三〕色香如許時。神情蕭散林下氣，玉雪清映閨中姿。陶泓毛穎果安用，疏影寫出無聲詩。

方回：此詩「吴體」也，可謂神情蕭散。

紀昀：此有别趣。

許印芳：陶泓，硯也。毛穎，筆也。蓋以襯題中瓶字。「果安用」語欠圓到，故爲易作「助幽興」。

雪後梅花盛開折置燈下

滿城桃李望東君，破臘江梅未上春。窗几數枝逾静好，園林一雪倍清新。已無妙語形容汝，不用幽香觸撥人。迨此暇時當舉酒，明朝風雨恐傷神。

方回：「静好」二字佳，「園林一雪倍清新」尤爲佳句。

紀昀：此便情韻俱佳，虚谷所評亦允。○「燈下」二字竟脱，然作折枝梅看自佳。

許印芳：此詩三、四絶佳。○前後亦有病：次句「未上」，於上下文不甚融貫，易爲「已報」；五句「已無」易作「愧無」；六句「不用」，出語太直、太板，易作「叵耐」；七句「迨此暇時當舉酒」，用經語太腐，亦太呆鈍，易作「燈下相逢宜痛飲。」○紀批云：「通篇脱却燈下意，然作折枝梅看，自佳。」曉嵐雖爲之寬解，究竟「燈下」二字不能照應，亦須點出，方合詩法。有此數病，故爲易之。○「飲」，去聲。

喻子才提舉招昌源觀梅倦不克往蘇仁仲有詩次韻

問公何許看花回？賸説郊坰十里梅。樹雜古今他處少，枝分南北一齊開。昌源已辦行廚去，離渚猶須使節來。況復蘭亭公所葺，清流九曲要傳杯。

方回：元注：「離渚梅花亦盛。昌源、離渚，皆越上地名。」

紀昀：後半牽綴無味。

奉和姚仲美臘梅

趙乂若

陽和都未見芳菲，初喜寒苞發故枝。絶色夐無朱粉態，真香寧許燕鶯知。凝愁金谷登樓日，斂黛温泉賜浴時。寫作新聲傳玉笛，誰人持向月中吹？

方回：「夐無朱粉態」，不朱不粉，可見其爲黄梅。此句佳，餘亦只賦得梅花耳。趙暘字乂若。其先本杭人，徙鄭州及汴。畢漸榜甲科，靖康初左正言。過江寓信州玉山，章泉之曾祖也。

馮班：首句破，未見清切。腹聯全無臘梅意。以下都不是題目。

紀昀：五、六俗格。

正月七日初見梅花

方元修

雪浄冰融溪作鱗，梅花經眼日當人。北枝風力顧不早，東閣詩情聊一新。煙並博山薰莫亂，色同哀鬢插宜親。一年好處得全盡，紅綻雨肥猶弄春。

方回：桐廬處士玄英先生之後。元修少有詩名。政和初審察監大觀庫，後通判濬州。弟元若靖康右史秘少，元矩亦典郡。詩三、四亦佳。嘗同吕居仁、趙才仲入大名幕。

紀昀：通體淺拙。

梅花

潘子賤

天與孤高花獨新，世間草木信非倫。影涵水月不受采，氣傲冰霜何待春。冷淡自能驅俗客，風騷端合付幽人。往來百匝堦除裏，頓使心無一點塵。

紀昀：「花獨新」三字費解，三句「不受采」三字食古不化。「江西」詩多有此病。

氣律峥嶸歲入新，寒梅芳信冠羣倫。直能平地凌大雪，可是回根迎小春。九畹蕙蘭真上客，千山桃李盡庸人。即今携酒江郊去，弄蕊攀條一拂塵。

方回：中書舍人潘子賤名良貴，一字義榮，金華人，號默成居士。宣和初博士，建炎初司諫，紹興初都司左史。屢以忤時相去。爲西掖，叱向子恭奏事無益不切，坐去；又惡秦檜，遂不起。朱文公序其集。時字德久，其兄子也。

紀昀：二首野氣太重。○此首三、四俚陋。「客」字有典，「人」字無典。

探梅呈汪信民

吕居仁

縞帶銀杯欲着塵，小園幽樹已含春。風流王謝佳公子，臭味曹劉入幕賓。細朶定無塵土涴，暗香猶帶雪霜新。剩摩枵腹搜奇句，去惱城南得定人。

方回：拈出細朶無涴處，亦新。末句活動。

紀昀：韓詩以「縞帶」「銀杯」咏雪，乃因車蹤馬跡而肖其形。今竟以「縞帶」「銀杯」爲雪，謬甚。三、四雜湊，且不接起二句。

無名氏（甲）：韓文公雪詩：「隨車翻縞帶，逐馬散銀杯。」

謝勝一作「亭」尉〔三四〕送梅

破帷冷落不禁風，疾病深藏稱懶慵。忽有梅花來陋巷，喜聞春信出初冬。未須趁雪争先覩，尚恐衝寒不滿容。會約君家好兄弟，他年樽酒更相從。

方回：三、四亦活。

紀昀：語殊無味，亦黨附之詞。

紀昀：次句「懶慵」二字字複。○「不滿容」笨。

江梅

江梅消息未真傳，微露芳心几杖前。不信冰霜能作惡，要令桃李便争先。斜枝似帶千峯雪，冷豔偷回二月天。准擬從君出城去，竹輿仍勝百花韉。

方回：尋梅則竹輿可矣，尋春則可百花韉也。此語極新。居仁詩專主乎活。曾茶山與之同年，生於元豐七年甲子，過江時各年未五十。居仁先有詩名，茶山倡和求印可，而居仁教以詩法，故茶山以傳陸放翁，其説曰：「最忌參死句。」今人看居仁詩，多不領會。蓋專以工求，則不得其門而入也。以活求，則此梅詩亦可參矣。

紀昀：「最忌參死句」，此説最是，但其詩不足副此言。

紀昀：凡庸之筆，兼有疵累。以爲活句，是所未喻。第三句「能作惡」三字不雅，六句太纖。

和周楚望紅梅用韻

方子通

清香皓質世稱奇，試作輕紅更自宜。紫府與丹來换骨，春風吹酒上凝脂。直教臘雪無藏處，只恐朝雲有去時。溪上野桃何足種，秦人應獨未相知。

方回：范石湖梅譜稱此「换骨」、「凝脂」之聯。曾季貍裘甫著艇齋詩話，以爲徐師川十三歲時詩，見知東坡。蓋妄也。慶元中陳剛刊板，已著爲方子通。子通名惟深，有莆田小集行於世。他詩亦佳。裘甫詩話多諛師川，恐非作家。子通，王荆公同時人。「半出岸沙楓欲死，繫舟時有去年痕。」乃子通詩也。荆公愛之，書於座右，乃誤刊入荆公集。曾慥詩選不收此詩，謂爲姑蘇人，其實莆田人也。

馮班：亦通。

紀昀：起句俗，五句拙，六句無著，結意膚淺。三、四差可，究亦凡語。未爲佳作。

次韻張守梅詩

劉屏山

草棘蕭蕭野岸隈，暗香消息已傳梅。雪欺籬落遥難認，暖入枝條併欲開。愁向天涯今度見，老隨春色暗中來。似聞詩社多何遜，盍試招魂共一杯？

方回：五、六「天涯」、「春色」有思致。

紀昀：五、六淡而有味，餘皆平平。

次韻劉秀野前村梅

朱文公

玉立寒烟寂寞濱，仙姿瀟灑浄無塵。千林摇落今如許，一樹横斜絶可人。真與雪霜娱晚景，任從桃李殿殘春。緑陰青子明年事，衆口矜嗟鼎味新。

馮班：無惡氣味。

紀昀：三、四佳，餘皆凡語，尾句尤俗。

次韻劉秀野早梅

可愛〔三五〕紅芳愛素芳，多情珍重老劉郎。疏英的皪尊中影，微月黄昏句裏香。胸次自憐真玉雪，人間何處有冰霜。巡簷説盡心期事，肯醉佳人錦瑟傍。

方回：此皆寄意於梅，猶孔子所言「歲寒然後知松柏之後彫」也。無上文，無下文，只此十箇字，足見士君子之爲人也。

查慎行：六句，高潔無偶。

紀昀：此首亦凡語。

次韻秀野雪後書事

惆悵江頭幾樹梅，杖藜行繞去還來。前時雪壓無尋處，昨夜月明依舊開。折寄遥憐人似玉，相思應恨劫成灰。沉吟落日寒鴉起，却望柴荆獨自回。

方回：詩有興、有比、有賦。如風、雅、頌，古體與今固殊，而稱人之美即頌也。實書其事曰賦。要説得形狀出，微寓其辭，則比興皆託於斯。如此詩首尾四句，實書其事也。中兩聯賦〔三六〕則微寓其辭，言尋梅、見梅、寄梅，有比、有興，而味無窮矣。

紀昀：此論好。

紀昀：此不高而頗饒情致。○「劫成灰」三字無着。

不見梅再用來字韻

舊歲將除新歲來，梅花長是雪皚堆。如何此日三州路，不見寒葩一樹開。野水風煙迷慘淡，故園霜月想徘徊。夜窗却恐勞幽夢，速把新詩取次裁。

方回：文公以乾道三年丁亥八月如長沙訪南軒，十一月同游衡嶽，十二月公歸建陽道中抵新喻西境，賦詩曰：「北嶺蒼茫雨欲來，南山騰路翠成堆。稚松繞麓千旗卷，野水涵空一鑑開。客路情懷無倥偬，今晨游眺且徘徊。自然觸目成佳句，雲錦無勞更剪裁。」故不見梅詩有此篇韻。「三州路」，謂潭、衡、袁也。

查慎行：五、六描寫「不見」，又非梅不足以當之。却只空際傳神，超妙獨絶。

紀昀：三、四近率，結句尤非雅音。

叔通老友探梅得句垂示且有領客携壺之約

迎霜破雪是寒梅，何事今年獨晚開？應爲花神無意管，故煩我輩着詩催。繁英未怕隨清角，疏影誰憐蘸緑杯。珍重南隣諸酒伴，又尋江路探香一作「春」。來。

方回：夫仁亦在乎熟之而已矣。此詩當以熟觀。

紀昀：是薄，非俗。

紀昀：起句鄙俗，三、四野調。

和宇文正甫探梅

張南軒

天與孤清迥莫隣，祇應空谷伴幽人。千林掃迹愁無奈，一點横梢眼便親。顧影莫驚身易老，哦詩尚覺句能新。幾多生意冰霜裏，説與夭桃自在春。

方回：此詩瀟然出塵，其惓惓於當世之君子至矣。得見此人焉，不得而疎之也。

紀昀：道學詩，不腐最難。

紀昀：此便清遒。

許印芳：三、四即失於「千林摇落」二句意，而不及其雋永。曉嵐以清遒取之，蓋欲救世俗塵腐之病耳。○「莫」字「與」字俱複。○張栻，字敬夫，學稱南軒先生。

紅梅

韓無咎

不隨羣豔競年芳，獨自施朱對雪霜。越女謾誇天下白，壽陽還作醉時粧。半依修竹餘真態，錯認夭桃有暗香。月底瑶臺清夢到，霓裳新换舞衣長。

方回：韓尚書南澗，本「桐木〔三七〕派」，有甲、乙集。淳熙七年庚子詩。當是時，鉅儒文士，甚盛稱無咎與茶山。先是俱寓信州。茶山之甥吕成公即無咎之婿。無咎詩亦與尤、楊、范、陸相伯仲。有子曰琥，字仲止，號澗泉，尤有高節，詩與趙昌父並立於信上。此詩五、六甚佳。

紀昀：此詩亦常語。

馮舒：格似卑，却工貼。

馮班：落句湊韻。

去年多雪苦寒梅花遂晚元夕猶未盛開

范石湖

隔年寒力凍芳塵，勒住東風寂寞濱。只管苦吟三尺雪，那知遲把一枝春。燈烘畫閣香猶冷，湯暖銅瓶玉尚皴。花定有情堪索笑，自憐無術唤真真。

方回：此詩淳熙十二年乙巳作。

馮班：落句不切。

紀昀：湊泊無真氣。

再題瓶中梅〔三八〕

園林摇落凍芳塵，南北枝間玉蕊皴。風袂挽香雖淡薄，月窗横影已精神。雪霜春事年年晚，今古詩情日日新。鐵石如公猶索句，真成嚼蠟對横陳。

方回：淳熙十四年丁未作。

陸貽典：此首原好，馮舒抹之，太過。

查慎行：「嚼蠟」、「横陳」，語出楞嚴。

紀昀：不甚見瓶中意。

次韻尹朋梅花 二首取一

尤延之

江北江南天未春，陽和先已到孤根。斜枝冷落溪頭路，瘦影扶疏竹外村。水部未妨時遣興，玉妃誰復與招魂。天寒好伴羅浮醉，明月清風許重論。

馮舒：「斜枝」、「瘦影」，俱嫌套。

馮班：平通。

紀昀：無疵累，然亦無佳處。此種詩，學之最害事。

梅花

竹外籬邊一樹斜，可憐芳意自萌芽。也知春到先舒蕊，又被寒欺不放花。索笑幾回驚歲晚，相思一夜繞天涯。直須待得垂垂發，踏月相携過酒家。

紀昀：五、六工部語對玉川語，極現成而不熟濫，此由筆妙。

冷蕊疏枝半不禁，眼看芳信日駸駸。雪霜不管朝天面，風月能知匪石心。望遠可無南北使，客愁空費短長吟。年年准擬花排恨，不道看花恨更深。

方回：尤遂初詩，初看似弱，久看却自圓熟，無一斧一斤痕迹也。

紀昀：佳處、病處皆在此。

馮班：亦平平耳，然絶無惡態。

紀昀：用杜句只改一字，不如全用。○此首粗鄙。

落梅

清溪西畔小橋東，落月紛紛水映紅〔三九〕。五夜客愁花片裏，一年春事角聲中。歌殘玉樹人何在？舞破山香曲未終。却憶孤山醉歸路，馬蹄香雪襯東風。

方回：第二句未有别本可考。遂初詩，其孫新安半刺藻嘗刊行，而焚於兵。予得其家所抄副本，頗有訛缺云。

查慎行：第四句藴藉。

入春半月未有梅花

枯樹扶疏水滿池，攀翻未見玉團枝。應羞無雪教誰伴，未肯先春獨探支。幾度杖藜貪看早，一年芳信恨開遲。留連東閣空愁絶，只誤何郎作好詩。

紀昀：三、四笨，五、六差可。

德翁有詩再用前韻三首

文章仙伯記仇池，每想横斜竹外枝。未放柔柯攢玉雪，稍看紅蒂染燕支。别來望遠憑誰寄，老去尋春只恐遲。把酒問花花解語，定應催促要新詩。

紀昀：尾句輕佻而淺俗。

立馬黄昏繞曲池，幾回踏雪問南枝。不應春到花猶未，定恐寒侵力不支。隴上已驚傳信晚，樽前只想弄粧遲。臨風不語空歸去，獨立無憀自詠詩。

馮班：首句，「立」了如何「繞」？次句，幾個「黄昏」？

紀昀：既「立馬」，如何又「繞」？

嘗記尋芳到習池，攀條頻認去年枝。曉穿曲徑千林去，晚度危橋一木支。不避春寒來得得，只緣人望故遲遲。無錢可辦羅浮醉，報答春光只有詩。

方回：首唱以入春半月梅花未開爲題，八句極委曲有味。却不料「支」字難和，有所酬答，又成三首。遂初詩不見其有着氣力處，而平淡中自有抅斡。三「支」字皆壓倒。

紀昀：未見有味。

馮班：「支」字俱佳。

紀昀：尾句尤粗鄙。

次韻渭叟蠟梅　二首取一

快瀉鵝黄若下春〔四〇〕，要將香色鬭清珍。蠟丸暗拆東君信，梔貌寧欺我輩人。光價未輸何遜早，詩篇重見豫章新。渾金璞玉爭多少，要與江梅作近親。

方回：「蠟丸」、「梔貌」亦新。前首末句云：「强學瞿曇金作面，只應恁怪老禅親。」皆能言其色也。

紀昀：二句牽合無味。

查慎行：「蠟丸」用高子勉詩中語。
紀昀：「清珍」二子趁韻。三、四對句勝出句。

梅花

趙昌父

平生欠汝哦詩債，歲歲年年須要還。未至臘時須訪問，已過春月尚躋攀。直從開後至落後，不問山間與水間。却笑淵明賦歸去，庭柯目眄自怡顔。

馮班：「歲歲年年須要還」，不勞。
查慎行：首聯俗。
李光垣：「須」字複。

全樹婆娑夥匪奢，數枝纖瘦少尤佳。春風上苑吾何忝，落日孤村汝自嗟。定論要爲塵外物，細看那是世間花。不然山谷能詩老，曷與山礬定等差。

方回：世之作者無窮，尤、楊、范、陸之後，又有一趙昌父。「直從開後至落後」，即樂天「賞自初開直至落」。第二首五、六絶妙。梅詩甚多，特選此耳。
紀昀：只恨合掌。

紀昀：二詩鄙野之甚，而虚谷盛推之，門户黨援之習，顛倒是非如此！

探梅　韓仲止

檢點山前梅蕊痕，花雖未放已銷魂。縱饒老幹摧幽谷，也勝繁華倚市門。冷落不成欺歲晚，陽和且可待春温。清香一噴紅梢滿，却月淩風未易論。

方回：此澗泉紹熙三年壬子詩。澗泉生於紹興三十年己卯，是年才三十四歲，而作詩已如此。三、四固以自謂：雖如此，勝如彼矣。第六句猶未忘世情。嘉定初，即休官不仕。嘉定十七年甲申，理宗即位之月卒，年六十四。其大節有可取，則自許之意不必如詩所云可也。詩四十餘卷，約五千篇。澗泉諱琥，字仲止，南澗無咎之子，予嘗爲作傳。

紀昀：三、四太盡。七句不成語。

梅花

今年全未作梅詩，與向花前浪品題。不分雪霜摧折盡，尚須天日照臨之。静看冷蕊無人會，閒繞孤根只自知。猶有幽禽解鳴語，爲予疇酢殆移時。

紀昀：此首更惡狀。

肯同桃李强攙春，自占空山野水濱。老氣却因高樹得，清姿不待數花新。本來淡薄難從俗，縱入紛華亦絶塵。最愛夜深霜重處，冷風吹起月精神。

方回：此澗泉紹興末年詩。朱文公入講筵，侂胄未甚盛之時，仲止其言已如此高了。第二首三、四愈吟愈有味，謂高樹老氣，亦無待於數花，不亦妙乎？凡前輩自許，只許退，不許進。王沂公梅詩，偶爾做着狀元宰相，乃謂詩必以榮進爲兆，乃俗論也。

紀昀：此亦一偏之論。抑知矯激之俗，甚於榮進之俗也。

紀昀：此首自可，五、六尤佳。

春山看紅梅

年年常得醉君家，今日紅梅正着花。點綴初非桃有豔，横斜寧與李争華。依然竹外併林下，況復山巔與水涯。步繞孤根香更在，高懷無惜共流霞。

方回：此仲止開禧中詩。三、四殊佳。餘尚有梅詩數十首，今但選八首於此。

馮班：李是白的，如何能争？

紀昀：三、四俗極，桃李分説尤淺陋。

澗上蠟梅香甚

照眼花枝是蠟梅，香傳小樹爲誰開？弄陰欲雪山長暝，破曉終風水漫洄。鳥語春聲喧復静，鴻飛寒影去還來。數間敗屋浮橋外，何苦無吟不舉杯？

方回：中四句引四物，若不切於梅者，而句句有委折縈紆無盡之意。所謂「蠟梅香甚」，在其中矣。嘉定八年乙亥詩也。

紀昀：真欺人語。

馮班：破題直出「蠟梅」二字，妙！

紀昀：拙陋而不切題。

梅下

雖得霜濃春自濃，野梅無處不爲容。半依古渡迷芳草，獨占荒山對古松。綽約花房宜戲蝶，崔嵬枝幹若游龍。角巾一幅支笻久，不覺烟中有寺鐘。

方回：歐公詩：「春風疑不到天涯，二月山城未見花。」此詩起句十四字似之。三、四尤佳，尾句愈佳。丙子年詩。

紀昀：亦黨局之論。
查慎行：三、四氣格殊高，五、六乃卑下。
紀昀：起拙笨，次句「不爲容」三字不妥，五句似桃李，六句俗拙。

澗東臨風飲梅花尚未全放一樹獨佳

殘雪餘寒二月來，澗東猶是欲開梅。夕陽影淡初尋句，流水聲清更把杯。取友喚鄰相領略，破荒擇勝獨徘徊。誰能折向南枝醉，一陣寒香撲麝煤。
方回：五、六惟陳後山到此地。仲止筆力古淡，亦能之。丙子年詩。
紀昀：五、六自好。七句「折向」二字不可解，必有脱訛。末句比擬不倫，劣甚。

探梅

探梅山路一杯亭，日淡風微遠靄生。莫問古來尋古話，只知春近愛春情。幾枝冷蕊吟方見，一點疏花畫不成。我挾兩兒同二友，老來酒外更何營。
方回：瘦淡之中自穠粹。嘉定庚辰詩。仲止卒於十七年甲申八月，有大節。此四詩皆老筆也。

紀昀：三、四鄙拙。

寄尋梅

戴石屏

寄聲説與尋梅者，不在山邊即水涯。又恐好枝爲雪壓，或生幽處被雲遮。蜂黄塗額半含蕊，鶴膝翹空疏帶花。此是尋梅端的處，折來須付與詩家。

方回：輕快可喜。石屏戴復古，字式之，天台人。早年不甚讀書，中年以詩游諸公間，頗有聲。壽至八十餘。以詩爲生涯而成家。蓋「江湖」游士，多以星命相卜，挾中朝尺書，奔走閫臺郡縣餬口耳。慶元、嘉定以來，乃有詩人爲謁客者，龍洲劉過改之之徒不一人，石屏亦其一也。相率成風，至不務舉子業，干求一二要路之書爲介，謂之「闊匾」，副以詩篇，動獲數千緡，以至萬緡。如壺山宋謙父自遜，一謁賈似道，獲楮幣二十萬緡以造華居是也。錢塘、湖山，此曹什伯爲羣，阮梅峯秀實、林可山洪、孫花翁季蕃、高菊磵九萬，往往雌黄士大夫，口吻可畏，至於望門倒屣。石屏爲人則否，每於廣座中，口不談世事，縉紳多之。然其詩苦於輕俗，高處頗亦清健，不至如高九萬之純乎俗。如劉江村瀾，最晚輩。本天台道士，能詩，還俗，磨瑩工密，自謂晚唐。予及識其人，今亦歸九泉，而處士詩名遂絶響矣。故因取石屏此詩，而詳記之於此。

無名氏（乙）：國運末造，處士横議。此即袁子才論曾茶山詩所謂衣敝褐，足躡破屣，造士大夫之堂，硯然高座，騰其口說，雌黄當世，挾制士大夫，使人望而畏之。以盜高名，以邀厚利。即山人墨客，村野布衣，無人不以孔、顔、曾、閔自居。且徒黨衆多，羣相附和，使士大夫不敢攖其鋒，不敢不遂其欲。不特宋之結習如是，即明季國步已更，而社風愈厲。有王者作，比而誅之，亦可哀矣。

紀昀：野調。

梅

孤標粲粲壓羣葩，獨占春風管歲華。幾樹參差江上路，數枝粧點野人家。冰池照影何須月，雪岸聞香不見花。絶似人間隱君子，自從幽處作生涯。

方回：皆前人已曾道之句，而律熟句輕，頗亦自然，亦不可棄也。

紀昀：此評確。○是淺弱，非自然。

方回：石屏小集詩百餘首，趙孏菴汝讜字蹈中所選也。蹈中詩，至中年不爲律體，獨喜爲「選體」。有三謝、韋、柳之風，其所取石屏詩，殆亦庶矣。蹈中兄曰南塘汝談，字履常，詩文俱高，尤精四六跋語，頗亦不滿於石屏之詩，一言以蔽之，曰輕俗而已，蓋根本淺也。

紀昀：此探本之論。

方回：今續集有詠梅投所知，中四句云：「獨開殘臘與時背，奄勝衆芳其格高。欲啓月宫休種桂，如何仙苑只栽桃。」所謂「其格高」者，殊爲衰颯。「欲啓」、「如何」一聯，尤覺俳陋。非深於詩者不能察也。

紀昀：評石屏最的。

方回：同時稍後，有許棐梅屋者，有蠟梅江梅同瓶詩曰：「苗裔元從庾嶺分，兩般標致一般春。淡粧西子呈嬌態，黄面瞿曇現小身。不羨腰金横玉貴，來尋嚼蠟飲冰人。只愁花謝香狼藉，桃李如何接後塵？」第二句不勝其俗，三句愈覺其俗。此「江湖」詩所以難選云。

紀昀：亦確評。

馮舒：第七句陋淺。

紀昀：三、四少可。五、六纖。結露骨，反淺。

客有致横驛苔梅者絶奇古劉良叔以詩借觀次韻奉納

方巨山

雪侵横驛苔枝古，莫作江南一樣看。醖釀春情何遜老，崚嶒詩骨孟郊寒。也知餘子十分俗，雅有書生半點酸。政恐劉郎識桃耳，相逢冷淡亦良難。

紀昀：語殊粗野，亦不見苔梅之意。○三句湊泊，四句較自然。

五用韻

水曹爲骨逋爲髓，風雪灞橋誰共看？千里夢迴歸路遠，一枝春占暮江寒。飛飛雨片猶堪醉，點點晴香已帶酸。雙玉瓶乾情正洽，與君落筆不辭難。

方回：秋崖詩二十卷。七言律梅花詩十餘首，獨選此二首，又五中之二也。此在維揚制幕時，年壯氣鋭，句律高峭，而詩始佳。「莫作江南一樣看」，蓋秋崖江東人，亦所以自標也。二和有云：「蘚樹卧龍鱗甲老，霜橋立馬骨毛寒。」亦壯健。四和有云：「笑堪索否便堪醉，盟可尋歟不可寒。」比之楊誠齋詩，變之又變。古未有此法，學者不可以爲準也。

查慎行：四和二句，便是「江湖」習氣。

紀昀：虚谷云「句律高峭」，未見高峭。虚谷云「學者不可以爲準也」，此論最是。

查慎行：起句惡，不但俗。

紀昀：起句與六句俱欠通。

落梅

劉澘夫

一片能教一斷腸，可堪平砌更堆牆。飄如遷客來過嶺，墜似騷人去赴湘。亂點莓苔多莫數，偶粘衣袖久猶香。東風謬掌花權柄，却忌孤高不主張。

昨夜尖風幾陣寒，心知尤物久留難。枝疏似被金刀剪，片細疑經玉杵殘。痛叱山童持箒去，苛留野客坐苔看。月中徙倚憑空樹，也勝吴兒賞牡丹。

方回：潛夫淳熙十四年丁未生，二十五爲靖安尉，嘉定中從李珏〔四一〕江淮制幕，監南嶽廟以歸。詩集始此。初有南嶽五藁。此二詩嘉定十三年庚辰作，年三十四，時正奉祠家居。後從辟巡廣西，帥蜀〔四二〕，知建陽縣。當寶慶初，史彌遠廢立之際，錢塘書肆陳起宗之能詩，凡「江湖」詩人皆與之善。宗之刊江湖集以售，南嶽藁與焉。宗之賦詩有云：「秋雨梧桐皇子府，春風楊柳相公橋。」哀濟邸而誚彌遠，本改劉屏山句也。敖臞菴器之爲太學生時，以詩痛趙忠定丞相之死，韓侂胄下吏逮捕，亡命。韓敗，乃始登第，致仕而老矣。或嫁「秋雨」、「春風」之句爲器之所作，言者併潛夫梅詩論列，劈江湖集板，二人皆坐罪。初彌遠議下大理逮治，鄭丞相清之在瑣闥，白彌遠中輟，而宗之坐流配。於是詔禁士大夫作詩，如孫花翁惟信季蕃之徒，寓在所〔四三〕，改業爲長短句。紹定癸巳，彌遠死，詩禁解，潛夫爲病後訪梅九絶句云：「夢得因桃却左遷，長源爲柳忤當權。幸然不識桃并柳，却被梅花累十年。」又云：「一言半句致魁台，前有沂公後簡齋。自是君詩無警策，梅花窮殺幾人來。」又云：「春信分明到草廬，呼兒沽酒買溪魚。從前弄月嘲風罪，即日金雞已赦除。」時潛夫廢閒恰十年矣。其詩格本卑，晚而漸進。如此詩「遷客」、

「騷人」、「金刀」、「玉杵」二聯，皆費粧點，氣骨甚弱。如憶真州梅園詩，次韻方孚若瀑上種梅「窗」、「龐」之韻至於十首，今無可選。後集梅絶句至百首，謂之百梅。如方烏山澄孫諸人，各和至百首。頗不無贅，而亦有奇者。惟此可備梅花大公案也。

查慎行：江湖集今名宋人小集，乃鈔本，余於癸巳冬購得之，尚有「棚北大街睦親坊陳解元書坊刊印」字樣。

紀昀：虚谷云：「如此詩遷客、騷人，金刀、玉杵二聯，皆費粧點，氣骨甚弱。」確評。

馮班：「玉杵」句好。牡丹非吴地花，梅花吴中甚多。

紀昀：二首粗而且俗，一無可采。

趙禮部和予梅詩十絶送林録參韻雜之萬如詩中殆不可辨别課一詩以謝

劉後村

自羞更無一點涴鉛華，狀出冰枝糝玉葩。十絶頓令儂北面，萬如元住子東家。

貧女釵邊朶，難傍宫人額上花。縱使北風如鐵勁，未妨雪月照槎牙。

方回：禮部當是趙時焕，寓居泉州。林録參當是林觀。後四句有所諷。「自羞貧女釵邊朶」，言詩之淡者。「難傍宫人額上花」，言詩之艷者。「北風」、「雪月」二句，以喻夫臨患難而不可奪也。然後村詩未爲全淡，蓋出處之際，亦似未然。萬如居士李縝，字伯玉，李雲龕之子。朱文公作墓誌，稱其有文十卷，梅百詠。寓泉州。後村初爲石塘，林同、林合賦梅花百絶，未知有萬如詩。後見之，乃謂萬如詩如漢宮洞簫，梨園羯鼓，用事精切，下字清新，音節流麗，有二宋、王仲至、晏叔原之風。惜其太脂粉，視陳簡齋便自邈然。後村又自謂所賦如樵歌牧唱，妍詞巧思，不及李遠甚，即此詩五、六意也。然以予觀之，梅花詩清瘦瀟洒，近年莫如尤延之，雖楊誠齋、陸放翁亦頗浮肥矣。後村之言良是，其詩未臻乎奥地也。

紀昀：虚谷云：「後村之言良是，其詩未臻乎奥地也。」此論公允。

馮班：壽陽事亦陳言也。如此却新。

紀昀：起四句猥陋，後四句亦淺。

梅花二十首

張澤民

和靖風流百世長，吟魂依舊化幽芳。已枯半樹風煙古，纔放一花天地香。不肯面隨春冷暖，只將影共月行藏。懸知骨法清如許，傳得仙人服玉方。

馮班：結句直是不通。

查慎行：俗。

數花疏疏静處芳，便成佳景不荒涼。暖田窮谷春常早，影落寒溪水也香。自倚風流高格調，唯消質素淡衣裳。滿天霜月花邊宿，無復莊周蝶夢狂。

馮班：第五句，偷句。結句不通。

泠泠澗水石橋傍，春正濃時風味長。清介終持孤竹操，繁華不夢百花場。描來月地前生瘦，吹落風簷到死香。結習已空無染着，每來花下輒成狂。

凍花無多樹更孤，一溪霜月照清癯。終身只友竹君子，雅志絶羞松大夫。白玉都拚雕作蕊，黄金不惜撚爲鬚。亦知世有春風伴，問萬花中着得無？

馮班：第四句意不相顧。○「白玉」、「黄金」，如何不要作大夫？

查慎行：五、六俗。

孤芳嫌殺渾羣芳，雪滿山坳月滿塘。韻士不隨今世態，仙姝猶作古時粧。雪羞潔白常回避，春忌清高不主張。地僻何妨絶供給，饑來只用嚥寒香。

方回：「不主張」之句，仍是本劉後村。

馮班：餓，如何？

政爾寒陰慘淡時，忽逢孤豔映疏籬。金紫氣味無人識，玉雪襟懷只自知。竹屋紙窗清不俗，茶甌禪榻兩相宜。花邊不敢高聲語，羌管淒涼更忍吹。

千林凍損積陰凝，一點春從底處生。玉色獨鍾天地正，鐵心不受雪霜驚。孤芳若與東君背，數樹能令南紀明。醉後惟愁踏花影，青鞋不敢近花行。

數株如玉照寒塘，無日無風自在香。谷冷難教春管領，山深自共雪商量。已成到骨詩家瘦，不賣入時宮樣粧。亂插繁花花下醉，只應我似放翁狂。

方回：陸放翁詩：「我死諸君思此狂。」今句本此。

行盡荒林一徑苔，竹稍深處數枝開。絶知南雪羞相並，欲嫁東風耻自媒。無主野橋隨月管，有根寒谷也春回。醉餘不睡庭前地，只恐忽吹花落來。

紀昀：仍是休踏花影之意，變其文爾。

天然標格閬風鄉，薄薄鉛華淡淡粧。月地向誰孤弄影，雪天驀地忽聞香。征鞍處處頻回首，羌管聲聲欲斷腸。天上玉妃新謫墮，游蜂不敢近花傍。

纔有梅花便自奇，清香分付入新詩。閒持盃酒臨風處，獨倚欄干待月時。試向〔四四〕園林千萬樹，何如籬落兩三枝。霜天角裏空哀怨，丘壑風流總不知。

纔有梅花便自清，孤山兩句一條冰。問渠紫陌花間客，得似清溪樹下僧。雅淡久無蘭作伴，孤高惟有竹爲朋。雪天枝上三更月，人在瑶臺第幾層？

天寒花信未能靈，佇立通宵户不扃。小蕚欲争天下白，數條獨向雪中青。肯教旅雁尋常見，未許游蜂取次經。一片唯愁污塵土，寒苕和月掃中庭。

纔有梅花便不塵，和霜和月爲精神。風流晉宋之間客，清曠羲皇以上人。年後臘前無盡意，水邊林下自然春。萬花錦繡東風鬧，難浼翛翛玉雪身。

紀昀：三、四少可而調不佳。

纔有梅花便不村，其人如玉立黄昏。些些蕊裹藏風韻，箇箇枝頭帶月魂。常挹清香來燕坐，可教落片點空樽。到腰深雪庭前白，心事寒松擬共論。

馮班：「些些蕊」是何物？

纔有梅花便不同，一年清致雪霜中。疏疏籬落娟娟月，寂寂軒窗淡淡風。生長元從瓊玉圃，安排合在水晶宫。何須更探春消息，自有幽香夢裏通。

天下無花白到梅，風前和我不塵埃。崚嶒鶴骨霜中立，偃蹇龍身雪裏來。未許瓊花爲行輩，定教玉蕊作輿臺。夜深立盡扶疎影，一路清溪踏月回。

幾年冷樹雪封骨，一夜東風春透懷。花裏清含仙韻度，人中癯似我形骸。三點兩點淡尤好，十枝五枝疎更佳。野意終多官意少，玉堂茅舍任安排。

陸貽典：第七句官梅如此用，不佳。

愛疎愛淡愛枯枝，已愛梅花更愛奇。江路一年春好處，石橋半夜月明時。蹇驢積雪深須去，破帽嚴霜打不知。世上非無好顔色，詩人所賞是風姿。

癖愛梅花不可醫，開教探早落教遲。欲知無限春風意，盡在相將暮雪時。竹嶼烟深尋得巧，茅簷月淡立成癡。夢驂鸞鶴相尋去，題徧江南寺寺詩。

方回：實齋張道洽，字澤民。開禧元年乙丑生，今而猶存，則七十九矣。年六十四卒於錢塘。七言律梅花詩六十首，今選其二十首。夫詩莫貴於格高。不以格高爲貴，而專尚風韻，則必以熟爲貴。熟也者，非腐爛陳故之熟，取之左右逢其源是也。

紀昀：此論却是。

方回：此二十首梅詩，他人有竭氣盡力而不能爲之者，公談笑而道之，如天生成自然有此對偶、自然有此聲調者。至清潔而無埃，至和平而不怨，放翁、後村亦當斂衽也。

紀昀：純是黨局之論，殆不足與辨。

方回：又和予七月見梅花詩二十首，亦七言律，而韻太險，有二聯云：「前生薝葡林中夢，到死旃檀國裏香。早緣服玉肌能白，不爲熏衣骨亦香。」只是泛言梅花，亦清爽有思致云。

紀昀：二十首總不免俗。梅詩宜以淡遠求之，一味矯激不自知，其愈俗矣。○二十首語多重複，絶少新意。此題最難，絶唱只和靖兩、三聯耳。後人才力有限，乃免作。五律二十首，又成七律六十首。勉强支湊，字句之鄙俚粗疏，更摘不勝摘。虛谷以交契而録之，所評殊非公論，不足據也。

見梅雜興

陸太初

人間誰是識梅真？棄實求花後世心。何似只如三代日，分甘投老萬山深。寄來陸凱渾多事，説到林逋亦費吟。耿耿知音唯月在，無言相看古猶今。

方回：余友太府寺丞陸太初，諱夢發，同里人，長予五歲。德祐元年乙亥以公事歿於上海，年五十四。平生苦吟好高，梅興三十首，今選此一首。五、六本前輩遺論。夫草木之花，三百五篇已或取之，至楚騷而特盛。後世以花咏梅，亦比興之不容已者也，似未可貶，特陳腐襲蹈則可鄙耳。必將如三代之時，取梅於其實不於其花，則吾太初又何必見之詩？又有一聯云：「生稟東南温厚氣，才當西北苦寒時。」蓋自況也，但太露。

馮班：香通青瑣人初出，雪擁高唐夢未醒。

紀昀：此論却公。

馮舒：枯辣氣。

馮班：惡境。句句可笑。既云「棄實求花後世心」矣，又云「知音唯月」何耶？

查慎行：三、四迂腐。

紀昀：刻意擺脱而才力窘弱，轉遁入惡趣之中。○此卷猥雜特甚。

校勘記

〔一〕披新錦　馮班：「錦」一作「陰」。　〔二〕格物　馮班：「格」上當有「夫」字。　〔三〕春意早　馮班：「早」一作「好」。　〔四〕元同色　馮班：「元」一作「能」。　〔五〕而作　許印芳：一本「作」下有「此」字。　〔六〕氍雪　馮班：一本作「雪氍」。　〔七〕致堯　紀昀：「堯」原訛作「光」。　〔八〕香去　許印芳：「去」一作「出」。　〔九〕猶應　許印芳：「猶」一作「如」。　〔一〇〕映春臺　許印芳：「映」一作「望」。　〔一一〕致堯　紀昀：「堯」原訛作「光」。　〔一二〕磧砂　紀昀：「沙」誤「砂」。柳子厚拾韻詩「沙」「砂」各押。

〔一三〕有景迂集　按：「景迂」二字原缺，據康熙五十二年本、紀昀刊誤本校補。　〔一四〕全芳備俎　按：「俎」字原缺，據康熙五十二年本、紀昀刊誤本校補。　〔一五〕再改　紀昀：「再」原訛作「班」。　〔一六〕如仇　李光垣：「如」原訛作「爲」。　〔一七〕發蜀州　許印芳：「發」一作「登」。　〔一八〕含態　馮班：「態」一作「怨」。　〔一九〕致堯　紀昀：「堯」原訛作「光」。　〔二〇〕翻錦　馮班：「錦」一作「雪」。　〔二一〕爐薰　馮班：一作「薰爐」。

〔二二〕相期　馮班：「期」一作「欺」。　〔二三〕酥乾　查慎行：「酥」原訛作「蘇」。

〔二四〕村色　紀昀：「村色」或是「春色」之誤。　〔二五〕道隱　按：南宋龍舒本荆公詩，作

「次道」。〔二六〕映燭　按：「燭」原作「獨」，據康熙五十二年本、紀昀刊誤本校改。〔二七〕奇矣　查慎行：「奇」原訛作「可」。〔二八〕謂亦　紀昀：原訛作「亦謂」。〔二九〕紀昀：觀後評，則此乃平甫詩，刻本下誤遺其名。無名氏（乙）：以下三首，别本作「王平甫」，看注良是。〔三〇〕黄糧　查慎行：「糧」當作「粱」。〔三一〕西去　按：「去」原作「處」，據康熙五十二年本、紀昀刊誤本校改。〔三二〕熨眼　按：「熨」原作「慰」，據康熙五十二年本、紀昀刊誤本校改。〔三三〕何得　許印芳：「何」一作「那」。〔三四〕勝尉　紀昀：當是「滕尉」，再校。〔三五〕可愛　李光垣：「不」訛「可」。〔三六〕中兩聯賦　李光垣：「賦」字衍。〔三七〕桐木　紀昀：「木」字再校。〔三八〕紀昀：觀末句應作「再題某人瓶中梅」。再校本集。〔三九〕映紅　李光垣：「紅」字似當作「空」。〔四〇〕下春　馮班：「下」，王抄本作「不」。〔四一〕李珏　按：「珏」原訛作「大」。據宋史翼卷二十九校改。〔四二〕帥蜀　按「帥蜀」疑是「帥舶」之訛。後村先生劉公行狀（見後村先生大全集卷一九四）未言劉克莊擔負過「帥蜀」之任，但説他庚子嘉熙四年（公元一二四〇年）被擢爲廣東提舉後不久升轉運使，「更攝帥舶」，即兼任提舉市舶使。可能是方回徵引史料時有誤。〔四三〕如孫花翁惟信季蕃之徒寓在所　紀昀：此處有脱誤，再校。〔四四〕試向　紀昀：「向」字疑是「問」字，不然不通。

瀛奎律髓彙評卷之二十一　雪類

文選以二謝雪賦、月賦入「物色類」。雪於諸物色中最難賦。今選詩家巨擘，一句及雪而全篇見雪意、雪景者亦取之。雖不專用禁體，然用事淺近者皆不取。

紀昀：禁體亦一時之律令，未可概以繩古今。此論最平允。

五言　四十首

赴京途中遇雪

孟浩然

迢遞秦京道，蒼茫歲暮天。窮陰連晦朔，積雪滿山川。落雁迷沙渚，飢烏噪野田。客愁空佇立，不見有人煙。

方回：規模好。

紀昀：此所謂唐人矩度。古格存焉，不可廢也。然效之則易入空腔，虛谷評此三字最斟酌。

何義門：後半的是「途中遇雪」。○何等大方！

無名氏（甲）：浩然不及李、杜之神勇，而自具淡雅之姿；亦無郊、島之刻苦，而自具幽閒之韻，真能拔俗千尋。

和張丞相春朝對雪

迎氣當春立〔一〕，承恩喜雪來。潤從河漢下，花逼豔陽開。不覩豐年瑞，安知爕理才。撒鹽如可擬，願糝和羹梅。

方回：此必爲張九齡也。善用事者化死事爲活事。「撒鹽」本非俊語，却引爲宰相和羹糝梅之事，則新矣。

紀昀：此亦關合小巧。在試帖則可，入詩非大方家數，後人勿藉口於盛唐。

紀昀：襄陽詩格清逸，而合觀全集，俗淺處實不能免。漁洋深致不滿，頗駭俗聽。然實確論，世人但見選本流傳諸作耳。○五、六二句太淺俗。

對雪

杜工部

北雪犯長沙，胡雲冷萬家。隨風且間葉，帶雨不成花。金錯囊垂罄〔二〕，銀壺酒易賒。無人竭浮蟻，有待至昏鴉。

馮舒：五、六本直下語，言囊雖垂竭，酒尚可賒也。「有待」，乃待共飲之人，非待酒也。注全誤。

方回：詩家善用事者，藏一字於句中。「銀壺酒易賒」，非易也，乃不易也。錢囊既已空矣，酒可以易賒乎？但吟此者，着些斷續輕重，即見意矣。以尾句驗之，蓋無人肯賒酒，直待至昏黑也。

馮班：此言無人共飲耳。

紀昀：此亦曲説。五、六乃一開一合，七句乃言無飲伴耳。

紀昀：古人尚不專以雪爲難題，故佳什較少。杜此作尤平平，虚谷以名取之耳。○「金錯」、「銀壺」，頗嫌裝點。

無名氏（乙）：發端緊挺。

對雪

戰哭多新鬼，愁吟獨老翁。亂雲低薄暮，急雪舞回風。瓢棄罇無緑，爐存火似紅。數州消息斷，愁坐正書空。

方回：他人對雪必豪飲低唱，極其樂。唯老杜不然，每極天下之憂。

查慎行：此老杜陷賊中作，非豪飲低唱時也。觀起結自見。

紀昀：此亦係於所遇。

何義門：此没賊時作。○「獨老翁」，則此外無非小人。盜賊喪亂之後，縱其殘虐，所以愁坐書空也。○樽無酒、爐無火，變换得妙。

紀昀：此對雪而自感，非咏雪也。入之「雪類」，以題目爲斷耳。不知古人題目，多在即離之閒。○「罇無緑」三字乃湊對下句，實不大方。

雪

南雪不到地，青崖霑未消。微微向日薄，脈脈去人遥。冬熱鴛鴦病，峽深豺虎驕。愁邊有江水，焉得北之朝。

方回：江水東流，欲挽之使北，愛君戀闕之心切矣。

陸貽典：無句不奇。

紀昀：第五句未雅馴，末句「之」字，非「往」字解。

舟中夜雪有懷盧十四侍御弟

朔風吹桂水，大雪〔三〕夜紛紛。暗度南樓月，寒深北渚雲。燭斜初近見，舟重竟無聞。不識山陰道，聽雞更憶君。

方回：「舟重竟無聞」，可謂善言舟中聽雪之狀。凡用事必須翻案。雪夜訪戴，一時故實，今用爲不識路而不可往，則奇矣。

紀昀：翻案是詩之一法，「必須」二字有病。

何義門：落句又暗用「夢中不識路」。

紀昀：「燭斜」句亦神肖。○結亦闗合大雅。

泊岳陽城下

江國輸千里〔四〕，山城僅百層。岸風翻夕浪，舟雪洒寒燈。留滯才難盡，艱危氣益增。圖南未可料，變化有鯤鵬。

方回：此一詩只一句言雪，而終篇自有雪意。其詩壯哉，乃詩家樣子也。

紀昀：此亦附會之説。

何義門：落殊不肯放下，然賢於夢得者，懷忠思效故也。

紀昀：第五句未甚圓。

春雪

韓昌黎

看雪乘清旦，無人坐獨謠。拂花輕尚起，落地暖初銷。已訝凌歌扇，還來伴舞腰。灑篁留密節，着柳送長條。入鏡鸞窺沼，行天馬度橋。偏階憐可掬，滿樹戲成搖。江浪迎濤日，風毛縱獵朝。弄閒時細轉，争急忽驚飄。城險疑懸布，砧寒未擣綃。莫愁陰景促，夜色自相饒。

方回：昌黎雪詩三大篇，贈張籍來字四十韻，獻裴尚書簁字二十韻。「坳中初蓋底，垤處遂成堆。片片勻如翦，紛紛碎若挼。奴回切。隨車翻縞帶，逐馬散銀杯。隱匿瑕疵盡，包羅委瑣該。誤雞宵呃喔，驚鵲暗徘徊。鯨鯢陸死骨，玉石火炎灰。日輪埋欲側，坤軸壓將頹。龍魚冷蟄苦，虎豹餓號哀。巧借奢華便，專繩困約災。」此「來」字韻警句也。「宿雲寒不卷，春雪墮如簁。喜深將策試，驚密仰簷窺。妬舞時飄袖，欺梅併壓枝。氣嚴當酒换，灑急聽窗知。履弊行偏冷，門扃卧更羸。擬鹽吟舊句，授簡慕前規。」此「簁」字韻警句也。此一首十韻，「行天馬度橋」一句絶唱。

馮舒：如此體物，又何怪近人之「天醫」切「茯苓」也！然總不如「白狗身上腫」二「腫」字。

紀昀：此種皆非正聲，勿爲盛名所懾。

馮班：萬鈞之力。

陸貽典：力大如山。

查慎行：「拂花」一聯扣定「春」字。

紀昀：律體非韓公當行。「入鏡」一聯，向來推爲名句。然亦小有思致，巧於粧點耳，非咏雪之絶唱也。○「砧寒」句滯。

和欲雪二首

梅聖俞

貂裘着不煖，牙帳曉初開。朔氣還先及，流風亦屢催。擬聞人詠絮，將見使傳梅。公復憂民畝，龍沙幾日來。

紀昀：五、六濫套。

雪欲漫天落，雲初着地垂。臂鷹過野健，走馬上冰遲。公子多論酒，騷人自詠詩。都無少年意，只卧竹窗宜。

方回：似是和晏元獻欲雪詩。前首下「先及」、「屢催」、「擬聞」、「將見」，又繼以「龍沙幾日來」，皆欲雪未雪之辭。

查慎行：第七句總承上兩聯，章法，筆法古健。作者用意所在，讀者不可不知。

紀昀：格意殊健。

許印芳：「漫」，平聲。

雪詠

雪色混青冥，搴帷宿酒醒。龍蛇緣古木，鳳鵠舞幽庭。密勢因風力，輕姿任物形。公堂何寂寞，橫案對玄經。

方回：五、六細潤。

紀昀：三、四俗惡，五、六稍可。

獵日〔五〕雪

風毛隨校獵，浩浩古原沙。寒入弓聲健，陰藏兔徑賒。馬頭迷玉勒，鷹背落梅花。少壯心空在，悠然感歲華。

方回：刊本誤以「獵」爲「臘」，予輒改定，乃是獵而遇雪。五、六絶佳。

馮班：氣骨自是不同。

紀昀：「風毛」二字雙關，甚巧而不纖。三、四亦好。五猶稍可，然亦俗。六巧而太纖，便成俗筆。

許印芳：通首「獵」與「雪」雙關，出語皆自然大方，六句尤雋妙。紀批故爲苛論，不足服人之心。

十五日雪三首

寒令奪春令，六花侵百花。塘冰膠燕嘴，野水澀芹芽。擁柱輕於絮，吹墀浄若沙。乳禽飢啄木，誰誤撥琵琶？

紀昀：第三句太纖，五、六形容亦拙。

無名氏(甲)：彈絃有啄木聲。

新雷奮蛇甲，密雪鬭鵝毛。正欲裁輕縠，重令着弊袍。沙泉流復凍，烟蕁拆還韜。只待隣醅熟，微聲聽酒槽。

紀昀：首句粗硬，次句亦俗格。「韜」字亦腐。

春風九十日，一半已銷磨。準擬看花少，依稀詠雪多。官車猶載炭，拖鵲不離窠。向此興都盡，戴家誰復過！

方回：此乃花朝日雪。是年皇祐五年癸巳正月十五日，狄青破儂智高之年，陳後山生，聖俞五十二歲，監永濟倉。

紀昀：此兩事於詩何涉？

紀昀：五句拙俚太甚。○三詩皆拙鄙。

次韻范景仁舍人對雪

三尺没腰雪，京華頻歲無。高低相掩覆，竅隙似封糊。帖缺都迷醜，增妍不問枯。因時混貧富，遇物得圓觚。眩目何曾數，流風不可圖。冥冥山霧合，浩浩海雲鋪。未覺花飛葉，先看霰集珠。落機裁扇素，獵野割膚腴。粲爾娥奔月〔六〕，皤然叟赴酺。落才〔七〕今揣稱，小巧愧非夫。

方回：又聯：「獸餒迷行穴，禽寒立並枯。受降鏊甲積，罷獵羽毛鋪。」「裝成新樹色，遮盡古苔痕。」尤佳。
紀昀：皆不佳。
馮舒：作俑亦自昌黎始。
馮班：似韓。
紀昀：意欲摹仿昌黎而才力不足，不能鎔鑄，遂成淺拙。蓋一丘一壑，聖俞所長。忽奮而爲山雄水闊之勢，宜其蹶耳。
李光垣：重二「不」字。

雪中寄魏衍

陳後山

薄薄初經眼，輝輝已映空。融泥還結凍，落木復沾叢。意在千年表，情生一念中。遥知吟榻上，不道絮因風。

方回：魏衍，後山門人。「遥知吟榻上，不道絮因風。」此教人作詩之法也。「撒鹽空中差可擬」，此固謝家子弟之拙，「未若柳絮因風起」，未可謂謝夫人此句冠古也。想魏衍此時作詩，必不用此等陳言，乃後山意也。然則詩家有翻案法，又在乎人。晉書郭文曰：「情由憶生。不憶，故無情。」

馮舒：落句道好亦得，道不好亦得。在唐人畢竟不好，在宋人且説好。古人佳事、佳句，用之本無不宜，其病只恨熟耳。陸士衡已謂朝華可謝矣，必求新異，謂之翻案，此宋人膏肓之疾。翻案句多不韻。

馮班：陸機云「謝朝華於已披」，謝句難工，避之可也。然自是古人佳事，必以爲諱，非文人風流勝概。且雪詩禁體，不始後山，此落句亦陳言耳。余謂此等詩題，若能絶無禁忌，直接古人，上也；才大思雄，自然不襲不犯，次也；巧避常辭，洗出新意，又次也；翻案求奇，下也。平熟有規格，猶勝於醜俗而求新者。「江西」詩不韻。古人佳句，如名花、香草，年年在眼，千古如新，直用之不過失於熟耳，其害小。如後山語便是倒却詩人架子，其俗甚矣，其害詩更大。如坡云：「柳絮道鹽，何嘗不新好耶？」必欲作此語，下句亦應有回互，不應如後山之戇也。○柳絮因風，用之則陳熟，然著以爲戒，則又傷俗。「江西派」用事欠韻，正坐此等識見。○落句若在唐以前，堪作笑端矣。宋人詩愈苦愈不韻，亦緣讀書少功夫。

紀昀：前四句純用禁體，妙於寫照。五、六全不著題，而確是雪天獨坐神理。此可意會，而不可言傳。○結亦兩層俱到。

雪

初雪已覆地，晚風仍積威。木鳴端自語，鳥起不成飛。寒巷聞驚犬，隣家有夜歸。不無慚敗絮，未易泣牛衣。

方回：句句如瘦鐵屈蟠。

馮舒：「犬」不驚，歸是何物？「歸」不對「犬」。

馮班：起好。第四句妙。結句弱。

查慎行：六句，斂兩句爲一句，不嫌蹈襲。

紀昀：「仍積威」三字腐。三句拙澀。五、六是十字倒裝句，忽聞犬吠，乃隣家有人夜歸耳。本流水而下，馮氏以「歸」字不對「犬」字爲病，非也。○不及寄魏衍詩。

次韻無斁雪後二首

閉閣春雲薄，開門夜雪深。江梅猶故意，湖雁起歸心。草潤留餘澤，窗明度積陰。殷勤報春信，屋角有來禽。

馮舒：結寬。

紀昀：中四句細膩風光，後山極有情致之作。

許印芳：「春」字複。

取信一作「性」。無通介，隨時有異同。雪餘蓋地白，春淺着梢紅。寄食虚長算，論詩缺近功。相看不相棄，賴有古人風。

方回：凡與晁無斁倡和，皆在曹州，後山依其婦翁郭槩於曹，無斁時爲學官。

紀昀：三、四自比意，然上文亦太不貫。

雪後黄樓寄眉山居士

林廬烟不起，城郭歲將窮。雲日明松雪，溪山進晚風。人行圖畫裏，鳥度醉吟中。不盡山陰興，天留憶戴公。

方回：「明」字、「進」字皆詩眼。

紀昀：「明」字果好，「進」字未工。

馮班：憶戴事何如絮因風耶？即吟榻上何以用此？

紀昀：五、六却淺率，不類後山。結亦太熟。

元日雪

半夜風如許，平明雪皓然。簾疏穿細碎，竹壓更嬋娟。窘兔走留跡，飢烏鳴乞憐。遥忻炎海上，還復得新年。

方回：末句爲東坡在儋州。

紀昀：「更」字不對「穿」字。第五句不佳。

雪意

睡眼拭朦朧，開門雪已濃。客來迷舊徑，虎過失新蹤。浦遠渾無鶴，林疏只有松。借琴如不解，酒興若爲工。

方回：雪之浦惟其遠，故鶴不可見，謂之「渾無鶴」可也。雪之林惟其疎，故松獨可見，謂之「只有松」可也。全在「遠」字、「疏」字上見工。更得前聯不用虎跡一句，則不冗矣。此二句尹穡得其餘工，有詩曰：「草黄眠失犢，石白動知鷗。」亦佳。併記諸此。

紀昀：詩全是雪，并非雪意，「意」字恐誤，再校。

馮班：尹詩滿身斧痕，不足學。

查慎行：尹詩意俚。

紀昀：虚谷云：「更得前聯不用虎迹一句，則不冗矣。」此論是極。

馮舒：既已大雪，如何題是「意」？○第三句隨過已落没，差有景。

馮班：「新」字晦，取巧之過。

查慎行：「工」字出韻。

榆關書不到，雪又滿平蕪。指冷頻呵玉，胸寒屢掩酥。緑嘗冬至酒，紅擁夜深爐。塞上風沙惡，征衣也到無〔八〕。

方回：此篇似閨人念征夫詠雪，「呵玉」、「掩酥」一聯亦流麗。

馮舒：古人不如此下語。無論方君不知，後山亦不知。

馮班：平爛。○落句陳言也。後山尚不許用謝夫人事，乃用此何耶？

查慎行：老杜「煙存火似紅」，只一「似」字便寒意可掬。此云「紅擁夜深爐」，何等暖熱，乃云「指冷」、「胸寒」耶？

紀昀：三、四俗艷。

雪盡　呂居仁

雪盡寒仍在，園荒春欲歸。晴空落雁少，古木聚鴉稀。肺病猶宜酒，囊空合典衣。碧雲愁不見，千里故山薇。

方回：三、四佳。

紀昀：亦是習語，「少」、「稀」二字合掌，不得云佳。

馮舒：五、六太寬。

馮班：肺病正宜戒酒。

年華

陳簡齋

去國頻更歲，爲官不救飢。春生殘雪外，酒盡落梅時。白日山川映，青天草木宜。年華不負客，一一入吾詩。

馮舒：此篇不應入此類。

紀昀：此首及下首只宜入「春日類」，不應入「雪類」。○三句精詣，對亦可。

許印芳：五、六亦洗鍊而出，莫作等閒語看。○「不」字複。

金潭道中

晴路籃輿穩，舉頭閒望賒。前岡春泱漭，後嶺雪槎牙。海内兵猶壯，村邊歲自華。客行驚節序，回眼送一作「望」。桃花。

方回：陳簡齋無專題雪詩，此二首一云「春生殘雪外」，一云「後嶺雪槎牙」，皆於雪如畫，佳句也。且詩律絶高，特取諸此，以備玩味。

紀昀：必欲備人備題，即不免牽强湊合矣，律髓之蕪雜，蓋亦由此。

紀昀：後四句雄深圓足。○末句「送」字較「望」字有味。

許印芳：五、六即老杜「天下兵雖滿，春光日自濃」意。結句卻是自出心裁，神味勝於五、六。此詩若無此結句，亦不出色矣。

雪中偶成

潘子賤

飛花看六出，俄向臘中來。解驗人情喜，始知天意回。夜闌窗愈白，曉凍日難開。麥熟何時節，飢民正可哀。

查慎行：第五句景是而句未工。

紀昀：二詩氣格有後山、簡齋之意。

歉歲多流冗，邦侯善勞來。雪餘驚臘盡，耕近喜春回。郊野猶同色，江天已半開。短衣難掩脛，誰説少陵哀。

方回：潘良貴，字子賤。詩傳者不多。風格老練，而繳句皆高古悲愴。味其旨，仁人之言也。用朱教授韻：「架上殘書猶可讀，瓶中儲粟不堪舂。」用姪德久韻：「尚餘披樹雪，已有浴溪禽。」皆佳。

紀昀：「勞來」之「來」不讀平。○五、六雖淡語，而兩句連讀，雪後之景宛然。結亦感慨而不逼。

許印芳：後章和前章韻，章首承前章尾句來，章法清老。次句爲韻所牽，原本云：「邦侯善勞來」，用經語也。凡經語用入古詩多合格，用入律詩多腐氣。此句腐氣太重。故爲易作「邦侯鎮撫來」。又紀批云勞來之來不讀平，一句而犯兩病，故爲改之。凡古人好詩有敗闕處，改之不能者固無如何，若可改正，使成完璧，雖蒙譏議，斥爲僭妄，愚所不辭耳。○潘良貴，字子賤，一字義榮。

雪中登王正中書閣

曾茶山

對雪誰同語？登樓似欲仙。人家修月户，丈室散花天。山擁鈎簾外，江橫隱几前。寒深落雁渚，清集釣魚船。扶病從摩詰，消愁得仲宣。展書明細字，烹茗濕疏煙。月好還同夢，詩成已下弦。明年倘相憶，爲一到關邊。

馮班：第三、四宋對。

紀昀：語皆凡近，只「烹茗」句有致。三句俗豔，八句「清集」字湊，且費解。九、十關合王姓，亦小樣，十四句不甚可解。

次韻雪中

積雪何所待，凍雲終未開。有時聞瀉竹，無路去尋梅。只欲關門卧，誰能蕩槳來？辟寒須底物，正乏麴生才。

方回：亦用袁安、子猷事，但詩律穩熟可法。

紀昀：用得有意便不妨，只調太平耳。

雪中二首　陸放翁

春晝雪如簁，清羸病起時。跡深驚虎過，煙絶憫僧饑。地凍萱牙短，林深鳥哢遲。西窗斜日晚，呵手斂殘棋。

紀昀：中四句平頭。

忽忽悲窮處，悠悠感歲華。暮雲如潑墨，春雪不成花。眼澀燈生暈，詩成字半斜。殘樽已傾盡，試起問東家。

方回：前篇中四句不勝其工，末句尚不放過，更着餘工，可喜也。後篇亦可取。

紀昀：後篇較淺薄。

紀昀：前首中四句似是深雪瀰漫，而此首乃云「雪不成花」，未喻其故。

小雪

夜卧風號野，晨興雪擁籬。未言能壓瘴，要是欲催詩。跨蹇雖堪喜，呼舟似更奇。元知剡溪路，不減灞橋時。

方回：此詩五、六善斡旋。

紀昀：後四句以剡溪、灞橋二事串合點逗，却有致。虚谷以爲斡旋，非是。

查慎行：四句用兩事化舊爲新。

大雪月下〔九〕至日欲午始晴

薄暮雪雲低，清宵意慘悽。方聽打窗急，已報與堦齊。疏箔穿飛蝶，空庭聚戲猊。新晴思訪客，愁絶滿城泥。

紀昀：前四句太易，五、六體物俗格。

雪　尤延之

睡覺不知雪，但驚窗户明。飛花厚一尺，和月照三更。草木淺深白，丘塍高下平。饑民莫咨怨，第一念邊兵。

方回：見雪而念民之饑，常事也。今不止民饑，又有邊兵可念。歐陽詩：「可憐鐵甲冷徹骨，四十餘萬屯邊兵。」以此忤晏相意，而晏相亦坐此罷相。然則凡賦詠者，又豈但描寫物色而已乎？

紀昀：此論正大，能見詩之本原。○描寫物色，便是晚唐小家。處處着論，又落宋人習徑。宛轉相關，寄託無迹，故應别有道理在。

許印芳：詩須善學風體。風人之詩，深於比興。興則宛轉相關，景中即有情在。比則寄託無迹。賦物即是寫人。曉嵐所言，道在是耳。

紀昀：起得超脱。○有爲而作，便覺深厚。

雪意濃復作雨　范石湖

擬看飛花陣，翻成建水聲。雨吾寧不識，雪汝幾時成。三白從今卜，千倉待此盈。暮雲如有意，青女莫無情。

方回：「三白」、「千倉」對偶新。

紀昀：借「倉」爲「蒼」耳，終是小樣。

查慎行：三、四句法古。

紀昀：次句用「建瓴」，删去「瓴」字，不成文理。三、四是上一下四句法，本爲野調，以出語渾成不覺耳。

雪

楊誠齋

夜映非真曉，山明不覺遥。儘寒無禁爽，且落未須銷。體怯心仍愛，顏衰酒强朝〔一〇〕。毛錐自堪戰，寸鐵亦何消。

紀昀：刻意做出，總不自然。

是雨還堪拾，非花却解飛。兒童最無賴，摶弄肯言歸？白樹翻投竹，欺人故點衣。肩寒未妨聳，筆凍可能揮。

紀昀：此首不成語。

細聽無仍有，貪看立又行。落時晨却暗，積處夜還明。幸自漫山好，何如到夏清。似知吾黨意，未遣日華晴。

方回：用白戰律，仍禁用故事，詠三首。誠齋此詩，枯瘦甚矣。

馮班：不用故事是矣，然有何好處？

紀昀：第六句妙遠不測。○結是誠齋習徑。

七言 四十七首

暮登四安寺鐘樓寄裴十迪

杜工部

暮倚高樓對雪峯，僧來不語自鳴鐘。孤城返照紅將斂，近市浮煙翠且重。多病獨愁常閴寂，故人相見未從容。知君苦思緣詩瘦，太向交游萬事慵。

方回：老杜七言律無全篇雪詩，此首起句言「高樓對雪峯」，三、四「返照」、「浮烟」，乃雪後景也。選置於此，以表詩體。前四句專言雪後晚景，後四句專言彼此情味，自然雅潔。必若着題詩八句黏帶，即「爲詩必此詩」，而詩拙矣，所謂不可無開闔也。

紀昀：因首句「雪」字，遂强以此篇備數。云表詩體，亦是附會。
陸貽典：此詩不應入「賦雪類」。○非必與秋興、詠懷六篇較量，而自然高妙，令讀者移情。
何義門：此不可曰雪詩。
紀昀：平調而不失老健。○次句藏感懷故人意在内，渾然無迹。

春雪

秦韜玉

雪重寒空思寂寥，玉塵如糝滿春朝。片纔着地輕輕陷，力不禁風旋旋消。惹砌任從香粉妬〔一〕，縈叢自學小梅嬌。誰家醉捲珠簾看，絃管堂深暖易調。

方回：三、四頗切於春雪，但詩格稍弱。
紀昀：此論是。
何義門：首句反呼結。○深刺童騃無識，以災爲瑞，非徒致嘆於苦樂不均也。
紀昀：五、六俗格。

次韻和刁景純春雪戲意

梅聖俞

雪與春歸落歲前，曉開庭樹有餘妍。楊花撲撲白漫地，蛺蝶紛紛飛滿天。胡馬嘶風思塞草，吴牛喘月困沙田。我貧始覺今朝富，大片如錢不解穿。

方回：此戲語耳。三、四雖戲，却自佳。

紀昀：雖題有「戲」字，不妨稍俳。然亦未免太俗，不宜選以爲式。

雪後書北臺壁　蘇東坡

城頭初日始翻鴉，陌上晴泥已没車。凍合玉樓寒起粟，光摇銀海眩生花。遺蝗入地應千尺，宿麥連雲有幾家〔三〕。老病自嗟詩力退，空吟冰柱憶劉叉。

方回：雪宜麥而辟蝗，蝗生子入地，雪深一尺，蝗子入地一丈。「玉樓」爲肩，「銀海」爲眼，用道家語，然竟不知出道家何書。蓋黄庭一種書相傳有此説。

紀昀：「玉樓」、「銀海」之説，疑出詩話之附會。「銀海」爲目，義尚可通。「凍合」兩肩，更成何語？且自宋迄今，亦無確指出何道書者，不如依文解之爲是。○此因「玉樓」、「銀海」，太涉體物，故造爲荆公此説，以周旋東坡。其實只是地如「銀海」，屋似「玉樓」耳，不必曲爲之説也。

馮舒：次聯去唐遠甚。

馮班：自然雄健。○三、四予意所不取，正以其「銀」「玉」影射可厭耳。試請知詩者論之。

○「玉樓」、「銀海」正是病處。

何義門：「凍合」二句若賦雪便無餘味，妙在是雪後耳。兩詩次第極工，馮先生似未細看也。

黄昏猶作雨纖纖，夜静無風勢轉嚴。但覺衾裯如潑水，不知庭院已堆鹽。五更曉色侵書幌，半月集作「夜」。寒聲落畫簷。試掃北臺看馬耳，未隨埋没有雙尖。

方回：「馬耳」，山名，與「臺」相對。坡知密州時作。年三十九歲。偶然用韻甚險，而再和尤佳。或謂坡詩律不及古人，然才高氣雄，下筆前無古人也。觀此雪詩亦冠絶古今矣。雖王荆公亦心服，屢和不已，終不能壓倒。

何義門：二詩應從倒轉，可見作詩層次。

紀昀：「潑水」、「堆鹽」，字皆不雅。○詩話因「五更」字礙「半夜」字，遂改爲「半月」，而以雪後簷溜爲之説。不知此「五更」、「半夜」，亦是互文，不必泥定。

李光垣：「尖」、「叉」二律倒置，下同。

再用韻

九陌凄風戰齒牙，銀盃逐馬帶隨車。也知不作堅牢玉，無乃〔三〕能開頃刻花。對酒强歌愁底事，閉門高卧定誰家。臺前日暖君須愛，冰下寒魚漸可叉。

查慎行：昌黎一聯，本非佳句。自東坡用之，遂成公案。後來衮衮，亦數見不鮮矣。

紀昀：馮抹「帶隨車」三字，以無原詩「縞」字，不是雪也。「戰齒牙」，不雅。山谷「花」字韻詩用「天巧能開頃刻花」句，却落俗格。此句只换二字，其語頓活。故詩家雅俗之别，只争用筆。

已分酒杯欺淺懦，敢將詩律鬬深嚴。漁簑句好真堪畫，柳絮才高不道鹽。敗履尚存東郭指，飛花又舞謫仙簷。書生事業真堪笑，忍凍孤吟筆退尖。

方回：「漁簑句好」，鄭谷漁簑，道韞柳絮，賴此增光，而世無異論。「不道鹽」三字出南史，詳見詩話及本詩注。退之詩：「兔尖齊莫並。」若苦寒則退尖矣。李白詩：「好鳥吟春歌後院，飛花送酒舞前簷。」文字可謂縛虎手。「叉」、「尖」二字，和得全不喫力，非坡公天才，萬卷書胸，未易至此。

馮班：韻妙。

何義門：此二首亦應倒轉。

紀昀：「柳絮」句何指？○此二詩實非佳作。以韻險故驚俗耳。查初白排之甚是。虚谷所論，皆宋人標榜之説，不足據也。

讀眉山集次韻雪詩五首 今取第一首，餘見注。

王半山

古木昏昏未有鴉，凍雷深閉阿香車。摶雲忽散簁爲屑，剪水如紛綴作花。擁帚尚憐南北巷，持杯能喜兩三家。戲挼亂掬輸兒女，羔袖龍鍾手獨叉。

方回：和險韻，賦難題，此二詩已未易看矣。第一句謂日晦，第二謂雷蟄，皆所以形容寒天也。三、四謂摶雲而篩爲屑，剪水而綴爲花，所以形容雪之融結也。「擁帚」、「持杯」，則謂以雪爲苦者多，以雪爲樂者少。末兩句最佳，「戲挼亂掬」者，兒女曹不畏雪也，老人則叉手於袖中耳。第二首「夜光往往多聯璧，小白紛紛每散花」，形容雪之積，雪之飛。「珠網纚連拘翼座」，此一句用佛書事。拘翼者，天帝之名也。增益阿含經有釋提桓與菩提論天帝拘翼治病藥事。「瑶池淼慢阿環家」，此一句用西王母事，阿環亦王母之名也。珠網之座，瑶池之家，以形容雪耳。然晦僻，不及坡之自然。末句「銀爲宫闕尋常見，豈即諸天守夜叉」，言邂逅於雪天，見銀宫闕，無夜叉以守之，亦牽强矣。○第三首前聯「嚼若易緇終不染，紛然能幻本無花」，亦佳，但頗裝點。「觀空白足寧知處，疑有青腰豈作家」，亦捏合。「慧可忍寒真覺晚，爲誰將手少林叉」，用立雪事，亦平平。第四首「長恨玉顔春不久，畫圖時展爲君叉」，謂雪不長存，當畫爲圖，時時叉而觀之。暗用唐薛媛寄夫詩：「恐君渾忘却，時展畫圖看。」第五首「豈能舴艋真尋我，且與蝸牛獨卧家」，亦佳。末句「欲挑青腰還不敢，直須詩膽付劉叉」，即坡已用之韻。劉叉有「詩膽大於天」之句，亦不爲不善用也。五詩皆選，恐誤人，故細注論之。

馮舒：蘇公偶作，荆公偶和，古人絶唱，後人正不勞著筆。我嘗謂世人詩集中如有擬鐃歌、和江淹雜擬及「尖」、「叉」韻者，此人必不知詩。悠悠此世，解我語者，畢竟幾人？

馮班：方君云「阿環亦王母之名也」，按：是上元夫人。

紀昀：宋南渡以後，蘇學盛行，而王氏之黨已盡。故虚谷不敢議東坡，而屢議荆公。此數首指摘尤力。所指皆切中其病，亦不以人而廢言。

馮舒：「持杯能喜兩三家」，按：此韻未得。

馮班：「叉」字此獨好。

查慎行：蘇詩四首，並「叉」韻，佳，故荆公六和亦止用此韻。

張載華：補注按：「陸放翁云：『蘇文忠雪詩用「尖」、「叉」二韻，王文公有次韻詩，議者謂非二公莫能爲也。吕成叔乃頓和至百篇，字字工妙，無牽强湊泊之病。』據此，則『尖』、『叉』二韻，介甫當時，皆有和章。今集中所載，止『叉』字韻六首耳。至吕成叔百篇，世無一傳者。古人名作，湮没何可勝道！可發一嘆！」

紀昀：「未有鴉」三字笨。

讀眉山集愛其雪詩能用韻復次韻一首

靚粧嚴飾曜金鴉，比興難同漫百車。水種所傳清有骨，天機能織皦非花。嬋娟一色明千里，綽約無心熟萬家。長此賞懷甘獨卧，袁安交戟豈須叉。

方回：荆公和坡「叉」字韻，至此爲六。「水種所傳清有骨」，李雁湖注：「水種，未詳。逸雅（釋名）：『雪綏也，水下遇寒而凝，綏綏然下也。』觀此則雪本水爲之。」予謂深僻難曉。併下句「天機能織皦非花」，亦不可曉。若曰用天孫織女事，與雪無關涉也。但五、六極佳，「嬋娟一色明千里」，似謂雪之色與月無異。「綽約無心熟萬家」，即莊子「姑射神人，其神凝，年穀熟，出處有綽約若冰雪」語，意儘工也。末句亦奇。漢三公領兵入見，交戟叉頸。袁安以卧雪得舉孝廉，後爲三公。意謂叉頸而入朝，而不如閉門而獨卧也。然則亦勉强矣。

查慎行：荆公詩鬬博則可。

紀昀：總牽掣不自然。○首二句贊坡詩之工，亦突兀，亦勉强。三句言雪凝而成形，雖清虚，然似有骨矣。四句如織女之機，織成匹素，而皦然一色，並無花紋。用意非不可解，但生硬迂曲，不爲佳句耳。雁湖、虚谷所解皆近是而未分曉。○如此用姑射事，殊欠通。○此首指摘亦允。

馮班：欠自然。此韻不易和。

查慎行：第六句雖有出處，句晦費解。「無心」二字亦杜撰，非莊子本來。

次韻王勝之詠雪

萬户千門車馬稀，行人却返鳥休飛。玲瓏剪水空中墮，的皪裝春樹上歸。素髮聯華驚老大，玉顔争好羨輕肥。朝來已賀豐年瑞，試問農家果是非。

方回：尾句好，朝廷以爲瑞而賀矣，田家其果然否？「羨輕肥」三字押韻牽强。

紀昀：此「玉顔」乃指輕裘肥馬之少年，語意無病。虚谷誤以「玉顔」爲美女，故有牽强之疑。

許印芳：詠雪最難出色。此詩高雅藴藉，故曉嵐取之。

次韻酬府推仲通學士雪中見寄

朝來看雪詠新詩，想見朱衣在赤墀。爲問火城將策試，何如雪屋聽窗知。曲牆稍覺吹來密，窮巷終憐掃去遲。欲訪故人非興盡，自緣無路得傳之。

方回：「喜深將策試，驚密仰簷窺。氣嚴當酒煖，灑急聽窗知。」昌黎詩中摘六字用。

查慎行：三、四佳，然「策試」何必「火城」？

紀昀：三、四頗用意，而語太弱。結不成語。

雪中過城東仰懷平甫學士

劉景文

馬蹄踏雪過東城，暫喜京塵不上纓。寒木鳥驚花散漫，敗簷人怯玉峥嶸。豈無良一作「梁」[一四]燕容枚老，定有高才憶戴生。未負物華聊一賦，知君麗句已先成。

方回：此劉季孫詩，見平甫集中。

紀昀：殊清婉。○「枚老」字生，何不竟用「枚叟」？

許印芳：城屬何地，題尚未標明，亦是鶻突。○「叟」字本是「老」字，紀批云「枚老字生，何不竟用枚叟」，今從之。

次韻景文雪中見寄

王平甫

未能談笑破愁城，猶幸都無俗事纓。載酒何人過揚子，評詩今日得鍾嶸。杜門落寞塵埃隔，掃逕侵尋霰雪生。誰向梁園能授簡，看君文格出天成。

方回：此不專賦雪。但二人倡和，不可不知，故選。

紀昀：有何不可不知處？

紀昀：押「纓」爲「攖」，不妥。

雪意

雪意悠悠底未成，年華促促尚誰驚。浮雲稍助春來暗，薄日遲回午後明。静見游塵侵蘚迹，忽聞落葉掃堦聲。此時俯僂無疇酢，世諦吾心棄不争。

紀昀：中四句是「雪意」。結未渾老。

詠雪奉呈廣平公　元注：「宋盈祖。」　黄山谷

春寒〔一五〕晴碧來飛雪〔一六〕，忽憶江清水見沙。夜聽疏疏還密密，曉看整整復斜斜。風回共作〔一七〕婆娑舞，天巧能開頃刻花。政使盡情寒至骨，不妨桃李用年華。

方回：「夜聽」、「曉看」一聯，徐師川有異論。東坡家子弟亦疑之，以問坡，謂黄詩好在何處？坡却獨稱許之。以余味之，亦無不可。元祐詩人詩，既不爲楊、劉「崑體」，亦不爲「九僧」晚唐體，又不爲白樂天體，各以才力雄於詩。山谷之奇，有「崑體」之變，而不襲其組織。其巧者如作謎然，此一聯亦雪謎也，學者未可遽非之。下一聯「婆娑舞」、「頃刻花」，則妙矣。〇外集又有次韻張秘校喜雪，有四聯可觀：「學子已占秋食麥，廣文何憾客無氊。」「巷深朋友稀來往，日晏兒童不掃除。」「寒生短棹誰乘興，光入疏櫺我讀書。」「潤到竹根肥臘筍，暖開蔬甲助春盤。」

乃北京教授時詩。
馮班：俱好。
馮舒：次聯畢竟好。「婆娑」，頗無意致。
馮班：自是大家。
查慎行：五、六切雪。
紀昀：三、四偶見亦有致，但不得標作句法耳。
許印芳：按次句接法不測，蓋以沙喻雪也。三、四雖不可標作句法，却是獨創一格，此等最見本領。虛谷以五、六爲妙，真兒童之見。所引諸聯，曉嵐密點「巷深」、「潤到」兩聯，亦取其清新也。〔按：紀昀在次韻張秘校喜雪「巷深朋友稀來往，日晏兒童不掃除」、「潤到竹根肥臘笋，暖開蔬甲助春盤」四句旁皆加密點。〕

春雪呈張仲謀

暮雪霏霏若撒鹽，須知千隴麥纖纖。夢閒半枕聽飄瓦，睡起高堂看入簾。剩與月明分夜砌，即成春漏〔一八〕滴晴簷。萬金一醉張公子，莫道街頭酒價添。

方回：蘇、黄名出同時。山谷此二詩適亦用「花」字、「簷」字韻，此乃山谷少作耳。視坡詩高下如何？細味之，「夢閒」、「睡起」、「疎密」、「整斜」二聯，與坡「潑水」、「堆鹽」之句，亦只是一意，但有淺深工拙。而「庭院已堆鹽」之句，却有頓挫。坡詩天才高妙，谷詩學力精嚴；坡律寬而活，谷律刻而切云。

紀昀：四語評蘇、黄恰當。

紀昀：二詩皆可觀，虚谷所評亦皆允愜。〇此首較勝「花」字韻詩。〇「萬金」句，猶曰一醉抵萬金耳，非以萬金沽一醉也。

許印芳：此章三、四即前章三、四意，而不及前章之生造。曉嵐謂勝前章，非也。〇張仲謀名詢。

連日大雪以疾作不出聞蘇公與德麟同登女郎臺　陳後山

掠地衝風敵萬人，蔽天密雪幾微塵。漫山塞壑疑無地，投隙穿帷巧致身。晚節讀書今已老，閉門高卧不緣貧。遥知更上湖邊寺，一笑潛回萬室春。

方回：此詩爲潁州教時作。東坡爲守，趙令畤爲簽判。東坡有和篇云「蒼檜作花真强項，凍鳶儲肉巧謀身」是也。

紀昀：亦不佳。

陸貽典：三、四有諷刺。

查慎行：「晚節」，即老也，少味，且與雪無涉。

紀昀：此「微塵」用佛典。以多言，不以少言。然殊不成語。三、四尤粗而笨。

雪後

送往開新雪又晴，故留臘白待春青。稍回杉色伸梅怨，併得朝看與夜聽。已覺庭泥生鳥迹，遽修田事帶朝星。暮年功利歸持律，不是騷人故獨醒。

方回：此詩第一句至第六句，皆出格破體，不拘常程，於虛字上極力安排。

紀昀：正嫌虛字太多。

馮舒：結得不好。

紀昀：首句太庸，二句太生，三、四「江西」粗句，五、六自新，七句「功利」二字不佳，八句突出無着落。

戊午山間對雪 三首取一

徐師川

雪中出去雪邊行，屋下吹來屋上平。積得重重那許重，飛來片片又何輕。簷間日煖重爲雨，林下風吹再落晴。表裏江山應更好，溪山已復不勝清。

方回：東湖居士詩三大卷，上卷古體，中卷五言近體，下卷七言近體。以予攷之，殆以山谷之甥，嘗親見之，故當世不敢有異論，在「江西派」中無甚奇也。惟壓卷詩數首可觀，亦人所可到。律詩絶無可選。「一百五日寒食雨，二十四番花信風。」若可備節序之選。而上聯乃云：「方知園裏千株雪，不比山茶獨自紅。」又甚無格，亦不工。獨此一雪詩可喜耳。師川以山谷「夜聽疎疎還密密」一聯爲不然。此詩前聯即其遺意也。又師川詩多愛句中叠字，十首八九如此，可憎可厭。

紀昀：亦無可喜。

馮班：醜甚。

查慎行：第六不成句。

紀昀：前四句殊惡。

招張仲宗

陳簡齋

北風日日吹茅屋，幽子朝朝只地爐。客裏賴詩增意氣，老來唯嬾是工夫。空庭喬木無時事，殘雪疏籬當畫圖。亦有張侯能共此，焚香相待莫徐驅。

方回：簡齋無專題雪律詩。五言選取二，七言選取一，皆以一句及雪取之，如畫圖見雪也。此

「空庭喬木無時事」一句尤奇，人所不能道者，比「小齋焚香無是非」更高。

紀昀：此是「江西」粗調，不似簡齋他作。〇「幽子」二字生。

雪

崔德符

朔風萬里卷龍沙，剪出千林六出花。仙子衣裳雲不染，天人顏色玉無瑕。月寒桂樹尤藏秀，海凍珊瑚未敢芽。欲上疏簾望南北，却愁光照鬢邊華。

方回：「海凍」一句奇甚。第四句雖用「玉」字，自説天人顏色，不犯俗例。

紀昀：用「玉」字不妨，惟句格太俗耳。

查慎行：第六句有匠氣。

紀昀：第五句笨。

對雪 二首取一

毛澤民

玉京咫尺不應疑，龍鳳交横舞屢欹。素色可能粧粉似，真香直到齒牙知。珠樓先曉月未落，瑶草自春天亦私。千里一裘誰有樣，鄒郎吹律爲薰之。

方回：雪有香，食之乃見，亦好異矣。次首：「輕盈舞殿三千女，縹緲飛天十二臺。」下一句新。

陸貽典：末句尤劣。

紀昀：次句湊，三句笨，六句獷。結不成句法，「鄒郎」尤杜撰。

追和東坡雪詩 三首取一

胡澹菴

爲瑞應便種麥鴉，餘光猶得映書車。也知一臘要三白，故作六霙先百花。授簡才慳慚賦客，披簑句好憶漁家。擬酤斗酒聽琴操，三百青銅落畫叉。

方回：「種麥鴉」三字好，「光映書車」，已强押矣。「三白」、「百花」亦熟料，「披簑句好憶漁家」，犯坡已道。末句「三百青銅落畫叉」，引爲酤酒事則可矣。○第二首：「當時號令君聽取，白戰無須帶步叉。」亦恐太僻。唯「啗氊使者莫思家」一句佳。第三首：「梁園高會憶鄒、嚴」亦奇。「千里蓴羹未下鹽」，則恐不切於雪。「中有羈孤濕帽尖」，亦壓不倒。看來十分好詩在前，似不當和也。

馮班：識者。

紀昀：評亦允。

馮舒：詩有擬不得者，江文通雜體是也。有和不得者，「尖」、「叉」是也。有不必用者，「江」韻是也。知此可與言詩。

雪作

曾茶山

卧聞霰集却無聲〔一九〕，起看堦前又不能。一夜紙窗明似月，多年布被冷如冰。履穿過我柴門客，笠重歸來竹院僧。三白自佳情亦好〔二〇〕，諸山粉黛見層層。

方回：此可爲南渡雪詩之冠。

紀昀：淺語，却極自然。熟語，却不陳腐。此爲老境。○不甚作意，比蘇、黄諸作却自然。

許印芳：首句借韻。

十二月六日大雪

薄晚蓬山下直餘，笑看六出點衣裾。絮飛簾外無縈絆，花落堦前不掃除。松鬣垂身全類我，竹頭搶地最憐渠。短檠便可捐牆角，剩有窗光映讀書。

方回：格律整峭。每讀茶山詩，無不滿意處，更無絲毫偏枯頽塌。此詩「花」、「絮」二字更改去，尤佳。

紀昀：如此惡詩，而推尊乃爾，純是門户之見，無與於詩。○末論是。

紀昀：五、六有意而不雅，作雨中亦得。

上元日大雪

勾芒整轡浹辰間，雪片相隨大可觀。挑菜園林有餘潤，燒燈庭院不勝寒。柳條弄色政爾好，梅蕊飄香殊未闌。便似落花飛絮去，直疑春事併衰殘。

方回：詩先看格高，而意又到，語又工，爲上。意到，語工，而格不高，次之。無格，無意，又無語，下矣。此詩全是格，而語意亦峭。

馮舒：方君每以字句之硬奡者爲格高，殊非詩旨。詩家第一件亦不在格，且亦本無格。

紀昀：論詩甚是，論此詩却非。讀律髓者，當知其依附標格之私心，庶不致誤。

紀昀：語皆庸鈍，次句尤野。

次秀野詠雪韻三首

朱文公

閉門高卧客來稀，起看天花滿院飛。地迥杉篁增勝槩，庭虚鳥雀噪空飢。酒腸凍澀成新恨，病骨侵凌減舊肥。賴有袁生清興在，忍寒應未泣牛衣。

紀昀：「空飢」二字湊。

一夜同雲匝四山，曉來千里共漫漫。不應琪樹猶含凍，翻笑楊花許耐寒。乘興政須披鶴氅，瀹甘猶喜破龍團。無端酒興催吟筆，却恐長鯨吸海乾。

查慎行：第四句柳絮用得翻新。

紀昀：忽茶忽酒，爲韻所牽耳。

開門驚怪雪交加，亂落横飛豈有涯。密竹不妨呈勁節，早梅何處覓殘花。山陰客子須乘興，洛下先生想卧家。病廢杯觴寒至骨，哦詩無復更豪誇。

方回：三詩未免用雪故事，然終不及「瑶瓊」、「銀玉」等句。詩律審細，有味。

紀昀：三詩皆平平，不必曲爲之説。人各有能有不能。文公不必更以詩見也。

次韻雪後書事

晴煙裊裊弄晨炊，雪屋流澌未覺遲。擬挈凍醪追勝餞，聊穿蠟屐過疏籬。掃開折竹仍三徑，認得殘梅祇數枝。不耐歲寒心事苦，滔滔欲説定從誰？

紀昀：五、六自好，七、八太直、太盡。

未覺春光到柳條，誰教飛絮倚風搖？眼驚銀色迷千界，夢斷彤庭散百寮。梅塢恁從〔三〕長笛弄，竹窗閒把短檠挑。何人剥啄傳清唱？更喜殘年樂事饒。

方回：前首中四句皆佳。後首第三句熟料。第四句却以生對熟，憶百寮賀雪而退，有新意。

紀昀：「倚風搖」三字不妥，三、四從老杜冬至詩「杖藜雪後臨丹壑，鳴玉朝來散紫宸」套出。虚谷以爲新意，非是。○結出和意，是古法，而八句太無意味。

甲午春前得雪

元題：「宗美有詩，交和往復，成十五首。」今取其三。　尤延之

寒聲昨夜響蕭蕭，逗曉堦庭亦已消。殘臘距春無幾日，一年飛雪只今朝。微陽欲動梅驚蕚，餘潤纔沾麥放苗。天意未能違物意，漫留殘白占山腰。

紀昀：三首皆凡近之語。

飛英回旋逐風飄，爽氣令人意欲消。荏苒流年春送臘，殷勤密雪暮連朝。冬回庾嶺花無數，煙煖藍田玉有苗。一飽自今真可望，更看南畝麥齊腰。

馮班：崔德符「海凍珊瑚未敢芽」，最爲奇語，延之「苗」字韻，足成二妙也。

紀昀：五、六俗格。

凍雲排陣擁山椒，待伴還應不肯消。皎月冰壺千頃夜，冷烟茅屋幾家朝。梅枝堆亞難尋蕚，萱草侵淩不辨苗。殘甲敗鱗隨處是，被誰敲折玉龍腰？

方回：「苗」字韻猶有云：「千尺龍鱗蟠檜頂，一番蜩甲長蔬苗。」「剩對風花吟柳絮，更將冰水瀹芎苗。」「萬室歡呼忘凍餒，一犂酥潤到根苗。」「腰」字韻猶有云：「寄語高人來問法，莫辭門外立齊腰。」「前村酒美無錢換，怪底金龜不繫腰。」「寒窗莫怪吟聲苦，舉室長懸似細腰。」蓋淳熙元年詩也。〇「戰退玉龍三百萬，敗殘鱗甲滿天飛。」本關中人張元詩，叛從元昊者。善用之，化爲佳句也。

查慎行：「舉室」句，東坡成語。

紀昀：原詩已野，用來更不見佳。

馮班：「待伴」可作故事用？

查慎行：「幾家朝」，湊對。「腰」字湊韻。

紀昀：第四句押「朝」字不妥。結句粗惡。

正月二十八日夜大雪 辛丑

一冬無雪潤田疇，渴井泉源凍不流。昨夜忽飛三尺雪，今年須兆十分秋。占時父老應先喜，忍凍饑民莫漫愁。晴色已回春氣候，晚風揺緑看來牟。

方回：淳熙八年辛丑遂初爲江東倉行部時詩。三、四輕快。

紀昀：病在輕快。

雪

陸放翁

瘴癘家家一洗無，更欣餘潤沃焦枯。花壺夜凍先除水，衣焙朝寒久覆爐。松頂積高時自墮，竹枝壓重欲相扶。雲間正值春風早，却看晴光滿九衢。

方回：淳熙十四年丁未，放翁守嚴州，時年六十三矣。「花壺」、「衣焙」一聯，雪天之室中事也。「積松」、「壓竹」一聯，雪天之林間事也。其工密安排如此。

紀昀：首句「家家」二字不妥，未必家家患瘴癘。三、四與起二句不接，格亦俗。五、六格不高，而寫狀甚肖。

作雪寒甚有賦

雲暝風號得我驚，硯池轉盼已冰生。窗間頓失疏梅影，枕上空聞斷雁聲。公子皂貂方痛飲，農家黄犢正深耕。老人别有超然處，一首新詩信筆成。

方回：律熟。

紀昀：病在太熟，便成滑調。

馮舒：「老人别有超然處」，嚼了飯。

雪

但苦祁寒惱病翁，豈知上瑞報年豐。一庭不掃待新月，萬壑盡平號斷鴻。薾紙欲書先硯凍，羽觴纔舉已樽空。若耶溪上梅千樹，欠我今年繫短篷。

方回：起句奇峭，三、四壯浪。

紀昀：四句尤佳。

紀昀：「觴」「樽」複。

許印芳：「年」字複。「號」，平聲。「松醪」，本作「羽觴」。紀批云「觴樽意複」，故爲易之。

○「觴」，酒杯也。

雪

平郊漫漫覺天低，況復寒雲結慘悽。老子方驚飛蛺蝶，羣兒已説聚狻猊。中宵猿墮頻摧木，徹旦雞瘖重壓棲。只待新晴梅塢去，青鞵未怯踏春泥。

方回：三、四新。

紀昀：五、六笨。

大雪

大雪江南見未曾，今年方始是嚴凝。巧穿簾罅如相覓，重壓林梢欲不勝。氈幄擲盧忘夜睡，金羈立馬怯晨興。此生自笑功名晚，空想黃河徹底冰。

方回：中四句不用事，只虛模寫，亦工。

紀昀：後四句風骨峻嶒，意節悲壯，放翁所難。結得酣足。

許印芳：此種是放翁真面目，其才力富健，爲之殊不費力，何足爲難？但因篇什太多，圓穩者居十之六七。虛谷此書，識量淺陋，又多選其圓穩之作，故曉嵐以此爲難耳。

雪中作

竹折松僵鳥雀愁，閉門我亦擁貂裘。已忘作賦游梁苑，但憶銜枚入蔡州。屬國飡氈真强項，翰林煮茗自風流。明朝日暖君須記，更看青鴛玉半溝。

方回：中四句皆用雪事，不妨工緻。

紀昀：有寓意，則用事不冗。

紀昀：五、六各有所指，而互襯出末二句。

許印芳：用事能按切身世，方無塗飾堆砌之病。又須語脈聯貫，不可雜湊添設。此詩三、四，於放翁身世雖不相涉，而「作賦遊梁」與領史局之事闇合，「銜枚入蔡」與取中原之志闇合。五、六脱開説，而「屬國」句與「入蔡」句相關照，「翰林」句與「遊梁」句相關照，妥帖而細密，此等可爲用事之法。末句「青鴛」謂屋瓦，「玉」謂雪。此詩通體精警，故曉嵐全加密圈。〇「强」，去聲。「項」，上聲。

鬢毛無奈歲華催，一笑登臨亦樂哉！平地忽成三尺雪，遶湖何啻萬株梅。雲山疊疊朝憑閣，簾幕沉沉夜舉杯。節物鼎來方自此，酥花彩勝待春回。

方回：富麗。

紀昀：此淺俗，非富麗也。

紀昀：第四句太率易，七句「鼎來」字腐。

和馬公弼雪

楊誠齋

灑竹穿梅湖更山，客問得此未嫌寒。鬅疏也被輕輕點，齒冷猶禁細細餐。晴了還成三日凍，銷餘留得半庭看。憑誰説似王郎婦，鹽絮吟來總未安。

方回：此見江湖集，隆興元年癸未錢塘作。省幹馬公弼，名彦，輔西人，見公山谷浣花圖歌題注。末句言鹽絮總爲未佳，得後山之意。

馮班：七句俗煞。八句「絮」有何「不安」？可恨！

查慎行：誠齋詩中之稍雅者。

紀昀：起句「江西」野調。中四句，句句得神。末句乃詩人弄筆，無所不可。馮氏苦爲道韞辨，不知讀昌黎石鼓歌，又作何語？凡論詩不得如此癡。

霰

雪花遣汝作前鋒，勢頗張皇欲暗空。篩瓦巧尋疏處漏，跳堦誤到暖邊融。寒聲帶雨山難白，冷氣侵人火失紅。方訝一冬暄較甚，今宵敢歎卧如弓。

方回：霰詩前未有之。三、四工甚，盡霰之態。紹興三十二年壬午，永州零陵丞詩。

查慎行：三、四確切。

紀昀：起二句粗。三、四巧密，然格不高。五句笨，六句湊。

環林踏雪

樓攻媿

筍輿衝雪過溪橋，流水方東未晚潮。白裏不知梅奮色，青邊尤喜麥成苗。煙深帶雨參差下，空闊隨風自在飄。可是忍寒詩更切，故求野路踏瓊瑶。

方回：「今朝踏作瓊瑶跡，爲有詩從鳳沼來。」昌黎詩也。攻媿樓公鑰，字大防，嘉定初參政。自乾淳大儒鉅公淪謝之後，有一樓攻媿。又其後，真西山、魏鶴山爲學者領袖云。

紀昀：此種總是支蔓，與詩何涉？

查慎行：「奮」字、「成」字着得輕淡，算不得詩眼。

紀昀：語皆淺近。「奮色」二字不佳。

頃與公擇讀東坡雪後北臺二詩歎其韻險而無窘步嘗約追和以見詩之難窮去冬適無雪正月二十日大雪因用前韻呈公擇

趙昌父

細思不是冬無雪，留待春風鬬冷嚴。病骨未憂衣乏絮，早餐寧歎食無鹽。梅添鬖落元同色，竹擁參差半入簷。坐守地壚應不厭，破窗平見北山尖。

紀昀：四句何與於雪？六句好。

雪埋老屋無薪賣，晨起謀炊自毀車。覓飽預期千頃麥，破慳先試一春花。便營野屐尋茶户，更約綈袍當酒家。處士衹今疑姓賈，壁間但没掛錢叉。元注：「事見坡答少游書。」

方回：昌父當行本色詩人，押此詩亦且如此，殆不當和而和也。存此以見「花」、「叉」、「鹽」、「尖」之難和。荆公、澹菴、章泉俱難之，況他人乎？

紀昀：此論是。

馮班：落句亦可。

紀昀：次句强押。結亦牽强。

校勘記

〔一〕春立　馮班：「立」一作「至」。〔二〕垂罄　馮班：「垂」一作「從」。〔三〕大雪　馮班：「大」一作「朔」。〔四〕輸千里　馮班：「輸」一作「踰」。〔五〕獵日　按：「獵」原作「臘」，據紀昀刊誤本校改。〔六〕娥奔月　按：「娥」原訛作「哦」，據康熙五十二年本、紀昀刊誤本校改。〔七〕落才　查慎行：「落」一作「薄」。〔八〕也到無　馮班：

「也到」一作「到也」。　〔九〕大雪月下　紀昀：「月下」二字再校本集。　〔一〇〕强朝　紀昀：「朝」疑「潮」，言紅潮登頰也。　〔一一〕香粉妬　馮班：「香粉」一作「蝴蝶」。　〔一二〕幾家　紀昀：「幾」一作「萬」，「萬」字是。　〔一三〕無乃　馮班：「乃」一作「奈」。　〔一四〕一作梁　無名氏（甲）：作「梁」是。　〔一五〕春寒　許印芳：「寒」一作「空」。　〔一六〕春寒晴碧來飛雪　許印芳：一作「連空春雪明如洗」。　〔一七〕共作　許印芳：「共」一作「解」，又作「乍」。　〔一八〕春漏　許印芳：「漏」常作「溜」。　〔一九〕却無聲　許印芳：「却」一作「轉」。　〔二〇〕情亦好　許印芳：「情」當作「晴」。　〔二一〕恁從　李光垣：「任」訛「恁」。

瀛奎律髓彙評卷之二十二　月類

着題詩中梅、雪、月最難賦，故特以爲類。中秋月尤難賦。「此夜一輪滿，清光何處無」，僧貫休句也。「此生此夜不長好，明月明年何處看」，東坡句也。「萬山不隔中秋月」，山谷一句尤奇。然則月詩五言律，無出於杜少陵，故所取杜詩爲多。而五、七言，共得四十首云爾。

紀昀：「然則」二字不順，或衍「則」字。

五言　三十首

和康五望月有懷　杜審言

明月高秋迥，愁人獨夜看。暫將弓並曲，翻與扇俱團。霧濯清輝苦，風飄素影寒。羅衣〔二〕一此鑒，頓使別離難。

方回：起句似與其孫子美一同，以終篇味之，乃少陵翁家法也。「一此」二字，杜集不分曉，今從文苑英華本。

查慎行：中聯猶未脱六朝餘習。

紀昀：起調最高，猶是初體。三、四太拙，是陳、隋舊調。五、六亦好，結平平。

詠月

康令之

天使下西樓，光含萬里愁。臺前疑掛鏡，簾外似懸鉤。張尹將眉學，班姬取扇儔。佳期應借問，爲報在刀頭。

方回：唐國秀集姓名下注云：「河陰尉天寶三載芮挺章編，樓穎序。」有王維、高適，而未有老杜。「鏡」、「鉤」一聯，老杜後亦用之，豈暗合耶？○文苑英華編爲沈佺期和洛州康士曹庭芝望月有懷，如此則自有一庭芝詠月，與康令之近似，姑存疑可也。

馮班：常詞耳，何費辨耶？

紀昀：全是初體，不可爲式。○日月，天之使也。用來笨甚。

秋夜望月

姚元崇

明月有餘鑒，羈人殊未安。桂含秋樹晚，影入夜池寒。灼灼雲枝淨，光光草露團。所思迷所在，長望獨長歎。

方回：歐公詩曰：「元劉事業時無取，姚宋篇章世不知。」宋廣平有梅花賦，姚元崇亦有此等詩，未可忽也。起句峭健最佳，尾句「所思迷所在」，文苑英華作「所由」，而注「疑」字。予爲改定曰「所思」，無可疑也。

馮班：不但事業，只是人品不好。

紀昀：宋公和明皇賜宴詩，風力絶高，不止梅花賦也。

紀昀：初體之清脱有骨者。

許印芳：姚崇，本名元崇，字元之，陝州人，歷相中宗、睿宗、玄宗，時稱救時之相。與宋璟齊名。封梁國公，卒謚文獻。

月夜

杜工部

今夜鄜州月，閨中只獨看。遥憐小兒女，未解憶長安。香霧雲鬟濕，清輝玉臂寒。何時倚虚幌？雙照淚痕乾。

方回：少陵自賊中間道至鳳翔，拜左拾遺。既收京，從駕入長安。時寄家鄜州。八句皆思家之言。三、四及「兒女」，六句全是憶内，與乃祖詩骨格聲音相似。

紀昀：言兒女不解憶，正言閨人相憶耳，故下文直接「香霧雲鬟濕」一聯。虚谷以爲未及兒女，殊失詩意。

馮舒：只起二句，已見家在鄜州矣。第四句説身在長安，説得渾合無迹。五、六緊應「閨中」，落句緊接鄜州、長安。如此詩是天生成，非人工碾就，如此方稱詩聖。

何義門：精力百倍，轉變更奇。

紀昀：入手便擺落現境，純從對面着筆，蹊徑甚别。後四句又純爲預擬之詞。通首無一筆着正面，機軸奇絶。

許印芳：三百篇爲詩祖，少陵此等詩從陟岵篇化出。對面著筆，不言我思家人，卻言家人思我。又不直言思我，反言小兒女不解思我，而思我者之苦衷已在言外。五、六緊承「遥憐」，按切「月夜」。寫閨中人，語要情悲。結語「何時」與起句「今夜」相應，「雙照」與起句「獨看」相應。首尾一氣貫注，用筆精而運法密，宜細玩之。

初月

光細弦欲上〔二〕，影斜輪未安。微升古塞外，已隱暮雲端。河漢不改色，關山空自寒。庭前有白露，暗滿菊花團。

方回：詩話謂此詩喻肅宗初立，亦是。老杜月詩選十五首。今無能及之者矣。

紀昀：原評未免穿鑿。立乎百世以下，而執史籍之一字一句，以當時之詩比附之，最爲拘滯。注少陵及義山者同犯此病。

何義門：後四句承「隱」字，皆以甲夜即無月，反襯「初」字。第六用「關山」與「河漢」屬對，新異。

月〔三〕

白夜月休弦，燈花半委眠。號山無定鹿，落樹有驚蟬。暫憶江東膾，事見張翰。兼懷月下〔四〕船。事見王徽之。蠻歌犯星起，重覺在天邊。

馮班：次聯奇。

何義門：不眠妄想，姑以撥遣旅懷；蠻歌觸耳，忽又百端交集。凡有三層轉折。

紀昀：「無定鹿」三字不妥。

城郭悲笳暮，村墟過翼稀。甲兵年數久，賦斂夜深歸。暗樹依巖落，明河遶塞微。斗斜人更望，月細鵲休飛。

紀昀：五句不自然。

月

天上秋期近，人間月影清。入河蟾不没，搗藥兔長生。只益丹心苦，能添白髮明。干戈知滿地，休照國西營。

何義門：起聯是互文。○秋期方近，當興肅殺，使干戈不再見。深恐國西戰士見月憶家，不念天子蒙塵於外，京邑猶爲賊擾也。心益苦，髮添白緣此。

紀昀：「蟾」、「兔」本是俗字，以「不没」字、「長生」字與下「只益」、「能添」、「休照」等字呼應有情，用來不覺。○結得闊遼。

四更山吐月，殘夜水明樓。塵匣元開鏡，風簾自上鈎。兔應疑鶴髮，蟾亦戀貂裘。斟酌嫦娥寡，天寒奈九秋。

方回：東坡以「四更山吐月」爲絶唱，西湖湧金門觀月用韻衍爲五首。末句言嫦娥而秋寒，亦酷矣。

查慎行：東坡五首在惠州作，非西湖湧金門也。注訛。

馮班：義山多學此等句。

查慎行：三、四同用「鏡」、「鈎」兩字，與康令之作大有雅俗之别。

何義門：落句以奔月自比竄身在遠。

紀昀：起筆自高。中二聯字句本俗，全入惡趣，賴筆力好耳。月詩終須避此等字，勿以杜藉口也。

月圓

孤月當樓滿，寒江動夜扉。委波金不定，照席綺逾依。未缺空山静，高懸列宿稀。故園松桂發，萬里共清輝。

查慎行：起得壯健。第六句從孟德「月明星稀」化出，自成名句。

何義門：江潮應月，光彩相輝。第二神妙，襯出「圓」字，又與「故園」反對也。○第三，「江」。

第四，「樓」。

紀昀：第四句牽强，後四句自佳。

月

斷續巫山雨，天河此夜新。若無青嶂月，愁殺白頭人。魍魎移深樹，蝦蟆動半輪。故園當北斗，直想照西秦。

何義門：第三反接，妙，「青障」緊抱「巫山」。○第七句申明「愁」字。

紀昀：此首超脱。

無名氏（乙）：此秋月也。三、四平常語耳，然奇特。

月夜憶舍弟

戍鼓斷人行，秋邊〔五〕一雁聲。露從今夜白，月是故鄉明。有弟皆分散，無家問死生。寄書長不達，況乃未休兵。

何義門：「戍鼓」興「未休兵」。「一雁」興「寄書」。五、六正拈憶弟。

紀昀：平正之中，自饒情致。

無名氏(乙)：句句轉。「戍鼓」是領句，突接「雁聲」，妙。

舟月對驛近寺

更深不假燭，月朗自明船。金刹青楓外，朱樓白水邊。城烏啼眇眇，野鷺宿娟娟。皓首江湖客，鈎簾獨未眠。

紀昀：此首未見其佳。「眇眇」二字不切「啼」。「朗」、「明」複。

江　月

江月光於水，高樓思殺人。天邊長作客，老去一沾巾。玉露團清影，銀河没半輪。誰家挑錦字，燭滅翠眉顰。

紀昀：意境空闊。○結二句言外深情，乃思家之意，婉其辭曰「誰家」，詩人之筆。

無名氏(乙)：起高亮。「光於水」，亦奇，亦切。

翫月呈漢中王

夜深露氣清，江月滿江城。浮客轉危坐，歸舟應獨行。關山同一照，烏鵲自多驚。欲得淮王術，風吹暈已生。

馮舒：五、六應是比。

何義門：「翫」字遠致。

紀昀：此無好無惡之詩。結聯合亦有致，然此種非杜之佳處。

八月十五夜月

滿目飛明鏡，歸心折大刀。轉蓬行地遠，攀桂仰天高。水路疑霜雪，林栖見羽毛。此時瞻白兔，直欲數秋毫。

查慎行：後半只極力摹寫月明，不必説及中秋，自移動他夜不得。古今絶唱也。

何義門：三篇中皆有夔州在。

紀昀：此首不佳，次句及四句尤累。

無名氏（乙）：三、四實對虚，五、六明亮有議。「毛」、「毫」重押爲病者，亦不可不知。

十六夜翫月

舊挹金波爽，皆傳玉露秋。關山隨地闊，河漢近人流。谷口樵歸唱，孤城笛起愁。巴童渾不寐，半夜有行舟。

馮舒：此偶然排次耳。若三首同時，必於六、七字著實出題面矣。

查慎行：結語似閒，細味殊覺其妙。

何義門：下語皆切「翫」字。○翫月不寢，皆借「巴童」照出，照顧夔州也。

紀昀：「金波」「玉露」之類，在當日猶非濫套，今則觸目生厭矣。不得以此詆古人，亦不得以此藉口。○不言己不寐，而言「巴童」不寐，用筆曲折。張繼「夜半鐘聲到客船」，同此機軸。

十七夜對月

秋月仍圓夜，江村獨老身。捲簾還照客，倚杖更隨人。光射潛虬動，明翻宿鳥頻。茅齋依橘柚，清切露華新。

何義門：次聯有遲遲始上之意，「對」字出。將月之光彩在後半細寫，不惟避前篇，亦「十七夜」夜久暫上神理。

紀昀：此亦無好無惡。

無名氏（乙）：稍刻畫「十七」，然仍高渾無纖巧態。

裴迪書齋望月

錢　起

夜來詩酒興，月滿〔六〕謝公樓。影閉重門静，寒生獨樹秋。鵲驚隨葉散，螢遠入烟流。今夕遥天末，清輝幾處愁？

方回：姚合極玄集取此詩「月滿」作「獨上」，予以「獨」字重，改從元本。「鵲」元本作「鶴」，予改從姚本。

馮舒：詩酒發興，故接「獨上」，不嫌其重用「獨」字也。「月滿」則呆矣，「獨上」二字妙絶。且謝公樓内已含「月」字，不必再贅。

馮班：仲文不避重字，湘靈鼓瑟詩可證。

紀昀：「月」乃題眼，不可不點，不但「獨」字重也。

何義門：「詩酒興」與「愁」字反對。

紀昀：六句微妙，勝出句。

西樓月

白居易

悄悄復悄悄，城隅隱林杪。山郭燈火稀，峽天星漢少。年光東流水，生計南飛鳥。月没江沉沉，西樓殊未曉。

方回：此乃仄聲律詩也。八句皆佳。中四句山谷嘗摘書之。

馮舒：白集正作律詩，以其省聲病故也。唐人此類極多，品彙出而廢矣。

紀昀：淺滑之作，殊不見佳。

西樓望月

張司業

城西樓上月，復見〔七〕雪晴時。寒夜共來望，思鄉獨下遲。幽光落水塹，净色在霜枝。明日千里去，此中還別離。

方回：前四句佳甚。

馮舒：末句即「却望并州是故鄉」也。

紀昀：意境甚別，而未能渾老深厚。

八月十五夜翫月

劉賓客

天將今夜月，一遍洗寰瀛。暑退九霄净，秋澄萬景清。星辰讓光彩，風露發晶英。能變人間世，翛然是玉京。

方回：絶妙無敵。

紀昀：著語甚笨，未見絶妙。

馮舒：首二句壓倒一世。

馮班：破無迹，妙。○首句冠古，第二日用不得，却不説出中秋。

查慎行：與少陵别是一調，亦見精彩。

何義門：不減休文詠月。○正面不寫一句。

中秋月　王元之禹偁

何處見清輝，登樓正午時。莫辭終夕看，動是隔年期。冷濕流螢草，光凝睡鶴枝。不禁雞唱曉，輕别下天涯。

方回：三、四天下之所共知。

紀昀：此即唐人「一墜西巖是隔年」意，衍爲十字耳。不審何以獨得名？人固有幸有不幸也！

馮舒：此亦不辨爲宋。

馮班：首句亦可。第三句緊補。落句妙。
許印芳：「禁」，平聲。

中秋月

曹汝弼

年年相對賞，永夜坐吟牀。衆望自疑別，孤高非異常。園林分浄影，臺榭起餘光。誰似蟾宫客，得攀仙桂香。

方回：歙之休寧松蘿山人曹處士，名汝弼，字夢得。其先青州人，南唐時徙歙。詩一百五十首傳世，曰海寧集，舒職方雄爲序。中子屯田郎中矩登第，其後以進士仕者六人，以恩蔭仕數十人，贈職方員外郎。今曹君涇清，其九世孫。天禧、祥符間高蹈有聲，與林和靖、魏野、潘閬等善，詩亦似之。此詩三、四，於中秋月亦奇也。
馮班：好破。三、四殊劣。
查慎行：三、四意好而辭未暢。
紀昀：三、四求高而得笨，結太淺俗。

中秋與希深別後月下寄

梅聖俞

薄霧生寒水，寥寥艤畫船。人傷千里別，桂吐十分圓。把酒非前夕，追歡憶去年。南樓足佳興，好在謝臨川。

方回：淡静。

紀昀：語太現成，便入窠臼。「桂」字何不竟用「月」字？

隴　月

夜静初見月，雲薄未分明。高樹尚無影，遠鴻時有聲。下階嫌履濕，閉户認苔生。寂寂牆陰暝，更長已漸傾。

方回：詩題曰「隴月」，蓋「朦朧淡月雲來往」之意。在文彦博貝州軍中拜相詩之後。聖俞謂曹彬、潘美下一國亦不拜相，素不以文潞公爲然乎？抑謂朝廷未然乎？詩意恐有所爲而發，是後有未晴、夜陰、夜暗三詩，曰「缺月如羞出」，曰「月色明還暗」，曰「新晴月正明」，皆未可臆度爲指何事也。

馮舒：「隴」、「朧」義不同。

馮班：玩詩意當作「朧月」。

紀昀：據此則「隴」當作「朧」，再校。〇詩有寓意，可一玩而知之。所寓何意，則不能一一得也。注家牽引史傳如目擊，然皆妄臆也。虚谷此評，乃通人之論。

紀昀：前四句自好，五、六二句未佳。

陪友人中秋賞月　　王半山

海霧看如洗，秋陽望却昏。光明疑不夜，清瑩欲無坤。掃掠風前坐，留連露下樽。苦吟應到曉，況復我思存。

方回：「清瑩欲無坤」，奇險。末句又用毛詩一語，陳中取新。竊恐是王逢原詩，誤刊荆公集。亦有乃弟王平甫詩，誤置公集。如「舞急錦腰纏十八，酒酣金盞困東西」，平甫詩也。「醉膽憤痒遺酒孥」，王逢原詩也。兩集予俱有之，候考。

紀昀：四句、末句，皆不成語。

十五夜月　　陳後山

向老逢清節，歸懷託素輝。飛螢元失照，重露已沾衣。稍稍孤光動，沉沉衆籟微。不應明白髮，似欲勸人歸。

方回：詩意謂向老而俯仰世間，爲明月所照破也。老硬。

紀昀：「江西派」病處爲着此二字於胸中，生出流弊。

馮舒：落句極摹杜。

紀昀：後四句深微之至，可云静詣。六句入神，所謂離形得似。

許印芳：「歸」字複。

中秋前一夕翫月

楊誠齋

月擬來宵好，吾先今夕遭。纔升半壁許，已復一輪高。遷坐明相就，羣飛影得逃。望秋惟有此，徹夜敢辭勞。

方回：此詩五、六佳句，亦清瘦。

紀昀：殊不成語。

馮班：誠齋自開門户，不傍古人，自是一種好詩，但病於語意不周匝處也。首聯病在「吾」字、「遭」字。

夜中步月

陸放翁

夜半不成寐，起尋微月行。風生驚葉墮，露重覺荷傾。兀兀酒中趣，悠悠身後名。興闌還掩户，坐待日東生。

方回：放翁詩萬首而月詩少。別有十月十五夜對月詩云：「重露滴松鬣，高風吹鶴聲。」亦佳。

紀昀：何不録之？

馮班：佳極。上半清妙。

紀昀：殊嫌平近。

七言 十首

中秋月

白樂天

萬里清光不可思，添愁益恨遶天涯。誰人隴外久征戍？何處庭前生別〔八〕離？失寵故姬歸院夜，没蕃老將上樓時。照他幾許人腸斷，玉兔銀蟾遠不知。

方回：中四句皆述人之失意者。末乃謂照人腸斷，月實不知，即所謂雌、雄風者也。

馮班：不通。

馮舒：章法奇。

查慎行：詩境平熟。

紀昀：「添愁益恨」四字複。好在近情，而俗處亦在近情。

八月十五夜禁中寓直寄元四稹

銀臺金闕静沉沉，此夕相思在禁林。三五夜中新月色，二千里外故人心。渚宫東面烟波冷，浴殿西頭鐘漏深。猶恐清光不同見，江陵地濕足秋陰。

方回：元微之爲江陵法曹，樂天在翰林。

紀昀：香山最沉着之筆。結處彌見沉摯。

中秋松江新橋對月和柳令　蘇子美

月晃長江上下同，畫橋横絶冷光中。雲頭灔灔開金餅，水面沉沉卧彩虹。佛氏解爲銀世界，仙家多住玉華宫。地雄景勝言難盡，但欲追隨乘曉風。

方回：蘇子美壯麗頓挫，有老杜遺味。然多哀怨之思。予少時初亦學此翁詩。惜乎子美早卒，使老壽，山谷當並立也。此篇古今絶唱，與吴江長橋、中秋月色成三絶。

馮班：第三句俗笨，第五句醜俚，第七句俚。

陸貽典：中四句出之子美，似亦壯麗。他人學之，鮮不俚俗也。

紀昀：洒落而格俗。以此名世，亦不可解之事。

依韻和歐陽永叔邀許發運

梅聖俞

看取主人無俗調，風前喜御夾衣涼。競邀三五最圓魄，知比尋常特地光。豔曲旋教應可聽，秋花雖種未能香。曾非惡少休防准，衆寡而今不易當。

方回：元注：「永叔詩云：『仍約多爲詩准備，共防梅老敵難當。』」許發運名元，歙州人。歐公時知揚州，在慶曆七年丁亥。此先以詩邀許，而中秋乃無月。

馮舒：第七句未鍊。

馮班：亦未工。

紀昀：粗野。

無名氏（甲）：蘇筆已蠢，此更決撤。大抵蘇、梅詩格之壞，歐公妄嘆，與有罪焉。

和永叔中秋月夜會不見月酬王舍人

主人待月敞南樓，淮雨西來陡變〔九〕秋。自有嬋娟侍賓榻，不須迢遞望刀頭。池魚暗聽歌聲躍，蓮菂明傳酒令優。更愛西垣舊詞客，共將詩興壓曹劉。

方回：宋初詩人惟學「白體」及晚唐。楊大年一變而學李義山，謂之「崑體」，有西崑倡酬集行於世。其組織故事有絶佳者，有形完而味淺者。尚以流麗對偶，豈肯如此淡净委蛇，而無一語不近人情耶？梅公之詩爲宋第一，歐公之文爲宋第一，詩不減梅。蘇子美不早卒，其詩入老杜之域矣。一傳而蘇長公之門得四學士，黄、陳特以詩格高，爲宋第一。而張文潛足繼聖俞，盛哉！盛哉！

馮班：宋詩必以歐、梅爲冠。余意歐在梅上，四學士皆不及坡公。元遺山亦謂歐、梅勝坡、谷。

紀昀：以梅爲第一，恐未允，有三第一矣。

紀昀：三句細思殊不雅，六句不了了。

酬王君玉中秋席上待月值雨

歐陽永叔

池上雖然無皓魄，樽前殊未減清歡。緑醅自有寒中力，紅粉尤宜燭下看。羅綺塵隨歌扇動，管絃聲雜雨荷乾。客舟閒卧王夫子，詩陣誰教主將壇？

方回：聖俞和云「自有蟬娟侍賓榻」，謂人足以代月也。永叔答王君玉云「紅粉尤宜燭下看」，謂燭下見美人勝於月下，固一時滑稽之言，然亦近人情而奇。上一句亦佳。

馮班：宋結。

紀昀：格力未高。○「雨荷乾」三字自相矛盾。結亦散漫。

八月十五夜月二首

曾茶山

玉露金波不可孤，相瞻今夕定何如。氛埃未淨雨湔洗，陰翳小留風掃除。丹桂看來元了了，白榆種得許疏疏。一杯濁酒非難事，未有新詩報答渠。

紀昀：此首終是野調。

雲日晶熒固自佳〔一〇〕，幽人有待至昏鴉。遠分巖際松楓樹〔一一〕，復亂洲〔一二〕前蘆荻花。曳履商聲憐此老，倚樓長笛問誰家？霜鰲玉柱姚江上，作意三年醉月華。

紀昀：佳、麻唐韻並收。○此首乃老健，音節亦瀏亮。

許印芳：「玉柱」，江瑶柱也。

癸未八月十四日至十六夜月色皆佳

年年歲歲望中秋，歲歲年年霧雨愁。涼月風光三夜好，老夫懷抱一生休。明時諒費銀河洗，缺處應須玉斧修。京洛胡塵滿人眼，不知能似浙江不？

方回：隆興元年癸未，茶山年八十。

紀昀：純以氣勝，意境亦闊。

許印芳：前半老而健，故無頹唐之病。淺人學之，則有率易之病、空滑之病、俚俗之病。好詩亦有不可妄學者，此類是也。五、六亦是熟料，一再襲用，便成臭腐。結意沈着，妙在從容不迫，舉重若輕，此最宜學。○「不」音浮。

中秋呈潘德父　韓仲止

一年明月在中秋，數日陰雲不奈愁。忽喜新晴轉書室，極知清夜照歌樓。醉當弄影如坡老，詩就撞鐘憶貫休。千里故人應若此，吾生常好更何求。

方回：澗泉此中秋月詩引東坡、貫休事，極新異。

紀昀：皆非僻事，有何新異？

馮班：亦脱俗。

紀昀：淺拙。

校勘記

〔一〕羅衣　紀昀：「衣」字必「帷」字之誤，用「薄帷鑒明月」也。〔二〕欲上　何義門：「欲」一作「豈」。許印芳：「欲」一作「初」。〔三〕月　何義門：集作「夜」。〔四〕月下　馮班：「月」一作「雪」。〔五〕秋邊　馮班：一作「邊秋」。〔六〕月滿　馮班：一作「獨上」。〔七〕復見　馮班：「見」一作「是」。〔八〕生別　馮班：「生」一作「新」。〔九〕陡變　查慎行：「陡」原訛作「涉」。〔一〇〕固自佳　許印芳：「固自」一作「氣已」。〔一一〕松楓樹　許印芳：「楓樹」一作「彩色」。〔一二〕復亂洲　許印芳：「復」一作「近」。

瀛奎律髓彙評卷之二十三　閒適類

韓昌黎送李愿歸盤谷序下一段所謂：「窮居而閒處，升高而望遠，坐茂樹以終日，濯清泉以自潔。采於山，美可茹；釣於水，鮮可食。黜陟不聞，理亂不知。」此能極言閒適之味矣，詩家之所必有而不容無者也。凡起居無時，惟適之安。山遊郊行，原居野處，幽寂隱逸之趣，於此所選詩備見之。如姚合少監集有「閒適」一類，武功縣中作三十首者，乃是仕宦而閒適，已選置「宦情類」中。先欲分郊野、閒適爲二類，要之閒適者流，多在郊野；身在城府朝市，而有閒適之心，則所謂大隱君子，亦世之所希有者也。亦不無一二，附諸其中焉。

紀昀：「下一段」三字可删。○此句〔案：指「詩家之所必有而不容無者也」句。〕偏滯之極。人生窮達，係於所遭。不必山林定高於廊廟，而四始六義之源，温柔敦厚之旨，亦非專爲石隱者設。必以閒適之作爲詩家所不可無，然則上薄風雅，下及騷人，皆未知詩歟？亦矯而妄矣。

五言　一百八首

終南别業　王右丞

中歲頗好道，晚家南山陲。興來每獨往，勝事空自知。行到水窮處，坐看雲起時。偶然值林叟，談笑滯還期。

方回：右丞此詩有一唱三歎不可窮之妙。如輞川孟城坳、華子岡、茱萸沜、辛夷塢等詩，右丞唱，裴迪酬，雖各不過五言四句〔一〕，窮幽入玄。學者當自細參，則得之。

馮班：第三聯奇句驚人。

查慎行：五、六自然，有無窮景味。

何義門：「水窮」、「雲起」，本自無心；「值叟」、「談笑」，非有期必也。

紀昀：此詩之妙，由絢爛之極，歸於平淡，然不可以躐等求也。學盛唐者，當以此種爲歸墟，不得以此種爲初步。○尾句「滯」字一作「無」，「無」字聲律爲諧，而下語太重；「滯」字文意活脱，而聲律未諧。然唐人拗體亦有末聯入律者，似尚未妨。

許印芳：前説亦甚精當。○「滯」一作「無」，語更渾成。

無名氏(甲):後人評詩,以工部爲聖,太白爲仙,右丞爲神,誠不易之論。

紀昀:此種皆鎔煉之至,渣滓俱融,涵養之熟,矜躁盡化,而後天機所到,自在流出,非可以摹擬而得者。無其鎔煉涵養之功,而以貌襲之,即爲窠臼之陳言,敷衍之空調。矯語盛唐者,多犯是病。此亦如禪家者流,有真空、頑空之别,論詩者不可不辨。

許印芳:曉嵐此等議論,凡學詩者皆當銘諸座右。又按此詩全作拗體,末句仍當作「無還期」,惟次句既非律調,亦非拗調,乃古調也。盛唐人律詩每用古調作起聯,五、七律皆有。或以爲拗調而遵用之,則誤矣。又按此詩第四句,乃平起調下句。拗字之變格,蓋平起調下句。律有定式,本是仄仄仄平平;拗體則第三字拗作平聲。如此詩末句「談笑無還期」之類,爲拗字正格。若第三字拗作平,第四字又拗作仄,如此詩第四句及孟襄陽「八月湖水平」、「北闕休上書」之類爲拗字變格。或以爲古調,而不敢遵用,則又誤矣。此格前人未嘗道及,余嘗考唐人聲調而知之。故詳論之,以示初學。

歸嵩山作

清川帶長薄,車馬去閒閒。流水如有意,暮禽相與還。荒城臨古渡,落日滿秋山。迢遞嵩高下,歸來且閉關。

方回：閒適之趣，澹泊之味，不求工而未嘗不工者，此詩是也。

紀昀：非不求工，乃已琱已琢後還於朴，斧鑿之痕俱化爾。學詩者當以此爲進境，不當以此爲始境。須從切實處入手，方不走作。

許印芳：此論甚當。詩欲求工，須從洗鍊而出，又須從切實處下手，能切題則無陳言，有實境則非空腔，可謂詩中有人矣。

何義門：三、四見得魚鳥自爾親人，歸時若還故我。

馮班：第四直用陶句，非偷也。

韋給事山居

尋幽得此地，詎有一人曾。大壑隨階轉，羣山入户登。庖廚出深竹，印綬隔垂藤。即事辭軒冕，誰云病未能？

方回：此詩善用韻，「曾」、「登」二韻險而無迹。「羣山入户登」一句尤奇，比之王介甫「兩山排闥送青來」，尤簡而有味。

馮舒：半山句不勝傖父氣矣。

馮舒：幽奇深秀。

紀昀：「大壑」句亦雄闊。

輞川閒居

一從歸白社，不復到青門。時倚簷前樹，遠看原上村。青菰臨水映，白鳥向山翻。寂寞於陵子，桔槔方灌園。

方回：右丞有六言田園樂七首。「花落家童未掃，鶯啼〔一〕山客猶眠」，舉世稱歎。「山下孤烟遠村，天邊緑樹高原」，與此「時倚簷前樹，遠看原上村」，予獨心醉不已。

何義門：三、四閑趣。

紀昀：「青」、「白」二字究是重複，不可爲訓。詩則静氣迎人，自然超妙，不能以小疵廢之。

○三、四自然流出，興象天然。

淇上即事

屏居淇水上，東野曠無山。日隱桑柘外，河明閭井間。牧童望村去，田犬隨人還。静者亦何事，荆扉乘晝關。

方回：右丞詩長於山林。「河明閭井間」一聯，詩人所未有也。「牧童」、「田犬」句尤雅浄。

馮舒：好評。

馮班：此不必然。

紀昀：此種詩不宜摘句。

許印芳：右丞詩筆，無施不可，特以性耽丘壑，故閒適之作獨多。虛谷遂謂其長於山林，豈知右丞者哉？

馮班：次聯俱説「無山」。

紀昀：三、四如畫。

歸終南山

孟浩然

北闕休上書，南山歸弊廬。不才明主棄，多病故人疏。白髮催年老，青陽逼歲除。永懷愁不寐，松月夜窗虚。

方回：王維私邀浩然伴直禁林，以此詩忤明皇。八句皆超絶塵表。

馮舒：一生失意之詩，千古得意之作。

馮班：「不才明主棄」，但言不爲時用耳。竟以此忤人主，命也。

紀昀：三、四亦儘和平，不幸而遇明皇爾。或以爲怨怒太甚，不及老杜「官應老病休」句之温厚，則是以成敗論人也。○結句亦前人所稱，意境殊爲深妙。然「永懷愁不寐」句尤見纏綿篤摯，得詩人風旨。

許印芳：「不」字複。

過故人莊

故人具雞黍，邀我至田家。緑樹村邊合，青山郭外斜。開筵〔三〕面場圃，把酒話桑麻。待到重陽日，還來就菊花。

方回：此詩句句自然，無刻畫之迹。浩然自有「庖人具雞黍，稚子摘楊梅」，以真對假，見稱於世。如郊野之作：「釣竿垂北㵎，樵唱入南軒。」「先人留素業，老圃作隣家。」「鳥過烟樹宿，螢傍小軒飛。」皆佳。又如「山水會稽郡，詩書孔氏門」，亦佳句。吾州孔氏改「會稽」二字爲「新安」，用爲桃符累年，晚輩不知爲浩然詩也。

紀昀：真假之對，終嫌纖巧。

許印芳：大家亦用假對。孟詩借字音，以「楊」爲「羊」。又有借字面者，杜詩「子雲」對「今日」是也。

馮舒：字字珠玉，「就」字真好。○偶然趁筆耳，何嘗認定真假？且唐人每每如此，指爲一格便陋。

紀昀：王、孟詩大段相近，而體格又自微別。王清而遠，孟清而切。學王不成，流爲空腔。學孟不成，流爲淺語。如此詩之自然沖淡，初學遽躐等而效之，不爲滑調不止也。

許印芳：此閲歴深透之言，學者宜書諸紳。

遇雨貽謝南池〔四〕

田家春事起，丁壯聚東陂。殷殷雷聲作，森森雨足垂。海虹晴始見，河柳潤初移。予意在耕鑿，因君問土宜。

方回：此詩起句、末句，幽雅自然。又有句云：「草得風光動，虹因雨氣成。」亦佳。

紀昀：通體自然，不但起句、末句。

許印芳：襄陽五律，佳章最夥，虚谷所選既少，又不盡是精詣。孟本大家，非專琢句，而摘句稱佳，陋矣。

紀昀：五句天象，參以「河柳」，似偏枯。然主意在一「潤」字，正承雨止説下耳。

許印芳：「殷」，上聲。

正月三日歸溪上有作簡院内諸公

杜工部

野外堂依竹，籬邊水向城。蟻浮猶臘味〔五〕，鷗泛已春聲。藥許隣人劚，書從稚子擎。白頭趨幕府，深覺負平生。

方回：老杜合是廊廟人物，其在成都依嚴武爲參謀，亦屈甚矣。此詩一起句言草堂之狀，三、四言時節，五、六言情懷，而末二句感慨深矣。老杜平生雖流離多在郊野，而目擊兵戈盜賊之變，與朝廷郡國不平之事，心常不忘君父，故哀憤之辭不一，不獨爲一身發也。

紀昀：此老杜獨有千古處。然自詩史之説行，注家句句關合時事，亦多有非老杜本意處也。

何義門：首句「溪上」。第三句「正月」。第七句「院内」。

紀昀：此詩却無深味。

草堂即事

荒村建子月，獨樹老夫家。雪裏江船渡，風前逕竹斜。寒魚依密藻，宿鷺起圓沙。蜀酒〔六〕禁愁得，無錢何處賒？

方回：此亦成都草堂詩也。末句無錢賒酒，其窮甚矣。「雪」、「風」一聯如畫。四句皆體物者。

馮班：如畫。

何義門：極寫風雪嚴寒，逼出須酒。

紀昀：起句不佳，上二字下三字不貫。○此首非老杜佳處。

無名氏（乙）：如我意所欲出，如天下人意所欲出。

暮春題瀼西新賃草屋〔七〕

彩雲陰復白，錦樹曉來青。身世雙蓬鬢，乾坤一草亭。哀歌時自短，醉舞爲誰醒。細雨荷鋤立，江猿吟翠屏。

方回：此詩夔州瀼西作。「彩雲陰復白」，謂晴雲如彩，陰則忽復變白。「錦樹曉來青」，謂花之驟開如錦，曉來猶是青樹，未見花也。起句言景，中四句言身老，言家陋，言所以感慨者。而「細雨」一句，喚醒二起句，蓋是景也，實雨爲之。「猿吟」一句，尤深怨矣。老杜傷時亂離，往往如此。其詩開闔起伏，不可一律齊也。

馮舒：第二句緊出「暮春」，言昨是錦樹，曉來已生青矣，與注正相反。方君謂「錦樹曉來青」爲「曉來猶是青樹，未見花也」，非也。第四句言乾坤之大，只有一草亭，非謂天地爲幃幕也，注云「言家陋」，得之。

馮班：暮春花謝葉生，故云「曉來青」。此誤解。

紀昀：知此意，乃可以論杜，乃可以論詩。薄雲映日成彩，漸陰則漸白。花本如錦，花盡葉存，則變青矣。虛谷解次句未是。

查慎行：起聯切「暮春」，次句即「狂風落盡深紅色」意。

何義門：冉冉老至，身世漂零，幾爲老農没世，故因春暮興感。

江亭

坦腹江亭暖，長吟野望時。水流心不競，雲在意俱遲。寂寂春將晚，欣欣物自私。故林歸未得，排悶强裁詩。

方回：老杜詩不可以色相聲音求。如所謂「圓荷浮小葉，細麥落輕花」，「市橋官柳細，江路野梅香」，「柱穿蜂溜蜜，棧缺燕添巢」，「細雨魚兒出，微風燕子斜」，「芹泥香燕嘴，花蕊上蜂鬚」，他人豈不能之？晚唐詩千鍛萬鍊，此等句極多，但如老杜「水流心不競，雲在意俱遲」，即如〔八〕「片雲天共遠，永夜月同孤」，景在情中，情在景中，未易道也。又如「寂寂春將晚，欣欣物自私」，「江山如有待，花柳更無私」，作一串説，無斧鑿痕，無粧點迹，又豈只是説景者之所能乎？

他如「有客過茅宇，呼兒正葛巾」，「自媿無鮭菜，空煩卸馬鞍」，「憂我營茅棟，攜錢過野橋」，十字只是五字，却下在第五、第六句上，亦不如晚唐之拘。正如山谷詩「秋盤登鴨脚，春綱荐琴高」，其下却云「共理須良守，今年輟省曹」，上聯太工，下聯放平淡，一直道破，自有無窮之味，所謂善學老杜者也。又此篇末句「排悶」，似與「心不競」、「意俱遲」同異，殊不知老杜詩以世亂爲客，故多感慨。其初長吟野望時閒適如此，久之即又觸動羈情如彼，不可以律束縛拘羈也。

馮舒：必與山谷並題，可笑。

馮班：方君云「亦不如晚唐之拘」。按：晚唐亦多如此。○「琴高」爲鯉魚，猶呼杜康爲酒也，然終似不妥。

紀昀：虚谷此評最精。蓋此詩轉關在五、六句：春已寂寂，則有歲時遲暮之慨；物各欣欣，即有我獨失所之悲。所以感念滋深，裁詩排悶耳。若説五、六亦是寫景，則失作者之意。

許印芳：虚谷深病晚唐人律詩中兩聯純是寫景，故常有此等議論。他處所説兩聯分寫情景者，人所易知。此評所説一聯中情景交融者，可謂獨抒己見，得古祕訣矣。

陸貽典：語有道心，直入淵明之室。

查慎行：「長吟野望」，雖似閒適，實是遣悶。故結句唤醒，通體俱靈。非若方評所云久之觸悶，多一轉折也。

何義門：一「在」字人不能到。第六非佳句。○此詩未詳。

紀昀：三、四本即景好句，宋人以理語詮之，遂生出詩家障礙。

無名氏（乙）：妙處可以意會。

過鸚鵡洲王處士别業

劉長卿

白首此爲漁，青山對結廬。問人尋野筍，留客饋家蔬。古柳依沙發，春苗帶雨鋤。共憐芳杜色，終日伴閒居。

方回：第五句「發」當作「岸」。

馮班：「岸」字如何對「鋤」字？「發」字有味，「岸」字便死了。

紀昀：「鋤」是活字，如何以「岸」字爲對？如嫌「發」字稍腐，易以「長」字則可。

紀昀：六句有致，結亦閒淡，有美人香草之思焉。

閒遊二首

韓昌黎

雨後來更好，繞池徧青青。柳花閒度竹，菱葉故穿萍。獨坐殊未厭，孤斟詎能醒？持竿至日暮，幽詠欲誰聽？

方回：第四句「故」一作「亂」。

紀昀：「故」字恰對「閒」字，「亂」字無味。

馮班：次聯句佳。

兹遊苦不數，再到遂經旬。萍蓋汙池浄，藤籠老樹新。林烏鳴訝客，岸竹長遮鄰。子雲祇自守，奚事九衢塵？

方回：此二詩一唱三歎，有餘味。以工論之，只前詩第一句已極佳，後詩第六句着題，詩亦體貼不盡。

紀昀：二詩體近「江西」，故虚谷取之，實無佳處。

查慎行：老樹有藤籠之，則老而能新。汙池有萍蓋之，則汙而能浄。下字有血脈。

紀昀：「汙」、「浄」、「老」、「新」四字，刻意反對，轉纖。結亦直遂。

題李凝幽居

賈浪仙

閒居少隣並，草徑入荒園。鳥宿池邊樹，僧敲月下門。過橋分野色，移石動雲根。暫去還來此，幽期不負言。

方回：此詩不待贅説。「敲」、「推」二字待昌黎而後定，開萬古詩人之迷。學者必如此用力，何止「吟安一個字，撚斷數莖髭」耶？

馮班：「池邊樹」，「邊」，集作「中」，較勝。詩人玉屑引此亦作「中」。「池中樹」，樹影在池中也。後人不解，改作「邊」字，通句少力。

紀昀：馮氏以「池邊」作「池中」，言樹影在池中，若改作「邊」字，通句少力。不知此十字正以自然，故入妙。不應下句如此自然，上句如此迂曲。「分」字、「動」字，着力煉出。

訪李甘原居

原西居處静，門對曲江開。石縫銜枯草，槎根漬古苔。翠微泉夜落，紫閣鳥時來。仍憶尋淇岸，同行採蕨廻。

方回：此詩亞於前作。第四句蜀碑本作「查根上浄苔」。紫閣、白閣，終南山二峯之别名。二詩皆以平聲起句，而末句平倒。在老杜集，「四更山吐月」，平起平倒者甚少。晚唐必欲如此，而其終擲前六句不顧，别出一意繳。此二句亦一格也。如老杜「合分雙賜筆，猶作一飄蓬」，以自然對繳住，則晚唐所不能矣。

紀昀：此亦無關於工拙，未免多生分别。○是有此法。然此詩别出一意處，却少意味。

紀昀：三、四「銜」字、「漬」字，刻意煉出，此虚谷所謂句眼者也。古人原有此法，但不全靠此作生活耳。

無名氏（甲）：李甘爲御史，言事貶謫，故以「原居」志慨。

僻居無可上人相訪

自從居此地，少有事相關。積雨荒隣圃，秋池照遠山。硯中枯葉落，枕上斷雲閒。野客將禪子，依依偏往還。

方回：此詩較前二首皆一體。中四句極其工，而皆不離乎景，情亦寓乎景中。但不善措置者，近乎冗。老杜則不拘，有四句皆景者，有兩句情、兩句景者，尤伶俐浄潔也。

馮班：唐詩初不拘情景，起伏照應則不可無法，大略太拘便不是能手。

紀昀：老杜詩伸縮變化，亦不止此二格。

紀昀：「照」字未工。

送唐環歸敷水莊

毛女峯當户，日高頭未梳。地侵山影掃，葉帶露痕書。松徑僧尋廟，一作「藥」。

沙泉鶴見魚。一川風景好，恨不有吾廬〔九〕。

方回：八句皆好，三、四尤精緻。無中造有者，掃「山影」之謂也。微中致著者，書「露痕」之謂也。人能作此一聯，亦可以名世矣。

紀昀：此聯自佳。然以此名世，便是小家局面。

紀昀：三、四幽曲之至。然幽曲而出以自然，故異乎武功之瑣屑。○結未渾成。

許印芳：結句無病，此亦苛論。

無名氏（甲）：毛女，秦時人。

許印芳：賈島，字閬仙，一作浪仙。范陽人。官長江主簿。

原東居喜唐温淇頻至

曲江春草生，紫閣雪分明。汲水嘗泉味，聽鐘問寺名。墨研秋日雨，茶試老僧鐺。地近勞頻訪，烏紗出送迎。

方回：起句十字自然而佳。中四句用工而佳。末句放寬，亦大自在。

馮舒：會看。

馮班：「春草生」時，又云「秋日雨」何也？

紀昀：結弱而少味。

無名氏（甲）：終南有紫閣峰。

原上秋居

關西又落木，心事復如何？歲月辭山久，秋霖入夜多。鳥從井口出，人自岳陽過。倚枕聊閒望，田家未剪禾。

方回：五、六謂經年乃下得句，學者當細味之。

馮舒：第五句亦過於矜莊作態。

馮班：長江詩雖清僻，然句有餘韻，所以高也。今人用露骨硬語，學之便不近。

紀昀：起四句一氣渾成，五、六亦自然，惟結處無味。

許印芳：結句回應起句，本無可議，此亦苛論。

寄錢庶子

曲江春水滿，北岸掩柴關。祇有僧鄰舍，全無物映山。樹陰終日掃，藥債隔年還。猶記聽琴夜，寒燈竹屋間。

方回：五、六最佳，末句脱洒。

紀昀：四句拙。

偶作

野步隨吾意，那知是與非。稔年時雨足，閏月暮蟬稀。獨樹依岡老，遥峯出草微。園林自有主，宿鳥且同歸。

方回：此詩妙，五、六尤淡而細，只「那知是與非」一句頗俗。

馮舒：若以次句爲俗，則起結精神俱廢。

紀昀：馮氏説此句好。此評亦是。

馮舒：此詩細甚，非極細人不易知也。首云隨意野步，何曾有恁是非。中四句説野步之景，末句忽然省得此誰家園林也，依然是非在目矣，且與宿鳥同歸耳。

馬戴居華山因寄

玉女洗頭盆，孤高不可言。瀑流蓮嶽頂，河注華山根。絶雀林藏鶻，無人境有猿。秋蟾纔過雨，石上古松門。

方回：五、六謂絶雀之林爲藏鶻，無人之境始有猿。一句上本下，一句下本上。詩家不可無此互體。工部詩「林疏黄葉墜，野静白鷗來」亦似。

紀昀：解得好。

許印芳：末句有譌字。

紀昀：無深意而自然高爽，此由氣格不同。

南齋

獨自南齋卧，神閒景自空。有山來枕上，無事到心中。簾捲侵牀月，屏遮入座風。望春春未至，應在海門東。

方回：此詩中四句却平易。白樂天集亦有此詩，題云閒卧。起句云：「盡日前軒卧」，第三句「有雲當枕上」，第五句「月」作「日」，第七句「至」作「到」。恐只是白公詩。

馮班：「雲當枕上」更勝。

馮舒：此公不如此寬格。

馮班：寬閑非浪仙體也。

紀昀：通體平易，决是白詩。

孟融逸人

孟君臨水居，不食水中魚。衣衲惟粗帛，筐箱祇素書。樹林幽鳥戀，世界此心疏。擬棹孤舟去，何峯又結廬？

方回：五、六變體。若專如三、四，則太鄙矣。不可不察此曲折也。

馮舒：如何説鄙？

馮班：亦未可云鄙。

紀昀：三、四是朴非鄙，尚有氣韻。若俗手效之，則必鄙。虚谷亦防其漸耳。

紀昀：不衫不履，風格絶高。〇五、六一比一賦，相連而下，奇恣之甚。

題朱慶餘所居

天寒吟竟曉，古屋瓦生松。寄信船一隻，隔鄉山萬重。樹來沙岸鳥，窗度雪樓鐘。每憶江中嶼，更看城上峯。

方回：三、四新異。今蜀人語，頗多類第三句。豈普州人得其遺風而廣之耶？

紀昀：三句鄙甚，非新異。

寄胡遇

一自殘春別，經炎復到涼。螢從枯樹出，蛩入破堦藏。落葉書勝紙，閒砧坐當牀。東門因送客，相訪也何妨。

方回：此詩句句伶俐。不知幾鍛而成，後人豈可一蹴而至耶？

紀昀：「武功派」從此種出，最爲偏僻狹小。誤以此爲新爲高，則去詩遠矣。

紀昀：次句不佳。

閒卧

白樂天

薄食當齋戒，散班同隱淪。佛容爲弟子，天許作閒人。唯置牀臨水，都無物近身。清風散髮卧，兼不要紗巾。

方回：此所謂閒之至者。起句十字有思索。三、四天成。尾句脱洒。

紀昀：此又太易，學之易滑。六句尤不成語。

閒坐

煖擁紅爐火，閒搔白髮頭。百年慵裏過，萬事醉中休。有室同摩詰，無兒比鄧攸。莫論身在日，身後亦無憂。

方回：樂天心事曠達，而詩律寬和。雖則云然，着力爲詩者終不能及也。三、四妙。陳後山偶相犯末句，尤妙。

紀昀：終是太快，不得云著力者不能及。此語以評陶詩則可。

無名氏（乙）：此爲知樂天詩者。

題令狐處士溪居

項斯

白髮已過半，無心離此溪。病嘗山藥徧，貧起草堂低。爲月窗從破，因詩壁重泥。近來嘗夜坐，寂寞與僧齊。

方回：三、四妙甚。劉後村深喜之。

紀昀：上句稍雅，下句俚。後村譽所可及耳。

無名氏（乙）：四尤妙。人間省事法，此公窺得之。

紀昀：「武功」一派。

早春題湖上顧氏新居〔一〇〕

近得水雲看，門長侵早開。到時微有雪，行處已無苔。勸酒客初醉，留茶僧未來。每逢晴暖日，唯見乞花栽。

門不當官道，行人到亦稀。故從餐後出，方至夜深歸。開篋揀書卷〔一一〕，掃牀移褐衣。幾時同買宅，相近有柴扉。

方回：蜀本賈島集誤收此詩。賈詩更覺苦硬，而此覺寬慢。然此亦新美可喜也。

紀昀：是偏僻狹小，非新美也。

紀昀：二詩又見二十五卷「拗字類」。題爲賈島，與此評正相反。可見虚谷此書持論，初無定見。

無名氏（乙）：此二詩已收入「拗字類」作賈浪仙詩矣，如何重出於此類中？「友人」二字此作「顧氏」。次首「掃牀移卧衣」，此作「褐衣」，然不如「卧」字之佳。

東郊别業

耿湋[一]

東皋占薄田，耕種過餘年。護藥栽山棘，澆蔬引竹泉。晚雷期稔歲，重霧報晴天。若問幽人意，思齊沮溺賢。

方回：中四句皆工，後聯尤新。

紀昀：結淺率。

題馬儒乂石門山居

顧非熊

尋君石門隱，山近漸無青。鹿迹入柴户，樹身穿草亭。雲低收藥徑，苔惹取泉瓶。此地客難到，夜琴誰共聽？

方回：顧況之子。其詩工甚。三、四奇矣，第六句小巧中有味。

紀昀：其細已甚。

馮班：次句妙。

查慎行：第六句不自然。

紀昀：亦是「武功派」。次句景真而句不佳，第四句拙。

晚秋閒居

張司業

獨坐高秋晚，蕭條足遠思。家貧長畏客〔二〕，身老轉憐兒。萬種盡閒事，一生能幾時。從來疏懶性，應祇有僧知。

紀昀：五、六淺俗。

查慎行：三、四苦語真摯。

方回：三、四似纏於家累，然佳句也。五、六遂破前說，而自開解焉，亦佳句也。

過賈島野居

青門坊外住，行坐見南山。此地去人遠，知君終日閒。蛙聲籬落下，草色户庭間。好是經過處，惟愁暮獨還。

方回：予嘗評之，賈浪仙詩幽奥而清新，姚少監詩淺近而清新，張文昌詩平易而清新。

馮舒：說得著。如此看詩，儘具隻眼，奈何偏佞陳、黄？

馮班：浪仙、文昌詩不止清新也，若少監斯下矣，不當在弟子之列，宫牆外望可也。

紀昀：評賈、張是，評姚未確。當曰求清新而反僻反俚。

紀昀：雖平易而有自然之趣，勝武功之纖瑣多矣。

題盧處士山居

温庭筠

西溪問樵客，遥指故人[一四]家。古樹老連石，急泉清露沙。千峯隨雨暗，一徑入雲斜。日暮雀飛散[一五]，滿山[一六]蕎麥花。

方回：温飛卿詩多麗而淡者少。此三、四乃佳。

馮班：温詩多名句，頗好用事耳。以「崑體」抑之，豈公論耶？五言佳處不減張文昌。○温詩多清句，虚谷未之讀也。

紀昀：飛卿詩固傷麗，然亦有安身立命處。如以此爲佳，則不如竟看姚武功。

查慎行：五、六有景。

晚秋拾遺朱放訪山居

秦隱君系

不逐時人後，終年獨閉關。家中貧自樂，石上卧常閒。墜栗添新味，殘花帶老顔。侍臣當獻納，那得到空山。

方回：五、六工。讀唐人五言律詩，千變萬化。賈島是一樣，張司業是一樣。忽讀此詩，又別是一樣。無窮無盡奇妙。

何義門：隱君字公緒，會稽人，隱泉州九日山，號東海釣翁。穴石爲硯，注老子，人號其峯爲高士峯。

紀昀：五句猶是小樣範，六句方是詩人之筆。

許印芳：六句義兼比、賦，故佳。〇秦系，字公緒，會稽人，隱南安九日山。

山中贈張正則評事

系時被奏左衛，以疾不就。

終年常避喧，師事五千言〔一七〕。流水閒過院，春風與閉門。山容邀上客，桂實落華軒〔一八〕。莫强教〔一九〕余起，微官〔二〇〕不足論。

方回：三、四自然，天下詠之。

馮舒：末句「不足論」，少藴藉。

馮班：結句放誕，非德隱之言。

紀昀：三、四高唱，餘皆晚唐習徑，結尤淺而盡。

江村題壁

李商隱

沙岸竹森森，維舟聽越禽。數家同老壽，一徑自陰深。喜客常留橘，應官説採金。傾壺真得地，愛日靜霜砧。

方回：三、四好，五、六亦是晚唐。義山詩體不宜作五言律詩。不淡不爲極致，而豔而組不可也。

馮舒：詩亦濃淡隨宜耳，五言律必要淡，又被黄、陳所誤，「香霧」、「清暉」，何嘗淡乎？

馮班：落句好。○五律本於齊、梁，虚谷不解也。律體成於沈、宋，承齊、梁之排偶而加整也。若云不淡不極，失其原本矣。

紀昀：虚谷云：「三、四好，五、六亦是晚唐。」此二句是。○義山五律佳者往往逼杜，虚谷以門户不同，未觀其集耳。況律詩亦不專以淡爲貴，盛唐諸公千變萬化，豈能以一淡字盡之？此論似高而陋。

紀昀：此首不宜入「閒適類」。○「愛日」字鄙。

許印芳：○「應」，平聲。義山學杜，得其神骨，而變其面貌，故能自成一家。虚谷所云組織豔麗，即其外貌也。以外貌論詩，已是門外漢。而且謂義山詩體不宜五律，直夢囈耳。曉嵐謂義山五律佳者近杜，此語誠非阿好。今取其氣味逼真者數篇，附録于後以示初學。○河清與趙氏昆季讌集擬杜工部云：「勝概殊江右，佳名逼渭川。虹收青嶂雨，鳥没夕陽天。客鬢行如此，滄波坐渺然。此中真得地，飄蕩釣魚船。」三、四已佳，五、六尤得神解。風格之高，又不待言。○過故崔兖海宅與崔明秀才話舊因寄舊僚杜趙李三掾云：「絳帳恩如昨，烏衣事莫尋。

諸生空會葬，舊掾已華簪。共入留賓驛，俱分市駿金。莫憑無鬼論，終負託孤心。」八句皆對，極沈鬱頓挫之致。末二語存心忠厚，尤可激厲薄俗。○哭劉司户蕡云：「離居歲月易，失望死生分。酒甕凝餘桂，書籤冷舊芸。江風吹雁急，山木帶蟬曛。一叫千回首，天高不爲聞。」起句便已沈痛，後半極黯慘之情。又一首云：「有美扶皇運，無人薦直言。已爲秦逐客，復作楚寃魂。湓浦應分派，荆江想會源。並將添眼泪，一灑問乾坤。」前四句直書其事，不嫌坦白，但覺沈痛。後四句説到彼我異迹同心，欲化江水爲淚，沾灑乾坤，訴此寃恨，思路甚奇。而痛愈深矣。○又一首云：「路有論寃謫，言皆在中興。空聞遷賈誼，不待相孫弘。江闊惟回首，天高但撫膺。去年相送地，春雪滿黄陵。」「中」讀去聲。此章前半從旁面着筆，五、六收前二章意，結句倒追，回應第一章起句，益覺黯然神傷，深得老杜用筆之妙。○離思云：「氣盡前溪舞，心酸子夜歌。峽雲尋不得，溝水欲如何。朔雁傳書晚，湘篁染淚多。無由見顔色，還自託微波。」此亦八句皆對，抑揚頓挫，語語沈着，結意纏綿温厚，是真詩人之筆。○春遊云：「橋峻斑騅疾，川長白鳥高。煙輕惟潤柳，風濫欲吹桃。徒倚三層閣，摩挲七寶刀。庾郎年最少，青草妒春袍。」前四句及末句皆有所指而託之景物，便不着迹，杜詩深於比興，義山得其奥秘，乃能如此運筆。五、六有奮發意而含蓄不露，亦賦體之佳者。○晚晴云：「深居俯夾城，春去夏猶清。天意憐幽草，人間重晚晴。併添高閣迥，微注小窗明。越鳥巢乾後，歸飛體更輕。」前半深厚，後半細緻，老杜有此格律。○長律佳者，念遠云：「日月淹秦甸，江湖動越吟。蒼梧應露下，白閣自雲深。皎皎非鸞扇，翹翹失鳳簪。床空鄂君被，杵冷女媭砧。北思驚沙雁，南情屬海禽。關山已摇落，天地共登臨。」此憶内詩也。通首排對，起四句伏脈，中四句細寫，結四句點眼，總收兩地相思，筆力壯健，格律亦全摹少陵。○酬别令狐補闕云：「惜别夏仍半，回途秋已期。那修直諫草，更賦贈行詩。錦段知無報，青萍肯見疑。人生有通塞，公等繫安危。警露鶴辭侣，吸風蟬抱枝。彈冠如不問，又到掃門時。」義山與令狐綯交誼中乖，此詩有剖白之意。後半温厚纏綿，亦復抑塞悽惋，真少陵嫡嗣。○戲贈張書記云：「别館君孤枕，空庭我閉關。池光不受月，野氣欲沈山。星漢秋方會，關河夢幾還。危絃傷遠道，明鏡惜紅顔。古木含風久，平蕪盡日閑。心知兩愁絶，不斷若循環。」此張書記與其婦相離，而義山戲贈以詩也。章法老成，句法高雅，「古木」二句淡而有味，「池光」二句錘鍊而出以自然。王荆公謂近老杜，洵非溢美。○義山五律佳句，如「秋應爲紅葉，雨不厭青苔」，「晚晴風過竹，深夜月當花」，「黄葉仍風雨，青樓自管絃」，「石梁高瀉月，樵路細侵雲」，此等雖不及杜，亦晚唐之高唱。集中排律大篇，長於敍事，尤可爲後學矩矱，兹不具録。

南澗耕叟

崔塗

年年南澗濱，力盡志猶存。雨雪朝耕苦，桑麻歲計貧。戰添丁壯力，老憶太平春。見説經荒後，田園半屬人。

方回：第四句、六句、結句皆好。

紀昀：惟六句好。

何義門：「存」字走韻。

紀昀：此詩何以入「閒適類」？

許印芳：「力」字複。

鍾陵野步

曹松

岡扉聊自啓，信步出波邊。野火風吹闊，春冰鶴啄穿。渚檣齊驛樹，山鳥入公田。未創〔二〕孤雲勢，空思白閣年。

方回：唐詩自是一種風味。只「岡扉」二字便新，中四句工。

馮舒：此何與於詩？

馮班：「岡扉」字亦不害，以此求新則不可。

紀昀：「新」字便是唐詩？唐詩亦太易爲矣。況此二字生捏成串，亦不得云新。

馮班：三、四真賈島。〇唐人遠過宋人，不在工拙之間，正以風味不同耳。

紀昀：中四句晚唐習徑，結處語意未明。

山中言事

嵐靄潤窗櫺，吟詩得冷癥。教餐有效藥，多媿獨行僧。雲濕煎茶火，冰封汲井繩。片扉深着掩，經國自無能。

方回：「冷癥」二字奇。第六句太奇，與「苔惹取泉瓶」同。

馮班：「苔惹」、「冰封」孰勝？予曰：「冰封」勝矣，蓋自然之奇也。若「苔惹」則刻苦做出。

紀昀：以此爲奇，則無語不可入詩矣。六句小巧，非太奇也。

馮舒：入長江室。

馮班：入長江之門户矣，「四靈」輩門外漢也。○言事結。

何義門：第五透出第二，「吟詩」與「經國」呼應，正以大業自負也。

紀昀：「得冷癥」三字粗鄙，三句亦俚，五、六句小有致，七、八和平深厚，非晚唐人所能。

鏡中别業

方玄英

世人如不容，吾自縱天慵。落葉憑風掃，香秔倩水舂。花朝連郭霧，雪夜隔湖鐘。身外能無事，頭宜白此峯。

方回：此吾家處士玄英先生方干也。遠祖居歙之東鄉，曰真應仙翁，名儲，先生家在桐廬白雲原，又曰鸕鷀原，别業在越之鏡湖。唐末不仕，巢賊擾中原，强臣據方鎮，卒全名節以終。釣臺書院與嚴子陵、范文正公並祠。一原數百家方姓，至今衣冠不絶。詩尤見知於姚秘監合。此篇起句超放，末句有終焉之志。佳句不一，予别已摘抄矣。

紀昀：出手便乖氣。大抵温厚和平四字，晚唐不講，亦時爲之也。

題李頻新居

姚　合

賃居求賤處，深僻任人嫌。蓋地花如毯，當門竹勝簾。勸僧嘗藥酒，教僕認一作「辨」。書簽。庭際山宜小，休令著石添。

方回：予謂學姚合詩，如此亦可到也。必進而至於賈島，斯可矣；又進而至老杜，斯無可無不可矣。或曰：老杜如何可學？曰：自賈島幽微入，而參以岑參之壯，王維之潔，沈佺期、宋之問之整。

馮舒：「壯」、「整」、「潔」三字尚未圓通，諸公妙處不在此。

馮班：此只是虛谷詩法，但如此亦可矣。然老杜詩無所不有，任從何處入也。「壯」、

「整」、「潔」言俱未當，只是虛谷見處如此耳。學杜而自賈島入，便自壞矣，又安能入耶？

紀昀：全是欺人之語，學杜從賈島入，所謂北行而適越。王荆公謂學杜當從李義山入，却是有把捉、有閱歷語。

紀昀：中四句小樣之甚，末二句尤僻而無味。

過楊處士幽居

引水穿風竹，幽聲勝遠溪。裁衣延野客，剪翅養山雞。酒熟聽琴酌，詩成削樹題。惟愁春氣暖，松下雪和泥。

方回：第六句最新。

紀昀：總是瑣碎，不是新也。

閒居

不自識疏鄙，終年住在城。過門無馬跡，滿宅是蟬聲。帶病吟雖苦，休官夢已清。何當學禪觀，依止古先生。

方回：中四句皆佳。「四靈」亦學到此地，但却學賈島。未升其堂，況入其室乎？

紀昀：武功詩之雅馴者。

許印芳：「觀」，去聲。

山中寄友生

獨在山阿裏，朝朝遂性情。曉泉和雨落，秋草上牆生。因客始沽酒，借書方到城。詩成聊自遣，不是趁聲名。

方回：五、六好。比賈島斤兩輕，一不逮；對偶切，二不逮；意思淺，三不逮。却有一可取，曰清新。

馮舒：説得是。

紀昀：亦是常語，未見清新。

紀昀：盛唐人詩語和平，而高逸身分，自於言外見之，無詭激清高之習。武功以後，始多撑眉努目之狀，所謂外有餘者中不足也。此詩四句自佳，末二句有多少火氣在。

閒居遣懷

永日廚烟絶，何曾暫廢吟。閒詩隨思緝，小酒恣情斟。看月嫌松密，垂綸愛水深。世間多少事，無事可關心。

方回：第五句最佳，必是先得之句。下句却無甚滋味。

紀昀：結太淺易。

紀昀：總是瑣屑，不得云佳。

終年城裏住，門户似山林。客怪身名晚，妻嫌酒病深。寫方多識藥，失譜廢彈琴。文字非經濟，空虛用破心。

方回：五、六豈不佳？只眼前事，自是會湊合。

馮班：第六句甚欠，只求對耳。

紀昀：前六句自好，結入惡趣。

春日閒居

居止日蕭條，庭前惟藥苗。身閒眠自久，眼差視還遥。簷燕酬鶯語，鄰花雜絮飄。客來無酒飲，搔首擲空瓢。

方回：第四句好。五、六恐如此粧點，太刻而淺。

紀昀：第四句殊俚。

馮班：五、六自好。效之醜矣。

山中述懷

爲客久未歸，寒山獨掩扉。曉來山鳥散，雨過杏花稀。天遠雲空積，溪深水自微。此情對春色，欲盡總忘機。「晚」一作「曉」。「散」一作「鬧」。

方回：此詩相傳爲周賀作。檢賀集無之，自是歐公詩話誤。

紀昀：此詩氣韻閒雅，無撑眉努目之醜態，不類武功手筆，歐公則或有所據。○三、四天然有韻。末句費解，或有訛。

許印芳：首句用古調，非拗調。六句亦佳，曉嵐密圈之。○「山」字複。○姚合，字未詳，陝州人。起家武功主簿，官終秘書少監。

和元八郎中秋居

聖代無爲化，郎中是散仙。晚眠隨客醉，夜坐學僧禪。酒用林花釀，茶將野火煎。人生知此味，獨恨少因緣。

方回：五、六清爽，但「用」字、「將」字元一般，亦不可爲法，不得已則然。

馮班：避此便非高手。

紀昀：起句不配通首，次句亦鄙，中四句武功本色。

原上新居　王建

長安無舊識，百里是生一作「天」。涯。寂寞思逢客，荒涼喜見花。訪僧求賤藥，將馬中豪家。乍得新蔬菜，朝盤忽覺奢。

紀昀：詩情全是武功一派，語多粗野，不叶雅音。

春來梨棗盡，啼哭小兒饑。隣富雞長去，莊貧客漸稀。借牛耕地晚，賣樹納錢遲。牆下當官路，依山補竹籬。

方回：此詩姚合集亦有之。然建集十三詩中第五首格律一同，當是建詩。又「春來梨棗盡」，則「啼哭小兒饑」。合集乃云「秋來梨棗熟」，益知其非。

馮舒：小兒覓梨棗，覓而不得則熟，不妨哭。況説得不淒楚，有礙下文。

自掃一間房，唯鋪獨卧牀。野羹溪菜滑，山紙水苔香。陳藥初和白，一作「蜜」。新經未入黄。近來心力少，休讀養生方。

查慎行：此詩已見前，重出。

紀昀：重出。

近來年紀到，世事總無心。古碣憑人搨，閒詩任客吟。送經還野院，移石入幽林。谷口春風惡，梨花蓋地深。

住處去山近，傍園麋鹿行。野桑穿井長，荒竹過牆生。新識隣里面，未諳村社情。石田〔三〕無力及，賤賃與人耕。

方回：荆公唐選取此詩之二首，誤曰原上新春，予亦選入「春類」矣。今觀其集，乃是原上新居。十三首，併選五首，不妨重也。

紀昀：明知其重出，而曰不妨，著書無如此體裁。

查慎行：重見。

何義門：「石田」，集作「名田」爲是。「董仲舒請限名田，以贍不足。」注：「名田，占田也。」方與

「無能及」三字相關，若作「石田」，亦不得云「賤貧」也。

贈溪翁

溪田借四鄰，不省解憂身。看日和仙藥，書符救病人。伴僧齋過夜，中酒卧經旬。應得丹砂力，春來黑髮新。

馮班：第三好，第四較卑。

紀昀：更淺鄙。

山　居

屋在瀑泉西，茅房下有溪。閉門留野鹿，分食養山雞。桂熟長收子，蘭生不作畦。初開洞中路，深處轉松梯。

紀昀：亦庸俗。

閒居即事

老病貪光景，尋常不下簾。妻愁耽酒癖，人怪考詩嚴。小婢偷紅紙，嬌兒弄白鬚。有時看舊卷，未免意中嫌。

方回：「小婢」一句新，下一句「嬌兒弄白鬚」壓倒上句。

馮班：未見壓倒。

紀昀：若以此種爲新，便入魔趣。

馮班：五、六絶好，結句惡爛。

紀昀：五句纖瑣而俚鄙。

溪居叟　杜荀鶴

溪翁居處静，溪鳥入門飛。早起釣魚去，夜深乘月歸。見君無事老，覺我有求非。不説風霜苦，三冬一草衣。

方回：荀鶴詩晚唐之尤晚者。此全篇可觀。

馮班：晚唐詩非不好，只是偏枯淺薄，無首尾。若此詩，亦可謂雅淡，且起結俱佳，可入中唐矣。

紀昀：清而太淺。

贈魏野

僧宇昭

別業惟栽竹，多閒亦好奇。試泉尋寺遠，買鶴到家遲。藥就全離母，詩高祇教兒。未能終住此，共有海山期。

方回：五、六「母」與「兒」真假對。三、四佳。

馮舒：爐火家以銀爲「母」。此實事，非假也。

紀昀：五句不佳。

水村即事

寇萊公

虛齋臨遠水，吟釣度朝晡。葦岸秋聲合，莎庭鶴影孤。片雲藏疊巘，野燒起寒蕪。獨步時凝望，離人隔五湖。

方回：字字工密。澶淵一擲，非一擲也，見明算精。亦此詩之餘力也耶？

紀昀：譽太過情，遂不顧理。

紀昀：雖非高作，然較之姚合、王建，氣體渾雅多矣。

閒居　梅聖俞

讀易忘饑倦，東窗盡日開。庭花昏自斂，野蝶晝還來。謾數過籬笋，遥窺隔葉梅。唯愁車馬入，門外起塵埃。

方回：若論宋人詩，除陳、黄絶高，以格律獨鳴外，須還梅老五言律第一可也。雖唐人亦只如此。而唐人工者太工，聖俞平淡有味。

馮舒：如此亦但可謂不減周賀、姚合輩耳，唐人高者尚不止此。若云聖俞反以平淡高之，此胸中終有黄、陳積滯在。若不信此言，請還讀老杜，何嘗尚平淡耶？

馮班：謂梅詩似唐人，非也。

紀昀：以枯寂爲平淡，以瑣屑爲清新，以楂牙爲老健，此虚谷一生病根。

紀昀：前四句自好，五、六纖小似姚合，結亦似姚。

岸貧

無能事耕穫，亦不有雞豚。燒蚌嗷槎沫，織蓑依樹根。野蘆編作室，青蔓與爲門。稚子將荷葉，還充犢鼻褌。

查慎行：「岸貧」不解。
紀昀：此亦似武功。○次句不成語。
無名氏（甲）：三句言以蚌灰黏船漏處。
夏敬觀：「裩」別字，當作「褌」。

村豪

日擊收田鼓，時稱大有年。爛傾新釀酒，飽載下江船。女髻銀釵滿，童袍毳氎鮮。里胥休借問，不信有官權。

馮班：次句不緊。
紀昀：此首較健。○此與上岸貧一首，題上必有總綱。再校本集。○二詩亦不宜入「閒適類」。

田人夜歸

田收野更迥，墟里隔烟陂。荒徑已風急，獨行唯犬隨。荆扉候不掩，稚子望先知。自是一生樂，何須問井爲？

方回：予初選郊野、閒適詩爲二類，然閒適之人多在郊野，故村落間事亦附入焉。此三詩是也。

紀昀：前六句綽有王、孟氣韻。末句不解，恐有訛字，再校。

許印芳：末句「何須閒井爲」，紀批云：「末句不可解，恐有訛字，再校。」愚按：不可解在「閒井」二字，輒爲易之，使成完璧云。易作「何須軒冕爲」。

林處士水亭　陳文惠

城外逋翁宅，開亭野水寒。冷光浮荇葉，静影浸漁竿。吠犬時迎客，饑禽忽上闌。疏籬僧舍近，嘉樹鶴庭寬。拂砌烟絲裊，侵窗筍戟攢。小橋横落日，幽徑轉層巒。好景吟何極，清歡盡亦難。憐君留我意，重疊取琴彈。

方回：此爲林和靖作，不可不取之。時一觀，以想其所居也。

紀昀：亦須論其詩如何，非一涉和靖，便當入選也。此等總是僻見。

紀昀：「好景」句，勢須一振，補盡挂漏之景。○敷衍無味。

書友人屋壁　魏仲先

達人輕禄位，居處傍林泉。洗硯魚吞墨，烹茶鶴避烟。閒惟歌聖代，老不恨流年。靜想閒來者，還應我最偏。

方回：魏仲先名野，陜府人。真宗祀汾陰，遣使召之。題此詩壁間遁去。使還以詩奏，上曰：「野不來矣。」先是，上嘗圖种放所居。野居亦有幽致，又令圖之。此「洗硯」、「烹茶」一聯最佳。又有詩云：「易諳馴鹿性，難辨鬥雞情。妻喜栽花活，兒誇鬥草贏。」能盡閒適之味。种放出而名少摧，如後來常秩敗闕，處士之能終者鮮矣。當時唯仲先、林君復、楊契玄終始全節，故其詩尤可敬云。

馮舒：高在第五、六，此非吾家定遠不解。

馮班：第三聯妙。

紀昀：格意頗俗。

湖樓寫望

林和靖

湖水混空碧，憑欄凝睇勞。夕寒山翠重，秋静鳥行高。遠意極千里，浮生輕一毫。叢林數未徧，杳靄隔漁舠。

方回：和靖先生林處士，名逋，字君復。錢塘西湖孤山隱居。「夕寒山翠重」一聯，佳句也。《梅花詩》冠絶古今，見「着題」詩中。

馮舒：「鳥」字換不得「雁」字。

馮班：七言以「疏影」、「暗香」爲第一，五言以此三、四爲第一。人能作此，足嗚萬世矣，貴多乎哉！

紀昀：前四句極有意境。「静」當作「净」，作「静」便少味。六句牽於韻脚，未佳。「漁舠」不至隔望眼。末句亦趁韻，不穩。

湖山小隱

猿鳥分清絶，林蘿擁翠微。步穿僧徑出，肩搭道衣歸。水墅香菰熟，烟崖早筍肥。功名無一點，何要更忘機。

紀昀：三首前六句皆清妥，結句皆一律粗鄙。

園井夾蕭森，紅芳墮翠陰。晝巖松鼠静，春塹竹雞深。歲課非無木，家藏獨有琴。顔原遺事在，千古壯閒心。

紀昀：「深」字似有致，而細思不妥。○「壯」字謬甚。

衡門鄰晚塢，環渚背寒岡。片月通蘿徑，幽雲在石牀。客游抛鄠杜，漁事擬滄浪。管樂非吾尚，昂頭肯自芳。

方回：和靖詩，予評之在姚合之上。兼無以詩自矜之意，而渾涵亦非合可望。

馮舒：雖好，亦無此理。

馮班：合詩極淺弱。三、四以下再無意興。逋翁有氣格，絶相遠。豈曰在其上已乎？

紀昀：此確論。「以詩自矜」四字，點破武功一生病根。

小隱自題

竹樹遶吾廬，清深趣有餘。鶴閒臨水久，蜂懶得花疏。酒病妨開卷，春陰入荷鋤。嘗憐古圖畫，多半寫樵漁。

方回：有工有味，句句佳。

查慎行：七、八思致别。

紀昀：可云静遠。〇三、四句景中有人。拆讀之句句精妙，連讀之一氣涌出。興象深微，毫無凑泊之迹。此天機所到，偶然得之，非苦吟所可就也。

贈清逸魏閑處士

宋景文

奕世依巖石，褒恩下帝庭。姓名高士傳，父子少微星。池溜遥通澗，家林近帶坰。分明詔書意，天極賜鴻冥。

方回：此魏野之子閑也。亦能詩。世共隱。故公三、四極力褒之，而亦極工。

紀昀：「奕世」二字腐，贈隱者不宜作此語。

喜友人過隱居

曹汝弼

忽向新春裏，閒過隱士家。旋收松上雪，來煮雨前茶。禽换新歌曲，梅妝隔歲花。應慚非遁者，難久在烟霞。

方回：此詩「禽」元作「琴」，予爲改定。

馮班：「琴」不應云「歌」，改之是也。

查慎行：「園柳變鳴禽」，古詩。今改字仿此，然殊不佳。

紀昀：改得是。

馮班：三、四天然。

紀昀：首尾四句似過友人隱居，而非友人過隱居，或題有誤，再校。中四句晚唐小樣，而三、四較有自然之致。

村家

王正美

野景村家好，柴籬夾樹身。牧童眠向日，山犬吠隨人。地僻鄉音别，年豐酒味醇。風光吟有興，桑麥暖逢春。

方回：宋初諸人詩皆有晚唐風味。此江南王操處士，太宗時授官，仕至殿中丞。中四句有意味。

紀昀：惟第二句嫌落「武功派」，餘皆閒雅，但氣味薄耳。

東山招復古

俞退翁

聞道廣文客，東來欲載書。志勤甘淡薄，情舊免生疏。野飯多無菜，溪羹或有魚。小心新買得，且遂帶經鋤。

方回：俞汝尚，吴興人，熙寧初召爲御史，不老而致仕，號溪堂居士。

查慎行：第七句不詳。

紀昀：二詩皆淺弱。○「小心」句未詳。或有誤，再校。

夏日閒居

無人到窮巷，長日守閒居。宿火惟烘藥，喜晴還曬書。鄰翁伴村酒，稚子課園蔬。門外蒿萊地，從深不用鋤。

放懷

陳後山

施食烏鳶喜，持經鳥雀聽。杖藜矜矍鑠，顧影怪伶俜。門静行隨月，窗虚卧見星。擁衾眠未穩，艱阻飽曾經。

方回：選衆詩而以後山居其中，猶野鶴之在雞羣也。前六句極其工，後二句不知宿於何寺，乃有逆旅漂泊之意。詩人窮則多苦思。

紀昀：後山風格本高，惟沾染「江西」習氣，有粗硬太甚處耳。

馮舒：此亦自好。

馮班：造物不完，句句斷續。

紀昀：語語峭健。○三句直接，「杖藜」云云，乃後山自謂，非指寺僧，評誤。

許印芳：「經」字複，但義不同耳。

放慵

陳簡齋

暖日薰楊柳，濃春醉海棠。放慵真有味，應俗苦相妨。官拙從人笑，交疎得自藏。雲移穩扶杖，燕坐獨焚香。

方回：此公氣魄尤大。起句十字，朱文公擊節，謂「薰」字、「醉」字下得妙。又何必專事晚唐？

馮舒：此亦未見勝晚唐。想方公之意，畢竟是疏梅、瘦竹爲雅淡有味，一説楊柳、海棠便謂濃麗，豈不可笑！

查慎行：「薰」、「醉」二字固妙，然非「暖」字、「濃」字，則此二字亦不得力。

紀昀：二字誠佳，然以詆晚唐則不然，此正晚唐字法也。

許印芳：駁語的當。

題齋壁

陸放翁

皞皞太平民，堂堂大耋身。乾坤一旅舍，日月兩車輪。蓑貴超三品，蔬甘敵八珍。明年真耄矣，爛醉海棠春。

紀昀：亦粗疎，亦頹唐，殊不足取。

力穡輸公上，藏書教子孫。追遊屏裘馬，宴集止雞豚。寒士邀同學，單門與議婚。定知千載後，猶以陸名村。

紀昀：亦太率易。

無名氏（乙）：字字樸古，不朽之盛事。

自述

古井無由浪，浮雲一掃空。詩書修孔業，場圃嗣豳風。懼在饑寒外，憂形夢寐中。吾年雖日逝，猶冀有新功。

查慎行：須知憂懼中大有事業在。

紀昀：此又太腐。

舊業還耕釣，殘年逼老期。筋骸衰後覺，力量夢中知。客約溪亭飲，僧招竹院棋。未爲全省事，終勝宦遊時。

紀昀：四句費解，亦不雅。結二句有味。

屛跡歸休後，頤生寂寞中。忍貧辭半俸，學古得全功。西埭村醅釅，東坡小彴通。經行有佳趣，稚子也能同。

紀昀：「頤生」二字有何可圈？結太盡，亦太淺。（按：方回在「頤生」二字旁加圈。）

書適

老翁隨七十，其實似童兒。山果啼呼覓，鄉儺喜笑隨。羣嬉累瓦塔，獨立照盆池。更挾殘書讀，渾如上學時。

方回：放翁老壽，爲近世詩人第一。其「閒適」之詩尤多。姑選此五言六首。每首必有一聯一句佳。「山果啼呼覓」，老翁不應亦「啼」，當作「號呼」。

馮班：「號呼」亦未穩。

紀昀：每以一聯一句之佳而取詩，此書所以終非正派。

馮班：第三句不妥。

紀昀：太俳傷雅。

幽事

日日營幽事，時時有好懷。雨園殘竹粉，風砌落松釵。伴蝶行花徑，聽蛙傍水涯。窮通了無謂，不必更安排。

方回：五、六眼前事耳，能道者不妨自高於人，有工無迹。

紀昀：五、六自佳，結太落套。

葺圃

種樹書頻讀，齊民術屢窺。曾求竹醉日，更問柳眠時。盧橘初非橘，蒲葵不是葵。因而辨名物，甘作老樊遲。

方回：「竹醉」、「柳眠」一聯極工，五、六辨析名物尤奇。

馮舒：結草草。

馮班：此詩神氣不完，太碎雜。○「柳眠」貧對而不切葺圃。

紀昀：後四句任意頹唐，殊非詩格。虛谷以爲奇，好求小巧之過也。

幽事

幽事春來早，晨興即啓閽。掃梁迎燕子，插椶護龍孫。數日招賓友，先期辦酒樽。淋漓衣袖濕，不管漬春痕。

方回：三、四犯陳後山「織竹護雞孫」之聯。然「龍孫」畢竟换一物，亦可也。

馮班：「織竹」不如「插椶」。

紀昀：曲爲之説。

紀昀：「閒適」詩易入頹唐一路，此妙不頹唐。

北檻

北檻近中堂，緣堦物自芳。晨清花拱露，地僻蘚侵廊。坐久時開卷，吟餘或炷香。終朝無客至，一枕到羲皇。

方回：三、四已佳。五、六以「炷」、「開」字爲眼，却便覺佳。

馮舒：此用事常道，何眼之有？

紀昀：卷自當云「開」，香自當云「炷」，此二字如何是眼？不可解。

紀昀：「物自芳」三字腐。

止齋即事

陳止齋

性已耐岑寂，老應忘隱憂。齊年雙白髮，盡日一蒼頭。竹閉緘門鑰，蒲團數漏籌。未知庭廡下，還有雀羅不？

方回：「閉」字音第四聲。

紀昀：四句粗俚而無味。結亦太激。

教子時開卷，逢人强整襟。最貧看晚節，多病得初心。地僻芰蓮好，山低竹樹深。寄聲同燕社〔三〕，明日又秋砧。

方回：君舉以時文鳴。此二詩高古，緣才高也。

馮班：止齋詩不多見。覩此二首，真作家也。○「最貧看晚節」，誰看？

紀昀：三、四沉着深至語。不襲古人，而直逼古人，非尋常議論爲詩之比。○才高人以餘力爲詩，亦自勝人，然畢竟不能深細。昌黎之詩亦然，不但止齋也。

許印芳：唐人于良史詩云：「僻居人事少，多病道心生。」止齋此詩下句，正是襲用于語，而意較切實。上句獨造，意尤深警。于詩遠不能及，此皆鍊意勝古人處。曉嵐乃稱其不襲古人而直逼古人，非也。

次韻山居

陳伯和

解組滄溟畔，携家紫翠間。地臨雙港勝，天與兩年閒。茅屋静聞雨，竹籬疏見山。所慚鄰舍老，句險不容攀。

方回：陳塤字伯和。澗上丈人族子，寓居桐廬，嘗知黟縣。予讀滕元秀詩，盛稱伯和所作。此所謂次韻「隣舍老」者，殆亦和元秀詩耳。雙港者，桐廬縣東分水港合焉。五、六「静」字、「疏」字下得是。

紀昀：「山」以「籬疏」始見，「雨」却不以「屋静」始聞，此句煉而不配。若改「聞」字爲「聽」字，即得。蓋聽雨非静坐不能也。○結到和意，是古法。然出得太突無緒，又不得以古法藉口，所謂言非一端。

西山

葉正則

對面吴橋港，西山第一家。有林皆橘樹，無水不荷花。竹下晴垂釣，松間雨試茶。更瞻東掛綵，空翠雜朝霞。

方回：水心以文知名，拔「四靈」爲再興唐詩者。而其所自爲詩，恐未嘗深加意，五言律如此者少。西山蓋永嘉勝處，有醉樂亭，水心爲記甚悉。

紀昀：平淺之作，「橋」、「荷」、「竹」、「松」，亦太犯。三、四尤入濫調。

題翁卷山居

徐道暉

空山無一人，君此寄閒身。水上花來遠，風前樹動頻。蟲行黏壁字，茶煮落巢薪。若有高人至，何妨不裹巾。

方回：此詩真不減晚唐。

紀昀：只是「武功」一派，不得以此概晚唐。

山中

世事已無營，翛然物外形。野蔬僧飯潔，山葛道衣輕。掃葉燒茶鼎，標題記藥瓶。敲門舊賓客，稚子會相迎。

方回：中四句工。

紀昀：亦「武功派」，「形」字不妥。

貧居

既與世不合，當令人事疏。引泉魚走石，掃徑葉平蔬。誰念交情淺？難如識面初。榮途多寵辱，未敢怨貧居。

方回：「四靈」詩專於中四句用工，尾句不甚着力。今如此，乃可喜也。

馮班：今人通病。

紀昀：以尾句不着力爲病，是以此爲可喜，則不然。此二句乃山林濫套。虚谷好詭激，故取之耳。

紀昀：「魚走石」三字俚。

山居

徐致中

柳竹藏花塢，茅茨接草池。開門驚燕子，汲水得魚兒。地僻春猶静，人閒日自遲。山禽啼忽住，飛走又相隨。

方回：近乎爛熟，然亦不可棄也。

紀昀：有何不可棄？

紀昀：「魚兒」、「燕子」太現成。

幽居

翁靈舒

蓬户掩還開，幽居稱不才。移松連嶠土，買石帶溪苔。藥信仙方服，衣從古樣裁。本無官可棄，安用賦歸來！

馮班：「四靈」用思太苦，而首尾俱餒弱。然當「江西」盛行之日，能特立如此，亦可取也。

紀昀：三、四從武功「移花連蝶至，買石得雲饒」套出，殊爲鈍手。結意却新，而虚谷不取。

夢回

一枕莊生夢，回來日未銜〔二四〕。自煎砂井水，更煮嶽僧茶。宿雨消花氣，驚雷長荻芽。故山滄海角，遥念在春華。

紀昀：通體閒雅，五、六氣韻尤高。

隱者所居

百事已無機，空林不掩扉。蜂沾朝露出，鶴帶晚雲歸。石老苔爲貌，松寒薜作衣。山翁與溪友，相過轉依依。

紀昀：五、六太纖。

春日和劉明遠

不奈滴簷聲，風回昨夜晴。一堦春草碧，幾片落花輕。知分貧堪樂，無營夢亦清。看君話幽隱，如我願逃名。

方回：「四靈」中翁獨後死，然未能考其没在何年。此四詩點圈〔二五〕處，十分佳也。

馮班：結句太率。

紀昀：此亦深穩。

許印芳：六句果佳，三、四亦可。

無名氏（乙）：第六是歸根妙語。

偶題

徐斯遠

綠樹何稠疊，清風稍羨餘。枕縈雲片片，簾透雨疏疏。修筧通泉甃，殘碑出野鉏。丘陵知幾變，耕稼雜陶漁。

方回：五、六佳。

紀昀：總是小樣。

紀昀：「稍羨餘」三字「江西」粗派。「泉甃」二字未佳，與「野鉏」亦不對。

雨後到南山村家

衝雨入窮山，山民猶閉關。橘垂茅屋畔，梅映竹籬間。奇石依林立，清泉繞舍灣。吾思隱茲地，凝立未知還。

方回：樟丘徐文卿字斯遠，信州玉山人。嘉定四年進士，與趙昌父、韓仲止聲名伯仲。前詩中四句俱雅淡，後詩五、六工。

紀昀：意謂「立」字、「灣」字工耳。

馮班：「四靈」詩無作用，然辛苦鍛句，氣味自清，但不禁薄弱耳。如此公亦近唐人，但苦於淡弱。

紀昀：淺薄無味，此真空疏之筆。

北山作

劉後村

骨法枯閒甚，惟堪作隱君。山行忘路脈，夜坐認天文。字瘦偏題石，詩寒半說雲。近來仍喜聵，閒事不曾聞。「夜」一作「野」。

方回：第六句佳甚。

馮班：正嫌第六句套子話也。

馮班：第六句套語，甚不佳。

紀昀：亦是「武功派」，然是「武功派」之不惡者。○既曰「天文」，則作「野」非是。

七言 五十一首

江村

杜工部

清江一曲抱村流，長夏江村事事幽。自去自來堂上燕，相親相近水中鷗。老妻畫紙爲棋局，稚子敲針作釣鉤。多病所須唯藥物，微軀此外更何求！

馮舒：不必黏題，無句脱題；不必緊結，却自收得住，説得煞；不必求好，却無句不好。聖人！神人！○何處分情景？

紀昀：工部頽唐之作，已逗放翁一派。以爲老境，則失之。

無名氏（乙）：次聯，近情乃爾。

許印芳：通體凡近，五、六尤瑣屑近俗。杜詩之極劣者。

南鄰

錦里先生烏角巾，園收芋栗未全〔二六〕貧。慣看賓客兒童喜，得食階除鳥雀馴。秋水纔深〔二七〕四五尺，野航恰受兩三人。白沙翠竹江村暮，相送〔二八〕柴門月色新。

紀昀：「得食」者，人無網弋之意，得以食於階除也，非謂以食飼之。○五、六天然好句。然無其根柢而效之，則易俚易率。「江西」變症，多於此種暗受病根。

許印芳：紀評指摘「江西」病根，可謂深切著明，然非謂此詩五、六不可學也。凡天地間事物，有一美在前，即有一病隨之於後。惟詩亦然：雄有粗病，奇有怪病，高有膚廓病，老有草率病。惟根柢深厚者，始能善學古人，得其美而病不生。根柢淺薄者，每學古人，未得其美，病已著身；非古人原有是病，乃不善學而自成其病耳。此學古所以貴先培養根柢也。

無名氏（乙）：五、六化盡律家對屬，化工妙。此景千古常新，杜公亦千古長在。

狂夫

萬里橋西一草堂，百花潭水即滄浪。風含翠篠娟娟淨，雨裛紅蕖冉冉香。厚禄故人書斷絶，恒饑稚子色凄凉。欲填溝壑惟疏放，自笑狂夫老更狂。

方回：老杜七言律詩一百五十餘首，求其郊野閒適如此者僅三篇。而此之第三篇後四句，亦未免歎貴交之絶，憫貧稚之饑。信矣和平之音難道，而喜起明良之音難值也。然格高律熟，意奇句妥，若造化生成。爲此等詩者，非真積力久不能到也。學詩者以此爲準，爲「吴體」、拗字、變格，亦不可不知。

查慎行：方君云「然格高律熟，意奇句妥。若造化生成」，作詩必得此三昧。

紀昀：此種議論，總是摸索皮毛。

何義門：清風峻節，固窮獨立，比賦相參，不令訐露。「即滄浪」三字，含後半所謂人濁我清也。落句只自嘲，怨而不怒。

紀昀：亦是宋派之先聲，非杜之佳處。

許印芳：前四句不惡，五句太激太露，後三句亦不免傖氣。

題刑部李郎中山亭

秦韜玉

儂家雲水本相知，每到高齋强展眉。瘦竹䠜烟遮板閣，捲荷擎雨出盆池。笑吟山色同欹枕，閒背庭陰對覆棋。不是主人多野興，肯開青眼重漁師。

方回：中四句工，尾句亦好。

紀昀：尾句自好，中四句不得云工。

紀昀：根柢淺薄，頗露單窘。五律句法猶可，勉支七律，非才力富健，則竭蹶之態畢見。○「儂家」二字入小詩猶可，入七律不宜；入風懷詩猶可，入閒適詩尤不宜。

僻居酬友人

伍喬

僻居惟愛近林泉，幽徑閒園任蘚連。向竹掩扉隨鶴息，就溪安石學僧禪。古琴帶月音聲正，山果經霜氣味全。多謝故交憐朴野，隔雲時復寄佳篇。

紀昀：亦是小樣。此格作五律已不佳，況於七律？○「蘚連」二字湊。「正」字與「帶月」意不融洽。

秋深閒興

韓致堯[二九]

此心兼笑野雲忙，甘得貧閒味甚長。病起乍嘗新橘柚，秋深初换舊衣[三〇]裳。晴來喜鵲無窮語，雨後寒花特地香。把釣覆棋兼舉白，不離名教可顛狂。

馮班：四句「舊衣」當作「熟衣」，夏時所着謂之生衣，故秋來换者曰「熟」，方君不知，而改作「舊」，誤矣。

紀昀：語亦淺薄，尚未似秦、伍二詩之瑣纖。次句淺率。

題張逸人園林

韓翃

花源一曲映茅堂，清論閒堦坐夕陽。麈尾手中毛已脱，蟹螯樽上味初香。春深黄口羣窺樹，雨後青苔散點牆。更道小山宜助賞，呼兒舒簟醉巖房[三一]。

紀昀：三句有典而語鄙。

書懷寄王秘書

張司業

白髮如今欲滿頭，從來百事盡應休。祇於觸目須防病，不擬將心更養愁。下藥遠求新熟酒，看山多上最高樓。賴君同在京城住，每到花前免獨遊。

紀昀：流易有餘，蒼堅未足。

送楊判官

應得烟霞出俗心，茅山道士共追尋。閒憐鶴貌偏能畫，暗辨桐聲自作琴。長嘯每來松下坐，新詩堪向雪中吟。征南幕府多賓客，君獨相知最覺深。

紀昀：三、四瑣屑，餘皆淺俗。

書懷　吴融

傍巖倚樹結簷楹，夏物蕭疏景更清。灘響忽高何處雨，松陰自轉此山晴。見多鄰犬遥相認，來慣幽禽近不驚。争敢便誇饒勝事，九衢塵裏免勞生。

紀昀：三、四自好。六句自然，勝五句。結太直遂。

無名氏（乙）：次聯句高迴出塵。「此山」二字善本作「一峰」，對既跳脱，勢更峻絶。

閒望

三點五點映山雨，一枝兩枝臨水花。蛺蝶狂飛掠芳草，鴛鴦對浴翹暖沙。闕下新居非己業，江南舊隱是誰家？東還西去俱無計，却羨暝歸林上鴉。

馮舒：如此説「閒望」。

馮班：四句「鴛鴦對浴」，熟睡；「翹暖沙」，晴。

紀昀：雖薄而有疏落之致。

許印芳：首聯古調，次聯拗調，三聯平調，尾聯平調兼拗調。三聯與次聯不黏，在拗調體中另是一格，故起住二句與李山甫寒食詩「有時三點兩點雨，到處十枝五枝花」犯複，而皆有生趣，無妨並存。此種詩意味淺薄，不足學。惟格調生新，可爲摹古者變化之助，故録之。

題林逸士〔三〕溉上新屋壁

劉子儀

久厭侯鯖盡室來，卜居隣近〔三〕釣魚臺。舊山鶴怨無錢買，新竹僧同借宅栽。載酒誰從揚子學，棹舟空訪戴逵回。抽毫有污東陽壁，但惜明時老澗才。

方回：三、四須先看上二字，爲小分句；却看下五字，則得其意矣。

紀昀：子儀本學義山。此三、四却近「武功派」。○「潤才」二字生。

無名氏（甲）：漢樓護，王氏五侯競致異饌，合而烹之，名「五侯鯖」。

郊外

王平甫

野曠天寒〔三四〕氣象嘉〔三五〕，浮雲濃淡日初斜。澤中雨漲無鳴鸛，荷下波翻有怒蛙。簫鼓殘聲來帝闕，漁樵歸徑見人家。塵簪羞把黄花插，不耐飛蓬門鬢華。

方回：此乃汴京郊外，所以有第五句。

紀昀：三、四似有所寓，五、六佳句。

退居

詹中正

宦情文思競闌珊，利户名樞莫我關。無可奈何新白髮，不如歸去舊青山。須知百歲都爲夢，未信千金買得閒。珍重樽中賢聖酒，非因風月亦開顔。

方回：中正祥符八年蔡齊榜甲科。衢州人。三、四東坡嘗用爲詞，世人不知爲詹白雲詩也。

中正又有一聯：「吟餘妓散杯中酒，歸去蝶隨頭上花。」下句佳。

紀昀：三、四格不高而韻勝，五、六太滑。

贈張處士

趙叔靈

應問秋雲學得閒，飄然如不在人間。青藤篋裹詩多怪，紫栗枝邊藥更殷。一作「瘢」。江客對棋曾賭鶴，野僧分屐借登山。仍聞昨日來城市，又抱孤琴踏月還。

方回：清獻家審言詩如此，宜乎乃孫之詩，如其人之清，有自來哉！

紀昀：因工部爲審言之孫，遂呼人祖爲「審言」，杜撰無理。

馮舒：此亦近唐。

紀昀：三、四粗野。

野墅夏晚

錢昭度

一抹生紅畫杏腮，半園沉綠鎖桐材。黄蜂衙退海潮上，白蟻戰酣山雨來。睡思幾家金帶枕，酒香何處玉交杯？太陽西落波東去，惆悵無人喚得回。

方回：三、四詩話所稱。

紀昀：「鎖桐材」三字生。結太頹唐。

湖山小隱

林和靖

道着權名便絶交，一峯春翠濕衡茅。莊生已憒鵷鶵嚇，揚子休譏蝘蜓嘲。潏潏藥泉來石竇，霏霏茶靄出松梢。琴僧近借南薰譜，且併閒工子細抄。

方回：「憒」當作「慣」。

紀昀：此因「憒」字着迹，故疑爲「慣」字之誤。不知「憒」字是嬉笑之怒，更爲着迹。

紀昀：首句及三、四詭激叫囂，殊非雅道。

閒搭綸巾擁縹囊，此心隨分識興亡。黑頭爲相雖無謂，白眼看人亦未妨。雲噴石花生劍壁，雨敲松子落琴牀。清猿幽鳥遥相叫，數筆湖山又夕陽。

方回：三、四亦豪壯，隱君子非專衰懦之人也。

紀昀：二詩皆少淡静之味。

易從上人山亭

湖水汪灣隔數峯，籬門和竹夾西東。閒來此地行無厭，又共吾盧看不同。靈隱路歸秋色裏，招賢庵在鳥行中。屏風若欲相攙見，合把巉巖與畫工。

紀昀：此較有静意，然亦淺。

懷舊隱

陳亞

多媿當年未第間，卜居人外得清閒。排聯花品曾非僭，愛惜苔錢不是慳。秋閣詩情天淡淡，夕溪漁思月彎彎。而今慚厚明朝禄，敢念藏愚莫買山。

方回：三、四絶佳，亞黄蜀葵詩：「秋風〔三六〕似學金丹術，戲把硫黄製酒杯。」尤佳。

馮班：惡句。

紀昀：三、四傖氣，不得云佳。

郊行即事

程明道

芳原緑野恣行時，春入遥山碧四圍。興逐亂雲穿柳巷，困臨流水坐苔磯。莫辭盞酒十分醉，只恐風花一片飛。況是清明好天氣，不妨游衍莫忘歸。

方回：大儒事業，有大於詩者，不可以詩人例目之。五、六乃朱文公所深取。

紀昀：此評太露依附之意，不及「春日類」中所評，最爲通透。

馮舒：畢竟秦吉了。

馮班：重出。○惡氣味。

紀昀：重出。

小村

梅聖俞

淮闊州多忽有村，棘籬疏敗謾爲門。寒雞得食自呼伴，老叟無衣猶抱孫。野艇鳥翹唯斷纜，枯桑水齧只危根。嗟哉生計一如此，謬入王民版籍論。

方回：此乃村落間事，以附「閒適類」。

紀昀：此詩不宜附此。如此苦境，可謂之「閒適」乎？

馮舒：落句幾不成句。

馮班：落句不工。

紀昀：首句不成語。○七、八，其詞怨以怒。

山中

陳簡齋

當復入州寬作期，人間踏地有安危。風流丘壑真吾事，籌策廟堂非所知。白水春波天澹澹，蒼峯晴雪錦離離。恰逢居士身輕日，正是山中多景時。

方回：參政簡齋陳公，名與義，字去非，洛陽人。自黃、陳紹老杜之後，惟去非與呂居仁亦登老杜之壇。居仁主活法，而去非格調高勝，舉一世莫之能及。初以墨梅詩見知於徽廟：「客子光陰詩卷裏，杏花消息雨聲中。」大爲高廟所賞。欲學老杜，非參簡齋不可。此乃不欲赴召之詩。「風流」、「籌策」一聯，苕溪詩話似乎未會此意。後學宜細味此等詩與許丁卯高下如何。

紀昀：評簡齋確，惟以呂居仁並稱，則究嫌非偶。「江西」亦有一種套子，其俗較丁卯更甚，亦不可不知。

馮舒：只是薄，味短。

紀昀：起二句未佳。後六句風格自健，但無意味耳。

題東家壁

斜陽步屧過東家，便置清樽不煮茶。高柳光陰初罷絮，嫩鳧毛羽欲成花。羣公天上分時棟，閒客江邊管物華。醉裏吟詩空跌蕩，借君素壁落棲鴉。

方回：三、四極天下之工，亦止言景耳。五、六遂「時棟」於天上羣公，而以「江邊」閒客自許。氣岸高峻，骨格開張。殆天授，非人力。然亦力學，則可及矣。

紀昀：「時棟」字出文選，然字太古奧，入律不宜，馮氏抹之是也。

許印芳：文選字句固多古奧，「時棟」則人人能解，何爲古奧，而且云太耶？古奧之字，不宜入律，此論甚當。謂此二字不宜入律，則謬矣。馮氏吹毛求疵，而曉嵐即作應聲蟲，可怪也。○此詩因過東家飲酒而作，首句點「東家」，次句言置酒，三、四言景。新而不纖，鍊而不碎。且句法渾成，故不礙其氣格之高。五、六言情，上開下合，筆法變化。「物華」二字，又收拾三、四，法最精密。其措詞囫圇，不露圭角，而身分自見，所以爲妙。七句應「置酒」，八句應「東家」，結出作詩題壁之意。「棲鴉」，言不工書法，字形如鴉也。然言塗鴉，則分明此句嫌混嫌晦，故曉嵐不着圈。

雨後至城外

呂居仁本中

日日思歸未就歸，只今行露已沾衣。江村過雨蓬麻長，野水連天鸛鶴飛。塵務却嫌經意少，故人新更得書稀。鹿門縱隱猶多事，苦向人前説是非。

馮舒：清話近人。

馮班：見「晴雨類」。

紀昀：重出。○三、四清遠，七、八沉着。此居仁最雅潔之作。

孟明田舍

未嫌衰病出無驢，尚喜冬來食有魚。往事高低半枕夢，故人南北數行書。茅茨獨倚風霜下，粳稻微收雁鶩餘。欲識淵明只公是，邇來吾亦愛吾廬。

方回：簡齋詩高峭，呂紫微詩圓活。然必曲折有意，如「雪消池館初晴後，人倚闌干欲暮時」，「荒城日短溪山静，野寺人稀鸛鶴鳴」，皆所謂「清水出芙蓉」也。如此二詩，末句却議論深復，非輕易放過者。

馮班：「兒時愛吾廬」，此句佳矣，然何以服許用晦？

紀昀：此亦清遒。○起韻「驢」字何不竟用「車」字，想南方不乘車耳。

許印芳：第二句「悲歡」本作「高低」，與「事」字不融洽，故易之，易作「往事悲歡半枕夢」。

習閒

范石湖

習閒成懶懶成癡，六用都藏縮似龜。雪已許多猶不飲，梅今如此尚無詩。閒看猫暖眠氊褥，静聽猧寒叫竹籬。寂寞無人同此意，時時惟有睡魔知。

方回：「梅今如此尚無詩」，亦標致可掬。

馮班：石湖妙作，亦出白公。

紀昀：詞俚而調野，馮氏以體近樂天取之，非也。樂天已有可厭處，況等而下之揣摹形似乎？

親戚小集

避濕違寒不出門，一冬未省正冠巾。月從雪後皆奇夜，天向梅邊有別春。秉燭登臨空話舊，擁爐情味莫懷新。榮華勢利輸人慣，贏得樽前自在身。

馮班：石湖不寒。

方回：石湖風流醞藉，每賦詩必有高致而無寒相，三、四一聯可見。

紀昀：三、四刻意求工而語未渾融。「奇夜」二字生造。結太落套。

登東山

陸放翁

老慣人間歲月催，强扶衰病上崔嵬。生爲柱國細事耳！死畫雲臺何有哉？熟計提軍出青海，未如唤客倒金罍。明朝日出春風動，更看青天萬里開。

方回：放翁詩萬首，佳句無數。少師曾茶山，或謂青出於藍，然茶山格高，放翁律熟；茶山專祖山谷，放翁兼入盛唐。
紀昀：此評確。
馮班：五、六乃放翁口舌語也。若前石湖結句，最近人情。
紀昀：太近頹唐。
無名氏(甲)：韓擒虎將終，曰：「生作上柱國，死爲閻羅王，足矣。」

題庵壁

衰髪蕭疏雪滿巾，君恩乞與自由身。身并猿鶴爲三口，家託烟波作四鄰。十日風號未成雪，一年梅發又催春。漁舟底用勤相覓，本避浮名不避人。

方回：白樂天有云：「身兼妻子都三口，鶴與琴書共一船。」尤佳。此亦小異而律同。
查慎行：梅妻鶴子，何妨算口；泛宅浮家，故可作鄰。若移他用便非。與香山詩句法不殊，而鍊句用意自別。
許印芳：三、四雖襲香山語而變化得妙，故曉嵐取之。首句「霜」字，本作「雪」，與五句犯複；次句本作「君恩乞與自由身」，「身」字與三句犯複。且措語太空，未能爲中後伏脈，故易之，易作「衰髪蕭疎霜滿巾，君恩許住鏡湖邊」。惟中間四用數目字，不能改換耳。○「并」，平聲。

山行過僧庵不入

淡日暉暉孤市散，殘雲漠漠半川陰。長吟未斷清愁起，已見橫林宿暮禽。茶爐烟起知高興，棋子聲疏識苦心。垣屋參差竹塢深，舊題名處懶重尋。

方回：詩不但豪放高勝，非細下工夫有針線不可，但欲如老杜所謂「裁縫滅盡針線迹」耳。此詩題目甚奇，「山行」是一節，「過僧菴而不入」又似是兩節。「垣屋參差竹塢深」，只此一句便見山行而過僧菴，及過僧菴而不入矣。「舊題名處懶重尋」，即是曾遊此菴，而今懶入矣。「茶爐烟起知高興」，此謂不入菴而遥見煮茶之烟，想像此僧之不俗也。「棋子聲疏識苦心」，則妙之又妙矣。聞棋聲而不得覿其棋，固已甚妙；於棋聲疎緩之間想見棋者用心之苦，此所謂妙之又妙也。過僧菴而不入，盡在是矣。「淡日」、「殘雲」下一聯，及末句結，乃結煞「山行」一段餘意。前輩詩例如此，須合別有擺脱，老杜縛雞行、山谷水仙花一律皆然。此放翁八十五歲時詩也。

馮舒：詩妙，評亦妙。如此説詩，方君亦匡鼎矣。以余論之，嬾而不入是一篇主意。三、四是不入光景，以下四句却又是因天晚而不入，與第二句破題裂開矣。落句又斡旋補出晚景，大爲費力。不如第二句併出天晚，方爲天成無縫衣，只此句尚有可商。然此非深於詩者不知，吾恐解人之難索也。

紀昀：此自人人共解，不必如此細評。○虚谷謂：「前輩詩例如此，須合別有擺脱，老杜縛雞行、山谷水仙花一律，皆然。」此評是。

馮班：第二句怯，去「懶」字方有力。○第二聯，不入只爲日晚。下四句汲汲補題，俱爲破題「懶」字所累，意晦而不得出。然此詩亦絶妙矣。「懶」字唤不起第二聯。

紀昀：三句「高興」字湊，四句亦小樣，結却有致。○知高興，識苦心，何以又懶重尋？此未免不聯貫。

許印芳：首句點僧菴，次句點不入，三、四從不入轉身，言身不入菴，心却想像菴中之人。曉嵐前評呆講字句，謂不聯貫，非也。茶酒皆可言高興，不得云湊。此二句從窄處細摹神意，菴内、菴外，兩面圓到，乃一篇之警策，亦不得加以「小樣」之名。後半找清山行，「寒日蕭蕭」，原本「淡日暉暉」，語未融洽。「山」字，原本「川」字，未免夾雜，愚皆易之。

閒中書事

病過新年逐日添，清愁殘醉兩厭厭。惜花萎去常遮日，待燕歸來始下簾。堂上清風生玉麈，澗中寒溜滴銅蟾。一生留滯君休歎，意望天公本自廉。

馮班：余二十時作兩句，與此次聯一字不差，乃知古人有偶然相同，非盡偷句也。

一畝山園半畝池，流年忽逮掛冠期。賣花醉叟剥紅桂，種藥高僧寄玉芝。午枕爲兒哦舊句，晚窗留客算殘棋。登庸策免多新報，老子癡頑總不知。

方回：慶元乙卯，寧宗新元除罷，史可考也。

紀昀：二首太淺易。○「玉塵」、「銅蟾」，有何佳處而圈之？

馮班：落句含蓄。

小築

放翁小築寄江郊，屋破隨時旋補茅。暮看白烟横水際，曉聽清露滴林梢。生來不啜猩猩酒，老去那營燕燕巢。目斷鹿門三太息，龐公千載可論交。

方回：「猩猩酒」、「燕燕巢」，公兩用之，誠爲佳句。

紀昀：「猩猩」對「燕燕」，白詩已先用之。

紀昀：格調太平。

窮居

半世倀倀信所之，窮居仍抱暮年悲。燒金術誤囊衣薄，種黍年凶酒味醨。大廈萬間空有志，後車千乘更無期。掩書常笑城南杜，麻屨還朝受拾遺。

方回：窮居而思「萬間」、「千乘」，不得志之言也。然彼得志者，又何如哉！

紀昀：亦是習逕。

西窗

西窗偏受夕陽明，好事能來慰此情。看畫客無寒具手，論書僧有折釵評。薑宜山茗留閒啜，豉下湖蓴喜共烹。酒炙朱門非我事，諸君小住聽松聲。

方回：此詩尾句好，所以不可遺。

馮班：起好。

紀昀：七句太露骨，併結句亦少味。

無名氏（甲）：「寒具」，即油果類。桓玄陳法書名畫，客手汙之，於是不設寒具。○懷素論書有「折釵脚」，言其勁也。

耕罷偶書

新溉東皐畝一鍾，烏犍粗足事春農。灞橋風雪吟雖苦，杜曲桑麻興本濃。老大斷非金谷友，生存惟冀酒泉封。莫嘲野餉蕭條甚，箭茁蓴絲亦且供。

方回：四句四事皆巧對。

許印芳：是工非巧。

紀昀：格力甚遒。放翁原非盡用平調，而選者多以平調取之，遂減放翁之聲價。五、六似爲韓侂胄作南園記而發，語自沉着。

小築

小築湖邊避俗囂，幾年於此寓簞瓢。雖無隱士子午谷，寧愧詩人丁卯橋。羅雀門庭無俗駕，緣雲磴路有歸樵。詩情酒興常相屬，堪笑傍人説寂寥。

方回：子午谷、丁卯橋亦巧。

紀昀：亦小樣。

紀昀：平淺無味。

無名氏(甲)：子午谷在洋縣，丁卯橋在丹陽。

過鄰家戲作

久脱朝冠岸幅巾，時時乘興過比鄰。瓶無儲粟吾猶樂，步有新船子豈貧。醅甕香浮花露熟，藥欄土潤玉芝新。「玉芝」謂鬼臼，山家多有之。相從覓笑真當勉，又過浮生一歲春。

方回：三、四陶、韓語，工。

紀昀：平而不庸。○「比鄰」之「比」，平仄兼讀。

簡鄰里

今年意味報君知，屬疾雖頻未苦衰。獨坐冷齋如自訟，三舍法行時，嘗上書言事者，屏置一齋，曰「自訟」。小鐫殘俸類分司。樂天詩云：「猶被妻孥教漸退，莫求致仕且分司。」閒撑野艇漁簑濕，亂插山花醉帽欹。有興行歌便終日，逢人那識我爲誰。

方回：「自訟」、「分司」雖戲語，下一聯又自好。

紀昀：亦無深味。總之作詩太多，便無許多意思，只以熟套換來換去，此放翁一生病根。

戲詠閒適

涉世心知百不能，閉門懶出病相仍。簞瓢味美如烹鼎，鄰曲人淳似結繩。半夥鵶殘牆外杏，一枝鵲裹澗邊藤。蕭然掃盡彈冠興，敢爲詩情望武陵。

查慎行：三、四對句，出人意表。

紀昀：純是窠臼。末句未詳。

閒中頗自適戲書示客

髮猶半黑臉常紅，老健應無似放翁。烹野八珍邀父老，燒窮四和伴兒童。「野八珍」，見王履道詩。世又有窮四和香法。剪紗新製簪花帽，乞竹寬編養鶴籠。巢許夔龍竟誰是？請君下語勿匆匆。

方回：縱説、横説、爛熟。

紀昀：爛熟正是大病痛。

馮班：俗而不套。

紀昀：「臉常紅」三字不雅，次句大率，三、四調不大雅。

幽居述事

曾會蘭亭醉墮簪，後身依舊住山陰。琴傳數世漆文斷，鶴養多年丹頂深。滌硯灘頭無漬墨，吹簫月下有遺音。小詩戲述幽居事，後有高人識此心。

頽然掩户不妨奇，又賦幽居第二詩。大藥鼎成令虎守，精思床穩用龜支。壺中自喜乾坤別，局上元知日月遲。更就羣童閒鬥草，人間何處不兒嬉。

落葉平溝日滿廊，幽居又賦第三章。喜無俗事干靈府，恨不終年住醉鄉。上樹榜船雖老健，疏泉移竹亦窮忙。山僧欲去還留話，更盡西齋一炷香。

舴艋東歸喜遂初，頓拈枯筆賦幽居。細燒柏子供清坐，明點松肪讀道書。蒼爪嫩芽開露茗，紅根小把淪烟蔬。年來自許機心盡，頗怪飛鷗自作疏。

方回：四詩皆八十歲之作，脱灑奇妙。

馮班：八十翁而賦詩清灑如此，古今亦少其儔。若曰奇妙，似過矣。

紀昀：四詩純學香山。第二首、第三首又間以打油諢語，更不足觀。惟第四首稍可，然亦放翁自套。

村居

陳止齋

業已將身落耦耕，時於觀物悟浮生。擇棲未定烏離立，避礙已通魚並行。野老窺巢占太歲，牧童敲角報殘更。絶勝倚市看郵置，客至還無菜甲羹。

紀昀：多不成語。○「落」字有病。○五句用鵲巢背太歲事，不成語。

閒詠

姜梅山

坐叨厚廩飲醇醪，不押文書不坐曹。檢點園花爲日課，裒尋詩草計年勞。仍將書册供慵臥，時喚盃盤佐老饕。感激大恩何以報，惟祈聖壽與天高。

方回：此乃奉祠時所作，否則爲婺州總戎時也。

紀昀：粗淺。

負暄

不是羲和德澤流，寒鄉何處覓温柔。絶憐天上黄綿襖，大勝人間紫綺裘。旋挾胡牀隨影轉，更携書卷與閒謀。天和妙處誰能會，欲獻君王卻自羞。

方回：古所謂曝背之樂，欲獻之天子者。此詩乃佳。

紀昀：尤粗淺。

書　懷

趙彦先

柳影槐陰緑遶村，日長細得話詩情。迎風紫燕忽雙去，隔雨黄鸝又一聲。筆墨生涯成冷淡，筍蔬盤饌易經營。世間微利真刀蜜，有底驅馳取重輕。

方回：雪齋趙子覺字彦先，超然居士令衿之子。爲嚴倅時，放翁爲郡守。楊誠齋以詩寄放翁，謂「幕中何幸有詩人」，又曰「青眼何妨顧德鄰」，謂子覺也。此詩亦似放翁。

紀昀：起韻太借，不得以唐人藉口。○「又」字何不用「時」字？情景既佳，聲調亦諧。○結太淺俗。

移居謝友人見過

趙師秀

賃得民居亦自清，病身於此寄漂零。笋從壞砌磚中出，山在鄰家樹上青。有井極甘便試茗，無花可插任空瓶。巷南巷北相知少，感爾詩人遠叩扃。

方回：小巧有餘。

紀昀：此評是。然能言此語之小巧，而不肯言他詩之小巧，則門户之見奪其是非之心也。

紀昀：三句太鄙，四句自佳。○「閒適」一類，虚谷最所加意，而所選至不佳。由其意取矯激以爲高，句取纖瑣以爲巧。根柢既錯，故愈加意愈背馳耳。

校勘記

〔一〕四句　馮班、紀昀：「四」原訛作「八」。〔二〕鶯啼　李光垣：「鳥」訛「鶯」。〔三〕開筵　許印芳：「筵」一作「軒」。〔四〕按：康熙五十一年本、紀昀刊誤本題作「東陂遇雨率爾貽謝南池」。〔五〕猶臘味　馮班：「猶」一作「仍」。〔六〕蜀酒　馮班：「蜀」，古本作「濁」。〔七〕草屋　馮班：「屋」一作「堂」。〔八〕即如　李光垣：「即如」字衍。〔九〕有吾廬　李光垣：「有」字或是「在」字之訛。〔一〇〕紉庵：作者當爲賈浪仙。〔一一〕揀書卷　馮班：「揀」一作「收」。〔一二〕耿湋　馮班、紀昀：「湋」原訛作「緯」。〔一三〕畏客　馮班：「畏」一作「媿」。何義門：「媿」字佳。〔一四〕故人　馮班：「故」一作「野」。〔一五〕雀飛散　馮班：「雀飛」一作「飛鴉」。〔一六〕滿山　馮班：「山」一作「庭」。〔一七〕師事五千言　馮班：「師事」一作「自注」。〔一八〕華軒馮班：「華」一作「軒」。〔一九〕莫强教　馮班：「莫强」一作「何事」。〔二〇〕微官　馮班：「官」一作「言」。〔二一〕未創　按：康熙五十二年本、紀昀刊誤本「創」作「割」。〔二二〕石田　馮班、何義門：「石」當作「名」。〔二三〕寄聲同燕社　紀昀：疑作「寄身同社燕」，再校。〔二四〕未銜　查慎行、李光垣：「斜」訛「銜」。〔二五〕點圈　無名氏(乙)：當作「鍛煉」。〔二六〕未全　馮班：「未」一作「不」。〔二七〕纔深　查慎行：「深」作「添」。〔二八〕相送　馮班：「送」一作「對」。〔二九〕致堯　紀昀：「堯」原訛作「光」。〔三〇〕舊衣　馮班：「舊」，舊本作「熟」。〔三一〕巖房　李光垣：「旁」訛「房」。〔三二〕逸士　馮班：「逸」一作「處」。〔三三〕隣近　查慎行：「隣」原訛「臨」。〔三四〕天寒　許印芳：「寒」一作「清」。〔三五〕氣象嘉　李光垣：「佳」訛「嘉」。〔三六〕秋風　馮班：「秋」當作「欹」。

瀛奎律髓彙評卷之二十四　送別類

送行之詩，有不必皆悲者，別則其情必悲。此類中有送詩，有別詩，當觀輕重。又送人之官，言及風土者，已於「風土類」中收之。間亦見此，不可以一律拘也。

紀昀：虛谷云「當觀輕重」。有何輕重？

五言　八十七首

送崔著作東征

陳子昂

金天方肅殺，白露始專征。王師非樂戰，之子慎佳兵。海氣侵南部，邊風掃北平。莫賣盧龍塞，歸邀麟閣名。

方回：平仄不黏，唐人多有此體。陳子昂才高於沈佺期、宋之問，惟杜審言可相對。此四人唐律，在老杜以前，所謂律體之祖也。

紀昀：必簡亦未足當伯玉，昌黎云：「國朝盛文章，子昂始高蹈。」蓋定論也。虚谷欲引子美以重「江西」，遂因子美而媚必簡。門户之論，不足爲憑。

紀昀：末二句用田疇事，無理。況三、四已含此意，必説破，亦嫌太盡。

無名氏（甲）：盧龍塞在今永平府。曹操平烏丸，欲封田疇，疇不肯賣盧龍塞以邀利。

許印芳：陳子昂，字伯玉，射洪人。官麟臺正字，轉右拾遺。爲詩高古雄渾，上掃六朝陋習，下開盛唐正派，時稱海内文宗。

送魏大從軍

匈奴猶未滅，魏絳復從戎。悵别三河道，言追六郡雄。雁山横岱北〔一〕，狐塞接雲中。勿使燕然上，獨有漢臣功。

方回：刊本以「狐塞」爲「孤塞」，予爲改定。唐之方盛，律詩皆務雄渾。尾句雖拘平仄，以前六句未用意立論，只説行色形勢，末乃勉勵之。此一體也。

紀昀：得此評，乃知今本「惟留漢將功」乃後人改本。

馮舒：二首結一例。

紀昀：陳、隋彫華，漸成餖飣，其極也反而雄渾。盛唐雄渾，漸成膚廓，其極也一變而新美，再變而平易，三變而恢奇幽僻，四變而綺靡。皆不得不然之勢，而亦各有其佳處，故皆能自傳。元人但逐晚唐，是爲不識其本，故降而愈靡。明人高語盛唐，是爲不知其變，故襲而爲套。學者知雄渾爲正宗，而復知專尚雄渾之流弊，則庶幾矣。○次句借姓，開小巧法門。

許印芳：曉嵐此論，指點學者最爲親切。其要旨在「知變」二字，學者當細參。○末句不黏，今不可學。

無名氏（甲）：三河，河南、河北、河東。六郡，即隴西、北地、上郡、雲中等處。

送朔方何侍郎

宋之問

聞道雲中使，乘驄往復還。河兵守陽日，塞虜失陰山。拜職嘗隨驃，銘功不讓班。旋聞受降日，歌舞入蕭關。

方回：漢武時有從驃合騎侯，故此云「嘗隨驃」。「不讓班」，一用將軍號，一用人姓。

紀昀：昌黎好單押姓名，蓋源於此。

紀昀：此詩却無佳處。

送賀知章歸四明　唐明皇

豈不惜賢達，其如高尚何！

方回：此詩會稽有石刻，朱文公爲倉使時讀之，最喜起句雄健，偶忘記後六句，當俟尋索足之。

紀昀：此恐終是文公誤記，未可據爲定説。

知章年八十六卧病上表乞爲道士還鄉上許之捨宅爲觀賜名千秋仍賜鑑湖剡水一曲詔令供帳東門百僚祖餞御製賜詩云

遺榮期入道，辭老競抽簪〔二〕。豈不惜賢達，其如高尚心？寰中〔三〕得秘要，方外散幽襟。獨有青門餞，羣英悵别深。

方回：今以中二句爲首，又非元韻，恐誤記耶？

馮班：予按尤文簡唐詩話，明皇詩序亦是「簪」字韻，而「何」字韻無所考。

紀昀：此題乃記事之詞，當依前篇三題爲是。○吴孟舉曰：「送别類」明皇送賀知章歸四明全篇似是後人補入，非虚谷原本。

永嘉浦逢張子容

孟浩然

逆旅相逢處，江村日暮時。衆山遥對酒，孤嶼共題詩。廨宇隣鮫室，人烟接島夷。鄉園萬餘里，失路一相悲。

方回：永嘉得孤嶼中川之名，自謝康樂始。此詩五、六俊美。

紀昀：雍容閒雅，清而不薄。此是盛唐人身分。虚谷但賞五、六，是仍以摘句之法求古人。○永嘉、襄陽，不至「萬餘里」。

查慎行：三、四自然有遠致，五、六有遠景。然質實，少意致。

送孟六歸襄陽

張子容

杜門不復出，久與世情疏。以此爲長策，勸君歸舊廬。醉歌田舍酒，笑讀古人書。好是一生事，無勞獻子虚。

方回：元詩二首見浩然集，今取其一。子容亦志義之士，浩然嘗有詩送應進士舉。子容今送浩然歸，乃爲此骨鯁之論，其甘與世絶，懷抱高尚，可想見云。

紀昀：必以「甘與世絶」爲高，終是僻見。

查慎行：三、四與襄陽同調。

紀昀：子容詩略似孟公。然氣味較薄，意境較近，故終非孟之比。○結却太盡。

送友人入蜀

李太白

見説蠶叢路，崎嶇不易行。山從人面起，雲傍馬頭生。芳樹籠秦棧，春流遶蜀城。升沉應已定，不必問君平。

方回：太白此詩，雖陳、杜、沈、宋不能加。

查慎行：前四句一氣盤旋。

紀昀：一片神骨，而鋒鋩不露。

許印芳：李白，字太白，自號青蓮居士，隴西人，官翰林供奉。

送張舍人之江東

張翰江東去，正值秋風時。天清一雁遠，海闊孤帆遲。白日行欲暮，滄波杳難期。吴洲如見月，千里幸相思。

方回：「一雁」、「孤帆」之句，亦以寓吾道不偶之歎。下句引「白日」、「滄波」，而云「行欲暮」、

「杳難期」，意可見也。

許印芳：此詩立格在古律之間。其調法，在律體中有不可效用者。起二句，分之則首句乃平調，次句乃拗調，皆律體也；合之則上下不黏，乃古體也。五句本是拗調，而六句以古句作對，上下相黏亦古體也。此皆律體之所禁忌，不得以古人偶有此格而效用之。〇又按：「滄波」句與上句相黏，似是律體；不知古詩亦有平仄相黏處，不但律詩也。

衡州送李大夫勉赴廣州

杜工部

斧鉞下青冥，樓船過洞庭。北風隨爽氣，南斗避文星。日月籠中鳥，乾坤水上萍。王孫丈人行，垂老見飄零。

方回：此詩氣蓋宇宙，不待贅説。老杜送人詩多矣，此爲冠。

紀昀：此因五、六粗獷，近「江西派」耳，其説不足據。以此冠杜送行詩，尤謬。

查慎行：李，隴西望族，故稱「王孫」。

何義門：日月不居，長似籠中之鳥；乾坤雖大，還同水上之萍。下三字皆賦公之身世。若解作籠鳥比「日月」，水萍比「乾坤」，成何文義耶？〇五、六自傷垂老飄零，却翻作壯語，怪怪奇奇。

夏日楊長寧宅送崔侍御常正字入京探韻得深字

醉酒揚雄宅，升堂子賤琴。不堪垂老鬢，還對欲分襟。天地西江遠，星辰北斗深。烏臺俯麟閣，長夏白頭吟。

方回：五、六悲壯，惟老杜長於此。

紀昀：悲壯之什，唐人多有，不止杜擅長。

紀昀：較前詩「日月」二句，雅俗相去遠矣。

無名氏（甲）：烏臺御史、麟臺正字，分切二人。

送段功曹歸廣州

南海春天外，功曹幾月程。峽雲籠樹小，湖日落船明。交趾丹砂重，韶州白葛輕。幸君因估客，時寄錦官城。

方回：才大則氣盛。此小詩八句，若轉石下千仞山。而細看只四十字，非如他人補綴費力，酸嘶破碎也。

紀昀：此言詩家老境。然以評少陵他作則可，此詩不足當此評。

紀昀：「功曹」字只作君字用，言君行幾月程耳。然不出「行」字，五字遂不相連。第三句「小」字未妥。

送韋郎司直歸成都

竄身來蜀地，同病得韋郎。天下兵戈滿，江邊歲月長。别筵花欲暮，春日鬢俱蒼。爲問南溪竹，抽梢合過牆。

方回：一直説將去，自然工密。起句如晚唐而亦作對。尾句必换意，乃詩法也。

紀昀：换意與否，視乎文勢。古人名篇一意到底者多矣，「必」字有病。

紀昀：前四句猶是常語。五、六情景交融，結亦不落習逕。故爲深至。

送張二十參軍赴蜀州因呈楊五侍御

好去張公子，通家别恨添。兩行秦樹直，萬點蜀山尖。御史新驄馬，參軍舊紫髯。皇華吾善處，於汝定無嫌。

方回：三、四只言地形，五用「驄馬」事以指楊，六用髯參軍事以指張，尾句有託庇之欲〔四〕。亦一體也。

馮舒：髯參軍合一「紫」字及「吾善處」三字，畢竟不雅純。雖不必爲老杜病，然必是不好處。

黄、陳偏學此等，所以不佳。

何義門：首句「好去」二字呼動後半。○楊奉使而張爲輔行。「新」字言其意方盛，「舊」字言閱歷已深。但善處之，即必相得無間。「吾」與「汝」，皆指張也。

紀昀：三、四警拔。通體風骨遒健。

無名氏（甲）：後漢桓典常乘驄馬。○髯參軍郄超，短主簿王珣。

無名氏（乙）：叶「尖」字韻自先生始，後來無出其右者。

送陵州路使君赴任

王室比多難，高官皆武臣。幽燕通使者，岳牧用詞人。國待賢良急，君當拔擢新。佩刀成氣象，行蓋出風塵。戰伐乾坤破，瘡痍府庫貧。衆僚宜潔白，萬役但平均。霄漢瞻佳士，泥塗任此身。秋天正摇落，迴首大江濱。

方回：此詩十六句，當作四片看。前四句以初用儒者爲喜，實論時也。次四句，美路使君也。又四句，教之以爲政也；選同僚、平庶役，則乾坤之破尚可救也。尾四句又感慨之，不得已也。

紀昀：此解清析。

查慎行：一篇有韻之文，感時策勛，託意深厚。

紀昀：風骨老重，語亦沉着。然尚非杜之極筆。○「成氣象」三字未妥。「衆僚」二句理不可易，而語太板實。

無名氏(乙)：以史筆爲詩，醒快奪目。辭嚴義正，不粉飾一筆。審時事以立言，忠君愛友之誠，靄然流露。

送遠

帶甲滿天地，胡爲君遠行？親朋盡一哭，鞍馬去孤城。草木歲月晚，關河霜雪清。別離已昨日，因見古人情。

方回：前四句悲壯。亂世之别也。

馮舒：妙在落句。

何義門：末二句已别而復送，又以時艱行遠，情不能已也。

紀昀：「已」字必「如」字之誤，此用江淹古别離語。

無名氏(乙)：起得矯健。

送舍弟潁赴齊州

岷嶺南蠻北，齊關東海西。此行何日到，送汝萬行啼。絶域惟高枕，清風獨杖藜。時危暫相見，衰白意都迷。

方回：三首取一。此骨肉之别也。第二首云：「風塵久不開，汝去幾時來？兄弟分離苦，形容老病催。」尤佳而悲痛。

紀昀：起二句却是小巧，勿以杜而效之。○結語淡而真。

無名氏（甲）：岷山在岷州。

許印芳：下「行」字音杭。

奉濟驛重送嚴公

遠送從此别，青山空復情。幾時杯重把，昨夜月同行。列郡謳歌惜，三朝出入榮。江村獨歸處，寂寞養殘生。

方回：此知己之别也。「遠送從此别」，此一句極酸楚。末句尤覺徬徨無依。後嚴武再帥蜀，卒於位，公遂去蜀云。

查慎行：三、四説兩頭，空着中間，與「眼復幾時暗，耳從前月聾」同一句法。

紀昀：三、四對法活。義山馬嵬、飛卿蘇武詩，俱從此出。後半稍平直。

許印芳：第四句乃逆挽法。老杜慣用此法，學杜者亦多用之，不獨温、李二家。曉嵐謂後半平直，未免苛刻。紀公評詩最嚴細，然太嚴細則有苛刻之病，此類是也。○「重」字義從平聲，音從去聲。

中𣈶盟：三、四别緒凄然，若下句意在前，則索然矣。

無名氏（甲）：武歷肅、代、德三朝，居内外大任。

泛江送客

二月頻送客，東津江欲平。烟花山際重，舟楫浪前輕。淚逐勸杯落，愁連吹笛生。離筵不隔日，那得易爲情。

方回：此所送之人未知爲誰。「淚逐勸杯落」，足見離别之苦。下一句亦對得好。

紀昀：下句猶套。

查慎行：結與起相應。

紀昀：此在他人亦非佳作，無論老杜。

李天生：起結好。悲不在「客」，而在「送客」；不在「送」而在「頻送」也，故脱所送之人。

暮秋將歸秦留别湖南幕府親友

水闊蒼梧野，天高白帝秋。途窮那免哭，身老不禁愁。大府才能會，諸公德業優。北歸衝雨雪，誰憫弊貂裘？

方回：三、四極羈旅瑣瑣之態。五、六雖無華麗，非老筆不能，然其實雄深雅健也。末句十字可憐甚矣，諸親友能無情乎？

紀昀：五、六乃應酬庸熟之詞，評語殊有意標格。

馮舒：出題却在五、六，高甚。

贈别鄭鍊赴襄陽

峨嵋杜所留，峴首鄭所赴。

戎馬交馳際，柴門老病身。把君詩過日，念此别驚神。地闊峨眉晚，天高峴首春。爲於耆舊内，試覓姓龐人。

方回：鄭鍊蓋能詩者，而其詩不傳。三、四悲哀而新異，五、六工甚。此等詩可學也。

紀昀：謂以「首」對「眉」爲工耳，所見殊陋。

何義門：但把其詩，則不見其人矣，轉出「别」字最妙。
紀昀：亦平平無奇。
無名氏（甲）：習鑿齒有襄陽耆舊傳。

贈别何邕

生死論交地，何由見一人。悲君隨燕雀，薄宦走風塵。綿谷元通漢，沱江不向秦。五陵花滿眼，傳語故鄉春。

方回：三、四係十字句法。
紀昀：語語沉着。
無名氏（甲）：綿谷在蜀，通漢江。東别爲沱，則向楚而不向秦矣。

酬别杜二

嚴　武

獨逢堯典日，再覩漢官時〔五〕。未效風霜勁，空慚雨露私。夜鐘清萬户，曙漏拂千旗。並向殊庭謁，俱承别館追。斗城憐舊路，渦水〔六〕惜歸期。峯樹還相伴，江雲更對垂。試回滄海棹，莫妒敬亭詩。祇是書應寄，無忘酒共持。但令心事在，未肯鬢毛衰。最悵巴山裏，清猿惱夢思。

方回：武自蜀帥趨朝，老杜送之有詩，而武以此酬之也。詩雖不及老杜之勁健宏闊，然亦間架齊整。近世富貴鉅公，妄自標矜，未有斯作，故特取之。老杜元是六韻詩，所謂「諸將應歸盡，題書報旅人」者。再別詩八句，酸楚之甚，已見此前。

紀昀：論詩耳，何必動生議論？

紀昀：無甚佳處。

送李太保充渭北節度 即太尉光弼弟也

岑　參

詔出未央宮，登壇近總戎。上公周太保，副相漢司空。弓抱關西月，旗翻渭北風。弟兄皆許國，天地荷成功。

馮班：此種詩決不可及。

無名氏（甲）：漢相大司馬爲上，故司空稱副。

許印芳：岑參，字未詳。南陽人。官嘉州刺史。

送張都尉歸東都

白羽緑弓弦，年年只在邊。還家劍鋒盡，出塞馬蹄穿。逐虜西踰海，平胡北到天。封侯應不遠，燕頷豈徒然。

紀昀：二詩皆應酬之作，但音調響亮耳。

送懷州吳別駕

灞上柳枝黄，壚頭酒正香。春流飲去馬，暮雨濕行裝。驟路通函谷，州城接太行。覃懷人總喜，別駕得王祥。

方回：學老杜詩而未有入處，當觀老杜集之所稱詠敬歎，及所交遊倡酬者，而求其詩味之，亦有入處矣。其稱詠敬歎者，蘇武、李陵、陶潛、庾信、鮑照、陰鏗、何遜、陳子昂、薛稷、孟浩然、元結之類。其所交游倡酬者，李白、高適、岑參、賈至、王維、韋迢之類是也。此岑參三送人詩，皆壯浪宏闊，非晚唐手可望。

馮班：此論好。

紀昀：無處不引杜爲重。自元以來，終無人謂虚谷得杜法也，其亦徒勞也已。

何義門：懷州爲西京咽喉，兼之控帶澤、潞，故勸其以睢寧自待也。

紀昀：嘉州難得此鮮華之韻。

無名氏（甲）：懷州，懷慶府。

送秘書虞校書虞鄉丞

花綬傍腰新，關東縣欲春。殘書厭科斗，舊閣别麒麟。虞坂臨官舍，條山映吏人。看君有知己，坦腹向平津。

紀昀：「科斗」二字與「麒麟」作對，終湊泊。「坦腹」二字亦未妥。

無名氏（甲）：今蒲州舜都蒲坂有中條山。末句當是妻父爲使相也。

送張子尉南海

不擇南州尉，高堂有老親。樓臺重〔七〕蜃氣，邑里雜鮫人。海暗三山雨，江明〔八〕五嶺春。此鄉〔九〕多寶玉，慎莫〔一〇〕厭清貧。

馮舒：落句有古人之風。

陸貽典：結寓規諫。

查慎行：南海不聞出玉，且爲政寶珠玉，何等下劣？○一、二兩句高。

何義門：落句言不擇官而仕，止求祿養耳，不可爲貧而忘薏苡之嫌也。深婉有味。

紀昀：結作戒詞，得古人贈言之意。妙於入手先揭破爲貧而仕，已伏末句之根。

無名氏（乙）：留三百篇元氣。

餞李尉武康

潘郎腰綬新，霅上縣花春。山色低官舍，湖光映吏人。不須嫌邑小，莫即耻家貧。更作東征賦，知君有老親。

方回：岑參此三詩，梅聖俞送行詩似之。「官舍」、「吏人」一聯，兩首相似，蓋熟套也。

紀昀：講唐調者，不可不知此語。

紀昀：起二句俗，五、六頹唐，已微兆香山風氣。

無名氏（甲）：武康，在湖州。

送從舅成都丞廣南歸蜀

盧綸

巴字天邊水，秦人去是歸。棧長山雨響，溪亂火田稀。俗富行應樂，官雄祿豈微。魏舒終有淚，還濕甯家衣。

方回：三、四佳。

紀昀：次句未詳。五、六凡近。結切「舅」字，亦用得無味。

許印芳：盧綸，字允言。河中人。官户部郎中。

送康判官往新安得江路西南尹〔一〕

皇甫冉

不向新安去，那知江路長。猿聲比廬霍，水色勝瀟湘。驛樹收殘雨，漁家帶夕陽。何須愁旅泊，使者有輝光。

方回：唐人詩，多前六句説景物，末兩句始以精思議論結裹。亦一體也。「新安」、「江路」，實如所言。

紀昀：此種已開「九僧」、「四靈」先鍊腹聯，後裝頭尾一派。

馮舒：清麗。

馮班：頷聯可用。

紀昀：五、六如畫。結雖近鄙，然不落套。

許印芳：皇甫冉，字茂政，丹陽人，官右補闕。

送單于裴都護赴西河

崔顥

征馬去翩翩，城秋月正圓。單于莫近塞，都護欲臨邊。漢驛通烟火，湖沙〔二〕乏井泉。功成須獻捷，未必去經年。

方回：盛唐人詩，師直爲壯者乎？

紀昀：起句矯健，次句雄闊。匈奴常以月滿進兵，次句用古無痕。○起四句壯極，結亦須以壯語配之，此是定法。若以惜別衰颯語作收，則非選聲配色之謂矣。

許印芳：選配之説精當，他詩可以類推。

許印芳：胡稱君曰「單于」，音蟬紆，廣大貌，猶漢言天子。亦以稱地名。○「去」字複。○崔顥，字未詳。汴州人。官司勳員外郎。

賦得秤送孟孺卿

包何

願以金秤錘，因君贈別離。鈎懸新月吐，衡舉衆星隨。掌握須平執，錙銖必盡知。由來投分審，莫放弄權移。

方回：合收入「着題詩」，以入「送餞類」亦可。三、四賦秤甚妙，餘皆工。

馮舒：可謂奇而切。然一落格，便入俚醜。
紀昀：無情牽合。題已欠通，詩安得情通理愜？故句句關合，極用意而終歸小樣。

送泉州李使君之任

傍海皆荒服，分符重漢臣。雲山百越路，市井十洲人。執玉來朝遠，還珠入貢頻。連年不見雪，到處即行春。

方回：第四句絶妙。
紀昀：亦未見的是泉州，凡通海處皆可用。
查慎行：猶有高、岑氣格。
無名氏（甲）：泉州，在福建。○浙東、閩、廣，總稱「百越」。

送王汶宰江陰

郡北乘流去，花間竟日行。海魚朝滿市，江鳥夜喧城。止酒非關病，援琴不在聲。應緣米五斗，數日值淵明。

方回：三、四好。

紀昀：情而近薄。

無名氏(甲)：江陰在常州，故以首句擒題。

送德清喻明府

李頻

棹返霅溪雲，仍參舊使君。州傳多古跡，縣記是新文[一三]。水栅横舟閉，湖田立木分。但如詩思苦，爲政即超羣。

方回：五、六盡水鄉之妙，尾句尤清而有味。

紀昀：亦是效其婦翁。

馮班：五、六再思索，深矣。

查慎行：建州集中五律居大半，格調俱穩稱。

何義門：五、六新，落句暗藏「授之以政，不達」意，深妙。

紀昀：尾句别致。

無名氏(甲)：德清，屬湖州。

送鳳翔范書記

西京無暑氣，夏景似清秋[一四]。天府來相辟，高人去自由。江山通蜀國，日月近神州。若共將軍話，河南地未收。

方回：晚唐詩鮮壯健，頻却有此五、六一聯。

紀昀：後四句自好。

無名氏（甲）：此時吐蕃尚盜河、隴，末聯甚有關係，異於宋人浮浪之筆矣。

送孫明秀才往潘州謁韋卿

北鳥飛不到，北人今去遊。天涯浮瘴水，嶺外問潘州。草木春冬茂，猿猱日夜愁。定知遷客淚，只敢對君流。

紀昀：起超脱，接挺拔。○「只敢」字妙，言非至相知，則不免有所避耳。

送友人之揚州

一别長安後，晨征便信雞。河聲入峽急，地勢出關低。緑樹叢垓下，青蕪闊楚西。路長知不惡，隨處好詩題。

方回：頻，睦州人，姚合婿也。詩雖晚唐，却多壯句。

查慎行：中二聯四用地名，却是第七句總承得好。

紀昀：敷衍少味，次句欠妥。

送曹椅

司空曙

青春三十餘，衆藝盡無如。中散詩傳畫，將軍扇賣書。楚田晴下雁，江日暖多魚。惆悵空相送，歡娱自此疏。

方回：綺麗。

紀昀：虚谷論詩，不欲用事、用人名。此因三、四有「中散」、「將軍」字，故以綺麗目之。其實非是。

紀昀：次句笨。

雲陽館與韓升卿宿别

故人江海别，幾度隔山川。乍見翻疑夢，相悲各問年。孤燈寒照雨，深竹暗浮烟。更有明朝恨，離杯惜共傳。

方回：三、四一聯，乃久别忽逢之絶唱也。

紀昀：四句更勝。

送李員外院長分司東都

韓昌黎

去年秋露下，羈旅逐東征。今歲春光動，驅馳別上京。飲中相顧色，送後獨歸情。兩地無千里，因風數寄聲。

方回：前四句謂之扇對，唐詩多有之。五、六曲盡離別之狀，甚妙。李員外乃李正封也。元和十二年秋，退之、正封從裴晉公討蔡，在郾城有聯句。

查慎行：扇對白香山詩中最多。

馮舒：「色」字不能易，但亦未洒落。

陸貽典：「色」字下得生，他人不敢。

紀昀：亦無深致。

送遠吟

孟東野

河水昏復晨，河邊相別〔一五〕頻。離杯有淚飲，別柳無枝春。一笑忽然斂，萬愁俄已新。東波與西日，不借遠行人。

方回：東野不作近體詩。昌黎謂「高處古無上」是矣。此近乎律。「離杯有淚飲」，猶老杜「淚逐勸杯落」，而深切過之矣。

馮班：余每怪退之於郊獎飾過實，至曰「高處古無上」。今郊集俱在，試讀而求之，其在「古無上」者幾耶？右作固可觀，然郊之詩盡於此矣，不能變也。余生平不喜讀。

查慎行：「有」字弱，「逐」字、「落」字精神。

紀昀：正是拗律，非近也。

馮舒：真高奇。

何義門：集編此詩入「樂府」。

紀昀：刻意苦吟，字字沉着。苦語是東野所長。

許印芳：孟郊字東野。武康人。官溧陽尉，私謚爲貞曜先生。

送楊八給事赴常州

白樂天

無嗟別青瑣，且喜擁朱輪。五十得三品，百千無一人。須勤念黎庶，莫苦憶交親。此外無過醉，毘陵何限春。

方回：三、四新。

紀昀：未見新處。

查慎行：五、六句法變，上一字讀稍頓。

紀昀：通體頹唐，後半尤甚。

洛陽送牛相公出鎮淮南

北闕至東京，風光十六程。坐移丞相閣，春入廣陵城。紅旆擁雙節，白鬚無一莖。萬人開路看，百吏立班迎。閫外君彌重，樽前我亦榮。何須身自得，將相是門生。

方回：元注：「元和初，牛相公應制登第三等。予爲翰林考覆官。」樂天元和元年應制科，自盩厔尉除集賢校理。踰月，即入翰林爲學士。時年三十五歲。牛奇章又其所考制科門生也。此可爲座主門生故事。作此詩時，樂天爲河南尹。

紀昀：六句俚甚，七、八二句更俗惡。

送河南皇甫少尹赴絳州

劉夢得

祖帳臨周道，前旌指晉城。午橋羣吏散，亥字老人迎。詩酒同行樂，別離方見情。從茲洛陽社，吟詠欠書生。

方回：自洛赴絳，故以亥字老人事，上搭對午橋爲偶，詩家常例也。五、六方有味，前四句只是形模，不下「周道」、「晉城」四字，則「午橋」亦唤不來。

馮班：前四句精工，若曰詩家常例，似非公議。

陸貽典：此論極當，用古者不可不知。

紀昀：前半工而無味，後半亦平淺。

無名氏（甲）：午橋在河南。

送陸侍御歸淮南使府五韻 用「年」字

江左重詩篇，陸生名久傳。鳳城來已熟，羊酪不嫌羶。歸路芙蓉府，離堂玳瑁筵。泰山呈臘雪，隋柳布新年。曾忝揚州薦，因君達短牋。

方回：元注：「時段丞相鎮揚州，嘗辱表薦。」選此詩知唐人五言律有五韻者。「芙蓉府」、「玳瑁筵」，詩家可有不可多。

馮舒：聯者聯續之義，故必雙。世人多不知，方公以五韻爲異者以此也。

紀昀：楊師道還山宅詩先有五韻，末二語是。

紀昀：四句用字粗笨，七句「呈」字不妥，八句「布」字亦不貫。

送友人歸武陵

崔　魯

聞道桃源住，無村不是花。戍旗招海客，廟鼓集江鴉。别島垂橙實，閒田長荻芽。遊秦未得意，看即便離家。

方回：此八句俱有思致。前二句喝起題目，中四句俱言景物，末二句微立議論情思繳之。此又一格。

紀昀：句意皆無出色處。

無名氏（甲）：武陵，常德府。

送許棠

張　喬

離鄉積歲年，歸路遠依然。夜火山頭市，春江樹杪船。干戈愁鬢改，瘴癘喜家全。何處營甘旨，波濤浸薄田。

紀昀：三、四絶佳，寫景警策。

許印芳：張喬，字未詳，池州人，隱九華山。

秋日送方干遊上元

曹松

天高淮泗白，料子趣修程。汲水疑山動，揚帆覺岸行。雲離京口樹，雁入石頭城。後夜分遥念，諸峰霧露生。

方回：中四句俱有位置處分。

紀昀：此評未詳。

紀昀：「修程」二字腐，三、四景真而語拙。

送謝夷甫宰鄮縣〔一六〕

戴叔倫

君去方爲縣，兵戈尚未消。邑中殘老小，亂後少官僚。廨宇經山火，公田没海潮。致時應變俗，新政滿餘姚。

方回：高仲武中興間氣集謂叔倫詩骨氣稍軟，然此詩五、六佳。

紀昀：容州七律，大抵風華流美，而雄渾不足。五律尚不甚覺。

紀昀：「殘老小」三字俚。

無名氏：鄮在淮、徐間。末句乃云餘姚，未知可是鄮縣否？況「海潮」句亦可疑也。

送溧水唐明府

韋蘇州

三爲百里宰，已過十餘年。祇歎官如舊，旋聞邑屢遷。魚鹽瀕海利，桑柘〔一七〕傍湖田。到此安民俗，琴堂又晏然。

方回：蘇州五言古體最佳，律詩亦雅潔如此。

紀昀：語殊平俗，以爲雅潔，非是。

何義門：落句推其賢，嘆其屈，勉其終，無不包蘊風雅之旨。

送張侍御秘書江右覲省

莫歎都門路，歸今駟馬車。繡衣猶在篋，芸閣已觀書。沃野收紅稻，長江釣白魚。晨飡亦可薦，名利欲何如？

方回：「篋」字，刊本作「篋」，當考。

紀昀：純是諷其歸隱，當日必有爲而發。

送澠池崔主簿

邑帶洛陽道，年年應此行。當時匹馬客，今日縣人迎。暮雨投關郡，春風別帝城。東西殊不遠，朝夕待佳聲〔一八〕。

紀昀：「家」疑是「嘉」，再校。

方回：二詩皆整淨。

秋夕與友話別

崔塗

懷君非一夕，此夕倍堪悲。華髮猶漂泊，滄洲又別離。冷禽棲不定，衰葉墮無時。況值干戈隔，相逢未可期。

方回：別情可掬。第六句妙，尾句近老杜。

紀昀：不似老杜口吻。

陸貽典：五、六是比。

紀昀：五以比飄泊，六以比老病，故七、八可以直接。

許印芳：層層轉進，如此方無膚淺平直之病。三、四用意在「猶」字「又」字，五句總承「飄泊」、「别離」而言，乃束上也。曉嵐但解爲「比飄泊」，謬矣。六句轉進老病一層，七句又轉進干戈一層，亦非直接之筆。尾句果近老杜，曉嵐駁之非是。○崔塗，字禮山，光啓時進士。

旅舍别故人

一日又欲暮，一年春又〔一九〕殘。病知新事少，老别舊交難。山盡路猶險，雨餘春尚寒。那堪試回首，烽火到長安〔二〇〕。

方回：三、四好，尾句亦近老杜。「那堪」二字，詩中不當用，近乎俗。

馮舒：此等見識，遂開王、李。

紀昀：此因干戈烽火字以杜常用耳。詩論神韻，不在字句。虚谷以「那堪」二字近俗，「江西」俗字甚於此二字者多矣，此亦故爲刻論。

查慎行：第四句白香山亦有之。

何義門：第三反呼末句，蓋指甘露事也。五、六極言老病難行，却無奈時事如此，不得不别也。用筆甚曲折。

送鄒明府遊靈武

賈浪仙

曾宰西畿縣，三年馬不肥。債多平劍與，官滿載書歸。邊雪藏行徑，林風透卧衣。靈州聽曉角，客館未開扉。「平」一作「憑」。

方回：三、四極佳。今宰邑者能如此，何患世之不治耶？第二句「三年馬不肥」亦好。

馮舒：第二句便異。

查慎行：第二句，「官清馬骨高」本此。

紀昀：起得别致，妙於不澀不纖。

無名氏（甲）：靈武，今寧夏靈州。

送朱可久歸越中

石頭城下泊，北固暝鐘初。汀鷺潮衝起，船窗月過虚。吴山侵越衆，隋柳入唐疏。日欲供〔二〕調膳，辟來何府書。

方回：汀上之鷺，潮衝之而見其起。舟中之窗，月過之而見其虚。可謂善言吴中泊舟之趣。「吴山」、「隋柳」一聯，近乎粧砌太過。趙紫芝全用此聯，爲「瀟水添湘澗，唐碑入宋稀」，殊爲可笑。所選二妙集於浪仙取八十一首。其非僧道而送行者，凡取十首，獨不取此一首。蓋欲以蒙蔽蹈襲之罪非耶！

馮舒：趙昌父選賈島、姚合爲二妙集，賈八十一首，姚一百二十一首。

紀昀：尚不甚礙，然此論有理。

查慎行：第六句自不可棄。

紀昀：結句未健。

送李騎曹

歸騎雙旌遠，懽生此別中。蕭關分磧路，嘶馬背寒鴻。朔色晴天北，河源落日東。賀蘭山頂草，時動卷帆〔三〕風。

方回：此詩謂「嘶馬背寒鴻」，則雁南向而人北去。又謂「河源落日東」，河源當在西，今返在落日之東，則身過河源又遠矣。所謂賀蘭山，蓋回紇之地也。

紀昀：此解甚謬。上句又如何解？

紀昀：「帆」字當是「旗」字，再校本集。

無名氏（甲）：蕭關在平涼，河源軍在賀州，賀蘭山在寧夏。

送王子遵赴衡陽丞

趙昌父

王郎妙人物，獨步向江東。昔尉既不醉，今丞寧肯聾？相依脣齒國，忽去馬牛風。清絶官曹外，何年着我同？

方回：「醉尉」、「聾丞」事，融化神妙。五、六尤善用事。

馮舒：與唐人用事之法遠矣。

馮班：次聯「江西」惡句，用此二事何爲？不通。虚谷不解用事。如此用事，「江西」毛病。

陸貽典：宋人用事，終不如唐人自然。

紀昀：忽拆昌父一詩置此，不可解。大抵此書編次最草率。○鄙野之甚，殆不足譏。

送喻鳧校書歸毘陵

姚合

主人庭葉黑，詩稿更誰書？闕下科名出，鄉中賦籍除。山春烟樹衆，江晚遠帆疏。吾亦家吴者，無因到弊廬。

方回：姚少監合詩選入二妙者百二十一首，比浪仙爲多。此「四靈」之所深嗜者。送人詩三十餘首，以余再選，僅得三首。爲武功尉時詩八首最佳。其餘有左無右，有右無左。前聯佳矣，後或不稱。起句是矣，繳句或非。有小結裹，無大涵容。其才與學，殊不及浪仙也。此詩「鄉中賦籍除」，疑登第人免役不免賦，合考。

紀昀：評武功是，而以浪仙壓之則非。浪仙亦有小結裹，無大涵容也。

紀昀：起二句野調，三、四鄙惡至極。

送韋瑶校書赴越

寄家臨禹穴，乘傳出秦關。霜落葉滿地，潮來帆近山。相門賓益貴，水國事多閒。晨省高堂後，餘歡杯酒間。

方回：第二句言「乘傳出秦關」，忽插入「霜落」、「潮來」，似乎不甚貫穿。然其聯單看自好。

紀昀：詩豈可單看？

送李侍御過夏州

酬恩不顧名，走馬覺身輕。迢遞河邊路，蒼茫塞上城。沙寒無宿雁，虜近少閒兵。飲罷揮鞭去，傍人意氣生。

方回：此詩以「虜近少閒兵」一句能道邊塞間難道之景，故取之。上聯「迢遞河邊路，蒼茫塞上城」兩句似泛，亦無深病也。大抵姚少監詩不及浪仙，有氣格卑弱者，如：「瘦馬寒來死，羸童餓得癡。」「馬爲賒來貴，童因借得頑。」皆晚輩之所不當學。如王建「脱下御衣偏得着，放來龍馬每教騎。」不惟卑，而又俗矣。東坡謂元輕白俗，然白亦不如是之太俗也。又姚詩如：「茅屋隨年借，盤飧逐日炊。無竹栽蘆看，思山叠石爲。」兩句一般無造化。又如：「簷燕酬鶯語，隣花雜絮飄。」粧砌太密，則反若〔三〕淺拙。予以公論評之至此。其細潤而甚工者，亦不可泯没，又當於他詩下備論而表出之。

馮舒：必流水對，決弱而小矣。「兩句一般無造化」，此言半是半不是，應細參而得之，則縱横如意矣。

紀昀：此詩佳在末二句。「虜近少閒兵」句殊不見工。○邊塞詩如此者甚多，不必寫出地名方爲切題。必以此論，則第六句臨邊之地，何處不可用？評摘武功疵病皆是。所謂細潤而工者，則不盡然。

紀昀：武功詩之極渾成者。落句得神。

無名氏（甲）：夏州在河套内。今廢，遂以寧夏爲夏州。

送祖擇之赴陝州　梅聖俞

古來分陝重，猶有召公棠。此樹且能久，後人宜不忘。君從金馬去，郡在鐵牛旁。山色臨關險，河聲出地長。樽無空美酒，魚必薦嘉魴。天子憂民切，何當務勸桑。

方回：「金馬」、「鐵牛」，人皆可對。必如此穿成句，則見活法。「山色」、「河聲」一聯，不減盛唐。「美酒」、「嘉魴」一聯，句法亦新。

馮舒：次聯因避板對，便弱而小矣。

紀昀：不失清穩。

無名氏（甲）：唐時河橋有鐵牛繫索，今廢。

送王待制知陝府

東周尊夾輔，西漢重行春。風化本從召，河山來自秦。選良存舊詔，出守必名臣。導從馳千騎，朱丹照兩輪。宴杯深畏卯，湖水凈連申。重見甘棠詠，爭傳樂府新。

方回：「召」、「秦」、「卯」、「申」四句工。

紀昀：工而無味。固已無取於工，況此四句並不工耶？此評謬。

送張景純知邵武軍

賭却華亭鶴，圍棋未肯還。方爲剖符守，又近爛柯山。魚稻荆揚下，風烟楚越間。小君能賦詠，應得助餘閒。元注：「張，華亭人。近輸鶴與馮仲達。」

方回：後四句好。言荆、揚、楚、越之美，又有能詩之内以佐之也。前四句言賭棋輸鶴，得郡復近爛柯山，殆戲其嗜棋耳。

紀昀：善求新徑，而氣格渾融，勝於彫鏤一字兩字以爲新。

無名氏（甲）：邵武，在福建，與浙東相近，故第四句云然。

許印芳：詩貴求新。然必如何而後能新？且必如何而後每有新製，皆入作家之室？此中奥義宜細心研究。如此詩只就眼前實事鎔鑄成章，一切油熟語自然屏除净盡，其故何哉？蓋天地間人物事理，時時不同，在在不同。偶有同者，其始與終畢竟有不同處。文字專從不同處落想，同者亦隨之而化矣。此詩所言華亭鶴、爛柯山，皆故事也，此與古人同者也。圍棋賭鶴，新事也，此與古人不同者也。故事而串以新事，遂化臭腐爲神奇。愚者但知挨用故事，拘者又每禁用故事，皆非善求新徑者也。詩徑新矣，若但解雕鏤字句，或鍊一字而成句，或鍊兩字而成聯，有句則無聯，有聯則無篇。此等詩費盡畢世苦心，但可採摘一二語收入詩話耳。若論家數，正如人有四體，體不備不成人也。聖俞此詩高在取徑新而運以盛唐人氣格，不向瑣碎處用工夫，故能使章法渾成，痕迹融化。命曰作家，斯爲無愧。學者細玩聖俞之詩，細味曉嵐之評，當知鍊詞鍊意據實事，鍊氣鍊格法古人，詩文求新之道在是矣。

送錢駕部知邛州

細雨梅初熟，輕寒麥已秋。路危趨劍道，夢穩過刀州。秦粟非吴食，巴粳類越疇。當壚無復舊，試似長卿求。

方回：錢，吴越人，故有此五、六句。「劍道」、「刀州」絶工，末句又不走了邛州事也。

紀昀：「秦粟」二句非即浪仙之「吴山」兩句、紫芝之「瀟水」二句耶？於彼則力排之，而於此則置而不論，徒以聖俞之詩爲素所推慕者耳。論詩如此，豈復更有是非？「劍道」、「刀州」，蜀中的對。人人習用，聖俞剿之耳。不得謂之絶工。

馮舒：豈有做知州者，反勸他偷婦人之理？

陸貽典：落句非體。豈有送人之官而用相如、文君事乎？

紀昀：末句意無所取，徒切邛州，無益也。

送洪州通判何太博若谷先歸新淦

拜官江上客，乘馬不乘船。獨畏鮫龍浪，將歸風雨天。葛花侵野徑，源水入腴田。君住巴丘下，西山道路連。

方回：五、六以言新淦之景。近世詩人下苦工夫，不能作此等語。

紀昀：未見必是新淦，亦未見宋人不能作。此等總是門户習氣。

紀昀：此與送張景純詩同一切合用事，而工拙相懸。次句笨甚，結更少力。

送邵户曹隨侍之長沙

青袍會稽掾，采服湘江行。水館魚方美，犀舟枕自清。鷓鴣啼欲雨，蝃蝀見還晴。風土雖卑濕，醇醪可養生。

方回：起句十字拗律變换，詩家所許，又却切題，但不可篇篇如此耳。五言律，聖俞之所長。而送人詩至於五言律尤工，無作爲，不刻畫，據事言情，而有無窮之味。乃知近人學晚唐，出於强揠而無真趣也。

紀昀：此論自是，而推許聖俞則太過。凡論詩須心氣和平，消除私意，乃不疑誤後人。梅詩欲以沖澹成家，而斧鑿之痕則未化，不免純是作爲，何得如虛谷所道耶？

無名氏（甲）：用温嶠燃犀照牛渚事。

送鹽官劉少府古賢

我祖南昌尉，時危棄去仙。劉郎從宦日，天子治平年。燥茗山中火，熬波海上烟。吴民不爲盜，惟此撓君權。

送陸介夫學士通判秦州〔二四〕

從來戎馬地，饗士日椎牛。介胄奉儒服，詩書參將謀。隴雲連塞起，渭水入關流。豈似瀛洲下，窮年事校讎。

紀昀：總不渾融。

無名氏（甲）：秦州在甘肅。

送徐君章秘丞知梁山軍

蒼壁束江流，孤軍水上頭。蛟龍驚鼓角，雲霧裛衣裘。午市巴姑集，危灘楚客愁。使君才筆健，當似白忠州。

方回：宋人詩善學盛唐而或過之，當以梅聖俞爲第一。善學老杜而才格特高，則當屬之山谷、後山、簡齋。且如「午市巴姑集」，唐人之精者僅能之。下一句難對，却云「危灘楚客愁」，其妙如此。是三詩者，又皆有尾句，令人一唱三歎。

馮舒：都官亦俚，姚合、王建輩耳，便云過盛唐，非也。

馮班：「危灘楚客愁」，好。

馮班：梅公送行詩無一字套話。

紀昀：此首較爲渾老。○虛谷云「宋人詩善學盛唐而或過之」，談何容易！

無名氏（甲）：梁山，在四川。

送秦覯二首

陳後山

士有從師樂，諸兒却未知。欲行天下獨，信有俗間疑。秋入川原秀，風連鼓角悲。目前犹犬類，未必慰親思。

馮班：惡詩。只是直議論，無長言詠歌之意。

紀昀：橫插「秋入」二句，上下脈却不甚貫。

師法時難得，親年富有餘。端爲李君御，盡讀鄴侯書。結友真莫逆，論才有不如。折腰終不補，可但曳長裾。

方回：東坡元祐中補外，知杭州。秦少游之弟少章從行，爲師法故耳。時人或譏其舍親而出，故前詩六句、後詩四句皆及之。世固有莫逆之友，亦當戒乎不如己之友。得從東坡，則師友之際，可謂得之矣。「折腰終不補」，後山自謂也。「可但曳長裾」，言少章從人門下，豈無貧賤未遇之歎？而屈身狥禄者，亦何所補益？於己不必以仕爲得，未仕爲失也。諸平正熟爛、綺靡餖飣詩中，見後山詩，猶野鶴之在雞羣云。

紀昀：結句亦晦。

送外舅郭大夫夔路提刑

天險連三峽，官曹據上游。百年雙鬢白，萬里一身浮。可使人無訟，寧須意外憂。平生晏平仲，能費幾狐裘？

方回：後山妻父郭槩，頗喜功利，前爲西川提刑，以妻及三子託之。送行古詩有云：「功名何用多？莫作分外慮。」今又爲夔路提刑，謂身已老矣，使民無訟，自當無意外憂。晏平仲一狐裘三十年，外物亦不足多也。蓋規戒之。

馮班：詞不達意，突然而來，拙也。

紀昀：五、六太腐。

送吴先生謁惠州蘇副使

聞名欣識面，異好有同功。我亦慚吾子，人誰恕此公。百年雙白鬢，萬里一秋風。爲説任安在？依然一秃翁。

方回：此吴子野有道術者。東坡以紹聖元年謫惠州，意謂子野之訪東坡，我其門下士亦慚之也。任安秃翁事，後山自以不負東坡。自潁教既罷之後，紹聖中不求仕也。

馮班：腹聯學杜，套。

查慎行：第六遜前。止言景，景中無情。落套。

紀昀：題目好，詩自伉爽。三句「我」、「吾」字複，五、六未免自套。

無名氏（甲）：衛青失勢，賓客皆歸去病，唯任安不去，與韓長孺共一老秃翁。見魏其武安傳。

别劉郎

一别已六載，相逢有餘哀。公私兩多事，災病百相催。無酒與君别，有懷向誰開。深知百里遠，肯爲老夫來。

方回：三、四老勁，尾句逼老杜。四十字無一字風、花、雪、月，凡俗之徒所以閣筆也。

馮舒：老氣，尚未至老人頭氣。

馮班：此首好，全學老杜。

紀昀：不免太露吃力之痕，而筆力要爲沉摯。

許印芳：虚谷、曉嵐之評，皆有未當處。宋以前好詩不知幾許，非盡無風、花、雪、月字，亦非以無此等字爲高。宋人出而有「江西派」，始尚言情，擺脱風景。虚谷從而和之，此僻見也。此詩通體自然，近乎率易，而出語老辣，絶似少陵集中不經意之作。曉嵐反斥其太吃力，此謬説也。○又按：次句、六句，皆用古調，此格不可輕用。四十字中四字犯複，此病不可效尤，初學宜知之。○「相」「别」「有」「百」，四字俱複。

别鄉舊

數有中年别，寬爲滿歲期。得無魚口厄，聊復雁門踦。齒脱心猶壯，秋清意自悲。平時郡文學，鄧禹得三爲。

方回：此棣州教時所作。蓋徐教、潁教，凡三任也。

馮班：用鄧禹事不妥切。○知落句之病，可與言用事矣。得事便用，全無古人刀尺，工夫少而筆拙也。

紀昀：五、六本常語而異常老健。末句用鄧禹事，馮云不妥切。

別伯恭

陳簡齋

樽酒相逢地，江楓欲盡時。猶能十日客，共出數年詩。供世無筋力，驚心有別離。好爲南極柱，深慰旅人悲。

方回：此長沙帥向子諲，字伯恭。此詩絶似老杜。

許印芳：評是。

紀昀：後四句言己已衰朽，不得報國，惟以立功望故人耳。四句連讀，方見其意。

再別

多難還分手，江邊白髮新。公爲九州督，我是半途人。政爾須全節，終然却要身。平生慕温嶠，不必下張巡。

方回：温嶠、張巡之説，當觀時義。殷有三仁，或死或不死，自靖、自獻而已。

紀昀：此陰解出郭迎降之事。

查慎行：向子諲宋室懿親，此詩似指韓平原，候考。

紀昀：六句未醒豁。

送宜黄宰任滿赴調 元注：「君修邑學及拒賊，有聲績。」

韓子蒼

聽説宜黄政，他邦總不如。里門喧誦讀，村落罷追胥。縱未分侯印，猶當擁使車。此詩無麗句，聊代薦賢書。

方回：吕居仁引韓入「江西派」，子蒼不悦，謂所學自有從來。此詩非「江西」而何？大抵宣、政間忌蘇、黄之學，王初寮陰學東坡文，子蒼諸人皆陰學山谷詩耳。

馮舒：陵陽集實不學山谷。

紀昀：未見必是「江西」。

馮班：餒甚。

紀昀：結太粗率。

送常子正赴召二首

吕居仁

屬者居閒久，今來促召頻。但能消黨論，便足掃胡塵。衆水因歸海，殊塗必問津。如何彼黠虜，敢謂漢無人。

紀昀：三、四切中當時之弊。

疾病老逾劇，交親窮轉疏。惟公不變舊，怪我未安居。日月干戈裏，江山瘴癘餘。因行見李白，亦莫問何如。

方回：常子正諱同。二詩俱有少陵風骨。

馮班：似是而非。

馮班：「江西」惡語。太露。

紀昀：三句太質，後四句自好。

別李德翁

尤延之

長恨古人少，斯人今古人。二難俱益友，兩載覺情親。世態深難測，心期久益真。相看俱半百，此別倍酸辛。

方回：不用景物，語意一串，古淡有味。此台州任滿別二李，一曰才翁。

馮班：餒甚。

紀昀：平穩之作。

送趙成都二首

趙昌父

蜀道當謀帥，維城孰愈公。夷陵護江左，斜谷顧關中。北虜心豺虎，南蠻勢蟻蠭。守攻雖有異，鎮撫不妨同。

查慎行：所見者大，不獨爲蜀道得帥而發。

紀昀：此首老重。

不但元戎貴，仍兼制使雄。深沉天與度，簡敬學成功。人士薰陶内，兵民教訓中。祇應先郤縠，寧復後文翁。

方回：昌父詩參透「江西」而近後山，此追逍老杜矣。丞相忠定公趙汝愚子直，淳熙中爲四川制置安撫知成都府。送詩中選此二首。「夷陵」、「斜谷」，壯哉語也！

紀昀：前首近之，後首談何容易！

紀昀：中四句鄙俚之至。

送陳郎中棟知嚴州

翁續古

頻年經虎害，人望使君來。地重分旌節，官清管釣臺。涼天星象動，吉日印符開。帝擢平津策，曾知有用才。

方回：「頻年經虎害」，太淺露。指前太守或一切官吏乎？須要分曉，不可波及無辜。只有「官清管釣臺」一句佳。上一句言係節度州，又似不切，大都皆然。

馮舒：説得好。

馮班：方君云「又似不切」，不必精切。

紀昀：謂太淺露，誠然。然以己亦曾任此州，而咎其語無分曉，則非論詩之道，詩語豈能指姓名爲某甲乎？細玩語意，乃翻用猛虎渡河事，非指摘官吏，虛谷自鶻突耳。

馮班：實事，非寓託也。嚴州多虎，由無好官。

紀昀：起不但太露，且亦太突。六句鄙甚。

七言　七十一首

送路六侍御入朝　杜工部

童稚情親四十年，中間消息兩茫然。更爲後會知何日〔二五〕，忽漫相逢是別筵。不分桃花紅勝錦，生憎柳絮白於綿。劍南春色還無賴，觸忤愁人到酒邊。

查慎行：第四句方入題。何等纏綿委婉！

何義門：第三先起「別」字，曲折有力。○路入朝返命，不顧私留滯者獨我。結句得體有味。

紀昀：五、六究非雅音，七句承五、六來。

許印芳：中四句皆用虛字裝頭，亦是一病。○「分」，去聲。

送韓十四江東省覲

兵戈不見老萊衣，歎息人間萬事非。我已無家尋弟妹，君今何處訪庭闈？黄牛峽静灘聲轉，白馬江寒樹影稀。此別應須各努力，故鄉猶恐未同歸。

何義門：一路水聲、樹影。兵戈之後，尋訪良難。然不可不努力也。○結句雙收。

紀昀：純以氣勝，而復極沉鬱頓挫，不比莽莽直行。○因峽「静」而聞灘聲之「轉」，因江「寒」而見樹影之「稀」。四字上下相生，虚谷却未標出。

無名氏（甲）：此走夔州出陜，故云。

許印芳：此評尤當。觀前段可悟鍊氣之法，觀後段可悟鍊句之法。○對結。

送王十五判官扶侍還黔中得開字

大家東征逐子回，風生洲渚錦帆開。青青竹筍迎船出，白白江魚入饌來。離别不堪無限意，艱危須仗濟時才。黔陽信使應稀少，莫怪頻頻勸〔二六〕酒杯。

方回：「大家」指言王判官母，以班氏比之也。後漢曹世叔妻，班彪之女，名昭，字惠姬，和帝召入宫，令皇后貴人師事焉，號曰大家。子穀爲陳留長垣縣長，大家隨至官，作東征賦以敍行李。王母子同行，故用孟宗筍、王祥魚，而善融化如此。

紀昀：筍、魚自序江行風物，此説穿鑿無謂。

馮舒：三、四如不用事。

馮班：箋：「『白白』一作『日日』」，云：『姜詩母嗜魚，每旦出雙魚供饌。』」曰「每旦」，當以「日日」爲是。

紀昀：五、六未渾老。

公安送韋二少府匡贊

逍遥公後世多賢，送爾維舟惜别筵〔二七〕。念我能書〔二八〕數字至，將詩不必萬人傳。時危兵甲〔二九〕黄塵裏，日短江湖白髮前。古往今來皆涕淚，斷腸分手各風烟。

方回：老杜七言律詩一百五十餘首。唐人粗能及之者僅數公，而皆欠悲壯。晚唐人工於五言律，於七言律甚弱。觀此所選送行四詩，能並肩者幾人哉？

馮班：方君云「唐人粗能及之者僅數公而皆欠悲壯」，「江西」學杜只如此。

紀昀：老杜豈專以悲壯爲長？

何義門：五、六淒壯。○如此對結，何曾費力？

紀昀：起句鄙，後四句自是老筆。杜七律雄壓三唐，此四首却非極筆，除送韓十四一首外，餘三首皆頹唐之作。

無名氏（甲）：韋夐隱居自樂，宇文周時號逍遥公。

許印芳：通篇皆老筆。老而健舉鋭入，前半爽朗沈著，全無頹唐之意。曉嵐以爲頹唐，又獨取後半，皆苛論也。首句是應酬語，而較世俗爲溢美之詞貢諛獻媚者大有分别。以此爲鄙，凡應酬詩之敍門第、頌功德者，皆當屏絶矣，此又好爲高論而實不近人情者也。又按律詩對起猶易，對結最難，七律對結尤難。蓋爲對偶所拘，每苦兜收不住。此詩以當句對作結，有神無迹，足見本領之大。閣夜詩亦以當句對作結，而不及此遠甚，惟題終明府水樓詩可匹敵耳。

同樂天送河南馮尹學士〔三〇〕

劉夢得

可憐玉馬風流地，暫輟金貂侍從才。閣上掩書劉向去，門前修刺孔融來。崤陵路静寒無雨，洛水橋長晝起雷。共羡府中棠棣好，先於城外百花開。

方回：自館閣出爲河南尹，故三、四用事如此之精。

紀昀：後四句不佳。

無名氏（甲）：自西京至洛陽，路出二崤山。

送渾大夫赴豐州

鳳啣新詔降恩華，又見旌旗出渾家。故吏來辭辛屬國，精兵願逐李輕車。氈裘君長迎風慴〔三一〕，錦領酋豪踏雪衙。其奈明年好春日，無人喚看牡丹花。

方回：夢得詩句句精絶。其集曾自删選，故多佳者。視樂天之易不侔也。

馮舒：送行之聖。

何義門：「衙」字當從玉篇作「參」字解。

紀昀：無深味，而爽朗可頌。○「渾」，上聲。羅江東詩亦同。

無名氏（甲）：辛武賢爲護羌校尉，酒泉太守，領降戎。

送姚杭州赴任因思舊遊

白樂天

與君細話杭州事，爲我留心莫等閒。閭里固宜勤撫恤，樓臺亦要數躋攀。笙歌縹緲虛空裏，風月依稀夢想間。且喜詩人重管領，遥飛一盞賀江山。

紀昀：詩太涉理則近腐。然如此三、四，輕民事而重宴遊，又未免太不近理。

渺渺錢塘路幾千，想君到後事依然。静逢竺寺猿偷橘，閒看蘇家女採蓮。故妓數人頻問信，新詩兩首倩流傳。舍人雖健無多興，老校當時八九年。

方回：此送姚合也。詩律雖寬，自是「白體」，有味有韻。

馮舒：必黄、陳而後嚴，嚴他何用？

紀昀：三、四粗鄙，五句亦非體。

送蘄州李十九使君赴郡

可憐官職好文詞，五十專城未是遲。曉日鏡前無白髮，春風門外有紅旗。郡中何處堪攜酒，席上誰人解和詩。惟有交親開口笑，知君不及洛陽時。

方回：八句皆可取。

紀昀：無一句可取。

紀昀：第四句俚。

送陝州王司馬建赴任

陝州司馬去何如，養静資貧兩有餘。公事閒忙同少尹，料錢多少敵尚書。祇攜美酒爲行伴，唯作新詩趁下車。自有鐵牛無詠者，料君投刃必應虛。

方回：第二句詩句之有關鍵者，尾句方見得是陝府也。

紀昀：亦須看詩句如何，非切於地名即佳也。

紀昀：三句承「養静」，四句承「資貧」，殊不成語。

長樂亭留别

灞滻風烟函谷路，曾經幾度别長安。昔時蹙促爲遷客，今日從容自去官。優詔幸分四皓秩，祖筵慚繼二疏歡。塵纓世網重重縛，迴顧方知出得難。

方回：樂天以刑部侍郎除太子賓客，分司東都，作此詩别之。事同而味不同如此。

紀昀：通體淺易，結尤粗率。

留别微之

平時久與本心違，悟道深知前事非。猶厭勞形辭郡印，那將趁伴着朝衣。五千言裏教知足，三百篇中勸式微。少室雲邊伊水畔，比君校老合先歸。

方回：白詩自然。五、六何其易之至也？此蘇州病告滿去時詩。

馮舒：「式微」意作「歸」字用。

紀昀：此較雅馴。○唐人用「式微」字只作歇後語，右丞「即此羨閒逸，悵然吟式微」句亦然，然細推終是語病。

送刁景純學士使北

梅聖俞

常聞朔北寒尤甚，已見黄河可過車。驛騎駸駸持漢節，邊風慘慘聽胡笳。朝供酪粥冰生椀，夜卧氈廬月照沙。侍女新傳教坊曲，歸來偷賞上林花。

方回：祖宗時與契丹盟好甚篤，故凡送使人詩亦不敢輕易及邊事。熙、豐以來，人人抵掌，務欲生事於西北，遂致靖康之禍。悲夫！

查慎行：此評深中事機。

紀昀：風格遒健，惟後二句語意不甚了了。

許印芳：宛陵集勿論古今體皆能自出手眼，不肯依傍古人。其七律於排比之中，每寓拗峭以避平熟，起一句多不用韻，亦每用拗峭之筆以取勢，如送樂職方云：「長堤凍柳不堪折，窮臘使君單騎行。」送張少卿云：「朱旗畫舸一百尺，五月長江水拍天。」皆妙。集中此體多蒼老遒勁之作，送行作尤多。虚谷但選五首，而可取者又止二首，由於選擇不精也。

送唐紫微知蘇臺

洞庭五月水生寒，盧橘楊梅已滿盤。泰伯廟前看走馬，闔閭城下見驂鸞。吳娃結束迎新守，府吏趨蹡拜上官。曾過揚州能慣否，劉郎盞底勸須寬。

方回：聖俞詩似唐人而渾厚過之。如此篇者是。

紀昀：每每作此過情語。

馮舒：府吏蹌趨，不足入韻。

紀昀：五、六二句不佳。

送張待制知越州

滄海東邊會稽郡，朱輪遠下相臣家。已同雲漢星辰轉，不與鑑湖風月賒。越箭抽萌供美茹，秦山堆翠照高牙。買臣嚴助前時貴，破盜論功未足誇。

方回：末句議論是。

紀昀：三、四粗笨。

送余少卿知睦州

青山峽裏桐廬郡，七里灘頭太守船。雲霧未開藏宿鳥，坡原將近見燒田。養茶摘蕊新春後，種橘收包小雪前。民事蕭條官政簡，家書時問霅溪邊。

方回：中四句皆佳。但嚴陵今乏橘，惟衢州多。末句有味。

紀昀：此詩但泛述土風，不見送意。○「蕭條」二字不妥，上四句非蕭條景也，若作「蕭閒」即得。

無名氏（甲）：聖俞要爲宋詩之美者，以其初猶守唐規也。

送趙諫議知徐州　及

鹿車幾兩馬幾匹，軫建朱幡騎彀弓。雨過短亭雲繼續，鶯啼高柳路西東。呂梁水注千尋險，大澤龍歸萬古空。莫問前朝張僕射，毬場細草緑蒙蒙〔三〕。

方回：五、六切於徐州。

紀昀：切地亦送行習逕，無用標置。末更切。

紀昀：此詩較健拔。○昌黎有諫張僕射打毬書。結處大有所諷，趙殆好燕遊者。

送沈待制陜西都運　邈

歐陽永叔

幾歲瘡痍近息兵，經營方喜得時英。從來漢粟勞飛輓，當使秦人自戰耕。道左旌旗諸將列，馬前弓劍六蕃迎。知君材力多閒暇，剩聽陽關醉後聲。

查慎行：名臣之言。

紀昀：第二句頗凡庸，後六句精神飽滿。

送鄆州李留後

北州遺頌藹嘉聲，東土還聞政有成。組甲光寒圍夜帳，綵旗風暖看春耕。金釵墜鬢分行立，玉麈高談四座傾。富貴常情誰不羨？愛君風韻有餘清。

查慎行：「富貴」、「風韻」緊頂，五、六分結。

紀昀：亦應酬之作。起二句庸俗惡套，三、四較可。

無名氏（甲）：鄆州，山左東平府。

送王平甫下第　安國

歸袂揺揺心浩然，曉船鳴鼓轉風灘。朝廷失士有司恥，貧賤不憂君子難。執手聊須爲醉別，還家何以慰親懽。自慚知子不能薦，白首胡爲侍從官？

方回：細味歐陽公詩，初與梅聖俞同官於洛，所作已超元、白之上，一掃「崑體」。其古詩甚似韓昌黎，以讀其文過熟故也。其五言律詩不濃不淡，自有一種蕭散風味。其七言律詩，自然之中有壯浪處，有閑遠處，又善言富貴而無辛苦之態。未嘗不立議論，而斧鑿之痕泯如也。如送王平甫下第詩三、四已似「江西」，末句尤見好賢樂善之誠心。所與交遊及門下士，爲宋一代文人巨擘焉。詩乃公之一端，後之作者亦無所容其喙也。

馮舒：超元、白未敢許，只元、白以上亦能許之。

紀昀：詩是論詩，每遇元祐名人、洛閩道學，必有詩外推尊評論，以爲依草附木之計，亦是一種習氣。

查慎行：第六句極淡，却有觔兩，真情至之語。

紀昀：三、四調法不雅。五、六真切感人。七、八句生吞王右丞送丘爲詩，殊爲可怪。

送德之提刑郎中赴廣西

王平甫

天扶開寶至熙寧，和氣薰蒸瘴癘停。五管閭閻如按堵，六朝仁聖喜祥刑。欲推恩澤求膚使，果見謀猷簡大庭。嗟我白頭甘抱槧，看君歸日上青冥。

方回：善言朝廷祥刑脈絡。語意一串。

紀昀：尚是一氣流出，惟嫌字句多腐耳。四句複衍首二句。

無名氏（甲）：廣中有五節度，故稱「五管」。「六朝」謂太祖、太宗、真、仁、英、神。

送文淵使君郎中赴當塗

看花金谷屢啣杯，先後歸時出處乖。朝日衣冠辭魏闕，春風旗鼓過秦淮。談間威愛連雲屋，事外懽娛付水齋。回首未成東下計，可無書札寫離懷。

紀昀：五、六太湊。

無名氏（甲）：當塗，太平府。

送李子儀知明州

兒童劇戲甬東天，一别侵尋二十年。海岸樓臺青嶂外，人家簫鼓白鷗邊。哀容愁問州民事，勝槩欣逢太守賢。爲我剩題蕭散句，還聞鳳沼待詩仙。

紀昀：三、四句不接起二句。五句上不接四句，下不貫六句。〇「哀」、「愁」字複。

無名氏（甲）：明州，即寧波府，又名甬東。

送馬子山給事赴揚州

都人供帳國門東，淮海兵符節制中。青瑣議思虛夜月，朱轓游衍值秋風。侯嗟誰在思張仲，民喜重臨得次公。内外忘懷能自適，何時談笑一樽同？

方回：平甫詩壯而整。

紀昀：壯則有之，句多湊泊，不得云整。

馮班：「嗟」字未妥。

紀昀：三句未穩，五句「侯」字再考詩箋。

次韻孔常父送張天覺河東提刑

蘇東坡

送君應典鸕鷀裘，憑仗千鍾洗别愁。脱帽風流餘長史，埋輪家世本留侯。子河駿馬方争出，昭義疲兵亦少休。定向秋山得佳句，故關黄葉滿行舟〔三〕。

方回：諸家元注：「麟府馬出子河汊，昭義步兵，澤、潞弓箭手。」公自注謂：「天覺好草書而不工，故以張旭事爲戲云。」

馮舒：首句無謂。

馮班：用文君事不切。
紀昀：氣象自是不同。
無名氏（甲）：冀北出名馬。唐澤、潞爲昭義軍。

送龔鼎臣諫議移守青州

蘇子由

稷下諸公今幾人，三爲諫議髪如銀。梁王宫殿歸留鑰，尚父山河屬老臣。沂水絃歌重曾點，菑川故舊識平津。過家定有金錢費，千里争看衣錦身。

紀昀：亦是應酬，而大段清妥，無折腰齲齒之態。○四句四人名，礙格。
無名氏（甲）：青州，在山東。○齊威宣時坐徂丘，議稷下，常數百人。○「梁王」句言綴南京留守而去也。

西山負海古諸侯，信美東南第一州。勝槩未容秦地險，奇花僅比雒城優。新絲出盎冬裘易，貢棗登場歲事休。鈴閣虚閒官釀熟，應容將佐得遨遊。

方回：周益公嘗問陸放翁以作詩之法，放翁對以宜讀蘇子由詩。蓋詩家之病忌乎對偶太過，如此則有形而無味。三洪工於四六而短於詩，殆胸中有先入者，故難化也。放翁其以此箴益公歟？或問蘇子瞻勝子由否？以予觀之？子瞻浩博無涯，所謂「詩濤洶退之」也。不若所謂「詩骨聳東野」，則易學矣。子由詩淡静有味，不拘字面事料之儷，而鍛意深，下句熟。老坡自謂不如子由，識者宜細咀之可也。

紀昀：放翁亦有對偶太工之病。○子由詩究不及東坡，此論似高而非。

查慎行：龔必齊人，由歸德移守青州者。

送青州簽判俞退翁致仕還湖州

不作清時言事官，海邦那復久盤桓。早依蓮社塵緣少，新就草堂歸計安。富貴暫時朝露過，江山故國水精寒。宦遊從此知多事，收取楞伽静處看。

方回：吴興俞汝尚以御史召，力辭不允，竟歸。子由爲齊州記室，作此送之。第五句乃虚説，第六句乃實事，自然高妙。汝尚四世孫瀓，淳熙丁未守筠陽，併其高祖和詩刊置欒城集中，蓋亦不附荆公者也。

紀昀：六句自好。

無名氏（甲）：湖州稱水晶宫。

送顧子敦赴河東三首

黄山谷

頭白書林二十年，印章今領晉山川。紫參可掘宜包貢，青鐵無多莫鑄錢。勸課農桑誠有道，折衝樽俎不臨邊。要知使者功多少，看取春郊處處田。

紀昀：三詩語微傷直，而風旨要爲可取。第二首無甚深意，似可删也。

馮舒：如何忽作人語，都捐惡習？

許印芳：「參」音森。

家在江南不繫懷，愛民憂國有從來。月斜汾沁催驛馬，雪暗岢嵐傳酒杯。塞上金湯惟粟粒，胸中水鏡是人才。遥知更解青牛句，一寸功名心已灰。

紀昀：第二句率。「粟粒」二字未老。

無名氏（甲）：青牛，老子所乘。

攬轡都城風露秋，行臺無妾護衣篝。虎頭墨妙能頻寄，馬乳蒲萄不待求。上黨地寒應强飲，西河民病要分憂。猶聞昔在軍興日，一馬人間費十牛。

方回：元祐元年夏，顧臨子敦除河東漕。東坡有古詩，山谷押云「西連魏三河，東盡齊四履」是也。予竊謂「一寸功名心已灰」，此句有病。以元祐之時勸其退，豈子敦有不滿乎？「行臺無妄護衣篝」，此亦小事，近乎不莊。大抵山谷詩律高，而用意亦多出於戲。如「折衝樽俎不臨邊」，意好，却犯子敦名。「兩河民病要分憂」「一馬人間費十牛」，始是惻怛愛民之意。山谷送人律詩少，外集有送徐隱父宰餘干有云：「贅叟得牛民少訟，長官齋馬吏爭廉。」末云：「治狀要須存豈弟，此行端爲霽威嚴。」極佳。山谷詩自任淵所注之外，有外集，有別集。外集中詩不可謂之不逮前集。任淵所注，亦多鹵莽。止能注其字面事料之所出，而不識詩意。如次韻文潛同遊王舍人園「自移竹淇園」下至「牽黄臂老蒼」十三韻，皆稱美王才元園林、田疇、屋廬、聲色、花竹之美，所謂「買田宛丘間，江漢起濫觴」，乃指才元所以致富之本也。注乃謂山谷爲歸老之漸，不亦謬乎！如此詩「一馬人間費十牛」，蔡卞切齒，謂谷譏熙、豐政事。陳留史禍，亦本於此，而淵不能注。

查慎行：任注「漸爲歸老之計」，原指王舍人，非謂山谷也。此評謬。

紀昀：「行臺無妄護衣篝」，言其之官清況，不攜家累耳，與浪仙「三年馬不肥」句同意，虚谷未之詳也。○釋事志義，李善注文選亦然，此注家之通者。然後人注少陵、注義山，牽引史傳，紛紛穿鑿，又不如但注事料，其意義聽人自領耳。

許印芳：虚谷謂「折衝」句犯諱，亦是俗腸。古人但避君父諱，而臨文且不諱。後世臨文皆諱，已非古禮。如虚谷論朋友亦諱，可笑也。○自來注詩集者莫善於施元之注東坡全集，任淵之注山谷内集。二君皆南渡初年人，去蘇、黄兩公未遠，雖於兩公所用典故未能盡知出處，而於兩公時事見聞親切，證據詳審，其注本詮次諸詩，皆仿少陵詩史，用編年體，不分門類。施注蘇詩於注題之下發明詩意。任注黄詩，於目録每條之下總挈大綱，使讀者考其歲月，知其遭際，因以推求作詩之本旨。此其所爲善本也。任氏之注，於詩中意旨亦能逐處發明，如此二詩任氏解前章云：「欲其務本業。」後章云：「欲其惜民力。」可謂明白了當。「一馬」句，指熙、豐弊政。任氏亦已注明。至虚谷所傳，蔡卞切齒，山谷得禍，此詩外事，注家何能周知？虚谷以任氏不知而笑之，且譏其不識詩意，皆非也。

許印芳：「馬」字複。

送蘇迨

陳後山

胸中歷歷着千年，筆下源源赴百川。真字飄揚今有種，清談絶倒古無傳。出塵悟解多爲路，隨世功名小着鞭。白首相逢恐無日，幾時筆札到林泉。

方回：迨，字仲豫，東坡次子也。

紀昀：此無佳處。○「多爲路」三字未詳。

寄送定州蘇尚書

初聞簡策侍前旒，又見衣冠送作州。北府時清惟可飲，西山氣爽更宜秋。功名不朽聊通袖，海道無違具一舟。枉讀平生三萬卷，貂蟬當復出兜鍪。「出」字一作「自」，又云作「兜牟」。

方回：元祐八年九月東坡出知定州，時宣仁上仙，時事已變，勸東坡省事高退，其意深矣。明年乃有惠州之謫，久之又謫海外。然當是時，坡雖欲退身，殆亦無地自藏矣。此乃國家大氣數也。

紀昀：語雖直致，而東坡、後山之交情，安危之際，自不暇更作婉轉，此又當論其世也。○「出」字有典，「自」字、「作」字皆非是。

無名氏（甲）：定州，真定。

北橋送客

張宛丘

橋上垂楊繫馬嘶，橋頭船尾插紅旗。船來船去知多少，橋北橋南長別離。亭上幾傾行客酒，遊人自唱少年詞。百年回首皆陳迹，浮世飄零亦可悲。

方回：此詩似張司業。

紀昀：本色老健。前四句恣逸特甚，然不是率筆，故佳。六句好在對面落墨，感慨殊深。

趙熙：五、六妙。

送楊補之赴鄂州支使

相逢顧我尚童兒，二十年來鬢有絲。涕淚兩家同患難，光陰一半屬分離。扁舟又作江湖別，千里長懸夢寐思。何日粗酬身世了，卜鄰耕釣老追隨。

方回：此文潛姊夫也。

馮舒：太襲。

紀昀：三、四沉痛，情真語切，詩人之筆。

無名氏（甲）：鄂州，武昌。

送三姊之鄂州

兄弟分飛各一方，老來分袂苦多傷。兩行別淚江湖遠，五月征車歧路長。休歎伯鸞甘寂寞，所欣楊惲好文章。甥克一苦爲詩。北歸會有相逢地，只恐塵埃鬢易蒼。

方回：此即文潛之姊。甥克一能文，故有五、六一聯，用事極佳。

紀昀：姊已見題，甥已見注，此評贅。

紀昀：詩亦真切，結尤渾厚。

無名氏（甲）：楊惲，太史公外孫。

許印芳：首聯「分」字既複，意亦合掌，且末句方恐鬢蒼，何遽言老？愚併改之：首聯易作「少日離羣各一方，中年分袂苦多傷」；末句易作「只恐塵埃鬢易蒼」。○「好」，去聲。

送曹子方赴福建運判

平生鄴下曹公子，家世風流合有文。横槊尚傳瞞相國，紫髯不是畫將軍。詔書寬大民何怨，刺史威嚴吏合勤。好作楚詞更下俚，雲中一降武夷君。

方回：曹輔子方，亦詩豪也，與文潛考試，有同文倡和。此詩三、四用其姓事，尤切。

馮舒：不成語。

馮班：呼魏武爲「瞞相國」，刺耶？美耶？曹霸亦不聞「紫髯」。

查慎行：杜詩有曹將軍畫馬歌。

紀昀：此無佳處。○「瞞相國」三字欠通。

無名氏(甲)：閩有武夷山。

送畢平仲西上

畢字夷直。庚午五月歷陽賦。　賀方回

吟鞭西指鳳皇州，好趁華年訪昔遊。新樣春衫裁白紵，舊題醉墨滿青樓。鳴蛙雨細生梅潤，颶燕風高報麥秋。須念江邊桃葉女，定從今日望歸舟。

方回：賀鑄方回慶湖遺老詩集，每一詩必自注所與之人，所作之地，及歲月於題目下。其詩鏗鏘整暇。本武人，以蘇公軾、范公百禄薦授從事郎。然即請岳祠，兩爲通判，年五十八便求致仕。再以荐起家，再致仕。宣和二年卒於常州，年七十四。葬宜興縣北山，程公俱銘其墓，仍序其詩。此篇風致頗如其詞，以詞之尤高也，故世人不甚知其詩，而余獨愛之。

李光垣：五十八、四十七必有一誤。

紀昀：畢蓋好狹斜之遊，故詩皆規語，妙，非腐詞。

許印芳：方回善填詞，有「梅子黄時雨」句，人呼爲「賀梅子」。

送客出城西

陳簡齋

鄧州誰亦解丹青，畫我羸驂晚出城。殘年政爾供愁了，末路那堪送客行。寒日滿川分衆色，暮林無葉寄秋聲。垂鞭歸去重迴首，意落西南計未成。

方回：五、六一聯絶妙，「分」字、「寄」字奇。

紀昀：簡齋風骨自不同。六句警絶，前人未道。以「分」字、「寄」字取之，淺矣。

許印芳：「那」，平聲。次聯與首聯不黏。首句借韻。

送熊博士赴瑞安令

衣冠衮衮相逢處，草木蕭蕭未變時。聚散同驚一枕夢，悲歡各誦十年詩。山林有約吾當去，天地無情子亦饑。笑領銅章非失計，歲寒心事欲深期。

方回：簡齋詩氣勢渾雄，規模廣大。老杜之後，有黄、陳，又有簡齋，又其次則吕居仁之活動，曾吉甫之清峭，凡五人焉。

紀昀：語語沉着。

送曾宏父守天台

曾茶山

莫作陽關墮淚聲，丹丘勝事要君聽。興公賦裏雲霞赤，子美詩中島嶼青。天近豈無宣室召，地偏猶有草堂靈。鑾坡飛上勤回首，記取來遊舊客星。

方回：三、四於台州切。

紀昀：三、四俗格，後半自可。

無名氏（甲）：天台，台州。○孫綽，字興公。○鄭虔謫此，子美有詩。

送呂倉部治先守齊安

齊安剖竹要循良，分付吾家坦腹郎。賸有江山連赤壁，略無訟獄到黄堂。鈴齋晝永宜深念，邊瑣秋高合過防。此地元之遺烈在，勉旃幸未鬢毛蒼。

方回：呂倉部大器字治先，茶山之壻，是生東萊先生呂成公。「黄堂」、「赤壁」、「深念」、「過防」四句皆佳。

馮舒：此杜家莊僕。

馮班：次聯是政成後語，豈是送語？腹聯方是送。

查慎行：「深念」用史記。

紀昀：此殊粗野。

適越留別朱新仲

扁舟綠漲漕渠時，解釋離懷政用詩。管鮑交朋無變態，朱陳嫁娶有佳期。元注：「新仲次子已議定女孫，有姻期矣。」長洲茂苑着身久，秦望鏡湖行脚宜。二浙中間才一水，短書莫使寄來遲。

方回：三、四整雅。

紀昀：此又頹唐。

送嚴堉侍郎北使

葉少藴

朔風吹雪暗龍荒，荷橐驚看玉節郎。楛矢石砮傳地産，毉閭析木照天光。傳車玉帛風塵息，盟府山河歲月長。寄語遺民知帝力，勉抛鋒鏑事耕桑。

方回：石林葉夢得少藴以妙年出蔡京之門，靖康初守南京，當罷廢。胡文定公安國以其才，奏謂不當因蔡氏而棄之。實有文學，詩似半山。然石林詩話專主半山而陰抑蘇、黄，非正論也。南渡後，位執政，帥金陵，卜居霅川，福壽全備。此詩「楛矢石砮」、「毉閭析木」一聯佳，取之。秦檜之和，雖萬世之下，知其非是。後四句含糊説過，無一豪忠義感慨之意，則猶是黨蔡尊舒、紹述之徒常態也。

紀昀：「楛矢」一聯亦無佳處。○末數語確。

馮班：此詩何足選？

送丘宗卿帥蜀

楊誠齋

人似隆中漢卧龍，韻如江左晉諸公。四川全國牙旗底，萬里長江羽扇中。玉壘頓清開宿霧，雪山增重起秋風。近來廊廟多西帥，出相誰言只在東。

諭蜀宣威百萬兵，不須號令自精明。酒揮勃律天西椀，鼓卧蓬婆雪外城。二月海棠傾國色，五更杜宇説鄉情。少陵山谷千年恨，不遇丘遲眼爲青。

紀昀：三詩俱好，此首尤佳。誠齋極謹嚴之作。○五、六豔而警。

蜀人詫蜀不能休，花作江山錦作州。老我無緣更行脚，羨君來歲領遨頭。碧雞金馬端誰見，酒肆琴臺訪昔遊。收入西征詩集裏，憶儂還解記〔三四〕儂不。

方回：右見江東集。

無名氏（甲）：五、六用王褒、相如故事，俱蜀人。

逢贛守張子智左史進直敷文閣移帥八桂

龍尾名臣進寶奎，虎頭移鎮赴榕溪。握刀將帥迎牙纛，解辮戎蠻貢象犀。翠浪玉虹餘昨夢，碧篸羅帶入新題。鳳池雞樹公棲處，早箇雲飛不要梯。

紀昀：此首用字太冗。

無名氏（甲）：龍尾道，虎頭牌。○「翠浪」、「玉虹」，言内廷之景。山似玉簪，水如羅帶，言桂、廣之景。

抛官九載卧柴荆，有底生涯底友生。白鷺鸕鷀雙屬玉，青鞋布襪一笭箵。贛江府主憐逋客，樽酒綈袍篤故情。天上故人今又去，碧雲西望暮天横。右見退休集。

方回：五詩皆壯麗。「白鷺」、「青鞋」一聯變體俊快。

紀昀：此二詩殊不佳。五詩並舉，非是。「白鷺」一聯尤不佳；以爲俊快，亦非是。

紀昀：次句不成句法。

送族弟子西赴省

吾家詞伯達齋翁，阿季文名有父風。筆陣千軍能獨掃，馬羣萬古洗來空。嗟予還笏歸林下，看子乘船入月中。淡墨榜頭先快睹，泥金帖子不須封。見退休集。

方回：送士人赴省及鹿鳴宴，舉世難得好詩。此「乘船入月中」一句奇。

馮班：亦未好。

紀昀：起句率，餘亦凡庸。

別林景思

尤遂初

二年無德及斯民，獨喜從游得此君。囊乏一錢窮到骨，胸蟠千古氣凌雲。論交却恨相逢晚，別袂真成不忍分。後夜相思眇空闊，尺書應許雁知聞。

方回：吴興林憲字景思，少從其父宦遊天台，因留蕭寺寓焉。初賀參政允中奇其才，妻以女孫，而不取奩田，貧甚。爲詩學韋蘇州。淳熙五年戊戌，尤延之爲守，爲作雪巢記，又爲雲巢小集序。「柔櫓晚湖上，寒燈深樹中。」「汲井延晚花，推窗數新竹。」延之謂唐人之精者不是過。此詩相別，有古人交道意。

紀昀：通體頹唐。結句趁韻，尤不妥。

送晦菴南歸

二年摩手撫瘡痍，恩與廬山五老齊。合侍玉皇香案側，却持華節大江西。鼎新白鹿諸生學，築就長虹萬丈堤。待哺饑民偏戀德，老翁猶作小兒啼。

方回：淳熙八年辛丑三月初四日，朱文公在南康除江西提刑。先是嘗有任滿奏事之旨，故延之詩云耳。

紀昀：此詩殊爲庸劣，虛谷以文公故存之耳。

送提舉楊大監解組西歸

征轅已動不容攀，回首棠陰蔽芾間。爲郡不知歌舞樂，憂民贏得鬢毛斑。澄清未展須持節，注想方深便賜環。從此相思隔烟水，夢魂飛不到螺山。

方回：三首取一。此楊誠齋萬里也。知常州滿除廣東提舉，尤延之家居，作此詩送之。首篇有云：「歸裝見説渾無物，添得新詩數百篇。」即所謂荆溪集，傳於世。

紀昀：亦不足存。

送吴待制帥襄陽二首

方持紫橐侍西清，忽領雄藩向暑行。誰謂風流貴公子，甘爲辛苦一書生。詞源筆下三千牘，武庫胸中十萬兵。從此君王寬北顧，山南東道得長城。

欲將盤錯試餘鋒，故擁旗麾訖外庸。南峴北津形勝地，前羊後杜昔賢蹤。不妨倒載同民樂，自有輕裘折虜衝。努力功名歸報國，莫思山月與林鐘。

方回：元注：「公詩『飽看七寶山頭月，慣聽三茅觀裏鐘。』」此吴環也，琚之弟，高宗吴后之姪。

紀昀：亦潦倒應酬語。

送親戚錢尉入國

丁文伯

正是朔風吹雪初，行幐結束問征途。不能刺刺對婢子，已是昂昂真丈夫。常惠舊曾隨屬國，蘇武傳：「蘇武中郎將及假吏常惠等。」烏孫今亦病匈奴。不知漢節歸何日，準擬殷勤説汴都。

方回：丁涎溪黼居池州，寳慶初正人也。嘉定以來，士大夫能詩如任斯菴、清叟與公皆是。而任合於史彌遠，至參政。公忤於史，後帥蜀。成都破，死之。此詩三、四佳，五、六善用事。

馮班：觀詩可以知人。

紀昀：後半自好，三、四太粗野。

送陸務觀得倅鎮江還越　三首取一　韓無咎

高文不試紫雲樓，猶得聲名動九州。金馬漸登難避世，蓬萊已近却回舟。燒城赤舌知何事，許國丹心惜未酬。歸卧鏡湖聊洗眼，雨餘萬壑正争流。

方回：放翁詩亦有云：「赤口能燒萬里城。」

紀昀：五句不佳，三、四自好。

無名氏（甲）：即今俗占朱雀、赤口之象，主訟主火也。

送陸務觀福建提倉

觥船相對百分空，京口追隨一夢中。落紙雲烟君似舊，盈巾霜雪我成翁。春來茗葉還争白，臘近梅梢儘放紅。領略溪山須妙語，少迂使節上凌風。

方回：元注：「僕爲建安宰，作凌風亭。」此詩淳熙五年戊戌作，前詩隆興元年癸未作，相去一十六年。放翁已入蜀而出，亦年五十四矣。

查慎行：起句犯牧之。

紀昀：格不高而吐屬修整。

無名氏（甲）：茶品以白者爲上。

杜叔高秀才雨雪中相過留一宿而別口誦此詩以送之

陸放翁

久客方知行路難，關山無際水漫漫。風吹欲倒孤城遠，雪落如簁野寺寒。暮挈衣囊投土室〔三五〕，晨沽村酒掛驢鞍。文章一字無人識，胸次徒勞萬卷蟠。

方回：此金華杜旃也，杜斿其同氣，俱登科，有詩名。斿至端平從官。

查慎行：三、四寒氣逼人，却成奇警。

紀昀：後四句凡近。

送陳懷叔赴上阜酒官却還都下

奇才初試發硎刀，疋馬秋風到上阜。地近雖同三輔重，時平無復五陵豪。極知穩步烟霄路，却要微知郡縣勞。歸去平津首開燕，吐茵應復忤西曹。

方回：兩聯皆佳。

紀昀：五、六勝三、四。

紀昀：五、六深婉。

無名氏（甲）：丞相丙吉出，馭吏大醉，吐其茵。

送任夷仲大監 元受之子

往者江淮未撤兵，丹陽邂逅識耆英。叩門偶綴諸公後，倒屣曾蒙一笑迎。敢意癡頑成後死，相從髣髴若平生。小詩話別初何有，一段清愁伴艣聲。

方回：元注：「昔在京口，與陳應求、馮國仲、查元章、張欽夫諸人從先提刑游，今三十九年矣。」放翁詩似此瘦健者少矣。

紀昀：不甚塗飾耳，亦非瘦健。

紀昀：「後」字複。

送王簡卿歸天台二首 劉改之

枚數人才難倒指，有如公者又東歸。班行失士國輕重，道路不言心是非。載酒青山隨處飲，談詩玉麈爲誰揮。歸期趁得春風早，莫放梅花一片飛。「枚」一作「欲」。

千巖萬壑天台路，一日分爲兩日程。事可語人酬酢易，面無慚色去留輕。放開筆下閒風月，收斂胸中舊甲兵。世事看來忙不得，百年到手是功名。

方回：王居安字資道，一字簡卿。台州人。淳熙十四年丁未探花。韓侂胄之死，驟入言路，尋即去國。此送詩殆其時也。後起家帥江西，與湖南漕帥曹彥伯同平峒寇，位至侍從。改之吉州人，所謂龍洲道人劉過也。以詩遊謁江湖，大欠針線。侂胄嘗欲官之，使金國而漏言，卒以窮死。惟此二詩可觀。前詩三、四用歐陽公送王平甫句意「歸期趁得東風早」與「世事看來忙不得」，兩句太俗，「忙不得」者，何等議論？衰颯甚矣。

馮班：方君云「兩句太俗」。不俗。俗不妨，只要下得好。

紀昀：此評確。

馮舒：「江湖」詩全不雅馴。

馮班：淺露。

紀昀：二詩皆粗獷。

送劉改之

王簡卿

劉子堂堂七尺軀，高談世事奮髯鬚。觀渠論到前賢處，據我看來近世無。出語令人驚辟易，處窮無鬼敢揶揄。倘徉鬧市渾無畏，要是人間烈丈夫。

方回：即前注王居安也。第一首云：「名滿江湖劉改之，半生窮困但吟詩。人言季布恐難迹，我謂鄭老真其師。」後四句不稱。第二首：「不識劉郎莫便語，酒酣耳熱未全疎。士當窮困能無慊，我自斟量愧不如。横槊賦詩俱有分，輕裘緩帶特其餘。當今四野無塵土，宜有奇才在草廬。」非不豪爽，但欠平妥優游之意。亦足以見改之乃一俠士。然外俠内餒，作詩多干謁乞索態云。

紀昀：評亦是。

馮舒：正是對手，村夫可敵莽漢。

馮班：粗惡。

查慎行：通首未能免俗。

紀昀：粗野之極，不足置議。

送王伯奮守筠陽　樓攻媿

三槐名德萃清門，七葉爲州賴有君。道院無忘山谷賦，郡齋當寄潁濱文。君應膝上憐文度，我向東牀憶右軍。振起家聲差易耳，便看奏最躡青雲。

方回：攻媿集第九卷此詩後有别王恭叔詩、别長女淯詩：「遠侍雙親官道院，爲同盡室餞西橋。」又云：「老我年來百念輕，文姬助我以琴鳴。」蓋攻媿長女淯嫁王恭叔，隨侍其父赴筠守也。攻媿此詩三、四切於其州，五、六用王氏二事，以見伯奮之愛子，己之愛壻。皆工。

紀昀：亦極庸，下四人名亦礙格。

無名氏(甲)：筠州，今名端州，屬江西。○山谷，江西分寧人，曾監筠州酒税。

次韻知常德袁尊固監丞送别　八月十日　魏鶴山

細把行藏爲子評，只知盡分敢徼名。出如有益殷三聘，用不能行魯兩生。此道古人如飲食，後來竈婢或猜驚。子雲亦號知書者，猶把商山作採榮。

孔訓元無實對名，只言爲己與求人。能知管仲不爲諒，便識殷賢都是仁。義利兩途消處長，古今一理屈中伸。自從聖學寥寥後，千百年誰信得真？

別來歲月爾滔滔，流落天涯忽此遭。萬木辭榮秋意澹，百川歸壑岸容高。笑看海上兩蝸角，閒禿山中千兔毫。若向顏曾得消息，直須奴僕命離騷。

查慎行：儒者氣象，刊落浮華。○少陵用「岸容」爲舒柳生情，此「容」字與「百川歸壑」少關會。

夕陽春處是吾家，水繞山環路轉賒。蹙蹙四方渾未定，茫茫大化渺無涯。歸來已恨十年晚，老却空嗟雙鬢華。各願及時崇令德，萬鍾於我本何加。

方回：鶴山魏公寶慶乙酉謫靖州，凡七年。後紹定辛卯歸蜀。此云「八月十日」，蓋是歲也。其在謫無一毫戚嗟憔悴之言，亦不通史彌遠一字。大儒德言，非區區小詩人可企及也。

馮舒：憑他德言，去詩實遠。

紀昀：大儒原不必定以詩見。以其大儒而引以自重，不復計詩之工拙，所見殊陋。

馮班：惡詩。

送趙子直帥蜀得須字

尤遂初

射策當年首漢儒，去登雲路只斯須。飽聞治最誇閩部，已有先聲到益都。壯略定羌元自許，宗英帥蜀舊來無。前驅叱馭休辭遠，看取東歸上政塗。

帝念西南在一隅，簡求才德應時須。羌夷種落誇威令，秦隴關河聽指呼。自古功名多少壯，及今談笑定規模。玉山舊政人誰記，應掃棠陰看畫圖。

方回：元注云：「公前夢玉山汪端明，次日有帥蜀之命。」校其出處，大略相似。且俱以四十七歲入蜀，其夢玉山持帚相拜，故用東坡送周文儒「帥梓棠陰」之語。成都太守，自國朝以來，至今皆畫像云。玉山汪應辰諱端明，趙子直諱汝愚，皆狀元出身，以宗室帥蜀自子直始。後以爲相，亦越前此也。

紀昀：遂初詩已列前，又列此，編次太草草。二詩皆應酬凡語。○此卷後半最惡，殆不可耐。

校勘記

〔一〕岱北　李光垣：「代」訛「岱」。　〔二〕競抽簪　李光垣：「竟」訛「競」。　〔三〕寰

中　許印芳：「寰」，誤，當作「環」。〔四〕欲　李光垣：「意」訛「欲」。〔五〕官時　馮班：「官」當作「儀」。〔六〕渦水　按：「渦」原訛作「鍋」，據康熙五十二年本、紀昀刊誤本校改。〔七〕縣樓重　馮班：「縣樓」一作「樓臺」。許印芳：「縣樓」，俗本誤作「樓臺」。〔八〕江明　馮班：「江」，別本作「花」。許印芳：「江」字較妥。〔九〕此鄉　馮班：「鄉」一作「方」。〔一〇〕慎莫　許印芳：「莫」一作「勿」，亦可。〔一一〕許印芳：題當作「送康判官往新安賦得江路西南永」。「江路西南永」，此句乃小謝詩。〔一二〕湖沙　查慎行：「湖」當作「胡」。〔一三〕新文　馮班：「新」一作「誰」。〔一四〕夏景似清秋　馮班：「夏景」一作「節候」，「清」一作「全」。〔一五〕相別　許印芳：「別」一作「送」。「別」與下犯重，不可從。〔一六〕鄮縣　查慎行：「鄮」原訛作「鄭」。〔一七〕桑柘　按：康熙五十二年本、紀昀刊誤本「桑」作「薑」。〔一八〕佳聲　按：「佳」原作「家」，據元至元本校改。〔一九〕春又　馮班：「春」一作「看」。〔二〇〕到長安　馮班：「到」一作「是」。〔二一〕欲供　馮班：「供」一作「躬」。〔二二〕卷帆　紀昀：「帆」字當是「旗」字，再校本集。〔二三〕反若　按：「若」原訛作「返」，據康熙五十二年本、紀昀刊誤本校改。〔二四〕秦州　按：「秦」原訛作「泰」，據元至元本校改。〔二五〕何日　馮班：「日」一作「地」。〔二六〕頻頻勸　馮班：「頻頻」一作「頻煩」。〔二七〕別筵　許印芳：「別」一作「此」。〔二八〕念我能書　許印芳：「能書」一作「常能」。〔二九〕兵甲　許印芳：「甲」一作「革」。〔三〇〕馮班：題下闕「自大鴻臚拜家承舊勳」。〔三一〕迎風櫂　查慎行：「櫂」當作「馭」。〔三二〕緑蒙蒙　查慎行：「蒙蒙」，集作「茸茸」。〔三三〕行舟　查慎行：「舟」，集作「輈」。〔三四〕解記　李光垣：「寄」訛「記」。〔三五〕土室　按：「土」原訛作「上」，據康熙五十二年本，紀昀刊誤本校改。

瀛奎律髓彙評卷之二十五　拗字類

拗字詩在老杜集七言律詩中謂之「吴體」，老杜七言律一百五十九首，而此體凡十九出。不止句中拗一字，往往神出鬼没。雖拗字甚多，而骨格愈峻峭。今「江湖」學詩者，喜許渾詩「水聲東去市朝變，山勢北來宫殿高」、「湘潭雲盡暮山出，巴蜀雪消春水來」，以爲丁卯句法。殊不知始於老杜，如「負鹽出井此溪女，打鼓發船何郡郎」、「寵光蕙葉與多碧，點注桃花舒小紅」之類是也。如趙嘏「殘星幾點雁横塞，長笛一聲人倚樓」，亦是也。唐詩多此類，獨老杜「吴體」之所謂拗，則才小者不能爲之矣。五言律亦有拗者，止爲語句要渾成，氣勢要頓挫，則換易一兩字平仄，無害也，但不如七言「吴體」全拗爾。

馮舒：周顒、劉繪、沈約輩之聲病，止論五音。沈、宋之律詩，兼嚴四聲。拗字不妨爲律詩，以其原論聲病也。虚谷不知源流，遂立此一類，其爲全不知詩信矣。然此書於詩派甚明，至宋人，每每論其世「九僧」、「四靈」、「西崑」，諸詩僅存此本；劉、錢以降，亦自説得細膩。足爲王、李、鍾、譚輩鍼砭，所以不可廢也。詩只取一字，是此公作俑。

馮班：七言自梁、陳、沈、宋多有拗字，天寶以後乃如今格耳。拗字詩，老杜偶爲之耳。黄、陳偏學此等處，而遂謂之格高，寃哉！

紀昀：拗字各類皆有，何必别出一門！○此亦有定法，非隨意换易也。飴山老人聲調譜言之詳矣。虚谷此序，於拗法尚未盡了了也。

五言 十首

巳上人茅齋　杜工部

巳公茅屋下，可以賦新詩。枕簟入林僻，茶瓜留客遲。江蓮摇白羽，天棘蔓青絲。空忝許詢輩，難酬支遁詞。

方回：「入」字當平而仄，「留」字當仄而平，「許」、「支」二字亦然。間或出此，詩更峭健。又「入」字、「留」字乃詩句之眼，與「摇」字、「蔓」字同，如必不可依平仄，則拗用之，尤佳耳。如「雲散灌壇雨，春青彭澤田」，亦是。

馮舒：諸注俱夢。

紀昀：此論雙拗法是。

馮舒：落句是舊法。

馮班：重出。

紀昀：此又見四十七卷「釋梵類」，評語不同。

暮雨題瀼西新賃草屋（一）

欲陳濟世策，已老尚書郎。不息豺虎鬭，空慚鵷鷺行。時危人事急，風逆羽毛傷。落日悲江漢，中宵淚滿床。

方回：「濟世策」三字皆仄，「尚書郎」三字皆平，乃更覺入律。「豺虎」、「鵷鷺」又是一樣拗體。「時危」一聯，亦變體也。

馮舒：不必争。

紀昀：此亦雙拗，乃「濟」、「尚」二字迴换，非三平、三仄之謂。

何義門：「悲江漢」，自嘆朝宗無期也。

紀昀：上句二四不諧，下句第三字必用平聲以救之，亦是定格。

上兜率寺

兜率知名寺，真如會法堂。江山有巴蜀，棟宇自齊梁。庾信哀雖久，何顒〔二〕好不忘。白牛連遠近，且欲上慈航。

方回：此寺棟宇自齊、梁至今，則所用「自」字决不可易，亦既工矣。江山有巴蜀，「有」字亦决不可易，則不應换平聲字，却將「巴」字作平聲一拗，如「詩應有神助」、「吾得及春遊」亦是。

馮舒：俱不是。

紀昀：此單拗法。單拗者，本句三、四平仄互换也，惟用於出句，不用於對句。

馮班：重出。

紀昀：又見四十七卷「釋梵類」，評語不同。○此乃巴蜀，「巴」字不可易，以「有」字拗之耳，下説非是。

無名氏（甲）：兜率寺在蜀中牛頭山。

無名氏（乙）：用虚字作句中眼。三、四俯仰形勝，上下今古，只在一兩字中。於此可悟鍊字之法。

酬姚校書

賈浪仙

因貧行遠道，得見舊交遊。美酒易傾盡，好詩難卒酬。公堂朝共到，私第夜相留。不覺入關晚，別來林木秋。

方回：「易」「難」二字拗用，句意俱佳。尾句「入」、「林」字亦拗。詩人如此者多。

早春題湖上友人新居

近得雲中路，門長侵早開。到時猶有雪，行處已無苔。勸酒客初醉，留茶僧未來。每逢晴暖日，惟見乞花栽。

紀昀：二首俱重出。

門不當官道，行人到亦稀。故從飧後出，多是夜深歸。開篋收詩卷，掃牀移臥衣。幾時同買宅，相近有柴扉。

方回：前篇「客」字、「僧」字拗對，詩家甚多。後篇收詩前句不拗，只「掃床移臥衣」拗一字。「掃」字既仄，即「移」字處合平，亦詩家通例也。

馮舒：不必說。

紀昀：此亦單拗法。又有一字雙救者，如「高閣客竟去，小園花亂飛」是也。

次韻楊明叔　黃山谷

全德備萬物，大方無四隅。身隨腐草化，名與太山俱。道學歸吾子，言詩起老夫。無爲蹈東海，留作濟川桴。

方回：「腐草」之「腐」，不容不拗，緣一定字不可易，如「備萬物」、「無四隅」亦然。所以選此詩者，不專爲拗字而止。「身隨腐草化」，所謂語小莫能破。「名與太山俱」，所謂語大莫能載。「身在菰蒲中，名滿天地間。」「九鼎安磐石，一身轉秋蓬。」皆是也。五首選一。

陸貽典：虚谷迂論。

馮舒：一生與此公無緣。○第三句變了螢火蟲。○結尾惡句。

紀昀：此真腐陋之見。山谷本意不如此。

紀昀：起二句是拗字，次句自應二平。「腐草化」得用三仄，乃正格。以爲拗字，謬甚。

次韻答高子勉

雪盡虚簷滴，春從細草回。德人泉下夢，俗物眼中埃。久立我有待，長吟君不來。重玄鎖關鑰，要待玉匙開。

方回：十首摘一。以「我」對「君」，雖非字之工者，亦見拗句之健。起句十字言景，中四句皆言情，豈近世四體所得拘？黄、陳詩有四十字無一字帶景者，後學能參此者幾人矣？「德人」謂東坡。

紀昀：亦不必定不言景，此等總是方隅之見。

別負山居士

陳後山

田園相與老，此別意如何。更病可無醉，猶寒已自和。高名胡未廣，詩句尚能多。沙草東山路，猶須一再過。

方回：「更病可無醉」，所用「可」字不容不拗。此詩全在虚字上着力，除「田園」、「沙草」、「山路」六字外，不曾黏帶景物。只於三、四箇閒字面上斡旋妙意，其苦心亦已甚矣。

紀昀：晚唐詩敷衍景物，固是陋格。如以不黏景物爲高，亦是僻見。古人詩不如此論。

馮舒：「胡未」、「尚能」，時文講談？

紀昀：「可」字仄而下句第三字不以平聲救之，却是失調，不可標以爲式。

寄答李方叔

平生經世策，寄食不資身。孰使文章著，能辭轗跡頻。帝城分不入，書札詗何人。子未知吾嬾，吾寧覺子貧。

方回：「帝城分不入」，「分」字不可不拗。又此詩四十字無一字黏景物，惟趙昌父能之。漢書陳咸傳：「咸滯於郡守。時王晉〔三〕輔政，信用陳湯。咸數賂遺湯子書曰：『即蒙子公〔四〕力，得入帝城，死不恨。』」「詷」，漢書注：「偵伺也。」欒按：誠齋送人下第云：「孰使文章太驚俗，何緣場屋不遺才。」即用後山此詩三、四一聯句法意度，然皆老杜「文章憎命達」之遺意。

紀昀：此自稱欒者爲誰？然則此書經後人之附益多矣。

紀昀：此亦失調，不可訓。

七言 十八首

題省中院壁　杜工部

掖垣竹埤梧十尋，洞門對雪〔五〕常陰陰。落花遊絲白日靜，鳴鳩乳燕青春深。腐儒衰晚謬通籍，退食遲回違寸心。衮職曾無一字補，許身愧比雙南金。

方回：此篇八句俱拗，而律呂鏗鏘。試以微吟，或以長歌，其實文從字順也。以下「吴體」皆然。「落花遊絲白日静，鳴鳩乳燕青春深。」此等句法惟老杜多，亦惟山谷、後山多，而簡齋亦然。乃知「江西詩派」非江西，實皆學老杜耳。因附見於下：「清江碧石傷心麗，嫩蕊穠花滿月斑。」「珠簾繡柱圍黄鶴〔六〕，錦纜牙檣起白鷗。」老杜也。「頭白眼花行作吏，兒婚女嫁望還山。」「青春白日無公事，紫燕黄鸝俱好音。」「釣溪築野收多士，航海梯山共一家。」「舊管新收幾粧鏡，流行坎止一虚舟。」「霜髭雪鬢共看鏡，萸糝菊英同送秋。」山谷也。「語鵲飛烏春悄悄，重簾深院晚沉沉。」「來牛去馬中年眼，朗月清風萬里心。」「問舍求田真得計，臨流據石有餘清。」「熟路長驅聊緩步，百全一發不虚弦。」後山也。「寒食清明愁客子，暖風遲日醉梨花。」「前江後嶺通雲氣，萬壑千巖送雨聲。」簡齋也。東坡亦有之：「白砂碧玉味方永，黄紙紅旗心已灰。」「經卷藥爐新活計，舞衫歌扇舊因緣。」如歐陽公「金馬玉堂三學士，清風明月兩閒人」，皆兩句中各自爲對，或以壯麗，或以沉鬱，或以勁健，或以閒雅。又觀本意如何，予亦不能悉數，姑舉一二，更不别出。

馮舒：「清江」兩聯並無拗字，其以句中各自對爲法，總非詩之妙處。

馮班：老杜偶爲之耳。黄、陳偏學此等處，而此老遂謂格高，寃哉！

查慎行：「清江碧石傷心麗」，「麗」字便廓落難學，雖句法出老杜，不可學也。

紀昀：「吴體」與拗法不同，其訣在每對句第五字以平聲救轉，故雖拗而音節仍諧。○以此種句法爲學老杜，杜果以此種爲宗旨乎？博引繁稱，徒增支蔓耳。

查慎行：三、四「静」字、「深」字，起妙親切。劉須溪以此聯爲籠罩乾坤句。

許印芳：七律拗字，雖以第三、第五爲眼目，而關鍵全在第五字。如作平韻七言古詩，上句五字拗作仄，下句五字拗作平，此通例也，亦常法也。然作全拗詩，若但知句句拗五字，便嫌挨板，且嫌油熟。少陵妙手，慣用流水對法，側卸而下，更不板滯，此又布置之妙也。又按：杜集七律，連用平起調者凡數篇。此詩之外，有所思篇，「苦憶荆州」云云，後三聯皆平起，與此詩同；而次句與尾聯皆不拗，與此詩不同。又有城西陂泛舟詩「青蛾皓齒」云云，即事詩「暮春三月」云云，前三聯皆平起，詩皆平調。而西城詩拗次句，即事詩拗首聯，便不雷同。十二月一日三首，第二首「寒輕市上」云云，亦前三聯用平起，通首作拗體，而首句參用平調，六句及尾聯參用古調，與前二詩不同。第一首「今朝臘月」云云，四聯皆平起，重沓甚矣，而句法參用平調、拗調、古調，便不嫌其重沓。此數詩同是連用平起調，每篇上下聯及上下句，平仄各有轉换，無雷同者，亦無挨板者。學者須從變化處細心探討，始知結構之法。至於三聯、四聯連用仄起調，盛唐人王右丞每有此格。高、岑二家，間亦有作。而杜集無之，殆嫌仄起聲調不揚，力難振拔耳。然兩聯仄起調猶不弱，三聯、四聯則疲苶矣。後學以杜爲師可也。杜、王詩詳見本集，兹不備録。〇又按：七律連章詩最難出色，古來惟杜擅長。詠懷古跡五首、諸將五首、秋興八首，魄力雄厚，法律精密，後學誦習，受益無量。虚谷此書「秋日類」批杜詩云：「老杜秋興不專言秋，又以詩多，不能備取。」○紀批云「以此不取秋興，所見甚陋」，而「忠憤類」取「聞道長安」一首。○紀批云「八首取一，便減多少神采」，此等去取可謂庸妄至極。今抄杜詩不抄此篇，學者當取全詩誦習，勿如虛谷以管窺天也。○「洞門對雪常陰陰」，「雪」當作「霤」，春深不應有雪。末句亦是對結。

愁

江草日日喚愁生，巫峽泠泠非世情。盤渦鷺浴底心性，獨樹花發自分明。十年戎馬暗南國，異域賓客老孤城。渭水秦山得見否，人今罷病虎縱橫〔七〕。

方回：「南國」一本作「萬國」，說如前。

紀昀：此詩殊無可采。

何義門：言草又生而不得歸也。三、四言樂子之無知。

紀昀：此四首皆「吳體」，全不入律，與前首用拗法者不同。

晝夢

二月饒睡昏昏然，不獨夜短晝分眠。桃花氣暖眼自醉，春渚日落夢相牽。故鄉門巷荆棘底，中原君臣豺虎邊。安得務農息戰鬬，普天無吏横索錢。

何義門：落句言夢想唯此耳。

暮歸

霜寒碧梧白鶴棲，城上擊柝復烏啼。客子入門月皎皎，誰家搗練風凄凄？南渡桂水闕舟楫，北歸秦川多鼓鼙。年過半百不稱意，明日看雲還杖藜。

馮班：重出。〇妙極，勢甚闊。

紀昀：重出。

早秋苦熱堆案相仍

七月六日苦炎蒸，對食暫餐還不能。每愁夜中自足蝎，況乃秋後轉多蠅。束帶發狂欲大叫，簿書何急來相仍。南望青松架短壑，安得赤脚踏層冰？

方回：老杜詩豈人所敢選？當晝夜著几間讀之。今欲示後生以體格，乃取「吴體」五首如此。他如鄭駙馬宴洞中、九日至後崔氏草堂、曉發公安等篇，自當求之集中。

紀昀：杜詩亦有工拙，須有別裁，不至效其所短。此等依草附木之説，最悮後人。
許印芳：此論極允當。虚谷原選拗字類。此詩之前有拗體四首，其佳者已抄入第三卷中，劣者抄此一首。餘詩批語無所發明，故舍之。

何義門：此篇在「古詩」中，非「吴體」也。
紀昀：此杜極粗鄙之作。以此求杜公，杜公遠矣。

題落星寺

黄山谷

星宫遊空何時落，着地亦化爲寶坊。詩人晝吟山入座，醉客夜愕江撼牀。蜂房各自開户牖，蟻穴或夢封侯王。不知青雲梯幾級，更借瘦藤尋上方。
馮舒：第六句無謂。
馮班：妙甚。第六句凑，第五句妙甚。
紀昀：意境奇恣。此種是山谷獨闢。

落星開士深結屋，龍閣老翁來賦詩。小雨藏山客坐久，長江接天帆到遲。燕寢清香與世隔，畫圖絶妙〔八〕無人知。元注：「僧隆畫甚富，而寒山、拾得畫甚妙。」蜂房各自開户牖，處處煮茶藤一枝。

方回：此學老杜所謂拗字「吴體」格，而編山谷詩者置外集「古詩」中，非是。「各開户牖」真佳句，恐以此遂兩用之。

紀昀：拗字與「吴體」不同。

馮舒：寺中有蜂，一句亦不妨。兩言之，則冗矣。

馮班：「蜂房」比僧舍也。

查慎行：「蜂房」句在此首又位置落句，便不見佳。

紀昀：無一句而連篇兩用之理。此必後一首爲初稿，前一首爲改定之本，後人不知而存耳。

許印芳：山谷本集落星寺詩共四首，皆載外集中。史氏注：「前二首題云題落星寺。第三首題云題落星寺嵐漪軒。此三詩皆拗體七律。第四首題云往與劉道純醉卧嵐漪軒夜半取燭題壁間。此詩乃七言絶句，四詩非同時作。後人類聚於此，故詩語有重複，不可指其歲月。」此説是也。虚谷不細考本集，選其拗律二章，題目不分，概爲題落星寺，且謂「蜂房」句以其佳而兩用之。曉嵐又謂連篇無兩用之理，後詩乃未定之稿。皆誤。今從史氏注分題録詩。二詩之境界既清，其真面目始出。「蜂房」重句之病，亦不可掩矣。又按史氏注：「龍閣老翁謂山谷舅氏李公擇。元祐三年，公擇充龍圖直學士。山谷此詩，當是與公擇遊寺而作。」此説亦是。姚姬傳先生今體詩鈔選落星寺詩獨取此章，批云：「此詩真所謂似不食烟火人語。」其他選本亦多取此章，而曉嵐以重句之故，疑而不取，可怪也。○又按：「吴體」之名，始見少陵集中，愁字詩題下自注云：「强戲爲『吴體』。」其詩云：「江草日日唤愁生，巫峽泠泠非世情。盤渦鷺浴底心性，獨樹花發自分明。十年戎馬暗萬國，異域賓客老孤城。渭水秦山得見否，人今疲病虎縱横。」前三聯皆對偶，首句、四句、六句是古調，次句、三句、五句是拗調，每聯中古調、拗調參用，上下聯不黏，是爲拗調變格。尾聯上句仍用拗調，下句以平調作收，變而不失其所，此「吴體」所以爲律詩，不能混入「古詩」也。少陵集中，此體最多，不知者或誤爲古詩。山谷學杜，亦喜作此體。外集第二卷有「吴體」，詩題云二月丁卯喜雨吴體爲北門留守文潞公作，其詩云：「乘輿齋祭甘泉宫，遣使駿奔河岳中。誰與至尊分旰食，北門卧鎮司徒公。微風不動天如醉，潤物無聲春有功。三十餘年霖雨手，淹留河外作時豐。」前半散行用拗調，第三句却不拗，後半用平調，第六句却拗「春」字。通首上下相黏，全是律體，不用古調。與杜詩參用古調者迥然不同，而題目明標「吴體」。即此而觀，可見「吴體」即是拗體，亦不必盡如杜詩之奇古。虚谷批語每稱爲「拗字吴體」，原自不錯。曉嵐處處駁之，蓋未嘗遍考唐、宋以來律詩之正變，而固執己見，妄議古人。愚抄杜詩已駁紀批之誤。今抄黄詩，復詳辨之。欲學者以杜、黄二家之詩爲憑，勿爲曉嵐無稽之言所惑也。○附録：王直方詩話：「洪龜父，山谷甥也。山谷嘗問曰：『甥愛老舅何等篇？』龜父舉『黄流』、『碧樹』一聯及『蜂房』、『蟻穴』一聯，以爲深類老杜。山谷曰：『得之矣。』」○落星寺在江州廬山東。○「開」字複。

汴岸置酒贈黄十七

吾宗端居懷百憂，長歌勸之肯出遊。一作「百丈暮捲篙人休，侵星争前猶幾舟。」黄流不解涴明月，碧樹爲我生凉秋。初平羣羊置莫問，叔度千頃醉即休。一作「詩吟吾黨夜來句，酒買田翁社後篘。」誰倚柁樓吹玉笛，斗杓寒掛屋山頭。

方回：此見山谷外集。亦「吴體」。學老杜者，注脚四句可參看。必從「吾宗」起句，則五、六「初平」「叔度」黄姓事爲切。若止用「百丈」「暮捲」起句，則「吾黨」「田翁」一聯亦可也。

查慎行：可悟作詩之法。

紀昀：初平不姓黄，亦不以「吾宗」字領出。且「初平」二句不必定當用「吾宗」。

馮班：亦有氣。

紀昀：「百丈」二句對面襯出兩人汴岸間坐，勝「吾宗」二句。三、四絶佳。五、六言神仙可不必學，且與世浮沉，取醉爲佳耳。

李光垣：「休」韻重。

許印芳：曉嵐取「百丈」二句，眼力固高。而三聯取「初平」二句，切姓可厭。押韻又與「百丈」句複，斷不可從。故愚仍依虚谷之説，録「吾黨」、「田翁」一聯云。○黄名幾復。○「黄流」，黄河也。「涴」音盱，汙也。

題胡逸老致虛菴

藏書萬卷可教子，遺金滿籯常作災。能與貧人共年穀，必有明月生蚌胎。山隨宴坐畫圖出，水作夜窗風雨來。觀水觀山皆得妙，更將何物汙靈臺。

方回：末句一作「莫將世事侵兩鬢，小菴觀靜鎖靈臺。」三、四謂賑饑者必有後，此理灼然。五、六奇句也，亦近「吴體」。又山谷永州題淡山巖前詩亦全是此體。

紀昀：「莫將世事侵兩鬢，小菴觀靜鎖靈臺。」二句凡近。○此雙拗，非「吴體」也。

馮班：腹聯佳。

紀昀：三、四好在理語不腐。此詩不甚入繩墨，略其玄黄可矣，不以立法。

許印芳：律詩上下聯叠用風月山水等字，山谷以前作者皆用在前半，而且上聯總起，下聯分承，如沈雲卿龍池篇、杜子美吹笛篇是也。山谷此詩却命在後半，上聯分説，下聯總收，變化得妙，惟氣脈與前半微嫌隔閡，曉嵐所謂不甚入繩墨也。○虚谷本第五句作「畫圖出」而本集乃「圖畫出」，較爲峭健，今從本集。○「作」字複。山水叠用不爲複。「汙」讀去聲。

寒食〔九〕

張宛丘

暗空無星雲抹漆，邑犬吠野人履霜。歲云暮矣風落木，夜如何其斗插江。屋頭眠雞正寂寂，野縣嚴鼓先逢逢。摩娑老面起篝火，春色牀頭酒滿缸。

紀昀：峭拔而雄渾，與「江西」野調不同。

許印芳：「野縣」，語大不妥，且不對出句，「野」字又複次句，故易作「縣署」。〇「霜」押通韻，「頭」字複。

曉　意

城頭清角已三奏，樹間眠鳩方一鳴。風霜淒緊雁南向，星河横斜天左傾。待旦枕戈無怨敵，將朝盛服非公卿。不如衲被蒙頭睡，直至東窗海日生。

方回：宛丘「吴體」二首，皆頓挫有味，窮而不怨。蓋謫黄州時詩也。

紀昀：此篇後半不佳。〇前拗後諧，亦是古法。前諧後拗，則非法。

聞徐師川自京師歸豫章

謝無逸

九衢塵裏無停輈，君居陋巷不出遊。滿城惡少〔一〇〕弋鳧雁，對面故人風馬牛。别後〔一一〕夢寒燈火夜，歸來眼冷江湖秋。馮驩老大食不飽，起視八荒提蒯緱。

方回：謝幼槃之兄也。此「吴體」。

紀昀：此拗律，非「吴體」。

馮舒：但言「食無魚」，不言「食不飽」。唐人决不作此語。

紀昀：三句不甚可解。結句蒼莽。

飲酒示坐客

謝幼槃

身前不吝作蟲臂，身後何須留豹皮。劬勞母氏生育我，造物小兒經紀之。牙籌在手彼爲得，塊石支頭吾所師。偶逢名酒輒徑醉，兒童拍手云公癡。

方回：臨川謝邁字幼槃。兄逸，字無逸。二人俱入「江西詩派」。此學山谷，亦老杜「吴體」。三、四尤極詩之變態。

馮舒：若云「豹死何必更留皮」，文理方順。此句兼「人」字在内，則人死何緣留豹皮耶！○「江西」詩，須多學乃可作。近世李、何、王、李詩法不用近代事，至有不讀漢以後書者。視坡、谷諸公，得不自失耶？

馮班：亦有氣力。○次句文理不順。「留豹皮」亦可，只是天然不好。

紀昀：通體粗野，三、四尤甚。

張子公召飲靈感院　曾茶山

竹輿轡肩觵啞嘔，芙蕖城曉六月秋。露華猶泫草光合，晨氣欲動荷香浮。給孤獨園賴君到，伊蒲塞供爲我修。僧窗各自占山色，處處熏爐茶一甌。

方回：茶山曾公學山谷詩，有「案上黄詩屢絶編」之句。此其〔三〕生逼山谷，然亦所謂老杜「吴體」也。此體不獨用之八句律，用爲絶句尤佳，山谷荆江亭病起十絶是也。茶山有一絶云：「自公退食入僧定，心與香字俱寒灰。小兒了不解人意，正用此時持事來。」深有三昧。

紀昀：杜已先有「吴體」絶句，不始山谷。

馮班：亦好。

陸貽典：落句直抄山谷落星寺結，然却妙。

紀昀：此首較雅。

無名氏（乙）：「芙蕖」，即「荷」也。一詩中並見，何耶？

南山除夜

薰風吹船落江潭，日月除盡猶湖南。百年忽已度强半，十事不能成二三。青編中語要細讀，蒲團上禪須飽參。兒時顔狀聽渠改，瀟湘水色深挼藍。

方回：合入「時序」詩中，以其爲「拗字」、「吴體」，近追山谷，上擬老杜，故列諸此。

紀昀：五、六、七句並粗野。

次韻向君受感秋

汪浮溪

向侯拄笏意千里，肯爲俗彈頭上冠。何時盛之青瑣闥，妙語付以烏絲欄。日邊人去雁行斷，江上秋高楓葉寒。向來叔度倘公是，一見使我窮愁寬。

方回：翰林汪公彦章長於四六，中興第一，存詩不多。此效「吴體」。

紀昀：順筆直走，亦落落有致。〇詩用虚字最難工，故論者以爲厲禁。然「江西」拗體間入虚字，却不妨其格，本如是也。就詩論詩，言各有當。〇末有落落自喜之意。

許印芳：拗體用虚字，老杜已然，不獨「江西」，詳見杜集。〇「向」字複。「盛」音成。〇汪藻字彦章，號浮溪。

張褘秀才乞詩

元注：「張舊與前輩名士往還甚衆。」

吕居仁

白蓮菴中張居士，夢斷世間風馬牛。風塵表物自無意〔一三〕，神仙中人聊與游。澄江似趁北城曉，苦雨不放南山秋。君當先行我繼往，勾吴東亭留小舟。

方回：自山谷續老杜之脈，凡「江西派」皆得爲此奇調。汪彦章與吕居仁同輩行，茶山差後，皆得傳授。茶山之嗣有陸放翁，同時尤、楊、范皆能之。乃後始盛行晚唐，而高致絶焉。

馮舒：詩之妙豈在拗字？

紀昀：此體杜亦偶爲之，不專以此爲高致，此論太僻。

陸貽典：次句不通，餘亦少味。

過三衢呈劉共父　胡澹庵

别離如許每引領，邂逅幾何還着鞭。微服過宋我何敢，大國賜秦公不然。衰鬢彫零已子後，高名崒嵂方丁年。即看手握天下砥，山中宰相從雲眠。

方回：元注：「予自兵侍罷歸，從三衢城外遵陸，以兩夫肩籃輿，太守劉共父謂予云：『兩夫肩輿，甚似微服過宋。』因作此戲簡，效『吴體』。」○澹菴名銓，字邦衡。上書乞斬秦檜，坐謫嶺外及海外二十餘年，檜死乃移衡州。孝廟時始召用，至從官。平生所作精覈，效「吴體」者甚多。

馮班：老杜「吴體」，渾然天成，雖聱牙而細潤。山谷得之，便覺有似粗處。類中諸作絶妙無敵矣，下此張宛丘也，吕居仁也。曾茶山二首，則太粗而直致矣。然茶山佳者甚多，此不盡耳。

紀昀：三、四雖有本事，然終不佳。澹菴一代偉人，可不必更以詩見。

校勘記

〔一〕暮雨題瀼西新賃草屋　馮班：「雨」一作「春」，「屋」一作「堂」。〔二〕何顒　無名氏（甲）：「何」當作「周」。〔三〕王晉　陸貽典：「晉」當作「音」。〔四〕子公　按：原訛作「公子」。陸貽典：漢書作「子公」。亦是咸遺湯書，無湯子事，虚谷引或有別據，俟考。〔五〕對雪　查慎行、許印芳：「雪」當作「靁」。〔六〕黄鶴　查慎行：「鶴」當作「鵠」。〔七〕虎縱横　馮班：別本「虎」訛作「馬」。〔八〕絶妙　許印芳：「妙」亦作「筆」。〔九〕寒食　馮班：題有誤。洪謂「食」當是「夜」。紀昀：題有誤，再校本集。許印芳：「食」當作「夜」。〔一〇〕滿城惡少　紀昀：「惡少」一作「少年」。〔一一〕別後　按：原訛作「後別」，據康熙五十二年本、紀昀刊誤本校改。〔一二〕此其　紀昀：「其」當作「直」。〔一三〕無意　紀昀：「無」必「有」之誤。

瀛奎律髓彙評卷之二十六　變體類

周伯弜詩體，分四實四虛、前後虛實之異。夫詩止此四體耶？然有〔一〕大手筆焉，變化不同。用一句説景，用一句説情。或先後，或不測。此一聯既然矣，則彼一聯如何處置？今選於左，併取夫用字虛實輕重。外若不等，而意脈體格實佳，與凡變例之一二書之。

馮舒：伯弜三體，每讀使人笑來。○方君此書全不解説景處。○「四實四虛」之説，胡説也。

馮班：虛實無定體，情不離景，景不離情，何輕何重，此類誠屬多事。多讀古人書，自然變化出没，不爲偶句所束。汲汲然講變體，又增一重障礙。○何以不取崔顥黄鶴？

紀昀：「此一聯既然矣，則彼一聯如何處置？」此二句上下文俱無着，殊欠通順，可以删却。

五言 十首

上巳日徐司録林園宴集　杜工部

鬢毛垂領白，花蘂亞枝紅。欹倒衰年廢，招尋令節同。薄衣臨積水，吹面受和風。有喜留攀桂，無勞問轉蓬。

方回：「鬢毛垂領白」，言我之形容，情也；「花蘂亞枝紅」，言彼之物色，景也。既如此開劈，下面似乎難繼，却再着一句應上句，形容其老爲可憐；又着一句，言不孤物色之意。然後五、六一聯，皆是以情穿景，然結句亦不弱也。尚雙峙力緻，惟老杜能之，惟黄、陳能之，惟曾茶山、趙章泉能之。如重過何氏四句云：「蹉跎暮容色，悵望好林泉。何日沾微禄，歸山買薄田。」此等變格，豈小手段分二十字巧粧纖刻者能之乎？

馮舒：體有何常？以此爲變，真眯目妄談也。〇看此詩即可知詩無常體，乃反謂此類爲變體耶？〇大害詩者，此等議論也。

紀昀：説前六句自細密。七句「有喜」二字終湊。

無名氏（乙）：下句尤自然，類學道有得之語。

江漲又呈竇使君

向晚波微緑，連空岸却青。日兼春有暮〔一〕，愁與醉無醒。漂泊猶杯酒，踟躕此驛亭。相看萬里别〔二〕，同是一浮萍。

方回：日且暮，春亦且暮，景也。愁不醒，醉亦不醒，情也。以輕對重爲變體。且交互四字，如秤分星云。

馮舒：情不能離景，景不能離情，何輕何重？

馮班：漂泊情也，杯酒即景也，合五字讀之則情景俱在，何處硬分？下句亦同意。

紀昀：五、六生動。此亦變體，而虚谷不言。

無名氏（乙）：「轉添愁伴客，更覺老隨人。把君詩過目，念此别傷神」之類，正以次聯二句合寫見致，精神鎔冶，不屑屑在字而求變。

許印芳：此詩三、四句，不但對法是變體，句法亦是變體，虚谷未之知也。又按詩守常法，則爲笨伯。虚谷知講變體，可謂有識。然變體莫善於杜，亦莫備於杜。自來傳誦諸名篇，其獨開生面處，不可勝計。虚谷選變體詩，乃收此等平易之作爲楷式，且但於對偶間斤斤較量輕重，豈非學問淺陋故耶！

屏跡

用拙存吾道，幽居近物情。桑麻深雨露，燕雀半生成。村鼓時時急，漁舟箇箇輕。杖藜從白首，心跡喜雙清。

方回：或問「雨露」二字雙重，「生成」二字雙輕，可以爲法乎？「雨」自對「露」，「生」自對「成」，此輕重各對之法也。必善學者始能之。

馮班：若曰「雨」對「露」、「生」對「成」，便是不知老杜矣。蓋「生成」二字，即是造化。資生資始，力量相敵。後山得之矣。

紀昀：存此以爲對法則可，詩則不過清妥，非杜之極筆。

無名氏（乙）：此種詩沖融自得，意思深厚，當從大處研求。

許印芳：紀批允當，方批「重」字宜作「實」字，「輕」字宜作「虚」字。江漲又呈竇使君之批亦然。

憶江上吴處士

賈浪仙

閩國揚帆去，蟾蜍虧復圓。秋風吹渭水，落葉滿長安。此地聚會夕，當時雷雨寒。蘭橈殊未返，消息海雲端。

方回：或問此詩何以謂之變體？豈「秋風吹渭水，落葉滿長安」爲壯乎？曰：不然。此即唐人「春還上林苑，花滿洛陽城」也。其變處乃是「此地聚會夕，當時雷雨寒」，人所不敢言者。或曰：以「雷雨」對「聚會」，不偏枯乎？曰：兩輕兩重自相對，乃更有力。但謂之變體，則不可常爾。

馮舒：方君云「兩輕兩重自相對，乃更有力」，不是，都不是。

馮班：只曰以重對輕，亦曰一變例，何必曰自相對乎？

紀昀：云「不能」猶可，有何「不敢」？末二句乃爲通論。

馮舒：次聯直凌二謝。

馮班：此詩高處只在次聯，直敵過仲宣「灞陵」句矣。以區區對偶論之，去之千里。

紀昀：天骨開張，而行以灝氣。浪仙有數之作。而以五、六逆挽爲佳處，淺矣。

許印芳：唐人詩，勿論古體、律體，皆有借押通韻之例。此詩用「寒」韻，而首聯借押「先」韻，蓋「寒」、「先」通用故也。或謂「圓」字乃「團」字之訛，然「圓」字較渾雅，不必改也。

病起

嵩丘歸未得，空自責遲回。身事豈能遂，蘭花又已開。病令新作少，雨阻故人來。燈下南華卷，祛愁當酒杯。

方回：老杜此等體，多於七言律詩中變。獨賈浪仙乃能於五言律詩中變，是可喜也。昧者必謂「身事」不可對「蘭花」二字，然細味之，乃殊有味。以十字一串貫意，而一情一景自然明白。下聯更用「雨」字對「病」字，甚爲不切，而意極切，真是好詩變體之妙者也。若「往往語復默，微微雨灑松」，則其變太厓異而生澁矣。

馮舒：高不在此。

馮班：唐人頷聯常直下，何妨？

查慎行：巧生於熟則可，初學不可。

紀昀：虚谷謂「獨賈浪仙乃能於五言律詩中變」，按：亦不獨浪仙。此語欠考。○虚谷謂「以十字一串貫意，而一情一景自然明白。下聯更用『雨』字對『病』字，甚爲不切，而意極切」，此論亦允。

無名氏（乙）：骯髒不聊，在次聯十字傾瀉。

寓北原作

登原見城闕，策蹇畏炎天。日午路中客，槐花風處蟬。遠山秦樹上，清渭漢陵前。何事居人世，皆從名利牽。

方回：「日午路中客」一句似粗疏，「槐花風處蟬」句却細密，亦變體也。「秦樹」、「漢陵」及尾句俱佳。

紀昀：三、四以對照見意：人苦熱，蟬自涼耳。此烘托之法，詩家常格，非變體。

許印芳：三、四固是烘托法，然以物對人，與前病起詩「身事」、「蘭花」同一變格。虚谷之言亦自不錯，曉嵐不駁前批，而獨駁此批，何耶？

紀昀：三、四高老，惜五、六落套，結尤不成語。

無名氏（乙）：生峭。

寄宋州田中丞

古郡近南徐，關河萬里餘。相思深夜後，未答去年書。自别知音少，難忘識面初。舊山期已久，門掩數畦蔬。

方回：「相思深夜後，未答去年書。」初看甚淡，細看十字一串，不喫力而有味。浪仙善用此體，如「白髮初相識，秋山擬共登」，如「羨君無白髮，走馬過黄河」，如「萬水千山路，孤舟一月程」，皆句法之變也。如「自别知音少，難忘識面初」，又當截上二字下三字分爲兩段而觀，方見深味。蓋謂自相别之後，知音者少。「自别」二字極有力；而最難忘者，尤在識面之初。老杜有此句法，「每語見許文章伯」之類是也。「不寐防巴虎，全生狎楚童」，亦是也。山谷「欲嗔王母惜，稍慧女兄詩」，亦是也。

紀昀：此一段議論俱細密。

紀昀：一氣清空。在長江集又是一格。

許印芳：三、四用流水對，五、六用逆挽法，與前詩同一用筆。虛谷所論，一句分爲兩段者，即詩家所謂折腰句也。然此格猶止兩層意思，又有一句三轉灣法，意思尤深厚，如老杜「感時花濺淚，恨别鳥驚心」、「地平江動蜀，天闊樹浮秦」、「勳業頻看鏡，行藏獨倚樓」、「古牆猶竹色，虛閣自松聲」之類是也。凡五律句法，一意直下者，味薄氣弱，每難出色。須參以兩折、三折之句，疏密相間，方臻妙境，學者宜知之。

寄張文潛舍人

陳後山

今代張平子，雄深次子長。名高三俊上，官立右螭傍。車笠吾何恨，飛騰子莫量。時平身早達，未用夢凝香。

方回：「君乘車，我戴笠，他日相逢下車揖。」此所謂車笠之盟也。「車笠」二字實，以對「飛騰」

二虚字，可乎？曰：老杜「雨露」對「生成」有例；後山又有詩曰：「預知河嶺阻，不作往來頻。」「聲言隨地改，吴越到江分。」皆是以輕對重。

馮舒：子長如何只説雄深？

馮班：首句有病。次句湊，不讀書人語。

紀昀：綽有老健之氣。

許印芳：「子」字複。

老柏

勝果院後有柏，見之二十餘年，疏瘦如故。予寓其舍，數以水灌之，遂有生意。

紀昀：後山集誤以序爲題，賴此校正。

許印芳：序前但言柏樹疏瘦，不言枯朽。序末「生意」句遂覺突出無根，此不可學。

庭柏無生意，摧殘二十秋。稍沾杯水潤，已與歲寒謀。黄裏青青出，愁邊稍稍瘳。會看笙鶴下，暮雀莫深投。

方回：「黄裏青青出」，用三箇顔色字。「愁邊稍稍瘳」，却只平淡不帶顔色字，此與「襟三江，帶五湖，控蠻荆，引甌越」同例。如張宛丘七言有曰：「白頭青鬢有存没，落日斷霞無古今。」互换錯綜，而此尤奇矣。是爲變體。

查慎行：句中自相對，古有此格。如此詩「青」可對「黄」。若「稍」如何對「愁」？且句意亦拙。

紀昀：文潛二句是就句對，又別一格。引類未的。

許印芳：此詩五、六句，即前詩以虛對實之法。虚谷引類不合，曉嵐駁之甚是。

馮舒：第四殆不解捉筆。

許印芳：「稍」字複。

歲月那能記，風霜亦飽經〔四〕。槁乾仍故節，潤澤出新青。色與江波共，聲留静夜聽。輝輝垂重露，點點綴流螢。

方回：尾句謂柏葉之上，「輝輝垂重露」，遥見之者如「點點綴流螢」也。試嘗於月下看樹木，皆然。老杜云：「月明垂葉露。」此句暗合。唐人詩「聽雨寒更盡，開門落葉深」、「微陽下喬木，遠燒入秋山」，與此同例。是爲變體。

紀昀：末一語自佳。然作結句，則少味、少力。不比「微陽下喬木」，「聽雨寒更盡」二詩，用作偶句，尚有結裹在也。

許印芳：虚谷所論，自是詩家一格。然亦未可拘泥。蓋此詩尾聯，本是對句。如虚谷解兩句串作一事，未免單弱，是以作結，少味、少力。若截然分爲兩事，以之收拾全詩，且有餘勁，曉嵐尚得斥其少味、少力哉！

七言 十九首

江上值水如海勢聊短述

杜工部

爲人性僻耽佳句，語不驚人死不休。老去詩篇渾漫興〔五〕，春來花鳥莫深愁。新添水檻供垂釣，故着浮槎替入舟。焉得思如陶謝手，令渠述作與同游。

方回：以「詩篇」對「花鳥」，此爲變體。後來者又善於推廣云。

馮班：若只搜索幾個字，何難之有？

查慎行：此篇借題以寓作詩之法，觀起結可見。

何義門：「水如海勢」，驚人之景。乃止「短述」、「漫興」云爾。

紀昀：此詩究不稱題。論者曲爲之説，殊爲附會。

無名氏（乙）：味次句，學詩者豈可安庸鈍乎？杜公教我矣。

許印芳：詩於江水如海，全未着筆。五、六雖説水，却是常語，不稱如海之勢，故曉嵐貶之。起二句立志甚高，然必説破，便嫌淺露。次句尤嫌火氣太重，大非雅人吐屬。此等皆不可學。

九日

重陽獨酌〔六〕盃中酒，抱病起登〔七〕江上臺。竹葉於人既無分，菊花從此不須開。殊方日落玄猿哭，舊國霜前白雁來。弟妹蕭條各何在，干戈衰謝兩相催。

方回：此「竹葉」，酒也，以對「菊花」，是爲真對假，亦變體。「於人既無分」「從此不須開」，於虚字上十分着力。

紀昀：此常格。○真對假乃常格，不得謂之變體。前四句筆筆峭健，後四句以哀曼收之，聲情俱佳。

查慎行：牧之七律，得法於此三、四句。

何義門：首聯「衰謝」，腹聯「干戈」。

無名氏（乙）：八句對，清空一氣如話。○次聯十四字句磊落伉健，揮洒極筆，又接以頸聯之陡振，千古一人而已。○如此大手筆，何屑屑以變體論？

許印芳：八句對。

去年登高鄓縣北，今日重在涪江濱。苦遭白髮不相放，羞見黄花無數新。世亂鬱鬱久爲客，路難悠悠長傍人。酒闌却憶十年事，腸斷驪山清路塵。

方回：此兩首皆當入「節序類」。以其爲變體之祖，故入此。「白髮」，人事也。「黄花」，天時也。亦景對情之謂。後人九日詩，無不以「白髮」對「黄花」，皆本老杜。如「即今蓬鬢改，但愧菊花開」，亦是。「苦遭」「羞見」，乃虚字着力處。

紀昀：此亦正對。如此種皆謂之變體，則除丁卯板對以外，無非變體矣。

紀昀：此首未佳。

無名氏(乙)：高亮。無此健筆，即不堪爲此體。○亦十四字屈盤如鐵，情思激昂不歇。

許印芳：「白髮」、「黄花」之對，自老杜創出，後人公然勦襲。如陳後山「九日清樽欺白髮，十年爲客負黄花」之類，指不勝屈，已成濫套，不可效尤。後山九日詩又有句云：「人事自生今日意，寒花只作去年香。」對法亦本老杜，而不襲其詞，變化得妙。學者當以此種爲法。○此拗律之正變相參者，一、三聯是變格，二、四聯是正格。○「年」字、「路」字皆複。

齊山〔八〕　杜牧之

江涵秋影雁初飛，與客携壺上翠微。塵世難逢開口笑，菊花須插滿頭歸。但將酩酊酬佳節，不用登臨怨落暉。古往今來只如此，牛山何必淚沾衣〔九〕。

方回：此以「塵世」對「菊花」，開闔抑揚，殊無斧鑿痕，又變體之俊者。後人得其法，則詩如禪家散聖矣。

馮舒：牧之才大，對偶收拾不住，何變之有！

查慎行：第四句少陵成語。

何義門：此詩變幻不測，體自渾成。

紀昀：前四句自好，後四句却似樂天。「不用」、「何必」，字與意并複，尤爲礙格。

無名氏（乙）：次聯名句不磨，胸次豁然。

送春　蘇東坡

夢裏青春可得追，欲將詩句絆餘暉。酒闌病客惟思睡，蜜熟黄蜂亦嬾飛。芍藥櫻桃俱掃地，鬢絲禪榻兩忘機。憑君借取法界觀，一洗人間萬事非。

方回：「酒闌病客惟思睡」，我也，情也。「蜜熟黄蜂亦嬾飛」，物也，景也。「芍藥櫻桃俱掃地」，景也。「鬢絲禪榻兩忘機」，情也。一輕一重，一來一往，所謂四實四虚。前後虚實，又當何如下手？至此則知繫風捕影，未易言矣。坡妙年詩律頗寬，至晚年乃神妙流動。

馮舒：亦是才高，故可縱横如意，執變體二字擬之，千里萬里。

馮班：大手自然不同，豈可以尋常蹊徑束之乎？

何義門：此亦和子由。

紀昀：三、四兩句是對面烘染法。好在「亦」字，上下鎔成一片。

無名氏（乙）：四句一氣揮斥，曲折排宕。惟坡公沛然爲之有餘，是天才，不可及。

許印芳：紀昀批本集云：「第四句對得奇變。此對面烘托法。末聯上句用五仄落脚，下句『萬』字宜用平聲。此亦小疵。」按：七律平起式，上句第五字拗作仄，下句第五字宜拗作平以救之。若第五、第六皆拗作仄，尤不可不救，此正格也。有不救者，乃是變格，古人詩中亦多有之，却不得指爲疵病。曉嵐之言，殆未博考詩家變格耳。○「覰」，去聲。

首夏官舍即事

安石榴花開最遲，絳裙深樹出幽菲。吾廬想見無限好，客子倦遊胡不歸？座上一樽雖得滿，古來四事巧相違。令人却憶湖邊寺，垂柳陰陰晝掩扉。

方回：此詩變體，他人殆難繼也。首唱兩句自說榴花，下面如何着語，似乎甚難。却自想吾廬之好，而恨此身之未歸。第五、第六却又謂不是無酒，只是心事自不樂爾。至尾句却又擺脱，而歸宿於湖上之寺。蓋謂雖未可遽歸，一出遊僧舍亦可也。變體如此難學，姑書之以見蘇公大手筆之異。如初夏賀新郎詞後一段全説榴花，亦他人所不能也。如老杜「即看燕子入山扉」以下四句説景，却將四句説情，則甚易爾。善變者將四句説景括作一句，又將四句説情括作一句，以成一聯，斯謂之難。

馮舒：何用許多閑講？

紀昀：説此詩意甚細確。

馮班：趁筆所之，自然如意。

何義門：時新自杭倅還密守，故有落句。

無名氏（乙）：純於空處宕折。

次韻蓋郎中率郭郎中休官　黄山谷

世態已更千變盡，心源不受一塵侵。一作「險阻艱難親得力，是非憂患飽經心」。青春白日無公事，紫燕黄鸝俱好音。付與兒孫知伏臘，聽教魚鳥遂飛沉。黄公壚下曾知味，定是逃禪入少林。

方回：「青春白日」「紫燕黄鸝」，變體。

紀昀：此就句對，亦非變體。

紀昀：此種句法屢用，亦是濫調。〇五、六兩句却對得活變。

許印芳：宋詩好作理語，往往腐氣熏人。此詩次句亦理語，而尚不惡。曉嵐抹之，未免太刻。三、四自是佳句，曉嵐謂屢用亦是濫調。則凡詩皆然，不獨此一聯也。〇「黄」字、「公」字俱複。首聯一作「險阻艱難親得力，是非憂患飽經心」，與次聯調複，不可從。〇原選只録後章，今全録之：「仕路風波雙白髮，閒曹笑傲兩詩流。故人相見自青眼，新貴即今多點頭。桃葉柳花明曉市，荻芽蒲笋上春洲。定知趁健休官去，酒户家園得自由。」「自」字複。此首前半蘊藉，後半亦稱，虚谷何以棄之？

次韻郭右曹

閲世行將老斵輪，那能不朽見仍雲。歲中日月又除盡，聖處工夫無半分。秋水寒沙魚得計，南山濃霧豹成文。古心自有着鞭地，尺璧分陰未當勤。

方回：「歲中日月又除盡」，景也。「聖處工夫無半分」，情也。賈島「身事豈能遂，蘭花又已開」，當一律觀。老杜「竹葉」「菊花」一聯，又「白髮」「黃花」一聯，即是此樣手段。

紀昀：「惜年光」正是情，評謬。

馮舒：村甚。

紀昀：腐氣太重。

和師厚郊居示里中諸君

籬邊黃菊關心事，牕外青山不世情。江橘千頭供歲計，秋蛙一部洗朝酲。歸鴻往燕競時節，宿草新墳多友生。身後功名空自重，眼前樽酒未宜輕。

方回：「歸鴻往燕競時節」，天時也。「宿草新墳多友生」，人事也。亦一景對一情。上面四句用「菊」「山」「橘」「蛙」四物，亦不覺冗。山谷詩變體極多，「明月清風非俗物，輕裘肥馬謝兒曹。」「功名富貴兩蝸角，險阻艱難一酒杯。」「春風春雨花經眼，江北江南水拍天。」「碧嶂清江元有宅，黃魚紫蟹不論錢。」上八字各自爲對。如「洞庭歸客有佳句，庾嶺疎梅如小棠。」「公庭休更進湯餅，語燕無人窺井欄。」則變之又變，在律詩中神動鬼飛，不可測也。

紀昀：「歸鴻往燕」，言時光之易逝。「宿草新墳」，言人事之難久。起末二句之意硬分情景，未得作者之意。○「洞庭」「公庭」，此二聯究不佳。

紀昀：山谷謹飭之作。

許印芳：此詩五、六及虚谷所引諸聯，皆就句對。即前詩三、四對法。虚谷以爲變體，曉嵐已於前批駁之，此詩原批變體云云，愚已删去。○八句皆對。「醒」從呈，病酒也。○師厚姓謝，名景初，山谷婦翁也。

次韻春懷

陳後山

老形已具臂膝痛，春事無多櫻笋來。敗絮不温生蟣蝨，大杯覆酒着塵埃。衰年此日仍爲客，舊國當時只廢臺。河嶺尚堪供極目，少年爲句未須哀。

方回：後山詩瘦鐵屈蟠，海底珊瑚枝，不足以喻其深勁。「老形已具臂膝痛」，身欲老也。「春事無多櫻笋來」，春欲盡也。前輩詩中千百人，無後山此二句。以一句情對一句景，輕重彼我，沉着深鬱，中有無窮之味，是爲變體。至如「蟣蝨」「塵埃」一聯，所用字有前例，亦佳。

紀昀：起二句殊有別味，四句野甚。

早　起

隣雞接響作三鳴，殘點連聲殺五更。寒氣挾霜侵敗絮，賓鴻將子度微明。有家無食惟高枕，百巧千窮只短檠。翰墨日疏身日遠，世間安得尚虚名！

方回：「有家無食」、「百巧千窮」，各自爲對，變體也。如「寒氣挾霜侵敗絮，賓鴻將子度微明」，輕重互换，愈見其妙。一篇之中，四句皆用變體，如「熟路長驅聊緩步，百全一發不虚弦」，即此所評之變體。如「喬木下泉餘故國，黄鸝白鳥解人情」，「含紅破白連連好，度水吹香故故長」，「隱几忘言終不近，白頭青簡兩相催」，不以顔色對顔色，猶不以數目對數目，而各自爲對，皆變體也。

紀昀：重出。評語不同，却各明一義，不妨并存。

春日

張宛丘

輝輝暖日弄游絲，風軟晴雲緩緩飛。殘雪暗隨冰筍滴，新春偷向柳梢歸。可憐客鬢蹉跎老，每惜梅花取次稀。何事都城輕薄子，買懽沽酒試春衣。

方回：此亦以「客鬢」對「梅花」，皆自老杜「鬢毛」、「花蕊」一聯發之。

馮舒：「冰筍」事可用。○落句何以責之？

紀昀：調亦流美，但少深致耳。○結意太淺。

無名氏（乙）：蒼勁有情。

懷天經智老因以訪之

陳簡齋

今年二月凍初融，睡起苕溪綠向東。客子光陰詩卷裏，杏花消息雨聲中。西庵禪伯還多病，北柵儒仙只固窮。忽憶輕舟尋二子，綸巾鶴氅試春風。

方回：以「客子」對「杏花」，以「雨聲」對「詩卷」。一我一物，一情一景，變化至此，乃老杜「即今蓬鬢改，但愧菊花開」，賈島「身事豈能遂，蘭花又已開」，翻窠換臼，至簡齋而益奇也。後山「老形已具臂膝痛，春事無多櫻筍來」一聯，極其酸苦，而此聯有富貴閒雅之味。後山窮，簡齋達，亦可覘云。

馮舒：第二句，睡時不向西！○此老尚不厭。

紀昀：次句言睡起出門，正見苕溪東流耳。馮氏以睡時不向西詆之，太苛。

許印芳：「氅」音倘，從「尚」不從「尚」。

寓居劉倉廨中晚步過鄭倉臺上

紗巾竹杖過荒陂，滿面春風二月時。世事紛紛人老易，春陰漠漠絮飛遲。士衡去國三間屋，子美登臺七字詩。草遶天西青不盡，故園歸計入支頤。

方回：以「世事」對「春陰」，以「人老」對「絮飛」。一句情，一句景，與前「客子」「杏花」之句，律令無異。但如此下兩句，後面難措手。簡齋胸次却會變化斡旋，全不覺難。此變體之極也。

馮班：村態。不好在「三」字、「七」字。

紀昀：三、四兩句意境深微，勝「客子」「光陰」二句。○馮云「七字」二字村態，不好。

無名氏（乙）：次聯佳句縈人懷。

許印芳：馮氏此言，亦是吹毛求疵，不足爲據。

重陽

去歲重陽已百憂，今年依舊歎羈遊。籬底菊花惟解笑，鏡中頭髮不禁秋。涼風又落宫南木，老雁孤鳴漢北洲〔一〇〕。如許行年那可記，漫排詩句寫新愁。

方回：「菊花」對「頭髮」，即老杜「蓬鬢」「菊花」一聯定例。

馮舒：有何定例？

紀昀：「定」字固甚。

紀昀：「頭髮」二字不雅，此避「黃花」「白髮」耳。

無名氏（乙）：次聯粗樸，却妍細。

對酒

新詩滿眼不能裁，鳥度雲移落酒杯。官裏簿書無日了，樓頭風雨見秋來。是非衮衮書生老，歲月匆匆燕子回。笑撫江南竹根枕，一樽呼起鼻中雷。

方回：此詩中兩聯俱用變體，各以一句説情，一句説景，奇矣。坡詞有云：「官事何時畢？風雨處，無多日。」即前聯意也。後聯即與前詩「世事紛紛」「春陰漠漠」一聯用意亦同，是爲變體。學許渾詩者能之乎？此非深透老杜、山谷、後山三關不能也。

查慎行：東坡「官事無窮何日了，菊花有信不吾欺」，獨非變體而簡齋所取裁者乎？

紀昀：不必定説到此。

紀昀：結不雅。

許印芳：末句謂醉後酣眠，而措語近俗。此評甚是。愚謂簡齋好用「衮衮」字，亦是習氣。此詩第五句「衮衮」字與「是非」不甚融洽，亦劣句也。〇「書」字複。

陪粹翁舉酒於君子亭亭下海棠方開

世故驅人殊未央，聊從地主借繩牀。春風浩浩吹遊子，暮雨霏霏濕海棠。去國衣冠無態度，隔簾花葉有輝光。使君禮數能寬否？酒味撩人我欲狂。

方回：此詩中四句皆變，兩句説己，兩句説花，而錯綜用之。意謂花自好，人自愁耳。亦其才能驅駕，豈若瑣瑣鐫砌者之詩哉！

無名氏（乙）：此論極合。

馮班：陳詩首首妙，句句佳，看他是何氣象？何等格局？如見太白、仲連，不敢論鄙事矣。

紀昀：次聯從杜詩「風吹客衣日杲杲，樹覺離思花冥冥」化出，却無痕迹。三、四兩句又勝「世事紛紛」一聯。○「無態度」三字不雅，未熨貼。

許印芳：此評是。愚謂第二句與前秋日客思詩重複，亦是一病。○「人」字複。

清明

雨晴〔二〕閒步澗邊沙，行入荒林聞亂鴉。寒食清明驚客意，暖風遲日醉梨花。書生投老王官谷，壯士偷生漂母家。不用秋韆與蹴踘，只將詩句答年華。

方回：三、四變體，又頗新異。嗚呼古今詩人當以老杜、山谷、後山、簡齋四家爲一祖三宗，餘可預配饗者有數焉。

馮班：山谷著他看門，後山著他掃地，簡齋姑用捧茶。看門者雖入其家門户，然實門外漢。主人行住坐卧頗亦知之，而堂奥中事實則茫然也。掃地者，塵垢多也。捧茶頗近人，童子事耳，然頗得主人意。茶山、昌父則又從閽人問主人起居者，未必不是，實則不是也。○嗚呼，此專論七言律！

無名氏（乙）：三家固自佳，遽定爲一祖三宗，亦方氏一家説也。

馮舒：「偷生」句，史只言進食，不曾説到「漂母家」。子美有此漏逗否？

馮班：「偷生」句全不妥，不惟「家」字也。

陸貽典：「家」字湊。

許印芳：律詩前半用疊筆者，詞語不爲犯複。此詩非用疊筆，而首句清明與三句犯複，太失檢點，學者戒之。○詩家變體，非一端可盡。虚谷詩學，只於字句上用工夫，故所選律髓一書，專取字句。其講變體，但取對法活變，又但取虚實相對之一法。全卷選詩二十九首，批詞二千餘言，凡言一輕一重，一物一我，一景一情，不出虚實二字。此二字不能盡律體之變，並不能悉對法之變。學者欲窮其變，取古大家諸名篇熟讀深思，又取列代名家諸名篇參觀互勘，庶幾悉其變態耳。

睡起

范石湖

憨憨與世共兒嬉，兀兀從人笑我癡。閒裏事忙晴曬藥，静中機動夜争棋。心情詩卷無佳句，時節梅花有好枝。熟睡覺來何所欠，氈根香軟飯流匙。

方回：淳熙十四年丁未春，石湖作此詩。年六十二。可作平生詩第一。「心情詩卷無佳句」，言情思。「時節梅花有好枝」，言景物。詩變體至此不可加矣。上兩句又自不覺其冗，絶作也。

紀昀：虚谷云：「此可作平生詩第一」，亦未必然。○此變體亦無異諸人，何以獨不可加？

紀昀：語太薄弱，起二句尤滑尤濫。○「氈根」，羊也。蓋氈以羊毛爲之，而羊者毛之根也。此用入詩，終俚。○此卷分類雖未安，而所選諸詩較他卷爲完美。虚谷所評，亦不甚支離。蓋其生平學問，盡在此矣。

校勘記

〔一〕然有　紀昀：「然」字衍。〔二〕春有暮　李光垣：「共」訛「有」。〔三〕萬里別　馮班：「別」一作「外」。〔四〕亦飽經　許印芳：「亦」一作「實」。〔五〕渾漫興　查慎行：「興」當作「與」，東坡、半山俱用以叶韻。〔六〕重陽獨酌　馮班：「獨酌」一作「少飲」。〔七〕起登　馮班：「起」一作「豈」。〔八〕齊山　馮班：一作「九日齊山登高」。〔九〕淚沾衣　馮班：「淚」一作「獨」。〔一〇〕漢北洲　按：「洲」原訛作「州」，據康熙五十二年本、紀昀刊誤本校改。〔一一〕雨晴　紀昀刊誤本作「清明」。

瀛奎律髓彙評

〔元〕方回 選評
李慶甲 集評校點

四

上海古籍出版社

瀛奎律髓彙評卷之二十七　着題類

着題詩，即六義之所謂賦而有比焉，極天下之最難。石曼卿紅梅詩有曰：「認桃無緑葉，辨杏有青枝。」不爲東坡所取，故曰：「題詩必此詩，定知非詩人。」然不切題，又落汗漫。今除梅花、雪、月、晴雨爲專類外，凡雜賦體物肖形，語意精到者，選諸此。

馮舒：「賦而有比」，四字盡矣。東坡云：「題詩必此詩，定知非詩人。」二語妙極，然坡詩未始非着題也。

馮班：詩緣情而綺靡，賦體物而瀏亮。全作體物語而無託興，非詩人語也。然宋人以後不得廢着題詩矣，少作可也，如老杜咏物乃爲最佳。唐人只賦意，便自生動；宋人黏滯，所以不及。○方君云：「體物肖形，語意精到。」宋人詩好煞，只得此八字，唐人玄遠處未夢見。

紀昀：「賦而有比」，此語是。○「題詩必此詩，定知非詩人。」此論亦是。

五言　三十首

房兵曹胡馬　杜工部

胡馬大宛名，鋒稜瘦骨成。竹批雙耳峻，風入四蹄輕。所向無空闊，真堪託死生。驍騰有如此，萬里可横行。

方回：自漢天馬歌以來，至李、杜集中諸馬詩始皆超絶，蘇、黄及張文潛畫馬詩亦然，他人集所無也。學者宜自撿觀。此但選五言律之一耳。

馮舒：落句似複。

馮班：力能扛鼎，勢可拔山。

何義門：第五，馬之力。第六，馬之德。

紀昀：後四句撇手遊行，不蹋於題，妙。仍是題所應有，如此乃可以咏物。

無名氏（甲）：凡經少陵刻畫，便成典故，堪與史、漢並傳。

無名氏（乙）：「竹批」句小巧，對得飄忽；五、六便覺神旺氣高。

許印芳：「宛」，平聲。

畫鷹

素練風霜起，蒼鷹畫作殊。攫身思狡兔，側目似愁胡。絛鏇光堪擿，軒楹勢可呼。何當擊凡鳥，毛血灑平蕪。「攫」，荀勇切，猶竦身也。鷹出於岱北〔一〕，胡地也。「絛鏇」，圓轆轤也，所畫絆鷹之絛。「鏇」，徐釧切，光而堪擿取也。

紀昀：解四句謬。

方回：此詠畫鷹，極其飛動。「攫身」「側目」一聯已曲盡其妙。「堪擿」「可呼」一聯，又足見爲畫而非真。王介甫虎圖行亦出於此耳。「目光夾鏡當坐隅」，即第五句也。「此物安可來庭除」，即第六句也。「何當擊凡鳥，毛血灑平蕪。」子美胸中憤世疾邪，又以寓見深意。謂焉得烈士有如真鷹，能搏掃庸繆之流也。蓋亦以譏夫貌之似而無能爲者也。詩至此神矣。

紀昀：虛谷云「蓋亦以譏夫貌之似而無能爲者也」，無此意。

馮班：如此詠物，後人何處效顰？山谷瑣碎作新語，去之千里。○唐人只賦意，所以生動。宋人黏滯，所以不及。

陸貽典：咏物只賦大意，自然生動，晚唐便傷於纖巧。

查慎行：全篇多用虛字寫出畫意。

何義門：落句反醒畫字，兜裹超脱。

紀昀：起筆有神，所謂頂上圓光。五、六清出是畫，「何當」二字乃有根。

無名氏（乙）：極動宕之致，到底不離「畫」字。

許印芳：凡寫畫景，以真景伴説乃佳。此詩首聯説畫，次聯説真，三聯承首聯，尾聯承次聯，其歸宿在真景上，可悟題畫之法。惟第七句「凡鳥」當作「妖鳥」，老杜下字尚有未穩處。詩蓋作於中年，若老年則所謂「晚節漸於詩律細」，無此疵纇矣。

孤雁

孤雁不飲啄，飛鳴聲念羣。誰憐一片影，相失萬重雲。望盡似猶見，哀多如更聞。野鴉無意緒，鳴噪自紛紛。

方回：唐末有鮑當爲孤雁詩，因謂之「鮑孤雁」，亦未能逮此。

馮舒：詩中所應有，無所不有，詩中周、孔也。

查慎行：次聯筆意空闊。

李天生：着意寫「孤」字，直探其微，而無一筆落呆。

何義門：五、六遥遥一雁在前，又隱隱一羣在後，虚摹「孤」字入神。〇亦自喻差池流落，遠去王室也。

紀昀：前半就孤雁意中寫，三、四自然。後半就咏孤雁者意中寫，不着一分裝點。結稍露骨；託之咏物，尚不甚礙耳。

許印芳：全詩主意在第二句。三、四固佳，五、六尤沈刻。世人但知學三、四之自然，往往流爲浮滑淺率，正宜學五、六以救之。結句「野鴉」襯「雁」，「紛紛」襯「孤」。題字無一落空，此法律謹嚴處。○「鳴」字複。

螢火

幸因腐草出，敢近太陽飛？未足臨書卷，時能點客衣。隨風隔幔小，帶雨傍林微。十月清霜重，飄零何處歸。

方回：老杜詩集大成，於「着題詩」無不警策。説者謂此詩「腐草」「太陽」之句以譏李輔國。凡評詩，政不當如此刻切拘泥。言之者無罪，聞之者足以戒。大丈夫耿耿者，不當爲螢爝微光，於此自無相關。世之僅明忽晦不常者，又豈一輔國？則見此詩而自愧矣。學者觀大指可也。

馮班：此評在是非之間。用事之法，取材宜清，用意宜切，湊合宜贍，言盡而意有餘。如詩人用鳥獸草木爲比興者，上也；直用古事，言切理舉者次也；鍛煉華詞，以助文章者下也。詞繁意寡則昏睡耳目，學「西崑」者往往有此病。至「江西」之文，欲用新事而意爲事使，冗碎乖僻，取材欠清，讀之使人不喜。然山谷文有力，氣勢勁折，固是高手。後山五言詩，則杜詩之面也，最不可學。

查慎行：詩家賦物，毋論大小妍醜，必有比況寄託。即以擬人，亦未爲失倫。如良馬以比君子，青蠅以喻讒人，如此者不一而足。必欲取一事一人以實之，隘矣。此評能見大意，學者可以類推。

紀昀：此真通人之論。○虚谷云：「大丈夫耿耿者，不當爲螢爝微光，於此自無相關。世之僅明忽晦不常者，又豈一輔國，則見此詩而自愧矣。」此數句語意皆不了了，删去直接「學者」句，則善矣。

許印芳：大家之詩，必非無爲而作，小小詠物，亦有寓意。詳味此詩語意，確係譏刺小人，但不可指實其人耳。若一指實，必有穿鑿附會之病。且一直道破，味同嚼蠟。虚谷但觀大指之説最當。

何義門：句句妙。刺詩仍帶閔惜，故味長。

紀昀：螢不晝飛，「敢」者豈敢也。末句似自寓飄零之感。

許印芳：末二語指小人積惡滅身言。措詞和婉，有哀憐意，有警醒意，是真詩人之筆。曉嵐解爲「自寓飄零之感」，與全詩語意不合，未可從也。

許印芳：以上四詩皆詠物體，故方氏選入「着題類」。學者當於傳神寫意處細心體會，又當觀其筆法變化各出機杼之妙。即一起筆點題，有順有逆，有明有暗。順與明常法也，可以常用；逆與暗變法也，可以參用。總之無一定之法，在學者善自領悟耳。

嚴鄭公同詠竹得香字

緑竹半含籜，新梢纔出牆。色侵書帙晚，陰過酒樽涼。雨洗涓涓浄，風吹細細香。但令無剪伐，會見拂雲長。

方回：疑者謂「細細香」非所以題竹。於新竹含籜時審之，老杜非過許也，竹林自有一種奇氣。

紀昀：「奇」字不妥，當改「清」字。

何義門：「晚」字、「涼」字妙。

紀昀：此首平庸。時在嚴幕下，故末二句借以託意。

柳　邊

只道梅花發，那知柳亦新。枝枝總到地，葉葉自開春。紫燕時翻翼，黄鸝不露身。漢南應老盡，灞上遠愁人。

方回：前輩最喜「葉葉自開春」，其實十字俱精。「漢南」，老「樹〔二〕猶如此，我何以堪」事。「灞上」，借以指亞夫細柳營也。意極悽婉。老杜着題之佳者不一，如薤云：「束比青蒭色，圓齊玉筋頭。」如鸚鵡云：「翠衿渾短盡，紅嘴漫多知。」如黄魚云：「脂膏兼飼犬，長大不容身。」如歸雁云：「雲裏相呼疾，沙邊自宿稀。」又云：「是物關兵氣，何時免客愁？」皆工而有味。

馮舒：落句是六朝舊法，正用細柳事，非借也。乃知虚谷全不曉古來用事法。

紀昀：此灞上自指灞橋送行，有云借用細柳，馮云不借，俱誤也。○「枝枝」句豈可云精？

○忽拈此數聯，又皆不佳，不可解。

馮班：似庾信。妙在起句。○解此落句，否。齊、梁體格也。陳無己多如此，便不佳。

紀昀：此首拙鄙，勿以杜而爲之辭。

病蟬

賈島

病蟬飛不得，向我掌中行。折翼猶能薄，酸吟尚極清。露華凝在腹，塵點誤侵睛。黄雀并鳶鳥，俱懷害爾情。

方回：賈浪仙詩得老杜之瘦而用意苦矣。蟬有何病？殆偶見之，託物寄情，喻寒士之不遇也。中四句極其奇澀，而「塵點誤侵睛」，尤亘古詩人所未道，故曰浪仙用意苦矣。

馮班：此有所刺也。

紀昀：虚谷云：「賈浪仙詩得老杜之瘦而用意苦矣。」此解確。又云：「中四句極其奇澀。」未嘗澀。

馮舒：鎪雕如鬼工。○「四靈」腹聯之外，便無餘力，不得長江一支也。

查慎行：第三句費解。○結有防微遠患之戒。

紀昀：次句領下四句，惟在「掌中」，故得細看、細寫。四句極刻畫而自然，不得目以奇澀。

别鶴

雙鶴出雲溪，分飛各自迷。空巢在松頂，折羽落江泥。尋水終不飲，逢林亦未棲。别離應易老，萬里兩淒淒。

方回：此寓言，似寫離别者之苦。

紀昀：此殊凡近，五、六尤不佳。

古樹

古樹枝柯少，枯來復幾春。露根堪繫馬，空腹定藏人。蠹節莓苔老，燒根霹靂新。若當江浦上，行客祭爲神。

方回：一古樹耳，模寫至此。妙甚。尾句尤佳。

馮班：腹聯勝頷聯。

陸貽典：此詩甚有才氣。

紀昀：語皆平平。三句本枯樹賦，末二句託意亦淺。

賦得古原草送别

白樂天

離離原上草，一歲一枯榮。野火燒不盡，春風吹又生。遠芳侵古道，晴翠接荒城。又送王孫去，萋萋滿别情。

方回：「春風吹又生」一聯，樂天妙年以此見知於顧況。

馮舒：逋翁真巨眼。

查慎行：人但知三、四之佳，不知先有「一歲一枯榮」句緊接上，方更精神。試置之他處，當亦索然。

紀昀：此猶是未放筆時，後乃愈老愈頽唐矣。

許印芳：「又」字複。○白居易，字樂天，自號香山居士。太原人。官少傅，封馮翊縣侯，謚曰文。

賦得邊城角

邊角兩三枝，霜天隴上兒。望鄉相並立，向月一時吹。戰馬頭皆舉，征人首盡垂。嗚嗚三奏罷，城上展旌旗。

方回：尾句無力，三、四好，第五句尤好。

紀昀：五、六俚陋至極。

孤雁

崔塗

幾行歸塞盡，念爾獨何之。暮雨相呼疾，寒塘欲下遲。渚雲低暗度，關月冷相隨〔三〕。未必逢矰繳，孤飛自可疑。

方回：老杜云：「誰憐一片影，相失萬重雲。」此云：「暮雨相呼疾，寒塘欲下遲。」亦有味，而不及老杜之萬鈞力也。爲江湖孤客者，當以此尾句觀之。

何義門：「念」字貫注到落句。

查慎行：結意更深。

紀昀：「相呼」則不孤矣，三句有病。「寒塘」句不言孤而是孤，不言雁而是雁，此爲句外傳神。

「渚雲」二句反襯出「孤」字。結處展過一步，曲折深至，語切境真，寓情無限。

許印芳：孤雁乃失偶之雁，而未嘗無羣，「相呼」者呼其羣也。曉嵐訾之，非是。○「相」字複。

杜中丞書院新移小竹

王　建

此地本無竹，遠從山寺移。經年求養法，隔日記澆時。嫩緑長新葉，殘黄收故枝。色經寒不動，聲與静相宜。愛護出常數，稀稠看自知。貧家緣未有，客散獨行遲。

方回：所點兩聯甚佳。

紀昀：所點皆是小樣範，「色經」句尤拙，不但不佳也。

馮舒：全篇好。

何義門：七句反映到中丞。

紀昀：卑弱之甚。○八句佳，九、十兩句俚。

燕

梅聖俞

涎涎雙來〔四〕翦，飛飛自舞空。輕如漢家后，斜避楚臺風。半折撩沙嘴，相高接草蟲。向人全不畏，切莫入吴宫。

方回：「輕如漢家后」，直用飛燕事，「斜避楚臺風」，本非燕事，而用之有情味。

紀昀：此評好。此與朱子九日詩「短髮無多休落帽，長風不斷且吹衣」同一筆妙。

馮班：如此宋詩亦難辨。○第三常句也，得第四句直下方好。

紀昀：意致自佳。三句太犯義山「輕於趙皇后」句。五、六摹寫入細，不可移掇别鳥。吴宫燕事出太白詩，馮氏抹之未是。「漢」「楚」「吴」連用亦雜。

蠅

乘炎出何許，人意以微看。怒劍休追逐，凝屏謾指彈。與蚊争一作「更」。晝夜，共蜜上杯盤。自有堅冰在，能令畏不難。

方回：此當與老杜螢詩相表裏玩味。

紀昀：語皆拙鄙，聖俞何一謬至此？虚谷以擬老杜，是何言歟！

馮班：如此絶過黄、陳也。

無名氏（甲）：王藍田怒蒼蠅，拔劍擊之。曹不興畫蒼蠅，孫權疑其真，以指彈之。

挑燈杖

油燈方照夜，此物用能行。焦首終無悔，横身爲發明。盡心常欲曉，委地始知輕。若比飄飄梗，何邀世上名。

方回：此借以咏忠臣義士之敢諫者。宛陵集第四十八卷如此着題詩蠅、蛙、蚊、犬之類一十七首，取其二云。

紀昀：「油燈」二字俚，次句腐，三句太質，四句太拙，五句太晦，末句更不醒豁。

竹玫環

魏仲先

誰製破筠根，還同一氣分。吉凶終在我，翻覆謾勞君。酒欲祈先酹，香因擲更焚。吾嘗學丘禱，嬾把祝云云。

方回：可與梅聖俞挑燈杖作一對看。「我」者，自謂吉凶由己也。「君」者，謂玫環，徒勞汝翻覆也。亦譬夫君子守正，豈聽他人翻覆乎？結句只用「丘禱」事以證之。

紀昀：此何用注？

紀昀：有作意而太淺，根柢薄也。〇三、四雖有腐意，而尚爲清切。結尤迂腐。

和答錢穆父咏猩猩毛筆

黄山谷

愛酒醉魂在，能言機事疏。平生幾兩屐，身後五車書。物色看王會，勳勞在石渠。拔毛能濟世，端爲謝楊朱。

方回：用事所出，詳見任淵注本。此詩所以妙者，「平生」「身後」「幾兩屐」「五車書」，自是四箇出處，於猩猩毛筆何干涉？乃善能融化斡排至此。末句用「拔毛」事，後之學詩者，不知此機訣不能入三昧也。山谷更有兩絶句，亦可喜。

紀昀：此説精妙。

馮舒：如此用事，黏皮帶骨之極矣。且題是「筆」，起二句如何只説「猩猩」，至第四句方出「筆」耶？況既以爲筆，則凡書皆可寫，又何止「五車」耶？此等俱逗漏之極，必以爲佳，我所不解。東坡云：「作詩必此詩，定知非詩人。」正爲此等下鍼也。「江西派」詩多用新事而不得古人繩尺，冗碎疎濁，襯貼不穩，剪裁脱漏。值其乖繆，便似不解捉筆者，更不及「崑體」宛約細潤。

馮班：此「江西」法也。彼法中佳作也。第四句方見「筆」，何也？「江西」體須如此。○古人用事，意在詞中，即詩人比興之變也。此作黏滯割裂，殊無古人法。用事如此，真文章一大厄。

紀昀：先從「猩猩」引入，然後轉入「筆」字，題徑甚窄，不得不如此展步。馮氏譏其次句不入「筆」字，竟是不知艱苦語。

查慎行：三、四屬物耶？屬人耶？終覺去題太遠。使老杜爲之，必别有斡排之法。

張載華：王漁洋先生分甘餘話論此詩三、四兩句云：「超脱而精切，一字不可移易。」先兄含广所纂帶經堂詩話於附識中采録先生此條評語，持論極爲精當。蓋詠物，詩家最難，妙在不即不離。若去題太遠，恐初學從此入手，未免艱澀費解。先生晚年點閲律髓，「老去漸於詩律細」，所以指示來學者，用意深矣。

何義門：結句真惡道矣。前半兩兩相承，議其第四方出「筆」，却非也。巧而不穩。

紀昀：點化甚妙，筆有化工，可爲咏物用事之法。○三、四可以增人智慧，五句却太寛，結微近纖，然小題不甚避此。

許印芳：「在」、「能」字複。「朱」押通韻。○黄庭堅，字魯直，號山谷，又號涪翁。謚文節。

見諸人倡和酴醾詩次韻戲詠

梅殘紅藥遲，此物共春歸。名字因壺酒，風流付枕幃。墜鈿香徑草，飄雪浄垣衣。玉氣晴虹發，沉材鋸屑霏。直知多不厭，何忍摘令稀。常恨金沙學，顰時政可揮。

方回：「名字」、「風流」一聯，盡酴醾之妙。此本唐書〔五〕酒名，世以花似酒之色，故得名，而亦爲枕囊幃者也。山谷學老杜爲詩。「直知多不厭，何忍摘令稀」，此句殆謂賢者在朝，愈多愈美，而忍於驅逐，使之漸少乎？蓋元祐二年四月詩，必有所指。末句引金沙而鄙其效顰，則嫉惡之意尤甚，即老杜孤雁末句，乃云「野鴉無意緒」，一格也。○此詩孔文仲首倡，予有清江三孔集，偶未及撿。蘇子由所和，欒城集有云：「光凝真照夜，枝軟或牽衣。」上一句佳。

紀昀：虛谷云「上二句佳」，凡白花詩皆可用，未見其佳。

查慎行：酴醾見於詩者，即今俗稱木香花。

紀昀：「玉氣」二句俗格。結句不佳。

和師厚接花

妙手從心得，接花如有神。根株穰下土，顏色洛陽春。雍也本犂子，仲由元鄙人。升堂與入室，只在一揮斤。

方回：山谷最善用事，以孔門變化雍、由譬接花，而繳以莊子揮斤語，此「江西」奇處。如歲寒知松柏用彝字韻，山谷曰：「鄭公扶正觀，已不見封彝。」東坡亦和，終不及山谷之工也。曾文清、陸放翁、楊誠齋皆得此法。

馮班：山谷最不善用事。

查慎行：山谷曰：「鄭公扶正觀，已不見封彝。」此真歲寒松柏。

紀昀：腐陋至極。二馮痛詆「江西」，此種實有以召之。虛谷以爲善用事，僻謬甚矣。

馮舒：不成詩，極粗極惡。

馮班：拙醜。山谷最不善用事。

查慎行：五、六稍嫌腐，不應以聖賢爲諧。

何義門：此詩固可厭，然讀者似未喻。起句本作「妙手從公得」，山谷自言得句法於謝師厚，與接花同也。「根株穰下土」，時爲葉縣尉也。第五極可笑，歸功婦翁，而不爲巖君地耶？

謝人寄小胡孫

致爾自何處，初來猶索騰。真宜少陵覓，未解柳州憎。婢喜常儲果，奴嗔屢掣繩。報君無一物，試爲斸寒藤。

方回：老杜有覓胡孫詩，「小如拳」及「愁胡面」六字皆好。柳子厚有憎王孫文。

紀昀：六字有何好處？

馮班：好。

紀昀：通體平平，落句亦趁韻。

歸雁

陳後山

弧矢千夫志，瀟湘萬里秋。寧爲寶箏柱，肯作置書郵？遠道勤相喚，羈懷誤作愁。聊寬粱稻意，寧復網羅憂！

方回：此詩乃元符三年。徽廟登極，南遷諸公次第北還，故後山寓意於歸雁。二詩今選其一。「弧矢千夫志」，以言羣小之欲害君子也。「箏柱」、「書郵」，以言諸賢之有所守，朋友有急難之義，傍觀者以爲憂怨也。末句則所以爲諸賢喜者深矣。後山詩幽遠微妙，其味無窮，非黏花貼葉近詩之比。三、四蓋學山谷猩猩毛筆詩者。

馮舒：不肯寄書，有何妙處？

紀昀：詩不佳。此解却細密，非此解亦不喻此詩。堆砌之與點化，相去遠矣。

馮班：次聯全無意，直用二虛語，惡道也。雁寄書本不惡，不宜寄書，恐非佳語。

紀昀：起句突兀無緒。箏柱排似雁行耳，非以雁爲之，云「寧爲」亦不妥。

和黄充實榴花

春去花隨盡，紅榴熌欲燃〔六〕。後時何所恨，處獨不祈憐。葉葉自相偶，重重久更鮮。流珠沾暑雨，改色淡朝烟。着子專寒酒，移根擅化權。愧非無價手，刻畫竟難傳。

方回：「後時」「處獨」一聯，蓋後山自謂勁氣凜不可干，如楝花詩亦云：「幽香不自好，寒豔未多知。」皆自況之辭。世人未知後山、山谷詩從何而入，蓋以此酴醿、榴花詩並觀之？「葉葉自相偶」，榴花雙葉自相偶，則不求偶於其他者也。意亦高。

馮舒：入他何用？

紀昀：葉葉相偶，何必榴花？

紀昀：極用意而拙滯特甚。「後時」是榴花，「處獨」未見必是榴花。結處太廓落。

種竹

曾茶山

近郊藩竹樹，手種滿庭隅。餘子不足數，此君何可無。風來當一笑，雪壓要相扶。莫作封侯想，生來鄙木奴。

方回：曾文清公名幾，字吉甫，號茶山。學山谷詩得三昧。此詩用「餘子不足數」以對「何可一日無此君」，乃真竹詩，蓋斡旋變化之妙。「風來當一笑」，曲盡竹態。「雪壓要相扶」，亦奇句也。尾句「鄙木奴」事，用得尤佳。公三子，逢、迅、逮，世其學。父子自相酬和，公再和有「直不要人扶」，勁健特甚。而用兩「奴」字韻，皆不苟。一曰「傍舍連高柳，何堪與作奴」；一曰「只欠江梅樹，君應婿玉奴。」又謂竹可爲梅之婿，超異神俊，不可復加矣。公之婿，東萊呂成公之父大器也；門人，陸放翁也。

馮舒：俱宋人鬼窟活計。

紀昀：虚谷云：「公之婿，東萊呂成公之父大器也；門人，陸放翁也。」牽引支蔓，總是門户之見。

馮班：七句不穩，結句湊。

紀昀：渭川千畝竹與千户侯等，用來不錯，馮抹之未是。

查慎行：五句「笑」疑當作「嘯」，東坡有「風來竹自嘯」之句。

紀昀：玲瓏脱灑。

許印芳：「來」字複。

所種竹鞭盛行

獨遶篔簹徑，令人喜欲顛。已持蘇老節，更着祖生鞭。旁舍應除地，新梢擬上天。真成時夜卵，煨茁想明年。

方回：茶山此詩蓋善學山谷猩猩毛筆詩者，所謂脱胎换骨也。蘇節、祖鞭本無關於竹事，而以題觀之，妙甚。「夜卵」事本何關於食筍，亦妙之又妙者也。

馮舒：脱胎换骨者，偷勢也。若撏撦吞剥，一鈍賊耳。○凡所謂翻案法、脱胎法、换骨法，皆宋人夢中譫語。留一句於胸中，三生不能知詩。

馮班：此「江西」用事新樣也。

紀昀：殊不善學。

馮舒：「持」、「着」二字如何下？

馮班：三、四得山谷法，然黄實切而妙，茶山「蘇老」、「祖生」便迂遠不相涉也。○次聯山谷語，俗惡。

紀昀：此則粗野太甚，用事亦黏皮帶骨。

乞筆

市上無佳筆，營求亦已勞。護持空雪竹，束縛欠霜毫。此物藏三穴，須公拔一毛。不堪髯主簿，取用價能高。

方回：謂市上僅有羊毫筆，而無兔毫佳筆。「藏三穴」、「拔一毛」，亦得山谷「拔毛」、「濟世」、

「謝楊朱」之遺意。間架整，骨格峭。

紀昀：山谷「拔毛」句從猩猩一邊説，此乃就所乞之人一邊説，似欲拔其人之毛，殆成笑柄，安得云山谷遺意耶？

馮班：惡道。

紀昀：五、六纖而且拙。

巖桂

粟玉黏枝細，青雲剪葉齊。團團巖下桂，表表木中犀。江樹風蕭瑟，園花氣慘悽。濃薰不如此，何以慰幽棲。

方回：五言律着題詩絶少佳者。除梅花專作一類外，如牡丹、芍藥、蓮花、菊花，亦無五言律好者，木犀之名曰巖桂，非古之所謂桂，其香特盛於晚秋，詩人所尚。此詩「濃薰」二字善模寫，故取之。

紀昀：以二字而取一詩，亦非别裁之道。

陸貽典：第四尤惡。

紀昀：四句木犀字拆用不妥，「表表」二字尤凡鄙。

榴　花

樹陰看已合，榴朵見初明。當夏豈無意，避春真有情。花雖後文杏，實可待瓌橙。病叟緣何喜，留苔看落英。

方回：杏與橙於榴花何關？然善於斡旋，不妨招二客立議論也。尾句用昌黎絶句，有味。

馮班：橙實時尚有榴花，但牽扯，不爲佳耳。「瓌橙」二字亦太生。

紀昀：是有此法，然此却襯得無味。

馮舒：榴花開時，杏落已久，亦何不説桃、李耶？「瓌橙」何物？若橙黄橘紅之橙，則實在秋後，不相及也。

紀昀：三、四作意而愈形其拙。

螢　火

渾忘生朽質，直擬慕光輝。解燭書帷静，能添列宿稀。當風方自表，帶雨忽成微。變滅多無理，榮枯會一歸。

方回：此當與老杜螢火詩表裏並觀，皆所以譏刺小人。而「當風方自表」一句最佳，「帶雨忽成微」亦妙。其瘦健若勝老杜云。

查慎行：語語從杜詩掩襲而出，何云勝杜？三、四亦用杜七言縮成五言。

紀昀：謂杜詩有所刺，余不謂然。謂瘦健勝老杜，余亦不謂然。

紀昀：第四句即老杜「却亂上前星宿稀」意。然杜詩「亂」字活，此改「添」字則滯相。「多無理」者，言不可以理解耳。措語稍拙，遂不達意。結寓感慨。

蛺蝶

不逐春風去，仍當夏日長。一雙還一隻，能白或能黃。戀戀不能已，翩翩空自狂。計功歸實用，終自愧蜂房。

方回：自然輕快，近楊誠齋。尾句尤好。

馮班：正病其粗重。

馮舒：只是太輕飄。◯「一雙」句佳句也，對語拙，上句亦失色。蝶不止「黃」、「白」二色，便是漏逗。

紀昀：四句「或」字本活，馮氏謂蝶不止「黃」、「白」二色，譏其漏逗，未免索瘢。如咏花多稱紅、紫，花豈止紅、紫二色？

紀昀：似太快。然此題易成俗豔，此詩清瘦。結本腐語，好在「自愧」字。在蛺蝶意中說，便是借寓無成之感；非莊論物當有用意，味便深。

李光垣：四句、五句「能」字重。

許印芳：三、四句調近俗，不可學。○「不」、「能」、「自」三字複。

七言 六十九首

野人送櫻桃

杜工部

西蜀櫻桃也自紅，野人攜贈滿筠籠。數回細寫愁仍破，萬顆勻圓訝許同。憶昨賜霑門下省，退朝擎出大明宮。金盤玉筯無消息，此日嘗新任轉蓬。

方回：野人嘗云：「惟櫻桃既摘，不可易器。青柄一脫，則紅苞破而無味。」老杜既得此三昧，又下一句有萬顆勻圓之訝，古今絕唱。「寫」字見曲禮，謂傳置他器。

紀昀：絕唱不在此句。後四句龍跳虎卧之筆，而虛谷不賞，瑣瑣講一「破」字，蓋其法門如是，只於小處着工夫。

馮舒：一篇主意，只將「也自」二字輕輕點出。必也尋眼於詩，此或可以當之。○訝其勾圓之同，亦「也自」意，只句拙。

馮班：末拙。

查慎行：起句突兀，爲後半首而發。

紀昀：通篇詩眼在「也自」、「憶昨」、「此日」六字。古人所用意者如此，不必以一、二尖新之字爲眼。○「也自紅」三字已包盡後四句，此一篇之骨。

許印芳：此詩之妙有三：一在章法倒裝，不肯平鋪直敍；一在前半俱對賜櫻桃着筆，不肯呆寫題面；一在後半大開大合，不肯爲律所縛。此皆律詩出奇制勝處，學者宜細心體會也。

和張水部勑賜櫻桃詩 宣政殿〔七〕賜百官

韓昌黎

漢家舊種明光殿，炎帝還書本草經。豈似滿朝承雨露，共看傳賜出清冥。香隨翠籠擎初重〔八〕，色映銀盤寫未停。食罷自知無所報，空然慚汗仰皇扃。

方回：詩話常評此詩，謂雖工不及老杜氣魄。然「色映銀盤」之句亦佳。陳後山答魏衍送朱櫻有云：「傾籃的皪沾朝露，出袖熒煌得寶珠。會薦瑛盤驚一座，莧腸藜口未良圖。」末句赤瑛盤事，乃魏明帝以此盤賜羣臣櫻桃，羣臣月下視之，疑爲空盤也。以此事味昌黎「色映銀盤」語，豈不益奇？王維集中有敕賜百官櫻桃詩，亦以「青絲籠」對「赤玉盤」，甚妙。尾句云：「飽食不須愁内熱，大官還有蔗漿寒。」崔興宗和尾句云：「聞道今人好顔色，神農本草自應知。」蓋難題也。張籍、韓渥、白樂天集皆有賜櫻桃詩，皆不及此。

馮班：氣魄亦不小。

何義門：結句收出宣政衙，非趁韻。

紀昀：起二句生堆强砌，三、四轉落亦笨，結亦不成語。此題逸右丞作而選此，殆不可解。

○四句以宫中爲天上可也，因而謂之「青冥」，則欠妥。

柳州城北種柑

柳子厚

手種黄柑二百株，春來新葉徧城隅。方同楚客憐皇樹，不學荆州利木奴。幾歲開花聞噴雪，何人摘實見垂珠。若教坐待成林日，滋味還堪養老夫。

方回：「后皇嘉樹」，屈原語也，摘出二字以對「木奴」，奇甚。終篇字字縝密。

許印芳：「皇樹」、「木奴」，小巧之句，何足稱奇？

紀昀：語亦清切，惟格不高耳。

柳絮

劉夢得

飄颻南陌起東隣，漠漠濛濛暗度春。花巷暖隨輕舞蝶，玉樓晴拂豔粧人。縈回謝女題詩筆，點綴陶公漉酒巾。何處好風偏似雪，隋河堤上古江津。

方回：流麗可喜。

紀昀：格意近俗，亦以流麗之故。後代相沿，遂開卑靡之調，而咏物詩入塵刦矣。○謝女有咏絮事，陶公漉酒與絮似遠。

許印芳：陶公有五柳事，「漉酒巾」又陶公事，作者連類及之，不必定切「絮」字也。此説太泥。

錦瑟

李義山

錦瑟無端五十絃，一絃一柱思華年。莊周〔九〕曉夢迷蝴蝶，望帝春心託杜鵑。滄海月明珠有淚，藍田日暖玉生烟。此情可待成追憶，祇是當時已惘然。

方回：緗素雜記謂東坡云：「中四句適怨清和也。」凡前輩琴、阮、箏、琵琶等詩，少有律體，而多古句，大率譬喻亦不過如此耳。備見漁隱叢話。

馮舒：義山又有句云：「錦瑟長於人」，則錦瑟必是婦人。或云令狐楚妾也，則中四句了然可辨，不過云此有淚明珠、生煙暖玉耳。宋人夢説何足道！

馮班：令狐公玉溪之師，若盜其妾，豈堪入韻？此是李集第一首，讀如東坡解，方是。

紀昀：此謬前人已辨之。

查慎行：是章解者紛紛，愚獨謂此義山喪偶詩也。觀起兩語，其原配亡時，年二十五。瑟本二十五絃，斷則成五十絃矣。此特借題寓感，解者必從錦瑟着題，苦苦牽合，讀到結處，如何通得去？有識者試以鄙言思之，全首打成一片矣。

張載華：蒿廬夫子箋注玉溪生詩六卷，又年譜考證及叢説凡數卷，惟書垂成而卒，詳見先兄含广所纂帶經堂詩話附識中。其於全詩，疏通證明，足爲玉溪功臣。至「一篇錦瑟解人難」，漁洋先生固嘗云爾。夫子詳玩詩意，參考舊評，箋注尤爲明晰。憶昔飫聆緒言，抱此殘編，徒深侯芭之痛。注多不及備録，今略識箋語及叢説於左。○楊守知致軒氏曰：此悼亡之作，錦瑟以喻夫婦。徐氏曰：此悼亡詩也。意亡者善彈此，故睹物思人，因而託物起興也。瑟本二十五絃，一斷而爲五十絃矣，故曰「無端」也。按：杜甫詩：「暫醉佳人錦瑟傍。」義山集中言錦瑟者凡四，如寓目詩云：「新知他日好，錦瑟傍朱櫳。」房中曲云：「歸來已不見，錦瑟長於人。」皆足爲悼亡明證。又有「錦瑟驚絃破夢頻」之句，亦可與此章之意互相發也。○題名錦瑟，義取斷絃，無可疑者。或因古瑟本五十絃，故於首句、次句尚多別解。不知既曰「無端」，則是變出意外，斷言已斷之後，非猶未破之時矣。三、四「莊生」、「望帝」，皆謂生者也。往事難尋，竟同蝶夢；哀心莫寄，唯學鵑啼耳。五、六「珠」、「玉」，以喻亡者也。「月明」、「日暖」，豈非昔人所謂美景良辰；今則泉路深沉，徒有鮫人之淚，形容縹渺，已如吴女之煙矣。蓋即珠沉、玉碎之意也。結意又進一層，義山慣用此法。○徐氏曰：「蝴蝶」、「杜鵑」，言已化去也。誤甚。程箋謂生者輾轉結想，唯有迷曉夢於蝴蝶；死者魂魄能歸，不過託春心於杜鵑。殆與徐氏同其謬。徐解五、六兩句云：「珠有淚」，哭之也。「玉生煙」，已葬也。義亦可通，而其説未暢。唯釋末二句云：此情豈待今日始成追憶乎？只是當時生存之日，已常憂其至此而預爲之惘然矣。最爲明晰。又云：意其人必婉弱而多病，故云然也。似乎太泥。按：秦嘉贈婦詩曰：「人生譬朝露，居世多屯蹇。憂艱多早至，歡會常苦晚。」又曰：「傷我與爾身，少小罹煢獨。既得結大義，歡樂苦不足。」此詩結聯似即此意，餘見叢説。○初白先生以錦瑟爲悼亡詩，確不可易。同時若徐氏、若楊氏，近日若程氏、若姚氏，其説盡符。然余觀王漁洋先生哭張宜人詩云：「錦瑟年華西逝波，尋思往事奈君何？」龔尚書芝麓和韞林集中悼顧夫人詩亦有「塵生錦瑟倚空牀」之句，則前賢早作是解矣。○義山一生喪偶者再，集中悼亡之詩頗多，可確指其爲茂元女而作者，不過十之四、五耳。若錦瑟詩、房中曲所悼，未審何人。然初白先生既云原配，更以回中牡丹詩推之，疑非茂元之女矣。蓋義山自大中五年後，未聞復至隴西、安定間也。致軒誤認詩中新知皆指茂元，故語多膠柱，豈義山於原配之殁，獨無遺挂之悲耶？○李安溪云：凡詩句以虚涵兩意見妙。蓋二意歸於一意，而著語以虚涵取巧，詩家法也。因舉少陵數聯證之。柳南隨筆稱爲向來言詩者所未及。余觀唐賢詩中，自少陵外，唯玉溪生深得此法。即如「滄海」、「藍田」一聯，滄海月明而珠偏有淚，藍田日暖而玉已生煙，下三字與上四字似作反照。此一説也。唯滄海月明，故明珠有淚；唯藍田日暖，故暖玉生煙。又一説也。兼此二説，語意方妙。蓋一句中既併用兩事，而每句内又各涵兩義，宜當時有「獺祭」之號。後世歎鄭箋之難矣。○論詩與論文不同，故一句中不妨含蓄兩意。隨人自領，即嚴滄浪所謂「如水中月，如鏡中花，言有盡而意無窮」者也。此詩「珠有淚」、「玉生煙」，余向時以珠沉、玉碎釋之，不取徐氏哭之之解，緣第四句中已有悲哭意耳。程午橋箋，頗與余合，但將珠、玉二字俱貼定亡者説，畢竟説煞，其義未圓。按本集重祭外舅文有「植玉求歸，已輕於舊日；泣珠報惠，寧盡於兹辰」一聯，用事既同，取義恐亦相類。又讀昔賢「居人下珠淚」、「意愁珠淚翻」等語，及近時王漁洋先生悼亡詩云：「方諸萬點鮫人淚，灑向窮泉竟不聞。」轉覺徐氏所解，較似直截矣。竊疑「珠有淚」句合用活看，意味更長，然以此益歎義山詩之深妙。「一篇錦瑟解人難」，益信。

何義門：此篇乃自傷之詞，騷人所謂美人遲暮也。

紀昀：此借錦瑟起興，非咏錦瑟。虚谷入之「着題」，誤信黄朝英之説耳。此詩偶編集首，元遺山遂拈爲論端，説者相沿，愈鑿愈謬。其實不過追憶舊歡之作，集中不一而足，無庸獨執此一篇紛紛聚訟。

許印芳：義山詩，常病晦僻，故元遺山〔王士禛〕論詩絶句云：「一篇錦瑟解人難。」正嫌其晦僻也。此詩解者不一，緗素雜記解爲直詠錦瑟以適怨清和，分配中四句，託蘇、黄問答以實之。許彦周詩話：「適、怨、清、和」，一作「感、怨、清、和」，云令狐楚侍兒能彈此四曲。唐詩紀事又謂錦瑟乃人名，令狐楚之青衣也。或又謂義山未親事楚，必楚子綯之青衣，皆妄爲之説者也。朱長孺曰：此與「錦瑟長於人」同意，非賦錦瑟也。錢木菴曰：此悼亡詩也。琴瑟喻夫婦，起句取斷絃之義。瑟止二十五絃，一斷爲二，則五十矣。絃分五十，柱仍二十五數，撫瑟之柱而思華年，意其人二十五歲而卒也。結言此情豈待今日追憶，當生存時，固已憂其至此，意其人必婉約善病也。馮孟亭曰：悼亡是此詩定論，木菴解起結有理。予謂：三句取物化之義。四句謂身在蜀中，託物寓哀。五、六撫今思昔，五句思其明眸，六句思其美色，下文所謂追憶也。又引何義門語云：三、四悲其遽化異物，五、六又悲其不能復起之九原也。此解亦可。○「生」字複而義不同，此不爲病。

牡丹

羅　隱〔一〇〕

落盡深一作「春」。紅〔一一〕始見花〔一二〕，花時比屋事豪奢。買栽池館恐一作「非」。無地，看到子孫能幾家。門倚長衢攢繡轂，幄籠輕日護香霞。歌鐘滿座争歡賞，肯信流年鬢有華。

方回：唐人牡丹花七言律四首，韓昌黎、李義山各一。羅隱有云：「若教解語應傾國，任是無情也動人。」國史補記曹唐語，以爲咏女子障，故不取。此詩三、四絶好。

查慎行：此篇亦見杜荀鶴集。

何義門：「落盡春紅」四字已伏流年冉冉，後四句從「看」字來，正形容其奢且愚也。第四若在落句便無味，此唐、宋分歧處。○佳在後半。

紀昀：三、四腐氣。

許印芳：羅隱，字昭諫。餘杭人。自號江東生。官給事中。

崔少府池塘鷺鷥

雍陶

雙鷺應憐水滿池，風飄不動頂絲垂。立當青草人先見，行傍白蓮魚未知。一足獨拳寒雨裏，數聲相叫早秋時。林塘得爾須增價，況與詩家物色宜。

方回：議者謂「行傍白蓮魚未知」，此句最佳，上一句未稱。然着題詩難句句好也。第二句亦未可忽。○顧非熊雙鷺一聯云：「刷羽競生堪畫意，依泉各有取魚心。」亦工，今附此。

馮班：「議者謂『行傍白蓮魚未知』，此句最佳，上一句未稱。」極稱。

馮班：第三勝，第四造意未活。

查慎行：咏物落色相，便不超妙。

紀昀：此詩及鄭谷鷓鴣、崔珏鴛鴦，皆詞意凡近，而格調卑靡。雖以此得名，要是流俗之論，非作者之定評也。沈歸愚宗伯始力排之，其論甚偉。

鷓鴣

鄭谷

暖戲烟一作「平」。蕪錦翼齊，品流應得近山鷄。雨昏青草湖邊過，花落黄陵廟裏啼。遊子乍聞〔一三〕征袖濕，佳人〔一四〕纔唱翠眉低。相呼相唤湘江曲，苦竹叢深春日西。

方回：鄭都官谷因此詩，俗遂稱之曰鄭鷓鴣。

查慎行：如此咏物，方是摹神。○結處與三、四意重。

何義門：「煙蕪」二字敏妙，鷓鴣飛最高，今乃戲平蕪之上，只爲行不得也。「煙」字與「雨昏」，「日西」亦節節貫注。

紀昀：「相呼相唤」字複，本草衍義引作「相呼相應」，宜從之。

海棠

春風用意匀顏色，銷得携壺與賦詩。豔麗最宜新着雨，嬌嬈[一五]全在欲開時。莫愁粉黛臨窗嬾，須信丹青[一六]點筆遲。朝醉暮吟看不足，羡他胡蝶宿深枝。

方回：三、四似覺下句偏枯，然亦可充海棠案祖也。末句有風味，恨不得如是蝶之宿於是花。別有絶句云：「浣花溪上堪惆悵，子美無情爲發揚。」又和路見海棠中二聯云：「一枝低帶流鶯睡，數片狂和舞蝶飛。堪恨路長移不得，可無人與畫將歸。」亦新美。

馮舒：流走，非偏枯。情對情，景對景，方謂不偏枯，情對景，景對情，又謂是變體。夢中之夢。

馮班：三、四流水對，非偏枯。

馮班：次聯好。

何義門：起句妙絶，便知是海棠。○馮班云：「須信」一作「梁廣」。梁廣善畫花木，與莫愁兩人名對。

紀昀：三、四似小有致，終是卑靡之音。

燕

年去年來來去忙，春寒烟暝度瀟湘。低飛緑岸和梅雨，亂入紅樓揀杏粱。閒几硯中窺水淺，落花徑裏得泥香。千言萬語無人會，又逐流鶯過短墻。

方回：都官詩格雖不高，鷓鴣、海棠、燕三着題詩亦不可廢也。

紀昀：有何不可廢處？

馮班：只第四句好。

查慎行：東坡「新巢語燕還窺硯」句本於此。

何義門：通篇自比，隨計往來。落句則有文百軸，未遇知音也。

紀昀：此亦淺俗。

失鶴

李遠

秋風吹却〔一七〕九臯禽，一片閒雲萬里心。碧落有情空悵望，瑶臺無路可追尋。來時白雪翎猶短，去日丹砂頂漸深。華表柱頭留語後，更無消息到如今。

方回：儘可諷詠，八句皆佳。

何義門：第五接得變化。

紀昀：總不脱凡近之意。

仙客　又名「飛客」

李文正

胎化仙禽性本殊，何人携爾到京都。因加美號爲仙客，稱向閒庭伴野夫。警露秋聲雲外遠，翹沙晴影月中孤。青田萬里終歸去，暫處雞羣莫歎吁。

方回：太宗丞相李昉，謚文正。所畜五禽，名五客。「仙客」，五客中之一也。鶴曰「仙客」。詩最佳者尾句。雪客，鷺；閑客，白鷴；又隴客；南客，孔雀；西客，鸚鵡；次之。

紀昀：尾句淺露之甚，而以爲最佳，矯語高尚之習氣耳。○「隴客」、「西客」，必衍其一，然青緗雜記所載亦如此，殊所未詳。

紀昀：尚不甚俗，而太涉平易。

梨

楊文公

繁花如雪早傷春，千樹封侯未是貧。漢苑謾傳盧橘賦，驪山誰識荔枝塵。九秋青女霜添味，五夜方諸月溜津。楚客狂酲嘲已解，水風猶自獵汀蘋。

方回：楊文公億，字大年。首與劉筠變國初詩格。學李義山，集爲西崑酬唱集。雖張乖崖，亦學其體。二宋尤於此體深入者。

馮班：第三聯名句。

紀昀：「漢苑」一聯作五、六已嫌淺俗，作三、四則未入題，而先空贊尤爲非法。五、六雖「崑體」而却警切。○「嘲」字再校。

無名氏（甲）：方諸承露盤也。以大蛤爲之，向月取水，謂之「陰燧」。

落　花

宋元憲

一夜春風拂苑墻，歸來何處剩凄涼。漢皐珮冷臨江失，金谷樓危到地香。淚臉補痕煩獺髓，舞臺收影費鸞腸。南朝樂府休賡曲，桃葉桃根盡可傷。

馮舒：真高真妙。

馮班：此何以未入義山之室？試參之。○「崑體」名作。

查慎行：鸞鳥見鏡而舞，第六鍊句未工。

紀昀：二詩悽豔有餘，而風格近靡。馮氏持此種以壓「江西」，未知此種之俗不可醫也。○四句自好。○「費鸞腸」三字不妥。

落花　宋景文

墜素翻紅各自傷，青樓烟雨忍相忘。將飛更作迴風舞，已落猶成半面妝。滄海客歸珠迸淚，章臺人去骨遺香。可能無意傳雙蝶，盡付芳心與蜜房。

方回：宋郊字伯庠，後改名庠，字伯序。皇祐宰相，謚元憲。弟祁，字子京。翰林學士，謚景文。夏英公竦守安州，兄弟以布衣游學席上，賦此二詩，英公以爲有台輔器。後元憲狀元，景文甲科同榜，天下以爲二宋。其詩學李義山。楊文公億集爲西崑酬唱集，故謂之「崑體」云。

李義山落花詩：「落時猶自舞，掃後更餘香。」亦妙，乃此詩三、四之祖。

紀昀：三、四殊俗。〇結乃神似玉溪，餘皆貌似也。

落花　余襄公

小園斜日照殘芳，千里傷春意未忘。金谷已空新步障，馬嵬徒見舊香囊。鶯來似結啼鸞怨，蝶散應知夢雨狂。清賞又成經歲別，却歌團扇寄迴腸。

方回：三、四殊不減二宋，亦似「崑體」。余襄公靖蓋直臣名士，詩當加敬。

紀昀：詩自論詩，不當以人爲高下。

馮班：漸啓「江西」用事法。○三詩當以子京三、四爲最，是真落花，餘皆假借故事耳。

查慎行：五、六滯。

紀昀：三、四自可。

莎衣

楊契玄

軟緑柔藍着勝衣，倚船吟釣正相宜。蒹葭影裏和煙卧，菡萏香中帶雨披。狂脱酒家春醉後，亂堆漁舍晚晴時。直饒紫綬金章貴，未肯輕輕博换伊。

方回：楊璞字契玄，鄭州東里人。太宗、真宗皆嘗以布衣召，辭官而歸。此莎衣詩天下傳誦，對御所賦，凡二，今取其一。蘇養直詞：「釣魚船上謝三郎，雙鬢已蒼蒼。莎衣未必清貴，不肯换金章。」用璞語也。拄杖詩：「就客飲時擔酒去，見魚游處撥萍開。」亦佳。歸鄉後上陳轉運：「紫袍不識莎衣客，曾對君王十二旒。」備見詩話。有東里集行於世，熙寧辛亥清洛野民臧逋爲序。

紀昀：亦粗俗。

馮班：不必説到富貴。

何義門：五、六儘佳，惜落句不稱。七句太直，又無根。八句俚。

紀昀：卑俗之至，不足言詩。

送李殿丞通判蜀州賦海棠

梅聖俞

嘗聞蜀國海棠盛，因送李侯宜有詩。日愛西湖照宮錦，醉看春雨洗臙脂。郡無公事中園樂，民喜羣遨匝樹窺。望帝鳥聲空有血，相如人恨不同時。最鮮深淺非由染，解賦才華未得知。聞説趙昌今已老，試教圖畫兩三枝。

方回：細味之，「望帝鳥聲空有血，相如人恨不同時」，無窮之味，有色之聲也。

紀昀：黨護至此，亦無庸以筆舌争矣。

馮舒：「人」字不妥。

馮班：氣味亦好。

紀昀：起手太率，杜公「老夫清晨梳白頭」二句，用之七古發端，猶爲不可，况七言長律，如此徑入乎？○「民喜」句稚，「望帝」二句不對，「最鮮」二句全不成語，結稍可。

二月七日吴正仲遺活蟹

紀昀：無以不活之蟹遺人者，此字贅矣。

年年收稻賣江蟹，二月得從何處來。滿腹紅膏肥似髓，貯盤青殼大於杯。定知有口能噓沫，休信無心便畏雷。幸與陸機還往熟，每分吴味不嫌猜。

方回：三、四自然，見蟹之狀。山谷詩云：「雖爲天上三辰次，未免人間五鼎烹。」亦奇。

馮舒：「烹」字文義已足，硬幫「五鼎」，所以不佳。五鼎烹蟹，不爲妥切。

紀昀：虚谷云「三、四自然」，但不雅耳。

紀昀：起大率，中四句不成語。

酴醿金沙二花合殿

王半山

相扶照水弄春柔，發似矜誇斂似羞。碧合晚雲霞上起，紅争朝日雪邊流。我無丹白知如夢，人有朱鉛見即愁。疑此冶容時所忌，故將樛木比綢繆。

方回：真誥第三卷：「丹白存於胸中，則真感不應。」謂情欲之感，男女之想也。樛木詩言木枝下垂，故葛藟得而附之，以譬后妃不忌衆妾。

馮舒：「丹白」、「朱鉛」、玉樓、銀海，皆宋人魔障。

紀昀：句句笨拙。

次韻致遠木人洲二首

迷子山前漲一洲，木人圖志失編收。年多但有柳生肘，地僻獨無茅蓋頭。河側鮑生乾尚立，江邊屈子槁將投。未妨他日稱居士，能使君疑福可求。

方回：鮑焦怨時之不用，采蔬。子貢難之曰：「非其時而采其蔬，有哉〔一八〕？」棄其蔬，乃立枯於洛水之上。

紀昀：二詩更粗鄙不堪。

杌爾何年寄此洲，飄流誰棄止誰收。無心使口肝使臂〔一九〕，有幹作身根作頭。暴露神靈難寄託，禱祠村落幾依投。紛紛剪紙真虚負，立槁安知富可求。

方回：迷子洲在建康西南四十里。前詩尾句、次詩第四句，皆用昌黎木居士詩。「柳生肘」，出莊子。

紀昀：近林肅翁口義以爲瘤子也，世人用楊柳之柳久矣。此訛始自右丞。

馮班：宋氣，然較勝山谷。○漸啓「江西」用事法。

食柑

蘇東坡

一雙羅帕未分珍，林下先嘗愧逐臣。露葉霜枝剪寒碧，金盤玉指破芳辛。清泉簌簌先流齒，香霧霏霏欲噀人。坐客殷勤爲收子，千奴一掬奈吾貧。

方回：元注：「故事，賜近臣黄柑，以黄羅帕包之。」○讀此詩便覺齒舌津液，不啻如望梅林也。

馮舒：此老絶無惡氣，山谷非其敵也。

查慎行：采之緑霧噀人，見六朝人謝賜柑啓中，非臆説也。

張載華：補注：「劉孝標送橘啓云：『采之風味照座，擘之香霧噀人。』」

紀昀：結句不佳。

次韻劉燾撫勾蜜漬荔枝

時新滿座聞名字，别久何人記色香。葉似楊梅蒸霧雨，花如盧橘傲風霜。每憐蓴菜下鹽豉，肯與蒲萄壓酒漿。回首驚塵卷飛雪，詩情真合與君嘗。

方回：坡公蜜荔枝詩押「刑」字大險，惟此詩最穩。

紀昀：又太庸近。

紀昀：三、四俗陋之甚，不復知爲坡公筆矣。

開元寺山茶〔二〇〕

長明燈下石闌干，長共松杉鬭歲寒。葉厚有稜犀甲健，花深少態鶴頭丹。久陪方丈曼陀雨，羞對先生苜蓿盤。雪裹盛開知有意，明年歸後〔二一〕更誰看。

方回：此詩三、四爲楊誠齋拈出，亦真佳句。

馮舒：未嘗不似山茶也。

馮班：次聯極形容矣，公之「作詩必此詩，定知非詩人」，亦非定論也。

何義門：無次句則腹聯無力。

紀昀：三、四刻畫拙笨，乃坡公敗筆，殊不見佳。

弈棋呈任公漸

黄山谷

偶無公事客休時，席上談兵角兩棋。心似蛛絲遊碧落，身如蜩甲化枯枝。湘東一目誠堪死，天下中分尚可持。誰謂吾徒猶愛日，參横月落不曾知。

方回：此本二詩。前篇「坐隱不知巖穴樂，手談勝與俗人言」，亦佳句。「碧落」、「枯枝」一聯，盡弈者用心忘身之態。或者以爲不如東坡「勝固欣然，敗亦可喜」遠矣。侯景之黨王偉檄梁元帝云：「項羽重瞳，尚有烏江之敗；湘東一目，豈爲赤縣所歸？」元帝盲一目，引用此事，謂其兩眼而活，一眼而死，天下中分，或作三分，此又謂拺棋各分占路數也。皆奇不可言。南朝梁武帝第七子，名繹，先封爲湘東王，眇一目。

馮舒：棋一目則死，湘東一目仍活，如何牽扯至此？◯方君云：「奇不可言。」不通。

紀昀：已注又注，不成文理。

馮班：「江西體」自好。「江西」佳作。

紀昀：三、四極力形容而語終淺近，五句用事尤拙。

觀王主簿酴醾

肌膚冰雪薰沉水，百草千花莫比方。露濕何郎試湯餅，日烘荀令炷爐香。風流徹骨成春酒，夢寐宜人入枕囊。輸與能詩王主簿，瑶臺影裏據胡牀。

方回：前輩謂花詩多譬以美婦人。此乃以美丈夫爲比，自山谷始。五、六即前五言之意，宜並觀之。爲此等詩，格律絶高，萬鈞九鼎，不可移也。

紀昀：荀令不以美聞，特點染香字耳。◯詩殊淺近，評太過。

次韻雨絲雲鶴二首

煙雲杳靄合中稀，霧雨空濛密更微。園客繭絲抽萬緒，蛛蝥網面罩羣飛。風光錯綜天經緯，草木文章帝杼機。願染朝霞成五色，爲君王補坐朝衣。

紀昀：此種瑣屑刻畫，亦非山谷當家。○「蛛蝥」句拙極。「風光」四句小題大做，轉不配題。如草香花媚之地，忽冠冕鼓吹以臨之。

幾片雲如薛公鶴，精神態度不曾齊。安知隴鳥樊籠密，便覺南鵬羽翼低。風散又成千里去，夜寒應上九天棲。坐來改變如蒼狗，試欲揮毫意似迷。

方回：雨似絲，雲似鶴，以爲題，若易而難者也。山谷在戎州代史夫人炎玉作，山谷外兄張祺子履之妻，張祉介卿之嫂也。首唱石諒信道，蓋亦游戲所爲。而雨絲所謂「天經緯」、「帝杼機」，末句願染朝霞補君王衣，意思弘大，非老筆不能道也。

馮舒：意境醜惡，非山谷不至此也。○鶴變狗有何趣味？

馮班：黏。

紀昀：杜句本不佳，用來更爲俚鄙。凡用事須具鑒裁，非謂有典即可入句。

食瓜有感

暑軒無物洗煩蒸，百果凡材得我憎。蘚井�籠浸蒼玉，金盤碧筯薦寒冰。田中誰問不納履，坐上適來何處蠅。此理一杯分付與，我思明哲在東陵。

方回：前聯賦物，後聯用事，却别出一意，引一事繳，可爲法。

馮班：第五句惡句。

紀昀：後半篇堆砌故實，食古不化。

次韻賦楊花

張芸叟

隨風墜落事輕猥，巧占人間欲夏天。只恐障空飛似雪，從教糝徑白於綿。未央宫暖黏歌袖，揚子江清惱客船。老去强寬愁底事，昏花滿眼意茫然。

方回：張芸叟名舜民，關中人。娶陳後山之姊。詩學白樂天，曰畫墁集。晚歸長安，名其居曰「榆門莊」。又嘗自號矴齋。

馮舒：不成語。

紀昀：格力卑。「障空飛似雪」有何可恐？

和聞鶯　張宛丘

冉冉東風萬柳絲，啼鶯嘗自與春期。粧殘玉枕朝醒後，繡倦紗窗晝夢時。文羽自奇非谷隱，好音應合有人知。風流潘令多才思，爲爾春來幾首詩。

方回：近似唐人。

馮班：不近。

紀昀：似晚唐之不佳者。

馮舒：三、四詞雖工，意實淺。唐人不爲。

馮班：輕俗。

紀昀：格亦卑卑。○五句太湊泊。

雁

知時避就物之難，千里瀟瀟〔三〕振羽翰。水國稻收朝食乏，海天霜重夜飛寒。烟雲秋去南山暖，風日春歸朔野寬。九萬騰凌那可測，弋人矰繳謾多端。

方回：此詩有所寄託，不專言雁而已也。

紀昀：古人咏物，寄託者十之八九，何止此詩。

馮舒：宋人咏物，真題句盡虛喝也。此宜戒之。

紀昀：通體不脱窠臼。〇「物之難」三字腐甚。

次韻李秬牡丹

晁無咎

夭紅穠緑總教回，更待清明穀雨催。一朵故應偏晚出，百花渾似不曾開。常誇西洛青屏簇，久説南徐紫錦堆。任是無情還有意，不知千里爲誰來。

馮班：題恐有誤。〇貧寒之極，不稱此題。

紀昀：三、四着力做出，而終不自然。

次韻李秬雙頭牡丹

寒食春光欲盡頭，誰拋兩兩路傍毬。二喬新獲吴宫怯，一作「美」。雙隗初臨晉帳羞。月底故應相伴語，風前各是一般愁。使君腹有詩千首，爲爾情如篆印繆。

方回：既是選「着題」詩，此二詩不可删也。二喬、雙隗，婦人事，以譬牡丹可耳。兩篇各有一絶奇佳句，圈者是也。〔按：方回於上一首「百花渾似不曾開」、此首「風前各自一般愁」二句傍

字字加圈。〕

紀昀：有何不可删？極不佳。

馮舒：二喬、雙隗佳，恨句未煉。小喬嫁公瑾，不入吴宫。「新獲吴宫怯」，不成語。且長沙亦未稱宫。

紀昀：刻畫「雙」字更鄙陋。五、六不見是牡丹。

觀僧舍山茶

王初寮

山僧手種兩山茶，看到婆娑鬢已華。應爲客懷驚歲杪，先將春色照天涯。緑裁犀甲層層葉，紅染猩唇豔豔花。凍頰如丹相映渥，不辭衝雨踏泥沙。

方回：初寮王安中字履道，附麗匪人，入翰苑，至右丞、燕山帥，其罪彌天。所作四六，一時稱雄。當蘇學方以爲禁，而陰襲東坡步驟，世人不悟也。詩之應制者多爲未〔三〕透徹，逮謫象州後，詩頓佳。此山茶詩亦全用東坡句翻出，不可不令學者知之。晚節有子知泉州迎奉。宇宙分裂而斯人卒令終云。

查慎行：東坡着「有稜」、「少態」字，精神十倍。若此二句如泥塑呆像耳，有天淵之别。能辨此則詩學思過半矣。

鞦韆

洪覺範

畫架雙裁翠絡偏，佳人春戲小樓前。飄揚血色裙拖地，斷送玉容人上天。花板潤沾紅杏雨，綵繩斜挂緑楊烟。下來閒處從容立，疑是蟾宫謫降仙。

方回：此詩雖俗，而俗人尤喜道之。又出於僧徒之口，宜可棄者。而「着題」詩中所不可少也，故録之。

紀昀：有何不可少？

馮舒：此之謂俚。

馮班：氣格俱下，「俗」字定評也。○此可書窮鄉下里荒壁，而次於此，可笑甚矣。

紀昀：真俗。

竹夫人

吕居仁

與君宿昔尚同牀，正坐西風一夜涼。便學短檠牆角棄，不如團扇篋中藏。人情易變乃如此，世事多虞祇自傷。却笑班姬與陳后，一生辛苦望專房。

方回：「短檠」、「團扇」一聯，乃天生自然之對。

馮舒：惡套。○頷聯可。

紀昀：比興頗淺，尚無「江西」粗野之狀。

分韻賦古松得青字

劉屏山

風韻颼颼遠又清，蒼然瘦甲聳亭亭。連根欲斷巖巒力，一蓋常涵雨露青。曾映月明留鶴宿，近因雷霹帶龍腥。衰殘愧我無仙骨，願采流膏慰暮齡。

方回：三、四佳。第六句絶妙。

紀昀：亦僻。

紀昀：三句「力」字不妥。

酴醾

顛風急雨退花辰，翠葉銀苞照眼新。高架扳援雖得地，長條盤屈總由人。横釵素朵開猶小，撲酒餘香馥絶倫。唯有金沙顔色好，年年相伴殿殘春。

方回：「高架」、「長條」一聯有譏諷。

紀昀：寓意顯然，措語殊淺。後半又不承此意，章法亦疏。

紀昀：「香馥」二字複。

次韻張守酴醾

榮華休笑白頭翁，且對芳辰賞麗叢。十萬青條寒掛雨，三千粉面笑臨風。莫將擬雪才情賦，盍與觀梅興味同。只恐春歸有餘恨，典型猶在酒盃中。「賦」一作「比」。

方回：「十萬青條」、「三千粉面」，佳句也。第一句和張守，故且如此引起，比前一詩又不同。

馮班：惡句。

紀昀：不好處在「十萬」、「三千」，粧點無味。又「青條」用賦，「粉面」用比，尤不合格。末數語評得是。

馮舒：宋氣逼人。

紀昀：後半淺弱之甚。

荔子

炎蒸午枕夢滄浪，落落星苞喜乍嘗。筆下丹青千品色，釵頭風露一枝香。雞冠借喻何輕許，馬乳争名固不量。直得當時妃子笑，驪山千古事淒涼。

馮班：落句湊韻。

陸貽典：末句撒。

紀昀：後四句凡猥。

龍眼

幽株旁挺緑婆娑，啄咂雖微奈美何。香剖蜜脾知韻勝，價輕魚目爲生多。左思賦詠名初出，玉局揄揚論豈頗。地極海南秋更暑，登盤猶足洗沉痾。

方回：生荔枝、龍眼之美，果中無比。東坡以「江瑶柱」、「河魨魚」比荔枝矣，龍眼之於荔枝，猶芍藥之於牡丹也。「琢咂雖微奈美何」，妙。「香剖蜜脾知韻勝」，下二字亦佳。

馮舒：江瑶、河魨不敵荔枝。東坡未爲知味。

馮舒：予嘗見閩中荔枝未嘗少於龍眼。

紀昀：次句粗鄙，四句「爲生多」三字不妥，六句淺拙至極，末句趁韻。

福帥張淵道荔子

曾茶山

豈無重碧實瓶罍，難得輕紅薦一杯。千里人從閩嶺出，三年公送荔枝來。玉爲肌骨涼無汗，雲作衣裳皺不開。莫訝關情向尤物，厭看緑李與楊梅。

方回：茶山本題石室送碧琳腴淵道送荔枝適至遂以薦酒。詩格峭峻。茶山又有六言荔子詩云：「紅皺解羅襦處，清香開玉肌時。」又云：「蕉子定成噲伍，梅花應愧盧前。」又云：「金谷危樓魂斷，白州舊井名傳。」又有七言云：「猩血染羅欣入手，冰肌飲露欲濡唇。」皆佳。

馮舒：「冰肌飲露」，則知「無汗」二字不妥。

馮舒：「涼無汗」三字亦不足形容荔枝。

紀昀：五、六略可。

曾宏父分餉洞庭柑

黄柑送似得嘗新，坐我松江震澤濱。想見霜林三百顆，夢成羅帕一雙珍。流泉噴霧真宜酒，帶葉連枝絶可人。莫向君家樊素口，瓠犀微齼遠山顰。「齼」，初舉切。齭同，上齒傷醋也。又音所。

方回：茶山自注：「東坡柑詩云：『一雙羅帕未分珍，林下先嘗愧逐臣。』以對『王子敬帖三百顆』，可謂精切。此乃太湖洞庭山柑，非温柑、台柑、福柑、羅浮柑，正韋蘇州所指者。」

馮舒：句似可喜，然柑之酸者，非佳品也。

紀昀：「似」字不可解，恐誤。「夢成」二字無着。五、六粗野。

荔　子

異方風物鬢成斑，荔子嘗新得破顔。蘭蕙香浮襟解後，雪冰膚在酒酣間。絶知高韻傾瑤柱，未覺豐肌病玉環。似是看來終不近，寄聲龍目儘追攀。

馮舒：全是不食荔枝語。荔枝何嘗白，白何足以盡之？

查慎行：三用「羅襟既解，微聞香澤」，四用「姑射仙人，肌膚若雪」。烹煉入化。

紀昀：此便高雅，在此卷諸詩中如鶴立雞羣。四句「在」字滯相。

許印芳：此詩五、六絶佳，原本前後有病，愚爲易之。首句原本云：「異方風物鬢成斑。」上四字與下三字氣脈隔斷，不成句法。四句「瑩」字，原本「在」字，紀批云：「在字滯相。」七、八原本云：「似是看來都不近，寄聲龍目儘追攀。」湊句趁韻，粗率太甚，易之則爲完璧矣。首句易作「腐儒憂世鬢成斑」，七、八易作「尤物舊曾供一笑，馬嵬回首望驪山。」〇「瑩」，去聲。

又

百年中半飽聞渠，名下親承果不虚。可愛風流元有種，自然富貴乃其餘。肯隨妃子紅塵驛，甘伴先生白鶴居。可惜不經山谷賞，照紅鴨緑定何如。

方回：東坡蜜荔枝律詩「刑」字韻太險，惟古詩佳。此雖晚出，内多用東坡事，似亦精神。紀昀：好用當代事，乃宋人一大病。

馮舒：「肯隨妃子紅塵驛？」未嘗不肯。

紀昀：起手頹唐不成語，三、四似牡丹。

食筍

花事闌珊竹事初，一番風味殿春蔬。龍蛇戢戢風雷後，虎豹斑斑霧雨餘。但使此君常有子，不憂每食歎無魚。丁寧下番須留取，障日遮風却要渠。

方回：「此君」二字爲竹事。「有子」及「無魚」，事雖非竹，而善於引用。

馮舒：「丁寧下番須留取。」下番如何成得竹？

馮班：下番筍没用了。茶山殊不體物。

紀昀：「竹事」二字生。五、六點化甚妙。末二句與「常有子」意不貫，既欲常食，不得言「下番」勿取矣。馮氏但譏下番筍不能成竹，茶山此語未體物，猶未深中其病。措語亦太頹唐，遂爲全篇之累。

山茶

楊誠齋

樹子團團映碧岑，初看喚作木犀林。誰將金粟銀絲鱠，簇飣朱紅菜椀心。春早橫招桃李妬，歲寒不受雪霜侵。題詩畢竟輸坡老，葉厚有稜花色深。

方回：元注：「東坡山茶詩『葉厚有稜犀甲健，花深少態鶴頭丹。』」此詩三、四頗粗，亦盡山茶之態。第二句亦好。

紀昀：明知其病，而曲爲之詞，信乎平心之難。

馮舒：俗。

馮班：惡極。

查慎行：四句不成語。

紀昀：粗鄙至極。

走筆謝趙吉守餉三山生荔枝

吾州五馬住閩山，分我三山荔子丹。甘露落來雞子大，曉風凍作水精團。西川紅錦無此色，南海緑羅猶帶酸。不是今年天下暑，玉膚照得野人寒。

方回：元注：「五羊荔子，上上者爲緑羅。予嘗閩、蜀生荔三歲，亦嘗廣荔，當以閩爲最。楊妃所愛者蜀荔，亦小而酸。」此詩三、四非親嘗生荔者，不悟也。
馮舒：三、四俚，然荔枝正如此。○頷聯俚，腹聯是。
馮班：亦好。
查慎行：三、四俗。
紀昀：一起四字生捏。三句「雞子大」三字粗，且荔子大不至此。五句以擬荔殼，然竟似海棠。六句更不佳。

木犀呈張功甫

塵世何曾識桂林，花仙夜入廣寒深。移將天上衆香國，寄在梢頭一粟金。露下風高月當户，夢回酒醒客聞砧。詩情惱得渾無奈，不爲龍涎與水沉。

方回：誠齋與尤延之、張功甫各和數首。「砧」字最難押，惟取此首倡。功甫者，張循王俊之孫，居杭城西北白楊池，名鎡，號納齋。爲史彌遠所忌，謫死象州。有南海集行於世。
馮舒：虚喝最忌。○第五句何物？
紀昀：「龍涎」、「水沉」不惱詩情，牽引無理。

州宅堂前荷花　范石湖

凌波仙子静中芳，也帶酣紅學醉狂。有意十分開曉露，無情一餉斂斜陽。泥根玉雪元無染，風葉青葱亦自香。想得石湖花正好，接天雲錦畫船凉。

紀昀：中四句皆好。

方回：此明州州宅也。淳熙七年庚子，石湖以前参政起家帥鄞。五、六甚佳。

馮舒：起句俚。

馮班：破不妥切。

紀昀：「醉狂」不似荷花。七句倒托出州宅。

海棠盛開　尤遂初

兩株芳蕊傍池陰，一笑嫣然抵萬金。火齊照林光灼灼，彤霞射水影沉沉。曉粧無力燕支重，春醉方酣酒暈深。定自格高難着句，不應工部總無心。

方回：尤延之詩多淡，此詩獨豔。蓋海棠乃豔物，不可以淡待之也。「酒暈」一作「酒醴」，出前漢董賢傳，注謂酒在醴中。

紀昀：此論深微，可以類推。

馮舒：俚淺。

馮班：「格高」二字未穩。

紀昀：起好，三、四俗格，五、六乃有致，結落套。海棠韻勝非格勝，「格」字只可言梅。

玉簪花一名鷺鷥

一種幽花迥出塵，孤高恥逐豔陽辰。瑶枝巧插青鸞扇，玉蕊斜欹白鷺巾。難與松筠争歲晚，也同葵藿趁時新。西風昨夜驚庭緑，滿院清香惱殺人。

方回：題目生，三、四可喜，以備多聞。

紀昀：此花想宋末始著，在今日不得云「生」。

查慎行：三、四太着相。

紀昀：三、四雖形似，而刻畫太俗。玉簪頗有雅致，尚宜於神韻求之。

拄杖

滕元秀

久矣相隨若弟昆，周全險阻可須論。斷橋測水露半影，野路擉泥留亂痕。癡坐自憐今日嬾，顛持敢忘昔年恩。得君分付吾何恨，休向林間打睡門。

方回：元題：「僧覓拄杖以詩送之。」

紀昀：不用原題，末句何着？此亦何必删改？

馮班：氣味惡。

紀昀：三、四刻畫太鄙，後四句粗野。

菊

趙昌父

蔓菊伶俜不自持，細香仍着野風吹。少年踴躍豈復夢，明日蕭條更自悲。潭水解令胡廣壽，夕英何補屈原饑。我今謾學潯陽隱，晚立寄懷空有詩。

方回：菊花不減梅花，而賦者絶少，此淵明之所以無第二人也。歷選菊花詩，僅得此首，乃章泉乾道七年辛卯九月所賦。所用二事謂能爲胡廣之壽，而不能捄屈原之饑，殆亦有所謂而發也。章泉全是枯骨勁鐵，不入俗眼。

馮舒：屈原不病饑。

紀昀：三、四太無着，五、六自好，結又落入陳因。

效茶山詠楊梅

方秋崖

五月晴梅暑正煩，楊家亦有果堪扳。雪融火齊驪珠冷，粟起丹砂鶴頂殷。併與文園消午渴，不禁越女蹙春山。略知荔子仍同姓，直恐前身是阿環。

方回：吾宗伯秋崖先生岳，字巨山。吾鄉祁門人。紹定五年壬辰别院省試第一人，殿試甲科。連忤丞相史嵩之、丁大全，及於知南康軍日，撻湖南綱卒之據閘阻舟者，忤賈似道。仕至吏部尚書郎。景定三年壬戌三月十八日卒，年六十四。林竹溪希逸爲墓誌。其詩不「江西」，不晚唐，自爲一家。

馮舒：貴妃愛荔子，荔子却不姓楊。楊梅何得有前身？「略知」二字亦不通。

馮班：秋崖未吃楊梅。○酸楊梅豈堪吃？

紀昀：前四句平平，後四句自好。

老將

劉後村

昨解兵符歸故里，耳聽邊事幾番新。遇逢〔二四〕麾下來猶識，欲説遼陽記不真。兒覓寶刀偏愛惜，奴吹蘆管輒悲辛。夜寒不作關山夢，萬一君王起舊人。

方回：後村劉公名克莊，字潛夫。此老將詩及老馬、老妓詩，其少作也。見南岳第一藁。着題本難措手，後村初學晚唐。既知名，丞相鄭清之奏賜進士出身。賈似道當國，仕至尚書端明。詩文諛鄭及賈已甚。晚節詩欲學放翁，才終不逮，對偶巧而氣格卑。惟老妓詩題差易，故傳者多，今具如左。○詩話記曹翰詩：「曾因國難披金甲，不爲家貧賣寶刀。臂弱尚嫌弓力軟，眼花猶識陣雲高。」亦佳，而下聯合掌。

馮班：少作尚可。

馮舒：無不下俚者。○惡詩。○結句寒酸。

馮班：盡俚談耳。老奴以下幾首尤惡。○萬里既雅重長江，何故不選代舊將一律？

紀昀：十首俱惡札。

老馬

脊瘡蹄蹇瘦闌干，火印年深字已漫。野澗有冰朝洗怯，破坊無壁夜嘶寒。身同退卒支殘料，眼見新駒韝寶鞍。昔走塞垣如抹電，安知末路出門難。

方回：後四句儘有意。然老杜病馬行盡之矣，起句即老杜語耳。

馮舒：次聯可。

馮班：此公詩總乏餘味。○結句劣。

老妓

籍中歌舞昔馳聲，憔悴猶存態與情。愛説舊官當日寵，偏呼狎客小時名[二五]。薄鬢已脱梳難就，半被常空睡不成。却羡隣姬門户熱，隔牆張燭到天明。

方回：此詩八句語意俱工，然亦褻矣。

馮班：此篇可，但調下。○此詩不是褻，足狀老妓真態，可悲也。比老將差勝。

老儒

向來歲月雪螢邊，老去生涯井臼前。舉孝廉科非復古，給靈壽杖定何年。空蟠萬卷終無用，專巧三場恐未然。猶記兒時聞緒論，白頭不敢負師傳。

方回：後村自注謂：「秋崖方君作八老詩，内三題四十年前已作，遂不重複。別賦二題，足成十老，謂老僧、老儒、老道士、老農、老巫、老醫、老吏也。」今更選四詩，併具如左。蓋寶祐五年丁巳後村年七十一歲時詩。

老僧

半間古屋冷颼颼，死盡同參偶獨留。昔已尋師遠行脚，今惟見佛小低頭。舊綾無用聊收取，破衲難縫〔二六〕且着休。年少還知貧道否，曾同王謝二公遊。

方回：後村自注：「支遁云：『黄吻少年，無爲輕議宿士。貧道昔曾與元、明二帝，王、謝二公遊。』」

馮班：比擬不倫。

馮舒：起可。

老醫

劉叟衣裝絳老年，市中賣藥且隨緣。馳名最久經三世，閱病雖多未十全。龜手有方俄貴矣，烏髭無訣盡皤然。卧聞鵲噪扶筇起，偶值隣翁送謝錢。

方回：用唐莊宗劉叟事及「烏髭無訣」，太滑稽。「三世」、「十全」亦工。

馮舒：「劉叟」太時樣。「絳老」太古董。

馮班：此篇亦可。

查慎行：五、六奇横，「龜手」、「烏髭」亦稱絶對。

老吏

少諳刀筆老尤工，舊貫新條問略通。鬭智固應雄鷙輩，論年亦合作狙公。孫魁明有堪瞞處，包老嚴猶在套中。祇恐閻羅難抹過，鐵鞭他日鬼臀紅。

方回：此老吏詩痛快，「鐵鞭打鬼臀」，乃章子厚語，移以用之老吏，亦足以寒猾刻之膽否？

馮班：可惡。

陸貽典：粗。

查慎行：第七俗極。

紀昀：此首尤惡。虚谷乃賞其痛快，謬甚。

老奴

少賤腸枵破褐單，傍人門户活饑寒。自從毁齒初成券，直至長鬚尚不冠。冷炙時霑筵上餕，秃芒旋掃臼邊殘。他時縱取封侯印，僅得君王踞厠看。

馮舒：末句是奴而不老。

馮班：落句不是老奴，只是奴耳，「老」字上黏不得。

老　妾

傷春感舊似中酲，樂器全抛曲譜生。自小抱衾無怨色，有時擁髻尚風情。曾陪太尉斟還唱，猶記司空眼與聲。着主衣裳爲主壽，莫如琴客别宜城。

陸貽典：用党家姬及桓温問劉司空事。

老　兵

昔擁琱戈射鐵簾，可堪蓬鬢照冰髯。金瘡常有些兒痛，斗力今難寸許添。至老安能希駱甲，從初悔不事蒙恬。莫嗟身上衣裘薄，猶向官中請半縑。

方回：初但還老將至老吏七首，今加以老奴、老妾、老兵三首，足爲十首。予嘗謂後村詩，其病有三：曰巧，曰冗，曰俗，而格卑不與焉。此三詩可見矣。「金瘡常有些兒痛」，俗也。「樂器全抛曲譜生」，俗也。「太尉」、「司空」之聯冗也。「毁齒」、「長鬚」之聯巧也。又每人名單是一字，尤不可法。

馮班：「太尉」、「司空」之聯略可。

馮舒：駱甲、蒙恬有何義？

馮班：第五句不成語，腹聯幾乎不解捉筆，第七句湊。

紀昀：「斗力」合是弓力。

無名氏（甲）：漢高祖征陳豨，募騎將，得駱甲、徐必，封之千户。

牛

以羊相似嫌羊小，與象同稱笑象輕。青草充腸隨意飽，黄鐘滿脰有時鳴。力粗曾索寅人鬭，骨朽難湔丑座名。空費景升芻與槀，不如羸牸尚堪耕。

馮班：羸牸亦是牛。

查慎行：黄鐘宫音如牛鳴盎中。

紀昀：十老詩已極惡趣，此二詩尤醜不可耐。作者、選者，兩不可解。

駝

形模獰怪駭兒童，技與黔驢大略同。葱嶺馱經嘗有力，岐陽載鼓竟無功。效牽尚記隨班後，健倒安知卧棘中。莫信人言君背貴，肉鞍强似錦韉蒙。

方回：後村詩涉組織，此二詩尤可見。然以難題，取殿諸詩後云。

紀昀：不止組織之病。〇尚非難題，不宜如此牽就，且選詩非以備題。

馮舒：駝與黔驢不同。

紀昀：較牛詩稍成語，然亦俗惡。〇此卷五言頗好，七言惡不可耐。

校勘記

〔一〕岱北　李光垣：「代」訛「岱」。〔二〕老樹　李光垣：「用」訛「老」。〔三〕相隨　馮班：「相」一作「遥」。〔四〕涏涏雙來　查慎行：兩「涏」字當作「涎」，古詩讀去聲。李光垣：「涎涎」訛「涏涏」。〔五〕唐書　李光垣：「時」訛「書」。〔六〕欲燃　李光垣：「然」訛「燃」。〔七〕宣政殿　馮班：「殿」一作「衙」。〔八〕初重　馮班：「重」一作「到」。〔九〕莊周　李光垣：「生」訛「周」。〔一〇〕羅隱　馮班：「隱」當作「鄴」。〔一一〕深紅　馮班：作「春紅」是。〔一二〕始見花　馮班：「見」一作「着」。〔一三〕遊子乍聞　馮班：「遊子」一作「行人」。〔一四〕佳人　馮班：「佳」一作「歌」。〔一五〕嬌嬈　馮班：「嬈」一作「饒」。〔一六〕須信丹青　馮班：「須信」一作「梁廣」。〔一七〕吹却　馮班：「却」一作「起」。何義門：「起」字有氣勢。〔一八〕有哉　紀昀：「有哉」字訛，再校本集。〔一九〕使臂　按：「臂」原作「腎」，據康熙五十二年本、紀昀刊誤本校改。

〔二〇〕開元寺山茶　馮班：當作「和子由開元寺山茶久無花今歲盛開」。〔二一〕歸後　查慎行：「歸」原訛作「掃」。〔二二〕瀟瀟　李光垣：「蕭蕭」訛「瀟瀟」。〔二三〕爲未　李光垣：「未爲」訛「爲未」。〔二四〕遇逢　馮班、查慎行、李光垣：「遇」當作「偶」。〔二五〕小時名　按：康熙五十二年本、紀昀刊誤本「小」作「少」。〔二六〕難縫　查慎行：「縫」原訛作「逢」。

瀛奎律髓彙評卷之二十八　陵廟類

君陵臣墓，大廟小祠，或官爲禁樵採，或民間香火祭賽不容遏。蓋聖賢之藏所宜重，而鬼神有靈，亦本無容心於其間也。屈子是以有山鬼、國殤之騷，詩人有降迎送神之詞。生敬死哀，寧無感乎？

紀昀：序敷衍無所發明。「亦本無容心於其間也」句何解？下句「是以」字如何接？

五言　二十首

經鄒魯〔一〕祭孔子而歎之

唐明皇

夫子何爲者，栖栖一代中。地猶鄒氏邑，宅即魯王宮。歎鳳嗟身否，傷麟怨道窮。今看兩楹奠，當與夢時同。

方回：此祭孔子必於其廟，所謂「宅即魯王宮」也。魯共王壞孔子舊宅以爲宮室，後所謂靈光殿者巋然獨存，豈非以孔子之故哉！予過兗州，東望洙、泗而識孔子之所在。惜不及一往拜奠，讀此詩爲之悵然。三、四以下俱佳。

馮舒：天子親祭，故稱此題中「歎」字。方君何事悵然？

紀昀：靈光不以孔子存。

許印芳：此評非是，故曉嵐删去。

紀昀：孔子更何贊？只以喟歎取神，最妙。五、六「嗟」、「歎」、「傷」、「怨」用字重複，雖初體常有之，然不可爲訓。結處收「祭」字，密。

許印芳：命題便高古。〇五、六原本云：「歎鳳嗟身否，傷麟怨道窮。」〇紀批云：「歎、嗟、傷、怨，字義重複，雖初體常有之，然不可爲訓。」今爲更易四字，使歸完美。凡好詩有字句不妥處，可改者改之，不可改者仍從其舊，劣詩則悉依舊本云。五、六易作：「歎鳳斯文在，傷麟吾道窮。」〇唐明皇諱隆基，葬泰陵。唐諸帝中明皇最長於詩，五律尤多傑構。此選所收，十分之一耳。

重過昭陵

杜工部

草昧英雄起，謳歌曆數歸。風塵三尺劍，社稷一戎衣。翼亮貞文德，丕承戢武威。聖圖天廣大，宗祀日光輝。陵寢盤空曲，熊羆守翠微。再窺松柏路，還見五雲飛。

方回：老杜先有行次昭陵五言唐律〔二〕，首云：「舊俗疲庸主，羣雄問獨夫。讖歸龍鳳質，威定虎狼都。」又云：「文物多師古，朝廷半老儒。」可謂善頌唐太宗者。以多不選。此篇前八句字字佳。

紀昀：前一篇遠勝此篇，韻數亦尚不爲多。

許印芳：既選長律，但逢佳篇，勿論韻數多少，皆宜收入。虛谷但取短篇爲式，可笑也。

查慎行：分四段看：首四句得天下之故，五、六守天下之道，七、八傳天下之遠，末四句方説到昭陵，而以「重過」作結。

李天生：分二段，上段贊太宗，下段昭陵，裁六韻，而「翼亮」二句仍不脱高祖，此大節目也。「重經」只末句點出，妙。

何義門：反覆慨嘆。盪平之功，不能速奏，無太宗之善繼也。

紀昀：「翼亮」四句終不精彩。〇結出「重過」。

許印芳：此詩簡嚴典碩，通體精彩。紀批亦是苛論。

禹廟

禹廟空山裏，秋風落日斜。荒庭垂橘柚，古屋畫龍蛇。雲氣生虛屋〔三〕，江聲走白沙。早知乘四載，疏鑿控三巴。

方回：凡唐人祠廟詩，皆不能出老杜此等局段之外。二詩蓋絶唱也。

何義門：疏鑿三巴，萬古如在。腹聯真寫得神靈颯至。

紀昀：三、四孫莘老以爲關合禹事，確有此意，而詩話不取。蓋務欲翻案，不顧是非，乃宋人之通病。○末二句語意未詳。

無名氏（甲）：禹貢有橘柚之包，治水遠龍蛇之害。妙對，而又出之無意之間，故爲神筆。

湘夫人祠

肅肅湘妃廟，空牆碧水春。蟲書玉佩蘚，燕舞翠帷塵。晚泊登汀樹，微香〔四〕借渚蘋。蒼梧恨不盡，染淚在叢筠。

何義門：此詩作於代宗即位之後，落句公自謂也。

紀昀：三、四終是疊砌，不可爲法。結亦凡近。

閬州別房太尉墓

他鄉復行役，駐馬別孤墳。近淚無乾土，低空有斷雲。對碁陪謝傅，把劍覓徐君。惟見林花落，鶯啼送客聞。

方回：少陵因救房公琯而去諫職。閬州别墓，足見少陵於交誼不薄也。第一句自十分好：他鄉已爲客矣，於客之中又復行役，則愈客愈遠，此句中折旋法也。「近淚無乾土」，尤佳。「淚」一作「哭」，可謂痛之至而哭之多矣。「對棋」、「把劍」一聯，一指生前房公之待少陵爲何如，一指身後少陵之所以感房公爲何如，詩之不苟如此。其後房公改葬東都，少陵復有二詩，更痛切悲悼。前云：「一德興王後，孤魂久客間。」後云：「風塵終不解，江漢忽同流。」乃知陳後山「丘原無起日，江漢有東流」，實本諸此。句法同，詩意不同。

馮舒：不謂之詩聖不可。

紀昀：情至之語，然却不十分精警。○三句太着迹，須是四句一旁托。五句「陪」字不似追敍，且複「對」字。

蜀先主廟

劉夢得

天下英雄氣，千秋尚凜然。勢分三足鼎，業復五銖錢。得相能開國，生兒不象賢。淒涼蜀故妓，來舞魏宫前。

方回：元注：「漢末稱『黄牛白腹，五銖常復。』」○胡澹菴有詩云：「須令民去思，如漢思五銖。」自注謂：「五銖起於元狩五年，新室罷之，民思以五銖市買，莽法復挾五銖者投四裔。光武因馬援言復之，民以爲便。董卓悉壞五銖，曹操爲相復之。自魏至梁、陳、周、隋，皆以五銖爲便。唐武德四年鑄『開通元寶』，五銖始不復見。」夢得此詩用「三足鼎」、「五銖錢」，可謂精當，然末句非事實也。蜀固亡矣，魏亦豈爲存哉？其業已屬司馬氏矣。諸葛公之子死於難，不爲先主羞。而魏之羣臣舉國以授晉，則何滅蜀之有哉！

馮舒：落句可傷。用劉禪事，何云非事實？方君不學乃至是？蜀亡時魏未禪位，何言之夢夢耶？「不象賢」，自謂後主，何言諸葛？方君不通如此！

馮班：事出三國志，何言非事實？評語全謬。

陸貽典：「生兒」句生。「生兒不象賢」句指劉禪，方公誤解。

查慎行：虚谷云：「此詩用三足鼎、五銖錢，可謂精當，然末句非事實也。」余所見亦同。

紀昀：自「然末句非事實也」至「何滅蜀之有哉」，支蔓。

查慎行：中兩聯字字確切，惜結句不稱。

紀昀：句句精拔。◎起二句確是先主廟，妙似不用事者。後四句沉着之至，不病其直。

許印芳：凡祠廟墳墓等題，總宜從人着筆，不可糾纏祠墓。蓋祠墓是公共之物，略用關合足矣。人是本題正位，宜用重筆發揮，乃合體裁。如此詩全説先主，於廟字無一語道及，而起結皆扣住「廟」字。起語是從廟貌看出，結語則以魏宮對照蜀廟也。

經伏波神祠

蒙蒙篁竹下，有路上壺頭。漢壘麏鼯鬬，蠻溪霧雨愁。懷人敬遺像，閱世指東流。自負覇王略，安知恩澤侯。鄉關辭石柱，筋力盡炎州。一以功名累，翻思馬少游。

方回：能道馬伏波心事。此公筆端老辣，高處不減少陵。

馮舒：真高古。

查慎行：余壯年曾上壺頭山拜新息廟，欲作一詩，乃爲此公所壓。

紀昀：五、六兩句上下轉關，一句束住本題，一句開出議論。

山中古祠

張司業

春草空祠處〔五〕，荒林唯鳥飛。紀年碑〔六〕石在，經亂祭人稀。野鼠緣朱帳，陰塵蓋畫衣。近來〔七〕潭水黑，時見〔八〕宿龍歸。

方回：平易而新美。

紀昀：本無意味，亦太膚廓，天下廢祠皆可移用。

漂母墓

劉長卿

昔賢懷一飯，兹事已千秋。古墓樵人識，前朝楚水流。渚蘋行客薦，山木杜鵑愁。春草綿綿〔九〕緑，王孫舊此游。

方回：長卿意深不露。第四句蓋謂楚亡、漢亡，今惟有流水耳。一漂母之墓，樵人猶能識之，亦以其有一飯之德於時耳。

紀昀：此解最精。

馮舒：首句領起，筆墨高挺，有無窮之味。

馮班：起好。

許印芳：劉長卿字文房，河間人，官隨州刺史。

屈原廟

崔塗

讒勝禍難防，沉魂〔一〇〕信可傷。本圖安楚國，不是怨懷王。廟古碑無字，洲晴蕙有香。獨醒人尚少，誰與奠椒漿！

方回：三、四句説得屈原心事好。

馮舒：如此批亦不傷腐。

馮班：亦是直議論耳，覺忠厚可諷。第七病句。

何義門：「人尚少」，言世所不尚也。

紀昀：終覺太直。起二句竟似五代口角，結尤過激。

無名氏（甲）：三、四可與文王操並傳，得古人心髓。

古　塚

曹　松

代遠已難問，纍纍似古城〔一〕。民田侵不盡，客路踏還平。作穴蛇分蟄，依岡鹿繞行。唯應風雨夕，鬼火出林明。

方回：盡古塚之態。

馮班：次聯妙。

何義門：梅都官安能到此？

紀昀：瑣屑刻畫，毫無意旨。「鬼火」字雖見杜玉華宫詩，而入律則不佳。

淮陰侯廟

梅聖俞

漢家天下將，廟古像公圭。百戰自亡楚，一時空王齊。鄉人奏簫鼓，舟子賽豚雞。不改寒潮水，朝平暮復低。

方回：先有古詩一首，末云：「高皇四海平，有酒不共釃。古來稱英雄，去就可以照。」此律詩亦佳。

馮舒：起句宋。

馮班：不及唐人遠矣。

紀昀：通體庸鈍。次句趁韻。

新開墳路

古徑約城斜，鋤荒可過車。直穿深篠去，不比繞村賒。伐樹侵籬脚，裨塍掘澗沙。欲爲蘭若處，松柏屬吾家。

方回：五、六細潤。

紀昀：總要在瑣屑無味處着力，虛谷所以終爲外道。

馮班：不成文。

古　塚 南陽道中作

南陽古原上，荒塚若魚鱗。劍佩不爲土，衣冠應化塵。枯骸託魑魅，細草没麒麟。何必問名氏，漢家多近親。

方回：五、六佳。

紀昀：三句拙，五句俚甚，六句凡語。總未見佳。

馮班：妙。落句好。

和叔才岸傍古廟

王半山

樹老垂纓亂，祠荒向水開。偶人經雨踣，古屋爲風摧。野鳥棲塵座，漁郎奠竹杯。欲傳山鬼曲，無奈楚詞哀。

方回：三、四句佳。

紀昀：三句俚陋，四句亦凡近。

雙廟

兩公天下駿，無地與騰驤。就死得處所，至今猶耿光。中原擅兵革，昔日幾侯王。此獨身如在，誰令國不亡。北風吹樹急，西日照窗涼。志士千年淚，泠然落奠觴。

方回：荆公題雙廟云：「北風吹樹急，西日照窗涼。」及詳味之，其託意深遠，非止詠景物而已。蓋巡、遠守睢陽，當時安慶緒遣突厥勁兵攻之，日以危困，所謂「北風吹樹急」也。是時肅宗在靈武，號令不行於江、淮，諸將觀望，莫肯救之，所謂「西日照窗涼」也。此深得老杜句法。如老杜題蜀相廟：「映堦碧草自春色，隔葉黄鸝空好音。」亦自託意其中矣。

馮舒：支離，讀詩不必如此。

馮班：曲腐。

紀昀：恐竟成一則張、許論。以「北風」一聯歸到「廟」子耳，此真穿鑿無理。老杜此語亦是現景，注家自生妄見耳。

馮班：不作整對，有力量。起四句議論有力，陡健可誦。

查慎行：三、四用昌黎成語，五、六、七、八摶挠轉折有力。

紀昀：一氣盤旋。

無名氏（甲）：蹙迫無步驟，枯硬乏情思，非佳作也。

許印芳：此詩善鍊氣，故無板排直瀉之病。○純使議論，且純向空際着筆，絶不撏撦事實，而事實皆在渾括中。足見筆意之高，力量之大。前八句曲折往復，極沈鬱頓挫之致。九句、十句陡然接寫景物，神色益旺。尾聯以弔古作結，含情無限。此等詩老鍊沈雄，虚谷所云步驟老杜者是矣。而又議其有工緻無悲壯，試與之讀此詩，虚谷何以解其前説之謬哉？○「日」字複。

○雙廟在今歸德府，祀張巡、許遠。

上王荆公墓

曾子開

天上龍胡斷，人間鵩鳥來。未應淮水竭，所惜泰山頽。華屋今非昔，佳城閉不開。白頭門下士，悵望有餘哀。

方回：諸曾皆出王半山門下，此言亦恐太過。元祐時王氏在金陵寂寞，張芸叟名舜民詩亦譏之。紹聖而後，紹述禍作，乃漸張大，以至南渡乃少損云。

馮舒：不媿唐人。

馮班：氣味甚高古。○首句「胡」字不如「髯」字。

紀昀：詩自清整，但擬人不倫，誠如虛谷所譏。

無名氏(甲)：「泰山頽」，固不可當，即「淮水竭」亦何能比茂弘耶？小人阿私，徒爲識者鄙耳。

光武廟

徐道暉

帳閉爐煙聚，山龍帝者衣。真人元有道，社鬼忽無威。畫剥金猶在，碑平字半非。鼓鳴村犬吠，祭罷數翁歸。

方回：五、六妙，但是廟俱可用。

馮舒：寒劣。

馮班：次聯何解？落句却好，然寒弱極矣。

紀昀：四句似嘲，非體。前四句只「真人」二字切光武，然割去「白水」二字則亦通稱，亦是凡帝王廟可用，不但五、六。

郭璞墓

劉後村

先生精數學，卜穴未應疏。因捋虎鬚死，還尋魚腹居。如何師鬼谷，却去友靈胥。此理憑誰詰，人方寶葬書。

方回：譏青囊之術不靈，其説亦是。

馮舒：似王荆公。○第四何謂？只墓在水中耳，何以言魚腹？

馮班：「魚腹」字有病。

查慎行：此詩後村集中第一卷第二首。

何義門：此詩不惡。

紀昀：太直太盡，此所謂詩論也。

堯廟

帝與天同大，天存帝亦存。桑麻通絶徼，簫鼓出深村。水至孤亭合，山居列岫尊。尚餘土階意，樵牧踐籬藩。

方回：起句十字能言堯之大，末句十字能言堯之小。惟其能土階之小，所以能與天地同大也。

紀昀：末二句乃憑弔意，虛谷解謬。

馮舒：首句宋。◯破不言廟何也？◯落句醜拙。

馮班：惡詩。◯首聯不言廟，次聯又不緊承，第三句却閑閑襯句，失體之極矣。落句小兒語耳。

紀昀：起二句腐絶，三、四又接得太小，不稱「天」字。

七言 三十二首

蜀相

杜工部

丞相祠堂何處尋，錦官城外柏森森。映堦碧草自春色，隔葉黃鸝空好音。三顧頻煩天下計，兩朝開濟老臣心。出師未捷身先死，長使英雄淚滿襟。

方回：子美流落劍南，拳拳於武侯不忘。其詠懷古迹，於武侯云「伯仲之間見伊吕，指揮若定失蕭曹」，及此詩，皆善頌孔明者。

何義門：後半深嘆其止以蜀相終也。

紀昀：前四句疏疏灑灑，後四句忽變沉欝，魄力絶大。

趙熙：沈欝、博大。

長陵

唐彦謙

長陵高闕此安劉，附葬〔二〕纍纍盡列侯。豐上舊居無故里，沛中原廟對荒丘。耳聞明主〔三〕提三尺，眼看〔四〕愚民盜一抔。千載豎儒騎瘦馬，渭城斜日重回頭。

方回：此漢高帝陵也。「耳聞」、「眼看」，或以爲病，然「提三尺」、「盜一抔」屬對親切。詩體如李義山。彦謙又有警句云：「煙横博望乘槎水，月上文王避雨陵。」

馮舒：力在「耳」、「目」二字，包括却許多大議論，以爲病者，眯目者也。〇不選「煙横」首，直附載二句，真無目也。

馮班：何不取此首？略點「乘槎」、「避雨」兩故事，「煙横」、「月上」二字含却古之無限感慨。如此用事，千古不得一句也。

紀昀：鹿門本學義山，此首却不似義山。

馮舒：首句不可解。

馮班：只首句不妥，以下字字不苟，「崑體」妙作。

錢湘靈：「安劉」二字未妥。

何義門：貞觀十一年詔從漢氏使將相陪陵功臣密戚，皆賜塋地一所。第二正用其事。○一路逼出末句，可謂揶揄殆盡。

紀昀：「安劉」二字誤用，飴山老人批唐詩鼓吹而爲之詞，非也。「豎儒」暗對嫚罵酈生事。

許印芳：「安劉」借言安厝，非誤用也。「提三尺」乃往時事，故曰「耳聞」，「盜一抔」是後來事，故曰「眼看」，亦不得謂之爲病。惟「舊居」、「故里」，意重複耳。後半譏其重武輕文，妙在語無痕迹。○唐彦謙字茂業，號鹿門，晉陽人，官刺史。

茂陵

李義山

漢家天馬出蒲梢，苜蓿榴花遍近郊。內苑只知啣鳳觜，屬車無復插雞翹。玉桃偷得憐方朔，金屋妝成貯阿嬌。誰料蘇卿老歸國，茂陵松柏雨蕭蕭。

方回：義山詩纖組有餘，細味之格律亦不爲高。此詩譏誚漢武甚矣，謂驕侈如此，終歸於盡也。

馮舒：以其無硬字耶？

紀昀：義山殊有氣骨，非「西崑」之比。此語未是。

馮舒：首句亦有病。「蒲梢」，馬名。

馮班：只用蘇卿一襯，丰神百倍。〇「崑體」也。

何義門：首句言蒲梢、汗血，乃天子馬也，故自無嫌。惟一事占二句，稍費詞耳。〇「郊」字誤押。〇八句中包括貫串，極工整而不牽率。〇首句，用兵。第三句，畋獵。第四句微行。第五句，神仙。第六句，聲色。〇末二句諷刺自見於言外。

題濮廟

曹鄴

曉祭瑶齋夜叩鐘，鰲頭風起浪重重。人間直有仙桃種，海上應無肉馬蹤。赤水夢沉迷象罔，翠華恩斷泣芙蓉。不知皇帝三宫駐，始向人間着衮龍。

方回：詩體似李義山。

馮班：次聯好。唐人作議論語，只是有風味。

紀昀：「濮廟」二字再考。題不解，則不能定詩之工拙。

無名氏(甲)：大抵漢武因築宣房而有此廟。仙桃出於王母，天馬取於大宛。象罔不得玄珠，少君何能起死？皆偕古諷今耳。

巫山神女廟

劉賓客

巫山十二鬱蒼蒼，片石亭亭號女郎。曉霧乍開疑卷幔，山花欲謝似殘妝。星河好夜聞清佩，雲雨歸時帶異香。何事神仙九天上，人間來就楚襄王。

方回：尾句譏之，良是。然本無此事也，詞人寓言耳。

馮班：只第六一句，餘皆常調。

何義門：落句自嘆由南宫遠貶也。

紀昀：三、四俗語，結亦平淺，五句「好夜」二字生造。馮氏賞六句，不可解，所謂不猥褻不盡興耶。尾句太直，此種已是宋詩。設題下换宋人名字，不知如何唾駡耳？

無名氏(甲)：意境甚平，非夢得高作。

許印芳：「好夜」二字詩家常語，未爲生造。馮氏批韓致堯五更詩，謂「不猥褻則不盡興」，詳見第三卷中致堯倚醉詩下。此詩中四句犯切脚病，曉嵐尚未看出。

陽山廟觀賽神　元註：「梁松南征至此，遂爲神，在朗州。」

漢家都尉舊征蠻，血食如今配此山。曲蓋深幽蒼檜下，洞簫愁絶翠屏間。荆巫脈脈傳神語，野老娑娑啓醉顔。日落風生廟門外，幾人連蹋竹歌〔一五〕還。

方回：予嘗遊此廟，在今常德府北三十里，似不當祭之人，馬伏波爲其所傾者。

馮舒：妙在寫出淫祠。

馮班：此淫祠，下句殊斟酌，不見痕迹。次聯是梁松廟。

何義門：松尚主，故曰「都尉」。

紀昀：梁松廟尚有説處，此太泛泛。

許印芳：全首落套。中山乃亦有此，可怪也！

蘇武廟　温飛卿

蘇武魂銷漢使前，古祠高樹兩茫然。雲邊雁斷胡天月，隴上羊歸塞草烟。迴日樓臺非甲帳，去時冠劍是丁年。茂陵不見封侯印，空向秋波哭逝川。

方回：此見别集。「甲帳」、「丁年」甚工，亦近義山體。

馮班：方君專以巧對爲義山，謬也。〇自是飛卿。

查慎行：三、四即用子卿事，點綴景物，與他手不同。

何義門：五、六不但工緻，正逼出落句。落句自傷。

紀昀：五、六生動，餘亦無甚佳處。〇結少意致。

陳琳墓

曾於青史見遺文，今日飄零過古墳。詞客有靈應識我，霸才無主始憐君。石麟埋没藏秋草〔一六〕，銅雀淒涼起暮雲〔一七〕。莫怪臨風倍惆悵，欲將書劍學從軍。

方回：謂曹操有無君之志而後用此等人，甚妙。

馮舒：誤。

馮班：第四句自嘆也。

陸貽典：琳已失身於操，殊不足憐。但已并不遇「霸才」，「憐君」之不得已耳。

何義門：見遺文不獨詫孔璋之才，正深服魏武之度也。不惟罪狀一身，而且辱及先世，乃曹公但知愛才，一不介於胸。今我於斯世，豈有此嫌，乃使我流落如此乎？

紀昀：「詞客」指陳，「霸才」自謂。此一聯有異代同心之感，實則彼此互文，「應」字極兀傲，

「始」字極沉痛，通首以此二語爲骨，純是自感，非弔陳琳也。虚谷以「霸才」爲曹操，謬甚。

○「霸才」、「詞客」俱結入末句中。

許印芳：三、四語曉嵐之説最當，虚谷所解固非。又沈歸愚云：「言袁紹非霸才，不堪爲主也，有傷其生不逢時意。」此解勝虚谷，然亦未的。又評六句云：「言魏武亦難保其荒臺，對法活變。」此解却是。○温庭筠，本名岐，字飛卿，并州人，官助教，詩與義山齊名，號「温李」。

黄陵廟

李羣玉

小孤洲北浦雲邊，二女明妝共儼然。野廟向江春寂寂，古碑無字草芊芊。東風近墓吹芳芷，落日深山哭杜鵑。猶似含嚬望巡狩，九疑如黛隔湘川。

方回：第六句好。

紀昀：總是套頭。

春日拜壠經田家

梅聖俞

田家春作日日近，丹杏破顃場圃頭。南嶺禽過北嶺叫，高田水入低田流。桑芽將綻霧露裛，蠶子未浴箱篚〔一〕收。今我還朝固不遠，紫宸已夢瞻珠旒。

方回：此乃田家詩，然題有「拜壠」二字，以附此。

紀昀：詩無「拜壠」之意。

馮舒：不好。

經秦皇墓

魯三江

祖龍何事苦東巡，仙駕歸來塚草新。項籍已飛三月火，子嬰猶醉六宮春。元來滄海殊無藥，却是芒碭暗有人。自古乾坤屬真主，驪山山下好霑巾。

方回：潼川人魯交詩曰三江集，山谷稱爲魯三江，今從之。三、四謂項羽之起，不待至咸陽，而三月之火已然矣，子嬰猶未悟也。五、六尤佳，獨末後一句頗俗。

馮班：不通之甚，周旋他不得。

紀昀：亦不大雅。

馮舒：子嬰帝秦，不滿月餘，沛公入關，子嬰降。項羽入關時子嬰爲降虜，寧有六宮之醉？第四句枉埋寃。

馮班：不解捉筆，不識一字。

陸貽典：三句亦從「敵國軍容飄木柹」脱出，然彼則實有其事也。咸陽之火，子嬰已死矣，何得云然?五、六却佳。

查慎行:俗氣。

紀昀:老生常談,可以不作。○「已飛」二字不妥。○考之史籍,「子嬰」無荒淫之事,四句欠考。

過井陘淮陰侯廟

韓魏公

破趙降燕漢業成,兔亡良犬日圖烹。家僮上變安知實,史筆加誣貴有名。功蓋一時誠不滅,恨埋千古欲誰明。荒祠尚枕陘間道,澗水空傳哽咽聲。

方回:三、四明韓不反。此長者之言,足慰淮陰於地下也。

馮班:此公非詩人。○宰相氣。

紀昀:「日圖烹」三字不明晰,意謂漢高日圖之耳。三、四太質,餘亦凡語。

無名氏(甲):欲爲淮陰洗雪,甚妙。惜無少陵之才,可以信今傳後耳。

冬至祀墳

至日郊原擁節旄,先塋躬得奉牲醪。霜威壓野寒方重,山色凌虛氣自高。衣錦不來誇富貴，報親惟切念劬勞。連村父老歡相迓，因勸勤耕候土膏。

方回：此熙寧元年戊申冬詩。自長安被召不入，再領鄉郡。三、四句格，如其造語。

紀昀：不見高重之處，此等皆依附之談。

馮舒：不成詩。

馮班：欠佳。

紀昀：語尤凡近。○四句從「南山與秋色，氣勢兩相高」及「千巖秋氣高」化出，此詩只此一句好。○尾句另化一意。是有此法，然此不接。

元日祀墳馬上

三朝偏喜得晴和，歲美民康此驗多。天運主生方啓户，土膏乘暖已騰波。雪憑空闊高低在，風引韶妍次第過。霽靄正開先壠近，太行晡景上嵯峨。

方回：此熙寧二年己酉元日詩。魏公三領鄉郡，拜墳之詩極多，今選八首。爲人子孫，全功名，保富貴，節義文章，萬世無歉者，公一人而已。今選其詩，以寓敬仰。

紀昀：有德有言，指議論，非指詞章。詞章則詩自詩，人自人，正人不必皆能詩也。不問工拙，而但取德望相標榜，以爲依附取重之地，殊乖別裁之旨。

紀昀：第七句上下俱不貫。

癸丑初拜先墳

晝錦三來治鄴城，古人無似此公榮。首過先壠心還慰，一見家山眼自明。釃酒故廬延父老，駐車平野問農耕。便思解綬從田叟，報國慚惟萬死輕。

方回：此熙寧六年，自中山三領鄉郡時詩。

馮舒：「此公」，謾語也。不得意人可用，隱遯放縱之人可用。魏公作富貴詩，下不得此語。況拜先墳，豈子孫之辭耶？

馮班：拜先人而自稱「公」，可謂無禮。絶倒。

紀昀：語皆淺拙。○「此公」二字不宜自道。「農耕」二字稚。

次日早起西墳

風入旌旗撼曉光，兩塋親展喜非常。濃陰蔽野瞻喬木，逸勢横天認太行。自歎重茵寧及養，縱垂三組敢誇鄉。路人或指榮雖甚，明哲何如漢子房。

方回：三、四下一句壯甚。

紀昀：不論格法，而但求語壯，則壯亦易爲。

馮班：第六句不成語。

紀昀：展墓雖非喪禮，而感念先人，要非可喜之事，「喜非常」三字非惟俚陋，且亦礙理。「敢誇鄉」三字稚，「路人」句尤稚。結忽如此收束，可謂游騎無歸。

秋風赴先塋馬上

暫趨先壠弭旌旄，因卹吾民穡事勞。穀實已傷嗟歲稟，麥根雖立望春膏。林疏山骨清彌瘦，天闊詩魂病亦豪。田舍罕逢車騎過，聚門村婦擁兒曹。

方回：魏公襟量，古之所謂大臣。然詩句亦騷，此詩第六句是也。

紀昀：「騷」字不妥。

紀昀：前四句是一段説話，五、六二句又是一段説話，末二句又是一段説話，雜湊成篇，既無詩情，并無詩法。

初冬祀墳

曉來輕冷上平岡，西款親塋一舍强。帶靄遠峰時隱見，半霜殘葉雜青黄。來牟渴雨空成壠，賓雁銜雲自着行。此日初冬嚴祀事，只增悽惕不誇鄉。

方回：五、六峭健。

紀昀：五句不成語，六亦凡語。

紀昀：「不誇鄉」三字滯。

西享先墳已致誠，却嚴軒從指東塋。鴻鷩去旆參差起，馬避柔桑詰曲行。農寓兵來閒即教，牛無休日旱猶耕。病翁寡術蘇疲瘵，徒勸民心厚所生。

方回：第四句見鄉里閒行馬之態。河朔素有民兵，第五句又自兼言公事。第六句愛民之至也。

紀昀：中四句又説開去，與「東塋」何涉？結挽祀墳，却有作意。

乙卯寒食祀墳

鄉守三逢禁火天，每驅旌纛掃松阡。衰殘豈足酬恩遇，光寵徒知及祖先。望極西山饒勝氣，樂舒東户革荒年。何時歸處墳廬下，不假蘇秦負郭田。

方回：此熙寧八年乙卯也。五、六「饒」字、「革」字甚佳，魏公詩不苟如此。宋宰相能詩者多，夏竦、丁謂、王珪、王安石，事業狼狽；惟寇萊公、魏公，功臣、詩人兩無愧云。○魏公重修五代祖塋域記云：「夫謹家牒而心不忘乎先塋者，孝之大也。惟墳墓祭祀之有託，故子孫以不絶爲重。自志於學，每見祖先所爲文字與家世銘誌，則知寶而藏之。遺逸者常精意收掇，未始少懈。時編歲緝，寖以大備。其所志先域之所在，雖距今百有餘年，必思博訪而得之，卒不墜先業。推及先域之八世，得以歲時奉祀，少慰庸嗣〔一九〕之志。向使宗牒之不謹，祖先文字不傳，雖有孝於祖先之心，欲究其宅兆而嚴事之，其可得乎？」

馮班：諸作俱俗，負却晝錦堂記。

紀昀：萊公不愧詩人，魏公但可謂之功臣。○此一段與詩何涉？因魏公而選此數詩，已涉依附。因此數詩而牽及魏公之墓記，更爲無理矣。

紀昀：「革」字欠妥。

嚴陵祠堂

王半山

漢庭來見一羊裘，默默俄歸舊釣舟。迹似磻溪應有待，世無西伯可能留。崎嶇馮衍才終廢，索寞桓譚道不謀。勺水果非鱣鮪地，放身滄海亦何求。

方回：放馮衍，黜桓譚，此固光武之失。然子陵心事，亦未必然。介甫豈以英廟時召不肯起，借秦爲喻耶？然介甫不知人，韓魏公之爲相，仁、英之爲主，而猶不滿可乎？

馮班：如此議論，可謂之拘矣。以小人之肺肝，度君子之腹心。

紀昀：此評是。

馮舒：第二託意自遠。

馮班：家兄云「託意自遠」，余謂不通而已，何「遠」之有？且半山所遇，亦有何託意？家兄性拗，有似此公也。○總是肚皮不乾净，有此等議論。第三句是漢已定鼎，子陵又要謀反。光武中興，應天順人，何用西伯，必得他姓而後快？得罪名教之詞。○第三句，謀反了也。第四句，公孫述何如？第八句，豈嚴陵之志乎？

查慎行：三、四兩句一串。○余獨謂光武不能容功臣，大臣如馬援、侯霸，或斥或死，何有於馮衍、桓譚乎？

張載華：按後漢書侯霸傳：霸代伏湛爲大司徒，封關内侯，十三年薨，帝深傷惜之。似未可與伏波並提而論，謂光武不能容也。又按：韓歆代霸爲大司徒，好直言，無隱諱。帝每不能容，坐免歸田里。帝復遣使宣詔責之，歆及子嬰竟自殺，評語云云，及敬業堂集釣臺詩亦有「侯霸得罪由司徒」之句，先生豈誤記耶？抑别有所本耶？

紀昀：「有待」二字不好。天下已定，更誰待耶？通體不見「祠堂」，亦爲疏漏。

狄梁公陶淵明俱爲彭澤令至今有廟在焉刁景純作詩繼以一篇

梁公壯節就夔魖，陶令清身託酒徒。政在房陵成底事，年稱甲子亦何須？江山彭澤空遺像，歲月柴桑失故區。末俗此風猶不競，詩翁歎息未應無。

方回：梁公立武后朝，晚節不差，未可毁也。淵明則無可訾矣。半山好爲異論，謂「年稱甲子亦何須」，則淵明亦無足取耶？只第七句一繳，謂此等人今世亦無之，庶可發嘅歎耳。

馮舒：梁公起頭亦未嘗差。如此立論，不勝偏拗。

紀昀：此評是。

馮舒：詩人議論，不宜太露。使意在詞中，諷咏有餘味，方是能作。○次聯抹煞忠孝大節，殊害理。○落句不能自出其意，拙甚。○荆公時何用作梁公與元亮耶？落句全無謂。

馮班：「夔魖」二字出舊唐書則天皇后紀贊。○此名教罪人也，害理之甚。

紀昀：馮云「夔魖」二字出舊唐書贊，然此種字不宜入詩，古體中昌黎一派用之，猶差可。○末二句詞不達意。

小　姑

小姑未嫁與蘭支，何限流傳樂府詩。初學水仙騎赤鯉，竟尋山鬼從文貍。繽紛雲襬空棠檝，綽約煙鬟獨桂旗。弄玉有祠終或往，飛瓊無夢故難知。

方回：小孤山之神訛爲小姑，澎浪磯訛爲彭郎。此不過循名騁博作此詩，然實筆力不可及。

馮舒：粗拙耳，何不可及？

馮舒：「崑體」之變。○第二句拙。○頷聯不好處在「初學」、「竟尋」四字。

馮班：此等絕不好，大兄不辨也，「初學」、「竟尋」四字湊。○末句湊而不通。

紀昀：不免堆砌，而筆力尚足運之，不甚覺冗。末句宕入空際，方不落癡。

題裴晉公祠

張宛丘

獨持將鉞靜氛妖，後世英名日月昭。善聽聖君非易遇，將亡凶豎不難梟。悲風蔓草移今古，野殿空庭鎖寂寥。更有從軍老司馬，勒銘文字配咸韶。

方回：三、四謂元濟易擒，憲宗難遇。良是。

紀昀：此二句意工而語拙。

馮舒：憲宗未爲聖君，在唐人則可矣。

馮班：四句，梟「凶竪」也不易。○七句，退之稱「老」，不穩。○末句趁韻而已。

謁太昊祠

千里垂精帝道尊，神祠近在國西門。風摇廣殿松杉老，雨入修廊羽衛昏。日落狐狸號草莽，年豐父老薦雞豚。舊游零落今誰在，塵壁蒼茫字半存。

方回：老杜先主廟詩：「翠華想象空山裏，玉殿虛無野寺中。古廟松杉巢水鶴，歲時伏臘走村翁。」此中四句全相似。

馮舒：落句未緊。

查慎行：太昊祠在陳州，故云「國西門」。

紀昀：起句膚，中四句凡古廟皆可用，且調皆平頭。○忽入懷人，無緒。

東山謁外大父墓

陳後山

土山宛轉屈蒼龍，下有槃槃蓋世翁。萬木刺天元自直，叢篁侵道更須東〔二〇〕。百年富貴今誰見，一代功名託至公。少日拊頭期類我，暮年垂淚灑西風〔二一〕。

方回：後山先母夫人，皇祐丞相龐公籍之女。初丞相父格官彭城，丞相與孔道輔從後山祖洎游而成此姻。後山父諱琪，字寶之，受丞相恩，仕至國子博士，通判絳州。熙寧九年卒，年六十。母夫人紹聖二年卒，年七十七歲。

查慎行：敍後山家世最詳。

紀昀：但首二句注明龐公已足，餘皆支蔓，無與於詩。

馮班：「元自」、「更須」不妥。

紀昀：一氣渾成，後山最深厚之作。○「更須東」三字欠通，任淵注亦附會無理，余定爲「通」字之誤。蓋此詩三句比龐之孤直，四句比小人之黨尚在。

許印芳：「年」字複。

靈惠公廟

汪浮溪

臺殿崇崇冠冢巔，行人跪起白雲邊。山河霸業三千里，歌舞靈衣五百年。鐵馬威神通異域，袞龍書命降中天。偃王遺種班班在，好乞韓碑記邈綿。「邈」一作「遜」。

方回：元注：「宣歙間有主嶺，靈惠公廟存焉。靈惠，余祖也。隋末有宣、徽之衆，本朝以陰兵佐邊境，錫今封。余通守宣城，故用韓碑故事。」○王姓汪，諱華。以六郡歸唐，廟今號忠烈，封八字王。主嶺廟在績溪，而墓在歙縣北七里雲嵐橋。又廟在郡城烏聊山，香火特盛，每以歲正月十八日賽祀踰旬。凡此郡汪姓皆其後。浮溪先生藻，字彦章，中興詞臣之最。浮溪者，婺源地名，先生故居，以名其集。末句用昌黎徐偃王碑事，意婉。他本改「記邈綿」三字爲「萬古傳」，徒張大而無味，浮溪欲與作碑而自夸乎？元和九年徐氏放爲刺史，而汪浮溪謂亦汪王之後，故用此事。韓文公爲刺史，徐放作偃王廟記，其辭曰：「秦傑以顛，徐由邈綿。」徐偃王名誕，廟在衢州西安縣南七十里靈山下，韓愈撰廟碑。

查慎行：烏聊山，即今淳安縣，俗名小金山，在邑西十里。

紀昀：謂張大無味，是。謂浮溪欲與作碑，則非。「遺種」，浮溪自謂。「韓碑」，謂乞文於人。

馮舒：非佳事，亦不成語。○事有切而不可用者，宋人多憒憒。

馮班：「偃王遺種」豈可用乎？不知徽州人是后倉之後耶？「遺種」二字豈可亂用！

題夫差廟

范石湖

縱敵稽山禍已胎，垂涎上國更荒哉！不知養虎自遺患，只道求魚無後災。夢見梧桐生後圃，眼看麋鹿上高臺。千齡只有忠臣恨，化作濤江雪浪堆。

方回：此詩起句、末句俱好，兩「後」字不相妨。

馮舒：劣弱。○「垂涎」二字不穩、不醒。○石湖有高懷，無經濟，不堪作詠古詩。○第四句石湖體，可厭。

馮班：石湖體。

查慎行：三、四對亦自然。

紀昀：亦老生之常談。詞調尤野。

無名氏（甲）：腐極。

九日行營壽藏之地

家山隨處可松楸，荷鍤攜壺似醉劉。縱有千年鐵門限，終須一箇土饅頭。三輪世界猶灰劫，四大形骸强首丘。螻蟻烏鳶何厚薄，臨風拊掌菊花秋。

馮舒：石湖體自好。

馮班：真白傅子孫。

紀昀：三、四粗鄙之極。

無名氏（甲）：釋氏謂風、水、火三輪則爲三災。老子謂域中有四大：天大、地大、道大、君大也。

得壽藏先隴之旁

密邇松楸地一隅，會心何必問青烏。亢宗雖媿鎮公子，没世尚從先大夫。京兆漢阡賢聞望，邢山鄭冢儉規模。家庭遺訓焄蒿在，不學郊卿畫古圖。

方回：自古皆有死，二詩達矣。

紀昀：不問詩之工拙，而但取其見之達，非選詩之道。

紀昀：亦庸劣。

劉屯田墓壯節亭

尤遂初

西澗當年卜考槃，便於神武掛衣冠。後生無復知前輩，故老猶能説長官。三尺荒墳埋玉冷，百年壯節倚天寒。表章賴有羣賢力，誰把生芻奠酒盤。

方回：劉屯田諱渙，字凝之。後山所謂「身在菰蒲中，名滿天地間」者是也。子恕字道原。父子名塞天下。尤延之詩，語不驚人，細咀有味。

查慎行：劉屯田始末，詳朱子壯節亭記中。

紀昀：「埋玉冷」似女子墓詩。末二句自不相貫。

過虞美人墓

潘德久

樽前一曲奈何歌，千古英雄恨不磨。女子在軍今莫問，君王愎諫向來多。最憐秋雨添狐穴，誰與春醪酹棘窠。一朽何須論異域，寄聲青冢太嬋娟。

方回：此奉使時詩，亦有議論。

馮班：不惟不成詩，亦自不成議論，末句尤可笑。

馮舒：項王不避愎諫。○落句意有所在，然晦而無味。

馮班：「不」字不通。○羽之失不獨在愎諫，此是木皮光語。○「雨添狐穴」，何也？○七、八兩句不通。

查慎行：在濠州，土人謂之嗟虞墩。

紀昀：「狐穴」不必「秋雨」。○三、四借刺當時，結借刺降金之人，意好而詞未工。

校勘記

〔一〕鄒魯　紀昀：「鄒」字衍。　〔二〕唐律　李光垣：「長」訛「唐」。　〔三〕虛屋　馮班：「屋」一作「壁」。李光垣：「壁」訛「屋」。〔四〕微香　馮班：「香」一作「馨」。〔五〕空祠處　馮班：「處」一作「暮」。〔六〕紀年碑　馮班：「年」一作「名」。〔七〕近來　馮班：「來」一作「門」。〔八〕時見　馮班：「見」一作「有」。〔九〕春草綿綿　許印芳：「綿綿」一作「茫茫」。〔一〇〕沉魂　馮班：「魂」一作「寃」。〔一一〕似古城　馮班：「似」字誤，本是「次」。紀昀：馮云「似字誤，本是次字」。然「次」字亦不成語。余嘗見塞外漢、唐廢城，基址已平，尚略存堆阜之狀，如廢冢之排列。然所謂「似古城」者，蓋即此意，但語不工耳，字不誤也。〔一二〕附葬　馮班：「附」一作「祔」。〔一三〕明主　馮班：「明」一作「英」。〔一四〕眼看　馮班：「看」一作「見」。〔一五〕竹歌　馮班：「歌」當作「枝」。〔一六〕藏秋草　馮班：「藏」一作「隨」。〔一七〕起暮雲　馮班：「起」一作「對」。〔一八〕箱篚　按：康熙五十二年本、紀昀刊誤本「篚」作「筐」。〔一九〕庸嗣之志　按：「庸嗣」二字原缺，據安陽集卷四十六校補。〔二〇〕更須東　紀昀：「東」當作「通」。〔二一〕灑西風　李光垣：「向」訛「灑」。

瀛奎律髓彙評卷之二十九　旅況類

易旅卦曰：「旅瑣瑣，斯其所取災。」男子生而有四方之志，寧終老守鄉井乎？一有所役而不能遽歸，則有「旅瑣瑣」之憂。雖富貴得志，猶不無鞅掌之歎，而況於貧賤不得志之人？此旅況詩所以作也。

紀昀：序亦無所發明。

五言　五十七首

晚次樂鄉縣

陳子昂

故鄉杳無際，日暮且孤征。川原迷舊國，道路入邊城。野戍荒烟斷，深山古木平。如何此時恨，噭噭夜猿鳴。

方回：起兩句言題，中四句言景，末兩句擺開言意。盛唐詩多如此。全篇渾雄齊整，有古味。

紀昀：晚唐法亦如此，但氣格卑弱耳。蓋詩之工拙，全在根柢之淺深，詣力之高下，而不在某句言情、某句言景之板法，亦不在某句當景而情、某句當情而景，及通首全不言景，通首全不言情之變法。虛谷不譏晚唐之用意猥瑣，而但詆其中聯之言景，遇此等中聯言景之詩，既不敢詆，又不欲自反其說，遂不能更置一語，但以「多如此」三字渾之。蓋不究古法，而私用僻見，宜其自相窒礙也。

查慎行：已見「暮夜類」，重出。

無名氏（甲）：樂鄉在荊州。

初發道中寄遠（一）

張子壽

許印芳：道中不標地名，尚不合法。後有孟襄陽遇晴詩，題亦犯此病。

日夜鄉山遠，秋風復此時。舊聞胡馬思，今聽楚猿悲。念別朝昏苦，懷歸歲月遲。壯圖空不息，常恐鬢如絲。

方回：雅淡有味。

紀昀：此在當時爲雅咏，在後世輾轉相摹，已爲習調。但當學其氣韻，不可復襲其意思。

讀盛唐詩，須知此理，方不墜入空腔。

許印芳：此論甚精，明七子學盛唐而成爲僞體，正坐不知此理耳。

許印芳：「朝昏」意複「日夜」。

紀昀：首句按題，次句又進一步，三句旁托一筆，四句合到本位。措詞生動，變盡從前排解矣。

查慎行：七、八兩句，曲江風度可想。

初入湘中有喜

征鞍窮郢路，歸棹入湘流。望鳥唯貪疾，聞猿亦罷愁。兩邊楓作岸，數處橘爲洲。却計從來憶，翻疑夢裏游。

方回：此以還鄉漸近爲喜。張丞相，曲江人也。

紀昀：此無佳處。

初發曲江溪中

溪流清且深，松石復登臨。正爾可嘉處，胡爲無賞心。我猶不忍别，物亦有緣侵。自匪常行邁，誰能知此音！

方回：後六句無一字黏帶景物，謂之似韋蘇州，非頂門鉅眼不識也。

馮舒：曲江大手，豈以似韋爲重？曲江先於韋，如何反謂似韋？不惟不知曲江，亦不知蘇州也。盲論可惡。

紀昀：韋詩佳處不在不言景物。此種皆謬爲大言，適形其陋。

紀昀：六句殊不成語。

江漢

杜工部

江漢思歸客，乾坤一腐儒。片雲天共遠，永夜月同孤。落日心猶壯，秋風病欲蘇。古來存老馬，不必取長途。

方回：此詩余幼而學書，有此古印本爲式，云杜牧之書也。味之久矣，愈老而愈見其工。中四句用「雲天」、「夜月」、「落日」、「秋風」，皆景也，以情貫之。「共遠」、「同孤」、「猶壯」、「欲蘇」八字絶妙。世之能詩者，不復有出其右矣。○公之意自比於「老馬」，雖不能取「長塗」，而猶可以知道釋惑也。

馮舒：妙處不在字眼。

紀昀：前四句是思歸。「片雲」二句緊承思歸説出。後四句乃壯心斗發。「落日」二句提筆振起，呼出末二句，語氣截然不同。虚谷此評却不差。

馮舒：第二聯是比。

查慎行：牢落之況，經子美寫出，氣概亦自高遠。

何義門：言所以思歸者，非懷安也，廟堂勿用，因其老以安用？腐儒見棄，則猶可以端委而折衝也。○若單點起聯，恐未熟讀解嘲。

李天生：有議公是篇中二聯相礙者，不知其泛詠羈愁，非定爲夜作也。

紀昀：「落日」二字乃景迫桑榆之意，借對「秋風」，非實事也。

無名氏（乙）：東坡南歸詩云：「浮雲世事改，孤月此心明。」與老杜千載相合。

歲暮

歲暮遠爲客，邊隅還用兵。烟塵犯雪嶺，鼓角動江城。天地日流血，朝廷誰請纓？濟時敢愛死，寂寞壯心驚。

方回：明皇、妃子之酣淫，林甫、國忠之狡賊，養成漁陽之變，史思明繼之，回紇掎之，吐蕃踵之，四方藩鎮不臣，盜賊蠭起。老杜卒於大曆五年庚戌，自天寶十四年乙未始亂，流離凡十六年。唐中葉衰矣，却只成就得老杜一部詩也。不知終始不亂，老杜得時行道如姚、宋。此一部杜詩，不過如其祖審言能雅歌詠治象耳，不過皆何將軍山林、李監宅等詩耳，寧有如今一部詩乎？然則亦可發一嘅也。

紀昀：沉鬱頓挫，後半首中有海立雲垂之勢。○中四句俱承「用兵」説下，末句仍暗繳首句「爲客」意，運法最密。

久客

羈旅知交態，淹留見俗情。衰顏聊自哂，小吏最相輕。去國哀王粲，傷時哭賈生。狐狸何足道，豺虎正縱横。

方回：前四句似是爲小人所忽而有此歎。後四句乃謂吾之客況，如王粲之哀，賈生之哭，爲天下事不能平也。豺虎未静，豈與鼠子較分寸乎？

馮舒：「小吏」等句，正如相鼠、蝃蝀之章，不嫌直駡。

馮班：落句好。

查慎行：第四句作詩本旨。

李天生：語自渾成，故不傷議論。

紀昀：語太淺露，勿以工部而爲之辭。

山館〔二〕

南國晝多霧，北風天正寒。路危行木杪，身遠宿林一作「雲」。端。山鬼吹燈滅，廚人語夜闌。雞鳴問前館，世亂敢求安？

方回：此廣德元年癸卯，老杜以嚴武再鎮西川，却領妻子自梓州趨成都時詩也。前有三詩亦云：「不成向南國，復作游西川。」又云：「棧懸斜避石，橋斷却尋溪。何日干戈盡，飄飄愧老妻。」辛苦之態備焉。時年五十二歲。

查慎行：五、六開長吉之風，險中造淡。

何義門：起聯便覺山鬼欲出。

紀昀：三句醒「山」字，四句醒「館」字，五、六句寫景陰慘，合七、八句觀之，正言一夜無眠耳，却不説破，絶有含蓄。

去蜀

五載客蜀郡，一年居一作「歸」。梓州。如何關塞阻，轉作瀟湘遊。世一作「萬」。事已黄髮，殘生隨白鷗。安危大臣在，不必淚長流。

方回：公以乾元二年己亥棄官之秦州，冬自同谷入蜀，上元元年庚子、二年辛丑，皆在成都，時則嚴武帥蜀，依之。寶應元年壬寅，自綿州至梓州，則嚴武去蜀矣。晚秋既迎家至梓，廣德元年癸卯亦在梓州。嚴武再鎮成都，辟入幕府。廣德二年甲辰在成都，永泰元年乙巳嚴武卒，乃再遊東川，除京兆功曹不赴。大曆六年丙午移居夔州。起句所以云「五載客蜀郡，一年居梓州」也。「世事已黄髪」，此句哀甚。尾句則爲大臣者賢否，亦可見矣。

何義門：第七正言若反，梅都官所謂不盡之意。

紀昀：末二句乃無可奈何，强作排遣之詞。注家或曰有所推許，或曰有所刺譏，皆强生支節。

宿關西客舍寄山東嚴許二山人時天寶高道舉徵

岑　參

雲送關西雨，風傳渭北秋。孤燈燃〔三〕客夢，寒杵搗鄉愁。灘上思嚴子，山中憶許由。蒼生今有望，飛詔下林丘。

方回：本集題字頗繁，以半山唐選正之。「燃」、「搗」二字眼突。

紀昀：可云節之，不可云「正之」。正之者，乃錯謬而改正之謂。

馮班：次聯二句，開晚唐人。

查慎行：「燃」字太着意，不如「搗」字自然。○此等錬字，遂開纖巧之門，賈長江奉爲衣鉢者也。

紀昀：「燃」字、「搗」字開後來詩眼之派，「嚴子」、「許由」開後來切姓關合之派，皆别派也，而已全見於開、寶之時。蓋盛極而衰即伏焉，作者亦不自知也。

秋館雨後得弟兄書即事

戎　昱

弟兄書忽到，一夜喜兼愁。空館忽聞雨，貧家怯到秋。坐中孤燭暗，窗外數螢流。試以他鄉事，明朝問子由。

方回：第四句佳甚。

紀昀：意格稍薄，而不失雅則。○尾句「子由」未詳，全唐詩作「子游」，亦未詳。以意推之，當是少游。馬援南征憶少游語，正弟兄事也。

無名氏（甲）：自此由盛而中而晚，雖才力不同，未可追工部之高躅，而典型自在，從無「江西派」之畔規越矩，庶乎學者猶可得其門而入也。

許印芳：尾句「少游」本作「子由」，紀批云：「『子由』未詳。全唐詩作『子游』，亦未詳。以意推之，當是少游。馬援南征憶少游語，正弟兄事也。」今從之。○「忽」字，「到」字俱複。○戎昱，荆南人，官刺史。

長安逢故人　郎士元

數年音信斷，不意在長安。馬上相逢久，人中欲認難。一官今懶道，雙鬢竟羞看。

方回：三、四絶妙。

紀昀：清空如話，然長慶派兆於此矣。

酬程近秋夜即事見贈

長簟迎風早，空城淡月華。星河秋一雁，砧杵夜千家。節候看應晚，心期卧已賒。向來吟秀句，不覺已鳴鴉。

方回：「砧杵夜千家」，必旅中。紀昀：此首不宜入「旅況類」，虚谷穿鑿。第四句誤。○何必旅中方有砧聲？此説固甚。

查慎行：「秋」、「夜」二字極尋常，一經爐錘，便成詩眼。

紀昀：三、四清遠纖秀，通體亦皆清妥。○結和字密。

許印芳：「已」字複。

旅遊傷春

李昌符

酒醒鄉關遠，迢迢聽漏終。曙分林影外，春盡雨聲中。鳥倦江村路，花殘野岸風。十年成底事，羸馬厭西東。

方回：第四句最佳。

紀昀：起句藏過夢歸一層，用筆超妙。五句稍晦。

許印芳：李昌符，字巖夢。官膳部員外郎。

洛陽早春

顧況

何地避春愁，終年憶舊遊。一家千里外，百舌五更頭。客路偏逢雨，鄉山不入樓。故園桃李月，伊水向東流。

方回：三、四粧砌甚佳，不覺爲俳。第六句尤可喜。

何義門：落句亦有別趣。

紀昀：三、四偶然湊泊，不可刻意效之。

許印芳：顧況，字逋翁，海鹽人。棄官隱茅山。

客中　于武陵

楚人歌竹枝，遊子淚沾衣。異國久爲客，寒宵頻夢歸。一封書未返，千樹葉皆飛。南過洞庭水，更應消息稀。

方回：久客而夢歸家，人情之常。愈遠則愈難得家書，尾句意似又高也。

紀昀：亦是常意，未見其高。

許印芳：于武陵，字里未詳，大中時進士。

友人南遊不回

相思春樹綠〔四〕，千里各依依。鄠杜月頻滿，瀟湘人未歸。桂花風半落，烟草蝶雙飛。一别無消息，水南蹤跡稀。「鄠」音枯，京兆府有鄠杜縣。

方回：三、四整峭，尾句有味。

紀昀：實無味。

紀昀：六句對面落筆，所謂興也。此種用意，虚谷不知，乃專取三、四及末句。

秦原早望

李頻

一忝鄉書薦，長安未得回。年光逐渭水，春色上秦臺。燕掠平蕪去，人銜細雨來。東風生故里，又過幾花開。

方回：其思優游而不深怨，可取。

紀昀：此評最是。

紀昀：興象天然，不容湊泊。此五律最熟之境，而氣韻又不涉甜俗，故爲唐人身分。

許印芳：李頻，字德新，睦州人。官刺史。姚合婿也。

歸渡洛水

皇甫冉

暝色赴春愁，歸人南渡頭。渚烟空翠合，灘月碎江流〔五〕。澧浦無芳草，滄波有釣舟。誰知放歌客，此意正悠悠。

方回：詩第一句難得好，如此詩「赴」字，已見詩話所評。與「酒渴愛江清」、「四更山吐月」，並是起句便絶佳者。

馮班：好起。

查慎行：起句後人用以填詞。

紀昀：五句比朝士無人，六句言賢者在下，妙於渾然不露。漁洋評陳元孝詩有「江晚多芳草，山春有杜鵑」句，以「江晚」比明末，「山春」比本朝，以「芳草」「杜鵑」比遺老，似從此化出，而更青於藍。

泛舟

劉方平

林塘夜發舟，蟲響荻颼颼。萬影皆因月，千聲各爲秋。歲華空復晚，鄉思不堪愁。西北浮雲外，伊川何處流？

方回：中四句皆好，「各」字尤妙。

馮舒：好起。

紀昀：有第二句則「千聲」句複矣，如曰申第二句，則三句又不申第一句，此謂無法。

許印芳：劉方平，字未詳。河南人。隱居不仕。善詩，兼工山水畫。

江上逢司空曙〔六〕

李端

共有鬢年故，相逢萬里餘。新春兩行淚，故國一封書。夏口帆初落，潯陽雁正疏。唯應執杯酒，暫食漢江魚。

方回：詩律明瑩。

紀昀：是蘊藉，非明瑩，虚谷但論皮毛耳。

紀昀：極感慨而極和平，猶有開、寶之遺。

許印芳：「故」字複。○李端，字未詳，趙州人，官杭州司馬。

秋日陜州道中

顧非熊

孤客秋風裏，驅車入陜西。關河午時路，村落一聲雞。樹勢飄〔七〕秦遠，天形到嶽低。誰知我名姓，來往自凄凄。

方回：父顧況詩入選。此其子詩又入選，亦可嘉也。起句悲壯，中四句稱之，末句酸楚，乃旅中真味，不容掩也。

紀昀：此真閒文。

查慎行：結太卑弱。

薊北旅思

張司業

日日望鄉國，空歌白苧詞。長因送人處，憶得别家時。失意還獨語，多愁只自知。客亭門外柳，折盡向南枝。

方回：此張司業集中第一首詩。三、四真佳句。司業姑蘇人，故云「空歌白苧詞」。

查慎行：司業和州人，非姑蘇人也。

紀昀：詩自好，未必遽爲第一。

馮舒：如此出「北」字。

馮班：落句一點薊北。

查慎行：本領具足，方能作淡語。文昌擅長處在此。以下四章，蹊徑彷彿。

紀昀：五、六未免弱，六句「只」字於法當作「惟」字。

夜到漁家

漁家在江口，潮水入柴扉。行客欲投宿，主人猶未歸。竹深村路遠，月出釣船稀。遥見尋沙岸，秋風動草衣。

查慎行：三、四真景，即是好詩。

紀昀：此亦名篇。余終病其一結無力，使通篇俱薄弱。

宿臨江驛

楚驛南渡口，夜深來客稀。月明見潮上，江静覺鷗飛。旅宿今已遠，此行猶未歸。離家久無信，又聽搗征衣。

方回：此二首規格相似，劉長卿有一首亦然。

查慎行：三、四以生得新，却不費力。

紀昀：此較深穩，然亦是習逕。

舟行寄李湖州

客愁無次第，川路重辛勤。藻密行舟澀，灣多轉楫頻。薄遊空感惠，失計自憐貧。頌誦〔八〕汀洲句，時時慰遠人。

方回：三、四切於湖州水路，五、六旅況可憐。

何義門：相待之薄，自見於言外。

紀昀：此詩亦淺弱，「灣多」二字不雅。

江樓望歸　時避賊在越中　　白樂天

滿眼江雲色，月明樓上人。旅愁春入越，鄉思夜歸秦。道路通荒服，田園隔虜塵。悠悠滄海畔，十載避黄巾。

方回：此少年作，已自成就如此。

馮舒：此却似張、王。

馮班：杜詩。

紀昀：此香山少作，轉勝老境之頹唐。

暮過山村　　賈浪仙

數里聞寒水，山家少四隣。怪禽啼曠野，落日恐行人。初月未終夕，邊烽不過秦。蕭條桑柘外，烟火漸相親。

方回：「怪禽」、「落日」一聯，善言羈旅之味，詩無以復加。「初月未終夕」，則村落之黑尤早。「邊烽不過秦」，似是西邊寇事始息，初有人煙處。

馮班：六句謂不過京師也。

紀昀：「無以復加」語太過。

馮舒：次聯奇妙之句。

馮班：字字洗拔。

紀昀：「初月」礙「落日」，「邊烽」句語意未明。

無名氏（甲）：東野古多律少，浪仙古少律多，然其孤高則同，非一時流輩可及，足見韓公取人另具法眼，過於九方皋也。

旅遊

此心非一事，書札若爲傳。舊國别多日，故人無少年。空巢霜葉落，疏牖〔九〕水螢穿。留得林僧宿，中宵坐默然。

方回：起句十字謂心緒甚多，鄉書難寫。頷聯十字謂别鄉之久。故人皆老成，真奇語也。景聯言蕭索之味，結句謂之有僧爲伴，深夜無言，其酸苦至矣。詩法却自整峭。如第五句「空巢霜葉落」，乃謂鳥巢既空，葉落於巢之中。其深僻如此。

馮舒：如此説詩，實自解頤。然亦只浪仙一輩人須如此講，前乎此則不必矣。

紀昀：五句不佳，虚谷媚其初祖，曲爲之詞。馮氏以島是唐人，從而附和之。使出宋人，不知作何詆訶矣。成見之難化如此！

查慎行：三、四頗似張司業。

紀昀：極用意而不自然，起句尤太突。若作寄人則可。

寄韓湘

過嶺行多少，潮州瘴滿川。花開南去後，水凍北歸前。望鷺吟登閣，聽猿淚滿船〔一〇〕。相思堪面話，不着尺書傳。

方回：昌黎寄韓湘云：「知汝遠來應有意，好收吾骨瘴江邊。」然昌黎終得生還，湘亦重骨肉之義，可敬也。

　紀昀：不是「寄」。○此種支蔓，與詩何涉！

紀昀：閬仙忽作此平易語。然細看之，本色仍露。

許印芳：此評確。郊、島詩其平易處，皆自鑱刻中來，所謂極苦得甘也。

宿孤館

落日投村戍，愁生爲客途。寒山晴後緑，秋月夜來孤。橘樹千株在，漁家一半無。自知風水静，舟繫岸邊蘆。

方回：三、四自然。浪仙詩似此平易者少。五、六似是産橘之地，曾經兵火矣。

紀昀：結句稍僻。

許印芳：此評亦苛。

泥陽館

客愁何併起，暮送故人回。廢館秋螢出，空城寒雨來。夕陽飄白露〔一〕，樹影掃青苔。獨坐離懷慘，孤燈照不開。

方回：此三詩亦能道旅中事。浪仙愛説「樹影」、「掃地」，詩思甚幽。

馮舒：奇妙至此。

查慎行：六句筆路與想路俱別，不善學之，則流爲楊誠齋矣。

紀昀：恐是「白鷺」，然「白露」不通，「白鷺」亦不佳。○且「螢出」、「雨來」，兼以「孤坐」，亦不應有「夕陽」、「樹影」，此詩殊雜湊不可解。

客遊旅懷

姚　合

客行無定止，終日路歧間。馬爲賒來貴，僮因借得頑。詩書愁觸雨，店舍喜逢山。舊業嵩陽下，三年未得還。

方回：三、四道理是如此，但晚唐詩句法字面多一同，即太爛，「行來」、「坐得」，「沾來」、「買得」，可厭也。

紀昀：不言其句之鄙，而言其字之複，是非倒置。

查慎行：三、四韻俗。

紀昀：三、四鄙甚。

無名氏（甲）：雖然切近，亦太卑隘，所以前人論李、杜非不窮，然落筆自有天人之度，一無寒乞相，此其異也。

曉泊江戍

楊　憑

放棹依遥戍，清湘急晚流。若爲南浦宿，逢此北風秋。雲月孤鴻晚，關山幾路愁。年年不得意，零露濕芳洲〔三〕。

方回：味此詩意，元題中「曉泊」當作「晚泊」。

紀昀：此評不錯。馮氏抹之，未解。

紀昀：兩「晚」字，五句「晚」字恐是「遠」字。

落日悵望

馬　戴

孤雲與歸鳥，千里片時間。念我一何滯，辭家久未還。微陽下喬木，遠色隱秋山。臨水不敢照，恐驚平昔顏。

方回：詩話謂「微陽下喬木，遠燒入秋山」爲一實一虛，似體貼句。今考戴集，乃不然，只如此十字自好。

何義門：前四句「悵望」，「歸鳥」二字中已雙關落日。○五、六佳，詩家所謂影對，是以上句對下句。

紀昀：起得超脱，接得渾勁。五、六亦佳句。○晚唐詩人馬戴，骨格最高，不但世所稱「猿啼洞庭樹，人在木蘭舟」也，此詩亦畧見一斑。

向隅

韓致堯偓〔一三〕

守道得途遲，中兼遇亂離。剛腸成繞指，玄鬢轉〔一四〕垂絲。客路少安處，病床無穩時。弟兄消息絶，獨斂向隅眉。

方回：致堯遇朱全忠之亂，始謫濮州，尋客湖南，又入閩，依王審知而卒。其情懷可憐也。

馮班：真境至情，不在言語之工拙也。

紀昀：措語甚拙。馮以爲真境至情，不論語之工拙。然則宋人之詩，何以又論工拙乎？

此種偏論，最足疑誤後人。

何義門：致堯像贊。○落句直用劉繪詩。

無名氏(甲)：致堯惓懷宗國，指斥賊温，其詩絶有佳者，惜此集無能表彰之耳。

秋夜晚泊

杜荀鶴

一望一愴然，蕭然起暮天。遠山横落日，歸鳥度平川。家是去秋别，月當今夜圓。漁翁似相伴，徹曉葦叢邊。

方回：三、四極宏闊，荀鶴詩所少也。

紀昀：較荀鶴他詩宏整，云極宏闊，則太過。

查慎行：三、四「横」字好，對少遜。五、六有低徊俯仰之致。

紀昀：「暮天」似當作「暮烟」。○七句言漁翁以外，更無伴人。

許印芳：前四句頗有氣格，後半寫情亦含蓄有味，佳作也。○杜荀鶴，字彦之。池州人。自號九華山人。官主客員外郎。

送客

江蔦

明月孤舟遠，吟髭鑷更華。天形圍澤國，秋色露人家。水館螢交影，霜洲橘委花。何當尋舊隱，泉石好生涯。「鑷」一作「摘」。

方回：江蔦處士，江南人。楊徽、元微之有吊江蔦詩。題曰「送客」，而其意似是旅中。三、四眼工，「露」字尤妙。

紀昀：題必有誤。○三、四高唱。○全在所送者一邊落筆，極言其别後客途之寂寞，而末二句勸以歸隱，此客必汲汲干謁者也。虛谷以不着離别字樣，而疑爲旅中自道之作，淺矣。

許印芳：江蔦，建陽人。餘未詳。

久客

俞退翁

久客西城裏，人家似舊鄰。衆知趨事嬾，僧厭打門頻。倦枕費窗燭，閑書破硯塵。陰晴消白日，門巷忽青春。「閑」一作「開」。

方回：俞公汝南〔二五〕辭王安石御史不拜致仕，其節高於人多矣。詩句遒美，久客無憾。

紀昀：「詩句遒美，久客無憾。」此却何説？

馮舒：似唐。

查慎行：俞退翁，吴興人，所著名溪堂集。

紀昀：晚唐僻調，四句尤粗。○「閑」字是。

二十三日立秋夜行泊林里港

張宛丘

淅淅曉風〔一六〕起，孤舟愁思生。蓬窗一螢過，葦岸數蛩鳴。老大畏爲客，風波難計程。家人夜深語，應念客猶征。

方回：宛丘詩大抵不事雕琢，自然有味。

查慎行：文潛集有兩本，一名宛丘集，一名内史集，余所見者皆鈔本，脱訛頗多。

紀昀：此詩不愧此評。

馮舒：亦似唐。

查慎行：「一螢」、「數蛩」少味。

紀昀：三、四天然清遠。○結句太犯香山「料得家中夜深坐，還應説着遠遊人」意。

許印芳：評是。

許印芳：「客」字複。

無名氏(甲)：文灊詩雖不入唐，然筆致清秀，猶與風雅相近。不若後山僞爲蒼老，而實則語言無味，面目可憎，去唐千里而遠也。

發長平

歸舟川上渡，去翼望中迷。野水侵官道，春蕪没斷堤。川平雙槳上，天闊一帆西。無酒消羈恨，詩成獨自題。

方回：雖自然，無不工處。

紀昀：此評七字初看如不貫串，細玩乃甚精密。蓋貪自然者，多涉率易粗俚。自然而工，乃真自然矣。

許印芳：曉嵐此論當矣，而義有不盡。蓋自然乃文字美名，實文字老境。功候未深，必不能到。初學宜用艱苦工夫，以洗鍊爲主，久而精力瀰滿，出之裕如，漸近自然，方臻妙境。若入手即求自然，必有粗率病，且有油滑病。人皆知粗率油滑之爲病，不知病根即在妄求自然。更有身受其病，迷而不悟，反笑他人用力艱苦，引古人以自夸者。夫古人流傳之作，大段自然，豈知其自然皆自艱苦來乎？不識本來之艱苦，但見眼前之自然，摹古益久，去古益遠，終身無成就之日。如此者吾屢見其人矣，初學當以爲戒。○「川」字複。「上」義别，不複。

馮舒：亦似唐。

正月二十日夢在京師

客睡何輾轉，青燈暗又明。春雲藏澤國，夜雨嘯山城。許國有寸鐵，耕田無一成。朦朧五更夢，俄頃踏如京。

方回：三、四字眼工，五、六又出奇，不拘常調。

紀昀：上句五仄，下句第三字用平字，乃定格，非出奇。

紀昀：「嘯」字不穩。○「有」、「田」、「一成」四字如此翻用，欠妥。且耕亦不須一成之多。○結處入題拙甚。

晚泊襄邑

月暗風林静，斗垂霜夜清。疏燈隔樹小，暗水歷船鳴。學字聲形苦，細書卜築輕。此身南北慣，隨處有平生。

查慎行：三、四鍛煉若不經意。

紀昀：三、四刻畫而不自然，五、六尤不成語。

柘城道中

元注：「陳宋大水之後。」

欲雪日易晚，不風寒更清。崩橋斷官道，積水入空城。屏翳野初燒，降丘民始耕。冬暉疾於鳥，汲汲瞑途征。

陸貽典：結句與起句雖分虛實，意亦略犯。

紀昀：全欠渾成之氣，惟四句佳。

赴宣城守吴興道中

秋野連雲静，三吴稻熟時。風江客帆疾，晴野雁行遲。草木霜天曉，山川澤國卑。宣城不負汝，好繼謝公詩。

紀昀：尤卑弱。結句突兀無緒，亦太自矜。

白羊道中

日出客心喜，路平人足輕。風高不成冷，雨過有餘清。水落溪魚出，村深田鸛鳴。勝遊須秀句，多愧謝宣城。

方回：凡道中詩皆可入羈旅，但欣戚微不同耳。宛丘詩無不自然，於自然之中，却必有一聯二聯工，當細觀之。

馮班：末聯宋氣。

紀昀：「風高」二句笨，「水落」二句自好。

山口

陳後山

重霧真成雨，疏簾不隔風。青林擁紅樹，家鶩雜賓鴻。漁屋渾環水，晴湖半落東。往來成一老，猶在半途中。

方回：三、四句中有對，五、六「渾」字、「半」字有眼。〔按：方回在「漁屋渾環水，晴湖半落東」兩句「渾」、「半」字旁皆加圈。〕

馮班：六句「東」是何物？

紀昀：雖無警策，氣骨自蒼。○「半落東」言此湖西深東淺，東畔先涸耳。三句用「紅樹」字，知此詩作於秋末冬初，乃是實景。以爲不佳則可，馮氏詆其不通，則太過矣。

邯鄲道中夜行阻風

鄧謹思

欲瀉懸河雨，先號拔木風。問津厖吠處，覓路電光中。徒御憂羣盜，兒童笑拙翁。當知步兵哭，初不爲途窮。

方回：鄧忠臣，長沙人。有玉池集。予讀張宛丘同文唱和，見其詩甚佳。後買其集於杭，詩多有可人語。此首三、四最佳而新。

紀昀：亦是「武功派」中小刻畫。

艤船當和江口待風

賀方回

一葉寄津口，怒濤安可乘？朝風占酒旆，夜爨乞漁燈。牛渚逢新月，秦淮想結冰。故人他夕夢，歌吹滿金陵。

馮班：起首二句便是宋人。

查慎行：起得老健。

紀昀：六句不明晰。

方回：元注：「庚午十二月歷陽賦。」乃元祐五年。○三、四一聯，盡江河阻風之態。

查慎行：三、四出句更勝。

紀昀：六句未自然。

許印芳：賀鑄，字方回。

秦淮夜泊　元注：「辛未正月晦賦。」乃元祐六年。

官柳動春條，秦淮生暮潮。樓臺見新月，燈火上雙橋。隔岸開朱箔，臨風弄紫簫。誰憐遠遊子，心旆正搖搖。

方回：想見太平時節，近元宵處必有此景。惟賀公樂府老手，尤能言其情。

紀昀：「處」字何説？

紀昀：前四句寫得生動，自然秀麗，雅稱秦淮。

簡同行翁靈舒　趙師秀

久晴灘磧衆，舟楫後先行。終日不相見，與君如各程。水禽多雪色，野笛忽秋聲。若有新成句，溪流合讓清。

方回：五、六伶俐，然猶不甚高遠。

紀昀：此虚谷於「四靈」多吹索，純是門户之見。

馮舒：三、四作起句方好。好在上四句。

紀昀：末二句弱甚。

德安道中

湌餘行數步，稍覺一身和。蠶月人家閉，春山瀑布多。鶯啼聲出樹，花落片隨波。前路東林近，慚因捧檄過。

方回：此乃江州德安縣，所以云「前路東林近」。尾句委婉。

紀昀：起二句似散步詩，呼不起三、四。三、四似對非對，别有幽味，故佳。五、六敷衍無味。結處不泛。

宿鄔子寨下

翁靈舒

已謁龍君廟，明朝早過湖。傍沙船盡泊，經火地多枯。秋至昏星易，空長楚月孤。蕭條村戍闊，更點有如無。

方回：第五句新。

馮班：「四靈」詩雖弱，而氣味不惡。

查慎行：「空長」二字欠穩。

紀昀：瑣屑而卑弱。○「昏星易」三字拙。「長空」習用，倒爲「空長」却不妥。

泊舟龍游

未得橋開鎖，去船難自由。渚禽飛入竹，山葉下隨流。忽見秋風喜，還成歲早愁。臥聞篙子説，明日到衢州。

方回：三、四乃一句法。

紀昀：亦常用之調。

紀昀：邊幅亦極單窘。

閩中秋思

客愁無定跡，幾處冒風埃。逢得家鄉便，憑將信息回。海煙蠻樹濕，秋雨瘴花開。舊日越王國，吾今身再來。

方回：五、六似張司業。

紀昀：此首較有氣格。

旅泊

幾日溪篷下，低垂困水程。喜因山縣泊，略向岸汀行。聞笛生羈思，看松減宦情。遥知此夜月，必照故山明。

方回：第六句新美。

馮班：「四靈」雖弱，而氣味不惡。

查慎行：結句「必」字欠圓，是「四靈」手法。

紀昀：「必」字滯相。

客中

劉後村

漂泊何須遠，離鄉即旅人。炊薪嘗海品，書刺謁田隣。家寄寒衣少，山來曉夢頻。小兒仍病瘧，詩句竟無神。

方回：第四句近乎謁客丐索之徒，恐後村戲言，不應少年爲客，乃至如此苟賤也。

馮舒：起好。

馮班：起好，落句全不緊。
紀昀：亦近「武功」。

七言　二十二首

長安春望

盧綸

東風吹雨過青山，却望千門草色〔一七〕閑。家在夢中何日到，春來江上幾人還。川原繚繞浮雲外，宫闕參差落照間。誰念爲儒逢世難，獨將衰鬢客秦關。

方回：能言久客都城之意。
查慎行：大曆中詩家只是平穩。
紀昀：詩至大曆十子，渾厚之氣漸盡，惟風調勝後人耳。此詩格雖不高，而情韻特佳。
許印芳：中四句「中」、「上」、「外」、「間」等字相犯，亦是一病。

南海旅次

曹松

憶歸休上越王臺，歸思臨高不易裁。爲客正當無雁處，故園誰道有書來。城頭早角吹霜盡，郭裏殘潮蕩月回。心似百花開未得，年年争尚〔一八〕被春催。

方回：後四句平正。

紀昀：評不甚謬，然此詩獨取後四句，則不可解。

紀昀：起得峭拔，接得遒健，後四句亦稱。

許印芳：曹松字夢徵，舒州人，官秘書正字。

巴興〔一九〕作

賈浪仙

三年未省聞鴻叫，九月何曾見草枯？寒暑氣均思白社，星辰位正憶皇都。蘇卿持節終還漢，葛相行師自渡瀘。鄉味朔山林果別，北歸期掛海帆孤。

方回：此蜀中思北歸而作也，可入「旅思類」。

紀昀：現入「旅況類」矣。此初選標記之語，成書後删除未净也。

紀昀：「鴻叫」二字生。○前四句平庸，五、六太不切。

旅次洋州寓居郝氏園林　方玄英

舉目縱然非我有，思量似在故山時。鶴盤遠勢投孤嶼，蟬曳殘聲過別枝。涼月照窗欹枕倦，澄泉遶石泛觴遲。青雲未得平行去，夢到江南身旅羈。

方回：三、四絶佳。玄英一集詩，此聯爲冠。

馮舒：落句似趁韻。

查慎行：三、四一遠一近，字字警策。◯起、結太平弱，三、四故不可棄。

何義門：第三意態清遠，第四情味酸寒，的是羈人失路身分。五、六承上「旅次」意，兼含青雲未得去身分，劃斷不得。◯首句率直。

紀昀：結二句鄙而弱。

訪同年虞部李郎中〔二〇〕　韓致堯〔二一〕

策蹇相尋犯雪泥，廚煙未動日平西。門庭野水褵褷鷺，隣里垣牆咿喔雞。未入慶霄君擇肉，畏逢華轂我吹虀。地爐貰酒成狂醉，更覺襟懷得喪齊。

紀昀：二首不宜入「旅況」。平妥而卑靡。

無名氏（甲）：未登卿相，尚要擇肉而食；怕見貴人，猶懲羹而吹虀。語出楚辭。

春陰獨酌寄同年李郎中

春陰漠漠土膏潤，春雪微微風意和。閑嗤入甲奔競態，醉唱落調漁樵歌。詩道揣量疑可進，宦情刓缺轉無多。酒酣狂興依然在，其柰千莖鬢雪何？

方回：昇平之旅，猶或以窮而悲；亂離之旅，窮且特甚，烏得不深悲乎？致堯此二詩，尚能自擇〔三〕。

紀昀：亦淺率。

江邊有寄

羅　隱

江邊舊業半凋殘，每軫歸心即萬端。狂折野梅山店暖，醉聽村笛酒樓寒。只言聖代謀身易，争奈貧儒得路難。同病同憂更何事，爲君提筆畫漁竿。

方回：五、六淺近。昭諫詩愛如此，亦一時直道心事者。

紀昀：此評是。然既知其淺近，何又選之？

何義門：三、四一氣迴環，讀之乃見其意緒之無聊也。

紀昀：昭諫語多憤激，不可爲法，然勝於李山甫。

秋宿臨江驛　杜荀鶴

南來北去二三年，年去年來兩鬢斑。舉世盡從愁裏老，誰人肯向死前閒？漁舟火影寒歸浦，驛路鈴聲夜過山。身事未成歸未得，聽猿鞭馬入長關。

方回：三、四世俗所傳。

查慎行：三、四直遂無餘韻，學「元和體」而墮淺易者往往若此。

紀昀：三、四鄙俚。虚谷下「世俗」二字，却有分寸。

殘冬客次資陽江　王巖

淡雲殘雪簇江天，策蹇遲回客興闌。持鉢老僧來咒水，倚船商女待搬灘。沙翹白鷺非真静，竹映繁梅奈苦寒。阮籍莫嗟歧路異，舊山溪畔有漁竿。

方回：王巖，宋初人，隱居蜀川。此詩第四句新，第五句雖破壞白鷺，亦良是。

馮舒：第五意似有託。

馮舒：唐之餘風。

查慎行：「搬灘」未詳所出。

紀昀：風格不高，而頗有新致。

次御河寄城北會上諸友

王半山

客路花時祇攪心，行逢御水半晴陰。背城野色雲邊盡，隔屋春聲樹外深。香草已堪回步履，午風聊復散衣襟。憶君載酒相追處，紅萼青跗定滿林。

方回：細潤之中，於五、六下慢字眼。

紀昀：三、四自好，餘平正無出色處。

度麾嶺寄莘老

區區隨傳換冬春，夜半懸崖託此身。豈慕王尊能許國，直緣毛義欲私親〔三〕。施爲已壞平生學，夢想猶歸寂寞濱。風月一歌勞者事，能明吾意可無人。

方回：麾嶺在績溪入歙縣之界。公又有詩云：「曉渡藤溪霜落後，夜過翬嶺月明中。」「麾」又作此「翬」字。

查慎行：五、六先生自嘲，乃自譽也。○半山殆有悔心！

紀昀：五句亦腐亦野。

葛溪驛

缺月昏昏漏未央，一燈明滅照秋牀。病身最覺風霜早，歸夢不知山水長。坐感歲時歌慷慨，起看天地色淒涼。鳴蟬更亂行人耳，正抱疏桐葉半黄。

方回：半山詩如此慷慨者少，却似「江西」人詩。

馮舒：「江西」安得如此標秀？

馮班：虚谷云「却似」，然却不似。

紀昀：老健深穩，意境殊自不凡。三、四細膩，後四句神力圓足。

許印芳：此旅宿感懷而賦詩也。首聯伏後六句，無一閒字，「病身」、「歸夢」、起坐、耳聞，從「牀」字生出。「風霜」、「歲時」、「鳴蟬」、黄葉，從「秋」字生出。山水之長、天地之色、桐葉之黄，在燈月中看出。早覺不知、慷慨淒涼、亂耳之情，在月昏燈明中悟出。「正抱」二字，與「漏未央」相應。此則點明賦詩之時，收束通篇也。後六句緊跟「秋牀」來，而五句又跟三句，六句又跟四句，七句又緊跟五、六來，故用一「更」字，八句則緊跟七句，乃一定之法。詩律精細如此，而氣脈貫注，無隔塞之病，加以風格高老，意境沈深，半山學杜，此真得其神骨矣。

趙熙：意境妙。

二十三日即事

張宛丘

已逢嫵媚散花峽，不怕艱危道士磯。啼鳥似逢人勸酒，好山如爲我開眉。風標公子鷺得意，跋扈將軍風斂威。到舍將何作歸遺，江山收得一囊詩。

方回：此離黄州貶所作，頗以去險即夷爲喜耳。

馮舒：羅江東作揚州詩，用「淮南」「煬帝」，虛谷譏云：「驕王、荒帝不宜引用。」梁冀賊，造次豈合置之口頰？風雅暴横，何至比之此人乎？如梁冀事，真用不得也。○「跋扈將軍」用不得，比擬不倫也。此句本有刺，却已甚。屈原露才揚己，良史刺之，逐臣之詞，尤其慎擇。○第五句「江西」語。

查慎行：五、六説破「鷺」字、「風」字，殊少味矣。

紀昀：五、六把意，然不成語。結太佻。○以鷺爲「風標公子」，出杜牧晚晴賦。○隋煬帝登舟遇風，歎曰：「此風可謂跋扈將軍。」詩用此語，然不佳。馮氏誤認爲梁冀事，遂以爲比擬不倫，亦欠考。

自海至楚途寄馬全玉

蕭蕭晚雨向風斜，村遠荒涼三四家。野色連雲迷稼穡，秋聲催曉起蒹葭。愁如夜月長隨客，身似飛鴻不記家。極目相望何處是，海天無際落殘霞。

方回：文潛詩大抵圓熟自然。

紀昀：此詩好在脱灑。

馮舒：種曰稼，斂曰穡，替不得「禾」、「黍」字。

馮班：「飛鴻」不如用「飛蓬」。

查慎行：中四句如大曆才人格。

陸庳齋：五、六正如絶不用意，却有蘊味。

紀昀：五、六工而不纖。

宿泗洲戒壇院

元注：「天然丹霞也。」

樓上鳴鐘門夜扃，風簷送雨入疏欞。老僧坐睡依深壁，童子持經守暗燈。千里塵埃長旅泊，五年憂患困侵陵。誰知避世天然子，一見禪翁便服膺。

紀昀：雖不深厚，亦自疏爽。

登城樓

沙雨初乾布褐輕，獨披衰蔓步高城。天晴海上[二四]峰巒出，野暗人家燈火明。歸鳥各尋芳樹去，夕陽微照遠村耕。登樓已恨荆州遠，況復安仁白髮生？

方回：此二詩皆自然雋永。人所難能者，獨以易言之。

馮舒：宛丘詩耐看。

查慎行：三、四此種境界原從學杜得來。

紀昀：既見燈火，不應尚有夕陽。

宿柴城

陳後山

卧埋塵葉走風煙，齒豁頭童不記年。起倒不供聊應俗，高低莫可只隨緣。蕭蕭遠鼓三行夜，隱隱平湖四接天。枕底波濤篷上雨，故將羈思到愁邊。

方回：此後山赴棣教時詩。第七句尤奇。愚按范石湖尾句有云：「灘聲悲壯夜蟬咽，併入小窗供不眠。」與後山此詩尾句拍調意味俱相似。

紀昀：此二句不及石湖有風調。

紀昀：三、四粗淺。

舟行遣興

陳簡齋

會稽尚隔三千里，臨賀初盤一百灘。殊俗問津言語異，長年爲客路歧難。背人山嶺重重去，照鷁梅花樹樹殘。酌酒柁樓今日意，題詩船壁後來看。

紀昀：八句皆對，用宗楚客格，雖無深致，而不失朴老。○「昭鷁」二字雜。

度嶺

年律將窮天地温，兩州風氣此横分。已吟子美湖南句，更擬東坡嶺外文。隔水叢梅疑是雪，近人孤嶂欲生雲。不愁去路三千里，少住林間看夕曛。

方回：「欲生雲」，用老杜假山詩也。

馮班：次句好。

紀昀：此首最淺俗，不似簡齋之筆。○首句笨，結稍可。

次韻謝吕居仁 居仁寓賀州

別君不覺歲時荒，豈意相逢魑魅鄉。篋裏詩書總零落，天涯形貌各昂藏。江南今歲無胡虜，嶺表窮冬有雪霜。倘可卜鄰吾欲往，草茅爲蓋竹爲梁。

方回：讀諸家詩，忽到後山、簡齋，猶捨培塿而瞻太華，不勝高聳，自是一種風調。

馮舒：閲諸家詩，忽到後山，猶去德士、美女而就面目生獰之傖父，或頭童齒豁之老人，自是一種獨夫臭。

馮班：猶去華堂而入厠屋。後山尚可，簡齋可恨。

紀昀：簡齋詩誠峭健。此三首殊無可取，不稱此評。

馮舒：落筆便宋。

查慎行：窮冬雪霜，在嶺表則爲異事，亦所以寓遷謫之感。

紀昀：「荒」字欠妥。

離 建〔二五〕 鞏仲至

旅中多得早朝晴，野潤衣襟苦未清。時時數點雨猶落，隱隱一聲雷不驚。山入夏來差覺老，花從春去久無情。長汀又涉來時路，麥隴桑村小問程。

方回：中四句皆佳。仲至詩每每新異。新則不陳，異則不俗。

馮舒：落筆便宋。

馮班：惡詩。如何是「大問程」？

紀昀：「早朝」二字湊，惟六句可觀，起二句及五句總不成語。

十里

趙師秀

烏紗巾上是黃塵，落日荒原更恐人。竹裏怪禽啼似鬼，道傍枯木祭爲神。亦知遠役能添老，無奈高眠不救貧。此地到城惟十里，明朝難得自由身。

方回：此乃赴高安推官時詩，未至郡十里所作。中四句皆可喜。

查慎行：三、四險而勁。

紀昀：三句太俚，五、六真語好，占身分人必不肯道，不知説出轉有身分，勝於詭激虚憍也。

校勘記

〔一〕寄遠　紀昀：「遠」字再校本集。　〔二〕山館　馮班：「山」上當有「移居公安」四字。

〔三〕孤燈燃　李光垣：「然」訛「燃」。〔四〕春樹繚　馮班：「繚」當作「緑」。〔五〕江流　查慎行：「江」一作「光」。李光垣：「光」訛「江」。〔六〕何義門：集作「逢司空得家書」。〔七〕勢飄　馮班：「飄」一作「標」。李光垣：「標」訛「飄」。〔八〕煩誦　何義門：「煩」一作「賴」。〔九〕疏牖　馮班：「牖」當作「牗」。〔一〇〕滿船　馮班：「滿」一作「滴」。〔一一〕夕陽飄白露　紀昀：此句再校本集。〔一二〕零露濕芳洲　馮班：一作「零落對滄洲」。〔一三〕韓致堯　紀昀：「堯」原訛作「光」。〔一四〕鬢轉　馮班：「轉」一作「變」。〔一五〕汝南　查慎行：「南」字訛，當作「尚」。〔一六〕曉風　李光垣：「晚」訛「曉」。〔一七〕草色　許印芳：「草」當作「柳」。〔一八〕争尚　許印芳：「尚」當作「奈」。〔一九〕巴興　紀昀：「興」字再校。〔二〇〕馮班：一本題下有注云：「天復四年二月，在湖南。」〔二一〕韓致堯　紀昀：「堯」原訛作「光」。〔二二〕尚能自擇　紀昀：「自擇」二字未詳，再校。〔二三〕私親　紀昀：「私」字恐是「娱」字，再校。〔二四〕海上　查慎行：「上」一作「外」。〔二五〕紀昀：題再校。

瀛奎律髓彙評卷之三十　邊塞類

征戰守戍，大而將帥，小而卒伍，其情不同。采薇以遣之，杕杜以勞之，此周之詩然也。後世之邊塞非古矣，從軍有樂〔一〕，問所從誰。六月于邁，言觀其師。文人才士，類能言之。凡兵馬射獵等，亦附此。

五言　五十一首

和陸明甫〔二〕贈將軍重出塞

陳子昂

忽聞天上將，關塞重橫行。始返樓蘭國，還向朔方城。黃金裝戰馬，白羽集神兵。星月開天陣，山川列地營。曉風吹畫角，春色耀飛旌。寧知班定遠，猶是一書生。

方回：盛唐詩渾成。「曉風吹畫角」，猶「池塘生春草」，自然詩句，亦是别用一意。

紀昀：「亦是别用一意」，此語未解。

查慎行：三、四不全是律體。初唐之去六朝未遠也。

紀昀：此初體之未成律者，不宜入之律詩。

無名氏（甲）：樓蘭，在敦煌西。朔方，今河套。

塞北

沈佺期

胡馬犯邊埃，風從丑上來。五原烽火急，六郡羽書催。冰壯飛狐冷，霜濃候雁哀。將軍朝受鉞，戰士夜御枚。紫塞金河裏，葱山鐵勒隈。蓮花秋劍發，桂葉曉旗開。秘略三軍動，妖氛百戰摧。何言投筆去，終作勒銘回。

方回：八韻十六句，無一句一字不工，唐律詩之祖也。時稱沈、宋，而佺期、之問，皆不令終。無美善而有艷才，議者惜之。陳子昂、杜審言詩，亦絶出一時。於四人之中，而論其爲人，則陳、杜之詩尤可敬云。

馮班：子昂亦未令終，如何？

紀昀：陳、杜人亦不純粹，此語未考。

馮班：精整。○「桂旗」出楚辭。

陸貽典：通篇嚴整。

查慎行：句句用意，隊仗整齊，可爲長律之法。

何義門：從入犯發端，與窮兵黷武興無名之師者異，家數最高。「冰壯」二句頓挫得好，接出下二句，恤士之私，赴國之急，兩面俱到矣。○次句虚破「北」字。三、四、五、六，「塞」。九、十二句，「北」。落句帶出自家身分。

紀昀：純是初體，而氣格雄渾，不見堆排之迹。

無名氏（甲）：欲至天竺，必踰葱嶺。鐵勒，國名。

許印芳：次句鄙陋，故曉嵐抹之。雖非完璧，而氣格可學。又按：史稱武后改號，子昂上大周受命頌以媚之。審言坐通張易之兄弟，流峯州。虚谷未考本傳也。○「軍」字複。

在軍中贈先還知己

駱賓王

蓬轉俱行役，瓜時獨未還。魂迷金闕路，望斷玉門關。獻凱多慚霍，論風幾謝班。風塵催白首，歲月損紅顏。落雁低秋塞，驚鳧起暝灣。胡霜如劍鍔，漢月似刀環。別後庭邊樹〔三〕，相思幾度攀。

方回：王、楊、盧、駱，老杜所不敢忽，謂輕薄爲文者，哂之未休，然輕薄之人，身名俱滅，王、楊、盧、駱，如江河萬古，所不可廢也。斯言厥有旨哉！賓王史不書字，武后見其檄，始咎宰相失人。詩多佳句，近似庾信，時有平仄字不協。此篇乃字字入律，工不可言。

馮班：賓王效小庾，豈在平仄不協乎？於時律體未成耳。

馮舒：字字精工。

馮班：似小庾。

查慎行：「胡霜」「漢月」一聯，太白「邊月隨弓影」一聯似之。○「刀環」含歸意。

紀昀：純就自己一邊説，又自一格，詩亦勃勃有氣。○通首俱承次句。

無名氏（甲）：玉門關，在今沙州，即古敦煌。

許印芳：「論」，平聲。「塞」音賽。「幾」字複。

長城聞笛

楊巨源

孤城笛滿林，斷續共霜砧。夜月降羌淚，秋風老將心。静過寒壘遍，暗入故關深。惆悵梅花落，山川不可尋。

查慎行：可入「着題類」。

紀昀：後六句有情致。惟起調「林」字趁韻。且長城不應有砧聲，「砧」字亦不免趁韻。許印芳：按三、四沉雄，不但有情致。紀批起句「林」字趁韻，次句「砧」字亦不免趁韻，今爲易之：「邊城笳鼓罷，横笛更聞音。」○楊巨源，字景山，河中人，官司業。

老將吟

竇鞏

烽煙猶未盡，年鬢暗相催。輕敵心空在，彎弓手不開。馬依秋草病，柳傍故營摧。唯有酬恩客，時聽説劍來。

方回：讀此詩即知「臂弱〔四〕尚嫌弓力軟」，本出於此。鞏字友封，與元微之尤厚。

查慎行：頸聯映帶有情。

紀昀：前四句鄙俚。六句「柳」字無着，如用細柳，則更誤。武元衡亦有「笛怨柳營烟漠漠」句，蓋誤始中唐也。後二句自好。

夜行古戰場

竇庠

山斷塞初平，人言古戰庭。泉冰聲更咽，陰火燄偏青。月落雲沙黑，風迴草木腥。不知秦與漢，徒欲弔英靈。

方回：此四竇也，字青卿。三、四佳，而第四句新甚，與老杜之「陰房鬼火青」暗合。

馮班：五、六佳。

紀昀：語皆凡猥，亦欠渾成。○「庭」字未穩。「陰火」字出海賦，與燐火不同，此誤用。

送翁靈舒遊邊

徐道暉

孤劍色磨青，深謀秘鬼靈。離山春值雪，憂國夜觀星。奏凱邊人悦，翻營戰地腥。期君歸幕下，何石可書名〔五〕？

方回：第四句新甚。

紀昀：六句亦可。

馮舒：「四靈」似唐而薄。

馮班：似唐。○起怯甚。○「四靈」唐人面目。

查慎行：宋人詩不宜攙入唐律。

紀昀：此宋人，誤編於前。○次句太澀，五句太庸俗。

塞外書事

許棠

征路山窮邊，孤吟傍戍煙。河光深蕩塞，磧色迥連天。殘日沉鵰外，驚蓬到馬前。空懷釣魚所，未定卜歸年。

許印芳：許棠，字文化。涇縣人。官江寧丞。

紀昀：五、六雄闊，不類晚唐。

入塞曲

耿湋

將軍帶十圍，重錦製戎衣。猿臂銷弓力，虬鬚長劍威。首登平樂宴，新破大宛歸。樓上姝姬笑，門前問客稀。暮烽玄菟急，秋草紫騮肥。未奉君王詔，高槐晝掩扉。

方回：將帥富貴如此，然千百人無一人也。

馮舒：宋人除「西崑」外，不能道隻字。

馮班：宋人動手不得。○「樓上」句用平原事，妙。○結二韻用意。

查慎行：三、四生而勁。

紀昀：第三句「銷」字費解，第七句「姝姬」二字生。

無名氏(甲)：玄菟、樂浪，在朝鮮。

送李騎曹之武寧

顧非熊

一歲一歸寧，涼天數騎行。河來當塞曲，山遠與沙平。縱獵旆風卷，聽笳帳月生。新鴻引寒色，迴日滿京城。

方回：三、四哀壯。

紀昀：亦常語，只「曲」字、「平」字與虛谷所云句眼合耳。

紀昀：第六句第三字應平。

涇州觀元戎出師

戎昱

寒日征西將，蕭蕭萬馬叢。吹笳覆樓雪，祝纛滿旗風。遮虜黃雲斷，燒羌〔六〕白草空。金鐃肅天外，玉帳静〔七〕霜中。朔野長城閉，河源舊路通。衛青師自老，魏絳賞何功。槍壘依沙迴，轅門壓塞雄。燕然如可勒，萬里願從公。

紀昀：平正無出色處，三句湊。「青」、「絳」對工，然詩不必如此小巧。

無名氏（甲）：涇州，屬平涼。

和蕃

漢家青史上，計拙是和親。社稷依明主，安危託婦人。豈能將玉貌，便擬静胡塵。地下千年骨，誰爲輔佐臣？

馮班：名篇。○亦是議論耳，氣味自然不同。意氣激昂，不專作板論，所以爲唐人。

查慎行：與崔塗過昭君故宅寄慨略同。五、六太淺。

紀昀：太直太盡，殊乖一唱三歎之旨。

無名氏（甲）：此事固爲一時將、相之羞。然劉敬作俑，尤當首誅。

輪臺即事

岑參

輪臺風物異，地是古單于。三月無青草，千家盡白榆。蕃書文字别，胡俗語音殊。愁見流沙北，天西海一隅。

方回：唐人雖奄有輪臺，然詩人終只以爲蕃書胡語也，其可久有之哉！

馮班：此豈詩人所能强乎？甚矣方君之固也！

陸貽典：輪臺豈必有用，然漢、唐通西域，止爲斷北朝右臂耳，此宋人所未曉也。

紀昀：「單于」非地名。○結句弱。

無名氏（甲）：輪臺，在今沙州。

過酒泉憶杜陵別業

昨夜宿祁連，今朝過酒泉。黄沙西際海，白草北連天。愁裏難消日，歸期尚隔年。陽關萬里夢，知處杜陵田。

方回：三、四壯，五、六麗。

紀昀：未的。

紀昀：亦平平。

無名氏（甲）：酒泉，肅州。

奉陪封大夫宴時封公兼鴻臚卿

西邊虜盡平，何處更專征。幕下人無事，軍中政已成。坐參殊俗語，樂雜異方聲。醉裏樓臺月，偏能照列卿。

方回：三、四自然，末句用月卿事。

紀昀：「卿士惟月」，乃三十日之月，非照人之月。

紀昀：三、四淺，結句鄙。

題金城臨河驛樓

古戍依重險，高樓見五涼。山根盤驛道，河水浸城牆。庭樹巢鸚鵡，園花隱麝香。忽如江浦上，憶作捕魚郎。

方回：老杜亦有「鸚鵡」、「麝香」之聯，當時人詩體亦相似。

紀昀：此自偶然相合，意思各別。緣此四字，便曰相似，陋矣。

馮班：字字好。

何義門：結飄洒超異。

紀昀：嘉州詩難此輕倩。

無名氏(甲)：金城，在今薊州西城外，黄河南岸。其北岸金城關上亦有樓。

宿鐵關西館

馬汗〔八〕踏成泥，朝馳幾萬蹄。雪中行地角，火處宿天倪〔九〕。塞迥心常怯，鄉遥夢亦迷。那知故園月，也到鐵關西。

方回：五、六勝三、四，以有議論而自然。末句爽逸已甚〔一〇〕。

馮班：方君專重議論，何也？詩用議論則意盡言中，無餘味，宜戒之。議論極是詩病。

馮舒：第四句不解。

何義門：第二以「朝」字映出「宿」字。落句仍藏「宿」字。結句極淒涼，却不敗意。

紀昀：「倪」，端倪也，猶俗語天盡頭耳。馮氏改爲「涯」字。「涯」字「支」、「佳」、「麻」三韻皆收，「齊」韻無此字。〇六句沉着。

無名氏（甲）：鐵門關，後蒙古鐵木真見角端處。

許印芳：四句「涯」字，本作「倪」，紀批云：「倪，端倪也，猶俗語天盡頭耳。馮氏改爲涯字，涯字『支』、『佳』、『麻』三韻皆收，『齊』韻無此字。」愚按：「天倪」乃論道語，曉嵐此解，牽强特甚，仍當從馮氏作「天涯」。蓋「支」、「佳」兩韻本與「齊」韻相通，唐人律詩亦有借押通韻之例，無妨礙也。〇「那」，平聲，俗誤爲上聲。

首秋輪臺

異域陰山外，孤城雪海邊。秋來唯有雁，夏盡不聞蟬。雨拂氈牆濕，風摇毳幕羶。輪臺萬里地，無事歷三年。

方回：唐之盛時，漢之所棄輪臺，亦奄有之。然勤於邊略，不如修實德以悅近人也。「氈牆」二字新。

紀昀：此等議論，與詩何涉？此詩集，非史評也。「氈牆」二字乃烏孫公主歌中語，不得爲新字。

查慎行：第六句新。

何義門：中四句歷盡苦辛。

紀昀：語亦老潔，俱乏深味耳。

無名氏（甲）：輪臺，在車師交河之西二千里外。

北庭作

雁塞通鹽澤，龍堆接醋溝。孤城天北畔，絕域海西樓〔一〕。秋雪春仍下，朝風夜不休。可知年四十，猶自未封侯。

方回：「鹽澤」，人所共知。「醋溝」，則未之知也。甚新。中四句皆如鑄成。

查慎行：按詩意，醋溝當在西陲，十三州志中牟縣有醋溝，地名偶同耳。

查慎行：一、二天然作對。

紀昀：此等但以宏壯取之。

武威春暮聞宇文判官西使還已到晉昌

片雨過城頭，黄鸝上戍樓。塞花飄客淚，邊柳掛鄉愁。白髮悲明鏡，青春換弊裘。君從萬里使，一作「去」。聞已到瓜洲〔二〕。

方回：三、四與「孤燈然客夢，寒杵搗鄉愁」同調。

紀昀：起四句灑然而來，語極新脆。結句只一對照便住，筆墨高絶。

無名氏（甲）：武威，今在嘉峪關外。

許印芳：五律調法，不過數種，一首之中宜前後參錯用之，不可兩聯犯複。若此詩與彼詩犯複，尚不爲病。所忌者，調複而詞意亦複，未免自套之病，此二聯正犯此病。虚谷指出，可謂眼明心細，後人當以爲戒。

送楊中丞和蕃

郎士元

錦車登隴日，邊草正淒淒。舊好隨君長，新愁聽鼓鼙。河源飛鳥外，雪嶺大荒西。漢壘今猶在，遥知路不迷。

陸貽典：河源，在河州。

紀昀：漢有征蕃之壘，今乃有和蕃之使。諷刺入骨，此等處虚谷皆不講。

許印芳：郎士元，字君冑。中山人。官郢州刺史。

送李將軍赴定州

雙旌漢飛將，萬里授横戈〔三〕。春色臨邊一作「關」。盡，黄雲出塞多。鼓鼙悲絶漠，烽戍一作「火」。隔長河。莫斷陰山路，一作「想到陰山北」。天驕已請和。

紀昀：右丞「黄雲斷春色」句以蒼莽取神，此詩衍爲二句，又以對照見意，繁簡各有其妙。○定州不應云「陰山北」，改作「莫斷陰山路」爲是。然唐時邊界在薊門外，定州亦不應有「臨邊」、「出塞」之語，再校。○三、四警策。歸愚謂不及右丞「黄雲斷春色」句，未免好爲高論。言各有當，此正以内外截然見意。

雜詩

盧象

家居五原上，征戰是平生。獨負山西勇，誰當塞上名。死生遼海戰，雨雪薊門行。諸將封侯盡，論功獨不成。

方回：感慨有味。但五原、山西、遼海、薊門，四處地相遼遠，詩人寓意言辛苦無成者，以譏夫偶然而成名者，未必皆辛苦也。

馮舒：五原在遼西，人勇力如山西，曾戰遼海，曾行薊門，文理無礙，不必病其四處遼遠。

馮班：五原正是遼西地，山西勇將從軍於此，薊門、遼海地遠何嫌乎？虚谷評不可解。

馮班：第三未穩。

何義門：吴均體。

紀昀：馮云「五原在遼西」，誤。五原是生處，山西勇是用漢書「山西出將」語，不泥其地。薊門、遼海，地界相連，正唐防契丹處。生於五原，戰於薊北，有何不可？以爲遼遠何哉？○以爲同一辛苦，而獨不成功，尤爲深厚。

無名氏（甲）：五原在秦、晉之交，非遼西也。

許印芳：「上」字、「戰」字、「生」字俱複。○盧象，字緯卿，汶水人，官主客員外郎。

贈王將軍

賈浪仙

宿衛爐煙近，除書墨未乾。馬曾金鏃中，身有寶刀瘢。父子同時捷，君王畫陣看。何當爲外帥，白日出長安。

方回：中四句似不作對而對，所以爲妙。

馮舒：虚谷不喜「四靈」，却尚知長江。

馮班：次聯二句一意，何以爲佳？第四句未鍊，「寶刀」字有病。

查慎行：五、六出色精神，如讀周盤龍傳。

紀昀：浪仙亦有此應酬之作。

送鄒明府遊靈武

曾宰西畿縣，三年馬不肥。債多平劍〔一四〕與，官滿載書歸。邊雪藏行徑，林風透卧衣。靈州聽曉角，客館未開扉。

方回：中四句佳，前聯尤勝。

馮舒、馮班、查慎行、紀昀：此首已見「送别類」，重出。

無名氏(甲)：靈武，今甘肅靈州，屬涼州。

塞下曲

馬　戴

廣漠雲凝慘，日斜飛霰生。燒山搜猛虎，伏道擊迴兵。風折旗竿曲，沙埋樹杪平。黄雲飛旦夕，偏奏苦寒聲。

紀昀：五句景真語拙。

送客遊邊　于鵠

若到并州北，誰人[一五]不憶家。塞深無伴侣，路盡有平沙。磧冷唯逢雁，天寒[一六]不見花。莫隨征將[一七]意，垂老事輕車。

方回：第六句最佳，三、四亦好。

紀昀：此詩全在起手得勢，中間皆常語耳。虚谷惟於對句着意，故所評如是。

紀昀：結繳明本意。

許印芳：「不」字複。○于鵠，字未詳，隱居漢南。

從軍行　楊凝

都尉出居延，强兵集五千。還將張博望，直救范祁連。漢卒悲簫鼓，胡姬濕采旃。如今意氣盡，流淚挹流泉。

方回：起句壯，末句悲老將不成功者也。

紀昀：次句率易，六句不可解。

無名氏(甲)：李陵教射居延西。居延在甘州張掖北。博望侯，張騫。祁連將軍，范明發。

塞下

李宣遠

秋日并州路，黄榆落故關。孤城吹角罷，數騎射鵰還。帳幕遥臨水，牛羊自下山。行人正垂淚，烽火出雲間。

方回：八句俱整峭。

紀昀：三、四寫窮邊日暮慘淡之氣，如在目前。

無名氏(甲)：并州，即太原。

許印芳：李宣遠，字里未詳。貞元時進士。

部落曲

高適

蕃軍傍塞遊，代馬噴風秋。老將垂金甲，閼支著錦裘。琱戈象豹尾，紅旆插狼頭。日暮天山下，鳴笳漢使愁。

馮班：自然有體氣。開元詩人大略如此。

紀昀：此殊鈍置，非常侍之佳作。

無名氏（乙）：壯麗。

塞上贈王太尉

僧惠崇

飛將是嫖姚，行營已近遼。河冰堅度馬，塞雪密藏鵰。敗虜殘旗在，全軍列帳遥。傳呼更號令，今夜取天驕。

馮班：「九僧」定勝「四靈」。〇第四好。

紀昀：此二宋人，亦誤編。〇俊爽稱題。

塞上贈王太尉

僧宇昭

嫖姚立大勳，萬里絶妖氛。馬放降來地，鵰閑〔一八〕戰後雲。月侵孤壘没，燒徹遠蕪分。不慣爲邊客，胥笳懶欲聞。

方回：歐陽公詩話稱此詩三、四，而未見其集。司馬温公乃得之以傳世。

馮舒：三、四真唐人句，「九僧」之高至此。

馮班：次聯名句也。

查慎行：三、四出句勝。

紀昀：末句未妥。

征西將[一九]

張司業

黄沙北風起，半夜又[二〇]翻營。戰馬雪中宿[二一]，探人冰上行。深山旗未展，陰磧鼓無聲。幾道征西將，同收碎葉城。

紀昀：三首皆無佳處。

無名氏（甲）：碎葉在安西四鎮，亦爲吐蕃所陷。

漁陽將

塞深沙草白，都護領燕兵。放火燒奚帳，分旗築漢城。下營看嶺勢，尋雪覺人行。更向桑乾北，擒生問磧名。

查慎行：中兩聯句法相同。

無名氏（甲）：漁陽，即幽州燕山。奚地，胡之一種。桑乾河，自塞外流至宛平，爲蘆溝河。

没蕃故人

前年戍月支，城上[三]没全師。蕃漢斷消息，死生長别離。無人收廢帳，歸馬識殘旗。欲祭疑君在，天涯哭此時。

查慎行：結意深慘。

紀昀：第四句即出句之意，未免敷衍。

愁怨

柳中庸

玉樹起涼煙，凝情一葉前。别離傷曉鏡，摇落怨秋絃。漢壘關山月，胡笳塞北天。不知腸斷夢，空遶幾山川。

紀昀：此閨情詩，非邊塞詩也。緣誤看五、六句，故收於此耳。○出語婉約，不失雅音。

許印芳：柳淡，字中庸。河東人。官洪府户曹。

入塞曲

鄭鏦

留滯邊庭久，思歸歲月賒。黄雲同入塞，白首獨還家。宛馬隨秦草，胡人問漢花。還傷李都尉，猶自没黄沙。

方回：唐御覽詩鄭鏦四首皆豔麗，令狐楚所選，大率取此體，不主平淡，而主豐碩云。

紀昀：此詩不得謂之豔麗。凡詩只論意味如何，濃淡平奇，皆其外貌。若偏主平淡，則外强内乾，亦成僞體，與「西崑」弊等。

馮班：腹聯清新。

查慎行：「入塞」「還家」合掌。

許印芳：「黄」字複。

送都尉歸邊

盧綸

好勇知名早，争雄上將間。戰多春入塞，獵慣夜燒山。陣合龍蛇動，軍移草木閑。今來部曲盡，白首過蕭關。

方回：詩律響亮整齊。

紀昀：意注末二句，前六句反面烘托，便回身一掉，倍爲悽惋耳。但以響亮整齊取之，殊失作者之意。

無名氏(甲)：天、地、風、雲、龍、虎、鳥、蛇，謂八陣。

贈梁州張都督

崔顥

聞君爲漢將，虜騎不[二三]南侵。出磧[二四]清沙漠，還家拜羽林。風霜臣節苦，歲月主恩深。爲語西河使，知余[二五]報國心。

方回：五、六痛快而感激。

馮舒：五、六似杜。

馮班：五、六忠厚，有詩人之意。

紀昀：「知余」「余知」，原有二本，然「知余」不過冀倖援引之詞，「余知」則有勉以益勵忠誠之意，深淺間相去遠矣。

邊遊

項斯

古鎮門前去[二六]，長安路在東。天寒明堠火，日晚裂旗風。塞館皆無事，儒裝亦有弓。防秋故鄉卒，暫喜語音同。三、四或作「天晴槐葉霧，日暮葦花風」。

方回：無第六句，不見秀才遊邊之意。

紀昀：此二句不似邊關景物。

紀昀：通體小樣。惟結二句反托出異俗殊音，用筆精妙。○次句、五句皆笨，六句景真而語纖。

邊州客舍

閉門不成出，麥色徧前坡。自小詩名在，如今白髮多。經年無越信，終日厭蕃歌。近寺居僧少，春來亦嬾過。

方回：無第六句却於邊州不切。此篇詩先看題却，方看此句，只一句喚醒一篇精神也。

紀昀：至第六句方點醒。究竟前四句太泛，不必曲爲之詞。

馮班：結好。

何義門：次聯清婉。自小攻文，只贏得白髮也。

紀昀：此首淺近。

塞上逢故人

王　建

百戰一身在，相逢白髮生。何時得家信，每日算歸程。走馬登寒壠，驅羊入廢城。羌歌三兩曲，人醉海西營。

方回：第五句最好，非邊上則此句未爲奇也。

紀昀：此亦常語，何以云「奇」。

紀昀：結得悠然不盡。

尹學士自濠梁移倅秦州〔二七〕

宋景文

于役三年遠，尹自經略西事，出入三年。論兵兩鬢斑。不辭征虜辟，尹再入部署韓公幕下。要作破羌還。楯墨應圜熟〔二八〕，兜烽報未閑。浮舠背淮服，盤馬入秦關。遂閣讐書筆，仍餘聚米山。憶君他夕恨，遥向隴雲間。

方回：三、四絶妙。此尹師魯洙也。

紀昀：亦常語。

馮班：「崑體」。○未見不是唐人。

查慎行：宋詩誤入唐律，宜在後。

紀昀：風骨既遒，意境亦闊。小宋極得意之作，非他作琱繪之比。

少將

李商隱

族亞齊安陸，風高漢武威。烟波别墅醉，花月後門歸。青海聞傳箭，天山報合圍。一朝攜劍起，上馬即如飛。

馮班：好在後四句。

查慎行：「青海」「天山」，屬對與老杜偶合。○此唐律，該移在前。

何義門：破題是宗子。○人見其「煙波」「花月」，不知其緩急可仗，如此或以自喻也。

紀昀：此首宜入「俠少類」，不宜收「邊塞類」。○出手微快，然自俊爽，通首寫俠少之意，注家以爲有刺者，非。

許印芳：「青海」句剿襲老杜，此不可學。○李商隱，字義山，號玉溪生，又號樊南生，河内人，位終節度判官。

兵

梅聖俞

太平無戰陣，漢卒久生驕。金甲不曾擐，犀弓應自調。嗟爲燎原火，終作覆巢梟。若使威刑立，三軍豈敢囂？

馮班：宋氣逼人，不及唐人遠矣。

紀昀：純是腐語，非詩人之筆。

故原有戰卒死而復蘇來説當時事

縱横尸暴積，萬殞少全生。飲雨活胡地，脱身歸漢城。野獾穿廢竈，妖鵩嘯空營。侵骨劍瘡在，無人爲不驚。

紀昀：前六句皆淺近，七句亦俚，八句拙極。

擬王維觀獵　晏相公坐中探賦

白草南山獵，調弓發指鳴。原邊黄犬去，雲外皂鵰迎。近出長陵道，還看小苑城。聊從向來騎，回望夕陽平。

馮舒：末句較「千里暮雲平」何如？

馮班：不及張祜，何論右丞？○太臨摹，少精句，弱在第七句。

查慎行：名作在前，似不宜和。

張載華：詩家最忌蹈襲，凡遇一題，前有名作，慎勿輕率下筆。宛陵此詩，先生猶有微詞。於東坡謝人見和前篇二首及定惠院海棠詩，不憚再三提命。閲劉夢得經伏波祠詩評語，尤爲現身説法。學者遇此等題，與其效顰，毋寧藏拙，勿負先生一片婆心也。

紀昀：第四句「迎」字不妥，後四句太近雙鉤。○取擬作而不取本詩，而擬作又遜本詩遠甚，真不可解。虚谷之黨護如是，則馮氏之攘臂毒駡，亦非無爲而然也。

塞上

王正美

無定河邊路，風高雪灑春。沙平寬似海，鵰遠立如人。絶域居中土，多年息虜塵。邊城吹暮角，久客自悲辛。

方回：亦可與晚唐諸人争先。
紀昀：晚唐中之矯矯者。
馮舒：頷聯唐句。
馮班：似唐人。
紀昀：第四句故爲奇語，警絶。五句言中土爲「絶域」，倒其文耳。
許印芳：五句究竟不穩，倒裝句之難在此。
許印芳：王操，字正美。

遊邊上

佩劍遊邊地，胡風捲敗莎。鵰饑窺壞塚，馬渴嗅冰河。塞闊人煙絶，春深霰雪多。蕃戎如畫看，散騎立高坡。

方回：王操，江南人。三、四絶佳，尾句真如畫也。

馮班：好。

紀昀：三、四亦武功小樣範，結自有致。

并州道中

從軍無住計，近臘塞門行。風劈面疑裂，凍粘髭有聲。太陽過午暗，暮雪照人明。馬上聞吹角，依依認漢城。

方回：操詩如此精妙，不減賈島。

紀昀：以此爲精妙，可云無復是非。島詩之極不佳者，猶勝於此。

馮班：妙，全似唐人。○長江寒峭。正美可嗣張文昌。

紀昀：俚甚。

和袁郎中破賊後軍行過剡中山水謹上太尉 即李光弼　劉長卿

剡路除荆棘，王師罷鼓鼙。農歸滄海畔，圍解赤城西。赦罪陽春發，收兵太白低。遠峯來馬首，横笛入猿啼。蘭渚催新幄，桃源識故蹊。已聞開閤待，誰許卧東溪。

方回：所圈一聯絶精。〔案：方回於「赦罪陽春發，收兵太白低」二句傍加圈。〕

紀昀：「遠峯」一聯亦好。

紀昀：此首亦不應入「邊塞」。

無名氏（甲）：劉君在當時本推「五言長城」，況雜之宋人中，自覺老氣無敵。

七言 十一首

贈索暹將軍

王建

渾身著箭瘢猶在，萬槊千刀總過來。輪劍直衝生馬隊，抽旗旋踏死人堆。聞休鬬戰心還癢，見説烟塵眼即開。淚滴先皇階下土，南衙班裏趁朝迴。

方回：老兵之常態也。無此輩何以衛國？不成一切都作吟詩而不事事者？

紀昀：忽論至此，與詩何涉？

馮班：末句無限。

查慎行：五句粗俗，不謂中唐乃有此！

紀昀：鄙俚粗惡，殆如市上所唱彈辭。作者、選者，皆不可解。

老將　韓偓

折鎗黄馬倦塵埃，掩耳凶徒怕疾雷。雪密酒酣偷號去，月明衣冷斫營迴。行驅貔虎披金甲，立聽笙歌擲玉盃。坐久〔二九〕不須輕矍鑠，至今雙擘硬弓開。

馮班：詩：「我馬玄黄。」

何義門：於破題、落句見「老」字，中間平放四句，亦是一格。

紀昀：「黄馬」二字何著？如用戰馬玄黄則更不通。次句俚極，三、四自可。

李光垣：此又書名，例不畫一。

無名氏(甲)：樂府亦有「君馬黄」。

獻淮寧節度李相公　劉長卿

建牙吹角不聞喧，亂世〔三〇〕登壇衆所尊。家散萬金酬士死，身留一劍答君恩。漁陽老將多迴席，魯國諸生半在門。白馬翩翩春草細，邵陵〔三一〕一作「少陵」西去獵平原。

馮舒：只是道地。

何義門：全篇極寫失勢無聊之狀，讀者但見其壯麗也。落句了不覺爲敗興語。

紀昀：綽有風格。

送李僕射赴鎮鳳翔

張司業

由來勳業屬英雄，兄弟連營列位同。先入賊城〔三二〕擒惡首〔三三〕，盡封官庫讓元功〔三四〕。旌幢獨繼家聲外，竹帛新添國史中。天子欲收秦隴地，故教移鎮在扶風〔三五〕。

馮班：敍李愬事如見。

查慎行：僕射即李愬也。

何義門：元功（公）指裴相。

紀昀：語皆猥庸。

無名氏（甲）：漢三輔中，京兆即長安，右扶風鳳翔，左馮翊同州也。

偶吟遺懷

向文簡

昔爲宰輔居黃閣，今作元戎控夏臺。萬里蒼黔慚受賜，一方清晏有何才。紫宸杳杳彌年别，紅旆翩翩映日開。將相官榮如我少，不須頻獻手中盃。

馮班：不好，不好。

紀昀：只似魏公相臺諸作，了無風旨之可采。

飛將

胡文恭宿

曾從嫖姚立戰功，胡雛猶畏紫髯翁。雕戈夜統千廬衛，緹騎秋畋五柞宫。後殿拜恩金印重，北堂開宴玉壺空。從來敵國威名大，麾下多稱黑矟公。

方回：壯麗。凡詩讀上一句，初不知下一句作如何對。必所對勝上句，令人不測乃佳。此篇是也。

紀昀：亦不見不測之處。

馮班：「空」字未妥。「黑矟公」事未切。○劣弱之極。

紀昀：句格尚健，别無可取。

次韻元厚之平戎獻捷

王荆公

朝廷今日四夷功，先以招懷後殪戎。胡地馬牛歸隴底，漢人煙火起湟中。投戈更講諸儒藝，免胄争趨上將風。文武佐時慚吉甫，宣王征伐自膚公。

馮班：不及「崑體」。○次聯好。

查慎行：格調不落元和以後。

紀昀：荆公不應作此庸膚語。

無名氏（甲）：荆公相業敗壞自不必言，然其收復河湟，未可盡非。此乃中國舊地，因天寶之亂，陷於吐蕃，後來大中時收復而未盡者。此正國家當爲之事，與其它開邊生事不同，奈何議之？今此諸作，文詞亦斐亹可觀。乃宋朝最難得之事。韓、范經略，無寸功可紀。雖欲揚厲，何從加之？故荆公此舉，未可厚非耳。

和蔡副樞賀平戎慶捷

城郭名王據兩陲，軍前一日送降旗。羌兵自此無傳箭，漢甲如今不解纍。幕府上功聯舊伐，朝廷稱慶具新儀。國家道泰西戎喙，還見詩人詠串夷。

馮班：腹聯二句好。

紀昀：庸膚。○「不解纍」三字太生。

依韻和元厚之内翰平羌　王岐公

詔收新土鳳林東，四百餘年陷犬戎。葱嶺自横秦塞上，金城還落漢圖中。輕裘坐嘯無餘粟，解髮來庭有舊風。零雨未濛音已捷，不勞歸旅詠周公。

馮班：次聯好。

紀昀：稍有音節，然亦不佳。◯第五句「無餘粟」三字何解？

依韻和蔡樞密岷洮恢復部落迎降

河湟形勝壓西陲，忽覺連營列漢旗。天子坐籌星兩兩，將軍解佩印纍纍。稱觴別殿傳新曲，銜璧[三六]名王按舊儀。江漢一篇猶未美，周宣方事伐淮夷。

紀昀：亦是敷衍。◯結二句笨。

無名氏（甲）：末句言淮夷近地，不若河湟之遠駕也。

聞种諤米脂川大捷

神兵十萬忽乘秋，西磧妖氛一夕收。疋馬不嘶榆塞外，長城自越玉關頭。兵未進討，邊人望見漢城列峙西界中。君王別繪凌煙閣，將帥今輕定遠侯。莫道無人能報國，紅旗行去取涼州。

紀昀：此稍爽朗。

無名氏(甲)：是時涼州尚爲夏戎所據，故末句云。

許印芳：起筆得勢，以下如破竹矣。通體俱作壯語，却無粗豪病，而且渾灝流轉，神完氣足，此宋詩之最出色者。置之唐人集中，亦推高唱。曉嵐云「稍爽朗」，一何苛刻之甚耶？惟詩中四句虚字着力皆在第三字，此是一病，後生勿效之。

校勘記

〔一〕有樂　李光垣：「有」應作「苦」。　〔二〕陸明甫　紀昀：題再校本集。　李光垣：「甫」應作「府」。　〔三〕庭邊樹　李光垣：「庭邊」應作「邊庭」。　〔四〕臂弱　李光垣：「健」誤「弱」。　〔五〕書名　查慎行：「名」當作「銘」。　〔六〕燒羌　馮班：「羌」一作「荒」。　〔七〕玉帳静　查慎行：「静」原訛作「盡」。　〔八〕馬汗　馮班：「汗」字誤。

〔九〕天倪　馮班、許印芳：「倪」當作「涯」。　〔一〇〕已甚　李光垣：「已」應改「之」。

〔一一〕西樓　查慎行、李光垣：「樓」一作「頭」。　〔一二〕瓜洲　馮班、無名氏(甲)：「洲」當作「州」。　〔一三〕授橫戈　李光垣：「獨」訛「授」。　〔一四〕平劍　李光垣：「憑」訛「平」。

〔一五〕誰人　許印芳：「誰」一作「何」。〔一六〕天寒　馮班：御覽，「寒」作「春」，妙。〔一七〕征將　李光垣：「邊」訛「征」。〔一八〕鵰閑　馮班、李光垣：「閑」當作「盤」。〔一九〕征西將　按：「征」字原缺，據康熙五十二年本、紀昀刊誤本校補。〔二〇〕半夜又　馮班：「半夜」一作「夜半」。〔二一〕中宿　馮班：「宿」一作「立」。〔二二〕城上　馮班：「上」一作「下」。〔二三〕虜騎不　許印芳：「不」，一作「罷」。〔二四〕出磧　許印芳：「磧」一作「塞」。〔二五〕知余　馮班：一作「余知」。何義門：英華作「知余」，從英華爲長。〔二六〕前去　按：「去」字原缺，據康熙五十二年本、紀昀刊誤本校補。〔二七〕秦州　按：「秦」原作「泰」。無名氏（甲）：觀詩意宜作「秦州」。〔二八〕應圜熟　紀昀：「應」當作「磨」，以形似而訛。「圜」當作「原」，以聲近而訛。此難以竟改正，俟再校。〔二九〕坐久　李光垣：「上」訛「久」。〔三〇〕亂世　馮班：一作「三十」。〔三一〕邵陵　馮班：「邵」一作「茂」。〔三二〕賊城　馮班：「城」一作「巢」。〔三三〕惡首　馮班、查慎行：一作「首惡」。〔三四〕元功　馮班：「功」一作「公」。〔三五〕在扶風　馮班：「在」一作「右」。〔三六〕衘璧　查慎行、無名氏（甲）：「衘」當作「銜」。

瀛奎律髓彙評卷之三十一　宮閫類

長門買賦，團扇託詞，后妃於君王猶然。婦人女子，疏而不怨，難矣。自易之咸、恒，詩之關雎、雞鳴，其義不明，而後風俗衰，恩義薄，居寵而自損，上也。而或失愛，怨其所可怨，不誹不亂可也。

紀昀：此雖老生之常談，然大旨不過如此。

五言 七首

春宮怨

杜荀鶴

早被嬋娟誤，欲妝臨鏡慵。承恩不在貌，教妾若爲容。風暖鳥聲碎，日高花影重。年年越溪女，相憶採芙蓉。

方回：譬之事君而不遇者，初亦恃才，而卒爲才所誤。愈欲自衒，而愈不見知。蓋寵不在貌，則難乎其容矣，女爲悦己者容是也。風景如此，不思從平生貧賤之交可乎？

馮舒：如此解亦妙。

馮班：評好。

馮舒：五、六寫出春宫，落句不測。

馮班：全首俱妙，腹聯人所共知也。〇精極。

何義門：五、六是「慵」字神味。〇入宫見妒，豈若與采蓮者之無猜乎？落句怨之甚也。

紀昀：前四句微覺太露，然晚唐詩又别作一格論。結句妙，於對面落筆，便有多少微婉。

長門怨

岑　參

君王嫌妾妒，閉妾在長門。舞袖垂新寵，愁眉結舊恩。緑錢生履跡，紅粉濕啼痕。羞被桃花笑，看君獨不言。

馮舒：息夫人後來不知何以稱桃花夫人？落句想亦用此。

馮班：「桃李不言，下自成蹊」，故息夫人號桃花夫人，以其不言也。此自用史記，與息嬀無與。

紀昀：第三句未明晰，末乃用桃李不言意。馮以爲息嬀，誤也。

婕妤怨

皇甫冉

由來詠團扇，今已值秋風。事逐時偕往，恩無日再中。早鴻聞上苑，寒鷺上〔一〕深宮。顏色年年謝，相如賦豈工？

馮班：匀美。

紀昀：六句「上」字費解。

閨情

戎昱

側聽宮官説，知君寵尚存。未能開笑頰，先欲换愁魂。寶鏡窺妝影，紅衫裛淚痕。昭陽今再入，寧敢恨長門！

紀昀：不失忠厚悱惻之旨。惟氣格稍薄，則時代限之耳。

長信宮

于武陵

簟涼秋氣初，長信恨何如？拂黛月生指，解鬟雲滿梳。一從悲畫扇，幾度泣前魚。坐聽南宮樂，清風摇翠裾。

馮舒：第三、四似寬，却自緊。○「前魚」古人通用。

馮班：次聯寬，却自工鍊。○「前魚」句，今人不知齊梁體，必以爲誤矣。

紀昀：語皆淺拙，「前魚」用男寵事，尤謬。

玉階怨

鄭　鏦

昔日同飛燕，今朝似伯勞。情深争擲果，寵罷怨殘桃。别殿春心斷，長門夜樹高。雖能不自悔，誰見舊衣褒！

方回：三、四工，甚有味。

紀昀：三、四亦似男寵，語不可解。

馮舒：三、四亦通用，落句不可解。

馮班：「擲果」却可，詩人之詞，有漢、魏通行，而南北朝以爲病者，有南北朝、唐初通行而天寶以後不用者，有天寶、大曆可用而元和以後不行者。虛谷所知，只是「江西」用事法耳。○「擲果」事若在大曆、元和以後，則爲累句矣。方君稱之，不解。

紀昀：結不成語。

王家少婦 一云「古意」〔二〕

崔顥

十五嫁王昌，盈盈入畫堂。自矜年最少，復倚婿爲郎。舞愛前溪緑，歌憐子夜〔三〕長。閑年〔四〕鬬百草，度日不成妝。一作「能妝」。

方回：此等婦人，世間有之，但不多耳。

馮舒：方公真窮酸。

紀昀：此評不可解。

紀昀：司勳以此詩爲北海所叱，然自不惡。

七言 二首

貧女

秦韜玉〔五〕

蓬門未識綺羅香，擬託良媒亦自傷〔六〕。誰愛風流高格調，共憐時世儉梳妝〔七〕。敢將十指誇纖巧〔八〕，不把雙眉鬬畫長。最恨〔九〕年年壓金線，爲他人作嫁衣裳。

方回：此詩世人盛傳誦之。

紀昀：言外深致不滿，然則何必録之？

馮班：託興可哀。

何義門：高髻險妝，見唐書車服志。此句就他人一面説。

紀昀：格調太卑。

洛意

楊文公

蘅皐駐馬獨依依，寄恨微波帶減圍。淚迹不成雙玉筯，身輕誰賦六銖衣。穿針靜夜星榆出，擺手清晨雪絮飛。目斷風簾舊巢燕，新看〔一〇〕先傍杏梁歸。

馮班：「崑體」，匀細。題目不似唐人。應入「風懷類」。○亦未是義山。次聯太褻。

紀昀：純學義山，然無佳處。○此卷只杜荀鶴一首好，戎昱、崔顥二詩次之，餘皆俗格。

校勘記

〔一〕寒鷺上　馮班：「上」一作「下」。　〔二〕一云古意　紀昀：作「古意」是。　〔三〕子夜　李光垣：「子」原訛作「午」。　〔四〕閑年　馮班：「年」一作「來」。　〔五〕秦韞玉何義門：「韞」當作「韜」。〔六〕亦自傷　馮班：「亦」一作「益」。〔七〕儉梳妝　馮班：「儉」當作「險」。〔八〕纖巧　馮班：「纖」一作「針」，或作「偏」。無名氏（甲）：「偏」字不合，「纖」字勝。〔九〕最恨　馮班：「最」當作「每」。〔一〇〕新看　李光垣：「看」應作「春」。

瀛奎律髓彙評卷之三十二　忠憤類

世不常治，於是有麥秀、黍離之詠焉。庾信哀江南賦，亦人心之所不容泯也。炎、紹間，有和江子我詩者，乃曰：「成壞一反掌，江南未須哀。」子我以爲何其不仁之甚。惟出於荆舒之學、京黻之門者，例如此。今取其「可以怨」者列之，不特臣於君、子於親，凡門生故吏、學徒，於主、於師皆與。

馮班：此宜深戒，未有得罪名教而可以爲詩人者也。○此一論最要緊，如子我之流，得罪名教，乃詩人之蟊賊也。

紀昀：此序亦好。

五言　二十五首

春望

杜工部

國破山河在，城春草木深。感時花濺淚，恨别鳥驚心。烽火連三月，家書抵萬金。白頭搔更短，渾欲不勝簪。

方回：此第一等好詩。想天寶、至德以至大曆之亂，不忍讀也。

查慎行：此亦陷賊中作。○六句，杜詩後人引作故實者，如「萬金」、「屋烏」之類，不必更尋出處也。

何義門：起聯筆力千鈞。

紀昀：語語沉着，無一毫做作，而自然深至。

有歎

壯心久零落，白首寄人間。天下兵常鬭，江東客未還。窮猿號雨雪，老馬望關山〔一〕。武德開元際，蒼生豈重攀？

馮班：第六句怯。落句妙。

何義門：所嘆非爲羈窮，壯心零落，不得致主重見武德、開元之治，使蒼生之各有家耳。

紀昀：五、六賦而比也。

遣興

干戈猶未定，弟妹各何之。拭淚霑襟血，梳頭滿面絲。地卑荒野大，天遠暮江遲。衰疾那能久，應無見汝期〔二〕。

紀昀：語亦真至，然非極筆。

許印芳：前半固是平常，五、六寫景不著一情思字，而孤危愁苦之意含蓄不盡。結語尤爲沈痛。此等詩老杜外更無第二手，曉嵐謂非極筆何耶？

遣憂

亂離知又甚，消息苦難真。受諫無今日，臨危憶古人。紛紛乘白馬，攘攘着黄巾。隋氏留〔三〕宫室，焚燒何太頻！

馮班：落句妙。

何義門：前後一片説「憂」，只腰聯略見遺意。

紀昀：五、六亦太率易。結處不斥唐而託之隋，風人之旨。

避　賢〔四〕

避地歲時晚，竄身筋骨勞。詩書遂牆壁，奴僕且旌旄。行在僅聞信，此生隨所遭。神堯舊天下，會見出腥臊。

方回：天寶十四年乙未冬，安禄山反，老杜年四十四。自是流移轉徙，一爲拾遺，一爲華州功曹，一爲劍南參謀。至大曆五年庚戌卒，年五十九。凡十六年間，無非盜賊干戈之日。忠臣故宜痛憤，而老杜一飯不忘君，多見於詩。如「諸侯春不貢，使者日相望」、「由來强幹地，未有不朝臣」〔五〕、「領郡輒無色，之官皆有詞」、「天地日流血，朝廷誰請纓」、「弟妹悲歌裏，朝廷醉眼中」、「空村唯見鳥，落日未逢人」、「汨汨避羣盜，悠悠經十年」、「偷生惟一老，伐叛已三朝」、「赤眉猶世亂，青眼只途窮」、「朝野歡娛後，乾坤震蕩中」、「路衢唯見哭，城市不聞歌」、「忽聞哀痛詔，又下聖明朝」、「行在諸軍闕，來朝大將歸」、「奪馬悲宮主，登車泣貴嬪」、「窮愁但有骨，羣盜尚如毛」，皆哀痛惻愴，令人有無窮之悲。彼生世常逢太平者，烏足以語此。初選五首外，併此佳句紀之。

紀昀：所列諸句，不必盡佳。

馮班：落句可議。○太露骨。末句亦非體，疑非杜真作。

何義門：「遂」，言豈遂以此終也？「且」，言且待其後也。與「會見」二字呼應。○落句謂成都復爲吐蕃所陷，是永泰元年詩。

紀昀：三、四太露。此首本集不載，逸詩收之，或曰非少陵作，然氣味甚似。○馮云：末句太急露。

秋日懷賈隨進士

羅隱

邊寇日搔動，故人音信稀。長纓慚賈誼，孤憤〔六〕憶韓非。曉匣魚腸冷，春園鴨掌肥。知君安未得，聊且示忘機。

何義門：三、四言平時志氣如此，豈是難事自全者？已呼動末句。

紀昀：四句恐其遊説諸侯，終不免於難，故以韓非比之，已爲結句招隱之根。

無名氏（甲）：韓非子有孤憤篇。「鴨掌」，亦名鴨脚，即銀杏，以其葉形相似，故名。

亂後逢友人

滄海去未得，倚舟聊問津。生靈寇盜盡，方鎮改更頻。夢裹舊行處，眼前新貴人。從來事如此，君莫獨〔七〕沾巾。

何義門：起句聳擢天半。○正爲哭，不爲得，只得如此道也。結句從嘆逝賦來，所謂「文選理」。

紀昀：五、六淺鄙。

遣興

青雲路不通，歸計奈長蒙。老恐醫方悞，窮憂酒盞空。何堪離亂後，更入是非中。長短遭譏笑，回頭避釣翁。

紀昀：此首不宜入「忠憤類」。○意思殊淺。第二句「奈長蒙」三字不解，結用屈原漁父事。

九日

江子我

萬里江河隔，傷心九日來。蓬驚秋日後，菊换故園開。楚欲圖周鼎，湯猶繫夏臺。東籬那一醉，塵爵恥虚罍。

方回：江隣幾與梅聖俞多唱和，嘉祐起居舍人。子懋相生三子，端禮字子和，端本字子我，端本字子之。與吕居仁多唱和，入「江西派」。子我以元祐黨家居不仕，亦不娶，隱居封丘門外。靖康初少宰吴元中薦之，以爲承務郎，賜進士出身，諸王宮教授。上書辨宣仁誣謗遭黜。渡江寓居桐廬之鸕鷀源。後爲太常少卿。趙蕃昌父得其詩於韓淲仲止，曰七里先生自然菴集，刊留嚴陵郡齋。此詩題目雖曰九日，而「周鼎」、「夏臺」之句，乃是忠憤，故以類入於此。子我「西池再展一月詩」最有諷諫味，朱文公亦喜之。

紀昀：此爲徽、欽二帝發。然湯乃桀臣，比例未當，取其意可也。此亦實難措語處。○「爵」「罍」字複。

無名氏（甲）：湯與夏有君臣之義，與外寇不同，引喻失當。

還韓城

吕居仁

乍喜全家脱，虚疑疋馬一作「萬馬」。奔。乾坤德盛大，盜賊爾猶存。稻壠秋仍旱，溪流晚自渾。素冠兼白髮，悉絶更誰論？

方回：三首取一。「乾坤」、「盜賊」一聯，生逼老杜。

馮舒：直抄。

紀昀：三、四全用老杜。如此逼杜，亦大易事。

馮舒：第四句直寫杜。
查慎行：第四老杜成句。
紀昀：風格老重。〇次句「萬」字是，言訛傳共至耳。
無名氏（甲）：「江西派」原以工部爲名，而適遭建康、建炎之世，與天寶、至德相似，則忠義激發，形諸篇什者，非工部而誰師？惜乎氣質不純，擬議未化，瑕瑜並見，離合相參，絶少完作，難與日月争光。故中興事業亦不能上絜唐家，良可慨也。

丁未二月上旬日

厄運雖云極，羣公莫自疑。民心空有望，天道本無知。野帳留華屋，青城插皂旗。燕雲舊耆老，寧識漢官儀？主辱臣當死，時危命亦輕。誰吞豫讓炭，肯結仲由纓？泣血瞻行殿，傷心望虜營。尚存儀衛否？早晚復神京。

方回：此靖康二年丁未事，五月改建炎。
紀昀：題原有得説，詩故不失風格。

馮班：當此時候，不嫌其詞之直矣。

兵亂後雜詩五首

晚逢戎馬際，處處聚兵時。後死翻爲累，偷生未有期。積憂全少睡，經劫抱長饑。欲逐范仔輩，同盟起義師。

方回：元注云：「近聞河北布衣范仔起義師。」

紀昀：五首全摹老杜，形模亦略似之，而神采終不及也。〇三、四好，結太率易。此欲爲老杜而失之者。

羽檄連朝暮，戎旃匝邇遐。未教知死所，詎敢作生涯。東郭同逃户，西郊類破家。萍蓬無定迹，屢欲過三巴。

紀昀：次句笨拙，五、六太質。

碣石豺狼種，長驅出不虞。是誰遺此賊？故使亂中都。官府室如磬，人家錐也無。有司少恩惠，何忍復追呼！

方回：左傳：「室如懸罄。」「如」訓而，謂室而將空也。後人誤以爲似磬之空，非是。觀此對，則得本意矣。

紀昀：後四句太盡。

萬事多返覆，蕭蘭不辨真。汝爲誤國賊，我作破家人。求飽羹無糝，澆愁爵有塵。往來梁上燕，相顧却情親。

馮舒：第三、四可贈荆溪。

馮班：「汝」字未曾下根。

蝸舍嗟蕪没，孤城亂定初。籬根留弊屨，屋角得殘書。雲路惭高鳥，淵潛羨巨魚。客來闕佳致，親爲摘山蔬。

方回：東萊外集凡二十九首，取其五。他如：「水水但争渡，城城各點兵」、「牛亡春奪種，馬死盡徒行」、「風雨無由障，牛羊自入廬」、「簷楹鏃可拾，草木血猶腥」、「六龍時䠊𨈇，百雉日孤危」、「報國寧無策，全軀各有詞」，皆佳句也。老杜後始有此。

紀昀：「全軀各有詞」，五字深痛，繪盡小人情狀。

查慎行：五、六本柴桑，微换數字耳。

感事

陳簡齋

喪亂那堪説，干戈竟未休。公卿危左袵，江漢故東流。風斷黄龍府，雲移白鷺洲。云何舒國步，持底副君憂。世事非難料，吾生本自浮。菊花紛四野，作意爲誰秋！

方回：「危」、「故」二字最佳。「黄龍府」謂二帝北狩，「白鷺洲」謂高廟在金陵。

許印芳：此説是。

馮班：好。

紀昀：此詩真有杜意，乃氣味似，非面貌似也。○第八句「底」字繆鄙。

許印芳：評似杜處的當，惟斥「底」字非是。蓋「底」字作「何」字解，句意自不錯，何得云繆？此字詩家常用，「底事」、「底物」、「底須」之類，不一而足，亦不得謂之爲鄙。惟此句與上句意複，未免合掌耳。

無名氏（甲）：此詩亦有少陵遺意，而筋節神情不甚融亮，此其病也。

聞王道濟陷虜

海内堂堂友，如今在賊圍。虚傳袁盎脱，不見華元歸。浮世身難料，危途計易非。雲孤馬息嶺，老涕不勝揮。

方回：三、四善用事，五、六有無窮之痛焉。

紀昀：五、六乃良友相期以正之意，非痛詞也。

馮舒：後山如此儘佳。

馮班：如此用事，可謂清楚。

紀昀：此亦似杜。〇六句千古。

許印芳：「不」字複。

喜誅大將

劉屏山

自提烏合衆，南北久跳梁。避事幾危國，專權僭擬王。燃臍誅未快，擢髮罪難詳。膏血汙砧斧，何曾灑戰場。

方回：「曾」作「如」，尤佳。此殆誅范瓊時所爲。

紀昀：「何曾」者，言此等伎倆，不過終干法紀，不能死得其所也。作「何如」，則是質言告誡，詞意反淺矣。虛谷於此等多未明。

馮班：次聯好。「專權」二字可商。〇如贈劉花馬。

己酉亂後寄常州使君姪四首

汪彥章

汾水游仍遠，瑶池宴未歸。航遷羣廟主，矢及近臣衣。胡馬窺天塹，邊烽〔八〕斷日畿。百年淮海地，回首復成非。

馮班：尚有子美之意，不在文字也。

查慎行：南渡初，少見此種詩。余所見浮溪集，此四首止存第一首。

紀昀：四首入之杜集不辨。〇起二句斡旋得體。

無名氏(甲)：此擬老杜於形模聲響之間，亦稍得其彷彿。至於神情骨氣，終不似真。

草草官軍渡，悠悠虜騎旋。方嘗勾踐膽，已補女媧天。諸將爭陰拱，蒼生忍倒懸。乾坤滿羣盜，何日是歸年？

查慎行：結句老杜成語。

紀昀：三、四言有志復仇，立國亦易，南渡即其小驗也。末乃惜其不能即已成之緒而大之，詩人之旨如是。○五句言其力可爲，六句言遺民不忘宋，方忍苦以待中興。

身老今何向，兵挐未肯休。經旬甘半菽，盡室委扁舟。台拆星猶彗，農饑麥未收。日邊無一使，兒女詎知愁？

馮舒：己酉年情景，第四句寫出。

馮班：此首佳。

紀昀：兒女不知愁，則知愁者在言外矣。此從杜「遥憐小兒女，未解憶長安」化出，對面落筆法也。

許印芳：「未」字複。

春到花仍笑，時危特自哀。平城隆凖去，瓜步佛狸來。地下皆寃肉，人間半劫灰。只今哀淚眼，那得向君開！

方回：此建炎三年己酉冬，兀术入吴，航海避亂之後也。靖康中在圍城中者，吕居仁、徐師川、汪彦章皆詩人也。居仁多有痛憤之詩。師川以邦昌之名名其婢，而詩無所見。彦章至此，乃有亂後詩。豈當時諸人，或言之太過，恐忤時相而删之乎？後秦檜既相，賣國求和，則士大夫噤不能發一辭矣。此等詩皆本老杜，亦惟老杜多有此等詩。庾信猶賦哀江南，皆知此意。

紀昀：三、四警切。

無名氏（甲）：索虜寇（劉）宋至瓜步，酋名佛狸。

許印芳：「準」音拙，「貍」音鼇。○汪藻，字彦章，號浮溪。

聞寇至初去柳州

曾茶山

剥啄誰敲户，蒼茫〔九〕客抱衾。只看人似蟻，共道賊如林。兩岸倂千里，扁舟抵萬金。病夫桑下戀，萬一有佳音。

方回：此篇雖未見忠憤之意，遼亡金熾，盜賊充斥，自中原破，至於嶺表，非士大夫之罪乎？當任其咎者，讀之而思可也。

馮班：此正詩人有關係處，較杜荀鶴如何？

馮舒：妙得光景。

馮班：起句宋。中四句非經亂不知。七句是宋。

紀昀：二句趁韻，三、四真而太俚，後半自好。

七言 二十二首

恨別〔一〇〕

杜工部

洛城一別四千里，胡騎長驅五六年。草木變衰行劍外，兵戈阻絶老江邊。思家步月清宵立，憶弟看雲白晝眠。聞道河陽近乘勝，司徒急爲破幽燕。

方回：河陽之勝，在至德二年己亥冬十月。禄山之反，在天寶十四年乙未十一月。繼以史思明反，今四五年。司徒，謂李光弼。

何義門：「老」字正與結句「急」字呼應。

紀昀：六句是名句，然終覺「看雲」不貫「眠」字。

無名氏(甲)：末二句爲篇結穴，最宜着眼。

許印芳：「眠」與「看雲」不貫？眠時不可看雲乎？若謂夜眠不合，詩固明云「白日眠」矣。此二句全在轉換處用意，蓋「清宵」本是眠時，偏説「立」而「步月」；「白日」本是「立」時，偏説「眠」而「看雲」。所以見思家、憶弟之無時不然也。沈歸愚云：「若説如何思，如何憶，情事易盡。步月看雲，有不言神傷之妙。」此又見其措詞渾含，爲詩人之極軌矣。○起句對。

秋興

聞道長安似弈棋，百年世事不勝悲。王侯第宅皆新主，文武衣冠異昔時。直北關山金鼓振，征西車馬羽書遲。魚龍寂寞秋江冷，故國平居有所思。

方回：八首取一。廣德元年癸卯冬十月，吐蕃入長安，代宗幸陝。安、史死久矣，而又有此事，故曰「弈棋」。然首篇有云：「巫山巫峽氣蕭森」，即大曆初詩也。

查慎行：三、四緊承「似弈棋」。若如評語，則首句反無着落。

馮舒：歷看選家，自南宋以來，萬曆以上，不知何以只選此首？

馮班：何以只選一首？好大膽！

紀昀：八首取一，便減多少神采。此等去取，可謂庸妄至極。

無名氏（甲）：北有回紇，西有吐蕃，皆唐家大患。

釋悶

四海十年不解兵，犬戎也復臨咸京。失道非關出襄野，揚鞭忽是過湖城。豺狼塞路人斷絶，烽火照夜屍縱横。天子亦應厭奔走，羣公固合思昇平。但恐誅求不改轍，聞道孽孽能全生。江邊老翁錯料事，眼暗不見風塵清。

方回：此亦所謂「吴體」拗字。天寶十四年乙未，禄山反。至永泰元年乙巳，恰十一年。「犬戎也復臨咸京」，謂前年癸卯吐蕃入長安代宗出奔也。詩意曲折。誅求不改，孽孽全生。此禍亂未已之兆。

查慎行：此老意中原望昇平，故末句分外沉痛。

何義門：以眼暗不見自釋，此悶何時可釋耶？○到不忍更言處忽謬其詞，愈婉愈痛，亦借用世道平，眼更明。○風人譎諫，結語妙活。

紀昀：「過」字平聲。○後六句未免太直。

無名氏（甲）：黄帝訪廣成，至襄城之野。晉明帝觀王敦營，至姑熟湖陰。

許印芳：凡作拗體七律，每聯下句第五字用平聲，音韻方諧。此詩合格，故曉嵐密點之。通體似老而實頹唐，後六句又嫌淺露，故不取也。○送王十五判官扶持還黔中得開字，中二聯云：「青青竹笋迎船出，白白江魚入饌來。離别下堪無限意，艱危須仗濟世才。」紀批云：「五、六未渾老。」原批云：「王母子同行，故三、四用孟宗笋、王祥魚事，而善融化如此。」紀批云：「笋魚自序江行風物，此説穿鑿無謂。」○「道」字義别，不爲複。「不」字凡三見。

山中寡婦

杜荀鶴

夫因兵死守蓬茅，麻苧衣冠鬢髮焦。桑柘廢來猶納税，田園荒後尚徵苗。時挑野菜和根煮，旋斫生柴帶葉燒。任是深山更深處，也應無計避征徭。

方回：荀鶴詩至此俗甚，而三、四格卑語率，最是「廢來」、「荒後」。似此者不一，學晚唐者以爲式，予心蓋不然之。尾句語俗似諢，却切。

紀昀：此評最是。〇雖切而太盡，便非詩人之致。

無名氏（甲）：紫陽全不知詩，此評尤敗露。

馮舒：直寫時事，然亦傷粗淺。

查慎行：一變樊川家法，但要説得爽快，此學香山而失之膚淺者。

紀昀：五、六尤粗鄙。

無名氏（甲）：前六句敍事而總括在末句，不獨爲一人也。詩與少陵氣脈相通，豈非小杜賢子耶！

旅泊遇郡中叛亂示同志

握手相看誰敢言，軍家刀劍在腰邊。遍搜寶貨無藏處〔二〕，亂殺平人不怕天。古寺拆爲修寨木，荒墳開作甃城磚。郡侯逐出渾閑事，政是鑾輿幸蜀年。

方回：不經世亂，不知此詩之切。雖粗厲，亦可取。

紀昀：但取其切，則無語不可入詩矣。

查慎行：此更鄙俚。○末句紀年章法好。通首太率直，不足取。

紀昀：此種殆不成詩，無用掊摘。馮氏乃亦取之，偏袒唐人至此，不可以口舌争矣。

無名氏（甲）：僖宗因黄巢之亂幸蜀。此詩特因池州一郡而言，結出大旨。關係朝廷，真妙筆也。

中元甲子以辛丑駕幸蜀

羅　隱

子儀不起渾瑊亡，西幸誰人從武皇？四海爲家雖未遠，九州多事竟難防。已聞旰食思真將，會待畋游致假王。應感兩朝巡狩跡，緑槐端正驛荒涼。

馮班：文人之言，自有體格。

查慎行：用本朝事迹寓感嘆，親切悲涼。

何義門：八句中有無限起伏曲折，豈貌爲少陵者所知？

紀昀：獨取此一首，亦不可解。○「渾」，仄聲，見中山詩。此種詩不看其沉欝深切處，只點出

「真將」、「假王」，可謂僻極。

無名氏(甲)：「四海」句甚好，周旋申寓諷諫也。

自蘇臺至望亭驛人家盡空

李嘉祐

南浦菰蒲覆白蘋，東吳黎庶逐黄巾。野棠自發空流水，江燕初歸不見人。遠樹依依如送客，平田渺渺獨傷春。那堪回首長洲苑，烽火年年報虜塵。

查慎行：唐末之亂，南北無不被兵燹者。此詩之作，其在吳越未立國時乎？

紀昀：此詩諸本皆選之，其實調平味淺。

無名氏(甲)：西北既有安、史二逆，東南又有劉展之亂，故云。

安貧

韓致堯〔一〕

手風難展〔二〕八行書，眼暗休尋九局圖。窗裏日光飛野馬，案頭筠管長蒲盧。謀身拙爲安蛇足，報國危曾捋虎鬚。舉世可能無默識，未知誰擬試齊竽。

方回：韓偓，字致堯。當崔胤、朱全忠表裏亂國，獨守臣節不變，寧不爲相，而在翰苑無倖，竟忤全忠貶濮州司馬。事見本傳。所謂「報國危曾捋虎鬚」，非虚語也。王荆公選唐詩多取之，詩律精確。

何義門：「飛野馬」，言天子蒙塵也。詩小宛箋：「蒲盧取桑蟲之子，負持而去，以成其子。」喻有萬民不能治，則能治者將得之。言社稷當輸他族也。

紀昀：此爲致堯最沉着之作。然終覺淺弱，風會爲之也。

無名氏（甲）：詩有遠神，迴非宋人可及，並端己亦似遜然，蓋端己才有餘而含蓄未逮也。

亂後春日途經野塘

世亂他鄉見落梅，野塘晴暖獨徘徊。船衝水鳥飛還住，袖拂楊花去又來。季重舊游多喪逝，子山新賦亦悲哀〔一四〕。眼看朝市成陵谷〔一五〕，始信昆明是劫灰。

方回：吴質季重，爲曹操所殺。致堯之交，有爲朱全忠所殺者。引庾信子山賦事，可謂極悲哀矣。

馮舒：查。

紀昀：此事何出？可謂空疏杜撰。

無名氏（甲）：曹丕與吴質書謂建安七子多喪逝耳，非謂季重喪逝也，讀文選不精，遂有此誤。

何義門：三、四反接「徘徊」，透出「經」字，斯須不可止泊矣。後四句極言其亂。

紀昀：致堯難得此沉實之作。

亂後却至近甸有感

狂童容易犯金門，比屋齊人作旅魂。夜户不扃生茂草，春渠自溢浸荒園。關中却是屯邊卒，塞外翻聞有漢村。堪恨無情清濁水〔一六〕，渺茫依舊遶秦源〔一七〕。

許印芳：次句改「齊民」作「齊人」，避唐諱也。唐人文字皆然。

無名氏（甲）：此言黄巢亂長安之事。

紀昀：語亦沉着。中二聯皆對句勝出句。

方回：唐僖、昭以來，其亂如此。

八月六日作二首

日離黄道十年昏，敏手重開造化門。火帝動爐銷劍戟，風師吹雨洗乾坤。左牽犬馬誠難測，右袒簪纓最負恩。丹筆不知誰是罪，莫留遺跡怨神孫。

紀昀：次句不佳，「風師」句好，「火帝」句即鄙矣，此故可思。五、六露骨。

無名氏(甲)：此言昭宗出鳳翔之圍，大殺宦官。夫宦官犬馬，誠難測矣。而附和朝紳，豈得無罪乎？

金虎挻災不復論，構成狂猘犯車塵。御衣空惜侍中血，國璽幾危皇后身。圖霸未能知盜道，飾非唯欲害仁人。黄旗紫氣今仍舊，免使老臣攀晝輪。

何義門：紀朱温弑昭宗事。〇連用「犬馬」字，古人多有。〇晉帝播遷，漢家失國，未有如今日之酷也。不忍斥言，以古事相近者見憶，極得春秋書「子般卒」之旨。

紀昀：三、四自是實語，然少蘊藉。五、六叠韻對，老杜「卑枝低結子，接葉暗巢鶯」亦是此格。然佳不在此。

無名氏(甲)：此言鳳翔李茂貞在西，災由「金虎」而構成。朱温狂犬，以至被困。「圖霸」二句純説朱温，此時尚未還洛，故云「仍舊」耳。

金樓〔一八〕感事

吴　融

太行和雪疊晴空，二月郊原尚朔風。飲馬早聞臨渭北，射鵰今欲過山東。百年徒有伊川歎，五利寧無魏絳功。日暮長亭正愁絶，哀笳一曲戍煙中。

方回：吴融、韓偓同時。慨歎兵戈之間，詩律精切，皆善用事。如此中四句，微而顯也。

何義門：此指孫揆爲河東所執之事，玉海、金橋，在上黨南二里。

紀昀：音節宏亮而沉雄，五代所少。

偶　題

賤子曾塵國士知，登門倒屣憶當時。西川酌盡菊花〔一九〕酒，東閣編成詠雪詩。莫道精靈無伯有，尋聞任俠報爰絲。烏衣舊宅猶能認，粉竹金松一兩枝。

方回：此乃感恩之言，必爲某人爲朱温之徒所殺，而未有能報之者也。予於魏公明己門下亦然。

馮班：結尾二句緊應第一聯。

何義門：此詩爲韋昭度作，戊籤注詳之。○「伯有」、「烏衣」之語，冀當路者恤其後也。

紀昀：前半稍平，後半自是健筆。

次韻尹潛感懷

陳簡齋

胡兒又看遶淮春，歎息猶爲國有人。可使翠華周寓縣，誰持白扇静風塵。五年天地無窮事，萬里江湖見在身。共説金陵龍虎氣，放臣迷路惑烟津。

方回：周尹潛詩亦學老杜。此詩壯哉，乃思陵即位之五年，紹興元年也。

馮班：「白」字若作「羽」字更勝。

紀昀：次句縮一「乎」字，宋人有此句法。五、六警動。

傷春

廟堂無策可平戎，坐使甘泉照夕烽。初怪上都聞戰馬，豈知窮海看飛龍。孤臣霜髮三千丈，每歲煙花一萬重。稍喜長沙向延閣，疲兵敢犯犬羊鋒。

方回：謂潭州向伯恭。

馮舒：學杜，故下句多露。但杜尚有不盡之致。

馮班：此亦未工，宋人多不會用古語。

紀昀：此首真有杜意。○「白髮三千丈」，太白詩；「烟花一萬重」，少陵句，配得恰好。

無名氏（甲）：漢文時匈奴入寇，烽火通於甘泉。

野泊對月有感

周尹潛

可憐江月亂中明，應識逋逃病客情。斗柄闌干洞庭野，角聲淒斷岳陽城。酒添客淚愁仍濺，浪卷歸心暗自驚。欲問行朝近消息，眼中羣盜尚縱横。

方回：尹潛，名莘。爲岳陽决曹掾。陳簡齋集屢見詩題。乃錢塘人東坡所與交周長官開祖之孫也。詩有老杜氣骨，簡齋亦欽畏之。只「江月亂中明」一句便高，三、四悲壯，併結句自可混入老杜集。

紀昀：深穩之中氣骨警拔，自是簡齋勁敵。虚谷評亦非過許。

查慎行：五、六細潤。

紀昀：起得超脱。

北風

劉屏山

雁起平沙晚角哀，北風迴首恨難裁。淮山已隔胡塵斷，汴水猶穿故苑來。紫色蛙聲真倔强，翠華龍衮暫徘徊。廟堂此日無遺策，可是憂時獨草萊。

方回：忠憤至矣。五、六尤精，命意尤切。○屏山又有汴京紀事絶句二十首，今書四首於此：「空嗟覆鼎誤前朝，骨朽人間罵未消。夜月池臺王傅宅，春風楊柳相公橋。」「萬炬銀花錦繡圍，景龍門外軟紅飛。淒涼但有雲頭月，曾照當時步輦歸。」「梁園歌舞足風流，美酒如刀解斷（音「短」）愁。憶得少年多樂事，夜深燈火上樊樓。」「輦轂繁華事可傷，師師垂老過湖湘。縷衣檀板無顔色，一曲當時動帝王。」不減唐人。

無名氏(甲)：此當與王建宮詞並傳，皆一代典故所存。「王傅」即王黼。「相公」即蔡京。

查慎行：紫色蛙聲，餘分閏位，出漢書王莽傳贊。

紀昀：末二句沉鬱之至，感慨至深，其音哀厲，而措語渾厚，風人之旨如斯。

無名氏(甲)：高宗委棄中原，以淮爲界，而女真以劉豫潛號汴京，故託「北風」爲喻。

宿牧牛亭秦太師墳菴

楊誠齋

函關只有一穰侯，瀛館寧無再帝丘。天極八重心未死，台星三點坼方休。只看壁後新亭策，恐作移中屬國羞。今日牛羊上丘壟，不知丞相更嗔不？

方回：此爲秦檜。○元注：「暮年起大獄，必殺張德遠、胡邦衡等五十餘人。不知諸公殺盡，將欲何爲？」奏垂上而卒，故有「新亭」之句。然初節似蘇子卿而晚繆。

查慎行：檜在金，原與堅和議之約，故得歸。如何可擬移中老監？

馮班：首句外戚方可用。用事無法。○次聯好。○俱不切。○説他要反亦過。

紀昀：太盡太直，便傷詩格。

無名氏(甲)：蘇武爲移中監，後爲典屬國。新亭壁置人，比桓温。○秦檜之罪，上通於天，而其醜更不可言。似此文飾，恐陽入而陰出之也。

書憤

陸放翁

白髮蕭蕭卧澤中，祗憑天地鑒孤忠。阨窮蘇武餐氈久，憂憤張巡嚼齒空。細雨春蕪上林苑，頽垣夜月洛陽宫。壯心未與年俱老，死去猶能作鬼雄。

鏡裏流年兩鬢殘，寸心自許尚如丹。衰遲〔二〇〕罷試戎衣窄，悲憤猶争寶劍寒。遣戍十年臨滴博，壯圖萬里戰臯蘭。關河自古無窮事，誰料如今袖手看！

方回：悲壯感慨，不當徒以虚語視之。

紀昀：此種詩是放翁不可磨處。集中有此，如屋有柱，如人有骨。如全集皆「石研不容留宿墨，瓦瓶隨意插新花」句，則放翁不足重矣。何選放翁詩者，所取乃在彼也？

無名氏（甲）：滴博山在蜀西邊。臯蘭山在今蘭州，即霍去病初逐匈奴處。

許印芳：前二評皆允當。二詩皆五、六拓開，七、八兜裏。其語皆悲而壯，昔人所謂作驚雷怒濤，不作凄風苦雨者。放翁生當南渡偏安之際，有志北伐，至死不變，其復讐雪恥之心，時時發露於詩。七律寫意，無過感憤一篇。其詞云：「今皇神武是周宣，誰賦南征北伐篇！四海一家天曆數，兩河百郡宋山川。諸公尚守和親策，志士虚捐少壯年。京洛雪消春又動，永昌陵上草芊芊。」生平大志，和盤托出。結語追念藝祖，含蓄不盡。得此收筆，通身皆活。此篇外，書憤之作，不一而足。虚谷所選二篇，同題合編，實非一時所作。外有一篇云：「早歲那知世事艱，中原北望氣如山。樓船夜雪瓜州渡，鐵馬秋風大散關。塞上長城空自許，鏡中衰鬢已先斑。出師一表真名世，千載誰堪伯仲間。」「中」字、「世」字犯複，「那」，讀平聲。此詩前開後合，章法又與前二詩不同，筆意變化。末二句思得諸葛其人，經略中原，非以諸葛自比。通篇沈鬱頓挫，而三、四雄渾。不但句中力量充足，抑且言外神彩飛動。此等句集中頗多，如「萬里關流孤枕夢，五更風雨四三秋」、「江聲不盡英雄恨，天意無私草木秋」、「雲埋廢苑呼鷹地，雪暗荒郊射虎天」、「十年塵土青衫色，萬里江山畫角聲」、「階前汗血洮河馬，架上霜毛海國鷹」、「鸞旗廣殿晨排仗，鐵馬黄河夜踏冰」、「青海戰雲臨賊壘，黑山飛雪洒貂裘」、「地連秦雍川原壯，水下荆揚日夜流」，此等句真可嗣響少陵。而又有句云：「書希簡古終難近，詩慕雄渾苦未成。」蓋自謙也。其餘佳句，如「山河興廢供搔首，身世安危入倚樓」、「故人不見暮雲合，客子欲歸春水生」、「江山重複争供眼，風雨縱横亂入樓」、「無窮江水與天接，不斷海風吹月來」、「九軌徐行怒濤上，千艘横繫大江心」、「風高露井無桐葉，雨急烟村有雁聲」、「三峽猿催清淚落，兩京梅傍戰塵開」、「五湖風雨孤舟夜，萬里關山一紙書」、「乾坤恨入新豐酒，霜露寒侵季子裘」、「天上但聞星主酒，人間寧有地埋憂」、「關河可使成南北，豪傑誰堪共死生」、「一身報國有萬死，雙鬢向人無再青」、「生擬入山隨李廣，死當穿塚近要離」、「度兵大峴非無策，收泣新亭要有人」、「急雪打窗心共碎，危樓望遠涕俱流」，此類或含蘊，或豪健，或沈著，皆集中上乘。至如「風回斷續聞樵唱，木落參差見寺樓」、「青山缺處日初上，孤店開時鶯亂啼」、「夜雨長深三尺水，曉寒留得一分花」、「久別名山憑夢到，每思舊友取書看」、「萬里因循成久客，一年容易又秋風」、「客心尚壯年先老，江水方東我獨西」，此類以工穩圓熟見長，在集中爲中乘。「重簾不捲留香久，古硯微凹聚墨多」、「白菡萏香初過雨，紅蜻蜓弱不禁風」之類，意境太狹，對偶太工，便落下乘，而俗人愛之，豈知放翁固有「俗人猶愛未爲詩」之句乎？在放翁無所不有，在學者宜以上乘爲法，初學識量猶淺，往往爲流俗所誤，故詳引其詩而論列之如此。○「自」字複。

書事

劉後村

人道山東入秘方，書生膽小慮空長。遺民似蟻饑難給，俠士如鷹飽易颺。未見馳車修寢廟，先聞鑄印拜侯王。青齊父老應流涕，何日鸞旗駐路旁！

方回：此爲山東李全作。李全固叛賊，反覆不足道。史彌遠遇千載一會之機，無晉人絲毫伎倆，可憾也。

紀昀：語皆淺直，首句「入秘方」三字不明，次句太粗。○此卷佳篇較多，所謂「愁苦之音易好」。

無名氏(甲):「秘方」似該作「職方」。此首可希唐調,絶少宋氣。

校勘記

〔一〕望闕山　李光垣:「望」應作「怯」。〔二〕見汝期　許印芳:「期」一作「時」。〔三〕隋氏留　何義門:「留」一作「營」。〔四〕避賢　李光垣:「地」訛「賢」。〔五〕朝臣　李光垣:「臣朝」訛「朝臣」。〔六〕孤憤　馮班:「憤」原訛作「墳」。〔七〕君莫獨　按:元至元本「莫獨」作「亦爲」。〔八〕邊烽　查慎行:「烽」原訛作「峰」。〔九〕蒼茫　李光垣:「皇」訛「茫」。〔一〇〕恨別　按:元至元本作「別恨」。〔一一〕藏處　馮班:「處」一作「地」。〔一二〕韓致堯　紀昀:「堯」原訛「光」。〔一三〕難展　馮班:「難」一作「慵」。〔一四〕亦悲哀　馮班:「亦」當作「極」。紀昀:「極」誤「亦」,余併疑「極」字是「枉」字之訛。許印芳:「枉」字太盡,不妥。〔一五〕成陵谷　馮班:「成」一作「爲」。〔一六〕濁水　李光垣:「渭」訛「濁」。〔一七〕秦源　李光垣:「原」訛「源」。〔一八〕金樓　馮班:「樓」一作「橋」。〔一九〕菊花　馮班:「菊」一作「看」。〔二〇〕哀遲　查慎行:「遲」原訛作「逢」。

瀛奎律髓彙評卷之三十三　山巖類

登覽詩，專取登高能賦之義。山巖則不但登覽，大嶽、崇嶺、小丘、幽洞、崖巖、磴石之遊戲，皆聚此。

紀昀：此孰非登覽乎？别分一類，殊不近理。

五言　十二首

望終南

竇　牟

日愛南山好，時逢夏景殘。白雲兼似雪，清晝乍生寒。九陌峯如墜，千門翠可團。欲知形勢盡，都在紫宸看。

方回：長安宮殿正對終南山，此詩得其要領。

紀昀：去摩詰終南詩遠矣，五、六尤不成語。去彼選此，殊不可解。

無名氏（甲）：終南山，在西安府城西。

晚晴見終南別峯　賈浪仙

秦分積多峰，連巴勢不窮。半旬藏雨裏，此日到窗中。圓魄將昇兔，高空欲叫鴻。故山思不見，碣石沉寥東。

紀昀：首句拙，第三句尤拙，第五句「昇兔」二字鄙甚，第六句「叫鴻」與終南何涉？七句突轉無緒。

遊茅山　杜荀鶴

步步入山門，仙家鳥徑分。漁樵不到處，麋鹿自成羣。石面迸出水，松梢〔一〕穿破雲。道人星月下，相次禮茅君。

馮舒：山如何「漁」？

馮班：唐詩字句不穩處，多是宋人改竄。此「漁」字秘閣本作「樵人」，只緣要對下句，改作「漁樵」耳。

何義門：石面尚迸出水，何況於漁耶？〇第五對「漁」，第六對「樵」。

紀昀：五句「迸出水」三字俚甚，結亦無味。

無名氏(甲)：茅山，在句容。

遊華山張超谷

魯三江

太華鎖深谷，我來真景分。有苗皆是藥，無石不生雲。急瀑和煙瀉，清猿帶雨聞。幽棲未忍別，峰半日將曛。

方回：三、四好，但此等句法多相犯。

紀昀：評最是。

紀昀：次句不穩，三、四調創自小杜，易於套用，殊屬厭視。

無名氏(甲)：張楷，字公超，隱居於此，造訪者日衆，遂成市。在太華山南。

巫山高

李　端

巫山十二峰，皆在碧空〔二〕中。迴合雲藏月〔三〕，霏微雨帶風。猿聲寒過澗，樹色暮連空。愁向高唐去〔四〕，清林〔五〕見楚宮。

方回：工而穩。

紀昀：一「穩」字盡此詩所長。

馮舒：清華。

馮班：名篇。

何義門：點化「雲」、「雨」兩字，皆有「高」字意，所以佳。

紀昀：皇甫冉詩入「風土」，此又入「山巖」，漫無倫次。○三、四點化「雲」、「雨」字無迹。

李光垣：「空」字複。

無名氏(甲)：巫山，在夔州。

和永叔新晴獨過東山

丁元珍

芳辰百五前，選勝到林泉。萬樹緑初染，羣花紅未然〔六〕。陰巖猶貯雪，暖谷自生烟。婦汲溪頭一作「中」。水，人耕草際田。日中林影直，風静鳥聲圓。犍令多情甚，尋春最占先。

方回：元珍前爲六一翁所知，詩甚工。

馮舒：次聯板。

馮班：「然」字險韻，此更用得不好。○亦工，然去唐人遠矣，不得古人鍊句法也。

紀昀：六句好。七、八兩句有何好處而圜之？九句用意而拙，十句便自然，十一句「犍令」二字不貫「多情」。

壽昌道中

翁靈舒

清遊從此起，過處必須看。背日山梅瘦，隨潮海鴨寒。平途迷望闊，峻嶺疾行難。聽得居人說，今年冬又殘。

方回：此遊雁宕山詩也。

紀昀：二詩俱「武功派」。○「冬又殘」，何須聽人說？不解。

無名氏（甲）：雁蕩山，在温州樂清縣。山頂有湖，方十里。凡七十七峰。

石門庵

山到極深處，石門爲地名。嵐蒸空寺壞，雪壓小庵清。果落羣猴拾，林昏獨虎行。一僧何所得，高坐若無情。

方回：遊雁宕山中選此二首。此一首不減唐人。

紀昀：唐人亦不一概，此語殊欠分明。

馮舒：若謂「江西」勝「四靈」，我決不服，但淡狹瘦弱在所不免。淡者句好意淺，狹者詞修窘邊幅，瘦者勢不偉岸，弱者有骨不挺勁。即此是好處，即此是不好處。勝宋近唐，不好處近唐却不如唐。

馮班：黄、陳雖不及唐人，然氣力自大。「四靈」如貧家兒，豈可同日語哉！○「獨虎」，妙。

紀昀：起二句稚極。○「獨」字圖對「羣」字，然湊泊。

遊山

陸放翁

簫鼓湖山路，天教脱縶鞿。蟬聲入古寺，馬影渡荒陂。樵唱時傾耳，僧談亦解頤。偏門燈火鬧，不敢恨歸遲。

方回：元注：「偏門，會稽城西南門名。」

查慎行：「蟬聲集古寺，鳥影渡寒塘」，少陵句也。放翁熟於杜律，不覺屢犯。

紀昀：「馬影」入詩極生，如作「人影」便好，又恐是「鳥影」之訛，再校。○「歸遲」有何可恨？而云「不敢」，此句太着迹。

淇：次聯直是蹈襲杜句。

古寺不來久，入門空歎嗟。僧亡惟見塔，樹老已無花。世事雖難料，吾生固有涯。殷勤一梳月，十里伴還家。

方回：所點兩聯，前一聯眼前事耳，而詩家自難道；後一聯却易道也。學者自當審知。

紀昀：未見得難道。

馮班：第二句太直。

查慎行：第六句杜詩，「固」作「亦」。

紀昀：出手太易。

巢山

巢山避世紛，身隱萬重雲。半谷傳樵響，中林過虎羣。蟲鎪葉成篆，風蹙水生紋。不踏溪橋月，仙凡自此分。

方回：第二句好，五、六工。

紀昀：亦常語。

紀昀：竟似姚武功作，不似劍南本色。五句不自然，六句又太熟爛。虚谷以爲工，何也？

無名氏(甲)：放翁氣局自勝「四靈」，又無「江西」，粗野之態，在南宋應推作家矣。

短髮巢山客，人知姓字誰。穿林雙不借，取水一軍持。渴鹿羣窺澗，驚猿獨掛枝。何曾蓄筆硯，景物自成詩。

方回：「雙不借」、「一軍持」，詩家多相犯，不可蹈襲。第七句好。

紀昀：此評是。○七句刻意擺脱，然亦是小樣範。

馮班：平舊。

查慎行：三、四放翁偶拈此六字作對，近日詩人好用此替身字眼，固是下乘。能知詩料非此之謂，則詩道進矣。

紀昀：前半皆説深山之客，五、六二句上下俱不貫。

七言　六首

天竹寺殿前立石

姚　合

補天殘片女媧抛，撲落禪門壓地坳。霹靂劃深龍舊攫，屈槃痕淺虎新抓。苔黏月眼風挑剔，塵結雲頭雨磕敲。秋至莫言長屹立，春來自長薜蘿交。

方回：此詩〔七〕未委今在天竺何處？押險韻而加以剜剔之工，殆亦戲筆。第一句最好。紀昀：虛谷取此詩，以體近「江西」之故。馮亦取此詩，則以武功唐人之故。皆非公論也。

查慎行：五、六惡趣。

紀昀：中六句總不成語。

無名氏（甲）：天竺寺在杭州西河。

山中書事

方玄英

欹枕亦吟行亦醉，卧吟行醉更何營。貧來猶有故琴在，老去不過新髮生。山鳥踏枝紅果落，家童引釣白魚驚。潛夫自有孤雲侶，可要王侯知姓名。

查慎行：第六句湊對。

紀昀：此宜入「閒適類」，誤編於此。○淺薄之甚。

無名氏（甲）：王符著論號潛夫。

香山

詹中正

浪兀孤舟一葉輕，香山登步覺神清。幾多怪石全勝畫，大半奇花不識名。猿狖盡當吟裏見，煙霞衹向眼前生。官身未約重來此，酒滿螺盃月正明。

方回：全似樂天。「幾多」、「大半」，字雖俗而不覺俗，以秤停恰好也。

紀昀：但更薄弱。

紀昀：五句欠自然。

游雲際山　在福建邵武府光澤縣

陳洙

清曉捫蘿踏嶺雲，寒風飛溜濕衣巾。上攀霄漢無多地，直視城闉幾點塵。古木半陰藏宿霧，山禽相語厭遊人。明年更補閩中吏，來看桃花爛熳春。

方回：陳洙，字師道。建陽人。字與陳後山名同。半山詩題中多云陳師道，疑即此公。與司馬公善，韓魏公令達意申言皇嗣事是也。此詩絶好。

紀昀：大段清灑，未爲絶好。

紀昀：「直」字不如「俯」字，此不必避熟。「塵」不可言「點」，「點」不可言「塵」，此爲韻所縛。六句從「儒衣山鳥怪」化出，妙於不纖，有意思故也。

山行

滕白

馬頭閑覺入從容，疊嶂清秋度百重。長見孤雲能作雨，未應片水不藏龍。花村幾處連修竹，澗石誰家倚瘦松。本若無心許明代，好尋巢許此韜蹤。

方回：世稱滕工部，蓋宋初人也。詩閑雅。

紀昀：起句「入從容」三字費解。三、四寓意而不工。通體亦薄弱。

潤陂山上作

趙師秀

一山大半皆櫧葉，絶頂閑尋得徑微。無日謾勞攜紙扇，有風猶怯去綿衣。野花可愛移難活，啼鳥多情望即飛。惟與寺僧居漸熟，煮茶深院待人歸。

方回：此詩三、四見得是山上作，五、六亦活動。

紀昀：三、四却太小樣。

馮班：「多」字未緊。

紀昀：薄而有致。

校勘記

〔一〕松梢　馮班：「梢」一作「頭」。〔二〕碧空　馮班：「空」一作「虛」。〔三〕雲藏月　馮班：「月」當作「日」。〔四〕高唐去　馮班：「去」當作「望」。〔五〕清林　馮班、李光垣：「林」當作「秋」。〔六〕未然　紀昀：「未」當作「欲」。「紅欲然」是好語，改作「未然」是點金爲鐵。〔七〕此詩　李光垣：「石」訛「詩」。

瀛奎律髓彙評卷之三十四　川泉類

浮游浪波之上，玩泳泉壑之間，大而滄海、黄河、長江、巨湖之洶湧，小而溪谷、陂池之靓深，雄壯而觀湖，凄酸而阻風，閑寂而弄水尋源，皆類於此。

紀昀：序無味。

五言 三十二首

游禹穴迴出若耶

宋之問

禹穴今朝到，耶溪此路通。著書聞太史，錬藥有仙翁。鶴往籠猶掛，龍飛劍已空。石帆摇海上，天鏡落湖中。水底零露白，山邊墜葉紅。歸舟何慮晚，日暮使樵風。

紀昀：堆砌故實，了無生韻，初體之板滯者。惟末句有點化。〇「水底」如何有「露」？

無名氏（甲）：禹穴，在會稽，今紹興。太史公南游，窺禹穴，「山出禹餘糧」石。支遁有放鶴峯。赤堇山，越王鑄劍處。石帆山，形如張帆。鏡湖，一名鑑湖。樵風涇，朝南暮北，故便歸舟。

江亭晚望

賈浪仙

浩渺浸雲根，煙嵐出遠村。鳥歸沙有跡，帆過浪無痕。望水知柔性，看山欲斷魂。縱情猶未已，迴馬欲黄昏。

方回：三、四似熟套，在浪仙時初出此句亦佳。後山傚之，則無味矣。

紀昀：凡佳句，一經再摹，便成窠臼，不但此二句。此評最精。

紀昀：五、六不佳，結亦滑。

盧氏池上遇雨贈同遊者

温庭筠

簟翻涼氣集，溪上〔二〕潤殘棋。萍皺風來後，荷喧雨到時。寂寥閒望久，飄灑獨歸遲。無限松江恨，煩君解釣絲。

方回：「萍皺」、「荷喧」一聯工。

紀昀：亦是小巧。

紀昀：次句湊泊。

過天津橋梁晴望

姚合

閒立津橋上，寒光助遠林。皇宮對嵩頂，清洛貫城心。雪路初晴出，人家向晚深。自從王在鎬，天寶至如今。

紀昀：三、四極切而笨滯。五句是真景，然小樣。六句則意境深微，能寫難狀之最。結亦無味。

無名氏（甲）：天津橋，在洛陽。○末言天寶之亂，王止居鎬京，不復東巡也。

題僧院引泉

泉眼高千丈，山僧取得歸。架空橫竹影，鑿石遠渠飛。洗藥溪流濁，澆花雨力微。朝昏長遠看，護惜似持衣。

紀昀：起二句淺率。四句拙。五、六乃旁襯，然語晦不甚了了。末亦拙。

家園新池

數日自穿池，引泉來近陂。尋渠通咽處，遶岸待清時。深好求魚養，閒堪與鶴期。幽聲聽難盡，入夜睡常遲。

方回：兩詩俱清潤，但力量欠雄大。

紀昀：前首夾雜殊甚，後首是淺非清，虛谷評欠雄大，確。

查慎行：此詩亦見白香山集。

早秋江行

竇鞏

回望湓池遠，西風吹荻花。暮潮江勢闊，秋雨雁行斜。多醉渾無夢，頻愁欲到家。漸驚雲樹轉，點點是神鴉。

方回：大醉則必無夢，詩人自來不曾説到，與予心暗合。蓋非常醉者，不能知也。今江州西泝地名盤塘，近興國軍港口，即有神鴉迎船，人與飯肉，唐以來固然矣。老杜湖南詩云「迎棹舞神鴉」，兼峽中亦如此。

紀昀：五、六警策，對句即「近鄉情更怯，不敢問來人」之意。七句「漸驚」二字從「頻愁」生出。

渡淮

白樂天

淮水東南地，無風渡亦難。孤烟生乍直，遠樹望多團。春浪棹聲急，夕陽帆影殘。清流宜映月，今夜重吟看。

方回：三、四尖新。

紀昀：第三句本右丞「大漠孤烟直」句，猶是恒語。四句乃是刻意造出，此種可偶一爲之，專意效之則墜入竟陵、公安鬼趣。○末句用何水部語。○妙在出語渾成，不傷大雅，與「武功派」之瑣屑不同。

終南東溪口作

岑參

溪水碧於草，潺潺花底流。沙平堪濯足，石淺不勝舟。洗藥朝與暮，釣魚春復秋。興來從所適，還欲向滄洲。

方回：句句明白，不見其用力處。

紀昀：起二句鮮秀可挹，五、六終是弱調。

無名氏（甲）：終南山，在西安。

晚發五溪

客厭巴南地，鄉隣劍北天。江村片雨外，野寺夕陽邊。芋葉藏山徑，蘆花間渚田。舟行未可住，乘月且須牽。

方回：詩律往往健整平實，非晚唐纖碎可望。

何義門：渾含「晚發」，破題筆力千鈞。○此篇即老杜無從過。

紀昀：淺淡而不薄弱，此盛唐人身分。

無名氏（甲）：五溪，在重慶涪州。楚滅巴，巴子兄弟五人，各據一溪，故名。

巴南舟中夜書事

渡口欲黄昏，歸人争渡喧。近鐘清野寺，遠火點江村。見雁思鄉信，聞猿積淚痕。孤舟萬里外〔二〕，秋月不堪論。

方回：句句分曉，無包含而自在，起句十字尤絶唱。

紀昀：「無包含」句未詳。

紀昀：起二句暗合孟公。同時人，定非相襲。○清妥之作，未爲極筆。

無名氏(乙)：得力在首五字。第三句「清」字佳。

秋日富春江行

羅隱

遠岸平如剪，澄江静似鋪。紫鱗仙客馭，金顆李衡奴。冷疊晴山〔三〕闊，清幽〔四〕萬象殊。嚴陵亦高見，歸卧是良圖。

何義門：三、四襯得有聲色。

紀昀：起二句極意煉字，而未爲新警。三、四太妝點。「冷疊」二字生。

無名氏(甲)：富春江，在嚴州。

一公新泉

嚴維

山下新泉出，泠泠北去源。落池纔有響，漬石〔五〕未成痕。獨映孤松色，殊分衆鳥喧。唯當清夜月，觀此啓禪門。

紀昀：淺弱無味。○次句「源」不可説「去」。

過洞庭湖

許棠

驚波常不定，半日鬢堪斑。四顧疑無地，中流忽有山。鳥高常畏〔六〕墜，帆遠却如閒。漁父前相引〔七〕，時歌浩渺間。

查慎行：句句是過湖景象。余嘗身歷其境，故知此詩之工。

紀昀：刻意張皇，而根柢淺薄，轉形竭蹶，五句尤爲拙俚，觀此乃知孟、杜二公不愧凌跨一代也。

無名氏（甲）：洞庭湖，在岳州。

山下泉

李端

碧水映丹霞，濺濺露淺沙。暗通山下草，流出洞中花。净色和雲落，潺聲遶石斜。明朝更尋去，應到阮郎家。

方回：工而潤。

紀昀：亦殊淺薄。○第六句「潺聲」二字稚。

岳陽館中望洞庭湖

劉長卿

萬古巴丘戍，平湖此望長。問人何淼淼，愁暮更蒼蒼。疊浪浮元氣，中流没太陽。孤舟有歸客，早晚達瀟湘。

方回：五、六儘佳。非中流果没日也，水遠而日短，故所見者日落於中耳。水之外又水，地之外又地，而水與地目不可及者，日月常可得而見，非日月之光有餘爲之乎？

紀昀：「所見」句從上林賦化出。下數語支蔓無謂。

查慎行：川澤通氣，大浸稽天，可作五、六注脚，評尚黏滯。

紀昀：此雖不能肩隨孟、杜，猶可望其後塵。○或謂五、六似海詩，亦不爲無見。

答勸農李淵宗嘉州江行見寄

宋景文

嘉月嘉州路，軻峩挼部船〔八〕。山圍杜宇國，江入夜郎天。霽引溪流望，涼供水閣眠。愧君舟楫急，遂欲濟長川。

方回：嘉州，古夜郎國。○三、四有老杜及盛唐人風味。

紀昀：此評是。

紀昀：結有寓意，妙在無痕。

無名氏(甲)：嘉州，今嘉定州。○「軻峩」，高貌。「挼部船」，乃官船土語。

中秋新霽壕水初滿自城東隅泛舟回謝公命賦

齋舫談經後，官池載酒行。斜陽鳥外落，新月樹端生。演漾思江浦，夷猶遶郡城。東轅有遺恨，日日物華清。

紀昀：三、四有致。○末二句未詳。

陪謝紫微晚泛

積雨漲秋壕，輕舟共此遨。菰蒲斂鋩鍔，蓮芡熟櫜韜。岸静魚跳月，林喧鳥避篙。歸時興不淺，風物正蕭騷。

紀昀：「遨」字單押不穩，三、四趁韻，亦太生造。

渡湘江

張晉彦

春過瀟湘渡，真觀八景圖。雲藏嶽麓寺，江入洞庭湖。晴日花争發，豐年酒易沽。長沙十萬户，游女似京都。

方回：總得居士張公祈，字晉彦。兄邵，字才彦。和州烏江人。才彦宣和三年上舍，建炎初自衢州曹官借禮書使金，紹興十三年同朱弁、洪皓還，有輧輶軒唱和集。晉彦有子，是爲中書舍人于湖居士孝祥，字安國。以安國魁多士，羅織下獄。官至淮漕，號總得居士。此詩壯浪，所以子有父風。

馮舒：三、四太臨摹。

無名氏（甲）：瀟湘有八景。

金明池游

梅聖俞

三月天池上，都人袪服〔九〕多。水明摇碧玉，岸響集靈鼉。畫舸龍延尾〔一〇〕，長橋霓入聲。飲波。苑花光粲粲，女齒笑瑳瑳。行袂相朋接，游肩與賤摩〔一一〕。津樓金間采，幄殿錦文窠。挈榼車傍綴，歸郎馬上歌。川魚應望幸，幾日翠華過。

馮舒：不無寒乞相，無論蘇、李、沈、宋、「西崑」諸公，決勝此。

馮班：下字琢句，窘而雜。

紀昀：「笑瑳瑳」句不雅，「賤摩」句拙，「歸郎」二字亦不雅。

同徐道暉文淵趙紫芝泛湖

翁靈舒

相逢亦相親，吟中得幾人。扁舟當夏日，勝賞共閒身。山雨曾添碧，湖風不動塵。晚來漁唱起，處處藕花新。

馮舒：少深味。

紀昀：苦於單窘。

鉅野

陳後山

餘力唐虞後，沉人〔三〕海岱西。不應容桀黠，寧復有青齊。燈火魚成市，帆檣藕帶泥。十年塵霧底，瞥眼怪鳧鷖。

方回：後山詩全是老杜，以萬鈞九鼎之力，束於八句四十字之間。江湖行役詩凡九首，選諸此。篇篇有句，句句有字。

查慎行：方虛谷於後山詩推重太過。平情而論，其力量尚不及涪翁，何況子美？

紀昀：推許太過。

馮班：亦有力。「帆檣」句中斷。

紀昀：此詩殊不爲佳。○六句費解。

鉅野泊觸事

滿巷牽絲直，平湖墜鏡清。順流風借便，捷路雪初晴。鳥度欲何向，鷗來只自驚。有行真快意，安得易爲情。「雪」一作「雨」。

馮舒：全是形模。如村學蒙師，著漿糊摺子，硬欲刺人。自謂規行矩步，人師風範。句讀間亦不差，然案頭所有，海篇直音而已。

馮班：亦有力。

紀昀：此較峭健。

河上

背水連漁屋，横河架石粱。窺巢烏鵲競，過雨艾蒿光。鳥語催春事，窗明報夕陽。還家慰兒女，歸路不應長。

紀昀：此首便有情有景。

野望

霜葉紅於染，吹花落更馨。平江行詰屈，小徑夾葱青。度鳥開愁眼，遥山入畫屏。畏人惟可飲，從俗却〔一三〕須醒。

西湖

小徑才容足，寒花只自香。官池下鳧雁，荒塚上牛羊。有子吾甘老，無家去未量。三年哦五字，草木借餘光。

查慎行：「寒花只暫香」，少陵語也。

紀昀：七、八二句乃義山詩，偶然誤用。此種詩家亦常有之，非勦襲也。○此首無味，結尤不佳。

湖上

湖上難爲别，梅梢已着春。林喧鳥啄啄，風過水粼粼。緣有三年盡，情無一日親。白頭厭奔走，何地與爲隣。

方回：此皆潁州西湖也。後山元祐中爲教授，滿而將去，故有此詩。

馮班：「鳥」、「水」並無關詩眼。〔按：方回在「林喧鳥啄啄，風過水粼粼」二句「鳥」、「水」字旁加圈。〕

查慎行：第四句，風吹湖面，水皺如鱗。

紀昀：第六句不明晰，結句亦不明晰。

寓目

曲曲河回復，青青草接連。去帆風力滿，來雁一聲先。野曠低歸鳥，江平進晚牽。望鄉從此始，留眼未須穿。

馮班：五句「天低樹」方好。

紀昀：第五句「歸鳥」複「來雁」，六句「晚牽」二字生。

顔氏阻風

水到西流闊，風從北極來。聲驅峽口拆，力拔嶺根摧。突兀重重浪，轟㶁處處雷。順流看過舫，更着快帆催。

紀昀：如此竟住，益爲有味，第二首可以不贅。

許印芳：「流」字複。

萬古梁山泊，今來未掾船。阻風兼着雪，費日亦忘年。世事元相忤，衰懷忍自煎。曉來聲更惡，始覺畏途邊。

方回：梁山泊即鉅野，在今東平府西北，受泰山諸水，爲北清河所出入之瀦。向者河決，即連而爲一。南通泗，北通濟。荆公當國時，或欲涸梁山泊爲田，故後山元符末赴棣教，阻風於此，有「萬古梁山泊」之句，謂決不可涸，猶天理決不可磨滅也。

馮舒：牽扯之説。

陸貽典：迂腐之極。

紀昀：忽牽道學語，陋甚。

紀昀：三、四太易，不得謂之爲老。

無名氏（甲）：梁山泊與南旺湖相連，中間瀦澤甚多，水大則合，水小則分。○梁山泊在宋時爲盜藪。

過孔雀灘贈周静之

陳簡齋

海内無堅壘，天涯有近親。不辭供笑語，未慣得殷勤。舟楫深宜客，溪山各放春。高眠過灘浪，已寄百年身。

紀昀：簡齋詩畢竟大雅。「勤」字入真韻，唐人部分如是。宋韻乃入文韻。

七言 十六首

開龍門八節石灘

白樂天

七十三翁旦暮身，誓開險路作通津。夜舟過此無傾覆，朝脛從今免苦辛。十里叱灘類河漢，八寒陰獄化陽春。我身雖没心常在，闇施慈悲與後人。

紀昀：鄙俚至極，殆於不足揞摘。

無名氏(甲)：「叱灘」，過此叱咤其險，今如「河漢」之直。「陰獄」，如寒門有八節，今皆變爲「陽春」也。

新安道中翫流水

吴　融

一渠春碧弄潺潺，密竹繁花掩映間。看處便須終日住，算來争得此身閑。縈紆似接迷春〔一四〕洞，清冷應憐〔一五〕有雪山。上却征車更回首，了然塵土不相關。

方回：新安有此至清之水。沈休文創爲詩，乃後相繼不一。今歙、睦是。

查慎行：五、六韻俗。

何義門：三、四是「翫」字情味。◯無窮悔恨，却不説盡。

紀昀：格調太靡。

分水嶺

兩派潺湲不暫停，嶺頭長瀉别離情。南隨去馬通巴棧，北逐歸人達渭城。澄處好窺雙黛影，咽時堪寄斷腸聲。紫溪舊隱〔一六〕還如此，清夜柴山〔一七〕月更明。

方回：三、四言水之分而南北者如此，第五句巧，第六句亦佳。

查慎行：結句頂紫溪。

紀昀：格亦未高。

無名氏（甲）：嶺在長安。

自鞏洛舟行入黄河即事寄府縣僚友

韋蘇州

夾水蒼山路向東，東南山豁大河通。寒樹依微遠天外，夕陽明滅亂流中。孤村幾歲臨伊岸，一雁初晴下朔風。爲報洛橋遊宦侣，扁舟不繫與心同。

紀昀：三、四名句。歸愚所謂上句畫句，下句畫亦畫不出也。

許印芳：第六句亦佳。〇次聯與首聯不黏。

過桐廬

胡文恭

兩岸山花中有溪，山花紅白徧高低。靈源忽若乘槎到，仙洞還同採藥迷。二月辛夷猶未落，五更鵶臼最先啼。茶煙漁火遥堪畫〔一八〕，一片人家在水西。

方回：武平此詩妙甚，八句五十六字無一字不佳，形容桐廬盡矣。起句十四字倂尾句，可作竹枝歌謳也。

查慎行：睦州青江景致逼真。

紀昀：風韻絶人，只三、四格調稍複耳。

許印芳：格調之複，必合前後聯論。此評專論一聯，蓋謂「忽若」、「還同」詞意犯複也。凡律詩對句用虛字，不知變化，多犯此病。如一句用猶，一句用尚，一句用如，一句用似，古人有之，不可學也。此詩「還同」若改作「應無」，則不複矣。○胡宿，字武平，謚文恭。

無名氏（甲）：桐廬，在嚴州，即新安江，又名桐江。

湖嶺下十里是爲涪澹灘行者多至此捨舟　　鞏仲至

急流方了又高岡，日永周旋未覺忙。壁上字多知店老，嶺邊松茂喜車涼。叢叢亂篠承欹石，帖帖新荷戀小塘。涪澹惡灘應笑我，爲虞魚腹犯羊腸。

方回：三、四新甚，五、六下兩眼亦佳。

紀昀：三、四粗野。○「涪」今作「黯」。

馮班：五、六佳。

冬末同友人泛瀟湘　　杜荀鶴

殘臘泛舟何處好，最多吟興是瀟湘。就船買得魚偏美，踏雪沽來〔一九〕酒倍香。猿到夜深啼嶽麓，雁知春近別衡陽。與君剩掠江山景，裁取新詩入帝鄉。

方回：「買得」、「沽來」等語，晚唐詩卑之尤卑者，然意新則亦可喜。此聯世所共稱。荀鶴詩句法大率如此，皆不敢選。

紀昀：此評最是。

馮班：三、四佳句也。

錢湘靈：就船買魚，魚鮮而美；踏雪沽來，雪寒而覺酒香。佳句也。

查慎行：三、四直致。

紀昀：「掠」字不妥。

雪中過重湖信筆偶題

韓致堯〔二〇〕

道方時險擬如何，謫去甘心隱薜蘿。青草湖將天暗合，白頭浪與雪相和。旗亭臘酎踰年熟，水國春寒向晚多。處困不忙仍不怨，醉來唯是欲傞傞。

馮班：致堯詩句，胸中流出，不是尋思捏就。

紀昀：六句佳，結不成語。

題薛十二池

姚合

每日樹邊消一日，遶池行過又須行。異花多是非時有，好竹皆當要處生。斜立小橋看島勢，遠移幽石作泉聲。浮萍着岸風吹歇，水面無塵晚更清。

方回：五、六好，餘恐格卑。王建集中亦有此詩。

馮班：五、六常言耳，前四句好。

查慎行：五、六雖好，然「看」字、「作」字少味。

紀昀：此評確。

西湖　林和靖

混元神巧本無形，匠出西湖作畫屏。春水净於僧眼碧，晚山濃似佛頭青。欒櫨粉堵摇魚影，蘭社烟叢閣鷺翎。往往鳴榔與横笛，細風斜雨不堪聽。一作「風斜雨細」。

方回：三、四人所争誦。

紀昀：亦非高格，效之易入纖俚。

馮班：首句宋氣。

紀昀：末句以「風斜雨細」是。〇起二句拙笨之至。

觀潮　齊祖之

何意滔天苦作威，狂驅海若走馮夷。因看平地波翻起，知是滄浪鼎沸時。初似長平萬瓦震，忽如圓嶠六鰲移。直應待得澄如練，會有安流往濟時。

方回：齊唐，字祖之。會稽人。天聖中進士。嘗試制科，從范文正公辟杭州料院，仕至曹郎。有少微集。此詩凡觀潮之作，皆在其下。

紀昀：此詩粗野之甚，何過許乃爾？

馮班：潮何由在「平地」？

漢陽晚泊

楊仲猷

傍橋吟望漢陽城，山遍樓臺徹上層。犬吠竹籬沽酒客，鶴隨苔岸洗衣僧。疏鐘未徹聞寒漏，斜月初沉見遠燈。夜静隣船問行計，曉帆相與向巴陵。

方回：楊徽之，字仲猷。建州浦城人。南唐時間道至開封，中進士第。太宗索詩百篇進御，以十聯寫御屏。爲禮侍天府判官侍讀。卒年八十。

紀昀：四句不及出句之自然，蓋客至定應「犬吠」，僧行不必「鶴隨」。

淮水暴漲舟中有作

劉子儀

行行極目天無柱，渺渺横流眼有花。客子方思舟下碇，陰虬自喜海爲家。村遥樹列秦川薺，岸闊牛分觸氏蝸。鳶嘯風高良可畏，此情難諭坎中蛙。

方回：中山劉子儀，首變詩格爲「崑體」者。五、六真李義山，規格奇壯。

查慎行：第六句拙。

紀昀：六句不通。五、六乃「江西派」。

紀昀：考儒林公議，此詩乃子儀在翰林日爲丁謂所排而作，故其詞怨以怒。

東溪　梅聖俞

行到東溪看水時，坐臨孤嶼發船遲。野鳧眠岸有閒意，老樹著花無醜枝。短短蒲茸齊似剪，平平沙石淨於篩。情雖不厭住不得，薄暮歸來車馬疲。

方回：三、四爲當世名句，衆所膾炙。

紀昀：此乃名下無虛。

馮舒：三、四亦好，然非唐音。

江行野宿寄大光　陳簡齋

檣烏送我入蠻鄉，天地無情白髮長。萬里回頭看北斗，三更不寐聽鳴榔。平生正出元子下，此去還經思曠傍。投老相逢難衮衮，共恢詩律撼瀟湘。

紀昀：四句太不對，五、六「江西」習氣，結不妥。

宿千歲菴聽泉

劉後村

因愛菴前一脈泉，襆衾來此借房眠。驟聞將謂溪當户，久聽翻疑屋是船。變作怒聲猶壯偉，滴成細點更清圓。君看昔日蘭亭帖，亦把湍流替管絃。

馮舒：宋甚。

馮班：亦好，但宋氣。

紀昀：極意刻畫，然太小樣。

校勘記

〔一〕溪上　按：「上」字原缺，據康熙五十二年本、紀昀刊誤本校補。元至元本作「溪漲」。

〔二〕萬里外　馮班：「外」一作「夜」。何義門：七句作「萬里夜」好。「夜」字恰接「月」字，收盡前四句。〔三〕晴山　馮班：「晴」一作「千」。〔四〕清幽　馮班：「幽」一作「涵」。〔五〕漬石　按：「漬」原作「磧」，據康熙五十二年本、紀昀刊誤本校改。

〔六〕常畏　馮班：「常」一作「恒」。

〔七〕前相引　馮班：「前相」一作「相前」。

〔八〕挼部船　按：康熙五十二年本、紀昀刊誤本「挼」作「按」。

〔九〕袪服　馮班：「炫」訛「袪」。

〔一〇〕延尾　查慎行：「延」一作「啣」。

〔一一〕賤摩　查慎行：「賤」一作「踐」。

〔一二〕沉人　紀昀：「沉人」二字再校。

〔一三〕從俗却　查慎行：「却」一作「那」。

〔一四〕迷春　馮班：「春」一作「人」。

〔一五〕應憐　馮班：「憐」一作「連」。

〔一六〕舊隱　查慎行：當作「柴門」。

〔一七〕柴山　馮班：「柴」當作「粱」。

〔一八〕遥堪畫　馮班：「堪畫」一作「看處」。

〔一九〕沽來　馮班：從才調集作「歸來」，似更勝。

〔二〇〕韓致堯　紀昀：「堯」原訛作「光」。

瀛奎律髓彙評卷之三十五　庭宇類

亭榭宮殿，樓閣堂軒，庵寮宅舍，凡屋廬皆是。

紀昀：既標「庭宇」，何必又如此縷陳？此序可以不作。

五言 十五首

題洛中第宅

白樂天

水竹誰家宅，門高占地寬。懸魚掛青甃，行馬護朱闌。春樹籠煙暖，秋庭鎖月寒。松膠黏琥珀，筠粉撲琅玕。試問池臺主，當爲將相官。終身不曾到，唯展宅圖看。

方回：尾四句，盡貴人第宅終不能歸之態。

紀昀：只前後八句亦足，何必如此鋪衍，且如此鋪衍，仍寫不盡，是真可已不已也。○後四句乃一篇作意，然究竟太滑。

歸履道宅

驛吏引藤輿〔一〕，家童開竹扉。往時多暫住，今日是長歸〔二〕。眼下有衣食，耳邊無是非。不論貧與富，飲水亦應肥。

方回：五、六豈不自適？然他人不能道，亦不肯道。

紀昀：五、六太俚，結太盡。

無名氏（甲）：宅在洛陽。

題潼關樓

崔　顥

客行逢雨霽，歇馬上津樓。山勢雄三輔，關門扼九州。川從峽路去，河遶華陰流。向晚登臨處，風煙萬里愁。

方回：中四句壯哉！老杜同調。

紀昀：氣體自壯，然壯而無味，近乎空腔。

馮班：壯哉！

何義門：起得自在，不爲題所壓。凡遇大題，而發端遽求雄傑，往往始龍終蚓，非佳手也。○結句收得住。

題沈隱侯八詠樓

梁日東陽守，爲樓望越中。緑窗明月在，青史古人空。江静聞山狖，川長數塞鴻。登臨白雲晚，流恨此遺風。

方回：起句自在，第六句「數」字是詩眼好處。

紀昀：横生支節。

紀昀：八詠事佳，隱侯人鄙。「青史」句渾含甚妙。

宿胡氏溪亭

項　斯

獨住水聲裏，有亭無熱時。客來因月宿，床勢向山移。鶴住松枝定，螢歸葛葉垂。寂寥唯欠伴，誰爲報僧知。

方回：五、六劉後村深喜，然覺太工。太工則拘，拘則狹。

馮班：太苦耳，非工也。

紀昀：此論確。

查慎行：第二句俗，第六句湊對。

紀昀：次句拙鄙。後六句，句句用意，而終是小樣。不但虚谷所論五、六拘狹也。結言不容俗人語也。

鸛雀樓晴望　　馬　戴

堯女樓西望，人懷太古時。海波通古穴〔三〕，山木閉虞祠。鳥道殘虹掛，龍潭返照移。行雲如可馭，萬里赴心期。

馮舒：必該結到「晴望」。

紀昀：風調殊高。馬戴在晚唐人之中，五言最爲矯矯。

無名氏（甲）：鸛雀樓在河中府。

寄題武當郡守吏隱亭　　僧希晝

郡亭傳吏隱，閒自使君心。卷幕知來客，懸燈見宿禽。茶煙逢石斷，棋響入花深。會逐南帆便，乘秋寄此吟。

紀昀：六句自然，勝出句。「棋聲花院静」，表聖名句也，着「入」字、「深」字，便别有意境，不以蹈襲爲嫌。

無名氏（甲）：吏隱亭在均州。

留題承旨宋侍郎林亭

翰苑誉嘉致，到來山意深。會茶多野客，啼竹半沙禽。雪溜懸危石，棋燈射遠林。言詩素非苦，虚答侍臣心。

紀昀：起句鄙，三句「會茶」字俚，末二句不明晰。

碧瀾堂

梅聖俞

虚雲〔四〕臨滉漾，橋勢對隆穹。環珮佳人去，汀洲翠帶空。橋船過砌下，蘭棟起雲中。欲問芳菲地，吴王一廢宫。

紀昀：三、四太晦，非末句點明，竟不省爲何語。五、六又太易。

題三角亭

俞退翁

奇哉山中人，來此池上宇。蕙徑斜映帶，林煙盡吞吐。春無四面花，夜欠一簷雨。寄傲足有餘，何須存一作「尋」。廣廡。

方回：此仄聲律詩。題既奇，語亦妙。退翁名在隱逸傳。其人尤高，不可不取。

紀昀：但當論詩，不當論人，此選詩，非修史也。

馮班：腹聯拙句。

查慎行：五、六小巧。

紀昀：五、六太小巧便纖，此種最爲魔趣。

淮安園

王立之

賢王經別墅，深窈近嚴城。花竹四時好，賓朋一座傾。闔奩争弈罷，擊鉢記詩成。明日朝天去，門扃鳥雀驚。

方回：此人親炙蘇、黄諸公，詩傳不多。吕居仁位之派中。細讀其詩，雖不熟，亦有格。

紀昀：「經」字似淮王自遊。○結句「驚」字從北山移文「山人去兮曉猿驚」生出，然終不成語。

宿裴庵

葛無懷

一徑松杉迴，成陰見日稀。山晴僧盡出，風暖燕交飛。結子花抛樹，攔人犬護扉。閒看山月上，清坐更添衣。

方回：尾句有夜味。

馮舒：宋人五律，多清弱可詠者。

紀昀：前六句全是初到之景，并無晚暮之意。突出閒看月上，歸到「宿」字，無緒。○五、六落褊小，六句「攔人」二字尤俚。

題周氏東山堂

翁靈舒

城隅古謝村，博士草堂存。惟見煙霞起，全無市井喧。鸛來巢木杪，黿出戲蒲根。消得吟詩客，憑欄看幾番。

紀昀：格意淺薄。

題信州草衣亭

簷多山鳥啼，山下玉爲溪。林樹若爲長，塔峯應更低。數僧居似客，一佛壞方泥。宴坐當時事，廊碑具刻題。

紀昀：三、四借塔峯以形樹之高，從老杜「斫却月中桂，清光應更多」句偷出，然不成文理。六句亦拙亦俚，結弱。

薛氏瓜廬

趙師秀

不作封侯念，悠然遠世紛。惟應種瓜事，猶被讀書分。野水多於地，春山半是雲。吾生嫌已老，學圃未如君〔五〕。

方回：「人家半在船，野水多於地」，本樂天仄韻古詩。今换一句爲對，亦佳。

查慎行：香山先有「人家半在船」句，故佳。此詩用此句無味。

馮舒：五句直抄。

紀昀：此首氣韻渾雅，猶近中唐，不但五、六佳也。

七言 三十首

題于家公主舊宅

劉賓客

繞樹〔六〕荒臺葉滿池，簫聲一絶草蟲悲。隣家猶學宫人髻，園客争偷御果枝。馬埒蓬蒿藏狡兔，鳳樓烟雨嘯寒鵶。何郎獨在無恩澤，不似當初傅粉時。

馮舒：凄凄惻惻，易淡易狹。此偏有味，偏説得開，「四靈」、「九僧」不能及也。黄、陳欲以枯硬高之，彌見其醜。

紀昀：語太淺直。

題睦州郡中千峯榭

方玄英

豈知平地似天台，朱户深沉别徑開。曳響露蟬穿樹去，斜行沙鳥向池來。窗中早月當琴榻，牆上秋山入酒杯。何事此中如世外，應緣羊祜是仙才。

方回：存此詩以見嚴陵郡之千峯榭，其來舊矣。

紀昀：此是詩選，非嚴陵地志，何得不論工拙因古跡而存詩？

紀昀：六句好，七句複起句「平地似天台」。

題韋郎中新亭　張司業

起得幽亭景復新〔七〕，碧莎池上〔八〕更無塵。琴書看盡猶嫌少，松竹栽多亦稱〔九〕貧。藥酒欲開期好客，朝衣暫脱見閒身。成名同日官連署，此處經過有幾人。

何義門：中二聯不着一句點染景物，却字字是新成景趣，新成興味。

紀昀：語皆平鈍，尤嫌俗韻不除。

次韻張全真參政退老堂　吕忠穆頤浩

東郊卜築傍溪流，菡萏香中寄一作「繫」。小舟。脱去簪紳歸畎畝，悟來漁釣勝公侯。青雲舊好何妨厚，白雪新詩爲寵留。又指湘潭問行路，一堂風月阻同遊。

方回：吕丞相家爲此堂，諸公各有詩，今摘選所和者多得體之言。

次韻李泰叔退老堂

東郊半隱遶羣峯，門外滔滔一水通。再歲依棲欣有幸，十年遭濟〔一〇〕歎無功。閑心不厭耕南畞，清夢猶思殄北戎。看取中原恢復後，麒麟圖畫首膚公。

方回：爲宰相退居，不下第六句，則爲何如人耶？此所以爲可選。

紀昀：此説是。

紀昀：夢想戰争，非「清夢」矣，此字殊不貫下三字。

次韻蔡叔厚退老堂〔一一〕

心存魏闕豈能忘，揣分非才合退藏。此日燕休難報國，平生艱阻憶垂堂。枕戈每歎身先老，覽鏡常嗟貌不揚。每〔一二〕羨蘧廬聊偃息，會須恢復返吾鄉。

方回：此是次韻詩，「堂」、「揚」二字俱和倒，末句又見得宰相用心。

馮班：「貌不揚」用裴中立事。

紀昀：三首詩格俱庸鈍，惟此首語意差好。

登西樓　王半山

樓影侵雲百尺斜，行人樓上[一三]憶天涯。情多自悔登臨數，目極因驚悵望賒。一曲平蕪連古樹，半分殘日帶明霞。潘郎何用悲秋色，祇此傷春髮已華。

紀昀：雖乏深情，而音調響亮，不同靡靡之音，驟讀之如義山集中平調之作。

太湖恬亭

檻臨溪上綠陰圍，溪岸高低入翠微。日落斷橋人獨立，水涵幽樹鳥相依。清游始覺心無累，静處誰知世有機。更待夜深同徙倚，秋風斜月釣船歸。

紀昀：此首格不及前，而亦有清韻，驟看又疑是放翁。

垂虹亭

坐覺塵襟一夕空，人間似得羽翰通。暮天窈窈山銜日，爽氣颼颼客御風。草木韻沉高下外，星河影落有無中。飄然更待乘桴伴，一到扶桑興未窮。

紀昀：次句太費解，五句欠自然，六句好。

鍾山西庵白蓮亭

山亭新破一方苔，白帝留花滿四隈。野豔輕明非傅粉，秋光深淺不憑杯。鄉窮自作幽人伴，歲晚誰爲静女媒。可笑遠公池上客，却因秋菊賦歸來。

紀昀：次句「白帝留花」四字點綴却俗。三、四湊砌不自然。結二句點化淵明事，既切「白蓮」，又切「菴」，又切退居，可謂玲瓏巧妙。

次韻舍弟賞心亭即事二首

檻折簷傾野水傍，臺城佳氣已消亡。難披榛莽尋千古，獨倚青冥望八荒。坐覺塵沙昏遠眼，忽看風雨破驕陽。扁舟此日東南興，欲盡江流萬古長〔一四〕。

查慎行：中二聯調同。

霜氣〔一五〕消磨不復存，舊朝臺殿衹空村。孤臣倚薄青天近，細雨侵凌白日昏。稍覺野雲乘晚霽，却疑山月是朝暾。此時江海無窮興，醒客忘言醉客喧。

紀昀：雖少深沉，不失疏暢。○連章詩須有章法。次首起二句即前詩第三句。「孤臣」句即前詩「獨倚」句。「細雨」句、「稍覺」句即前詩「忽看」句。「此時」句即前詩「扁舟」句，不過添出新月一層，及結句「醒」、「醉」暗寓時事耳，未免重複礙格。

寄題思軒

名郎此地昔徘徊，天誘良孫接踵來。萬屋尚歌餘澤在，一軒還向舊堂開。右軍筆墨空殘沼，内史文章祇廢臺。邑子從今誇勝事，豈論王謝世稱才。

紀昀：應酬之作，不免庸俗。○尾句拙淺。

華嚴院此君亭

一徑森然四座涼，殘陰餘韻興何長。人憐直節生來瘦，自許高才老更剛。曾與蒿藜同雨露，終隨松柏到冰霜。煩君借此〔二六〕根株在，乞與伶倫學鳳凰。「借」一作「惜」。

馮班：直詠竹。

紀昀：詠物無比興，不免膚淺。然如此比興太顯，仍不免膚淺。且只似詠竹，「院」及「亭」字皆太脱。高齋詩話謂荆公自悔此詩，舉口爲少年題詩之戒，所謂「得失寸心知」也，不解何以仍選？

紙閣

聯屏蓋障一尋方，南設鈎簾北置床。側坐對鋪紅絮煖，仰窗分啓碧紗涼。氈廬易以梅蒸爛，錦幄終於草野妨。楚縠越藤真自稱，每糊因得減書囊。

紀昀：起二句拙，通體亦淺。

垂虹亭〔一七〕

宛宛虹霓墮半空，銀河直與此相通。五更縹緲千山月，萬里凄涼一笛風。鷗鷺稍回青靄外，汀洲特起緑蕪中。騷人自欲留佳句，忽憶君詩思已窮。

馮班：末句如何着落？

查慎行：與前篇同韻。

紀昀：風調不乏，亦無深味。

杭州清風閣　趙清獻

庭有松蘿砌有苔，退公聊此遠塵埃。潮音隱隱海門至，泉勢潺潺石縫來。夜榻衾稠仙夢覺，曉窗燈火佛書開。休官不久輕舟去，喜過嚴陵舊釣臺。

方回：清獻亦喜佛學，故有第六句。其人可敬，不止於詩。

紀昀：往往以人存詩，是此書一病。後人不知而誤效其詩，奈何？

馮舒：末句無結煞。

紀昀：第三句「海」字失調。

和稚子與諸生登北都城樓　元章簡

朔風刮面歲華遒，閒擁豐貂一倚樓。四野凍雲隨地合，九河清浪着天流。諸君略住方乘興，吾土雖非亦解憂。更得青衿賡雅唱，連章彩筆鬬銀鈎。

方回：五、六用庾亮、王粲語，其佳如此。

紀昀：妙，俱切「樓」、「諸君」句又切本事。

陸貽典：宋之北都，即大名府。

紀昀：第四句空闊有神，勝出句。五、六宋調之佳者。結出「和」意，古法。

寄題徐都官新居假山

梅聖俞

太湖萬穴古山骨，共結峯嵐勢不孤。苔徑三層平木末，河流一道接牆隅。已知谷口多花藥，祇欠林間落狖鼯。誰侍巾構此遊樂，里中遺老肯相呼。

紀昀：語皆板拙。

自然亭

張伯常

久雨妨漁復滯樵，自然亭上一逍遥。萬緣不自閑中起，百事唯於睡裏消。老去自知如蠛蠓，病來誰悟似芭蕉。愛名之世忘名客，幸有山林舊市朝。

方回：張徵字伯常，陳留人，寶元元年進士甲科，司馬公同年。

紀昀：此與司馬公何涉？司馬公同年又與詩何涉？此種純是黨局。

紀昀：起句拙。〇七律用虛字礙格，此宋調之必不可效者。

己酉中秋任才仲陳去非會飲岳陽樓上酒半酣高談大笑行草間出誠一時俊遊也爲賦之

姜光彦

岳陽樓高幾千尺，俯視洞庭方酒酣。萬頃波光天上下，兩山秋色月東南。興來鸞鵠隨行草，夜永魚龍駭笑談。我欲煩公釣鰲手，盡移雲水到松庵。

方回：姜仲謙，淄州人。陳簡齋集有此題。三人真奇會也。松庵者，光彦之號，故尾句云。

紀昀：氣象雄邁，足稱此題。○結亦别致。

思杜亭

十里松陰古道場，一亭還復枕瀟湘。詩翁至死憂唐室，野客於今吊耒陽。窗户雲生山雨集，巖溪花發曉風香。不唯臨眺添惆悵，自是年來鬢已霜。

方回：第三句最佳。

紀昀：第四句從背面託出弔古感時，兩邊俱到。「野客於今」四字有無窮之味，得此對句，三句益佳，虚谷不一論及。蓋虚谷只愛字句之尖新，其思表纖旨，文外曲致，皆所不講也。

紀昀：規格意思，全是温飛卿過陳琳墓詩。三、四事本爛熟，惟切故警。「野客」非泛以凑對，蓋即「霸才無主始憐君」意。

無名氏(甲)：耒陽在湖南，杜工部葬處。

竹堂

張宛丘

誰道清貧守冷官，遶家十萬翠琅玕。直應流水深相與，不待清風已自寒。學得鳳鳴真自許，化成龍去不知蟠。知君何自無來客，可是王郎獨與歡。

紀昀：五、六俗格，七句笨。

登滕王閣

曾幼度

故閣峥嶸已刦灰，又看新閣上煙煤。斷碑無日不濃墨，古砌雖秋猶淺苔。江闊鳥疑飛不過，風輕帆敢趁先開。天高眼迥詩囊小，收拾不多空一來。

方回：曾丰撙齋，吉州人。有緣督集。詩頗慕楊誠齋，佳者不止此也。五、六最佳。

馮舒：腹聯何等吃力？

馮班：故閣燒了，新閣又要燒，「煙煤」字不好。

紀昀：三句拙甚，五、六欲求雄闊而亦形竭蹶，結二句尤是宋人陋調。此種題目，自揣無壓倒古人處，即可不作。

無名氏（甲）：滕王閣，在江西。

章少機建小閣用陳伯强韻

何月湖

樓居草草假三間，便覺星辰手可攀。最喜坐中先得月，不妨睡處也看山。林疏啼鳥秋彈曲，天闊飛鴻曉捲班。對鏡清吟無限好，典衣冷債幾時還。一作「彈秋曲」、「捲曉班」。

方回：何異字同叔，撫州崇仁人。紹熙臺諫，慶元禮侍，嘉定工書，年八十餘。月湖其號也。

紀昀：「捲班」者宋人退朝之名。此從雁序意鑿出，俚而不穩。結句言樓乃「典衣」所建耳，殊纖佻礙格。

題李國博東園

東園吟思玉蟾清，園客開門古意生。冰硯雲燈深洞宇，春花秋草舊宮城。人藏密樹尋聲見，鷺下寒池照影驚。三十分司泉石主，馬蹄塵外得聞名〔一六〕。

紀昀：「玉蟾」，月也。用字殊俗。〇五、六亦是習語，亦是軟調，詩家切戒。

題環翠閣

環翠閣邊無點埃，盡收清致助吟才。溪頭月落漁煙散，岸口城低野色來。斜檻半依秋樹出，小窗知爲北山開。沙禽古水閒相趁，悞入疏簾静却回。

馮舒：吾最醜第二句。

紀昀：「吟才」二字不佳。第四句好。「静」字不妥。

小亭

葛無懷

小亭終日對幽叢，兀坐無言似定中。蒼蘚静連湘竹紫，緑陰深映蜀葵紅。猫來戲捉穿花蝶，雀下偷銜卷葉蟲。斜照尚多高柳少，明年更欲種梧桐。

方回：五、六工則工矣，却是答對。取此爲戒。第四句好。

馮班：工矣，不必佳。

紀昀：取以爲戒，是。云工，則未然。此二句是俗，非工。第四句亦未見佳。

查慎行：五、六俗。

李光垣：此首「蒼蘚」、「緑陰」、「湘竹」、「蜀葵」、「高柳」、「梧桐」、「猫」、「雀」、「蝶」、「蟲」，字面似堆疊。

寄題薛象先新樓　陳止齋

矮簷風雨送蝸牛，有客來誇百尺樓。闔郡臺池皆下瞰，背城湖海亦全收。清時未放徒高卧，半世何爲故倦游。解盡槖金君計决，月明長笛起漁舟。

紀昀：首句「送蝸牛」三字不妥，三、四意好而語太質直。

無名氏（甲）：陸賈使南越歸，解槖中金，分其子。

陳水雲與造物遊之樓　趙師秀

何處飛來縹緲中，人間惟有畫圖同。兩層簾幕垂無地，一片笙簫起半空。岸竹低添秋水碧，渚蓮平接夕陽紅。遊人未達蒙莊旨，虚倚闌干面面風。

方回：此樓在永嘉近城。「兩層」、「一片」頗俗，五、六亦可觀。

紀昀：五、六亦俗筆。

查慎行：此詩大段有俗氣。

紀昀：此題自應寫「與造物遊」之意，詩止結處一點，殊爲泛套。

校勘記

〔一〕藤輿　紀昀：「輿」字再校。〔二〕長歸　查慎行：「長」一作「真」。〔三〕古穴　馮班、紀昀：「古」當作「禹」。〔四〕虚雲　查慎行：「雲」一作「堂」。〔五〕如君　按：「如」原訛作「知」，據康熙五十二年本、紀昀刊誤本校改。〔六〕繞樹　馮班：一作「樹繞」。〔七〕復新　馮班：「復」一作「最」。〔八〕池上　馮班：「池」一作「地」。〔九〕亦稱　馮班：「亦」一作「不」。〔一〇〕遭濟　李光垣：「際」訛「濟」。〔一一〕退老堂　按：「老」原訛作「居」，據康熙五十二年本、紀昀刊誤本校改。〔一二〕每嘆　按：「每」原訛作「毋」，據元至元本校改。〔一三〕樓上　按：「樓」原訛作「數」，據康熙五十二年本、紀昀刊誤本校改。〔一四〕萬古　查慎行：「萬古」二字依吴本。然玩上下句意，應作「萬里」爲是。〔一五〕霜氣　查慎行：「霜」一作「霸」。〔一六〕借此　紀昀：「借」一作「惜」。〔一七〕紀昀：觀詩末二句，題似不全，再校本集。〔一八〕聞名　李光垣：「閒」訛「聞」。

瀛奎律髓彙評卷之三十六　論詩類

詩人世豈少哉？而傳於世者常少，由立志不高也，用心不苦也，讀書不多也，從師不真也。喜爲詩而終不傳，其傳不傳，蓋亦有幸不幸，而其必傳者，必出乎前所云之四事。今取唐、宋詩人所論著列於此，與學者共之。

紀昀：此是正論，然亦恐錯却路頭，走入魔趣，立志愈高，用心愈苦，讀書愈多，而其去詩也乃日遠。故四者之中，尤以從師之真爲第一義，此向倒説。○傳不傳，有幸不幸，二語最圓。

五言　三首

苦吟

杜荀鶴

世間何事好，最好莫過詩。一句我自得，四方人已知。生應無輟日，死是不吟時。始擬歸山去，林泉道在兹。

陸貽典：晚唐此等亦無深味。

喜陸少監入京

姜梅山

昔人思老杜，長恨不相隨。還寄有劉白，同吟惟陸皮。物睽終必合，句妙却難追。試問長安陌，何如灞岸時？

馮班：劣甚。

陸貽典：倒用皮、陸，趁韻。

范大參入覲頗愛鄙作以詩謝之

問句石湖老，如將日指標。枯中説滋味，高處戒虚驕。頗許唐音近，寧論漢道遥。正聲今在耳，萬樂聽簫韶。

紀昀：「枯中」二句，語雖不佳，而論却有理。下句尤中習氣。

七言 三首

鄉有好事者出君謨行草八分書數幅中有梅聖俞詩一首因成拙句以識二美

杜祁公

莆田筆健與文豪，尤愛南山縣詠高。欲使英辭長潤石，每逢佳句即揮毫。清如韶濩諧音律，逸似鸞皇振羽毛。羲獻有靈應悵望，當時不見此風騷。

太師相公篇章真草過人遠甚而特獎後進流於詠言輒依韻和

梅聖俞

杜詩嘗説少陵豪，祖德兼誇翰墨高。蘇李爲奴令侍席，鍾王北面使持毫。郊麟作瑞唯逢趾，天馬能行不辨毛。一誦東山零雨句，無心更學楚離騷。

方回：子美祖審言嘗自謂：「我詩可使蘇、李爲奴，書可使鍾、王北面。」

紀昀：必簡嘗自稱：「吾文可使屈、宋作衙官，吾書可使王羲之北面。」此蘇、李、鍾、王二語，未知所出，再考。

馮班：次聯二句用得好。

紀昀：第六句俚甚。

送朝天集歸楊誠齋

姜堯章

翰墨場中老斲輪，縱橫一筆掃千軍。年年花月無閒日，處處江山怕見君。箭在的中非爾及〔一〕，風行水面偶成文。先生只可三千首，回施江東日暮雲。

方回：白石道人夔，字堯章。饒州人。千巖蕭公以其女妻之。當時甚得詩名，幾於亞蕭、尤、楊、陸、范者。予嘗與南昌陳杰壽夫論詩，閱其餘藁，則大不然。堯章自能按曲，爲詞甚佳，詩不逮詞遠甚。予選其詩一。此一首合予意，容更詳之。

紀昀：白石詩氣韻頗高，故不爲虚谷所喜。

馮班：此卷竟無一首！

查慎行：老杜「爲人性癖躭佳句」一首宜選冠此卷。

紀昀：四句粗豪之氣太重，五、六意是而句不工。○此卷無一可取，庸陋殆不足與辨。

校勘記

〔一〕非爾及　李光垣：「力」訛「及」。

瀛奎律髓彙評卷之三十七　技藝類

書畫琴棋，巫醫卜筮，百工技巧，史爲立傳，以藝之難臻也。唐、宋以來，挾一藝游公卿之門，因詩以得名者不少焉，豈可以小技易視之哉。

紀昀：何必遊公卿之門乃因詩得名？此語陋甚。

五言　二首

詠郡齋壁畫片雲得歸字

岑　參

雲片何人畫，塵侵粉色微。未曾行雨去，不見逐風歸。只怪偏凝壁，回看欲染衣。丹青欲借便〔一〕，移向帝鄉飛。

何義門：結句醒「郡」字。

紀昀：小題目寫來尚細膩，但非高格耳。○五、六稍笨。

草書屏風

韓致堯〔二〕

何處一屏風，分明懷遠蹤〔三〕。雖多塵色染，猶見墨痕濃。怪石奔秋澗，寒藤掛古松。若教臨水畔，字字恐成龍。

紀昀：語意並淺。○起句俚而野。

七言 十一首

畫真來嵩

梅聖俞

廣陵太守歐陽公，令爾畫我憔悴容。便傳髣髴在縑素，又欠勁直藏心胸。與以貨布不肯受，比之醫卜曾非庸。公今許爾此一節，爾只丹青期亦逢。

紀昀：欲以「吴體」爲高，但見其語弱而調野。○第四句拙。

次韻吴仲庶省中畫壁

王半山

畫虎雖非顧虎頭，還能滿壁畫滄洲。九衢京洛風沙地，一片江湖草樹秋。行數魚蝦賓共樂，卧看鷗鳥吏方休。知君定有扁舟意，却爲丹青肯少留。

紀昀：亦淺率酬應之作。○虎頭不聞「畫虎」，必「畫手」之誤。

和仲庶池州齊山圖

省中何忽有崔嵬，六幅生綃坐上開。指點便知巖穴處，登臨新作使君來。雅懷重向丹青得，勝勢兼隨翰墨回。更想杜郎詩在眼，一江春雪下離堆。

陸貽典：離堆李冰所鑿，在蜀。

紀昀：此更鄙淺。○首句從杜「堂上不合生楓樹」句化出，而措語甚拙。

次韻平甫贈三靈程惟象

家山松菊半荒蕪，杖策窮年信所如。占見地靈非卜筮，算知人貴自陶漁。久諳郭璞言多驗，老比顔含意更疎。祇欲勒成方士傳，借君名姓在新書。

查慎行：五、六介甫自謂也。

紀昀：鄙拙至極，三、四尤甚。

贈李士寧道人

季主逡巡居卜肆，彌明邂逅作詩翁。曾令宋賈伏車上，更使劉侯驚坐中。杳杳人傳多異事，冥冥誰識此高風。行歌過我非無謂，惟恨貧家酒盞空。

紀昀：亦鄙陋。○三句承首句，四句承次句。

無名氏（甲）：軒轅彌明有石鼎聯句詩，見韓文公集。

贈三靈程道人

王平甫

三靈山下新安水，瀟灑人間畫不如。收得市朝忙日月，歸來田里老樵漁。君能知命忘機久，我愧干時觸事疎。從此卜隣同笑傲，何須强著解嘲書。

紀昀：此稍不惡，然亦不免薄弱。○末句「書」字添出。

贈善相程傑

蘇東坡

心傳異學不謀身，自要清時閱縉紳。火色上騰雖有數，急流勇退豈無人。書中苦覓元非訣，醉裏微言却近真。我似樂天君記取，華顛賞徧洛陽春。

馮班：自闊。

查慎行：閱過衆人詩，忽見蘇作，令我心開目明。

紀昀：三、四借相寓意。

許印芳：本集批云：「五、六圓滑。宋詩，然是真語。」此詩原佳，曉嵐批本集每句一點，未免太苛。批律髓則每句着圈，且密圈第四句。今從律髓。

贈虔州術士謝晉臣

屬國今從海外歸，君平且莫下簾帷。前生恐是盧行者，後學過呼韓退之。死後人傳戒定慧，生時宿直斗牛箕。憑君爲算行年看，便數生時到死時。

查慎行：坡公從儋耳南歸作。坡公前身五祖，又生命與退之同，故詩云然。

紀昀：東坡多以蘇武自比，殊爲不倫。○坡公七律，往往失之太快、太豪，此詩故亦不免此病。

無名氏(甲)：盧行者即慧能，號大鑒禪師，傳黃梅大師衣鉢。

贈童道人蓋與予同甲子

陸放翁

吾儕之生乙巳年，達者寥寥同比肩。退士一生藜藿食，散人萬里江湖天。忍貧不變我自許，挾術自營君豈然？一事尚須煩布策，幾時能具釣魚船？

方回：元注：「方謀買一小舟，未得也。」

紀昀：作「吴體」，亦不免弱，然自疏散有致。

贈徐相師

許負遺書果是非，子憑何處説精微？使君豈必如椰大，丞相元來要瓠肥。袖闊日常籠短刺，肩寒春未换單衣。半頭布袋挑詩卷，也道遊京賣術歸。

方回：後四句曲盡近時術士窮態，三、四亦好。

馮班：三、四「江西」語也，五、六畫出相師。

查慎行：世傳相書始於許負。

紀昀：第三句用李翺「心如椰子大」事，然去一「心」字，是使君身如椰子大矣，殊爲未妥。四句亦太激。後四句是詈非贈。

無名氏（甲）：椰樹出廣東，形甚高大。張蒼爲丞相，肥白如瓠。

贈傳神水鑑

寫照今誰下筆親，喜君分得卧雲身。口中無齒難藏老，頰上加毛自有神。誤遣汗青成國史，未妨着白號山人。他時更欲求奇迹，畫我溪頭把釣緡。

方回：元注：「水鑑寫予真，作幅巾白道衣。」中四句皆佳，時在史局。

查慎行：老杜「何年顧虎頭」一首，宜入此類。

紀昀：前半亦是習語。後半猶有作意，未至俗濫。◯此卷亦猥陋者多。

無名氏（甲）：青竹炙汗而書，乃不蠹，故云「汗青」。

校勘記

〔一〕欲借便　查慎行、李光垣：「欲」當作「如」。　〔二〕韓致堯　紀昀：「堯」原訛作「光」。

〔三〕遠縱　馮班、李光垣：「遠」一作「素」。

瀛奎律髓彙評卷之三十八　遠外類

汲冢周書有王會圖，周官有象胥、舌人之職。漢蒟醬、邛竹、蒲萄、苜蓿、安石榴，皆自外國至。遠人慕化而來，使人將命而出，以柔以撫，其事不一。形諸賦詠，詭異譎觚，於唐爲多，宋亦不無也。

五言　十二首

送褚山人歸日東

賈浪仙

懸帆待秋色，去入杳冥間。東海幾年别，中華此日還。岸遥生白髮，波盡露青山。隔水相思在，無書也是閒。

紀昀：右丞送晁監歸日本詩何以不録？而託始於浪仙此篇？○五、六自好。結句意謂：有書相寄，所道不過閒居。雖無書寄，亦不過是閒居耳，可不必寄書也。然語不明晰，未免澀而欠妥。

無名氏（甲）：「日東」，即日本。

送黄知新歸安南

池亭沈飲徧，非獨曲江花。地遠路穿海，春歸冬到家。火山難下雪，瘴土不生茶。知決移來計，相逢期尚賒。

紀昀：運意細切，而語不甚工。

無名氏（甲）：安南，交阯。

送朴處士歸新羅

顧非熊

少年離本國，今去已成翁。客夢孤舟裏，鄉山積水東。鼇沉崩巨岸，龍鬬出遥空。學得中華語，將歸誰與同？

紀昀：前四句自深穩。五、六句極力撑開，欲爲雄闊之詞，而轉覺奄奄不精采。○惜別意多在對面落筆，好。

日東病僧

項斯

雲水絶歸路，來時風送船。不言身後事，猶坐病中禪。深壁藏燈影，空窗出艾烟。已無鄉土信，起塔寺門前。

方回：曲盡外國僧老病之味。

馮班：真水部門人。

紀昀：意切而邊幅窘狹，根柢薄也。

貢院鎖宿聞呂員外使高麗贈送徐騎省

聖化今無外，征途莫憚賒。揚帆箕子國，駐節管寧家。去伴千年鶴，歸途八月槎。離情限華省，持此待疏麻〔一〕。

紀昀：但砌故實，了無新意。◯管寧寄寓遼東，不得目之曰「家」。

無名氏（甲）：管寧避亂遼東，後還青州卒。

送新羅使

張司業

萬里爲朝使，離家經幾年。應知舊行路，却上遠歸船。夜泊避蛟窟，朝炊求島泉。悠悠到鄉國，還望海西天。

紀昀：語皆凡近。

無名氏(甲)：新羅與高麗接壤。

贈東海僧

別家行萬里，自説過扶餘。學得中州語，能爲外國書。與醫收海藻，持呪取龍魚。更問同來伴，天台幾處居？

陸貽典：扶餘在高麗東。

紀昀：三、四太率易。

無名氏(甲)：「海藻」，藥名。

送人游日本國

方玄英

蒼茫大荒外，風教却難知。連夜揚帆去，經年到岸遲。波濤含左界，星斗定東維。或有歸風便，當爲相見期。

方回：第四句佳。然今自明州定海出昌國，往往順風六、七日耳。歲惟有此一番風，往來必經年也。

紀昀：次句突入「風教」，殊無頭緒，「却」字更無來歷。

紀昀：四句亦常語。

送僧歸日本國

吴融

滄溟分故國，渺渺泛杯歸。天盡終期到，人生此別稀。無風亦骸浪，未午已斜暉。繫帛何須雁，金烏日日飛。

方回：三、四妙。

何義門：落句無味。

紀昀：細巧而不傷大雅。次句是「僧」，三句是「送歸外國」，六句、八句是「日本」。

送朴山人歸新羅

馬　戴

浩渺行無極，拂帆但信風。雲山過海半，鄉樹入舟中。波定遥天出，沙平遠岸窮。離心寄何處，目斷暮霞東。

紀昀：此太通套。

王昭君

劉中叟

斂袂出明光，琵琶道路長。初聞胡騎語，未解漢宮妝。薄命隨塵土，元功屬廟堂。蛾眉如有用，慚愧羽林郎。

方回：劉戲魚臺〔二〕，劉次莊也。長沙人。以開梅山入洞曉諭得官，熙寧七年賜同進士出身，仕至侍御江西漕。

紀昀：此題自六朝以來久成塵刦，唐人已無處落筆，後人何必又作此詩？婉約其詞，終在戎昱詩圈績之内。

送僧歸新羅

姚　鵠

淼淼萬餘里，扁舟發落暉。滄溟何處〔三〕別，白首此時歸。寒暑途中變，人煙嶺外稀。驚天巨鼇鬬〔四〕，蔽日大鵬飛。雪入行沙屨〔五〕，雲生坐石衣。漢風深得習，休恨本心違。

紀昀：亦是凡語。

七言　四首

送源中丞充新羅國册立使

劉夢得

相門才子稱華簪，持節東行捧德音。面帶霜威辭鳳闕，口傳天語到雞林。煙開鰲背千尋碧，日落鯨波萬頃金。想見扶桑受恩後〔六〕，一時西拜盡傾心。

方回：百濟、新羅，後皆爲高麗所併。此詩中四句全佳。

紀昀：「面帶」句究不甚雅。

紀昀：氣脈雄大。

贈日本僧智藏

浮杯萬里過滄溟，遍禮名山適性靈。深夜降龍潭水黑，新秋放鶴野田青。身無彼我那懷土，心會真如不讀經。爲問中華學道者，幾人雄猛得寧馨？

方回：三、四遒麗，五、六有議論。

紀昀：不爲極筆，然氣格自別。

送和藩公主

張司業

塞上如今無戰塵，漢家公主出和親。邑司猶屬宗卿寺，册號還同虜帳人。九姓旗旛先引路，一生衣服盡隨身。氈城南望無回日，空見沙蓬水柳春。

查慎行：第六句雖太直，却真。

紀昀：通體凡猥，六句尤鄙。

崑崙兒

崑崙家住海中洲，蠻客將來漢地遊。言語解教秦吉了，波濤初過鬱林洲。金環欲落曾穿耳，螺髻長拳不裹頭。自愛肌膚黑如漆，行時半脱木綿裘。

方回：此所謂崑崙兒，即今之黑廝也。

紀昀：小樣。○此卷亦無甚可采。

校勘記

〔一〕待疏麻　馮班：「待」一作「代」。〔二〕紀昀：「劉戲魚臺」四字再校。〔三〕何處　馮班：「處」一作「歲」。〔四〕巨鼇鬭　馮班：「鬭」一作「起」。〔五〕沙屨　馮班：「屨」一作「履」。〔六〕受恩後　馮班：「後」一作「處」。

瀛奎律髓彙評卷之三十九　消遣類

莊子曰：令人之意也消。有所不平焉而不能消，則褊狹矣。衛玠曰：非意相干，可以理遣。有所不堪焉而不能遣，則怨怒矣。詩人多有所謂消愁遣興之作，必深達物理、世故、人情、天道者，乃能爲真消遣之言，否則非由衷也。

紀昀：莊子本旨不如此。

五言　四首

可惜

杜工部

花飛有底急，老去願春遲。可惜歡娛地，都非少壯時。寬心應是酒，遣興莫過詩。此意陶潛解，吾生後汝期。

何義門：生前酒，身後名，吾自兼之。然少壯雖可惜，何嘗不可同淵明之任達也。

紀昀：前四句沉着，後四句又入率易。

無名氏（乙）：句句轉。開口一句是何人道得！

看嵩洛有歎

白樂天

今日看嵩洛，回頭歎世間。榮華急如水，憂患大於山。見苦方知善，經忙始變閒。未聞籠裏鳥，飛去肯飛還。「變」一作「戀」〔一〕。

紀昀：語皆鄙淺。香山格本率易，此又率易之尤者也。

夜飲

李商隱

卜夜容衰鬢，開筵屬異方。燭分歌扇淚，雨送〔二〕酒船香。江海三年客，乾坤百戰場。誰能辭酩酊，淹卧劇清漳。

馮舒：極似少陵。

馮班：何如老杜？○義山本出於杜，「西崑」諸君學之而句格渾成不及也。「江西派」起，盡除温、李，而以粗、老爲杜，用事瑣屑更甚於「崑體」。王半山云：「學杜者當從義山入。」斯言可以救黄、陳之弊。有解於此者，我請與言詩。

紀昀：或入「宴集」，或入「暮夜」，皆可。入之「消遣」，却無理。〇三句纖，五、六沉雄。王荆公謂近杜，良然。末「淹卧」句集中凡兩見，蓋用劉公幹「嗟余嬰痾疢，竄身清漳濆」語，然終爲牽强。

孤學

陸放翁

孤學雖遺俗，猶爲一腐儒。家貧占力量，夜夢驗工夫。正欲安三徑，寧忘奏六符。殘年知有幾，自怪尚區區。

紀昀：三、四太腐。

無名氏（甲）：東方朔願陳泰階六符以觀天變。泰階即三台，凡六星，上階爲天子，中階爲諸侯，下階爲庶人。

七言 三十八首

感興

白樂天

吉凶禍福有來由，但要深知不要憂。只見火光燒潤屋，不聞風浪覆虚舟。名爲公器無多取，利是身災合少求。雖異匏瓜難不食，大都足食早宜休。

魚能深入無憂釣，烏解高飛豈觸羅。熱處先争〔三〕炙手去，悔時其奈噬臍何！樽前誘得猩猩血，幕上偷安燕燕窠。我有一言君記取，世間唯有苦人多。

馮舒：此二首句句是達人之言。

紀昀：二詩純是打油，不足指摘。

閒卧有所思

向夕褰簾卧枕琴，微涼入户起開襟。偶因明月清風夜，忽想遷臣逐客心。何待投荒〔四〕初恐懼，誰人遶澤正悲吟。始知洛下分司坐，一日安閒直萬金。

查慎行：此首爲楊虞卿而發。時鄭注用事，楊爲所搆，貶虔州。公與楊本姻親，故傷之。

權門要路足身災，散地閒居少禍胎。今日憐君嶺南去，當時笑我洛中來。蟲全性命緣無毒，木盡天年爲不才。大抵吉凶多自致，李斯一去二疏回。

查慎行：此詩不知何指，或云李宗閔亦爲李訓、鄭注所逐。

紀昀：二首殆爲李崖州作？其詞太快，非詩人忠厚之旨。○次首尤凡鄙。

無名氏（甲）：甘露之變在此日。

九年十一月二十一日感事而作〔五〕

禍福茫茫不可期，大都早退似先知。當君白首同歸日，是我青山獨往時。顧索素琴應不敢〔六〕，憶牽黄犬定難追。麒麟作脯龍爲醢，何似泥中曳尾龜。

方回：元注：「其日獨遊香山寺。」

查慎行：此首爲王涯而發。按「甘露之變」在太和九年冬。東坡云：「樂天爲王涯所讒，謫江州。」甘露之禍，樂天適遊香山寺，有「白首同歸」二句，不知者以爲幸之也。樂天豈其人哉？蓋悲之也。

紀昀：此爲「甘露之變」而作。雖與王涯有怨，然文宗受制，國勢危疑，此何時耶？乃作此詩！詩話曲爲之詞，殊非公論。

放　言

朝真暮僞何人辨，古往今來底事無。但識臧生能詐聖，可知甯子解佯愚。草螢有耀終非火，荷露雖圓豈是珠。不取燔柴兼照乘，可憐光彩亦何殊。

世途倚伏〔七〕都無定，塵網牽纏卒未休。禍福迴環車轉轂，榮枯反覆手藏鈎。龜靈未免刳腸患，馬失應無折足憂。不信君看弈棋者，輸贏須待局終頭。

無名氏(甲)：「龜靈」，見史記。

贈君一法決狐疑，不用鑽龜與祝蓍。試玉要燒三日滿，辨才〔八〕須待七年期。周公恐懼流言後，王莽謙恭未篡時〔九〕。向使當時身便死，一生真僞復誰知。

無名氏(甲)：真玉燒三日不壞，豫章之木生七年而始辨。

誰家第宅成還破，何處親賓哭復歌。昨日屋頭堪炙手，今朝門外好張羅。北邙未審留閒地，東海何曾有定波。莫笑賤貧誇富貴，共成枯骨兩如何。

泰山不要欺毫末，顔子無心羨老彭。松樹千年終是朽，槿花一夕自爲榮。何須戀世常憂死，亦莫嫌身漫厭生。生去死來都是幻，幻人哀樂係何情。

紀昀：五首皆俚詞野調。乃以此傳世，實所未喻。

即目

韓致堯〔一〇〕

動非求進靜非禪，咋口吞聲過十年。溪漲浪花如積石，雨晴雲葉似連錢。干戈歲久諳戎事，枕簟秋深減夜眠。攻苦慣來無不可，寸心如水但澄鮮。

紀昀：此等皆淒苦之音，不得入之「消遣類」。○五、六自好，餘無可采。

惜春

願言未偶非高卧，多病無心選勝遊。一夜雨聲三月盡，萬般人事五更頭。年踰弱冠即爲老，節過清明却似秋。應是西園花已落，滿溪紅片向東流。

何義門：三、四一氣，○落句應「未偶」，蘊藉。

紀昀：致堯詩限於時代，格律不高，而較唐末諸人爲沉着。羅昭諫之次，可置一席。

殘春旅舍

旅舍殘春宿雨晴，恍然心地憶咸京。樹頭蜂抱花鬚落，池面魚吹柳絮行。禪伏詩魔歸浄域，酒衝愁陣出奇兵。兩梁免被塵埃污，拂拭朝簪待眼明。

查慎行：此首已見「春日類」，重出。

紀昀：重出。

春中〔一〕湘中題岳麓寺僧舍　羅隱

蟾宫虎穴兩皆休，來憑危欄送遠遊〔二〕。多事林鶯還謾語，薄情邊雁不回頭。春融只待乾坤醉，水闊深知世界浮。欲共高僧話心跡，野花芳草奈相尤。

方回：羅昭諫生當亂離，多不得志哀怨之言。

何義門：天下大亂，富貴功名兩無所就，故其言云。○五、六感慨身世，沉鬱有力。言花草尚有得春而發，吾豈真無命乎？又欲自休，不得也。

紀昀：其詞怨以怒，然晚唐詩又降一格論。○「蟾宫虎穴」四字生湊。○結句憂讒畏譏，然「相尤」字太著迹。

下第　羅鄴

謾把青春酒一杯，愁襟未信酒能開。江邊依舊空歸去，帝里還如不到來。門掩殘陽鳴鳥雀，花飛何處好池臺。此時惆悵便堪老，何用人間歲月催。

方回：唐人下第情懷，有如此者。一名一第，役天下士，亦可憐矣。

馮班：凡此等流滑聲調，黄、陳欲以傑硬高之，高乎未也？

紀昀：不免太盡，而尚不甚露尤人之意。

安定城樓

李商隱

迢遞高城百尺樓，緑楊枝外盡汀洲。賈生年少虚垂涕，王粲春來更遠遊。永憶江湖歸白髮，欲回天地入扁舟。不知腐鼠成滋味，猜意鵷雛竟未休。

馮班：杜體。○如此詩豈妃紅儷緑者所及？今之學温、李者得不自羞？

查慎行：王半山最賞此五、六一聯，細味之大有杜意。

何義門：五、六言所以垂涕於遠游者，豈爲此腐鼠而不能捨然哉？吾誠「永憶江湖」，欲歸而優游白髮，但俟迴旋天地功成，却「入扁舟」耳。

紀昀：此入「消遣」亦無理。「江湖」、「扁舟」之興俱自「汀洲」生出，故次句非趁韻湊景。五、六千錘百鍊，出以自然，杜亦不過如此。世但喜其浮豔瑣鐫之作，而義山之真面隱矣。○結太露。○「欲回天地入扁舟」，言欲投老江湖，自爲世界，如收縮天地歸於一舟。然即仙人斂日月於壺中，佛家縮山川於粟顆之意。注家謂欲待挽回世運，然後退休，非是。

許印芳：此評解次句甚當，解六句則直率無味。蓋五、六句，上四字須作一頓，下三字轉出意思，方有味。言己長念江湖不忘，而歸必在白髮之時，所以然者爲欲挽回天地也。天地既回，而後可入扁舟、歸江湖耳。句中層折暗轉暗遞，出語渾淪，不露筋骨，此真少陵嫡派。曉嵐不賞其筆意曲折，反斥舊解爲非，所解收縮天地云云，又皆浮虛之言，了無意味，此性好翻駁之過也。結句雖露，言外當有餘地，斥爲太露，亦是苛刻。

十二月十七日移病家居三首

張宛丘

老去塵懷痛洗湔，虛舟不繫任洄沿。寸心若變有如日，萬事不憂終在天。莫爲饑寒棄南畝，須知穮蓘有豐年。桃符侲子喧門巷，又向江城一歲捐。

馮舒：「寸心」一聯宋。

紀昀：三、四入「江西」習調，餘亦太板實。

憑高游目快遐瞻，落日孤雲與水兼。萬頃澤空供雪意，一枝梅笑破冬嚴。擎蒼未減飛揚興，引滿何辭斗石添。楊柳催春兼警客，荒溝照影弄纖纖。

查慎行：「擎蒼」二字乃臂鷹替身，大似「崑體」，未詳所出。

紀昀：此首較可。○「擎蒼」句去「鷹」字不妥。

從今羞復立功名，鹵莽因循已半生。心遣我愚應有謂，眼看人智亦何成。夢爲蝴蝶因觀化，目送飛鴻謾寄情。堪笑妻兒懷土甚，謫期未滿已留行〔二三〕。

方回：此三詩謫黄州時作。消愁遣興，順時達理，引物觸類，前輩多有之。

紀昀：前半又入香山頽唐之調。○「留行」者，留其謫期滿日，歸住故土，勿再入朝也。語意殊不醒豁。

和堯夫打乖吟

程明道

打乖非是要安身，道大方能混世塵。陋巷一生顔氏樂，清風千古伯夷貧。客求墨妙多攜卷，天爲詩豪剩借春。儘把笑談親俗子，德容猶足畏鄉人。

查慎行：次句名言，是真道學。

聖賢事業本經綸，肯與巢由繼後塵。三幣未回伊尹志，萬鍾難換子輿貧。且因經世藏千古，已占西軒度十春。時止時行皆有命，先生不是打乖人。

方回：邵堯夫一世豪傑，而安於閑退。理數之學，胸中浩然，時適有生如明道者知之。伊尹、伯夷、顔子、孟軻，其志也，非大〔一四〕說話。

馮舒：風雅中安用此等惡物？

查慎行：一、二以大儒自命。

紀昀：詩有理足而詞不入格者，此類是矣。此派至北宋而盛，然李習之之論王氏申說太公家訓，已知世間必有此種文字。

寓歎

陸放翁

俗心浪自作棼絲，世事元知似弈棋。舊業蕭然歸亦樂，餘生至此死何悲。古人可作將誰慕，造物無心豈自私。已决殘春故流一作「溪」。去，短蓑垂釣月明時。

紀昀：三、四淺而不俚，五、六則庸鈍之筆矣。

後寓嘆

貂蟬未必出兜鍪，要是蒼鷹已下韝。彭澤竟歸端爲酒，輕車已老〔一五〕豈須侯。千年精衛心平海，三日於菟氣食牛。會與高人期物外，摩挲銅狄灞陵秋。

方回：前詩三、四佳，後詩六句豪俊。嘉泰二年癸亥，放翁年七十九，在朝。

查慎行：句句鬬巢，字字合拍，可見胸中有書。

紀昀：此當爲韓侂胄議北伐時所作。五、六最沉着而曲折，言志士本不忘復仇，但少年恃氣輕舉，則可慮耳。末句言他日時事變遷，我老猶當及見之意。

無名氏(甲)：小虎生三日氣可吞牛。薊子訓撫灞陵銅人，嘆曰：「適見鑄此，已五百年矣。」

許印芳：「要」，平聲。「於菟」，音烏徒，虎也。「銅狄」，銅鑄大人也。

初歸雜詠

雪滿漁蓑雨墊巾，超然無處不清真。胸中那可有一事，天下故應無兩人。騎馬每行秋棧路，喚船還渡暮江津。酒樓僧壁留詩遍，八十年來自在身。

紀昀：此首淺而有韻。

齒豁頭童儘耐嘲，即今爛飯用匙抄。朱門謾設千杯酒，青壁寧無一把茅。偶爾作官羞問馬，頹然對客但稱貓。此時定向山中死，不用磨錢擲卦爻。

方回：元注：「磨錢擲卦爻，蜀龍昌期語也。」此翁〔一六〕七十九歸老詩。

紀昀：此首較贅，語意亦粗。

龜堂獨坐遣悶

放逐還山八見春，枯顱槁頂雪霜新。大床不解除豪氣，凡眼安能識貴人。食有淖糜猶足飽，衣存短褐未全貧。北窗坐卧君無笑，拈起烏藤捷有神。

紀昀：此首亦粗。

無名氏（甲）：陳元龍湖海之士，豪氣未除，自卧大床，坐人於座下。

遣　興

莫笑龜堂磊磈胸，此中元可貯虚空。尚饒靈運先成佛，那計辛毗不作公。採藥偶逢丹井客，買蓑因過玉霄翁。不須更問歸何許，散髮飄然萬里風。

紀昀：起二句調太熟滑。◯結得脱灑。

無名氏（甲）：此井始於老子，亳州，其後列仙多有之。玉霄宫，道士修真之所。

書興

占得溪山卜數椽，飽經世故氣猶全。入門明月真堪友，滿榻清風不用錢。便死也勝千百輩，少留更望二三年。湖橋酒美能來醉，一棹何妨作水仙。

方回：翁是年有詩云：「老出鄉閭右，貧過仕宦初。」亦佳句。蓋已八十四矣。

紀昀：三、四太現成，五、六太粗直，此晚境頽唐之過。

遣興

幾看人間歲月新，釣船猶繫鏡湖濱。曾穿高帝朝元仗，却作山陰版籍民。留病三分嫌太健〔一七〕，忍饑半日未全貧。早知晝錦能爲祟，翁子終身合負薪。

陸貽典：朱買臣字翁子。

查慎行：「晝錦」亦能爲祟，胸次高出尋常。

紀昀：全似香山。○「祟」字粗鄙。

書齋壁

平生憂患苦縈纏，菱刺磨成芡實圓。天下不知誰竟是，古來唯有醉差賢。過堂未悟鐘將釁，睆柱誰知璧偶全。自笑爲農行没世，尚如驚雁落空絃。

紀昀：亦太頹唐。○次句俚。

遣興

侯印從來非所圖，赤丁子亦不容呼。着低怯對新棋敵，量減愁添舊酒徒。生世豈能常役役，酣歌且復和嗚嗚。扁舟到處皆吾境，莫問桐江與鏡湖。

馮舒：如此用事，山谷遺殃。

馮班：第二句如何要唤鬼？

紀昀：亦滑調。○次句何故用此怪事？

家住城南㴱曲傍，門前山色蘸湖光。三朝執戟悲年壯，二頃扶犂樂歲穰。名姓已隨身共隱，文辭終與道相忘〔八〕。子孫勉守東皐業，小甑吴粳底樣香。

方回：五、六好議論。

陸貽典：剡溪在山陰。

紀昀：此較雅飭。

無名氏（甲）：王績隱居東皋。

雜興

散髮林間萬事輕，夢魂安穩氣和平。只知秋菊有佳色，那問荒雞非惡聲。達士招呼同嘯傲，福人分付與功名。一篇説盡逍遥理，始信蒙莊是達生。

紀昀：五、六淺直。

無名氏（甲）：祖逖聞雞起舞，云「此非惡聲」。

信筆

范石湖

天地同浮水上萍，羲娥迭耀案頭螢。山中名器兩芒屨，花下友朋雙玉缾。童子昔曾誇了了，主翁今但諸惺惺。歸田贏得都無事，輸與諸公汗簡青。

方回：尾句是出處之間有感云云。

查慎行：先生有諸惺菴。

紀昀：起二句另是一種野調，中四句亦太涉「江西」。

請息齋書事

覆雨翻雲轉手成，紛紛輕薄可憐生。天無寒暑無時令，人不炎涼不世情。栩栩算來俱蝶夢，喈喈能有幾雞鳴。冰山側畔紅塵漲，不隔瑶臺月露清。

馮舒：放翁之流儘自在。○次聯勸世歌。

馮班：石湖體畢竟不堪愛，氣味惡，語言欠穩也。如第五句只是人事如夢耳，連栩二字便不好，「栩栩」如何著得「算」字？

紀昀：三、四粗鄙，六句用「風雨雞鳴」意而删去「風雨」，語便不明。七句太淺露。

刻木牽絲罷戲場，祭終雨後兩相忘。門雖有雀尚廷尉，食已無魚休孟嘗。蝨裏趨時真是賊，虎中宣力任爲倀。籬東舍北誰情話，雞語鷗盟意却長。

馮班：大廈亦有雀，只是可設雀羅，方見寂寞耳。○石湖好處出於白。

紀昀：五、六訐激，殊傷大雅。

聚蚋醯邊鬧似雷，乞兒争肯向寒灰。長平失勢見何晚，栗里息交歸去來。休問江湖魚有沫，但期雲水鶴無媒。巖扉岫幌牢扃鎖，不是漁樵不與開。

方回：今詳石湖此四詩乃淳熙十二年乙巳正月作。時年六十歲也。

紀昀：三詩純是牢騷，殊失和平之旨。

無名氏（甲）：栗里，陶令所居。

孤山寒食

趙師秀

三月芳菲在水邊，旅人消困亦隨緣。晴舒蝶羽初勻粉，雨壓楊花未放綿。有句自題閑處壁，無錢難上貴時船。最憐隱者高眠地，日日春風是管絃。

方回：趙紫芝之戀戀西湖以終其生〔一九〕，錢塘詩人大率如此。當時昇平，看人富貴，以一身混其中，亦不爲大無聊也。

馮舒：尚是治世閑寫。

紀昀：蝶可云翅，不可云「羽」。此因飛卿「蝶翎朝粉重」而誤，然「翎」字先已有病。五、六寒儉太甚。

校勘記

〔一〕變一作戀　紀昀：作「戀」字好。〔二〕雨送　許印芳：「雨」一作「風」。〔三〕先争　查慎行：「先」原訛作「是」。〔四〕投荒　按：「荒」原作「閑」，據康熙五十二年本、紀昀刊誤本校改。〔五〕九年十一月二十一日感事而作　按：「九年」上原有「此是」二字。張載華：閒卧有所思二首、九年十一月一首俱見香山後集，律髓於「九年」上誤增「此是」二字。（查慎行）先生評格上云：『「此是」二字當刪。』〔六〕不敢　按：「敢」原作「暇」，據康熙五十二年本、紀昀刊誤本校改。〔七〕倚伏　按：「伏」原訛作「杖」，據康熙五十二年本、紀昀刊誤本校改。〔八〕辨才　查慎行：「才」當作「材」。〔九〕未篡時　馮班：「未篡」一作「下士」。〔一〇〕韓致堯　紀昀：「堯」原訛作「光」。〔一一〕春中　紀昀：「中」字再校。〔一二〕遠遊　馮班：「遊」一作「愁」。〔一三〕留行　按：「留」原作「流」。查慎行：「流」當作「留」。據康熙五十二年本、紀昀刊誤本校改。〔一四〕非大　按：「非」原訛作「小」，據康熙五十二年本、紀昀刊誤本校改。〔一五〕已老　許印芳：「已」當作「憶」。〔一六〕此翁　紀昀：「此」字下脱一「放」字。〔一七〕太健　查慎行：「健」原訛作「近」。〔一八〕相忘　查慎行、許印芳：「忘」當作「妨」。〔一九〕終其生　按：「身」誤作「生」。

瀛奎律髓彙評卷之四十　兄弟類

李光垣：原闕五言及小序。

七言　七首

喜敏中及第偶示所懷

白樂天

自知羣從爲儒少，豈料詞場中第頻。桂折一枝先許我，楊穿三葉盡驚人。轉於文墨須留意，貴向烟霄早致身。莫學我兄〔一〕年五十，蹉跎始得掌絲綸。

紀昀：自是真語，然格力卑靡太甚。○「我兄」二字不似自稱，或「汝兄」之訛。

敏中新授户部員外郎西歸

千里歸程三伏天，官新身健馬翩翩。行衝赤日加飧飯，上到青雲穩着鞭。長慶老郎唯我在，客曹故事望君傳。前鴻後雁行難續，相去迢迢二十年。

紀昀：亦是滑調。

送二十兄還鎮江

李巽伯

此行檢校幽棲事，佳處知公故未忘。新笋豈應過母大，舊松想已及人長。老來對客須靈照，貧後持家藉孟光。世亂身危何處是，二年孤負北窗涼。

方回：李處權字巽伯。洛陽人。邯鄲公淑之後。有崧庵集。宣和間與陳叔易、朱希真以詩名。南渡後嘗領三衢。

馮班：笋過於母有何不應？及人之松只是新松耳。

紀昀：第三句拙。○純是自道胸懷，題中忽開新境，語亦清遒。

布作高陽臺衆樂園成被命與金陵易地兄弟待罪侍從對更方面實爲私門之慶走筆寄子開弟

曾子宣

樓臺丹碧照天涯，塞北江南未足誇。千里烟波方種柳，萬株桃李未開花。一麾同下西清路，兩鎮高迎〔二〕上將牙。回首林塘莫留戀，風光還屬阿連家。

紀昀：格雖未高，而序致特爲清穩。○結得醒豁。

肇謹次元韻

曾子開

文物河間信可嘉，風流江左亦堪誇。水南水北千竿竹，山後山前二月花。久愧迂儒懷郡紱，聊須雋老駐軍牙。兩州耆舊無多怪，魯衛從來是一家。

方回：此事古今希有。曾布子宣守高陽，弟肇子開守金陵，兩易，將吏交迎送於途，誠盛事也。又其後居京口，先後一日卒。惜子宣爲小人之相。後子宣相，子開當制，尤盛事也。

紀昀：不及子宣作遠甚。

示長安君　王半山

少年離别意非輕，老去相逢亦愴情。草草杯盤供笑語，昏昏燈火話平生。自憐湖客〔三〕三年隔，又作塵沙萬里行。欲問後期何日是，寄書應見雁南征。

紀昀：李雁湖注此詩，恐是使北時作。長安君，公妹也。○三、四好。

許印芳：情真格老，舉止大方，絶似中唐人。

宋匪躬太祝先輩示及劉貢父伯仲三人同年登第之詩因奉一篇　王平甫

六朝文物事當奇，閥閲如今舉世推。射策人争看三虎，薦書吾早識孤羆。集英曉日臚傳後，瓊苑春風宴喜時。共羡綵綸歸世掌，還開鵁隔鳳凰池。

方回：元注：「太祝京西第一，薦時予爲考官。」

紀昀：「事當奇」三字不妥。此種詩不能不隨俗酬應，存稿已不可，况選録以爲後人之法？

○此卷亦不佳，然未甚惡。

校勘記

〔一〕我兄　馮班：「我」當作「爾」。

〔二〕高迎　紀昀：「高」字於文義應作「交」。

〔三〕湖客　許印芳：「客」一作「海」。

瀛奎律髓彙評卷之四十一　子息類

五言　六首

卜歲日喜談氏外孫女孩滿月　白樂天

今旦夫妻喜，他人豈得知。自嗟生女晚，敢訝見孫遲。物以稀爲貴，情因老更慈。新年逢吉日，滿月乞名時。桂燎熏花果，蘭湯洗玉肌。懷中有可抱，何用是男兒。

紀昀：直寫真情，尚不涉俚語。華而情僞，非也；情真而語鄙，亦非也。

許印芳：詩不足學，以紀批可取，録之。

阿雀〔一〕兒詩

謝病卧東都，羸然一老夫。孤單同伯道，遲暮過商瞿。豈料鬢成雪，方看掌上珠。已衰寧望有，雖晚亦勝無。蘭入前春夢，桑懸〔二〕昨日弧。里閭多慶賀，親戚共歡娱。膩剃新胎髮，香綳小繡襦。玉芽開手爪，酥顆點肌膚。乳氣初離殼，啼聲漸變雛。何時能反哺，供養白頭烏。

方回：元、白皆苦無子，樂天晚得此子，後亦夭也。詩人窮相，形容無所不至，晚乃所以妨此子歟？

查慎行：「膩剃」以下四聯，熨貼細膩。

紀昀：起八句極老健。○白詩最患敷衍，惟此爲生平得意事，故不嫌於細寫，所謂言各有當也。若論詩法，則當以「膩剃」二句接「雖晚」二句，以「何時」二句接「膩剃」二句足矣。○「乳氣」、「啼聲」二句俱不佳。

許印芳：此原詩批語也，依此删節，通體俱老健。曉嵐既圈前八句，後四句亦可圈矣。學者於此當知詩文總貴簡練，不尚繁縟。〔按：紀昀在第一至第八句旁加密圈，後十二句未加圈。〕

無名氏(甲)：商瞿四十無子，欲出其妻。夫子止之，謂後必多子。果舉五丈夫子焉。

許印芳：勝，讀平聲，義從去聲。○從紀删本，原詩十韻，删爲六韻。

詠孩子

嚴維

嘉客會初筵，宜時魄再圓。衆皆含笑戲，誰不點頭憐。繡被花堪摘，羅綳色欲妍。將雛有舊曲，還入武城絃。

紀昀：題太質。此宜入「著題類」。觀末二句，乃縣令湯餅會上作，非自詠子息也。應酬率筆，無可采處。

楊本勝説於長安見小兒阿衮

李商隱

聞君來日下，見我最嬌兒。漸大啼應數，長貧學恐遲。寄人龍種瘦，失母鳳雛癡。語罷休邊角，青燈兩鬢絲。

查慎行：義山集中「衮師我嬌兒」五古一章絶佳，今乃稱爲「龍種」、「鳳雛」，誇張似乎太過。

何義門：時在東川。

紀昀：義山本宗室，故有「龍種」、「鳳雛」之句。結得有餘不盡，異乎元、白之竭情。蓋元、白務變新聲，温、李猶存古法。

小孫納婦

姜梅山

慶事集朋親，孫枝喜氣新。歌雲停碧落，舞雪眩青春。暖日花君子，清樽酒聖人。一春行樂地，不負牡丹辰。

方回：此翁樂哉！爲人祖而見孫納婦，貧亦樂也，而況富貴乎？

馮班：太不着題。「歌雲」、「舞雪」等字於此題用不着。○此只是爲孫娶婦，家宴有歌舞耳，然語不避嫌爲拙也。○第三句寬冗。第五句太寬冗。第七句寬冗。結句不着題。

紀昀：俗氣太重，不足言詩。

哭開孫

陸放翁

學步漸扶床，乘車已駕羊。虚稱砌臺史，不遇玉函方。杳杳天難問，茫茫夜正長。寂寥誰伴汝，蕭寺閉空房。

紀昀：此種題目無處見工，悲亦窠臼，曠亦窠臼。

七言 六首

予與微之老而無子發於言歎著在詩篇今年冬各有一子戲作二什一以相賀一以自嘲

白樂天

常憂到老都無子，何況新生又是兒。陰德自然宜有慶，皇天可得道無知。一園水竹今爲主，百卷文章更付誰。莫慮鵷雛無浴處，即應重入鳳凰池。

五十八翁方有後，静思堪喜亦堪嗟。一珠甚小還慚蚌，八子雖多不羨鴉。秋月晚生丹桂實，春風初長紫蘭芽。持杯願祝無他語，慎勿頑愚似汝爺。

方回：樂天生於大曆七年壬子。此年太和三年己酉，年五十八歲。微之小樂天七歲。是年五十一。

紀昀：二詩皆太頹唐。

無名氏(甲)：烏生八、九子。

哭雀兒〔三〕

掌珠一顆兒三歲，鬢雪千莖父六旬。豈料汝先爲異物，常憂吾不見成人。悲腸自斷非因劍，啼眼加昏不是塵。懷抱又空添默默，依然重作鄧攸身。

方回：六十無子，不容不悲，人情也。

查慎行：首聯及次聯悲痛入情。

紀昀：三、四語淡而情真，用逆挽更覺凄楚。五、六又太俚、太質。

戲題贈二小男

劉長卿

異鄉流落頻生子，幾許悲歡併在身。欲識〔四〕老容羞白髮，每看兒戲憶青春。未知門户堪誰主，見免〔五〕琴書與别人。何幸暮年方有後，舉家相對却沾巾。

方回：第四句已佳，五、六句全似樂天。

紀昀：三句不明晰。五、六極曲折頓挫之致，不似樂天順筆直走。虚谷評非。結亦滿足。

無名氏（甲）：王粲幼時謁蔡邕，邕倒屣以迎，謂吾家琴書當盡與之。

許印芳：三句言兒欲識父之老容，父以白髮爲羞，語自明了，曉嵐訾之非是。〇起句對。

相使君第七男生日

娶妻生子復生男，獨有君家衆所談。荀氏八龍唯欠一，桓生四鳳已過三。他時幹蠱聲名著，今日懸弧宴樂酣。誰道衆賢能繼體，須知箇箇出於藍。

方回：賦第七男，用事造語巧綴。然昌黎五男兒亦如此形狀，不可棄也。

紀昀：此真俗格。

馮班：醜。不可以其唐詩而媚之。

何義門：疑非隨州詩。

紀昀：此種詩不類隨州，恐選下脱寫姓名，再校。

寄二子

陸放翁

大兒新作鶴林遊，仲子經年戍吉州。日日望書常至暮，時時入夢却添愁。得官本自輕齊虜，對景寧當似楚囚。識取乃翁行履處，一生任運笑人謀。

紀昀：頹唐之筆。

無名氏（甲）：高祖罵婁敬：「齊虜以口舌得官。」

校勘記

〔一〕阿雀　馮班、無名氏(甲)：「雀」當作「崔」。〔二〕桑懸　按：「懸」原作「傳」，據康熙五十二年本、紀昀刊誤本校改。〔三〕雀兒　馮班：「雀」當作「崔」。〔四〕欲識　馮班：「識」一作「並」。〔五〕見免　馮班：「見」一作「且」。

瀛奎律髓彙評卷之四十二　寄贈類

遠而有寄，面而有贈，有寄贈則有酬答，不專取諛，取詩律之精而已。

紀昀：豈有專取諛者？此語殊贅。「不專」字尤有語病，似亦兼取矣。

五言　三十八首

答李司户

宋之問

遠方來下客，輶軒攝使臣。弄琴宜在夜，傾酒貴逢春。駟馬留孤館，雙魚贈故人。明朝散雲雨，遥仰德爲隣。

紀昀：格意甚卑，殊不類延清他作。尾句尤陋。

贈昇州金陵也王使君忠臣

李太白

六代帝王國，三吴佳麗城。賢人當重寄，天子借高名。巨海一邊静，長江萬里清。應須救趙策，未肯棄侯嬴。

方回：盛唐人詩氣魄廣大，晚唐人詩工夫纖細，善學者能兩用之，一出一入，則不可及矣。此詩比老杜，律雖寬而意不迫。

馮班：妙論。

紀昀：此論甚是，但不當入之此詩下。末評不確。

何義門：第二聯輕得好。腹聯勢重難結，故只收到自己。

紀昀：此太白極庸近詩，五句尤拙，獨取入集，殊不可解。

忝職武昌初至夏口書事獻府主

竇　鞏

白髮放櫜鞬，梁王舊愛全。竹籬江畔宅，梅雨病中天。時奉登臨宴，閒修上水船。時人興謗易，莫遣鶴猜錢〔一〕。

方回：此所謂「府主」，乃元稹微之也。元以故相爲武昌節度，固請友封爲副戎，除秘少兼中丞以往。「鶴」者友封自謂也。

查慎行：「鶴猜錢」不解。

張載華：蒿廬夫子云：「唐幕府官俸謂之『鶴料』，見墨莊漫録。」

紀昀：次句不佳，三、四自好。然只似閒適詩，上下語脈不甚貫。

無名氏(甲)：末句「猜」字有誤。

戲酬副使中丞見示四韻

元微之

莫恨暫櫜鞬，交游幾箇全。眼明相見日，肺病欲秋天。五馬虚盈櫪，雙蛾浪滿船。可憐俱老大，無處用閒錢。

方回：微之時爲武昌節度，檢校户部尚書，未幾卒於任。

紀昀：無佳處。

微之見寄與竇七酬唱之什本韻外加兩韻

白樂天

旌鉞從櫜鞬，賓僚情禮全。夔龍來要地，鴛鷺下寥天。赭汗騎驕馬，青娥舞醉仙。合成江上作，散到洛中傳。窮巷能無酒，貧池却有船。春裝秋未寄，漫道足閒錢。

方回：「合」音閤。樂天時爲河南尹，和此詩。

紀昀：和詩有此加韻之例，後人罕用。○亦無意味。○「貧池」句俚。

酬思黯戲贈

鍾乳三千兩，金釵十二行。妬他心似火，欺我鬢如霜。慰老資歌笑，銷愁仰酒漿。眼看狂不得，狂得且須狂。

方回：元注：「思黯自云『前後服鍾乳三千兩，甚得力，而歌舞之妓頗多』，來詩謔予羸老，故戲答之。」

紀昀：三、四粗鄙，結亦輕率。

無名氏(甲)：石鍾乳，出南方山中石穴，服之延年。

承竇七中丞見示初至夏口獻戎詩〔二〕輒戲和云

裴晉公度

出佐青油幕，來吟白雪篇。須爲九皐鶴，莫上五湖船。竇詩自稱鶴，兼云治船裝故也。故態君應在，新聲我亦便。聞鄂州初教成謳者甚工。元侯看再入，好被暫留連。

方回：晉公初爲微之所忌。微之在相位不一月而出，晉公終以再入許之，可謂德人君子矣。

紀昀：亦無佳處。

和寄竇七中丞

令狐楚

仙吏秦蛾別，新詩鄂渚來。才推今八斗〔三〕，職賦舊三台。雕鏤心偏許，緘封手自開。何年相贈答，却得到中臺。

方回：令狐楚時爲吏部尚書，和此詩。以前任户部尚書，友封爲當司員外郎，故第四句所云如此。觀此五言詩，足見一時人物風流之盛。

紀昀：唱和雖盛，詩皆不佳。存爲故實則可，以爲詩法則不可。

紀昀：「秦蛾」字未詳，再考。

過劉員外別墅

皇甫曾

謝客開山後，郊扉水去通。江湖千里別，衰老一樽同。返照寒川滿，平田暮雪空。滄洲自有趣，不復哭途窮。

紀昀：重出。

寄劉員外

南憶新安郡，千山〔四〕帶夕陽。斷猿知夜久，秋草助江長。鬢髮〔五〕應成素，青松獨見霜。愛才稱漢帝，題柱在田郎〔六〕。

方回：此所謂新安者，唐之睦州，今之嚴州。今稱嚴爲新定郡，歙爲新安郡。在唐時二郡總亦〔七〕稱新安。

何義門：五、六對法極變，曲折頓挫。

紀昀：「千山」句自好。然是懸憶之詞，則「夕陽」字嫌於説定，「夜久」字不貫「夕陽」。「秋草」如何「助江長」？不可解。五、六二句，一賦一比，然語不工。

喜皇甫侍御相訪

劉長卿

荒村帶晚照，落葉亂紛紛。古路無行客，空山獨見君。野橋經雨斷，澗水向田分。不爲憐同病，何人到白雲。

方回：劉長卿詩細淡而不顯焕。觀者當緩緩味之，不可造次一觀而已也。

紀昀：隨州五律甚精采，評語謬。

馮舒：細能不弱，淡實有味。

馮班：見「冬日類」。

何義門：晝出聞人足音，跫然而喜。

紀昀：重出。○此詩何以入「寄贈」？

酬皇甫侍御見寄前相國姑臧公初臨郡

離別江南北，汀洲葉再黄。路遥雲共水，砧迥月如霜。歲儉依仁政，年衰離故鄉〔八〕。佇看宣政召〔九〕，漢法倚張綱。

方回：第五句不涉風物，未嘗不新。

紀昀：意總在言情而不寫景，然古人詩法不必定寫景，亦不必不寫景，惟其當而已矣。「江西」諸人始以擺落爲高，虚谷因而加僻焉，非篤論也。

紀昀：題中「前相國」云云當注。五句下與全詩無涉，不宜入之題中。○通體深穩。

酬包諫議見寄之什

佐郡媿頑疎〔一〇〕，殊方親里閭。家貧寒未度，身老歲將除。過雪山僧至，依陽野客舒。藥陳隨遠宦，梅發對幽居。落日棲鴞鳥，行人遺鯉魚。高文不可和，空媿學相如。

方回：包佶謫病寄詩，此所和也。

馮舒：「舒」字韻脚不煞。

何義門：「落日」句一襯，結出下句，頓覺悲喜交集。五、六就適志事點化出淒苦，況味妙絶。此二句已造自然。

紀昀：語亦疏暢，所乏深警耳。○次句「里閭」作「民」字解，言親民之官也。終覺趁韻。十句忽落到來詩，對法不測。

敬酬李判官使院即事見呈

岑參

公府日無事，吾徒只是閒。草根侵柱礎，苔色上門關。映硯〔一一〕時見〔一二〕鳥，卷簾晴對山。新詩吟未足，昨夜夢東還。

方回：天寶年間詩皆如此飽滿。

紀昀：此詩未見飽滿，盛唐詩亦有工有拙，「皆如此」三字尤有病。

紀昀：次句率，三、四已逗武功一派，五句未自然。

送張南史 一云「寄李紓」

郎士元

雨過〔三〕深巷靜，獨酌送殘春。車馬雖嫌僻，鶯花不厭貧。蟲絲黏户網，鼠蹟印床塵。問道山陽會，如今有幾人？

馮班：腹聯用事，如出胸臆。

紀昀：既入「寄贈」，則題目宜從別本。◯三、四高唱。

無名氏（甲）：山陽在懷慶，嵇、阮諸公所會處。

贈劉叉

姚合

自君離海上，垂釣更何人！獨宿空堂雨，閑行九陌塵。避時曾變姓，救難似嫌身。何處相期宿，咸陽酒市春。

方回：劉叉豪俠之士，嘗殺人亡命。此詩殆叉之真像也。

馮舒：意謂如叉者方可垂釣耳。
馮班：次聯妙。
紀昀：第六句迂曲。

贈張質山人

先生居處僻，荆棘與牆齊。酒好寧論價，詩狂不着題。燒成度世藥，踏盡上山梯。懶聽閒人語，争如谷鳥啼。

方回：世間多怪人，喜吟詩而不切者多有之。

馮舒：「詩狂」句中有妙理，非虚谷所知。

紀昀：此「着」字作「安」字解，言詩惟興到即吟，不似他人定安題目耳。虚谷解謬。

紀昀：四句粗野，五、六又太率易，結亦粗野。

贈姚合少府

張司業

病來辭赤縣，案上有丹經。爲客燒茶竈，教兒掃竹亭。詩成添舊卷，酒盡卧空瓶。闕下今遺逸，誰瞻隱士星！

馮舒：「卧」字真妙。

紀昀：贈姚即似姚。

寄孫冲主簿公〔一四〕

低折滄洲簿，無書整兩春。馬從同事借，妻怕罷官貧。道僻收閑藥，詩高笑古人。仍聞長吏奏，表乞鎖廳頻。

方回：中四句賈浪仙相似，姚武功未及也。

紀昀：只似武功、浪仙，雖澀而不纖、不俚。

馮班：以下二首非文昌詩。

紀昀：起句「低折」二字未詳，四句太俚。

僧任懶〔一五〕

未肯求科第，深坊且隱居。勝遊尋野客，高卧看兵書。點藥醫閑馬，分泉灌遠蔬。漢庭無得意，誰擬薦相如！

方回：中四句極工。

紀昀：惟第四句略可。

紀昀：第五句太俚。

贈喻鳧

方玄英

所得非衆語，衆人那得知。纔吟五字句，又白幾莖髭。月閣欹眠夜，霜軒正坐時。沉思心更苦，恐作滿頭絲。

查慎行：末二句與三、四意複。

紀昀：矯語孤高之派，始自中唐，而盛於晚唐。由漢、魏以逮盛唐，詩人無此習氣也。蓋世降而才愈薄，内不足者不得不囂張其外。

貽錢塘縣路明府

志業不得力，至今猶苦吟。吟成五字句，用破一生心。世路屈聲遠，寒溪怨氣深。前賢多晚達，莫怕鬢霜侵。

方回：「志業」一作「志學」〔一六〕。○「又白幾莖髭」之聯與「用破一生心」之聯意相似，而「破」字未佳。

馮舒：「破」字好。

馮班：方君不解古人語。

紀昀：二聯不相上下，不於此一字論工拙。

紀昀：三、四粗野，五、六尤甚。

中路寄喻鳬

求名如未遂，白路〔一七〕亦難歸。送我樽前酒，典君身上衣。寒蕪隨楚盡，落葉渡淮稀。莫歎干時晚，前心豈便非。

方回：「盡」一作「闊」〔一八〕。○三、四見晚唐詩人其貧如此。

馮舒：何必認真？

紀昀：亦未免太爲竭蹶之音。

紀昀：五句「隨」字不穩。

永州寄翁靈舒

徐道暉

古郡百蠻邊，蒼梧九點烟。去家疑萬里，歸計在明年。風順眠聽角，樓高望見船。筠州當半道，長得秀詩篇。

方回：第六句好。眼前事，但道着便新。

陸貽典：末三句不妥。

紀昀：「四靈」不當編宋景文前。○五句拙笨。六句鄙俚。結二句不醒豁，亦無力。

寄筠州趙紫芝推官

府後巖巒衆，何時訪古仙。井甘隣室共，鐘遠雪風傳。病去茶難廢，詩多石可鐫。蜀江春未動，猶得緩歸船。

方回：三、四好。

紀昀：淺弱。

見楊誠齋〔一九〕

徐文淵

名高身又貴，自住小村深。清得門如水，貧惟帶有金。養生非藥餌，常語盡規箴。四海爲儒者，相逢問信音。

方回：三、四佳。

紀昀：亦薄。○結尤單窘。

寄酬葛天民

翁靈舒

常日已清癯，那兼日未除。傳來五字好，吟了半年餘。鐵柱天人觀，梅花處士廬。江湖正相隔，歲晚更愁予。

馮舒：都無味。

紀昀：第四句鄙極。後半稍清整，然亦是空調。

無名氏（甲）：鐵柱在豫章。

贈滕處士

識君戎馬際，今又十年餘。環海纔安息，先生便隱居。清風三畝宅，白日一床書。長是閒門掩，隣僧亦不如。

紀昀：格在中、晚之間，視中唐較淺薄，而較晚唐爲渾成。

贈葛天民

燕本昔如此，清名千載垂。誰將囊米施，自拾束薪炊。柳影連蓬閣，湖波浸竹籬。朝昏無别事，只是欲吟詩。

陸貽典：賈島，范陽人，初爲僧，號無本，故云「燕本」。

查慎行：「燕本」二字出李長吉詩，僧無本乃燕人。

紀昀：起句「燕本」二字未詳，第三句鄙。

寄幼安〔二〇〕

周信道

我屋與君室，濟河南北州。相逢楚天晚，却看蜀江流。老境渾能迥，妖氛竟未收。何時一廛地，歸種故園秋。

方回：信道與幼安俱濟南人，故所作云爾。詩意慷慨，當阜陵之時，思中原可也。

紀昀：阜陵以後不可思乎？

馮舒：有唐意。

紀昀：起四句自好。五句費解，不佳。

次韻和季長學正月二十八日出郊見寄之作

宋景文

雅俗傳祠日，州人以二十八日祠保壽侯及唐杜丞相于崇真堂。年華重宴辰。初陽澹江霧，小雨破街塵。是日雨而不濘，游人皆集。客蓋浮輕吹，齋刀儼後陳。林芳催兔目，原色換龍鱗。壤路歌聲雜，構娼舞叠新。持杯偏酬客，唯欠眼中人。

馮舒：雅麗。

紀昀：「林芳」二句皆有「崑體」組織之病，「壤路」、「構娼」字皆不佳。

寄外舅郭大夫

陳後山

槩

巴蜀通歸使，妻孥且舊居。深知報消息，不忍問何如。身健何妨遠，情親未忍〔二〕踈。功名欺老病，淚盡數行書。

方回：後山學老杜，此其逼真者。枯淡瘦勁，情味深幽。晚唐人非風、花、雪、月、禽、鳥、蟲、魚、竹、樹，則一字不能作。「九僧」者流，爲人所禁，詩不能成，曷不觀此作乎？

馮舒：以枯淡瘦勁爲杜，所以失之千里，此黄、陳與杜分歧之處。○不枯，不淡，不瘦，不勁，真認差也。○如此學杜，豈不斂手拊心？乃知後山若不入「江西派」，定勝聖俞。

馮班：方君謂：「晚唐人，非風、花、雪、月、禽、鳥、蟲、魚、竹、樹，則一字不能作。」未盡然。

查慎行：「不忍」、「未忍」犯重。四十字中何至失檢點若此？以爲偪近老杜，吾不謂然。

紀昀：晚唐人點綴景物，誠爲瑣屑陳因。然前代詩人亦未嘗不寓情於景，此語雖切中晚唐之病，然必欲一舉而空之，則主持太過。

查慎行：三、四從老杜「翻畏消息來，寸心亦何有」脱胎。

紀昀：情真格老，一氣渾成。馮氏疾後山如仇，亦不能不斂手此詩。公道固有不泯時。

無名氏（甲）：總而論之，凡詩情要深，韻要雅，格要高，律要嚴，才要富。惟老杜兼之，故出奇無窮。後山此作情韻好，故得老杜之一體，方君終不解也。

許印芳：「何」字複。

贈翁卷

劉後村

非止擅唐風，尤於選體工。有時千載事，祇在一聯中。世自輕前輩，天猶活此翁。江湖不相見，纔見又西東。

方回：後村詩比「四靈」斤兩輕，得之易，而磨之猶未瑩也。「四靈」非極瑩不出，所以難。後村晚節詩飽滿。「四靈」用事冗塞，小巧多，風味少，亦減於「四靈」也。靈舒之死最後，容續攷書。

紀昀：亦不極瑩。飽滿，「四靈」猶曰撑腸拄肚，純是「四靈」語耳。此蓋當日方言。

馮班：次聯似唐人。

查慎行：五、六不減少陵，非「四靈」可比。

紀昀：前四句鄙淺，五、六稍健而語太激。

贈高九萬并寄孫季蕃二首

諸人凋落盡，高叟亦中年。行世有千首，買山無一錢。紫髯長拂地，白眼冷看天。古道微如綫，吾儕各勉旃。

紀昀：二詩俱粗鄙。此首結句尤腐。

菊磵説花翁，飄零向浙中。無書上皇帝，有句惱天公。世事年年異，詩人箇箇窮。築臺并下榻，今豈乏英雄。

方回：高九萬詩俗甚，爲老妓詩二首尤俗於後村。孫季蕃老於花酒，以詩禁僅爲詞，皆太平時節閒人也。

查慎行：虚谷不喜「江湖」人，故於詩亦多苛論。然虚谷人品詳見癸辛雜識，詩亦俚鄙，於「江湖」乎何尤？

馮舒：此又「四靈」之曾、趙也。

查慎行：此二詩當作於江湖集劈板之後。○菊磵，九萬别號。「江湖」所稱孫花翁者，即季蕃也。

寄趙昌父

趙師秀

逃名逃未得，幾載住章泉。便使重承詔，多應不議邊。高風時所係，新集世方傳。憶就江樓别，雪晴江月圓。

方回：末句全犯無可「憶就西湖宿，月圓松竹深」，然亦可喜。

陸貽典：當南宋時而以不議邊爲上，其衰可知矣，究竟比六朝何如？

紀昀：三、四刻意做出，然較之古人沉着語，究是一種氣味。

贈賣書陳秀才

四圍皆古今，永日坐中心。門對官河水，簷依柳樹陰。每留名士飲，屢索老夫吟。最感春燒盡，時容借檢尋。

方回：陳起字宗之，睦親坊賣書開肆。予丁未至行在所，至辛亥年凡五年，猶識其人，且識其子。今近四十年，肆燬人亡，不可見矣。

查慎行：世傳江湖集乃其所刊，後刻板爲史彌遠所毁，陳緣此得罪，并嚴詩禁，史殁後方解。

紀昀：語皆淺率。起二句尤鄙。七句不解，疑是「秦燒燼」之訛。

寄新吴友人

每於樓上立，遠遠望新吴。春至山疑長，江空雨似無。懷才人盡愛，多病體常癯。若治東游策，舟行與子俱。

方回：三、四佳。

紀昀：四句自好，三句景工而語拙。

查慎行：「長」字下得新。

七言 五十八首

酬淮南牛相公述舊見貽　劉賓客

少年曾忝漢庭臣，晚歲空餘老病身。初見相如成賦日，尋爲丞相掃門人。追思往事咨嗟久，喜奉清光笑語頻。猶有登朝舊冠冕，待公三日〔二二〕拂埃塵。

馮舒：貼貼八句，只是人不可及。

查慎行：奇章於劉爲晚進。○通首跌宕可喜。

紀昀：此答思黯「曾把文章謁後塵」句，而巽言以解其嫌也。不注本事，了不知爲何語矣。語雖涉應酬，而立言委婉之中，尚不甚折身分，是古人有斟酌處。

酬太原狄尚書見寄

家聲烜赫冠前賢，時望穹崇鎮化邊〔二三〕。身上官銜如座主，幕中談笑取同年。幽并俠少趨鞭弭，燕趙佳人奉管絃。仍把天兵書號筆，遠題長句寄山川〔二四〕。

馮舒：應酬詩畢竟高不過此公。未必勝吾邑之桑翥，然桑翥至此亦不可勝。

無名氏（甲）：桑聾，謂桑柳州悦。要之明詩入唐調者甚多，其「北地派」猶之「江西派」，餘佳篇林立，總不若宋人之門外也。

查慎行：五、六較之「老將迴席」、「諸生在門」身分高下何如？

紀昀：中山乃作此鄙語。

許印芳：全首庸俗。應酬詩易犯此病，亦最忌犯此病。○「并」，平聲。

寄李蘄州

下車書奏龔黄課，動筆詩傳鮑謝風。江郡謳謡誇杜母，洛陽〔二五〕歡會憶車公。笛愁春盡梅花裏，簟冷秋生薤葉中。蘄州出好笛，并薤葉簟。不道蘄州歌酒少，使君難稱與誰同。

馮班：此首白香山作。

紀昀：前四句太庸濫。

無名氏（甲）：車胤字武子。人謂「坐無車公不樂」。

許印芳：四句用六箇古人，太堆砌，亦太猥雜。

夜宿江浦聞元八改官因寄此什

君遊丹陛已三遷，我泛滄浪欲二年。劍佩曉趨雙鳳闕，烟波夜宿一漁船。交親盡在青雲上，鄉曲遥抛白日邊。若報生涯應笑殺，結茅栽芋種畬田。

查慎行：前半兩兩分屬。

紀昀：此較疎暢，然亦不佳。○「笑殺」二字雖詩家常用，究是俚詞。

許印芳：「笑殺」二字，用之得宜，却不爲俚。但宜用之七言古體，餘體皆不宜用。此詩前半穩順，惟數目字太多，未免礙格。後半無精思健筆以振之，遂覺通體平沓，不足取矣。

贈竇五判官

韋渠牟

故舊相逢三兩家，愛君兄弟有聲華。文輝錦綵珠垂露，逸興江天綺散霞。美玉自矜頻獻璞，真金難與細披沙。終須撰取新詩品，更比芙蓉出水花。

方回：渠牟自稱重表兄弟竇庠。此詩極工。

馮班：工麗。

查慎行：既「真金」便應「披沙」，何「難」之有？當作「誰」字。似寓慨有味。

紀昀：此竟似後人應酬語。不署姓名，不知其爲唐詩矣。

酬謝韋卿廿五兄俯贈

竇庠

大賢持贈一明璫，蓬蓽初驚滿室光。埋没劍中生紫氣，塵埃瑟上動清商。荆山璞在終應識，楚國人知不是狂。莫恨伏轅身未老，會將筋力見王良。

方回：此詩亦足以當渠牟之賜。

紀昀：「賜」字太過。

紀昀：已開劍南一派。

酬竇大閒居見寄

房儒復

來自三湘到五溪，青楓無樹不猿啼。名慚竹使宦情少，路隔桃源歸思迷。鵩鳥賦成知性命，鯉魚書至恨睽攜。煩君强着潘年比，騎省風流詎可齊？

方回：竇大者名常。所寄詩後四句云：「蝸舍喜時春夢覺，隼旟行處瘴江清。新年且可〔二六〕三十二，却笑情郎〔二七〕白髮生。」故有此答。

紀昀：格亦不高，較有風調。

無名氏(甲)：三湘、五溪在湖南。桃源在武陵，今常德府。

贈商州王使君

張司業

銜命南來會郡堂，却思朝裏接班行。才雄猶是山城守，道薄初爲水部郎。選勝相留開客館，尋幽更引到僧房。明朝從此辭君去，獨出商關路漸長。

紀昀：亦庸沓無致。

同將作韋少監贈李郎中

舊年同過水曹郎，各罷魚符自楚鄉。重着青衫承詔命，齊趨紫殿異班行。別來同説經過事，老去相傳補養方。憶得當時亦連步，如今獨有讀書堂〔二八〕。

紀昀：五、六自好，七句複「舊年」四句。

寄梅處士

擾擾人間是與非，官閒自覺省心機。六行班裏身常下，九列符中事亦稀。市客慣曾賒賤藥，家童驚見着新衣。君今獨得居山樂，應笑多時未便〔二九〕歸。

紀昀：鄙陋至此，而虛谷圜點之。〔按：方回在「市客慣曾賒賤藥」句旁加密點，在「家童驚見着新衣」句旁加密圈。〕

依韻和趙令時

陸陶山

無事何妨數命賓，一湖清境是西隣。栽花要與春爲主，對酒嗔將月借人。詩就彩牋舒卷玉，舞餘花椀倒垂銀。由來景物常無價，謾道錢多會有神。

紀昀：中四句全是俗格，結尤淺近。

贈别吴興太守中父學士

蓬山僊子任天真，乞領南麾奏疏頻。金鎖闕邊辭紫座，水晶宫裏約朱輪。公庭事簡煩丞掾，齋閣詩多泣鬼神。莫爲行春戀苕霅，鑾坡揮筆待詞臣。

紀昀：「泣鬼神」雖本杜詩，而用來終覺不佳，蓋與通首吉祥語不配色耳。

無名氏（甲）：湖州號水晶宫。

和開祖丹陽別子瞻後寄　陳令舉

仙舟繫柳野橋東，會合情多勞謫翁。相對一樽浮蟻酒，輕寒二月小桃風。羈懷散誕謳歌裏，世事縱横醉笑中。莫恨明朝又離索，人生何處不匆匆。

方回：陳舜俞，字令舉。嘉祐四年中制舉。坐詆新法謫南康酒税，日與劉凝之遊，遇赦不仕卒。東坡祭文深痛之。

馮班：好。

紀昀：頗有情韻，惟次句不自然。

寒食中寄鄭起侍郎　楊仲猷

清明時節出郊原，寂寂山城柳映門。水隔淡烟修竹〔三〇〕寺，路經疎雨落花村。天寒酒薄難成醉，地迥樓高易斷魂。回首故山千里外，别離心緒向誰言？

方回：中四句皆美，而下聯世人尤傳。

紀昀：此種別無深味，純以風韻取之。

紀昀：情韻并佳，一望黄茅白葦之中，見此如疏花獨笑。

許印芳：「山」字複。

次韻和内翰楊大年見寄

李虚己

鼇冠三峯碧海寬，雲謡初下藹芝蘭。探珠宫裏驪龍睡，織錦機中彩鳳盤。藥砌蒼苔錢作點，粉牆修竹玉爲竿。閒從莊蝶親鳧舄，曾得安期九轉丹。

方回：三、四頌楊文公所作如「探珠」、「織錦」。五、六言翰苑景物。又謂夢中親炙，承神仙丹點化之力，酷有「崑體」。

紀昀：「崑體」之堆垛無致者。

馮舒：總之呆。

馮班：「崑體」。

次韻和汝南秀才遊浄土見寄

長松繫馬放吟鞭，水殿沉檀一炷烟。苔破閒階幽鳥立，草芳深院老僧眠。桃花欲放條風後，茶蘗新供谷雨〔三一〕前。衰會〔三二〕賞詩多狎客，我無歧路近神仙。

方回：三、四甚佳。虚己官至工侍。初與曾致堯倡和，致堯謂：「子之詩工矣，而其音猶啞。」

虚己惘然，退而精思，得沈休文浮聲切響之説，遂再綴數篇示曾，曾乃駭然歎曰：「得之矣。」予謂此數語詩家大機括也。工而啞，不如不必工而響。潘邠老以句中眼爲響字，吕居仁又有字響、句句響之説，朱文公又以二人晚年詩不皆響責備焉。學者當先去其啞可也。亦在乎抑揚頓挫之間，以意爲脈，以格爲骨，以字爲眼，則盡之。

馮舒：骨豈在「格」？

查慎行：啞響之義，多讀多做自知之。然亦有號稱爲詩家而終身不悟者，細静工夫未講耳。學者深宜體會。○方君云：「以意爲脈，以格爲骨，以字爲眼，則盡之。」作詩奥竅，無出此矣。休文之説猶止皮毛。

紀昀：虚谷云「三、四甚佳」，連起二句觀之乃佳。○虚谷云：「不如不必工而響。」此語主持太過。○虚谷主響之説，未嘗不是，然究是末路工夫。醖釀深厚，而性情真至，興象玲瓏，則自然湧出，有不求響而自響者。又有誦之琅琅，而味之了無餘致。如嘉、隆「七子」之學盛唐，其病更甚於不響，亦不可不知。

將到都先獻樞密太尉相公

宋景文

再試州旟驗不才，却將憔悴到中臺。相車問罷同牛喘，大廈成時與燕來。守壽春日方聞爰立之拜。今日謀猷須丙魏，他年賓客但鄒枚。西園聞道餘春在，尚及花前灩灩杯。

馮班：次聯妙。

紀昀：三句太無身分，句亦不佳。第四句則不妨。五、六太犯老杜「今日朝廷須汲黯」一聯。又「丙」字亦複「牛喘」字。○後四句自排宕有氣。

無名氏(甲)：丙，丙吉；魏，魏相；鄒，鄒陽；枚，枚乘。

和致政燕侍郎〔三〕舟中寄晏尚書

公自壽州换知陳州，至是再入。

異時仙閣對三休，頓首辭榮動邃旒。疏廣故僚供祖帳，鴟夷盡室付歸舟。側階生玉懷歡宴，燕壁圖山代遠遊。新句漸高塵累少，紫芝巖曲要相求。

方回：此晏元憲公也。

紀昀：不免于冗。○鴟夷典用得不的。

無名氏(甲)：司空圖有三休亭。「側堦生玉」，謂側室生子。

送越州陸學士

梅天霞破候旗乾，鄉樹依然越絶間。挾策當年逢掖去，懷章此日繡衣還。亭餘内史浮觴水，路入仙人取箭山。牛酒盛誇先墅宴，不妨春詔得親班。

查慎行：孔靈符會稽記：「射的山西南有白鶴山，此鶴嘗爲仙人取箭，每刮土尋索，遂成此山〔三四〕。」

紀昀：亦涉應酬。○五、六太犯唐鹿門「烟横博望乘槎水」一聯。

留别虞樞密

王景文

太倉宇宙久陳陳，合與英豪共挽新。修造鳳樓須有手，住持烏寺可無人。千官禮絶三司貴，一士歸心萬國春。藉與八風吹六翮，飛騰意度不無神。

方回：劉後村續詩話云：「王質景文與王樞使公明詩云：『試看公出手，毋謂我無人。』與虞丞相云：『寄身江漢歸無所，開眼乾坤見有公。』甚雋快。但下聯云：『修造鳳樓須有手，住持烏寺可無人。』幾於自鬻矣。」

陸貽典：太倉之粟，陳陳相因，如何介「宇宙」二字？「挽新」亦無出。「烏寺」即栢臺烏府。

紀昀：首句言宇宙如太倉之陳陳相因，殊不妥。次句「挽新」二字亦不妥。

寄蘇内翰

劉景文

倦壓鼇頭請左符，笑尋潁尾爲西湖。二三賢守去非遠，六一清風今不孤。四海共知霜鬢滿，重陽曾插菊花無。聚星堂上誰先到，欲傍金罇倒玉壺。

方回：「六一清風」一聯已佳。「四海」「重陽」一聯不唯見天下人共惜東坡之老，又且開慰坡公，隨時消息，不必以時事介意也。句律悲壯豪健，人人能誦之。

紀昀：此評好。

紀昀：「六一」字用其事，非稱其號，故可對「二三」。

無名氏（甲）：「左符」即剖符，右留京，以便合符徵發也。○歐、蘇先後守潁州，潁水之尾有西湖。聚星堂，即詠雪白戰禁體，物戒用玉、鶴、梅、梨等字處。歐、蘇皆爲之。

許印方：歐陽公號六一居士，此正是稱其號。若指「六一」實事而言，則歐陽公可稱之事，有大於「六一」者矣。此詩用之非對「二三」，不過取其字面耳。○東坡和詩已抄在前。○劉季孫，字景文。

次韻劉景文見寄

蘇東坡

淮上東來雙鯉魚，巧將詩信渡江湖。細看落墨皆松瘦，相見掀髯正鶴孤。烈士家風安用此，書生習氣未能無。莫因老驥思千里，醉後哀歌缺唾壺。

方回：坡詩亦足敵景文。三、四勁健，五、六言景文家世壯烈而能詩，氣象崒屼，未易攀也。

馮舒：坡詩過景文。

紀昀：此評亦允。

紀昀：前半有致。後半極其沉着。五、六是開合句法。「書生習氣」乃指其慷慨悲歌，非謂其能詩也。下解誤。

許印芳：駁得是。按景文寄詩，首句押「符」字，此詩換「魚」字。凡和韻詩，首句不拘韻也。○本集紀批云：「後半沈鬱。」

賈麟自睦來杭復將如蘇戲贈短句

强幾聖

春風那解繫狂游，朝醉桐江暮柳州。大手千篇隨地掃，一身四海學雲浮〔三五〕。榮名不落閒宵夢，退築聊爲歲晚謀〔三六〕。老橘殘鱸猶有興，片心還起〔三七〕洞庭舟。

方回：强至幾聖，餘杭人，精於詩，有祠部集。此特其一耳。

紀昀：起得飄灑。四句「逐」訛「學」，「學」字病在着力。○「還」字複「猶」字。

許印芳：唐人皆稱七言詩爲長句。此題宜改正。

和子瞻沿〔三八〕牒京口憶西湖出游見寄

陳述古

春陰漠漠燕飛飛，可惜春風〔三九〕與子違。半嶺烟霞紅旆入，滿湖風月畫船歸。緱笙一闋人何在，遼鶴重來事已非。猶憶去年題別處，鳥啼花落客沾衣。

紀昀：殊饒情調。

寄長沙簿孫明遠

楊龜山

陽城衰晚拙催科，闔寢空慚罪已多。祭竈請隣君自適，載醪祛惑我誰過。猗猗庭倚蘭堪佩，寂寂門無雀可羅。歸去行尋溪上侶，爲投纓紱換漁簑。

方回：楊公道學大儒，詩其餘事。此篇齊整，元祐人句法也。

紀昀：板實乏韻。宋儒詩格多如斯，究非風雅的派。徒以大儒而選之，未免依草附木之見。

寄陳鼎

張宛丘

懶着青衫〔四〇〕泥醉眠，近來沽酒困無錢。常憂送乏隣僧米，何啻寒無坐客氈。直道謾憑詹尹卜，浮生已付祖師禪。祇因居士無醒日，知有淵明種秫田。

方回：元注：「陳新置九華田，自號居士。」

紀昀：三句「送乏」二字未堅老。

李光垣：「無」字三見。

長句贈邠老

衰疲坐甑極蒸噓，念子柯山守舊廬。盧叟今無僧送米，董生時有吏徵租。上書自薦心應恥，扶策躬耕計未疎。虎豹九關今肅穆，王門行看曳長裾。

紀昀：首句不灑脱。末二句不甚了了。

次韻李德載見寄

頭顱幸獲免姦鋒，甘分江湖守釣蓬。老得一州聊自慰，相望千里與誰同。已欣臺省登羣俊，猶數湖湘卧病翁。元注謂二蘇公來書云及。詩就醉餘頻走筆，待觀雲海戲羣鴻。

紀昀：首句粗鄙。○末二句乃自嘲老境頹唐之意。

李光垣：「羣」字複。

次韻陳師道無己見寄

曾文昭

故人南北歎乖離，忽把清詩慰所思。松茂雪霜無改色，雞鳴風雨不愆時。著書子已通科斗，竊食吾方逐鷺斯。便欲去爲林下友，懶隨年少樂新知。

方回：師道曾作尚書傳，故云。

馮舒：五句，若著字書，則文理通。

查慎行：「科斗」謂古文尚書。

紀昀：無新警語，而自爽健。

代祖父次韻酬羅君寶見贈

廖用中

蕭條門巷陋於顔，老去青春僅得閒。心畫傳家無計策，手談留客漫機關。静思往事千年上，俯歎勞生一夢間。多謝光臨無别意，爲聞流水與高山。

方回：廖剛字用中，南劍州順昌人。崇寧五年進士，仕至尚書。方曾大母八、九十時，陳了翁爲其世綵堂詩，後達高廟乙覽。此代祖父次韻，細潤。有集曰高峯。

紀昀：穩愜不支。

許印芳：「晝」音或。「無」字複。

寄靈仙觀舒職方學士

楊文公

緑髮郎潛不記年，却尋丹竈味靈篇。華陰學霧還成市，彭澤横琴豈要絃。曉案祇因飡沆瀣，夜灘誰見弄潺湲。須知吏隱金門客，待乞刀圭作地仙。

紀昀：似義山不經意應酬詩。

無名氏(甲)：華陰張楷字公超。能爲五里霧，所居成市。

又

錢思公

方瞳玄髮粉爲郎，絳闕齋心奉紫皇。徵士高懷雲在嶺，騷人秋思水周堂。閒園露草開三徑，靈宇華燈燭九光。知有美田堪種玉，幾時春渚逐歸艎。

紀昀：不及大年作。◎首句「粉爲郎」三字不佳。

又

劉子儀

石渠仙署久離羣，抗蹟丹臺世絶倫。揚子不甘嘲尚白，漆園終許自全真。紫烟深處鸞雙舞，朱髓成來鳥共伸。若向雲中見雞犬，可能渾望姓劉人。

馮班：似皮、陸。

紀昀：亦不及大年作。結句點綴小有致。

答内翰學士

舒雅

清貴無過近侍臣，多情猶隱舊交親。金蓮燭下裁詩句，麟角峯前寄隱淪。和氣忽飄燕谷暖，好風隨起謝庭春。緘藏便是山家寶，留與兒孫世不貧。

馮舒：此必韓熙載，不則徐氏昆仲也。

馮班：此是答楊文公耳。○氣概。

查慎行：第六句寒乞相。

紀昀：此更應酬庸近之筆，又不及錢、劉二作。

寄荆南故人

章冠之

餘生自拼一虚舟，未害尋詩慰客愁。梅欲飄零猶醖藉，柳纔依約已風流。關心弟妹無黄犬，入夢江湖有白鷗。别後故人相念否，東風應倚仲宣樓。

馮舒：三、四宋句，亦得。

陸貽典：起句亦太拙。

紀昀：三、四有致，通體風味特佳。

許印芳：「風」字複。○章甫字冠之。

和趙宣二首

胡明仲

偏游南北與西東，欲訪人間國士風。處世甚疎皆笑我，宅心無累獨奇公。詩才自媿非三上，酒聖相從又一中。芍藥待開應且住，莫令清賞轉頭空。

紀昀：三、四作意跳脱，而仍不免於庸沓。

冠月裾雲佩緑霞，百年將此送生涯。愁心别後無詩草，病眼燈前有醉花。落筆擅場聊寫意，背山臨水遂成家。也須南畝多栽秫，休似東陵只種瓜。

方回：致堂先生大手筆。讀史管見、崇正辨之餘，成此詩耳。

紀昀：不必如此支蔓，二書何預於此詩？

馮班：結趁韻。

紀昀：此首特佳，道學詩之不涉道學者。

贈胡衡仲

楊誠齋

風騷堂上徑雄趨，不作俳辭笑已乎。紙落烟雲春醉旭〔四一〕，氣含蔬筍薄僧殊。夜來霜月千家滿，雨後風埃半點無。安得與君幽討去，一觴一詠惱西湖。

方回：當改，以用二僧事也。

馮班：旭豈僧乎？

馮班：不作李太白，豈佳語？遂雄趨風騷堂上乎？○「醉旭」非僧事。○「僧殊」無謂。○第四句不妥。

查慎行：「笑已乎」出青蓮詩。

紀昀：「笑矣乎」太白集中篇名。四句事太近，宋人好用當代事，亦是一病。

嚴州贈姜梅山

陸放翁

故人玉骨已生苔，謂南澗公。晚與君游亦樂哉。湖寺繫舟無夢去，京塵馳騎有詩來。醉中不敢教兒誦，看處常須盥手開。彈壓風光須健筆，相期力斡萬鈞回。

方回：放翁爲嚴州，姜特立在婺，以詩寄之，故有此作。五、六佳。

紀昀：亦應酬凡近語。

寄姜梅山雷字詩

章臺官柳映宫槐，寶馬蹄輕不動埃。只怪好詩無與敵，誰知古學有從來。江山常逐客帆遠，歲月不禁衙鼓催。剩約東隣投浄社，高情千載友宗雷。

方回：三、四乃教人作詩之法。不可强揠，必有本者如是。

紀昀：其理甚是，而其句不佳，所謂酸餡氣也。

無名氏（甲）：「浄社」，即白蓮社，晉僧慧遠與宗炳、雷次宗結社於此。

和陸放翁見寄

姜梅山

遥知三徑長荒苔，解組東歸亦快哉。津岸紛紛羣吏去，船頭衮衮好山來。平時佳客應相過，勝日清樽想屢開。若許詩篇數還往，直須共挽古風回。

方回：此姜特立答和放翁詩。三、四佳。陸集並無姜詩。

紀昀：此句未詳。

紀昀：疎爽，勝放翁贈詩。

許印芳：放翁贈詩末云：「彈壓風光須健筆，相期力斡萬鈞回。」此詩末聯正答其意。○「數」音朔。○姜特立，字邦傑，號梅山。

和陸郎中放翁

午庭風雨撼高槐，一洗城頭十丈埃。老子坐間尋句好，故人門外寄詩來。勁鋒久服穿楊妙，鈍思深慚擊鉢催。清佩左符君未可，要聽吟思發春雷。

方回：此放翁爲禮部時倡和詩也。

紀昀：此有野氣。

寄汪尚書

五十年間歎闊疏，相忘兩地復江湖。書來筆底驚强健，詩去吟邊想步趨。好對青山看歌舞，莫嫌紅粉笑髭鬚。鳳毛已有哦松韻，尚記金華舊範模。

方回：五、六出奇，不可束縛。

馮班：五、六真白傳矣。餘未稱。

查慎行：「今日頭盤三兩擲，翠娥應笑白髭鬚。」香山句也。第六句本此。

張載華：蒿廬夫子云：「今日頭盤」二句乃微之詩，非樂天詩也。

紀昀：四句欠自然。

和姜梅山見寄

汪大猷

投分雖深迹却疏，君居東婺我西湖。兒曹方喜承毛檄，父執應容效鯉趨。慨念舊遊多宿草，舊同官六十餘人，今唯大猷與公獨存。僅餘二老見霜鬚。詩來喚起相思夢，又向梅山得楷模。

方回：此尚書汪公酬姜之詩。五、六亦老筆。

答山谷先生

高子勉

四篇詩得裏蹄金，妙旨初臨法語尋。要我盡除兒子氣，知公全用老婆心。平章許事真難可，付囑斯文豈易任。感激面東垂涕泗，高山從此少知音。

方回：高荷子勉，江陵人。五言律三十韻，贄見山谷。中有曰：「蜀天何處盡，巴月幾回彎。點檢金閨彥，飄零玉笥班。」尚全宗廟器，猶隔鬼門關。」山谷賞之，遂知名。和山谷六言皆佳，蠟梅絶句尤奇。和王子予章華碑有云：「威强九鼎懼，喪亂一臺成。」亦可喜。後知涿州卒。詩入「江西派」。芍藥詩云：「勃興連轂雨，閏位次花王。」春盡詩云：「佳人鬭草百，稚子擊毬雙。」謁馬中玉云：「辨雖豪白馬，讒亦困青蠅。」皆可取。

馮舒：如此惡詩，非「江西」惡派無處收拾。

紀昀：通體粗鄙，三、四尤甚。

寄文潛無咎少游三學士

陳後山

北來消息不真傳〔四二〕，南度相忘〔四三〕更記年。湖海一舟須此老，蓬瀛方丈自非仙〔四四〕。數臨黄卷聊遮眼，穩上青雲小着鞭。李杜齊名吾豈敢，晚風無樹不鳴蟬。

方回：元祐初晁、張俱召試入館，後山於二年四月始得官，故進二公於富貴，而猶欲其驟進也。「青雲小着鞭」，本白樂天贈乃兄詩語也。

馮舒：「方丈」如何對「一舟」？而「江西」反以爲佳，真惡派。

紀昀：峭健而不乏姿韻。◯結得別致。

許印芳：「數」音朔。

寄秦州曾侍郎 子開

八年門第故違離，千里河山費夢思。淮海風濤真有道，麒麟圖畫豈無時。今朝有客傳何尹，是處逢人説項斯。三徑未成心已具，世間惟有白鷗知。

紀昀：「有道」，用列子孔子見人游吕梁事，殊晦澀。後四句筆力雄拓，氣脈完足。

寄侍讀蘇尚書

六月西湖早得秋，二年歸思與遲留。一時賓客餘枚叟，在處兒童説細侯。經國向來須老手，有懷何必到壺頭。遥知丹地開黄卷，解記清波没白鷗。

方回：此規東坡以進用不已，恐必有後患也。乃是潁州召入時後，又有寄送定州蘇尚書詩，亦云「海道無違具一舟」，君子愛人以德如此。
馮舒：二詩亦得。
紀昀：規戒語以婉約出之，故是詩人之筆。
許印芳：西湖有四，一在鄢陵，一在許昌，一在杭州，一在潁州。此指潁州之西湖言。枚叟自比，細侯比蘇。「有懷」句用馬伏波征五溪蠻事。伏波年踰六十，五溪之行，知進而不知退，卒之壺頭失利，病疫而殁，後山蓋以此規東坡也。壺頭，山名，借對「老手」，不覺其纖。上句虛，下句實，亦不覺其偏重。蓋能以意運典，不爲故事所拘。且筆勢排宕，無死於句下之病。此等可以爲法。末句指老杜「白鷗没浩蕩」詩，以全身遠害望之也。○八句皆對。

贈田從先

衣冠魯國動成羣，憂患相從只有君。落筆如流寧蹈襲，行前應敵却紛紜。愧非伏老成和伯，喜有侯芭守子雲。意氣有餘工用少，相忘千里定能勤。
方回：晚唐詩諱用事，然前輩善作詩者必善於用事。此於師弟子間引兩事用之，有何不可？
馮班：晚唐並不諱用事。
紀昀：此論最是。

紀昀：此首嫌有「江西」楂牙之氣。

贈王聿修商子常

欲作新詩挑兩公，含毫不下思無窮。貪逢大敵能無懼？强畫修眉每未工。長病忍狂妨痛飲，晚雲朝雨滯晴空。正須好句留春住，可使風飄萬點紅。

方回：「能」字、「每」字乃是以虚字爲眼。非此二字，精神安在？善吟詠古詩者，只點綴一、二好字高唱起，而知其用力着意之地矣。

馮舒：渾是鬼話。

馮班：此説最害事。

紀昀：此種議論似獨得悟門，而實則魔趣。

紀昀：語亦健峭。〇五、六是就句對法。

許印芳：詩家語助詞，反用者多，如此詩三句所謂「能」者，豈能也。八句所謂「可」者，豈可也。初學宜知之。〇五、六就句對本是常格，而上句説情，下句説景，却是變格。虚谷知講變格，此聯却又不講，何也？

贈漳州守綦叔厚

陳簡齋

過盡蠻荒興復新，漳州畫戟擁詩人。十年去國九行旅，萬里逢公一欠伸。王粲登樓還感慨，紀瞻赴召欲逡巡。繩床相對有今日，賸醉齋中軟脚春。

紀昀：「一欠伸」三字不妥。

寄德升〔四五〕大光

君王優詔起羣公，也置樵夫尺一〔四六〕中。易着青衫隨世事，難將白髮犯秋風。共談太極非無意，能繫蒼生本不同。却倚紫陽千丈嶺，遥瞻黄鵠九霄東。

馮舒：做的不妨，選的不是。

馮班：「東」字趁韻。

紀昀：看似率易，而筆力極爲雄闊。

鵝湖示同志

陸九齡

孩提知愛長知欽，古聖相傳只此心。大抵有基方築室，未聞無址可成岑。留情傳注翻榛塞，着意精微轉陸沉。珍重友朋勤切琢，須知至樂在於今。

方回：復齋先生陸公九齡，字子壽，撫州金谿人。父賀生六子，公居第五。乾道四年由太學第進士，初授桂陽教，改興國教，以憂去。尋調全州教，未上卒，淳熙七年九月也，年四十九。其生紹興四年甲寅，少文公四歲。文集共有詩十一首云。

馮舒：做的不妨，選的不是。看此等詩則滄浪「非關理也」之說不謬。

馮班：此都無與於詩，三百篇不如是。○嚴滄浪云：「詩有別趣，非關理也。」正爲此輩下。然以「別趣」言詩，亦未是正法眼藏。

紀昀：此三詩乃虛谷借存公案，以見依附紫陽之意，皆不必以詩論之。

和鵝湖教授韻

陸子静

墟墓興哀宗廟欽，斯人千古不磨心。涓流積至滄溟水，拳石崇成太華岑。易簡工夫終久大，支離事業竟浮沉。欲知自下升高處，真僞先須辨只今。

方回：象山先生陸公九淵，字子静，行居第六。乾道八年進士，東萊吕成公爲考官，實識其文。初授靖安簿。丁憂，再調崇安簿。擢國子正，勅令所删定官，將作監丞，後省疏駁與祠。光宗初，除知荆門軍。紹興二年〔四七〕九月至郡，三年十二月卒，年五十四。其生紹興九年己未，少文公九歲。○文集共有詩二十三首，本集及朱文公年譜末句並作「真僞先須辨只今」，鄭景龍江湖詩續選作「真僞先須辨古今」，恐當以集本爲正。○按陸氏兄弟之學，在求其本心而已。人之心本善，無不善。其所以不善者，非本心也。孟子之説亦如此。故子壽詩起句云：「孩提知愛長知欽，古聖相傳只此心。」子静亦云：「墟墓興哀宗廟欽，斯人千古不磨心。」此皆指其心之本然者以示人也。然聖賢所言正心、養心、存心、操心，於以維持防閑夫此心者，非一端也。是故大學以致知格物在誠意之先，而誠意又在乎正心之先。心之所以必得其正者，其道由此。而陸氏兄弟徑去此一段，不復於此教人用力，特以爲一悟本心而可以爲聖賢。今日愚夫也，而一超直入悟此心之本善，則堯、舜在是矣。故吾朱文公非之，不以二陸爲然。

紀昀：此種論議自不錯。然此論詩之書，非講學之書也。

馮班：道學頁子，非詩也。

次韻

朱文公

德義風流夙所欽，别離三載更關心。偶扶藜杖出寒谷，又枉籃輿度遠岑。舊學商量加邃密，新知培養轉深沉。却愁説到無言處，不信人間有古今。

方回：朱文公，徽州婺源人。父松，吏部郎官。季父槔槔，以建炎四年庚戌九月甲戌生於尤溪。慶元六年庚申三月甲子卒，年七十一。十一月葬建陽縣唐石大林谷。壻黄榦爲行狀，門人李方子爲編年，至蔡謨爲年譜益詳。○按年譜淳熙二年乙未夏五月，東萊呂公來訪，講學於寒泉精舍，留止旬日，餞東萊至鵝湖，陸九齡子壽、九淵子静、劉清之子澄來會，相與講其所聞。二陸俱執己見，不合而罷。○又曰：「鵝湖辨論，今無所考。」按是時子壽有詩云云，文公和云云，子静和云云。以詩觀之，則學之同異亦可見矣。其後子壽頗悔其非，而子静則終身守其説不變。○按淳熙乙未，朱文公年四十六歲，陸子壽四十二歲，子静三十七歲，東萊三十九歲，劉子澄候攷。子静是時以年少英鋭之氣，肆其唐突。兄弟二詩，詞意皆頗不遜，公然詆文公爲「榛塞」、「陸沉」，又曰「支離事業竟浮沉」，而文公和之，詞意渾厚，以「邃密」、「深沉」奬借之，冀其自悟。而二陸根本禪佛之學，不能從也。又子壽詩題云「鵝湖示同志」，且文公年爲二陸之長，仕宦輩行，蓋亦在先，而云「示同志」，亦可謂僭而不謙矣。此事天下後世知二陸之非，而「江西」學者相與掩諱，是不可不拈出垂世，此乃吾道學問一大機括也。○二陸自不當以詩人責之，二詩三、四止是一意，詩家之所不取，非如三百五篇言之不足，故詠歌之，一意而三申者也。

馮舒：何與於詩？

馮班：虚谷云：「二陸自不當以詩人責之，二詩三、四只是一意，詩家之所不取。」是。

紀昀：虚谷未論二陸云云，未嘗不是，然聖俞贈王禹玉詩「力搥頑石方逢玉，盡撥寒沙始見金」，亦是兩句一意，何以獨不言之？蓋彼爲依附元祐，故諱之。此爲欲媚紫陽，故直言之耳。

寄趙昌父

劉後村

世上久無遺逸禮，此翁白首不彈冠。一生官職監南嶽，四海詩盟主玉山。經歲著書人少見，有時入郭俗争看〔四八〕。何因樵服供薪水，得附高名野史間。

紀昀：淺俗。

寄韓仲止

昨仕京華豪未減，脱韡不問貴游嗔。詩家争欲推盟主，丞相差教作散人。閉户自爲千載計，入山又忍十年貧。幾思投老從公去，背笈攜琴澗水春。

紀昀：前四句粗疏，後四句較可。

贈陳起

陳侯生長紛華地，却似芸香自沐薰。鍊句豈非林處士，鬻書莫是穆參軍。雨簷兀坐忘春去，雪屋清談至夜分。何日我閒君閉肆，扁舟同泛北山雲。

方回：此所謂賣書陳彦才〔四九〕，亦曰陳道人。寶慶初以「秋雨梧桐皇子府，春風楊柳相公橋」詩爲史彌遠所黥。詩禍之興，捕敖器之、劉潛夫等下大理獄，鄭清之在瑣闥止之。予及識此老，屢造其肆。别有小陳道人，亦爲賈似道編管。

馮班：此所謂臨安陳解元也。次聯好在用宋朝人比他。○「處士」、「參軍」，只用近代人事，最穩切，讀者解否？

紀昀：此卷一望如黄茅白葦，翹楚一、二而已。選詩如此，真塵劫也。

校勘記

〔一〕猜錢　張載華：「猜」一作「支」，或是「請」之訛。　〔二〕獻戎詩　紀昀：「戎」字再校，或有脱字。　〔三〕八斗　馮班：「斗」當爲「米」。「八米」是盧思道事，何得改「八斗」？　無名氏(甲)：「八斗」言其大，「八米」言其精，俱可用。然對「三台」，似乎「八斗」官樣。　〔四〕千山　馮班：「山」一作「峯」。　〔五〕鬢髮　馮班：「鬢」一作「疎」。　〔六〕在田郎　馮班：「在」一作「待」。　〔七〕總亦　李光垣：「總亦」應作「亦總」。　〔八〕離故鄉　馮班：「離」一作「憶」。　許印芳：「離」與首句犯複，不可從。　〔九〕宣政召　馮班：「政」一作「室」。　〔一〇〕媿頑疎　馮班：「媿」一作「棄」。　〔一一〕映硯　馮班：「映」一作「飲」。

〔一二〕時見　按：「見」字原缺，據康熙五十二年本、紀昀刊誤本校補。〔一三〕雨過　按：「公」字「過」原作「餘」，據康熙五十二年本、紀昀刊誤本校改。〔一四〕主簿公　李光垣：「公」字衍。〔一五〕僧任懶　紀昀：「懶」字再校。〔一六〕一作志學　紀昀：作「志學」好。〔一七〕白路　馮班：「路」當作「首」。紀昀：「白路」二字未詳，再校。〔一八〕一作闊　紀昀：「闊」字好。〔一九〕見楊誠齋　按：康熙五十二年本、紀昀刊誤本「見」作「投」。〔二〇〕寄幼安　紀昀：觀三句「相逢」字必非遥寄，「寄」蓋「贈」字之訛。〔二一〕未忍　張載華、李光垣：「忍」，集本作「肯」。〔二二〕三日　馮班：「日」當作「入」。何義門：唐詩紀事載「三日」，事最附會，應從宋本作「三入」。〔二三〕化邊　馮班：「化」一作「北」。〔二四〕山川　馮班：「山」一作「三」。〔二五〕洛陽　馮班：「陽」一作「城」。〔二六〕且可　馮班：「且」一作「正」。〔二七〕情郎　馮班：「情」當作「潘」。〔二八〕有讀書堂　馮班：「有讀」一作「在講」。〔二九〕未便　馮班：「便」當作「辦」。〔三〇〕修竹　按：「修」原作「疎」，據康熙五十二年本、紀昀刊誤本校改。〔三一〕谷雨　李光垣：「穀」訛「谷」。〔三二〕衰會　李光垣：「哀」訛「衰」。〔三三〕燕侍郎　馮班、無名氏（甲）：「燕」當作「晏」。〔三四〕此山　張載華：「山」或作「名」。〔三五〕學雲浮　紀昀、許印芳：「學」當作「逐」。〔三六〕歲晚謀　李光垣：「晚歲」訛「歲晚」。〔三七〕還起　許印芳：「還」當作「遥」。〔三八〕子瞻沿　李光垣、許印芳：「沿」當作「公」。〔三九〕可惜春風許印芳：「春風」與前後重複，不可從，當作「芳時」。〔四〇〕懶着青衫　馮班：「懶着」一作「憶昔」。〔四一〕春醉旭　查慎行、紀昀：「春」字訛，再校。〔四二〕不真傳　許印芳：「不」與末句複，當作「少」。〔四三〕相忘　許印芳：「忘」當作「思」。〔四四〕非仙　李光垣：「飛」訛「非」。〔四五〕德升　按：「升」原訛作「光」，據康熙五十二年本、紀昀刊誤本校改。〔四六〕尺一　查慎行：原訛作「一尺」。〔四七〕紹興二年　紀昀：「紹興」二字再校。〔四八〕争看　按：「争」原作「曾」，據康熙五十二年本、紀昀刊誤本校改。〔四九〕彦才　查慎行：「彦」當作「秀」。

瀛奎律髓彙評卷之四十三　遷謫類

遷客流人之作，唐詩中多有之。伯奇擯，屈原放，處人倫之不幸也。或實有咎責而獻靖省循，或非其罪而安之若命，惟東坡之黄州、惠州、儋州尤偉云。

紀昀：古名人之遷謫者，豈止東坡？何得獨曰「尤偉」！

五言　二十首

初到黄梅臨江驛

宋之問

馬上逢寒食，途中屬暮春。可憐江浦望，不見洛陽人。北極懷明主，南溟作逐臣。故園腸斷處，日夜柳條新。

方回：之問之爲人不足道也，然唐律詩起於之問與沈佺期。此詩貶瀧州參軍時所作，坐媚張易之事而敗。其早發韶州律詩有云：「珠厓天外郡，銅柱海南標。日夜晴明少，冬春霧雨饒。身經山火熱，顔入瘴江銷。觸景含沙怒，逢人毒草摇。霧濃看袂濕，風颶覺船飄。」又如發藤州云：「雲峯刻不似，苔壁畫難成。霖裛千花氣，泉和萬籟聲。戀結芝蘭砌，悲纏梧櫝塋。」如發端州云：「人意長懷北，江行日向西。破顔看鵲喜，拭淚聽猿啼。」如「失意潛行蠱，猜顔輟報雠」，如「吴將水爲國，楚用火耕田」，皆佳。此篇「北極」、「南溟」一聯，老杜「北闕心長戀，西江首獨回」，亦何以異乎？乃知以言語文字取人，工則工矣。又當觀其人之心行爲如何？之問後逃還，爲考功，復以醜行貶越州長史，流欽州，賜死桂州。故曰其爲人不足道也。

紀昀：此論已見越王臺詩下。

馮班：五、六妙極。○忠厚有體。

紀昀：次句「途中」即「馬上」，「暮春」即「寒食」，未免合掌。○和平温厚，不爲怨怒之詞，蹶蹙之音。以詩而論，固自不愧古人。

寄遷客

張　祜

萬里南遷客，辛勤嶺路遥。溪行防水弩，野店避山魈。瘴海須求藥，貪泉莫舉瓢。但能堅志義，白日甚昭昭。

馮班：妙極，真詩人之文也。後四句沈、宋不過矣。
紀昀：純作戒詞，立言有體，愈於感慨之言。末二句立意尤正大，惜其詞未工，病在「甚昭昭」三字太腐氣。
無名氏(甲)：「水弩」，即蜮，有箭射人。地有貪泉，飲之者多黷賄，惟吳隱之偏酌而不改其廉。

寄流人

項　斯

毒草不曾枯，長流客健無。霧開蠻市合，船散海城孤。象跡頻驚水，龍涎遠閉珠。家人秦地老，泣對日南圖。
紀昀：「頻驚水」三字不妥，中四句亦不串首尾。

送流人

司空曙

聞説南中事，悲君重竄身。山村楓子鬼，江廟石郎神。童稚留荒宅，圖書託故人。青門好風景，爲爾一沾巾。
馮班：哀哉！
紀昀：有「聞説」二字，三、四便有根。不似項詩癡徵土風，只如自説所歷。○五、六淒楚。

無名氏(甲)：粵俗好巫鬼，故凡樹石之異者多列祭祀。

送流人　王　建

且説長沙去，無親亦共愁。陰雲鬼門夜，寒雨瘴江秋。水國山魈引，蠻鄉洞主留。漸看歸處遠，垂白住炎洲。

紀昀：中四句太冗砌，七句太拙笨。

送人流雷州　楊　衡

逐客指天涯，人間此路賒。地圖經大庾，水驛過長沙。臘月雷州雨，秋風桂嶺花。不知荒徼外，何處有人家。

方回：此五首大抵相似。唐人之所長，而宋人多不爲之，惟梅聖俞集有此調度，多是作送人之官詩耳。

紀昀：中四句用地名，頗爲礙格，與伯玉「遥遥去巫峽」一首自敍長途所歷者不同。

無名氏(甲)：雷州，在廣東，經大庾嶺。

遷客〔一〕

張司業

去去遠遷客，瘴中衰病身。青山無限路，白首不歸人。海國戰騎象，蠻州市用銀。一家分幾歲〔二〕，誰見日南春。

方回：唐人有長流者，恐此亦是寓言，無其人而立此題。

馮舒：無其人，安用作此不祥語？

紀昀：長流豈有寓言者？不書其人姓名，或諱其人，或其人無足重輕耳。虛谷論謬極。

查慎行：唐時用錢不用銀，第六句可考。

紀昀：五、六太率易。七句不明晰，再校。

獨向長城北，黃雲暗塞天。流名屬邊將，舊業作公田。擁雪添軍壘，收冰當井泉。知君住應老，須記別鄉年。

方回：此乃没家資配邊戍者。果有之，亦可憐。

馮班：寄流人。

紀昀：此首較清妥，然亦無深味。

黔中書事　竇羣

萬事非京國，千山擁麗譙。佩刀看日曬，賜馬傍江調。言語多重譯，壺觴每獨謠。沿流如着翅，不敢問歸橈。

方回：竇羣字丹列，德宗時布衣，召除右拾遺。憲宗時以御史中丞舉職太過，出觀察黔中。此乃左遷時詩也。尾句尤佳，江流雖遠，而不敢言歸云。

紀昀：「刀」何用曬？當指其匣。○「如着翅」者，順流如飛之謂，殊嫌其鄙。

無名氏（甲）：黔今貴州。

謫至千越亭作　劉長卿

天南愁望絶，亭上柳條新。落日獨歸鳥，孤舟何處人。生涯投越徼，世業陷胡塵。杳杳鍾陵暮，悠悠番水春。秦臺悲白首〔三〕，楚澤怨青蘋。草色迷征路，鶯聲傍逐臣。獨醒翻引笑，直道不容身。得罪風霜苦，全生天地仁。青山數行淚，滄海一窮鱗。牢落機心盡，唯應〔四〕鷗鳥親。

方回：此詩所賦〔五〕四聯可賞，而「得罪風霜苦，全生天地仁」，尤佳。長卿詩謂之「五言長城」，世稱劉隨州。然不及老杜處，以時有偏枯。

馮舒：器局思路，事事不如老杜，時代使然。止曰偏枯，非知詩者。

馮班：長卿大略小。○虚谷云：「不及老杜處，以時有偏枯。」亦不在此。

紀昀：不及處不在偏枯。

馮舒：清華。

馮班：忠厚之至。

陸貽典：番，即鄱陽湖。

紀昀：「獨醒」一聯太淺率，亦太激訐。下二句則詩人之筆矣。

無名氏(甲)：千越亭，在江西。

許印芳：原詩共十韻，「怨青蘋」以下有四句云：「草色迷征路，鶯聲傍逐臣。獨醒翻引笑，直道不容身。」「草色」二句亦佳，惟「獨醒」二句太露，曉嵐抹而删之。但删此聯，韻數單而不雙，有乖體製。遂併「草色」一聯删之，如此則爲完璧矣。○「生」字、「天」字、「青」字俱犯複。

月下呈張秀才

自古悲摇落，誰家奈此何。夜螢偏傍枕，寒鳥數移柯。向老三年謫，當秋百感多。貧家唯有月，空愧子猷過。

方回：此遷謫中作，八句皆有味。

紀昀：天然湧出，格韻渾成。

許印芳：「家」字複。

北歸次秋浦界清溪館

萬里猿啼斷，孤村客暫依。雁過彭蠡暮，人向〔六〕宛陵稀。舊路青山在，餘生白首歸。漸知行近北，不見鷓鴣飛。首二句一作「萬古啼猿後，孤城落日依〔七〕」。

方回：末句最新。此公詩淡而有味，但時不偶，或有一苦句。

紀昀：隨州以格韻勝，不以淡勝。自古詩集豈能聯聯工緻，寧獨隨州？苦語亦詩家之常，又豈能篇篇矯語高尚？

馮班：八句俱有味。

紀昀：三、四自然清遠。〇首二句一作「萬古啼猿後，孤城落日依」。此本不可從。

無名氏（甲）：館在今池州。鄱湖，在江西饒州。宛陵，今寧國府。

送客南遷

白樂天

我説南中事，君應不願聽。曾經身困苦，不覺語丁寧。燒處愁雲夢，波時憶洞庭。春畬烟勃勃，秋瘴霧冥冥。蚊蚋經冬活，魚龍欲雨腥。水蟲能射影，山鬼解藏形。穴掉巴蛇尾，林飄鴆鳥翎〔八〕。颶風千里黑，薮草四時青。客似驚弦雁，舟如委浪萍。誰人勸言笑，何計慰漂零！慎勿琴離膝，長須酒滿瓶。大都從此去，宜醉不宜醒。

方回：樂天一貶江州司馬，移忠州刺史，後歸朝爲中書舍人，出知杭州，召復爲蘇州，未嘗遠貶。其始借此爲題，以誇筆端之富，妙於鋪敍南土風景歟？微之相與倡和，尤長於斯。予所選五言律，止於十韻。惟此至十二韻，亦破例也。

紀昀：「雲夢」、「洞庭」，明言其地，「曾經」句亦豈捏造耶？○「破例」云云，不知有何例？

馮班：二聯説開。

查慎行：工於鋪叙。元、白擅長在此。

紀昀：敷衍是香山家法。此首序次整潔，措詞亦雅，不妨存此一格。○結亦竭情。然長慶集自爲門户，不能以古法繩之。

無名氏（甲）：「薮草」，燒而復出，故常青。

戲題巫山縣用杜子美韻

黄山谷

巴俗深留客，吴儂但憶歸。直知難共語，不是故相違。東縣聞銅臭，江陵換裌衣。丁寧巫峽雨，慎莫暗朝暉。

方回：山谷以紹聖元年甲戌，朝旨於開封府界居住。取會史事，二年乙亥謫黔州，實甲戌十二月之命。是年四月二十三至摩圍，元符元年戊寅六月改元。去年紹聖四年丁丑十二月，避使者張向嫌移戎州。今年六月至僰道。三年庚辰正月，徽廟登極。五月得鄂州監鹽，十月寧國僉判，十二月離戎州。建中靖國元年辛巳至峽州，乃後始有舒州之命，吏郎之召，改知太平州等事，蓋流離跋涉八年矣，未嘗有一詩及於遷謫，真天人也。此出峽詩起句，有石本作「巴俗殊親我，吴儂但憶歸」，細味則改本爲佳。「直知難共語，不是故相違。」此老杜句法。巴人相留非不用情，奈不可與語，所以去之。此有深意。「東縣聞銅臭」者，蜀人用鐵錢，過巫山始用銅錢。山谷舊改此句，謂乃退之「照壁喜見蝎」之意。予以爲即班超「生入玉門關」之意也。「江陵換裌衣」，紀時序，亦見天氣漸佳。尾句殊工〔九〕，有憂時之意。建中改紀，熙、豐之黨不樂，想是已見萌芽，必亦有所深指，謂不可以雲雨蔽太陽也。學老杜詩當學山谷詩，又當知山谷所以處遷謫而浩然於去來者，非但學詩而已。

馮舒：學老杜尚謬而爲山谷，學山谷差到何處？譬如學書，言學顔先學蘇可乎？

馮班：「學老杜詩當學山谷詩。」此却無不可。○「未嘗有一詩及於遷謫。」此佳事，可用。

紀昀：「巴人相留非不用情，奈不可與語，所以去之。」此仍解石本二句，改本乃「信美非吾土」意。○「尾句殊工，有憂時之意。建中改紀，熙、豐之黨不樂，想是已見萌芽，必有所深指，謂不可以雲雨蔽於太陽也。」此解是。○「學老杜詩，當學山谷詩。」此虛谷一生歧路。

馮舒：如此亦得。○「銅臭」字儘粗。

馮班：太露，少鼓致。○次聯二句不好。○「聞銅臭」既非佳語，意尤晦。○結聯二句，好意。

查慎行：此詩訛入東坡集。

紀昀：五句不雅。

十二月十九日夜中發鄂渚曉泊漢陽親舊載酒追送聊爲短句

接淅報官府，敢爲王事程。宵征江夏縣，睡起漢陽城。隣里煩追送，杯盤瀉濁清。祇應瘴鄉老，難答故人情。

方回：建中靖國元年辛巳夏，山谷至江陵，召至吏部，即病癰不能入朝，乞知太平州。崇寧元年壬午春，還江西。六月初九日，太平州到任，九日而罷，九月至鄂渚寓居。二年癸未，以荆南作承天塔記，運判陳舉承望趙挺之風旨，摘謂幸災，除名編隸宜州，十二月十九日啓行。此詩亦無一毫不滿之意，而老筆與少陵詩無以異矣。○試通前詩論之，「直知難共語，不是故相違」。即老杜詩「直知騎馬滑，故作泛舟回」也。凡爲詩，非五字、七字皆實之爲難，全不必實，而虚字有力之爲難。「紅入桃花嫩，青歸柳葉新。」以「入」字、「歸」字爲眼。「凍泉依細石，晴雪落長松。」以「依」字、「落」字爲眼。「欅柳枝枝弱，枇杷樹樹香。」以「弱」字、「香」字爲眼。凡唐人皆如此，賈島尤精，所謂「敲門」、「推門」，争精微於一字之間是也。然詩法但止於是乎？惟晚唐詩家不悟。蓋有八句皆景，每句中下一工字，以爲至矣，而詩全無味。所以詩家不專用實句、實字，而或以虚爲句，句之中以虚字爲工，天下之至難也。後山曰：「欲行天下獨，信有俗間疑。」「欲行」、「信有」四字是工處。「剩欲論奇字，終能諱秘方。」「剩欲」、「終能」四字是工處。簡齋曰：「使知臨難日，猶有不欺臣。」「使知」、「猶有」四字是工處。他皆倣此。且如此首「宵征江夏縣，睡起漢陽城」，又與「氣蒸雲夢澤，波動岳陽城」不同，蓋「宵征」、「睡起」四字應「接淅」之意，聞命赴貶，不敢緩也，與老杜「下牀高數尺，倚杖没中洲」句法一同。詳論及此，後學者當知之。

馮舒：俱旁門小乘語。

馮班：「以虚字爲工，天下之至難也。」不然。○盲論。○「與老杜『下牀高數尺，倚杖没中洲』句法一同。」不同。

紀昀：「而老筆與少陵詩無以異矣。」好在和平，然未免枯槁。以爲無異老杜，則不然。○虚谷平生見解盡於此段，平生偏僻亦盡於此段。

懷遠

陳後山

海外三年謫，天南萬里行。生前只爲累，身後更須名？未有平安報，空懷故舊情。斯人有如此，無復涕縱横。

方回：東坡以紹聖四年丁丑謫儋州，至元符二年己卯三年矣。生前以名爲累，故至此，豈復要死後名乎？「無復涕縱横」，謂涕已爲公竭也。

紀昀：末句所謂人生到此，夫復何言？惟以冥情處之耳。語至沉痛，虚谷所解淺矣。

馮班：似杜。〇落句亦不佳。

查慎行：「更須」猶「底須」，宋人詩每如此言「不須」也。

紀昀：第三句欠明晰。

許印芳：此懷東坡詩也。如此命題，便合古法。曉嵐解末句的當，三句須合四句看，本自明晰。曉嵐以尋常對偶法，上下句截然分説者繩之，遂覺上句不明晰，謬矣。〇此一語亦極沉痛，曉嵐獨賞結句，亦是偏見。又按：後山詩鍊意鍊格，俱高出時輩。獨於字句不甚檢點，故重複處多。此詩五句，與深明閣詩犯複。又有和晁無斁偶作一首，亦懷東坡之作。起句云：

「此老三年別，何時萬里回？」亦與此詩相犯，皆瑕玷也。〇「有」字複。

宿深明閣二首

窈窕深明閣，晴寒〔一〇〕是去年。老將災疾至，人與歲時遷。默坐元如在，孤燈共不眠。暮年身萬里，賴有故人憐。

紀昀：五、六是後山獨造。

許印芳：如後文虚谷所解，此懷黄魯直詩也。題中即宜標明，或避嫌而隱其人亦宜標明有懷，或標明有感，或標明感友人事，眉目清楚，讀詩者乃識詩意所在，而無誤會之虞。今此題全不標明有所感懷，向使無人注解，讀者但據宿閣推測前詩所云，皆誤認爲後山事，後詩所云且不知其何指矣。後山詩常犯晦塞病，此題亦然，不可奉爲命題之式。〇三、四承次句來，皆指山谷言。五、六語神力絶大，後山、山谷，兩面兼到。尾句仍歸到山谷一邊。〇「年」、「人」字俱複。

縹緲金華伯，人間第一人。劇談連晝夜，應俗費精神。時要平安報，反愁消息真。牆根霜下草，又作一番新。

方回：山谷修神宗實録，蓋皆直筆。紹聖初蔡卞惡其書王安石事，摘謂失實，召至陳留問狀，寓佛寺，題曰深明閣。尋謫居黔州。紹聖三年，後山省龐丞相墓，至陳留，宿是閣，有此詩。「暮年身萬里，賴有故人憐。」謂山谷至黔，州守曹譜伯遠、倅張銑茂宗皆善待之。「牆根霜下草，又作一番新。」謂紹聖小人也。

馮舒：霜可譬小人，被霜之草可喻君子，此却反説了。

紀昀：五、六即「深知問消息，不忍道何如」之對面，從老杜「反畏消息來」句脱出，而换一「真」字，便言路遠言訛、驚疑萬狀之意，用意極其沉刻。結句託喻故不着迹，只似感傷時序者然。

許印芳：此章承前章尾聯説來，前四句是就平日爲人而想現在光景，故五、六直接平安消息云云，尾句收到深明閣，回應前章首句，法律細密。又按：二詩俱精深，惟首句同一調法，尚少變化耳。○「一」字複。

次韻無斁偶作

此老三年别，何時萬里回。更無南去雁〔二〕，猶見北枝開。會有哀籠鳥，寧須溺死灰。聖朝無棄物，與子賦歸哉。

方回：此懷東坡也。坡在儋耳三年矣。

紀昀：結得和平，詩人之筆。偶用杜句，蓋一時口熟不覺。

獨坐　任伯雨

得喪榮枯事，悠悠過耳風。此身猶是幻，何物不爲空。酒聖心常醉，詩窮語更工。小軒搔首坐，斜日滿窗紅。

方回：伯雨，字德翁。眉州人。元符諫官，坐論蔡卞等謫儋耳。有海外詩曰乘桴集。此公鐵人，詩其餘事。然此首句句工夫。

馮舒：無宋氣。

馮班：全是宋矣，然氣味自好。

紀昀：人知憤激之爲牢騷，不知作曠語更爲牢騷。此詩殊少温厚之意。

七言　三十九首

送王李二少府貶潭峽　高適

嗟君此别意何如，駐馬銜杯問謫居。巫峽啼猿數行淚，衡陽歸雁幾封書。青楓江上秋天遠，白帝城邊古木疎。聖代只今多雨露，暫時分手莫躊躇。

方回：兩謫客，李峽中，王長沙。中四句指土俗所尚，末句開以早還。亦一體也。

紀昀：中四句非土俗。方批謬甚。○虛谷論體殊陋。夫體者，例之謂也。聲調有例，不可易也。格局有例，已隨人變化矣。若詩意則惟人自運，豈有例可拘哉？

馮班：中二聯從次句生下。

何義門：中四句神往形留，直是與之俱去。結句纔非世情常語，乃嗟惜之極致也。

紀昀：通體清老，結更和平不逼。○平列四地名，究爲礙格，前人已議之。

送鄭十八虔貶台州司户參軍傷其臨老陷賊之故闕爲面别情見於詩

杜工部

鄭公樗散鬢如絲，酒後常稱老畫師。萬里傷心嚴譴日，百年垂死中興時。蒼惶〔二三〕已就長途往，邂逅無端出餞遲。便與先生應永訣，九重泉路盡交期。

方回：工部又有題鄭十八著作主人詩，七言八韻，起句云：「台州地闊海冥冥，雲水長和島嶼青。」尾句云：「窮巷悄然車馬絶，案頭乾死讀書螢。」尤爲哀痛。今此選七言律，過六韻者不收；五言律至十韻而止。蓋長篇太多，則讀者頗難精也。○按唐史鄭虔無表字，貶後數年死。

老杜度其終無量移之命，故詩云云。

紀昀：工拙不在長短。

許印芳：長篇多，何以讀者難精？此語不可解。

馮班：首四句微妙。

紀昀：一氣盤旋，清而不弱，非具大神力不能，然此只是詩家一體。陳後山始專以此見長，而「江西詩派」源出老杜之説亦從此而興，杜實不以此爲宗旨也。

許印芳：此章雖與前二詩同是一氣，而較有沈鬱頓挫之致。蓋題本沈痛，詩亦隨之而變也。

○「中興」「中」字平仄兩用。

左遷至藍關示姪孫湘

韓昌黎

一封朝奏九重天，夕貶潮州路八千。欲爲聖朝〔一三〕除弊事，肯將〔一四〕衰朽惜殘年！雲横秦嶺家何在，雪擁藍關馬不前。知汝遠來應有意，好收吾骨瘴江邊。

方回：人多諱死，時謂有讖。昌黎自謂必死潮州，明年量移袁州，尋爾還朝。

紀昀：語極凄切，却不衰颯。三、四是一篇之骨，末二句即歸繳此意。

許印芳：湘字清夫。

次鄧州界

潮陽南去倍長沙，戀闕那堪又憶家。心訝愁來惟貯火，眼知別後自添花。商顏暮雪逢人少，鄧鄙春泥見驛賒。早晚王師收海嶽，普將雷雨發萌芽。

方回：元和十四年己亥春正月，以佛骨事謫潮州，三月二十五日到任。其秋七月，憲宗加號大赦。十月二十四日量移袁州刺史。唐左降官聞命即日上道，未能攜家，故有此詩。

紀昀：三、四鄙甚。○結得温厚。

無名氏（甲）：韓公貶潮，由藍田走商州，出武關。七、八言王師平李師道，收青、齊，定有恩赦也。

衡陽與夢得分路別贈

柳子厚

十年顦顇到秦京，誰料翻爲嶺外行。伏波故道風烟在，翁仲遺墟草木平。直以疏慵招物議，休將文字占時名。今朝不用臨河別，垂淚千行便濯纓。

方回：柳子厚永貞元年乙酉自禮部員外郎謫永州司馬，年二十三矣，是時未有詩。元和十年乙未，詔追赴都。三月出爲柳州刺史，劉夢得同貶朗州司馬，同召又同出爲連州刺史。二人者，黨王叔文得罪。又才高，衆頗忌之。憲宗深不悦此二人。「疏慵招物議」，既不自反，尾句又何其哀也？其不遠到可覘，夢得乃特老壽，後世亦鄙其人云。

紀昀：五、六乃規之以謹慎韜晦，言已往以戒將來，非追敍得罪之由。虛谷以爲不自反，失其命詞之意。

許印芳：次聯與首聯不黏。「占」，去聲。末句「行」字音杭。

別舍弟宗一

零落殘魂倍黯然，雙垂別淚越江邊。一身去國六千里，萬死投荒十二年。桂嶺瘴來雲似墨，洞庭春盡水如天[一五]。欲知此後相思夢，長在荆門郢樹烟。

方回：此乃到柳州後，其弟歸漢、郢間，作此爲別。「投荒十二年」，其句哀矣，然自取之也。爲太守尚怨如此，非大富貴不滿願，亦躁矣哉！

許印芳：末數語深文曲筆，全是誣罔古人，故曉嵐抹之。

何義門：五、六起下夢不到。落句用韓非子、張敏事。

紀昀：語意渾成而真切，至今傳頌口熟，仍不覺其濫。〇「烟」字趁韻。

許印芳：語意真切，他人不能勦襲，故得歷久不濫。末句「烟」字當是「邊」字，因與次句重複，故改之。然或改次句以就末句，或改末句以就次句，皆宜更易詞語，方能使兩句完好，乃不肯割愛，但改重複之字，牽一「烟」字湊句，此臨文苟且之過也。

再授連州至衡陽酬贈别

劉夢得

去國十年同赴召，湘江千里又分歧。重臨事異黄丞相，三黜名慚柳士師。歸目併隨回雁盡，愁腸正遇斷猿時。桂江東過連山下，相望長吟有所思。

方回：説見子厚詩下。柳士師事甚切。

紀昀：此酬柳子厚詩，筆筆老健而深警，更勝子厚原唱。○七句綰合得有情。

無名氏（甲）：黄丞相，指霸，霸再爲潁州守。

許印芳：起句對。○以下諸詩凡有對起、對結者不再註明，細讀自見。

江湖秋思〔一六〕

司空曙

趨陪禁掖雁行稀〔一七〕，遷放江潭鶴髮垂。素浪遥疑八漢水〔一八〕，青楓忽似萬年枝。嵩南春遍傷魂〔一九〕夢，湖口雲深隔路歧。共望漢朝多沛澤，蒼蠅早晚得先知。

方回：遷人望歸之意見乎此。

紀昀：語語凑泊而成，殊爲單弱。置劉、李二詩之後，如鐘鼓鎧喤，忽聞扣缶。○結亦温厚。

無名氏（甲）：漢水有二源，後又分爲八流。

寄韓潮州

賈浪仙

此心曾與木蘭舟，直到天南潮水頭。隔嶺篇章來華嶽，出關書信過瀧流。峯懸驛路殘雲斷，海浸城根〔二〇〕老樹秋。一夕瘴烟風掩盡〔二一〕，月明初上浪西樓。

紀昀：起手十四字不可畫斷，筆力奇横。○意境宏闊，音節高朗，長江七律内有數之作。

許印芳：沈歸愚云：「起筆超超元箸，三句謂韓寄詩與己，四句謂己寄書與韓。」愚謂五句束住己一面，六句束住韓一面，結句緊跟六句來，但就韓言而己之思韓即在其中，正應起處「心」、「到」二字，詩律精妙如此。○「華」，去聲。

初到江州

白樂天

潯陽欲到思無窮，庾亮樓南湓口東。樹木凋疏山雨後，人家低濕水烟中。菰蔣餵馬行無力，蘆荻編房卧有風。遥見朱輪來出郭，相勤勞動使君公。

方回：樂天元和十年乙未貶江州司馬，年四十四。

查慎行：末二句謂太守出相迎。
紀昀：通體凡猥。○「低」即卑也，不如直用「卑濕」。○結句鄙甚，「使君」下贅「公」字，尤不妥。
無名氏（甲）：江州，今九江府，晉太尉庾亮鎮此。

初到忠州贈李六

好在天涯李使君，江頭相見日黄昏。吏人生梗都如鹿，市井疎蕪只抵村。一隻蘭船當驛路，百層石磴上州門。更無平路堪行處，虚度朱輪五馬恩。

方回：元和末自江州司馬移忠州刺史。此等遷謫作太守，未爲惡也，而氣象遽如此！
查慎行：一味條暢。
紀昀：三句香山習徑。

得微之到官後書備知通州之事悵然有感因成四章

來書子細説通州，州在山根峽岸頭。四野千重火雲合，中心一道瘴江流。蟲蛇白晝攔官道，蚊蚋黄昏撲郡樓。何罪遣君居此地？天高無處問來由。

紀昀：結太直。

匼匝巔山萬仞餘，人家應似甑中居。寅年籬下多逢虎，亥日沙頭始賣魚。衣斑梅雨長須熨，米澀畬田不解鉏。努力安心過三考，已曾愁殺李尚書。

方回：元注：「李實尚書先貶此州，身没於彼處。」予讀至此，乃知古人初無忌諱。元微之貶移通州司馬，今蜀之開州也。未爲甚惡，樂天在江州乃引死人事寄詩，足見前輩直情。

紀昀：結亦太直。

人稀地僻醫巫少，夏旱秋霖瘴瘧多。老去一身須愛惜，別來四體得如何？侏儒飽笑東方朔，薏苡讒憂馬伏波。莫遣沉愁結成病，時時一唱濯纓歌。

查慎行：第三句老杜成語。

紀昀：結複第二首。

通州海内悽惶地，司馬人間冗長官。傷鳥有弦驚不定，卧龍無水動應難。劍埋獄底誰深掘？松偃霜中盡冷看。舉目争能不惆悵，高車大馬滿長安。

紀昀：「有弦」二字圖對「無水」，未免湊泊。○結尤鄙猥。

酬樂天得微之詩知通州事因成四首

元微之

茅簷屋舍竹籬州，虎怕偏蹄蛇兩頭。暗蟲有時迷酒影，浮塵向日似波流。沙含水弩多傷骨，田仰畬刀少用牛。知得與君相見否？近來魂夢轉悠悠。

查慎行：「浮塵」，細蟲名，微之別有詩。

紀昀：與香山詩工拙相敵。

無名氏（甲）：「含沙」，射工，即蜮也。

平地才應一頃餘，閭閻〔三〕都大似巢居。入衙官吏聲疑鳥，下峽舟船腹似魚。市井無錢論丈尺，田疇付火罷耘鉏。此中愁殺須甘分，惟惜平生舊著書。

方回：元注：「巴人多在山坡架木爲居，自號閭閻頭也。」又元注末句云：「努力安心過三考，已曾愁殺李尚書。予病甚，將平生所爲文題云：『異日送白二十二郎也。』」

紀昀：六句複前首六句意。雖各言一事，然同是田事也。

哭鳥晝飛人少見，倀魂夜嘯虎行多。滿身沙蝨無防處，獨脚山魈不奈何。甘受鬼神侵骨髓，常憂歧路起風波。南歌未有東西分〔二三〕，敢唱滄浪一字歌。

紀昀：五句粗俚。

荒蕪滿院不能鋤，甑有塵埃圃乏蔬。定覺身將囚一種，未知生共死何如？饑摇困尾喪家狗，熱暴枯鱗失水魚。苦境萬般君莫問，自憐方寸本空虚。

方回：微之爲御史，以彈劾嚴礪分司東都，又劾宰相親故，貶江陵士曹，移通州司馬，未爲大戚。樂天以朋友之義傷之則可，微之答和乃全述通州衰惡，若不能一朝居者，詞雖善而意已陋。異日由宦官進得相位，僅三月，貽終古羞，蓋其本心志在富貴故也。四詩往往酸苦太楚〔二四〕，選附白詩以識其非。

紀昀：五、六太猥。

送唐介之貶所

李誠之

孤忠自許衆不與，獨立敢言人所難。去國一身輕似葉，高名千古重於山。並游英俊顔何厚，未死姦諛骨已寒。天爲吾皇扶社稷，肯教夫子不生還！

方回：唐介子方，上殿劾宰相文彦博交結張貴妃，仁宗震怒，子方謫春州。李師中誠之送以此詩，係用出入韻。「未死姦諛骨已寒」，此句乃元本也，以指文公，不無少過。或改爲「已死姦雄骨尚寒」。子方劾生宰相，於已死姦雄何與？故予改從古本。

馮班：「係用出入韻」。直是走韻，何以巧立名目？

查慎行：兩韻間用，唐人謂之「進退格」。

何義門：緗素雜記載此詩，謂用韻略，「難」、「寒」俱第二十五，「山」、「還」俱第二十七，正合鄭如所定「進退格」。冷齋夜話以爲落韻詩，非是。鈍翁略於宋人書，亦悮評也。○詩人玉屑亦收此格，曰「進退韻格」。

紀昀：一韻、三韻用「寒」韻，二韻、四韻用「删」韻，謂之出入韻。宋人又謂之進退格，又謂之轆轤韻。究非正格。○此評是。

馮舒：潞公不受「奸諛」二字。

查慎行：此詩只是好名，不曾識人。甚矣言之不可苟也。

紀昀：語語板實，無復風人之致。其事可存，其詩不足道也。○東軒筆録謂介初劾張堯佐，諫官皆上疏。後劾潞公，則吴奎畏縮不前。「並遊英俊」句，蓋指吴奎之負約也。

初到黄州

蘇東坡

自笑平生爲口忙，老來事業轉荒唐。長江遶郭知魚美，好竹連山覺筍香。逐客不妨員外置，詩人例作水曹郎。只慚無補絲毫事，尚費官家壓酒囊。

方回：東坡元豐二年己未冬，責授檢校水部員外郎黃州團練使，本州安置，明年二月到郡。何遜、張籍、孟賓三詩人皆水部。

馮班：此何以似白公？有謂坡公不如谷者，我不信也。○此後詩不必工，多故事可用。○第六用白公語。

查慎行：結句元注自不可删，語在蘇集，觀者自考之。

張載華：結句「尚費官家壓酒囊」，元注：「檢校官例折支多得退酒袋。」

紀昀：東坡詩多傷激切。此雖不免亢傲，而尚不甚礙和平之音。○末句本集自有注，不載則此句不明。

八月七日初入贛過惶恐灘

七千里外二毛人，十八灘頭一葉身。山憶喜歡勞遠夢，地名惶恐泣孤臣。長風送客添帆腹，積雨浮舟[三五]減石鱗。便合與官充水手，此生何止略知津。

方回：元注：「蜀道有錯喜懽鋪，在大散關上。」紹聖元年甲戌，東坡自知定州降知英州，未到，貶惠州安置。

馮班：「充水手」可用。

查慎行：黄公灘在萬安縣前。自東坡改爲「惶恐」以對「喜歡」，其後文信國用之以對「零丁」，世遂沿襲不改，無復稱舊名矣。

紀昀：結太盡。

十月二日初到惠州

彷彿曾游豈夢中，欣然雞犬識新豐。吏民驚怪坐何事，父老相攜迎此翁。蘇武定知還漠北，管寧自欲老遼東。嶺南萬户皆春色，會有高人客寓公。

方回：紹聖元年甲戌。

紀昀：三句太淺，五、六不切。不得以東坡之故爲之詞。

六月二十日夜渡海

參横斗轉欲三更，苦雨終風也解晴。雲散月明誰點綴，天容海色本澄清。空餘魯叟乘桴意，粗識軒轅奏樂聲。九死南荒吾不恨，兹游奇絶冠平生。

方回：紹聖四年丁丑，東坡在惠州，年六十二矣。五月再謫瓊州别駕，昌化軍安置，即儋州也。

以六月二十日夜渡海，七月十三日至儋州。或謂尾句太過，無省愆之意，殊不然也。章子厚、蔡卞欲殺之，而處之怡然。當此老境，無怨無怒，以爲兹游奇絶，真了生死、輕得喪天人也。四詩可一以此意觀。

紀昀：此語分明。東坡南遷，乃時宰之意，非天子之意，故不妨如此説。

馮班：落句可用。

查慎行：前半四句俱用四字作疊而不覺其板滯，由於氣充力厚，足以陶鑄鎔冶故也。

紀昀：前半純是比體，如此措辭，自無痕迹。

無名氏（甲）：東坡晚年詩，人嘆爲精深華妙矣。孰知按之於唐，終不入格。只是直言，無詩味也。

過嶺二首

暫看南冠不到頭，却隨北雁與歸休。平生不作兔三窟，今古何殊貉一丘。當日無人送臨賀，至今有廟祀潮州。劍關西望七千里，乘興真爲玉局游。

紀昀：「不到頭」三字有病。五、六極典切，然出之他人則可，東坡自道則不可。

無名氏（甲）：東坡，蜀人，今去劍門甚遠。玉局觀在成都，東坡提舉奉祠處。

七年來往我何堪，又試曹谿一勺甘。夢裏似曾遷海外，醉中不覺到江南。波生濯足鳴空澗，霧繞征衣滴翠嵐。誰遣山雞忽飛起，半巖花雨落毿毿。

方回：紹聖元年甲戌貶惠州，四年丁丑貶儋州，明年元符戊寅改元，三年庚辰量移廉州，永州自便，凡七年。楊憑貶臨賀尉，惟徐晦送之，此事極切。「夢裏似曾遷海外」，此聯甚佳，殊不以遷謫爲意也。是年坡公年六十五。明年建中靖國元年辛巳七月卒於常州。

馮班：大筆自然不同。

查慎行：江西人以贛江爲南江。

紀昀：三、四真境。○末句即「海鷗何事更相疑」意，非寫所見之景。

無名氏（甲）：曹谿，在廣東韶州。

送王元均貶衡州兼寄元龍二首

陳後山

先生英氣蓋區中，命與仇謀得老窮。又見長身有家法，可辭短簿怒吾公。石頭路滑行能速，宣室歸來語未終。宛洛風塵莫回顧，直須留眼送歸鴻。

馮舒：末句不明不白。

紀昀：起句太易。次句太獷。三、四入得清楚，嫌四句太露。七句更太激，異乎「駐馬望千門」矣。

先生秀句滿江東，二子緣渠得再窮。詩禮向來堪發冢，孫劉能使不爲公。炎方瘴癘避軒豁，故國山河開始終。傳語元龍要相識，江湖春動有來鴻。

方回：王安國字平甫，有校理集百卷行於世。尤富於詩，曾南豐作序，陳後山作後序。神宗召試賜第，坐忤吕惠卿，引連鄭俠獄，以著作佐郎集賢校理斥。元豐初卒，年四十七。子旊〔二六〕字元均，旊字元龍。元符元年看詳訴理所言，宣德郎王旊於元祐初進狀，稱安國寃抑，旊貶監江寧糧料。旊罷京東運判，監衡州酒税。後山家居作此詩送之。兩「先生」字皆指平甫。「詩禮向來堪發冢」，以指吕惠卿口先王而行市人也。「孫劉能使不爲公」，乃辛毗語，吾立身自有本末，就與孫、劉不平，不過不作三公而已。謂孫資、劉放。後山指謂惠卿之陷平甫，亦不過不作三公耳。予友陳杰壽夫嘗謂此詩用字奇妙，意至而詞嚴，不爲事所束縛，詩之第一格也。「瘴癘避軒豁」，謂衡陽非瘴地。「故國山河」，謂介甫封荆公，衡乃荆州。他日終復其始，未可知也。國史安國傳不載此事，止云「子旊有父風」，此事見舊録云。

馮舒：古人用二故事作對，辭意必相屬。宋人每每各開用，即如放翁國家科第與風漢之聯，亦是決落格，決不成文法，而黄、陳專以爲妙，方君又亟賞之，何怪本朝「七子」痛罵之也！

馮班：用事不亮不爲工也。○用事非難也。方君寡學，每汲汲於此。「崐體」用事極妙，方君何以抑之？談詩不平，莫過於此一節。○「予友陳杰壽夫嘗謂此詩用字奇妙，意至而詞嚴，不爲事所束縛，詩之第一格也。」未爲第一。

紀昀：三、四亦太激。六句不可解。虚谷所解亦迂曲，審爾則此句欠通。○五句言瘴癘避其豪氣，不敢相侵，甚言氣節之不撓耳。虚谷解謬。

馮舒：「避軒豁」，成何語？「開始終」，成何語？

查慎行：東坡自黄州召還時，亦與元均兄弟遊，有「遲留歲暮江淮上，來往君家伯仲間」之句，其起語云「異時長怪謫仙人」，則指平甫也。

紀昀：兩首俱從平甫入，格殊犯複。

無名氏（甲）：孫，指孫資。劉，指劉放。

次韻答清江主簿趙彦成

黄知命

日轉溪山幾百遭，厭聞虎嘯與猿號。笙歌忽把二天酒，風雨猶驚三峽濤。已作齊民尋要術，安能痛飲讀離騷。看君自是青田質，清唳當聞〔二七〕徹九皋。

方回：黄知命名叔達，山谷弟也。先是山谷貶黔州，未攜家。紹聖三年丙子知命自蕪湖攜己之子相、山谷之子相及兩所生母，五月六日抵黔州，先至施州，赴太守張仲猷飲。清江即施州城下。縣主簿趙彦成名肯堂，嘉州人。知命此詩謂「忽把二天酒」，當是與彦成同席也。知命凡二十詩，見山谷集。或謂經乃兄潤色以成其名。然則兄在貶所，弟爲攜家，孝友之道也。予先君四府君自廣州謫封州，先叔八府君元圭一至静江問勞，後又至封州取喪以歸，亦山谷之知命也。故有所感而取此詩云。

紀昀：此種亦是旁蔓。然出於孝友之心，異乎攀附標榜之語，固可録而存之。

查慎行：第三句意鄙語俗。

紀昀：筆力殊爲排宕。○「二天」字究竟不妥。

許印芳：後漢書蘇章傳：「章遷冀州刺史，有故人爲清河太守，爲設酒肴甚歡，太守喜曰：人皆有一天，我獨有二天。」此詩用此事，而曉嵐以爲不妥，何耶？○「把」，持也。

歲晚有感

張宛丘

疎梅點點柳毿毿，殘臘新春氣候參。天静秋鴻〔二八〕來塞北，雲收片月出江南。青霄雨露將回律，白首江湖尚避讒。未信世途無倚伏，有時清鏡理朝鬖。

方回：文潛兩謫黄州，其詩每和平而不怨。

紀昀：「天静」二字細思有病，似秋雁不似春雁，且月出必待雲收，鴻來却不必天静，此二字亦爲裝點湊對也。○三、四深至生動〔二九〕，亦最和平。七、八兩句，有一毫芥蒂，不肯如此道。

初到惠州

唐子西

盧橘楊梅乃爾甜，肯容遷謫到眉尖。因行採藥非無得，取足看山未害廉。辨謗若爲家一喙，著書不直字三縑。老師補處吾何敢，政謂宗風不敢謙。

方回：大觀四年子西謫惠州，乃東坡補處〔三〇〕。二字出釋書，釋迦佛補處，如崛闍者、給孤獨，曾是佛位之地。

紀昀：次句淺露。○押韻甚巧，而巧處正是小處，故曰小巧。○「廉」字與「山」何涉？先插「取足」二字則「廉」字有根，此爲引韻之法。

無名氏（甲）：惠州，廣東。皇甫湜爲裴晉公作碑，每字以三縑與之。

收景初貶所書

信斷常懷信斷憂，得書還有得書愁。未應宿業都相似，總爲譊聲不肯休。見說胸中卷雲夢，莫將皮裏貯陽秋。乃公有道知興廢，不患無詞詣播州。

紀昀：第四句太激訐。

無名氏（甲）：陽秋，晉簡文太后諱阿春，故作「陽」。○六句指褚裒。

次景初見寄韻

此生正坐不知天，豈有豨苓解引年。但覺轉喉都是諱，就令摇尾有誰憐。腰金已付兒童佩，心印當還我輩傳。他日乘車來問道，葦間相顧共延緣。

方回：此皆子西貶所詩，皆工甚。任景初亦蜀人，大觀四年同子西入京師。子西貶之明年，景初亦謫江左，皆數歲未得歸。

陸貽典：此首大有唐氣，無一語直率也。

紀昀：三、四太盡情。

送胡邦衡之新州貶所二首

王民瞻

一封朝上九重關，是日清都虎豹閑。百辟動容觀奏牘，幾人回首愧朝班。名高北斗星辰上，身落南州瘴癘間。不待百年公議定，漢庭行召賈生還。

查慎行：起句犯昌黎。

紀昀：微傷蹇直，而其詞自壯。

大廈元非一木支，要將獨力拄傾危。癡兒不了公家事，男子要爲天下奇。當日姦諛皆膽落，平生忠義衹心知。端能飽喫新州飯，在處江山足護持。

方回：王盧溪先生諱庭珪，字民瞻，盧陵人，政和八年登第，調茶陵丞，以上官不合，去隱盧溪者五十年。紹興八年戊午十一月，編修胡公銓，字邦衡，以和議奏封事乞斬王倫、秦檜、孫近黜，十一年謫新州，盧溪作是詩送之。同邑人歐陽炎識遣其里人匡求告詩謗訕，送虎獄送勘〔三一〕。盧溪引咎追官，送辰州編管，時年七十矣，檜殂得歸。孝廟立，召除國子監簿，再召除直敷文閣，時年九十餘。有盧溪詩集傳於世，楊誠齋作序。「盧」一作「瀘」。胡公謂於民瞻初未識面，胡再謫朱厓，檜殂，紹興二十六年移衡州，又久之，始得自便。孝廟立，召用至從官資政殿學士。張魏公謂秦檜之專權，只成就得胡邦衡一人。如盧溪隱節固高，因此詩得罪，大名愈著。夫人不可以爲不善，造物者未嘗肯泯没之。又以見夫正人義士之不幸，乃國家之不幸，生靈之大不幸也。選此詩識中國之所以衰也。

馮班：方君大好氣節！

馮班：二詩極似羅江東。

紀昀：語未免太粗、太激。前首已足，此首可省。

雷州和朱彧秀才詩時欲渡海

胡澹菴

何人着眼覷征驂，賴有新詩作指南。螺髻層層明晚照，蜃樓隱隱倚晴嵐。仲連蹈海徒虛語，魯叟乘桴亦謾談。争似澹菴乘興往，銀山千疊酒微酣。

方回：紹興十八年戊辰十一月十五日，新州編管人胡銓，移吉陽軍編管。先是廣東經略使王鈇問知新州張棣曰：「胡銓何故未過海？」銓嘗賦詞云：「欲駕巾車歸去，有豺狼當轍。」棣奏銓倡和毁謗，而有是命。棣選使臣游崇部送，封小項筒過海。銓徒步赴貶，人皆憐之。至雷州，守臣王趯捕游崇私著，械治，厚餉銓。趯後亦得罪。澹菴此詩，不少屈撓，真鐵漢，又過於劉器之云。丙子年始移衡州。

紀昀：過海用「驂」字不妥。○後四句不免頹唐。○必説「乘興」，亦是習氣。

和李參政泰發送行韻

落綱端從一念差，崖州前定復何嗟。萬山行盡逢黎母，雙井渾疑到若耶。山鬼可人曾入夢，相君談易更名家。此行所得誠多矣，更願從公北泛槎。

方回：元注：「李參政詩云：『夢裏分明見黎母，生前定合到朱崖。』蓋予嘗在新州，夢一媪立牀前，曰：吾，黎母也。黎姑山在瓊崖，儋、萬之間，子瞻所謂四山環一島是也。」先是秦檜大書三人姓名於其家格天閣下曰：趙鼎、李光、胡銓，所必欲殺者也。鼎謫瓊州，紹興十七年丁卯卒。光字泰發，上虞人，時謫儋州。澹菴朱崖之行，經過儋州，故泰發以詩送之。澹菴夙有黎母之夢，付諸前定，如謫新州時亦謂前定。福唐幕中分扇，得一畫騎驢人西南行者，後新州之命，亦若暗合。夫不以遷謫介意，而付之於分，非達人不能也。

馮班：黎母事可用。

紀昀：此首清穩。

次李參政送行韻答黄舜楊

打成大錯一毫差，萬里去尋留子嗟。微管間思齊仲父，賜奴長價〔三二〕漢渾邪。道窮憐我空憂國，句好知君定作家。便欲相攜趁帆飽，要觀子美賦靈槎。

方回：齊仲父、漢渾邪，此澹菴心事也。不以秦檜講和爲然，流離顛沛，之死不變。今秦氏安在？而澹菴之忠肝義膽，萬古不朽也。識此詩以見張魏公之貶，岳武穆之死，趙、李、胡三公海外之竄，南渡之業所以不復再振，而至於厭厭無氣，愈弱愈下者，誰實爲之？此非常之痛，無窮之悲，不但爲二、三君子悵然也。

馮舒：「留子嗟」，箋云「人姓名」，然用之頗無謂。○首句不亮。

紀昀：首句粗。○「定作家」三字不穩。

李泰發參政得旨自便將歸以詩迓之　　曾茶山

苦遭前政墮危機，二十餘年詠式微。天上謫仙皆欲殺，海濱大老竟來歸。故園松菊猶存否，舊日人民果是非。最小郎君今弱冠，别時聞道不勝衣。

方回：元注謂孫壻文授。○秦檜謫三大賢於海外，趙丞相鼎、李參政光、胡編修銓，又書其姓名於格天閣下，必欲殺之。趙先歿，李、胡皆生還。此詩第二句悲愴，三、四切題。

馮班：二、三用事不妥，落句漫漶之極。○「海濱大老」豈可用？李參政其歸金人乎？○落句似説他兒子，若説孫壻便不切。

紀昀：首句笨。三句用杜句生硬，不及四句之自然。後半只閒閒感慨，筆墨却高。

校勘記

〔一〕遷客　馮班：當作「送南遷客」。〔二〕分幾歲　馮班：「歲」當作「處」。〔三〕悲白首　李光垣：「憐」訛「悲」。〔四〕唯應　馮班：「應」一作「憐」。〔五〕所賦　李光垣：「點」訛「賦」。〔六〕人向　查慎行：「向」原訛作「過」。〔七〕首二句一作「萬古啼猿後，孤城落日依」。按：原缺此十五字，據康熙五十二年本、紀昀刊誤本校補。〔八〕鳥翎　馮班：「鳥」一作「烏」。〔九〕殊工　按「殊」原作「似」，據康熙五十二年本、紀昀刊誤本校改。〔一〇〕晴寒　紀昀：「晴」當作「清」。〔一一〕南去雁　李光垣：「去雁」應作「雁去」。〔一二〕蒼惶　李光垣：「皇」訛「惶」。〔一三〕聖朝　按：「朝」原作「明」，據康熙五十二年本、紀昀刊誤本校改。〔一四〕肯將　李光垣、許印芳：「肯」一作「敢」。〔一五〕水如天　許印芳：「如」一作「連」。〔一六〕江湖秋思　馮班：一作「酬崔峒見寄」。〔一七〕行稀　馮班：「稀」一作「隨」。〔一八〕八漢　馮班、李光垣：集作「太液」。〔一九〕傷魂　馮班：「傷」一作「愁」。〔二〇〕城根　查慎行：「城」原作「雲」。〔二一〕掩盡　紀昀：「掩」一作「捲」。〔二二〕閶闔　查慎行：「閶」，集作「閣」。〔二三〕東西分　查慎行：「分」原訛作「不」。〔二四〕太楚　李光垣：「過」訛「楚」。〔二五〕浮舟　馮班：「浮」一作「扶」。〔二六〕子旒　查慎行：「旒」原訛作「旄」。考王半山爲平甫墓志：二子，長旒次旂。「旄」字訛，當改「旒」。〔二七〕當闇　許印芳：本集作「猶堪」。〔二八〕秋鴻　紀昀：「秋」字訛，再校。〔二九〕三四深至生動　許印芳：「三四」當作「五六」。〔三〇〕東坡補處　紀昀：「東坡」字下有脱字，當云「乃東坡謫居之地」。〔三一〕送勘　紀昀：「送」字再校。〔三二〕長價　紀昀：「價」字再校。

瀛奎律髓彙評

〔元〕方回 選評
李慶甲 集評校點

五

上海古籍出版社

瀛奎律髓彙評卷之四十四　疾病類

疾病呻吟，人之所必有也。白樂天有云：「劉公幹卧病瘴浦，謝康樂卧病臨川，咸有篇章。」蓋娱憂紓怨，尤足以見士君子之操焉。

五言　二十五首

耳聾

杜工部

生年鶡冠子，歎世〔一〕鹿皮翁。眼復幾時暗，耳從前月聾。猿鳴秋淚缺，雀噪晚愁空。黄落驚山樹，呼兒問朔風。

方回：此詩足見游戲翰墨。後四句俱謂耳全無聞：「猿鳴」、「雀噪」，既不聞矣；而朔風吹落木葉，亦不之聞，至呼兒以問之。予謂果真聾矣，兒所答又何聞乎？史記謂豫讓吞炭爲啞。然請趙襄子之衣三斬之，未嘗啞也。

馮班：聾不比瞎，瞎了都看不見。聾不聞，亦不至全無所聞，故亦可「問」。

紀昀：啞乃聲嘶之謂，非果不能言。

紀昀：戲筆又當別論。如繩之以詩格，則不免纖佻。

無名氏（甲）：鶡冠子、鹿皮翁，俱周末隱士。

老病

老病巫山裏，稽留楚客中。藥殘他日裏，花發去年叢。夜足霑沙雨，春多逆水風。合分雙賜筆，猶作一飄蓬。

方回：老杜詩一句説病者極多，兩、三句説病者，如「高秋蘇肺氣，白髮自能梳。藥餌增加減，門庭問埽除」。第二句最妙。昔者之病，頭亦不自能梳，今始自能梳頭也。「杖藜還客拜」，又以見病愈，愈已〔二〕能答拜，但仍須倚杖耳。所以老杜詩虛實字皆當細細審看。今所取一首，尤見圓活而峭拔。

馮班：「增」字不通。

紀昀：此首亦無佳處，非杜之極筆。

無名氏(甲)：省郎有「雙賜筆」，今員外亦當分也。

初病風

白樂天

六十八衰翁，乘衰百藥攻。朽株難免蠹，空穴易來風。肘痺宜生柳，頭旋劇轉蓬。恬然不動處，虚白在胸中。

方回：開成四年己未十月樂天得風痺疾。時年六十八，蓋以代宗大曆八年生也。是年壬子有病中詩十五首，自序云爾。此詩長慶集三十五卷多爲病而作，賣駱馬、别柳枝皆在是年。

查慎行：三百篇中所謂賦而比也，後學知此者鮮矣。

紀昀：無不妥處，但太清淺，以爲老境則失之。○第五句「柳生肘」亦誤用。

無名氏(甲)：夢柳生肘，出莊子。

病入新正

枕上驚新歲，花前念舊歡。是身老所逼，非意病相干。風月情猶在，杯觴興又闌〔三〕。便休心未伏，更試一春看。

方回：病入新正，則開成庚申，年六十九也。

紀昀：此首稍健。

卧病來早晚

卧病來早晚，懸懸將十旬。婢能尋藥草，犬不吠醫人。酒甕全生醭，歌筵半委塵。風光還欲好，争向枕前春。

方回：樂天病「將十旬」，此乃真患風痺，與蘇州移疾告病百日而罷不同也。「婢能尋藥草，犬不吠醫人。」此聯絶妙。

紀昀：此真小樣。

紀昀：此亦清淺。

病瘡

門有醫來往，庭無客送迎。病銷談笑興，老足歎嗟聲。鶴伴臨池立，人扶下砌行。脚瘡春斷酒，那得有心情。

方回：平正無疵，但頗未易〔四〕及也。

紀昀：此種詩外淡而中亦枯，虚谷好矯語古淡，故貌似者亦復取之。

無名氏(乙)：吾嘗謂白詩極有功夫，正謂此種。

墜馬强出贈同座

足傷遭馬墜，腰重倩人擡。祇合窗間卧，何因花下來。坐依桃葉妓，行呷地黄杯。强出非他意，乘風落盡梅。

方回：傷足而猶勉强看梅，可知是詩人多魔。

馮舒：如此批頗鈍相。

紀昀：「擡」字粗俚，餘亦淺率。

病中一二禪客見問因以謝之

劉賓客

勞動諸禪客〔五〕，同來問病夫。添爐擣雞〔六〕舌，灑水净龍鬚。身是芭蕉喻，行須筇杖扶。醫工有妙藥，能乞一丸無？

方回：雞舌香、龍鬚席，各去一字便佳。

何義門：句句切禪客。第三句僧來只添茶也。

紀昀：此便格韻不同。劉、白並稱，中山未必甘也。○結處雙關，大雅，不落小巧法門。

無名氏（乙）：都能練。

許印芳：「乞」讀去聲，以物與人也。

聞董評事病因以書贈　董生奉内典

繁露傳家學，青蓮譯梵書。火風垂四大，文字廢三餘。欹枕晝眠晚，折巾秋鬢疏。武皇思視草，誰許茂陵居？

方回：末句謂相如病渴，似亦戲之。

何義門：「三餘」用董遇語，與「繁露」一聯，皆以當家事對内典。

紀昀：三句即用内典，然殊不佳。

卧病走筆酬韓愈書問　賈浪仙

一卧三四旬，數書惟獨君。願爲出海月，不作歸山雲。身上衣蒙與，甌中物亦分。欲知强健否，病鶴未離羣。

方回：五、六可憐，其所以感昌黎者至矣。起句尤見退之高誼。賢哉賓主間也。

馮班：又批得呆鈍。

紀昀：浪仙作澀語便工，作平語便庸鈍，所謂人各有能有不能。○五、六雖真，而不免於鄙。

春日卧疾書情

劉商

楚客經年病，孤舟人事稀。晚晴江柳變，春暮塞鴻歸。今日方知命，前年自覺非。不能憂歲計，無限故山薇。

方回：「知命」「覺非」四字細潤，尾句脱灑。

馮班：腹聯只是五十講談耳，頷聯好。

紀昀：氣韻亦極修潔。

無名氏（乙）：浩浩自適，有誰羈得？

許印芳：劉商，字子夏。彭城人。官禮部郎中。

嶺下卧疾寄劉長卿員外

包佶

唯有貧兼病，能令親愛疎。歲時供放逐，身世付空虛。脛弱秋添絮，頭風曉廢梳。波瀾喧衆口，藜藿静吾廬。喪馬思開卦，占鴞懶發書。十年江海客，離恨子知予。

方回：佶又有風痺寄懷詩甚哀，首云：「病夫將老矣，無可答君恩。衾枕同羈客，圖書委外孫。」中云：「無醫能却老，有變是游魂。」前用喪馬開卦事，此又用游魂變卦事，必頗精於易。劉長卿答和此詩又云：「落日棲鴞鳥，行人達鯉魚。」稱爲包諫議，未審坐何事貶嶺下？

馮舒：精氣爲物，游魂爲變，何與易哉？佶坐善元載貶嶺南萬里，虛谷似全不知書者！

馮班：不讀書至此！

紀昀：二、三聯近似香山。○結句不盡。

秋晚卧疾寄司空拾遺盧少府

耿湋

寒几坐空堂，疏髯似積霜。老醫迷舊疾，朽藥誤新方。晚果紅低樹，秋苔緑遍牆。慚非蔣生徑，不敢望求羊。

方回：藥方自佳，但藥既陳朽則不效，非方之罪也。上一句亦稱。

紀昀：此種總是小樣。

紀昀：怨二人不相存問。措語頗激。

無名氏（乙）：落墨非率爾。

病中感懷

李後主

憔悴年來甚，蕭條益自傷。風威侵病骨，雨氣咽愁腸。夜鼎唯煎藥，朝髭半染霜。前緣竟何似，誰與問空王！

方回：李後主號能詩詞。偶承先業，據有江南，亦僭稱帝，數十州之主也。集中多有病詩，先有五言律云：「病態加衰颯，厭厭已五年(七)。」看此詩真所謂衰颯憔悴，豈大風、横汾之比乎？宜其亡也。或謂此乃已至大興之後，即不然矣。七言有云：「衰顔一病難牽復，曉殿君臨頗自羞。」又云：「冷笑秦皇經遠略，静憐姬滿苦時巡。」蓋君臨之時也。

紀昀：「或謂此乃已至大興之後，即不然矣。」此亦難斷其必不然。

無名氏(乙)：較怯書生尤衰颯。

病　起

陳後山

今日秋風裏，何鄉一病翁。力微雖杖起，心在與誰同！災疾資千悟，寃親併一空。百年先得老，三敗未爲窮。

方回：後山詩似老杜，只此詩亦合細味。

紀昀：五、六意頗可取，而語不工。

無名氏（乙）：挺挺有不病者存。

病中六首

舊歲連新歲，涼牀又暖床。山川屏裏畫，時刻篆中香。畏壘安吾土，支離飽太倉。若教身再健，鶴背入維揚。

方回：謂閑居自奉，且有祠禄，樂矣。若更不病，即揚州鶴也。甚佳。元題十二首，示藻姪可率昆季賡和。今取六首。

馮班：甚不佳。

紀昀：次句鄙，三、四俗格，竟不似後山之筆。

日暖衣猶襲，宵長被有稜。朝晡三楪飯，昏曉一缸燈。伴坐跧如几，扶行瘦比藤。生緣堪入畫，寂寞惡松僧。

紀昀：三句太率易，近香山。

軟熟羞盤饌，芳辛實枕幃。候晴先曬席，占濕預烘衣。易粟雞皮皺，難培鶴骨肥。頭顱雖若此，虛白日生輝。

馮班：第二句似謂以芳辛之物實枕耳，「幃」字不貫。

紀昀：此首又近武功。

歎息憎晨清，伸眉愜晚晴。隙虛浮日影，窗穴嘯風聲。捫蝨天機動，驅蚊我相生。偶然成一笑，栩栩暫身輕。

馮班：落句如何變了蝶？

紀昀：五、六極作意而不佳。

目眚浮珠珮，聲塵籟玉簫。晚秋潘鬢禿，午夢楚魂消。注水瓶花醒，吹薪藥鼎潮。南柯何處是，斜日上廊腰。

馮舒：只一「潮」字未足。

紀昀：前四句忽近「崑體」。

静裏秋先到，閒中晝自長。閉門宜泄柳，尸祝謾庚桑。腹已枵經笥，身猶試藥方。强名今日愈，勃窣負東牆。

方回：六詩，每首有一、二聯工而雅，正其病也。非貧者之病，蓋猶有貴人之風焉。

紀昀：此評不甚了了，大意怪其不作酸澀語耳。

查慎行：以身試藥，冒險甚矣，語却有致。易云：「無妄之藥，不可試也。」「試」字從此出。

紀昀：此較清穩。三、四亦小巧。○六首皆非後山佳處。

李光垣：六首中凡用衣、身、藥、日、風、秋，字面複。

無名氏(乙)：首尾二首細静。

病中作

陸放翁

破裘縫更暖，糲食美無餘。摩詰病説法，虞卿窮著書。身羸支枕久，足蹇下堂疎。今日晴窗好，幽懷得細攄。

方回：三、四渾成。

紀昀：三、四點綴好耳，虚谷以爲渾成則非。

馮班：末句凑。

卧病雜題　五首取二

終日常辭客，經年半在牀。愛窮留作伴，諳病與相忘。竈婢工烹粥，園丁習寫方。今朝有奇事，久雨得窗光。

方回：元注：「久病家人作粥遂佳，蓋朝夕常爲之也。又有山僕本不識字，因久合藥遂能寫藥方，類大編。」予謂白樂天「婢能尋藥草，犬不吠醫人」，放翁此聯亦近之。「久雨得窗光」，尤爲佳句。「經年」，亦作「經秋」。

馮班：亦不及白。

紀昀：二詩皆無好無惡。

人間跛男子，物外病維摩。元注：「病中遂牽病右足。」可但妨趨拜，何因廢嘯歌。菜羹醯醬薄，村巷棘茨多。舉手謝隣父，非君誰肯過？

方回：五、六古淡有味。此放翁八十六歲時詩。

紀昀：一涉窮苦酸楚，便云「古淡」，純是習氣。

病中示兒輩

去去生方遠，冥冥死即休。狂思攘鬼手，危至服丹頭。有劍知誰與，無香可得留。惟應勤孝謹，事事鑑恬侯。

方回：此放翁易簀前倒數第三詩也。其臨終之詩曰：「死去元知萬事空，但悲不見九州同。王師北定中原日，家祭無忘告乃翁。」嘉定二年己巳冬也。先是臘月五日脱去左車第二牙，亦有詩。其卒之日候孜。蓋年八十有六，生於宣和七年乙巳。後生讀此選詩，不可以病爲忌、死爲諱。書之洪範曰：「考終命。」禮之善頌曰：「哭於斯。」乃人生之終事也。得如放翁八十有六者，世有幾人哉？

紀昀：三、四不甚了了，與上下文不貫，句亦不佳。

七言 二十八首

春盡日宴罷感事獨吟 元注云：「開成五年三月三十日作。」 白樂天

五年三月今朝盡，客散筵空獨掩扉。病與樂天相伴住，春同樊子一時歸。閒聽

鶯語移時立，思逐楊花觸處飛。金帶䌷腰衫委地，年年衰瘦不勝衣。

方回：「櫻桃樊素口，楊柳小蠻腰。」長慶集中無此詩。別柳枝詩云：「兩枝楊柳小樓中，嫋娜多年伴醉翁。明日放歸歸去後，世間應不要春風。」爲病風痺遣二妾，故有是作。「觴詠罷來賓閣閉，笙歌散後妓房空。」亦病中所賦。又明年有詩云：「去歲樓中別柳枝。」自注云：「樊、蠻也。」二妓者，皆以柳枝目之云。

查慎行：「思逐楊花觸處飛」，此公終不服老。

紀昀：潦倒太甚。

改　業

先生老去飲無興，居士病來閒有餘。猶覺醉吟多放逸，不如禪坐更清虛。柘枝紅袖教丸藥，羯鼓蒼頭遣種蔬。却被山僧相戲問：一時改業意何如？

方回：第三句元注：「予先有醉吟先生傳，故云。」尾句此亦戲笑近人情。

紀昀：題便不大方。○亦潦倒語。

眼病二首

散亂空中千片雪，蒙籠物上一重紗。縱逢晴景如看霧，不是春天亦見花。僧說客塵來眼界，醫言風眩在肝家。兩頭治療何曾差，藥力微茫佛力賒。

馮舒：自然圓脱如面語。

紀昀：淺率之詞，加以粗俚。此種皆宜懸諸戒律，勿以香山而爲之辭。

眼藏損傷來已久，病根牢固去應難。醫師盡勸先停酒，道侶多教早罷官。案上謾鋪龍樹論，合中虚撚决明丸。人間方藥應無益，争得金篦試刮看。

方回：白體詩，不可以陳簡齋目疾詩律律之。然此亦善形容，不取其格，而取其味。

馮班：惡識。〇如何要把簡齋律人？

紀昀：味亦無可取，此猶壓於盛名，曲爲周旋之語。

查慎行：龍樹論，專治目疾之書。

病眼花

頭風目眩乘衰老，衹有增加豈有瘳。花發眼中猶足怪，柳生肘上亦須休。大窠羅綺看終辨，小字文書見便愁。必若不能分黑白，却應無悔復無尤。

方回：詩律圓熟。山谷云「閲人矇瞶自有味，看字昏澀尤宜懶」是也。

紀昀：此淺鄙，非圓熟也。

答竇拾遺卧病見寄

包佶

今春扶病移滄海，幾度承恩對白花。送客屢聞簷外鵲，消愁已辨酒中蛇。瓶收枸杞懸泉水，鼎鍊芙蓉伏火砂。誤入塵埃牽吏役，羞將簿領到君家。

方回：詩欲新而不陳。「已辨酒中蛇」，則無疑矣。「已辨」二字佳。事故而意新。「枸杞懸泉水」、「芙蓉伏火砂」，亦新。

紀昀：欲新固是，然不可於小處求新。

查慎行：硃砂有芙蓉箭鏃。

秋居病中

幽居悄悄何人到，落日清涼滿樹梢。新句有時愁裏得，古方無效病來抛。荒簷數蝶懸蛛網，空屋孤螢入燕巢。獨卧南窗秋色晚，一庭紅葉掩衡茅。

紀昀：薄而稍新。

病中書事

李後主

病身堅固道情深，宴室清香思自任。月照静居惟擣藥，門扃幽院只來禽。庸醫懶聽詞何取，小婢將行力未禁。賴問空門知氣味，不然煩惱萬塗侵。

方回：此詩八句俱有味。然不似人主之作，只似貧士大夫詩也。

馮舒：第三聯上句不亮，下句不解，將謂「書事」耶？

馮班：「庸醫」句未穩。

紀昀：意格俱卑。五代之詩類然，不止重光也。

移病還臺凡閲半歲乃愈始到家園視園夫治畦植花因成自歎

宋景文

卧治無功賜告回，驟叨鳴履上中臺。病中改八座。壺丘天壤非真死，蒙叟軒裳是儻來。經灌旱蔬扶隴出，失刊園蘂犯簷開。此身踈拙真丘壑，不是當年王佐才。

紀昀：三句不佳。五、六寓意。

病起思歸

王元之

年來多病轉思山，終日呻吟簿籍間。叔夜養生休著論，陶潛雖死只應閒。又移郡印三年調，才報君恩兩鬢斑。安得便歸田里去，松篁泉石掩柴關。

四十爲郎非不偶，況曾題筆直瀛洲。明時遇主誰甘退，白髮侵人自合休。夢得蹉跎因出郡，劉夢得貶謫爲郎四十餘年。薛能詩什恥監州。薛許昌詩云：「監州是戲儒。」春來病起思歸甚，未敢飛章達冕旒。

方回：元之謫商州團練副使時詩，蓋白樂天體也。

紀昀：元之詩學白。此二詩和平清穩，乃勝樂天。虛谷以爲樂天體，胸中先有元之樂天後進句耳。

紀昀：三、四深穩，詩人之華。

無名氏（乙）：次聯心坎流出温厚。

卧病月餘呈子由二首

張宛丘

蔀室悠悠昏復朝，强披莊子説逍遥。四禪未到風猶梗，九轉無功火不燒。學道若爲調鹿馬，是身不實似芭蕉。丹砂赤箭功何有，卧聽清言意自消。

馮舒：「火不燒」，亦呆直。

紀昀：語亦圓潤，調嫌太平。○七句複四句。

風葉鳴窗已復朝，唤回歸夢故人遥。酒壺暗淡浮塵集，藥鼎青熒敗葉燒。閉户獨依寒蟋蟀，移牀更就雨芭蕉。雪深更請安心術，長日如年未易消。

方回：「四禪」「九轉」句佳。次篇兩「更」字，刊本如此，恐原稿必不然。

紀昀：偶然不檢，亦時有之。以原稿爲必不然，則又曲護之見。

馮班：「雪深」「安心」俱二祖故事，非景也。詩雖不佳，已蒼此等批反爲後人所笑。

病肺對雪

擁庭晴雪照高堂，卧病悠悠廢舉觴。肺疾僅同園令渴，齒傷不爲幼輿狂。交飛翠罼知誰醉，獨嗅烏巾認舊香。元注：「漉酒，淵明名也。」唯有烹茶心未厭，故知淡薄味能長。

方回：三、四絶佳。「不爲幼輿狂」，尤新異。五、六應二句，謂不能飲。「觴」「罼」二字犯重。

紀昀：亦常格。

紀昀：此亦淺近。○注不解，再校右史集。

晝卧懷陳三時陳三卧疾

睡如飲蜜入蜂房，懶似游絲百尺長。陋巷誰過居士疾，春風正作國人狂。吟詩得瘦由無性，辟穀身輕合有方。欲餉子桑歸問婦，一瓢過午尚懸牆。

方回：此以問陳後山疾也。後山答：「嘗聞杜氏婦，剪髻事賓客。君婦定不然，三梳奉巾櫛。」是也。

紀昀：第四句不佳，五句「由無性」三字不妥，結却有致。

喜七兄疾愈

浄名居士本非病，五禽先生能養身。家人但訝少陵觀，鄉里不知顔子貧。身内故知閒是藥，人間誰有道通神。喜聞漸離烏皮几，花氣晴來欲逼人。

方回：此等詩豈補綴鬪合者能之，只如信口説話，而他人不能如此信口説也。

紀昀：此亦似老而實頹唐，勿爲古人所紿。

馮班：讀此詩題，不勝泫然。〇「五禽」之戲不可直名「先生」。

和黄預病起

陳後山

似聞藥病已投機，牛鬪蛇妖頓覺非。李賀固知當得疾，沈侯可更不勝衣。鷩逢白璧山千仞，會見黄金帶十圍。只信詩書端作祟，孰知糠籺亦能肥。

方回：後山詩句句有關鎖，字有眼，意有脈，當細觀之。

馮舒：第三句難解。

馮班：第三句不可解，末句不切。〇用得不好，「江西」詩用事拙。

紀昀：次句不雅。〇「作祟」二字亦不雅。

眼疾

陳簡齋

天公嗔我眼常白，故着昏花阿堵中。不怪參軍騎瞎馬，但妨中散送飛鴻。著籬令惡誰能對，損讀方奇定有功。九惱從來是佛種，會知那律證圓通。

方回：此詩八句而用七事，謂詩不在用事者，殆胸中無書耳。盲人騎瞎馬，夜半臨深池，此世說殷仲堪參軍所作危語。仲堪眇一目，適忤之。只見門外著籬，未見眼中安障，此方干令以嘲李主簿范。甯武子患目痛，求方於張湛，湛戲謂此方用損讀書一，減思慮二，專内視三，簡外觀四，早晚起五，夜早眠六，凡六物熬以神灰，下以氣篵。今刊本多誤作「損續」，非也。白眼、阿堵，送飛鴻，三事非僻。那律事出楞嚴經，無目可以證道。其要妙在用虛字以斡實事，不可不細味也。

馮舒：「只見門外著籬，未見眼中安障。」又杜撰一聯。○未見嘴唇開褲，已對過矣。○都是「江西」惡派亂談。

馮班：方君不解用事，此言却有會。

紀昀：「其要妙在用虛字以斡實事，不可不細味也。」此二句精當。

馮舒：參軍危語如此，未嘗云參軍自騎也。

馮班：太填砌，如此何得薄「崑體」耶？○盲人騎瞎馬，夜半臨深池，不得直云參軍騎瞎馬也。「江西派」承「崑體」之後，用事多假借狃合，往往不可通。「西崑」學三十六體用事，出沒皆本古法。黃、陳多杜撰，所以不及。

紀昀：純是宋調，又自一種，然不甚傷雅，格韻較宋人高故也。

次韻王元勃問予齒脱

曾茶山

齒危但以粥充虚，辜負公家夏屋渠。元注：「舊説，夏屋，大具。渠，勤也。言説大具，其意勤勤然。」政恐麴生真作祟，可憐髯簿頓成疏。元注：「炙轂子謂羊爲髯鬚主簿。」動摇不減韓吏部，蹴踏非勤焦校書。落勢今年殊未已，祇應從此併無餘。

方回：此當與陳簡齋目疾、范石湖耳鳴詩參綜以觀，格律相似，善用事亦相似，但貯胸無奇書，落筆無活法，則不能耳。誰謂「江西」詩可輕視乎？

馮舒：用書如此，必不如「西崑」。

馮班：劣甚。第六句不通。

查慎行：後半跳不出韓吏部圈子。

紀昀：此便傖氣。虚谷以擬簡齋，門户之論耳。三句「作祟」二字不雅。

次韻朱德裕見贈予病初起

周信道

蓋世功名黍一炊，驚心歲月轂雙馳。五漿先饋那須爾，一豎相陵少避之。種種鬢毛吾欲老，翩翩書翰子能奇。黄花無語秋將暮，莫惜玄談與解頤。

方回：周孚字信道，濟南人，乾道二年進士，爲儀真教官卒〔八〕。詩本黄太史。辛稼軒刊其集曰蠹齋集。丘詳之惜其年不老，蓋尚進而未艾。

馮班：不解捉筆。

紀昀：三、四「江西」野調。

耳鳴

范石湖

東極空歌下始青，西方寳綱奏韶英。不須路入兜元國，自有音聞空筏城。牛蟻誰知牀下鬭，雞蠅任向夢中鳴。如今却笑難陀種，無耳何勞强聽聲。

方回：二首選一。前篇有云：「夢中鼓響生千偈，覺後春聲失百非。」又云：「寄語爵陰吞賊道，玉牀安穩坐朱衣。」皆奇博已甚。謂能詩者不必讀書，不在用事，可乎？

紀昀：此亦微知生平持論之偏，以此語補滲漏也。蓋「江西」詩惟取生硬，易爲白撰者所僞託，當時必有議及者矣。

馮舒：兜元國事出幽怪録。用事至此，宋人每有此等。○如此用事亦是惡道，所以惡者，直是宋氣惱人。

馮班：太堆砌，然雅切可愛。○「東極空」、「西方寳」、「空筏城」俱不解，何獨拈「兜元」？○宋人直是不通耳，非但氣息不好。

查慎行：前半用事，未詳所出。

紀昀：此亦堆砌。

病足累日不能出掩門折花自娱

陸放翁

頻報園花照眼明，蹣跚正廢下堂行。擁衾又聽五更雨，屈指都無三日晴。不奈病何拋酒盞，粗知春在賴鶯聲。一枝自浸銅瓶水，喜與年光未隔生。

方回：此慶元四年戊午詩，放翁年七十四。第六句絶妙。

查慎行：第六一語叫醒一篇。

張載華：此詩已見「春日類」，重出。

紀昀：重出。

許印芳：末句「生」字是語助詞，古人詩中太瘦生、太憨生、可憐生之類，皆作此解。

病　愈

倦榻呻吟每自哀，占蓍來吉出餘災。自能洗硯拂書几，時亦折花尋酒杯。久類寒蛟潛岫穴，忽如老馬噴風埃。霜晴爛熳東窗日，一笑山坡訪早梅。

方回：此亦慶元四年戊午時詩。

馮舒：末句犯「折花」。

紀昀：此首淺滑。○次句笨。

五月初病體覺愈輕偶書

世事紛紛了不知，又逢乳燕麥秋時。經年謝客常因醉，三日無詩自怪衰。乘雨旋移西崦藥，留燈自覆北窗棋。但將生死俱拈起，造物從來是小兒。

方回：此慶元五年己未詩，放翁時年七十五。

馮班：重出。

查慎行：重見「夏日類」。

紀昀：重出。

小疾兩日而愈

病骨羸然山澤臞，故應行路笑形模。記書身大似椰子，忍事癭生如瓠壺。美酒得錢猶可致，高人折簡孰能呼。不如淨掃茅齋地，臨看微香起瓦爐。

方回：不着「行路笑形模」一句，則引「椰子」、「瓠壺」兩句不來，此足見詩家手段。放翁是年八十二，開禧二年丙寅也。明年而侂冑敗，放翁猶健也。

馮舒：此章法也。唐人無不如此，高者且不必如此。詑爲詩家手段，殊不然。

紀昀：此評是。

紀昀：格調太平，放翁習逕。三句「身」字不妥。

病起

趙紫芝

身如瘦鶴已伶俜，一卧兼旬更有零。朝客偶知親送藥，野僧相保密持經。力微尚覺衣裳重，才退難徵筆硯靈。惟有叢花心未已，遍分黄菊插空瓶。

方回：此詩三、四，先云「朝士偶知來送藥，野僧相保爲持經」，後乃改下「親」字、「密」字，亦詩法所當然也；但「更有零」三字不佳。「四靈」學姚合、賈島詩而不至，七言律大率皆弱格，不高致也。

紀昀：改此三字，便不率易。

馮班：第六句稍劣。

紀昀：中四句小樣。

髮脱

劉後村

髮脱紛紛不待爬，天將醜怪變妍華。論爲城旦寧非怒〔九〕，度作沙彌亦自佳。稚子笑翁簪柏葉，侍人諱老匣菱花。霜寒尤要泥丸暖，慚愧烏巾着意遮。

方回：白樂天、陳簡齋之目，張文潛、曾茶山之齒，范石湖之耳，加以後村髮秃詩，可發一笑。然後村詩不及諸公。

馮班：惡道。○腹聯亦可。

紀昀：三、四只似惡謔，豈可入之詩集？

問友人病

病來清瘦欲通仙，深炷篝香拂地眠。野客勸尋廉藥買，外人偷出近詩傳。術庸難靠醫求效，俗陋多依鬼乞憐。鷗鷺如欺行跡少，分明溪上占漁船〔一〇〕。

方回：詩意自足，但是格卑。

紀昀：此論是。

馮班：除第一句都不問友人，只是自詠。

查慎行：五、六雖近俚，頗近情。

校勘記

〔一〕歎世　查慎行：「歎」一作「玩」。〔二〕愈已　紀昀：「愈」字衍。〔三〕又闌　紀昀：「又」字再校。〔四〕頗未易　按：「頗」字原作墨丁，據康熙五十二年本、紀昀刊誤本校補。〔五〕禪客　馮班：一作「賢者」。〔六〕擣雞　馮班：一作「烹雀」。〔七〕已五年　按：「已」字原作墨丁，據康熙五十二年本、紀昀刊誤本校補。〔八〕教官卒　按：「官」字原作墨丁，據康熙五十二年本、紀昀刊誤本校補。〔九〕寧非怒　紀昀：「怒」字不甚解，校本集是「恕」字。〔一〇〕占漁船　按：元至元本、紀昀刊誤本「占」作「古」。

瀛奎律髓彙評卷之四十五　感舊類

欠五言併題序。

七言　七首〔一〕

陳阜卿先生爲兩浙轉運司考試官時秦丞相之孫以右文殿修撰來就試直欲首選阜卿得予文卷擢置第一秦氏大怒予明年既顯黜先生亦幾陷危機偶秦公薨遂已予晚歲料理故書得先生手帖追感平昔作長句以識其事不知衰涕之集也　陸放翁

冀北當年浩莫分，斯人一顧每空羣。國家科第與風漢，天下英雄唯使君。後進何人知大老，横流無地寄斯文。自憐衰鈍辜真賞，猶竊虚名海内聞。

方回：此謂秦塤也。選此詩以見老檜之無識，放翁下第以此。

馮舒：如何説他無識？

紀昀：選詩非記事。檜之無識，不待此詩始見。安可不問工拙，但以題目取之？

馮舒：第三句只是宋。

馮班：「江西派」。○次聯「江西」法也。

何義門：雖見宋派，却能以古人語爲己用者，不愧坡公。

紀昀：三句用劉賁事切而不雅。凡用事不切，不如不用；切而不雅，亦不如不用。第五句亦率易，六句又太激。

雪夜感舊

江月亭前樺燭香，龍門閣上馱聲長。亂山古驛經三折，小市孤城宿兩當。晚歲猶思事鞍馬，當時那信老耕桑。緑沉金鎖俱塵委，雪灑寒燈淚數行。

陸貽典：兩當，縣名，屬秦鳳路。

紀昀：後四句沉着慷慨。六句逆挽有力，「那信」二字尤佳，若作「誰料」便不及。○「兩當」，地名，借對「三折」。

無名氏(乙)：頗昂藏崢屼。

許印芳：第六句逆挽，筆法固佳。第五句横插，筆法尤佳。蓋前四句追敍舊事，筆勢平衍。五句横空插入，寫眼前心事，便覺陡峭。拘窘呆鈍者不解如此用筆，亦不敢如此用筆也。六句挽到舊事一邊，兜得最緊。曉嵐謂「那信」若作「誰料」便不及，此論微妙。蓋「料」字虚，「信」字實，「料」是事前揣度，「信」是經事之後追憶事前，較「料」字深而有力。「誰」字嫩而輕，「那」字老而重，亦較「誰」字有力。凡詩中字眼，有講義大概相似而用來頓分優劣者，此類是也。用之而優者，又有天然合拍之妙，其所以合拍之故，可以意會，可以神悟，而不可以言傳。非於古人章句涵泳純熟，於古人門徑經歷甘苦，亦不能意會神悟，此詩之所以難言也。七句「緑沈」、「金鎖」，是言舊物。「俱塵委」，是言眼前光景。八句點題，收拾通篇。此等結法神力絶大，勿以尋常視之。○緑沈槍、金鎖甲，語本杜詩。○「當」字複。

憶昔

憶昔從戎出渭濱，壺漿馬首泣遺民。夜棲高冢占星象，晝上巢車望虜塵。共道功名方迫逐，豈知老病只逡巡。燈前撫卷空流涕，何限人間失意人。

紀昀：「憶昔」順起，唐人多有之。然此調入手易率，賴五、六一宕一折，方不萎弱。三、四平鈍。○結句偶用後山。

感昔

三着朝冠入上都，黄封頻醉渴相如。馬慵立仗寧辭斥，蘭偶當門敢怨鋤。富貴尚思還此笏，衰殘故合愛吾廬。燈前目力依然在，且盡山房萬卷書。

紀昀：三、四亦感慨豪宕。此種題易於着語，但筆力足以運之，即能出色。

無名氏（甲）：劉先主殺異己者，謂如蘭芝當門，不得不鋤。

許印芳：首句借對。

五丈原頭秋色新，當時許國欲忘身。長安之西過萬里，北斗以南惟一人。往事已如遼海鶴，餘年空羨葛天民。腰間白羽凋零盡，却照青溪整角巾。

紀昀：結得不盡。

無名氏（乙）：腹聯和平竦聽。

許印芳：前詩和平，不愧詩人之筆。後章三、四老横，上句古調，下句拗調。凡平調中參拗調一聯，乃是常格。此則拗調以古調作對，爲變格也。○「過」，去聲。

夢蜀

夢飲成都好事家，新粧執樂雁行斜。赭肩〔二〕郫縣千筒酒，照眼彭州百馱花。醉帽傾欹歌未闋，罰觥瀲灔笑方譁。霜鐘喚覺晨窗白，自怪無端一念差。

方回：體熟語麗。

紀昀：夢起覺收，布格太平，遂令豪語俱爲減色。

無名氏（甲）：郫縣出名酒，謂「郫筒酒」。蓋以大竹筒貯之，更置於甕。

伏讀二劉公瑞巖留題感事興懷至於隕涕追次元韻偶成一篇

朱文公

誰將健筆寫崖陰，想見當年抱膝吟。緩帶輕裘成昨夢，遺風餘烈到如今。西山爽氣看猶在，北闕精誠直自深。故壘近聞新破竹，起公無路祇傷心。

方回：元注：「右懷寶忠李公作。近聞西兵進取關、陝，其帥即公舊部曲也。」

紀昀：雖乏深警，亦有氣格。○此卷詩皆有可觀。

校勘記

〔一〕七言七首　按：「七首」二字原缺，據元至元本校補。〔二〕赭肩　查慎行：「赭」當作「赬」，韓詩「刈熟擔肩赬」。

瀛奎律髓彙評卷之四十六　俠少類

紀昀：闕序。

五言 八首〔一〕

雜詩

盧象

君家御溝上，垂柳夾朱門。列鼎會中貴，鳴珂朝至尊。死生在片議，窮達獨一言。須識苦寒士，莫矜狐白温。

方回：此詩有古樂府之意，格調甚高。前四句敍其富貴，五、六言其權勢之盛，末句使之憐寒士也。

紀昀：解却不錯。

馮舒：此是權豪，非關俠少。

馮班：此非俠少，乃貴人也。

紀昀：中四句雖對偶，然終是俳偶之古體，非律格也。語淺局促，以爲高格尤非。

贈張建

韓翃

結客平陵下，當年倚俠游。傳看轆轤劍，醉脱驌驦〔二〕裘。翠羽雙鬟妾，珠簾百尺樓。春風坐相待，晚日莫淹留。

方回：「雙鬟妾」「百尺樓」本無足道，亦見世間有此驕佚之人也。以入「俠少」，亦在平時而已。

馮舒：鈍機。

紀昀：後四句乃戲之之詞，虚谷誤以爲誇詞，故其論如是。

馮舒：無奇特，却穩貼清麗。

馮班：君平天姿華贍，只下語平平耳，自覺富貴之氣逼人。今人必不解用「鷫鸘裘」。用事是律詩要緊處，解者愈遠愈工，不解者一借用便拙。

紀昀：三、四得神，在「傳看」「醉脱」四字。

長安路

長安九城路，戚里五侯家。結束趨平樂，聯翩互狹斜。高樓臨積水，複道出繁花。惟有相如宅，蓬門度歲華。

方回：詩法當如此。前六句總説繁華，結句却合歸之寂寞。前一段全説書生氣味，結句却合説豪貴不如，此詩乃爲佳也。

馮舒：瞎批。

紀昀：此種議論似高而謬，詩亦相題，豈必以歸到寂寞爲高乎？固哉高叟！

紀昀：通體不見俠少之意，入此類殊爲無理。○此即盧昇之長安古意之意，縮爲八句，然大意已盡。

關山月

霍　總

珠籠翡翠牀，白皙侍中郎。五日來花下，雙童問道傍。到門車馬狹，連夜管絃長。每笑東家子，窺他宋玉墻。

馮班：此題似有誤。元和御覽集此處似有脱誤。○第七句新峭。

紀昀：純用相逢狹路間一篇語意。○結言以富貴自矜，而笑交文士者之非也。即前君平詩結句之意，而措語較曲折不逼。

無名氏（乙）：腹聯極寫豪華。

邯鄲俠少年

鄭　鏦

夜渡濁河津，衣中劍滿身。兵符劫晉鄙，匕首刺秦人。報士非無膽，高堂念有親。昨緣秦苦趙，來往大梁頻。

方回：第六句有味。

馮班：高甚。

紀昀：次句不佳。

少年行

劉長卿

射飛誇侍獵，行樂愛聯鑣。薦枕青蛾豔，鳴鞭白馬驕。曲房珠翠合，深院管絃調。日晚春風裏，衣香滿路飄。

方回：此詩似非長卿所作。中四句太艷而淺，末句頗可採。此題於其後不無少貶，乃佳。

紀昀：少年行自是樂府，文人隨時轉變，以五言律作之耳。其體本摹寫俠少，安能以腐語參之？

馮班：末句妥。

紀昀：一、二句，四句，七、八句，説遊冶。三句，五句，六句，説聲色。詞參差無緒，於法爲疏。

少年行

林　寬

柳煙侵御道，門映夾城開。白日莫空過，青春不再來。報仇衝雪去，乘醉臂鷹迴。看取歌鐘地，殘陽滿壞臺。

方回：三、四本形容俠少汲汲皇皇爲游樂之事，不肯虛度時光。幼時見人書此句以戒學堂兒曹。其承上句，即無正當之論，不足采也。不知乃爲唐人林寬詩也。

少　年

張宛丘

朱繩縛天狗，白羽射旄頭。新佩將軍印，初成甲第樓。絲羅〔三〕諸院夜，鞍馬五陵秋。惟有如霜鬢，令君覽鏡愁。

方回：格近古，似陳、宋。

馮舒：萬不及。

馮班：如隔萬里。

紀昀：前六句果有古意，然似齊、梁，以爲陳、宋則不然。

馮班：不當行，少意味。○首聯二句非此題破也，此雖老將亦可矣。○次聯是。○知此篇非唐人，可以談用古之妙矣。○此不成詩，萬里不解也，其病在起處徒作壯語而無少年意。○起二句大言無當。

紀昀：結殊傖氣。

無名氏（乙）：駿爽。

七言 九首

贈王樞密 一作「中貴王樞密」，守澄宗姪也。

王 建

三朝〔四〕行坐鎮相隨，今日春官見小時〔五〕。脱下御衣先試〔六〕着，進來龍馬每教〔七〕騎。長承密旨歸家少，獨奏邊機〔八〕出殿遲。自是姓同親〔九〕向説，九重争得〔一〇〕

外人知。

馮舒：此作何關「俠少」？此詩有爲而作，人所共知，列之「俠少」，真全不讀書者。

馮班：此是内官，非俠少也。○原刻一字不通，不知虛谷何來此惡本？「同姓」，謂之當家人。

宋人不知此語，往往妄改。虛谷不學，遇唐人古語不解，往往改却，可笑。

紀昀：此乃王建忤王守澄，守澄以所作宫詞挾持之，建作此以自解。入「俠少類」誤甚。

閒说

桃花百葉不成春，鶴算千年也未神。秦隴洲緣鸚鵡貴，王侯家爲牡丹貧。歌頭舞面迴迴別〔二〕，鬢樣眉心日日新。鼓動六街騎馬出，相逢總是學狂人。

方回：歎時世衰薄，不務本。長安富貴之家，所知惟此，而不知生熟好惡也。

馮舒：亦不應入「俠少」。

馮班：首句不可解。

紀昀：亦淺亦俗。

無名氏（乙）：第四句可警憨頑。

寄丹陽劉太真　韓翃

長安道上落花朝，羡爾當年賞事饒。下箸已憐鵝炙美，開籠不少鴨疑當作「雉」。媒嬌。春衣曉入青陽巷，細馬初過皂角橋。相訪不辭千里遠，西風好借木蘭橈。

馮舒：唐人每鬬鴨。自晉時已爲此戲，事見世説，方君全不知古今。

馮班：風華。○君平綺縟過於大曆諸子。

紀昀：此追敍舊遊之作，入之「俠少」無理。○馮引鬬鴨事譏虚谷不學，虚谷誠荒陋，然此注不錯。「雉媒」吾聞之矣，「鴨媒」出何典故？

無名氏（乙）：次句尤俊。不用「雉媒」，而用「鴨媒」，求生新也。今江南更有「雁媒」。

富平少侯　李商隱

七國三邊未到憂，十三身襲富平侯。不收金彈抛林外，却惜銀牀在井頭。緑樹轉燈珠錯落，繡檀迴枕玉雕鎪。當關不報侵晨客，新得佳人字莫愁。

馮舒：次聯即俗諺所云當著不著也。

馮班：自然，非楊、劉輩可及。知此可以言「崑體」矣。

紀昀：此義山集中之下乘。

丁年

王荆公

丁年結客盛游從，宛洛氈車處處逢。吟盡物華愁筆老，醉消春色愛醅濃。壚間寂寞相如病，鍛處荒涼叔夜慵。早晚青雲須自致，立談平取徹侯封。

馮班：何如玉溪生？然勝楊、劉。

紀昀：此亦追敍舊遊，入「俠少」無理。

無名氏（甲）：嵇叔夜好鍛。

公子

楊文公

夾道青樓拂綵霓，月軒宫袖按前溪。錦鱗河伯供烹鯉，金距隣翁逐鬭雞。細雨墊巾過柳市，輕風側帽上銅鞮。珊瑚擊碎牛心熟，香草蘭芳客自迷。

馮舒：第三聯寒儉。〇若説「江西」勝「西崑」，我永不論詩。

馮班：次聯欠切。腹聯好。

紀昀：「河伯」、「隣翁」，俱涉裝點，與義山之「湖燕雨」、「海鵰風」同一病痛。「巾」、「帽」複。

無名氏(甲)：晉人甚貴牛心炙，有王濟故事。

無名氏(乙)：第六俊句。

公子　劉子儀

油壁香車隔渭橋，黄山路遠苦相邀。行庖爨蠟雕胡熟，永埒鋪金汗血驕。別館橫陳張勝婉〔二〕，期門長揖霍嫖姚。注鈎握槊曾無憚，緑桂膏濃曉未銷。

紀昀：楊、錢、劉三詩皆有義山風味，勝「西崑」他詩之堆砌。

公子　錢思公

蓮勺交衢接荻園，來時十里一開筵。歌翻南國桃根曲，馬過章臺杏葉韉。別殿對迴雙綬貴，後門歸夜九枝然。閒隨翠幰欹烏帽，紫陌三條入柳煙。

馮班：此首好。

無名氏(甲)：宣帝困蓮勺鹵中。

公子

胡文恭

北第當衢戟有衣，巾帷鮮媚僕如犀。萬錢供餉鳴鐘沸，三組垂腰佩玉低。座上賦鸚窮處士，樓前盤馬小征西。去天尺五城南路，此去青雲別有梯。

方回：胡武平筆端高爽，似陸農師。

馮班：腹聯好。○後四句「崑體」佳境。

紀昀：此效「崑體」而不成。○次句鄙。

校勘記

〔一〕五言八首　按：「八首」二字原缺，據元至元本校補。〔二〕驌驦　馮班：「鷫鸘」從「鳥」不從「馬」。〔三〕絲羅　馮班：「絲」字疑是「綺」字。〔四〕三朝　馮班：「三」當作「先」。〔五〕今日春官見小時　馮班、沈巘：當作「今上春宮見長時」。〔六〕先試　馮班：當作「偏得」。〔七〕每教　何義門：「教」當作「交」。〔八〕邊機　馮班：「機」當作「情」。〔九〕自是姓同親　馮班、沈巘：當作「不是當家頻」。〔一〇〕争得　馮班：「得」當作「遣」。〔一一〕迴迴別　馮班：本作「遍迴別」，改字處真不通。〔一二〕張勝婉　馮班、李光垣：「勝」當作「静」。陸貽典：六朝采蓮曲有張静婉，乃羊侃妾。此疑誤。

瀛奎律髓彙評卷之四十七　釋梵類

「經來白馬寺，僧到赤烏年」，釋氏之熾於中國久矣。士大夫靡然從之，適其居，友其徒，或樂其説，且深好之而研其所謂學，此一流也。詩家者流，又能精述其趣味之奥，使人玩之而不能釋，亦豈可謂無補於身心者哉？凡寺、院、菴、寮題詠皆附此。

五言 二百五首

酬暉上人獨坐山亭有贈

陳子昂

鐘梵經行處，香牀坐入禪。巖亭交雜樹，石瀨瀉鳴泉。水月心方寂，雲霞思獨玄。寧知人代裏，疲病得攀援。

方回：盛唐人詩，多以起句十字爲題目，中二聯寫景詠物，結句十字撇開，却説别意。此一大機括也。

馮班：何必盛唐？

查慎行：此評屢見。

紀昀：大概如此，亦有不盡然者。

馮舒：首二句出題，千古常規也。大曆後結句必緊收，已前則不必，而自妙貼，自開創。

馮班：律詩起句謂之破題，方君何以不知？

紀昀：初諧聲律，明而未融。以存詩體之源流則可，以爲定式則不可。

無名氏（乙）：一般景物入初唐之手，便爾高迴，此時代之别也。

靈隱寺

駱賓王

鷲嶺鬱岧嶢，龍宫隱寂寥。樓觀滄海日，門聽〔一〕浙江潮。桂子月中落，天香雲外飄。捫蘿登塔遠，刳木引泉遥。霜薄花更發，冰輕葉互彫。夙齡尚遐異，搜對〔二〕滌煩囂。會入天台裏〔三〕，看予渡石橋。

方回：唐史言宋之問詩比於沈、庾〔四〕精密，又加靡麗，蓋律體之祖也。或者謂此詩之問首吟二句，而禪榻老僧遽續數聯，實駱賓王逃難削髮在寺爲之。予著名僧詩話已詳著其説，兩存之可也。

馮班：賓王豈不識宋五耶？小説妄也。

紀昀：義烏敗逃之日，宋不得爲少年。延清吟詩之時，駱亦不得爲老僧。其爲僞託，可不辨而明。惟末二句確是僧語，而非貴官之語。其爲僧所續成，殊無疑義。隋、唐龍戰，天下初平。武后臨朝，人情危駭。冥冥鴻舉之士，隱於方外者當不乏人。必適有老僧續吟之事，而一時不得其姓名，遂以賓王當之耳。

馮班：次聯真妙！四句「聽」不如「對」，試登韜光庵門樓，便見此聯之妙。

紀昀：純是初體，而風格遒上，非復陳、隋堆垛之詞。

無名氏（乙）：高爽幽迥，果是千秋絶調。起筆亦健舉，結處撇開，亦律法。

許印芳：詩止七韻，聯數用奇不用耦，今不可學。○「更」字、「看」字俱平聲。「天」字複。長律聯數，用耦不用奇。初體未純，有用奇者，此詩亦然。○駱賓王，字未詳，義烏人，官臨海丞，棄官去，後與徐敬業舉兵討武后，兵敗，不知所終。

稱心寺

宋之問〔五〕

征帆恣遠尋，逶迤過稱心。凝滯蘅茝岸，沿洄楂柚林。穿溆不厭曲，艤潭惟愛深。爲樂凡幾許，聽取舟中琴。

方回：此猶未盡脱齊、梁、陳、隋體也，庾信詩多如此。

馮班：此是齊、梁體，非近體也，沈、宋詩雖變齊、梁爲近體，尚存齊、梁舊格，「四子」時合新體耳。

紀昀：此評確。

登總持寺浮圖〔六〕〔七〕

梵宇出三天，登兹望八川。開襟俯城闕〔八〕，揮手拍雲〔九〕煙。函谷春山外，昆池落日邊。東京楊柳陌，少別遂經年〔一〇〕。

方回：此即自成唐律詩，擺脱陳、隋矣。

馮班：虚谷不讀陳、隋，何以妄言？但見拗字，便謂未脱，可笑。

紀昀：此評亦確。

馮舒：寫景不難奇妙，勝大曆後人只在落句。○末二句不測。

馮班：此亦庾體也。

陪潤州薛司空丹徒桂明府遊招隱寺〔二〕

共尋招隱寺，初識戴顒家。還依舊泉壑，應改昔雲霞。緑竹寒天筍，紅蕉臘月花。金繩倘留客，爲繫日光斜。

方回：五、六富艷。

紀昀：妙，不甜熟，此爲唐人骨韻。

馮舒：次聯緊接。○落句妙在撇開。

許印芳：前半不黏，亦不可爲式。

遊法華寺十韻

高岫擬耆闍，真乘引妙車。空中結樓殿，意表出雲霞。後果傳三足，前因感六牙。宴林薰寶樹，水溜滴金沙。寒谷梅猶淺，温庭橘半華。臺香紅藥亂，塔影緑篁遮。果漸輪王族，緣超梵帝家。晨行蹋忍草，夜誦得靈花。江郡將何匹，天都亦未加。朝來泛舟所，應是逐仙槎。

方回：此詩工甚。青鳥「三足」、白象「六牙」，工之至矣。

馮舒：王、楊四子，總之匀匀敍去，自然富麗，自然起結，無構造之煩迹。至沈、宋則富麗爲阿房、建章，銖兩爲淩雲，巧密爲迷樓，門户房櫳，别爲蹊境矣。太白則仙山樓閣，望而難即。少陵則道君之艮嶽，非骨力不辦；然西風忽起，鳥獸哀鳴，不無蕭颯之氣。錢、郎以還，則如知書守禮之搢紳，或束脩自好之雅士，即家爲丘壑，清流括目，碧樹拂衣，觸景瀟灑，無有俗韻，然未可語馬家奉誠，裴公緑野，無論石家金谷也。方君雖著此書，然於大段未十分明白，只曉得「江西」一派惡習，且不知杜，何知沈、宋及「四子」乎？既不知杜之由來，又何論庾、鮑而上至漢、魏乎？獨於今世，不論章法，不知起結，「竟陵」、「空同」諸派，則彼善於此耳。世之言詩者莫謂予輩表章是書，遂謂虞山一派，純講照應起結也。

○「青鳥三足」，應考。

馮班：工不在此，此宋人四六所謂工也。

紀昀：此詩却不脱堆垛之習，不足言工。

韓弼元：全是門面話。

遊少林寺

沈佺期

長歌遊寶地，徙倚對珠林。雁塔風霜古，龍池歲月深。紺園澄夕霽，碧殿下秋陰。歸路烟霞晚，山蟬處處吟。

方回：唐律詩初盛，少變梁、陳，而富麗之中稍加勁健，如此者是也。

馮班：北朝亦不患不勁。

何義門：五、六不但字法之妙，能使「風霜」一聯精神又倍。

紀昀：氣味自厚，故華而不靡。

無名氏(乙)：勁中帶蒼。

遊梵宇三覺寺

王勃

杏閣披青磴，琱臺控紫岑。葉齊山路狹，花積野壇深。蘿幌棲禪影，松門聽梵音。遽忻陪妙躅，延賞滌煩襟。

方回：四十字無一字不工，豈減沈佺期、宋之問哉？裴行儉以器識一語少王、楊、盧、駱。彼專以富貴骨相取人，而文之以器識之説，吾未見裴之合於「四子」也。賓王檄武氏：「一抔之土未乾，六尺之孤安在？」氣蓋萬古，雖敗而死何傷？或謂亡命爲僧，亦未必然。○唐律詩之初，前六句敍景物，末後二句以情致繳之，周伯弜四實、四虚之説遂窮焉。

馮舒：王在沈、宋之先。

紀昀：四實四虛之説固拘，必不主四實四虛之説亦拘。詩不能專主一格，亦不能專廢一格。

許印芳：此論名通。

查慎行：次聯每句中兩字着力，創調也。

紀昀：裝點是「四傑」本色。然有骨有韻，故雖沿齊、梁之格，而能自爲唐世之音，第四句尤有神致。

無名氏（乙）：幽深精健，覺盛唐太壯矣。起筆尚沿舊習。

許印芳：王勃字子安，龍門人。官虢州參軍。往交趾省父，渡海溺死，年二十九。是時，楊炯、盧照鄰、駱賓王與勃齊名。後世稱爲「初唐四傑」。

酬思玄上人林泉　四首取二

駱賓王

聞君招隱地，髣髴武陵春。緝芰知遠楚〔二〕，披榛似避秦。崩查年祀積，幽草歲時新。一謝滄浪水，安知有逸人。

紀昀：二首尚不脱堆排之習。〇三、四字句皆初體。

無名氏（甲）：「査」，即槎。「崩查」，猶壞船也。

芳晨臨上月，幽賞狎中園。有蝶堪成夢，無羊可觸藩。忘懷南澗藻，蠲思北堂萱。坐歎華滋歇，思君誰爲言。

方回：後兩首有云：「客有遷鶯處，人無結駟來。」又云：「芳杜湘君曲，幽蘭楚客詞。山中有春草，長似寄相思。」皆才高思爽。予選此詩，信手看其前後，甚多佳句。北眺云：「既出封泥谷，還過避雨陵。」淮口云：「從帝留餘地，封王表舊城。岸昏函蜃氣，潮滿應雞聲。」守歲云：「夜將寒色去，年共曉光新。」如「荷香銷晚夏，菊氣入新秋。橘氣行應化，蓬心去不安」，皆可書，但情味寥落，多不得志之辭云。

紀昀：際遇不同，悲愉自異。必矯語隱逸之樂，乃爲詩家之正聲，則三百篇愁怨之作皆將黜爲外道乎？

紀昀：三句纖，四句拙。

春日上方即事

王右丞

好讀高僧傳，時看辟穀方。鳩形將刻杖，龜殼用支牀。柳色春山映，花明夕鳥藏。北窗桃李下，閒步但焚香。

方回：三、四新異。

紀昀：此非右丞佳處。況皆習用之典，不得以新異目之。

馮班：腹聯明秀。

陸貽典：鳩能止噎，故老人杖刻其形。龜能食氣，故以支牀。

紀昀：後四句「柳」「花」「桃李」，用字頗雜。「明」字不對「色」字。

無名氏(乙)：幽處秀發。

登辨覺寺

竹逕連初地〔三〕，蓮峯出化城。窗中三楚盡，林外〔四〕九江平〔五〕。輭草承趺坐，長松響梵聲。空居法雲外，觀世得無生。

方回：此似是廬山僧寺。三、四形容廣大，其語即無雕刻，而「窗中」「林外」四字，一了數千里，佳甚。

馮舒：至王、孟稍澄沈、宋而清之，故極壯語亦只如此。「窗中」十字，足敵洞庭「氣蒸」、「波動」之句。

何義門：題云「登」，則寺在峯之巔，故目窮三楚，坐瞰九江。玩三、四自見。

紀昀：五、六句興象深微，特爲精妙。

許印芳：曉嵐論詩主興象，即此可見。

無名氏(乙)：佳在無雕刻，若專取廣大，便墮明「七子」。

許印芳：王維，字摩詰。太原人。官尚書右丞。詩工衆體，五律有清、雄兩派。才力尤大。後人並稱王、孟，襄陽實非敵手。

題融公蘭若

孟浩然

精舍買金開，流泉遶砌迴。芰荷薰講席，松柏映香臺。法雨晴飛去，天花晝下來。談玄殊未已，歸騎夕陽催。

馮班：但見其妙，無可形容矣。

紀昀：語雖平近，尚有初唐意味。

許印芳：「若」音「惹」。釋氏所居，由官造、或官賜題額者爲寺，私造者爲招提、爲蘭若。

陪姚使君題惠上人房

帶雪梅初暖，含烟柳尚青。來窺童子偈，得聽法王經。會裏〔一六〕知無我，觀空厭有形。迷心應覺悟，客思未遑寧。

方回：浩然於佛法亦深有所得，此篇五、六語意明白無礙，張丞相經玉泉長韻云：「聞鐘〔一七〕鹿門近，照膽玉泉清。」尤佳。

紀昀：清妥之篇，別無藴味，非孟公之極筆。

春日歸山寄孟浩然　李太白

朱紱遺塵境，青山謁梵筵。金繩開覺路，寶筏渡迷川。嶺樹攢飛栱，巖花覆谷泉。塔形標海月，樓勢出江烟。香氣三天下，鐘聲萬壑連。荷秋珠已滴〔一八〕，松密蓋初圓。鳥聚疑聞法，龍參若護禪。愧非流水韻，叨入伯牙絃。

方回：太白負不羈之才，樂府大篇，翕忽變化。而此一律詩，乃工夫縝密如此。杜審言、宋之問相伯仲。別有贈浩然詩曰：「醉月頻中聖，迷花不事君。」雖飄逸不如此詩之端整，以其多禪語也，以入「釋梵類」。

紀昀：縝密非太白所長。

馮舒：足敵沈、宋。

馮班：所謂「往往似陰鏗」也。

何義門：題必有誤。

紀昀：純沿初體，太白集中平近之作。

無名氏（乙）：生動得未曾有，此是游琳宫金庭得手處。襲彼語則便堪唾矣，故金繩寶筏亦弗貴。

宿贊公房

杜工部

杖錫何來此，秋風已颯然。雨荒深院菊，霜倒半池蓮。放逐寧違性，虚空不離禪。相逢成夜宿，隴月向人圓。

方回：贊公謫居秦州，即在長安賊中時。大雲寺長老也。嘗有四詩。宿其房，今又於隴郡相逢也。乾元二年己亥，年四十八矣。

錢湘靈：首句起下謫置之案。

查慎行：贊公世外人，乃復攖世網，故詩中多感歎意。

何義門：末句應「來此」。

紀昀：結得輕妙。

無名氏（乙）：蒼涼矯健，是公獨步。

謁真諦寺禪師

蘭若山高處，煙霞障幾重。凍泉依細石，晴雪落長松。問法看詩妄，觀身向酒慵。未能割妻子，卜宅近前峯。

方回：凡詩只如此作自伶俐。前四句景，而起句爲題目；後四句情，而結句有合殺。

紀昀：亦不必如此説定。

紀昀：第四句生動，勝出句。五、六二句已逗晚唐。結用周顒事無迹。

無名氏（乙）：次句以禪譬之，可謂入佛。

和裴迪登新澤寺寄王侍郎

王時牧蜀

何限〔一九〕倚山木，吟詩秋葉黄。蟬聲集古寺，鳥影度寒塘。風物悲游子，登臨憶侍郎。老夫貪佛日，隨意宿僧房。

方回：老杜詩警句，無不以爲着題詩矣。其不甚緊切之句，如「有客傳河尹」，如「他鄉推表弟」，如「君王問長卿」，如「登臨憶侍郎」，亦人所膾炙。復引用之，即自典雅，何也？學詩者而不熟老杜可乎？

紀昀：「無不以爲」句，未詳。詩自當以杜爲宗，然學杜不在此等處。

紀昀：三、四不減王、孟，杜故無所不有。六句究竟太質，七句「貪佛日」三字未能免俗。

無名氏（乙）：風致獨絶。

題玄武師屋壁

何年顧虎頭，滿壁畫瀛洲〔二〇〕。赤日石林氣，青天江水流。錫飛常近鶴，杯渡不驚鷗。似得廬山路，真隨惠遠游。

方回：此是題詩於所畫之壁，皆指畫而賦之。曰「錫飛」、曰「杯渡」，皆畫中事也。「似得廬山路」，而「真隨惠遠游」，亦言畫也。

紀昀：二句乃分頂上山水，借僧家典故點綴寺壁，非畫中實有二事。

馮舒：若大曆以還，决以畫結。此詩亦同結到畫，却瀟洒擺脱，不可及也。

何義門：落句結到題者。

紀昀：此却平淺。

無名氏（乙）：奇傑，闢風氣。

秦州雜詩

秦州山北寺，勝迹〔三〕隗囂宫。苔蘚山門古，丹青野殿空。月明垂葉露，雲逐度溪風。清渭無情極，愁時獨向東。

方回：此詩晚唐人聲調一同。五、六極天下之工，第七句天生此語。

紀昀：晚唐人那得此神骨？

馮班：落句秦州結。

何義門：身不能隨渭水而東，故反怨其無情也。

李光垣：「山」字複。

無名氏（甲）：秦州，今屬甘肅，即隗囂所都也。

山寺

野寺殘僧少，山園細路高。麝香眠石竹，鸚鵡啄金桃。亂水通人過，懸崖置屋牢。上方重閣晚，百里見纖毫。

方回：五、六新異，末句開闊。

馮舒：野寺僧少，自然路細。○第三句是襯語，第七句「山寺」。

何義門：六句細寫，結忽宕開。

紀昀：對起而勢極聳拔，仍有單入之勢。三、四稍麗而不縟。五、六勢須作散筆，再一裝點便冗。七、八除却拓開，再無結法。

無名氏(乙)：琢練極工，而出之若無意，所以難到。○勁力透在一「牢」字。

上牛頭寺

青山意不盡，衮衮上牛頭。無復能拘礙，真成浪出游。花濃春寺静，竹細野池幽。何處啼鶯切〔三〕，移時獨未休。

方回：後四句工麗清婉。

馮舒：結得變换。

紀昀：三、四二句申足「意不盡」三字。「花濃」句入神，對句不及。

許印芳：結亦回應首句，紀批尚未道及。

上兜率寺

兜率知名寺，真如會法堂。江山有巴蜀，棟宇自齊梁。庾信哀雖久，何顒好不忘。白牛車遠近，且欲上慈航。

方回：韓魏公謂人才須入粗入細。老杜詩，不有前詩，何以入細？此一詩三、四忽又如此廣遠，五、六古淡有意。

紀昀：唐代諸公，多各是一家法度。惟杜無所不有，故曰大家。此論是。○五、六非古淡。

馮舒：以「上」字結構，好。

馮班：自闊。

查慎行：三、四用虛字作句中眼。

何義門：三、四知名。

張載華：此詩已見「拗字類」，重出。

無名氏（甲）：何顒，東漢人，但無好佛名，疑周顒之誤，見本注。釋家「三車」謂鹿車、牛車、羊車。

遊修覺寺

野寺江天豁，山扉花竹幽。詩應有神助，吾得及春游。徑石相縈帶，川雲自去留。禪枝宿衆鳥，漂轉暮歸愁。

方回：讀老杜詩，首首不同。此又是一格。

馮班：三首一格。

馮舒：以「游」字結構。

何義門：落句仍映帶「花竹」。

紀昀：三句刻意而不自然。

無名氏（乙）：「及」字下得有神。

巳上人茅齋

巳公茅屋下，可以賦新詩。枕簟入林僻，茶瓜留客遲。江蓮摇白羽，天棘蔓青絲。空忝許詢輩，難酬支遁辭。

方回：「天棘」或云麥門冬也。「蔓」或作「夢」，非。此乃老杜中年前詩。

馮舒：六朝結法。

馮班、查慎行：亦見「拗字類」。

紀昀：淺薄少味。少陵隨筆應酬之作。

題遠公經臺

祖　詠

蘭若無人到，真僧出復稀。苔侵行道席，雲濕坐禪衣。澗鼠緣香案，山蟬噪竹扉。世間長不見，寧止暫忘歸。

方回：第四句「濕」字好。「澗」一作「溪」。

查慎行：第六句支湊。

紀昀：詩格亦亞於摩詰。○七句稍晦。

晚過磐石寺禮鄭和尚

岑　參

暫詣高僧話，來尋野寺孤。岸花藏水碓，溪竹映風爐。頂上巢新鶴，衣中得舊珠。談禪未得去，輟棹且踟躕。

方回：「水碓」「風爐」，自然成對。

紀昀：三句寺外之景，四句禪房之景。○前四句有致。五、六敷衍，遂減全篇之色。

無名氏（乙）：次聯正是藏映得妙。

同崔三十侍御灌口夜宿報恩寺

同君尋野寺，夜一作「便」。宿支公房。溪月冷深殿，江雲擁迴廊。燃燈松林静，煮茗柴門香。勝事不可接，相思幽興長。

方回：律詩中之拗字者。庾信詩愛如此。五、六眼前事，但安排得雅浄。

馮舒：庾子山尚無律體，非愛拗字也。

馮班：齊、梁體不避拗字，何獨庾信？

紀昀：子山時未有律詩，所作即齊、梁之格，何得謂庾愛如此？

馮班：齊、梁格詩。

查慎行：五律中全首俱拗者絶少。

紀昀：此種究是對偶古詩，不得入之近體。

無名氏（乙）：穆然幽深。

題少室山寺

褚朝陽

飛閣青霞裏，先秋獨早涼。天花映窗近，月桂拂簷香。華嶽三峯小，黄河一帶長。空間指歸路，煙際有垂楊。

方回：第二句好，第四句亦佳。

紀昀：此裝點語，不得云佳。

紀昀：頗嫌平熟。

無名氏（甲）：少室山寺在河南嵩山。

經廢寺　　顧況

不知何世界，有似處南朝。石路無人掃，松門被火燒。斷幡猶挂刹，故板尚搘橋。數卷殘經在，多年字欲銷。

方回：五、六「猶」字、「尚」字稍相犯。

馮舒：「猶」「尚」似不妨，但亦覺板。

馮班：「猶」「尚」字正不害。

紀昀：此論甚是。但似此者多矣，何以祖護者又不爲拈出耶？

紀昀：二句笨而無理，四句粗鄙。〇已逗晚唐劣調。

無名氏（乙）：極自然，却不滑爛。

起度律師同居東齋院

韋蘇州

釋子喜相偶，幽林俱避喧。安居同僧夏，清夜諷道言。對閣景恒宴，步庭陰始繁。逍遥無一事，松風入南軒。

方回：淡而有味。

查慎行：此首似是古體。

秋日過鴻舉法師寺院

劉賓客

看畫長廊遍，尋僧一逕幽。小池兼鶴浄，古木帶蟬秋。客至茶煙起，禽歸講席收。浮杯明日去，相望水悠悠。

馮班：句句妙。

紀昀：四句好，自然，勝出句。

無名氏(乙)：脱口無迹，不知其精研得此。

題招隱寺

隱士遺塵在，高僧精舍開。地形臨渚斷，江勢觸山迴。楚野花多思，南禽聲例哀。慇懃最高頂，閒即望鄉來。

方回：劉夢得詩老辣，不可以妝點並觀。

馮舒：「例」字新。

紀昀：後半首好在自説自話，不規規於「寺」字，而七句又不脱「寺」，運意絶佳。○五、六沉着，只「例」字墨痕太重。

許印芳：「例」字小疵，而能摘出，足見心細。又按：三、四是常語，宋子京再遊海雲寺詩云：「天形攲野盡，江勢讓山回。」襲用其語，而「攲」字、「讓」字鍊得好，有青出於藍之妙。可見作詩貴加錘鍊功，决不可草草混過。○「高」字複。

無名氏(甲)：招隱寺在鎮江。

無名氏(乙)：「例」字構思深。

宿誠禪師山房題贈

不出孤峯上，人間四十秋。視身如傳舍，閲世甚東流。法爲因緣立，心從次第修。中宵問真偈，有住是吾憂。

方回：第四句「甚」字下得妙。

馮舒：末聯緊結。

紀昀：此種究是淺語，不得曰淡、曰高。

送文暢上人東游

得道即無著，隨緣西復東。貌依年臘老，心到夜禪空。山宿馴溪虎，江行濾水蟲。悠悠塵客思，春滿碧雲中。

馮舒：末聯送結。

查慎行：五、六開浪仙法門。

紀昀：三、四言形與人同，心則獨悟耳。然三句終嫌其笨，五、六亦板拙少味。

旅次景空寺宿幽上人院

不與人境接，寺門開向山。暮鐘鳴鳥聚，秋雨病僧閒。月隱〔三〕雲樹外，螢飛廊宇間。幸投花界宿，暫得静心顔〔二四〕。

馮舒：末聯旅次宿結。

紀昀：四句自佳。

晚春登天雲寺〔二五〕南樓贈常禪師〔二六〕

花盡頭新白，登樓意若何。歲時春日少，世界苦人多。愁醉非因酒，悲吟不是歌。求師治此病，唯聽〔二七〕讀楞伽。

馮班：讀「世界」一句，訝不是夢得詩，尋悟白公詩。此書多脱名字，可恨，何由别見佳本耶？

查慎行：三、四至理名言。○亦見香山集。

紀昀：起得峭拔，收得清楚，題中字字俱到，第四句近俚，不可效。

龍化寺主家小尼

郭代公愛姬薛氏幼嘗爲尼，小名仙人子〔二八〕。

頭青眉眼細，十四女沙彌。夜静雙林怕，春深一食飢。步慵行道困，起晚誦經遲。應似仙人子，花宫未嫁時。

馮班：「仙人子」即陳拾遺爲作誌文者。○結天然緊凑，讀者解否？妙在只估她要嫁人，换别句便不及也。他人不孩氣，便板重矣。

紀昀：凡猥太甚。

無名氏（甲）：郭代公，元振。

題報恩寺

好是清涼地，都無繫絆身。晚晴宜野寺，秋景屬閒人。浄石堪敷坐，寒泉可濯巾。自慚衰鬢上，猶帶郡庭塵。

方回：三、四雅淡。

無名氏（乙）：可人意。

武丘寺路

元注：「去年重開寺路，桃、李、蓮、荷，約種數千株。」

自開山寺路，水陸往來頻。銀勒牽驕馬，花船載麗人。芰荷生欲遍，桃李種仍新。好在湖堤上，長留一道春。

方回：第四句詩興俱麗。

馮班：句句是路。○次聯真虎丘圖也。○末聯「路」。

陸貽典：唐祖李虎，故改名武丘。

紀昀：淺近之筆，三、四尤俗。

春日與劉評事過故證一作「澄」。上人院　楊巨源

曾共劉諮議，同時事道林。與君方掩淚，來客是知心。堦雪凌春積，鐘煙向夕深。依然舊童子，相送出花陰。

方回：五、六細潤。

馮舒：春雪尚積，僧之故可知矣。○末聯「故」。

紀昀：後四句不說盡好，六句尤佳。

送僧歸太白山　賈浪仙

堅冰連夏處，太白接青天。雲塞石房路，峯明雨外巔。夜禪臨虎穴，寒漱撇龍泉。後會不期日，相逢應信緣。

紀昀：刻意求奇，而字多未穩。

無名氏（甲）：太白、終南二山相接。

宿山寺

衆岫聳寒色，精廬向此分。流星透疏木，走月送行雲。絶頂人來少，高松鶴不羣。一僧年八十，世事未曾聞。

馮班：次聯奇句。

紀昀：「流星」、「走月」字不佳。◯後四句忽作平語，然一氣流走，有蕭散之致。

許印芳：全詩有奇氣，三、四乃即景佳句。曉嵐以「流」、「走」字面刺目而斥之，蓋以試帖禁忌之例繩律詩，苛且謬矣。後四句亦從洗鍊而出，「高松」五字甚警策，曉嵐亦斥爲平語，皆非公論。

無名氏（乙）：嘗見此景，詫君拾之。

贈無懷禪師

身從劫劫修，果以此生周。禪定石牀暖，月移山樹秋。捧盂觀宿飯，敲磬過清流。不掩玄關路，教人問到頭。

方回：第五句何其窮之極也？三、四佳。

紀昀：三、四亦俗。

送去華法師

在越居何寺，東南水路歸。秋江〔二九〕洗一鉢，寒日曬三衣。默聽鴻聲盡，行看蝶影〔三〇〕飛。囊中無寶貨，船户夜扃稀。

方回：後六句皆好。

馮舒：次句送。

紀昀：僧歸豈必有「寶貨」？此句烘托不起。

送無可上人

圭峯霽色新，送此草堂人。麈尾同離寺，蛩鳴暫别親。獨行潭底影，數息樹邊身。終有煙霞約，天台作近隣。

方回：五、六絶唱。

馮舒：腹聯奇句。

馮班：長江用思極苦，然出語自遠。李洞、曹松之流，雖有新警，詞多露骨，爲不及矣。

紀昀：第四句太費解。〇浪仙於五、六句下自誌一絶曰：「二句三年得，一吟雙淚流。知音如不賞，歸卧故山秋。」蓋生平得意之語。初讀似率易，細玩之，果有幽致。

許印芳：紀批云第四句太費解，故爲易作「蛩鳴亦愴神」。

送賀蘭上人

野僧來别我，略坐傍泉沙。遠道擎空鉢，深山踏落花。無師禪自解，有格句堪誇。此去非緣事，孤雲不定家。

馮班：次聯好。

紀昀：三、四天然清遠，惜六句太鄙淺。

許印芳：三、四極佳。〇原本前後有病，愚爲易之。原本起句太率，下句太湊，易作「野僧心在野，行脚是生涯」。原本六句，紀批云太鄙淺，易作「得句俗争誇」。原本七句意與八句不貫，皆疵纇也，易作「此去終何適」。

靈準上人院

掩扉當太白，臘數等松椿。禁漏來遥夜，山泉落近隣。經聲終卷曉，草色幾芽春。海内知名士，交游準上人。

方回：末句直道其事，亦是一法。

紀昀：淺俗無味，豈可爲法？

題青龍寺鏡公房

一夕曾留宿，終南摇落時。孤燈岡舍掩，殘磬雪風吹。樹老因寒折，泉深出井遲。疏慵豈有事，多失上方期。

方回：中四句已佳。尾句謂疏慵之人，有何事乎？而多失上方之約。亦奇也。

許印芳：句句洗鍊，而出以自然。曉嵐全取之，但無批語耳。

就可公宿

十里尋幽寺，寒流數派分。僧同雪夜坐，雁向草堂聞。静語終燈焰，餘生許嶠雲。猶來多抱疾，聲不達明君。

紀昀：末二句鄙甚。

哭宗密禪師

鳥道雪岑巔，師亡誰去禪。几塵增滅後，樹色改生前。層塔當松吹，殘蹤傍野泉。唯嗟聽經虎，時到壞菴邊。

紀昀：亦是哭僧套語。

哭柏巖禪師

苔覆石牀新，師曾占幾春。寫留行道影，焚却坐禪身。塔院關松雪，經房鎖隙塵。自嫌雙淚下，不是解空人。

方回：歐公謂第四句似燒殺活和尚，誠亦可議。然詩格自好。

馮舒：長江奇句錯落，然門面亦一例如此。○末聯「哭」。

查慎行：末聯，哭僧詩必如此方切題，又是現身説法。

紀昀：結得有意。

律僧

張司業

苦行長不出，清羸最少年。持齋唯一食，講律豈曾眠。避草每移徑，濾蟲還入泉。從來天竺法，到此幾人傳？

馮舒：唐至此後，覺蹊徑可尋。

馮班：匀而切。○第五句，「律」。

紀昀：中四句刻意「律」字，然語皆凡近。

山中贈日南僧

獨向雙峯老，松門閉兩涯。翻經上蕉葉，挂衲落藤花。甃石新開井，穿林自種茶。時逢海南客，蠻語問誰家？

馮班：平平寫自好，末句則極力求新矣。○「蠻語」字好，是有出處。

陸貽典：日南在交阯，今名安南。

游襄陽山寺

秋色江邊路，煙霞若有期。寺貧無施利，僧老足慈悲。薜荔侵禪窟，蝦蟆占浴池。閒游殊未遍，即是下山時。

方回：司業三詩皆平易，惟「蝦蟆占浴池」一句怪異。

紀昀：五、六極寫荒閒，不爲怪異。

馮舒：游起游結。○如此起、結，是定法。然篇篇一例，亦可少變换。

紀昀：三、四真語，然不佳。

貽小尼師

王　建

新剃青頭髮，生來未掃眉。身輕禮拜穩，心慢記經遲。喚起猶侵曉，催齋已過時。春晴堦下立，私地弄花枝。

方回：褻侮已甚。人家好兒女，何爲落於尼寺？

馮舒：愚評。

馮班：不及白公落句矣，解否？

過無可〔三〕上人院　姚合

寥寥聽不盡，孤磬與疎鐘。煩惱師長别，清涼我暫逢。蟻行經古蘚，鶴毳落深松。自想歸時路，塵埃復幾重。

方回：五、六參入賈浪仙也。

馮舒：以下諸篇爲贈、爲寄、爲過，各各自别。若謂天下有不顧題面之詩，吾不信也。○首句「上人院」起。末聯「過」結。如此結法，刊定板榜矣。

紀昀：「武功派」内之雅音。

寄紫閣無名頭陀　自新羅來

峭行得如如，誰分聖與愚。不眠知夢妄，無號免人呼。山海禪一作「法」。皆遍，華夷佛豈殊。何因接師話，清浄在斯須。

方回：佛本生於西夷，而染於中華。今曰「華夷佛豈殊」，是妄生分别相也。第新羅之人，亦有佛性，以此推之即通。

紀昀：此語本無葛籐，此評自生妄見。

馮舒：末聯「寄」結。

紀昀：中四句極力刻畫，而斧鑿之痕未化。

寄無可上人

十二門中寺，詩僧寺獨幽。多年松色別，後夜磬聲秋。見世慮皆盡，來生事更修。終須執瓶鉢，相逐入牛頭。

方回：「見世慮皆盡」，固人之所難。「來生事更修」，此理恐不然也。此詩却自可觀。

馮舒：批又愚。

紀昀：寄僧詩與論儒理！唐人詩與論宋人理，豈復可與言詩？

馮班：起好。末聯「寄」結。

紀昀：五、六平近而不佳，武功轉不直作平近語。

寄石橋僧

項斯

逢師入山日，道在石橋邊。別後何一作「無」。人見，秋來幾處蟬〔三二〕。溪中雲隔寺，夜半雪一作「雨」。添泉。生有天台約，知無却出緣。

方回：五、六佳。

紀昀：不及三、四。

何義門：次聯淡遠。

紀昀：前六句極灑脱，惟結二句拙而淺。○秋不應「雪」，「雨」字爲是。

無名氏（甲）：石橋，在台州天台山。

寄坐夏僧

坐夏日偏長，知師在律堂。多因束帶熱，更憶剃頭涼。苔色侵經架，松陰到簟牀。還應煉詩句，借卧石池傍。

何義門：第三插入自己，落句以夏課襯結，不是無根。

紀昀：通體粗淺，三、四尤鄙。

送僧歸南嶽

心知衡嶽路，不怕去人稀。船裏誰鳴磬，沙頭自曝衣。有家從小别，是寺即言歸。料得逢春住，當禪雲滿扉。

方回：五、六瘦淡。
紀昀：篇幅頗狹，而不失清整。
無名氏(甲)：南嶽，衡山。

贈海明上人

耿湋

來自西天竺，持經奉紫微。年深梵語變，行苦俗流歸。月上安禪久，苔生出院稀。梁間有馴鴿，不去爲忘一作「無」。機。

方回：中兩聯皆下句勝上句〔三〕。
紀昀：三、四究竟上句勝下句。
馮班：第四好。
何義門：落句自比。
許印芳：「行」，去聲。

寄太白無能禪師

顧非熊

太白山中寺，師居最上方。獵人偷佛火，櫟鼠戲禪牀。定久衣塵積，行稀徑草長。有誰來問法，林杪過殘陽。

方回：中四句俱工。

紀昀：三、四究竟小樣，是「武功派」所謂工耳。

無名氏（甲）：太白山，在長安西南。

歲莫自廣江至新興往復中題峽山寺

許渾

夜醉晨方醒，孤吟恐失羣。海鰌潮上見，江鶻霧中聞。未臘梅先實，經一作「終」。冬草自薰。樹隨山崦合，泉到石稜分。虎跡空林雨，猨聲絶嶺雲。蕭蕭異鄉鬢，明日共絲棼。

方回：許丁卯此四首詩題峽山寺，其實廣東風土也。詩句句工，但太工則形勝於神耳。

紀昀：此乃紀程之詩，題之峽山寺中耳，非題峽山寺也。虚谷明知之，而仍列「釋梵類」中，殊爲無理。其云形勝於神，則誠爲確論。

馮班：丁卯詩句句清新，大略少蕭散之致。

查慎行：以下四章俱應入「風土類」。

無名氏（甲）：此詩言廣東風土甚備，可存典故。至於鋪陳排比，未能血脈貫串，眼目玲瓏；自工部而外，希風者鮮，未可獨苛丁卯也。

薄暮緣西峽，停橈一訪僧。鷺巢横卧柳，猿飲倒垂藤。水曲巖千叠，雲重樹百層。山風寒殿磬，溪雨夜船燈。灘漲危槎没，泉衝怪石崩。中臺一襟淚，歲杪别良朋。

密樹分蒼壁，長溪抱碧岑。海風聞鶴遠，潭日見魚深。松蓋環清韻，榕根架緑陰。南方大葉榕樹，枝危者輒生根垂入地，如柱大。洞丁多斲石，蠻女半淘金。端州斲石，塗涯縣淘金爲業。南浦驚春至，西樓送月沉。江流不過嶺，何處寄歸心。

查慎行：「塗涯」二字疑誤。

月在行人起，千峯復萬峯。海虚争翡翠，溪邏鬭芙蓉。南方呼市爲虚，呼戍爲邏，新州有「翡翠虚」、「芙蓉邏」也。古木高生斛，陰池滿種松。木斛花生於他樹槎枿，池沼多松，謂之水松也。火探深洞燕，香送遠潭龍。南方持火於乳洞中取燕而食。廣州悦城縣有温媪龍，即蛇也。隨水往〔三四〕舟船至人家，或千里外，皆以香酒果送之。藍塢寒先燒，禾堂晚併舂。種藍多有〔三五〕塢中，先燒其地，人以木槽爲春禾〔三六〕，謂之春堂。更投何處宿，西峽隔雲鐘。

李光垣：四首中凡用雲、月、風、雨、樹、石、山、溪等字，俱複。

下第寓居崇聖寺感事

懷玉泣京華，舊山歸路賒。静依禪客院，幽學野人家。林晚鳥争樹，園春蜂護〔三七〕花。東門有閒地，惟種邵平瓜。

馮班：次聯合看方好。

紀昀：平直少味。

洛東蘭若夜歸

一衲老禪床，吾生半異鄉。管絃愁裏老〔三八〕，書劍夢中忙。鳥急山初暝，蟬稀樹正涼。又歸何處去，塵路月蒼蒼。

方回：丁卯詩格頗卑，句太偶。此二詩各有一聯佳，亦不可廢。

何義門：以蘭若爲歸，無可歸也。「何處」二字好。

紀昀：結二句好。

孤山寺

張　祜

樓臺聳碧岑，一徑入湖心。不雨山常潤，無雲水自陰。斷橋荒蘚合，空院落花深。猶憶西窗夜，鐘聲出北林。

方回：此詩可謂細潤，然太工、太偶。「合」一本作「澀」。

紀昀：太工太偶，自是病。然選中此類極多，不應獨斥此一首。而此一首亦尚未至太工、太偶。

何義門：三、四清切。

許印芳：孤山寺在杭州。

惠山寺

舊宅人何在，空門客自過。泉聲到池盡，山色上樓多。小洞穿斜竹，重階〔三九〕夾細莎。殷勤望城市，雲水暮鐘和。

方回：此詩同前，三、四尤工，五、六則工而窘於冗矣。以前聯不可廢也，故取之。

馮舒：窘則不冗，冗則不窘，二字如何合？

紀昀：五、六單窘則有之，非工亦非冗。

查慎行：寺本湛長史故居，故起句云。

何義門：起句謂「寺」，即宋湛茂之歷山草堂。

無名氏（甲）：惠山寺，在梁溪城外。

題虎丘東寺

雲樹擁崔嵬，深行異俗埃。寺門山外入，石壁地中開。俯砌池光動，登樓海氣來。傷心萬年意，金玉葬寒灰。

方回：杜牧謂「誰人得似張公子，千首詩輕萬户侯」，今傳者五言律三卷，絶句二卷，無七言律與古詩也，所逸多矣。僧寺詩二十四首，金山寺詩第一，亦當爲集中第一；孤山寺、惠山寺詩次之；此詩非親到虎丘寺，不知第四句之工。高堂之後，俯視石澗，兩壁相去數尺，而深乃數十丈，其長蜿蜒曼衍而坼裂到底，泉滴滴然，真是奇觀。故其詩曰「石壁地中開」，非虚也，故選此詩以廣見聞。「登樓海氣來」，此一句亦佳。他如「地僻泉長冷，亭香草不凡」，題道光上人院，亦佳。至如「上坡松徑澀，深坐石池清」之類，則非人可到矣。

馮舒：次聯切。

馮班：真虎丘。〇結好。

紀昀：格力遒上，末亦切合不泛。惟次句拙，極不佳。

許印芳：紀批云次句極拙不佳。愚謂首句亦是通套語。今并易之：「虎阜歸龍象，禪居亦壯哉！」此詩格意近盛唐人。承吉僧寺詩此爲第一。金山寺詩起結皆劣，虛谷以爲第一，謬矣。外有登廣武原詩云：「廣武原西北，華夷此浩然。地盤山入海，河繞國連天。遠樹千門色，高牆萬里船。鄉心日暮切，猶在楚城邊。」氣魄筆力，亦近盛唐。且通體完善，而虛谷不選，其無識類如此。〇虎丘東寺在蘇州，即闔閭墓，有東、西二寺，後合爲一，山在寺中，故此詩有「寺門山外入」句。〇張祜，字承吉，清河人，隱居丹陽之曲阿。

題金山寺

許　棠

四面波濤匝，中流日月隣。上窮如出世，下瞰忽驚神。剎一作「嗒」。礙長空鳥，船通外國人。房房皆叠石，風掃永無塵。

方回：五、六亦奇絶。「誰言張處士，詩後更無人。」亦可着此語也。

馮班：何必？不可移。〇此首可去。

紀昀：張處士金山詩殊不佳，而以此十字擬之，處士尚未必首肯。

馮舒：五止狀其高，然塔在山上俱可用。六更泛。

馮班：甚切金山。

紀昀：三、四拙極，結尤拙。

長安逢江南僧

崔塗

孤雲無定蹤，忽到又相逢。説盡天涯事，聽殘上國鐘。問人尋寺僻，乞食過街慵。憶到曾棲處，開門對數峯。

方回：本色當行詩。

紀昀：語亦清妥，而格力未遒。

贈休糧僧

聞鐘獨不齋，何事更關懷。静少人過院，閒從草上堦。生臺無鳥下，石路有雲埋。爲隱〔四〇〕禪中舊，時猶夢百崖。

方回：第四句絶妙。

馮班：第四句可，亦未爲妙絶。

紀昀：亦常語。

紀昀：首句笨而突，五句亦拙，意謂人不食則無餘以及鳥，故鳥不下耳。七句不解，再校。

寄貫休

吴　融

休公何處在，知我宦情無。已似馮唐老，方知武子愚。一身仍更病，雙闕又須趨。若得重相見，冥心學半銖。

方回：向承阮梅峯秀實惠書，言詩不可多用古人名，謂之「點鬼簿」。晚唐人皆不敢下，惟老杜最多。吴融、韓偓在晚唐之晚，乃頗參老杜，如此一聯豈不佳？

馮班：古人名多下則可厭，用亦無妨。若以此爲老杜，一發可笑。

紀昀：乃不可多用，非竟禁不用。阮論本是，虚谷此説乃拘。

寄尚顏師

僧中難得静，静得是吾師。到闕不求紫，歸山祇愛詩。臨風翹雪足，向日剃霜髭。自歎眠漳久，雙林動所思。

紀昀：此殊不免酸餡氣，三句笨甚。

題破山寺〔四二〕

常建

清晨入古寺，初日照高林。竹徑通幽處，禪房花木深。山光悦鳥性，潭影空人心。萬籟此俱寂，惟聞鐘磬音。

方回：歐公喜此詩。三、四不必偶，乃自是一體。蓋亦古詩、律詩之間。全篇自然。

馮舒：古、律之分在聲病，且不論平仄，何有於對與不對？萬里全然不曉。

紀昀：通體諧律，何得云古詩、律詩之間？然前八句不對之律詩，皆謂之古詩矣。

許印芳：此五律中拗體。「空」字平聲。前半不用對偶，乃五律中散行格。又有通首不對者，孟襄陽、李青蓮集中皆有之，李集尤多，五律格調之最高者也。虛谷不知五律原有此格，故凡八句不對之律詩皆不選取，學問之陋如此！

馮班：字字入神。

紀昀：興象深微，筆筆超妙，此爲神來之候。「自然」二字尚不足以盡之。

許印芳：常建，字里未詳，官盱眙尉。

經廢寶慶寺

司空曙文明

黄葉前朝寺，無僧寒殿開。池晴龜出曝，松暝鶴飛回。古砌碑横草，陰廊畫雜苔。禪宫亦銷歇，塵世轉堪哀。

方回：此必武宗廢寺之後有此詩。句句工，尾句尤不露。

馮舒：首聯「經廢」。

何義門：此假廢寺以寓天寶亂後，兩都禾黍，百姓蟲沙。落句即仲宣之七哀也。文明，大曆才子，當論其世。

紀昀：六句如畫。結拓開，好。

冬日題邵公院

劉得仁

無事關多掩，陰階竹拂苔。勁風吹雪聚，渴鳥啄冰開。樹向寒山得，人從瀑布來。終期天目老，擎錫逐雲迴。

方回：三、四用工至矣。唐人作詩，不緊要處模寫得直是精神。

紀昀：「武功派」所以不佳，正坐着力都在没緊要處。若盛唐大家却在緊要處用力，其象外傳神，空中烘托之筆，亦必與本位祕響潛通，神光離合，必不是抛落正意，另自刻畫小景。

馮舒：只鍊得三、四，下四句喫力而散緩。

秋夜宿僧院

禪寂無塵地，焚香話所歸。樹摇幽鳥夢，螢入定僧衣。破月斜天半，高河下露微。翻令嫌白日，動即與心違。

方回：「螢入定僧衣」，此一句古今無之。他有「坐學白塔骨」、「坐石鳥疑死」，刻苦太甚，不如此之閒雅。尾句尤高。

紀昀：三句亦深微。尾句是晚唐習逕，不足言高。

馮舒：真賈島。

紀昀：五、六對偶未工，又非十四字句法，嫌太草草。

題薦福寺衡嶽禪師房

韓　翃

春城乞食還，高論此中閒。僧臘階前樹，禪心江上山。疏簾看雪捲，深户映花關。晚送門人去，鐘聲杳靄間。

方回：第三句最佳，五、六近套，尾句乃有味也。

紀昀：尚不得謂之套。

馮舒：如此結尚是開、寶。

馮班：三勝四，人多不解。第三聯亦未爲工。

紀昀：三、四微有俗韻，不及五、六。

題龍興寺澹師房

雙林彼上人，詩興轉相親。竹裏經聲晚，門南山色春。卷簾苔色浄，下筯藥苗新。記取無生理，歸來問此身。

方回：五、六眼前事耳，但一味此句，便不可捨。

紀昀：亦近「武功派」耳。

馮舒：「彼上人」是用維摩經。

紀昀：起句拙笨，次句「轉」字無着。

喜鮑禪師自龍山至　　劉長卿

故居何日下，春草欲芊芊。猶對山中月，誰聽石上泉。猿聲知後夜，花發見流年。杖錫閒來往，無心到處禪。

方回：五、六佳。

紀昀：五、六即「老僧忘歲月」之意，無甚佳處。

寄靈一上人

高僧本姓竺，開士舊名林。一去春山裏，千峯不可尋。新年芳草遍，終日白雲深。欲徇微官去，懸知訝此心。

方回：劉長卿號「五言長城」，細味其詩，思致幽緩，不及賈島之深峭，又不似張籍之明白。蓋頗欠骨力而有委曲之意耳。○郎士元集亦有此詩，題云赴無錫別雲一上人，「終」作「度」，「徇」作「問」。

馮班：元和、大曆，豈可同論？

紀昀：隨州五言骨韻天然，非浪仙、文昌所可望。至云頗欠骨力，尤爲妄誕。蓋虚谷所謂骨力者，在「江西」楂牙生硬語耳。

紀昀：只起二句不佳，餘六句皆翛然自遠。

酬普選二上人

嚴維

本意宿東林，因聽子賤琴。遥知大小朗，已斷去來心。夜静溪聲近，庭寒月色深。寧知塵外意，定後更成吟。

方回：五、六似淺近，細味之亦不可棄。

馮舒：五、六乃宋人常語。

紀昀：五、六細微，豈可目以淺近？

馮舒：次聯切而無痕。

紀昀：此當是在縣尹坐間相會。

别至弘上人

最稱弘偃少，早歲草茅居。年老從師律，生知解佛書。衲衣求壞帛，野飯拾春蔬。章句無求斷，詩中學有餘。

方回：五、六可觀，三、四亦不草草。

紀昀：總非佳處。

馮班：如何不出「別」字？

紀昀：結二句笨。

華下送文涓　司空圖

郊居謝名利，何事最相親。漸與論詩久，皆知得句新。川明虹照雨，樹密鳥衝人。應念從今去，還來嶽下頻。

方回：一鳴集嘗自誇數聯，五、六其一也，其實工密。三、四亦自然，近中有遠。

紀昀：「皆」字不甚穩。〇此詩只鍊此五、六兩句，餘皆草草。後來「九僧」一派，自此濫觴。

游歙州興唐寺　張喬

山橋通絶境，到此憶天台。竹裹尋幽徑，雲邊上古臺。鳥歸殘照出，鐘斷細泉來。爲愛澄溪月，因成隔宿迴。

方回：此吾州水西太平寺也，在唐時謂之興唐寺。五、六佳。末句謂溪清而月可愛，因留至隔宿，亦善於立論，以歙溪極天下之清者。

馮舒：第六句牽强。

紀昀：「殘照」在「鳥歸」之時，「泉來」却不在「鐘斷」之後，此句欠妥。

無名氏（甲）：歙州，今徽州。

甘露寺東軒

周 繇

每日憐晴眺，閒吟只自娱。山從平地有，水到遠天無。老樹多封楚，輕煙暗染吴。雖居此廊下，入户亦踟蹰。

方回：京口甘露寺俯瞰大江，遠眺溟海，委的是此山從平地突起，水與天接，其言無一字虚也。

何義門：次聯佳。〇「封」字奇。

紀昀：三句「有」字滯相，第四句自然，五、六不妥，結二句尤晦而無味。

無名氏（甲）：寺在鎮江北固山。

宿山寺

張 蠙

中峯半夜起，忽覺在青冥。下界自生雨，上方猶有星。樓高鐘獨遠，殿古像多靈。好是潺湲水，房房伴誦經。

方回：三、四已佳，五、六尤佳，第六句無人曾道。末句亦可佳〔四二〕也。

紀昀：末句自佳。

馮班：第六句太險，末句可愛。

紀昀：三、四真景而語不工，六句鄙極。

無名氏（乙）：嘗見此景，詫君拾之。

逢播公〔四三〕

周　賀

帶病稀相見，西城早晚來。山衣〔四四〕風壞帛，香印雨沾灰。坐久鐘聲遠〔四五〕，禪餘〔四六〕嶽影回。却思同宿夜，高枕説天台。

方回：第六句絶好。賀乃清塞上人還俗，故於僧詩尤熟。

紀昀：此句太澀。

紀昀：三、四太纖瑣。

許印芳：周賀，字南卿。初爲僧，名清塞。後還俗。

宿杍山晝公禪堂

從作西河客，别離經半年。却來峯頂宿，知廢井南禪。積靄沉斜月，孤燈照落泉。何當閒事盡，相伴老溪邊。

方回：試於山寺夜宿，崖有落泉，壁有孤燈，而思此句，則見其有味矣。

紀昀：一氣涌出，殊有高韻。虚谷惟取第六句，陋甚。

許印芳：六句果佳，但舍氣格而專求字句，則淺陋矣，此虚谷一生病根也。

贈胡僧

瘦形無血色，草屨著行穿。閒話似持呪，不眠同坐禪。背經來漢地，袒膊過冬天。情性人難會，游方應信緣。

方回：此詩似覺麁率，然今西域僧有此輩，乃相率爲丐之徒。「閒話似持呪」，本是戲言其語言之不可通。至如「袒膊過冬天」，蓋所啖有麻藥，一食之不飢，亦不寒，亦能耐大暑，愚俗不悟耳。至解藥殨肉酒，不可以數計云。

馮舒：可笑。

紀昀：直是粗率，豈但似「覺」！〇忽論梵僧一段。如因論詩而及僧，則詩先無可取。如因論僧而存詩，則此乃詩選，非雜記小說也。

紀昀：句句粗鄙。

休糧僧

一齋難過日，況是更休糧。養力時行道，聞鐘不上堂。唯留温藥火，未寫化金方。舊有山廚在，從僧請作房。

方回：怪人也，不食而私於食者。「温藥」、「化金」，又似是道流事。

馮舒：只詠休糧僧，玩其詩可矣，怪不怪何與詩道？

紀昀：亦是因論僧以存詩，豈别裁之道耶？

紀昀：亦粗俚。

柏巖禪師

野寺絶依念，靈山曾遍行。老來披衲重，病後讀經生。乞食嫌村遠，尋溪愛路平。多年柏巖住，不記[四七]柏巖名。

方回：即賈島所哭者。三、四及尾句俱佳。

何義門：第四只可説俗士耳，出自僧口似爲背謬。

紀昀：三、四纖而俚，尾句自可。

入静隱寺途中作

亂雲迷遠寺，入路認青松。鳥道緣巢影，僧鞋印雪蹤。草煙連野燒，溪霧隔霜鐘。更遇樵人問，猶言過數峯。

方回：賀與賈島本皆僧也，故於僧寺詩爲善能着題。鳥道之行，不曰緣樹影，而曰「緣巢影」，所以爲佳。五、六微冗，尾句則又妙矣。他如送禪僧云：「坐禪山店暝，補衲夜燈微。」又如「夏高移坐次」、「齋身疾色濃」、「講次樹生枝」，皆是僧家滋味，俗人所難道者，故書之。

馮舒：方君云「鳥道之行，不曰緣樹影，而曰緣巢影」，未解。

紀昀：虚谷曰：「不曰緣樹影，而曰緣巢影。」亦是故爲澀語，佳不在此。

哭閒宵上人

林逕西風急，松枝講鈔餘。凍髭亡夜剃，遺偈病時書。地燥焚身後，堂空着影初。弔來頻落淚，曾憶到吾廬。

方回：哭僧詩，賈島於柏巖、宗密二人至矣。此詩三、四亦可佳〔四八〕，第五句頗險，夫然後知詩之難也。

紀昀：賈島二詩未得云至。此詩五句是鄙，非險。

查慎行：「講鈔」，不詳。

紀昀：第五句景真而句不佳。

無名氏（甲）：次句言諸經疏鈔，可捉松枝而讀。

空寂寺悼元上人

錢　起

凄然雙樹下，垂淚遠公房。燈續生前火，爐添殁後香。陰階明片雪，寒竹響空廊。寂滅應爲樂，塵心徒自傷。

方回：尾句，即賈島「不是解空」人。

紀昀：畢竟清穩。

西郊蘭若

羊士諤

雲天宜北户，塔廟似西方。林下僧無事，江清日正長。石泉盈掬冷，山實滿枝香。寂寞傳心印，無言亦已忘。

方回：五、六有夏間山居之景。眼前事，只他人自難道也。

紀昀：此尚非人不能道語。

紀昀：三、四自然，綽有遠致。

遊東林寺

黄滔

平生愛山水，下馬虎溪時。已到終嫌晚，重遊預作期。寺寒三伏雨，松偃數朝枝。翻譯如曾見，白蓮開滿池。

方回：黄滔何人？此詩三、四，舉唐人無此淡而有味之作。五、六佳。

馮舒：黄文江何至不知爲何人？

陸貽典：方公何至不知黄文江？

查慎行：滔，南唐御史，字文江。

紀昀：虚谷云：「舉唐人無此淡而有味之作。」談何容易！

查慎行：三、四兩句似一串，却有轉折。

何義門：次聯頓挫曲折，極饒情味。◯落句以謝公山水自負，就東林故實收足前四句意，真躍出拘攣外也。落句呼應，神味俱遠。靈運在東林繙經、植蓮。

紀昀：結少力。

無名氏（甲）：寺在南康廬山，即白蓮社處。

許印芳：三、四固佳，五、六用皮襲美「三伏」、「六朝」語，換一數字，亦不佳。結句語太無味，故紀批云少力，今爲易作：「築室思靈運，蓮花又滿池。」○黄滔，字文江，莆田人。○東林寺在廬山。

瀑布寺真上人院　鄭巢

林疏多暮蟬，師去宿山煙。古壁燈熏畫，秋琴雨慢絃。竹間窺遠鶴，巖上取寒泉。西嶽莎房在，歸期更幾年。

方回：司空圖有「山雨慢琴弦」之句，此亦暗合，其聯甚佳。

紀昀：亦是小樣範。

紀昀：此上人出而巢題其所居，故有首尾四句。

題任處士創資福寺　魚玄機

幽人創奇境，游客駐行程。粉壁空留寺，蓮宫未有名。鑿池泉自出，開徑草重生。百尺金輪閣，當川豁眼明。

方回：魚乃女道士之類，題初創寺，故云「蓮宮未有名」。五、六雖淺近，亦不爲無味。

紀昀：玄機初爲李億之妾，後爲女道士。本有明文，「之類」二字謬。

馮班：五、六不苦澀，却有新致。

紀昀：唐女道士詩當以李冶爲第一，玄機不能及也。

甘露寺

孫魴

寒暄皆有景，孤絶畫難形。地拱千尋險，天垂四面青。晝燈籠雁塔，夜磬徹漁汀。更愛僧房好〔四九〕，波光滿户庭。

方回：魴有金山詩，「驚濤濺佛身」之句有病，不如「過櫓妨僧定」。上句佳。如「天多剩得月，地少不生塵」，亦不逮張祜。而云「誰言張處士，詩後更無人」，涉乎誇誕。此詩第四句最好，尾句亦佳，五、六則套話也。

紀昀：五句是套，六句非套。

題雲際寺上方

盧綸

松高蘿蔓輕，中有石牀平。下界水長急，上方燈自明。空門不易啓，初地本無程。迴步忽山盡，萬緣從此生。

方回：五、六善於言禪，用「啓」字、「程」字貼「門」與「地」，而不見其迹。

紀昀：不好處正在言禪。詩欲有禪味，不欲着禪語。

同徐城李明府遊重光寺題晃師房

劉　商

野寺僧房遠，陶潛引客來。鳥喧殘果落，蘭敗幾花開。真性知無住，微言欲望迴。竹風清磬晚，歸策步蒼苔。

方回：蘭敗之後有幾種花開！此意甚深。

紀昀：第六句不甚可解。

月中宿雲巖寺上方

温飛卿

虚閣披衣坐，寒階踏葉行。衆星中夜少，圓月上方明。靄盡無林色，喧餘有澗聲。祇應愁恨事，還逐曉光生。

方回：衆星至中夜而少，以圓月之明在上方也。乃一句法。五、六尤得月夜清寂之味。

查慎行：第三句翻從第四句倒映。

何義門：本緣愁恨不能成眠，得此清境暫焉豁爾。落句使上六句皆有言外味，然此豈容以起承轉合忖量耶？○三、四倒裝。

紀昀：三、四只是「月明星稀」之意，衍爲十字，殊少味。五句笨，六句自可。

題中南〔五〇〕佛塔院

鳴泉隔翠微，千里到柴扉。地勝人無慾，林昏虎有威。澗苔侵客履，山雪入禪衣。桂樹芳陰在，還期歲晏歸。

方回：三、四新異。

紀昀：三、四粗淺。

登蔣山開善寺

崔峒

山殿秋雲裏，香煙出翠微。客尋朝磬食，一作「室」。僧背夕陽歸。下界千門見，前朝萬事非。看心兼送目，葭菼暮依依。

方回：三、四已佳，五、六尤佳，以第六句出於不測也。

紀昀：此評好。

陸貽典：蔣山即鍾山，在金陵。

許印芳：崔峒，字里未詳，官右補闕。

題宇文裔山寺讀書院　于鵠

讀書林下寺，不出動經年。草閣連僧院，山廚共石泉。雪庭無履跡，龕壁有燈烟。年少今頭白，删詩到幾篇。

紀昀：清而太薄。

游雲際寺　喻鳧

澗礐吼風雷，香門集作「禪關」。絶頂開。閣寒僧不下，鐘定虎常一作「長」。來。鳥啄林梢果，鼯跳竹裏苔。心源暫無一作「無一」。事，塵界擬休回。

方回：三、四佳。

紀昀：五、六單弱。○「常」、「長」一意，「暫無」切「游」字。

題維摩暢上人房朽枿 集作「寒櫟」。〔五一〕

李洞

諸方游幾臘，五夏五峯銷。越講迎騎象，一作「馬」。蕃齋懺射雕。冷筇書雪〔五二〕倚，寒櫟〔五三〕話雲〔五四〕燒。從此棲林老，瞥然三萬朝。

方回：李洞學賈浪仙詩，至鑄其像而事之。此詩工甚。三、四怪異，五、六亦佳。

查慎行：三、四太生澀。

何義門：第五將游方陡然截斷，直趕到末句，筆力孤峭，真長江嫡嗣也。

紀昀：三、四純取別趣而不傷大雅，故不礙格。五、六亦尚不至瑣屑。

許印芳：李洞，字才江，唐諸王孫。

宿鳳翔天柱寺窮易玄上人房

天柱暮相逢，吟思天柱峯。墨研清露月，茶吸白雲鐘。卧語身黏蘚，行禪頂拂松。探一作「深」。玄爲一訣，一作「决」。明日去臨邛。

方回：五、六眼前事，但善於措置，則工拙在絲髮之間耳。

紀昀：終是小樣，五句尤不佳。

游西霞寺〔五五〕

皮日休

不見明居士，空山但寂寥。白蓮吟次缺，青靄坐來銷。泉冷無三伏，松枯〔五六〕有六朝。何時石上月，相對論逍遥。

方回：三、四細看有味，五、六忽然出奇。

馮班：三、四好。

何義門：三、四生動有情，五、六是尋常板對。

紀昀：三句翻用蓮社事，殊不自然。末句用支道林事，見劉孝標世説注。

許印芳：皮日休，字襲美。竟陵人。官刺史。爲巢賊所害。

宿澄泉蘭若

鄭谷

山半古招提，空林雪月迷。亂流分石上，斜漢在松西。雲集寒菴宿，猿先曉磬啼。此心如了了，祇此是曹溪。

方回：末句好。谷詩多用僧字，凡四十餘處。

紀昀：末句不甚好。詩可參禪味，不可作禪語。

紀昀：三、四自然。五、六刻意爲之，而亦不傷僻澀。惟「集」字滯相耳。

許印芳：五句紀批云「集」字滯相，因爲易作「傍」字。○鄭谷，字若愚，官都官郎中。

題江島〔五七〕僧居 在江之心

杜荀鶴

師愛無塵地，江心島上居。接船求化慣，登陸赴齋疎。載土春栽樹，拋生日飫〔五八〕魚。入雲蕭帝寺，畢竟欲何如。

方回：以所居在江水中，故五、六佳。

紀昀：亦是小巧。

紀昀：三句太鄙，結太淺直。

封禪寺居

羅隱

盛禮何由覩，嘉名偶寄居。周南太史淚，蠻徼長卿書。砌竹摇風直，庭花泣露疎。誰能賦秋興，千里隔吾廬。

方回：題是封禪寺。昭諫身居亂世，故起句曰「盛禮何由覩」，奇哉句也。三、四好，豈可全不用事？善用事者不冗。

馮班：律詩成於沈、宋。對偶之文必工於用事，方是當行。

紀昀：此爲通論。

何義門：子美、義山之間。

紀昀：因封禪而思及長卿，因長卿而思及諭巴蜀，而能通巴蜀又是能封禪之根。紆紆曲曲，總是居衰世而思太平之盛。

題岳州僧舍

裴　説

喜到重湖地，孤洲横晚煙。鷺銜魚入寺，鴉接飯隨船。松檜君山迥，菰蒲夢澤連。與師吟論處，秋水浸遥天。「洲」一作「舟」。

方回：三、四極其新異，五、六亦狀岳州僧舍，可謂切題。予嘗登岳陽樓，乃知此詩之佳。

馮班：腹聯佳。

紀昀：三句刻意求新而不免造作，四句自然。◯「洲」字是，以下有「船」字也。

無名氏（甲）：洞庭、青草相連，故曰「重湖」。

静林寺

僧靈一

静林溪路遠，蕭帝有遺蹤。水擊羅浮磬，山鳴于闐鐘。燈傳三世火，樹老五株松。無數煙霞色，空聞昔卧龍。

方回：第五句最奇，下句亦稱。

紀昀：五句事出晉書，殊無奇處。

紀昀：中四句句調一同，三、四亦太裝點。

無名氏（甲）：羅浮，在廣東。

懷舊

僧皎然

一坐西林寺，從來未下山。不因尋長者，無事〔五九〕到人間。宿雨愁爲客，寒花笑未還。空懷舊山月，童子念經閒。

方回：杼山皎然詩意句律平淡。及識顏真卿，交韋應物。天寶、大曆間人。皎然字清晝，謝靈運十世孫。居杼山，湖州人。真卿爲湖州刺史，皎然爲其著論。

紀昀：吐屬清穩，不失雅音。

許印芳：「未」字、「山」字俱犯複。○皎然，姓謝。吴興人。靈運十世孫。居杼山。

宿吴匡山破寺

雙峯百戰後，真界滿塵埃。蔓草緣空壁，悲風起故臺。野花寒更發，山月瞑還來。何事池中水，東流獨不回。

方回：廢寺詩司空曙爲冠，此亦可觀。

馮班：後半首一直四句。

紀昀：通體圓净，而微近空腔。

宿西嶽白石院

僧無可

白石上嵌崟〔六〇〕，寒雲西復東。瀑流懸住處，雛鶴失禪中。嶽壁松多古，壇基雪不通。未能親近去，擁褐愧相同。

方回：第四句奇。

馮班：然恨太苦。

紀昀：澀而無味。

廢山寺

千峯盤磴盡〔六一〕，林寺昔年名〔六二〕。步步入山影，房房聞水聲。多年人跡絶，殘日石陰清。便可求居止，安閒過此生。

方回：無可稱賈島爲從兄。詩遠不及之，而世人多稱爲島、可何耶？可之詩惟「高杉殘子落，深井凍痕生」及「聽雨寒更盡，開門落葉深」爲最，已別收矣。

紀昀：六句尚可，餘皆平淺。

送僧

四海無拘繫，行心興自濃。百年三事衲，萬里一枝笻。夜減當晴影，春消過雪蹤。白雲深處去，知宿在何峯。

方回：第五句最高絶。日晴有影爲伴，至夜則又減去，言其孤之極也。爲僧不孤，又惡乎可？

紀昀：以爲高絶，謬甚。如虚谷所解，此句直謂之迂拙可也。

紀昀：次句不佳。

送贊律師歸嵩山

禪意歸心急，山深定易安。清貧修道苦，孝友別家難。雪路尋溪轉，花宫映嶽看。到時孤塔暮，松月向人寒。

方回：爲僧以清苦爲事，是也。然孝友之天猶在，則別家亦難。所謂出家者，何其忍然棄骨肉耶？存此詩以見予志。

紀昀：欲戒人之爲僧，以自附於道學也。然著書立説，何所不可，而必存詩以見志耶？

馮班：次聯妙。

紀昀：「禪意歸心」四字連用不妥。

駕幸天長寺應制

僧廣宣

天界宜春賞，禪門不掩關。宸游雙闕外，僧引百花間。車馬喧長路，煙雲淨遠山。觀空復觀俗，皇鑒此中閒。

方回：唐中貴人多引僧爲内供奉，寫字吟詩，俾之應制。廣宣者，憲宗以來居紅樓院，其詩曰紅樓集。昌黎集有廣宣上人頻見訪詩，豈惡其數耶？紅樓院處所，酉陽雜俎可閲。此詩只「僧引百花間」一句好，「觀空復觀俗」亦頗通。别有七言詩一首佳。

懷智體道人

僧貫休

把筆懷吾友，庭鶯百囀時。惟應一處住，方得不相思。雪水淹門閫，春雷折樹枝〔六三〕。平生無限事，不獨白雲知。

方回：貫休詩無奈忽有一兩句粗俗，然其奇亦天出。三、四近乎俗而理到。五、六所謂奇也，人所罕道而新。

馮班：休公粗而不俗。

紀昀：此評甚確。○五、六與「懷智體」何涉？奇不入題，則奇亦何難？況此聯上句俚，下句野，尤不足以言奇。

馮班：氣味自別。

休糧僧

不食更何求，自由終自由〔六四〕。身輕嫌衲重，天旱爲民愁。應器誰將去，生臺蟻不游。會須傳此術，歸共老林丘。

方回：第二句好，但近粗俗。第三句工。第四句忽然不測，所謂奇也。「術」字有妙理。

馮班：但可云率耳。

紀昀：既粗俗，如何云好？三、四乃對面烘托之法，非不測也。然如此烘托，究是笨筆。

夏日草堂作

僧齊己

沙泉帶草堂，紙帳捲空牀。靜是真消息，吟非俗肺腸。園林坐清影，梅杏嚼紅香。誰住原西寺，鐘聲送夕陽。

方回：此齊己自賦草堂中事也。洪覺範取此八句賦爲八詩，以其句句有味故耶？此詩爲僧徒所重，其來久矣。實亦清麗。

紀昀：未見清麗。

馮班：次聯妙，不看風騷旨格定應不解。

題真州精舍

波心精舍好，那岸是繁華。礙目無高樹，當門即遠沙。晨齋來海客，夜磬到漁家。石鼎秋濤靜，禪回有嶽茶。

方回：第二句「那岸」二字有深意，五、六精神而浄潔。

馮舒：「那岸」，粗。

查慎行：第二句有何深意？但覺其俗。

紀昀：「那岸」即彼岸之意，用字俚甚，其用意亦不過如處默勝果寺詩「下方城郭近」句，別無深處。評五、六是。

紀昀：三句拙。

無名氏（甲）：真州，儀真。

宿岳陽開元寺

僧修睦

竟日凭虛檻，何當興歎頻。往來人自老，今古月長新。風逆沉漁唱，松疎露鶴身。無眠鐘又動，幾客在迷津。

方回：第六句亦眼前事，但下得着，自然好。

紀昀：此評是，出句亦好。

老僧

僧景雲

日照西山雪，老僧門始開。凍瓶黏柱礎，宿火陷爐灰。童子病歸去，鹿麑〔六五〕寒入來。齋鐘知漸近，枝鳥下生臺。

方回：三、四已新，五、六亦新。童子以病而歸其家，故曰「歸去」。麛以寒而入其室，故曰「入來」。

紀昀：此何用注？良佳。

馮舒：張司業詩：「酒盡卧空瓶。」此詩「陷」字足敵。

馮班：此詩之妙古人已言之矣。

紀昀：總是「武功」一派。○結得無味，似有朵頤之意矣。

華巖寺望樊川

僧子蘭

萬木葉初紅，人家樹色中。疎鐘摇雨脚，積水浸雲容。雪磧迴寒雁，村燈促夜春。舊山歸未得，生計欲何從？

方回：子蘭飲馬長城窟一詩傳世。此詩五、六通，亦可取。

紀昀：詩亦清潤，但無深味。中四句調同，亦一病。○僧不應慮及「生計」。

無名氏（甲）：寺在長安城外。

夷陵即事

僧尚顔

不難饒白髮，相續是灘波。避世嫌身晚，思家乞夢多。暑衣經雪着，凍硯向陽呵。豈欲〔六八〕臨歧路，還聞聖主過。

方回：尚顔詩，唐之季也。此恐是僖宗幸蜀時詩。第五句其窮已甚，然今之窮者，何但此事？

尚顔又有句云：「合國諸卿相，皆曾着布衣。」

紀昀：此乃「旅況」詩，不應入之「釋梵」。如僧詩即入「釋梵」，他處又不應兼收僧詩。○首句言路險頭易白耳。三句言自恨生晚，不見太平。出語皆笨，結亦笨。

無名氏（甲）：夷陵，古峽州，今宜昌府。

贈棲禪上人

僧虚中

巖房高且静，住此幾寒暄。鹿嗅安禪石，猿啼乞食村。朝陽生樹罅，古路透雲根。獨步閒相覓，淒涼碧洞門。

方回：僧家寂静，欲得如羚羊挂角，更無氣息。蓋此物閉氣而眠，虎狼不能知其爲羊也。此以譬心，而入定之迹乃餘事耳。禪於石上，而鹿來嗅，不知石之上有僧，此乃佳句。餘亦稱。

查慎行：解得可笑，此言巖房高且静耳，不涉上人。

馮班：此只是「四靈」語耳。

紀昀：刻意求新，而尚不傷雅。

贈樊川長老

僧清尚

瘦顔諸骨現，滿面雪毫垂。坐石鳥疑死，出門人謂癡。照身潭入楚，浸影〔六七〕檜生隋。太白曾經夏，清風涼四肢。

方回：「坐石鳥疑死」，即與「鹿嗅安禪石」同意，皆不如劉得仁「螢入定僧衣」爲妙。然用工刻苦，不可不選，以備旁考。

紀昀：如此刻苦，愈刻苦愈入魔趣，排之惟恐不及，何得云不可不選？

馮舒：刻酷鍊奇。

馮班：句句用力。

紀昀：句句拙鄙，三、四尤甚。

題山寺

寇萊公

寺在猿啼外，門開古澗涯。山深微有徑，樹老半無枝。望遠雲長暝，談空日易移。恐朝金馬去，還失白蓮期。

方回：寇公學晚唐詩，尾句忽又似老杜。

馮班：何必老杜？

紀昀：意以對結似杜耳，其實學杜不在此種處。

紀昀：老當之筆，不必有何奇處。「寺在猿啼外」五字有致，作起句尤妙。

游湖上昭慶寺

陳文惠堯佐

湖邊山影裏，靜景與僧分。一榻坐臨水，片心閒對雲。樹寒時落葉，鷗散忽成羣。莫問紅塵事，林間肯暫聞。

方回：此錢唐門外昭慶寺。今猶無恙，而南渡事業又已澌盡，讀此寧無感乎！第五句最幽美。

紀昀：觀此則書成於宋亡之後，卷端題「宋」字殊誤。

馮舒：句句雅正。

查慎行：北宋號菩提院，南渡始改昭慶。西湖志及咸淳臨安志皆云。然今觀此題，可見北宋已名昭慶寺，兩志俱譌。

紀昀：三、四自然，五、六亦蕭散有致，惟結根淺直。

許印芳：「湖」、「山」總起，中間分承，結句拓開，章法極老成。紀批云「結根淺直」，愚謂病在「莫問」、「肯暫」四字，「林間」太泛，亦未能收到「寺」字，因爲易作「幾許紅塵事，安禪耳不聞」。

○陳堯佐，字希元，謚文惠。

再遊海雲寺作

宋景文

十里雲邊寺，重驅千騎來。天形欹野盡，江勢釀山回〔六八〕。園柰濃成幄，樓鐘近殷雷。斜陽歸鞅促，飛蓋冒輕埃。

方回：三、四唐人詩所必有，宋人詩罕有，然作家亦必有之。宋公不甚喜僧。此成都詩。

馮舒：此不應入「釋梵」。

紀昀：三、四語壯，然亦通套之語。後四句亦無味。

懷寄披雲峯誠上人

曹汝弼

院高窮木〔六九〕盛，野極静無言。險路通巖頂，香泉出石根。微風飄磬韻，幽鳥啄苔痕。常記相留夜，秋堂共聽猿。

方回：景德、祥符間詩人有晚唐之風。曹以處士與种放、魏野、林逋相往來，故其詩亦似之。第六句幽而有味。披雲峯者，古歙水西太平寺之別峯，下瞰郡城，北望黄山，至今有菴宇存焉。

紀昀：僻而無味。

馮舒：亦近唐人。

紀昀：次句笨。

許印芳：曹汝弼，字夢得。

再寄

江城從别後，聞説在松間。度日長扃户，終年不下山。静爲詩所役，閒免事相關。應喜雲邊客，冥搜鬢未斑。

方回：第五句「静爲詩所役」，能言吟者之狀，凡吾曹能詩者皆然。

紀昀：末句不甚了了。

贈披雲峯岳長老

禪外掩松扃，閒眠度歲陰。雨侵香篆澀，苔長屐痕深。水在銅瓶冷，雲歸玉磬沉。前山有靈藥，時策杖藜尋。

方回：此詩亦有唐味。

紀昀：然是晚唐。

馮舒：攜杖則可，「策杖」則相犯。

紀昀：三、四頗入「武功」，五句太質，六句佳。

贈僧

一從叨命服，乘輿入天台。院接石橋住，門臨瀑布開。松間應獨坐，雪裏更誰來。時復攜藜杖，看雲上古臺。

方回：宋詩之有唐味者，皆在真廟以前三朝，此其一也。五、六淡而有味。

紀昀：清灑無刻畫之習。

贈水墨巒上人

趙叔靈

講餘題小筆，深院竹修修。試墨應磨歲，思山忽寫秋。靜曾窮鶴趣，高亦近詩流。更擬緣清思，和雲狀沃州〔洲〕。

方回：趙湘字叔靈，清獻公抃之祖也。淳化三年孫何榜進士。清獻漕益路時，宋景文序叔靈集，歐陽公跋亦稱之。

馮舒：第三句太費力。○趣不如性。

馮班：次聯不成句。

紀昀：三句拙晦不佳，四句及五、六小有思致。

照上人山房庭樹

惹雲非手植，自與薜蘿交。雨過苔侵影，秋來月照巢。錫寒枝上掛，偈好葉中抄。

方回：誰見僧行遶，溪涼夜磬敲。

方回：僧庭樹，着題詩也。中四句俱工細，趙清獻之杜審言也。

紀昀：起句拙，中四句俱瑣屑，第四句尤拙。

與正仲屯田遊廣教寺

梅聖俞

春灘尚可涉，不惜濺衣裾。古寺入深樹，野泉鳴暗渠。酒杯參茗具，山蕨間盤蔬。落日還城郭，人方帶月鋤。

方回：五、六錯綜自相爲對，此一體。

紀昀：仍是就句對，但間一字耳。

題松林院

静邃無塵地，青熒續焰燈。木魚傳飯鼓，山衲見歸僧。野色寒多霧，溪痕夜閣冰。吾非謝康樂，獨往亦何能。

方回：三、四眼前事，自然覺好。五、六亦佳。

馮舒：僧披山衲，一件事。以木魚當飯鼓，兩件事。○「閣」字太生。

紀昀：三、四微覺其冗。五、六小有思致，亦非高格。

過永慶院

荒涼舊蘭若，古屋〔七〇〕兩三重。林下已無柏，澗邊唯有松。石階生薜荔，香座缺芙蓉。化俗似禪衲，破來縫不縫。

方回：前四句平常。五、六忽能以故爲新，緣下一句出於不測，併上一句可觀。尾句「縫不縫」之説怪而有味。

紀昀：怪而無味。

馮舒：「化俗」二字無着落。

紀昀：三、四淺拙。

過山陽水陸院智洪上人房

有蘇子美墨蹟

十載七來此，每嗟多異今。池灰休辨劫，川月解明心。遺墨悲蘇倩，高情想道林。能閒常似舊，翹立水邊禽。

馮舒：何以悲蘇倩？

無名氏（甲）：想子美得罪因丈人杜公起見，然題中無着，不可用也。

紀昀：結二句好。

夏日宿西禪

潘逍遥

此地絶炎蒸，深疑到不能。夜涼如有雨，院静若無僧。枕潤連雲石，窗明照佛燈。浮生多賤骨，時日恐難勝。

方回：東坡少年見傳舍壁間題此句而喜之，則知逍遥之詩行於世已久。東坡眼高，亦所謂異世而知心者也。

馮舒：結不稱。

查慎行：此詩選入宋文鑑，第三句「如」作「疑」。

秋日題瑯琊寺

巖下多幽景，且無塵事喧。鐘聲晴徹郭，山色曉當門。深洞通泉脈，懸崖露樹根。更期來此宿，絶頂聽寒猿。

馮舒：宋初人有逼唐者。

紀昀：重出。

送皎師歸越

林和靖

林間久離索，怱怱〔七一〕望西陵。静户初聞叩，歸舟又説登。野烟含樹色，春浪疊沙稜。幸謝雲門路，同尋苦未能。

紀昀：三、四淺拙。

送思齊上人之宣城

林嶺藹春輝，程程入翠微。泉聲落坐石，花氣上行衣。詩正情懷澹，禪高語論稀。蕭閒水西寺，駐錫莫忘歸。

方回：和靖於僧徒交游良多，如送機素云：「錫潤飛晴靄，羅寒濾曉澌。」下一句新奇。寄清曉云：「樹叢歸夕鳥，湖影浸寒城。」尤妙不可言。宜其隱於湖山，而名聞天下，徹九重垂百世也。胸次筆端，兩相扶竪如此。

紀昀：虚谷云「名聞天下，徹九重」，見地殊陋。

紀昀：情韻亦佳。○「正」字意是而字不穩。

次韻定慧欽長老見寄

蘇東坡

左角看破楚，南柯聞長滕。鈎簾歸乳燕，穴紙出癡蠅。爲鼠常留飯，憐蛾不點燈。崎嶇真可笑，我是小乘僧。

方回：左角以言争，故以破楚繫之。南柯以言榮，故言長滕繫之。此本山谷句法，亦老杜句法。「厲階董狐筆，禍首燧人氏」是也。至山谷演而爲「管城子無食肉相，孔方兄有絶交書」，則其工極矣。此只論句法。○中四句「燕」「蠅」「鼠」「蛾」，皆憫世之迷，爲作方便之意。然區區如此，亦小乘所爲，非上乘也。守欽自蘇州遣其徒卓契順如惠州，寄擬寒山八詩，坡公和之。第一首似律，故取諸此。坡材大，於小詩餘事耳。

馮舒：説到山谷，便如蛆之戀糞，蜣之轉丸，嗜病逐臭，不足道也。○方批云：「此本山谷句法。」「山谷不通類此。方批云：「亦老杜句法。」大不然。方批引「厲堦董狐筆，禍首燧人氏」二句，文理直甚。方批云：「至山谷演而爲『管城子無食肉相，孔方兄有絶交書』，則其工極矣。」醜甚。

馮班：妄談。○方批云：「左角以言爭，故以破楚繫之。南柯以言榮，故言長滕繫之。」只言藤蟻鬭耳，何曾如此？

紀昀：所引杜、黄兩聯，與此句法俱不同，殊爲附會。

馮班：首句是坡格，然畫斷我所不解。○自然大樣。

陸貽典：小乘禪，大乘禪，最上乘禪，見傳燈録。

紀昀：起二句究竟揑湊，爲韻所拘耳。

贈惠洪

黄山谷

數面欣羊胛，論詩喜雉膏。眼横湘水暮，雲獻楚山高。隳我玉麈尾，乞君宮錦袍。月晴放舟舫，萬里渺雲濤。

方回：山谷謫宜州，洪覺範在長沙嶽麓寺曾見山谷，於是僞作山谷七言贈詩，所謂氣爽絶類徐師川者。予於名僧詩話已詳辨其事。此詩亦恐非山谷作。山谷乙酉年死於宜州，覺範始年三十五歲，撰此詩以惑衆，而山谷甥洪氏誤信爲然，故收之云。五、六雖壯麗，恐非山谷語，意淺。

查慎行：「羊胛」出唐書回紇傳。骨利幹部晝長夜短，日入烹羊胛，熟，東方已明，蓋近日出處也。「雉膏」出易鼎卦，臆乘云：「雉膏不食，云美也。」說文云：「未戴角曰膏。」用事如此，終覺艱澀少味。

紀昀：却似山谷筆墨。虛谷所云，恐不免愛憎之見。

無名氏(甲)：羊背、雉油，自喻其美，但造句未善。

許印芳：「雲」字複。「乞」去聲，與也。

別寶講主

陳後山

此處相逢晚，他鄉有勝緣。呪功先服猛，戒力得扶顛。暫息三支論，重參二祖禪。夜牀鞋脚別，何日着行纏。

元注：趙州、臨濟，皆曹人也。

方回：讀後山詩，語簡而意博。「呪功」、「戒力」四字已深入於細。「服猛」、「扶顛」，一出禮記，一出論語。抉剔爲用，愈細而奇，與晚唐人專泥景物而求工者不同也。天下博知，無過三支。今後山欲其捨博而就約，棄講而悟禪，故曰「暫息三支論，重參二老〔七二〕禪」也。「夜牀鞋脚別」，此本俗語。脚不可以無鞋，而夜寐之際，脚亦無用於鞋。此又以其膠戀執著爲戒也。故後山詩愈玩愈有味。

馮舒：方批：「愈細而奇。」不細不奇。○一話到「江西派」，便令人欲嘔欲殺，真詩厄也。○直用上牀與鞋履相別，如此講便不通。

紀昀：此皆有意推求，不爲公論。

馮舒：「服猛」、「扶顛」，全無來歷，何處説起？强似行纏牽合，衹見其不通而已。○末句接不上。

馮班：六句皆近唐人。

遊鵲山寺

積石横成嶺，行楊密映門。人聲隱林杪，僧舍遶雲根。頓攝塵緣盡，方知象教尊。只應羊叔子，名字與山存。

方回：羊叔子謂南豐。

馮班：評不解。

紀昀：後四句自不相貫。

題子瞻揚州借山寺

劉景文

給事風流在，虛亭景越閒。全臨故宫水，盡致别州山。峯勢晴相向，嵐光夜不還。無時供勝賞，歷歷白雲間。

方回：劉季孫最爲東坡所知，卒於隰州。三、四佳，第五句亦好。

查慎行：三、四刻畫「借山」二字，無斧鑿痕。

紀昀：六句趁韻欠妥。

題江心寺

徐道暉

兩寺今爲一，僧多外國人。流來天際水，截斷世間塵。鵶宿腥林徑，龍歸損塔輪。却宜成片石，曾坐謝心身。

方回：予甲寅、乙卯間至永嘉，游江心寺，見此詩刊楣間，良佳，今三十年矣。

紀昀：通體粗野，絶無佳處。

登横碧軒繼趙昌甫作

徐致中

步陟高高寺，徐行不用扶。青天晴又雨，山色有還無。句向閒中覓，茶因醉後呼。所懷論未足，何乃又征途。

方回：第四句佳，但亦本於歐公。

查慎行：摩詰云「山色有無中」，非本於歐也。

紀昀：歐公平山堂詞乃全用右丞句也。

馮舒：腹聯二句寬懶。

紀昀：既有末句，則「閒」字未妥。

雁蕩寶冠寺

趙師秀

行向石欄立，清寒不可云。流來橋下水，疑是洞中雲。欲住逢年盡，因吟過夜分。蕩陰當絶頂，一雁未曾聞。

方回：杜荀鶴：「祇應松上鶴，便是洞中人。」此三、四亦相犯，五、六有味。

馮班：捉得贓者。

紀昀：疑人化鶴有理，疑水爲雲却無理。此落套而又不善套，其病不止相犯也。

馮舒：結欠緊健。

巖居僧

開扉坐石層，盡日少人登。一鳥過寒木，數花摇翠藤。茗煎冰下水，香炷佛前燈。吾亦逃名者，何因似此僧。

紀昀：三、四有致，後半太易。

桃花寺

舊有桃花樹，人呼寺故云。石幽秋鷺上，灘遠夜僧聞。汲井連黄葉，登臺散白雲。燒丹勾漏令，無處不逢君。

方回：「四靈」詩趙紫芝爲冠。大抵中四句鍛煉磨瑩爲工。以題考之，首尾略如題意，而中四句者亦可他入，不必切於題也。

紀昀：此語切中「四靈」「九僧」之病，併切中晚唐人之病。

紀昀：起二句太率易，五句自佳。

寄從善上人

翁靈舒

數載不相見，師應長掩關。香烟前代寺，秋色五峯山。棋進僧誰敵，琴餘鶴共閒。幾時重過我，吟話此林間。

馮舒：四靈：趙師秀、翁靈舒、徐致中靈囦、徐道暉。

紀昀：起四句大雅，五、六乃全露本質。

許印芳：前半固佳，後半亦不惡。凡看晚季人詩，不宜十分淘汰也。○翁卷，字靈舒，一字續古。

同孫季蕃遊浄居諸菴

劉後村

滿院静沉沉，微聞有梵音。不來陪客語，應恐壞禪心。母處歸全少，師邊悟已深。戒衣皆自衲，因講始停針。

方回：爲人之女，離其母不顧，而屈從老尼，果何所悟耶？不來陪客，恐壞禪心，如此則見所欲而此心亂耶？讀此詩爲婦人出家者之戒。後村殆弄筆頭，學晚唐詩，詩似唐人，而語意鑿脱，予故備論之。

馮舒：又來鵝聲鶖氣。

紀昀：起句自好，後六句愈細切愈猥雜，此種不可云詩。

書惠崇師房

僧希晝

詩名在四方，獨此寄閒房。故域寒濤闊，春城夜夢長。禽聲沉遠木，花影動回廊。幾爲分題客，殷勤掃石牀。

方回：希晝，九僧之一。於僧詩類選五首，每首必有一聯佳。不特希晝，九僧皆然。

查慎行：僧詩大概多蔬筍氣。

馮舒：九僧：希晝、保暹、文兆、行肇、簡長、惟鳳（赤城人）、惠崇、宇昭、懷古。○此諸大德，大抵以清緊爲主，而益以佳句，神韻孤遠，斤兩略輕，必勝「江西」也。○「江西」之體，大略如農夫之指掌、驢夫之脚跟，本臭硬可憎也，而曰强健。老僧嫠婦之牀席，奇臭惱人，而曰孤高守節。老嫗之絮新婦，塾師之訓弟子，語言面貌，無不可厭，而曰吾正經也。山谷再起，吾必遠避。不則别尋生活，永不作有韻語耳。

馮班：自希晝至懷古，所謂「九僧」也，亦勝「四靈」。○「西崑」之流弊使人厭讀麗詞。「江西」以粗勁反之，流弊至不成文章矣。「四靈」以清苦唐詩，一洗黄、陳之惡氣味、獰面目，然間架太狹，學問太淺，更不如黄、陳有力也。

紀昀：中四句却煉得好。

許印芳：九僧者，希晝、保暹、文兆、行肇、簡長、惟鳳、惠崇、宇昭、懷古也，皆宋初人。其詩專工寫景，又專工磨鍊中四句，於起結不大留意，純是晚唐習徑，而根柢淺薄，門户狹小，未能追逐温、李、馬、杜諸家，只近姚合一派，卻無瑣碎之習，故不失雅則。虚谷謂學賈、周固非，曉嵐謂是「十子」餘響，亦過情之譽。惟謂少變化，切中其病。此等詩病皆起於晚唐小家，而「九僧」承之，「四靈」又承之。讀其詩者，煉句之工猶可取法。至其先煉腹聯後裝頭尾之惡習，不可效尤也。

寄懷古

見説鷗陰僻，人烟半雜羌。秋深邊日短，風動曉笳長。樹勢分孤壘，河流出遠荒。遥知林下客，吟苦〔七三〕夜禪忘。

送嗣端東歸

遠念生泉石，人中事欲銷。卷衣城木落，尋寺海山遥。帆影迷寒雁，經聲隱暮潮。後期俱未定，況我鬢先凋。

紀昀：「九僧」詩大段相似，少變化耳。其氣韻實出晚唐之上，不但「四靈」偶摘一兩首觀之不能不謂之佳，如希晝此數詩，皆不失雅則者也。

送可倫赴廣南轉運凌使君見招

別語畏殘漏，心懸瘴海邊。回期無定日，去路極遥天。苦霧沉山郭，寒沙漲隰田。幾宵尋使府，清話廢閒眠。

早春闕下寄觀公

客心長念隱，早晚得書招。看月前期阻，論山静會遥。微陽生遠道，殘雪下中宵。坐看青門柳，依依又結條。

紀昀：此首亦不減隨州，非武功輩所可並論。

許印芳：「看」字複。

宿宇昭師房

僧保暹

與我難忘舊，多期宿此房。臥雲歸未得，静夜話空長。草際沉螢影，杉西露月光。天明共無寐，南去水茫茫。

方回：保暹，九僧之一。第六句於工之中，不弱而新。

紀昀：五、六自是刻意做出，而妙極自然。上接「静夜」，下接「天明」亦極細致。異乎先得兩句，而首尾生嵌。

送簡長上人之洛陽

閒身無所滯，獨去背春城。望越鄉心斷，迎嵩隱思生。野禪依樹遠，中飯傍泉清。相府如投刺，分題有竺卿。

紀昀：第四句結字未堅，結二句鄙。

早秋閒寄宇昭

窗虚枕簟明，微覺早涼生。深院無人語，長松滴雨聲。詩來禪外得，愁入静中平。遠念西林下〔七四〕，相思合慰情。

紀昀：三、四不減王、孟，六句佳。

宿西山精舍

僧文兆

西山乘興宿，靜稱寂寥心。一徑杉松老，三更雨雪深。草堂僧語息，雲閣磬聲沉。未遂長棲此，雙峯曉待尋。

方回：文兆，九僧之三。有宋國初，未遠唐也。凡此九人詩，皆學賈島、周賀，清苦工密。所謂景聯，人人着意，但不及賈之高，周之富耳。

馮班：周賀亦不爲富。

紀昀：「九僧」詩源出中唐，乃「十子」之餘響，與賈、周南轅北轍。虚谷引之以重賈、周，因以自重其派耳，紕繆殊甚。

紀昀：三、四已佳。五、六從三、四生出，更爲幽致。通體亦氣韻翛然，無刻畫齷齪之習。

許印芳：「興」「稱」俱去聲。

送簡長師之洛

動靜非常態，超然西去心。水期經洛聽，雲約到嵩吟。齋訪烟村遠，禪依竹寺深。祇應風雅道，相府是知音。

紀昀：起句太做作，三、四亦無深致，五、六自好，結鄙甚。

郊居吟

僧行肇

静室簾孤捲，幽光墜露多。徑寒杉影轉，窗晚雪聲過。茗味沙泉合，罏香竹靄和。遥懷起深一作「風雨」。夕，舊寺隔滄波。

方回：行肇，九僧之四。此首中四句工，不但一聯。

馮舒：第七句，「郊居」。

紀昀：細玩「過」字，恐「雪聲」是「雁聲」之訛，「露」、「雪」雜用不合。五、六亦「武功」一派。

酬贈夢真上人

禪舍因吟往，晴來坐徹宵。春通三徑晚，家别九江遥。巢重禽初宿，窗明葉旋飄。住期應未定，謝守有詩招。青社凌使君以詩見招。

方回：五、六何以圈？見静極之味也。

馮舒：第五是奇句。

紀昀：五、六亦是澀體，而妙不瑣屑。

送文光上人西游

高木墜殘霖，關河入遠心。嵩遊忘楚夢，華近識秦音。塔古懸圖認，碑荒背燒尋。幾思興替事，獨上灞陵吟。

方回：五、六工。三、四裝四箇地名，似賈島、姚合之弊。

馮班：何弊？

紀昀：裝四地名亦不礙，看運用如何耳。

紀昀：「殘霖」二字不佳，猶以「葩」字代「花」字。○三句、五句皆不自然。

送僧南歸

僧簡長

漸老念鄉國，先歸獨羨君。吴山全接漢，江樹半藏雲。振錫林煙斷，添瓶澗月分。重棲上方定，孤狖雪中聞。

方回：簡長，九僧之五。第六句絶妙。

紀昀：妙在巧而不纖。

馮舒：首句送歸。

紀昀：中四句雖琱琢而成，而一氣流出，不見湊合之迹。

許印芳：「狖」音又。

送行禪師

南國山重疊，歸心向石門。寄禪依鳥道，絶食過漁邨。楚雪黏瓶凍，江沙濺衲昏。白雲深隱處，枕上海濤翻。

紀昀：六句費解。

與行肇師宿廬山棲賢寺

僧惟鳳

冰瀑寒侵室，圍爐静話長。詩心全大雅，祖意會諸方。磬斷危杉月，燈殘古塔霜。無眠向遥夕，又約去衡陽。

方回：惟鳳，九僧之六。所選每首必有一聯工，又多在景聯，晚唐之定例也。盛唐則不然，大手筆又皆不然。

紀昀：此自正論，然亦過於主持。當日盛唐不盡然，大手筆亦不盡然。

紀昀：五、六佳句。

寄希晝

閒中吟鬢改，多事與心違。客路逢人少，家書入闕稀。秋聲落晚木，夜魄透寒衣。幾想林間社，他年許共歸。

紀昀：亦殊清逸。

弔長禪師

霜鐘侵漏急，相弔晚悲濃。海客傳遺偈，林僧寫病容。漱泉流落葉，定石集鳴蛩。回首雲門望，殘陽下遠峯。

方回：此詩中四句皆工，一字不苟，金銀秤上分定盤星也。

紀昀：次句不妥，三、四自可，五、六着力而不自然。

訪楊雲卿淮上别墅

僧惠崇

地近得頻到，相携向野亭。河分岡勢斷，春入燒痕青。望久人收釣，吟餘鶴振翎。不愁歸路晚，明月上前汀。

方回：九僧之七惠崇，最爲高者。三、四雖取前人二句合成此聯，爲人所詆。然善詩者能合二人之句爲一聯，亦可也。但不可全盜二句一聯者耳。

紀昀：放翁七律集杜聯句，蓋準此例。

許印芳：放翁之前，陳簡齋已沿此例，如傷春詩云：「孤臣霜髮三千丈，每歲煙花一萬重。」上用太白句，下用少陵句是也。惠崇始創此例，大家如簡齋、放翁，皆承用之。簡齋傷春一聯紀批云：「配得恰好。」亦不以盜句爲嫌也。

許印芳：三句用司空曙語，四句用劉長卿語。「燒」，去聲。

贈文兆

偶依京寺住，誰復得相尋。獨鶴窺朝講，鄰僧聽夜琴。注瓶沙井遠，鳴磬雪房深。久與松蘿别，空懸王屋心。

方回：惠崇有佳句爲圖，詩殊不止此，容續添入。

紀昀：已成書矣，「容續」之語何爲？

紀昀：中四句幽而不僻，故勝武功。

寄保暹師

僧宇昭

吟會失秋期，荒山寄病時。客髭生白早，叢木落青遲。渴狖窺莎井，陰蟲占菊籬。歸心何以見，霜月下天涯。

方回：宇昭，九僧之八。

紀昀：五、六着意刻畫，然上下文不貫。如曰託以自比，則「九僧」詩格又不如是。

幽居即事

掃苔人迹外，漸老喜深藏。路僻閒行遠，春晴晝睡長。餘花留暮蝶，幽草戀殘陽。盡日空林下，孤禪念石霜。

馮舒：苔必生於人迹所不到，掃苔更於人迹之外又深一層。

紀昀：五、六殊有幽味。

許印芳：石霜，唐代禪師。

寺居寄簡長

僧懷古

雪苑東山寺，山深少往還。紅塵無夢想，白日自安閒。杖履苔痕上，香燈樹影間。何須更飛錫，歸隱沃洲山。

方回：懷古，九僧之九。人見「九僧」詩或易之，不知其幾鍛煉、幾敲推乃成，一句一聯不可忽也。此惟「釋梵」一類選此，他類尚多佳作。宋之盛時，文風日熾，乃有梅聖俞之醞藉閒雅，陳後山之苦硬瘦勁，一專主韻，一專主律，梅寬陳嚴，並高一世，而古人之詩半或可廢。則其高於「九僧」，亦人才涵養之積然也。

馮舒：方批「陳後山之苦硬瘦勁」，何所用之？

紀昀：方批「人見九僧詩或易之，不知其幾鍛煉、幾敲推乃成，一句一聯不可忽也」，此是公論。○方批「古人之詩半或可廢」，此則過情。

馮舒：詩主性情，而性情或因其時，或因其人，不可一例。三牲鼎烹，必曰不如葵筍杞菊，謬矣。無論黃、陳，即梅之五律，亦不必勝「九僧」。若必以苦硬瘦勁爲美，則并葵筍杞菊之味亦失之矣。

紀昀：此太平熟，便成窠臼。

無名氏（甲）：沃洲、天姥，俱在浙東。

居天柱山

僧贊寧

四野豁家庭，柴門夜不扃。水邊成半偈，月下了殘經。雖逐諸塵轉，終歸一念〔七五〕醒。

未知斯旨者，萬役盡勞形。

方回：僧家一偈四句，謂之「伽陁」；長篇六句而上，謂之「祇夜」。此云「半偈」，乃是吟成一聯詩也。工而妙。

紀昀：起句不妥，三、四自可，後半粗淺而滑。

贈聞聰師

僧知圓

澹然塵慮絶，禪外苦風騷。性覺眠雲僻，名因背俗高。水煙蒸紙帳，寒髮澀銅刀。幾宿秋江寺，閒吟聽夜濤。

方回：李洞云：「日閃剃刀明。」意新語工而險。此又云：「寒髮澀銅刀。」恐是淨髮刀不磨耳，可笑。

馮舒：「澀」字著「髮」不著「刀」，注謬。

紀昀：忽入諢語，豈論詩之道？

查慎行：五、六有何意趣？

紀昀：次句欠妥。六句何所取義？只趁「刀」字韻耳！

酬伉上人

僧遵式

鳥卧清閒極，誰能更似君。山光晴後見，瀑響夜深聞。拾句書幽石，收茶踏亂雲。江頭待無事，終學棄人羣。

方回：中四句俱工雅。

紀昀：三、四常語，五句僻澀，六句乃佳，七句未詳。

贈智倫弟

溪竹擁疎簾，溪雲冷不厭。千巖唯虎伴，一講許詩兼。煮茗敲冰柱，看經就雪簷。有時開静户，寒日下峯尖。

紀昀：此誤以「厭足」之厭爲「厭惡」之厭。

寄月禪師

僧契嵩

聞道安禪處，深蘿住隔溪。清猿定中發，幽鳥座邊棲。雲影朝晡別，山峯遠近齊。不知誰問法，雪夜立江西。

方回：嵩公藤州人，文似韓昌黎，歐公薦之於朝。詩佳者尚多。與楊公濟倡和，及晤、習二師者亦與。甚有清瘦奇古之句，容續入。

紀昀：語殊平平。

無名氏（甲）：立雪起於慧可侍達摩於少林寺，雪積至膝不動。

再遊鶴林寺

僧道潛

招隱山南寺，重來歲已寒。風林驚墜雪，雨澗咽飛湍。壁暗詩千首，霜清竹萬竿。東軒謫仙句，洗眼共君看。

方回：此參寥子。三、四清爽。

查慎行：結句殆指東坡。

紀昀：末二句對第五句言，意殊兀傲。

山中

僧秘演

結茅臨水石，澹寂益閒吟。久雨寒蟬少，空山落葉深。危樓乘月上，遠寺聽鐘尋。昨日江僧信，期來息此心。

方回：此山東繪，石曼卿方外友，歐公序其詩者。

許印芳：虚谷此説抉出隱病，學者慎勿效尤。

馮舒：末句山中結。

紀昀、無名氏（乙）：重出，已見「秋日類」。

許印芳：三、四曉嵐密圈，六句亦加密點。

書景舒菴壁

僧清順

大布君能衣，始知飁口非。塚間容一榻，身外但三衣。護戒避生草，凈心觀落暉。寂寥能自守，今世固應稀。

方回：東坡所交順，怡然北山垂雲庵，所謂「閒來石上眠，落葉不知數」，及十竹軒詩知名者也。陳後山游浙，亦與之詩。此篇首句謂景舒着布不着絹帛，以下句句皆佳，有滋味。

紀昀：格意殊爲卑弱。

贈尼昧上人

僧惠洪

不着包頭絹，能披壞衲衣。愧無灌溪辨，敢對末山機。未肯題紅葉，終期老翠微。余今倦行役，投杖夢煙霏。一本作「扉」。

方回：大愚法嗣端州末山尼了然禪師，有灌溪閒和尚者來，山問：「今日離何處？」曰：「路口。」山曰：「何不蓋却？」閒乃禮拜，問：「如何是末山？」山曰：「非男女相。」閒乃喝曰：「何不變去？」山曰：「不是神，不是鬼，變箇甚麽？」閒於是伏應，作園頭三載。覺範用此事。然「紅葉」之句又似侮之，末句有欲炙之色。女人出家，終何益哉？

馮舒：論詩說不到此，方君真鈍漢。

馮班：腹聯句俗，下賤。

紀昀：鄙惡之極，不以詩論。

寄致虛兄

僧善權

避寇經重險，懷君屢陟岡。空餘接淅飯，無復宿舂糧。衣袂饒霜露，柴荆足虎狼。春來何所恨，棣蕚政含芳。

方回：「江西派」中三僧，倚松老人饒德操，僧號如璧，詩最高，足與呂居仁對壘。祖可正平，善權巽中，二人齊名，世稱瘦權癩可。然瀑泉集無一首律詩可取，五言古詩間有自然閒淡者，七言長句得山谷變體而不得其正格，雖矯古，語無韻味，殊使人厭。真隱集律詩僅三、二首，如此詩亦出老杜，而避寇寄兄，題目甚易，無一唱三歎之風。謂晚唐雕蟲小技不及此之大片粗抹，亦恐過矣。老杜之細潤工密，不可不參，無徒曰喝咄以爲豪也。觀者幸勿謂僭。

馮舒：亦見及此耶！

紀昀：此評雖依託老杜以陰袒澀體，然所言殊有見解。略其心而取其論，於學者不爲無益。

紀昀：「屢陟岡」三字太腐，結亦俗。

虎丘

僧元肇

滄海何年湧，秦傳虎踞丘。池空劍光冷，墳闕鬼吟愁。石礙樓臺側，烟深草木浮。吳人貪勝概，春盡亦來游。

方回：第五句好，尾句有風味。

紀昀：次句欠妥，四句亦未佳，五句刻畫而無味。

徑山

東西兩徑幽，歲晚得同遊。壑雪陰猶在，溪雲凍不浮。鳥驚樵斧重，猿掛樹枝柔。怕有梅花發，因行到水頭。

方回：此近世詩僧淮海肇聖徒也。通州人。及見葉水心，曩印應雷爲淮閫，以同里嘗招致之，肇猶無恙。蓋端平、淳祐以來，方外以吟知名者，肇之後有珍藏叟云。○「重」字下得好，若下「響」字便是小兒。

紀昀：此論是。

查慎行：徑山有大、小，謂之「雙徑」。

紀昀：「浮」字不如「流」字，恐是「流」字之誤。

山行晚歸

僧善珍

藥徑入雲林，晚晴扶杖吟。照泥星復雨，經朔月猶陰。樹折憐巢覆，泉清見葉沉。愛閒自如此，不是學灰心。

方回：珍藏叟，泉州人，繼淮海肇有聲迹，近年方化去。俗諺謂星月照濕土爲再雨之象，詩人所未用而用之，故新。第六句亦見静者之趣。落葉沉水底，非極閒不能察也。第五句恐有所感。

紀昀：五句凑。

紀昀：方批：「第五句恐有所感。」曲爲之詞。

春寒

松間燈夕過，顧影在天涯。雪暝迷歸鶴，春寒誤早花。艱難知世味，貧病厭年華。故國風塵外，無人可問家。「松」一作「林」〔七六〕。

方回：「春寒誤早花」，此句極佳。詩中無此等新句，而欲名世可乎？

紀昀：專以此等句名世，終不到風雅本原。虚谷一生歧誤在此。

查慎行：後半全不似僧家氣象。

紀昀：五、六亦真語。

廣潤寺新寮

僧自南

客不赴齋招，冥心坐寂寥。青山若厭看，白日也難消。鷺起銜荷葉，蟲行蝕菊苗。何年稱老宿，來住此間寮。

方回：此近年僧詩。凡出家人，知講律而不知禪，已爲下矣，況應供庸流，爲人饒唄〔七七〕而赴供取資，曾爲奴僕之不若也，故第一句可取。若有一毫厭山之心，則長日不可度矣，此迂説之句也，雖俗而通。五、六亦工。

查慎行：三、四語淡如雲。

紀昀：起句太突，三、四野調。

贈浩律師

僧簡長

浩也毘尼學，精於玉帳嚴。蟻酣停掃砌，燕乳記鈎簾。茶鼎敲冰煮，花壺漉水添。夢回池草緑，忍踐緑纖纖。

方回：蜀僧北磵簡，讀其集，及見葉水心，與之絶句，且令其除去集中生日詩。此説是也。予此選所以不取生日詩，蓋有所見。嘗讀周少隱集，有秦檜生日詩，甚爲可惡。近世李雁湖集、魏鶴山集，皆不去生日詩。一例刊之，亦一快也。簡之集終於送吴尚書之温州。蓋吴詠嘉熙中人也，出蜀之浙，自嘉熙約三十餘年。住大刹，交貴人，古詩頗瘦，而詩題多俗士往來，惟此一律詩，工之又工，似乎過於工者。第三句最好，餘亦近套。

查慎行：北磵曾爲菊磵公集序。

紀昀：既曰工之又工，又曰過工，又曰近套，持論騎墻。平心論之，近套之説爲是。

馮班：全不成章。

查慎行：此另是一人，不入「九僧」之數，乃作秀州報本院三過堂記者，所著名北磵集。○「蟻酣」，謂蟻鬭也。

紀昀：此又一簡長耶？再考。○次句不可解。

無名氏（甲）：維摩經：「佛在毘耶庵。」故學佛者稱「毘尼」。○次句劣。

七言　四十六首

涪城縣香積寺官閣

杜工部

寺下春江深不流，山腰官閣迥添愁。含風翠壁孤雲細，背日丹楓萬木稠。小院迴廊春寂寂〔七八〕，浴鳧飛鷺晚悠悠。諸天合在藤蘿外，昏黑應須到上頭。

方回：老杜七言律，晚唐人無之。凡學詩，五言律可晚唐；只如七言律，不可不老杜也。

查慎行：予謂五律亦宜學杜。

紀昀：盛唐、晚唐各有佳處，各有其不佳處。必謂五律當學某，七律當學某，説定板法，便是英雄欺人。

許印芳：此論明通。

何義門：先説寺下涪江，次聯説寺上石壁，結出山腰意。「小院」句正敍官閣，又敍下之鼂鷺，上之藤蘿，蓋無一句不切山腰也。

紀昀：「壁」與「雲」是兩物，「楓」與「木」却是一物，此二句銖兩不稱，語亦近於冗塞。○五、六就句作對，故爲慢調，又自一種。然不及「落花遊絲白日静，鳴鳩乳燕青春深」也。

許印芳：「春」字複。

留别公安太易沙門

隱居欲就廬山遠，麗藻初逢休上人。數問舟航留製作，長開篋笥擬心神。沙村白雪猶含凍，江縣紅梅欲放春〔七九〕。先踏爐峯置蘭若，徐飛錫杖出風塵。

方回：「擬」字合考，「欲放」一作「已破」。

何義門：此「沙門」是易師，故以惠遠比之。

紀昀：此種似老而實頽唐。○「擬」者想象之謂，開篋見其詩而想見其心神耳。此種字終是晦澀，不宜效之。

許印芳：八句皆對，結句少味，亦少力，不可學。

因許八奉寄江寧旻上人

不見旻公三十年，封書寄與淚潺湲。舊來好事今能否，老去新詩誰與傳。棋局動隨幽澗〔八〇〕竹，袈裟憶上泛湖船。聞君話我爲官在，頭白昏昏只醉眠。

方回：看前輩詩，不專於景上觀，當於無景言情處觀。老杜此三詩三樣，然骨格則一也。

紀昀：虚谷此評，對晚唐裝點言之，不爲無見。然詩家之妙，情景交融。必欲無景言情，又是一重滯相。

查慎行：律中鬆快之調，亦自老杜創闢。

何義門：三十年相隔，何所不有，只訪死生、問存没耳。一「在」字收轉「淚潺湲」意足。

吴星叟：只寫問訊之語，飛動滿紙，與苦憶荆州作同。後人便以流便短之，非也。

紀昀：一氣單行，清而不弱。此後山諸人之衣鉢，爲少陵嫡派者也。然少陵無所不有，此其一體耳。

許印芳：「與」字複。

送靈澈上人還越中

劉長卿

禪客無心杖錫還，沃洲深處草堂閒。身隨敝屨經殘雪，手綻〔八一〕寒衣入舊山。獨向青溪依樹下，空留白月在人間。那堪别後長相憶，雲木蒼蒼但閉關。

方回：三、四佳。簡北礀集嘗有禪流用此韻和而送之。

紀昀：此亦常行之調，然效之易平易滑，亦不可不知。○「身隨敝屨」四字好，所謂信脚行去也。

許印芳：中四句調複，不可學。

廣宣上人頻見過

韓昌黎

三百六旬長擾擾，不衝風雨即塵埃。久爲〔八二〕朝士無裨補，空愧高僧數往來。學道窮年何所得，吟詩竟日不能〔八三〕迴。天寒古寺遊人少，紅葉窗前有幾堆。

方回：老杜詩無人敢議。「穿花蛺蝶深深見，點水蜻蜓欵欵飛」，程夫子以爲不然。自齊、梁、陳、隋以來，專於風、花、雪、月，草、木、禽、魚，組織繪畫，無一句雅淡，至唐猶未盡革。而晚唐詩料，於琴、棋、僧、鶴、茶、酒、竹、石等物，無一篇不犯。昌黎大手筆也，此詩中四句却只如此枯槁平易，不用事，不狀景，不泥物，是可以非詩訾之乎？此體惟後山有之，惟趙昌父有之，學者不可不知也。○觀題意似惡此僧往來太頻，即紅樓院應制詩僧也。

紀昀：方批：「自齊、梁、陳、隋以來，……無一句雅淡，至唐猶未盡革。」此種皆謬爲大言。○方批云：「昌黎大手筆也，此詩中四句却只如此枯槁平易，不用事，不狀景，不泥物，是可以非詩訾之乎？」琴棋等物却有之。○末二句是譏其終日不歸，此評甚確。○昌黎不盡如是，大手筆亦不盡如是也。此種議論，似高而謬。循此以往，上者以枯淡文空疎，下者方言俚語，插科打諢，無不入詩；才高者軼爲野調，才弱者流爲空腔。萬弊叢生，皆「江西派」爲之作俑，學者不可不辨之。

何義門：自嘆碌碌費時，不能立功立事，即有一日之閑，徒與諸僧酬倡，究何益乎？言外譏切此僧忘却本來面目，擾擾紅塵，役役聲氣，未知及早回頭，不顧年光之抛擲也。

送王十八歸山寄題仙游寺

白樂天

曾於太白峯前住，數到仙游寺裏來。黑水澄時潭底出，白雲破處洞門開。林間煖酒燒紅葉，石上題詩掃緑苔。惆悵舊游那集作「無」。復到，菊花時節羨一作「待」。

君迴。

方回：五、六自然而工。

紀昀：最是小家樣範。

紀昀：四句較有致。

讀禪經

須知諸相皆非相，若住無餘却有餘。言下忘言一時了，夢中說夢兩重虛。空花豈得兼求果，陽焰如何更覓魚。攝動是禪禪是動，不禪不動即如如。

方回：游戲三昧，不可以詩律拘。佛語「陽焰」者，謂遠地日光，如見水然。以對「空花」，與夢幻、泡影譬喻一同。

紀昀：此是野調，不得謂之遊戲。

馮班：妙。

紀昀：竟是偈頌，何以爲詩？

無名氏(甲)：佛經云：「如如不動。」又云：「性相如如，常住不遷，名曰道傳。」是本言不動，而白公又翻得巧耳。

酬淮南廖參謀秋夕見過之作　劉賓客

揚州從事夜相尋，無限新詩月下吟。初服已驚玄髮長，高情猶向碧雲深。語餘時舉一杯酒，坐久方聞數處砧。不逐繁華訪閒散，知君擺落俗人心。休公昔爲揚州從事參謀，從釋子反初服。

方回：第四句妙甚，謂已還俗，猶不能忘情於僧也。

紀昀：此蓋言其不忘吟詩耳。以爲不忘僧，謬甚。

何義門：五、六句法閑淡。○末聯「見過」作結。

紀昀：起二句并五、六句皆率易。

送景玄師東歸

東林寺裏一沙彌，心愛當時才子詩。山下偶隨流水出，秋來却一作「欲」。赴白雲期。灘頭躡履挑沙菜，路上停舟讀古碑。想到舊房拋錫杖，小松應有過簷枝。

方回：劉夢得詩格高，在元、白之上，長慶以後詩人皆不能及。且是句句分曉，不喫氣力，别無暗昧關鎖。

紀昀：論夢得是，然以論夢得此二詩則未是。二詩乃夢得之不佳者。

紀昀：起二句粗鄙，通體平淺。

酬慈恩寺文郁上人

賈浪仙

袈裟影入禁池清，猶憶鄉山近赤城。籬落罅間寒蟹過，莓苔石上晚蛩行。期登野閣閒應甚，阻宿幽房疾未平。聞説又尋南嶽去，無端詩思忽然生。

方回：第三句好。

馮舒：浪仙七言似遜。

馮班：次聯今人所能及也。

紀昀：三句纖瑣特甚。○「無端」即是「忽然」，不應拆用。

寄無得頭陀

夏臘今應三十餘，不離樹下冢間居。貌堪良匠抽毫寫，行趁高僧續傳書。落澗水聲來遠遠，當空月色自如如。白衣只在青門裏，心每相親迹且疏。

方回：三、四好，第六句亦好。

紀昀：只是常語，亦無好處。

紀昀：三句鄙俚，四句庸俗。

贈圓上人

誦經千卷得爲僧，麈尾持行不拂蠅。古塔月高聞咒水，新壇日午見燒燈。一雙童子澆紅藥，百八真珠貫綵繩。且説近來心裏事，仇讐相對似親朋。

方回：以六句奇異，此聯遂新不可言。

紀昀：亦無甚佳處，尚無酸餡氣耳。

紀昀：次句拙澀。○結句野甚。

贈僧

從來多是游山水，省泊禪舟月下濤。初過石橋年尚少，久辭天柱臘應高。青松帶雪懸銅鏡，白髮如霜落鐵刀。常恐畫工援筆寫，身長七尺有眉毫。

方回：賈浪仙五言詩律高古。平生用力之至者，七言律詩不逮也。

紀昀：此評却是。

紀昀：次句拙。○結不成語。

贈神邁上人

周賀

草履蒲團山意存[八四]，坐看庭木長桐孫。行齋罷講仍香氣，布褐離牀[八五]帶雨痕。夏滿尋醫還出寺，晴來曬疏暫開門。道情淡薄閑愁盡，霜色何因入鬢根。

馮舒：「疏」字不煞落。

陸貽典：經疏、募疏，甚有着落，不必苛求。

紀昀：「帶雨痕」湊泊。

贈僧

藩府十年爲律業，南朝本寺住來新。辭歸幾別深山客，赴請多從遠處人。松吹入堂資講力，野蔬供飯爽禪身。他年更息登壇計，應與雲泉作四鄰。

方回：二詩皆五、六工。但晚唐人七言律，其格不能甚高。

紀昀：皆無佳處，「松吹」句尤費解。○亦不一概，虚谷總好説定法。

馮舒：「爽」字無可易，却不好。

紀昀：前半平鈍。

遊西禪　伍喬

遠岫當軒别翠光，高僧一衲萬緣忘。碧松影裹地長潤，白藕花中水亦香。雲自雨前生浄石，鶴於鐘後宿塵廊。遊人戀此吟終日，盛暑樓臺早有涼。

方回：三、四自然工美，末句尤有味。

紀昀：末句平平。

何義門：一路逼出「涼」字。

紀昀：五、六刻意做出，而不免於笨。

宿山寺　項斯

栗葉重重覆翠微，黄昏溪上語人稀。月明古寺〔八六〕客初到，風度閒門僧未歸。山果經霜多自落，水螢穿竹不停飛。中宵能得幾時睡，又被鐘聲催着衣。

紀昀：格意不高，而語尚清脱。

登南神光寺塔院

韓致堯[八七]

無奈離腸日九迴，强攄離抱[八八]立高臺。中華地向城邊盡，外國雲從島上來。四序有花長見雨，一冬無雪却聞雷。日宫紫氣生冠冕，試望扶桑病眼開。

方回：此乃閩中依王審知時詩，謂近海迫南風土如此。

馮舒：非僅述風土也。

馮班：不言風土。

馮舒：平平八句，意態無盡，蓋此中有作詩人性情在。

馮班：頷聯妙，哀而不傷。

紀昀：格弱是晚唐通病，此尚有健氣。

還俗尼 本歌妓

吴融

柳眉梅額倩粧新，笑脱袈裟得舊身。三峽却爲行雨客，九天曾是散花人。空門付與悠悠夢，寶帳迎迴暗暗春。寄語江南除一作「徐」。老客，一作「説」。[八九]一生長短託清塵。

方回：三、四止是體貼，五、六方有形容，盡其味。

馮班：如頷聯方可言工。

紀昀：此種題目，愈細切愈猥鄙。

紀昀：格意俱卑。〇七句不解，再校。

夜投豐德寺謁液上人

盧綸

半夜中峯有磬聲，偶尋樵者問山名。上方月晚集作「日曉」。聞僧話，一作「語」。下界林疏見客行。野鶴巢邊松最老，毒龍潛處水偏清。願得遠公知姓字，焚香洗鉢過浮生。

紀昀：清妥。〇四句在僧一邊眼中寫出。

春日遊〔九〇〕禪智寺

羅隱

遠樹連天水接空，幾年行樂舊隋宮。花開花謝長如此，人去人來自不同。楚鳳調高何處酒，吴牛蹄健滿車風。思量只合騰騰醉，煮海平陳盡夢中。

方回：感慨甚深。

何義門：起句即破盡「獨」字。惟存水樹，則廣陵非復行樂之舊矣。前代荒宮，往時雄鎮，都付諸夢想。五、六則欲罷舉而歸耕也。

紀昀：昭諫風骨自别，三、四未免落套。○「平陳」關照「隋宫」，「煮海」乃劉濞之事，未免添出無根。

無名氏（甲）：禪智寺，在揚州。○漢吴王都揚州，煮海爲鹽。隋煬帝平陳亦在此。

榮上人遽欲歸以詩留之

王半山

道人傳業自天台，千里翛然赴感來。梵行毘沙爲外護，法筵靈曜得重開。已能爲我迂神足，便可隨方長聖胎。肯顧北山如慧約，與公西崦斸莓苔。

方回：毘沙門天王，那吒太子護法神也。○靈曜寺，梁武所建。○佛足去地四指，金光明經有「神足」語。○長養聖胎，智封禪師及馬祖並有此語。○慧約，婁法師也。○此詩工密已甚。

馮班：方公不學至此！

紀昀：序致平平，未見工密之處。

和平甫招道光法師

鍊師投老演真乘，像却空王瓜〔九一〕與肱。於總持門通一路，以光明藏續千燈。從容發口酬摩詰，邂逅持心一作「將」。契慧能。新句得公還有賴，古人詩字耻無僧。

方回：鄭谷詩四十餘首有「僧」字，故晚唐人有詩云：「詩裏無僧字不清。」又有曰：「鄭谷詩壇愛惹僧。」

馮舒：宋甚。

紀昀：次句拙。三、四文句又是一格，偶見亦可，「江西派」以爲定制則非矣。結處點綴亦好。

無名氏(甲)：佛遺文殊師利問摩詰疾，遂有問答。神秀、慧能，俱弘忍弟子，而能獨契，遂傳衣鉢。

游山寺

王岐公

寒日征驂懶復回，經宵仍喜駐巖隈。逕盤幽迹遥知鹿，林逗清香定有梅。曉影瘦猿窺澗溜，夜深肥栗炕爐灰。我心非動亦非静，白足禪僧無妄猜。

方回：此必禹玉少年詩。一入都門，致宰相，坐中書十四年，有「土地不須權」之嘲，即知此非老筆也。「炧」字絶新。

馮舒：「炧」，玉篇：竹亞切，火㸌也。㸌，弋贍、呼吳二切，火華也。似不可用。

馮班：「炧」字畢竟非律詩所宜。

紀昀：句格俱未蒼堅，以爲少作良是。

無名氏（甲）：言爆粟而㸌火亦不妨。「白足」，起於曇始足白於面，涉泥不沾，因名。

同器之過金山奉寄兼呈潛道

王安國

憶同支遁宿嶔崟，不負平生壯觀心。北固山隨三楚盡，中泠水入九江深。紛紛落月摇窗影，杳杳歸舟送梵音。東去何時來蠟屐，天邊爽氣夢相尋。

方回：平父金山、甘露諸詩皆好，散見所選。此一首入僧詩類，亦隨手分撥如此。三、四壯絶，合詩格。五、六亦佳。

馮班：平甫非岐公，再考。

紀昀：既可隨手分撥，則所分皆無定軌可知，故此書最猥雜處在分類。

馮班：第五句亦通用。

紀昀：題似有脱誤，再校。雖無深味，而不失風格。〇「月」用「紛紛」二字本杜公「涼月白紛紛」句，然杜此二字先不佳。

贈僧介然　張宛丘

寒窗寫就碧雲篇，客至研茶手自煎。儒佛故應同是道，詩書本自不妨禪。長松千尺巢雲鶴，寒嶠三更嘯月猿。請以篇章爲佛事，要觀半偈走人天。

方回：此詩僧黎介然，晚年與饒德操、呂居仁、汪信民俱在符離倡和者。

紀昀：語語老健。○虛谷自附道學，而此詩三、四引儒入墨，又置之不議，則門户之見，又不欲顯攻文潛也。故一有私心，即總非公論。

西溪無相院　張子野

積水涵虛上下清，幾家門静岸痕平。浮萍破處見山影，小艇歸時聞棹聲。入郭僧尋塵裏去，過橋人似鑑中行。已憑暫雨添秋色，莫放修林礙月生。

方回：此東坡所稱三、四一聯。子野詩集湖州有之，近亡其本。

馮班：不獨三、四好，五、六亦好。

李光垣：應云「此三、四一聯東坡所稱」。

馮舒：此公一生只會用「影」字。

查慎行：三、四小巧而鮮新。

紀昀：三、四有致，宜爲東坡所稱，然氣象未大，頗近詩餘。五句作意而笨。

送淳用長老歸邛州

楊元素

曾扣禪扉喜接陪，師將境物諭輪迴。燈籠不滅心中火，香印空殘死後灰。綿邑難留真錫駐，臨邛還慶法堂開。臨邛綿邑何分别，無去無來無去來。

方回：楊繪元素，綿州人，號無爲子。楊傑字次公，無爲人，亦號無爲子。二公皆好佛學。此詩三、四本乎正，五、六且説蹤迹未爲奇，忽被末後一句唤醒一篇精神，妙不可言。葛藤之説若異於吾儒，然其實有此理也。

紀昀：未見唤醒處，亦未見妙處。

馮舒：宋甚。「燈籠」句是南唐僧語。

馮班：體格不好，何如白公？

紀昀：意格淺俗。○三、四分頂起句字面，沈雲卿、杜工部皆有之。七句總頂五、六字面，却是創格，然亦只是以舊法例轉用耳。○尾句野調。

夏日龍井書事四首

僧道潛

翠樹高蘿結晝陰，驕陽無地迫吾身。石崖細聽紅泉落，林果初嘗碧柰新。揮麈已欣從惠遠，談經終恨少遺民。何時暫着登山屐，來岸烏紗漉酒巾。

方回：原注：「呈辨才法師，兼寄吳興蘇太守并秦少游。少游時在越。」惠遠謂辨才，遺民謂少游。

馮舒：貼貼。

馮班：好。

紀昀：四詩皆音節高爽，無齷齪酸餡之氣。○次句拙甚，後四句筆力開拓。

雨氣[九二]千巖爽氣新，孤懷入夜與誰鄰。風蟬故故頻移樹，山月時時自近人。禮樂汝其攻我短，形骸吾已付天真。露華漸冷飛蚊息，窗裏吟燈亦可親。

馮舒：腹聯宋。○末句好。

馮班：我却愛腹聯。

紀昀：「我」、「吾」字複。

自憐多病畏炎曦，長夏投蹤此最宜。青石白沙含淺瀨，碧桐蒼竹聒涼颸。雲中雞犬聽難辨，谷口漁樵問不知。斑杖芒鞋隨步遠，歸來煙火認茅茨。

方回：三、四用四箇顔色字，而不艷不冗，大有幽寂之味。末句尤深淡可喜。

却來人外慰棲遲，谷遠山長萬事遺。好鳥未嘗吟俗韻，白雲還解弄奇姿。藤花冉冉青當户，竹色娟娟碧過籬。不羨故人探禹穴，短橈孤榜逐漣漪。

方回：或問：朱文公語録云：「覺範詩如何及得參寥？」此語還可分别其然以誨後學否？曰：此甚易見，參寥詩句句平雅有味，做成山林道人真面目。覺範詩虚驕之氣可掬，因讀山谷詩，欲變格以從之，而力量不及，業已晚矣。「槁項頂螺忘歲年」及「論詩得雉膏」二詩，皆僞爲山谷所作，而人不能察。覺範佳句雖多，却自是士人詩、官員詩，參寥乃真高僧禪客詩也。二人皆不幸毁服，而覺範之禍尤酷。然覺範才高，亦一時人物云。

查慎行：參寥詩却有士氣，故佳。若止高僧禪客詩，亦無取焉。

題慈德寺頤堂爲長老宗顥作

鄒道卿

龍隱巖前忽轉頭，翛然瓶錫此淹留。十方法界元無限，一片心田自有秋。草木曲躬歸白足，江山依位拱青眸。我來不問西來意，獨喜茶香啜滿甌。

方回：鄒公名節冠千古，於禪說深熟，詩佳者不止此。

馮班：結未穩。

紀昀：用字多腐，殊乏詩致。

寄璧公道友

吕居仁

符離城裏相逢處，酒肉如山放手空。已見神通過鶖子，未應鮮健勝龐公。且尋扇子舊頭角，一任杏花能白紅。破箬笠前江萬里，無人曾識此家風。

方回：「江西」詩，晚唐家甚惡之。然粗則有之，無一點俗也。晚唐家吟不著，卑而又俗，淺而又陋，無「江西」之骨之律。且如此詩五、六，晚唐決不夢見。「扇子」、「杏花」，物對物也。「頭角」、「白紅」，各自爲對。惟陳簡齋妙得此法。

馮舒：此亦何足爲奇？唐人自不爲此，何其獨夫臭也？

馮班：此有何妙？

紀昀：方批：「然粗則有之，無一點俗也。」粗即是俗，○方批：「且如此詩五、六，晚唐決不夢見。扇子、杏花，物對物也。頭角、白紅，各自爲對。」此種故作楂牙，亦是俗處。

紀昀：粗野太甚。

次韻答吕居仁

僧如璧

向來相許濟時功，大似頻伽餉遠空。我已定交木上座，君猶求舊管城公。文章不療百年老，世事能排雙頰紅。好貸夜窗三十刻，胡牀趺坐究幡風。

方回：撫州士人饒德操客從曾布，議不合，去而落髮，法名如璧，道號倚松老人。「江西派」中，比瘦權癩可。此三、四老杜句法，晚唐人不肯下。五、六亦出於老杜，决不肯拈花貼葉，如界畫畫，如甃砌牆也。惟韓子蒼不喜用此格，故心不甘於入派，而其詩或謂之太官樣。要之天下有公論，予亦無庸贅也。

馮舒：老杜亦何嘗放此惡氣？韓子蒼詩老到而已，不必佳，亦無此等惡態。

馮班：界畫畫、甃砌牆，大不惡。

紀昀：可謂之山谷句法，不可謂之老杜句法。〇「江西」亦有佳處，然自是別派。牽引老杜，依草附木耳。子蒼不肯入派，故是絶有識力人。

馮舒：「江西」惡習。

再次前韻

曾將千古較窮通，芥孔能容幾許空。借問折腰辭五斗，何如折臂取三公。四時但覺風雨過，一飯何須刀几紅。要識壞魔三昧力，更培根橃待春風。

方回：五、六即是居仁首唱五、六格。

馮舒：詩取達意，詠性情期於文理無礙，則五色、五味俱悦口目矣，必曰何派便謬。猶之醫也，甘苦涼熟，期於投病活人而已，必曰此何人之派，定用何藥，定不用何味，則殺人矣。

馮班：次聯二句只是一對子耳。

查慎行：三、四兩「折」字，未妥。○二章俱勝原唱。

紀昀：次句粗，七句亦鄙。

用寄璧上人韻范〔九三〕元實趙才仲及從叔知止

呂居仁

故人瓶錫各西東，吾道從來冀北空。病去漸於文字懶，南來猶覺歲時公。江回夜雨千巖黑，霜着高林萬葉紅。政好還家君未肯，莫教慚愧北窗風。

方回：居仁和此韻凡六首。「酒如震澤三江緑，詩似芙蕖五月紅。」「雙鬢共期他日白，千花猶是去年紅。」「銀杯久持浮大白，桃花且着舒小紅。」皆脱灑圓活。

紀昀：次句費解，四句「公」字究不妥。

次韻持上人題延慶寺清玉軒

張雪窗

水芳未動城南路，一一僧簾有竹看。政爾塵埃能自表，故應悠久淡相安。長楊曉獵干戈肅，古棘春朝萬玉寒。碧眼阿師來授記，化龍飛去抑何難。

方回：張武子字良臣，關中人。樓攻媿、尤延之序其詩甚詳。予及識其子諱時字居卿先生，教予以作詩之法尤至，但律詩少耳。此詩句句佳，有骨。

馮班：不好。〇「戈」何得比「竹」？

紀昀：三、四用文句，腐甚。

無名氏（甲）：此詩甚劣，而實選家淵源所自，宜其魔障終身也。

三山次潘静之升書記韻

朱逢年

客路那知歲月長，掀髯一笑苾蒭房。且傾徐邈聖賢酒，不問陳登上下牀。雲影翻空迷海嶠，秋聲隨夢到江鄉。明朝各聽船窗雨，猶憶枯棋戰寺廊。

方回：朱文公之父曰松，字喬年。季父曰槔，字逢年。嘗夢至玉蘭堂如王平父之靈芝宫，自號其詩曰玉蘭集。尤延之爲作序。詩格高峭，惜乎不多。三、四甚佳，予亦偶嘗記之。

查慎行：予從閩中得鈔本兩先生集，今淮南有新刊本。

紀昀：三、四近「江西」耳，其實六句最佳。

紀昀：三、四亦「江西」句法，然不惡狀。六句佳。

羅浮寶積寺

芮國器

木落天寒山氣沉，年華客意共蕭森。偶於佳處發深省，其實宦遊非本心。紅日坐移鐘閣影，白雲閒度石樓陰。還家莫話神仙事，老不寬人雪滿簪。

方回：芮燁字國器，一字仲蒙。吴興人，嘗爲御史、司業、祭酒。吕東萊再娶，乃其女也。詩三、四甚高雅。

馮舒：極不雅。

紀昀：處處牽引大儒，殊是習氣。東萊婦翁何與於詩？

馮舒：此等詩宋人氣息，與唐實遠。胸中一落「江西」惡派，便極道其佳。實則不然，可憎而已。

紀昀：起二句高聳。◎此「江西派」中之高雅者，馮氏極詆之，未免已甚。詩家各有門逕，不妨并存。

與僧净璋

陸子静

自從相見白雲間，離别嘗多會聚難。兩度逢迎當汝水，數年隔闊是曹山。客來濯足傍僧怪，病不烹茶侍者閒。不是故人尋舊隱，只應終日閉禪關。

方回：陸復齋雖不以詩名，此詩後四句佳，有唐味。

陸貽典：子静天姿高，譏切晦庵甚真。此詩亦自矜廉，無宋人卑散之氣。

紀昀：詩非象山長技，五、六用意而不工。

頃游龍井得一聯王伯齊同兒輩游因足成之

樓攻媿

路入風篁上翠微，老龍蟠井四山圍。水真緑净不可唾，一作「水從何來不知處」。魚若空行無所依。勝處雖多終莫及，舊遊誰在事皆非。祇今匏繫何由到，徒羨聯鑣帶月歸。

方回：「水真緑浄不可唾，魚若空行無所依。」佳句也。

馮舒：然畢竟宋。

查慎行：第三句出昌黎詩，第四句出柳州記。

紀昀：「緑浄不可唾」，昌黎語；「遊魚若在天際」，酈道元語也。

無名氏（甲）：「水從何來不知處」，此語較醒。

許印芳：三、四直用成句，四句却用書語作對，故佳。○樓鑰，字大防，號攻媿。

上龜山寺

潘德久

菜花開處認遺基，荒屋殘僧未忍離。寺付丙丁應有數，岸分南北最堪悲。金鈴塔上如相語，鐵佛風前亦斂眉。野匠不知行客意，競磨濃墨打頑碑。

方回：「丙丁」、「南北」之對巧中有味。

紀昀：此二句好在悲壯。以二字巧對取之，淺矣。

馮班：首聯好，落句不好。

紀昀：三、四好，後半微粗而氣壯。雖異雅吟，終非滑調。

贈源長老歸自湘中

趙師秀

白髮半頭寒未剃，形容清瘦異於常。爲人作畫衣添黑，對客圍棊爪甚長。不染世間如菡萏，只留胸次着瀟湘。住山亦自年來懶，竹閣門前借一房。

方回：滑稽之中亦新巧，第六句佳。

紀昀：前四句太粗鄙。

送炭與湘山西堂惠然師

僧顯萬

紛紛向火乞兒多，獨有君如擇乳鵝。萬鍛爐中尋粲可，一堆灰裏撥陰何。雪欹敗屋閒犀柄，草卧空庭任雀羅。亟送烏薪相煖熱，恐隨春夢入南柯。

方回：顯萬字致一，浯溪人，嘗參吕居仁。浯溪集洪景盧爲序。此詩借送炭説事理，凡禪機必險絶，然亦不爲不佳也，附僧類中。

紀昀：極爲不佳。○附僧類亦無理。凡涉禪機，何嘗盡入僧類？

馮舒：亦「江西」語耳。

馮班：「江西」體之近雅者。○陰、何却被乃僧火葬！

查慎行：「寒灰影裏撥陰何」，東坡句也。

紀昀：起句太粗直。○此卷最長，中惟數首好耳。

校勘記

〔一〕門聽　馮班、許印芳：「聽」一作「對」。〔二〕搜對　李光垣：「披」訛「搜」。〔三〕天台裏　李光垣：「路」訛「裏」。〔四〕沈庾　馮班：「沈」當作「徐」。〔五〕宋之問　按：原缺作者名，據康熙五十二年本、紀昀刊誤本校補。〔六〕馮班：題一作「登總持寺浮圖」。　許印芳：題一作「寺閣」。〔七〕馮班：作者爲宋之問。〔八〕俯城闕　馮班：一作「坐霄漢」。〔九〕拍雲　馮班、李光垣：「拍」當作「拂」。〔一〇〕遂經年　許印芳：「遂」一作「已」。〔一一〕馮班：作者爲駱賓王。〔一二〕遠楚　按：「遠」原作「還」，下注云：「此字疑。」據康熙五十二年本、紀昀刊誤本校改。無名氏(乙)：「遠」字疑是「遊」字之誤。〔一三〕連初地　許印芳：「連」一作「從」。〔一四〕林外　馮班：「外」一作「上」。　何義門：「上」字妙。〔一五〕九江平　紀昀：「平」一作「明」，「明」字較勝。〔一六〕會裏　馮舒：「裏」一作「理」。〔一七〕聞鐘　馮班：一作「開經」。〔一八〕已滴　馮班：「滴」一作「滿」。〔一九〕何限　查慎行：「限」一作「恨」。〔二〇〕瀛洲　馮班、查慎行：「瀛」一作「滄」。〔二一〕勝迹　馮班：一作「傳是」。〔二二〕啼鶯切　何義門：

「啼鶯」一作「鶯啼」。〔二三〕月隱　許印芳：「隱」一作「落」。〔二四〕静心顔　許印芳：「静」當作「浄」。〔二五〕天雲寺　馮班：「天」一作「大」。〔二六〕馮班：此詩作者爲白樂天。〔二七〕唯聽　馮班：「聽」一作「勸」。〔二八〕紀昀：題下注應移於末行下。〔二九〕秋江　查愼行：「江」一作「池」。〔三〇〕蝶影　馮班：「蝶」一作「葉」。〔三一〕無何　李光垣：「可」訛「何」。〔三二〕幾處蟬　馮班：「蟬」一作「禪」。〔三三〕皆下句勝上句　馮班：一作「皆上一句勝下句」。〔三四〕隨水往　馮班：「水」當作「來」。〔三五〕多有　馮班：「有」當作「在」。〔三六〕爲春禾　馮班：「爲」字衍。〔三七〕蜂護　馮班：「蜂」一作「蝶」。〔三八〕愁裏老　馮班：「老」一作「醉」。〔三九〕重階　馮班：「階」一作「檻」。〔四〇〕爲隱　馮班：「隱」一作「憶」。〔四一〕題破山寺　許印芳：一本「寺」下有「後禪院」三字。〔四二〕可佳　李光垣：「可」字衍。〔四三〕逢播公　馮班：「播」一作「幡」。〔四四〕山衣　馮班：「山」一作「衲」。〔四五〕聲遠　馮班：「遠」一作「盡」。〔四六〕禪餘　馮班：「禪」一作「談」。〔四七〕不記　馮班：「記」一作「識」。〔四八〕可佳　紀昀：「可」字衍。〔四九〕僧房好　按：康熙五十二年本、紀昀刊誤本「好」作「外」。〔五〇〕中南　查愼行：「中」當作「終」。〔五一〕馮班：題末「朽栟」及注文「集作寒櫟」六字當删。　李光垣：題末二字衍文。〔五二〕書雪　馮班、許印芳：「書」一作「和」。〔五三〕寒櫟　馮班：「寒」一作「朽」。〔五四〕話雲　馮班、許印芳：「話」當作「帶」。

〔五五〕西霞寺　馮班：「西」當作「棲」。〔五六〕松枯　許印芳：「枯」一作「圍」。〔五七〕江島　馮班：當作「戰鳥」。何義門：戰鳥圻在南陵，孤在江中，本名孤圻。桓温泊此，中宵鳥驚，故名。〔五八〕日飫　馮班：「飫」一作「餧」。〔五九〕無事　許印芳：「無」一作「何」。〔六〇〕嵌崆　李光垣：「空」訛「崆」。〔六一〕磴盡　馮班：「磴」一作「落」。〔六二〕年名　馮班：「年」一作「何」。〔六三〕折樹枝　查慎行：「折」疑當作「拆」。〔六四〕終自由　馮班：「終」一作「中」。〔六五〕鹿麋　李光垣：「麛」訛「麋」。〔六六〕豈欲　馮班：「欲」一作「謂」。〔六七〕浸影　馮班：「浸」一作「侵」。〔六八〕釀山回　查慎行、李光垣：「釀」當作「讓」。〔六九〕窮木　馮舒：原本作「本」，「木」字誤。紀昀：起句不解，再校。〔七〇〕古屋　按：康熙五十二年本、紀昀刊誤本「屋」作「木」。〔七一〕忽忽　按：康熙五十二年本、紀昀刊誤本作「忽忽」。〔七二〕二老　李光垣：「祖」訛「老」。〔七三〕吟苦　按：「吟」原作「冷」，據康熙五十二年本、紀昀刊誤本校改。〔七四〕西林下　許印芳：「下」一作「老」。〔七五〕一念　馮班：「念」一作「夢」。〔七六〕松一作林　紀昀：「林」字是。〔七七〕鐃唄　李光垣：「鐃」訛「饒」。〔七八〕春寂寂　馮班：「春」一作「清」。〔七九〕欲放春　馮班：「欲」一作「已」。〔八〇〕幽澗　馮班：「幽」一作「尋」。〔八一〕手綻　馮班：「綻」一作「紉」。〔八二〕久爲　馮班：「爲」一作「慚」。〔八三〕不能　馮班：「不」一作「未」。〔八四〕山意存　按：「存」字原缺，據康熙五十二年本、紀昀刊誤本校補。〔八五〕離牀　按：「牀」字原作墨丁，據康熙五十二年本、紀昀刊誤本校補。〔八六〕古寺　馮班：「古」一作「半」。〔八七〕韓致堯　紀昀：「堯」原訛作「光」。〔八八〕離抱　馮班：「離」一作「懷」。〔八九〕除一作徐老客一作說　按：原缺「一作徐」、「一作說」六字，據康熙五十二年本、紀昀刊誤本校補。馮班：「除老」當作「徐孝」。「孝客」，沙門返俗，故落句用之爲刺也。陳解元誤作「除老客」。此從吴集舊本。〔九〇〕春日遊　馮班：「日」下當有「獨」字。〔九一〕空王瓜　陸貽典：「瓜」當作「爪」。〔九二〕雨氣　李光垣：「歇」訛「氣」。〔九三〕韻范　李光垣：「韻」下脱一「寄」字。

瀛奎律髓彙評卷之四十八　仙逸類

神仙之説，始於燕、齊怪誕，而極於秦皇、漢武方士，不經甚矣。其徒又自附於老子之書，上推至於黄帝，而曰黄、老清浄，是以無爲而治。後世益瀾倒，書符受籙，燒丹辟穀，縮地昇天，治鬼伐病，其説不一。愚而失身，姦而惑衆者多矣。間有隱逸詭異之徒，或毛人木客，出於山谷；或羽衣星冠，巢於林澗，而眩於都市。則世之好奇者悦之，而詩人尤喜談焉。

馮舒：每卷總序，無不足供噴飯。

馮班：虚谷叙語，多儒者之言，非詩人之語。

紀昀：此序無味，所論亦與所選詩不相應。

五言 四十二首

南山　許宣平

隱居三十載，築室南山巔。静夜玩明月，閒朝飲碧泉。樵人歌隴上，谷鳥戲巖前。樂矣不知老，都忘甲子年。

方回：予里舊歙州唐人許翁，名宣平，隱居歙之城陽山，曰南山，去城數里。賦此詩，有題之長安傳舍者，李太白見之，以爲仙也。至歙訪之，不值。宣平又有詩曰：「負薪朝出賣，沽酒日西歸。借問家何在，穿雲入翠微。」以其辭味之，蓋得道者。或云山中猶嘗見之。

馮班：神仙語也。

紀昀：隱者之言，自有静意。然以詩論之，則前四句有高韻，而後四句弱。太白好奇，故訪之，非以其能詩訪之也。

尋洪尊師不遇　劉長卿

古木無人地，來尋羽客家。道書堆玉案，仙帔疊青霞。鶴老難知歲，梅寒未作花。山中不相見，何處化丹砂。

方回：史稱劉長卿自號「五言長城」，秦系以偏師攻之，似以系爲高者。今並刊二人詩于此。

紀昀：豈可以此二詩定高下？

紀昀：此詩殊爲平鈍。

題女道士居 不餌芝朮四十餘年　秦隱君系

不餌住雲溪，休丹罷藥畦。杏花虚結子，石髓任成泥。掃地青牛卧，栽松白鶴棲。共知仙女麗，莫是阮郎妻。

方回：尾句有説話在。

馮班：不學古便有此等言語。

馮舒：必遜劉。落句俚淺。

馮班：似勝劉。落句盛唐常語也。

紀昀：不餌者已四十年，計已五、六十矣。此句自以天台仙女比之，别無謔意。病在「麗」字、「妻」字出疑竇耳。

陪韓院長韋河南同尋劉師不遇得同字　竇牟

仙客誠難訪，吾人豈易同。獨游應駐景，相顧且吟風。藥畹瓊枝秀，齋軒粉壁空。不題三五字，何以達壺公。

方回：五竇皆號能詩。五、六秀麗。

紀昀：此俗艷，非秀麗也。

紀昀：次句太稚，結二句鄙俚。

同前　得「尋」字　韓昌黎

秦客何年駐？仙源此地深。還隨躡屐騎，來訪馭風襟。院閉青霞入，松高遠鶴尋。猶疑隱形坐，敢起竊桃心。

方回：此詩昌黎集中無之，附見五竇聯珠集。是時昌黎偕竇牟及河南縣令韋執中分韻曰：「同尋師，執中得『師』字。」末句曰：「不知柯爛者，何處看圍棊。」亦佳。

紀昀：韋詩即在此後，何必又附此二句？

馮班：大手。

查慎行：可補入昌黎集。

紀昀：通體平平，四句趁韻，末二句尤鄙猥，此蓋酬應之作棄不存稿者。虛谷搜載以炫博，殊失古人之意。

無名氏（甲）：韓公古體，常鋪敘太冗，不無以文爲詩之病。若律體，則於唐調未嘗稍越。此由沈、宋以來，家法相傳。至宋中葉而始變。

同　前　得「師」字

韋執中

早尚逍遥境，常懷汗漫期。星郎同訪道，羽客杳何之。物外求仙侶，人間失我師。不知柯爛者，何處看圍棋！

方回：詩見竇氏聯珠集。「汗漫」、「逍遥」、「星郎」、「羽客」，對偶亦佳。惟「何之」、「何處」，頗重複。恐久而無傳，亦不可失也。

馮班：唐人不嫌用重字。

紀昀：「汗漫」、「逍遥」，乃常語。「星郎」、「羽客」，更俗字。

紀昀：通體庸鈍，六句尤拙。○此詩亦初不選而後補入，而前評則未及删也。

玉真張觀主下小女冠阿容　白樂天

綽約小天仙，生來十六年。姑山半峯雪，瑶水一枝蓮。晚院花留立，春窗月伴眠。迴眸雖欲語，阿母在傍邊。

方回：昌黎「白咽紅頰長眉青」一詩，已盡女冠奇邪之態。適人者，理之常也；出家者，俗之衰也。召文人才士之侮，何爲乎？

馮班：「留立」、「春窗」，雙聲。

紀昀：俗猥之至。

不食姑　張司業

幾年山裏住，已作緑毛身。護氣常希語，存思自見神。養龜同不食，留藥任生塵。要問西王母，仙中第幾人。

方回：世道衰微，異端作，邪説肆。婦人不食，果何爲乎？殆姦人也。

馮舒：餓！

紀昀：此種議論，著書則可，不宜移以論詩。

紀昀：語語庸俗，三、四尤甚。

題辟穀者

學得飧霞法，逢人與小還。身輕曾試鶴，力弱未離山。無食犬猶在，不耕牛自閒。朝朝空漱水，叩齒草堂間。

方回：予未聞有辟穀而仙去者，衰世邪人以此惑衆，實徼利之徒耳。

紀昀：五、六笨甚，結亦俚陋。

隱者

先生已得道，市井亦容身。救病自行藥，得錢多與人。問年長不〔一〕定，傳法又非真。常見〔二〕隣家說，時聞使鬼神。

方回：世豈無有道之士？而異人之所爲，或不皆真，其人則舉動詭怪。此詩句句有所諷，通都大邑時見此曹也。

紀昀：後四句實有所諷，前四句猶是質言。

紀昀：只起二句似詩，餘皆俚陋。

寄紫閣隱者

紫閣氣沉沉，先生住處深。有人時得見，無路可相尋。夜鹿伴茅屋〔三〕，秋猿守栗林。唯應掃靈藥，更不别營心〔四〕。

方回：紫閣、白閣，終南山二峯名。張司業詩平易，大率如此。

紀昀：淺直無味。

送宫人入道

舊寵昭陽裏，尋仙此最稀。名初出宫籍，身未稱霞衣。已别歌舞貴，長隨鸞鶴飛。中官看入洞，空駕玉輪歸。

方回：宫人入道，唐世多有。此詩，既幽閉之深宫矣，一旦得出，又以道宫終其身，皆非禮也。

紀昀：亦淺直。

尋胡道士不遇

韓　翃

到來心自足，不見亦相親。説法思居士，忘機憶丈人。微風吹藥案，晴日照茶巾。幽興殊未盡〔五〕，東城飛暮塵。

紀昀：丘爲尋隱者不遇一首，古詩，斂作十六字〔六〕，筆墨絶高。○後半稍弱。

許印芳：韓翃，字君平，南陽人，官中書舍人。

贈張道士

採藥三山罷，乘風五日歸。剪荷成舊屋，剉蘗染新衣。玉粒捐應久，丹砂驗不微。坐看青節引，更與白雲飛。

方回：三、四佳。第五句缺上一字〔七〕，恐當是「穀」「粟」之類。

紀昀：據此則「玉粒」字乃後人所補。○亦未佳。

紀昀：列子御風，旬有五日而後返，删爲「五日」，不合。○「驗不微」三字不妥。

送耿山人歸湖南

周賀

南行隨越僧，別業幾池菱。兩鬢已垂白，五湖歸掛罾。夜濤鳴柵鏁，寒葦露船燈。此去已無事，却來知不能。

方回：第二句新，五、六亦新。

紀昀：「菱」字趁韻，別無他意，不得云「新」。

紀昀：此山人，非道士，不宜入此類。◯邊幅微狹，然亦一種。

許印芳：此論公平。

許印芳：次句固是趁韻，結句亦嫌意盡，皆不可學。五、六果佳，六句尤好，曉嵐密圈之。

送韋逸人歸鍾山　郎士元

逸人歸路遠，弟子出山迎。服藥顔猶駐，耽書癖已成。柴扉多歲月，藜杖見公卿。更作儒林傳，應須載姓名。

方回：五、六高妙清古。

紀昀：通體凡近。

訪趙鍊師不遇　魚玄機

何處同仙侶，青衣獨在家。暖爐留煮藥，隣院爲煎茶。畫壁燈光暗，幡竿日影斜。殷懃重回首，墻外數枝花。

方回：尾句頗輕俗，中四句却俱佳。

馮班：欠貴耳，亦未俗。

紀昀：尾句固未見甚佳處，亦未輕俗。

馮班：第四句好。○尾句輕俗，是好議論。然不解事人執之，則大爲詩道之害。第四句極佳。在「江西派」則傷輕。詩不宜以看花爲忌。詩寧傷輕，不可粗厲；寧近俗，不可獰惡。

紀昀：却無佳處。

山中道士

賈浪仙

頭髮梳千下，休糧帶瘦容。養雛成大鶴，種子作高松。白石通宵煮，寒泉盡日春。不曾離隱處，那得世人逢。

方回：八句無一句不佳。

馮舒：方君亦以此等爲佳！如何説到黄、陳，便昏昏如夢如魘？

紀昀：起句、三句，俱不成語。

送孫逸人

衣屨猶同俗，妻兒亦宛然。不餐能累月，無病已多年。是藥皆諳性，令人漸信仙。杖頭書數卷，荷入翠微烟。

方回：三代之世，恐無此譎觚之民也。唐人喜爲詩，則已喜談而樂道之。

紀昀：屢發此論，實所不必。此何異選録艷歌，而與談男女有别。

查慎行：五、六對句不測。

紀昀：末二句突入送意，太無來路。

元日女道士受籙

元日天新夜，齋身稱浄衣。數星連斗出，萬里斷雲飛。霜下磬聲在，月高壇影微。立聽師語了，右肘繫符歸。

方回：世間愚人無知而失身者，莫若尼姑、女冠。立聽師語，右肘繫符，果何所得乎？昌黎獨不信，如謝自然詩及兩街〔八〕講經詩必闢之。

馮舒：昌黎著書立言，自不脱儒家體面。然終以金丹亡，則知其本懷亦不信其無也。選詩只説性情，奈何處處下此閑話！

紀昀：有所不滿而不着一語，結句言外見之。○「在」字不佳。

送華陰隱者

項　斯

往往到城市，得非徵藥錢？世人空識面，弟子莫知年。自說能醫死，相期更學仙。近來移住處，毛女舊峯前。

方回：世間有此一等怪人，此等詩能道其情狀也。

紀昀：苦於格卑，次句深致不滿。

題太白山隱者

高居在幽嶺，人得見時稀。寫籙扃虛白，尋僧到翠微。掃壇星下宿，收藥雨中歸。從服小還後，自疑身解飛。

方回：五、六極佳而瑩浄。

紀昀：亦是常語。

馮班：「虛白」「翠微」，對好。

何義門：腹不如頷。

紀昀：結得無力。

華頂道者

仙人掌中住，生有〔九〕上天期。已廢燒丹處，猶多種杏時。養龍於淺水，寄鶴在高枝。得道復無事，相逢盡日棋。

方回：五、六新異，第六句尤奇。

何義門：三、四道已成而兼濟也。

紀昀：五、六真野調。

古觀

置觀碑已折，看松年不分。洞中誰識藥，門外日添墳。放去龜隨水，呼來鹿怕薰。壇邊宿灰火，幾燒祭星文。

方回：第四句尤新異。

查慎行：第四句此等境界，到晚唐始説盡。

紀昀：通體惡俚，四句尤甚。

贈道者

晏來如養氣，度日語時稀。到處留丹井，經寒不絮衣。病鄉多藥惠，鬼俗有符威。自説身輕健，今年數夢飛。

方回：人火氣上炎而下不實則「夢飛」，非仙之所爲也。

馮舒：「夢飛」豈如此解？

馮班：方君正駁詩語，非誤解也。○頭巾可厭。

紀昀：「藥惠」「符威」，皆有意。下此冷刻之字，然失大雅。○「自説」二字亦冷刻，然不傷雅。

王居士

許　渾

筇杖倚柴關，都城賣卜還。雨中耕白水，雲外斸青山。有藥身長健，無機性自閒。即應生羽翼，華表在人間。

方回：三、四世人所稱。

紀昀：亦無可稱之處。

送道士

盧綸

夢别一仙人，霞衣滿鶴身。旌幢天路遠，梅杏海山春。種玉非求稔，燒金不爲貧。自憐頭向白，誰與葛洪親。

方回：唐御覽詩，元和學士令狐楚選進。盧綸墓碑謂三百一十篇，公詩居十之一。今世傳本，綸三十二首與焉。陸放翁嘗跋云。

紀昀：支蔓。

紀昀：起句陋。

訪道者不遇

杜荀鶴

寂寂白雲門，尋真不遇真。祇應松上鶴，便是洞中人。藥圃花香異，沙泉鹿跡新。題詩留姓字，他日此相親。

方回：此詩刊碑在問政山白雲亭。三篆字尤古。杜來訪聶師道不遇，留此而去。「門」一作「亭」。今亭圮于兵矣。

紀昀：三、四有思致，妙於不纖。

贈廬嶽隱者

見説來居此，未嘗離洞門。結茅遮雨露，採藥給晨昏。古樹藤纏殺，春泉鹿過渾。悠然無一事，不似屬乾坤。

方回：中四句俱佳。

查慎行：五、六老辣語，俗目必以爲不祥。

紀昀：三、四凡鄙，五、六尤俚陋。

予昔遊雲臺觀謁希夷先生陳摶祠堂緬想其人今追作此詩

宋景文

仙館三峯下，年華百歲中。夢休孤蝶往，此言〔一〇〕先生善睡，一寢逾一月。蜕在一蟬空。有家〔一一〕在華山下。蘂笈微言秘，霄晨浩氣通。丹遺舐後鼎，林遺御餘風。市霧沉荒白，飡霞委暗紅。峨眉有歸約，飛步與誰同。先生化去前三日，語弟子云：「吾游峨眉。」弟子訝不辨裝，至期而終。

方回：此在成都追作。

查慎行：三、四兩句，「崑體」中不可多得。

紀昀：語語板實，毫無生趣。

送陳豸處士

僧惟鳳

草長關路微，雜思更依依。家遠知琴在，時清買劍歸。孤城回短角，獨樹隔殘暉。別有隣漁約，相迎掃釣磯。

方回：惟鳳，九僧之六，青城人。三、四佳。

紀昀：此注重出。

紀昀：此亦不是道士，不宜入之此類。〇九僧詩氣韻終高。

許印芳：此詩入「仙逸類」，誤。

金華山人

陳述古

幽居倚翠巒，塵事不相干。天地醉來小，琴棋静裏歡。雨苔春徑緑，風竹夜窗寒。若問長生術，金爐有寶丹。

方回：古靈一疏薦賢士大夫三十餘人，元祐所用皆是，真古大丈夫也。豈信此術數學仙者乎？殆游戲耳。

馮舒：俗頭巾。

紀昀：名臣篤信仙釋，如顔魯公之類不少。不必如此周旋。

查慎行：陳述古，名襄，有集號古靈先生集。

紀昀：三句野氣，四句太庸。

靈壽同年兄再以杞屑分惠復成小詩以代善謔

曾子開

場屋十年長，鈐齋一笑歡。微言師水韲，交分託金蘭。腹飽仙人杖，心存姹女丹。他時玉京路，同綴侍宸官。仙官〔一〕有侍帝宸如世之侍中，謂之「侍宸官」。徐庶、殷浩、王嘉、何晏等皆爲之。見真誥。

方回：用薤本水盂以對「金蘭」，誠佳而巧。「仙人杖」、「姹女丹」亦工。「侍宸」之説，博洽者乃通曉。

馮舒：真誥非奇書也。

紀昀：真誥尚非僻書。

紀昀：亦是應酬之筆，了無意致。

贈不食姑

徐道暉

衣以青爲色，謂如天骨青。近年全不食，飲水自通靈。心信生狂語，清羸改俗形。半空仙樂奏，曾向静中聽。

方回：第六句好。

紀昀：亦無可取。

不食姑

徐致中

惟誦天童咒，飲泉能不飢。只緣多自譽，番以致人疑。賦質全如鶴，謀生却似龜。綠華通籍後，會報女仙知。

紀昀：通體淺俗，五句尤鄙。

方回：「全如」、「却似」四字，下得不甚好。三、四頗有評論。唐張司業有此題，「四靈」皆倣之也。

紀昀：三、四嫌於板實。

紀昀：亦淺俗。

一真姑

趙師秀

忽然能不食，飲水度中年。此事知難僞，令人信有仙。形容無血色，衣服有香煙。聽説瑶池路，猶如在目前。

方回：「四靈」學晚唐詩，故題目亦傚之。四人之中，紫芝最熟而有餘味云。

查慎行：「令人漸信仙」，賈長江成語，只換一字耳。

紀昀：尤淺語。

桐柏觀

山深地忽平，縹緲見殊庭。瀑近春風濕，松多曉日清。石壇遺鶴羽，粉壁剥龍形。道士王靈寶，輕强滿百齡。

方回：五、六佳。

紀昀：三、四勝五、六。

馮班：起好。

查慎行：起句用意。

紀昀：結二句鄙陋。

延禧觀

寂寞古仙宫，松林常有風。鶴毛兼葉下，井氣與雲同〔三〕。背日苔磚紫，多年粉壁紅。相傳陶縣令，曾住此山中。

方回：平熟妥帖。

紀昀：中四句究是澀體。

贈九華李丹士

翁靈舒

行遍東南地，曾看江水源。袖藏勾漏藥，身是老君孫。去住雲相似，枯榮事不論。九華峯最碧，相對舊柴門。

紀昀：此稍有格。

不食姑

嫁時衣尚着，忽自欲尋仙。終日常持咒，經年只飲泉。瘦形非是病，怪語却如顛。金母還知爾，招邀歸洞天。

方回：「四靈」皆有此詩，亦一時怪人也。不食何所爲乎？

紀昀：四詩淺俗，如出一手。

題玉隆宫周道士足軒

貪得無厭者，應難向此居。爐中姹女藥，案上老君書。花竹庭堦潔，風烟户牖虚。道人隨分外，安坐不求餘。

方回：起句好，尾句好。中四句平，亦近套。

馮班：五、六亦好。

紀昀：此評是。

紀昀：起句太笨，尾句自好。

書嶽麓宫道房

借問今行處，羣仙第幾家。晴簷鳴雪滴，虚砌影梅花。香爇何年柏，芽煎未社茶。道人三四輩，相對誦南華。

方回：此詩只似宋人詩，不入唐味。尾句好。

馮班：頗近唐。

紀昀：此亦謬爲高論，晚唐此格極多。

紀昀：格不能高，而不失清整，無一切纖俚惡狀。

七言 二十二首

送賀知章入道〔一四〕　姚鵠

太液始同黄鶴下，仙鄉已駕白雲歸。還若非堯運及垂衣，肯許巢由脱俗機〔一五〕。披舊褐辭金殿，却捧玄珠向翠微。羈束慚無仙藥分，隨車空有夢魂飛。

方回：第六句忽然出於不測，可取也。

紀昀：亦是常語，無甚不測之處。

馮班：大兄於此一類，殊不見看法。蓋是全書將完，未免草草也。

何義門：落句弱。

紀昀：應酬俗筆。

題茅山李尊師山居

秦隱君

天師百歲少如童，不到山中竟不逢。洗藥每臨新瀑水，步虛時上最高峯。籬間五月留殘雪，座右千年蔭老松。此去人寰知遠近，回看雲壑一重重。

方回：張司業亦有云：「下藥遠求新熟酒，看山時上最高樓。」與此暗合。第五句、六句亦稱之。

紀昀：六句不及五句。

紀昀：無不佳處，亦無佳處。

送宮人入道

張蕭遠

捨寵求仙畏色衰，辭天素面立天墀。金丹擬駐千年貌，寶鏡休匀八字眉。師主〔一六〕與裴珠翠〔一七〕後，君王看戴角冠時。從來宮女皆相妒，聞向瑤臺總淚垂。

方回：此詩誤刊入韋應物集，非應物詩也。英華以爲張蕭遠詩。且應物集誤以「師主」爲「公主」，當作「師」。

紀昀：唐人此題最多，然大抵凡近，題本難也。○結句有致。

送宫人入道　項　斯

願隨仙女董雙成，王母前頭作伴行。初戴玉冠多誤拜，欲辭金殿别稱名。將敲碧落新齋磬，却進昭陽舊賜箏。旦暮燒香繞壇上，步虚猶作按歌聲。

方回：項詩亞於張，故以相次。

紀昀：格調殊卑。

同白二十二贈王山人　劉賓客

愛名之世忘名客，多事之時無事身。古老相傳見來久，歲年雖變貌長新。飛章上達三清路，受籙平交五嶽神。笑聽鼕鼕朝暮鼓，只能催得市朝人。

方回：劉公詩，才讀即高似他人，渾若天成。

紀昀：此評不錯，而非此詩之謂也。

紀昀：已逗「江西」一派。五、六鄙甚。

贈東嶽張煉師

東嶽真人張煉師，高情雅淡世間稀。堪爲烈女〔一八〕書青簡，久事元君住翠微。金縷機中抛錦字，玉清壇上着霓衣。雲衢不要吹簫伴，只擬乘鸞獨自飛。

方回：詩格高律熟。

紀昀：熟則有之，高則未也。

紀昀：出手太率。

贈道士

張司業

城裏〔一九〕無人得實年，衣襟常帶臭黄烟。樓中賒酒唯留藥，洞裏争棋不賭錢。聞客語音知貴賤，對花〔二〇〕歌詠似狂顛。尋常行處皆逢見，世上多疑是謫仙。

方回：亦一怪人也。

馮舒：結似率。

紀昀：通體鄙陋。

贈閻少保

王　建

髭鬚雖白體輕健，九十三來却少年。問事愛知天寶裏，識人多是武皇前。玉裝劍佩身長帶，絹寫方書子不傳。侍女常時教合藥，亦聞私地學求仙。

方回：此可入「老人〔三〕類」，亦可入「仙逸類」，蓋方士也。

馮班：非方士。

紀昀：此應入「老壽類」，不應入「仙逸類」。觀末二句，決非方士也。

紀昀：格亦卑陋。〇「裏」字不妥。四句合掌。

贈牛山人

賈浪仙

二十年中餌茯苓，收書半是老君經。東都舊住商人宅，南國新修道士亭。鑿石養蜂須買蜜，坐山秤藥不爭星。古來隱者多能卜，欲就先生問丙丁。

方回：第六句甚新。

紀昀：六句鄙陋。

送胡道士

短褐身披滿磧苔，靈溪深處觀門開。却從城裏携琴去，許到山中寄藥來。臨水古壇秋醮罷，宿杉幽鳥夜飛迴。丹梯願逐真人上，日夕歸心白髮催。

方回：三、四一穿而平易。浪仙詩似此者少。

馮班：詩有「串夷」字，元人不識，喚作「穿」字，方君尚不差也。

查慎行：三、四冲澹，似張文昌，在長江則變格也。

紀昀：平調而不失風格。

鄭州獻從叔舍人

李商隱

蓬島煙霞閬苑鐘，三官牋奏附金龍。茅君奕世仙曹貴，許掾全家道氣濃。絳簡尚參黄丹爐猶用紫泥封。不知他日華陽洞，許上經樓第幾重？

方回：三、四善用事。義山體喜如此。

紀昀：此全不解義山門徑語。

馮舒：此是託言，不應入此。

馮班：「託言」不解。舍人入道，有何不可？而云「託言」？大兄未體會落句也。

何義門：「奕世」、「全家」，便爲「他日」、「許上」伏脈，從兄弟敍到叔姪，次第極妙。

紀昀：義山集中之下乘。

和韓録事送宫人入道

星使追還不自由，雙童捧上緑瓊輈。九枝燈下朝金殿，三素雲中侍玉樓。鳳女顛狂成久别，月娥孀獨好同遊。當時若愛韓公子，埋骨成灰恨未休。玉清隱書云：「三素耀瓊扇。」

方回：既是宫人，何由可愛韓壽？若用紅葉題詩，後出爲韓姓人所得，事出小説，未可輕信。

紀昀：此用紫玉、韓重事，注誤甚。

何義門：覿于鵠，項斯之寒窘，乃嘆義山之才情過人。○落句借當家事收足「和」字。

紀昀：亦義山之下乘。

送張逸人

羅　鄴

自説歸山人事賒，素琴丹竈是生涯。牀頭殘藥鼠偷盡，溪上破門風擺斜。石井晴垂青葛葉，竹籬荒映白茅花。遥知此去應稀出，獨卧晴窗夢曉霞。

方回：中四句俱新異。

紀昀：三、四鄙俚之甚。

仙子送劉阮出洞

曹唐

慇懃相送出天台，仙境那能却再來。雲液既歸須强飲，玉書無事莫頻開。花當洞口應長在，水到人間定不回。惆悵溪頭從此别，碧山明月照蒼苔。

方回：曹唐專借古仙會聚離别之事，以寓寫情之妙。有如鬼語者，有太粗者。選此二首，極其精婉。

紀昀：此評憒憒。

查慎行：五、六二句，出洞情事，大有仙凡之判。

紀昀：顔延年始作織女贈牽牛詩。流及曹唐，遂有遊仙詩，殊爲俗格。虚谷知薄許渾而取此何耶？蓋許渾嘗爲後山所排故耳。

劉阮再到天台不復見諸仙子

再到天台訪玉真，青苔白石已成塵。笙歌寂寞閒深洞，雲鶴蕭條絶舊隣。草樹總非前度色，烟霞不似往年春。桃花流水依然在，不見當時勸酒人。

查慎行：第七句與第五句微有礙。

紀昀：後四句用語太複。

贈隱逸

韓致堯〔三〕

靜隱〔三〕須教隱者〔四〕尋，清狂何必在山陰。蜂彈窗紙塵侵硯，鳥鬬庭花露滴琴。莫笑亂離方解印，猶勝顛蹶未抽簪。築金誘得非名士，況是無人解築金。

方回：三、四工。五、六有議論。尾句一繳，爲燕昭王金臺所致，便非名士，況又無燕昭王之爲人者乎？其説尤高矣。

馮班：全不知致堯意。

紀昀：體近武功，故爲虛谷所取，實非高格。

紀昀：後四句筆仗沉着，晚唐所少。

許印芳：「解」字複。

贈馬道士

李九齡

水共逍遥雲共孤，混時言笑只佯愚。經年但醉宜城酒，千里唯擔華嶽圖。尋野鶴來空碧洞，覓琴僧去渡重湖。人間再見知何日，乞取先生石轆轤。

方回：九齡，乾德五年進士第三人。詩中兩句好。「空碧洞」之「空」未穩。

馮班：唐人多如此。

紀昀：次句太率易，五、六不成句法。

贈譚先生

楊仲猷

古觀重重遶翠微，杉松深處掩雙扉。雲生萬壑投龍去，海隔三山放鶴歸。花洞宴游春日永，石壇朝禮曙星稀。每聽高論長生理，擬向塵中便拂衣。

方回：楊徽之詩亦峻峭。此詩中四句是也。

紀昀：不脱窠臼，而不失風格。

張先生

蘇東坡

熟視空堂竟不言，故應知我未天全。肯來傳舍人皆説，能致先生子亦賢。脱屣不妨眠糞屋，流澌争看浴冰川。士廉豈識桃椎妙，妄意稱量未必然。東坡元敍云：「先生不知其名，黄州故縣人。本姓盧，爲張氏所養。佯狂垢汙，寒暑不能侵。常獨行市中，夜或不知其所止。往來者欲見之，多不能致。余試使人召之，欣然而來。既至，立而不言。與之言，不應。使之坐，不可。但俯仰熟視傳舍堂中，久之而去。夫熟視傳舍者，是中竟何有乎？然余以有思惟心，追躡其意，蓋未得也。」

查慎行：三、四二句，筆如口，手如心。

紀昀：起四句自恣逸，五、六太鄙。

三朵花

學道無成鬢已華，不勞千劫漫蒸砂。歸來且看一宿覺，未暇遠尋三朵花。兩手欲遮瓶裏雀，四條深怕井中蛇。畫圖要識先生面，試問房陵好事家。東坡元注云：「房州通判許安世以書遺余，言吾州有異人，常戴三朵花，莫知其姓名。郡人因以『三朵花』名之。能作詩，皆神仙意。又能自寫真，有得之者。許欲以一本見惠，乃爲作此詩。」

方回：瓶雀事，出楞嚴經大智度論。四條蛇事，賓頭盧尊者語。一宿覺，永嘉人，有證道歌傳於世。

馮班：闊甚。

紀昀：此詩殊惡，不必以東坡之故爲之辭。

湖上遇道翁乃峽中舊所識也

陸放翁

大駡長歌儘放顛，時時一語却超然。掃空百局無棋敵，倒盡千鍾是酒仙。巴峽相逢如昨日，山陰重見亦前緣。細思合辱先生友，五十年來不負天。

紀昀：通體淺滑之甚。○起句太粗野。

贈道流

煙雲深處作生涯，回首人間歲月賒。留得朱顔憑緑酒，掃空白髮賴丹砂。七絃指下泠泠久，雙袖風中獵獵斜。他日相尋不知處，會從漁父問桃花。

馮班：「掃」字欠穩。

紀昀：此較清整。○此卷最猥鄙穢俚，可采者殊少。

校勘記

〔一〕長不　馮班：「長」一作「常」。　〔二〕常見　馮班：「常」一作「每」。　〔三〕伴茅屋　馮班：「伴」一作「投」。　〔四〕謍心　馮班：「謍」一作「經」。　〔五〕殊未盡　許印芳：「殊」一作「猶」。〔六〕十六字　許印芳：「十」字下多一「六」字，當删。〔七〕玉粒　查慎行、陸貽典：集本作「玉粒」。〔八〕兩街　按：「兩」字原作墨丁，「街」原作「術」，據康熙五十二年本、紀昀刊誤本校補校改。〔九〕生有　馮班：「生」一作「坐」。〔一〇〕此言　李光垣：「世」訛「此」。〔一一〕有家　李光垣：「冢」訛「家」。〔一二〕仙官　馮班：「仙」上脱「元注云」三字。〔一三〕與雲同　紀昀：「同」疑作「通」。〔一四〕送賀知章入道　馮班：「送」上脱一「擬」字。〔一五〕俗機　馮班：「機」一作「饑」。〔一六〕師主　馮舒：「師主」是何物？　馮班：「師」字誤。當作「公」。陸貽典：確是「公主」。〔一七〕裝珠翠　馮舒、馮班：「裝」當作「收」。〔一八〕烈女　李光垣：「列」訛「烈」。〔一九〕城裏　馮班：「裏」一作「市」。〔二〇〕對花　馮班：「對」一作「持」。〔二一〕老人　紀昀：「人」當作「壽」。〔二二〕韓致堯　紀昀：「堯」原訛作「光」。〔二三〕靜隱　馮班：「隱」當作「景」。〔二四〕隱者　馮班：「隱」一作「靜」。

瀛奎律髓彙評卷之四十九　傷悼類

有生必有死，弔哭誄賻，挽些哀詞，所以盡倫理，而亦忠信孝悌之天所固有也，觀者不可以諱忌惡之。

五言　十二首

哭長孫侍御

杜　甫〔一〕

道爲詩書重，名因賦頌雄。禮闈曾擢桂，憲府舊乘〔二〕驄。流水生涯盡，浮雲世事空。惟餘舊臺柏，蕭瑟九原中。

馮舒：此杜誦詩。

何義門：此詩初看似亦平平，細讀乃知其妙。言其人掇巍科，擢侍御，乃碌碌終身，毫無建白，一朝溘逝，遂乃爾身與名俱滅也。妙在言外不露。

紀昀：此杜公應酬之作，不爲佳製，但風骨較整耳。

哭孟郊

賈島

身死聲名在，多應萬古傳。寡妻無子息，破宅帶林泉。冢近登山道，詩隨過海船。故人相弔後，斜日下寒天。

方回：凡哭友詩，當極其哀。彼生而榮者，雖哀不宜過也。如孟郊之死，三、四所道，人忍聞乎？併尾句味之至矣。

紀昀：亦視交情之淺深，豈以榮枯爲限哉？

馮班：尾句頗平。

紀昀：結得不盡。

弔孟協律

才行古人齊，生前品位低。葬時貧賣馬，遠日哭惟妻。孤冢北邙外，空齋中嶽西。集詩應萬首，物象遍曾題。

方回：孟協律即郊也，哭與弔相先後耳。郊無子，而唐史謂鄭餘慶稟其妻子，豈後亦立鄭郢之子爲子耶？存疑當考。

紀昀：詩無此意，即是横生支節。

紀昀：此太不及前篇。「品位低」三字俚。

哭皇甫七郎中 湜

白樂天

志業過玄晏，詞章似禰衡。多才非福禄，薄命是聰明。不是人間壽，還留身後名。涉江文一首，便可敵公卿。

方回：元注：「持正奇文甚多，涉江一章尤出衆。」

紀昀：三、四合掌，後四句太滑。

哭賈島

姚合

杳杳黄泉下，嗟君向此行。有名傳後世，無子過今生。新墓松三尺，空堦月二更。從今舊詩卷，人覓寫應争。

方回：島無子，於此可見。又有「稚子哭勝猿」之句，疑島有子，存此詩以證之。「松三尺」、「月二更」，予謂尚可改。

馮舒：「松三尺」，謂新種也。

馮班：新松三尺，何可改耶？

紀昀：結句意好而語鄙。

寄弔賈島

曹松

先生不折桂，謫去抱何冤？已葬離燕骨，難招入劍魂。旅墳低却草，稚子哭勝猿。冥漠如搜句，宜邀賀監論。

方回：悼賈島有子勝孟郊。賈島猶有子，於此可考。

紀昀：有子無子，何與論詩？况姚合時已明言無子。

何義門：如先生而不折桂，又復謫去，其受冤不復可以言計矣。「何」字窈折。

紀昀：「低却草」三字不佳。

哭李頻員外

出麾臨建水，下世在公堂。苦集休開篋，清資罷轉郎。瘴中無子奠，嶺外一妻孀。定是浮香骨，東歸就故鄉。

方回：李頻死於建州刺史。五、六哀之極矣。

紀昀：「苦集」二字生。○末言貧不能歸櫬，惟應從海道歸耳。

南豐先生挽詞

陳後山

早棄人間事，真從地下游。丘原無起日，江漢有東流。身世從違裏，功名取次休。不應須禮樂，始作後程仇。

馮班：後山不通至此乎？

紀昀：二詩俱沉着。後山之於南豐，其分本深，故挽歌不似酬應。○結不佳。

精爽回長夜，衣冠出廣庭。勳庸留琬琰，形像付丹青。道喪餘篇翰，人亡更典型。侯芭才一足，白首太玄經。

方回：「丘原無起日，江漢有東流」，惟曾南豐足以當之。「侯芭才一足，白首太玄經」，非陳後山亦不可以此自許也。併挽温公詩三首，他人詩皆可廢矣。

紀昀：方批「丘原無起日，江漢有東流。惟曾南豐足以當之。侯芭才一足，白首太玄經。非陳後山亦不可以此自許也」，此評是。方批「併挽温公詩三首，他人詩皆可廢矣」，此又太過。

馮班：頷聯俗平，落句不通。

丞相温公挽詞

恭默思良弼，詩書正百工。事多違謝傅，天遽奪楊公。一代風流盡，三師禮樂崇。若無天下議，惡美併成空。

馮舒：不好。

馮班：下句草草，後山不解用事也。學貧識淺，才薄心粗，醜惡極矣，只是不學。○次聯只是不好。

紀昀：三詩亦後山刻意之作。

百姓歸周老，三年待魯儒。世方隨日化，身已要人扶。玉几雖來晚，明堂訖受圖。心知愛諸葛，終不羨曹蜍。

馮舒：已死矣，何謂「要人扶」？

馮班：首句温公反了。○「要人扶」言年已老也。

查慎行：曹蜍，晉人，曹茂之小字也。世説：「曹蜍、李志雖見在，厭厭如九泉下人。」

少學真成已，中年記著書。輟耕扶日月，起廢極吹噓。得志寧論晚，成功不願餘。

一爲天下慟，不敢愛吾廬。

方回：「世方隨日化，身已要人扶。」山谷嘗誦此聯，以爲今之詩人無出陳無己右者。温公之卒，後山猶未得官，元祐元年丙寅九月也。明年夏，後山方爲徐州教授。三詩關宋治亂，非後山之私言也。

馮班：次聯二句好。

陸貽典：三詩，二馮評塗抹竟篇，竊以爲過。不熟讀宋史，不知其妙。

紀昀：六句太晦。八句趁韻，尤不佳。

七言 七首

過元家履信宅

白樂天

雞犬喪家分散後，林園失主寂寥時。落花不語空辭樹，流水無情自入池。風蕩宴船初破漏，雨淋歌閣欲傾欹。前庭後院傷心事，唯是春風秋月知。

方回：元微之身後如此，友宦官，攻裴晉公，所得幾何，而竟以慚憤卒於武昌。白公雖平生深交，不忍言其短，而亦可見矣。

紀昀：情真而格調太卑，五句尤俚。

寄劉蘇州

去年八月哭微之，今年八月哭敦詩。何堪老淚交流日，多是秋風搖落時。泣罷幾回深自念，情來一倍苦相思。同年同病同心事，除却蘇州更是誰？

馮舒：直話不可學。

馮班：真妙。

紀昀：起二句似老而率，中四句自可，結二句又入滑調。

清明登老閣〔三〕望洛陽城贈韓道士

風光烟火清明日，歌哭悲歡城市間。何事不隨東洛水，誰家又葬北邙山。中橋車馬長無已，下渡舟航亦不閑。塚墓纍纍人擾擾，遼東悵望鶴飛還。

紀昀：末二句關合道士，有思致。香山少此點化玲瓏之筆。

哭韓將軍

顧非熊

將軍不復見儀型，笑語隨風入杳冥。戰馬舊騎嘶引葬〔四〕，歌姬新嫁哭辭靈。功勳客問求爲誌，服玩僧收與轉經〔五〕。寂寞一家春色裏，百花開落滿山庭。

方回：工甚。劉後村學唐詩，慕爲此等聲調而不能至也。

紀昀：語皆鄙俚，不得云工。

紀昀：四句俚甚。

思王逢原

王半山〔六〕

蓬蒿今日想紛披，塚上秋風又一吹。妙質不爲平世得，微言唯有故人知。廬山南墮當書案，湓水東來入酒巵。陳迹可憐隨手盡，欲歡無復似當時。

馮班：五、六好。

紀昀：二詩意格皆可觀。○三句笨。

百年物望濟時功，前路何如〔七〕向此窮。鷹隼奮飛凰羽短，騏驎埋没馬羣空。中郎舊業無兒付，康子才高〔八〕有婦同。想見江南原上墓，樹枝零落紙錢風。

查慎行：逢原一生知己惟荆公一人，亦竟賴以傳。

挽陳師復寺丞 二首取一

劉後村

已奏囊封墨尚新，又携袖疏榻前陳。小臣憂國言無隱，先帝如天笑不嗔。闕下舉幡空太學，路傍卧轍幾遺民。愚儒未解天公意，偏壽他人夭此人。

方回：三、四穩，五、六用事巧。

紀昀：「笑不嗔」三字不佳。○結太淺直。

校勘記

〔一〕杜甫　馮班：「甫」當作「誦」。　〔二〕舊乘　馮班：「舊」當作「既」。　〔三〕登老閣　紀昀：「老閣」二字再校。　〔四〕引葬　按：「葬」原作「弊」，據康熙五十二年本、紀昀刊誤本校改。〔五〕與轉經　按：「與」原作「爲」，據康熙五十二年本、紀昀刊誤本校改。

〔六〕查慎行：此二首疑是王半山作，題下失署名。〔七〕張載華：按思王逢原三首見李鴈湖王荆公詩箋注三十卷，第一首律髓不入選。何如　李光垣：「知」訛「如」。

〔八〕才高　查慎行：集作「高才」。

附録一　題跋

瀛奎律髓後序

龍遵

瀛奎律髓四十九卷，宋紫陽方虚谷先生之所編選。予蚤年嘗聞是編，不獲一覩。天順甲申，叨守新安，實先生鄉郡，因搜訪得其傳録全本，間有舛訛，卒無善本校正之。續又得定宇陳先生手自抄本，共十類。定宇自識云：「惟『節序類』得虚谷親校本抄之，餘皆傳録本，疑誤甚多；雖間可是正，而不能盡，圈點悉謹依之。遂以其本與先所得本參對之，無大差異者；第惜不得全編通校之。於是又偏訪郡之儒者，因得各家所藏抄本讀之，亦率多殘缺脱落，得此遺彼，遂會取諸本通參訂之。舛訛者是正，圈點一依先本爲定。然後是編始獲復全，而虚谷編選之志，亦庶幾其不終泯。」嗟夫！以定宇去虚谷時猶未遠，而是編已不可得其全矣。今一旦得之，又何其幸耶！先生自序謂「詩之精者爲律」，今觀其所選之精嚴，所評之當切，涵泳而雋永之，古人作詩之法，詎復有餘藴哉！誠所謂「律髓」也。故不敢私之於己，敬壽諸梓，以廣其傳。但卷帙浩繁，傳録之誤，陶而陰、亥而豕者，不能無也。四方博學君子，幸共鑒而正之。成化三年，龍集丁亥，六月下澣，皆春居士識。

紀昀：「今觀其所選之精嚴，所評之當切，涵泳而雋永之，古人作詩之法，詎復有餘藴哉！」此數語推許太過。○序極古雅，想見其人。結處不敢自信，是明初人質朴未漓處。

右龍君遵敍後序一首，原本中所載也。觀其零星捃拾於殘缺之遺，使後人得覩全書，龍君之功爲不尠矣！序中所言正是書聚散絶續之所繫也，而坊本不載。蓋緣序中再三言及圈點，而坊本鹵莽成書，圈點既芟去，遂并是文而埋没之，不獨失虚谷評隲之精意，即龍君蒐訪校勘之苦心，亦掩却矣。故表而出之。

紀昀：「右」字上應加「吴瑞草曰」四字。

（正文録自明成化三年刊本瀛奎律髓，按語録自嘉慶五年刊本瀛奎律髓刊誤）

馮跋

馮　舒

己丑再讀一過，亦閱月而畢，生平所得詩法盡在此矣。四月二十六日燈下。己蒼馮舒。

（録自過録有馮舒、馮班、查慎行評語之康熙四十九年刊本瀛奎律髓）

馮跋

馮班

家兄評此書畢，謂余曰：「吾是非與弟正同耳。」余意未信。今賓伯姪以此見示，取余所評校之，真符節之合矣。今日求可與言詩者，定何人哉！八月二十七日書於小樓之西窗，家兄没已二年矣。定遠班識。

（録自過録有馮舒、馮班、查慎行評語之康熙四十九年刊本瀛奎律髓）

錢跋

錢湘靈

此書先生初閲舊刻，所載二馮評語頗詳，向藏我家。後爲澗泉業師攜去，今不知歸何處矣。此本當是先生續讀者，其墨筆所傳大馮評語，朱筆傳者小馮也。議論校初本頗加芟削，下檔先生自評。此非經也——不可離之書，而批閲乃至於再，嗚呼！

可謂好學也已。

還就軒

（録自過録有錢湘靈評語之康熙五十二年刊本瀛奎律髓）

陸跋

陸貽典

己蒼、定遠兄弟稱詩爲「馮氏一家學」。定遠評駁此書凡有三、四本，斧季此本其一也。復取他本評語一一載入，前後心目庶可考見。余又從友人處見己蒼閲本，用墨筆録於卷内，以徵兩馮手眼之同異云。甲辰閏六月三日，常熟陸貽典識。

（録自過録有陸貽典評語之康熙四十九年刊本瀛奎律髓）

陳序

陳士泰

宋季紫陽方虚谷先生抄録唐、宋律詩，以類分編四十九卷，目曰瀛奎律髓，於詩法之源流正變，較如列眉，誠後學之津筏也。明成化間，有龍君遵敍者，訪於鄉之人，得抄本而付之梓，後又再梓於建陽，書遂大行於世。流傳日久，初刻板本難得，建陽本魯魚亥豕，層見叠出，學者無從是正。予因對勘兩本異同，重付雕匠。又借何太史屺瞻先生所藏孱守居士閲本再加參校，而仍闕疑其漫漶者。其卷數悉依原本，惟編類前後，傳寫疑有紊次，兩刻遂承其訛。觀梅花類小序，自「着題」後五卷，銜尾相接，各有意義，則據本書改正焉。

噫！世之論詩者，宗唐則絀宋，尚宋則祧唐，不知先河後海，或委或源，其律法固無異也，所異者特一時格調及字法句法之相沿風會微判耳。觀乎虚谷之選，不可以知其概乎？或謂虚谷生於「江湖」詩衰之日，欲稍振之而不得其術，其派别遂專主「江西」，至以老杜與山谷、後山、簡齋並稱，謂之「一祖三宗」，則亦局於方隅之見也。此在明識者必有能辨之，予故無容贅云。

康熙庚寅七月，長洲後學陳士泰虞尊甫識。

（録自康熙四十九年刊本瀛奎律髓）

吴序

吴之振

兩間之氣運，屢遷而益新；人之心靈意匠，亦日出而不匱。故文者，日變之道也，退之陳言務去之語，鹿門以字句之穿鑿生割當之，説者常譏其陋。然震川之所謂不切，南雷之所謂庸俗，亦未盡其旨也。夫學者之心，日進斯日變，日變斯日新，一息不進，即爲已陳之芻狗矣。故去陳言者，日新之謂也。詩者，文之一也。律詩起於貞觀、永徽，逮乎祥興、景炎，蓋閲六百餘年矣。其間爲初、盛，爲中、晚，爲「西崑」，爲元祐，爲「江西」，最後而爲「江湖」，爲「四靈」。作者代生，各極其才而盡其變，於是詩之意境開展而不竭，詩之理趣發洩而無餘。蓋變而日新，人心與氣運所必至之數也。其間或一人而數變，或一代而數變，或變之而上，或變之而下，則又視乎世運之盛衰，與人材之高下，而詩亦爲之升降於其間，此亦文章自然之運也。由是言之，時代雖有唐、宋之異，自詩觀之，總一統緒，相條貫如四序之成歲功，雖寒暄殊致，要屬一元之遞嬗爾。而固者遂畫爲鴻溝，判作限斷，或尊唐而黜宋，或宗宋而祧唐，此真方隅之見也。紫陽方氏之編詩也，合二代而薈萃之，不分人以係詩，而別詩以從類。蓋譬之史家，彼則龍門之列傳，而此則涑水之編年，均之不可偏廢。然聚六、七百年之詩於一門一類間，以觀其意境之日拓，理趣之日生，所謂出而不匱，變而益新者，昭然於尺幅之間，則是編爲獨得已。若其學術之正，則不惑於金溪，而崇信考亭；其詮釋之善，則不濫於餖飣，而疏瀹隱僻；其論世則考其時地，逆其志意，使作者之心，千載猶見；其評詩則標點眼目，辨別體製，使風雅之軌，後學可尋，斯固詩林之指南，而藝圃之侯鯖也。然自元以來，學士家言及者，輒用相訾謷。自是後人吹索之過，而其書固不可廢也。余嘗懸諸家塾以爲的，所謂去陳言而日新者，俾於此考驗焉。兒子寶芝幼即好之，因苦其舛訛之多，流布之寡，爲重加校勘，授之梓人。録既成，因識之簡端，以示兒輩，并願與世之讀是書者共揚扢商榷焉。若曰立乎四百餘年之下，以上爲虚谷作玄晏也，則吾豈敢。康熙壬辰小春月吉，黄葉老人吴之振書于橙齋之西閣。

紀昀：「夫學者之心，日進斯日變，日變斯日新，一息不進，即爲已陳之芻狗矣。」此論自是。然有變而不離其宗者，離其宗而言新、言變，則竟陵、公安之病源也。〇「蓋變而日新，人心與氣運所必至之數也。其間或一人而數變，或一代而數變，或變之而上，或變之而下，則又視乎世運之盛衰，與人才之高下，而詩亦爲之升降於其間，此亦文章自然之運也。」有力自振拔之變，有不知其然之變。力自振拔者，其勢逆。逆，故變而之上。不知其然者，其勢順。順，故變而之下。〇「時代雖有唐、宋之異，自詩觀之，總一統緒，相條貫如四序之成歲功，雖寒暄殊致，要屬一元之遞嬗爾。而固者遂畫爲鴻溝，判作限斷，或尊唐而黜宋，或宗宋而祧唐，此真方隅之見也。」此最通論。〇「紫陽方氏之編詩也，合二代而薈萃之，不分人以係詩，而别詩以從類。蓋譬之史家，彼則龍門之列傳，而此則涑水之編年，均之不可偏廢。」分類始自昭明，究爲陋體，不必曲爲之辭。孟舉此論，不及瑞草之工。○「若其學術之正，則不惑於金溪，而崇信考亭；其詮釋之善，則不濫於餖飣，而疏瀹隱僻。」三代以上，文與道一。三代以下，文與道二。吟咏一途，又文之歧出者也。故理學自理學，詩法自詩法，朱、陸之辨，無與此書，無庸論及於此。虛谷於考據之學最爲荒陋，所注皆掇拾餖飣，而不能辨證隱僻，此語未是。○「斯固詩林之指南，而藝圃之侯鯖也。」此亦推許太過。

（録自嘉慶五年刊本瀛奎律髓刊誤）

重刻記言 八則

吴瑞草

芝自束髮入鄉校，正業之暇，輒從塾師受近體詩一首。迨成童以後，家大人始授律髓一書，謂其所講貫切實明顯，有塗軌可依尋，命時肄業，以爲退息之居學。當時頗鋭意好之，然方攻治制舉業，未能并心一意從事於此。又更數載，弱冠成人，則日揣摹場屋應制之文，以應有司之試。兼亦家事滋出，雖不至如子固之勞心困形，以役於事，然亦頗有涉世奔走之煩，此書遂庋閣者十餘年。客歲省闈報罷，料簡故書，因復卒業焉。第苦中多舛悮，且板刻漫漶。適見坊間新鐫本，謂可是正，而校對之下，舛悮乃更甚於前。因歎是書舊本既流布未廣，新刻流行，恐遂因此踵訛襲謬，讀者永不復覩古人真面目。因出家藏善本，及闕曹叔則兩先生手抄本互爲參校。尚有疑者，更從唐、宋人集中讐對之，雖未能盡改正，然已得十之六七矣。讀是書者，自當辨之也。

詩文之有圈點，始於南宋之季，而盛於元。雖曰一人之嗜憎，未免有偏著，然當時評隲諸公，皆作家巨子，各具手眼，其所圈識，如與作者面稽印可，能使其精神眉目軒豁呈露於行墨之間，非若近世坊刻勉强支綴者比。學者且當從此領會參入，而後漸次展拓，即古人全體之妙，不難盡得。而坊本將圈點削去，且因之竄改注語，不特評者之苦心因之埋没，即作者之矩矱畦逕，亦難窺尋矣。兹刻悉行載入，不敢妄加增減。

詩文分類，原始文選，而亦盛於宋、元。在古人則爲實學，欲便參考、資博洽也；今人徒以供獺祭、便剽販而已。然詩以類選，則有詩不甚佳，而强取以充類者；亦有詩甚佳，而類中已多，且有詩甚佳而無類可入，因之割愛者：是編所以有餘憾也。然學者且先致力乎此，歷其堂奥，而後漸及諸家之全，於詩學亦思過半矣。

紀昀：古人分類，原欲互勘其工拙，而遞參其正變。云「資博洽」，未是。○「然詩以類選，則有詩不甚佳，而强取以充類者；亦有詩甚佳，而類中已多，且有詩甚佳而無類可入，因之割愛者：是編所以有餘憾也。」此論最中分類之病。

「一祖三宗」之説，論詩家每用相訴病，謂其不應獨宗「江西」也。夫訾其爲偏，誠所難辭。然觀其論詩小序云：立志必高，讀書必多，用力必勤，師傅必真。四者不備，不可言詩。可知其於此事，煞費工夫來。蓋從三折九變之餘，而始奉此爲歸宿。其中甘苦得失之數，必有獨喻其微者，非漫然奉一先生之號，傍人門户以自標榜也。昔人積終身之功，晚年有得，乃始樹幟建宗，接引後學。今人少壯鋭氣已耗磨於括帖間，中年以後精已銷亡，乃以餘力爲之，而又於四者之功無一足恃，未嘗入古人之藩籬而造其堂、嚌其胾，乃徒吹索瘢疵，彈駁古人，或訾其全體，或摘其片言，甚或刺取稗官瑣語，用資訕笑，此徒爲大耳，朱子所謂外夸者中不足也。果能深歷「江西派」之閫奧，則從此推廣，旁通觸類，安在諸家之長不復可兼收並蓄耶？

紀昀：此論固爲平允，然詩家之有「江西」，正如飲食之有海錯，可兼嘗而不可常饌。東坡比山谷詩於江瑶柱，誠至論也。學者根柢乎八代、三唐，而兼涉「江西」，得其别致，未爲不佳。如專以「江西」爲宗，則出手已是偏鋒，愈入愈深，愈歧愈遠。積成粗獷之習，高自位置，轉相神聖，不可復以正理詰矣。又安能旁通觸類，兼收諸家之長耶？瑞草此言，猶是調停之見，未可據爲定説也。○「甚或刺取稗官瑣語，用資訕笑。」此指周密所記，方回十一可斬之事。然此與詩無涉，若因詩而併曲護其人，則門户之見矣。

是編之成，在元之前。至元癸未，距天順之末，裁百五六十年耳，然板刻已銷亡，遺書亦殘缺。觀龍君之敍，則其搜訪之勤，校勘之細，使是書得流傳至今，不致湮没者，皆其力也。其中疑悮脱落，悉仍其舊，不敢妄加竄改以欺後人，足見闕疑詳慎之意。嘗閲丹鉛録，謂蘇、杭坊刻作僞射利，始於嘉靖之季。如取王涯之詩以益右丞，割張籍之卷以入他集之類。蓋是時僞學已行，故人心之僞端亦啓，此亦氣運使然。此書之刻，尚在成化時，猶見古人誠朴無僞之風。故今刻悉因之，亦不敢妄有竄易也。

詩中舛悮，尚可於各家集内校正十之六七。如張冠李戴之訛，已悉釐正。惟注語別無善本可讐勘，故疑訛間有未及改正。他如「送別類」之明皇送知章歸四明全篇似係後人補入，非虚谷原本。又如「感舊」之少五言，「俠少」之無題序，並仍其舊，不敢妄有增删。至如「梅花」、「雪」、「月」、「晴雨」五類，宜次「著題」詩之後，雖本之虚谷題語，然原本之第目不爾，讀者知其説足矣，不必定易其次序也。若夫是書之編成於元時，而虚谷亦非終於宋，而仍標之以宋者亦從原本之舊稱也。

紀昀：「是編之成，在元之前。」此書入元乃成，此語誤。然此段之末，又言成於元時，此「元」字恐是「宋」字之誤。◎「老壽」、「兄弟」亦少五言，「感舊」亦無題序。

岑參詩「龍堆接醋溝」，虚谷注云：「醋溝，人所未知也。」楊升菴譏之曰：「非惟人不知，方回亦不知，特爲此言以掩後人耳。」方南人，未知醋溝，誠亦有之。然楊以醋溝爲水名，且在中牟。則詩乃使北庭作，不應雜此。且「接」字亦無着落。又宋人送使遼詩用「紫濛」二字，虚谷注謂契丹館名。升菴駁之，謂係地名，且引晉書載記爲據。然考慕容廆傳「邑於紫蒙之野」，乃「蒙」字，非「濛」字也。「紫蒙」二字於使遼誠切當，然「紫濛」之爲館，又安知非别有所出而遽詆虚谷爲隔壁妄猜耶？姑識此以質博識者。

紀昀：此是原注，非虚谷注也。

是刻始於辛卯季秋，至今歲嘉平而始成。余兄弟小窗短檠，對牀風雨，苦心料簡者蓋一年餘。其讐校搜勘，則從兄奕亭是賴。而相助爲理，則仲兄武岡、中表兄勞嶧、雲姊子陳勉之與有力焉。皆於是書有功，不敢泯没，故附識於此。至宋詩鈔二集，家大人手定者已有五十餘種，正在付梓。緣部帙尚少，蒐羅未廣，故未能成書。海内藏書之家，凡有宋人文集未經流布者，幸悉以見示，或勸假抄録，或奉資繕寫。不獨成藝林之美事，亦以發潛德之幽光。使績學有德之緒言，湮晦於當時者，一旦表彰於六百餘年之後，則作者之靈爽，實式憑焉。讀書好事之家，諒有同心，跂予望之。

紀昀：此一條殊爲泛及，無與此書。

康熙壬辰孟冬之望，語水後學吴寶芝瑞草識。

（録自嘉慶五年刊本瀛奎律髓刊誤）

沈序

沈邦貞

學不通經，則不得天地之靈秀，如人之形骸具而神氣不完，無他，無髓故也。況乎詩之爲道，原本性情。一人一日之心思筆墨，足以浹遐邇而洽幽微。其爲瀛奎也，在天地而實在斯人乎哉！顧其法莫備乎律，以其全體六義而有温柔敦厚之遺焉。由是減之爲截句，增之爲古風，廣之爲排、爲歌行、爲樂府，皆不離乎律。得其髓而運之，參互錯綜，神而明之，存乎其人而已矣。石門吴橙齋先生，道學風流，當代景仰。其言詩也，獨以方虚谷先生瀛奎律髓一選以爲有功於詩教，而知其學之通經者，亦即於其選中命名標意而知之。夫詩之有三百也，本乎易，合乎禮，用乎樂，而推乎書與春秋。自歷代相沿，詩之教彌廣，而詩之道彌晦。如髓之隱於形骸中，而能充其神氣，以發天地之靈秀者，鮮矣。是選也，絜而明之，分卷爲四十九，取諸大衍數之用也。發端於「登覽」，庶乎與天地近焉。而論世知人，必曰詩祖，可謂知本乎。次之「朝省」而盡忠補過，「懷古」而取法垂戒，「風土」而考制正俗，至於「昇平」而富貴不淫，「仕宦」而驕諂皆忘，「風懷」而邪正必辨，「宴集」而悃愊必達，「老壽」而頌禱必誠；他如「春」「夏」「秋」「冬」，順其序也；「晨朝」「暮夜」，因其時也；「節序」「晴雨」，異其宜也；飲以養陽，「茶」「酒」可以雅俗共賞乎；氣以機先，「梅花」可以格物致知乎；變化無方，「雪」「月」可以蕩滌胸襟乎；而後乃「閒適」矣，雖施之「送别」而不與境遷也，極之「拗字」而文從理順也，證之「變體」而形與勢合也，歸於「着題」，所謂從心欲而不踰矩者近是；於是乎「陵廟」有肅肅之度，「旅況」無瑣瑣之譏，「邊塞」則存雄壯之風，「宫闈」則存幽閒之意，「忠憤」則存正直之氣，陟「山巖」而厭其峻，臨「川泉」而不疑其深，安「庭宇」而不改其常，即古人之「論詩」而大旨昭然耳。「技藝」雖小道，可以喻大。「遠外」不可忽，庶幾引而進之。要之，「消遣」而物理見，世故明，人情當，斯天道全矣。最難得者「兄弟」，不能忘者「子息」，苟有「寄贈」而辭以將志恭敬而有實也。以之處「遷謫」，而可以安命；以之處「疾病」，而可以娱憂紓怨。庶「感舊」而不至于傷，「俠少」而不比於匪，「釋梵」而不流於空，「仙逸」而不入於姦，「傷悼」

而仍不失其和以正焉。則生人之能事畢矣。如是者，所謂比事屬辭而不亂，通於春秋也；疏通知遠而不誣，通於書也；廣博易良而不奢，通於樂也；絜静精微而不賊，通於易也；恭儉莊敬而不煩，通於禮也；詎獨温柔敦厚三百篇之遺教云爾哉！康熙癸巳初夏，苕溪沈邦貞滄䎸識。

紀昀：大而無當，欲示誇而適形其陋。

（正文録自康熙五十二年刊本瀛奎律髓，評語録自嘉慶五年刊本瀛奎律髓刊誤）

宋序

宋　至

石門吴孟舉先生領袖詩壇，富于著述，所鈔宋詩，久風行天下。今年踰七十，猶左圖右史，日夕披閲不倦。此瀛奎律髓一編，則取皆春居士舊本訂正之，付其叔子瑞草刊行者也。夫方虛谷熟精詩律，因博綜三唐、五代、南、北宋諸名家所作，探其宎奥，立爲法程，而其成書乃取義於髓者，無他，禪家授受，首重得髓，髓既得，則一切皮毛俱屬可略。故三唐、五代、南、北宋詩集不啻汗牛充棟，而其所掇拾代不數人，人不數篇，能照見古人精神血脈于千百載之上，而與之同堂品隲，其合者幾如拈花之笑；即不合者亦不至有背觸之疑。非冬瓜瓠子，漫爲印可者比也。惜近世流傳，絶無善本。今賴先生訂而刊之，非惟虚谷是編重開生面，而後之讀者心目軒豁，人人知去皮毛以求其髓之所在，其有功于詩學豈淺鮮哉！先生爲家君老友，顧平日論詩，不見鄙棄，瑞草來索序，欣然命筆，不敢以不文辭也。時康熙五十二年，歲次癸巳仲夏，商丘宋至撰。

紀昀：序亦鄙淺，未必筠廊真筆。

（正文録自康熙五十二年刊本瀛奎律髓，評語録自嘉慶五年刊本瀛奎律髓刊誤）

初白庵詩評自識

張載華

海昌查初白先生以詩名海内，與王漁洋、朱竹垞兩先生鼎峙藝林。今三家詩集已家有其書矣，然篇章浩瀚，如涉大水，不免望洋之歎，則詩話其舟楫已。漁洋詩話散見雜著諸書，先兄含广彙爲一編，静志居詩話具載明詩綜，獨先生論詩之旨，間有流傳，無專刻行世，學者有遺憾焉。余生也晚，不獲親炙先生。幸自幼及壯，得從許蒿廬夫子遊。夫子與先生同里，於友朋間每聞先生評閲古人詩集，必展轉購借，攜至涉園，約諸兄亟爲抄録。猶憶壬子以後十餘年間，酒闌燈灺，輒舉先生評語可與漁洋、竹垞兩先生發明者，與諸兄互相參究，漏四鼓猶娓娓不倦。余時心竊識之，爰方攻章句，未暇旁及也。弱冠後，間事吟詠，瞻望前賢，茫無憑藉。從夫子及諸兄處録先生評本數種。偶閲一編，雖着語不多，動中肯綮。如論少陵夔以後詩，及昌黎陸渾山火，東坡謝人見和前篇，遺山李峪園亭看雨等作，發前人所未發。使古人有知，亦爲心折。至其爲後學之津梁，用意懇切，尤足令人朝夕體玩於無窮也。余年忽五十，百念俱灰，自唯平生私淑之志，耿耿難忘。檢理故篋，合邇年所得先生評本計十二種。載歷寒暑，綴輯成帙，與帶經堂、静志居詩話並列案頭，庶無負先生嘉惠後人之美意，亦以慰吾夫子當年借録之苦心焉耳。唯是師友弟兄，零落過半。白首晨夕相從，唯思巖兄一人。商訂之下，又不勝今昔之感已。乾隆三十二年歲在强圉大淵獻重陽前一日，海鹽後學張載華謹書。

（録自原刻查初白十二種詩評）

初白菴詩評序

張宗橚

讀余弟芷齋所輯初白菴詩評，不禁喟然有感於中也，憶昔先含广兄排纂帶經堂詩話，日偕余與芷齋同堂商榷，凡三易稿然後鏤板問世。當是時，余語芷齋曰：「人生於世，自顧無可傳之業，庶幾附前賢以傳。兄得附漁洋以傳也，斯亦幸已，余兩人自少至壯，肩隨跬步，徒追琢於帖括而頭顱如故，悔之無及。今且垂老矣，家無長物，薄有藏書，迺歲月坐荒，了無著述，行自慨也。」芷齋听然而笑曰：「獨不聞蒿廬夫子論詩之旨乎？其云『南北兩宗堪並峙，可憐無數野狐禪』，蓋明言漁洋先生與初白先生爲風雅總持也。竊不自揣，將纂録先生各種評語，裒爲一集，與帶經堂詩話並行不悖，或可藉是以傳，亦猶兄意也。」余因是有感焉。國朝作者如林，求其金鍼微點，學者悉奉爲指南。漁洋、初白兩先生而外，指不多屈。雖然讀漁洋詩話，如遊蓬閬，如聞韶濩，目眩心迷，未易涉其流而溯其源也。若初白先生所著評語，或直抉作者精要，或别裁各家僞體，一經指示，俾輇材樸學，可以由漸而入。視夫一味妙悟之論，果孰難而孰易？余自惟譾陋，所夢寐不能釋者，獨瓣香先生。不意芷齋已先得我心，不憚寒暑，鈔撮成帙，就余商訂，春宵咀味，燭跋忘疲，先生固不藉是以傳，芷齋實藉先生以傳，詎非藝林韻事乎哉！獨是附識諸條，芷齋兢焉不敢自以爲是。惜含广兄已歸兜率，不獲樂觀其成，稍爲潤色。而余亦頹廢日甚，縱或參以己見，終隔一塵，欲如向之同堂商榷，娓娓不倦，不可得矣。余所爲與芷齋撫今追昔，同抱鴒原之痛於無窮也。爰勉綴詹言，誌余之幸，亦以誌余之感也夫！乾隆戊子上巳，兄宗㦶。

（録自原刻本查初白十二種詩評）

初白菴詩評纂例 節録

張載華

初白先生博覽載籍，自漢、魏、六朝，迄唐、宋、元、明諸家詩集，尤爲融貫。每閲一編，必着評點，真所謂一字不肯放過也。海濱僻處，就數十年間所見，自靖節、李、杜以下諸家及瀛奎律髓，評本十有二種。雖詳略不同，品藻各當，勿揣檮昧，薈萃成編。俾學者玩味評語，窺見作者之用心，如晤言於千百載之上，當亦操觚家一珍珠船也。

評本流傳不一，亥豕亦多，甚有竄入他家緒論，斷非先生語氣者，疑悮後人非淺鮮也。卷中如靖節、青蓮、昌黎、香山、半山、紫陽、臯父、遺山、道園諸家及瀛奎律髓，俱係手迹。纂集之下，一字不敢擅易。或漶漫難辨，姑從闕疑。間有誤筆，附識於後，以質博雅。

……

國朝諸家杜詩評本，及查晚晴先生評閲韓詩，陸厓齋先生評閲宋詩鈔，可與先生評語發明者，依本詩次第附録，以資參悟。坊間通行評本，無庸採取。唯申鳧盟先生説杜，邇來罕有流傳。仇氏詳註，亦非全載。今擇其精要者，仍附録之。如與原評了不相涉，雖有名論，概不攔入。間有參涉上下詩句，難以芟節者，識者諒諸。

律髓評點，係先生晚年家塾課本。學詩津逮，至捨筏登岸。此中三昧，盡在是矣。但傳録既多，脱訛殊甚。昔年曾從舅氏陳純齋先生處借得手批元本，校録一過，最爲完善，解人當自知之。

蒿廬夫子於先生各種評語，手之不釋。今追憶一二遺語，附識卷中。至管窺所及，或云「某識」，或云「某按」。自愧學業荒陋，未免貽笑通人。

……

（録自原刻本查初白十二種詩評）

初白菴詩評跋

張　柯

查太史初白先生爲當代詩宗，其學瀏覽博綜，無所不究。每閲古人詩集，多有評隲。余兄芷齋彙輯得若干種，爲參校而付之剞劂，用心可謂勤矣。竊唯詩家之有箋注，譬猶幽室夜行，而照之以列炬也。第謂畢讀，詩之能事則未盡然。蓋句梳字櫛，詳覈出處，窺作者之用心，探立言之本意，此則箋注之所及也。至於宗旨風格，正變盛衰，以及字裏行間，長短疎密，讀者每目眩而心疑焉。陸士衡云：「愜心者貴當。」又云：「立片言以居要，乃一篇之警策。」承學之士，手一編而不得其愜心警策之處，將何所取則焉？此則箋注之所未及也。嗟乎！幽室夜行，而既照之以列炬矣，乃若使之向衡嶽者由南轅，問燕、薊者循北轍，豈不更快然於心目間哉！然則詩之有評，其爲藝苑津梁詎淺顯歟！往時何義門先生有讀書記，上自論、孟，下及杜、韓等詩集，爲詞林推重。先生於經史，間有批閲。因非全本，概不登録。兹取詩評，勒成一書，俾作者之精神面目，展卷了然。其體例較讀書記更爲明晰。此余兄嘉惠後學之盛心，亦可謂敬業之功臣已。爰識數語以附名於卷末云。乾隆四十二年中元前三日，東谷弟柯書於吴興之菰城學署。

（録自原刻本查初白十二種詩評）

刊誤序

紀昀

文人無行，至方虛谷而極矣。周艸窗之所記，不忍卒讀之。而所選瀛奎律髓，乃至今猶傳其書。非盡無可取，而騁其私意，率臆成篇。其選詩之大弊有三：一曰矯語古淡，一曰標題句眼，一曰好尚生新。夫古質無如漢氏，冲淡莫過陶公，然而抒寫性情，取裁風雅，朴而實綺，清而實腴，下逮王、孟、儲、韋，典型具在。虛谷乃以生硬爲高格，以枯槁爲老境，以鄙俚粗率爲雅音，名爲遵奉工部，而工部之精神面目迥相左也，是可以爲古淡乎？「朱華冒緑池」，始見子建。「悠然見南山」，亦曰淵明。響字之說，古人不廢。暨乎唐代，煅鍊彌工。然其興象之深微，寄託之高遠，則固别有在也。虛谷置其本原，而拈其末節，每篇標舉一聯，每句標舉一字，將舉天下之人而致力於是，所謂温柔敦厚之旨蔑如也；所謂文外曲致、思表纖旨亦茫如也。後人纖巧之學，非虛谷階之厲也耶？贊皇論文，謂譬如日月，終古常見而光景常新。人生境遇不同，寄託各異。心靈濬發，其變無窮。初不必刻鏤瑣事以爲巧，捃摭僻字以爲異也。虛谷以長江、武功一派標爲寫景之宗，一蟲一魚，一草一木，規規然摹其性情，寫其形狀，務求爲前人所未道，而按以作詩之意，則不必相涉也。騷、雅之本意果若是耶？是皆「江西」一派先入爲主，變本加厲，遂偏駁而不知返也。至其論詩之弊，一曰黨援：堅持「一祖三宗」之説，一字一句，莫敢異議。雖茶山之粗野，居仁之淺滑，誠齋之頽唐，宗派苟同，無不袒庇。而晚唐、「崑體」「江湖」「四靈」之屬，則吹索不遺餘力。是門户之見，非是非之公也。一曰攀附：元祐之正人，洛、閩之道學，不論其詩之工拙，一概引之以自重。本爲詩品，置而論人，是依附名譽之私，非别裁僞體之道也。一曰矯激：鐘鼎山林，各隨所遇，亦各行所安。巢、由之遁，不必定賢於臯、夔；沮、溺之耕，不必果高於洙、泗。論人且爾，況於論詩？乃詞涉富貴，則排斥立加；語類幽棲，則吹嘘備至。不問其人之賢否，併不計其語之真僞，是直詭託清高以自掩其穢行耳，又豈論詩之道耶？凡此數端，皆足以疑誤後生，瞀亂詩學，不可不亟加刊正。然其書行世有年，村塾既奉爲典型，莫敢訾議；而知詩法者，又往往不屑論之，謬種益蔓延而不已。惟海虞馮氏嘗有批本，曾於門人姚考功左垣家借閲。顧虚谷左袒「江西」，二馮又左祖晚唐，冰炭相激，負氣詬争，遂併其精確之論，無不深文以詆之。矯枉過正，亦未免轉惑後人。因於暇日，細爲點勘，别白是非，各於句下箋之，命曰：瀛奎律髓刊誤。雖一知半解，未必遽窺作者之本源。且卷帙浩繁，牴牾亦難自保。而平心以論，無所愛憎於其間。方氏之僻，馮氏之激，或庶乎其免耳。

乾隆辛卯十二月二十一日，觀弈道人紀昀記。

（録自嘉慶五年刊本瀛奎律髓刊誤）

刊誤跋

余少時閲書，好評點。每歲恒得數十册，往往爲門人子姪攜去，亦不復檢尋。此書乃乾隆辛卯之冬，自西域從軍歸，再入翰林時所閲，久失其稿。忽見李子約齋所録本，恍然如見故人，李子可謂好事矣。惜余鹿鹿少暇，不能重爲李子點勘一過也。

紀　昀

乾隆戊申八月初五日，昀又記。

（録自嘉慶五年刊本瀛奎律髓刊誤）

四庫全書總目提要

瀛奎律髓四十九卷，元方回撰。回有續古今考，已著録。是書兼選唐、宋二代之詩，分四十九類。所録皆五、七言近體，故名「律髓」；自序謂取「十八學士登瀛洲」、「五星聚奎」之義，故曰「瀛奎」。大旨排「西崑」而主「江西」，倡爲「一祖三宗」之説。

一祖者，杜甫；三宗者，黄庭堅、陳師道、陳與義也。其説以生硬爲健筆，以粗豪爲老境，以煉字爲句眼，頗不諧於中聲。其去取之間，如杜甫秋興惟選第四首之類，亦多不可解。然宋代諸集不盡傳於今者，頗賴以存。而當時遺聞舊事，亦往往多見於其注。故厲鶚作宋詩紀事，所採最多；其議論可取者，亦不一而足，故亦未能竟廢之。此書世有二本：一爲石門吴之振所刊，注作夾行，而旁有圈點，前載龍遵敍，述傳授源流至詳；一爲蘇州陳士泰所刊，删其圈點，遂併注中所圈是句中眼等句删去，又以龍遵原序屢言圈點，亦併删之以滅蹟，校讐舛駁，尤不勝乙，之振切譏之，殆未可謂之已甚焉。

（録自四庫全書總目卷一百八十八）

李跋

李光雲

乾隆丁未夏，余以編修分校文源閣四庫全書，約齋弟與編摩事，代校瀛奎律髓，簽改最多。時紀曉嵐師爲總裁，覆勘稱善，諭曾批點此書，及付示，反覆尋繹，覺於風雅一道，頗有所進。師序云：「細加點勘，别白是非，悉平心之論。」其實至公而至當也。弟手置一册，細爲抄録，赴丹陽簿時，出此册索書數語，爲志顛末，且志幸云。乾隆戊申秋日，劍溪光雲謹記。

（録自嘉慶五年刊本瀛奎律髓刊誤）

沈跋

沈巖

瀛奎律髓共六册，爲虞山二馮先生閲本。凡默庵評點用緑筆；鈍吟評點用硃筆。向未傳布，輾轉相借，校其間，脱訛舛謬，幾不可勝詰。今按此本最爲精審，且評語字蹟清勁可愛，宜樂潛主人藏之篋衍不異珍貝也。乾隆丙辰夏，沈巖謹識。

（録自沈巖評閲康熙五十二年刊本瀛奎律髓）

李跋

李光垣

余長兄劍溪，分校官書，每令編摩。乾隆丁未夏校勘瀛奎律髓一部，是書原刻錯訛既多，而重見叠出與夫體例之不畫一者，又不勝數，簽改頗煩。呈正紀曉嵐師，因語以向有手定瀛奎律髓刊誤，與此次覆校簽改者，大略相同。時向師借讀，未即得也。既竣事，始出相示。蓋師於是書，自乾隆辛巳至辛卯評閲至六、七次，細爲批釋，詳加塗抹，使讀者得所指歸，不至疑悮，其諄諄啓發，豈淺鮮哉！余向侍師京邸，戊申夏選得曲阿簿，辭師，即以此書面呈，師以匆匆少暇，未及再爲覆勘，手筆數語簡端。緣簿書碌碌，存爲枕秘者十餘載。嘉慶己未劍溪兄出都辭師，過余嘉定丞署，述師以此書未刻爲念。回憶疇曩與編摩時，不能即付梨棗，稽遲至今，有負吾師嘉惠後學之盛心爲滋愧也。兹公諸同好，亦藝林盛事歟！

嘉慶庚申五月上弦，約齋李光垣謹記。

（録自嘉慶五年刊本瀛奎律髓刊誤）

刊誤例言 十一則

李光垣

一　瀛奎律髓原板久缺，惟吴瑞草先生黄葉村莊重校之本，其評注圜點悉照原本，今亦不可多得。予購之於舊藏書家，兹刻一依吴本，較坊間翻板自别，識者鑒諸。

一　刊誤者，予師紀曉嵐先生所批點也。紀師批語悉載於上，其有批釋甚多，則載於虚谷總批之後。

一　凡批出虛谷者，上加「原批」二字。出師手者，加「紀批」二字以别之。

一　凡虛谷圜點，俱刻于字旁内一行；凡出紀師圜點并塗抹者，悉刻于字旁外一行，庶閲者一目瞭然。

一　詩有虛谷加圜點而紀師加塗抹者，則圜點在字旁内一行，塗抹在外一行。又有虛谷無圜點而紀師加圜點者，則圜點在字旁外一行。餘可類推。

一　書中原舊序，及詩中虛谷原批，并分類序語，原刻皆無圜點。其有圜點并塗抹者，俱係紀師手筆。其有未經紀師圜點塗抹者，則不敢妄加，以仍其舊。

一　虛谷批語，有經紀師加勾者，仍於字旁加勾。

一　詩中有重見，并原刻某字而紀師改作某字者，閲上批自明。

一　詩每首頭一字有經紀師加單圜、雙圜、單尖、雙尖者，皆係取其全詩。凡圜、尖皆刻於外一行。

一　凡有衍字，并錯訛脱落，與體例不畫一，經垣校出者，皆下注某識。

一　公餘校勘，頗有未盡。嘉定程兄名攸熙，暨其姪名式鈞，藉爲校對，得以竣事。

（録自嘉慶五年刊本瀛奎律髓刊誤）

山本序

〔日〕山本信有

唐、宋之詩，兄弟也。然俗士輩往往帝唐奴宋，是惑於胡元時諂於當世者貶黜其勝國之私言，而不知辨詩道真僞所在。長喙三尺縱摇之，非此是彼；一是一非，皆已殉私。故徙暑更僕，不能一定。遂至壯語大聲，後止者得勝也，真詩嘗爲此所昧。方萬里雖元人，以其不昧心，知唐必難爲兄，宋亦難爲弟，不與時沈浮，併取唐、宋而精選其律詩，名曰瀛奎律髓，所謂「打破是非之私黄鐵槌」也。每詩着注解，明其意，迎其志。然非世間所常有説句説字之類，恰如郭象注莊子。謂詩注，注注注詩可也。試使此注孤行，則亦一部名詩話也。有之，則發是書光輝，固也；雖無之，則未妨其精選之美也。平安書肆植村氏洞見時運，託朝川善庵以校訂新鐫是書，巾箱其本，以便吟客易挾，省除其注，以從簡易，直取精選之美焉。方今詩家，眼孔豁大，皆能知宋詩得唐之真，不偏優劣唐、宋，則庶幾乎宋之真。爲先投脚於宋，然後可能遡唐之真。字内明眼如斯，豈非時運乎！逐時者，良賈之事也。遠求序於余，乃書前言以充其求矣。

文化乙丑秋八月上亥日，北山山本信有撰。

（録自日本文化五年刊本瀛奎律髓）

朝川序

〔日〕朝川鼎

古之教人，必先以詩。夫導達性靈，吟詠情志，天地之造化，古今之興替，微而昆蟲，幽及鬼神，上之朝廷之政教，下之田野之風俗，無事無物而不具焉。故其感人也深，其誘人也甚易入，使之不知手舞足蹈者，莫詩爲近。孔子曰「興於詩」，蓋亦謂此也。三百篇以還，有離騷，有漢、魏，有六朝，有唐、宋，其推移與時上下，而不一其體。古也淳，今也緻；古有不盡之情，今無不寫之景。然則何必高古而卑今？是蓋其氣運使然，亦勢也。故曰：古之詩猶今之詩也。今之詩者，謂近體也。近體詩以唐爲始，其能學唐者以宋爲最，故後之學詩者必以唐、宋爲水藍，固也。余之教人，必先以作詩。其作詩之法，所謂二四異，二六同，挾聲拗字之類，不一而足。初學或難之，因使其誦唐、宋之詩，然未嘗句解字釋，但優游涵泳，使之自得也已。蓋其意謂詩可以至法，法不可以入詩也。而唐、宋詩人，各自有集。非就焉而考究，不得盡識其蘊，是在初學爲最難矣。若求其簡而備者，莫瀛奎律髓若也。瀛奎律髓四十九卷，詩凡二千九百四首，其止于律而不及古絶者，以所謂詩之精者爲律。則其精者既已通之，其它亦可推知也。今兹平安植村氏新刻是書，小其本，細其字，欲以便翻閲。債余校訂，三旬卒業，遂題其由於卷端以還之云。

文化乙丑長至日，善庵居士朝川鼎題於龍閑橋之樂我小室。

（録自日本文化五年刊本瀛奎律髓）

孝孫跋

〔日〕孝孫有慶

吾東方遠，中國書籍罕到，學者病焉。歲甲午，僕謬承天恩，叨守完山，時監司李相克均囑余以瀛奎律髓曰：「此詩乃吾中朝所得，而鋟諸梓，上黨韓相公志也。」僕受而閲之，是乃瀛奎羣英諸作中採摘其艷且華者，分門類聚，誠詩律之精髓，而東方所創見也。即鳩工繡梓。未幾，李相承召，今監司芮相承錫繼志成之，閲數月而功訖。嘗觀世之人，得一新書，必秘而私之，摛華摘艷，自以爲奇聞異見，夸耀於人。今李相公得此，而不爲私藏；上黨公見此，而欲廣其傳。其用心之公，固可書也。而爲國家贊揚詩教，嘉惠後學之意，尤不可泯也。不揆鄙拙。兹書顛末云。成化紀元十有一年，蒼龍乙未三月上澣，守府尹通政大夫南原尹孝孫有慶謹跋。

（録自日本文化五年刊本瀛奎律髓）

大窪跋

〔日〕大窪

近體詩以律名，其法度之嚴可知已。然徒守死套，而不知靈通變化者，無足道也。余因示子弟曰：「學詩當以瀛奎律髓爲法。夫律髓之爲書，所選詩格也，所注詩話也。格以嚴其法度，話以極其變化，取路之法，可謂備矣。」頃者平安植村氏所鏤斯書，請跋於予。予曰：「不亦善乎！斯書一出，而世之學詩者，見以爲法，取以爲進，果能得之髓，則其換骨而仙也必矣。宋陳無已曰：『學詩如學仙。』誠然。」

文化乙丑仲秋日，詩佛大窪行書。

（録自日本文化五年刊本瀛奎律髓）

韓跋

韓弼元

兩馮君論詩，專以六朝、初唐爲正宗，特詞人之見耳。雖視虚谷爲通，然未能中正平允。惟義門先生識卓語精，得孟子「以意逆志」及「知人論世」之旨，爲獨優矣。

咸豐己未九秋望後，翠巖退士韓弼元閱竟誌之。

（録自過録有韓弼元評語之康熙四十九年刊本瀛奎律髓）

謝跋

謝章鋌

文達論詩，不愧正宗。其於唐、宋諸家派别，亦皆持平。至「江西」流弊，言之尤洞澈。詳閱是書，則操持「一祖三宗」之説而流爲澀體者，文達早見及此矣。予嘗得二馮是書評本，不知何人傳録，其排駁虚谷，與文達大旨合，特措詞詼諧嘔噱，頗乖著述之體，然亦虚谷有以招之。合而觀之，而是書之底藴盡見矣。枚如校畢記。

（録自謝章鋌評閲嘉慶五年刊本瀛奎律髓刊誤）

宋跋

宋瀛士

紫陽方虚谷先生選唐、宋二代近體詩，加以評隲，名曰瀛奎律髓。乾隆間詔求遺書，曾采入四庫，上邀宸賞。於是海内傳布，奉爲典型。河間紀文達公以其專主「江西」，流於偏駁，且舉其論詩三弊，曰黨援，曰攀附，曰矯激，皆足以疑誤後生；因爲之逐章批釋，別白是非，點勘加嚴，而持論至當。戛戛乎詩律之繩尺，後學之津梁也。是書先爲約齋李氏梓行，閱年既久，字多漫漶，余懼其久而就湮也，遂重付剞劂，以廣其傳。惟細字如蠅頭，而圈點復雙行並列，校讐數過，仍不免三豕之譌，古以校書如掃落葉，有矣哉！是在讀者會心耳。

光緒庚辰秋九月，山陰宋澤元瀛士甫敍。

（録自懺花盦叢書本瀛奎律髓刊誤）

律髓輯要後序

袁嘉穀

詩以理性情，任自然，恢人事之萬變，發天地之靈奇，其用不一，其體亦不一，僅執律以言詩，陋也。顧自六朝而入唐，人人求工，字字入律，風氣所趨，學者幾不自知其爲律。而詩界巨子，如盛唐、中唐諸公，凡律皆參以古意。宋之蘇、黄，亦能神明規矩，不爲律囿。僅執髓以言律，尤陋也。方氏虚谷瀛奎律髓之編，宜乎紀文達之糾正歟！惟是方氏之説誠失，而文達所評，亦尚有未盡得者。吾師許茚山先生，近古詩人之雄也。生平論詩，導源三百，兼採衆長，不囿一格。觀所著詩，及詩法萃編、詩譜詳説，可知崖略。又嘗選刻滇中佚詩，已刊者十七家，未刊行者尚一百七十餘家。蓋先生於詩，極一生之精力而爲之。掌教滇會，殷殷以詩法傳人。乃取方氏書、紀氏批而重訂之，成律髓輯要六卷，刊及半，遽歸道山。陳虚齋師哭以詩云：「先生去矣誰昌詩？」誠實録也。庚戌秋，余假歸省親，登先生之堂，徘徊惻愴，手檢遺篋，是編幸存，殆亦先生靈爽所爲式憑而阿護者。爰丐諸仁和學使伯膏前輩，託同門秦孝廉瑞堂補刊成帙。孫中翰少元適總圖書館事，樂爲推廣。不數月竣，郵書萬里，屬余一言。余惟中國詩教，以聲韻爲發言之音節，以對偶爲文章之光華，實於各國文字之外另闢一天。今將淪矣，得先生是編而昌之，庶幾古學不絶，國粹保存，豈僅關於方氏、紀氏書哉！爰述緣起，附之簡末，俾鄉之人知先生論詩，楷模所在，遠軼前人；且以見學使諸公網羅散失，提倡斯舉之盛心也。是爲序。宣統三年辛亥春三月，石屏袁嘉穀樹五譔於浙學署定香亭。

（録自雲南叢書本律髓輯要）

袁輯要跋

袁嘉穀

五塘師律髓輯要六卷之刻，余曾跋之，謂後學學詩，庶幾得所法式。九姪丕理復獲師續稿一卷，專録律髓中之可爲戒者，仍歸圖書館刻之。鄉有圉人，業畜牧，駿馬萬計，備極驅馳之用矣。及其蔽也，貪多務得，震于盛名，雜中駟、下駟於其中，不能明而察之，别而遠之，率以敗羣。詩何獨不然，昧所蔽而法之，則所法者亦雜而惑矣。少陵詩聖也，夢得詩豪也，師猶一一摘其偶失以爲戒，餘可知已。豈曰於古人爲諍友哉！抑垂訓後學，不得不爾。卷中圈點，悉仍師手録之舊。始幼隣，終夢得，計二十餘首。惟觀幼隣之下注曰：「以下唐人詩。」知此卷之後，當更有宋人詩一卷，九姪尚其續訪之。九姪者，師之孫女壻也。乙卯五月望，袁嘉穀跋。

（録自雲南叢書本律髓輯要）

吴　跋

吴闓生

方虚谷瀛奎律髓區分四十九類，網羅唐、宋詩人至數百家之多，可謂鉅觀。每詩附以評隲，於詩家派别言之綦詳，其著論亦有精語。惟分類過於纖碎，而鑒裁每多不審，如杜公秋興止取一章，尤其顯著者也。其他不甚著聞各家，亦涉濫收之弊。先大夫嘗爲點定録存千一十六首，約不及原本之半，而精華盡於是矣。今遵先公評點重寫一過，原注之善者，間采附入，其門類亦小有併省，餘悉仍其舊。有志學詩，可以觀覽焉。

民國十一年六月闓生謹記

（録自桐城吴先生評選瀛奎律髓）

吴讀後

吴汝綸

近讀瀛奎律髓，知文字佳惡，全於骨氣辨之。作家必沉雄，其未至者率浮弱，因識曾文正所稱當者立碎之意。光緒己丑年。

（録自桐城吴先生評選瀛奎律髓）

附録二　文選顔鮑謝詩評

欽定四庫全書提要著録

臣等謹案：文選顔鮑謝詩評四卷，元方回撰。回有續古今考，已著録。是編取文選所録顔延之、鮑照、謝靈運、謝惠連、謝朓之詩，各爲論次。諸家書目，皆不著録，惟永樂大典載之。考集中顔延之三月三日侍游曲阿後湖作一首，評曰：「本不書此詩，書之以見夫雕繢滿眼之詩未可以望謝靈運也。」又北使洛一首，評曰：「所以書此詩者有二。」又謝靈運擬鄴中集八首，評曰：「規行矩步，甃砌妝點而成。無可圈點，故余評其詩，而不書其全篇。」案：此本八首皆書全篇，與此評不合。蓋不載本詩，則所評無可繫屬，故後人又爲補録也。則此集蓋回手書之册，後人得其墨蹟，録之成帙也。回所撰瀛奎律髓，持論頗偏。此集所評，如謝靈運詩多取其能作理語，又好標一字爲句眼，仍不出宋人窠臼。然其他則多中理解。又如謝靈運述祖德第二首，評曰：「文選注

『高揖七州外』，謂舜分天下爲十二州。時晉有七州，故云『七州』。余謂不然。此指謝玄所解徐、兖、青、司、冀、幽、并七州都督耳。謂晉有七州，而高揖其外，則不復居晉土耶？」謝瞻張子房詩，評曰：「東坡詆五臣誤注『三殤』，其實乃是李善。」顔延之秋胡詩，評曰：「秋胡之仕於陳，止是魯之鄰國，而云『王畿』，恐是延之一時寓言。雖以秋胡子爲題，亦泛言仕宦。善注乃引詩緯曰：『陳，王者所起也。』此意似頗未通。」亦間有所考訂。至於評謝靈運九日戲馬臺送孔令詩，謂「『鳴葭』當作『鳴笳』」，則未考晉書夏統傳。評鮑照行藥至城東橋詩，謂「『行藥』爲『乘興還來看藥欄』之意」，則誤引杜詩。評謝朓郡内高齋閒坐答吕法曹詩，謂「或以爲『岫』本訓『穴』，以爲遠山亦無害」，則附會陶潛歸去來辭。小小舛漏，亦所不免，要不害其大體。統觀全集，究較瀛奎律髓爲勝，殆作於晚年，所見又進歟？

乾隆　年　月恭校上。

總纂官臣紀昀臣陸錫熊臣孫士毅

總　校　官　臣　陸費墀

文選顔鮑謝詩評卷一

元　方回撰

述德

述祖德詩二首

謝靈運

達人貴自我，高情屬天雲。兼抱濟物性，而不纓垢氛。段生蕃魏國，展季救魯人。弦高犒晉師，仲連却秦軍。臨組乍不緤，對珪寧肯分？惠物辭所賞，勵志故絶人。苕苕歷千載，遥遥播清塵〔一〕。清塵竟誰嗣？明哲時經綸。委講綴道論，改服康世屯。屯難既云康，尊主隆斯民。

虚谷曰：靈運之意，似謂乃祖功大賞薄，立此高論。太元八年十一月，謝玄破苻堅，謝石爲大都督，玄爲前鋒都督，蓋裨帥也。劉牢之、謝琰，功亦亞玄。明年二月，桓冲卒，朝議欲以玄爲荆、江二州刺史。謝安自以父子名位大盛，又懼桓氏失職怨望，乃以桓石民爲荆州，桓石虔爲豫州，桓伊爲江州，而玄亦爲徐、兖二州刺史。晉之州刺史，如漢之州牧，而帶都督軍事，統十數郡，猶近世制置使、宣撫使，而權尤重，可以自殺郡守，入則爲相，位不輕也。靈運此詩，似是虚言。

中原昔喪亂，喪亂豈解已。崩騰永嘉末，逼迫太元始。河外無反正，江介有蹙圮。萬邦咸震懾，横流賴君子。拯溺由道情，龕暴資神理。秦趙欣來蘇，燕魏遲文軌。賢相謝世運，遠圖因事止。高揖七州外，拂衣五湖裏。隨山疏濬潭，傍巖藝枌梓。遺情捨塵物，貞觀丘壑美。

虚谷曰：太元九年八月，謝太保安，奏請乘苻氏傾敗，開拓中原。以徐、兗二州刺史謝玄爲前鋒都督，率豫州刺史桓石虔等伐秦。玄至下邳，秦徐州刺史趙遷棄彭城走，玄進據彭城。九月，彭城内史劉牢之進據鄄城「鄄」，玉緣切。濮陽郡之邑，屬兗州。河南城堡，皆來歸附〔二〕。太保安自求北征，加都督揚、江等十五州諸軍事。玄遣晉陵太守滕恬之渡江，據黎陽。朝廷以兗、青、司、豫既平，加玄都督徐、兗、青、司、冀、幽、并七州諸軍事。十二月，劉牢之據碻磝、滑臺，苻丕請救。玄遣牢之以兵二萬救鄴，饋米二千斛〔三〕。十年四月，牢之爲慕容垂所敗，自鄴徵還。會稽王道子好專權，與太保安有隙。安出鎮廣陵避之，築新城〔四〕。八月，以疾還建康卒。道子以司徒瑯琊王領揚州刺史、録尚書都督中外諸軍事。尚書令謝石爲衛將軍。十一年三月，黎陽翟遼、太山張願叛，玄還淮陰。十二年正月，以朱序爲青、兗二州刺史，代玄鎮彭城。序求鎮淮陰，以玄爲會稽内史。十三年正月，康樂獻武公〔五〕謝玄卒。十二月，南康襄公謝石卒。靈運第二詩蓋專賦此事本末。「賢相謝世運」，謂安之殁也。「遠圖因事止」，謂瑯琊王道子與安不協也。然亦孝武以昏主嗜酒色，無遠略，委事道子，此所以當中原潰亂可乘之機，以謝安爲相，玄、石、牢之爲將，而無所成也。靈運詩但稱乃祖高蹈之節，恐非康公本心也。文選注「高揖七州外」謂：舜分天下爲十二州，時晉有七，故云「七州」。予獨謂不然，指康樂所解徐、兖、青、司、冀、幽、并七州都督耳。謂晉有七州，而高揖於其外，則不復居晉之土耶？非也。道子解玄七州都督，而爲會稽内史，釋柄於内郡，自是左遷。然玄亦嘗疾篤，詔還京口，玄不以爲怨。而靈運微有怨辭，蓋以己之不得朝柄爲望耳。

公讌

九日從宋公戲馬臺集送孔令詩一首　　謝宣遠

風至授寒服，霜降休百工。繁林收陽彩，密苑〔六〕解華叢。巢幕無留鷰，遵渚有來鴻。輕霞冠秋日，迅商薄清穹〔七〕。聖心眷嘉節，揚鑾戾行宫。四筵霑芳醴，中堂起絲桐。扶光迫西汜，歡餘讌有窮。逝矣將歸客，養素克有終。臨流怨莫從，歡心嘆飛蓬。

虚谷曰：宋國建，無晉君矣，故二謝詩皆有「聖心」之語。易曰：「謙亨，君子有終。」「養素〔八〕」之句用此，佳。

九日從宋公戲馬臺集送孔令詩一首

謝靈運

季秋邊朔苦，旅雁違霜雪。淒淒陽卉腓，皎皎寒潭潔。良辰感聖心，雲旗興暮節。鳴葭戾朱宫，蘭巵獻時哲。餞宴光有孚，和樂隆所缺。在宥天下理，吹萬羣方悦。歸客遂海嵎，脱冠謝朝列。弭棹薄枉道，指景待樂闋。河流有急瀾，浮驂無緩轍。豈伊川途念，宿心愧將别〔九〕。彼美丘園道，喟焉傷薄劣。

虚谷曰：當時賦詩，推謝瞻宣遠詩爲冠，所謂「巢幕無留燕，遵渚有來鴻」者也。宣遠詩有云：「聖心眷嘉節。」靈運詩亦云：「良辰感聖心。」宋臺既建，坐受九錫，則裕爲君而晉安帝已非君矣，故二謝皆以「聖」稱宋公。然猶立恭帝，改元元熙，至二年六月而後禪。使裕脱有王敦、桓温之死，以「聖心」爲詩者能無患乎？易曰：「有孚飲酒無咎。」詩序曰：「鹿鳴廢則和樂缺矣。」此詩云「餞宴光有孚，和樂隆所缺」，善用事，又善用韻，建安詩則不如此之細而必偶也。「在宥」、「吹萬」用莊子語。明已尊宋公爲聖人造化，以其許孔靖之歸，得寬宥天下，生養萬物之意。文選注：『「腓」，音肥。詩『百卉具腓』。毛萇曰：『痱，病也。今本作腓字，非。』韓詩薛君曰：『腓，變也，俱變而黄也。』』「鳴葭」當作「鳴笳」。孔靖，南史有傳，會稽山陰人。據傳，靖晝卧，有神人謂曰：「起，天子在門。」出見乃劉裕，靖因結交，以身爲託。蓋裕之私人。若他人也，豈敢於宋臺初建而辭尚書令乎？此不足爲高。

王撫軍庾西陽集别時爲豫章太守庾被徵還東一首　謝宣遠

祗召旋北京，守官反南服。方舟新舊知，對筵曠明牧〔一〇〕。舉觴矜飲餞，指途念出宿。來晨無定端，別晷有成速。頹陽照通津，夕陰曖平陸〔一一〕。榜人理行艫，輶軒命歸僕。分手東城闉，發棹西江隩。離會雖相親，逝川豈往復。誰謂情可書，盡言非尺牘！

虚谷曰：此詩無甚佳處。江左自上流趨建康則云「北京」，蓋江流大抵北向也。江自南趨北，而曰江南、江北，言大勢也，其實北向而江分東西岸焉。今鄂州西門對漢陽軍，江州西門出琵琶亭，而出東門皆不見江，故知江不東向而北向，故江之上水船必用北風也。瞻避弟晦權盛，求守豫章卒。元嘉三年，晦以荆州刺史見討被誅，謝曜、謝遯及晦兄弟之子並死。一人可以禍一家，雖宣遠之出，無救於後來如此。

鄰里相送方山詩一首　謝靈運

祗役出皇邑，相期憩甌越。解纜及流潮，懷舊不能發。析析就衰林，皎皎明秋月。含情易爲盈，遇物難可歇。積疴謝生慮，寡欲罕所闕。資此永幽棲，豈伊年歲別。各勉日新志，音塵慰寂蔑。

虛谷曰：「懷舊不能發」，謂義真、延之、慧琳也。晉以來士大夫，喜讀易、老、莊，而不知謙益止足之義。率多懷才負氣，求逞於澆漓衰亂之世。箕潁枕漱，設爲虛談。義真之昵靈運，雖未必果有用爲宰相之言，史或難信。然靈運之爲人，非静退者，徐羡之、傅亮排黜，蓋其自取。「懷舊不能發」，有不樂爲郡之意。「資此永幽棲」，亦一時憤激之語耳。羡之等廢少帝，殺義真，自貽灰滅。義真之死，亦自不晦斂。靈運又終身不自悔艾，其敗也，詩意亦可覘云。

新亭渚别范零陵一首　謝玄暉

洞庭張樂地，瀟湘帝子遊。雲去蒼梧野，水還江漢流。停驂我悵望，輟棹子夷猶〔二〕。廣平聽方藉，茂陵將見求。心事俱已矣，江上徒離憂。

虛谷曰：自「洞庭張樂地」以下六句言湖、湘間諸郡，范去而已思之也。「廣平聽方藉」，謂范也。「茂陵將見求〔三〕」，謂己也。王隱晉書：「鄭袤，字林叔，爲中郎散騎常侍。會廣平太守闕，宣帝謂袤曰：『賢叔大匠渾垂稱於平陽，魏郡蒙惠化。且盧子家、王子邕繼踵此郡。欲世使不乏賢，故復相屈在郡。』」袤父泰，字公業，所謂鄭公業爲不亡，泰始中終辭司空者。此廣平事比汲黯淮陽事，而世人罕用。司馬相如病免家居茂陵，故朓以自謂，蓋言范之聲譽方藉甚，己則當求諸閑退之地也。「心事俱已矣」，必自有説。不傳之秘，非所形容。味「雲去蒼梧野」之句，暗用舜殂落事，得非以齊主爲喻乎？

詠史

張子房詩　　謝宣遠

王風哀以思，周道蕩無章。卜洛易隆替，興亂罔不亡。力政吞九鼎，苛慝暴三殤。息肩〔四〕纏民思，靈鑒集朱光。伊人感代工，聿來扶興王。婉婉幕中畫，輝輝天業昌。鴻門消薄蝕，垓下殞欃槍。爵仇建蕭宰，定都護儲皇。肇允契幽叟，翻飛指帝鄉。惠心奮千祀，清埃播無疆。神武睦三正，裁成被八荒。明兩燭河陰，慶霄薄汾陽。鑾旍〔五〕歷頹寢，飾像薦嘉嘗。聖心豈徒甄，惟德在無忘。逝者如可作，揆予慕周行。濟濟屬車士，粲粲翰墨場。瞽夫違盛觀，竦踊企一方。四達雖平直，蹇步愧無良。飡和忘微遠，延首詠太康。

虚谷曰：劉裕義熙十三年，舟師至項城，遊張良廟，僚佐賦詩，瞻爲冠。第一韻「王風哀以思，周道蕩無章」，以言周之衰。第三韻「力政吞九鼎，苛慝暴三殤」，以言秦之暴。東坡詆五臣誤注「三殤」，其實乃是李善。第五韻至第十韻敍美子房，「婉婉幕中畫」一句，世多用之。「鴻門銷薄蝕，垓下殞欃槍。爵仇建蕭宰，定都護儲皇。肇允契幽叟，翻飛指帝鄉。」皆佳。「肇允」、「翻飛」，瞻詩兩用此語。第十一韻至第十四韻，歸美劉裕。首曰「神武睦三正」，又曰「明兩燭河陰，慶霄薄汾陽」。「河陰」「汾陽」，堯、舜所居，諛裕至矣。又曰「聖心豈徒甄」，不待明年九日集於戲馬而稱「聖」也，裕之奪晉而自君也久矣。後五韻惟「四達雖平直，蹇步愧無良」佳，他平平。

秋胡詩一首　　顔延年

椅梧傾高鳳，寒谷待鳴律。影響豈不懷，自遠每相匹。婉彼〔一六〕幽閑女，作嬪君子室。峻節貫秋霜，明艷侔朝日。嘉運既我從，欣願自此畢。燕居未及好，良人顧有違。脱巾千里外，結綬登王畿。戒徒在昧旦，左右來相依。驅車出郊郭，行路正威遲。存爲久離別，没爲長不歸。嗟余怨行役，三陟窮晨暮。嚴駕越風寒，解鞍犯霜露。原隰多悲涼，迴飈卷高樹。離獸起荒蹊，驚鳥縱横去。悲哉遊宦子，勞此山川路。超遥行人遠，宛轉年運徂。良時爲此别，日月方向除。孰知寒暑積，僶俛見榮枯。歲暮臨空房，涼風起座隅。寢興日已寒，白露生庭蕪。勤役從歸願，反路遵山河。昔辭秋未素，今也歲載華。蠶月觀時暇，桑野多經過。佳人從所務〔一七〕，窈窕援高柯。傾城誰不顧，弭節停中阿。年往誠思勞，事遠闊音形。雖爲五載别，相與昧平生。捨車遵往路，鳧藻馳目成。南金豈不重，聊自意所輕。義心多苦調，密此金玉聲。高節難久掩，朅來〔一八〕空復辭。遲遲前途盡，依依造門基。上堂拜嘉慶，入室問何之。日暮行采歸〔一九〕，物色桑榆時。美人望昏至，慙歎前相持。有懷誰能已，聊用申苦艱〔二〇〕。離居殊年載，一別阻河關。春來無時豫，秋至恒早寒。明發動愁心，閨中起長歎。慘悽歲方晏，日落遊子顔。高張生絶絃，聲急由調起。自昔枉光塵，結言固終始。如何久爲別，百行諐諸己。君子失明義，誰與偕没齒。愧彼行露詩，甘之長川汜。

虚谷曰：此詩九章，章十句，頗傷於多。陶淵明賦桃源、三良、荆軻，何其簡而明也？然此亦善鋪敍。「存爲久離別，没爲長不歸」，犯蘇子卿語，却用得好。「三陟窮晨暮」，謂「陟彼高崗」、「陟彼崔嵬」、「陟彼砠矣」，「三陟」字頗巧。「原隰多悲涼」以下四句，「歲暮臨空房」以下四句，頗有建安風味。他所點者，皆可雋永。詩長篇爲難，九折更端則不難矣。此詩及五君詠〔二一〕，顔詩之最也。李善文選注，東坡之所深許。無一事不見本根，無一字不見來歷，皆博極羣書，間亦有隨文釋義者。且如此詩「脱巾千里外，結綬登王畿」，注云：「巾，處士所服。綬，仕者所佩。今欲宦於陳，故脱巾而結綬也。」能盡「巾」、「綬」之義乃佳。又引東觀漢記「江革養母幅巾」及漢書「蕭、朱結綬」事，可謂詳細。然秋胡之仕於陳，止是魯之鄰國，而云「王畿」，恐顔延之一時寓言，雖以秋胡子爲題，亦汎言仕宦之意。其注乃引詩緯：「陳，王者所起也。」此意似頗未通。「戒徒在昧旦」，注引易歸藏「君子戒車，小人戒徒」。李善時尚有易歸藏也。「自昔枉光塵，結言固終始」，下五字〔二二〕亦作尋常看，觀注乃知用公羊語「結言而退」，又楚辭「解佩纕以結言」，周易「歸妹人之終始」。前賢遺語，不妄如此。「高張生絶絃，聲急由調起」，注上句「喻立節〔三〕期於效命」，下句「喻興於恨深」，余謂此意謂有所激者出於不平耳。

五君詠　顔延年

阮步兵

阮公雖淪跡，識密鑒亦洞。沈醉似埋照，寓辭類託諷。長嘯若懷人，越禮自驚衆。物故不可論，途窮能無慟。

嵇中散

中散不偶世，本自餐霞人。形解驗默仙，吐論知凝神。立俗迕流議，尋山洽隱淪。鸞翮有時鎩，龍性誰能馴？

劉參軍

劉伶善閉關，懷情滅聞見。鼓鐘不足歡，榮色豈能眩。韜精日沈飲，誰知非荒宴。頌酒雖短章，深衷自此見。

阮始平

仲容青雲器，實稟生民秀。達音何用深，識微在金奏。郭奕已心醉，山公非虚覯。屢薦不入官，一麾乃出守。

向常侍

向秀甘淡薄，深心託豪素。探道好淵玄，觀書鄙章句。交呂既鴻軒，攀嵇亦鳳舉。流連河裏遊，惻愴山陽賦。

虛谷曰：沈約宋書：顏延之領步兵，好酒疎誕。劉湛言於廬陵王義康，出爲永嘉太守。延之作五君詠以述竹林七賢，山濤、王戎以貴顯被黜。詠嵇康曰：「鸞翮有時鎩，龍性誰能馴〔二四〕。」詠阮籍曰：「物故不可論，途窮能無慟。」詠阮咸曰：「屢薦不入官，一麾乃出守。」詠劉伶曰：「韜精日沈飲，誰知非荒宴。」此四句蓋自序也。

詠史詩一首　鮑明遠

五都矜財雄，三川養聲利。百金不市死，明經有高位。京城十二衢，飛甍各鱗次。仕子彯華纓，遊客竦輕轡。明星晨未稀〔二五〕，軒蓋已雲至。賓御紛颯沓，鞍馬光照地。寒暑在一時，繁華及春媚。君平獨寂寞，身世兩相棄。

虛谷曰：此詩八韻，以七韻言繁盛之如彼，以一韻言寂寞之如此。左太冲詠史第四首亦八韻，前四韻言京城之豪侈，後四韻言子雲之貧樂，蓋一意也。明遠多爲不得志之辭，憫夫寒士下僚之不達，而惡夫逐物奔利者之苟賤無恥，每篇必致意於斯。唐以來詩人多有此體，李白、陳子昂集中可考。而近代劉屏山爲五言古詩，亦出於此，參以建安體法。「五都」，王莽立均官，雒陽、邯鄲、臨淄、宛、成都也。「三川」，周京河、洛、伊也。言都會處千金之子，不死於市，陶朱公語。「明經取青紫」，夏侯勝語。此四句起柱也。入「京城十二衢」，則專言長安矣。「君平獨寂寞，身世兩相棄」，明遠以自歎也。文選謂「身棄世而不仕，世棄身而不任」，此語至佳。

游覽

遊西池一首　　謝叔源

悟彼蟋蟀唱，信此勞者歌。有來豈不疾，良游長蹉跎。逍遥越城肆，願言屢經過。迴阡被城闕〔二六〕，高臺眺飛霞。惠風蕩繁囿，白雲屯曾阿。景昊鳴禽集，水木湛清華。褰裳順蘭沚〔二七〕，徙倚引芳柯。美人愆歲月，遲暮獨如何。無爲牽所思，南榮戒其多。

虚谷曰：起句十字亦佳。毛詩：「蟋蟀在堂，歲亦云莫。今我不樂，日月其除。」此所謂「悟」。韓詩：「伐木，勞者歌其事。」此所謂「信」也。「有來」，謂將來之年也。選注引陸雲歲暮賦云：「年有來而棄予。」此西池之遊，所以惟恐其失之也。「高臺眺飛霞〔二八〕」、「水木湛清華」，兩句俱佳。「美人愆歲月」，所思也。庚桑楚謂南榮趎：「無使汝思慮營營。」引此以言，且陵行樂，不必牽於思而過甚也。意是而語頗拙耳。

泛湖歸出樓中翫月一首　　謝惠連

日落泛澄瀛，星羅游輕橈。憩榭面曲汜，臨流對迴潮。輟策共駢筵，並坐相招要。哀鴻鳴沙渚，悲猨響山椒。亭亭映江月，瀏瀏出谷飇。斐斐氣冪岫，泫泫露盈條。近矚袪幽蘊，遠視盪諠囂。悟言〔二九〕不知罷，從夕至清朝。

虛谷曰：王逸注楚詞：「『倚沼畦瀛兮遥望博。』楚人名池澤中爲『瀛』。」爾雅：「江決出復入爲汜。」毛詩注：「『可與晤言。』晤，對也。」此「悟」字與晤同。惠連少年工詩文，此篇十六句之内十二句對偶新的，綺靡細潤。然言景不可以無情，必有「近矚窺幽蘊，遠視盪諠囂」及末句，乃成好詩。若靈運則又情多於景，而爲謝氏詩之冠。散氣勝偶句，敍情勝述景。能如是者，建安可近矣。

從游京口北固應詔一首　　謝靈運

玉璽戒誠信，黄屋示崇高。事爲名教用，道以神理超。昔聞汾水遊，今見塵外鑣。鳴笳發春渚，稅鑾登山椒。張組眺倒景，列筵矚歸潮。遠巖映蘭薄，白日麗江皋。原隰荑緑柳，墟囿散紅桃。皇心美陽澤，萬象咸光昭〔三〇〕。顧己枉維縶，撫志慚場苗。工拙各所宜，終以反林巢。曾是縈舊想，覽物奏長謡。

虚谷曰：水經注：「京口，丹徒之西鄉，西北有別嶺入江，三面臨水，高十數丈，號曰北固。」今鎮江府猶有北固樓，詩家絶景。靈運出爲永嘉太守，滿歲謝病去職。元嘉三年，既誅徐羨之、傅亮、謝晦，徵靈運爲秘書監，顔延之爲中書侍郎。四年，文帝如丹徒，謁京陵。靈運以其秘書監從，故有應詔之作。靈運若曰：玉以爲璽，所以戒誠信。黄以爲屋，所以示崇高。聖人非以此爲富且貴也，此二事爲名教之用耳。推言之，則玉帛鐘鼓，禮樂之事也。有道焉，以神理超乎形迹之外，則聖人所以制天下者也。用此四句爲柱，引入黄帝藐姑射、汾水之遊以譬北固之讌，有莊、老放逸意，何不用虞巡守、夏游豫事耶？自「昔聞汾水游」以至「墟囿散紅桃」，皆不過敍事述景。如「白日麗江皋」，佳句也。老杜之「遲日江山麗」出於此。「原隰〔三一〕荑緑柳」一聯，艷而過於工，建安詩豈有是哉？「皇心美陽澤」以下八句，言主上過於春陽之澤物，而己之拙不克工，慚於場駒之維縶，終願聞退，方見議論。然作應詔詩，自來難作，如此已爲佳也。「倒景」有兩説：神仙家以日月皆在其下，謂之凌倒景；今以山臨水而影倒，謂之眺倒景，孫綽天台山賦：「或倒景於重溟。」

晚出西射堂一首　　謝靈運

步出西掖門，遥望城西岑。連障叠巘崿，青翠杳深沈。曉霜楓葉丹〔三二〕，夕曛嵐氣陰。節往慼不淺〔三三〕，感來念已深。羈雌戀舊侶，迷鳥懷故林。含情尚勞愛，如何離賞心。撫鏡華緇鬢，攬帶緩促衿。安排徒空言，幽獨賴鳴琴。

虚谷曰：文選注：「永嘉郡射堂。」予謂自西射堂出西城門也。起句十字蓋古體。「曉霜楓葉丹〔三四〕」與「池塘生春草」皆名佳句，以其自然也。「節往慼不淺，感來念已深」，靈運多有此句法。感物而必及於情，人理之常也。不樂爲郡，而懷賞心之人，至於撫鏡攬帶，恨夫鬢之老、衣之寬，則何其戚戚之甚邪？「安排」，莊子語。郭象注謂「安於推移」，此則謂安於世運之推移，徒有空言，不如寄於琴書，足以寫幽獨之無聊也。意深遠而心惻愴，豈真恬於道者哉！

登池上樓一首　　謝靈運

潛虬媚幽姿，飛鴻響遠音。薄霄愧雲浮，棲川怍淵沈。進德智所拙〔三五〕，退耕力不任。徇禄反窮海，卧痾對空林。傾耳聆波瀾，舉目眺嶇嶔。初景〔三六〕革緒風，新陽改故陰。池塘生春草，園柳變鳴禽。祁祁傷豳歌，萋萋感楚吟。索居易永久，離羣難處心。持操豈獨古，無悶徵在今。

虚谷曰：池上樓，永嘉郡樓。此詩句句佳，鏗鏘瀏亮，合是靈運第一等詩。「潛虬」、「飛鴻」，深潛、飛虚，設二喻而謂己不能雲浮川沈，有所媿怍。此詩體之變也。「進德智所拙，退耕力不任」，詩不可無此等語。又以四句紀事言情，文以四句賦早春時物，不特「池塘生春草」爲佳句，「園柳變鳴禽」及「初景革緒風」、「新陽改故陰」亦佳句也。謂春之初日，革冬之餘風。春爲陽，冬爲陰，亦謂以春改冬也。傷豳歌之祁祁，感楚吟之萋萋，欲歸而從田也。索居離羣，又所以極言夫所思之人也。惟「無悶徵在今」一句有病。養真之廢，固徐、傅之無上。靈運之出，猶得守郡。本亦自取，以爲遯世無悶，則欺心矣。史：靈運於永嘉西堂思詩，竟日不就。忽夢見惠連，即得「池塘生春草」，大以爲工。常云此語有神助，非吾語也。按：此句之工，不以字眼，不以句律，亦無甚深意奥旨。如古詩及建安諸子，「明月照高樓」、「高臺多悲風」及靈運之「曉霜楓葉丹」，皆天然渾成，學者當以是求之。

遊南亭詩一首　謝靈運

時竟夕澄霽，雲歸日西馳。密林含餘清，遠峯隱半規。久痗昏墊苦，旅館眺郊歧。澤蘭漸被徑，芙蓉始發池。未厭青春好，已覩朱明移。慼慼感物歎，星星白髮垂。藥餌情所止，衰疾忽在斯〔三七〕。逝將候秋水，息景偃舊崖。我志誰與亮，賞心惟良知。

虚谷曰：永嘉郡南亭也。按靈運詩，永初三年七月十六日之郡，在郡凡一年。鄰里相送方山詩曰：「皎皎明秋月。」此赴郡之始，在少帝即位未改元之前也。西射堂詩曰：「曉霜楓葉丹。」則在郡見冬矣。池上樓詩曰：「池塘生春草。」則在郡見春矣。此乃夏雨喜霽之作，思欲見秋而歸也。其歸當在景平元年秋。景平二年五月少帝廢，八月文帝即位，改爲元嘉元年。所謂「賞心惟良知」，必指從弟惠連及何敬瑜、羊璿之之流耳。三年始徵爲秘書監。

遊赤石進帆海一首　　謝靈運

首夏猶清和，芳草亦未歇。水宿淹晨暮，陰霞屢興没。周覽倦瀛壖，況乃〔三八〕凌窮髮。川后時安流，天吴静不發。揚帆采石華，挂席拾海月。溟漲無端倪，虚舟有超越。仲連輕齊組，子牟眷魏闕。矜名道不足，適己物可忽。請附任公言，終然謝天伐。

虚谷曰：「首夏猶清和」，至今以爲名言。「瀛壖」，海之邊岸也。南極海中有窮髪之人。天吴，水伯也。其獸八首、八足、八尾，背黄青。「石華」、「海月」，皆海中可食之物。「揚帆」、「挂席」，古詩未尚大巧，故不嫌異辭而同義，猶前詩用「媿」對「怍」也。「仲連輕齊組，子牟眷魏闕。」文選注謂：仲連〔三九〕輕齊組而至海上，明海上可悦。既悦海上，恐有輕朝廷之譏，故云「子牟眷魏闕」。予謂靈運竟不然，其意乃是雙舉仲連、子牟，一是而一非之。矜名者道不足，名固不可矜也。適己者物可忽，「忽」字未安：以富貴爲物，而忽之可也；以物爲人物之物，但知適己而忽物，則不可也。適己之説，史記謂莊子也。晉、宋間人老、莊子學終有偏處。靈運之病，正在於恣己自適，輕忽人物耳。「任公言」，亦出莊子，謂孔子圍於陳，太公任往吊之曰：「直木先伐，甘泉先竭。子其意者飾智以驚愚〔四〇〕，修身以明污，昭昭若揭日月而行，故不免也。」此寓言不足憑。靈運所以不能謝天伐者，豈非於聖人之學有所不足哉！

石壁精舍還湖中作一首　謝靈運

昏旦變氣候，山水含清暉。清暉能娱人，遊子憺忘歸。出谷日尚早，入舟陽已微。林壑斂暝色，雲霞收夕霏。芰荷迭映蔚，蒲稗相因依。披拂趨南逕，愉悦偃東扉。慮澹物自輕，意愜理無違。寄言攝生客，試用此道推。

虚谷曰：靈運所以可觀者，不在於言景，而在於言情。「慮澹物自輕，意愜理無違。」如此用工，同時諸人皆不能逮也。至其所言之景，如「山水含清暉」、「林壑斂暝色」，及他日「天高秋月明」、「春晚緑野秀」，於細密之中時出自然，不皆出於織組。顔延年、鮑明遠、沈休文雖各有所長，不到此地。如石壁地名之類，自可看文選注。

登石門最高頂一首　謝靈運

晨策尋絶壁，夕息在山棲。疏峯抗高館，對嶺臨迴溪。長林羅户穴，積石擁基階〔四一〕。連巖覺路塞，密竹使徑迷。來人忘新術，去子惑故蹊。活活夕流駛〔四二〕，噭噭夜猨啼。沈冥豈別理，守道自不攜。心契九秋幹，目玩三春荑。居常以待終，處順故安排。惜無同懷客，共登青雲梯。

虚谷曰：此詩「密竹使逕迷」，已似唐詩。新序榮啓期曰：「貧者士之常，死者人之終。居常待終，何憂哉！」靈運用此全語，曰「居常以待終」，恐靈運非貧者也。莊子：「老聃死，秦失弔之，曰：『適來，夫子時也；適去，夫子順也。』」「安排」已見前注。排者，推也。能處順，故安於造物之推移也。然靈運又豈能處順者哉？「惜無同懷客，共登青雲梯。」靈運每有賞心之嘆，即義真所謂未能忘言於悟賞者。然則賞一也，有獨賞，有共賞，靈運思夫共賞者，而不可得，則以獨賞爲憾。此尾句之意也，亦篇篇致意〔四三〕於斯。「心契」、「目玩」一聯，謂内其實而外其華，先之以沈冥守道之説。自處高矣，焉得不爲俗人所忌？

於南山往北山經湖中瞻眺一首　謝靈運

朝旦發陽崖，景落憩陰峯。舍舟眺迴渚，停策倚茂松。側逕既窈窕，環洲亦玲瓏。俛視喬木杪，仰聆大壑灇。石横水分流，林密蹊絶蹤。解作〔四四〕竟何感，升長皆丰容〔四五〕。初篁苞緑籜，新蒲含紫茸。海鷗戲春岸，天鷄弄和風。撫化心無厭，覽物眷彌重。不惜去人遠，但恨莫與同。孤遊非情歎〔四六〕，賞廢理誰通！

虚谷曰：此詩述事寫景。自「天鷄弄和風」以上十六句，有入佳句，可膾炙。然非用「撫化」、「覽物」一聯以繳之，則無議論、無歸宿矣，此靈運詩高妙處。「不惜去人遠」，謂古人也。「不惜」者，深惜之也。以獨遊山中，今人無可與同者也。「孤遊非情歎，賞廢理誰通。」謂己之獨遊於此，不以真情形之歎詠，則賞心之事之人既廢，此理誰與通乎？意極哀惋。柳子厚永州諸詩多近此。陽崖謂南山，陰峯謂北山，解作謂雷雨，升長謂草木，用兩卦名爲偶，建安詩無是也。

從斤竹澗越嶺溪行一首　謝靈運

猿鳴誠知曙，谷幽光未顯。巖下雲方合，花上露猶泫。逶迤傍隈隩，迢遞陟陘峴。過澗既厲急，登棧亦陵緬。川渚屢逕復，乘流翫迴轉。蘋蓱泛沈深，菰蒲冒清淺。企石挹飛泉，攀林摘葉卷。想見山阿人，薜蘿若在眼。握蘭勤徒結，折麻心莫展。情用賞爲美，事昧竟誰辨。觀此遺物慮，一悟得所遣。

虚谷曰：七韻言游山之事，四韻言情，借楚詞山鬼「薜蘿」語以懷所思之人。「握蘭」、「折麻」，將以遺之。心徒勤而不展也。「情用賞爲美」，謂遊山之情已獨賞矣，而無知我心共賞之者，則何美之有？如此，則其事幽昧而無分別者。一説謂吾之真情以賞，知此山爲美。事不明，顧不暇憂其不察也。以此觀之，物慮可通，而是非可遣矣。然則伐木開逕，以致王誘之疑、孟顗之奏，此詩殆先兆也。「隩」，於到、於六兩切，即隈也，江東人謂之浦。「經」，胡逕切，連山中斷曰陘，嶺小高曰峴，賢典切。「折疎麻兮瑶華，將以遺兮離居。」疎麻，神麻也。

應詔觀北湖田收一首

顔延年

周御窮轍跡，夏載歷山川。蓄軫豈明懋，善遊皆聖仙。帝暉膺順動，清蹕巡廣廛。樓觀眺豐潁[四七]，金駕映松山。飛奔互流綴，緹彀代迴環。神行埒浮景，争光溢中天。開冬眷徂物，殘悴盈化先。陽陸團精氣，陰谷曳寒煙。攢素既森藹，積翠亦葱仟。息饗報嘉歲，通急戒無年。温渥浹輿隸，和惠屬後筵。觀風久有作，陳詩愧未妍。疲弱謝凌遽，取累非纆牽。

虚谷曰：此詩十三韻，無可取。文選注：「丹陽郡圖經曰：『樂游苑，晉時藥園，元嘉中築堤壅水，名曰北湖。』集曰：元嘉十年也。」予謂李善時有丹陽郡圖經，有顔延之集，今皆無之矣。詩第二韻曰：「蓄軫豈明懋，善遊皆聖仙。」注云：「蓄軫不行，豈是欽明懋德之后？善遊天下，皆是睿聖神仙之君。」能通詩意，而理則無是也。前一韻曰：「周御窮轍迹，夏載歷山川。」言周穆王、夏禹，此乃復注曰：「聖謂夏禹，仙謂周穆。」亦巧。

車駕幸京口侍遊蒜山作一首　顏延年

元天高北列，日觀臨東暝。入河起陽峽，踐華因削成。巖險去漢宇〔四八〕，衿衛徙吳京。流池自化造，山關固神營。園縣極方望，邑社總地靈。宅道炳星緯，誕曜應辰明。睿思纏故里，巡駕帀舊坰。陟峯騰輦路，尋雲抗瑶甍。春江壯風濤，蘭野茂荑英。宣遊弘下濟，窮遠凝聖情。嶽濱有和會，祥習在卜征。周南悲昔老，留滯感遺氓。空食疲廊肆，反税事巖耕。

虚谷曰：此詩十三韻。第四韻云：「流池自化造，山關固神營。」「化造」、「神營」四字可用。「春江壯風濤，蘭野茂荑英。」上一句佳。末韻「空食疲廊肆，反税事巖耕。」亦平平。它皆冗而晦。

車駕幸京口三月三日侍遊曲阿後湖作一首　顏延年

虞風載帝狩，夏諺頌王遊〔四九〕。春方動辰駕，望幸傾五州。山祗蹕嶠路，水若警滄流。神御出瑶軫，天儀降藻舟。萬軸胤行衛，千翼汎飛浮。彫雲麗琁蓋，祥飈被綵斿。江南進荆豔，河激獻趙謳〔五〇〕。金練照海浦，笳鼓震溟洲。藐盼覯青崖，衍漾觀緑疇。人靈騫都野，鱗翰聳淵丘。德禮既普洽，川嶽徧懷柔。

虚谷曰：此詩十一韻〔五一〕。偶句櫛比，全無頓挫。鮑明遠以鋪錦列繡目之，是也。本不書此詩，書之以見夫雕繢滿眼之詩，未可以望謝靈運也。「山祇」之「蹕」，「水若」之「警」，非不以字爲眼。「瑶軫」、「藻舟」，又非不麗。下句皆爾，如無意何？「人靈騫都野，鱗翰聳淵丘。」文選注謂：「『騫』、『聳』皆驚懼之意。『都野』，民、靈所居。『淵丘』，鱗翰所聚。」予以正文避唐太宗名，以「民」爲「人」，其語破碎無意。晉陵郡之曲阿縣下，陳敏引水爲湖，四十里，號曰曲阿後湖。今常州境。元嘉二十六年作。

行藥至城東橋一首　　鮑明遠

鷄鳴關吏起，伐鼓早通晨。嚴車臨迥陌，延瞰歷城闉。蔓草緣高隅，修楊夾廣津。迅風首旦發，平路塞飛塵。擾擾遊宦子，營營市井人。懷金近從利，撫劍遠辭親。争先萬里塗，各事百年身。開芳及稚節，含采吝驚春。尊賢永照灼，孤賤長隱淪。容華坐消歇，端爲誰苦辛〔五二〕。

虛谷曰：此亦不得志詩。「雞鳴」四句，照自敍早行也。行藥有二意。晉、宋間人服寒食散之類，服藥矣，而游行以消息之。行藥者，老杜詩：「乘興還來看藥欄。」蓋行視花草藥物之意，亦通。「蔓草」以下敍景述事，言早起之人，不爲仕宦，即爲井市；懷金撫劍，近遠不同，而同於奔競也。故曰「争先萬里途，各事百年身」。下文曰：「開芳及稚節，含采吝驚春。」文選注：「吝」字殊爲費力。其説曰：「草之開芳，宜及少節。既以含采，理惜驚春。夫草之驚春，花葉必盛。盛必有衰，固所當惜也。」又引孔安國尚書傳曰：「吝，惜也。」虛谷竊謂：「吝」字可疑。豈以上文有「各事百年身」，故於此句避「各」字以爲「吝」字乎？以愚見決之，當作「開芳及稚節，含采各驚春」爲是。此蓋有感於行藥之際，見夫開芳含采之藥物，及乎未老之時，而皆有驚春之色，以譬夫仕宦撫劍、市井懷金之徒。然當時之所謂尊而賢者，久永光顯；吾曹之孤而賤者，則終於隱淪，坐成衰老，爲誰而空苦辛也？故曰此亦不得志之詩。鮑照詩且未論，却於注中得王羲之詩一聯，甚佳。羲之答許詢曰：「争先非吾事，静照在忘求。」此語謝靈運未之及也。

遊東田一首　　謝玄暉

慼慼苦無悰，攜手共行樂。尋雲陟累榭，隨山望菌閣。遠樹曖仟仟，生煙紛漠漠。魚戲新荷動，鳥散餘花落。不對芳春酒，還望青山郭。

虛谷曰：朓有莊在鍾山，故曰「遊東田」。起句佳，「遠樹」、「生煙」之聯尤佳，「魚戲新荷動，鳥散餘花落。」佳之尤佳，然礫元氣甚矣。陰鏗、何遜、庾信、徐陵、王褒、張正見、梁簡文、薛道衡諸人詩，皆務出此。而唐人詩無不襲此等語句，靈運、惠連在宋永初、元嘉間猶未甚也。「宋六十歲至於齊，而玄暉出焉。」唐子西之論有旨哉！

校勘記

〔一〕播清塵　「播」原訛作「擇」，據文選卷十九校改。〔二〕來歸附　「來」原訛作「未」，據資治通鑑卷一百五校改。〔三〕饋米二千斛　「米」原訛作「來」，據資治通鑑卷一百五校改。〔四〕新城　「新」原訛作「來」，據晉書謝安傳校改。〔五〕獻武公　「獻」原訛作「猷」，據晉書謝玄傳校改。〔六〕密苑　「苑」原訛作「死」，據文選卷二十校改。〔七〕清穹　「清」原訛作「情」，據文選卷二十校改。〔八〕養素　「素」原訛作「索」，據原詩改正。〔九〕將別　「將」原訛作「相」，據文選卷二十校改。〔一〇〕明牧　「明」原訛作「鳴」，據文選卷二十校改。〔一一〕曖平陸　「曖」原訛作「暖」，據文選卷二十校改。〔一二〕夷猶　「猶」原訛作「遊」，據文選卷二十校改。〔一三〕見求　原訛作「求見」，據原詩改正。〔一四〕息肩　「息」原訛作「恩」，據文選卷二十一校改。〔一五〕鑾旍　「旍」原訛作「鈴」，據文選卷二十一校改。〔一六〕婉彼　「彼」原訛作「被」，據文選卷二十一校改。〔一七〕從所務　「務」原訛作「豫」，據文選卷二十一校改。〔一八〕竭來　「來」字原缺，據文選卷二十一校補。〔一九〕行采歸　「采」原作「來」，據文選二十一校改。〔二〇〕苦艱　文選卷二十一「艱」作「難」。〔二一〕五君詠　「詠」原訛作「味」，據文意改正。〔二二〕下五字「下」原訛作「不」，據文意改正。〔二三〕立節　「節」原訛作「朝」，據文選卷二十一校改。〔二四〕誰能馴　「誰」原訛作「隨」，據原詩改正。〔二五〕晨末稀　「晨」原訛作「辰」，據文選卷二十一校改。〔二六〕城闕　「城」字原缺，據文選卷二十二校補。〔二七〕蘭沚　「沚」原訛作「趾」，據文選卷二十二校改。〔二八〕眺飛霞　「眺」原訛作「脁」，據原詩改正。〔二九〕悟言　「悟」原作「晤」，據文選卷二十二校改。〔三〇〕光昭　「昭」原訛作「照」，據文選卷二十二校改。〔三一〕原隰　「隰」原訛作「顯」，據文選卷二十二校改。〔三二〕楓葉丹　「丹」原訛作「舟」，據文選卷二十二校改。〔三三〕慼不淺　「慼」原訛作「感」，據文選卷二十二校改。〔三四〕楓葉丹　「丹」原訛作「舟」，據文選卷二十二校改。〔三五〕智所拙「拙」原訛作「掘」，據文選卷二十二校改。〔三六〕初景　「初」原訛作「祁」，據文選卷二十二校改。〔三七〕忽在斯　「在」原訛作「所」，據文選卷二十二校改。〔三八〕況乃　「乃」原訛作「及」，據文選卷二十二校改。〔三九〕仲連　「連」字原缺，據文選卷二十二校補。〔四〇〕驚愚　「驚」原訛作「矜」，據文選卷二十二校改。〔四一〕基階　原訛作「階基」，據文選卷二十二校改。〔四二〕夕流駛　「夕」原訛作「多」，據文選卷二十二校改。〔四三〕致意　「致」原訛作「之」，據黃節謝康樂詩注卷三引文校改。〔四四〕解作　「作」原訛作「竹」，

〔四五〕升長皆丰容　「升長」原訛作「斤竹」，據文選卷二十二校改。

〔四六〕孤遊非情歎　「非情歎」原訛作「情非歡」，據文選卷二十二校改。

〔四七〕眺豐穎　「穎」原訛作「潁」，據文選卷二十二校改。

〔四八〕漢宇　「宇」原訛作「蒖」，據文選卷二十二校改。

〔四九〕頌王遊　「頌」原訛作「訟」，據文選卷二十二校改。

〔五〇〕獻趙謳　「獻」原訛作「戲」，據文選卷二十二校改。

〔五一〕十一韻　「韻」原訛作「篇」，據文意改正。

〔五二〕苦辛　「辛」原訛作「幸」，據文選卷二十二校改。

文選顔鮑謝詩評卷二

元　方回撰

詠懷

秋懷詩一首　謝惠連

平生無志意，少小嬰憂患。如何乘苦心，矧復值秋晏。皎皎天月明，奕奕河宿爛。蕭瑟含風蟬，寥唳度雲鴈。寒商動清閨，孤燈曖幽幔〔一〕。耿介繁慮積，展轉長宵半。夷險難豫謀，倚伏昧前算。雖好相如達，不同長卿慢。頗悅鄭生偃，無取白衣宦。未知古人心，且從性所翫〔二〕。賓至可命觴，朋來當染翰。高臺驟登踐，清淺時陵亂。頹魄不再圓，傾羲無兩旦。金石終消毀，丹青暫彫煥。各勉玄髮歡，無貽白首歎。因歌遂成賦，聊用布親串。

虚谷曰：蔡寬夫詩話謂「晉、宋間詩人，有一人名而分用之者，如劉越石『宣尼悲獲麟〔三〕，西狩泣孔丘〔四〕』、謝惠連『雖好相如達，不同長卿慢』等語，若非前後相映帶，殆不可讀」。予謂唐初猶有此風，李延壽南史恩倖傳有云：「謀於管仲、齊桓，有召陵之師；邇於易牙、小白，掩陽門之扇。」此亦可笑者也。於司馬相如長卿，取其達而不取其慢。於鄭均仲虞，取其乞骸告歸而受尚書禄，有白衣尚書之號，則所不取。意本自佳。「長卿慢」係押韻。「慢」字有來歷。嵇康高士傳：「讚曰〔五〕：長卿慢世。」此文選注有益後學者如此。「金石終銷毁，丹青暫彫焕。」此十字極佳。「丹青」謂圖形。

哀傷

廬陵王墓下作一首　　謝靈運

曉月發雲陽，落日次朱方。含悽泛廣川，灑淚眺連岡。眷言懷君子，沈痛結中腸。道消結憤懣，運開申悲涼。神期恒若存〔六〕，德音初不忘。徂謝易永久，松柏森已行。延州協心許，楚老惜蘭芳。解劍竟何及〔七〕，撫墳徒自傷。平生疑若人，通蔽互相妨。理感深情慟，定非識所將。脆促良可哀，夭枉特兼常。一隨往化滅，安用空名揚。舉聲泣已灑，長歎不成章。

虚谷曰：「道消」，謂義真被殺，則以鬱結憤懣。「運開」，謂文帝既立，可以申寫悲涼。「通蔽」，本桓譚語，論漢高者，今用之，以明季札之於徐君，楚老之於龔勝。「解劍」、「惜蘭」，舉措異常，若通人之蔽者。然今日之慟，情理如此，則知昔人之非蔽也。靈運詩此篇未爲致佳。

拜陵廟作一首　顔延年

周德恭明祀，漢道尊光靈。哀敬隆祖廟，崇樹加園塋〔八〕。逮事休命始，投迹階王庭。陪厠迴天顧，朝讌流聖情。早服身義重，晚達生戒輕〔九〕。否來王澤竭，泰往人悔形。敕躬慚積素，復與昌運并。恩合非漸漬，榮會在逢迎。夙御嚴清制，朝駕守禁城。束紳〔一〇〕入西寢，伏軫出東坰。衣冠終冥漠，陵邑〔一一〕轉葱青。松風遵路急，山烟冒壠生。皇心憑容物，民思被歌聲。萬紀載紘吹，千載託旒旌。未殊帝世遠，已同淪化萌。幼壯困孤介，末暮謝幽貞。發軔喪夷易，歸軫慎崎傾。

虚谷曰：此詩十七韻。「松風遵路急，山烟冒壠生」兩句平平，是處可用。他切題處冗而晦，無可書。蓋從宋文帝上高祖塚也。

同謝諮議銅雀臺詩一首　謝玄暉

繐幃飄井幹，罇酒若平生。鬱鬱西陵樹，詎聞歌吹聲。芳襟染淚迹，嬋媛空復情。玉座猶寂寞，況乃妾身輕。

虚谷曰：文選注：「謝諮議璟。」銅雀臺，曹操建安十五年作於鄴都。遺令：「吾伎人皆著臺上，施六尺牀繐帷。朝晡，上脯糒之屬。月朔十五日，輒向帳作伎。汝等時時登臺望吾墓田。」

予謂此乃後人事。靈筵之禮布細而疎，謂之繐，南陽有鄧繐。「榦」音寒，井欄臺之通稱。西陵樹豈能聞歌聲，蓋指操也。楚辭「嬋媛」，王逸訓爲「牽引」。今人誤作嬋娟，非是。

贈答

答靈運一首　謝宣遠

夕霽風氣涼，閒房有餘清。開軒滅華燭，月露皓已盈。獨夜無物役〔一二〕，寢者亦云寧。忽獲愁霖唱，懷勞奏所成。歎彼行旅艱〔一三〕，深茲眷言情。伊余雖寡慰，殷憂暫爲輕。牽率酬嘉藻，長揖愧吾生。

虛谷曰：七韻惟四句佳：「夕霽風氣涼，閒房有餘清。開軒滅華燭，月露皓已盈。」以下不工〔一四〕。此詩答靈運愁霖詩也。文選於「忽獲愁霖唱」下注云：「靈運愁霖詩序云：『示從兄宣遠。』」今所謂五言集、靈運集已亡，不可考。

於安城答靈運一首　謝宣遠

條繁林彌蔚，波清源愈濬。華宗誕吾秀，之子紹前胤。綢繆結風徽，煙熅吐芳訊。鴻漸隨事變，雲臺與年峻。華萼相光飾，嚶嚶悅同響。親親子敦余，賢賢吾爾賞。比景後鮮輝，方年一日長。萎葉愛榮條，涸流好河廣。殉業謝成操，復禮愧貧樂。幸會果代畊，符守江南曲。履運傷荏苒，遵途歎緬邈。布懷存所欽，我勞一何篤。肇允雖同規，翻飛各異概。迢遞封畿外，窈窕承明内。尋途途既暌，即理理已對。絲路有恒悲，矧乃在吾愛。跬行安步武，鍛翮周數仞。豈不識高遠，違方往有吝。歲寒霜雪嚴，過半路愈峻。量己畏友朋，勇退不敢進。行矣勵令猷，寫誠酬來訊。

虚谷曰：文選注：「靈運贈宣遠序曰：『從兄宣遠義熙十一年正月作守安城。其年夏，贈以此詩。到其年終，有答。』」第一章：「華宗誕吾秀，之子紹前胤。」此句典正。第二章：「親親子敦余，賢賢吾爾賞。」亦佳。予向在金陵制幕，黄制使委考，擬試同幕制機，夏士林以「賢賢吾爾賞」爲省題詩，謂所試之賞也。宣遠元意乃謂：靈運之厚我，親其親也；我之賞靈運，賢其賢也。第四章：「肇允雖同規，翻飛各異概。」此所謂兩用者。文選注下文「窈窕承明内」謂靈運爲秘書監。按：此詩靈運當爲瑯琊王大司馬行軍參軍，永初三年始爲永嘉太守，元嘉三年始爲秘書監，則宣遠卒於豫章久矣。第五章有云：「量己畏友朋，勇退不敢進。」亦佳。宣遠惡其弟宣明之盛，始終有常退志。然宣明坐誅，併及兄弟之子，則宣遠有子亦不免也。哀哉！

西陵遇風獻康樂一首　謝惠連

我行指孟春，春仲尚未發。趣途遠有期，念離情無歇。成裝候良辰，漾舟陶嘉月。瞻塗意少悰，還顧情多闕。哲兄感仳別，相送越坰林。飲餞野亭館，分袂澄湖陰。悽悽留子言，眷眷浮客心。迴塘隱艫栧，遠望絶形音。靡靡即長路，戚戚抱遥悲。悲遥但自弭，路長當語誰！行行道轉遠，去去情彌遲。昨發浦陽汭，今宿浙江湄。屯雲蔽層嶺，驚風涌飛流。零雨潤墳澤，落雪灑林丘。浮氛晦崖巘，積素惑原疇。曲汜薄停旅，通川絶行舟。臨津不得濟，佇檝阻風波。蕭條洲渚際，氣色少諧和。西瞻興遊歎，東睇起悽歌。積憤成疢痗，無萱將如何！

虚谷曰：五章，章八句，僅有四句佳。「積素惑原疇」，「惑」字佳。餘多譫諄。靈運答此詩殊勝也。

還舊園作見顔范二中書一首　謝靈運

辭滿豈多秩，謝病不待年。偶與張邴合，久欲還東山。聖靈昔迴眷，微尚不及宣。何意衝飈激，烈火縱炎煙。焚玉發崐峯，餘燎遂見遷。投沙理既迫，如邛願亦愆。長與懽愛別，永絶平生緣。浮舟千仞壑，總轡萬尋巔。流沫不足險，石林豈爲艱？閩中安可處，日夜念歸旋。事躓兩如直，心愜三避賢。託身青雲上，棲巖挹飛泉。盛朝邊氛昏，貞休康迍邅。殊方感成貸〔一五〕，微物豫采甄。感深操不固，質弱易扳纏〔一六〕。曾是反昔園，語往實欵然。曩基即先築，故池不更穿。果木有舊行，壤石無遠延。雖非休憩地，聊取永日閒。衛生自有經，息陰謝所牽。夫子照情素，探懷授往篇。

虛谷曰：此詩二十一韻。初兩韻引張、邴事爲柱。次五韻先言武帝舊眷，而徐、傅廢弑，因以見黜。次五韻自永嘉〔一七〕郡得歸。賈誼投沙，馬卿如邛，史魚「兩如直」，孫叔敖「三避賢」，皆善用事。「盛明邊氛昏」以下四韻，言文帝擢爲祕書監，今乃酬素欵而還故園也。「曩基即先築，故池不更穿。果木有舊行，壤石無遠延。」當是永嘉歸始寧時，宅墅之役太盛，已招物論，故誓不再行增廣也。後三韻平平繳尾，然終有伐山開逕不自收斂之悔，何邪？

登臨海嶠初發彊中作與從弟惠連見羊何共和之一首　謝靈運

杪秋尋遠山，山遠行不近。與子別山阿，含酸赴脩畛〔一八〕。中流袂就判，欲去情不忍。顧望脰未悁，汀曲舟已隱。隱汀絶望舟，鶩棹逐驚流。欲抑一生歡，并奔千里遊。日落當棲薄，繫纜臨江樓。豈惟夕情斂，憶爾共淹留。淹留昔時歡，復增今日歎。茲情已分慮，況乃協悲端。秋泉鳴北澗，哀猿響南巒。戚戚新別心，悽悽久念攢。攢念攻別心，旦發清溪陰。暝投剡中宿，明登天姥岑。高高入雲霓，還期那可尋。儻過浮丘公，長絶子徽音。

虛谷曰：此當是四章，章四韻，而文選不注。羊、何共和之實，李白首用爲詩，後人多用，謂羊璿之、何敬瑜也。「含酸赴修畛」，謂長路也，作「軫」非。「顧望脰未悁」，「悁」字當作「痟」。陸彥聲詩曰：「相思心既勞，相望脰亦悁。」謂引頸以望，未勞而身已隱也。列仙傳：「王子喬好吹笙，道人浮丘公接以上嵩山。」末句用此事，殆亦戲言：萬一遇仙飛舉，則與惠連永絶音問也。

酬從弟惠連一首　謝靈運

寢瘵謝人徒，滅迹入雲峯。巖壑寓耳目，歡愛隔音容。永絶賞心望，長懷莫與同。末路值令弟，開顔披心胸。心胸既云披，意得咸在斯。淩澗尋我室，散帙問所知。夕慮曉月流，朝忌曛日馳。悟對無厭歇，聚散成分離。分離別西川，迴景歸東山。別時悲已甚，別後情更延。傾想遲嘉音，果枉濟江篇。辛勤風波事，欵曲洲渚言。洲渚既淹時，風波子行遲。務協華京想，詎存空谷期。猶復惠來章，祇足攪余思。儻若果歸言，共陶暮春時。暮春雖未交，仲春善遊遨。山桃發紅蕚，野蕨漸紫苞。鳴嚶已悦豫，幽居猶鬱陶。夢寐佇歸舟，釋我吝與勞。

虚谷曰：惠連五章，已評在前〔一九〕。詳此乃是惠連訪靈運於始寧山居，别去將往都下，至西興阻風，以詩來寄，而靈運答也。一筆寫就，如書問直道情素，既委曲，又流麗。

贈王太常一首　顔延年

玉水記方流，琁源載圓折。蓄寶每希聲，雖秘猶彰徹。聆龍瞭九泉，聞鳳窺丹穴。歷聽豈多士，歸然覯世哲。舒文廣國華，敷言遠朝列。德輝灼邦懋，芳風被鄉耋。側同幽人居，郊扉常晝閉〔二〇〕。林閭時晏開，亟迴長者轍。庭昏見野陰，山明望松雪。静惟浹羣化，徂生入窮節。豫往誠歡歇，悲來非樂闋。屬美謝繁翰，遥懷具短札。

虚谷曰：此詩十二韻。「玉水記方流，琁源載圓折。」事出尸子：「凡水，其方折者有玉，其圓折者有珠。」「舒文廣國華，敷言遠朝列。德輝灼邦懋，芳風被鄉耋。」此稱王僧達。「側同幽人居，郊扉常晝閉。林閭時晏開，亟迴長者轍。」此四句謂僧達來訪。然錯綜互對，古未見之。昔也「郊扉常晝閉」，以「側同幽人居」也；今也「林閭時晏開」，以「亟迴長者轍」也。「庭昏見野陰，山明望松雪。」延之自述所居；下一句始自然。

夏夜呈從兄散騎車長沙一首　顔延年

炎天方埃鬱，暑晏闋塵紛。獨静闕偶坐，臨堂對星分。側聽風薄木，遥睇月開雲。夜蟬當夏急，陰蟲先秋聞。歲候初過半[二一]，荃蕙豈久芬。屏居惻物變，慕類抱情殷。九逝非空思，七襄無成文。

虚谷[二二]曰：此詩七韻。「夜蟬當夏急，陰蟲先秋聞。歲候初過半，荃蕙豈久芳。」四句可書，「陰蟲」一句尤佳。文選注：「五言。集曰：『從兄散騎，字敬宗。車長沙，字仲遠。』」今不知其名。

直東宮答鄭尚書一首　顔延年

皇居體寰極，設險衹天工。兩闈阻通軌，對禁限清風。跂予旅東館，徒歌屬南墉。寢興鬱無已，起觀辰漢中。流雲藹青闕[二三]，皓月[二四]鑒丹宮。踟蹰清防密，徙倚恒漏窮。君子吐芳訊，感物惻余衷。惜無丘園秀，景行彼高松。知言有誠貫，美價難克充。何以銘嘉貺，言樹絲與桐。

虛谷曰：此詩十韻，惟「流雲藹青闕，皓月鑒丹宫」，一言東宫，一言中臺，齊整，他皆可及。文選注：鄭鮮之，字道子。

和謝監靈運一首　顔延年

弱植慕端操，窘步懼先迷。寡立非擇方，刻意藉窮棲。伊昔遘多幸，秉筆侍兩閨。雖慚丹雘施，未謂玄素睽。徒遭良時詖，王道奄昏霾。人神幽明絶，朋好雲雨乖。弔屈汀洲浦，謁帝蒼山蹊。倚巖聽細風，攀林結留荑。跂予間衡嶠，曷月瞻秦稽。皇聖昭天德，豐澤振沈泥。惜無爵雉化，何用充海淮。去國還故里，幽門樹蓬藜。采茨葺昔宇，翦棘開舊畦。物謝時既晏，年往志不偕。親仁敷情昵，興玩究辭棲。芬馥歇蘭若，清越奪琳珪。盡言非報章，聊用布所懷。

虛谷曰：延之元嘉三年徵爲中書侍郎，靈運徵爲秘書監。其先，二人俱爲廬陵王義真所昵。高祖崩，少帝立，徐羨之等屏二人，出爲始安、永嘉太守，在永初三年秋。景平元年秋，靈運謝病歸會稽。至是，徐、傅既誅，文帝召用，延之自始安還朝，至此贈答。延之詩，用事用字皆有來歷。謂如「弱植」，則子産語「其君弱植」；「端操」，則楚辭「内惟省以端操」；「窘步」，則楚辭「夫惟捷徑以窘步」；「先迷」，則易「先迷失道」；「寡立」出荀子，「刻意」出莊子。「擇方」、「窮棲」，無全出處。「方」字、「棲」字，經傳皆有之。此用字之法，學者不可不知也。此四句，延之自謂也。「伊昔」以下四句，言向來立朝。「兩闈」謂東宮、尚書省，「丹雘」以喻君恩，「玄素」以喻己節。「徒遭」以下四句，言少帝昏亂，衣冠乖阻。「弔屈」以下六句，言出爲遠郡，在湘思越，有懷靈運。「跂予」、「曷月」，字摘毛詩，用之尤雅。「皇天」以下四句，言文帝召用，慚己無補。「去國」以下六句，言解郡還家，補葺舊隱，有遲暮之歎。「親仁」以下四句，稱靈運贈詩；「歇」、「奪」二字俱佳。尾句謂「盡言非報章」，自揆不足以敵靈運，故曰「非報章」。此詩凡七、八折，鋪敘非不整矣，用事用字非不密矣，以鮑照之説裁之，則謂之雕繢滿眼可也。如靈運詩：「昏旦變氣候，山水含清暉。清暉能娱人，遊子憺忘歸。」天趣流動，言有盡而意無窮。似此之類，恐延之未敢到也。如：「桃李春風一盃酒，江湖夜雨十年燈。」未是山谷奇處。「石吾甚愛之，勿遣牛礪角。牛礪角尚可，牛鬬殘我竹。」乃山谷奇處也。學者學選詩，近世無其人。惟趙汝讜近三謝，猶有甃砌之迹，而失於舒緩，步步規隨，無變化之妙云。

郡内高齋閑坐答吕法曹一首　謝玄暉

結構何迢遰，曠望極高深。窗中列遠岫，庭際俯喬林。日出衆鳥散，山暝孤猿吟。已有池上酌，復此風中琴。非君美無度，孰爲勞寸心。惠而能好我，問以瑶華音。若遺金門步，就見玉山岑。

虚谷曰：郡，宣郡城也。柳子厚詩曰：「遥憐郡齋好，謝守但臨窗。」用「窗中列遠岫」是也。或以爲「岫」本訓穴，謝宣城誤用此字。予以爲「雲無心而出岫」，若專言穴，則淵明之意不亦狹乎？山谷常用之：「窗巾遠岫是眉黛，席上榴花皆舞裙。」山有巖穴；以「岫」爲遠山，似亦無害。「問以瑶華音。」「問」，餽遺也。左傳：「問以弓。」詩：「雜佩以問之。」「金門」言宫省，「玉山」言隱處。一出揚雄解嘲，一出穆天子傳。

在郡卧病呈沈尚書一首　謝玄暉

淮陽股肱守，高卧猶在兹。況復南山曲，何異幽棲時。連陰盛農節，籉笠[二五]聚東菑。高閣常晝掩，荒堦少諍辭。珍簟清夏室，輕扇動涼颸。嘉魴聊可薦，緑蟻方獨持。夏李沈朱實，秋藕折輕絲。良辰竟何許，夙昔夢佳期。坐嘯徒可積，爲邦歲已期。絃歌終莫取，撫几今自嗤[二六]。

虚谷曰：起句二韻，謂卧病治郡，如汲黯不異。「棲隱」以下十句，敍事敍景，又若詩太守之樂。然下文乃云：「良辰竟何許，夙昔夢佳期。」此十字乃是見約自東陽太守入爲尚書，意欲約引己入朝也。其曰「爲邦歲已期」，則補郡合在鬱林王昭業之隆昌元年七月被弑。海陵王昭文立，改爲延興元年。十月，明帝鸞立，又改爲建武元年。約之爲吏部出東陽，亦恐與朓同時，而約先入也。

暫使下都夜發新林至京邑贈西府同僚一首　謝玄暉

大江流日夜，客心悲未央。徒念關山近，終知反路長。秋河曙耿耿，寒渚夜蒼蒼。引領見京室，宮雉正相望。金波麗鳷鵲，玉繩低建章〔二七〕。驅車鼎門外，思見昭丘陽。馳暉不可接，何況隔兩鄉！風雲有鳥路，江漢恨無梁。常恐鷹隼擊，時菊委嚴霜。寄言罻羅者，寥廓已高翔。

虚谷曰：南史謂：王秀之欲以啓聞，朓知之〔二八〕，因事求還，寄此詩。味尾句，誠若得遠引之義。然以江陵爲京室：「金波麗鳷鵲，玉繩低建章。」兩句豐麗，用之子隆，則諸侯王也，亦得用人主宫殿事乎？

酬王晉安一首　謝玄暉

梢梢枝早勁，塗塗露晚晞。南中榮橘柚，寧知鴻雁飛。拂霧朝清閣，日旰坐彤闈。悵望一塗阻，參差百慮依。春草秋更緑，公子未西歸。誰能久京洛，緇塵染素衣。

虚谷曰：晉安郡，今泉州，故云「南中榮橘柚，寧知鴻雁飛。」「青閣」恐當作「青閣」，朓自謂朝趨東宫王府之類。文選注：「王晉安，名德元。」「公子未西歸」，謂晉安。「緇塵染素衣」，朓亦欲出外也。

校勘記

〔一〕曖幽幔　「曖」原訛作「暖」，據文選卷二十三校改。　〔二〕性所翫　「性」原訛作「牲」，據文選卷二十三校改。　〔三〕悲獲麟　「悲」原訛作「怨」，據劉琨原詩重贈盧諶校改。　〔四〕泣孔丘　文選卷二十五「泣」作「涕」。　〔五〕讚曰　「讚」原訛作「譖」，據文選卷二十三校改。見文選卷二十五。　〔六〕若存　「存」原訛作「在」，據文選卷二十三校改。　〔七〕竟何及　「及」原訛作「在」，據文選卷二十三校改。　〔八〕園塋　「塋」原訛作「营」，據文選卷二十三校改。　〔九〕生戒輕　「戒」原訛作「或」，據文選卷二十三校改。　〔一〇〕束紳　「紳」原訛作「身」，據文選卷二十三校改。　〔一一〕陵邑　「邑」原訛作「色」，據文選卷二十三校改。　〔一二〕無物役　「役」原訛作「投」，據文選卷二十五校改。　〔一三〕行旅艱　「旅」原訛作「旋」，據文選卷二十五校改。　〔一四〕以下不工　「下」原訛作「上」，據文意改正。　〔一五〕感成貸　文選卷二十五「感」作「咸」。　〔一六〕扳纏　文選卷二十五「扳」作「版」。　〔一七〕自永嘉　「自」上原衍「永」字，據文意删。　〔一八〕修畛　文選卷二十五

「畛」作「軫」。〔一九〕在前　「前」原訛作「後」，據文意改正。〔二〇〕晝閉　「晝」原訛作「畫」，據文選卷二十六校改。〔二一〕過半　「半」原訛作「年」，據文選卷二十六校改。〔二二〕虛谷　「谷」原訛作「方」，據文意改正。〔二三〕青闕　「闕」原訛作「關」，據文選卷二十六校改。〔二四〕皓月　「月」字原缺，據文選卷二十六校補。〔二五〕簦笠　「簦」原訛作「臺」，據文選卷二十六校改。〔二六〕今自嗤　文選卷二十六「今」作「令」。〔二七〕低建章　「低」原訛作「建」，據文選卷二十六校改。〔二八〕脁知之　「脁」原訛作「眺」，據文意改正。

文選顔鮑謝詩評卷三

元　方回撰

行旅

永初三年七月十六日之郡初發都一首　謝靈運

述職期闌暑，理棹變金素。秋岸澄夕陰，火旻團朝露。辛苦誰爲情，遊子值頽暮。愛似莊念昔，久敬曾存故。如何懷土心，持此謝遠度。李牧愧長袖，郤克慚躧步。良時不見遺，醜狀不成惡。曰余亦支離，依方早有慕。生幸休明世，親蒙英達顧。空班趙氏璧，徒乖魏王瓠。從來漸二紀，始得傍歸路。將窮山海迹，永絶〔一〕賞心悟。

虚谷曰：諸侯朝於天子曰「述職」，然漢書王吉傳云：「召公述職，舍於棠下而聽斷。」則諸侯治事亦曰「述職」可也。靈運本期夏末視郡事，而秋乃成行也。見似人而喜，出莊子。交友久而中絶，曾子以爲三費。出韓詩外傳。靈運不勝去國之懷，故用此三事以寓念昔存故之意，不但悵然於盧陵義真也。李牧臂短，爲手杖接手，坐賜死。晉郤克跛而登階，齊婦人笑之，出戰國策、左傳。「文離」，疏，形體不全。孔子遊方之内；「方」，常也，依常教也。並出莊子。靈運用此四事，自況於醜惡疾病之列，而亦不敢自畔於禮法，猶幸而不見棄於明時也。相如以趙璧爲瑕，惠子以魏瓠爲無用。靈運又用此二事，謂英達之顧，雖荷義真；出爲外郡，徐、傅見擠，珍非趙璧，而棄如魏瓠也。「從來漸二紀，始得傍歸路。」想靈運去會稽始寧，出仕踰二十餘年，今乃因作郡而過家也。「將窮山海迹，永絶賞心悟。」自是佳句，然其義專在義真。義真於靈運嘗云：「未能忘言於悟賞。」而靈運終身亦有「賞心永絶」之歎。此詩排比整密。建安諸子，混然天成，不如此。陶淵明剥落枝葉，不如此。但當以三謝詩觀之，則靈運才高詞富，意愴心怛，亦未易涯涘也。

過始寧墅一首　謝靈運

束髮懷耿介，逐物遂推遷。違志似如昨，二紀及兹年。緇磷謝清曠，疲薾慚貞堅。拙疾相倚薄，還得静者便。剖竹守滄海，枉帆過舊山。山行窮登頓，水涉盡洄沿。巖峭嶺稠疊，洲縈渚連緜。白雲抱幽石，緑篠媚清漣。葺宇臨迴江，築觀基曾巔。揮手告鄉曲，三載期歸旋。且爲樹枌檟，無令孤願言。

虚谷曰：詩有形有脈。以偶句敘事敘景，形也。不必偶而必立論盡意，脈也。古詩不必與後世律詩不同，要當以脈爲主。如此詩「剖竹守滄海」以下五聯，十句皆偶，未爲奇也。前八句不偶，則有味矣。「束髮懷耿介」，當是年十五而涉世。倏復「二紀」，則三十歲矣。沈約宋書靈運傳内有山居賦注，俟攷。「拙」與「疾」相迫，而後得遂「静者」之志。「静者」，詩家多用，本於論語「仁者静」，但未詳用「静者」二字誰爲祖耳。此所以述出處本末也。期約鄉曲三載而歸，俾樹松檟，無孤始願。此繳句，又自有味。靈運欲書滿郡考，後乃一年移疾去職。蓋其家温有餘，無資於禄。惜乎才高氣鋭，積以不參時政爲恨，遂致顛沛云。始寧縣，今上虞之南鄉。「繭」，奴結切。

富春渚一首

謝靈運

宵濟漁浦潭，旦及富春郭。定山緬雲霧，赤亭無淹薄。遡流觸驚急，臨圻阻參錯。亮乏伯昏分，險過吕梁壑。洊至宜便習，兼山貴止託。平生協幽期，淪躓困微弱。久露干禄請，始果遠遊諾。宿心漸申寫，萬事俱零落。懷抱既昭曠，外物徒龍蠖。

虚谷曰：靈運歸會稽始寧墅，從今漁浦泝富陽赴永嘉也。「定山」「赤亭」，今如故。「伯昏」「吕梁」二事，以言浙江之險坎之水。「洊至」，習乎險者也。艮之兼山，貴乎止也。「久露干禄請，始果遠遊諾。」謂久有補郡之請，今得永嘉，而遂遠遊之願也。「宿心漸申寫」，即所謂「幽期」者無可乖矣。「萬事俱零落」一句，怨辭也。志欲與廬陵有所爲，雖未必曾有宰相之許，而襟期不淺。既爲徐、傅所擠，則從前規度之事，俱無復望也。其怨深矣！「龍蠖」之屈以求伸，此謂心事明白；如爵禄外物，聽其可有可無也。細味之，靈運實未能忘情於世，故如此作。以詩法論之，若無「平生協幽期」以下八句議論，前十句鋪敘而已。

七里瀨一首　謝靈運

羈心積秋晨，晨積展遊眺。孤客傷逝湍，徒旅苦奔峭。石淺水潺湲，日落山照曜。荒林紛沃若，哀禽相叫嘯。遭物悼遷斥，存期得要妙。既秉上皇心，豈屑末代誚。目覩嚴子瀨，想屬任公釣。誰爲古今殊，異代可同調。

虛谷曰：文選注：「桐廬有七里瀨，下數里至嚴陵瀨。」予作郡七年，往來屢矣，今人皆混而言之。任公之釣，志其大而不志其小，故所得者大。予謂此寓言，非所以擬嚴子。「遷斥」者，推移之義，非謂遷謫也。

登江中孤嶼一首　謝靈運

江南倦歷覽，江北曠周旋。懷雜道轉迴，尋異景不延。亂流趨正絶，孤嶼媚中川。雲日相輝映，空水共澄鮮。表靈物莫賞，蘊真誰爲傳？想像崑山姿，緬邈區中緣。始信安期術，得盡養生年。

虛谷曰：此今永嘉郡江心寺無疑。予三十年前甲寅、乙卯寓郡齋往遊，見徐靈暉「流來天際水，截斷世間塵」詩牌，不見此詩。至今永嘉稱爲「中川」者，因此詩也。「孤嶼媚中川」，「媚」字句中眼也。「懷雜道轉迥」，此句尤佳。心有不純，去道愈遠，但恐靈運道其所道耳。「尋異景不延」，「異」字可疑。「雲日」「空水」之聯亦佳。「表靈」「藴真」一聯，似乎深奥。然從此説向神仙上去，則所謂「靈」與「真」者，仙也。故於孤嶼之上，想夫崑崙山之神，而有信於安期生之術。安期，瑯琊阜鄉人，秦始皇東遊，與語三日三夜者。西王母者，崑崙之神。

初去郡一首　謝靈運

彭薛裁知恥，貢公未遺榮。或可優貪競，豈足稱達生。伊予秉微尚，拙訥謝浮名。廬園當棲巖，卑位代躬耕。顧己雖自許，心迹猶未并。無用妨周任，有疾像長卿。畢娶類尚子，薄遊似邴生。恭承古人意，促裝返柴荆。牽絲及元興，解龜在景平。負心二十載，於今廢將迎〔二〕。理棹遄還期，遵渚騖修坰。遡溪終水涉，登嶺始山行。野曠沙岸浄，天高秋月明。憩石挹飛泉，攀林搴落英。戰勝臞者肥，止監流歸停。即是羲唐化，獲我擊壤聲。

虚谷曰：「牽絲及元興」，初仕。「解龜在景平」，謂去郡。晉安帝初改隆安，至五年而改元元興。是年三月，桓玄入京師。二年，玄簒晉。三年二月，劉裕起兵，四月，玄伏誅。明年改元義熙，三月安帝還京師。自此盡十四年，恭帝改元元熙。盡一年，明年六月，劉裕簒晉，改元永初，明年爲永初元年。盡三年，少帝改元景平。明年文帝入，改永平二年爲元嘉元年。自元興之元至景平之元，凡二十三年。靈運初以襲康樂公，除散騎常侍，不就。此「牽絲」之始也。得非桓玄未反之先乎？其爲瑯琊王大司馬參軍，此則在反正之後無疑。中間遷太子左衛，率以沈約宋書細考。永初三年秋，出爲永嘉太守。景平元年秋，謝病去職。作此詩，以彭宣、薛廣德、貢禹爲不足，以周任、司馬長卿、尚子平、邴曼容自擬。刊本「妨周任」，決非「妨」字，非「倣」字即「方」字。「倣」、「像」類似〔三〕，二字一義故也。或問予：「野曠沙岸淨，天高秋月明」，以筆圈之良是：「遡溪終水涉，登嶺始山行」，點之則何義邪？曰：此於永嘉去郡如畫也。永嘉城下泝潮江，過青田縣，抵處州，始舍舟登馮公嶺，出永康、東陽，非嘗至其地不知也。文選注：「『戰勝』，明貴不如義。『止監』，明語不如默。」所注甚佳。戰勝而肥，子夏事，出韓子。莫監流水，而監於止水，出文中子。「擊壤」事出莊子、論衡、周處風土記。

初發石首城一首　　謝靈運

白珪尚可磨，斯言易爲緇。雖抱中孚爻，猶勞貝錦詩。寸心若不亮，微命察如絲。日月垂光景，成貸遂兼兹。出宿薄京畿，晨裝摶魯飔。重經平生別，再與朋知辭。故山日已遠，風波豈還時。苕苕萬里帆，茫茫終何之。遊當羅浮行，息必廬霍期。越海陵三山，遊湘歷九嶷。欽聖若旦暮，懷賢亦悽其。皎皎明發心，不爲歲寒欺。

虛谷曰：「中孚」、「貝錦」之聯甚佳。「微命察如絲」，「察」字尤佳。老子曰：「夫惟道，善貸與善成。」貸，施也。靈運感文帝之宥己，故以「日月」喻之。舊説會稽之浮山，合於廣東之羅山。廬山，在今江州。霍山、灊、皖，是在今舒州。三山，海中。九疑，湘中。靈運方當治郡，略不及理人宣化事，專言游山，意太汗漫無歸宿。萬世之後，一遇大聖知其解者，是旦暮遇之。出莊子。晉人老、莊之學，初用爲清談之資，而詩亦必出於是，一時之蔽也。

道路憶山中一首　謝靈運

采菱調易急，江南歌不緩。楚人心昔絶，越客腸今斷。斷絶雖殊念，俱爲歸慮款。存鄉爾思積，憶山我憤懣。追情〔四〕棲息時，偃卧任縱誕。得性非外求，自已爲誰纂。不怨秋夕長，常苦夏日短。濯流激浮湍，息陰倚密竿。懷故叵新歡，含悲忘春暝。悽悽明月吹，惻惻廣陵散。殷勤訴危柱，慷慨命促管。

虚谷曰：楚辭有云：「涉江、采菱。」古樂府有江南辭。靈運時必有此二曲，其聲急而怨，故引之以見故山之思，有感於此聲也。「縱誕」之説非是。「得性非外求」，謂樂在内是也。吹萬不同，而使其自已。「已」訓止，言各得其性而止。出莊子。靈運意謂山水之樂，適我之性，而自足自止，無人能繼我者。「纂」訓繼，則亦深僻矣。明月吹言笛，廣陵散言琴，靈運當是作此音以寫悲怨。「危柱」、「促管」，謂琴、笛之音自緩而急，悲怨至此極也。詩尾應首，然有哀以思之意。

入彭蠡湖口一首

謝靈運

客遊倦水宿，風潮難具論。洲島驟迴合，圻岸屢崩奔。乘月聽哀狖，浥露馥芳蓀。春晚緑野秀，巖高白雲屯。千念集日夜，萬感盈朝昏。攀崖照石鏡，牽葉入松門。三江事多往，九派理空存。靈物丞珍怪，異人秘精魂。金膏滅明光，水碧綴流温。徒作千里曲，絃絶念彌敦。

虚谷曰：彭蠡湖口，今江州湖口也。「石鏡」「松門」，文選注：張僧鑒潯陽記、顧野王輿地志各指其地。惟：「三江事多往，九派理空存。」此二句者，知三江、九江，自晉、宋時已不明矣。中江、南江、北江，先儒所辨，有尚書索元在。分九派於尋陽，郭璞江賦云耳。後人亦不能定九派之迹，劉子澄淳祐江州圖經詳著之，予已别書訂此詩。則靈運之所不詳，後人姑存疑事也。「靈物」、「異人」以下，又歸宿於仙道。「千里曲」，想當時有此琴操。徒作此曲，而仙靈不接，所以弦雖絶而心徒悲也。大抵以恍惚爲宗，要爲不近人情，胸中亦别無十分道理也。

入華子岡是麻源第三谷一首　謝靈運

南州實炎德，桂樹凌寒山。銅陵映碧潤，石磴瀉紅泉。既枉隱淪客，亦棲肥遁賢。險逕無測度，天路非術阡。遂登羣峯首，邈若升雲煙。羽人絶髣髴，丹丘徒空筌。圖牒復磨滅，碑版誰聞傳。莫辯百世後，安知千載前。且申獨往意，乘月弄潺湲。恒充俄頃用，豈爲古今然。

虚谷曰：華子期，禄里弟子。見列仙傳。故老相傳翔集此頂，故稱華子岡。神仙茫昧，前後莫測。「且申獨往意」，夫「獨往」者，聊以自充俄頃之賞，非爲尊古卑今而然也。

北使洛一首　顔延年

改服飭徒旅，首路跼險難。振楫發吴州，秣馬陵楚山。塗出梁宋郊，道由周鄭間。前登陽城路，日夕望三川。在昔輟期運，經始闊聖賢。伊瀔絶津濟，臺館無尺椽。宫陛多巢穴，城闕生雲煙。王猷升八表，嗟行方暮年。陰風振涼野，飛雲瞀窮天。臨塗未及引，置酒慘無言。隱憫徒御悲，威遲良馬煩。遊役去芳時，歸來屢徂僭。蓬心既已矣，飛薄殊亦然。

虚谷曰：文選注：「沈約宋書曰：『延之爲豫章世子中軍行參軍。義熙十二年，高祖北伐，有宋公之授，府遣一使慶殊命，參起居。延之至洛陽，道中作詩一首，文辭藻麗，爲謝晦、傅亮所賞。』集曰：『時年三十二。』」予味此詩，人所可及，所以書此詩者有二：東晉立國〔五〕一百四年，義熙十二年，恰一百年足也。後四年，而劉裕禪洛陽。自惠帝朝喪亂，迄於懷、愍蒙塵，百餘年丘墟。延之「三川」之詠謂：「伊瀔絶津濟，臺館無尺椽。」予存此，所以攷時論事也。義熙十二年，延之年三十二。元初三年，出爲始安太守，當年三十八。元嘉三年，入爲中書侍郎，當年四十二。元嘉十年，有湖北田收詩，當年四十九，是年謝靈運誅。至元嘉二十六年，有京口蒜山後湖詩，則年六十六矣。孝武登阼，爲金紫光禄大夫，領湘東王師，則七十餘矣。予存此，所以攷年論人也。又因而論之。陶淵明元嘉四年卒，年六十三。延之爲劉柳後軍功曹，在尋陽與淵明情款。後爲始安郡，經過淵明，每往必酣飲致醉。臨去留二萬錢與淵明，淵明悉送酒家。觀此乃知延之詩雖不及靈運，其胸次則過之。靈運嘗入廬山，不爲遠法師所與，亦不聞其見交於淵明，延之獨與淵明交好甚深。以年計之，永初三年，淵明年五十八矣。長延之二十歲，亦可謂忘年之交也。延之後作靖節徵士誄，書曰「有晉徵士」，雖出於衆志，而延之實秉易名之筆，其知淵明蓋深也。「違衆速尤，迕風先蹶。身才非實，榮聲有歇。」延之誄書淵明，所晦如此。又書淵明：「獨立者危，至方則閡。」語其有得於淵明也多矣。故曰詩雖不及靈運，其胸次則過之。

還至梁城作一首　顔延年

眇默軌路長，憔悴征戍勤。昔邁先徂師，今來後歸軍。振策睠東路，傾側不及羣。息徒顧將夕，極望梁陳分。故國多喬木，空城凝寒雲，丘隴填郛郭，銘誌滅無文。木石扃幽闥，黍苗延高墳。惟彼雍門子，吁嗟孟嘗君。愚賤同堙滅，尊貴誰獨聞。曷爲久游客，憂念坐自殷。

虚谷曰：此詩十韻。「故國多喬木，空城凝寒雲。丘壠填郛郭，銘誌滅無文。木石扃幽闥，黍苗延高墳。惟彼雍門子，吁嗟孟嘗君。愚賤同湮滅，尊貴誰獨聞。」亦通論也，但不可及耳。

始安郡還都與張湘州登巴陵城樓作一首　顔延年

江漢分楚望，衡巫奠南服。三湘淪洞庭，七澤藹荆牧。經途延舊軌，登闉訪川陸。水國周地險，河山信重複。却倚雲夢林，前瞻京臺囿。清雰霽岳陽，曾暉薄瀾澳。悽矣自遠風，傷哉千里目。萬古陳往還，百代勞起伏。存没竟何人，炯介在明淑。請從上世人，歸來蓺桑竹。

虚谷曰：此詩十韻。「江漢分楚望，衡巫奠南服。三湘淪洞庭，七澤藹荆牧。」起句二韻，大概言地勢。郊外曰「牧」，「荆牧」言七澤之野也。末韻「請從上世人，歸來蓺桑竹。」有感於「存没竟何人，炯介在明淑」而云。初不明言「炯介」、「明淑」爲進爲退，而爲「松竹」之句，則意在退也。

還都道中作一首　　鮑明遠

昨夜宿南陵，今旦入蘆洲。客行惜日月，崩波不可留。侵星赴早路，畢景逐前儔。鱗鱗夕雲起，獵獵曉風遒。騰沙鬱黄霧，翻浪揚白鷗。登艫眺淮甸，掩泣望荆流。絶目盡平原，時見遠煙浮。倏悲坐還合，俄思甚兼秋。未嘗違户庭，安能千里游。誰令乏古節，貽此越鄉憂。

虚谷曰：此詩尾句絶佳，守古人之節，不輕出仕，則焉得有越鄉之憂乎？前段皆江路曉行暮宿之意。

之宣城出新林浦向板橋一首　　謝玄暉

江路西南永，歸流東北鶩。天際識歸舟，雲中辨江樹。旅思倦摇摇，孤游昔已屨。既懽懷禄情，復協滄洲趣。囂塵自兹隔，賞心於此遇。雖無玄豹姿，終隱南山霧。

虚谷曰：「天際識歸舟，雲中辨江樹。」古今絶唱。「江路西南永」，今大江上水，指西南行，而南爲多。「歸流東北騖」，今下水，即東北行，而北爲多。之宣城，即上水。玄暉家於浙，則「東北」乃其歸路。上水用東北風，下水用西南風。此二句又似指定江流之勢，古今不可易也。得郡而兼得山水之樂，於永嘉、臨川則靈運，於宣城則玄暉，至今專謝宣城之名云。板橋名今猶存，晉、宋時乃浮橋。

敬亭山詩一首　　謝玄暉

兹山亘百里，合沓與雲齊。隱淪既已託，靈異居然棲。上干蔽白日，下屬帶迴谿。交藤荒且蔓，樛枝聳復低。獨鶴方朝唳，饑鼯此夜啼。渫雲已漫漫，多雨亦凄凄。我行雖紆組，兼得尋幽蹊。緣源殊未極，歸徑窅如迷。要欲追奇趣，即此陵丹梯。皇恩竟已矣，兹理庶無睽。

虚谷曰：此詩妙在何處？亦本無妙。而玄暉詩名，與敬亭山千古不朽，何也？學者試下一轉語。

休沐重還道中一首

謝玄暉

薄游第從告，思閒願罷歸。還邛歌賦似，休汝車騎非。灞池不可別，伊川難重違。汀葭稍靡靡，江菼復依依。田鶴遠相叫，沙鴇忽争飛。雲端楚山見，林表吴岫微。試與征徒望，鄉淚盡霑衣。賴此盈樽酌，含景望芳菲。問我勞何事，霑沐仰清徽。志狹輕軒冕，恩甚戀重闈。歲華春有酒，初服偃郊扉。

虚谷曰：「薄遊於朝」，本孫綽語。謂立朝僅許給假，故曰「薄遊第從告」。漢書：「五日得一休沐。」休者，給也；沐者，洗也。願罷歸而僅賜休沐也。司馬相如還臨邛，諭蜀而歸也，嘗奏賦漢武，故玄暉以爲似之。袁紹以濮陽令歸汝南，不敢以輿服令許子將見，單車歸家。玄暉無此車徒，故曰非也。此二句極佳。長安之灞池、洛陽之伊川，借諭京師，以言戀闕之意。「楚山」、「吴岫」二句亦佳。玄暉家吴中，嘗有詩曰「再遊館娃宫」是也。末句謂志輕軒冕，而君恩之至，則又有禁闥之戀。「重闈」，謂宫省也。最後句終期退閒，其思緩而不迫，尤有味也。

晚登三山還望京邑一首

謝玄暉

灞涘望長安，河陽視京縣。白日麗飛甍，參差皆可見。餘霞散成綺，澄江静如練。喧鳥覆春洲，雜英滿芳甸。去矣方滯淫，懷哉罷歡宴。佳期悵何許，淚下如流霰。有情知望鄉，誰能鬒不變！

虛谷曰：起句以長安、洛陽擬金陵，用王粲、潘岳二詩極佳。李白云：「解道澄江静如練，令人却憶謝玄暉。」此一聯尤佳也。三山今猶如故，回望建康甚近，想六朝時甚盛也。味末句，其惓惓於京邑如此。去國望鄉，其情一也。有情無不知望鄉之悲，而況去國乎！

京路夜發一首　謝玄暉

擾擾整夜裝，肅肅戒徂兩〔六〕。曉星正寥落，晨光復泱漭。猶霑餘露團，稍見朝霞上。故鄉邈已敻，山川脩且廣。文奏方盈前，懷人去心賞。勑躬每跼蹐，瞻恩唯震蕩。行矣倦路長，無由稅歸鞅。

虛谷曰：此乃早行詩。「兩」，車也。「徂兩」二字甚佳。

樂府

會吟行　謝靈運

六引緩清唱，三調佇繁音。列筵皆静寂，咸共聆會吟。會吟自有初，請從文命敷。敷績壺冀始，刊木至江汜。列宿炳天文，負海横地理。連峯競千仞，背流各百里。滮池溉粳稻，輕雲曖松杞。兩京愧佳麗，三都豈能似。層臺指中天，高墉積崇雉。飛燕躍廣途，鷁首戲清沚。肆呈窈窕容〔七〕，路曜便娟子。自來彌年代，賢達不可紀。句踐善廢興，越叟識行止。范蠡出江湖，梅福入城市。東方就旅逸，梁鴻去桑梓。牽綴書土風，辭殫意未已。

虚谷曰：文選不注「會吟行」之義，詳考乃是倣陸機吴趨行。崔豹古今注曰：「吴趨曲，吴人以歌其地也。」今曰「會吟」，非吴會之「會」，即會稽之「會」。今兩浙，秦之會稽郡，漢之吴郡也。陸機之作曰：「楚妃且莫歎，齊娥且莫謳。四座并清聽，聽我歌吴趨。吴趨自有始，請從昌門起。」以下十四韻皆述吴中風土人物。靈運之作，起句三韻同調，以下少一韻耳。鋪敍誇張，别無高意，皆不可謂之佳作。「六引」、「三調」，文選注亦不詳明。所引吴、越六人，所謂「越叟者」，出越絶書：「子胥戰於檇李，闔閭軍敗，欲復其讐，師事越公，録其術。」又非范蠡，其人他書未嘗見。東方朔就旅逸，出劉向列仙傳，謂宣帝時，棄郎去避亂政，置幘官舍，風飄之去，後見會稽賣藥。漢書無此事。餘四人史可考。

東武吟　　鮑明遠

主人且勿諠，賤子歌一言。僕本寒鄉士，出身蒙漢恩。始隨張校尉，占募到河源。後逐李輕車，追虜窮塞垣。密塗亘萬里，寧歲猶七奔。肌力盡鞍甲，心思歷涼温。將軍既下世，部曲亦罕存。時事一朝異，孤績誰復論。少壯辭家去，窮老還入門。腰鐮刈葵藿，倚杖收雞豚。昔如鞲上鷹，今似檻中猿。徒結千載恨，空負百年怨。棄席思君幄，疲馬戀君軒。願垂晉主惠，不愧田子魂。

虚谷曰：此早從君而晚無成者。晉文公捐籩豆、棄席蓐，舅犯夜哭，出韓子。田子方贖老馬事，出韓詩外傳。能垂晉主之惠，則能不愧於田子之神矣，而後世之不願棄席、老馬者衆矣。東武地本太山，當吟齊之土風。今照用題不拘，恐謂東武之人應募亦可。詩有筆力，如轉石下千仞山，衮衮轟轟不可禦。李太白詩甚似之。

出自薊北門行　鮑明遠

羽檄起邊亭，烽火入咸陽。徵騎屯廣武，分兵救朔方。嚴秋筋竿勁，虜陣精且彊。天子按劍怒，使者遥相望。鴈行緣石徑，魚貫度飛梁。簫鼓流漢思，旌甲被胡霜。疾風衝塞起，沙礫自飄揚。馬毛縮如蝟，角弓不可張。時危見臣節，世亂識忠良。投軀報明主，身死爲國殤。

虚谷曰：此全用楚辭國殤之意：「身既死兮神以靈，魂魄毅兮爲鬼雄。」張巡嚼齒穿齦之類是也。西京雜記：「元封二年，大雪深五尺，牛馬卷縮如蝟。」少陵詩：「漢時長安雪一丈，牛馬寒毛縮如蝟。」鮑用又在先也。

結客少年場行　鮑明遠

驄馬金絡頭，錦帶佩吴鉤。失意杯酒間，白刃起相讐。追兵一旦至，負劍遠行遊。去鄉三十載，復得還舊丘。升高臨四關，表裏望皇州。九塗平若水，雙闕〔八〕似雲浮。扶宫羅將相，夾道列王侯。日中市朝滿，車馬若川流。擊鐘陳鼎食，方駕自相求。今我獨何爲，坎壈懷百憂。

虚谷曰：此謂俠少晚而悔者。朱家、郭解之徒，終貽悔吝，況區區殺人亡命子乎？可以爲戒也。此詩專指洛陽。「四關」者，東成皋，南伊闕，北孟津，西函谷。「雙闕」者，南、北宫，乃秦始皇所創。「九塗平若水，雙闕似雲浮。」此亦古詩蹉對句法。

東門行　鮑明遠

傷禽惡弦驚，倦客惡離聲。離聲斷客情，賓御皆涕零。涕零心斷絶，將去復還訣。一息不相知，何況異鄉别。遥遥征駕遠，杳杳落日晚。居人掩閨卧，行子夜中飯。野風吹秋木，行人心腸斷。食梅常苦酸，衣葛常苦寒。絲竹徒滿坐，憂人不解顏。長歌欲自慰，彌起長恨端。

虛谷曰：此專言離别之難。詩四折，爲二韻、三韻各二折。味至末句，則凡中有憂者，雖合樂也而愈悲，雖長歌也而愈怨，不特離别也。虛弓落鴈，事出戰國策：「更嬴於魏王射者。」蓋寓言設譬，此所謂「傷禽惡弦驚」也。

苦熱行　鮑明遠

赤阪横西阻，火山赫南威。身熱頭且痛，鳥墮魂來歸。湯泉發雲潭，焦煙起石圻。日月有恒昏，雨露未常稀。丹蛇踰百尺，玄蜂盈十圍。含沙射流影，吹蠱痛行暉。鄣氣晝熏體，菵露夜沾衣。饑猿不下食，晨禽不敢飛。毒涇尚多死，渡瀘寧具腓。生軀蹈死地，昌志登禍機。戈船榮既薄，伏波賞亦微。財輕君尚惜，士重安可希。

虛谷曰：熱者地之至惡，死者事之至難。蹈至惡之地，責以至難之事，而上之人不察，則天下士有去之而已。君視臣如草芥，則臣視君如寇讎。此詩連以十六句言苦熱，一句用一事，富哉言乎！「毒涇」、「渡瀘」，始入議論，謂所往之地，甚於秦人之毒涇，諸葛之渡瀘，死地禍機，決無可全之理；而軍賞微薄，則必失天下之心矣。韓詩外傳：「田饒對宋燕語：『財者君所輕，死者士所重。君不能用所輕，欲使士致重乎？』」

白頭吟

鮑明遠

直如朱絲繩，清如玉壺冰。何慚宿昔意，猜恨坐相仍。人情賤恩舊，世議逐衰興。毫髮一爲瑕，丘山不可勝。食苗實碩鼠，玷白信蒼蠅。鳧鵠遠成美，薪芻前見陵。申黜褒女進，班去趙姬昇。周王日淪惑，漢帝益嗟稱。心賞猶難恃，貌恭豈易憑。古來共如此，非君獨撫膺。

虚谷曰：司馬相如欲聘茂陵女，卓文君爲白頭吟。此用其題而廣之也。沈約宋書：「古白頭辭曰：『淒淒重淒淒，嫁女不須啼。願得一心人，白頭不相離。』」廣其意則不止夫婦間也。此詩可謂遒麗俊逸。黄鵠所從來遠而貴之；鷄所從來近而日淪之。韓詩外傳田饒語魯哀公者。譬若薪燎，後者處上，文子語，亦汲黯語。蓋遠近前後之説也。「心賞」、「貌恭」一聯，至佳至佳。

放歌行

鮑明遠

蓼蟲避葵堇，習苦不見非。小人自齷齪，安知曠士懷。鷄鳴洛城裏，禁門平旦開。冠蓋縱橫至，車騎四方來。素帶曳長飈，華纓結遠埃。日中安能止，鐘鳴猶未歸。夷世不可逢，賢君信愛才。明慮自天斷，不受外嫌猜。一言分珪爵，片善辭草萊。豈伊白璧賜，將起黄金臺。今君有何疾，臨路獨遲迴。

虚谷曰：此詩之意，全在「夷世不可逢，賢君信愛才」四句。謂明君在上，可以仕矣。「一言」、「片善」，可致富貴，豈徒取虞卿之白玉璧，又將起郭隗之黄金臺？而不急於仕者，果何所病而不進乎？起句用「蓼蟲避葵堇」事，楚辭云「蓼蟲不徙乎葵藿」，言性不遷也。世間以苦爲甘，以臭爲香者，固有之。然士之處世，果逢明君，何爲不仕？苟有一之未然，則不如蓼蟲之安於苦也。

升天行　鮑明遠

家世宅關輔，勝帶宦王城。備聞十帝事，委曲兩都情。倦見物興衰，驟覩俗屯平。翩翻類迴掌，恍惚似朝榮。窮塗悔短計，晚志重長生。從師入遠岳，結友事僊靈。五圖發金記，九籥隱丹經。風餐委松宿，雲卧恣天行。冠霞登綵閣，解玉飲椒庭。暫遊越萬里，近别數千齡。鳳臺無還駕，簫管有遺聲。何時與爾曹，啄腐共吞腥。

虚谷曰：厭世故而求神仙，神仙果有之乎？張子房願從赤松子遊，以全功名也。梅福去爲吴市卒，人以爲仙，以避亂也。未必真有所謂升天者也。蘇子由評李白詩：「語用兵則先登陷陣不以爲難，語遊俠則白晝殺人不以爲非。」予以鮑明遠詩輒續之曰：語神仙則白日升天不以爲無。若從尾句之意，則寓言借喻君子有高志遠意出塵埃之表者，視世之卑污苟賤之人，直如禽蟲之吞啄腐腥耳。「五圖」、「九籥」，據文選注引抱朴子：五嶽真形圖。鄭玄易緯注：齊、魯間藏器之管曰「籥」，又以藏經；丹有九轉，故曰「九籥」也。

溝。

鼓吹曲　　謝玄暉

江南佳麗地，金陵帝王州。逶迤帶渌水，迢遞起朱樓。飛甍夾馳道，垂楊蔭御溝。凝笳翼高蓋，疊鼓送華輈。獻納雲臺表，功名良可收。

虚谷曰：文選注：奉隋王〔九〕教作，鼓吹歌，軍樂也。謂之短簫鐃歌，黄帝岐伯所作。又古入朝曲。吴録張紘語：「秣陵，楚武王所置，名爲金陵。秦始皇時，望氣者云：金陵有王者氣。故斷連岡，改名秣陵。」曹植詩：「壯哉帝王居，佳麗殊百城。」玄暉此二句嚮人牙頰。後四句亦熟爲人所誦。徐引聲謂之「凝」，小擊鼓謂之「疊」。

校勘記

〔一〕永絶　「永」原訛作「未」，據文選卷二十六校改。　〔二〕將迎　「迎」原訛作「興」，據文選卷二十六校改。〔三〕類似　「似」原訛作「以」，據黄節謝康樂詩注卷三引文校改。〔四〕追情　文選卷二十六「情」作「尋」。〔五〕立國　「立」原訛作「五」，據文意改正。〔六〕戒徂兩　文選卷二十七「戒」作「戎」。〔七〕窈窕容　「容」原訛作「客」，據文選卷二十八校改。〔八〕雙闕　「闕」原訛作「關」，據文選卷二十八校改。〔九〕隋王　「隋」原訛作「隨」，據文選卷二十八校改。

文選顏鮑謝詩評卷四

元　方回撰

雜詩

七月七日夜詠牛女一首　謝惠連

落日隱櫩楹，升月照簾櫳。團團滿葉露，析析振條風。蹀足循廣除，瞬目矚層穹。雲漢有靈匹，彌年闕相從。遐川阻昵愛，修渚曠清容。弄杼不成藻，聳轡騖前蹤。昔離秋已兩，今聚夕無雙。傾河易迴斡，款顏難久悰。沃若靈駕旋，寂寥雲幄空。留情顧華寢，遥心逐奔龍。沈吟爲爾感，情深意彌重。

虛谷曰：世人云，七月七日織女嫁牽牛，本出齊諧記，謂爲桂陽城武丁之言，無是理也。神仙荒唐，予尚未信，況又出於一夫之口？誣蔑星象，虛無妄誕。曰此仙者之説，而世人信之，殊可憫也！且星之爲物，固有飛孛流彗之異。此徒見有織女之女字，遂造夫婦靈配、夜渡天河等事以欺愚俗，豈不哀哉！惠連詩惟「昔離秋已兩，今聚夕無雙」爲詩宗所稱。文選注：「昔離〔一〕迄今會，而秋已兩。今聚便别，故夕無雙也。」亦注得好。他不過體貼敷衍耳，無議論斷。此事善乎少陵之詩，曰「牽牛出河西，織女出河東。萬古永相望，七夕誰見同？神光竟難候，此事終朦朧」是也。然猶云「颯然精靈合，何必秋遂通」，似不爲之全無是理者。此少陵力爲辨析，謂假使有此精靈倏合，何必於秋之七夕耶？所以力闢之，而非以爲有也。自「祈請走兒童」以至「日出甘所終」，既哂夫因節乞巧者之愚。自「嗟汝未嫁女」以至「丈夫多英雄」，又所以訓夫臣之於君，猶婦之于夫，未有私會苟合而可久者。此少陵詩所以獨步也。然則牛、女之説，誨淫之薄俗歟？

擣衣詩一首　謝惠連

衡紀無淹度，晷運倏如催。白露滋園菊，秋風落庭槐。肅肅莎雞羽，烈烈寒螿啼。夕陰結空幕，宵月皓中閨。美人戒裳服，端飾相招攜。簪玉出北房，鳴金步南階。櫩高砧響發，楹長杵聲哀。微芳起兩袖，輕汗染雙題。紈素既已成，君子行未歸。裁用笥中刀，縫爲萬里衣。盈篋自余手，幽緘候君開。腰帶準疇昔，不知今是非。

虛谷曰：此詩全在後面八句，尤佳則尾句也。似當作「寄衣」。以上八句，不過賦擣衣而已，無佳處。又前八句，則述秋夜之景，而斗半夜建者。「衡」，北斗中一星也。冬至日月起於牽牛，爲星紀，故曰「衡紀無淹度」。

南樓中望所遲客一首

謝靈運

杳杳日西頽，漫漫長路迫。登樓爲誰思，臨江遲來客。與我别所期，期在三五夕。圓景早已滿，佳人猶未適。即事怨睽攜，感物方悽戚。孟夏非長夜，晦明如歲隔。瑶華未堪折，蘭苕已屢摘。路阻莫贈問，云何慰離析。搔首訪行人，引領冀良覿。

虚谷曰：靈運始寧又北轉，一汀七里，有園南門樓。南樓百許步，對横山，在今上虞。此遲客之所也。「遲」，去聲，訓待，而文選注音訓爲「思」，非是。江淹擬湯惠休云：「日暮碧雲合，佳人殊未來。」本靈運，不如靈運語意足，有來歷。初與客期會於月望之夕，今月忽圓而客不至，所以爲佳。淹所謂「日暮碧雲合」，豈初以黄昏爲期乎？故曰不如靈運之語意足也。

田南樹園激流植援一首

謝靈運

樵隱俱在山，由來事不同。不同非一事，養痾亦園中〔二〕。中園屏氛雜，清曠招遠風。卜室倚北阜，啓扉面南江。激澗代汲井，插槿當列墉。羣木既羅户，衆山亦對窗。靡迤趨下岫〔三〕，迢遞瞰高峯。寡欲不期勞，即事罕人功。唯開蔣生徑，永懷求羊蹤。賞心不可忘，妙善冀能同。

虚谷曰：四句喝起，有議論。臧榮緒晉書：「胡孔明有言：『隱者在山，樵者亦在山。在山則同，所以在山則異。』」靈運則謂吾非樵非隱，於中園養病而已。此所謂在山同，所以在山者異也。無井也，以澗代之。無墉也，以槿當之。羅户之木，對窗之山，迤邐則趨下岫，迢遞則瞰高峯，謂皆出於自然。吾本寡欲，而得於勞力，即此爲田園之事而功寡矣。其以人力爲之者，唯開三徑，以待賞心之友耳。三輔決録：蔣詡字元卿，隱於杜陵。舍中三徑，惟羊仲、求仲從之遊。妙善同，出郭象莊子注。「賞心」二字，靈運屢用之，每篇必然。

齋中讀書一首　　謝靈運

昔余遊京華，未嘗廢丘壑。矧乃歸山川，心跡雙寂漠。虚館絶諍訟，空庭來鳥雀。卧疾豐暇豫，翰墨時間作。懷抱觀古今，寢食展戲謔。既笑沮溺苦，又哂子雲閣。執戟亦以疲，耕稼豈云樂。萬事難並歡，達生幸可託。

虚谷曰：文選注：「永嘉郡齋也。」「虚館絶諍訟，空庭來鳥雀。」恐是棄郡事則可。予嘗寓永嘉郡齋，近時特爲殷盛，未易以卧病治也。「耕稼豈云樂」，此一句似失言。媮一日郡齋之安，而笑夫碌碌朝列之人可也；謂勝沮溺，而耕稼亦在所卑，過矣。

石門新營所住四面高山迴溪石瀨修竹茂林詩一首

謝靈運

躋險築幽居，披雲卧石門。苔滑〔四〕誰能步，葛弱豈可捫。嫋嫋秋風過，萋萋春草繁。美人遊不還，佳期何由敦。芳塵凝瑶席，清醑滿金樽。洞庭空波瀾，桂枝徒攀翻。結念屬霄漢，孤景莫與諼。俯濯石下潭，仰看條上猿。早聞夕飈急，晚見朝日暾。崖傾光難留，林深響易奔。感往慮有復，理來情無存。庶持乘日車，得以慰營魂。匪爲衆人説，冀與智者論。

虚谷曰：詩題止是新築幽居，終篇乃屬意所思，有美人不來之歎。「感往慮有復，理來情無存。」此是説道理處，然老、莊之學，不可强以吾儒性命道德通。莊子所謂「乘日車」，郭象亦注不明，謂日出而遊，日入而息，亦不足多窮也。

數詩一首

鮑明遠

一身仕關西，家族滿山東。二年從車駕，齋祭甘泉宫。三朝國慶畢，休沐還舊邦。四牡曜長路，輕蓋若飛鴻。五侯相餞送，高會集新豐。六樂陳廣坐，組帳揚春風。七盤起長袖，庭下列歌鐘。八珍盈彫俎，綺肴紛錯重。九族共瞻遲，賓友仰徽容。十載學無就，善宦一朝通。

虚谷曰：此游戲翰墨，如金石絲竹八音、建除滿平十二辰、角亢氐房二十八宿，皆以作難得巧爲功，非詩之自然者也。數者自一至十，始云：「一身仕關西，家族滿山東。」末至：「十載學無就，善宦一朝通。」緊要意在此。謂寒士之學十載不成，巧宦之人一朝通顯，如前九韻所云耳。

翫月城西門廨中一首　鮑明遠

始見西南樓，纖纖如玉鈎。末映東北墀，娟娟似蛾眉。蛾眉蔽珠櫳，玉鈎隔瑣牕。三五二八時，千里與君同。夜移衡漢路，徘徊帷户中。歸華先委露，別葉早辭風。客游厭苦辛，仕子倦飄塵。休澣自公日，宴慰及私辰。蜀琴抽白雪，郢曲發陽春。肴乾酒未缺，金壺啓夕淪。迴軒駐輕蓋，留酌待情人。

虚谷曰：前六韻言月之自缺而滿，又有感於節物之易凋。文選注：「華落向本，故曰『歸華』。葉下離枝，故云『別葉』。」亦佳。後五韻言宦游休澣，偶值此月，具琴曲、設酒肴，當夕漏之云初，命駐車以同酌也。「淪」訓波，小波曰「淪」。此詩不似晉、宋後人詩。

始出尚書省一首

謝玄暉

惟昔逢休明，十載朝雲陛。既通金閨籍，復酌瓊筵醴。宸景厭照臨，昏風淪繼體〔五〕。紛虹亂朝日，濁河穢清濟。防口猶寬政，餐荼更如薺。英衮暢人謀，文明固天啓。青精翼紫軑，黄旗映朱邸。還覩司隸章，復見東都禮。中區咸已泰，輕生諒昭灑。趨事辭宮闕，載筆陪旌棨。邑禮向疎蕪，寒流自清泚。衰柳尚沈沈，凝露方泥泥。零落悲友朋，歡虞讌兄弟。既秉丹石心，寧流素絲涕。乘此終蕭散，垂竿深澗底。

虚谷曰：讀首四句，知朓盡齊武帝永明之世，立朝十許年。次六句痛鬱林。次八句美齊明帝。稱曰「英衮」，知其咏帝。用「青精」「黄旗」，并光武「司隸」事，則帝有所歸矣，海陵爲虚位也。「趨事」「載筆」一聯，去尚書省爲記室也。「邑里」以下十句，乃是因出省而還家。朓前賦東田詩「有莊在鍾山」，蓋有退閒之意也。詩排比多而興趣淺。三謝惟靈運詩喜以老、莊説道理、寫情愫，述景則不冗，寄意則極怨，爲特高云。

直中書省一首

謝玄暉

紫殿肅陰陰，彤庭赫弘敞。風動萬年枝，日華承露掌。玲瓏結綺錢，深沈映朱綢。紅藥當階翻，蒼苔依砌上。茲言翔鳳池，鳴佩多清響。信美非吾室，中園思偃仰。朋情以鬱陶，春物方駘蕩。安得凌風翰，聊恣山泉賞。

虛谷曰：朓嘗轉中書郎，此「紅藥」「蒼苔」之詩，應用者資爲事料熟矣。實則潘岳懷縣詩有云：「清泉過庭激，緑槐夾門值。信美非吾土，祇擾懷歸志。」此全傚之也。處省闥而思江湖，人能爲是言，能踐者鮮耳。「萬年枝」，今人以爲冬青樹。「承露盤」，漢武所爲，江左宮殿無之，殆借用耳。

觀朝雨一首　謝玄暉

朔風吹飛雨，蕭條江上來。既灑百常觀，復集九成臺。空濛如薄霧，散漫似輕埃。平明振衣坐，重門猶未開。耳目暫無擾，懷古信悠哉。戢翼希驤首，乘流畏曝鰓。動息無兼遂，歧路多徘徊。方同戰勝者，去翦北山萊。

虛谷曰：「百常觀」出張景陽七命。「九成臺」，出呂氏春秋。此必省中早坐見雨，有「驤首」之思，又有「曝鰓」之懼。動而進乎？息而退乎？恐熊、魚難兼，而路分爲二，莫知適從也。如子夏戰紛華而勝則可，歸矣亦平。

郡内登望一首

謝玄暉

借問下車日，匪直望舒圓。寒城一以眺，平楚正蒼然。山積陵陽阻，溪流春穀泉。威紆距遥甸，巉嵒帶遠天。切切陰風暮，桑柘起寒煙。悵望心已極，惝怳魂屢遷。結髪倦爲旅，平生早事邊。誰規鼎食盛，寧要狐白鮮。方棄汝南諾，言税遼東田。

虚谷曰：「寒城一以眺，平楚正蒼然。」朱文公極喜此上一句，謂有力。唐子西語録：「謝玄暉詩：『平楚』，猶平野也。吕延濟乃用『翹翹錯薪，言刈其楚』，謂楚木叢。便覺氣象殊窘。」予所有李善本亦爾。近世張雪牕良臣詩「衹留平楚伴銷凝」，予謂乃極目寒蕪之意。平野縱無大草木，所以蒼然者，蓋亦青青而無極也。宣城郡有陵陽山，所謂仙人陵陽子明，見劉向列仙傳。春穀縣在丹陽郡，出漢書。末句「汝南諾」下「棄」字佳，謂不能爲太守與人畫諾字也。「遼東田」下「税」字亦佳：牛暴管寧田，寧牽牛飼之。亦善用事。

和伏武昌登孫權故城一首

謝玄暉

炎靈遺劍璽，當塗駭龍戰。聖期缺中壤，霸功興寓縣。鵲起登吴山，鳳翔陵楚甸。衿帶窮巖險，帷帟盡謀選。北拒溺驂鑣，西龕收組練。江海既無波，俯仰流英盼。裘冕類禋郊，卜揆崇離殿。釣臺臨講閲，樊山開廣讌。文物共葳蕤，聲明且葱蒨。三光厭分景，書軌欲同薦。參差世祀忽，寂寞市朝變。舞館識餘基，歌梁想遺轉。故林衰木平，荒池秋草徧。雄圖悵若兹，茂宰深遐睠。幽客滯江皋，從賞乖纓弁。清卮阻獻酬，良書限聞見。幸藉芳音多，承風采餘絢。于役儻有期，鄂渚同游衍。

虚谷曰：炎靈遺斬蛇之劍與傳國之璽，而吴興；日月星三光厭乎分景而書軌欲同也，故吴亡。凡詩述興盛之事，則雅而難爲工；言及衰亡，則哀而易爲辭。此「舞館」「歌梁」「故林」「荒池」四句，所以讀之而見其佳也。伏武昌者，伏曼容，自大司馬參軍出爲武昌太守，朓以「茂宰」稱之。太守亦可云「茂宰」，而世人罕用。

和王著作八公山詩一首　謝玄暉

二别阻漢坻，雙崤望河澳。兹嶺復巑岏，分區奠淮服。東限琅邪臺，西距孟諸陸。阡眠起雜樹，檀欒蔭修竹。日隱澗疑空，雲聚岫如複。出没眺樓雉，遠近送春目。戎州昔亂華，素景淪伊瀔。阽危賴宗衮，微管寄明牧。長蛇固能翦，奔鯨自此曝。道峻芳塵流，業遥年運倏。平生仰令圖，吁嗟命不淑。浩蕩别親知，連翩〔六〕戒征軸。再遠館娃宮，兩去河陽谷。風煙四時犯，霜雨朝夜沐。春秀良已彫，秋場庶能築。

虚谷曰：此詩平平鋪敍。「瑯琊」「孟諸」「東限」「西距」，汎而不切，又誤向背。「平生仰令圖」以下，自述兩別家鄉之意，以辛苦爲歎，殊無足觀。「檀欒蔭修竹」一聯，處處可用，何獨八公山？

和徐都曹一首　謝玄暉

宛洛佳遨遊，春色滿皇州。結軫青郊路，迴瞰蒼江流。日華川上動，風光草際浮。桃李成蹊徑，桑榆蔭道周。東都已俶載，言歸望緑疇。

虚谷曰：文選注：和徐都曹勉昧旦出新渚。此乃借宛、洛以喻建康。小詩十句，而三句膾炙人口。

和王主簿怨情一首　謝玄暉

掖庭聘絶國，長門失歡宴。相逢詠蘼蕪，辭寵悲班扇。花叢亂數蝶，風簾入雙燕。徒使春帶賒，坐惜紅裝變。生平一顧重，宿昔千金賤。故人心尚爾，故人心不見。

虚谷曰：「花叢亂數蝶，風簾入雙燕。」靈運、惠連、顔延年、鮑明遠，在宋元嘉中未有此等綺麗之作也。齊「永明體」自沈約立爲聲韻之説，詩漸以卑。而玄暉詩徇俗太甚，太工太巧。陰、何、徐、庾繼作，遂成唐人律詩，而晚唐尤纖瑣，蓋本原於斯。「一顧重」而「千金賤」，此聯乃絶佳，事出列女傳：「楚成王之夫人鄭子瞀，初，成王登臺，子瞀不顧。王曰：『顧吾，與汝千金。』子瞀遂行不顧。」爲子瞀之不顧千金，彼一時也；爲王嬙、陳后、班姬見棄於主，此一時也。杜荀鶴「風暖鳥聲碎，日高花影重」之作，全得此格。

雜擬

擬魏太子鄴中集詩八首　謝靈運

建安末，余時在鄴宫，朝遊夕讌，究歡愉之極〔七〕。天下良辰、美景、賞心、樂事，四者難并。今昆弟友朋，二三諸彦共盡之矣。古來此娱，書籍未見，何者？楚襄王時有宋玉、唐、景，梁孝王時有鄒、枚、嚴、馬。遊者美矣，而其主不文。漢武帝徐樂諸才，備應對之能，而雄猜多忌，豈獲晤言之適？不誣方將，庶必賢於今日爾。歲月如流，零落將盡。撰文懷人，感往增愴。其辭曰：

魏太子

百川赴巨海，衆星環北辰。照灼爛霄漢，遥裔起長津。天地中横潰，家王拯生民。區宇既滌蕩，羣英必來臻。忝此欽賢性，由來常懷仁。況值衆君子，傾心隆日新。論物靡浮説，析理實敷陳。羅縷豈闕辭，窈窕究天人。澄觴滿金罍，連榻設華茵。急絃動飛聽，清歌拂梁塵。何言相遇易，此歡信可珍。

王粲

家本秦川貴公子孫，遭亂流寓，自傷情多。

幽厲昔崩亂，桓靈今板蕩。伊洛既燎煙，函崤没無像。整裝辭秦川，秣馬赴楚壤。沮漳自可美，客心非外獎。常歎詩人言，式微何由往。上宰奉皇靈，侯伯咸宗長。雲騎亂漢南，紀郢皆掃盪。排霧屬盛明，披雲對清朗。慶泰欲重疊，公子特先賞。不謂息肩願，一旦值明兩。並載遊鄴京，方舟泛河廣。綢繆清讌娱，寂寥梁棟響。既作長夜飲，豈顧乘日養。

陳琳

袁本初書記之士，故述喪亂事多。

皇漢逢屯邅，天下遭氛慝。董氏淪關西，袁家擁河北。單民易周章，窘身就羈勒。豈意事乖己，永懷戀故國。相公實勤王，信能定蝥賊。復覯東都輝，重見漢朝則。餘生幸已多，矧乃值明德。愛客不告疲，飲讌遺景刻。夜聽極星闌，朝遊窮曛黑。哀哇動梁埃，急觴盪幽默。且盡一日娛，莫知古來惑。

徐　幹

少無宦情，有箕、潁之心事，故仕世多素辭。

伊昔家臨淄，提攜弄齊瑟。置酒飲膠東，淹留憩高密。此歡謂可終，外物始難畢。搖蕩箕濮情，窮年迫憂慄。末塗幸休明，棲集建薄質。已免負薪苦，仍游椒蘭室。清論事究萬，美話信非一。行觴奏悲歌，永夜繫白日。華屋非蓬居，時髦豈余匹。中飲顧昔心，悵焉若有失。

劉　楨

卓犖偏人，而文最有氣，所得頗經奇。

貧居晏里閈，少小長東平。河兖當衝要，淪飄薄許京。廣川無逆流，招納廁羣英。北渡黎陽津，南登紀郢城。既覽古今事，頗識治亂情。歡友相解達，敷奏究平生。矧荷明哲顧，知深覺命輕。朝遊牛羊下，暮坐括揭鳴。終歲非一日，傳巵弄新聲。辰事既難諧，歡願如今并。唯羨肅肅翰，繽紛戾高冥。

應　瑒

汝潁之士，流離世故，頗有飄薄之歎。

嗷嗷雲中鴈，舉翮自委羽。求涼弱水湄，違寒長沙渚。顧我梁川時，緩步集潁許。一旦逢世難，淪薄恒羈旅。天下昔未定，託身早得所。官渡厠一卒，烏林〔八〕預艱阻。晚節值衆賢，會同庇天宇。列坐廕華榱，金樽盈清醑。始奏延露曲，繼以闌夕語。調笑輒酬答，嘲謔無慚沮。傾軀無遺慮，在心良已敘。

阮　瑀

管書記之任，故有優渥之言。

河洲多沙塵，風悲黄雲起。金羈相馳逐，聯翩何窮已。慶雲惠優渥，微薄攀多士。念昔渤海時，南皮戲清沚。今復河曲游，鳴笳汎蘭汜。躧步陵丹梯，並坐侍君子。妍談既愉心，哀弄信睦耳。傾酤係芳醑，酌言豈終始。自從食蓱來，唯見今日美。

平原侯植

公子不及世事，但美遨遊，然頗有憂生之嗟。

朝遊登鳳閣，日暮集華沼。傾柯引弱枝，攀條摘蕙草。徙倚窮騁望，目極盡所討。西顧太行山，北眺邯鄲道。平衢修且直，白楊信裊裊。副君命飲宴，歡娛寫懷抱。良遊匪晝夜，豈云晚與早。衆賓悉精妙，清辭灑蘭藻。哀音下迴鵠，餘哇徹清昊。中山不知醉，飲德方覺飽。願以黄髮期，養生念將老。

虚谷曰：序擬曹丕作。「良辰、美景、賞心、樂事，四者難并。」實靈運語，擬爲曹丕詩者。又云：「楚襄王時，有宋玉、唐、景，梁孝王時，有鄒、枚、嚴、馬。游者美矣，而其主不文。漢武帝徐樂諸才，備應對之能，而雄猜多忌，豈獲晤言之適？」予謂此序使其主宋武帝、文帝見之，皆必切齒。「其主不文」，明譏劉裕。「雄猜多忌」，亦能誅徐、傅、謝、檀者之所諱也。又況言與行皆躁而不静，作爲韓亡秦帝之時？宋之禪晉，自義熙得柄，近二十年而篡。文帝在位，至元嘉十年，靈運坐誅。其創業三十年矣，而以憤辭輕爲匡復晉室之語，不已疎乎？此序亦賈禍之一端也。況文帝以文自命，鮑照悟旨，僞作才盡，僅僅自全，靈運誠可謂不智矣！所擬八篇，於曹丕云：「天地中横潰，家王拯生民。」於王粲云：「排霧屬盛明，披雲對清朗。」此全是晉、宋詩，建安無此。於陳琳云：「夜聽極星闌，朝遊窮曛黑。」於徐幹云：「華屋非蓬居，時髦豈余匹。」皆不似建安。於劉楨云：「朝遊牛羊下，暮坐括揭鳴。」「括揭」二字怪詭，詩云：「雞棲于桀，牛羊下括。」雞棲於杙〔九〕爲「桀」，「傑」與「揭」音義同。「括」，至也。似不必如此立異。於應瑒云：「官渡厠一卒，烏林預艱阻。」頗合實事。於阮瑀云：「河洲多沙塵，風悲黄雲起。」此兩句頗哀壯。於曹植云：「徙倚窮騁望，目極盡所討。西顧太行山，北眺邯鄲道。」此四句亦高古。

然皆規行距步，甃砌妝點而成，無可圈點，全無所謂建安風調，故予評其詩而不書其全篇。陳琳、徐幹、阮瑀三子，文選無其詩，似不似固難懸斷。然建安詩有古詩十九首規格。晉人至高，莫如阮籍詠懷，尚有逕庭。靈運山水之作，細潤幽怨、紆餘開爽則有之矣，非建安手也。近世有休齋詩話者，謂靈運擬鄴中八首，無一語可稱，誠哉是言！今予於八首之中，提出其可資話柄者如前，亦已恕矣。

擬古三首　　鮑明遠

幽并重騎射，少年好馳逐。氈帶佩雙鞬，象弧插彫服。獸肥春草短，飛鞚越平陸。朝遊鴈門上，暮還樓煩宿。石梁有餘勁，驚雀無全目。漢虜方未和，邊城屢翻覆。留我一白羽，將以分虎竹。

魯客事楚王，懷金襲丹素。既荷主人恩，又蒙令尹顧。日晏罷朝歸，鞍馬塞衢路。宗黨生光華，賓僕遠傾慕。富貴人所欲，道德亦何懼。南國有儒生，迷方獨淪誤。伐木清江湄，設罝〔一〇〕守毚兔。

十五諷詩書，篇翰靡不通。弱冠參多士，飛步游秦宮。側覩君子論，預見古人風。兩説窮舌端，五車摧筆鋒。羞當白璧貺，恥受聊城功。晚節從世務，乘障遠和戎。解佩襲犀渠，卷袠奉盧弓。始願力不及，安知今所終。

虚谷曰：此三首亦擬古詩十九首，如陸機也。第一詩惟用二事爲博。宋景公使弓人爲弓，九年乃成，曰：「臣之精力盡於此弓。」景公射之，餘力益勁，猶飲羽於石梁。出闞子。吴賀使羿射雀左目，誤中右目。出帝王世紀。詩意欲以一矢求封侯也。第二詩設爲魯客之譏富貴不以道得。「南國儒生」，照以自謂。乃獨迷方失位，伐木罝兔，而守其愚也。第三詩謂少年讀書，晚節從戎。本非始願，不知末路之爲如何也。然則照竟有荆州之殁，悲夫！

學劉公幹體一首　　鮑明遠

胡風吹朔雪，千里度龍山。集君瑶臺裏，飛舞兩楹前。兹辰自爲美，當避豔陽年。豔陽桃李節，皎潔不成妍。

虚谷曰：逴龍山〔二〕，出楚辭。「兹辰自爲美」一句佳。雪之爲物，當寒之時則爲其美，當桃李之時則無所容其皎潔矣。物固各有一時之美也。

代君子有所思一首

鮑明遠

西出登雀臺，東下望雲闕。層閣肅天居，馳道直如髮。繡甍結飛霞，琁題納行月。築山擬蓬壺，穿池類溟渤。選色遍齊代，徵聲帀邛越。陳鐘陪夕讌，笙歌待明發。年貌不可還，身意會盈歇。蟻壤漏山河，絲淚毁金骨。器惡含滿欹，物忌厚生没。智哉衆多士，服理辨昭昧。

虚谷曰：此詩十韻。前述帝居皇闕之盛，而後歎其忽衰，雍門子撼孟嘗君之意也。「築山擬蓬壺，穿池類溟渤。選色遍齊代，徵聲帀邛越。」其盛如此。「蟻壤漏山河，絲淚毁金骨。器惡含滿欹，物忌厚生没。」一朝有不可測者，則衰矣。一蟻之孔，可以傾山潰河。一線之淚，可以鑠金銷骨。欹器滿則覆，出家語。生之厚而之死地，出莊子。詩意本亦常談，但造語峭拔，而世之富貴驕淫不戒以顛者，比比是也，則其言豈可忽諸！

校勘記

〔一〕昔離 「昔」原訛作「者」，據文選卷三十校改。〔二〕亦園中 文選卷三十「亦」作「丘」。〔三〕下岫 文選卷三十「岫」作「田」。〔四〕苔滑 「苔」原訛作「苕」，據文選卷三十校改。〔五〕淪繼體 「淪」原訛作「渝」，據文選卷三十校改。〔六〕連翩

「翮」原訛作「翻」，據文選卷三十校改。〔七〕之極　「極」原作「至」，據文選卷三十校改。〔八〕烏林　「烏」原訛作「鳥」，據文選卷三十校改。〔九〕雞棲於杙　「杙」原訛作「栈」，據文選卷三十校改。〔一〇〕設罝　「罝」原訛作「苴」，據文選卷三十一校改。〔一一〕逴龍山　「逴」原訛作「連」，據文選卷三十一校改。

附録三　傳記

元書方回傳

曾　廉

方回字萬里，號虚谷，徽州歙人也。宋景定三年别省登第，提領池陽茶鹽，累遷知嚴州。國兵至州，回言必死事。已而服國人服，首導引者回也。回既迎降，即以爲建德路總管，回乘勢嚇取民數萬金。尋爲安撫使，罷，乃徜徉杭、歙間，自號紫陽居士，竟以壽終。初回在宋，昵於賈似道。似道勢敗，回遂上書言似道十可斬。舉城歸國，終以不用，乃遂肆意於詩。所撰瀛奎律髓，乃選唐、宋以來近體詩。評論之大旨，排「西崑」而祖「江西」，倡爲「一祖三宗」之説。一祖者，杜甫也；三宗者，黄庭堅、陳師道、陳與義也。其隲評於情景虚實之間三致意焉，往往過於拘方，非詩法也。回行事尤醜繆，害及鄉里。然詩實有重名於時，一時風雅勝流，皆樂與之接。晚益崇正，學人莫不重其言而怪其行。又泉州蒲壽宬，壽庚兄也。初知梅州，有清名。宋亡，黄冠野服，自稱處士。然益、廣二王航海至泉，壽庚距城不納，皆壽宬陰謀。壽庚納款歸國，亦壽宬密主之。然其詩沖淡閒遠，論者以爲與回俱不可測也。又回同邑楊公遠，字叔明，亦能詩。回爲跋其集。公遠宋人，未嘗仕元，然干謁當路，頌其德政，人以此少之。

（録自元書卷八十九文苑列傳）

元詩選方回小傳

顧嗣立

回，字萬里，别號虚谷，徽州歙縣人，宋景定壬戌别省登第，提領池陽茶鹽，累遷知嚴州。元兵至，迎降，即以爲建德路總管。尋罷，徜徉杭、歙間以老。虚谷傲倪自高，不修邊幅。賈似道敗，嘗上十可斬之疏。晚而歸元，終以不用，乃益肆意於詩，吟詠最多，亦不甚持擇也。其自序桐江續集云：「予自桐江休官閑居，萬事廢忘，獨於讀書作詩，未之或輟。」是時年已六十餘矣，仇仁近嘗贈詩云：「老尚留樊素，貧休比范丹。」頗爲時論所笑。嘗選唐、宋以來近體詩評論之，名曰瀛奎律髓，於情、景、虚、實之間，三致意焉，而尤以山谷、後山、簡齋爲標準，海虞馮定遠曰：「方君所娓娓者，止在『江西』一派。觀其議論，全是執己見以繩縛古人，以古人無礙之才，圓變之學，曲合於拘方板腐之輩，吾恐其説愈詳而愈多所戾耳。」此言可謂深中虚谷之病矣。

（録自顧嗣立元詩選）

附録四　版本、評點及收藏情況一覽表

編纂瀛奎律髓彙評，爲了解原書版本、評點及收藏情況，曾向下列圖書館作過調查：北京、首都、科學院、北大、上海、復旦、華師大、天津、遼寧、吉林、吉大、蘭大、山大、南京、南大、安徽、浙江、杭大、福建、湖北、武大、廣東、中山大學、廣西、四川、川大、雲南、雲大、貴州。現將了解到的有關情況列表如左：

書名	版本	收藏者	備注
瀛奎律髓四十九卷	元至元癸未刻巾箱本，二十四册六函。	首都。	
瀛奎律髓四十九卷	明成化三年紫陽書院刻本。	北京；北大（殘本）；吉林；南京（殘本）。	
瀛奎律髓四十九卷	清康熙四十九年陳士泰刻本。	北京（一部録有馮舒、馮班評語，另一部録有陸貽典、無名氏（乙）評語）；上海（録有馮舒、馮班、查慎行評語）；天津；山大；南京；南大（録有馮舒、馮班評語）；浙江（殘本）。	

（續表）

書名	版本	收藏者	備注
瀛奎律髓四十九卷	清康熙五十二年石門吳之振黃葉村莊刻本。	北京(録有馮舒、馮班、陸貽典評語)；上海(一部録有馮舒、馮班、查慎行、何義門評語，一部録有無名氏(甲)評語，另一部録有查慎行評語)；遼寧；吉林(録有馮舒、馮班、錢湘靈評語)；吉大(録有查慎行評語)；南京(録有馮舒、馮班評語及沈巖跋語)；南大；安徽；浙江；湖北；廣東；中山大學；四川；雲南；雲大；貴州。	
瀛奎律髓刊誤四十九卷	清嘉慶五年侯官李氏校刻本。	科學院；北大；復旦；天津；遼寧；山大；南大；浙江；杭大；福建(録有謝章鋌跋語)；廣州；四川；雲南；貴州。	紀昀刊誤。
	懺華盦叢書本。	北京；科學院；上海；遼寧；山大；南京；廣東；中山大學；廣西；雲南；雲大。	
	掃葉山房刊本。	遼寧；南京；安徽；浙江。	
	一九二三年掃葉山房石印本。	天津；浙江；杭大；福建。	
删正瀛奎律髓四卷	鏡烟堂十種本。	科學院；上海。	紀昀删正。
律髓輯要七卷	雲南叢書本	華師大；雲南；貴州。	許印芳輯。

（續表）

書名	版本	收藏者	備注
瀛奎律髓四十五卷	一九一二年南宫邢氏印本。	科學院；北大；上海；天津；遼寧；南京；廣西；四川。	題爲「吴汝綸評選」，實際上無評語。
瀛奎律髓鈔一册	民國十七年郭季吾手鈔本。	四川。	趙熙評。
瀛奎律髓精選	手鈔本。	雲大。	清佚名鈔。
瀛奎律髓四十九卷	明朝鮮活字本。	浙江。	
瀛奎律髓四十九卷	日本文化五年刊本。	華師大。	該書未刻方回評點。

瀛奎律髓作者篇目彙檢

説　明

一、彙檢以著者爲綱，下列其作品篇目。作品篇目先列五言，後列七言。

二、作者及五、七言作品篇目的排列，均依首字筆劃爲序。首字相同，依第二字筆劃爲序。以下同。

三、著者稱謂按照方回原書所署爲準。對方回原書於某些著者既署字號或謚法而間或又署本名的，彙檢採取其使用次數最多的名稱，並於著者姓名之後加括號注明原書所署的其他名稱。如杜工部（杜甫）、王半山（王荊公、王介甫）。

四、方回原書於某些著者的組詩，或全部收録，或選録了其中的一部份。爲查檢方便，彙檢一律按其在該書中出現的順序於篇目下標明（一）、（二）等數序。

五、彙檢對同一著者用同一題目寫了兩篇以上作品的，於篇目之後加括號標出首句以資區别。

六、方回原書對同一時期幾位著者的同題和詩，於第一首標題，此後僅標數序。爲避免混淆，彙檢對第一首以後的作品，亦分别標明篇目。

七、彙檢於方回原書重出的作品篇目之前，加「△」符號予以注明。

彙檢

二畫

三畫

五畫

七　畫

八畫

九　畫

十畫

陸陶山(宋)

陳子昂(唐)

十一畫

十二畫

十三畫

劉屏山(宋)

十六畫

十七畫

廿畫

廿一畫

甌北集	[清]趙翼著　李學穎、曹光甫校點
惜抱軒詩文集	[清]姚鼐著　劉季高標校
兩當軒集	[清]黄景仁著　李國章校點
惲敬集	[清]惲敬著　萬陸、謝珊珊、林振岳標校　林振岳集評
茗柯文編	[清]張惠言著　黄立新校點
瓶水齋詩集	[清]舒位著　曹光甫點校
龔自珍全集	[清]龔自珍著　王佩諍校點
龔自珍詩集編年校注	[清]龔自珍著　劉逸生、周錫䪖校注
水雲樓詩詞箋注	[清]蔣春霖著　劉勇剛箋注
人境廬詩草箋注	[清]黄遵憲著　錢仲聯箋注
嶺雲海日樓詩鈔	[清]丘逢甲著　丘鑄昌標點

牧齋初學集詩注彙校	[清]錢謙益著　[清]錢曾箋注 卿朝暉輯校
李玉戲曲集	[清]李玉著 陳古虞、陳多、馬聖貴點校
吴梅村全集	[清]吴偉業著　李學穎集評標校
歸莊集	[清]歸莊著
顧亭林詩集彙注	[清]顧炎武著　王蘧常輯注 吴丕績標校
安雅堂全集	[清]宋琬著　馬祖熙標校
吴嘉紀詩箋校	[清]吴嘉紀著　楊積慶箋校
陳維崧集	[清]陳維崧著　陳振鵬標點 李學穎校補
屈大均詩詞編年校箋	[清]屈大均著　陳永正等校箋
秋笳集	[清]吴兆騫撰　麻守中校點
漁洋精華録集釋	[清]王士禛著 李毓芙、牟通、李茂肅整理
聊齋志異會校會注會評本	[清]蒲松齡著　張友鶴輯校
敬業堂詩集	[清]查慎行著　周劭標點
納蘭詞箋注	[清]納蘭性德著　張草紉箋注
方苞集	[清]方苞著　劉季高校點
樊榭山房集	[清]厲鶚著　[清]董兆熊注 陳九思標校
劉大櫆集	[清]劉大櫆著　吴孟復標點
儒林外史彙校彙評	[清]吴敬梓著　李漢秋輯校
小倉山房詩文集	[清]袁枚著　周本淳標校
忠雅堂集校箋	[清]蔣士銓著　邵海清校 李夢生箋

高青丘集	[明]高啓著　[清]金檀注 徐澄宇、沈北宗校點
唐寅集	[明]唐寅著　周道振、張月尊輯校
文徵明集(增訂本)	[明]文徵明著　周道振輯校
震川先生集	[明]歸有光著　周本淳校點
海浮山堂詞稿	[明]馮惟敏著 凌景埏、謝伯陽標校
滄溟先生集	[明]李攀龍著　包敬第標校
梁辰魚集	[明]梁辰魚著　吴書蔭編集校點
沈璟集	[明]沈璟著　徐朔方輯校
湯顯祖詩文集	[明]湯顯祖著　徐朔方箋校
湯顯祖戲曲集	[明]湯顯祖著　錢南揚校點
白蘇齋類集	[明]袁宗道著　錢伯城校點
袁宏道集箋校	[明]袁宏道著　錢伯城箋校
珂雪齋集	[明]袁中道著　錢伯城點校
隱秀軒集	[明]鍾惺著　李先耕、崔重慶標校
譚元春集	[明]譚元春著　陳杏珍標校
張岱詩文集(增訂本)	[明]張岱著　夏咸淳輯校
陳子龍詩集	[明]陳子龍著 施蟄存、馬祖熙標校
夏完淳集箋校(修訂本)	[明]夏完淳著　白堅箋校
牧齋初學集	[清]錢謙益著　[清]錢曾箋注 錢仲聯標校
牧齋有學集	[清]錢謙益著　[清]錢曾箋注 錢仲聯標校
牧齋雜著	[清]錢謙益著　[清]錢曾箋注 錢仲聯標校

東坡詞傅幹注校證　　[宋]蘇軾著　[宋]傅幹注　劉尚榮校證

欒城集　　[宋]蘇轍著　曾棗莊、馬德富校點

山谷詩集注　　[宋]黄庭堅著　[宋]任淵、史容、史季温注　黄寶華點校

山谷詩注續補　　[宋]黄庭堅著　陳永正、何澤棠注

山谷詞校注　　[宋]黄庭堅著　馬興榮、祝振玉校注

淮海集箋注　　[宋]秦觀撰　徐培均箋注

淮海居士長短句箋注　　[宋]秦觀著　徐培均箋注

清真集箋注　　[宋]周邦彦著　羅忼烈箋注

石林詞箋注　　[宋]葉夢得著　蔣哲倫箋注

樵歌校注　　[宋]朱敦儒著　鄧子勉校注

李清照集箋注(修訂本)　　[宋]李清照著　徐培均箋注

陳與義集校箋　　[宋]陳與義著　白敦仁校箋

蘆川詞箋注　　[宋]張元幹著　曹濟平箋注

劍南詩稿校注　　[宋]陸游著　錢仲聯校注

放翁詞編年箋注(增訂本)　　[宋]陸游著　夏承燾、吴熊和箋注　陶然訂補

范石湖集　　[宋]范成大撰　富壽蓀標校

于湖居士文集　　[宋]張孝祥著　徐鵬校點

稼軒詞編年箋注(定本)　　[宋]辛棄疾撰　鄧廣銘箋注

辛棄疾詞校箋　　[宋]辛棄疾著　吴企明校箋

姜白石詞編年箋校　　[宋]姜夔著　夏承燾箋校

後村詞箋注　　[宋]劉克莊著　錢仲聯箋注

雁門集　　[元]薩都拉著　殷孟倫、朱廣祁校點

揭傒斯全集　　[元]揭傒斯著　李夢生標校

三家評注李長吉歌詩	[唐]李賀著　[清]王琦等評注
樊川文集	[唐]杜牧著　陳允吉校點
樊川詩集注	[唐]杜牧著　[清]馮集梧注
温飛卿詩集箋注	[唐]温庭筠著　[清]曾益等箋注
玉谿生詩集箋注	[唐]李商隱著　[清]馮浩箋注 蔣凡校點
樊南文集	[唐]李商隱著　[清]馮浩詳注 錢振倫、錢振常箋注
皮子文藪	[唐]皮日休著　蕭滌非、鄭慶篤整理
鄭谷詩集箋注	[唐]鄭谷著 嚴壽澂、黄明、趙昌平箋注
韋莊集箋注	[五代]韋莊著　聶安福箋注
李璟李煜詞校注	[南唐]李璟、李煜著　詹安泰校注
張先集編年校注	[宋]張先著　吴熊和、沈松勤校注
二晏詞箋注	[宋]晏殊、晏幾道著　張草紉箋注
乐章集校箋	[宋]柳永著　陶然、姚逸超校箋
梅堯臣集編年校注	[宋]梅堯臣著　朱東潤編年校注
歐陽修詩文集校箋	[宋]歐陽修著　洪本健校箋
歐陽修詞校注	[宋]歐陽修著　胡可先、徐邁校注
蘇舜欽集	[宋]蘇舜欽著　沈文倬校點
嘉祐集箋注	[宋]蘇洵著　曾棗莊、金成禮箋注
王荆文公詩箋注	[宋]王安石著　[宋]李壁箋注 高克勤點校
王令集	[宋]王令著　沈文倬校點
蘇軾詩集合注	[宋]蘇軾著　[清]馮應榴注 黄任軻、朱懷春校點
東坡樂府箋	[宋]蘇軾著　[清]朱孝臧編年 龍榆生校箋

玉臺新咏彙校	吴冠文、談蓓芳、章培恒彙校
王梵志詩集校注(增訂本)	[唐]王梵志著　項楚校注
盧照鄰集箋注	[唐]盧照鄰著　祝尚書箋注
駱臨海集箋注	[唐]駱賓王著　[清]陳熙晉箋注
王子安集注	[唐]王勃著　[清]蔣清翊注
陳子昂集(修訂本)	[唐]陳子昂撰　徐鵬校點
孟浩然詩集箋注(增訂本)	[唐]孟浩然著　佟培基箋注
王右丞集箋注	[唐]王維著　[清]趙殿成箋注
李白集校注	[唐]李白著　瞿蜕園、朱金城校注
高適集校注(修訂本)	[唐]高適著　孫欽善校注
杜詩趙次公先後解輯校	[唐]杜甫著　[宋]趙次公注 林繼中輯校
杜詩鏡銓	[唐]杜甫著　[清]楊倫箋注
錢注杜詩	[唐]杜甫著　[清]錢謙益箋注
杜甫集校注	[唐]杜甫著　謝思煒校注
岑參集校注	[唐]岑參著　陳鐵民、侯忠義校注
戴叔倫詩集校注	[唐]戴叔倫著　蔣寅校注
韋應物集校注(增訂本)	[唐]韋應物著　陶敏、王友勝校注
權德輿詩文集	[唐]權德輿撰　郭廣偉校點
韓昌黎詩繫年集釋	[唐]韓愈著　錢仲聯集釋
韓昌黎文集校注	[唐]韓愈著　馬其昶校注 馬茂元整理
劉禹錫集箋證	[唐]劉禹錫著　瞿蜕園箋證
白居易集箋校	[唐]白居易著　朱金城箋校
柳宗元詩箋釋	[唐]柳宗元著　王國安箋釋
柳河東集	[唐]柳宗元著　[宋]廖瑩中輯注
元稹集校注	[唐]元稹著　周相録校注
長江集新校	[唐]賈島著　李嘉言新校

《中國古典文學叢書》已出書目

詩經今注	高亨注
楚辭今注	湯炳正、李大明、李誠、熊良智注
司馬相如集校注	[漢]司馬相如著　金國永校注
揚雄集校注	[漢]揚雄著　張震澤校注
張衡詩文集校注	[漢]張衡著　張震澤校注
阮籍集	[魏]阮籍著　李志鈞等校點
陸機集校箋	[晉]陸機著　楊明校箋
陶淵明集校箋(修訂本)	[晉]陶潛著　龔斌校箋
世説新語箋疏(修訂本)	[南朝宋]劉義慶撰　余嘉錫箋疏　周祖謨等整理
世説新語校釋	[南朝宋]劉義慶撰　[南朝梁]劉孝標注　龔斌校釋
鮑參軍集注	[南朝宋]鮑照著　錢仲聯增補集説校
謝宣城集校注	[南朝齊]謝朓著　曹融南校注集説
江文通集校注	[南朝梁]江淹著　丁福林、楊勝朋校注
文心雕龍義證	[南朝梁]劉勰著　詹鍈義證
詩品集注(增訂本)	[梁]鍾嶸著　曹旭集注
文選	[梁]蕭統編　[唐]李善注
蕭繹集校注	[南朝梁]蕭繹著　陳志平、熊清元校注